Kornelius Fuchs

Vergütungsansprüche des Hochschulbeschäftigten bei Verwertung des geistigen Eigentums durch die Hochschule

Patent-, urheber- und designrechtliche Betrachtung der Verwertungsrechte und Vergütungspflichten der Hochschule

 Nomos

Erstgutachter: Herr Prof. Dr. Jan Busche
Zweitgutachter: Herr Prof. Dr. Andreas Feuerborn

Die Deutsche Nationalbibliothek verzeichnet diese Publikation in
der Deutschen Nationalbibliografie; detaillierte bibliografische
Daten sind im Internet über http://dnb.d-nb.de abrufbar.

Zugl.: Düsseldorf, Univ., Diss., 2020

ISBN 978-3-8487-6779-3 (Print)
ISBN 978-3-7489-0883-8 (ePDF)

Onlineversion
Nomos eLibrary

D61

1. Auflage 2020
© Nomos Verlagsgesellschaft, Baden-Baden 2020. Gesamtverantwortung für Druck
und Herstellung bei der Nomos Verlagsgesellschaft mbH & Co. KG. Alle Rechte, auch
die des Nachdrucks von Auszügen, der fotomechanischen Wiedergabe und der Über-
setzung, vorbehalten. Gedruckt auf alterungsbeständigem Papier.

Meinen Eltern und meiner Frau

Vorwort

Die vorliegende Arbeit wurde im März 2020 von der Rechtswissenschaftlichen Fakultät der Heinrich-Heine-Universität Düsseldorf als Dissertation angenommen. Sie entstand während meiner wissenschaftlichen Tätigkeit am Lehrstuhl für Bürgerliches Recht und Gewerblichen Rechtsschutz von Herrn *Prof. Dr. Jan Busche*. Rechtsprechung und Literatur wurden bis zum Zeitpunkt der Zulassung zur Promotion im September 2018 berücksichtigt.

Besonderer Dank gilt meinem Doktorvater, Herrn *Prof. Dr. Jan Busche*, für die umfassende Betreuung der Arbeit, von der Auswahl des Themas über das Doktorandenseminar und die Erstellung des Gutachtens bis hin zur Veröffentlichung, sowie für den gewährten Freiraum, in dem die Dissertation gedeihen konnte. Danken möchte ich ebenfalls Herrn *Prof. Dr. Andreas Feuerborn* für die Erstellung des Zweitgutachtens.

Den Herausgebern, Herrn *Prof. Dr. Christian Berger* und Herrn *Prof. Dr. Horst-Peter Götting, LL.M.* danke ich für die Aufnahme dieser Arbeit in die Reihe „Schriften zum geistigen Eigentum und zum Wettbewerbsrecht".

Besonderen Dank schulde ich ferner der *Studienstiftung des deutschen Volkes* für die ideelle und finanzielle Förderung meines Studiums sowie meiner Promotion. Durch die gewährten Stipendien habe ich optimale Studien- und Promotionsbedingungen vorfinden können, die zu einer zügigen und zielgerichteten Erstellung der Arbeit geführt haben. In diesem Zusammenhang bedanke ich mich ebenfalls bei meiner Vertrauensdozentin Frau *Prof. Dr. Marion Aptroot*. Auch möchte ich herzlich Frau *Prof. Dr. Barbara Völzmann-Stickelbrock* sowie Herrn *Prof. Dr. Stefan Greiner* danken, die durch ihre wohlwollenden Gutachten die Aufnahme in die Stiftung ermöglicht haben. Ferner danke ich der Leiterin der Abteilung „Forschungsmanagement und Transfer" der Heinrich-Heine-Universität Düsseldorf, Frau *Dr. Stefanie Niemann*, für die anregenden Gespräche und den Zuspruch zu Beginn meines Promotionsvorhabens.

Während des Studiums und auf dem Weg zur Promotion haben mich meine Familie, Freunde und Kommilitonen begleitet. Besonders hervorheben und danken möchte ich meiner Oma, meinen vier Geschwistern, meinen Schwiegereltern sowie allen meinen Schwägerinnen und Schwägern.

Zum Abschluss einer langen Ausbildung gebührt mein größter Dank meinen Eltern, *Doris* und *Ditmar Fuchs*, die mir nicht nur das Studium der

Vorwort

Rechtswissenschaften ermöglicht, sondern mir in jeder Lebensphase ihre bedingungslose Liebe und Unterstützung entgegengebracht haben. Ein besonderer Dank gilt meinem Vater zudem für das unermüdliche Korrekturlesen dieser Arbeit.

Von ganzem Herzen danke ich meiner lieben Frau *Clara* für ihr unablässiges Verständnis sowie ihre Unterstützung und Motivation nicht nur während der Zeit der Promotion, sondern auch bereits zuvor im Studium. Niemand hat die Zeit meiner Ausbildung, sowie meine persönliche und fachliche Entwicklung so intensiv miterlebt und vor allem mitgeprägt, wie sie. Ohne sie gäbe es diese Arbeit nicht!

Meinen Eltern und meiner Frau sei diese Arbeit gewidmet.

Düsseldorf, im Mai 2020 *Dr. Kornelius Fuchs*

Inhaltsübersicht

Abkürzungsverzeichnis	35
Kapitel 1. Einleitung	41
§ 1 Hochschulerfindungsrecht	42
§ 2 Hochschulurheberrecht	46
§ 3 Hochschuldesignrecht	49
Kapitel 2. Vergütungsansprüche des Arbeitnehmers und Immaterialgüterrechte im Arbeitsrecht	51
§ 4 Arbeitsrechtliche Grundlagen	52
§ 5 Vergütungsansprüche des Arbeitnehmers für Arbeitsergebnisse	76
§ 6 Immaterialgüterrechte im Arbeitsrecht	92
Kapitel 3. Vergütungsansprüche des Hochschulbeschäftigten im Arbeitnehmererfinderrecht	178
§ 7 Die Vergütungsansprüche des Arbeitnehmererfinders	179
§ 8 Die Vergütungsansprüche des Hochschulerfinders	223
Kapitel 4. Vergütungsansprüche des Hochschulbeschäftigten im Arbeitnehmerurheberrecht	455
§ 9 Die Vergütungsansprüche des Arbeitnehmerurhebers	455
§ 10 Die Vergütungsansprüche des Hochschulurhebers	533
Kapitel 5. Vergütungsansprüche des Hochschulbeschäftigten im Arbeitnehmerdesignrecht	620
§ 11 Die Vergütungsansprüche des Arbeitnehmerdesigners	621
§ 12 Die Vergütungsansprüche des Hochschuldesigners	627

Inhaltsübersicht

Kapitel 6. Zusammenfassung und Bewertung der Ergebnisse   667

Literaturverzeichnis   669

Stichwortverzeichnis   701

Inhaltsverzeichnis

Abkürzungsverzeichnis	35
Kapitel 1. Einleitung	41
§ 1 Hochschulerfindungsrecht	42
§ 2 Hochschulurheberrecht	46
§ 3 Hochschuldesignrecht	49
Kapitel 2. Vergütungsansprüche des Arbeitnehmers und Immaterialgüterrechte im Arbeitsrecht	51
§ 4 Arbeitsrechtliche Grundlagen	52
A. Persönlicher Anwendungsbereich des Arbeitsrechts	52
I. Der Arbeitnehmerbegriff	52
1. Vorliegen eines privatrechtlichen Vertrags	55
a. Vertragsschluss	55
b. Privatrechtlichkeit des Vertrags	57
2. Verpflichtung zur Arbeitsleistung	59
3. Das Merkmal der „persönlichen Abhängigkeit"	60
a. Beurteilungsmaßstab – Typologische Begriffsbestimmung	61
b. Weisungsgebundenheit	62
aa. Örtliche Weisungsgebundenheit	63
bb. Zeitliche Weisungsgebundenheit	64
cc. Fachliche Weisungsgebundenheit	65
c. Eingliederung in die betriebliche Organisation des Auftraggebers	66
d. Fremdnützigkeit der Arbeitsleistung	67
e. Formale Kriterien	68
II. Der Beschäftigtenbegriff	70
1. Fehlende Definition des Beschäftigtenbegriffs	70
2. Der Beschäftigtenbegriff des Sozialversicherungsrechts	71
a. Die Definition der Beschäftigung im Sozialversicherungsrecht	71

	b. Konzeptionelle Verschiedenheit von Beschäftigungs- und Arbeitsverhältnis	72
	III. Der Arbeitgeberbegriff	73
	B. Die Pflichten der Arbeitsvertragsparteien	74
§ 5	Vergütungsansprüche des Arbeitnehmers für Arbeitsergebnisse	76
	A. Der allgemeine arbeitsrechtliche Grundsatz des Rechts am Arbeitsergebnis	77
	I. Das Recht auf das Arbeitsergebnis (obligatorische Anknüpfung)	77
	II. Das Recht am Arbeitsergebnis (dingliche Anknüpfung)	79
	1. Körperliche Arbeitsergebnisse	80
	2. Unkörperliche Arbeitsergebnisse	82
	B. Der Begriff des Arbeitsergebnisses	84
	C. Vergütungsansprüche im Arbeitsrecht	85
	I. Der allgemeine Vergütungsanspruch aus § 611a Abs. 2 BGB	85
	II. Sondervergütungsansprüche im Arbeitsrecht	86
	1. Arbeitsvertraglich vereinbarte Sondervergütungen	87
	2. Sondervergütungen aufgrund sonstiger Rechtsquellen	87
	3. Sondervergütungen für Sonderleistungen	88
	a. Die Regelung des § 612 BGB	88
	b. Die Regelung des § 242 BGB	90
	D. Zusammenfassung	92
§ 6	Immaterialgüterrechte im Arbeitsrecht	92
	A. Arbeitnehmererfinderrecht	93
	I. Erfindungen	94
	1. Erfindungsbegriff	94
	a. Der allgemeine Erfindungsbegriff (Erfindung im weiteren Sinne)	95
	aa. Schöpferische Tätigkeit	96
	bb. Auf technischem Gebiet	97
	cc. Wiederholbarkeit der erfinderischen Lösung	98
	b. Der Erfindungsbegriff im Sinne des ArbNErfG (Erfindung im engeren Sinne)	99
	aa. Relative oder absolute Neuheit	100
	(1) Patentfähigkeit (§ 3 Abs. 1 PatG)	100

(2) Gebrauchsmusterfähigkeit
(§ 3 Abs. 1 GebrMG) 101
bb. Auf erfinderischer Tätigkeit bzw.
erfinderischem Schritt beruhend 102
(1) Patentfähigkeit (§ 4 PatG) 102
(2) Gebrauchsmusterfähigkeit
(§ 1 Abs. 1 GebrMG) 103
cc. Gewerbliche Anwendbarkeit 104
(1) Patentfähigkeit (§ 5 PatG) 104
(2) Gebrauchsmusterfähigkeit
(§ 3 Abs. 2 GebrMG) 106
dd. Arbeitnehmererfindungen 106
2. Erfindungen als Arbeitsergebnisse 107
a. Schutzfähige Erfindungen 107
aa. Erfahrungserfindungen 107
bb. Aufgabenerfindungen 108
b. Nicht schutzfähige Erfindungen 111
3. Rechtsentstehung und -zuordnung im
Arbeitnehmererfinderrecht 112
II. Technische Verbesserungsvorschläge 113
1. Begriff des technischen Verbesserungsvorschlags 113
a. Einfacher technischer Verbesserungsvorschlag 113
b. Qualifizierter technischer
Verbesserungsvorschlag 116
2. Technische Verbesserungsvorschläge als
Arbeitsergebnisse 117
3. Rechtsentstehung und -zuordnung bei technischen
Verbesserungsvorschlägen von Arbeitnehmern 118
B. Arbeitnehmerurheberrecht 119
I. Urheberrechtlich geschützte Werke 120
II. Urheberrechtlich geschützte Werke als
Arbeitsergebnisse 123
III. Rechtsentstehung und -zuordnung im
Arbeitnehmerurheberrecht 124
1. Entstehung der Urheberrechte im Arbeitsverhältnis 124

2. Rechtezuordnung bzw.
   Nutzungsrechtseinräumung bei
   Arbeitnehmerwerken 126
   a. Urheberrechtlich geschützte Werke 127
      aa. Pflichtwerke 128
         (1) Pflicht zur Schaffung urheberrechtlich
             geschützter Werke 128
         (2) Pflicht zur Nutzungsrechtseinräumung . . 129
             (a) Einfache Vertragsauslegung 131
             (b) Ergänzende Vertragsauslegung 133
             (c) Treu und Glauben 134
         (3) Fazit 134
      bb. Freie Werke 135
         (1) Differenzierung zwischen
             ungebundenen und gebundenen freien
             Werken 135
         (2) Anbietungspflicht des Arbeitnehmers
             bei freien Werken 137
             (a) Meinungsstand in der Literatur 137
             (b) Eigene Würdigung 139
             (aa) Analoge Anwendung des § 19
                  ArbNErfG 139
             (bb) Wettbewerbsverbot 142
         (3) Fazit 145
   b. Sonderfall: Computerprogramme gem. §§ 69a,
      69b UrhG 146
      aa. Pflichtwerke 148
         (1) Erfasste Werke 149
         (2) Rechtsnatur des § 69b UrhG 150
         (3) Umfang der übergehenden
             Nutzungsrechte 152
      bb. Freie Werke 154
         (1) Probleme in der Abgrenzung der freien
             Werke gegenüber den Pflichtwerken . . . 155
         (2) Meinungsstand 156
         (3) Eigene Würdigung 156
C. Arbeitnehmerdesignrecht 160
   I. Designs und Gemeinschaftsgeschmacksmuster 161
   II. Designs und Gemeinschaftsgeschmacksmuster als
       Arbeitsergebnisse 163

III. Rechtsentstehung und -zuordnung im
    Arbeitnehmerdesignrecht ... 163
    1. Gleichlauf von Designs und
       Gemeinschaftsgeschmacksmustern ... 163
    2. Abgrenzung zwischen gebundenen und freien
       Entwürfen ... 164
    3. Entstehung der Designrechte im Arbeitsverhältnis ... 166
       a. Gebundene Entwürfe ... 167
          aa. Originärer Rechtserwerb vs. derivativer
              Rechtserwerb des Arbeitgebers ... 167
              (1) Historische Entwicklung und
                  Meinungsstand ... 167
              (2) Stellungnahme ... 169
          bb. Umfang des Rechtserwerbs ... 171
       b. Freie Entwürfe ... 171
       c. Vertragliche Abreden ... 174
    4. Rechtezuordnung bei Arbeitnehmerdesigns ... 175
D. Zusammenfassung ... 175

Kapitel 3. Vergütungsansprüche des Hochschulbeschäftigten im
          Arbeitnehmererfinderrecht ... 178

§ 7 Die Vergütungsansprüche des Arbeitnehmererfinders ... 179
    A. Persönlicher Anwendungsbereich des
       Arbeitnehmererfindergesetzes ... 179
       I. Der Arbeitnehmerbegriff i. S. d. ArbNErfG ... 179
       II. Der Arbeitgeberbegriff i. S. d. ArbNErfG ... 181
    B. Vergütungsansprüche für Erfindungen ... 182
       I. Vergütungsansprüche für Diensterfindungen ... 182
          1. Vergütungsanspruch bei Inanspruchnahme der
             Diensterfindung aus § 9 ArbNErfG ... 182
             a. Vergütungsgrund des § 9 Abs. 1 ArbNErfG ... 183
                aa. Meinungsstand zum Vergütungsgrund ... 184
                    (1) Sonderleistungsprinzipien ... 184
                        (a) Ergebnisbezogenes
                            Sonderleistungsprinzip ... 185
                        (b) Tätigkeitsbezogenes
                            Sonderleistungsprinzip ... 185
                    (2) Monopolprinzipien ... 186
                        (a) Strenge Monopoltheorie ... 186
                        (b) Abgeschwächte Monopoltheorie ... 187

	bb. Argumentationslinien und Stellungnahme	187
	(1) Grundlagen zur Gesetzesauslegung	188
	(2) Wortlautauslegung	189
	(a) „Angemessene Vergütung"	189
	(b) „Sobald der Arbeitgeber die Diensterfindung in Anspruch genommen hat"	190
	(c) Fazit	191
	(3) Systematische Auslegung	191
	(4) Historische Auslegung	193
	(5) Teleologische Auslegung	195
	cc. Fazit	200
b.	Entstehung des Vergütungsanspruchs	200
c.	Vergütungsbemessung	202
	aa. Angemessenheit der Vergütung	203
	bb. Wirtschaftliche Verwertbarkeit bzw. Ermittlung des Erfindungswerts	205
	(1) Betrieblich benutzte Erfindungen	206
	(2) Außerbetriebliche Verwertung	206
	(3) Nicht verwertete Erfindungen	207
	cc. Anteilsfaktor	208
d.	Fälligkeit des Vergütungsanspruchs	208
2. Vergütung für Benutzungsrechte nach §§ 14 Abs. 3, 16 Abs. 3 ArbNErfG		210
a. Der Vergütungsanspruch aus § 14 Abs. 3 ArbNErfG		210
b. Der Vergütungsanspruch aus § 16 Abs. 3 ArbNErfG		212
3. Vergütung bei Betriebsgeheimnissen aus § 17 ArbNErfG		213
II. Vergütungsansprüche für freie Erfindungen		214
III. Vergütungsansprüche für nichtschutzfähige Erfindungen		216
C. Vergütungsansprüche für technische Verbesserungsvorschläge		216
I. Vergütung für einfache technische Verbesserungsvorschläge		216
II. Vergütung für qualifizierte technische Verbesserungsvorschläge		218
1. Vergütungsgrund des § 20 Abs. 1 ArbNErfG		218

2. Entstehung des Vergütungsanspruchs		219
3. Vergütungsbemessung		220
4. Fälligkeit des Vergütungsanspruchs		221
D. Zusammenfassung		222

§ 8 Die Vergütungsansprüche des Hochschulerfinders 223
   A. Der Vergütungsanspruch für Erfindungen aus § 42 Nr. 4 ArbNErfG 224
      I. Das Verhältnis von § 42 Nr. 4 ArbNErfG zu den §§ 9 ff. ArbNErfG 224
         1. Zum Meinungsstand 225
            a. Herrschende Meinung 225
            b. Andere Auffassungen 226
         2. Stellungnahme mit eigenem Lösungsansatz 230
            a. Kritik an den bestehenden Meinungen 230
            b. Eigener Ansatz – Die „Lösung der gerechten Risikoverteilung" 231
               aa. Der Ansatz 231
               bb. Fallgruppe „Unterbliebene Verwertung" 232
                  (1) Rechtezuordnung und Risikoverteilung nach dem ArbNErfG 232
                     (a) Gegenläufige Interessen des Hochschulbeschäftigten und der Hochschule 233
                     (b) Interessenabwägung 234
                  (2) Fazit 235
               cc. Fallgruppe „Fehlende bzw. geringe Einnahmen" 235
                  (1) Rechtezuordnung und Risikoverteilung nach dem ArbNErfG 236
                  (2) Erforderlichkeit einer Ausnahme zu der gesetzlichen Risikoverteilung 237
                     (a) Finanzielle Besserstellung des Hochschulbeschäftigten als primäre Zielsetzung des Gesetzgebers 237
                     (b) Maßstab der Beurteilung einer „Besserstellung" 239
                  (3) Fazit 241
               dd. Kontrollüberlegungen 242
                  (1) Allgemeine Kontrollüberlegung 242
                  (2) Vereinbarkeit mit Art. 14 Abs. 1 GG 243

	3. Fazit	244
II.	Der Anwendungsbereich des § 42 ArbNErfG	245
	1. Persönlicher Anwendungsbereich – Der Hochschulbeschäftigte	245
	a. Persönlicher Anwendungsbereich des § 42 ArbNErfG bis zum 06.02.2002	245
	aa. Hochschullehrer	246
	bb. Hochschulassistenten	247
	cc. Weitere Personengruppen	247
	b. Persönlicher Anwendungsbereich des § 42 ArbNErfG seit dem 07.02.2002	249
	aa. Begriffsabgrenzungen	250
	(1) Unterscheidung zwischen „Hochschularbeitnehmer" und „Hochschulbeschäftigter"	251
	(2) Unterscheidung zwischen „Hochschulwissenschaftler" und „Hochschulbeschäftigter"	252
	bb. Bestimmung des Begriffs „Hochschulbeschäftigter"	254
	(1) Zum Meinungsstand	254
	(a) Verweisung auf § 7 SGB IV und weitere Auffassungen	254
	(b) Der „korporationsrechtliche Ansatz" von Reetz	256
	(2) Eigene Stellungnahme	259
	c. Fazit	262
	2. Institutioneller Anwendungsbereich – Die Hochschule	264
	a. Der institutionelle Anwendungsbereich des § 42 ArbNErfG bis zum 06.02.2002	264
	b. Der institutionelle Anwendungsbereich des § 42 ArbNErfG seit dem 07.02.2002	265
	aa. Der Begriff der Hochschule	265
	(1) Privatrechtlich organisierte Hochschulen	266
	(2) Außeruniversitäre Forschungseinrichtungen	268
	(3) Selbständige Universitätskliniken	269

bb. Der Begriff des „Dienstherrn"	270
(1) Definition des „Dienstherrn"	270
(2) Dienstherrenfähigkeit der Hochschule	272
(3) Versuche zur Konfliktlösung	274
c. Fazit	277
3. Sachlicher Anwendungsbereich – Die Erfindung	278
a. Der sachliche Anwendungsbereich des § 42 ArbNErfG bis zum 06.02.2002	278
b. Der sachliche Anwendungsbereich des § 42 ArbNErfG seit dem 07.02.2002	280
aa. Erfindung im Sinne von § 42 Nr. 4 ArbNErfG	280
(1) Erfasst sind nur Diensterfindungen	280
(2) Abgrenzung zwischen Diensterfindung und freier Erfindung	281
(a) Aufgabenerfindung nach § 4 Abs. 2 Nr. 1 ArbNErfG	283
(aa) Erfindungen der Hochschullehrer	284
(bb) Erfindungen der sonstigen wissenschaftlichen Beschäftigten	286
(b) Erfahrungserfindung nach § 4 Abs. 2 Nr. 2 ArbNErfG	287
(aa) Erfahrungen oder Arbeiten der Hochschule	288
(bb) Erfindung beruht „maßgeblich" auf den Erfahrungen oder Arbeiten der Hochschule	290
(3) Hochschulerfindungen in Nebentätigkeit	290
bb. Technische Verbesserungsvorschläge	293
c. Fazit	294
4. Fazit	295
III. Der Verwertungsbegriff des § 42 Nr. 4 ArbNErfG	296
1. Wortlautauslegung	297
2. Systematische Erwägungen	299
a. Die Begriffe der „Benutzung" und „Verwendung" im ArbNErfG und PatG	299
aa. Der patentrechtliche Begriff der „Benutzung" in § 9 PatG	300

		bb. Der Begriff der „Verwendung" aus § 18 Abs. 3 ArbNErfG	301
	b.	Weitere Verwertungsbegriffe im ArbNErfG	302
		aa. Der Verwertungsbegriff aus § 9 Abs. 2 ArbNErfG	302
		(1) Im Gegensatz zu § 42 Nr. 4 ArbNErfG erfasst § 9 Abs. 2 ArbNErfG auch Sperrpatente	303
		(2) Verwertbarkeit geht weiter als Verwertung	304
		(3) Fazit	304
		bb. Der Verwertungsbegriff aus § 19 Abs. 1 ArbNErfG	305
		cc. Der Verwertungsbegriff aus § 27 Nr. 3 ArbNErfG a. F. und § 40 Nr. 3 ArbNErfG	308
	c.	Fazit	309
3.	Historische Auslegung		309
	a.	Entstehungsgeschichte des § 42 Nr. 4 ArbNErfG	309
	b.	Wirtschaftliche Determination des Verwertungsbegriffes	312
	c.	Unentgeltliche Übertragung von Erfindungen als Verwertung	313
	d.	Fazit	316
4.	Teleologische Auslegung		316
	a.	Weites Begriffsverständnis im Grundsatz	316
	b.	Bestimmung des Verwertungsbegriffes im Besonderen	319
		aa. Zeitliche Anknüpfung	319
		(1) Vorbereitungshandlungen	320
		(2) Beginn der Verwertung	321
		(a) Ab Inanspruchnahme?	321
		(b) Ab Anmeldung zum Schutzrecht?	324
		(3) Fazit	325
		bb. Inhaltliche Anknüpfung	325
		(1) Verwertung der Erfindung vs. Verwertung des Schutzrechts	325
		(2) Wirtschaftlichkeit der Verwertung i. S. d. § 42 Nr. 4 ArbNErfG	326
		(a) Übertragung der Erfindung ohne Gegenleistung in Geld	326

	(b) Übertragung der Erfindung ohne jede Gegenleistung	327
	(aa) Pro-Argumente	327
	(bb) Contra-Argumente	328
	(cc) Genereller Ausschluss der gegenleistungslosen Übertragung	329
	(c) Fazit	331
cc.	„Örtliche" Anknüpfung	332
	(1) Hochschulinterne Nutzung	332
	(a) Innerbetriebliche Eigennutzung	332
	(aa) Zum Meinungsstand	332
	(bb) Eigene Stellungnahme	333
	(b) Halten von Patenten zu Werbezwecken	336
	(2) Außerhochschulische Nutzungen	337
	(a) Patentverkauf	337
	(b) Lizenzvergabe	338
	(c) Lizenzaustausch	341
	(d) Weitere Nutzungsformen	342
dd.	Fazit	343
5. Zusammenfassung der Ergebnisse und Versuch einer Definition des Verwertungsbegriffes		344
a. Handlung der Hochschule		344
b. Gewerblichkeit bzw. Gewerbsmäßigkeit der Handlung		345
c. Wirtschaftlichkeit der Handlung		346
aa. Fallgruppe 1: Verwertung mit Absicht und Vermögenszuwachs		347
bb. Fallgruppe 2: Verwertung mit Absicht, aber ohne Vermögenszuwachs		347
cc. Fallgruppe 3: Verwertung ohne Absicht und mit Vermögenszuwachs		348
dd. Fallgruppe 4: Verwertung ohne Absicht und ohne Vermögenszuwachs		349
ee. Fazit		349
d. Weitere Voraussetzungen		350
e. Definition des Verwertungsbegriffs i. S. d. § 42 Nr. 4 ArbNErfG de lege ferenda		350

Inhaltsverzeichnis

IV. Vergütungsbemessung	351
1. Der Begriff der Einnahmen i. S. d. § 42 Nr. 4 ArbNErfG	351
a. Gesetzlicher Ausgangspunkt – Das Bruttoprinzip	353
b. Meinungsstand in der Literatur	355
aa. Die Problematik des Minusgeschäfts	356
bb. Lösungsvorschlag de lege lata – Vergütungsanpassung nach § 12 Abs. 6 ArbNErfG	358
cc. Lösungsvorschläge de lege ferenda	360
(1) Anwendung des Nettoprinzips	360
(2) Gestaffelte Pauschalvergütung	362
c. Eigene Würdigung des Einnahmenbegriffs	363
aa. Geltung des Bruttoprinzips de lege lata	363
bb. Bewertung des geltenden Bruttoprinzips	364
(1) Zwecksetzung des § 42 Nr. 4 ArbNErfG in diesem Kontext	364
(2) Zweckerreichung durch Anwendung des Bruttoprinzips	366
(a) Förderung des Technologietransfers	366
(b) Aufbau eines eigenfinanzierten Patentverwertungssystems	367
(3) Fazit	369
cc. Eigener Lösungsansatz: Das modifizierte Nettoprinzip	369
(1) Beteiligung des Hochschulbeschäftigten an den Schutzrechtskosten	370
(a) Hochschullehrer und Hochschulassistenten	371
(b) Sonstige Hochschulbeschäftigte	372
(2) Beteiligung an welchen konkreten Kosten?	373
(3) Umfang der Beteiligung an den Schutzrechtskosten	374
(4) Betrachtung der Konsequenzen des modifizierten Nettoprinzips	376
(a) Auswirkungen auf Minusgeschäfte der Hochschulen	377

	(b)	Auswirkungen auf den finanziellen Anreiz für Hochschulbeschäftigte	377
	(c)	Auswirkungen auf die vereinfachte Vergütungsberechnung	380
	(d)	Auswirkungen auf den Zeitpunkt der Vergütungsberechnung	382

- dd. Fazit — 382
- d. Einzelfallbewertung der verschiedenen Verwertungsarten — 383
    - aa. Patent- oder Erfindungsverkauf — 384
        - (1) Einnahmen nach den verschiedenen Berechnungsmethoden — 385
        - (2) Problemfall: Fehlende Kaufpreisvereinbarung bzw. geringe geldwerte Vorteile — 386
    - bb. Vergabe von Lizenzen — 388
        - (1) Lizenzgebühren und sonstige vermögenswerte Vorteile — 388
        - (2) Problemfall: kostenlose Lizenzvergaben — 390
    - cc. Austausch von Lizenzen — 390
    - dd. Ausgründung bzw. Unternehmensbeteiligung — 391
    - ee. Innerhochschulische Eigennutzung — 392
        - (1) Einnahmen bei innerhochschulischer Nutzung — 393
        - (2) Einnahmen nach den verschiedenen Berechnungsmethoden — 394
    - ff. Halten von Patenten zu Werbezwecken — 396
    - gg. Besonderheiten bei Forschungs- und Entwicklungsverträgen — 398
- e. Fazit zum Einnahmenbegriff — 398
2. Kausalität der Einnahmen („durch") — 399
    - a. Grundlagen – Zeitliche und hypothetische Komponente der Kausalität — 400
    - b. Übertragungsklauseln in Forschungs- und Entwicklungsverträgen — 401
        - aa. Vergütungsklauseln — 401

bb. Vereinbarung der Zahlung einer Projektsumme ... 402
(1) Problemkreise hinsichtlich der zeitlichen Komponente der Kausalität ... 402
(2) Problemkreise hinsichtlich der hypothetischen Komponente der Kausalität ... 403
c. Erstattungsklauseln in Forschungs- und Entwicklungsverträgen ... 404
d. Nachträgliche Übernahme bzw. Erstattung von Schutzrechts- oder Entwicklungskosten ... 405
e. Drittmittel i. S. d. § 25 HRG und sonstige Forschungsförderung ... 406
3. Pauschalvergütung in Höhe von 30 vom Hundert ... 407
a. Verfassungsmäßigkeit der Pauschalierung auf 30 % ... 407
b. Höhe des Prozentsatzes ... 409
4. Fazit ... 411
V. Entstehung und Fälligkeit des Vergütungsanspruchs ... 412
1. Entstehung des Vergütungsanspruchs dem Grunde nach ... 412
2. Fälligkeit des Vergütungsanspruchs ... 414
a. Bestimmung der Fälligkeit nach § 12 ArbNErfG ... 414
b. Das Verhältnis von § 42 Nr. 4 ArbNErfG zu § 12 ArbNErfG ... 415
aa. Zum Meinungsstand ... 415
bb. Eigene Stellungnahme ... 416
(1) Anwendung von § 12 ArbNErfG ... 416
(2) § 12 ArbNErfG unter Berücksichtigung hochschulrechtlicher Besonderheiten ... 419
(a) Die Fristen des § 12 Abs. 1 und Abs. 3 S. 2 ArbNErfG ... 419
(b) Sonstige Besonderheiten des Hochschulrechts ... 421
cc. Fazit ... 423
c. Fälligkeit bei unterbliebener Verwertung ... 423
d. Fazit ... 424
VI. Problematik der Verwertungspflicht der Hochschulen ... 425
1. Problemaufriss ... 425

　　　　2. Rechtliche Beurteilung des Bestehens einer
　　　　　 Verwertungspflicht　　　　　　　　　　　　　　　427
　　　　　a. Meinungsstand in der Literatur　　　　　　　427
　　　　　b. Eigener Lösungsweg　　　　　　　　　　　　 428
　　　　　　aa. Das „Ob" der Verwertungspflicht　　　　 428
　　　　　　　(1) Stufe 1 – Prüfung der Patentfähigkeit
　　　　　　　　　und Verwertbarkeit　　　　　　　　　　428
　　　　　　　(2) Stufe 2 – Inanspruchnahme der
　　　　　　　　　Erfindung　　　　　　　　　　　　　　　430
　　　　　　　(3) Stufe 3 – Anmeldung zum Schutzrecht
　　　　　　　　　und Schutzrechtsarbeit　　　　　　　　432
　　　　　　　(4) Stufe 4 – Verwertung　　　　　　　　　434
　　　　　　　　　(a) Hochschulrechtliche Perspektive　　434
　　　　　　　　　(b) Dienstrechtliche Perspektive　　　 435
　　　　　　　　　(c) Verfassungsrechtliche Perspektive　437
　　　　　　　　　(d) Fazit　　　　　　　　　　　　　　 439
　　　　　　　(5) Stufe 5 – Festsetzung der Vergütung　　439
　　　　　　　(6) Fazit　　　　　　　　　　　　　　　　 440
　　　　　　bb. Das „Wie" der Verwertungspflicht　　　　440
　　　　3. Fazit　　　　　　　　　　　　　　　　　　　　 443
　　 VII. Modalitäten des Vergütungsanspruchs　　　　　　443
　　VIII. Besonderheiten bei der Verwertung der Erfindung
　　　　　durch eine Patentverwertungsagentur　　　　　　445
　　　　1. Problemaufriss　　　　　　　　　　　　　　　　446
　　　　2. Rechtliche Würdigung　　　　　　　　　　　　　447
　B. Vergütungsansprüche für freie Erfindungen und technische
　　 Verbesserungsvorschläge　　　　　　　　　　　　　　　449
　　 　I. Vergütungsansprüche für freie Erfindungen　　　449
　　 　II. Vergütungsansprüche für technische
　　　　　Verbesserungsvorschläge　　　　　　　　　　　　450
　C. Zusammenfassung　　　　　　　　　　　　　　　　　　　452

Kapitel 4. Vergütungsansprüche des Hochschulbeschäftigten im
　　　　　Arbeitnehmerurheberrecht　　　　　　　　　　　455

§ 9　Die Vergütungsansprüche des Arbeitnehmerurhebers　　455
　A. Vergütungsgrund des Arbeitnehmerurheberrechts　　　456
　　　I. Abgeltungslehre bzw. Einheitstheorie　　　　　　457
　　　　1. Urheberrechtliche Anknüpfung　　　　　　　　　459
　　　　2. Arbeitsrechtliche Anknüpfung　　　　　　　　　460
　　　II. Trennungstheorie　　　　　　　　　　　　　　　461

III. Analoge Anwendung der §§ 9 ff. ArbNErfG	462
IV. Vergütungsanspruch aus § 32 UrhG	463
B. Vergütungstatbestände des Arbeitnehmerurheberrechts	464
I. Schaffensbezogene Vergütungsansprüche	464
1. Regelmäßiges Arbeitsentgelt und Sonderleistungen	465
2. Quantitative Sonderleistungen	466
3. Qualitative Sonderleistungen	467
II. Werkbezogene Vergütungsansprüche für Pflichtwerke	469
1. Vertragliche werkbezogene Vergütungsansprüche	469
a. Vertragliche Vereinbarung	470
b. Fehlende vertragliche Vereinbarung	471
aa. Zum Streitstand	471
(1) Abgeltungstheorie	472
(2) Trennungstheorie	473
(3) Vergütungsanspruch aus § 32 UrhG	474
(a) Zwingende Entgeltlichkeit der Nutzungsrechtseinräumung	475
(b) Anwendbarkeit des § 32 UrhG auf das Arbeitnehmerurheberrecht	477
bb. Argumentationsstrukturen und eigene Würdigung	478
(1) Stellungnahme zur Abgeltungstheorie	478
(2) Stellungnahme zur Trennungstheorie	482
(3) Stellungnahme zum Vergütungsanspruch aus § 32 UrhG	484
(a) Voraussetzungen des Vergütungsanspruchs aus § 32 UrhG	485
(aa) Wortlautauslegung	486
(bb) Historische Auslegung	487
(cc) Systematische Auslegung	489
(dd) Teleologische Auslegung	492
(ee) Fazit	494
(b) Anwendbarkeit des § 32 UrhG auf das Arbeitnehmerurheberrecht	495
(aa) Wortlautauslegung	496
(bb) Historische Auslegung	498
(cc) Systematische Auslegung	502
(dd) Teleologische Auslegung	506
(ee) Fazit	510

	(c) Fazit zum Vergütungsanspruch aus § 32 UrhG	510
	cc. Fazit	511
	2. Gesetzliche werkbezogene Vergütungsansprüche	511
	a. Allgemeine urheberrechtliche Ansprüche	512
	b. Arbeitnehmerurheberrechtliche Ansprüche	513
III.	Vergütungsansprüche für freie Werke	515
IV.	Sonderfall: Vergütungsansprüche des Softwareprogrammierers im Arbeitsverhältnis	517
	1. Vergütung für Pflichtprogramme	518
	a. Vergütungsanspruch im Rahmen von § 69b Abs. 1 Var. 1 UrhG	518
	aa. Abgeltungstheorie	518
	bb. Trennungstheorie	519
	cc. § 69b UrhG als bloße Zuordnungsnorm	519
	dd. Eigene Würdigung	520
	b. Vergütungsanspruch im Rahmen von § 69b Abs. 1 Var. 2 UrhG	522
	c. Vergütungsanspruch aus § 32 UrhG	524
	aa. Zum Meinungsstand	525
	bb. Eigene Würdigung	526
	d. Vergütungsanspruch aus § 9 Abs. 1 ArbNErfG analog	529
	e. Vergütungsanspruch aus dem arbeitsrechtlichen Sonderleistungsprinzip des § 612 BGB (analog)	529
	2. Vergütung für freie Computerprogramme	530
	3. Fazit	531
C.	Zusammenfassung	532
§ 10	Die Vergütungsansprüche des Hochschulurhebers	533
A.	Der Anwendungsbereich des Urheberrechts im Hochschulbereich	534
I.	Persönlicher Anwendungsbereich – Der Hochschulbeschäftigte	534
II.	Institutioneller Anwendungsbereich – Die Hochschule	535
III.	Sachlicher Anwendungsbereich – Urheberrechtlich geschützte Werke	536
	1. Werkkategorien im Hochschulbereich	537

2. Urheberrechtlicher Schutz wissenschaftlicher Werke	537
a. Zum Streitstand	539
aa. Rechtsprechungsentwicklung	539
bb. Entwicklungen in der Literatur	541
(1) Befürwortende Auffassungen – Inhaltlicher Schutz	542
(2) Vermittelnde Auffassungen – Eingeschränkter inhaltlicher Schutz	543
(3) Ablehnende Auffassungen – Kein inhaltlicher Schutz	544
b. Argumentationslinien und eigene Würdigung	544
c. Fazit	548
B. Verwertung der Werke des Hochschulbeschäftigten durch die Hochschule	548
I. Urheberverwertungs- und -persönlichkeitsrechte des Hochschulbeschäftigten	549
1. Urheberpersönlichkeitsrechte des Hochschulbeschäftigten	549
2. Urheberverwertungsrechte des Hochschulbeschäftigten	552
a. Verwertung des Werks in körperlicher Form (§§ 16 und 17 UrhG)	552
b. Verwertung des Werks in unkörperlicher Form (§§ 19 Abs. 1, 4 und 23 UrhG)	554
3. Einschränkungen der Urheberpersönlichkeits- und -verwertungsrechte	556
II. Verwertung der Werke durch die Hochschule bzw. den Dienstherrn	556
III. Anwendbarkeit des § 43 UrhG im Hochschulbereich	558
1. Anwendbarkeit des § 43 UrhG im Hochschulbereich allgemein	558
a. Zusammenfassung der Wertungen des § 43 UrhG	558
b. Anwendbarkeit des § 43 UrhG auf Beamte	559
c. Anwendbarkeit des § 43 UrhG im Hochschulbereich	560

2. Differenzierung nach einzelnen
   Beschäftigungsgruppen 562
   a. Hauptberufliches wissenschaftliches und
      künstlerisches Personal 562
      aa. Hochschullehrer (Professoren und
          Juniorprofessoren) 563
          (1) Universitätsprofessoren 564
              (a) Grundsatz: Keine
                  Werkschaffungspflicht des
                  Universitätsprofessors 564
              (b) Ausnahmen: Werkschaffungspflicht
                  des Universitätsprofessors 567
              (c) Wertungen des § 43 UrhG passen
                  nicht zur rechtlichen Stellung von
                  Professoren 568
              (d) Parallelität zur Diensterfindung i. S.
                  d. § 4 ArbNErfG 568
              (e) Fazit 570
          (2) Professoren an Kunsthochschulen und
              Pädagogischen Hochschulen 570
          (3) Fachhochschulprofessoren 572
          (4) Professoren nichtstaatlicher
              Hochschulen 573
          (5) Fazit 574
      bb. Wissenschaftliche und künstlerische
          Mitarbeiter und Hilfskräfte 574
          (1) Wissenschaftliche und künstlerische
              Dienstleistungen 575
          (2) Rechtliche Stellung 576
      cc. Lehrkräfte für besondere Aufgaben 577
   b. Nicht hauptberuflich Tätige an einer
      Hochschule 579
      aa. Einschlägiger Personenkreis 579
          (1) Privatdozenten 579
          (2) Außerplanmäßige Professoren 580
          (3) Lehrbeauftragte 581
          (4) Honorarprofessoren 582
          (5) Vertretungsprofessoren 582
          (6) Gastprofessoren und Gastdozenten 583
      bb. Urheberrechtliche Bewertung 584

    c. Sonstige Hochschulangehörige oder -mitglieder 585
  3. Fazit 586
 IV. Sonderfall: Computerprogramme von
   Hochschulbeschäftigten (§ 69b UrhG) 587
C. Vergütungsansprüche des Hochschulurhebers 588
 I. Vergütungsansprüche nach den allgemeinen
   arbeitnehmerurheberrechtlichen Regelungen 589
  1. Vergütungsfolgen der Anwendung des § 43 UrhG
   auf Werke des Hochschulbeschäftigten 590
   a. Wissenschaftliche oder künstlerische Mitarbeiter
    bzw. Hilfskräfte und Lehrkräfte für besondere
    Aufgaben 591
   b. Hochschullehrer, Privatdozenten,
    Außerplanmäßige Professoren, Lehrbeauftragte,
    Honorar-, Vertretungs- und Gastprofessoren 593
    aa. Anbietungspflicht des Hochschullehrers bei
     freien Werken 593
     (1) Anbietungspflicht aus der
      „Treuepflicht" – Die Entscheidung
      „Grabungsmaterialien" des BGH 594
     (2) Anbietungspflicht aus § 19 ArbNErfG
      analog 597
     (3) Fazit 597
    bb. Freiwillige Nutzungsrechtseinräumung des
     Hochschullehrers bei freien Werken 598
    cc. Ausnahme: Pflichtwerke des
     Hochschullehrers 600
    dd. Fazit 601
  2. Vergütungsfolgen der Anwendung des § 69b UrhG
   auf Werke des Hochschulbeschäftigten 601
   a. Wissenschaftliche oder künstlerische Mitarbeiter
    bzw. Hilfskräfte und Lehrkräfte für besondere
    Aufgaben 602
   b. Hochschullehrer, Privatdozenten,
    Außerplanmäßige Professoren, Lehrbeauftragte,
    Honorar-, Vertretungs- und Gastprofessoren 602
  3. Fazit 604

II. Vergütungsanspruch in analoger Anwendung des § 42 Nr. 4 ArbNErfG	604
1. Planwidrige Regelungslücke im Hochschulurheberrecht	605
2. Vergleichbare Interessenlage	608
a. Vergleichbarkeit des Vergütungsgrundes	609
aa. Vergleich zwischen Arbeitnehmererfinder und Arbeitnehmerurheber	609
bb. Vergleich zwischen Hochschulerfinder und Hochschulurheber	609
(1) Vergütungsgrund des § 42 Nr. 4 ArbNErfG im Hochschulerfinderrecht	610
(2) Vergütungsgrund im Hochschulurheberrecht	612
(3) Gegenüberstellung/Vergleich	612
b. Arbeitsrechtliche Verpflichtung zur Schaffung von Arbeitsergebnissen	613
c. Strukturunterschiede bei Erfindungen und urheberrechtlich geschützten Werken von Hochschullehrern	614
d. Sonderregelungscharakter des § 42 Nr. 4 ArbNErfG	616
3. Fazit	617
III. Fazit	617
D. Zusammenfassung	618
Kapitel 5. Vergütungsansprüche des Hochschulbeschäftigten im Arbeitnehmerdesignrecht	**620**
§ 11 Die Vergütungsansprüche des Arbeitnehmerdesigners	621
A. Vergütungstatbestände des Arbeitnehmerdesignrechts	621
I. Vergütung für gebundene Entwürfe	621
1. Grundsätzliche Abgeltung durch das Arbeitsentgelt	622
2. Abweichende Vereinbarungen	623
II. Vergütung für freie Entwürfe	624
B. Vergütungsansprüche aus analoger Anwendung des arbeitnehmererfinderrechtlichen oder arbeitnehmerurheberrechtlichen Vergütungssystems	626
C. Zusammenfassung	627

§ 12 Die Vergütungsansprüche des Hochschuldesigners 627
   A. Der Anwendungsbereich des Designrechts im Hochschulbereich 627
   B. Verwertung der Designs des Hochschulbeschäftigten durch die Hochschule 628
      I. Designerverwertungs- und -persönlichkeitsrechte des Hochschulbeschäftigten 629
         1. Keine Designerpersönlichkeitsrechte des Hochschulbeschäftigten 629
         2. Designerverwertungsrechte des Hochschulbeschäftigten 630
         3. Einschränkungen der Designerverwertungsrechte 631
      II. Verwertung der Designs durch die Hochschule bzw. den Dienstherrn 632
   C. Vergütungsansprüche des Hochschuldesigners 632
      I. Vergütung nach den allgemeinen arbeitnehmerdesignrechtlichen Regelungen 633
         1. Anwendbarkeit des § 7 Abs. 2 DesignG im Hochschulbereich 633
            a. Anwendbarkeit des § 7 Abs. 2 DesignG im Allgemeinen 633
               aa. Anwendbarkeit des § 7 Abs. 2 DesignG auf Beamte 633
                  (1) Vergleich zum Arbeitnehmerurheberrecht 634
                  (2) Gegen die Anwendbarkeit auf Beamte 635
                  (3) Für die Anwendbarkeit auf Beamte 636
               bb. Anwendbarkeit des § 7 Abs. 2 DesignG im Hochschulbereich 637
            b. Differenzierung nach einzelnen Beschäftigungsgruppen 638
               aa. Hauptberufliches wissenschaftliches und künstlerisches Personal 638
                  (1) Hochschullehrer 638
                     (a) Vergleich zum Hochschulerfinderrecht 639
                     (b) Vergleich zum Hochschulurheberrecht 640
                     (c) Gegenüberstellung 640

                    (aa) Keine Verpflichtung zum
                         Entwerfen von Designs
                         vergleichbar dem Urheberrecht   640
                    (bb) Keine Vergleichbarkeit mit
                         Diensterfindungen i. S. d. § 4
                         ArbNErfG   642
                (d) Fazit   643
                (2) Wissenschaftliche und künstlerische
                    Mitarbeiter und Hilfskräfte   644
                (3) Lehrkräfte für besondere Aufgaben   644
            bb. Nicht hauptberuflich Tätige an einer
                Hochschule   644
            cc. Sonstige Hochschulangehörige bzw.
                -mitglieder   645
        c. Fazit   646
    2. Vergütungsfolgen der Anwendung des § 7 Abs. 2
       DesignG auf Designs des Hochschulbeschäftigten   647
        a. Wissenschaftliche oder künstlerische Mitarbeiter
           bzw. Hilfskräfte und Lehrkräfte für besondere
           Aufgaben   647
        b. Hochschullehrer und nicht hauptberuflich
           Tätige an der Hochschule   648
            aa. Anbietungspflicht des Hochschullehrers bei
                freien Entwürfen   649
            bb. Freiwillige Übertragung der Designrechte
                bzw. Lizenzeinräumung bei freien
                Entwürfen   650
    3. Fazit   651
II. Vergütungsanspruch in analoger Anwendung des § 42
    Nr. 4 ArbNErfG   652
    1. Planwidrige Regelungslücke   652
    2. Vergleichbare Interessenlage   653
        a. Vergleichbarkeit des Vergütungsgrundes   654
        b. Arbeitsrechtliche Verpflichtung zur Schaffung
           von Arbeitsergebnissen   655
        c. Abweichende Zuordnung der Rechte   656
        d. Strukturunterschiede bei Erfindungen und
           Designs von Hochschullehrern   656
        e. Sonderregelungscharakter des § 42 Nr. 4
           ArbNErfG   657

3. Fazit ... 658
III. Vergütungsanspruch in analoger Anwendung des Hochschulurheberrechts ... 658
   1. Vergleichbarkeit des Vergütungsgrunds und der Zuordnung der Rechte ... 659
   2. Vergütung aus § 32 UrhG analog ... 660
      a. Historischer Wandel des Verhältnisses zwischen Urheber- und Designrecht ... 661
      b. Einräumung von Nutzungsrechten vs. Originärer Rechtserwerb ... 663
   3. Fazit ... 664
IV. Fazit ... 665
D. Zusammenfassung ... 665

Kapitel 6. Zusammenfassung und Bewertung der Ergebnisse ... 667

Literaturverzeichnis ... 669

Stichwortverzeichnis ... 701

Abkürzungsverzeichnis

a. A.	andere Auffassung
Abs.	Absatz
a. F.	alte Fassung
AfP	Zeitschrift für Medien- und Kommunikationsrecht
AG	Amtsgericht
AGG	Allgemeines Gleichbehandlungsgesetz
Allg. A.	Allgemeine Ansicht oder Allgemeine Auffassung
Anm.	Anmerkung
AP	Arbeitsrechtliche Praxis
ArbG	Arbeitsgericht
ArbGG	Arbeitsgerichtsgesetz
ArbNErfG	Arbeitnehmererfindergesetz
ArbSchG	Arbeitsschutzgesetz
AÜG	Arbeitnehmerüberlassungsgesetz
AuR	Arbeit und Recht
BAG	Bundesarbeitsgericht
BAGE	Entscheidungen des Bundesarbeitsgerichts
BayHSchG	Bayerisches Hochschulgesetz
BayHSchPG	Bayerisches Hochschulpersonalgesetz
BB	Betriebs-Berater
BbgHG	Brandenburgisches Hochschulgesetz
Bd.	Band
BDSG	Bundesdatenschutzgesetz
BeckRS	Beck online Rechtsprechung
BenshSlg.	Bensheimer Sammlung
BerlHG	Berliner Hochschulgesetz
BetrVG	Betriebsverfassungsgesetz
BFDG	Bundesfreiwilligendienstgesetz
BGB	Bürgerliches Gesetzbuch
BGH	Bundesgerichtshof
BGHSt	Entscheidungen des Bundesgerichtshofs in Strafsachen

Abkürzungsverzeichnis

BGHZ	Entscheidungen des Bundesgerichtshofs in Zivilsachen
BlPMZ	Blatt für Patent-, Muster- und Zeichenwesen
BPatG	Bundespatentgericht
BPatGE	Entscheidungen des Bundespatentgerichts
BR-Drs.	Bundesratsdrucksache
BremHG	Bremisches Hochschulgesetz
BRRG	Beamtenrechtsrahmengesetz
BeamtStG	Beamtenstatusgesetz
BT-Drs.	Bundestagsdrucksache
BPersVG	Bundespersonalvertretungsgesetz
BSG	Bundessozialgericht
BSGE	Entscheidungen des Bundessozialgerichts
BUrlG	Bundesurlaubsgesetz
BVerfG	Bundesverfassungsgericht
BVerfGE	Entscheidungen des Bundesverfassungsgerichts
bzw.	beziehungsweise
CR	Computer und Recht
d.	der/des
DB	Der Betrieb
ders.	derselbe
DesignG	Gesetz über den rechtlichen Schutz von Design
dies.	dieselbe
DJZ	Deutsche Juristen-Zeitung
DöD	Der öffentliche Dienst
ECLI	European Case Law Identifier
EPÜ	Europäisches Patentübereinkommen
EuGH	Europäischer Gerichtshof
f.	folgend
ff.	folgende
F&L	Forschung und Lehre
FG	Festgabe
Fn.	Fußnote
FS	Festschrift
GebrMG	Gebrauchsmustergesetz
gem.	gemäß

GewO	Gewerbeordnung
GG	Grundgesetz
GGV	Gemeinschaftsgeschmacksmusterverordnung
GRUR	Zeitschrift für Gewerblichen Rechtsschutz und Urheberrecht
GRUR Int.	Zeitschrift für Gewerblichen Rechtsschutz und Urheberrecht Internationaler Teil
GRUR-RR	Gewerblicher Rechtsschutz und Urheberrecht Rechtsprechungs-Report
GS	Gedenkschrift
HGB	Handelsgesetzbuch
HG NRW	Hochschulgesetz Nordrhein-Westfalen
HHG	Hessisches Hochschulgesetz
HmbHG	Hamburgisches Hochschulgesetz
HochSchG RPF	Hochschulgesetz Rheinland-Pfalz
HRG	Hochschulrahmengesetz
Hrsg.	Herausgeber
HSG LSA	Hochschulgesetz Land Sachsen-Anhalt
HSG SH	Hochschulgesetz Schleswig-Holstein
IIC	International Review of Intellectual Property and Competition Law
i. S.	im Sinne
i. S. v.	im Sinne von
i. Ü.	im Übrigen
krit.	kritisch
LAG	Landesarbeitsgericht
LG	Landgericht
LHG BW	Landeshochschulgesetz Baden-Württemberg
LHG M-V	Landeshochschulgesetz Mecklenburg-Vorpommern
MDR	Monatsschrift für Deutsches Recht
m. H. a.	mit Hinweis auf
Mitt.	Mitteilungen der deutschen Patentanwälte
MittHV	Mitteilungen des Deutschen Hochschulverbands
m. w. N.	mit weiteren Nachweisen
n. F.	neue Fassung
NJOZ	Neue Juristische Online-Zeitschrift
NJW	Neue Juristische Wochenschrift

Abkürzungsverzeichnis

NJW-RR	Neue Juristische Wochenschrift Rechtsprechungs-Report Zivilrecht
Nr.	Nummer
Nrn.	Nummern
NHG	Niedersächsisches Hochschulgesetz
NVwZ	Neue Zeitschrift für Verwaltungsrecht
NZA	Neue Zeitschrift für Arbeitsrecht
NZA-RR	Rechtsprechungs-Report Arbeitsrecht
NZS	Neue Zeitschrift für Sozialrecht
OLG	Oberlandesgericht
PatG	Patentgesetz
PDS	Partei des Demokratischen Sozialismus
PflegeZG	Pflegezeitgesetz
PharmR	Pharma Recht
Prof-E	Professoren-Entwurf
RdA	Recht der Arbeit
RDV	Recht der Datenverarbeitung
RG	Reichsgericht
RGSt	Entscheidungen des Reichsgerichts in Strafsachen
RGZ	Entscheidungen des Reichsgerichts in Zivilsachen
S.	Satz/Seite/Siehe
SächsHSFG	Sächsisches Hochschulfreiheitsgesetz
SGB I	Sozialgesetzbuch I – Allgemeiner Teil
SGB II	Sozialgesetzbuch II – Grundsicherung für Arbeitsuchende
SGB III	Sozialgesetzbuch III – Arbeitsförderung
SGB IV	Sozialgesetzbuch IV – Gemeinsame Vorschriften für die Sozialversicherung
SGB V	Sozialgesetzbuch V – Gesetzliche Krankenversicherung
SGB VI	Sozialgesetzbuch VI – Gesetzliche Rentenversicherung
SGB VII	Sozialgesetzbuch VII – Gesetzliche Unfallversicherung
SGB X	Sozialgesetzbuch X – Sozialverwaltungsverfahren und Sozialdatenschutz
SGB XI	Sozialgesetzbuch XI – Soziale Pflegeversicherung
sic!	Zeitschrift für Immaterialgüter-, Informations- und Wettbewerbsrecht

Slg.	Sammlung der Rechtsprechung des Gerichtshofs und des Gerichts Erster Instanz
sog.	sogenannt/sogenannte/sogenannten/sogenanntem
st. Rspr.	ständige Rechtsprechung
SPD	Sozialdemokratische Partei Deutschlands
StVollzG	Strafvollzugsgesetz
ThürHG	Thüringer Hochschulgesetz
TVG	Tarifvertragsgesetz
TzBfG	Teilzeit- und Befristungsgesetz
u.a.	unter anderem
UFITA	Archiv für Urheber- und Medienrecht
UG SL	Universitätsgesetz Saarland
UrhG	Gesetz über Urheberrecht und verwandte Schutzrechte
v.	von/vom
Verf.	Verfasser/Verfassers
VGH	Verwaltungsgerichtshof
vgl.	vergleiche
VPP-Rundbrief	Rundbrief der Vereinigung von Fachleuten des Gewerblichen Rechtsschutzes
VwGO	Verwaltungsgerichtsordnung
WissR	Wissenschaftsrecht
WRP	Wettbewerb in Recht und Praxis
z. B.	zum Beispiel
ZBR	Zeitschrift für Beamtenrecht
ZDG	Zivildienstgesetz
ZfA	Zeitschrift für Arbeitsrecht
ZHR	Zeitschrift für das gesamte Handelsrecht und Wirtschaftsrecht
ZUM	Zeitschrift für Urheber- und Medienrecht
ZUM-RD	Zeitschrift für Urheber- und Medienrecht – Rechtsprechungsdienst

Kapitel 1. Einleitung

Technologische Neuentwicklungen und wissenschaftlicher Fortschritt bilden die Basis für eine wirtschaftliche, soziale und ökologische Entwicklung. Um den Fortschritt, das wirtschaftliche Wachstum, die Wettbewerbsfähigkeit und den Wohlstand in Deutschland zu sichern, sind die Förderung von Forschung, Wissenschaft und Innovationskraft unerlässlich.

Eine tragende Säule für Forschung und Innovation bilden die Hochschulen, deren Forschungs- und Entwicklungsaktivitäten sich im Jahr 2015 auf 15,3 Milliarden Euro beziffern ließen. Dies bedeutete immerhin einen Anteil von 17 % an der gesamten Forschung und Entwicklung in Deutschland.[1] Die Anzahl des in Forschung und Entwicklung (FuE) in Vollzeit tätigen Personals an den Hochschulen lag bei 134.032 Personen, wobei nicht nur die Gesamtzahl des FuE-Personals seit Jahren kontinuierlich steigt, sondern auch der Anteil des wissenschaftlichen Personals, also der Forscherinnen und Forscher[2], am gesamten FuE-Personal der Hochschulen stetig zunimmt (etwa im Jahr 2015 + 0,7 % gegenüber dem Jahr 2013).[3] Hochschulen sind als *"Stätten hochwertiger akademischer Ausbildung und Forschung [...] der zentrale Impulsgeber für das regionale Innovationsgeschehen."*[4]

---

[1] Bundesministerium für Bildung und Forschung, Bundesbericht Forschung und Innovation 2018, S. 80, abrufbar im Internet unter: https://www.bmbf.de/pub/Bufi_2018_Hauptband.pdf, zuletzt abgerufen am 19.04.2020.

[2] Der Leserlichkeit halber wird im Folgenden ausschließlich die maskuline Form verwendet.

[3] Basierend auf der Berechnung, dass im Jahr 2013 insgesamt 130.079 Personen in Forschung und Entwicklung an Hochschulen tätig waren, wovon es sich bei 99.123 Personen um wissenschaftliches Personal handelte (76,2 %), während im Jahr 2015 der Anteil des wissenschaftlichen Personals (103.148) am gesamten FuE-Personal der Hochschulen (134.032) demgegenüber 76,9 % betrug. In den Vorjahren lag der Anteil bei 75,5 % (2011), 73,2 % (2009) und 70,2 % (2007), wobei die prozentuale Zunahme stetig geringer wird (+ 3,0 % von 2007 auf 2009, + 2,3 % von 2009 auf 2011, + 0,7 % von 2011 auf 2013); hierzu siehe Bundesministerium für Bildung und Forschung, Daten und Fakten zum deutschen Forschungs- und Innovationssystem, S. 24, abrufbar im Internet unter: https://www.bmbf.de/pub/Bufi_2018_Datenband.pdf, zuletzt abgerufen am 19.04.2020.

[4] Bundesministerium für Bildung und Forschung, Bundesbericht Forschung und Innovation 2016, S. 64, abrufbar im Internet unter: https://www.bundesbericht-forschung-innovation.de/files/bmbf_bufi_2016_hauptband_barrierefrei.pdf, zuletzt abgerufen am 19.04.2020.

Kapitel 1. Einleitung

Um das immense Innovationspotenzial zu nutzen, müssen die Entwicklungen und das generierte Wissen an den Hochschulen in die Wirtschaft transferiert werden.

§ 1 *Hochschulerfindungsrecht*

Unter diesen Entwicklungen von herausgehobener Bedeutung für den technologischen Fortschritt sind die *Erfindungen*, die einem Hochschulbeschäftigten im Rahmen seiner Forschungstätigkeit gelingen. Entscheidend für den Transfer der Technologien aus der Hochschule ist die Kommodifizierung der Erfindungen: „*Aus [diesen] Erfindungen müssen im Markt Produkte werden*".[5] Regelmäßig geschieht die Überführung der Forschungsergebnisse in wirtschaftliche Nutzung durch die Sicherung der jeweiligen Erfindung mittels eines Patent- oder Gebrauchsmusterrechts.[6] Der erforderliche Wissens- und Technologietransfer zwischen den Hochschulen und der Industrie wollte in der Vergangenheit jedoch nicht recht gelingen. Im Jahr 1999 betrug der Anteil der Patentanmeldungen aus Hochschulen an den deutschen Patentanmeldungen gerade einmal etwa 4 %.[7]

Dieser Umstand veranlasste den Gesetzgeber im Jahr 2002 zu tiefgreifenden Veränderungen des Hochschulerfindungsrechts. Rechtspolitisch kann das Jahr 2002 in Deutschland mit Fug und Recht als das Jahr der Veränderungen bezeichnet werden. Nicht nur brachte es die Einführung des Euro als alleiniges gesetzliches Zahlungsmittel mit sich, auch das Schuldrechtsmodernisierungsgesetz stellte das bislang geltende Schuldrecht völlig auf den Kopf. Dagegen könnte das im Schatten der Schuldrechtsmodernisierung stehende, zum 07. Februar 2002 in Kraft getretene Gesetz zur Änderung des Gesetzes über Arbeitnehmererfindungen vom 18. Januar 2002 leicht untergehen. Dennoch führte es mit einer Neuregelung des § 42 ArbNErfG zu einer Kehrtwende im Bereich der Hochschulerfindungen: Bis dato existierte das sog. Hochschullehrerprivileg nach § 42 ArbNErfG a. F., wonach Erfindungen eines Professors, Dozenten oder wissenschaftlichen Assistenten als freie Erfindungen galten, deren Verwertung allein den genannten Personen als jeweiligem Erfinder zustand. Seit der Neuregelung stellen Erfindungen von Hochschulbeschäftigten nach § 42 ArbNErfG

---

5 *Slopek/Pausewang/Beye*, WissR 2011, 50.
6 Entwurf eines Gesetzes zur Änderung des Gesetzes über Arbeitnehmererfindungen vom 09.05.2001, BT-Drs. 14/5975, S. 2.
7 *Körting/Kummer*, RdA 2003, 279, 281.

n. F. regelmäßig Diensterfindungen dar, die der Verwertung durch die Hochschule unterliegen.

In diesem Kontext stellt sich zügig die Frage nach den Rechten des einzelnen Hochschulbeschäftigten, der zwar nur als kleines Rädchen im Gesamtsystem des wissenschaftlichen Fortschritts erscheinen mag, den Erfolg der Forschung und Entwicklung aber entscheidend mitträgt. Werden seine Erfinderrechte infolge der Verwertung der Erfindung durch die Hochschule zum Zwecke der Innovationsförderung preisgegeben, ist der Ruf nach einem gerechten Ausgleich in Form von Vergütungszahlungen nicht fernliegend. Galten Erfindungen von Hochschullehrern vormals als freie Erfindungen, stellte sich die Frage nach einer Vergütung verständlicherweise nicht. Erst die Neuregelung des § 42 ArbNErfG brachte mit der Abschaffung des Hochschullehrerprivilegs erstmals die Frage nach einer Vergütung mit sich. Durch die Degradierung der Hochschulerfindungen zu Diensterfindungen hat der Gesetzgeber das Recht der Hochschulerfindungen dem allgemeinen Arbeitnehmererfinderrecht angenähert, wonach die Erfindungen von Arbeitnehmern ebenfalls regelmäßig durch den Arbeitgeber verwertet werden. Auch dort stellt sich die Frage nach einer angemessenen Vergütung des Arbeitnehmers. Generell wird die Frage nach der Vergütung eines Arbeitnehmers wohl eine der bedeutendsten im Arbeitsverhältnis sein. Mit dem neuen § 611a BGB existiert eine Regelung der arbeitsvertraglichen Pflichten, wonach der Arbeitnehmer zur Erbringung der geschuldeten Arbeitstätigkeit, der Arbeitgeber im Gegenzug zur Zahlung der vereinbarten Vergütung verpflichtet wird. Es stellt sich aber die Frage, ob sich die Vergütung des Arbeitnehmers allein aus den vertraglichen Vereinbarungen ergibt. Stimmen nach einer über die vertragliche Vereinbarung hinausgehenden Vergütung des Arbeitnehmers werden vor allem dann laut, wenn der Arbeitnehmer in Ausübung seiner Tätigkeit Arbeitsergebnisse liefert, die dem Arbeitgeber in Folge der Verwertung bzw. Nutzung ein Vermögen einbringen. Es stellt sich die Frage, ob auch in diesem Fall das vereinbarte Arbeitsentgelt als Äquivalent für die Arbeitsleistung des Arbeitnehmers ausreichen kann.

Handelt es sich bei dem Arbeitsergebnis des Arbeitnehmers um eine Erfindung, werden die Arbeitsvertragsparteien hinsichtlich der Regelung der Vergütung jedoch nicht allein gelassen. Denn das Arbeitnehmererfindergesetz sieht Regelungen zur Vergütung des Arbeitnehmererfinders in den §§ 9 ff. ArbNErfG vor. Die Frage nach einer Vergütung des Hochschulbeschäftigten infolge der Abschaffung des Hochschullehrerprivilegs erkennend, hat der Gesetzgeber es auch der Neuregelung des § 42 ArbNErfG nicht an einer Vergütungsregelung fehlen lassen, die eine angemessene

Kapitel 1. Einleitung

Vergütung des Hochschulbeschäftigten sicherstellen soll. Nach § 42 Nr. 4 ArbNErfG erhält der Hochschulbeschäftigte, dessen Erfindung durch die Hochschule verwertet wird, 30 % der durch die Verwertung erzielten Einnahmen.

Gleichwohl scheint die mit der Neuregelung bezweckte Förderung des Technologietransfers nach wie vor hinter den Erwartungen zurück zu bleiben. Im Jahr 2017 wurden in Deutschland 61.469 nationale Patente beim Deutschen Patent- und Markenamt (DPMA) angemeldet, wobei die Zahl der Anmeldungen in den letzten Jahren fast durchgängig gestiegen ist.[8] Unentwegt stellt Deutschland mit 8,0 % aller internationalen Patentanmeldungen hinter den USA (≈ 23,3 %), China (≈ 20,1 %) und Japan (≈ 19,8 %) einen der bedeutendsten Patentanmelder weltweit dar.[9] Zwar steht Deutschland im internationalen Vergleich statistisch schlechter da als in den Jahren zuvor[10], dennoch hat es als bedeutender Innovations- und Forschungsstandort in keiner Weise eingebüßt und gehört zu den führenden Innovationsnationen weltweit.[11] Gleichwohl sank das Patentaufkommen an deutschen Hochschulen mit 668 Patentanmeldungen im Jahr 2017 gemessen an der Anzahl deutscher Patentanmeldungen auf gerade einmal etwa 1 %.[12] Trotz der Neuregelung des § 42 ArbNErfG ist das Hochschulpatentaufkommen über die Jahre hinweg fast durchgängig gesunken. Nicht zu übersehen ist dabei auch, dass die 10 aktivsten Unternehmen und Institutionen wie die Robert Bosch GmbH (4.038 Anmeldungen in 2017), die Daimler AG (1.588 Anmeldungen in 2017) oder die Siemens AG (972 Anmeldungen in 2017) jeweils für sich gesehen weiterhin mehr Anmeldun-

---

8 Deutsches Patent- und Markenamt, Jahresbericht 2017, S. 89, abrufbar im Internet unter: https://www.dpma.de/docs/dpma/veroeffentlichungen/jahresberichte/jahresbericht2017.pdf, zuletzt abgerufen am 19.04.2020.

9 World Intellectual Property Organization, Patent Cooperation Treaty - Yearly Review 2018, S. 17, 24, abrufbar im Internet unter: http://www.wipo.int/edocs/pubdocs/en/wipo_pub_901_2018.pdf, zuletzt abgerufen am 19.04.2020.

10 Im Jahr 2002 belegte Deutschland mit 13,4 % aller internationaler Patentanmeldungen nach den USA (39,1 %) letztmalig noch Rang 2 der Liste der wichtigsten Patentanmelder (vgl. World Intellectual Property Organization, Yearly Review of the PCT 2002, S. 3, abrufbar im Internet unter: http://www.wipo.int/export/sites/www/pct/en/activity/pct_2000.pdf, zuletzt abgerufen am 19.04.2020.

11 Bundesministerium für Bildung und Forschung, Bundesbericht Forschung und Innovation 2018, S. 12, abrufbar im Internet unter: https://www.bmbf.de/pub/Bufi_2018_Hauptband.pdf, zuletzt abgerufen am 19.04.2020.

12 Vgl. Deutsches Patent- und Markenamt, Jahresbericht 2017, S. 92, abrufbar im Internet unter: https://www.dpma.de/docs/dpma/veroeffentlichungen/jahresberichte/jahresbericht2017.pdf, zuletzt abgerufen am 19.04.2020.

gen erbringen als alle deutschen Hochschulen zusammen genommen.[13] Laut einer Untersuchung aus dem Jahr 1999 lag für 89 % der befragten Hochschullehrer das Motiv für die Patentierung einer patentfähigen Erfindung in dem Interesse an der wirtschaftlichen Verwertung.[14] Hochschulwissenschaftler verfolgen mit ihrer Forschung zwar nicht nur, aber demnach wohl auch pekuniäre Interessen. Einer der Gründe, die die Bereitschaft der Hochschulbeschäftigten zur Entwicklung patentfähiger Erfindungen heute hemmen mögen, könnte möglicherweise in einer nicht ausreichenden Vergütung für die jeweilige Leistung zu finden sein. Dies allein wäre Grund genug, sich mit den Vergütungsansprüchen eines Hochschulbeschäftigten bei der Verwertung „seiner" Erfindungen durch die Hochschule vertiefter auseinanderzusetzen.

Primäres Ziel der vorliegenden Arbeit kann und soll es allerdings nicht sein, den Sinn oder Unsinn der Vergütungsregelung des § 42 Nr. 4 ArbNErfG zu beurteilen oder gar ganzheitliche Neukonzeptionen und -regelungen vorzuschlagen, die den Technologietransfer vermeintlich besser zu fördern vermögen. Dies muss anderen Arbeiten und Untersuchungen vorbehalten bleiben, die sich vor allem auch mit den ökonomischen, politischen und sozialen Aspekten des Wissens- und Technologietransfers ausgiebig beschäftigen müssten. Denn die Vergütung des Hochschulbeschäftigten als einzige Stellschraube im System eines funktionierenden Wissens- und Technologietransfers zu begreifen, wäre entschieden zu kurz gegriffen. Vielmehr soll eine rechtliche Beurteilung des status quo der Vergütung des Hochschulbeschäftigten allein anhand der aktuellen gesetzlichen Regelungen erfolgen, deren Änderung sich im Übrigen derzeit auch nicht abzeichnet. Gleichwohl soll es aber auch an Änderungs-, Korrektur- oder Verbesserungsvorschlägen der derzeitigen Rechtslage nicht fehlen.

Allerdings soll die vorliegende Untersuchung bei der Betrachtung des hochschulerfinderrechtlichen Vergütungsanspruchs nicht stehen bleiben, sondern den Blick auch auf weitere Bereiche des Rechtes am geistigen Eigentum freigeben. Zwar wird von allen Immaterialgüterrechten die Erfindung wohl das bedeutendste Arbeitsergebnis darstellen, das ein Arbeitnehmer im Rahmen eines Arbeitsverhältnisses erzielen kann, was auch der Gesetzgeber erkannt und für die Rechtsverhältnisse zwischen Arbeitgeber und Arbeitnehmererfinder ein eigenes Gesetz geschaffen hat (Arbeitneh-

---

13 Deutsches Patent- und Markenamt, Jahresbericht 2017, S. 94, abrufbar im Internet unter: https://www.dpma.de/docs/dpma/veroeffentlichungen/jahresberichte/jahresbericht2017.pdf, zuletzt abgerufen am 19.04.2020.
14 *Cohausz*, Untersuchung zum Verwertungsprivileg, S. 99.

Kapitel 1. Einleitung

mererfindergesetz). Dennoch sind neben den Erfindungen auch viele weitere Arbeits- und Forschungsergebnisse des Arbeitnehmers bzw. Hochschulbeschäftigten denkbar, die durch den Arbeitgeber bzw. die Hochschule verwertet werden.

§ 2 *Hochschulurheberrecht*

Neben dem Erfindungsrecht spielt vor allem das Urheberrecht im Hochschulbereich eine zentrale Rolle. An Hochschulen als Brutstätten von Forschung und Lehre wird eine Vielzahl persönlicher geistiger Schöpfungen hervorgebracht, die den Schutz des Urheberrechts genießen. Denn die im Rahmen der Forschungstätigkeit entstandenen Forschungsergebnisse bedürfen zu ihrer Veröffentlichung einer entsprechenden Präsentation und anschaulichen Darstellung. Die Hochschulbeschäftigten, namentlich die Hochschulprofessoren, werden ihre Forschungsergebnisse deshalb regelmäßig in Vorträgen, Monografien, Aufsätzen, Beiträgen in Festschriften oder anderen Publikationen verarbeiten.[15] Ebenso bringt auch die Lehre eine Vielzahl an Schriftwerken oder Reden mit sich.

Die Bedeutung des Urheberrechts im Hochschulbereich tritt vor allem mit der Open Access-Diskussion zu Tage. Die Open Access-Forderung beinhaltet das Bestreben, alle wissenschaftlichen Informationen der Allgemeinheit kostenlos zugänglich zu machen. Dahinter verbirgt sich vor allem die Ablehnung einer Doppelbezahlung für den Hochschulbeschäftigten: Wird der Hochschulbeschäftigte bereits für seine Forschungstätigkeit aus öffentlichen Mitteln entlohnt und seine Forschung sowie die Forschungseinrichtung bzw. Hochschule mit öffentlichen Geldern finanziert, könne dieser nicht zusätzlich auch für die Veröffentlichung der Forschungsergebnisse belohnt werden. Umgekehrt gesprochen dürfe die Allgemeinheit nicht mit doppelten Zahlungen sowohl für die Finanzierung der Forschung als auch für den Zugang zu den Forschungsergebnissen belastet werden.[16] Eine solche Diskussion kann selbstverständlich nicht fernab der Beachtung der dem Hochschulbeschäftigten zustehenden Urheberrechte geführt werden. Die Open Access-Diskussion zeigt aber auch, dass wie in so vielen Bereichen vor allem finanzielle Aspekte eine Rolle spielen. Während auf der einen Seite der kostenlose Zugang zu Forschungsergebnissen verlangt wird, wird der Hochschulbeschäftigte verständlicherweise

---

15 Vgl. *Schmidt*, Open Access, S. 158.
16 Vgl. hierzu ausführlicher *Schmidt*, Open Access, 19 ff.

nicht ohne weiteres auf eine Vergütung für die Einräumung von Nutzungsrechten an den von ihm geschaffenen Werken verzichten wollen.

So wurde die Vergütungsfrage in jüngerer Zeit auch Teil der aktuellen Diskussion um die öffentliche Zugänglichmachung von Werken für den Unterrichtsgebrauch und zu Zwecken der Forschung. Nach § 52a Abs. 1 UrhG a. F. war es zulässig, veröffentlichte kleine Teile eines Werkes oder Werke geringeren Umfangs zur Veranschaulichung im Unterricht an Hochschulen für den bestimmt abgegrenzten Kreis von Unterrichtsteilnehmern (z. B. Vorlesungen, Tutorien) oder für einen bestimmt abgegrenzten Kreis von Personen für deren eigene wissenschaftliche Forschung öffentlich zugänglich zu machen (z. B. digitale Semesterapparate). § 52a Abs. 4 UrhG a. F. sah für die öffentliche Zugänglichmachung einen Anspruch auf eine angemessene Vergütung vor, der nur durch eine Verwertungsgesellschaft geltend gemacht werden kann. Die auf dieser Grundlage ausgehandelten Verträge zwischen den Ländern und der Verwertungsgesellschaft Wort (VG Wort), die zur Vereinfachung eine Pauschalvergütung regelten[17], gerieten durch die Entscheidung *Gesamtvertrag Hochschul-Intranet* des BGH im Jahr 2003[18] ins Wanken. Im September 2016 schlossen Bund und Länder mit der VG Wort einen Rahmenvertrag zur Vergütung von Ansprüchen nach § 52a UrhG a. F., der in § 6 statt der Pauschalvergütung eine Einzelabrechnung für alle genutzten Schriftwerke regelte und zum 1. Januar 2017 in Kraft treten sollte (§ 9 des Rahmenvertrags).[19] Aufgrund massiver Proteste der Hochschulen und der Studentenschaft haben die Kultusministerkonferenz, die Hochschulrektorenkonferenz sowie die VG Wort im Dezember 2016 eine Grundsatzvereinbarung getroffen, nach der die bisherige Regelung der Pauschalvergütung bis zum 30. September

---

[17] Siehe z. B. Deutscher Bibliotheksverband, Ergänzungsvereinbarung zur "Vergütungsvereinbarung zur Abgeltung von Ansprüchen für Nutzungen nach § 52a UrhG vom 27./30.01.2015" vom 26.01./09.02.2016, abrufbar im Internet unter: http://www.bibliotheksverband.de/fileadmin/user_upload/DBV/vereinbarungen/2015_Hochschulen_Erlass45.pdf, zuletzt abgerufen am 19.04.2020.

[18] BGH, Urteil v. 20.03.2013 – I ZR 84/11, GRUR 2013, 1220, 1220 ff. – *Gesamtvertrag Hochschul-Intranet*.

[19] Deutscher Bibliotheksverband, Rahmenvertrag zur Vergütung von Ansprüchen nach § 52a UrhG (Hochschulen) vom 28.09.2016, abrufbar im Internet unter: http://www.bibliotheksverband.de/fileadmin/user_upload/DBV/vereinbarungen/2016-10-05_Rahmenvertrag_zur_Verguetung_von_Anspruechen_nach___52a_UrhG.pdf, zuletzt abgerufen am 19.04.2020.

Kapitel 1. Einleitung

2017 temporär fortgeführt werden sollte.[20] War damit zumindest eine Übergangslösung für die Intranetnutzung an Hochschulen gem. § 52a UrhG a. F. gefunden, sollte zwischenzeitlich eine bundesweit einheitliche Lösung für die Abgeltung der urheberrechtlichen Ansprüche der VG Wort nach § 52a UrhG a. F. entwickelt werden, die unter Berücksichtigung der vom BGH aufgestellten Grundsätze für die Hochschulen und die VG Wort praktikabel und sachgerecht sein sollte (vgl. § 3 der Grundsatzvereinbarung).

Die Diskussion um die angemessene Vergütung nach § 52a UrhG a. F. wurde im Juni 2017 durch den Gesetzgeber beendet, der mit Wirkung zum 1. März 2018 das neue Urheberrechts-Wissensgesellschafts-Gesetz (UrhWissG) beschloss.[21] Daraufhin verlängerten Hochschulrektorenkonferenz, Kultusministerkonferenz und VG Wort die Übergangslösung der pauschalen Vergütung bis zum Inkrafttreten des Gesetzes.[22] Das UrhWissG sieht einen neuen § 60a UrhG vor, wonach zur Veranschaulichung des Unterrichts und der Lehre an Bildungseinrichtungen zu nicht-kommerziellen Zwecken 15 % eines veröffentlichten Werkes vervielfältigt, verbreitet, öffentlich zugänglich gemacht und in sonstiger Weise öffentlich wiedergegeben werden dürfen für Lehrende und Teilnehmende der jeweiligen Veranstaltung, für Lehrende und Prüfer an derselben Bildungseinrichtung sowie für Dritte, soweit dies der Präsentation des Unterrichts dient. § 60c UrhG n. F. zufolge gilt vergleichbares zum Zweck der nicht-kommerziellen wissenschaftlichen Forschung für einen bestimmt abgegrenzten Kreis von Personen für deren eigene wissenschaftliche Forschung sowie für einzelne

---

20 Deutscher Bibliotheksverband, Grundsatzvereinbarung zwischen der Kultusministerkonferenz und der Verwertungsgesellschaft Wort und der Hochschulrektorenkonferenz vom 22.12.2016, abrufbar im Internet unter: http://www.bibliotheksverband.de/fileadmin/user_upload/DBV/vereinbarungen/Grundsatzvereinbrung_KMK_VG_Wort_HRK.pdf, zuletzt abgerufen am 19.04.2020.

21 „Gesetz zur Angleichung des Urheberrechts an die aktuellen Erfordernisse der Wissensgesellschaft (Urheberrechts-Wissensgesellschaftsgesetz – UrhWissG)" vom 01.09.2017, BGBl. 2017, Teil I, S. 3346, in Kraft getreten am 01.03.2018. Zur Entstehung des Gesetzes siehe auch den Gesetzesentwurf der Bundesregierung vom 15.05.2017 (BT-Drs. 18/12329), die Beschlussempfehlung und den Bericht des Ausschusses für Recht und Verbraucherschutz vom 28.06.2017 (BT-Drs. 18/13014) sowie den Gesetzesbeschluss des Deutschen Bundestages vom 30.06.2017 (BR-Drs. 535/17).

22 Siehe hierzu Deutscher Bibliotheksverband, Schreiben des Vorsitzenden der Kommission "Bibliothekstantieme", Staatsrat Kück vom 10.08.2017, abrufbar im Internet unter: http://www.bibliotheksverband.de/fileadmin/user_upload/Kommissionen/Kom_Recht/Rechtsinformationen/2017_08_16_Paragraph52a.pdf, zuletzt abgerufen am 19.04.2020.

Dritte, soweit dies zur Überprüfung der Qualität wissenschaftlicher Forschung dient. Entscheidend im Zusammenhang mit der Vergütung ist § 60h UrhG n. F., wonach der Urheber für entsprechende Nutzungen einen Anspruch auf Zahlung einer angemessenen Vergütung hat (Abs. 1), die pauschal berechnet werden kann (Abs. 3 S. 1).

Diese Diskussionen und Entwicklungen zeigen exemplarisch die Bedeutung des Urheberrechts im Wissenschaftsbetrieb. Trotz dieser enormen Relevanz des Urheberrechts für die Rechtsverhältnisse im Hochschulbereich fehlt es dem Urhebergesetz an konkreten Regelungen hinsichtlich der Rechtsstellung des Hochschulurhebers. Denn anders als das Arbeitnehmererfindergesetz sieht das Urhebergesetz keine besonderen Bestimmungen für Hochschulbeschäftigte vor. So sind die urheberrechtlich geschützten Werke eines Hochschulbeschäftigten vom Gesetzgeber nicht mit Vergütungsvorschriften bedacht worden. Die vorliegende Arbeit soll eine Antwort auf die Frage geben, ob dem Hochschulbeschäftigten eine Vergütung nicht nur für Erfindungen, sondern auch für die von ihm geschaffenen urheberrechtlich geschützten Werke zusteht, sofern diese durch die Hochschule verwertet werden.

§ 3 Hochschuldesignrecht

Neben dem Erfinder- und dem Urheberrecht kommt schließlich auch dem Designrecht bei durch Hochschulbeschäftigte geschaffenen Werken ein besonderer Stellenwert zu. Mit einem Blick auf vermehrt auftretende universitäre Studiengänge wie „Produktdesign" oder „Modedesign" an der Universität der Künste zu Berlin oder sich ganz dem Design verschreibende Hochschulen wie die Mediadesign Hochschule Düsseldorf zeigt sich, dass Designentwürfe bereits im Bereich des Hochschulstudiums eine bedeutende Rolle einnehmen. Zwar fehlt es anders als den patentrechtlichen Statistiken an konkreten Angaben hinsichtlich des Anteils der angemeldeten Designs der Hochschulen gemessen an der Gesamtzahl der Designanmeldungen[23], die die Bedeutung des Designrechts auch im Bereich der Hoch-

---

23 Seit dem Wegfall des Hochschullehrerprivilegs im Jahr 2002 weist der Jahresbericht des Deutschen Patent- und Markenamtes jährlich die Zahl der Hochschulpatentanmeldungen aufgeschlüsselt nach Bundesländern aus. Vergleichbare Angaben fehlen bei den Statistiken zu Designanmeldungen (für das Jahr 2017 vgl. Deutsches Patent- und Markenamt, Jahresbericht 2017, S. 92 und 104 ff., abrufbar im Internet unter: https://www.dpma.de/docs/dpma/veroeffentlichungen/jahresberichte/jahresbericht2017.pdf, zuletzt abgerufen am 19.04.2020).

Kapitel 1. Einleitung

schultätigkeit plastisch werden ließen. Gleichwohl sind das Recht des deutschen eingetragenen Designs sowie das parallel laufende Recht des europäischen Gemeinschaftsgemacksmusters auch im Rahmen der Forschung und Lehre der Beschäftigten an einer Hochschule nicht minder von Bedeutung. So kann etwa ein Professor an einer Hochschule zwecks Vermarktung ein gestalterisch attraktives Gehäuse für ein technisches Gerät entwerfen, das von einem Forscherteam an der Hochschule erfunden wurde.[24] Oder es entwickelt ein Architekturprofessor Gebäudemuster und -modelle zu Veranschaulichungszwecken im Rahmen des Unterrichts. Dennoch ist das Designrecht an Hochschulen bislang nicht Teil des juristischen Diskurses geworden. Ebenso wie im Urheberrecht fehlt es dem Designgesetz an Regelungen hinsichtlich der Rechtsstellung eines Hochschulbeschäftigten im Designrecht. Dementsprechend sieht auch das Designgesetz keine Vergütungsansprüche des Hochschulbeschäftigten vor. Werden Designentwürfe eines Hochschulbeschäftigten durch die Hochschule verwertet, stellt sich die Frage, ob dem Hochschulbeschäftigten eine Vergütung für die von ihm im Rahmen seiner Tätigkeit entworfenen Designs zusteht. Auch hierauf soll die vorliegende Arbeit eine Antwort geben.

---

24 Vgl. hierzu *Knudsen/Lauber*, Schutz wissenschaftlicher Leistungen an Hochschulen und Forschungseinrichtungen, S. 6.

Kapitel 2. Vergütungsansprüche des Arbeitnehmers und Immaterialgüterrechte im Arbeitsrecht

Die Verwertung des geistigen Eigentums des Hochschulbeschäftigten durch die Hochschule kommt nur in Betracht, sofern ein rechtliches Band zwischen dem Hochschulbeschäftigten und der Hochschule besteht, das es der Hochschule gestattet, das geistige Eigentum des Hochschulbeschäftigten zu verwerten. Wie der im Begriff des Hochschulbeschäftigten integrierte Ausdruck der Beschäftigung bereits anklingen lässt, wird dieses Band regelmäßig in einem Beschäftigungsverhältnis zwischen Hochschule und Hochschulbeschäftigtem zu erblicken sein. Der an einer Hochschule Beschäftigte wird auf der Grundlage eines Arbeits- oder Dienstverhältnisses an der Hochschule tätig, wodurch das Arbeitsrecht für die vorliegende Arbeit wegweisende Bedeutung erlangt. Soweit es aber um das geistige Eigentum des Hochschulbeschäftigten geht, das durch die Hochschule verwertet wird, ist nicht allein das Arbeitsrecht maßgebend. Es muss sich vielmehr auf ein Zusammenspiel sowie ein Konkurrenzverhältnis mit dem das geistige Eigentum schützenden Immaterialgüterrecht einlassen.

In diesem Kapitel werden diejenigen Grundlagen des Arbeitsrechts sowie des Immaterialgüterrechts vor die Klammer gezogen, die für die Betrachtung der immaterialgüterrechtlichen Vergütungsansprüche des Hochschulbeschäftigten unverzichtbar sind, aber die anschließende Betrachtung mit der Darstellung von Grundlagen überlasten und das Verständnis sowie den Lesefluss über Gebühr strapazieren würden. Erforderlich sind demnach eine Auseinandersetzung mit den für die vorliegende Arbeit relevanten arbeitsrechtlichen Grundlagen (§ 4) sowie eine Erörterung der im Arbeitsrecht in Betracht kommenden Vergütungstatbestände für Arbeitsergebnisse, die der Arbeitnehmer im Rahmen des Arbeitsverhältnisses erzielt (§ 5). Sodann ist umfassend auf die Einwirkungen des Immaterialgüterrechts auf das Arbeitsrecht einzugehen. In diesem Kontext ist vor allem zu untersuchen, welche Immaterialgüterrechte im Arbeitsverhältnis entstehen können und wem die als geistiges Eigentum geschützten Arbeitsergebnisse nach arbeitsrechtlichen sowie immaterialgüterrechtlichen Grundsätzen zustehen (§ 6).

Kapitel 2. Vergütungsansprüche und Immaterialgüterrechte im Arbeitsrecht

§ 4 *Arbeitsrechtliche Grundlagen*

Anders als in anderen Rechtsgebieten fehlt es auf dem Gebiet des Arbeitsrechts an einem einheitlichen, umfassenden Arbeitsgesetz. Vielmehr lassen sich angefangen vom Arbeitszeitgesetz über das Arbeitnehmerüberlassungsgesetz, Bundesurlaubsgesetz und Kündigungsschutzgesetz bis hin zum Tarifvertragsgesetz zahlreiche einzelne Gesetze finden, die das Rechtsverhältnis zwischen Arbeitgeber und Arbeitnehmer bestimmen. Dieser Zustand der Rechtszersplitterung erschwert die Betrachtung der arbeitsrechtlichen Grundlagen.

Im Folgenden sollen die für die vorliegende Arbeit relevanten Grundlagen des Arbeitsrechts erörtert werden. Im Hinblick auf die Definition des Begriffes des Hochschulbeschäftigten und der Hochschule ist zunächst festzustellen, was unter den zentralen Begriffen des Arbeitsrechts, dem des Arbeitnehmers sowie dem der Beschäftigung zu verstehen ist (A.); insbesondere die Diskussion um den Arbeitnehmerbegriff hat in jüngster Zeit neue Belebung erfahren. Des Weiteren ist auf diejenigen Pflichten der Parteien aus dem Arbeitsverhältnis einzugehen, die für die weitere Untersuchung von Bedeutung sind (B.).

A. Persönlicher Anwendungsbereich des Arbeitsrechts

Die zentralen Figuren des Arbeitsverhältnisses sind der Arbeitnehmer sowie der Arbeitgeber, auf die die arbeitsrechtlichen Bestimmungen grundsätzlich zugeschnitten sind und persönlich Anwendung finden. Während die Bestimmung des Arbeitgeberbegriffs nur wenig Schwierigkeiten bereitet, stellt die Definition des Arbeitnehmerbegriffs seit jeher eine der Kernfragen des Arbeitsrechts dar. Im Anschluss an die Bestimmung des Arbeitnehmerbegriffs muss auch der Frage nachgegangen werden, inwieweit sich der Begriff des Beschäftigten vom Arbeitnehmerbegriff unterscheiden lässt.

I. Der Arbeitnehmerbegriff

In zahlreichen Normen im Gesetz ist die Rede vom *Arbeitnehmer*. So fanden sich allein im BGB schon vor Inkrafttreten von § 611a z. B. mit §§ 612a, 613a Abs. 1 und 4, 619a sowie § 622 BGB etliche Vorschriften, die auf den Arbeitnehmerbegriff zurückgreifen. Selbstverständlich findet der

Terminus auch in den arbeitsrechtlichen Fachgesetzen häufig Verwendung, vgl. nur § 5 Abs. 1 ArbGG, § 2 Abs. 2 ArbZG und § 5 Abs. 1 BetrVG. Obwohl alle diese Gesetze den Arbeitnehmerbegriff voraussetzen, existierte eine allgemeingültige Legaldefinition bis in die jüngste Zeit nicht.[25] § 622 Abs. 1 BGB beschreibt den Arbeitnehmer zwar als Arbeiter oder Angestellten, woraus sich jedoch nicht entnehmen lässt, wer konkret unter die Begrifflichkeiten zu subsumieren ist. Auch die Spezialgesetze stellen zumeist auf Arbeiter und Angestellte ab, ergänzen oder beschränken den persönlichen Anwendungsbereich im Einzelfall jedoch abhängig vom jeweiligen Gesetzeszweck. So werden zum Teil auch die zur Berufsbildung oder in Heimarbeit Beschäftigten sowie arbeitnehmerähnliche Personen den Arbeitnehmern gleichgestellt (vgl. § 2 S. 2 BUrlG). Umgekehrt wird häufig festgelegt, dass manche Personengruppen, wie leitende Angestellte, Organmitglieder und vertretungsberechtigte Gesellschafter gerade nicht vom Anwendungsbereich erfasst sein sollen (vgl. § 5 Abs. 2, 3 BetrVG, § 5 Abs. 1 S. 2 ArbGG).

Aufgrund der mangelnden Existenz einer Definition, hat es in der Vergangenheit mehrere Definitionsversuche und Gesetzesinitiativen[26] sowie verschiedene Ansätze zur Bestimmung des Arbeitnehmerbegriffs gegeben.[27] Nach dem auf die Definition von *Alfred Hueck*[28] zurückgehenden Verständnis des Arbeitnehmerbegriffs der ganz herrschenden Meinung in Rechtsprechung und Literatur ist Arbeitnehmer, wer aufgrund eines privatrechtlichen Vertrags oder eines diesem gleichgestellten Rechtsverhältnisses im Dienste eines anderen zur Arbeit verpflichtet ist (sog. einheitlicher Arbeitnehmerbegriff).[29] Danach sind für die Arbeitnehmereigenschaft im Wesentlichen fünf Kriterien maßgeblich: das „Vorliegen eines

---

25 Vgl. *Deinert*, RdA 2017, 65, 66; *Lenhart*, Arbeitnehmer- und Arbeitgeberbegriff im Arbeitnehmererfindungsrecht, S. 14.
26 Vgl. etwa den „Entwurf eines Arbeitsvertragsgesetzes" des Freistaates Sachsen vom 23.05.1995 (BR-Drs. 293/95) und den „Entwurf eines Gesetzes zur Bereinigung des Arbeitsrechts" des Landes Brandenburg vom 12.09.1996 (BR-Drs. 671/96). *Lenhart* setzt sich ausführlicher mit diesen Gesetzesinitiativen auseinander (vgl. *Lenhart*, Arbeitnehmer- und Arbeitgeberbegriff im Arbeitnehmererfindungsrecht, Rn. 17 ff.).
27 Eine sehr ausführliche und übersichtliche Auseinandersetzung mit der Entwicklung des Arbeitnehmerbegriffs liefert *Lenhart*, Arbeitnehmer- und Arbeitgeberbegriff im Arbeitnehmererfindungsrecht, S. 20 ff.
28 *Hueck/Nipperdey*, Lehrbuch des Arbeitsrechts, Bd. 1, S. 34 f.
29 Vgl. *Lenhart*, Arbeitnehmer- und Arbeitgeberbegriff im Arbeitnehmererfindungsrecht, S. 68; *Richardi*, in: Münchener Handbuch zum Arbeitsrecht, Bd. 1, § 16, Rn. 12 ff.

Kapitel 2. Vergütungsansprüche und Immaterialgüterrechte im Arbeitsrecht

privatrechtlichen Vertrags", die „Verpflichtung zur Erbringung einer Dienstleistung", „für einen anderen", „gegen Entgelt" sowie „in persönlicher Abhängigkeit".

Nach über 100 Jahren der Existenz des BGB lässt sich seit dem 01. April 2017 der Arbeitsvertrag aber auch im BGB finden. Der Arbeitsvertrag ist durch das „Gesetz zur Änderung des Arbeitnehmerüberlassungsgesetzes und anderer Gesetze"[30] nun erstmalig als eigenständige Regelung in § 611a BGB kodifiziert worden. Allerdings stellt der Arbeitsvertrag auch nach der Kodifizierung weiterhin einen Unterfall des Dienstvertrags dar. Sah der Regierungsentwurf zunächst auch eine Definition des Arbeitnehmerbegriffs vor[31], ist hiervon im weiteren Gesetzgebungsverfahren zu Recht Abstand genommen und lediglich der Arbeitsvertrag definiert worden, da das BGB auch im Übrigen Vertragstypen regelt.[32] Die festgeschriebene Definition des Arbeitsvertrags impliziert jedoch auch die Definition des Arbeitnehmerbegriffs.[33] Nach § 611a Abs. 1. S. 1 BGB wird durch den Arbeitsvertrag der Arbeitnehmer im Dienste eines anderen zur Leistung weisungsgebundener, fremdbestimmter Arbeit in persönlicher Abhängigkeit verpflichtet.

Letztlich bringt die Neuregelung des § 611a BGB keine gravierenden Änderungen gegenüber der bisherigen Rechtslage mit sich. Der Gesetzgeber betonte selbst, dass *„die Vorschrift des § 611a BGB unter wörtlicher Wiedergabe der Leitsätze der höchstrichterlichen Rechtsprechung fest[legt], wer Arbeitnehmer ist."*[34] Demnach sollte lediglich die Entwicklung des Arbeitnehmerbegriffs in der Rechtsprechung kodifiziert werden; eine Änderung der Rechtslage war damit nicht bezweckt. Demzufolge kann auch unter der Geltung des § 611a Abs. 1 BGB weiterhin auf das durch die Rechtsprechung geprägte Verständnis des Arbeitnehmerbegriffs zurückgegriffen werden.

---

30 „Gesetz zur Änderung des Arbeitnehmerüberlassungsgesetzes und anderer Gesetze" vom 21.02.2017, BGBl. 2017, Teil I, S. 258, in Kraft getreten am 01.04.2017.
31 „Entwurf eines Gesetzes zur Änderung des Arbeitnehmerüberlassungsgesetzes und anderer Gesetze" der Bundesregierung vom 20.07.2016, BT-Drs. 18/9232, S. 12.
32 Beschlussempfehlung und Bericht des Ausschusses für Arbeit und Soziales vom 19.10.2016, BT-Drs. 18/10064, Besonderer Teil zu Artikel 2, S. 17; vgl. hierzu auch *Deinert*, RdA 2017, 65, 71; *Richardi*, NZA 2017, 36.
33 *Joussen*, in: BeckOK-ArbR, § 611a BGB, Rn. 6.
34 Begründung zum „Entwurf eines Gesetzes zur Änderung des Arbeitnehmerüberlassungsgesetzes und anderer Gesetze" der Bundesregierung vom 20.07.2016, Besonderer Teil, BT-Drs. 18/9232, S. 31.

1. Vorliegen eines privatrechtlichen Vertrags

Die Grundlage für die Verpflichtung zur Arbeitsleistung muss ein privatrechtlicher Vertrag bilden.[35] Es ist damit zum einen überhaupt ein Vertrag erforderlich, zum anderen muss der Vertrag privatrechtlicher Natur sein.

a. Vertragsschluss

Die Arbeitnehmereigenschaft erfordert zunächst unverzichtbar einen Vertragsschluss, da das Arbeitsrecht nur solche Beschäftigungsverhältnisse umfasst, die im Wege der Privatautonomie begründet werden und der Arbeitnehmer von denjenigen Personen abzugrenzen ist, die ebenfalls abhängige Arbeit leisten, aber gerade nicht dem Arbeitsrecht unterfallen, namentlich Beamte, im Betrieb mitarbeitende Familienangehörige sowie unfreie Mitarbeiter.[36] Dies gilt zumindest soweit der hier vertretenen sog. „Vertragstheorie"[37] gefolgt wird, die das Vorliegen eines Vertragsschlusses als konstitutives Merkmal für die Annahme eines Arbeitsverhältnisses ansieht. Anders verhielt es sich nach der heute nicht mehr vertretenen sog. „Eingliederungstheorie", die ein Arbeitsverhältnis unabhängig von einem Vertragsschluss bereits durch die Eingliederung des Arbeitnehmers in den Betrieb des Arbeitgebers entstehen lassen will.[38]

Maßgeblich für den Inhalt des geschlossenen Vertrags ist nicht allein die Bezeichnung des Vertrags durch die Parteien, sondern im Zweifel vielmehr die tatsächliche Vertragsdurchführung[39] (vgl. nunmehr § 611a Abs. 1

---

35 Statt vieler BAG, Beschluss v. 16.02.2000 – 5 AZB 71/99, NJW 2000, 1438, 1439; *Hueck/Nipperdey*, Lehrbuch des Arbeitsrechts, Bd. 1, S. 37; *Fuchs*, in: BeckOK-BGB, § 611a, Rn. 14; *Richardi*, in: Richardi, BetrVG, § 5, Rn. 13.
36 *Hueck/Nipperdey*, Lehrbuch des Arbeitsrechts, Bd. 1, S. 37 f.; vgl. *Fuchs*, in: BeckOK-BGB, § 611a, Rn. 14.
37 Vgl. zum Begriff der „Vertragstheorie" *Müller-Glöge*, in: MüKo-BGB, Bd. 4, § 611 BGB, Rn. 163.
38 Vgl. zur „Eingliederungstheorie" vor allem *Molitor*, Arbeitnehmer und Betrieb, S. 17 ff.; *Nikisch*, in: FS H. Lehmann (1936), S. 285, 293 ff.; *Siebert*, Das Arbeitsverhältnis in der Ordnung der nationalen Arbeit, S. 85 ff.; siehe zum Streitstand umfassend *Hueck/Nipperdey*, Lehrbuch des Arbeitsrechts, Bd. 1, S. 115 ff.
39 BAG, Urteil v. 08.06.1967 – 5 AZR 461/66, BAGE 19, 324, 329 = NJW 1967, 1982; BAG, Urteil v. 13.01.1983 – 5 AZR 149/82, BAGE 41, 247, 258 f. = NJW 1984, 1985; BAG, Urteil v. 27.03.1991 – 5 AZR 194/90, NZA 1991, 933, 934; BAG, Beschluss v. 22.03.1995 – 5 AZB 21/94, BAGE 79, 319, 355 f. = NJW 1996, 143; BAG, Urteil v. 12.12.2001 – 5 AZR 253/00, NJW 2002, 2411, 2412; *Lenhart*, Arbeitneh-

S. 6 BGB). Ansonsten wären die Arbeitnehmerschutzrechte wie Entgeltfortzahlung im Krankheitsfall, gesetzlicher Urlaubsanspruch oder Kündigungsschutz durch Parteivereinbarung abdingbar, was sich mit dem Grundgedanken des Arbeitsrechts als Arbeitnehmerschutz nicht vereinbaren lässt.[40] Widerspricht die Bezeichnung des Vertrags der tatsächlichen Durchführung des Vertrags, so ist Letztere maßgeblich.[41]

Für die Annahme der Arbeitnehmereigenschaft nicht maßgeblich ist, ob der Arbeitsvertrag fehlerhaft zustande gekommen und deshalb nichtig oder ob das Arbeitsverhältnis anfechtbar ist.[42] Ein nichtiger Arbeitsvertrag wäre denkbar aufgrund von Verstößen gegen gesetzliche Verbote gem. § 134 BGB[43], aufgrund von Sittenwidrigkeit gem. § 138 BGB[44] sowie wegen fehlender Geschäftsfähigkeit oder Vertretungsmacht. Insoweit kann ein sog. „fehlerhaftes Arbeitsverhältnis"[45] vorliegen. Das bedeutet, dass ein Arbeitnehmer seine Arbeitsleistung ohne eine wirksame Vertragsgrundla-

---

mer- und Arbeitgeberbegriff im Arbeitnehmererfindungsrecht, S. 23 f.; *Joussen*, in: BeckOK-ArbR, § 611a BGB, Rn. 32; *Kolbe*, in: Dornbusch/Fischermeier/Löwisch, AR-Kommentar, § 6 GewO, Rn. 23; vgl. auch *Schnapp*, NZS 2014, 41, 42.

40 BAG, Beschluss v. 22.03.1995 – 5 AZB 21/94, BAGE 79, 319, 355 f. = NJW 1996, 143; BAG, Urteil v. 12.09.1996 – 5 AZR 1066/94, BAGE 84, 108, 112 f. = NZA 1997, 194; *Lenhart*, Arbeitnehmer- und Arbeitgeberbegriff im Arbeitnehmererfindungsrecht, S. 23; *Kolbe*, in: Dornbusch/Fischermeier/Löwisch, AR-Kommentar, § 6 GewO, Rn. 23 f.; *Preis*, in: ErfK-ArbR, § 611 BGB, Rn. 47.

41 St. Rspr., BAG, Urteil v. 12.09.1996 – 5 AZR 1066/94, BAGE 84, 108, 112 f. = NZA 1997, 194; BAG, Urteil v. 26.05.1999 – 5 AZR 469/98, NZA 1999, 983, 984; BAG, Urteil v. 29.08.2012 – 10 AZR 499/11, BAGE 143, 77, 80 (Rn. 15) = NZA 2012, 1433; BAG, Urteil v. 25.09.2013 – 10 AZR 282/12, BAGE 146, 97, 104 (Rn. 17) = NJW 2013, 3672; BAG, Urteil v. 21.07.2015 – 9 AZR 484/14, NZA-RR 2016, 344, 346 (Rn. 20).

42 *Lenhart*, Arbeitnehmer- und Arbeitgeberbegriff im Arbeitnehmererfindungsrecht, S. 24 ff.; *Besgen*, in: BeckOK-ArbR, § 5 BetrVG, Rn. 3; *Koch*, in: ErfK-ArbR, § 5 BetrVG, Rn. 2.

43 Statt vieler *Richardi*, in: Richardi, BetrVG, § 5, Rn. 87; *Richardi/Buchner*, in: Münchener Handbuch zum Arbeitsrecht, Bd. 1, § 34, Rn. 2 ff.

44 Siehe nur *Richardi*, in: Richardi, BetrVG, § 5, Rn. 87; *Richardi/Buchner*, in: Münchener Handbuch zum Arbeitsrecht, Bd. 1, § 34, Rn. 9 ff.

45 Soweit vielfach von einem „faktischen Arbeitsverhältnis" gesprochen wird (so vor allem in der Rechtsprechung des Bundesarbeitsgerichts, siehe nur BAG, Urteil v. 15.01.1986 – 5 AZR 237/84, BAGE 50, 370, 374 f. = NZA 1986, 561; BAG, Urteil v. 26.09.2007 – 5 AZR 857/06, NZA 2007, 1422, 1424 [Rn. 13]; BAG, Urteil v. 09.09.2015 – 7 AZR 190/14, NZA 2016, 232, 233 [Rn. 15]), ist dieser Begriff durchaus nicht unmissverständlich. Folgt man der hier vertretenen Auffassung der Vertragstheorie, die den Arbeitsvertrag durch den Abschluss eines Vertrags und gerade nicht lediglich „faktisch" durch die Arbeitsleistung zustande kom-

ge erbringt.⁴⁶ Bei solchen bereits in Funktion gesetzten Arbeitsverhältnissen kann die Nichtigkeit nicht mehr mit Wirkung für die Vergangenheit geltend gemacht werden, sodass eine Rückabwicklung der erbrachten Leistungen nicht in Betracht kommt.⁴⁷

Obgleich die Annahme der Arbeitnehmereigenschaft grundsätzlich das Vorliegen eines Vertrags erfordert, sind Fallkonstellationen denkbar, in denen von dem Erfordernis eines Vertrags abgesehen werden kann. Eine derartige Ausnahme besteht für den Fall, dass ein Arbeitsverhältnis aufgrund einseitiger Erklärung kraft Gesetzes bzw. aufgrund gesetzlicher Fiktion begründet wird.⁴⁸ Eine solche Begründung eines Arbeitsverhältnisses kann etwa bei der Arbeitnehmerüberlassung nach § 10 Abs. 1 AÜG oder beim Berufsausbildungsverhältnis nach § 78a Abs. 2 BetrVG vorliegen.

b. Privatrechtlichkeit des Vertrags

Der zugrundeliegende Vertrag muss ein privatrechtlicher sein.⁴⁹ Dies dient insbesondere der Ausklammerung öffentlich-rechtlicher Rechtsverhältnis-

---

men lässt (siehe zu diesem Streit oben Fn. 45, S. 55), so bedarf es in jedem Fall eines – wenn auch von Beginn an fehlerhaften – Arbeitsvertrags, der in Vollzug gesetzt wurde. Die Verwendung des Begriffs „faktisches Arbeitsverhältnis" suggeriert hingegen, dass eine Willenseinigung gänzlich fehlen könne, was aber abgelehnt werden muss (vgl. den Hinweis bei *Lenhart*, Arbeitnehmer- und Arbeitgeberbegriff im Arbeitnehmererfindungsrecht, S. 25 Fn. 110 sowie *Boemke*, Schuldvertrag und Arbeitsverhältnis, S. 475; *Zöllner/Loritz/Hergenröder*, Arbeitsrecht, § 14 Rn. 27; *Preis*, in: ErfK-ArbR, § 611 BGB, Rn. 145). Aber auch das BAG erkennt mittlerweile zumindest teilweise die Verwendung des Begriffs „fehlerhaftes Arbeitsverhältnis" als „*besser*" an (vgl. BAG, Urteil v. 03.11.2004 – 5 AZR 592/03, BAGE 112, 299, 301 f. = NZA 2005, 1409).

46 *Koch*, in: Schaub, Arbeitsrecht von A-Z, Faktisches Arbeitsverhältnis; *Preis*, in: ErfK-ArbR, § 611 BGB, Rn. 145; siehe grundlegend zur Lehre vom fehlerhaften Arbeitsverhältnis *Verhoek*, Das fehlerhafte Arbeitsverhältnis, S. 19 ff.
47 BAG, Urteil v. 15.11.1957 – 1 AZR 189/57, BAGE 5, 58, 65 f. = NJW 1958, 397; *Zöllner/Loritz/Hergenröder*, Arbeitsrecht, § 14 Rn. 27; *Richardi*, in: Richardi, BetrVG, § 5, Rn. 86; *Richardi/Buchner*, in: Münchener Handbuch zum Arbeitsrecht, Bd. 1, § 34, Rn. 39.
48 *Preis*, in: ErfK-ArbR, § 611 BGB, Rn. 316; siehe auch *Besgen*, in: BeckOK-ArbR, § 5 BetrVG, Rn. 3; *Koch*, in: ErfK-ArbR, § 5 BetrVG, Rn. 2.
49 *Richardi*, in: Münchener Handbuch zum Arbeitsrecht, Bd. 1, § 16, Rn. 15; i. Ü. siehe die Nachweise in Fn. 35 (S. 55).

Kapitel 2. Vergütungsansprüche und Immaterialgüterrechte im Arbeitsrecht

se aus dem Arbeitnehmerbegriff.[50] Einige Gruppen von Dienstverpflichteten unterfallen deswegen von vornherein nicht dem Begriff des Arbeitnehmers. So können vor allem Beamte, Richter und Soldaten (sofern es nicht schon am Kriterium des Vertrags überhaupt mangelt) nicht als Arbeitnehmer angesehen werden, da sie aufgrund eines öffentlich-rechtlichen Dienstverhältnisses und nicht aufgrund eines privatrechtlichen Vertrags tätig werden[51] (vgl. für den Beamten Art. 33 Abs. 4 GG: „öffentlich-rechtliches Dienst- und Treueverhältnis"). Ebenfalls in der Regel auf öffentlich-rechtlicher Grundlage beschäftigt und damit keine Arbeitnehmer sind Lehrbeauftragte an einer Hochschule[52], Privatdozenten[53], Verwalter einer Professorenstelle[54], Vertretungsprofessoren[55], sowie die mit der nebenberuflichen Teilvertretung des Amtes einer Lehrkraft für besondere Aufgaben an einer Hochschule Beauftragten.[56]

Gebotene Vorsicht vor Verwechslung gilt in Bezug auf die Angestellten des öffentlichen Dienstes, deren Beschäftigung bei einer juristischen Person des öffentlichen Rechts, also einem öffentlich-rechtlichen Dienstherrn wie etwa Bund, Ländern, Gemeinden, Stiftungen, Anstalten oder Körperschaften des öffentlichen Rechts (vgl. § 130 BetrVG)[57] durchaus durch einen privatrechtlichen Vertrag begründet werden kann und die Arbeitnehmereigenschaft damit sehr wohl zu bejahen ist.[58] Dass es sich bei dem Arbeitgeber um einen öffentlich-rechtlichen Arbeitgeber handelt, steht der

---

50 Statt vieler *Fuchs*, in: BeckOK-BGB, § 611a, Rn. 14; *Vogelsang*, in: Schaub, ArbR-Hdb, § 8, Rn. 13.
51 *Kolbe*, in: Dornbusch/Fischermeier/Löwisch, AR-Kommentar, § 6 GewO, Rn. 28; *Richardi*, in: Richardi, BetrVG, § 5, Rn. 130; *Thüsing*, in: MüKo-BGB, Bd. 1, § 6 AGG, Rn. 5; *Vogelsang*, in: Schaub, ArbR-Hdb, § 8, Rn. 14.
52 BAG, Urteil v. 15.04.1983 – 2 AZR 1111/79, NVwZ 1983, 248; BAG, Urteil v. 23.06.1993 – 5 AZR 248/92, NZA 1994, 381, 382; BAG, Urteil v. 18.07.2007 – 5 AZR 854/06, NZA-RR 2008, 103, 104 (Rn. 19); *Reich*, Die Rechtsverhältnisse der Lehrbeauftragten an den Hochschulen, S. 45 ff., 65 ff.
53 BAG, Urteil v. 27.06.1984 – 5 AZR 567/82, BAGE 46, 218, 218 ff. = AP BGB § 611 Lehrer, Dozenten Nr. 42.
54 BAG, Urteil v. 30.11.1984 – 7 AZR 511/83, BAGE 47, 275, 275 ff. = AP BGB § 611 Lehrer, Dozenten Nr. 43.
55 BAG, Urteil v. 25.02.2004 – 5 AZR 62/03, NJOZ 2004, 2423 ff.; BAG, Urteil v. 13.07.2005 – 5 AZR 435/04, NJOZ 2007, 5468 ff.; *Kreuder/Matthiesen-Kreuder*, in: Däubler, HK-ArbR, §§ 611, 611a BGB, Rn. 36.
56 BAG, Urteil v. 18.07.2007 – 5 AZR 854/06, NZA-RR 2008, 103, 104 (Rn. 17 ff.).
57 Hierzu siehe *Stelkens/Panzer*, in: Schoch/Schneider/Bier, VwGO, § 22, Rn. 8.
58 Vgl. *Müller/Landshuter*, Arbeitsrecht im öffentlichen Dienst, Rn. 14 f.; *Kolbe*, in: Dornbusch/Fischermeier/Löwisch, AR-Kommentar, § 6 GewO, Rn. 29; *Weber*, in: Groeger, Arbeitsrecht im öffentlichen Dienst, Teil 1, Rn. 9 ff.

Privatrechtlichkeit des zugrunde liegenden Dienstverhältnisses nicht entgegen. Insofern kommt es nicht auf die rechtliche Stellung der Vertragsparteien, sondern vielmehr auf die Ausgestaltung des Vertragsschlusses an.[59] Besonderheiten ergeben sich lediglich hinsichtlich der einschlägigen Normen.[60]

2. Verpflichtung zur Arbeitsleistung

Auf der Basis des privatrechtlichen Vertrags muss der Arbeitnehmer zur Leistung von Arbeit verpflichtet sein. Der Arbeitsvertrag stellt einen besonderen Fall des Dienstvertrags dar; § 611a BGB ist insoweit lex specialis gegenüber § 611 BGB.[61] Durch das Merkmal der Arbeitsleistung lässt sich der Arbeitsvertrag vom Werkvertrag nach §§ 631 ff. BGB abgrenzen. Während der Werkunternehmer einen konkreten Arbeitserfolg schuldet, wird vom Arbeitnehmer nur die tatsächliche Arbeitsleistung ohne einen bestimmten Erfolg verlangt.[62]

Die Klassifizierung des Arbeitsverhältnisses als Dienstvertrag könnte dazu verleiten, die praktische Relevanz der Abgrenzung zwischen Arbeitnehmern und freien Mitarbeitern in Frage zu stellen, da auch die Rechtsverhältnisse freier Mitarbeiter regelmäßig auf dienstvertraglicher Grundlage beruhen. Obgleich damit eine Unterscheidung hinsichtlich der rechtlichen Grundlage auf den ersten Blick fast entbehrlich erscheint, ist eine solche aufgrund der nur für Arbeitsverhältnisse geltenden besonderen Arbeitnehmerschutzvorschriften und sonstigen Regelungen im Weiteren zwingend geboten.[63]

---

59 Vgl. BVerfG, Beschluss v. 02.03.1993 – 1 BvR 1213/85, BVerfGE 88, 103, 114 ff. = NJW 1993, 1379.
60 Vgl. *Junker*, Grundkurs Arbeitsrecht, Rn. 92: Es gelten besondere Tarifverträge sowie das Personalvertretungsrecht statt des Betriebsverfassungsrechts.
61 *Joussen*, in: BeckOK-ArbR, § 611a BGB, Rn. 4; vgl. auch *Fuchs*, in: BeckOK-BGB, § 611a, Rn. 2 f.
62 Vgl. BAG, Urteil v. 25.09.2013 – 10 AZR 282/12, BAGE 146, 97, 103 f. (Rn. 15 f.) = NJW 2013, 3672; *Joussen*, in: BeckOK-ArbR, § 611a BGB, Rn. 11.
63 Vgl. *Hueck*, DB 1955, 384.

3. Das Merkmal der „persönlichen Abhängigkeit"

Allein das Vorliegen eines privatrechtlichen Vertrags in Form des Dienstvertrags kann zur Bestimmung des Arbeitnehmerbegriffs deshalb insoweit nicht ausreichen, als auch Selbständige auf der Basis eines Dienstvertrages tätig werden können. Auf diese findet das Arbeitsrecht jedoch zweifelsohne keine Anwendung.[64] Um zunächst den Dienstvertrag vom Gesellschaftsvertrag und sodann den Arbeitsvertrag verlässlich vom „freien" Dienstvertrag abgrenzen zu können, ist deshalb als zusätzliches Merkmal das Tätigwerden „im Dienst eines anderen" erforderlich[65] (nunmehr § 611a Abs. 1 S. 1 BGB). Die Ausformung dieses Merkmals ist im Laufe der Jahre diversen Entwicklungen und Auseinandersetzungen begegnet.

Von der Rechtsprechung wurde seit jeher das Merkmal der *persönlichen Abhängigkeit* als Abgrenzungskriterium herangezogen[66]. Die von der Rechtsprechung heute durchweg verwendete Definition des Arbeitnehmers, die auch § 611a Abs. 1 S. 1 BGB zugrunde gelegt wurde, lautet demnach: *„Arbeitnehmer ist, wer aufgrund eines privatrechtlichen Vertrags im Dienst eines anderen zur Leistung weisungsgebundener, fremdbestimmter Arbeit in persönlicher Abhängigkeit verpflichtet ist."*[67] Folglich stellt sich die Frage, wann ein solches persönliches Abhängigkeitsverhältnis anzunehmen ist. Früher wurde diesbezüglich auf die handelsrechtliche Regelung des § 84 Abs. 1 S. 2 HGB abgestellt, wonach selbständig ist, wer im Wesentlichen frei seine Tätigkeit gestalten und seine Arbeitszeit bestimmen kann.

---

64 Siehe nur *Thüsing*, in: HWK-Arbeitsrecht, Vor § 611 BGB, Rn. 40.
65 So bereits vor der Definition von *Hueck* schon im Ansatz *Kaskel*, DJZ 1918, 541, 543.
66 BAG, Urteil v. 27.07.1961 – 2 AZR 255/60, BAGE 11, 225, 225 ff. = NJW 1961, 2085; BAG, Urteil v. 28.02.1962 – 4 AZR 141/61, BAGE 12, 303, 307 f.; BAG, Urteil v. 08.06.1967 – 5 AZR 461/66, BAGE 19, 324, 329 f. = NJW 1967, 1982; BAG, Urteil v. 09.03.1977 – 5 AZR 110/76, AP BGB § 611 Abhängigkeit Nr. 21, unter 1. der Gründe; BAG, Urteil v. 15.03.1978 – 5 AZR 818/76, AP BGB § 611 Abhängigkeit Nr. 25, unter II. 2. der Gründe; BAG, Urteil v. 21.03.1984 – 5 AZR 462/82, BeckRS 1984, 4545, (Rn. 6); BAG, Beschluss v. 26.09.2002 – 5 AZB 19/01, BAGE 103, 20, 26 = NZA 2002, 1412; BAG, Urteil v. 29.08.2012 – 10 AZR 499/11, BAGE 143, 77, 80 (Rn. 14) = NZA 2012, 1433; im Übrigen siehe die zahlreichen Nachweise bei *Lenhart*, Arbeitnehmer- und Arbeitgeberbegriff im Arbeitnehmererfindungsrecht, S. 27 (Fn. 123).
67 Statt vieler nur BAG, Urteil v. 10.04.1991 – 4 AZR 467/90, NZA 1991, 856, 857; BAG, Urteil v. 21.07.2015 – 9 AZR 484/14, NZA-RR 2016, 344, 346 (Rn. 20); BAG, Urteil v. 11.08.2015 – 9 AZR 98/14, NZA-RR 2016, 288, 289 (Rn. 16); BAG, Urteil v. 14.06.2016 – 9 AZR 305/15, BAGE 155, 264, 267 (Rn. 15) = NZA 2016, 1453.

Diese unmittelbar nur der Abgrenzung des Rechtsverhältnisses eines Handelsvertreters von dem eines persönlich abhängigen Handlungsgehilfen dienende Regelung, enthielt eine über den Anwendungsbereich des Handelsgesetzbuchs hinausgehende gesetzliche Wertung, die auch für die Abgrenzung der Rechtsverhältnisse freier Mitarbeiter von Arbeitsverhältnissen zum Tragen kam.[68] Im Umkehrschluss zu § 84 Abs. 1 S. 2 HGB war damit Arbeitnehmer, wer nicht im Wesentlichen frei seine Tätigkeit gestalten oder seine Arbeitszeit bestimmen kann. Und genau dies schreibt § 611a Abs. 1 S. 3 BGB heute nun ausdrücklich fest.

Präziser gesprochen ist jedoch weniger die persönliche Abhängigkeit selbst als der Grad der persönlichen Abhängigkeit entscheidend (vgl. § 611a Abs. 1 S. 4 BGB). Denn auch der freie Mitarbeiter, der seine Arbeit für einen anderen erbringt, ist in gewissem Umfang von den Angaben des Geschäftsherrn bezüglich Art und Inhalt der Tätigkeit persönlich abhängig. Wird ein Dienst in persönlicher Abhängigkeit erbracht, rechtfertigt dies demnach nicht zwingend den Schluss, der Dienst erfolge auf der Grundlage eines Arbeitsverhältnisses.

a. Beurteilungsmaßstab – Typologische Begriffsbestimmung

Das Bundesarbeitsgericht wiederholt in ständiger Rechtsprechung, dass es für die Bestimmung des Grades der persönlichen Abhängigkeit auf eine Gesamtwürdigung aller maßgeblichen Umstände des Einzelfalls ankomme und die persönliche Abhängigkeit demnach nur typologisch bestimmt

---

68 St. Rspr., siehe nur BAG, Urteil v. 17.05.1978 – 5 AZR 580/77, AP § 611 Nr. 28, unter 1. der Gründe; BAG, Urteil v. 13.01.1983 – 5 AZR 149/82, BAGE 41, 247, 253 = NJW 1984, 1985; BAG, Beschluss v. 30.10.1991 – 7 ABR 19/91, NZA 1992, 407, 408; BAG, Urteil v. 20.07.1994 – 5 AZR 627/93, BAGE 77, 226, 232 f. = NZA 1995, 161; BAG, Urteil v. 19.11.1997 – 5 AZR 653/96, BAGE 87, 129, 135 f. = NZA 1998, 364; BAG, Urteil v. 19.01.2000 – 5 AZR 644/98, BAGE 93, 218, 223 = NZA 2000, 1102. Ebenso auch die Literatur: *Boemke*, ZfA 1998, 285, 301 m. w. N.; *Lenhart*, Arbeitnehmer- und Arbeitgeberbegriff im Arbeitnehmererfindungsrecht, S. 26; *Besgen*, in: BeckOK-ArbR, § 5 BetrVG, Rn. 8; *Müller-Glöge*, in: MüKo-BGB, Bd. 4, § 611 BGB, Rn. 174; *Preis*, in: ErfK-ArbR, § 611 BGB, Rn. 59; *Reiserer*, in: MAH-Arbeitsrecht, § 6, Rn. 2; vgl. auch *Ballerstedt*, RdA 1976, 5, 8; *Reuter*, RdA 1981, 201, 203; **kritisch** *Hromadka*, NJW 2003, 1847, 1848 f.; **a. A.** *Mohr*, Der Arbeitnehmerbegriff im Arbeits- und Steuerrecht, S. 17; *Wank*, Arbeitnehmer und Selbständige, S. 7, 258 f.

werden könne.[69] Entscheidend sei somit vielmehr die Eigenart der jeweiligen Tätigkeit im Einzelfall als eine Bestimmung abstrakter, für jeden Einzelfall zutreffender Kriterien.[70] Auch dieses Verständnis wurde nunmehr in § 611a Abs. 1 S. 4 und 5 BGB vom Gesetzgeber festgeschrieben. Die von der Rechtsprechung auf- und nachfolgend dargestellten Merkmale zur Bestimmung der persönlichen Abhängigkeit können in diesem Kontext also nur als Indizien herangezogen werden und beanspruchen keine Allgemeingültigkeit. Insbesondere müssen nicht stets alle Merkmale gleichermaßen erfüllt sein, um die Arbeitnehmereigenschaft zu begründen.[71] Die beiden Hauptkriterien bilden jedoch die Weisungsgebundenheit sowie die Eingliederung in die betriebliche Organisation.

b. Weisungsgebundenheit

Konkretisiert hat das Bundesarbeitsgericht das Merkmal der persönlichen Abhängigkeit auf die Frage, ob der Beschäftigte *„seine Dienstleistung im Rahmen einer von Dritten bestimmten Arbeitsorganisation erbringt"*.[72] Das nach wie vor maßgebliche Kriterium dafür sollte nach einem Umkehr-

---

69 Vgl. statt vieler BAG, Urteil v. 23.04.1980 – 5 AZR 426/79, AP BGB § 611 Abhängigkeit Nr. 34, unter II. 3. der Gründe; BAG, Urteil v. 29.08.2012 – 10 AZR 499/11, BAGE 143, 77, 80 (Rn. 15) = NZA 2012, 1433; BAG, Urteil v. 21.07.2015 – 9 AZR 484/14, NZA-RR 2016, 344, 346 (Rn. 20); BAG, Urteil v. 14.06.2016 – 9 AZR 305/15, BAGE 155, 264, 267 f. (Rn. 15) = NZA 2016, 1453. Für die typologische Bestimmung siehe auch die Literatur: *Boemke*, ZfA 1998, 285, 312; *Hilger*, RdA 1989, 1, 2; *Martens*, RdA 1979, 347, 348; *Hagen*, in: BeckOK-ArbR, § 84 HGB, Rn. 1; *v. Hoyningen-Huene*, in: MüKo-HGB, Bd. 1, § 84, Rn. 30; *Müller-Glöge*, in: MüKo-BGB, Bd. 4, § 611 BGB, Rn. 171; **kritisch**, aber i. E. befürwortend *Thüsing*, in: HWK-Arbeitsrecht, Vor § 611 BGB, Rn. 41; **a. A.** *Wank*, Arbeitnehmer und Selbständige, S. 23 ff.; *Preis*, in: ErfK-ArbR, § 611 BGB, Rn. 54; *Richardi*, in: Münchener Handbuch zum Arbeitsrecht, Bd. 1, § 16, Rn. 45.
70 Statt vieler BAG, Urteil v. 30.11.1994 – 5 AZR 704/93, BAGE 78, 343, 348 f. = NZA 1995, 622; BAG, Beschluss v. 26.09.2002 – 5 AZB 19/01, BAGE 103, 20, 26 = NZA 2002, 1412; BAG, Urteil v. 15.02.2012 – 10 AZR 111/11, NZA 2012, 733, 735 (Rn. 14); BAG, Urteil v. 29.08.2012 – 10 AZR 499/11, BAGE 143, 77, 80 (Rn. 15) = NZA 2012, 1433; BAG, Urteil v. 14.06.2016 – 9 AZR 305/15, BAGE 155, 264, 267 f. (Rn. 15) = NZA 2016, 1453.
71 Vgl. nur BAG, Urteil v. 21.07.2015 – 9 AZR 484/14, NZA-RR 2016, 344, 346 (Rn. 20); BAG, Urteil v. 14.06.2016 – 9 AZR 305/15, BAGE 155, 264, 268 (Rn. 15) = NZA 2016, 1453.
72 Siehe nur BAG, Urteil v. 19.11.1997 – 5 AZR 653/96, BAGE 87, 129, 135 = NZA 1998, 364.

schluss aus § 84 Abs. 1 S. 2 HGB die Weisungsgebundenheit des Beschäftigten darstellen.[73] Dieser Umkehrschluss ist nun entbehrlich geworden, indem § 611a Abs. 1 S. 3 BGB die gegenüber § 84 Abs. 1 S. 2 HGB umgekehrte Formulierung nutzt und die Weisungsgebundenheit ausdrücklich zur Voraussetzung der Arbeitnehmereigenschaft erklärt. Weisungsgebunden ist demnach, wer nicht im Wesentlichen frei seine Tätigkeit gestalten und seine Arbeitszeit bestimmen kann. Die Weisungsgebundenheit enthält dabei eine örtliche, eine zeitliche sowie eine inhaltliche Komponente[74] (vgl. nunmehr § 611a Abs. 1 S. 2 BGB sowie § 106 Abs. 1 GewO).

aa. Örtliche Weisungsgebundenheit

Örtliche Weisungsgebundenheit des Dienstverpflichteten liegt vor, wenn dieser den Ort, an dem er die geschuldete Leistung erbringt, nicht frei wählen kann, sondern die Dienste an einem bestimmten, vom Arbeitgeber festgelegten Ort zu erbringen hat. Die auf den Arbeitsort bezogene Weisungsgebundenheit ist nach der Rechtsprechung des BAG ein tragendes[75], wenngleich auch nicht zwingend erforderliches Merkmal für die persönliche Abhängigkeit. So kann die örtliche Weisungsgebundenheit des Beschäftigten zwar vielfach als Indiz für eine persönliche Abhängigkeit gewertet werden, gleichwohl kann diese auch in dem Fall angenommen werden, dass der Arbeitsort des Dienstverpflichteten nicht von vornherein durch den Arbeitgeber vorgegeben wurde.[76] Demnach können zum Beispiel Außendienstmitarbeiter, Journalisten oder Bildberichterstatter sowie in Telearbeit Beschäftigte (vgl. § 5 Abs. 1 S. 1 BetrVG a. E.), die hinsichtlich des Ortes ihrer Tätigkeit ungebunden sind, dennoch als Arbeitnehmer angesehen werden, wenn eine Weisungsgebundenheit in anderer Hinsicht (z.B. zeitlich oder fachlich) gegeben ist.[77] Nicht verwechselt werden darf

---

73 Siehe die Nachweise oben in Fn. 68 (S. 61).
74 Statt vieler BAG, Urteil v. 20.07.1994 – 5 AZR 627/93, BAGE 77, 226, 233 = NZA 1995, 161; BAG, Urteil v. 30.11.1994 – 5 AZR 704/93, BAGE 78, 343, 348 = NZA 1995, 622; BAG, Urteil v. 20.08.2003 – 5 AZR 610/02, NJW 2004, 461, 462.
75 BAG, Urteil v. 13.01.1983 – 5 AZR 149/82, BAGE 41, 247, 253 ff. = NJW 1984, 1985.
76 Vgl. BAG, Urteil v. 15.03.1978 – 5 AZR 819/76, AP BGB § 611 Abhängigkeit Nr. 26.
77 *Schliemann*, in: Schliemann, ArbR-BGB, § 611 BGB, Rn. 208; *Thüsing*, in: HWK-Arbeitsrecht, Vor § 611 BGB, Rn. 47; *Vogelsang*, in: Schaub, ArbR-Hdb, § 8, Rn. 38; vgl. auch *Preis*, in: ErfK-ArbR, § 611 BGB, Rn. 65.

Kapitel 2. Vergütungsansprüche und Immaterialgüterrechte im Arbeitsrecht

das Merkmal der örtlichen Weisungsgebundenheit mit dem der Eingliederung in die betriebliche Organisation des Arbeitgebers.[78]

bb. Zeitliche Weisungsgebundenheit

Entscheidender als die örtliche Weisungsgebundenheit ist die Frage nach dem Weisungsrecht des Arbeitgebers hinsichtlich der Arbeitszeit des Beschäftigten. Unter zeitlicher Weisungsgebundenheit ist die Befugnis des Leistungsempfängers zu verstehen, Dauer und zeitliche Lage der zu erbringenden Leistungen im Rahmen der vorgegebenen Regelungen verbindlich festlegen zu können.[79] Zeitliche Weisungsgebundenheit liegt demnach vor allem vor, wenn ständige Dienstbereitschaft erwartet wird oder dem Beschäftigten Arbeitszeiten zugewiesen werden.[80] Ein Indiz hierfür kann die Einteilung des Mitarbeiters in Dienstpläne ohne vorherige Absprache sein.[81] Fällt dem Beschäftigten die Souveränität hinsichtlich der Lage seiner Arbeitszeit innerhalb eines vom Arbeitgeber festgelegten Zeitraums zu, wird eine persönliche Abhängigkeit unter Umständen nicht vorliegen.[82] Das bedeutet nicht, dass bei der sog. „Gleitzeit" – einem Arbeitszeitmodell, das dem Beschäftigten die Regelung von Beginn und Ende seiner Arbeitszeit innerhalb eines vom Arbeitgeber vorgegebenen Rahmens überlässt[83] – die persönliche Abhängigkeit zwangsläufig abgelehnt werden muss. Denn bei einem solchem Modell wird zumindest die Einhaltung einer Kernarbeitszeit durch den Arbeitgeber vorgegeben, sodass dem Be-

---

78 *Preis*, in: ErfK-ArbR, § 611 BGB, Rn. 65; näheres zum Merkmal der „Eingliederung in den Betrieb" siehe unten Kapitel 2. § 4 A. I. 3. c. (S. 66).
79 *Boemke*, ZfA 1998, 285, 309; *Worzalla*, Arbeitsverhältnis – Selbständigkeit, Scheinselbständigkeit, Rn. 112.
80 BAG, Urteil v. 19.01.2000 – 5 AZR 644/98, BAGE 93, 218, 224 f. = NZA 2000, 1102; BAG, Urteil v. 14.03.2007 – 5 AZR 499/06, NZA-RR 2007, 424, 427 (Rn. 28); BAG, Urteil v. 20.05.2009 – 5 AZR 31/08, NZA-RR 2010, 172, 174 (Rn. 22); BAG, Urteil v. 15.02.2012 – 10 AZR 301/10, NJW 2012, 2903, 2904 (Rn. 17).
81 BAG, Urteil v. 22.04.1998 – 5 AZR 191/97, NZA 1998, 1275, 1276; BAG, Urteil v. 20.09.2000 – 5 AZR 61/99, NZA 2001, 551, 552; BAG, Urteil v. 14.03.2007 – 5 AZR 499/06, NZA-RR 2007, 424, 427 (Rn. 28).
82 Vgl. BAG, Urteil v. 28.02.1962 – 4 AZR 141/61, BAGE 12, 303, 308 f.; BAG, Urteil v. 21.09.1977 – 5 AZR 373/76, AP BGB § 611 Abhängigkeit Nr. 24, unter 3. a) bb) der Gründe; BAG, Urteil v. 09.09.1981 – 5 AZR 477/79, BAGE 37, 77, 84 = AP BGB § 611 Abhängigkeit Nr. 38.
83 Zur Gleitzeit siehe *Poeche*, in: Küttner, Personalbuch, Arbeitszeitmodelle, Rn. 5.

schäftigten kein genügend großer Spielraum bleibt[84], innerhalb dessen er seine Arbeitszeit frei einteilen könnte. Für die Annahme der persönlichen Abhängigkeit ist nicht erforderlich, dass die Tätigkeit auf Dauer angelegt ist.[85] Vielmehr kann auch bei projektbezogenen oder befristeten Tätigkeiten eine Weisungsgebundenheit des Beschäftigten gegeben sein (vgl. § 620 Abs. 3 BGB, §§ 3 Abs. 1, 14 ff. TzBfG).[86]

Die zeitliche Weisungsgebundenheit ist zu einem für die Abgrenzung wesentlichen, wenn auch nicht zwingend vorausgesetzten, Merkmal erhoben worden. Ist der Beschäftigte frei darin, seine Arbeitszeit einzuteilen, so lehnt die Rechtsprechung ein Arbeitsverhältnis zumeist ab.[87] Allerdings kann trotz Fehlens der Weisungsgebundenheit in zeitlicher Hinsicht im Einzelfall dennoch eine persönliche Abhängigkeit angenommen werden, sofern sich die Weisungsgebundenheit aus anderen Umständen ergibt.[88]

cc. Fachliche Weisungsgebundenheit

Neben örtlicher oder zeitlicher Weisungsgebundenheit kann auch eine fachliche bzw. inhaltliche Weisungsgebundenheit des Beschäftigten gegeben sein. Das ist der Fall, wenn der Dienstberechtigte dem Beschäftigten gegenüber hinsichtlich Art und Durchführung der Arbeit weisungsbefugt ist.[89] Das Merkmal der fachlichen Weisungsgebundenheit entfaltet für die Bestimmung der persönlichen Abhängigkeit allerdings nur partielle Wirkung. Sie ist eines unter vielen Merkmalen, das für die Abgrenzung des

---

84 Vgl. zum Erfordernis eines genügend großen Spielraums BAG, Urteil v. 28.02.1962 – 4 AZR 141/61, BAGE 12, 303, 309; BAG, Urteil v. 26.05.1999 – 5 AZR 469/98, NZA 1999, 983, 985; BAG, Urteil v. 15.12.1999 – 5 AZR 770/98, NZA 2000, 481, 483.
85 BAG, Urteil v. 27.03.1991 – 5 AZR 194/90, NZA 1991, 933, 935; BAG, Beschluss v. 30.10.1991 – 7 ABR 19/91, NZA 1992, 407, 409.
86 BAG, Beschluss v. 30.10.1991 – 7 ABR 19/91, NZA 1992, 407, 409; BAG, Urteil v. 13.11.1991 – 7 AZR 31/91, NZA 1992, 1125, 1126.
87 Statt vieler siehe nur BAG, Urteil v. 28.02.1962 – 4 AZR 141/61, BAGE 12, 303, 303 ff.; BAG, Urteil v. 15.03.1978 – 5 AZR 818/76, AP BGB § 611 Abhängigkeit Nr. 25; BAG, Urteil v. 09.09.1981 – 5 AZR 477/79, BAGE 37, 77, 77 ff. = AP BGB § 611 Abhängigkeit Nr. 38.
88 Vgl. BAG, Urteil v. 12.09.1996 – 5 AZR 1066/94, BAGE 84, 108, 108 ff. = NZA 1997, 194; BAG, Urteil v. 20.10.2010 – 5 AZR 106/09, AP BGB § 611 Abhängigkeit Nr. 120. So auch *Thüsing*, in: HWK-Arbeitsrecht, Vor § 611 BGB, Rn. 45.
89 Vgl. *Boemke*, ZfA 1998, 285, 310; *Worzalla*, Arbeitsverhältnis – Selbständigkeit, Scheinselbständigkeit, Rn. 119.

Kapitel 2. Vergütungsansprüche und Immaterialgüterrechte im Arbeitsrecht

Dienst- vom Arbeitsverhältnis von lediglich untergeordneter Bedeutung ist.[90] Die Rechtsprechung des Bundesarbeitsgerichts zeigt, dass die Arbeitnehmereigenschaft auch dann vorliegen kann, wenn die fachliche Weisungsgebundenheit gänzlich fehlt oder zumindest stark eingeschränkt ist, wie dies bei Chefärzten, Wissenschaftlern oder Künstlern der Fall sein kann.[91] Gerade bei Diensten höherer Art ist eine fachliche Weisungsgebundenheit nicht immer typisch, ohne dass deshalb die Arbeitnehmereigenschaft abgelehnt werden müsste.[92] Liegt fachliche Weisungsgebundenheit vor, lässt dies zwar einen Schluss auf die Arbeitnehmereigenschaft zu. Ist umgekehrt eine fachliche Weisungsgebundenheit jedoch nicht gegeben, scheidet die Annahme der persönlichen Abhängigkeit nicht zwangsläufig aus.[93]

c. Eingliederung in die betriebliche Organisation des Auftraggebers

Das Bundesarbeitsgericht hat schon früh nicht allein die Weisungsgebundenheit hinsichtlich Ort, Zeit und Art der Arbeit ausreichen lassen, sondern vielmehr auch weitere Kriterien für eine verlässliche Abgrenzung herangezogen. Dementsprechend stellte das BAG für die Annahme der Arbeitnehmereigenschaft lange Zeit im Wesentlichen auch auf die Eingliederung des Dienstverpflichteten in die Arbeitsorganisation des Arbeitgebers ab.[94] Hierbei handelte es sich jedoch keineswegs um eine Abkehr der

---

90 BAG, Urteil v. 02.06.1976 – 5 AZR 131/75, AP BGB § 611 Abhängigkeit Nr. 20, unter II. 1. d) der Gründe; BAG, Urteil v. 09.03.1977 – 5 AZR 110/76, AP BGB § 611 Abhängigkeit Nr. 21, unter 3. b) der Gründe; BAG, Urteil v. 16.08.1977 – 5 AZR 290/76, AP BGB § 611 Abhängigkeit Nr. 23, unter II. 2. a) der Gründe.
91 BAG, Urteil v. 03.10.1975 – 5 AZR 427/74, AP BGB § 611 Abhängigkeit Nr. 16, unter II. 1. der Gründe; BAG, Urteil v. 08.10.1975 – 5 AZR 430/74, AP BGB § 611 Abhängigkeit Nr. 18, unter II. 1. der Gründe; vgl. auch BAG, Urteil v. 02.06.1976 – 5 AZR 131/75, AP BGB § 611 Abhängigkeit Nr. 20, unter II. 1. d) der Gründe.
92 BAG, Urteil v. 13.01.1983 – 5 AZR 149/82, BAGE 41, 247, 253 f. = NJW 1984, 1985; BAG, Beschluss v. 30.10.1991 – 7 ABR 19/91, NZA 1992, 407, 410; BAG, Urteil v. 30.11.1994 – 5 AZR 704/93, BAGE 78, 343, 348 = NZA 1995, 622.
93 BAG, Urteil v. 09.03.1977 – 5 AZR 110/76, AP BGB § 611 Abhängigkeit Nr. 21, unter 3. b) der Gründe; BAG, Urteil v. 16.08.1977 – 5 AZR 290/76, AP BGB § 611 Abhängigkeit Nr. 23, unter II. 2. a) der Gründe.
94 BAG, Urteil v. 20.07.1994 – 5 AZR 627/93, BAGE 77, 226, 233 = NZA 1995, 161; BAG, Urteil v. 30.11.1994 – 5 AZR 704/93, BAGE 78, 343, 351 = NZA 1995, 622; BAG, Urteil v. 27.06.2001 – 5 AZR 561/99, BAGE 98, 146, 148 = NZA 2002, 742; BAG, Urteil v. 20.08.2003 – 5 AZR 610/02, NJW 2004, 461, 462; BAG, Urteil v. 15.11.2005 – 9 AZR 626/04, AP BGB § 611 Arbeitnehmerähnlichkeit Nr. 12, un-

Rechtsprechung von dem Merkmal der persönlichen Abhängigkeit, sondern vielmehr um ein Hauptmerkmal zur Bestimmung des Arbeitnehmerbegriffs.

Eine solche Eingliederung in die Arbeitsorganisation des Arbeitgebers wurde insbesondere dann angenommen, wenn der Mitarbeiter die Arbeit nur mit Hilfe des technischen Apparates und der Betriebsmittel des Arbeitgebers[95] oder nur innerhalb eines vom Arbeitgeber organisierten Teams erbringen kann.[96] Diese ursprünglich für Rundfunkmitarbeiter entwickelte Rechtsprechung hat das Bundesarbeitsgericht zwischenzeitlich jedoch ausdrücklich wieder aufgegeben.[97] Übrig bleibt aber die in vielen Entscheidungen zum Ausdruck kommende Wertung, dass eine Tätigkeit, die typischerweise nur im Rahmen eines Arbeitsverhältnisses ausgeübt wird, indizielle Wirkung für die Annahme der Arbeitnehmereigenschaft entfalten könne.[98] Ist die Tätigkeit derart in die Arbeitgeberorganisation eingegliedert, dass sie per se eine Fremdbestimmtheit zur Folge hat, so könne ein Arbeitsverhältnis angenommen werden.[99]

d. Fremdnützigkeit der Arbeitsleistung

Zeitweise änderte das Bundesarbeitsgericht den Blickwinkel dahingehend, dass es zusätzlich zur Weisungsgebundenheit, also der Bestimmung der Arbeitsleistung durch den Arbeitgeber (Fremdbestimmtheit) mehr auf das Recht zur Verwertung der Arbeitsleistung Wert legte und damit das Kriterium der Fremdnützigkeit der Arbeitsleistung zur Abgrenzung heranzog.

---

ter I. 1. a) aa) der Gründe; ferner auch BAG, Urteil v. 09.09.1981 – 5 AZR 477/79, BAGE 37, 77, 83 = AP BGB § 611 Abhängigkeit Nr. 38.
95 BAG, Urteil v. 15.03.1978 – 5 AZR 819/76, AP BGB § 611 Abhängigkeit Nr. 26, unter B. II. 2. b) der Gründe; BAG, Urteil v. 23.04.1980 – 5 AZR 426/79, AP BGB § 611 Abhängigkeit Nr. 34, unter II. 2. der Gründe; vgl. auch BAG, Urteil v. 25.09.2013 – 10 AZR 282/12, BAGE 146, 97, 106 f. (Rn. 23) = NJW 2013, 3672.
96 BAG, Urteil v. 15.03.1978 – 5 AZR 819/76, AP BGB § 611 Abhängigkeit Nr. 26, unter B. II. 2. b) der Gründe.
97 BAG, Urteil v. 30.11.1994 – 5 AZR 704/93, BAGE 78, 343, 352 = NZA 1995, 622.
98 Jeweils mit weiteren Nachweisen BAG, Urteil v. 16.03.1994 – 5 AZR 447/92, NZA 1994, 1132, 1134; BAG, Urteil v. 20.07.1994 – 5 AZR 627/93, BAGE 77, 226, 233 f. = NZA 1995, 161; BAG, Urteil v. 30.11.1994 – 5 AZR 704/93, BAGE 78, 343, 349 = NZA 1995, 622; BAG, Urteil v. 12.09.1996 – 5 AZR 104/95, BAGE 84, 124, 133 = NZA 1997, 600; im Übrigen siehe auch die Nachweise bei *Thüsing*, in: HWK-Arbeitsrecht, Vor § 611 BGB, Rn. 48 (Fn. 10).
99 *Thüsing*, in: HWK-Arbeitsrecht, Vor § 611 BGB, Rn. 48.

Kapitel 2. Vergütungsansprüche und Immaterialgüterrechte im Arbeitsrecht

Dabei sei entscheidend, dass Arbeitnehmer „*ihre Arbeitskraft nicht – wie ein Unternehmer – nach selbstgesetzten Zielen unter eigener Verantwortung und mit eigenem Risiko am Markt verwerten können, sondern dass sie darauf angewiesen sind, ihre Arbeitsleistung fremdnützig der Anstalt* [Anm. d. Verf.: dem Arbeitgeber] *zur Verwertung nach dessen Programmplanung* [Anm. d. Verf.: Planung] *zu überlassen.*"[100] In der Literatur wurde jedoch darauf hingewiesen, dass mit dem Erfordernis der Fremdnützigkeit Ursache und Wirkung vertauscht würden.[101] Demzufolge hat das Bundesarbeitsgericht das Merkmal der Fremdnützigkeit nicht mehr weiter verfolgt.[102] In der Neuregelung des Arbeitsvertrags in § 611a BGB lässt es sich deshalb nun auch nicht finden.

e. Formale Kriterien

Neben dem zentralen Kriterium der Weisungsgebundenheit hat das Bundesarbeitsgericht erstmals in seinem Urteil vom 08. Juni 1967[103] eine Fülle an Einzelmerkmalen aufgezählt, die bei der Abgrenzung des Arbeitsverhältnisses vom freien Mitarbeiterverhältnis eine Rolle spielen sollen. So sollten u. a. die Form der Vergütung (Einzelhonorar oder Monatsvergütung), die Abführung von Steuern und Sozialversicherungsabgaben, die Gewährung von Erholungsurlaub, die Zurverfügungstellung von Arbeitsgeräten sowie die Führung von Personalakten als Indizien für die Annah-

---

100 BAG, Urteil v. 15.03.1978 – 5 AZR 819/76, AP BGB § 611 Abhängigkeit Nr. 26, unter B. II. 2. b) der Gründe; ebenso BAG, Urteil v. 02.06.1976 – 5 AZR 131/75, AP BGB § 611 Abhängigkeit Nr. 20, unter II. 1. c) der Gründe: BAG, Urteil v. 23.04.1980 – 5 AZR 426/79, AP BGB § 611 Abhängigkeit Nr. 34, unter A. II. 3. der Gründe. Dieses Verständnis geht zurück auf *Lieb*, Arbeitsrecht, S. 4 sowie *Nikisch*, Arbeitsrecht, Bd. 1, S. 7 f. und wurde weitergeführt von *Wiedemann*, Das Arbeitsverhältnis als Austausch-und Gemeinschaftsverhältnis, S. 14 f. So auch sonst in der Literatur, siehe nur *Müller-Glöge*, in: MüKo-BGB, Bd. 4, § 611 BGB, Rn. 182; *Preis*, in: ErfK-ArbR, § 611 BGB, Rn. 72.
101 *Richardi/Fischinger*, in: Staudinger (2016), § 611 BGB, Rn. 42; *Thüsing*, in: HWK-Arbeitsrecht, Vor § 611 BGB, Rn. 49.
102 Vgl. *Richardi/Fischinger*, in: Staudinger (2016), § 611 BGB, Rn. 42 mit entsprechenden Nachweisen. Für den Arbeitnehmerbegriff nach dem Betriebsverfassungsrecht hat das BAG die Voraussetzung der Fremdnützigkeit sogar ausdrücklich abgelehnt, BAG, Beschluss v. 13.06.2007 – 7 ABR 44/06, NZA-RR 2008, 19, 20 (Rn. 14).
103 BAG, Urteil v. 08.06.1967 – 5 AZR 461/66, BAGE 19, 324, 324 ff. = NJW 1967, 1982.

me einer persönlichen Abhängigkeit dienen.[104] Auch andere formelle Kriterien, wie die tatsächliche Bezeichnung des Rechtsverhältnisses als Arbeitsverhältnis oder eine Entgeltfortzahlung im Krankheitsfall sollten für die Abgrenzung fruchtbar gemacht werden können.[105] Richtigerweise hat das Bundesarbeitsgericht jedoch schon kurze Zeit später festgestellt und seither wiederholt bestätigt, dass es sich bei diesen formalen Merkmalen lediglich um Kriterien mit subsidiärer Geltung handeln kann, deren Vorliegen einen zwingenden Schluss auf die Annahme einer Arbeitnehmereigenschaft nicht zulässt, sondern lediglich bei der Auslegung des von den Parteien tatsächlich Gewollten zur Geltung kommen kann.[106] Auch eine wirtschaftliche Abhängigkeit ist für die Arbeitnehmereigenschaft weder erforderlich noch ausreichend, was das Bundesarbeitsgericht in ständiger Rechtsprechung wiederholt.[107] In Abgrenzung zur persönlichen Abhängigkeit ist die wirtschaftliche Abhängigkeit somit gerade kein Kriterium

---

104 BAG, Urteil v. 08.06.1967 – 5 AZR 461/66, BAGE 19, 324, 330 = NJW 1967, 1982; **kritisch** zur Eignung des Merkmals der Abführung von Steuern und Sozialversicherungsabgaben *Hueck*, DB 1955, 384, 387.

105 Vgl. *Lenhart*, Arbeitnehmer- und Arbeitgeberbegriff im Arbeitnehmererfindungsrecht, S. 33; **kritisch** zur Eignung des Merkmals der Bezeichnung des Rechtsverhältnisses *Hueck*, DB 1955, 384, 387.

106 BAG, Urteil v. 16.08.1977 – 5 AZR 290/76, AP BGB § 611 Abhängigkeit Nr. 23, unter I. 1. a) der Gründe; vgl. auch BAG, Urteil v. 14.02.1974 – 5 AZR 298/73, BAGE 25, 505, 511 = AP BGB § 611 Abhängigkeit Nr. 12; BAG, Urteil v. 03.10.1975 – 5 AZR 427/74, AP BGB § 611 Abhängigkeit Nr. 16, unter II. 2. b) der Gründe; BAG, Urteil v. 09.03.1977 – 5 AZR 110/76, AP BGB § 611 Abhängigkeit Nr. 21, unter 3. a) der Gründe; BAG, Urteil v. 16.03.1994 – 5 AZR 447/92, NZA 1994, 1132, 1134; BAG, Urteil v. 20.07.1994 – 5 AZR 627/93, BAGE 77, 226, 233 = NZA 1995, 161.

107 St. Rspr., BAG, Urteil v. 28.02.1962 – 4 AZR 141/61, BAGE 12, 303, 308; BAG, Urteil v. 08.06.1967 – 5 AZR 461/66, BAGE 19, 324, 329 = NJW 1967, 1982; BAG, Urteil v. 13.11.1991 – 7 AZR 31/91, NZA 1992, 1125, 1126; BAG, Urteil v. 16.03.1994 – 5 AZR 447/92, NZA 1994, 1132, 1133; BAG, Urteil v. 20.07.1994 – 5 AZR 627/93, BAGE 77, 226, 232 = NZA 1995, 161; BAG, Urteil v. 30.11.1994 – 5 AZR 704/93, BAGE 78, 343, 347 = NZA 1995, 622; BAG, Urteil v. 04.12.2002 – 5 AZR 667/01, NJOZ 2003, 2642, 2646; BAG, Urteil v. 15.02.2012 – 10 AZR 111/11, NZA 2012, 733, 735 (Rn. 20); vgl. ferner BAG, Urteil v. 14.02.1974 – 5 AZR 298/73, BAGE 25, 505, 511 = AP BGB § 611 Abhängigkeit Nr. 12. Das BAG schloss sich damit der st. Rechtsprechung des Reichsgerichts an, das schon zuvor entsprechend urteilte, siehe nur RG, Urteil v. 07.01.1916 – III 246/15, RGZ 87, 440, 442. Ebenso der Großteil der Literatur, siehe nur *Lenhart*, Arbeitnehmer- und Arbeitgeberbegriff im Arbeitnehmererfindungsrecht, S. 33; *Müller-Glöge*, in: MüKo-BGB, Bd. 4, § 611 BGB, Rn. 186; *Vogelsang*, in: Schaub, ArbR-Hdb, § 8, Rn. 21.

der Arbeitnehmereigenschaft. Letztere führt vielmehr zur Klassifizierung als arbeitnehmerähnliche Person (vgl. z. B. § 12a TVG, § 5 Abs. 1 S. 2 a. E. ArbGG).

II. Der Beschäftigtenbegriff

Lässt man seinen Blick durch die verschiedenen Rechtsgebiete schweifen, begegnet einem nicht nur der Begriff des Arbeitnehmers, man stößt häufig auch auf den Begriff des *Beschäftigten*. Insbesondere die Sozialgesetze (vgl. § 2 Abs. 1 Nr. 1 SGB VII, § 7 Abs. 1 SGB IV, § 1 SGB VI) verwenden überwiegend den Beschäftigtenbegriff statt dem des Arbeitnehmers. Aber auch in anderen arbeitsrechtlichen Vorschriften wie § 7 Abs. 1 PflegeZG, § 3 Abs. 11 BDSG, § 2 Abs. 2 ArbSchG, § 6 Abs. 1 AGG oder § 4 BPersVG ist von dem „Beschäftigten" bzw. der „Beschäftigung" die Rede.

1. Fehlende Definition des Beschäftigtenbegriffs

Den verschiedenen Regelungen lässt sich entnehmen, dass es ebenso wie bis vor kurzem an einem allgemeingültigen Arbeitnehmerbegriff auch an einem einheitlichen Beschäftigtenbegriff fehlt. Denn jede der genannten Regelungen definiert den Beschäftigtenbegriff *„im Sinne dieses Gesetzes"*. Es wird deutlich, dass der Beschäftigtenbegriff auf das jeweilige Gesetz zugeschnitten ist. Aus der Systematik der Normen heraus ergibt sich aber zumindest, dass es sich bei dem Begriff des Beschäftigten um einen Oberbegriff zu dem des Arbeitnehmers handeln muss[108]: Allen genannten Regelungen gemein ist, dass sie die Arbeitnehmer als Teil der Definition des Beschäftigten sehen, indem sie diese nur als eine Fallgruppe neben weiteren, erfassten Personenkreisen aufzählen. Dies bedeutet in aller Schlichtheit, dass immer, wenn ein Arbeitsverhältnis vorliegt auch ein Beschäftigungsverhältnis gegeben ist[109], umgekehrt aber von einem Beschäftigungsverhältnis nicht zwingend auch auf das Vorliegen eines Arbeitsverhältnisses

---

108 Vgl. *Wilke*, Das Verhältnis des sozialversicherungsrechtlichen Beschäftigungsverhältnisses zum zivilrechtlichen Arbeitsverhältnis, S. 37; *Kohte*, in: Kollmer/Klindt/Schucht, Arbeitsschutzgesetz, § 2 ArbSchG, Rn. 47.
109 Vgl. „Entwurf eines Sozialgesetzbuches (SGB) – Gemeinsame Vorschriften für die Sozialversicherung" der Bundesregierung vom 08.10.1975, BT-Drs. 7/4122, S. 31; *Heinze*, NZA 2000, 5, 6; *Wilke*, Das Verhältnis des sozialversicherungsrechtlichen Beschäftigungsverhältnisses zum zivilrechtlichen Arbeitsverhältnis,

geschlossen werden kann. Der Begriff des Beschäftigten deckt sich demnach keineswegs mit dem des Arbeitnehmers[110], sondern reicht weiter als der Arbeitnehmerbegriff.[111]

2. Der Beschäftigtenbegriff des Sozialversicherungsrechts

Die konkrete Ausformung des Beschäftigtenbegriffs im Einzelnen ist abhängig von der Schutzrichtung des jeweiligen Gesetzes. Im Folgenden soll nur auf den relevantesten Beschäftigtenbegriff, den Begriff des Beschäftigten im Sozialversicherungsrecht überblickartig eingegangen werden, um Anknüpfungspunkte und Grundlagen für eine Betrachtung des Beschäftigtenbegriffs im Hochschulrecht zu schaffen.

a. Die Definition der Beschäftigung im Sozialversicherungsrecht

Denn insbesondere das Sozialversicherungsrecht verwendet den Begriff des „Beschäftigten" bzw. der „Beschäftigung", um den Kreis der versicherungspflichtigen Personen bestimmen zu können. Die verschiedenen Vorschriften zeigen, dass in jedem Bereich der Sozialversicherung das Vorliegen einer Beschäftigung als Anknüpfungspunkt dient (vgl. § 25 Abs. 1 SGB III für die Arbeitslosenversicherung, § 5 Abs. 1 Nr. 1 SGB V für die Krankenversicherung, § 1 S. 1 Nr. 1 SGB VI für die Rentenversicherung, § 2 Abs. 1 Nr. 1 SGB VII für die Unfallversicherung und § 20 Abs. 1 S. 2 Nr. 1 SGB XI für die Pflegeversicherung).[112] Legaldefiniert wird der Begriff der Beschäftigung im Sinne des Sozialversicherungsrechts in § 7 Abs. 1 S. 1 SGB IV als *„nichtselbständige Arbeit, insbesondere in einem Arbeitsverhältnis"*, die sich

---

S. 37; **a. A.** *Voelzke*, in: Küttner, Personalbuch, Arbeitnehmer (Begriff), Rn. 49 für den Fall des sog. „missglückten Arbeitsversuchs".
110 BSG, Urteil v. 27.07.2011 – B 12 KR 10/09 R, NJOZ 2012, 827, 828 (Rn. 17); so auch *Joussen*, in: BeckOK-ArbR, § 2 FPfZG, Rn. 13; *Rolfs*, in: ErfK-ArbR, § 7 SGB IV, Rn. 2; *Voelzke*, in: Küttner, Personalbuch, Arbeitnehmer (Begriff), Rn. 47.
111 Dies ist zumindest für den sozialversicherungsrechtlichen Beschäftigungsbegriff stark umstritten. Vergleiche grundlegend und umfangreich hierzu *Wilke*, Das Verhältnis des sozialversicherungsrechtlichen Beschäftigungsverhältnisses zum zivilrechtlichen Arbeitsverhältnis, S. 1 ff.; siehe hierzu eingehender auch unten Kapitel 2. § 4 A. II. 2. b. (S. 72).
112 *Rittweger*, in: BeckOK-SozR, § 7 SGB IV, Rn. 3; *Voelzke*, in: Küttner, Personalbuch, Arbeitnehmer (Begriff), Rn. 47.

Kapitel 2. Vergütungsansprüche und Immaterialgüterrechte im Arbeitsrecht

nach § 7 Abs. 1 S. 2 SGB IV im Wesentlichen durch Weisungsgebundenheit und Eingliederung des Mitarbeiters in die Arbeitsorganisation des Weisungsgebers erkennen lässt.

b. Konzeptionelle Verschiedenheit von Beschäftigungs- und Arbeitsverhältnis

Stark umstritten ist das konzeptionelle Verhältnis zwischen dem sozialversicherungsrechtlichen Beschäftigungsverhältnis und dem Begriff des Arbeitsverhältnisses. Während nach einem Teil der Literatur beide Verhältnisse als identisch anzusehen sind und der Beschäftigtenbegriff folglich problemlos mit dem Arbeitnehmerbegriff gleichgesetzt werden könne[113], ist nach der insbesondere vom Bundessozialgericht in ständiger Rechtsprechung vertretenen „Lehre vom sozialversicherungsrechtlichen Beschäftigungsbegriff" davon auszugehen, dass beiden Begriffen eine eigenständige Bedeutung beizumessen ist.[114]

Überzeugender ist es, letztgenannter Auffassung zu folgen und mit dem *BSG* von einer eigenen Begriffsbestimmung auszugehen, wofür bereits der Wortlaut des § 7 Abs. 1 S. 1 SGB IV spricht. Denn ein wesentlicher Unterschied zwischen Arbeits- und Beschäftigungsverhältnis besteht vor allem darin, dass für die Annahme einer Arbeitnehmereigenschaft das Vorliegen eines privatrechtlichen Vertrags erforderlich ist[115], während das Beschäftigungsverhältnis eine solche Voraussetzung nicht kennt. Vielmehr ist mit der Faktizitätstheorie[116] davon auszugehen, dass ein Beschäftigungsverhältnis i. S. d. § 7 SGB IV auch ohne jegliche vertragliche Grundlage allein aufgrund der faktischen Gegebenheiten der Arbeitsleistung entsteht.[117] Für

---

113 *Heinze*, NZA 2000, 5, 6; *Schlegel*, NZS 2000, 421, 422 („*im wesentlichen deckungsgleich*"); *Wank*, Arbeitnehmer und Selbständige, S. 338 ff.; im Übrigen siehe die zahlreichen Nachweise bei *Wilke*, Das Verhältnis des sozialversicherungsrechtlichen Beschäftigungsverhältnisses zum zivilrechtlichen Arbeitsverhältnis, S. 2 (Fn. 8).
114 Statt vieler BSG, Urteil v. 24.07.1986 – 7 RAr 4/85, BSGE 60, 168, 170; BSG, Urteil v. 13.07.2006 – B 7a AL 16/05 R, NZA-RR 2007, 382, 384 (Rn. 12).
115 Zum Erfordernis des privatrechtlichen Vertrags für die Arbeitnehmereigenschaft siehe oben Kapitel 2. § 4 A. I. 1. (S. 55).
116 Ausführlich zur Faktizitätstheorie siehe *Wilke*, Das Verhältnis des sozialversicherungsrechtlichen Beschäftigungsverhältnisses zum zivilrechtlichen Arbeitsverhältnis, S. 43 ff.
117 St. Rspr. des BSG, statt vieler siehe BSG, Urteil v. 13.07.2006 – B 7a AL 16/05 R, NZA-RR 2007, 382, 384 (Rn. 12).

das Arbeitsverhältnis ist das vertragliche Verhältnis entscheidend; für das Beschäftigungsverhältnis sind die tatsächlichen Umstände maßgeblich. In einer sehr ausführlichen Untersuchung zeigt *Wilke* insbesondere anhand der Fallgruppe der erzwungenen Weiterbeschäftigung im Kündigungsschutzprozess zudem weitere wesentliche Unterschiede zwischen den beiden Verhältnissen auf[118], die nicht von der Hand zu weisen sind, auf die aus Platzgründen jedoch nicht weiter eingegangen werden kann.

Dennoch ist einzugestehen, dass sowohl das Arbeitsverhältnis als auch das Beschäftigungsverhältnis in der Praxis in ihrer Beurteilung häufig nahezu deckungsgleich sind. Insbesondere hat die Entwicklung der bundessozialgerichtlichen Rechtsprechung durch die vergangenen Jahrzehnte hindurch ergeben, dass bei der Abgrenzung zur selbständigen Arbeit für den sozialversicherungsrechtlichen Beschäftigtenbegriff wie auch für den Arbeitnehmerbegriff das Merkmal der *persönlichen Abhängigkeit* als Abgrenzungskriterium entscheidend sein soll.[119]

Insoweit können die zur persönlichen Abhängigkeit im Rahmen des Arbeitnehmerbegriffs entwickelten und oben dargestellten Kriterien[120] auch hier weitgehend Eingang finden.[121] Die persönliche Abhängigkeit bestimmt sich deshalb nach herrschender Ansicht für beide Begriffe maßgeblich durch die Weisungsgebundenheit des Arbeitnehmers. Sowohl auf eine wirtschaftliche Abhängigkeit als auch auf eine soziale Schutzbedürftigkeit kommt es wie für den Arbeitnehmerbegriff nicht an.[122]

III. Der Arbeitgeberbegriff

Trotz der Neuregelung des § 611a BGB fehlt es dem Begriff des Arbeitgebers an einer gesetzlichen Definition. Allerdings bereitet die Bestimmung des Arbeitgeberbegriffs im Gegensatz zum Arbeitnehmerbegriff kaum Schwierigkeiten. Aus den §§ 611, 611a BGB ergibt sich, dass Arbeitgeber

---

118 *Wilke*, Das Verhältnis des sozialversicherungsrechtlichen Beschäftigungsverhältnisses zum zivilrechtlichen Arbeitsverhältnis, S. 21 ff., insbes. S. 349 ff.
119 Statt vieler BSG, Urteil v. 21.04.1993 – 11 RAr 67/92, NJW 1994, 341; BSG, Urteil v. 24.01.2007 – B 12 KR 31/06 R, NZS 2007, 648, 649 (Rn. 4); BSG, Urteil v. 29.08.2012 – B 12 KR 25/10 R, BSGE 111, 257, 259 f. (Rn. 15) = NZS 2013, 181; so auch *Wilke*, Das Verhältnis des sozialversicherungsrechtlichen Beschäftigungsverhältnisses zum zivilrechtlichen Arbeitsverhältnis, S. 45.
120 Vgl. hierzu oben Kapitel 2. § 4 A. I. 3. (S. 60).
121 *Voelzke*, in: Küttner, Personalbuch, Arbeitnehmer (Begriff), Rn. 49.
122 *Voelzke*, in: Küttner, Personalbuch, Arbeitnehmer (Begriff), Rn. 63.

ist, wer (mindestens) einen Arbeitnehmer beschäftigt und von diesem die Erbringung von Dienstleistungen auf der Grundlage eines Arbeitsvertrags nach § 611a BGB fordern kann.[123]

Bei Abschluss eines Arbeitsvertrags mit einer juristischen Person ist diese Arbeitgeberin und nicht die Organe der juristischen Person. Diese nehmen lediglich Arbeitgeberfunktionen wahr, ohne selbst Arbeitgeber zu sein.[124] Eine Unterscheidung zwischen einem abstrakten und einem konkreten Arbeitgeberbegriff bei juristischen Personen, also eine Aufspaltung zwischen dem aus dem Arbeitsvertrag Berechtigten und demjenigen, der die Weisungsbefugnis wahrnimmt, findet nicht (mehr) statt.[125]

B. Die Pflichten der Arbeitsvertragsparteien

Die vertraglichen Pflichten der Parteien eines Arbeitsvertrags sind mannigfaltig. Ihre Betrachtung allein vermag Bände juristischer Literatur zu füllen. Jenseits der Hauptpflichten von Arbeitgeber (z. B. Zahlung des Arbeitsentgelts) und Arbeitnehmer (z. B. Erbringung der Arbeitsleistung) wird aber vor allem eine Pflicht im Arbeitsrecht besonders stark diskutiert, die auch für die vorliegende Arbeit von Bedeutung ist und mithin einer gesonderten Betrachtung, wenn auch in der gebotenen Kürze, bedarf. Es ist die Rede von der Pflicht des Arbeitgebers und Arbeitnehmers zur gegenseitigen Rücksichtnahme und Interessenwahrung gem. § 241 Abs. 2 BGB.[126]

Der Arbeitnehmer hat seine Verpflichtungen aus dem Arbeitsverhältnis so zu erfüllen, seine Rechte so wahrzunehmen und die im Zusammenhang mit dem Arbeitsverhältnis stehenden Interessen des Arbeitgebers so zu

---

123 Vgl. BAG, Urteil v. 09.09.1982 – 2 AZR 253/80, BAGE 40, 145, 149 = AP BGB § 611 Hausmeister Nr. 1; *Linck*, in: Schaub, ArbR-Hdb, § 16, Rn. 1; siehe auch *Lenhart*, Arbeitnehmer- und Arbeitgeberbegriff im Arbeitnehmererfindungsrecht, S. 69.

124 *v. Hoyningen-Huene*, in: MüKo-HGB, Bd. 1, § 59, Rn. 12; *Linck*, in: Schaub, ArbR-Hdb, § 16, Rn. 2; vgl. auch *Lenhart*, Arbeitnehmer- und Arbeitgeberbegriff im Arbeitnehmererfindungsrecht, S. 69.

125 *Lenhart*, Arbeitnehmer- und Arbeitgeberbegriff im Arbeitnehmererfindungsrecht, S. 69 f.; *v. Hoyningen-Huene*, in: MüKo-HGB, Bd. 1, § 59, Rn. 12; *Richardi*, in: Münchener Handbuch zum Arbeitsrecht, Bd. 1, § 21, Rn. 10. Für eine Unterscheidung zwischen abstraktem und konkretem Arbeitgeberbegriff früher *Birk*, Die arbeitsrechtliche Leitungsmacht, S. 141 f.; *Hueck/Nipperdey*, Lehrbuch des Arbeitsrechts, Bd. 1, S. 89 f.; *Nikisch*, Arbeitsrecht, Bd. 1, S. 145.

126 *Boemke*, Schuldvertrag und Arbeitsverhältnis, S. 377 f.

wahren, wie dies von ihm unter Berücksichtigung seiner Stellung im Betrieb, seiner eigenen Interessen und der Interessen der anderen Arbeitnehmer des Betriebs nach Treu und Glauben billigerweise verlangt werden kann.[127] Früher wurde eine derartige als „Treuepflicht" bezeichnete Pflicht des Arbeitnehmers auf die personenrechtliche Prägung des Arbeitsverhältnisses gestützt[128]; mit der „Treuepflicht" wurde eine Reihe von Einzelpflichten des Arbeitnehmers begründet. Spätestens seit der Einführung des § 241 Abs. 2 BGB im Wege der Schuldrechtsreform im Jahr 2002 lässt sich die Annahme einer eigenständigen „Treuepflicht" aber schlechterdings nicht mehr aufrechterhalten.[129] Vielmehr ist davon auszugehen, dass die in eine „Treuepflicht" des Arbeitnehmers hineingelesenen Pflichten ohnehin in §§ 241 Abs. 2, 242 BGB enthalten sind[130], denn aus diesen Vorschriften können sich zahlreiche Neben- und Nebenleistungspflichten des Arbeitnehmers ergeben. Die veraltete „Treuepflicht" stellt eine solche arbeitsvertragliche Nebenpflicht i. S. d. § 241 Abs. 2 BGB dar.[131] Für eine darüberhinausgehende vom Gesetz losgelöste „Treuepflicht", der eine eigenständige und anspruchsbegründende Bedeutung zukommen soll[132], ist daneben kein Raum, da es ihr an einer gesetzlichen Grundlage fehlt.[133]

Auch der Arbeitgeber hat seine Verpflichtungen aus dem Arbeitsverhältnis so zu erfüllen, seine Rechte so auszuüben und die im Zusammenhang mit dem Arbeitsverhältnis stehenden Interessen des Arbeitnehmers so zu wahren, wie dies unter Berücksichtigung der Belange des Betriebs und der Interessen der anderen Arbeitnehmer des Betriebs nach Treu und Glauben billigerweise verlangt werden kann.[134] Diese vielfach als eigenständige Ver-

---

127 Statt vieler BAG, Urteil v. 10.09.2009 – 2 AZR 257/08, NZA 2010, 220, 222 (Rn. 20); *Koch*, in: Schaub, Arbeitsrecht von A-Z, Treuepflicht; *Müller-Glöge*, in: MüKo-BGB, Bd. 4, § 611 BGB, Rn. 1074.
128 Vgl. *Hueck/Nipperdey*, Lehrbuch des Arbeitsrechts, Bd. 1, S. 129 ff., 241 f.; *Nikisch*, Arbeitsrecht, Bd. 1, S. 446; *Volmer/Gaul*, in: Arbeitnehmererfindungsgesetz, § 25, Rn. 79.
129 *Preis*, in: ErfK-ArbR, § 611 BGB, Rn. 707; *Weidenkaff*, in: Palandt, BGB, § 611 BGB, Rn. 39; vgl. ferner *Fuchs*, GRUR 2006, 561, 564; *Koch*, in: Schaub, Arbeitsrecht von A-Z, Treuepflicht.
130 Vgl. *Ulrici*, Vermögensrechtliche Grundfragen des Arbeitnehmerurheberrechts, S. 189; *Richardi/Fischinger*, in: Staudinger (2016), § 611 BGB, Rn. 1167.
131 Vgl. *Veigel*, Immaterialgüterrechte im Arbeitsverhältnis, Rn. 236; *Richardi/Fischinger*, in: Staudinger (2016), § 611 BGB, Rn. 1167.
132 So *Hueck/Nipperdey*, Lehrbuch des Arbeitsrechts, Bd. 1, S. 242; *Nikisch*, Arbeitsrecht, Bd. 1, S. 445 f.
133 *Boemke*, Schuldvertrag und Arbeitsverhältnis, S. 383 f.; *Ulrici*, Vermögensrechtliche Grundfragen des Arbeitnehmerurheberrechts, S. 189.
134 Statt vieler *Müller-Glöge*, in: MüKo-BGB, Bd. 4, § 611 BGB, Rn. 984.

pflichtung des Arbeitgebers angenommene „Fürsorgepflicht"[135] hat jedoch ein der „Treuepflicht" vergleichbares Schicksal erfahren. Auch die „Fürsorgepflicht" kann spätestens seit der Schuldrechtsmodernisierung allein als Nebenpflicht i. S. d. § 241 Abs. 2 BGB anerkannt werden. Sie kann keinesfalls als besondere Nebenleistungspflicht verstanden werden, die über die allgemeinen Nebenpflichten hinausgehende Verpflichtungen des Arbeitgebers begründet.[136] Denn auch das Arbeitsrecht ist von der Bindung an „Gesetz und Recht" aus Art. 20 Abs. 3 GG nicht befreit, die von Gesetz oder Rechtsgeschäft losgelöste Rechte und Pflichten ausschließt.[137]

§ 5 Vergütungsansprüche des Arbeitnehmers für Arbeitsergebnisse

Wie in vielen Bereichen des täglichen Lebens geht es auch im Arbeitsverhältnis vielfach ums Geld. Arbeitnehmer werden regelmäßig nicht aus reinem Altruismus für einen anderen tätig, sondern sie arbeiten, um ihre eigene Existenz und die ihrer Familie zu sichern und ihren Lebensstandard zu erweitern oder aufrecht zu erhalten. Ein wesentlicher Aspekt eines Arbeitsverhältnisses ist deshalb der Vergütungsanspruch des Arbeitnehmers, durch den er von seinem Arbeitgeber ein Entgelt für die erbrachte Arbeitstätigkeit verlangen kann. Allerdings sollen die Zeilen dieser Arbeit nicht darauf verwendet werden, sich mit dem allgemeinen Vergütungsanspruch des Arbeitnehmers auseinanderzusetzen. Im Hinblick auf die Betrachtung der Hochschulerfindervergütung für verwertetes geistiges Eigentum soll es vielmehr allein um diejenigen Vergütungsansprüche gehen, die einem Arbeitnehmer jenseits des Arbeitsentgeltes für (besondere) Leistungen zustehen können, die er im Rahmen des Arbeitsverhältnisses erbringt. Dazu ist zu untersuchen, wem die Rechte an den Arbeitsergebnissen grundsätzlich zustehen (A.), welche konkreten Leistungen des Arbeitnehmers als Arbeitsergebnisse zu begreifen sind, für die ein Vergütungsanspruch geltend gemacht werden könnte (B.) und welche Vergütungsansprüche das Arbeitsrecht (für Arbeitsergebnisse) vorsieht (C.).

---

135 So etwa *Hueck/Nipperdey*, Lehrbuch des Arbeitsrechts, Bd. 1, S. 390 ff.
136 Vgl. *Boemke*, Schuldvertrag und Arbeitsverhältnis, S. 383 f.; *Preis*, in: ErfK-ArbR, § 611 BGB, Rn. 615.
137 *Boemke*, Schuldvertrag und Arbeitsverhältnis, S. 383 f.; *Ulrici*, Vermögensrechtliche Grundfragen des Arbeitnehmerurheberrechts, S. 345 f.

A. Der allgemeine arbeitsrechtliche Grundsatz des Rechts am Arbeitsergebnis

Der Arbeitnehmer ist nach § 611a Abs. 1 BGB verpflichtet, die vertraglich geschuldete Arbeitstätigkeit zu erbringen. Infolge der erbrachten Arbeitsleistung erhält er die vereinbarte Vergütung, zu deren Zahlung der Arbeitgeber aus § 611a Abs. 2 BGB verpflichtet ist. Da der Arbeitnehmer nur die Arbeitstätigkeit nach § 611a Abs. 1 BGB und in Abgrenzung zum Werkvertrag nach § 631 Abs. 1 BGB grundsätzlich gerade keinen bestimmten Erfolg schuldet, stellt sich die Frage, wem die durch den Arbeitnehmer tatsächlich erbrachten Werkleistungen und Schöpfungen im Arbeitsverhältnis zustehen sollen. Das Recht am Arbeitsergebnis bildet einen zentralen Aspekt der vermögensrechtlichen Grundfragen des Arbeitsverhältnisses. Hierbei ist zwischen der obligatorischen und der dinglichen Seite des Rechts am Arbeitsergebnis zu unterscheiden, weshalb sinnvollerweise zur Klarstellung auch zwischen dem „Recht *auf das* Arbeitsergebnis" (obligatorisch) und dem „Recht *am* Arbeitsergebnis" (dinglich) differenziert werden kann.[138] Während die obligatorische Seite die Frage beleuchtet, wem nach dem arbeitsvertraglichen Verhältnis der Parteien die Arbeitsleistungen des Arbeitnehmers insbesondere hinsichtlich der Nutzungs- und Verwertungsrechte zustehen, behandelt die dingliche Seite die Fragestellung, in welcher Person das Recht am Arbeitsergebnis originär entsteht.[139]

I. Das Recht auf das Arbeitsergebnis (obligatorische Anknüpfung)

Nach dem im Arbeitsvertragsrecht gesetzlich nicht kodifizierten[140] allgemeinen arbeitsrechtlichen „Grundsatz des Rechts am Arbeitsergebnis", steht das Recht auf das Arbeitsergebnis dem Arbeitgeber zu.[141] Danach

---

138 So ausdrücklich und mit beachtlicher Begründung *Ulrici*, Vermögensrechtliche Grundfragen des Arbeitnehmerurheberrechts, S. 32 ff., 42.
139 *Ulrici*, Vermögensrechtliche Grundfragen des Arbeitnehmerurheberrechts, S. 32. Für Autoren, die demgegenüber nicht zwischen der dinglichen und obligatorischen Seite trennen, siehe die zahlreichen Nachweise bei *Ulrici*, Vermögensrechtliche Grundfragen des Arbeitnehmerurheberrechts, S. 32 (Fn. 6).
140 *Veigel*, Immaterialgüterrechte im Arbeitsverhältnis, Rn. 7.
141 Begründung zum „Entwurf eines Gesetzes über Erfindungen von Arbeitnehmern und Beamten" der Bundesregierung vom 19.08.1955, BT-Drs. II/1648, S. 12; *Bayreuther*, GRUR 2003, 570, 571; *Richardi/Buchner*, NZA 2002, 883; *Busche*, in: FS Reimann (2009), S. 37; *Hubmann*, in: FS Hueck (1959), S. 43; *Nikisch*,

Kapitel 2. Vergütungsansprüche und Immaterialgüterrechte im Arbeitsrecht

werden alle wirtschaftlichen Güter – körperlicher oder unkörperlicher Art[142] –, die der Arbeitnehmer in Erfüllung seiner arbeitsvertraglichen Verpflichtungen geschaffen hat, dem Arbeitgeber zugeordnet.[143] Die Rechtfertigung dieses Grundsatzes speist sich aus verschiedenen Überlegungen. Vorrangig löst die Zuweisung des Arbeitsergebnisses zum Arbeitgeber vor allem das Spannungsverhältnis hinsichtlich der konträren Interessen der Arbeitsvertragsparteien und entspricht dem Zweck des Arbeitsvertrags: Das unternehmerische Risiko liegt allein beim Arbeitgeber, der dem Arbeitnehmer den Arbeitsplatz sowie die Betriebsmittel zur Verfügung stellt und die Zahlung einer Vergütung auch dann schuldet, wenn es an tatsächlichen Arbeitsergebnissen des fremdnützig tätigen Arbeitnehmers mangelt. Im Gegenzug muss dem Arbeitgeber auch der durch eine wirtschaftliche Verwertung des Arbeitsergebnisses erzielte Gewinn zustehen (sog. Austauschgedanke).[144] Zudem erfolgt die Zuordnung des Arbeitsergebnisses zum Arbeitgeber auch, um dessen wirtschaftliche Handlungsfähigkeit zu gewährleisten. Denn ihm ist die Nutzung und Verwertung des Arbeitsergebnisses vor allem im Hinblick auf die Veräußerung nur möglich, sofern ihm die dazu erforderlichen Rechte daran zustehen.[145]

---

in: FS H. Lehmann (1936), S. 285, 291; *Hueck/Nipperdey*, Lehrbuch des Arbeitsrechts, Bd. 1, S. 496; *Roithmaier*, Das Recht des Arbeitgebers am kunstschutzfähigen Arbeitsergebnis nach geltendem und künftigen Recht, S. 1; *Schacht*, Die Einschränkungen des Urheberpersönlichkeitsrechts im Arbeitsverhältnis, S. 31 f.; *Ulrici*, Vermögensrechtliche Grundfragen des Arbeitnehmerurheberrechts, S. 37 m. w. N.; *Veigel*, Immaterialgüterrechte im Arbeitsverhältnis, Rn. 6; *Bartenbach/Volz*, Arbeitnehmererfindungsgesetz, Einleitung, Rn. 3; *Bayreuther*, in: Münchener Handbuch zum Arbeitsrecht, Bd. 1, § 89, Rn. 1; *Gennen*, in: MAH-Arbeitsrecht, § 16, Rn. 1.

142 *Veigel*, Immaterialgüterrechte im Arbeitsverhältnis, Rn. 6; *Gennen*, in: MAH-Arbeitsrecht, § 16, Rn. 1; **a. A.** *Diederichsen*, Der Vergütungsanspruch des angestellten Urhebers, S. 142 f.

143 Vgl. *Veigel*, Immaterialgüterrechte im Arbeitsverhältnis, Rn. 6.

144 Vgl. *Hubmann*, in: FS Hueck (1959), S. 43, 45; *Rehbinder*, RdA 1968, 309; hierzu *Veigel*, Immaterialgüterrechte im Arbeitsverhältnis, Rn. 69; so auch *Buchner*, GRUR 1985, 1, 7; *Schacht*, Die Einschränkungen des Urheberpersönlichkeitsrechts im Arbeitsverhältnis, S. 32; *Bartenbach/Volz*, Arbeitnehmererfindungsgesetz, § 3, Rn. 27. Grundlegend zum Arbeitsverhältnis als Austauschverhältnis siehe *Wiedemann*, Das Arbeitsverhältnis als Austausch- und Gemeinschaftsverhältnis, S. 9 ff.

145 *Roithmaier*, Das Recht des Arbeitgebers am kunstschutzfähigen Arbeitsergebnis nach geltendem und künftigen Recht, S. 1; *Gennen*, in: MAH-Arbeitsrecht, § 16, Rn. 1; siehe auch *Buchner*, GRUR 1985, 1, 7; *Schacht*, Die Einschränkungen des Urheberpersönlichkeitsrechts im Arbeitsverhältnis, S. 32; *Ulrici*, Vermögens-

Von der Frage, wem das Arbeitsergebnis zur freien Verfügung stehen soll, ist dem Grunde nach die Frage zu trennen, wem der Wert des Arbeitsergebnisses zukommt.[146] Diese Fragestellung erlangt besondere Bedeutung im Hinblick auf etwaige Vergütungsansprüche des Arbeitnehmers. Denn fällt das Recht auf das Arbeitsergebnis dem Arbeitgeber zu, während aber (auch) dem Arbeitnehmer der Wert des Arbeitsergebnisses zukommt, stellt sich die Frage nach Ausgleichsansprüchen des Arbeitnehmers. Es entspricht allerdings allgemeiner Auffassung, dass der Wert des Arbeitsergebnisses mit dem Arbeitsentgelt abgegolten ist; der Arbeitgeber erhält den Wert des Arbeitsergebnisses als Äquivalent für das von ihm gezahlte Arbeitsentgelt.[147] Da er das wirtschaftliche Risiko nicht nur hinsichtlich der erfolgreichen Verwertung, sondern auch in Bezug auf die zu einem Erfolg führende Tätigkeit des Arbeitnehmers trägt, sollen ihm im Gegenzug auch die wirtschaftlichen Vorteile zukommen.[148]

II. Das Recht am Arbeitsergebnis (dingliche Anknüpfung)

Von der Frage der Zuweisung des Rechts und des Wertes des Arbeitsergebnisses ist die Frage zu trennen, bei welcher der Arbeitsvertragsparteien das Recht am Arbeitsergebnis originär entsteht. Denn auch die Beantwortung dieser Frage kann bei einem Auseinanderfallen von Rechtsentstehung und Rechtszuordnung für die Beurteilung vermögensrechtlicher Aspekte und

---

rechtliche Grundfragen des Arbeitnehmerurheberrechts, S. 39; *Veigel*, Immaterialgüterrechte im Arbeitsverhältnis, Rn. 69.
146 *Ulrici*, Vermögensrechtliche Grundfragen des Arbeitnehmerurheberrechts, S. 40; vgl. auch *Bayreuther*, GRUR 2003, 570, 572.
147 BAG, Urteil v. 05.04.1962 – 5 AZR 432/60, UFITA 1962 (Bd. 38), 95, 99 f.; *Bayreuther*, GRUR 2003, 570, 571 f.; *Berger*, ZUM 2003, 173, 174; *Buchner*, GRUR 1985, 1, 11; *Diederichsen*, Der Vergütungsanspruch des angestellten Urhebers, S. 9; *Grabig*, Die Bestimmung einer weiteren angemessenen Beteiligung in gemeinsamen Vergütungsregeln und in Tarifverträgen nach § 32a Abs. 4 UrhG, S. 61 f.; *Kuckuk*, Die Vergütungsansprüche der Arbeitnehmerurheber im Spannungsfeld zwischen Arbeitsrecht und neuem Urheberrecht, S. 108 f.; *Ulrici*, Vermögensrechtliche Grundfragen des Arbeitnehmerurheberrechts, S. 40 m. w. N.; *Rojahn*, in: Schricker/Loewenheim, UrhG, § 43 UrhG, Rn. 38.
148 *Bayreuther*, GRUR 2003, 570, 571; *Buchner*, GRUR 1985, 1, 11; *Ulrici*, Vermögensrechtliche Grundfragen des Arbeitnehmerurheberrechts, S. 41; vgl. auch *Kraßer*, in: FG Schricker (1995), S. 77, 82 f.; *Kuckuk*, Die Vergütungsansprüche der Arbeitnehmerurheber im Spannungsfeld zwischen Arbeitsrecht und neuem Urheberrecht, S. 108.

Ausgleichsansprüche des Arbeitnehmers von Bedeutung sein. In Ermangelung arbeitsrechtlicher Sondervorschriften richtet sich die Entstehung der Rechte am Arbeitsergebnis nach den zivilrechtlichen Grundnormen zur Entstehung von Rechten. Dabei ist zu differenzieren zwischen körperlichen und unkörperlichen Arbeitsergebnissen.[149]

1. Körperliche Arbeitsergebnisse

Rechte an einem körperlichen Arbeitsergebnis, also einer Sache i. S. d. § 90 BGB, können vor allem der Besitz und das Eigentum sein. Grundsätzlich ist Besitzer einer Sache, wer die tatsächliche Gewalt über die Sache ausübt (vgl. § 854 Abs. 1 BGB). Danach wäre der Arbeitnehmer Besitzer aller Sachen, über die er im Rahmen des Arbeitsverhältnisses Sachherrschaft erlangt. Für Arbeitsverhältnisse belässt es das BGB allerdings nicht bei der Regelung des § 854 BGB, sondern ergänzt diese um die Bestimmung des § 855 BGB: Übt jemand die tatsächliche Gewalt über eine Sache für einen anderen in dessen Haushalt oder Erwerbsgeschäft oder in einem ähnlichen Verhältnis aus, vermöge dessen er den sich auf die Sache beziehenden Weisungen des anderen Folge zu leisten hat, so ist nur der andere Besitzer. Aufgrund der für dieses Besitzdienerverhältnis erforderlichen Weisungsabhängigkeit, sind grundsätzlich alle Arbeitnehmer von der Vorschrift erfasst.[150] Der für den Arbeitgeber tätig werdende Arbeitnehmer kann demnach nur als Besitzdiener i. S. d. § 855 BGB angesehen werden, weshalb er lediglich für den Arbeitgeber besitzt und die besitzrechtlichen Folgen dem Arbeitgeber zugerechnet werden.[151]

Die gegenüber dem Besitz bedeutendere Rechtsposition stellt das Eigentum an einer Sache dar. Anders als im Besitzrecht fehlt es allerdings an Sonderbestimmungen für das Arbeitsverhältnis hinsichtlich des Eigentumserwerbs, weshalb auf die allgemeinen eigentumsrechtlichen Regelungen zurückzugreifen ist. § 903 S. 1 BGB verleiht dem Eigentümer weitrei-

---

149 So zurecht *Ulrici*, Vermögensrechtliche Grundfragen des Arbeitnehmerurheberrechts, S. 42.
150 BAG, Urteil v. 17.09.1998 – 8 AZR 175/97, BAGE 90, 9, 17 = NJW 1999, 1049; *Ulrici*, Vermögensrechtliche Grundfragen des Arbeitnehmerurheberrechts, S. 44 m. w. N.; *Zöllner/Loritz/Hergenröder*, Arbeitsrecht, § 17 Rn. 2; *Koch*, in: Schaub, ArbR-Hdb, § 113, Rn. 5 f.; *Müller-Glöge*, in: MüKo-BGB, Bd. 4, § 611 BGB, Rn. 1072.
151 *Ulrici*, Vermögensrechtliche Grundfragen des Arbeitnehmerurheberrechts, S. 46.

chende Befugnisse: Der Eigentümer einer Sache kann, soweit nicht das Gesetz oder Rechte Dritter entgegenstehen, mit der Sache nach Belieben verfahren und andere von jeder Einwirkung ausschließen. Von besonderer Bedeutung im Arbeitsverhältnis ist der Eigentumserwerb bei der Verarbeitung von Stoffen. Arbeitet der Arbeitnehmer mit Sachen des Arbeitgebers, bleibt jener solange Eigentümer an seinen Sachen, wie der Arbeitnehmer nicht eine neue Sache herstellt. Stellt der Arbeitnehmer hingegen durch Verarbeitung oder Umbildung eine neue bewegliche Sache her, stellt sich die Frage, wer originärer Eigentümer der neu hergestellten Sache wird. Auf der einen Seite wird die Sache durch den Arbeitnehmer erschaffen, auf der anderen Seite wird dieser für den Arbeitgeber tätig. Nach § 950 Abs. 1 S. 1 BGB erwirbt das Eigentum an der neuen Sache grundsätzlich derjenige, der die Sache durch Verarbeitung hergestellt hat. Nach allgemeiner Ansicht ist jedoch zu Recht der Arbeitgeber als Hersteller der Sache i. S. d. § 950 BGB anzusehen, der somit das Eigentum an der Sache originär erwirbt.[152] Dieses Verständnis wird zum Teil mit dem bereits oben[153] zum Ausdruck gebrachten Austauschgedanken des Arbeitsverhältnisses begründet.[154] Andere erblicken die Rechtfertigung in der Eingliederung des Arbeitnehmers in die betriebliche Organisation des Arbeitgebers.[155] Aufgrund der bestehenden Einmütigkeit hinsichtlich der Herstellereigenschaft des Arbeitgebers soll an dieser Stelle auf die Entscheidung zugunsten einer der vertretenen Meinungen aus Platzgründen verzichtet werden.

Festzuhalten bleibt, dass bei körperlichen Arbeitsergebnissen der Arbeitnehmer für den Arbeitgeber besitzt, also unmittelbar in der Person des Arbeitgebers die besitzrechtlichen Folgen eintreten[156] und der Arbeitgeber

---

152 BGH, Urteil v. 26.10.1951 – I ZR 93/51, GRUR 1952, 257, 258 – *Krankenhaus-Kartei*; BAG, Urteil v. 24.11.1960 – 5 AZR 261/60, GRUR 1961, 491, 492 – *Nahverkehrschronik*; *Schacht*, Die Einschränkungen des Urheberpersönlichkeitsrechts im Arbeitsverhältnis, S. 33; *Ulrici*, Vermögensrechtliche Grundfragen des Arbeitnehmerurheberrechts, S. 48 mit zahlreichen weiteren Nachweisen; *Füller*, in: MüKo-BGB, Bd. 7, § 950 BGB, Rn. 23; *Gennen*, in: MAH-Arbeitsrecht, § 16, Rn. 5; *Herrler*, in: Palandt, BGB, § 950 BGB, Rn. 7.
153 Zum Austauschgedanken des Arbeitsverhältnisses siehe oben Kapitel 2. § 5 A. I. (S. 77).
154 Vgl. *Hubmann*, in: FS Hueck (1959), S. 43, 45; *Wandtke*, GRUR 1992, 139, 142; *Bayreuther*, in: Münchener Handbuch zum Arbeitsrecht, Bd. 1, § 91, Rn. 21.
155 Siehe nur *Rehbinder*, in: FS Roeber (1973), S. 481, 485; *Brehm/Berger*, Sachenrecht, § 3 Rn. 17 f.; *Ulrici*, Vermögensrechtliche Grundfragen des Arbeitnehmerurheberrechts, S. 50 ff. mit zahlreichen Nachweisen.
156 *Ulrici*, Vermögensrechtliche Grundfragen des Arbeitnehmerurheberrechts, S. 46; siehe auch *Brehm/Berger*, Sachenrecht, § 3 Rn. 30 f.

Kapitel 2. Vergütungsansprüche und Immaterialgüterrechte im Arbeitsrecht

Eigentümer der vom Arbeitnehmer durch Verarbeitung neu hergestellten Sachen wird.

2. Unkörperliche Arbeitsergebnisse

Besondere Bedeutung im Arbeitsverhältnis erlangen unkörperliche Arbeitsergebnisse, also immaterielle Leistungen des Arbeitnehmers. Für die Betrachtung des Rechtserwerbs an diesen ist zwischen schutzfähigen und nicht schutzfähigen immateriellen Arbeitsergebnissen zu unterscheiden.[157]

Schutzfähige Leistungen eröffnen die Möglichkeit, ein Schutzrecht für das jeweilige Arbeitsergebnis zu erlangen. So kann etwa für eine schutzfähige Erfindung ein Patent erteilt werden oder es kann je nach Arbeitsergebnis der Schutz des Gebrauchsmuster-, des Urheber- oder des Designrechts eingreifen. Alle diese Schutzrechte oder geschützten Positionen gewähren ein Ausschließlichkeitsrecht des Inhabers, das es ihm ermöglicht, andere von der Nutzung und Verwertung des Arbeitsergebnisses auszuschließen.[158] Es liegt eine eigentumsähnliche Position vor. Für die Beurteilung des originären Rechtserwerbs sind die jeweils einschlägigen Spezialgesetze zu Rate zu ziehen. Grundsätzlich steht das Recht auf das Patent, auf das Gebrauchsmuster, auf das eingetragene Design, das Gemeinschaftsgeschmacksmuster sowie das Urheberrecht dem jeweiligen Erfinder, Entwerfer bzw. Schöpfer zu (vgl. § 6 PatG, § 13 Abs. 3 GebrMG, § 7 Abs. 1 DesignG, Art. 14 Abs. 1 GGV, § 7 UrhG). Schafft jedoch ein Arbeitnehmer ein schutzfähiges immaterielles Arbeitsergebnis im Rahmen eines Arbeitsverhältnisses, stellt sich die Frage, ob das darauf erteilte Schutzrecht mit seiner Ausschließlichkeitswirkung dem Arbeitnehmer oder dem Arbeitgeber zukommt. Für das Patentrecht sowie für das Gebrauchsmusterrecht und das Urheberrecht verbleibt es bei der originären Rechtszuordnung zum Arbeitnehmer als Schöpfer der Erfindung, des Gebrauchsmusters bzw. des urheberrechtlich geschützten Werkes.[159] Die hiervon abweichen-

---

157 Diese Differenzierung wird zurecht auch vorgenommen bei *Ulrici*, Vermögensrechtliche Grundfragen des Arbeitnehmerurheberrechts, S. 58 ff.
158 Vgl. für das Patent-, Gebrauchmuster- und Designrecht *Ulrici*, Vermögensrechtliche Grundfragen des Arbeitnehmerurheberrechts, S. 58 f.; für das Urheberrecht siehe *Götting/Leuze*, in: Hartmer/Detmer (Hrsg.), Hochschulrecht, S. 777, 781 (Rn. 9).
159 Vgl. für das Urheberrecht BGH, Urteil v. 26.10.1951 – I ZR 93/51, GRUR 1952, 257, 258 – *Krankenhaus-Kartei*: „*Während das Eigentum an einer neuen Sache, die im Rahmen eines Dienstvertrages durch Verarbeitung oder Umbildung im Sinne*

den Regelungen des ArbNErfG (vgl. §§ 6, 7 ArbNErfG) bewirken lediglich einen derivativen Rechtserwerb des Arbeitgebers.[160] Das Designrecht bzw. Gemeinschaftsgeschmacksmusterrecht hingegen lässt bei einem Arbeitnehmerentwurf das Recht auf das eingetragene Design bzw. Gemeinschaftsgeschmacksmuster[161] originär in der Person des Arbeitgebers entstehen (vgl. § 7 Abs. 2 DesignG, Art. 14 Abs. 3 GGV).[162] Auf die Entstehung der jeweiligen Immaterialgüterrechte sowie auf ihre Zuordnung wird bei der gesonderten Betrachtung der im Arbeitsverhältnis auftretenden Immaterialgüterrechte im Anschluss vertiefter eingegangen.[163]

Nicht schutzfähige Arbeitsergebnisse vermögen aufgrund der mangelnden Schutzfähigkeit gerade kein Ausschließlichkeitsrecht zu begründen, das einer der Vertragsparteien zugeordnet werden müsste oder könnte.[164] Vielmehr sind nicht schutzfähige Arbeitsergebnisse durch jedermann nutz- und verwertbar.[165] Hierunter fallen insbesondere Kundenbeziehungen, sonstiges Know-how sowie technische Verbesserungsvorschläge des Arbeitnehmers.[166] Auch der Arbeitgeber kann demnach solche nicht geschützten

---

von § 950 BGB entsteht, unmittelbar vom Dienstherrn erworben wird, wenn der Dienstverpflichtete die Verarbeitung nach allgemeiner Verkehrsanschauung für seinen Geschäftsherrn vornimmt, verbietet es der eigenartige persönlichkeitsrechtliche Einschlag des Urheberrechts, einen unmittelbaren Rechtserwerb des Auftraggebers oder Dienstherrn anzunehmen, für den das Werk geschaffen wird; es sei denn, der Dienstverpflichtete habe nur eine ganz untergeordnete, unselbständige Gehilfentätigkeit verrichtet."

160 Zum derivativen Rechtserwerb des Arbeitgebers bei Erfindungen siehe unten ausführlich Kapitel 2. § 6 A. I. 3. (S. 112).
161 Das hier Gesagte gilt für das eingetragene wie für das nicht eingetragene Gemeinschaftsgeschmacksmuster gleichermaßen, da Art. 14 Abs. 3 GGV insoweit nicht differenziert, vgl. hierzu unten Kapitel 2. § 6 C. III. 1. (S. 163).
162 Die originäre Rechtsentstehung beim Arbeitgeber ist nicht unumstritten. Manche befürworten stattdessen einen derivativen Rechtserwerb. Siehe zu dem Streit unten ausführlich und mit Stellungnahme Kapitel 2. § 6 C. III. 3. a. aa. (S. 167).
163 Siehe hierzu unten Kapitel 2. § 6 (S. 92 ff.).
164 *Hueck/Nipperdey*, Lehrbuch des Arbeitsrechts, Bd. 1, S. 496; *Ulrici*, Vermögensrechtliche Grundfragen des Arbeitnehmerurheberrechts, S. 62 m. w. N.
165 Vgl. BGH, Urteil v. 06.05.1999 – I ZR 199/96, NJW 1999, 2898, 2901; BGH, Urteil v. 28.10.2004 – I ZR 326/01, GRUR 2005, 166, 170 – Puppenausstattungen; *Schack*, Urheber- und Urhebervertragsrecht, Rn. 19 ff.; *Ulrici*, Vermögensrechtliche Grundfragen des Arbeitnehmerurheberrechts, S. 62.
166 *Ulrici*, Vermögensrechtliche Grundfragen des Arbeitnehmerurheberrechts, S. 63.

Arbeitsergebnisse des Arbeitnehmers frei verwerten, z. B. Dritten zur Verfügung stellen.[167]

B. Der Begriff des Arbeitsergebnisses

Die Zuordnung des Rechts am oder auf das Arbeitsergebnis bleibt solange unbedeutend, wie nicht geklärt ist, was der Begriff des Arbeitsergebnisses konkret umfasst. Nur durch dessen Bestimmung lässt sich feststellen, welche Rechte dem Arbeitgeber oder Arbeitnehmer im Ergebnis tatsächlich zustehen.

Als Arbeitsergebnis anerkannt werden können nur diejenigen Leistungen des Arbeitnehmers, die dieser in Erfüllung seiner arbeitsrechtlich geschuldeten Tätigkeit schafft.[168] Damit stellt sich zur näheren Bestimmung des Arbeitsergebnisses im Einzelfall stets die Frage, welche Tätigkeit der Arbeitnehmer arbeitsvertraglich schuldet. Die Pflicht des Arbeitnehmers zur Erbringung der Arbeitsleistung aus § 611a Abs. 1 BGB wird durch Tarifverträge, Betriebsvereinbarungen oder das Direktionsrecht des Arbeitgebers konkretisiert.[169] Dabei schuldet der Arbeitnehmer anders als bei einem Werkvertrag nach § 631 BGB keinen konkreten Erfolg, sondern lediglich die Arbeitsleistung.[170] Der Arbeitstätigkeit des Arbeitnehmers liegt ein subjektiver Leistungsmaßstab zugrunde; das bedeutet, dass der Arbeitnehmer auch ohne eine konkreten Arbeitserfolg zu schulden, seine Leistungspflicht abhängig von seiner Leistungsfähigkeit unter Anspannung seiner Kräfte und Fähigkeiten sorgfältig und konzentriert zu erbringen

---

[167] *Ulrici*, Vermögensrechtliche Grundfragen des Arbeitnehmerurheberrechts, S. 63 m. w. N.; *Bartenbach/Volz*, Arbeitnehmererfindungsgesetz, § 3, Rn. 26.
[168] *Hubmann*, in: FS Hueck (1959), S. 43; *Brune*, Bewährtes deutsches Arbeitnehmererfindergesetz?, S. 111; *Veigel*, Immaterialgüterrechte im Arbeitsverhältnis, Rn. 130; *Rother*, in: Reimer/Schade/Schippel, ArbNErfG, § 25, Rn. 10; siehe auch *Bayreuther*, GRUR 2003, 570, 571; *Hubmann*, in: FS Hueck (1959), S. 43; *Kraßer/Ann*, Patentrecht, § 21 Rn. 4; *Rother*, in: Reimer/Schade/Schippel, ArbNErfG, § 25, Rn. 10.
[169] Statt vieler *Preis*, in: ErfK-ArbR, § 611 BGB, Rn. 639.
[170] BAG, Urteil v. 11.12.2003 – 2 AZR 667/02, BAGE 109, 87, 92 = NZA 2004, 784; *Preis*, in: ErfK-ArbR, § 611 BGB, Rn. 641.

hat.[171] Im Ergebnis ist der Arbeitnehmer zu einem sorgfältigen Bemühen um ein Arbeitsergebnis verpflichtet.[172]

C. Vergütungsansprüche im Arbeitsrecht

Wird es im Kern um die Frage gehen, ob dem Arbeitnehmer bzw. dem Hochschulbeschäftigten Vergütungsansprüche für die von ihm im Rahmen des Arbeits- bzw. Dienstverhältnisses geschaffenen Werke zustehen können, ist für ein vertieftes Verständnis zunächst zu klären, welche Vergütungsansprüche eines Arbeitnehmers im Arbeitsverhältnis allgemein bestehen. Dabei muss das Augenmerk neben dem allgemeinen Vergütungsanspruch des Arbeitnehmers vor allem auf Vergütungsansprüche für Sonderleistungen im Arbeitsverhältnis gerichtet werden.

I. Der allgemeine Vergütungsanspruch aus § 611a Abs. 2 BGB

Der Arbeitsvertrag i. S. d. § 611a Abs. 2 BGB stellt ein Gegenseitigkeitsverhältnis dar. Der Arbeitnehmer erhält für die von ihm erbrachte Arbeitsleistung eine Vergütung nach § 611a Abs. 2 BGB. Durch die Zahlung der Vergütung kommt der Arbeitgeber seiner Hauptleistungspflicht aus dem Arbeitsvertrag nach. Die Vergütung erhält der Arbeitnehmer bei ordnungsgemäßer Arbeitsleistung unabhängig davon, ob durch die Arbeitstätigkeit ein Arbeitsergebnis geschaffen wird.[173] Da die Betrachtung der Vergütungsansprüche von Hochschulbeschäftigten, die für die arbeitsvertraglich geschuldete Tätigkeit gezahlt werden, keine Rolle spielen wird, werden

---

171 So die h. M., siehe nur BAG, Urteil v. 17.07.1970 – 3 AZR 423/69, BAGE 22, 402 = NJW 1971, 111; BAG, Beschluss v. 14.01.1986 – 1 ABR 75/83, NZA 1986, 435 f.; BAG, Urteil v. 17.03.1988 – 2 AZR 576/87, BAGE 58, 38, 48 = NZA 1989, 261; BAG, Urteil v. 11.12.2003 – 2 AZR 667/02, BAGE 109, 87, 92 = NZA 2004, 784; BAG, Urteil v. 17.01.2008 – 2 AZR 536/06, BAGE 125, 257, 260 = NZA 2008, 693 f. (Rn. 15); *Richardi*, NZA 2002, 1004, 1011; *Rüthers, Bernd*, ZfA 1973, 399, 403; *Tillmanns*, Strukturfragen des Dienstvertrages, S. 157; *Müller-Glöge*, in: MüKo-BGB, Bd. 4, § 611 BGB, Rn. 19; *Preis*, in: ErfK-ArbR, § 611 BGB, Rn. 643; *Reichold*, in: Münchener Handbuch zum Arbeitsrecht, Bd. 1, § 36, Rn. 41; a. A. *Stender*, Die Leistung des Arbeitnehmers, S. 80 ff.
172 *Ulrici*, Vermögensrechtliche Grundfragen des Arbeitnehmerurheberrechts, S. 39; vgl. auch *Bayreuther*, GRUR 2003, 570, 571.
173 Siehe eingehend zur Vergütungspflicht des Arbeitgebers *Müller-Glöge*, in: MüKo-BGB, Bd. 4, § 611 BGB, Rn. 695 ff.

auch hier weitergehende Fragen hinsichtlich des allgemeinen Vergütungsanspruchs ausgeklammert.[174]

II. Sondervergütungsansprüche im Arbeitsrecht

Grundsätzlich kann der Arbeitnehmer für Arbeitsergebnisse, die aus der vertraglich geschuldeten Tätigkeit heraus entstanden sind, keine gesonderte Vergütung verlangen, da diese nach arbeitsrechtlichen Grundsätzen bereits durch das Arbeitsentgelt abgegolten sind.[175] Dies rechtfertigt sich aus der Tatsache, dass der Arbeitnehmer einen vom wirtschaftlichen Erfolg des Arbeitgebers unabhängigen Vergütungsanspruch erhält, der Arbeitgeber demgegenüber aber das unternehmerische Risiko des Misserfolgs der Verwertung trägt. Wie beim Grundsatz des arbeitgeberseitigen Rechts auf das Arbeitsergebnis, kommt auch hier der hinter dem Arbeitsverhältnis stehende Austauschgedanke zum Tragen.[176] Gleichwohl sind über das gewöhnliche Arbeitsentgelt hinausgehende Ansprüche des Arbeitnehmers auf eine zusätzliche Vergütung nicht schlechthin ausgeschlossen. Dies mag insbesondere dann der Fall sein, wenn das grundsätzlich angenommene Äquivalenzverhältnis zwischen Arbeitsleistung und Arbeitsentgelt ins Wanken gerät. Nicht vergessen werden darf dabei jedoch, dass jeder Vergütungsanspruch einer rechtlichen Grundlage bedarf. Ohne eine entsprechende Anspruchsgrundlage kann ein Vergütungsanspruch nicht zugesprochen werden (vgl. Art. 20 Abs. 3 GG).[177]

---

174 Siehe hierzu auch Kapitel 2. § 5 (S. 76).
175 *Bayreuther*, GRUR 2003, 570, 571; *Veigel*, Immaterialgüterrechte im Arbeitsverhältnis, Rn. 259; vgl. auch *Bock*, Mitt. 1971, 220, 222. Siehe auch die zahlreichen Nachweise oben in Fn. 147 (S. 79).
176 Vgl. *Diederichsen*, Der Vergütungsanspruch des angestellten Urhebers, S. 10; *Ulrici*, Vermögensrechtliche Grundfragen des Arbeitnehmerurheberrechts, S. 41 m. w. N.; *Veigel*, Immaterialgüterrechte im Arbeitsverhältnis, Rn. 259; vgl. hierzu oben Kapitel 2. § 5 A. I. (S. 77).
177 *Ulrici*, Vermögensrechtliche Grundfragen des Arbeitnehmerurheberrechts, S. 300; vgl. auch *Voß*, Der Anspruch des Urhebers auf die angemessene Vergütung und die weitere angemessene Beteiligung, S. 48.

§ 5 Vergütungsansprüche des Arbeitnehmers für Arbeitsergebnisse

1. Arbeitsvertraglich vereinbarte Sondervergütungen

Den Parteien des Arbeitsverhältnisses steht es frei, bei Abschluss des Arbeitsvertrages vertragliche Regelungen zu treffen, die eine Sondervergütung des Arbeitnehmers regeln. Sondervergütungen oder Gratifikationen sind Leistungen des Arbeitgebers, die nicht regelmäßig mit dem Arbeitsentgelt ausgezahlt, sondern aus bestimmten Anlässen oder zu bestimmten Terminen gewährt werden.[178] So werden neben besonderen Vergütungen aus bestimmten Anlässen, wie Erfolgsprämien[179] oder zusätzlichen Urlaubsgeldern vielfach auch termingebundene Vergütungszahlungen, wie Weihnachtsgelder[180] oder Jubiläumszuwendungen vereinbart.[181] Bei den Sondervergütungen handelt es sich prinzipiell um Bestandteile des vom Arbeitgeber zu leistenden Entgelts.[182] Zu unterscheiden ist jedoch immer im Einzelfall, ob es sich um eine Gegenleistung für die erbrachte Arbeitsleistung handelt oder ob die „Sondervergütung" einem anderen, nicht im Gegenseitigkeitsverhältnis stehenden Zweck dient. Zahlungen mit Entgeltstatt Schenkungscharakter[183] gehören zur Hauptleistungspflicht des Arbeitgebers.[184]

2. Sondervergütungen aufgrund sonstiger Rechtsquellen

Die soeben genannten Sonderzahlungen müssen ihren Rechtsgrund nicht zwingend im Arbeitsvertrag finden. Ansprüche des Arbeitnehmers auf Weihnachtsgeld, Prämien o. ä. können sich auch aus anderen Rechtsquel-

---

178 *Joussen*, in: BeckOK-ArbR, § 611 BGB, Rn. 165; *Preis*, in: ErfK-ArbR, § 611 BGB, Rn. 527; vgl. auch *Müller-Glöge*, in: MüKo-BGB, Bd. 4, § 611 BGB, Rn. 773.
179 Hierzu *Müller-Glöge*, in: MüKo-BGB, Bd. 4, § 611 BGB, Rn. 736 ff.
180 Siehe hierzu BAG, Urteil v. 29.06.1954 – 2 AZR 13/53, BAGE 1, 36, 36 ff. = NJW 1954, 1343; BAG, Urteil v. 04.10.1956 – 2 AZR 213/54, NJW 1956, 1853 f.
181 Vgl. *Joussen*, in: BeckOK-ArbR, § 611 BGB, Rn. 165 ff., 175 ff.; *Müller-Glöge*, in: MüKo-BGB, Bd. 4, § 611 BGB, Rn. 772 ff.; *Preis*, in: ErfK-ArbR, § 611 BGB, Rn. 527.
182 BAG, Urteil v. 29.06.1954 – 2 AZR 13/53, BAGE 1, 36, 39 = NJW 1954, 1343; *Müller-Glöge*, in: MüKo-BGB, Bd. 4, § 611 BGB, Rn. 773; *Preis*, in: ErfK-ArbR, § 611 BGB, Rn. 527.
183 Vgl. BAG, Urteil v. 23.10.2002 – 10 AZR 48/02, BAGE 103, 151, 156 = NZA 2003, 557; *Freitag*, NZA 2002, 294 ff.; *Joussen*, in: BeckOK-ArbR, § 611 BGB, Rn. 176; *Müller-Glöge*, in: MüKo-BGB, Bd. 4, § 611 BGB, Rn. 772; *Preis*, in: ErfK-ArbR, § 611 BGB, Rn. 527.
184 *Joussen*, in: BeckOK-ArbR, § 611 BGB, Rn. 176.

len ergeben. In Betracht kommen dazu kollektivrechtliche Grundlagen wie Tarifverträge, Betriebsvereinbarungen oder Gesamtzusagen[185] sowie die allgemeinen arbeitsrechtlichen Grundsätze der betrieblichen Übung[186] oder der arbeitsrechtlichen Gleichbehandlung.[187]

3. Sondervergütungen für Sonderleistungen

Einen Ausnahmefall stellt die Vergütung aufgrund von sog. Sonderleistungen des Arbeitnehmers dar; solcher Leistungen, die der Arbeitnehmer über seine arbeitsvertraglich geschuldete Tätigkeit hinaus erbringt. Auch eine solche Vergütung bedarf einer Rechtsgrundlage. Dabei lassen sich diejenigen Fälle, in denen der Arbeitnehmer im Rahmen des Arbeitsverhältnisses eine höherwertige Arbeitsleistung erbringt (§ 612 BGB) von denjenigen Fällen unterscheiden, in denen die die Sonderleistung begründende Tätigkeit nicht mehr auf der Grundlage des Arbeitsvertrags erfolgt (§ 242 BGB).

a. Die Regelung des § 612 BGB

Sonderleistungen erbringt ein Arbeitnehmer, der quantitativ[188] oder qualitativ[189] mehr leistet, als er nach den vertraglichen Regelungen des Arbeitsvertrags schuldet. Neben dem zentralen Anwendungsfall der Leistung von

---

185 Vgl. *Joussen*, in: BeckOK-ArbR, § 611 BGB, Rn. 177 f.; *Preis*, in: ErfK-ArbR, § 611 BGB, Rn. 529.
186 *Joussen*, in: BeckOK-ArbR, § 611 BGB, Rn. 177; *Müller-Glöge*, in: MüKo-BGB, Bd. 4, § 611 BGB, Rn. 774; *Preis*, in: ErfK-ArbR, § 611 BGB, Rn. 529.
187 *Joussen*, in: BeckOK-ArbR, § 611 BGB, Rn. 180; *Preis*, in: ErfK-ArbR, § 611 BGB, Rn. 529; vgl. auch *Müller-Glöge*, in: MüKo-BGB, Bd. 4, § 611 BGB, Rn. 777, 779.
188 St. Rspr., siehe zuletzt BAG, Urteil v. 24.08.2016 – 5 AZR 129/16, BAGE 156, 157, 166 = NZA 2017, 58 (Rn. 43); zuvor BAG, Urteil v. 27.05.1993 – 6 AZR 359/92, NZA 1994, 708, 709; BAG, Urteil v. 03.09.1997 – 5 AZR 428/96, BAGE 86, 261, 264 = NZA 1998, 540; BAG, Urteil v. 27.06.2012 – 5 AZR 530/11, NZA 2012, 1147, 1148 (Rn. 19); BAG, Urteil v. 25.03.2015 – 5 AZR 874/12, AP BGB § 612 Nr. 78, Rn. 24; BAG, Urteil v. 23.09.2015 – 5 AZR 626/13, AP BGB § 612 Nr. 79, Rn. 20. Siehe auch *Linck*, in: Schaub, ArbR-Hdb, § 69, Rn. 6; *Müller-Glöge*, in: MüKo-BGB, Bd. 4, § 612 BGB, Rn. 21 ff.; *Preis*, in: ErfK-ArbR, § 612 BGB, Rn. 18.
189 St. Rspr., siehe zuletzt BAG, Urteil v. 04.08.2016 – 6 AZR 237/15, BAGE 156, 52, 158 (Rn. 24) = NZA-RR 2016, 664; zuvor BAG, Urteil v. 10.02.2015 – 9 AZR 289/13, AP BGB § 612 Nr. 77, 1227 (Rn. 14) m. w. N.; BAG, Urteil v. 25.03.2015 – 5 AZR 874/12, AP BGB § 612 Nr. 78, Rn. 24; *Linck*, in: Schaub, ArbR-Hdb,

Mehrarbeit sind beispielsweise Fälle gemeint, in denen ein Arbeitnehmer, der für einfache Schreib- und Hilfsarbeiten bei der Fertigstellung eines Buchmanuskripts eingestellt und bezahlt worden ist, einen wesentlichen schöpferischen Beitrag zum Buchmanuskript erbracht hat oder in denen ein Berater im Rahmen eines Beratervertrags eine außergewöhnliche Leistung erbringt.[190] Solche über das geschuldete Maß hinausgehende Leistungen sind nicht bereits durch das übliche Arbeitsentgelt abgegolten, da die genannten Argumente wie der Austauschgedanke des Arbeitsverhältnisses dann nicht mehr Platz greifen können. Ist die höherwertige Leistung des Arbeitnehmers vertraglich nicht vorgesehen, fehlt es in der Regel aber auch an einer entsprechenden vertraglichen Vergütungsregelung hinsichtlich dieser Leistungen. Es stellt sich mithin die Frage, wie die Vergütung eines Arbeitnehmers für Sonderleistungen zu ermitteln ist und auf welcher Grundlage sie beruht.

Nach § 612 Abs. 1 BGB gilt eine Vergütung als stillschweigend vereinbart, wenn die Dienstleistung den Umständen nach nur gegen eine Vergütung zu erwarten ist. Diese Regelung trägt dem im Arbeitsrecht geltenden Äquivalenzgrundsatz zwischen Arbeitsleistung und Arbeitsentgelt Rechnung. Ist mit dem vereinbarten Arbeitsentgelt nur die vertraglich geschuldete Arbeitstätigkeit abgegolten und fehlt es an einer Vergütungsvereinbarung hinsichtlich der höherwertigen Tätigkeit des Arbeitnehmers, wird die Regelung des § 612 Abs. 1 BGB greifen[191], wenn nicht ausnahmsweise dem Arbeitnehmer die höherwertige Leistung ohne eine besondere Vergütung aus Treu und Glauben zugemutet werden kann.[192] Nicht einheitlich beur-

---

§ 69, Rn. 7; *Müller-Glöge*, in: MüKo-BGB, Bd. 4, § 612 BGB, Rn. 19 f.; *Preis*, in: ErfK-ArbR, § 612 BGB, Rn. 16.

190 Diese Beispiele werden genannt bei *Müller-Glöge*, in: MüKo-BGB, Bd. 4, § 612 BGB, Rn. 20.

191 BAG, Urteil v. 28.09.2005 – 5 AZR 52/05, BAGE 116, 66, 69 = NZA 2006, 149; BAG, Urteil v. 25.03.2015 – 5 AZR 874/12, AP BGB § 612 Nr. 78, Rn. 24; BGH, Urteil v. 11.11.1977 – I ZR 56/75, GRUR 1978, 244, 246 – *Ratgeber für Tierheilkunde*; *Ulrici*, Vermögensrechtliche Grundfragen des Arbeitnehmerurheberrechts, S. 293 mit zahlreichen Nachweisen in den Fn. 37, 43 und 46; *Linck*, in: Schaub, ArbR-Hdb, § 69, Rn. 7; *Müller-Glöge*, in: MüKo-BGB, Bd. 4, § 612 BGB, Rn. 20; *Preis*, in: ErfK-ArbR, § 612 BGB, Rn. 16 f.

192 Hierzu siehe BAG, Urteil v. 04.10.1972 – 4 AZR 475/71, BAGE 24, 452, 457 = NJW 1973, 293; BAG, Urteil v. 16.02.1978 – 3 AZR 723/76, AP BGB § 612 Nr. 31, unter I. 1. a) der Gründe; so auch *Müller-Glöge*, in: MüKo-BGB, Bd. 4, § 612 BGB, Rn. 20; *Preis*, in: ErfK-ArbR, § 612 BGB, Rn. 16.

teilt wird, ob § 612 BGB direkte[193] oder analoge[194] Anwendung finden muss. Wenn grundsätzlich eine Vergütungsregelung vorliegt, eine ausdrückliche Vergütungsvereinbarung für die höherwertige Arbeitsleistung des Arbeitnehmers aber fehlt, obwohl eine solche nur gegen eine Vergütung zu erwarten ist, kann von einer direkten Anwendung des § 612 BGB ausgegangen werden.[195] Zu beachten gilt, dass nach dem arbeitsrechtlichen Anspruch des § 612 BGB die Vergütung vom Arbeitgeber für die höherwertige Arbeits*tätigkeit* des Arbeitnehmers geschuldet wird und nicht aufgrund der Schaffung und Zuordnung eines höherwertigen Arbeits*ergebnisses* zum Arbeitgeber.[196] Dafür spricht vor allem, dass die Hauptleistungspflicht des Arbeitnehmers in der Erbringung der Arbeitstätigkeit und nicht in der Schaffung eines Arbeitsergebnisses liegt.[197]

b. Die Regelung des § 242 BGB

Einen weiteren Vergütungsanspruch für Sonderleistungen von Arbeitnehmern gewährte das BAG unter Bezugnahme auf die bereits bestehende

---

193 BAG, Urteil v. 25.03.2015 – 5 AZR 874/12, AP BGB § 612 Nr. 78, Rn. 24; BGH, Urteil v. 11.11.1977 – I ZR 56/75, GRUR 1978, 244, 246 – *Ratgeber für Tierheilkunde*; *Müller-Glöge*, in: MüKo-BGB, Bd. 4, § 612 BGB, Rn. 20; *Richardi/Fischinger*, in: Staudinger (2016), § 612 BGB, Rn. 26.
194 BAG, Urteil v. 04.10.1972 – 4 AZR 475/71, BAGE 24, 452, 458 = NJW 1973, 293; BAG, Urteil v. 16.02.1978 – 3 AZR 723/76, AP BGB § 612 Nr. 31, unter I. 1. a) der Gründe; BAG, Urteil v. 17.03.1982 – 5 AZR 1047/79, NJW 1982, 2139; *Fuchs*, in: BeckOK-BGB, § 612, Rn. 8; *Himmelmann*, in: Reimer/Schade/Schippel, ArbNErfG, § 9, Rn. 12; offen gelassen bei *Bartenbach/Volz*, Arbeitnehmererfindungsgesetz, § 9, Rn. 332.
195 So auch *Veigel*, Immaterialgüterrechte im Arbeitsverhältnis, Rn. 261.
196 *Richardi/Buchner*, NZA 2002, 883, 885 f.; *Veigel*, Immaterialgüterrechte im Arbeitsverhältnis, Rn. 262; a. A. BGH, Urteil v. 11.11.1977 – I ZR 56/75, GRUR 1978, 244, 246 – *Ratgeber für Tierheilkunde*. An diesem Urteil zurecht Kritik übend *Buchner*, GRUR 1985, 1, 12; *Diederichsen*, Der Vergütungsanspruch des angestellten Urhebers, S. 153, 156 f.
197 Vgl. *Veigel*, Immaterialgüterrechte im Arbeitsverhältnis, Rn. 262, 264. In diesem Sinne auch BGH, Urteil v. 10.05.1984 – I ZR 85/82, GRUR 1985, 129, 130 – *Elektrodenfabrik*: In dem zugrundeliegenden Fall verwertete der Arbeitgeber urheberrechtlich geschützte Pläne des Arbeitnehmers, die von diesem noch vor Beginn des Arbeitsverhältnisses geschaffen wurde. Der BGH nahm einen außerhalb des Arbeitsverhältnisses liegenden Dienstvertrag an, der die Rechtseinräumung als selbständige Dienstleistung zum Gegenstand hat und wendete § 612 demzufolge erfolgsbezogen an.

§ 5 Vergütungsansprüche des Arbeitnehmers für Arbeitsergebnisse

Rechtsprechung[198] und im Anschluss an die Literatur[199] im Jahr 1965 mit seiner Leitentscheidung *Abdampfverwertung*.[200] In dem der Entscheidung zugrundeliegenden Sachverhalt handelte es sich um einen Arbeitnehmer, der als Leiter eines technischen Büros der Maschinenabteilung im Werk der Beklagten mit Untersuchungen auf dem Gebiet der Dampf- und Heizungsversorgung betraut war und der Beklagten Vorschläge über die Verwertung von anfallendem Abdampf machte, auf die die Beklagte auch einging.[201] Nach der Entscheidung des BAG sollte ein zusätzlicher Vergütungsanspruch eines Arbeitnehmers aus Treu und Glauben gem. § 242 BGB dann bestehen, wenn der Arbeitnehmer eine besondere Leistung insbesondere schöpferischer Art erbringt, die über die übliche Arbeitsleistung hinausgeht und damit eine Sonderleistung darstellt und sie dem Arbeitgeber einen erheblichen Vorteil bringt.[202]

Der Anspruch aus § 242 BGB würde sich konzeptionell von dem Vergütungsanspruch aus § 612 BGB unterscheiden. Die Sondervergütung des § 242 BGB beträfe gerade die Sonderleistungen des Arbeitnehmers hinsichtlich des Arbeitsergebnisses und nicht die höherwertige Arbeitstätigkeit wie nach § 612 BGB. Da das Arbeitsergebnis im Rahmen des Arbeitsverhältnisses aber bereits mit dem Arbeitsentgelt abgegolten ist, könnte § 242 BGB, um Wertungswidersprüche zu verhindern, nur diejenigen Fälle umfassen, in denen die dem Arbeitsergebnis zugrundeliegende Tätigkeit gänzlich außerhalb des Arbeitsverhältnisses liegt. § 242 BGB würde dem-

---

198 BAG, Urteil v. 01.11.1956 – 2 AZR 268/54, BAGE 3, 218, 218 ff. = NJW 1957, 477; BAG, Urteil v. 10.05.1957 – 2 AZR 56/55, BAGE 4, 105, 105 ff. = DB 1957, 535; BGH, Urteil v. 25.10.1955 – I ZR 200/53, GRUR 1956, 88 ff.; BGH, Urteil v. 13.07.1956 – I ZR 197/54, GRUR 1956, 500 ff.
199 *Hueck/Nipperdey*, Lehrbuch des Arbeitsrechts, Bd. 1, S. 510 m. w. N.
200 BAG, Urteil v. 30.04.1965 – 3 AZR 291/63, BAGE 17, 151, 151 ff. = GRUR 1966, 88 – *Abdampfverwertung*.
201 BAG, Urteil v. 30.04.1965 – 3 AZR 291/63, BAGE 17, 151, 152 = GRUR 1966, 88 – *Abdampfverwertung*.
202 BAG, Urteil v. 30.04.1965 – 3 AZR 291/63, BAGE 17, 151, 157 = GRUR 1966, 88 – *Abdampfverwertung*; siehe auch BGH, Urteil v. 25.10.1955 – I ZR 200/53, GRUR 1956, 88; BGH, Urteil v. 13.07.1956 – I ZR 197/54, GRUR 1956, 500. Später ging das BAG vereinzelt davon aus, dass jeder vom Arbeitgeber in Anspruch genommene Verbesserungsvorschlag zu vergüten sei, sodass eine besonders außergewöhnliche Leistung des Arbeitnehmers wohl nicht mehr erforderlich sein sollte (BAG, Beschluss v. 28.04.1981 – 1 ABR 53/79, DB 1981, 1882, 1883, 1885), vgl. hierzu *Ulrici*, Vermögensrechtliche Grundfragen des Arbeitnehmerurheberrechts, S. 342.

nach voraussetzen, dass die Sonderleistung nicht bereits durch das Arbeitsentgelt abgegolten ist.[203]

D. Zusammenfassung

Leistungen, die ein Arbeitnehmer in Erfüllung seiner arbeitsrechtlich geschuldeten Tätigkeit schafft, stellen Arbeitsergebnisse dar, die nach dem allgemeinen arbeitsrechtlichen Grundsatz des Rechts am Arbeitsergebnis dem Arbeitgeber zustehen. Aufgrund des Austauschcharakters des Arbeitsverhältnisses steht dem Arbeitgeber sowohl die Verfügungsgewalt über das Arbeitsergebnis als auch der Wert des Arbeitsergebnisses zu. Der Arbeitgeber wird Eigentümer der durch den Arbeitnehmer neu hergestellten Sachen.

Mit dem allgemeinen Anspruch auf das Arbeitsentgelt nach § 611a Abs. 2 BGB sind die Arbeitsergebnisse des Arbeitnehmers abgegolten. In Ausnahmefällen kann dem Arbeitnehmer jedoch ein Sondervergütungsanspruch aus § 612 Abs. 1 BGB für die Erbringung höherwertiger Leistungen als der geschuldeten zustehen. Ein Sondervergütungsanspruch aus § 242 BGB könnte nur in Betracht kommen, wenn der Arbeitnehmer eine besondere Leistung insbesondere schöpferischer Art erbringt, die über die übliche Arbeitsleistung hinausgeht und diese Sonderleistung dem Arbeitgeber einen erheblichen Vorteil bringt.

§ 6 Immaterialgüterrechte im Arbeitsrecht

Der allgemeine arbeitsrechtliche Grundsatz des Rechts des Arbeitgebers an den Arbeitsergebnissen des Arbeitnehmers gerät im Bereich des Immaterialgüterrechts mitunter auf Kollisionskurs. Dort lassen sich Regelungen finden, die in Abweichung dieses Grundsatzes zumindest teilweise Rechte an dem jeweiligen Arbeitsergebnis dem Arbeitnehmer zuschreiben. So stellt sich für die von einem Arbeitnehmer geschaffenen Immaterialgüter die Frage, ob diese ebenfalls nach dem arbeitsrechtlichen Grundsatz als Arbeitsergebnisse dem Arbeitgeber zustehen oder aber aufgrund der schöpferischen Leistung dem Arbeitnehmer gebühren und es mithin besonderer

---

203 Zu diesem Absatz siehe *Veigel*, Immaterialgüterrechte im Arbeitsverhältnis, Rn. 267.

Regelungen bedarf, um dem Arbeitgeber den Zugriff auf die Arbeitsergebnisse zu ermöglichen.

Schöpferische Leistungen des Arbeitnehmers kommen vorrangig im Erfindungsrecht (A.), im Urheberrecht (B.) sowie im Designrecht (C.) in Betracht, weshalb diese Hauptgebiete des Immaterialgüterrechts im Folgenden gesondert betrachtet werden sollen. Im Anschluss an eine jeweils nur sehr überblicksartige Darstellung des zugrundeliegenden Schutzgegenstands[204] wird die Frage zu klären sein, ob der Arbeitnehmer zur Schaffung des entsprechenden immateriellen Gutes überhaupt arbeitsvertraglich verpflichtet ist, da nur dann von einem Arbeitsergebnis ausgegangen werden kann.[205] Schließlich ist für alle drei Rechtsgebiete getrennt zu untersuchen und festzustellen, bei wem das jeweilige Recht entsteht und welcher der Parteien es im Ergebnis zuzuordnen ist. Denn die Beantwortung der Frage nach der Entstehung und Zuordnung des jeweiligen Rechts bildet die Grundlage für die gegebenenfalls bestehenden Vergütungsansprüche des Arbeitnehmers.

A. Arbeitnehmererfinderrecht

Anders als es das in der Gesellschaft wohl vorherrschende Bild des im heimischen Keller tüftelnden Erfinders suggeriert, wird der Großteil der Erfindungen im Rahmen eines Arbeitsverhältnisses gemacht.[206] Zu Beginn der Begründung des Gesetzesentwurfs zum Arbeitnehmererfindergesetz stellte auch der Gesetzgeber im Jahr 1955 fest, dass die *„Mehrzahl aller Erfindungen von Arbeitnehmern"* stammt.[207] Heute kann allerdings nicht mehr lediglich von einem bloßen Überwiegen der Arbeitnehmererfindun-

---

204 Im Übrigen wird auf die jeweils umfangreichen Lehrbücher und Kommentierungen zu den einzelnen Immaterialgüterrechten verwiesen, siehe für die Erfindung z. B. *Kraßer/Ann*, Patentrecht, §§ 1 Rn. 15 ff., 11 Rn. 1 ff.; *Keukenschrijver*, in: Busse/Keukenschrijver, PatG, § 1 PatG, Rn. 4 ff.; *Mes*, Patentgesetz, § 1 PatG, Rn. 7 ff.; *Moufang*, in: Schulte, PatG, § 1 PatG, Rn. 12 ff.; für das Urheberrecht z. B. *Loewenheim*, in: Schricker/Loewenheim, UrhG, § 1 UrhG, Rn. 2 ff., § 2 UrhG, Rn. 1 ff.; *A. Nordemann*, in: Fromm/Nordemann, Urheberrecht, § 1 UrhG, Rn. 1 ff., § 2 Rn. 1 ff.; für das Designrecht z. B. *Beyerlein*, in: Günther/Beyerlein, DesignG, § 1, Rn. 1 ff.
205 Vgl. oben Kapitel 2. § 5 B. (S. 84 f.).
206 Vgl. *Himmelmann*, in: Reimer/Schade/Schippel, ArbNErfG, Einleitung, Rn. 27.
207 Begründung zum „Entwurf eines Gesetzes über Erfindungen von Arbeitnehmern und Beamten" der Bundesregierung vom 19.08.1955, BT-Drs. II/1648, S. 12.

gen gegenüber sonstigen Erfindungen gesprochen werden. Vielmehr werden Schätzungen zufolge etwa 80 bis 90 % aller Erfindungen von Arbeitnehmern geschaffen[208]; ähnliche Prozentangaben gelten wohl auch für die im Inland eingereichten Patentanmeldungen von Unternehmen, die auf Erfindungen von Arbeitnehmern beruhen.[209]

Arbeitnehmererfindungen nehmen im Arbeitsrecht folglich eine zentrale Rolle ein, was auch bereits daran deutlich wird, dass ihre rechtliche Beurteilung und Handhabe in einem eigenen Gesetz geregelt wurde, dem Arbeitnehmererfindungsgesetz (ArbNErfG). Zugleich stellt die Arbeitnehmererfindung das bedeutendste Immaterialgut dar, das innerhalb eines Arbeitsverhältnisses geschaffen werden kann. Neben den Regelungen zu Arbeitnehmererfindungen (hierzu I.) enthält das ArbNErfG auch Regelungen zu technischen Verbesserungsvorschlägen von Arbeitnehmern (hierzu II.)

I. Erfindungen

Die Erfindung bildet den Hauptschutzgegenstand des ArbNErfG. Denn nach § 1 ArbNErfG unterliegen dem Anwendungsbereich des Gesetzes die Erfindungen von Arbeitnehmern im privaten und im öffentlichen Dienst, von Beamten und Soldaten. Dadurch grenzt sich das ArbNErfG von anderen Schutzrechten wie Urheber-, Marken- oder sonstigen Schutzrechten ab.

1. Erfindungsbegriff

Um den sachlichen Anwendungsbereich des ArbNErfG klar konturieren und gegenüber anderen Gebieten des Immaterialgüterrechts abgrenzen zu können, bedarf es einer Definition des Erfindungsbegriffs. Dazu muss zunächst der allgemeine Erfindungsbegriff bestimmt werden, um daraus an-

---

208 *Himmelmann*, in: Reimer/Schade/Schippel, ArbNErfG, Einleitung, Rn. 27.
209 *Fleuchaus/Braitmayer*, GRUR 2002, 653; *Bartenbach/Volz*, Arbeitnehmererfindungsgesetz, Einleitung, Rn. 2 mit weitergehenden Hinweisen in Fn. 4; *Himmelmann*, in: Reimer/Schade/Schippel, ArbNErfG, Einleitung, Rn. 27; *Keukenschrijver*, in: Busse/Keukenschrijver, PatG, Einl. ArbEG, Rn. 1; siehe hierzu auch die Antwort der Bundesregierung auf die Große Anfrage einzelner Abgeordneter und der Fraktion der CDU/CSU zur Forschungsförderung in Deutschland (BT-Drs. 14/7183) vom 29.04.2002, BT-Drs. 14/8949, S. 23.

schließend den Erfindungsbegriff i. S. d. ArbNErfG erschließen zu können.

a. Der allgemeine Erfindungsbegriff (Erfindung im weiteren Sinne)

Nach wie vor fehlt es an einer einheitlichen Definition des Erfindungsbegriffs.[210] Die herrschende Meinung in der Rechtsprechung und Literatur sieht in der Erfindung im weiteren Sinne eine technische Lehre zum planmäßigen Handeln unter Einsatz beherrschbarer Naturkräfte zur Erreichung eines kausal übersehbaren Erfolgs.[211] Inhaltlich wird hiervon auch nicht abgewichen, soweit die Erfindung zum Teil als eine auf einer schöpferischen Leistung beruhende Lehre zur (wiederholbaren)[212] Lösung einer technischen Aufgabe mittels Nutzbarmachung von Naturgesetzlichkeiten verstanden wird.[213] Auch der BGH formuliert in seiner Entscheidung *Steuervorrichtung* ebenfalls in der Sache gleich: Eine Erfindung macht, wer *„selbst sich die Erkenntnis erschließt, wie mit bestimmten technischen Mitteln ein konkretes technisches Problem gelöst werden kann [...] und diese Erkenntnis – unter Wahrung einer die Öffentlichkeit hiervon ausschließenden Vertrau-*

---

210 *Bacher*, in: Benkard, Patentgesetz, § 1 PatG, Rn. 42; *Bartenbach/Volz*, Arbeitnehmererfindungsgesetz, § 2, Rn. 2 m. H. a. bisherige Versuche der einheitlichen Darstellung des Erfindungsbegriffs in Fn. 4; *Kronisch*, in: Däubler, HK-ArbR, § 2 ArbEG, Rn. 1; *Rother*, in: Reimer/Schade/Schippel, ArbNErfG, § 2, Rn. 2; weitere Versuchsansätze werden genannt bei *Raif*, in: Boemke/Kursawe, ArbNErfG, § 2, Rn. 7 (Fn. 10).

211 Vgl. BGH, Beschluss v. 27.03.1969 – X ZB 15/67, BGHZ 52, 74, 74 ff. = GRUR 1969, 672 – *Rote Taube*; BGH, Beschluss v. 22.06.1976 – X ZB 23/74, BGHZ 67, 22, 26 = GRUR 1977, 96 – *Dispositionsprogramm*; BGH, Beschluss v. 01.07.1976 – X ZB 10/74, GRUR 1977, 152, 152 f. – *Kennungsscheibe*; BGH, Beschluss v. 13.05.1980 – X ZB 19/78, GRUR 1980, 849, 850 – *Antiblockiersystem*; *Veigel*, Immaterialgüterrechte im Arbeitsverhältnis, Rn. 136; *Boemke*, in: Boemke/Kursawe, ArbNErfG, § 1, Rn. 3; *Volmer/Gaul*, in: Arbeitnehmererfindungsgesetz, § 2, Rn. 12 f.

212 Vgl. hierzu BGH, Beschluss v. 27.03.1969 – X ZB 15/67, BGHZ 52, 74, 81 f. = GRUR 1969, 672 – *Rote Taube*; BGH, Beschluss v. 12.02.1987 – X ZB 4/86, GRUR 1987, 231 – *Tollwutvirus*; *Volmer/Gaul*, in: Arbeitnehmererfindungsgesetz, § 2, Rn. 22 ff.; zur Wiederholbarkeit siehe auch unten Kapitel 2. § 6 A. I. 1. a. cc. (S. 98).

213 Vgl. BGH, Beschluss v. 21.03.1958 – I ZR 160/57, GRUR 1958, 602 – *Wettschein*; *Bartenbach/Volz*, Arbeitnehmererfindungsgesetz, § 2, Rn. 5; *Kronisch*, in: Däubler, HK-ArbR, § 2 ArbEG, Rn. 1; *Raif*, in: Boemke/Kursawe, ArbNErfG, § 2, Rn. 8.

Kapitel 2. Vergütungsansprüche und Immaterialgüterrechte im Arbeitsrecht

lichkeit – so verlautbart, dass sie als Anweisung zum technischen Handeln genutzt werden kann."[214] Maßgeblich sind in jedem Fall eine schöpferische Tätigkeit des Erfinders auf technischem Gebiet sowie die Wiederholbarkeit der dargebotenen Lösung.

aa. Schöpferische Tätigkeit

Durch das Erfordernis einer schöpferischen Tätigkeit des Erfinders lässt sich die Erfindung von der Entdeckung abgrenzen. Eine Entdeckung liegt bei bloßem Auffinden von bereits Vorhandenem bzw. Vorgegebenem vor.[215] Die Entdeckung ist nicht schutzfähig, wie § 1 Abs. 3 Nr. 1 PatG und § 1 Abs. 2 Nr. 1 GebrMG auch ausdrücklich klarstellen. Es fehlt ihr als bloßer *"geistiger Durchgangsphase"*[216] eben an dem für die Erfindung essentiellen Schöpfungsvorgang.[217] Werden lediglich bisher unbekannte, aber objektiv in der Natur schon vorhandene Gesetzmäßigkeiten aufgefunden oder fehlt es der entsprechenden Entdeckung an einer zweckgerichteten Lösung mit praktischem Anwendungsbezug, so kann eine Erfindung nicht angenommen werden.[218] Anknüpfungspunkt für die Erfindung ist ein kreatives Denken und Handeln.[219] Nicht entscheidend ist an dieser Stelle, ob es sich bei der Erfindung um eine neuartige Entwicklung handelt. Dieser Aspekt wird erst im Rahmen der Schutzfähigkeit der Erfindung relevant.[220]

---

214 BGH, Urteil v. 18.05.2010 – X ZR 79/07, BGHZ 185, 341, 345 f. (Rn. 28) = GRUR 2010, 817 – *Steuervorrichtung*.
215 *Bacher*, in: Benkard, Patentgesetz, § 1 PatG, Rn. 96 m. w. N.; *Bartenbach/Volz*, Arbeitnehmererfindungsgesetz, § 2, Rn. 3; *Kronisch*, in: Däubler, HK-ArbR, § 2 ArbEG, Rn. 1; *Moufang*, in: Schulte, PatG, § 1 PatG, 74 ff.; *Raif*, in: Boemke/Kursawe, ArbNErfG, § 2, Rn. 15; *Volmer/Gaul*, in: Arbeitnehmererfindungsgesetz, § 3, Rn. 7; vgl. auch *Beier/Strauss*, GRUR 1983, 100 ff.; *Schickedanz*, GRUR 1972, 161 ff.
216 *Volmer/Gaul*, in: Arbeitnehmererfindungsgesetz, § 2, Rn. 8 und § 3, Rn. 7.
217 *Raif*, in: Boemke/Kursawe, ArbNErfG, § 2, Rn. 16.
218 *Kraßer/Ann*, Patentrecht, § 11 Rn. 12; *Bacher*, in: Benkard, Patentgesetz, § 1 PatG, Rn. 44, 96; *Raif*, in: Boemke/Kursawe, ArbNErfG, § 2, Rn. 16 f.
219 *Raif*, in: Boemke/Kursawe, ArbNErfG, § 2, Rn. 9; *Volmer/Gaul*, in: Arbeitnehmererfindungsgesetz, § 2, Rn. 11.
220 *Bartenbach/Volz*, Arbeitnehmererfindungsgesetz, § 2, Rn. 2; *Raif*, in: Boemke/Kursawe, ArbNErfG, § 2, Rn. 9; *Volmer/Gaul*, in: Arbeitnehmererfindungsgesetz, § 2, Rn. 13.

bb. Auf technischem Gebiet

Bei der schöpferischen Leistung muss es sich um eine mit technischem Charakter handeln[221], wobei unter Technik *„die Welt der realen Dinge"*, in Abgrenzung zur *„Welt des rein Geistigen und der Kunst"* verstanden wird.[222] Technik ist vor allem das Arbeiten mit den Mitteln der Naturkräfte[223], also jede Ausnutzung von Naturgesetzen.[224] Erforderlich ist dabei ein planmäßiges Handeln unter Einsatz beherrschbarer Naturkräfte zur Erreichung eines Erfolgs[225], wobei zwischen der Lehre zum technischen Handeln und ihrer technischen Umsetzung ein unmittelbarer, aus dem Einsatz der Naturkräfte resultierender, kausaler Zusammenhang bestehen muss.[226] An einer Einwirkung auf die Natur und demnach an der Technizität fehlt es bei bloßen Anweisungen an den menschlichen Verstand, wie dies z. B. bei Organisations- oder Rechenprogrammen für elektronische Datenverarbei-

---

[221] BGH, Beschluss v. 23.03.1965 – Ia ZB 10/64, GRUR 1965, 533, 534 f. – *Typensatz*; BGH, Beschluss v. 27.03.1969 – X ZB 15/67, BGHZ 52, 74, 77 = GRUR 1969, 672 – *Rote Taube*; BGH, Beschluss v. 22.06.1976 – X ZB 23/74, BGHZ 67, 22, 26 ff. = GRUR 1977, 96 – *Dispositionsprogramm*; BGH, Beschluss v. 17.10.2001 – X ZB 16/00, BGHZ 149, 68, 75 = GRUR 2002, 143 – *Suche fehlerhafter Zeichenketten*; *Keukenschrijver*, in: Busse/Keukenschrijver, PatG, § 1 PatG, Rn. 19; **kritisch** *v. Hellfeld*, GRUR 1989, 471, 483.

[222] BGH, Beschluss v. 27.03.1969 – X ZB 15/67, BGHZ 52, 74, 77 = GRUR 1969, 672 – *Rote Taube*; *Raif*, in: Boemke/Kursawe, ArbNErfG, § 2, Rn. 10; *Bartenbach/Volz*, Arbeitnehmererfindungsgesetz, § 2, Rn. 4; *Raif*, in: Boemke/Kursawe, ArbNErfG, § 2, Rn. 10; siehe auch *Bacher*, in: Benkard, Patentgesetz, § 1 PatG, Rn. 46a f.; *Volmer/Gaul*, in: Arbeitnehmererfindungsgesetz, § 2, Rn. 21.

[223] BGH, Beschluss v. 27.03.1969 – X ZB 15/67, BGHZ 52, 74, 79 = GRUR 1969, 672 – *Rote Taube*; BGH, Beschluss v. 01.07.1976 – X ZB 10/74, GRUR 1977, 152 – *Kennungsscheibe*; BGH, Beschluss v. 19.10.2004 – X ZB 33/03, GRUR 2005, 141, 142 – *Anbieten interaktiver Hilfe*; BGH, Beschluss v. 30.06.2015 – X ZB 1/15, GRUR 2015, 983, 985 – *Flugzeugzustand*; *Bacher*, in: Benkard, Patentgesetz, § 1 PatG, Rn. 47 m. w. N.; *Raif*, in: Boemke/Kursawe, ArbNErfG, § 2, Rn. 10.

[224] *Bacher*, in: Benkard, Patentgesetz, § 1 PatG, Rn. 47.

[225] Siehe hierzu bereits die Nachweise in Fn. 211 (S. 95); eingehend zu den einzelnen Merkmalen *Engel*, GRUR 1978, 201, 203 ff.; zur Voraussetzung des Erfolgseintritts siehe *Bacher*, in: Benkard, Patentgesetz, § 1 PatG, Rn. 49 f.

[226] BGH, Beschluss v. 27.03.1969 – X ZB 15/67, BGHZ 52, 74, 78 f. = GRUR 1969, 672 – *Rote Taube*; BGH, Beschluss v. 01.07.1976 – X ZB 10/74, GRUR 1977, 152, 153 – *Kennungsscheibe*; BGH, Beschluss v. 13.05.1980 – X ZB 19/78, GRUR 1980, 849, 850 – *Antiblockiersystem*; *Bacher*, in: Benkard, Patentgesetz, § 1 PatG, Rn. 50 ff.; *Bartenbach/Volz*, Arbeitnehmererfindungsgesetz, § 2, Rn. 4 f.; *Raif*, in: Boemke/Kursawe, ArbNErfG, § 2, Rn. 10 f.; *Volmer/Gaul*, in: Arbeitnehmererfindungsgesetz, § 2, Rn. 19.

tungsanlagen zur Lösung betrieblicher Dispositionsaufgaben der Fall ist.[227] Eine technische Erfindung ist folglich eine Lehre zu technischem Handeln zur Lösung eines technischen Problems mit bestimmten technischen Mitteln, die auf einer Erkenntnis des Erfinders auf technischem Gebiet beruht.[228]

cc. Wiederholbarkeit der erfinderischen Lösung

Wesentliche Voraussetzung einer Erfindung ist neben der schöpferischen Leistung und deren Technizität auch die Wiederholbarkeit der mit der Erfindung gebotenen Lösung.[229] Dem einschlägigen Fachmann mit durchschnittlichem Wissen auf dem entsprechenden Fachgebiet muss die Möglichkeit geboten werden, nach der technischen Lehre zu arbeiten und sie beliebig oft mit in Wesentlichem gleich bleibendem Erfolg auszuführen und zu wiederholen.[230] An der Wiederholbarkeit fehlt es, wenn der Ein-

---

[227] BGH, Beschluss v. 22.06.1976 – X ZB 23/74, BGHZ 67, 22, 22 ff. = GRUR 1977, 96 – *Dispositionsprogramm*; hierzu *Raif*, in: Boemke/Kursawe, ArbNErfG, § 2, Rn. 11; *Volmer/Gaul*, in: Arbeitnehmererfindungsgesetz, § 2, Rn. 19 f.; vgl. auch BGH, Beschluss v. 27.03.1969 – X ZB 15/67, BGHZ 52, 74, 77 = GRUR 1969, 672 – *Rote Taube*; BGH, Beschluss v. 18.03.1975 – X ZB 9/74, GRUR 1975, 549 – *Buchungsblatt*; BGH, Beschluss v. 21.04.1977 – X ZB 24/74, GRUR 1977, 657 – *Straken*; BGH, Beschluss v. 07.06.1977 – X ZB 20/74, GRUR 1978, 102, 102 f. – *Prüfverfahren*; BGH, Beschluss v. 16.09.1980 – X ZB 6/80, BGHZ 78, 98 = GRUR 1981, 39 – *Walzstabteilung*; *Bacher*, in: Benkard, Patentgesetz, § 1 PatG, Rn. 46; *Bartenbach/Volz*, Arbeitnehmererfindungsgesetz, § 2, Rn. 4; *Rother*, in: Reimer/Schade/Schippel, ArbNErfG, § 2, Rn. 2.

[228] BGH, Beschluss v. 21.03.1958 – I ZR 160/57, GRUR 1958, 602 – *Wettschein*; BGH, Beschluss v. 23.03.1965 – Ia ZB 10/64, GRUR 1965, 533, 534 f. – *Typensatz*; BGH, Beschluss v. 01.07.1976 – X ZB 10/74, GRUR 1977, 152 – *Kennungsscheibe*; *Bartenbach/Volz*, Arbeitnehmererfindungsgesetz, § 2, Rn. 5; *Raif*, in: Boemke/Kursawe, ArbNErfG, § 2, Rn. 11; *Volmer/Gaul*, in: Arbeitnehmererfindungsgesetz, § 2, Rn. 18; ausführlicher zum Merkmal „technische Lehre" und zum technischen Charakter siehe *Kraßer/Ann*, Patentrecht, § 12 Rn. 1 ff.; *Bacher*, in: Benkard, Patentgesetz, § 1 PatG, Rn. 45 ff.; *Keukenschrijver*, in: Busse/Keukenschrijver, PatG, § 1 PatG, Rn. 18 ff.

[229] *Bacher*, in: Benkard, Patentgesetz, § 1 PatG, Rn. 72; *Bartenbach/Volz*, Arbeitnehmererfindungsgesetz, § 2, Rn. 5; *Raif*, in: Boemke/Kursawe, ArbNErfG, § 2, Rn. 13; *Rother*, in: Reimer/Schade/Schippel, ArbNErfG, § 2, Rn. 2.

[230] BGH, Beschluss v. 27.03.1969 – X ZB 15/67, BGHZ 52, 74, 81 f. = GRUR 1969, 672 – *Rote Taube*; BGH, Urteil v. 11.03.1975 – X ZB 4/74, BGHZ 64, 101, 106 ff. = NJW 1975, 1025 – *Bäckerhefe*; BGH, Beschluss v. 12.02.1987 – X ZB 4/86, BGHZ 100, 67, 69 = GRUR 1987, 231 – *Tollwutvirus*; BGH, Beschluss v.

tritt des mit der technischen Lösung angestrebten Ergebnisses vom Zufall abhängt[231] oder nur einmalig herbeigeführt werden kann.[232]

Nicht entscheidend ist die Erkenntnis des Erfinders bezüglich der hinter der Erfindung stehenden naturwissenschaftlichen Zusammenhänge. Es ist also nicht von Bedeutung, ob der Erfinder die naturwissenschaftlichen Hintergründe und Begründungen der Erfindung zu erklären vermag. Allein die wiederholbare Ausführbarkeit der erfinderischen Lösung durch den einschlägigen Fachmann ist wesentlich.[233]

b. Der Erfindungsbegriff im Sinne des ArbNErfG (Erfindung im engeren Sinne)

Ist der Erfinder ein Arbeitnehmer, so greifen die Regelungen des ArbNErfG ein (vgl. § 1 ArbNErfG).[234] Folglich ist der Erfindungsbegriff im Sinne des ArbNErfG zu bestimmen. § 2 ArbNErfG schränkt den Kreis der erfassten Erfindungen ein: Das Arbeitnehmererfindungsgesetz gilt nur für solche Erfindungen, die patent- oder gebrauchsmusterfähig sind. Es liefert keine eigene Definition des Erfindungsbegriffs, sondern verweist vielmehr auf die Regelungen des Patent- und Gebrauchsmusterrechts in ihrer jeweils geltenden Fassung zum Zeitpunkt der Fertigstellung der Erfindung.[235] Auch im Patent- und Gebrauchsmusterrecht findet sich aber keine eigenständige Definition, sondern es werden lediglich die Voraussetzungen für die Schutzfähigkeit einer Erfindung bestimmt. Der Begriff der

---

30.03.1993 – X ZB 13/90, BGHZ 122, 145, 149 f. = GRUR 1993, 651 – *Tetraploide Kamille*; BPatG, Beschluss v. 16.10.1973 – 32 W (pat) 82/72, BPatGE 17, 181, 185 = GRUR 1975, 654 – *Usambara-Veilchen*; *Bacher*, in: Benkard, Patentgesetz, § 1 PatG, Rn. 72; *Raif*, in: Boemke/Kursawe, ArbNErfG, § 2, Rn. 12; *Volmer/Gaul*, in: Arbeitnehmererfindungsgesetz, § 2, Rn. 22.

231 *Bacher*, in: Benkard, Patentgesetz, § 1 PatG, Rn. 72; vgl. auch *Kraßer/Ann*, Patentrecht, § 13 Rn. 19.
232 *Raif*, in: Boemke/Kursawe, ArbNErfG, § 2, Rn. 13.
233 *Raif*, in: Boemke/Kursawe, ArbNErfG, § 2, Rn. 14; *Volmer/Gaul*, in: Arbeitnehmererfindungsgesetz, § 2, Rn. 24 f.
234 Neben den Arbeitnehmern erfasst § 1 ArbNErfG auch Beamte und Soldaten.
235 VGH Bayern, Urteil v. 31.03.1982 – 45 V 78, GRUR 1982, 559, 560 – *Albalonga*; *Windisch*, GRUR 1985, 829, 834 f.; *Bartenbach/Volz*, Arbeitnehmererfindungsgesetz, § 2, Rn. 1; *Raif*, in: Boemke/Kursawe, ArbNErfG, § 2, Rn. 6; *Volmer/Gaul*, in: Arbeitnehmererfindungsgesetz, § 2, Rn. 4, 93.

Erfindung wird demnach nicht definiert, sondern vorausgesetzt.[236] Patentfähig ist eine Erfindung nach § 1 Abs. 1 PatG, wenn die technische Lehre neu ist, auf einer erfinderischen Tätigkeit beruht und gewerblich anwendbar ist. Gebrauchsmusterfähig ist eine Erfindung nach § 1 Abs. 1 GebrMG, wenn sie neu ist, auf einem erfinderischen Schritt beruht und gewerblich anwendbar ist. Wie der Wortlaut des § 2 ArbNErfG ausdrückt, genügt bereits die Patent- bzw. Gebrauchsmuster*fähigkeit* der Erfindung. Ein Patent oder Gebrauchsmuster muss noch nicht tatsächlich erteilt worden sein.[237]

Nach überwiegender Auffassung sind die Voraussetzungen für die Annahme einer Erfindung für sich gesehen zu trennen von den Voraussetzungen für die Schutzfähigkeit der Erfindung als Patent oder Gebrauchsmuster.[238] Der dahinterstehende theoretische Streit, ob überhaupt nichtschutzfähige Erfindungen tatsächlich existieren können, kann im Rahmen des ArbNErfG außer Acht gelassen werden, da nach § 2 ArbNErfG ohnehin nur patent- oder gebrauchsmusterfähige (also schutzfähige) Erfindungen vom Anwendungsbereich des Gesetzes umfasst sind.[239]

aa. Relative oder absolute Neuheit

(1) Patentfähigkeit (§ 3 Abs. 1 PatG)

Neu ist eine Erfindung, wenn sie noch nicht existent ist, also noch nicht zum Stand der Technik gehört, wobei der Stand der Technik alle Kenntnisse umfasst, die vor dem für den Zeitraum der Anmeldung maßgeblichen Tag durch schriftliche oder mündliche Beschreibung, durch Benutzung oder in sonstiger Weise der Öffentlichkeit zugänglich gemacht worden sind (§ 3 Abs. 1 PatG). Es gilt heute ein absoluter Neuheitsbegriff.[240]

---

236 Vgl. *Götting*, Gewerblicher Rechtsschutz, § 10 Rn. 2; *Kraßer/Ann*, Patentrecht, § 11 Rn. 1; *Raif*, in: Boemke/Kursawe, ArbNErfG, § 2, Rn. 7.
237 *Raif*, in: Boemke/Kursawe, ArbNErfG, § 2, Rn. 19.
238 BGH, Urteil v. 18.05.2010 – X ZR 79/07, BGHZ 185, 341, 345 ff. (Rn. 28 ff.) = GRUR 2010, 817 – *Steuervorrichtung*; *Bartenbach/Volz*, Arbeitnehmererfindungsgesetz, § 2, Rn. 2, 5; *Raif*, in: Boemke/Kursawe, ArbNErfG, § 2, Rn. 8.
239 So auch *Rother*, in: Reimer/Schade/Schippel, ArbNErfG, § 2, Rn. 1.
240 *Kraßer/Ann*, Patentrecht, § 17 Rn. 2; *Bartenbach/Volz*, Arbeitnehmererfindungsgesetz, § 2, Rn. 6; *Keukenschrijver*, in: Busse/Keukenschrijver, PatG, § 3 PatG, Rn. 74; *Melullis*, in: Benkard, Patentgesetz, § 3 PatG, Rn. 15; **anders** *Raif*, in: Boemke/Kursawe, ArbNErfG, § 2, Rn. 21, der ohne näher darauf einzugehen auch die sog. relative Neuheit ausreichen lässt, obwohl dies seit der Angleichung des patentrechtlichen Neuheitsbegriffs in § 3 PatG an den absoluten

Das bedeutet, dass es keinerlei Beschränkungen des Standes der Technik in gegenständlicher, räumlicher oder zeitlicher Hinsicht mehr gibt.[241] So ist vor allem auch die früher nach § 2 S. 2 PatG a. F. geltende Neuheitsschonfrist durch die Angleichung des nationalen Patentrechts an das europäische Patentrecht mit dem absoluten Neuheitsbegriff in Art. 54 EPÜ in ihrer ursprünglichen Form weggefallen.[242] Damit ist jede Information neuheitsschädlich, die vor dem Prioritätstag irgendwo auf der Welt der Öffentlichkeit objektiv zugänglich gemacht worden ist.[243]

(2) Gebrauchsmusterfähigkeit (§ 3 Abs. 1 GebrMG)

Auch die Schutzfähigkeit als Gebrauchsmuster erfordert nach § 1 Abs. 1 GebrMG, dass es sich bei der zu beurteilenden Erfindung um eine neue Erfindung handelt. Die Neuheit im Gebrauchsmusterrecht richtet sich nach § 3 Abs. 1 GebrMG. Entsprechend der Regelung im Patentrecht in § 3 Abs. 1 PatG, gilt der Gegenstand eines Gebrauchsmusters als neu, wenn er nicht zum Stand der Technik gehört. Bei synoptischer Gegenüberstellung der beiden Vorschriften zeigt sich jedoch eine unterschiedliche Ausgestaltung des Begriffs des „Standes der Technik". Im Gebrauchsmusterrecht gilt ein sog. relativer Neuheitsbegriff, das bedeutet, der Stand der Technik wird nicht umfassend, sondern in mancherlei Hinsicht lediglich eingeschränkt beurteilt.[244] So gilt etwa nach § 3 Abs. 1 S. 3 GebrMG eine Neuheitsschonfrist von 6 Monaten, innerhalb derer eine an sich neuheits-

---

Neuheitsbegriff in Art. 54 EPÜ nicht mehr vertretbar ist; ähnlich *Kronisch*, in: Däubler, HK-ArbR, § 2 ArbEG, Rn. 2.
241 Vormals war der Neuheitsbegriff in § 2 S. 1 PatG a. F. gegenständlich auf die Beschreibung in öffentlicher Druckschrift und die offenkundige Vorbenutzung, räumlich auf inländische Vorbenutzungshandlungen und zeitlich auf Druckschriften aus den letzten 100 Jahren beschränkt, vgl. Begründung zum „Entwurf eines Gesetzes über internationale Patentübereinkommen" der Bundesregierung vom 02.06.1975, BT-Drs. 7/3712, S. 28; hierzu *Melullis*, in: Benkard, Patentgesetz, § 3 PatG, Rn. 17.
242 *Volmer/Gaul*, in: Arbeitnehmererfindungsgesetz, § 2, Rn. 34; vgl. auch Begründung zum „Entwurf eines Gesetzes über internationale Patentübereinkommen" der Bundesregierung vom 02.06.1975, BT-Drs. 7/3712, S. 28; *Melullis*, in: Benkard, Patentgesetz, § 3 PatG, Rn. 15.
243 *Melullis*, in: Benkard, Patentgesetz, § 3 PatG, Rn. 17; *Volmer/Gaul*, in: Arbeitnehmererfindungsgesetz, § 2, Rn. 35.
244 *Keukenschrijver*, in: Busse/Keukenschrijver, PatG, § 3 GebrMG, Rn. 3; *Mes*, Patentgesetz, § 3 GebrMG, Rn. 3.

schädliche Beschreibung oder Benutzung unter bestimmten Voraussetzungen außer Betracht bleibt.

bb. Auf erfinderischer Tätigkeit bzw. erfinderischem Schritt beruhend

(1) Patentfähigkeit (§ 4 PatG)

Nach § 4 S. 1 PatG gilt eine Erfindung als auf einer erfinderischen Tätigkeit beruhend[245], wenn sie sich für den Fachmann nicht in naheliegender Weise aus dem Stand der Technik ergibt. Das Erfordernis der erfinderischen Tätigkeit stellt in der Praxis das bedeutsamste Merkmal für die Patentierbarkeit dar, entscheidet sich hieran schließlich eine Vielzahl der Patenterteilungen sowie Einspruchs- und Nichtigkeitsverfahren.[246] Neben der Neuheit der Erfindung ist nach dem eigenständigen Kriterium der erfinderischen Tätigkeit erforderlich, dass sich die Neuerung nicht lediglich als *„normale technologische Weiterentwicklung"* aus dem Stand der Technik ergibt.[247] Bloße Abwandlungen oder geringfügige Veränderungen bereits bekannter Vorrichtungen, Materialien oder Verfahren, die den Stand der Technik zwar voranbringen, aber deren Entwicklung durch den Fachmann zu erwarten war, verdienen den Patentschutz nicht und genügen nicht dem Merkmal der erfinderischen Tätigkeit.[248]

Für den BGH ist die hinter dem unbestimmten Rechtsbegriff[249] der erfinderischen Tätigkeit stehende Frage, *„ob sich der Gegenstand einer Erfin-*

---

245 Das Merkmal der „erfinderischen Tätigkeit" entspricht dem Begriff der „Erfindungshöhe" nach altem Recht. Die zur Erfindungshöhe ergangene Rechtsprechung sowie Literatur ist demnach auf den heutigen Begriff der „erfinderischen Tätigkeit" übertragbar, vgl. Begründung zum „Entwurf eines Gesetzes über internationale Patentübereinkommen" der Bundesregierung vom 02.06.1975, BT-Drs. 7/3712, S. 27; hierzu *Asendorf/Schmidt*, in: Benkard, Patentgesetz, § 4 PatG, Rn. 16.
246 Vgl. *Jestaedt*, GRUR 2001, 939; *Rogge*, GRUR 1996, 1111 f.; *Liedel*, Das deutsche Patentnichtigkeitsverfahren, S. 198 f.; *Asendorf/Schmidt*, in: Benkard, Patentgesetz, § 4 PatG, Rn. 3; *Keukenschrijver*, in: Busse/Keukenschrijver, PatG, § 4 PatG, Rn. 1.
247 *Asendorf/Schmidt*, in: Benkard, Patentgesetz, § 4 PatG, Rn. 2; *Kraßer/Ann*, Patentrecht, § 18 Rn. 2.
248 *Nähring*, GRUR 1959, 57 f.; *Asendorf/Schmidt*, in: Benkard, Patentgesetz, § 4 PatG, Rn. 2; *Kraßer/Ann*, Patentrecht, § 18 Rn. 2.
249 *Asendorf/Schmidt*, in: Benkard, Patentgesetz, § 4 PatG, Rn. 3; *Keukenschrijver*, in: Busse/Keukenschrijver, PatG, § 4 PatG, Rn. 10; vgl. auch BGH, Beschluss v.

dung für den Fachmann in naheliegender Weise aus dem Stand der Technik ergibt, eine Rechtsfrage, die mittels wertender Würdigung der tatsächlichen Umstände zu beurteilen ist, die [...] geeignet sind, etwas über die Voraussetzungen für das Auffinden der erfindungsgemäßen Lösung auszusagen."[250]

(2) Gebrauchsmusterfähigkeit (§ 1 Abs. 1 GebrMG)

Das Gebrauchsmuster unterscheidet sich vom Patent allein nach dem Gesetzestext insoweit, als statt einer „erfinderischen Tätigkeit", die von § 1 Abs. 1 PatG zur Voraussetzung des Patents erhoben wird, für die Gebrauchsmusterfähigkeit nach § 1 Abs. 1 GebrMG lediglich ein „erfinderischer Schritt" vonnöten ist. Durch die Verwendung dieses abweichenden Begriffs im GebrMG[251] sollte zum einen zum Ausdruck gebracht werden, dass wie für das Patent auch, überhaupt eine gewisse Erfindungshöhe bzw. -qualität für ein Gebrauchsmuster erforderlich ist.[252] Auf der anderen Seite wollte der Gesetzgeber die bis dahin vorherrschende (und auch im Anschluss weiterhin vertretene) Auffassung in Rechtsprechung[253] und Litera-

---

24.03.1987 – X ZB 23/85, GRUR 1987, 510, 512 – *Mittelohr-Prothese*; BPatG, Beschluss v. 18.10.2006 – 29 W (pat) 13/06, GRUR 2007, 329, 330; *Bruchhausen*, in: FS v. Gamm (1990), S. 353, 365.
250 BGH, Urteil v. 07.03.2006 – X ZR 213/01, GRUR 2006, 663 – *Vorausbezahlte Telefongespräche*.
251 Eingeführt durch das „Gesetz zur Änderung des Gebrauchsmustergesetzes" vom 15.08.1986, BGBl. 1986, Teil I, S. 1466, in Kraft getreten am 01.01.1987.
252 Begründung zum „Entwurf eines Gesetzes zur Änderung des Gebrauchsmustergesetzes" der Bundesregierung vom 26.09.1985, BT-Drs. 10/3903, S. 17 f.; vgl. *Bartenbach/Volz*, Arbeitnehmererfindungsgesetz, § 2, Rn. 9; *Raif*, in: Boemke/Kursawe, ArbNErfG, § 2, Rn. 34.
253 RG, Urteil v. 12.06.1920 – I 55/20, RGZ 99, 211, 212 f.; RG, Urteil v. 20.01.1939 – I 163/38, GRUR 1939, 838, 840 – *Sturmlaterne*; so auch der Bundesgerichtshof im Anschluss BGH, Urteil v. 02.11.1956 – I ZR 49/55, GRUR 1957, 270, 271 – *Unfall-Verhütungsschuh*; BGH, Urteil v. 29.05.1962 – I ZR 147/60, GRUR 1962, 575, 576 – *Standtank*; ebenfalls das Bundespatentgericht in BPatG, Beschluss v. 12.05.1985 – 5 W (pat) 18/84, GRUR 1986, 55, 56 – *Gbm-Hilfsanmeldung*; auch das Deutsche Patentamt in DPA, Entscheidung v. 22.10.1957 – Gm. 1705795 Lö. I/55 - 1 B 30/56, BlPMZ 1958, 7, 8; siehe weitere zahlreiche Nachweise bei *Kraßer/Ann*, Patentrecht, § 18 Rn. 26 (Fn. 32).

tur²⁵⁴ festschreiben, dass die Anforderungen an die Erfindungshöhe deutlich hinter denen der Patentfähigkeit zurückbleiben.²⁵⁵

In der Entscheidung *Demonstrationsschrank*²⁵⁶ hat der BGH die unterschiedliche Behandlung von Patenten und Gebrauchsmustern im Hinblick auf die Erfindungshöhe jedoch schließlich aufgehoben und mit umfangreicher Begründung klargestellt, dass für die Beurteilung des „erfinderischen Schrittes" auf die zum Patentrecht entwickelten Grundsätze zurückzugreifen ist.²⁵⁷ Damit wurden die Unterschiede zwischen dem erfinderischen Schritt und der erfinderischen Tätigkeit weitestgehend eingeebnet.

cc. Gewerbliche Anwendbarkeit

(1) Patentfähigkeit (§ 5 PatG)

In der Praxis deutlich weniger bedeutsam²⁵⁸, aber dennoch weitere Voraussetzung der Patentfähigkeit nach § 1 Abs. 1 PatG ist das Kriterium der gewerblichen Anwendbarkeit. Nach § 5 PatG gilt eine Erfindung als gewerblich anwendbar, wenn ihr Gegenstand auf irgendeinem gewerblichen Gebiet einschließlich der Landwirtschaft hergestellt oder benutzt werden kann.

---

254 *Goebel*, Der erfinderische Schritt nach § 1 GebrMG, Rn. 487 f.; *Bühring*, GebrMG (1. Auflage 1977), § 1, Rn. 157; *Busse*, in: Busse, PatG (4. Auflage 1972), § 1 GebrMG, Rn. 29; *Ullmann*, in: Benkard, Patentgesetz (7. Auflage 1981), § 1 GebrMG, Rn. 33; a. A. *Trüstedt*, GRUR 1954, 244, 249 f.; *ders.*, GRUR 1956, 349, 357; unverändert auch nach der Änderung des GebrMG *ders.*, GRUR 1980, 877, 880 f.; sich dem anschließend *Starck*, GRUR 1983, 401, 404; siehe auch *Breuer*, GRUR 1997, 11 ff.
255 Begründung zum „Entwurf eines Gesetzes zur Änderung des Gebrauchsmustergesetzes" der Bundesregierung vom 26.09.1985, BT-Drs. 10/3903, S. 17 f.; vgl. *Kraßer/Ann*, Patentrecht, § 18 Rn. 26; *Bartenbach/Volz*, Arbeitnehmererfindungsgesetz, § 2, Rn. 9.
256 BGH, Beschluss v. 20.06.2006 – X ZB 27/05, BGHZ 168, 142, 142 ff. = NJW 2006, 3208 – *Demonstrationsschrank*; dem hat sich das Bundespatentgericht angeschlossen BPatG, Beschluss v. 12.08.2009 – 35 W (pat) 416/08, Rn. 234 (juris).
257 Zustimmend *Veigel*, Immaterialgüterrechte im Arbeitsverhältnis, Rn. 133; *Bartenbach/Volz*, Arbeitnehmererfindungsgesetz, § 2, Rn. 9; *Keukenschrijver*, in: Busse/Keukenschrijver, PatG, § 1 GebrMG, Rn. 20 f.; so bereits früher auch *Breuer*, GRUR 1997, 11, 17 f.; a. A. *Kraßer/Ann*, Patentrecht, § 18 Rn. 28 ff.; *Kronisch*, in: Däubler, HK-ArbR, § 2 ArbEG, Rn. 3; *Raif*, in: Boemke/Kursawe, ArbNErfG, § 2, Rn. 35 f.
258 *Keukenschrijver*, in: Busse/Keukenschrijver, PatG, § 5 PatG, Rn. 3.

Gewerbliche Anwendbarkeit liegt demnach vor, wenn das Erfundene seiner Art nach geeignet ist, in einem technischen Gewerbebetrieb hergestellt zu werden oder technische Verwendung in einem Gewerbe zu finden[259], wobei allein die Möglichkeit der Herstellung oder Verwendung auf irgendeinem gewerblichen Gebiet nicht nur notwendige, sondern auch hinreichende Bedingung ist.[260] Unproblematisch ist die gewerbliche Anwendbarkeit gegeben, wenn es sich bei dem Erfundenen um eine Vorrichtung oder einen Stoff handelt, da jede Sache in einem technischen Gewerbebetrieb hergestellt werden kann.[261] Damit sind auch Erfindungen erfasst, deren Verwendung rein privat erfolgt (z.B. Spiel- und Sportgeräte), sofern nur die gewerbliche Herstellbarkeit gegeben ist.[262] Gleiches gilt für Herstellungsverfahren.[263] Hat die Erfindung hingegen ein Anwendungsverfahren zum Gegenstand, ist dieses nicht gewerblich anwendbar, solange es ausschließlich im nicht gewerblichen Bereich ausgeführt werden kann.[264]

Für die Beurteilung der gewerblichen Anwendbarkeit kommt es weder auf die Zulassung oder Zertifizierung[265], die Erlaubnis der Anwendung[266],

---

259 BGH, Beschluss v. 26.09.1967 – Ia ZB 1/65, BGHZ 48, 313, 322 = GRUR 1968, 142 – *Glatzenoperation* mit Verweisen auf die zugrundeliegende Literatur; BGH, Beschluss v. 27.09.1984 – X ZB 5/84, Mitt. 1985, 170 – *Energiegewinnungsgerät*; so auch *Asendorf/Schmidt*, in: Benkard, Patentgesetz, § 5 PatG, Rn. 5; *Keukenschrijver*, in: Busse/Keukenschrijver, PatG, § 5 PatG, Rn. 7.

260 BGH, Beschluss v. 27.09.1984 – X ZB 5/84, Mitt. 1985, 170 – *Energiegewinnungsgerät*; BPatG, Urteil v. 16.10.2008 – 3 Ni 30/06, 63 (juris); *Asendorf/Schmidt*, in: Benkard, Patentgesetz, § 5 PatG, Rn. 5.

261 BGH, Beschluss v. 26.09.1967 – Ia ZB 1/65, BGHZ 48, 313, 322 = GRUR 1968, 142 – *Glatzenoperation*; *Kraßer/Ann*, Patentrecht, § 13 Rn. 4; *Asendorf/Schmidt*, in: Benkard, Patentgesetz, § 5 PatG, Rn. 5; *Keukenschrijver*, in: Busse/Keukenschrijver, PatG, § 5 PatG, Rn. 7.

262 *Kraßer/Ann*, Patentrecht, § 13 Rn. 4; *Keukenschrijver*, in: Busse/Keukenschrijver, PatG, § 5 PatG, Rn. 8; a. A. *Raif*, in: Boemke/Kursawe, ArbNErfG, § 2, Rn. 24.

263 BGH, Beschluss v. 26.09.1967 – Ia ZB 1/65, BGHZ 48, 313, 322 = GRUR 1968, 142 – *Glatzenoperation*; *Kraßer/Ann*, Patentrecht, § 13 Rn. 6; *Asendorf/Schmidt*, in: Benkard, Patentgesetz, § 5 PatG, Rn. 16; *Keukenschrijver*, in: Busse/Keukenschrijver, PatG, § 5 PatG, Rn. 7.

264 *Asendorf/Schmidt*, in: Benkard, Patentgesetz, § 5 PatG, Rn. 6, 16; vgl. auch BGH, Beschluss v. 26.09.1967 – Ia ZB 1/65, BGHZ 48, 313, 322 f. = GRUR 1968, 142 – *Glatzenoperation*; BPatG, Beschluss v. 20.12.1983 – 21 W (pat) 149/82, BPatGE 26, 104, 104 ff. = GRUR 1985, 276 – *Schichtkeratoplastiktransplantat*.

265 *Asendorf/Schmidt*, in: Benkard, Patentgesetz, § 5 PatG, Rn. 5.

266 *Asendorf/Schmidt*, in: Benkard, Patentgesetz, § 5 PatG, Rn. 5, 8; *Keukenschrijver*, in: Busse/Keukenschrijver, PatG, § 5 PatG, Rn. 11; beachte aber § 2 Abs. 1 PatG.

Kapitel 2. Vergütungsansprüche und Immaterialgüterrechte im Arbeitsrecht

die Beweglichkeit der Sache[267], die Brauchbarkeit[268] oder aber das Versprechen von Gewinnen an.[269]

(2) Gebrauchsmusterfähigkeit (§ 3 Abs. 2 GebrMG)

Auch das Gebrauchsmuster muss nach § 1 Abs. 1 GebrMG gewerblich anwendbar sein. Was unter der gewerblichen Anwendbarkeit des Gebrauchsmusters zu verstehen ist, vermittelt die im Vergleich zu § 5 PatG nahezu wortgleiche Vorschrift des § 3 Abs. 2 GebrMG. Zwischen dem patentrechtlichen Begriff der gewerblichen Anwendbarkeit und dem des Geschmacksmusterrechts bestehen keinerlei Unterschiede, so dass insoweit auf die vorstehenden Ausführungen verwiesen werden kann.[270]

dd. Arbeitnehmererfindungen

Liegt eine schutzfähige Erfindung eines Arbeitnehmers vor, unterfällt diese generell dem Regime des ArbNErfG. Allerdings ist nicht allein die Arbeitnehmereigenschaft entscheidend für die konkrete Anwendung der arbeitnehmererfindungsrechtlichen Vorschriften. Denn grundsätzlich kann die Erfindung eines Arbeitnehmers eine gebundene oder eine freie Erfindung sein (vgl. § 4 Abs. 1 ArbNErfG). Eine gebundene Erfindung (sog. Diensterfindung) ist nach § 4 Abs. 2 ArbNErfG eine während der Dauer des Arbeitsverhältnisses gemachte Erfindung, die entweder aus der dem Arbeitnehmer[271] im Betrieb oder in der öffentlichen Verwaltung obliegenden Tätigkeit entstanden ist (Aufgabenerfindung) oder maßgeblich auf Er-

---

267 BGH, Urteil v. 21.09.1978 – X ZR 56/77, GRUR 1979, 48, 48 ff. – *Straßendecke*; *Kraßer/Ann*, Patentrecht, § 13 Rn. 9; *Einsele*, in: BeckOK-PatR, § 5 PatG, Rn. 10; *Keukenschrijver*, in: Busse/Keukenschrijver, PatG, § 5 PatG, Rn. 9; *Mes*, Patentgesetz, § 5 PatG, Rn. 11.
268 BGH, Beschluss v. 27.09.1984 – X ZB 5/84, Mitt. 1985, 170 – *Energiegewinnungsgerät*; *Asendorf/Schmidt*, in: Benkard, Patentgesetz, § 5 PatG, Rn. 7.
269 *Kraßer/Ann*, Patentrecht, § 13 Rn. 10; *Keukenschrijver*, in: Busse/Keukenschrijver, PatG, § 5 PatG, Rn. 7.
270 Vgl. *Bartenbach/Volz*, Arbeitnehmererfindungsgesetz, § 2, Rn. 9; *Raif*, in: Boemke/Kursawe, ArbNErfG, § 2, Rn. 37; *Keukenschrijver*, in: Busse/Keukenschrijver, PatG, § 3 GebrMG, Rn. 18, 20.
271 Nach § 4 Abs. 4 ArbNErfG gilt die Vorschrift entsprechend auch für Erfindungen von Beamten und Soldaten. Auf deren Erwähnung wird im Folgenden aber zwecks Leserlichkeit verzichtet.

fahrungen oder Arbeiten des Betriebes oder der öffentlichen Verwaltung beruht (Erfahrungserfindung). Im Falle einer gebundenen Erfindung ist auch von einer „Arbeitnehmererfindung" die Rede, auf die das gesamte ArbNErfG Anwendung findet. In allen anderen Fällen liegt eine freie Erfindung des Arbeitnehmers vor, die lediglich den Beschränkungen der §§ 18, 19 ArbNErfG unterliegt und nicht dem gesamten ArbNErfG unterfällt (vgl. § 4 Abs. 3 ArbNErfG).

2. Erfindungen als Arbeitsergebnisse

Um die Fragen der Rechtszuordnung der Erfindung im Arbeitsverhältnis als Grundlage für die damit verbundene Problematik der Vergütung von Arbeitnehmererfindungen klären zu können, muss zunächst ermittelt werden, ob es sich bei Arbeitnehmererfindungen überhaupt um Arbeitsergebnisse nach den oben darstellten Grundsätzen handeln kann. Eine vom Arbeitnehmer getätigte Erfindung kann nur dann als Arbeitsergebnis anerkannt werden, wenn dieser zur Schaffung einer Erfindung arbeitsvertraglich verpflichtet ist.[272] Für die Beurteilung der arbeitsvertraglichen Verpflichtung bietet es sich an, zwischen schutzfähigen und nicht schutzfähigen Erfindungen zu differenzieren.

a. Schutzfähige Erfindungen

Zunächst stellt sich die Frage, ob schutzfähige Erfindungen eines Arbeitnehmers als Arbeitsergebnisse deklariert werden können. Unterschieden werden muss dafür zwischen Erfahrungserfindungen i. S. d. § 4 Abs. 2 Nr. 2 ArbNErfG und Aufgabenerfindungen i. S. d. § 4 Abs. 2 Nr. 1 ArbNErfG.

aa. Erfahrungserfindungen

Von vornherein als nicht zum Kreis der Arbeitsergebnisse gehörend sind die Erfahrungserfindungen des Arbeitnehmers gem. § 4 Abs. 2 Nr. 2

---

272 Vgl. oben Kapitel 2. § 5 B. (S. 84 f.).

ArbNErfG anzusehen.²⁷³ Dies ergibt sich aus der Tatsache, dass Erfahrungserfindungen im Umkehrschluss zu den in § 4 Abs. 2 Nr. 1 ArbNErfG geregelten Aufgabenerfindungen gerade nicht auf der vertraglich geschuldeten Arbeitstätigkeit des Arbeitnehmers, sondern lediglich auf Erfahrungen oder Arbeiten des Betriebes beruhen.

bb. Aufgabenerfindungen

Zweifelhaft erscheint auch, ob Aufgabenerfindungen i. S. d. § 4 Abs. 2 Nr. 1 ArbNErfG unter die Arbeitsergebnisse zu fassen sind. Zwar sind Aufgabenerfindungen solche Erfindungen, die aus der dem Arbeitnehmer obliegenden Tätigkeit entstanden sind. Es ist aber eine zweite Frage, ob der Arbeitnehmer überhaupt arbeitsvertraglich zu einer Tätigkeit verpflichtet ist, aus der eine Erfindung resultieren soll.²⁷⁴

Diese Fragestellung wird nicht einheitlich beurteilt. Die überwiegende Auffassung geht davon aus, dass sich die vertragliche Verpflichtung zur Schaffung einer Erfindung aus dem Arbeitsvertrag nicht ergebe.²⁷⁵ Die Schutzfähigkeit einer Erfindung setzt das Beruhen der Erfindung auf einer erfinderischen Tätigkeit (Patent) bzw. einem erfinderischen Schritt (Gebrauchsmuster) voraus, wovon nur dann ausgegangen werden kann, wenn sich die Erfindung für den Fachmann nicht in naheliegender Weise aus dem Stand der Technik ergibt (vgl. § 4 PatG, § 1 Abs. 1 GebrMG). Ob eine entsprechende Erfindung gelingt, sei für den Arbeitnehmer jedoch von Anfang an ungewiss, sodass die Annahme einer dahingehenden Verpflich-

---

273 *Brune*, Bewährtes deutsches Arbeitnehmererfindergesetz?, S. 120; *Veigel*, Immaterialgüterrechte im Arbeitsverhältnis, Rn. 132.
274 Vgl. *Veigel*, Immaterialgüterrechte im Arbeitsverhältnis, Rn. 133.
275 BGH, Urteil v. 23.10.2001 – X ZR 72/98, GRUR 2002, 149, 152 – *Wetterführungspläne II*; *Buchner*, GRUR 1985, 1, 10; *Dressel*, GRUR 1989, 319, 319; *Gaul*, GRUR 1963, 341, 343; *Gaul*, BB 1992, 1710, 1715; *Gaul/Wexel*, BB 1984, 2069, 2070; *Kroitzsch*, GRUR 1974, 177, 179; *Kraßer*, in: FG Schricker (1995), S. 77, 110; *Kunze*, RdA 1975, 42, 44; *Meier-Beck*, in: FS Reimann (2009), S. 309, 320; *Rehbinder*, in: FS Roeber (1973), S. 481, 490 f.; *Schade*, GRUR 1958, 519, 520; *Ullmann*, GRUR 1987, 6, 7 f.; *Ulmer*, GRUR 1984, 432, 433; *Windisch*, GRUR 1985, 829, 831; *Engemann*, in: Boemke/Kursawe, ArbNErfG, § 9, Rn. 28; *Rother*, in: Reimer/Schade/Schippel, ArbNErfG, § 25, Rn. 9; *Volmer/Gaul*, in: Arbeitnehmererfindungsgesetz, § 9, Rn. 9.

tung des Arbeitnehmers ausgeschlossen sein soll.[276] Die Erfindung sei etwas *„über das erzwingbare Hinausgehendes, das Ergebnis eines schöpferischen Aktes"*[277]; Erfinden *„auf Bestellung"* sei nicht möglich.[278] Die arbeitsvertragliche Verpflichtung des Arbeitnehmers könne sich deshalb lediglich auf ein Bemühen um ein erfinderisch schutzfähiges Arbeitsergebnis beschränken.[279] Diese Auffassung steht im Einklang mit der Grundkonzeption des Dienst- und Werkvertragsrechts: Der Arbeitnehmer schuldet nach § 611a Abs. 1 BGB lediglich eine Tätigkeit (das Bemühen um eine Erfindung), während das Schulden eines konkreten Erfolgs (die Erfindung selbst) dem Werkvertragsrecht nach §§ 631 ff. BGB unterfallen müsste.[280]

Anderen Stimmen zufolge soll eine arbeitsvertragliche Verpflichtung des Arbeitnehmers zu erfinderischer Tätigkeit aber durchaus angenommen werden.[281] Begründet wird diese Auffassung maßgeblich mit einem Hinweis auf die Gesetzesmaterialien, namentlich der Gesetzesbegründung zum ArbNErfG. Danach sei die vom Gesetzgeber vorgetragene Rechtfertigung des Arbeitnehmererfinderrechts als *„befriedigende Lösung"* des Interessenstreits zwischen dem im Arbeitsrecht geltenden Grundsatz des Rechtes des Arbeitgebers am Arbeitsergebnis und dem im Patentrecht geltenden Erfinderprinzip[282] nur dann zutreffend, wenn die schutzfähige Erfindung

---

[276] *Rehbinder*, in: FS Roeber (1973), S. 481, 490 f.; *Himmelmann*, in: Reimer/Schade/Schippel, ArbNErfG, Einleitung, Rn. 34; vgl. auch *Kraßer*, in: FG Schricker (1995), S. 77, 110: „Insgesamt ist deshalb die Wahrscheinlichkeit, daß die Tätigkeit eines Bediensteten zu einer schutzfähigen Erfindung führt, zu gering, als daß diese, wenn sie zustande kommt, als zwar nicht geschuldetes, aber normalerweise zu erwartendes und deshalb durch den Lohn abgegoltenes Arbeitsergebnis behandelt werden könnte." Siehe auch *Ulmer*, GRUR 1984, 432, 433 („keineswegs selbstverständlich").

[277] *Windisch*, GRUR 1985, 829, 831; vgl. auch *Rother*, in: Reimer/Schade/Schippel, ArbNErfG, § 25, Rn. 9.

[278] *Rehbinder*, in: FS Roeber (1973), S. 481, 490.

[279] *Rehbinder*, in: FS Roeber (1973), S. 481, 490 f.; *Bartenbach/Volz*, Arbeitnehmererfindungsgesetz, § 25, Rn. 26; *Engemann*, in: Boemke/Kursawe, ArbNErfG, § 9, Rn. 31; *Volmer/Gaul*, in: Arbeitnehmererfindungsgesetz, § 9, Rn. 10.

[280] Vgl. *Himmelmann*, in: Reimer/Schade/Schippel, ArbNErfG, Einleitung, Rn. 34.

[281] BAG, Urteil v. 08.02.1962 – 2 AZR 252/60, BAGE 12, 254 ff.; *v. Falckenstein*, in: FS Bartenbach (2005), S. 73, 80; *Volmer*, BB 1960, 1332, 1134; *Himmelmann*, Vergütungsrechtliche Ungleichbehandlung von Arbeitnehmer-Erfinder und Arbeitnehmer-Urheber, S. 152; *Lenhart*, Arbeitnehmer- und Arbeitgeberbegriff im Arbeitnehmererfindungsrecht, S. 155; *Röpke*, Arbeitsverhältnis und Arbeitnehmererfindung, S. 16 ff.

[282] Begründung zum "Entwurf eines Gesetzes über Erfindungen von Arbeitnehmern und Beamten" der Bundesregierung vom 19.08.1955, BT-Drs. II/1648, S. 12.

auch tatsächlich als (ein grundsätzlich dem Arbeitgeber zustehendes) Arbeitsergebnis begriffen wird.[283] Weiterhin handele es sich heute mehr denn je im Wesentlichen ohnehin nur noch um Verbesserungserfindungen, die auch von einem durchschnittlichen Arbeitnehmer gemacht werden könnten.[284] Da sich auch urheberrechtlich die Verpflichtung des Arbeitnehmers zu schöpferischer Tätigkeit oder zum Entwickeln von Computerprogrammen aus dem Arbeitsvertrag ergeben könne, folge die arbeitsvertragliche Verpflichtung des Arbeitnehmers zu erfinderischer Tätigkeit schließlich auch aus einem Vergleich zum Urheberrecht.[285]

Eine vermittelnde Lösung möchte nicht auf einen durchschnittlichen Arbeitnehmer abstellen und kritisiert demzufolge, dass beide anderen Auffassungen den dieser Lösung nach zugrunde zu legenden subjektiven Leistungsmaßstab ignorieren.[286] Dem ist zuzustimmen, da es nicht auf die durchschnittliche Leistungsfähigkeit des Arbeitnehmers, sondern vielmehr auf die individuelle Leistungsfähigkeit des Arbeitnehmers ankommt.[287] Dies zeigt sich auch daran, dass die von einem leitenden Angestellten einer Forschungsabteilung gemachte Erfindung im Einzelfall durchaus als Arbeitsergebnis zu beurteilen sein mag, wenn diesem die Schaffung einer schutzfähigen Erfindung aufgrund seiner überdurchschnittlichen Kenntnisse und Erfahrungen leicht möglich ist[288]; demgegenüber aber von einem einfachen Angestellten keine Tätigkeit erwartet werden kann, die zu einer schutzfähigen Erfindung führt.[289] Demzufolge wird eine Verpflichtung des Arbeitnehmers zur Schaffung von schutzfähigen Erfindungen zwar regelmäßig ausscheiden. Ob eine schutzfähige Erfindung als Arbeitsergebnis zu begreifen ist, muss aber eine Entscheidung des Einzelfalls

---

283 Vgl. hierzu *Veigel*, Immaterialgüterrechte im Arbeitsverhältnis, Rn. 134.
284 Vgl. *Himmelmann*, GRUR 1999, 897, 900; *Sautter*, Mitt. 1971, 203, 205; *Bartenbach/Volz*, Arbeitnehmererfindungsgesetz, Einleitung, Rn. 2; *Volmer/Gaul*, in: Arbeitnehmererfindungsgesetz, Einleitung, Rn. 25.
285 *Lenhart*, Arbeitnehmer- und Arbeitgeberbegriff im Arbeitnehmererfindungsrecht, S. 155; *Bartenbach/Volz*, Arbeitnehmererfindungsgesetz, § 25, Rn. 26.
286 *Veigel*, Immaterialgüterrechte im Arbeitsverhältnis, Rn. 135.
287 Vgl. hierzu bereits oben Kapitel 2. § 5 B. (S. 84 f.).
288 *Veigel*, Immaterialgüterrechte im Arbeitsverhältnis, Rn. 135, der zur Bestätigung die Rechtsprechung des BGH hinsichtlich der Erfindungstätigkeit von Geschäftsführern heranzieht (vgl. BGH, Urteil v. 26.09.2006 – X ZR 181/03, GRUR 2007, 52, 53 [Rn. 16] – *Rollenantriebseinheit II*).
289 Diese Beispiele werden angeführt von *Veigel*, Immaterialgüterrechte im Arbeitsverhältnis, Rn. 135.

§ 6 Immaterialgüterrechte im Arbeitsrecht

anhand des konkreten Inhalts der arbeitsvertraglichen Verpflichtung bleiben.[290]

b. Nicht schutzfähige Erfindungen

Soll nach herrschender Meinung die Qualifikation einer schutzfähigen Erfindungen als Arbeitsergebnis im Ergebnis nur daran scheitern, dass der Arbeitnehmer aufgrund des für die Schutzfähigkeit einer Erfindung geltenden Erfordernisses einer erfinderischen Tätigkeit bzw. eines erfinderischen Schrittes arbeitsvertraglich nicht zur Schaffung einer Erfindung verpflichtet ist[291], scheint dieses Argument zumindest dann nicht auf fruchtbaren Boden zu gelangen, sofern es sich bei der Erfindung des Arbeitnehmers um eine nicht schutzfähige Erfindung handelt. Das Vorliegen einer Erfindung verlangt lediglich eine auf einer schöpferischen Leistung beruhende Anweisung zur (wiederholbaren) Lösung einer technischen Aufgabe mittels Nutzbarmachung von Naturgesetzlichkeiten.[292] Dabei handelt es sich um eine Leistung, zu der der Arbeitnehmer vertraglich verpflichtet sein kann.[293] Selbst von der Verpflichtung zur Schaffung einer technischen Lehre, die neu (§ 3 PatG, § 1 GebrMG) und gewerblich anwendbar (§ 5 PatG, § 1 GebrMG) ist, muss ausgegangen werden.[294] Entscheidendes Kriterium für die Schutzfähigkeit der Erfindung bleibt der erfinderische Schritt bzw. die erfinderische Tätigkeit, wozu der Arbeitnehmer grundsätzlich nicht verpflichtet ist. Demgegenüber kann es sich folglich bei nicht schutzfähigen Erfindungen durchaus um Arbeitsergebnisse handeln.[295]

---

290 *Veigel*, Immaterialgüterrechte im Arbeitsverhältnis, Rn. 135; *Bartenbach/Volz*, Arbeitnehmererfindungsgesetz, § 25, Rn. 26.
291 Siehe Nachweise in Fn. 276 (S. 109).
292 Vgl. zu den Voraussetzungen oben Kapitel 2. § 6 A. I. 1. a. (S. 95 ff.).
293 *Veigel*, Immaterialgüterrechte im Arbeitsverhältnis, Rn. 136; *Brune*, Bewährtes deutsches Arbeitnehmererfindergesetz?, S. 117 f.
294 *Veigel*, Immaterialgüterrechte im Arbeitsverhältnis, Rn. 136; *Brune*, Bewährtes deutsches Arbeitnehmererfindergesetz?, S. 119 f.
295 So auch *Veigel*, Immaterialgüterrechte im Arbeitsverhältnis, Rn. 136; *Bartenbach/Volz*, Arbeitnehmererfindungsgesetz, § 3, Rn. 27; *Keukenschrijver*, in: Busse/Keukenschrijver, PatG, § 7 ArbEG, Rn. 2.

Kapitel 2. Vergütungsansprüche und Immaterialgüterrechte im Arbeitsrecht

3. Rechtsentstehung und -zuordnung im Arbeitnehmererfinderrecht

Nicht schutzfähige Erfindungen des Arbeitnehmers können wie gezeigt als Arbeitsergebnisse anzusehen sein, welche bereits kraft des arbeitsrechtlichen Grundsatzes des Rechts am Arbeitsergebnis dem Arbeitgeber zustehen. Offen bleibt die Rechtezuordnung damit nur noch für die schutzfähigen Arbeitnehmererfindungen. Das Patentgesetz schreibt das Recht auf das Patent nach § 6 Abs. 1 PatG dem Erfinder zu und geht damit vom sog. Erfinderprinzip aus.[296] Die Erfinderrechte entstehen demnach auch bei Erfindungen im Rahmen eines Arbeitsverhältnisses originär in der Person des Arbeitnehmers[297] und umfassen sowohl das Recht auf das Patent als vermögensrechtlichen Bestandteil als auch das Erfinderpersönlichkeitsrecht.[298] Dennoch steht die vom Arbeitnehmer geschaffene schutzfähige Erfindung im Ergebnis dem Arbeitgeber zu. Dieser kann gem. § 6 Abs. 1 ArbNErfG die Diensterfindung in Anspruch nehmen und so die vermögenswerten Rechte an der Erfindung einschließlich des Rechtes auf das Patent auf sich überleiten (vgl. § 7 Abs. 1 ArbNErfG); er erwirbt das Recht auf das Patent folglich derivativ.[299] Auf diese Weise wird dem arbeitsrechtlichen Grundsatz des Rechts am Arbeitsergebnis Genüge getan, wonach dem Arbeitgeber das Arbeitsergebnis zukommen soll. Diese Grundsätze gelten für alle schutzfähigen Erfindungen, also gleichermaßen für patentfähige wie für gebrauchsmusterfähige Erfindungen.[300] Es erübrigt sich zumindest für die Zuordnung der Rechte an der Arbeitnehmererfindung die

---

[296] *Busche*, in: FS Reimann (2009), S. 37; *Kraßer/Ann*, Patentrecht, § 19 Rn. 1. Das Erfinderprinzip hat durch die Reform vom 05.05.1936 das ehedem geltende Anmelderprinzip abgelöst, siehe *Kraßer/Ann*, Patentrecht, § 6 Rn. 6; *Keukenschrijver*, in: Busse/Keukenschrijver, PatG, § 6 PatG, Rn. 3; *Mes*, Patentgesetz, § 6 PatG, Rn. 1.

[297] *Kraßer/Ann*, Patentrecht, § 21 Rn. 2; *Veigel*, Immaterialgüterrechte im Arbeitsverhältnis, Rn. 29; siehe auch *Himmelmann*, in: Reimer/Schade/Schippel, ArbNErfG, Einleitung, Rn. 26, der de lege ferenda aber einen originären Rechtserwerb des Arbeitgebers befürwortet; dies fordert ebenfalls *Meier*, GRUR 1998, 779, 785; dazu **krit.** *Veigel*, Immaterialgüterrechte im Arbeitsverhältnis, S. 119 ff.

[298] *Kraßer/Ann*, Patentrecht, § 19 Rn. 2; *Veigel*, Immaterialgüterrechte im Arbeitsverhältnis, Rn. 29.

[299] *Kraßer/Ann*, Patentrecht, § 21 Rn. 71; *Ulrici*, Vermögensrechtliche Grundfragen des Arbeitnehmerurheberrechts, S. 60; *Veigel*, Immaterialgüterrechte im Arbeitsverhältnis, Rn. 145 f.; *Himmelmann*, in: Reimer/Schade/Schippel, ArbNErfG, Einleitung, Rn. 32.

[300] *Veigel*, Immaterialgüterrechte im Arbeitsverhältnis, Rn. 28 f., 30 f., 145 f.

Frage, ob die schutzfähige Erfindung als Arbeitsergebnis anzusehen ist.[301] Ob Aufgabenerfindung oder Erfahrungserfindung, ob mit oder ohne vertragliche Verpflichtung: das ArbNErfG ordnet Diensterfindungen dem Arbeitgeber zu. Allerdings verliert die Frage der Rechtsentstehung und -zuordnung ihre Bedeutung gerade nicht im Hinblick auf eine gesonderte Vergütung des Arbeitnehmererfinders nach § 9 ArbNErfG.[302]

II. Technische Verbesserungsvorschläge

Nach § 1 ArbNErfG entfaltet das ArbNErfG seine Geltung nicht nur für Erfindungen, sondern daneben auch für technische Verbesserungsvorschläge von Arbeitnehmern, die in der Praxis ebenfalls keine unbedeutende Rolle spielen. Deshalb soll untersucht werden, welche schöpferischen Leistungen unter den Begriff des technischen Verbesserungsvorschlags zu subsumieren sind, ob es sich bei derartigen Verbesserungsvorschlägen ebenfalls um Arbeitsergebnisse handeln kann und in welcher Person die Rechte an einem technischen Verbesserungsvorschlag entstehen bzw. welcher Arbeitsvertragspartei die Rechte zugeordnet werden.

1. Begriff des technischen Verbesserungsvorschlags

Dem ArbNErfG lässt sich eine Differenzierung zwischen sog. einfachen (§ 3 ArbNErfG) und sog. qualifizierten (§ 20 Abs. 1 ArbNErfG) technischen Verbesserungsvorschlägen entnehmen. Diese Unterscheidung soll auch im Folgenden vorgenommen werden.

a. Einfacher technischer Verbesserungsvorschlag

Technische Verbesserungsvorschläge im Sinne des ArbNErfG sind Vorschläge für technische Neuerungen, die nicht patent- oder gebrauchsmusterfähig sind (§ 3 ArbNErfG). Ein Vorschlag zur Verbesserung liegt vor, wenn der Arbeitnehmer eine Lösungsmöglichkeit für ein bestimmtes

---

301 Vgl. hierzu oben Kapitel 2. § 6 A. I. 2. a. (S. 107).
302 Vgl. *Röpke*, Arbeitsverhältnis und Arbeitnehmererfindung, S. 16; zum Vergütungsanspruch des Arbeitnehmererfinders siehe unten Kapitel 3. § 7 B. (S. 182 ff.).

Problem oder eine konkrete Aufgabe darstellt und dem Arbeitgeber übermittelt. Der Vorschlag zielt auf eine Änderung oder Neuerung des gegenwärtigen Zustands des Betriebs ab.[303]

Dabei hat der technische Verbesserungsvorschlag eine technische *Neuerung* zum Ziel.[304] Die Neuheit des Vorschlags bestimmt sich anders als bei Erfindungen nicht nach dem allgemeinen, sondern lediglich nach dem innerbetrieblichen Stand der Technik, da § 3 ArbNErfG gerade keine Schutzfähigkeit voraussetzt.[305] Diese relative Neuheit bezieht sich allein darauf, ob die vorgeschlagene Lösung beim Arbeitgeber als betrieblich neu anzusehen ist.[306] Allerdings kommt es für die Beurteilung auf die Unternehmensbezogenheit als ungeschriebenes Tatbestandsmerkmal[307] an; mit „Betrieb" ist nicht die organisatorisch-arbeitstechnische Einheit i. S. d. arbeitsrechtlichen Betriebsbegriffs gemeint.[308]

Erfasst sind allerdings auch nur *technische* Neuerungen, d. h. die Neuerung muss einen technischen Charakter aufweisen.[309] Dazu ist auf den patentrechtlichen Technikbegriff abzustellen. Der Arbeitnehmer muss sich für die Neuerung die belebte oder unbelebte Natur mittels Anwendung von Naturgesetzlichkeiten bzw. durch Einsatz beherrschbarer Naturkräfte nutzbar gemacht haben.[310] Demzufolge können nicht technische, insbe-

---

303 *Bartenbach/Volz*, Arbeitnehmererfindungsgesetz, § 3, Rn. 7; *Raif*, in: Boemke/Kursawe, ArbNErfG, § 3, Rn. 8, 9.
304 *Raif*, in: Boemke/Kursawe, ArbNErfG, § 3, Rn. 11.
305 *Bartenbach/Volz*, Arbeitnehmererfindungsgesetz, § 3, S. 11 f.; *Bayreuther*, in: Münchener Handbuch zum Arbeitsrecht, Bd. 1, § 90, Rn. 58; *Raif*, in: Boemke/Kursawe, ArbNErfG, § 3, Rn. 12; *Rother*, in: Reimer/Schade/Schippel, ArbNErfG, § 3, Rn. 3; vgl. auch *Schultz-Süchting*, GRUR 1973, 293, 295.
306 Vgl. BGH, Urteil v. 26.11.1968 – X ZR 15/67, GRUR 1969, 341, 342 – Räumzange; *Dörner*, GRUR 1963, 72, 74; *Gaul*, BB 1992, 1710, 1711; *Schultz-Süchting*, GRUR 1973, 293, 295; *Bartenbach/Volz*, Arbeitnehmererfindungsgesetz, § 3, Rn. 11; *Raif*, in: Boemke/Kursawe, ArbNErfG, § 3, Rn. 12 f.; *Volmer/Gaul*, in: Arbeitnehmererfindungsgesetz, § 3, Rn. 18 f.
307 *Bartenbach/Volz*, Arbeitnehmererfindungsgesetz, § 3, Rn. 11; *Kronisch*, in: Däubler, HK-ArbR, § 3 ArbEG, Rn. 2; *Raif*, in: Boemke/Kursawe, ArbNErfG, § 3, Rn. 13.
308 *Gaul/Bartenbach*, DB 1978, 1161, 1162; *Bartenbach/Volz*, Arbeitnehmererfindungsgesetz, § 3, Rn. 11; *Kronisch*, in: Däubler, HK-ArbR, § 3 ArbEG, Rn. 2; *Raif*, in: Boemke/Kursawe, ArbNErfG, § 3, Rn. 13; *Volmer/Gaul*, in: Arbeitnehmererfindungsgesetz, § 3, Rn. 25.
309 Vgl. *Bayreuther*, in: Münchener Handbuch zum Arbeitsrecht, Bd. 1, § 90, Rn. 58; *Raif*, in: Boemke/Kursawe, ArbNErfG, § 3, Rn. 19.
310 *Bartenbach/Volz*, Arbeitnehmererfindungsgesetz, § 3, Rn. 6 f. mit Nachweisen; *Raif*, in: Boemke/Kursawe, ArbNErfG, § 3, Rn. 19.

sondere kaufmännische, wirtschaftliche, organisatorische oder werbemäßige Verbesserungsvorschläge nicht als technische Verbesserungsvorschläge i. S. d. § 3 ArbNErfG angesehen werden.[311]

Der technische Verbesserungsvorschlag unterscheidet sich von der Erfindung insbesondere in den Maßstäben des Grades der schöpferischen Leistung, anhand dessen die Neuerung bewertet wird.[312] Aus der Formulierung „sonstige technische Neuerungen" in § 3 ArbNErfG geht zwar hervor, dass sowohl Erfindungen als auch technische Verbesserungsvorschläge unter den Oberbegriff der „technischen Neuerung" fallen.[313] An die schöpferische Leistung i. S. d. § 3 ArbNErfG sind jedoch geringere Anforderungen zu stellen als an eine erfinderische Tätigkeit i. S. d. § 4 PatG.[314] Zwischen Erfindung und technischem Verbesserungsvorschlag besteht demnach kein Aliud-Verhältnis[315], sondern ein Stufenverhältnis.[316]

---

311 *Mönig*, GRUR 1972, 518, 519; *Bartenbach/Volz*, Arbeitnehmererfindungsgesetz, § 3, Rn. 6; *Kursawe/Nebel*, in: Boemke/Kursawe, ArbNErfG, § 20, Rn. 37; *Raif*, in: Boemke/Kursawe, ArbNErfG, § 3, Rn. 21; siehe auch *Bayreuther*, in: Münchener Handbuch zum Arbeitsrecht, Bd. 1, § 90, Rn. 58.
312 *Gaul/Bartenbach*, DB 1978, 1161, 1162; *Kronisch*, in: Däubler, HK-ArbR, § 3 ArbEG, Rn. 1; *Raif*, in: Boemke/Kursawe, ArbNErfG, § 3, Rn. 27; vgl. auch *Schultz-Süchting*, GRUR 1973, 293, 295; *Rother*, in: Reimer/Schade/Schippel, ArbNErfG, § 3, Rn. 3.
313 *Volmer*, BB 1960, 1332; *Bartenbach/Volz*, Arbeitnehmererfindungsgesetz, § 3, Rn. 4, 8; *Raif*, in: Boemke/Kursawe, ArbNErfG, § 3, Rn. 24; *Rother*, in: Reimer/Schade/Schippel, ArbNErfG, § 3, Rn. 3; vgl. auch *Volmer*, RdA 1957, 166, 170.
314 *Bartenbach/Volz*, Arbeitnehmererfindungsgesetz, § 3, Rn. 10; *Raif*, in: Boemke/Kursawe, ArbNErfG, § 3, Rn. 27; vgl. auch *Schultz-Süchting*, GRUR 1973, 293, 295.
315 *Melullis*, GRUR 2001, 684, 687; *Schultz-Süchting*, GRUR 1973, 293, 299; *Bartenbach/Volz*, Arbeitnehmererfindungsgesetz, § 3, Rn. 8; *Raif*, in: Boemke/Kursawe, ArbNErfG, § 3, Rn. 24; *Rother*, in: Reimer/Schade/Schippel, ArbNErfG, § 3, Rn. 3; **a. A.** *Volmer*, GRUR 1966, 90.
316 *Melullis*, GRUR 2001, 684, 687; *Haas*, Der Vergütungsanspruch einer unbeschränkt in Anspruch genommenen Diensterfindung vor Patenterteilung, S. 127 ff.; *Bartenbach/Volz*, Arbeitnehmererfindungsgesetz, § 3, Rn. 8; *Kronisch*, in: Däubler, HK-ArbR, § 3 ArbEG, Rn. 1; *Rother*, in: Reimer/Schade/Schippel, ArbNErfG, § 3, Rn. 3; vgl. auch *Schultz-Süchting*, GRUR 1973, 293, 299; **a. A.** *Hartung*, Die Vergütung der Verbesserungsvorschläge, S. 21 f.

b. Qualifizierter technischer Verbesserungsvorschlag

Neben den einfachen Verbesserungsvorschlägen behandelt das ArbNErfG auch sog. qualifizierte technische Verbesserungsvorschläge in § 20 Abs. 1 ArbNErfG. Ein nach den dargestellten Grundsätzen technischer Verbesserungsvorschlag ist qualifiziert, wenn er dem Arbeitgeber eine ähnliche Vorzugsstellung gewährt wie ein gewerbliches Schutzrecht. Dies ist allerdings nur dann der Fall, wenn der Vorschlag dem Arbeitgeber eine faktische Monopolstellung verleiht.[317] Da ein technischer Verbesserungsvorschlag mangels Schutzfähigkeit kein Ausschließungsrecht begründet, kommt keine (patent)rechtliche Monopolstellung, sondern allein eine tatsächliche wirtschaftliche Monopolstellung in Betracht[318], die dem Arbeitgeber ermöglicht, den Gegenstand des Verbesserungsvorschlags unter Ausschluss der Mitbewerber allein zu verwerten.[319] Ein qualifizierter technischer Verbesserungsvorschlag ist folglich nicht gegeben, wenn ein Mitbewerber den Gegenstand der technischen Neuerung kennt[320], die Verbesserung öffentlich bekannt gemacht wurde (z. B. in einer Fachzeitschrift)[321] oder zum Allgemeingut der Technik gehört.[322]

---

317 *Mönig*, GRUR 1972, 518, 521; *Bartenbach/Volz*, Arbeitnehmererfindungsgesetz, § 20, Rn. 11 f.; *Kursawe/Nebel*, in: Boemke/Kursawe, ArbNErfG, § 20, Rn. 8.
318 *Bartenbach/Volz*, Arbeitnehmererfindungsgesetz, § 20, Rn. 12; *Kursawe/Nebel*, in: Boemke/Kursawe, ArbNErfG, § 20, Rn. 8; *Rother*, in: Reimer/Schade/Schippel, ArbNErfG, § 20, Rn. 3.
319 BGH, Urteil v. 26.11.1968 – X ZR 15/67, GRUR 1969, 341, 343 – *Räumzange*; *Schultz-Süchting*, GRUR 1973, 293, 300 f.; *Bartenbach/Volz*, Arbeitnehmererfindungsgesetz, § 20, Rn. 11 f.; *Keukenschrijver*, in: Busse/Keukenschrijver, PatG, § 20 ArbEG, Rn. 5; *Rother*, in: Reimer/Schade/Schippel, ArbNErfG, § 20, Rn. 6.
320 *Veigel*, Immaterialgüterrechte im Arbeitsverhältnis, Rn. 279; *Bartenbach/Volz*, Arbeitnehmererfindungsgesetz, § 20, Rn. 15.
321 *Bartenbach/Volz*, Arbeitnehmererfindungsgesetz, § 20, Rn. 17; *Kursawe/Nebel*, in: Boemke/Kursawe, ArbNErfG, § 20, Rn. 9.
322 DPA, Einigungsvorschlag der Schiedsstelle nach dem ArbNErfG v. 04.10.1976 – Arb.Erf. 84/75, BlPMZ 1979, 184, 185; DPMA, Einigungsvorschlag der Schiedsstelle nach dem ArbNErfG v. 20.03.2003 – Arb.Erf. 65/01, Mitt. 2003, 559, 560; *Bartenbach/Volz*, Arbeitnehmererfindungsgesetz, § 20, Rn. 17; *Keukenschrijver*, in: Busse/Keukenschrijver, PatG, § 20 ArbEG, Rn. 4; *Rother*, in: Reimer/Schade/Schippel, ArbNErfG, § 20, Rn. 6; vgl. auch *Kursawe/Nebel*, in: Boemke/Kursawe, ArbNErfG, § 20, Rn. 10.

2. Technische Verbesserungsvorschläge als Arbeitsergebnisse

Für die Frage der Vergütung von technischen Verbesserungsvorschlägen und die dieser zugrundeliegenden Problematik der Rechtezuordnung ist von Bedeutung, ob es sich bei technischen Verbesserungsvorschlägen um Arbeitsergebnisse handelt. Da als Arbeitsergebnis nur diejenigen Leistungen des Arbeitnehmers anerkannt werden können, die dieser auch in Erfüllung seiner arbeitsrechtlich geschuldeten Tätigkeit schafft[323], stellt sich die Frage, ob der Arbeitnehmer zur Entwicklung technischer Verbesserungsvorschläge arbeits- oder tarifvertraglich verpflichtet sein kann. Letztlich kann die Frage, ob technische Verbesserungsvorschläge des Arbeitnehmers als Arbeitsergebnisse zu begreifen sind, im Ergebnis nicht anders beantwortet werden als die nach der Qualifikation einer nicht schutzfähigen Erfindung als Arbeitsergebnis.[324] Denn technische Verbesserungsvorschläge sind nach § 3 ArbNErfG gerade die Vorschläge für technische Neuerungen, die nicht patent- oder gebrauchsmusterfähig sind.

Wie gesehen[325] scheitert die Möglichkeit der Verpflichtung zur Schaffung einer schutzfähigen Erfindung allein an der grundsätzlichen Unmöglichkeit der Verpflichtung zu einer erfinderischen Tätigkeit i. S. d. § 4 PatG. Demgegenüber erscheint die arbeitsrechtliche Verpflichtung zur Schaffung nicht schutzfähiger Erfindungen durchaus möglich, da sich der Arbeitnehmer zur Schaffung einer Erfindung im weiteren Sinne[326], also unabhängig von der patentrechtlichen Schutzfähigkeit, verpflichten kann.[327] Dem vergleichbar sind bei einem technischen Verbesserungsvorschlag geringere Anforderungen an die schöpferische Leistung als an die erfinderische Tätigkeit i. S. d. § 4 PatG zu stellen. Mithin kann sich ein Arbeitnehmer zu einer Tätigkeit verpflichten, die zur Schaffung eines Vorschlags für eine technische Neuerung führen soll. Soweit der Arbeitnehmer zur Entwicklung technischer Verbesserungsvorschläge verpflichtet ist, handelt es sich bei seinen Vorschlägen um Arbeitsergebnisse.[328] Dabei spielt es keine Rolle, ob der technische Verbesserungsvorschlag aus der

---

323 Zum Begriff des Arbeitsergebnisses siehe oben Kapitel 2. § 5 B. (S. 84 f.).
324 Vgl. *Veigel*, Immaterialgüterrechte im Arbeitsverhältnis, Rn. 136.
325 Siehe oben Kapitel 2. § 6 A. I. 2. a. (S. 107 ff.).
326 Zur Erfindung im weiteren Sinne siehe oben Kapitel 2. § 6 A. I. 1. a. (S. 95).
327 Dazu Kapitel 2. § 6 A. I. 2. b. (S. 111).
328 So auch *Bartenbach/Volz*, Arbeitnehmererfindungsgesetz, § 3, Rn. 27 und § 25, Rn. 26; *Koch*, in: Schaub, ArbR-Hdb, § 114, Rn. 42; *Raif*, in: Boemke/Kursawe, ArbNErfG, § 3, Rn. 33; vgl. auch *Veigel*, Immaterialgüterrechte im Arbeitsverhältnis, Rn. 136.

dem Arbeitnehmer obliegenden Tätigkeit folgt oder maßgeblich auf Arbeiten oder Erfahrungen aus dem Betrieb beruht. Eine Differenzierung vergleichbar der Unterscheidung zwischen Aufgaben- und Erfahrungserfindungen sowie freien Erfindungen findet bei technischen Verbesserungsvorschlägen nicht statt.[329] Vielmehr fallen auch diejenigen Vorschläge unter § 3 ArbNErfG, die nicht aus der Tätigkeit des Arbeitnehmers resultieren oder auf Betriebserfahrungen beruhen. Allerdings muss ein Bezug des technischen Verbesserungsvorschlags zum Unternehmen gegeben sein.[330]

3. Rechtsentstehung und -zuordnung bei technischen Verbesserungsvorschlägen von Arbeitnehmern

Wie bei nicht schutzfähigen Erfindungen entstehen die Rechte an technischen Verbesserungsvorschlägen mangels Schutzfähigkeit nicht in der Person des Arbeitnehmers.[331] Mit der Fertigstellung des Verbesserungsvorschlags erhält der Arbeitgeber das uneingeschränkte Recht zu dessen Verwertung, da dem Arbeitgeber der Vorschlag des Arbeitnehmers, der zur Schaffung technischer Verbesserungsvorschläge arbeitsvertraglich verpflichtet ist, als Arbeitsergebnis zugeordnet wird.[332] Einer Überleitung oder gesonderten Zuordnung der Rechte zum Arbeitgeber bedarf es demnach nicht, da die Rechte bereits originär beim Arbeitgeber entstehen.[333]

---

329 *Gaul*, BB 1983, 1357, 1361; *Mönig*, GRUR 1972, 518, 519; *Bartenbach/Volz*, Arbeitnehmererfindungsgesetz, § 3, Rn. 15; *Raif*, in: Boemke/Kursawe, ArbNErfG, § 3, Rn. 16; *Rother*, in: Reimer/Schade/Schippel, ArbNErfG, § 3, Rn. 8; **a. A.** *Volmer*, BB 1960, 1332, 1334; *Röpke*, DB 1962, 369 ff.; *Röpke*, Arbeitsverhältnis und Arbeitnehmererfindung, S. 137.
330 *Raif*, in: Boemke/Kursawe, ArbNErfG, § 3, Rn. 17; vgl. auch *Gaul/Bartenbach*, DB 1978, 1161, 1166; *Bartenbach/Volz*, Arbeitnehmererfindungsgesetz, § 3, Rn. 15; *Koch*, in: Schaub, ArbR-Hdb, § 114, Rn. 42; wohl auch *Rother*, in: Reimer/Schade/Schippel, ArbNErfG, § 3, Rn. 8.
331 *Kraßer/Ann*, Patentrecht, § 21 Rn. 19; *Bartenbach/Volz*, Arbeitnehmererfindungsgesetz, § 3, Rn. 26.
332 BGH, Urteil v. 09.01.1964 – Ia ZR 190/63, GRUR 1964, 449, 452 – *Drehstromwicklung*; *Hubmann*, in: FS Hueck (1959), S. 43, 49 f.; *Kraßer/Ann*, Patentrecht, § 21 Rn. 19; *Bartenbach/Volz*, Arbeitnehmererfindungsgesetz, § 3, Rn. 26 f.; *Raif*, in: Boemke/Kursawe, ArbNErfG, § 3, Rn. 33; *Rother*, in: Reimer/Schade/Schippel, ArbNErfG, § 3, Rn. 6; *Volmer/Gaul*, in: Arbeitnehmererfindungsgesetz, § 3, Rn. 49 ff.; vgl. auch *Buchner*, GRUR 1985, 1, 7 ff.
333 *Bartenbach/Volz*, Arbeitnehmererfindungsgesetz, § 3, Rn. 26; *Bayreuther*, in: Münchener Handbuch zum Arbeitsrecht, Bd. 1, § 90, Rn. 58; *Raif*, in: Boemke/

B. Arbeitnehmerurheberrecht

Nur wenigen Menschen wird es in ihrem Leben gelingen, eine schutzfähige Erfindung zu machen. Insbesondere durch das Erfordernis der Technizität einer Erfindung werden grundsätzlich wohl alle diejenigen nicht dem Kreis der Erfinder beitreten können, die nicht in einem technischen Bereich zu Hause sind. Aber selbst für auf technischem Gebiet Tätige bleibt eine Erfindung etwas Außergewöhnliches, erfordert sie doch im Grunde eine weitaus überdurchschnittliche Leistung. Anders verhält es sich hinsichtlich des Urheberrechts. Nahezu jedem Menschen wird im Laufe seines Lebens mindestens eine schöpferische Leistung gelingen, die den Schutz des Urheberrechts genießt. Entsprechend ergeben sich auch Unterschiede zwischen Erfindungen und urheberrechtlich geschützten Werken, die von Arbeitnehmern geschaffen werden. Anders als Erfindungen, die weit überwiegend im Rahmen eines Arbeitsverhältnisses geschaffen werden[334] und eher seltener Natur sind, ist die Entstehung persönlicher geistiger Schöpfungen, also von Werken, die einen urheberrechtlichen Schutz genießen können, etwas Alltägliches, das vielfach auch außerhalb der Arbeitstätigkeit eines Arbeitnehmers stattfindet. Dennoch werden heute etwa 75-80% aller schöpferischen Leistungen von Arbeitnehmern in Ausübung ihrer Tätigkeit erbracht[335], sodass neben dem Arbeitnehmererfinderrecht ebenfalls das Arbeitnehmerurheberrecht erhebliche Bedeutung erlangt.

Kursawe, ArbNErfG, § 3, Rn. 35; *Rother*, in: Reimer/Schade/Schippel, ArbNErfG, § 3, Rn. 6; vgl. i. E. auch *Veigel*, Immaterialgüterrechte im Arbeitsverhältnis, Rn. 147, der allerdings der Verwendung des Begriffs „originäre Rechtszuordnung" kritisch gegenübersteht (vgl. Rn. 32).

334 Siehe die Nachweise in den Fn. 208 und 209 (S. 94).

335 *Schack*, Urheber- und Urhebervertragsrecht, Rn. 1113: „*Etwa drei Viertel aller schöpferischen und künstlerischen Leistungen werde heute nicht mehr von freischaffenden Künstlern, sondern von abhängig Beschäftigten erbracht.*" Vergleiche auch *Rehbinder/Peukert*, Urheberrecht, Rn. 997: „*Zwar gibt es in der Kulturwirtschaft durchaus den freiberuflich schaffenden Urheber, der etwa als Schriftsteller, als Journalist, als Komponist, als Bildhauer oder als Kunstmaler selbständig arbeitet. Der Anteil dieser Selbständigerwerbenden wird aber nur noch mit 22% der Kulturschaffenden angegeben.*" Ohne konkrete Angabe auch *Berger*, ZUM 2003, 173: „*So entsteht heute wohl der ganz überwiegende Teil urheberrechtlich geschützter Werke in Erfüllung von Verpflichtungen aus Arbeits- oder Dienstverhältnissen.*" Vergleiche auch *Hummel*, Die volkswirtschaftliche Bedeutung des Urheberrechts, S. 7.

Kapitel 2. Vergütungsansprüche und Immaterialgüterrechte im Arbeitsrecht

I. Urheberrechtlich geschützte Werke

Durch das Urheberrecht soll der Urheber eines Werkes vor allem vor der unbefugten Verwertung seiner schöpferischen Leistungen geschützt werden.[336] Für die Bestimmung des Schutzumfangs des Urheberrechts sind § 1 UrhG und § 2 UrhG in Kombination zu lesen: Urheberrechtlichen Schutz genießen Urheber für ihre Werke der Literatur, Wissenschaft und Kunst (§ 1 UrhG), wobei zu Werken i. S. d. UrhG nur persönliche geistige Schöpfungen gerechnet werden können (§ 2 Abs. 2 UrhG). § 2 Abs. 1 UrhG liefert einen Katalog der geschützten Werke der Literatur, Wissenschaft und Kunst. Zu den geschützten Werken sollen insbesondere Sprach- und Schriftwerke, Reden und Computerprogramme (Nr. 1), Werke der Musik (Nr. 2) sowie Darstellungen wissenschaftlicher oder technischer Art wie Zeichnungen, Pläne, Skizzen und Tabellen (Nr. 7) gehören, wobei die in § 2 Abs. 1 UrhG genannte Aufzählung keineswegs als abschließend verstanden werden kann.[337]

Neben der beispielhaften Aufzählung ist der Schutzbereich des Urheberrechts näher zu konkretisieren. Der Urheberschutz grenzt sich mit den Bereichen der *Literatur, Wissenschaft* und *Kunst* zumindest grundsätzlich vor allem von dem Gebiet der technischen Erfindungen ab, für die allein ein Patent- oder Gebrauchsmusterschutz in Betracht kommt.[338] Zeichnungen oder Darstellungen, die eine technische Erfindung zum Gegenstand haben, können nur hinsichtlich ihrer Form Urheberrechtsschutz genießen, die zugrundeliegende Erfindung ist durch das Urheberrecht nicht geschützt. Ebenso gilt der Patent- oder Gebrauchsmusterschutz umgekehrt grundsätzlich nur hinsichtlich der technischen Erfindung, nicht aber in Bezug auf die Darstellung.[339] Eine klare Grenzziehung zwischen den einzelnen Bereichen der Literatur, Wissenschaft und Kunst ist nicht immer

---

336 *Götting/Leuze*, in: Hartmer/Detmer (Hrsg.), Hochschulrecht, S. 777, 781 (Rn. 9).
337 *Bullinger*, in: Wandtke/Bullinger, UrhR, § 2 UrhG, Rn. 4; *Schulze*, in: Dreier/Schulze, Urheberrechtsgesetz, § 2 UrhG, Rn. 3; siehe auch *Loewenheim*, in: Loewenheim, Handbuch des Urheberrechts, § 5, Rn. 2, wonach der nicht abschließende Charakter der Aufzählung durch das Wort „insbesondere" zum Ausdruck gebracht wird.
338 *Loewenheim*, in: Loewenheim, Handbuch des Urheberrechts, § 6, Rn. 2; *Schulze*, in: Dreier/Schulze, Urheberrechtsgesetz, § 1 UrhG, Rn. 6.
339 *Kraßer/Schricker*, Patent- und Urheberrecht an Hochschulen, S. 75 f.; vgl. auch *Loewenheim*, in: Loewenheim, Handbuch des Urheberrechts, § 6, Rn. 2.

§ 6 Immaterialgüterrechte im Arbeitsrecht

möglich; die Begriffe sind weit auszulegen.[340] Eine exakte Abgrenzung ist jedoch auch entbehrlich, soweit das in Rede stehende Werk in den Schutzbereich der drei Gattungen fällt.[341]

Ein Werk i. S. d. Urhebergesetzes liegt nur vor, wenn es sich um eine *persönliche* und *geistige* Schöpfung handelt (vgl. § 2 Abs. 2 UrhG). Die der Rechtsprechung überlassene Auslegung und Anwendung der beiden Elemente hat im Allgemeinen zu der Festlegung bloß geringer Anforderungen an das Vorliegen einer persönlich geistigen Schöpfung geführt.[342] Im Grunde sollen vier Kriterien von Bedeutung sein: die persönliche Schöpfung, der geistige Gehalt, die wahrnehmbare Formgestaltung sowie die Individualität der Schöpfung.[343] Von zentraler Bedeutung ist insbesondere das letztgenannte Element.[344] Die Individualität des Werkes erfordert, dass das individuelle und persönliche Moment der Schöpfung zu Tage tritt und es sich nicht um eine rein handwerkliche, routinemäßige oder alltägliche Leistung handelt.[345] Dabei muss das Werk zwar eine gewisse Individualität aufweisen, es genügt grundsätzlich jedoch bereits ein geringes Maß an Gestaltungshöhe. Geschützt sein soll grundsätzlich auch die sog. „kleine Münze", die einen „*geringen Grad individuellen Schaffens*" und „*eine geringe Gestaltungshöhe*" für den urheberrechtlichen Schutz ausreichen lässt[346];

---

340 *Götting/Leuze*, in: Hartmer/Detmer (Hrsg.), Hochschulrecht, S. 777, 791 (Rn. 35); *Loewenheim*, in: Loewenheim, Handbuch des Urheberrechts, § 6, Rn. 1; *Schulze*, in: Dreier/Schulze, Urheberrechtsgesetz, § 1 UrhG, Rn. 4.
341 *Loewenheim*, in: Loewenheim, Handbuch des Urheberrechts, § 6, Rn. 4.
342 *Götting/Leuze*, in: Hartmer/Detmer (Hrsg.), Hochschulrecht, S. 777, 790 (Rn. 34).
343 Vgl. *Götting/Leuze*, in: Hartmer/Detmer (Hrsg.), Hochschulrecht, S. 777, 791 (Rn. 36 ff.); *Loewenheim*, in: Loewenheim, Handbuch des Urheberrechts, § 6, Rn. 5; ähnlich *Bullinger*, in: Wandtke/Bullinger, UrhR, § 2 UrhG, Rn. 15 ff.
344 *Bullinger*, in: Wandtke/Bullinger, UrhR, § 2 UrhG, Rn. 21; *Götting/Leuze*, in: Hartmer/Detmer (Hrsg.), Hochschulrecht, S. 777, 792 (Rn. 40); *Loewenheim*, in: Loewenheim, Handbuch des Urheberrechts, § 6, Rn. 13.
345 BGH, Urteil v. 12.03.1987 – I ZR 71/85, GRUR 1987, 704, 706 – *Warenzeichenlexika*; *Götting/Leuze*, in: Hartmer/Detmer (Hrsg.), Hochschulrecht, S. 777, 792 (Rn. 40); *Loewenheim*, in: Loewenheim, Handbuch des Urheberrechts, § 6, Rn. 6; *Schulze*, in: Dreier/Schulze, Urheberrechtsgesetz, § 2 UrhG, Rn. 18; siehe auch für Computerprogramme BGH, Urteil v. 03.03.2005 – I ZR 111/02, GRUR 2005, 860, 862 – *Fash 2000*.
346 BGH, Urteil v. 15.09.1999 – I ZR 57/97, GRUR 2000, 144, 145 f. – *Comic-Übersetzungen II* m. w. N.; *Götting/Leuze*, in: Hartmer/Detmer (Hrsg.), Hochschulrecht, S. 777, 790 (Rn. 34); *Kraßer/Schricker*, Patent- und Urheberrecht an Hochschulen, S. 78; vgl. auch *Loewenheim*, in: Loewenheim, Handbuch des Urheber-

Werke, die an der untersten Grenze der Schutzfähigkeit liegen.[347] Neben der Individualität ist eine wahrnehmbare Formgestaltung erforderlich. Das Werk muss wahrnehmbar sein[348]; die bloße Idee wird unabhängig von ihrer Brillanz nicht durch das Urheberrecht geschützt.[349] Demzufolge ist maßgeblich zwischen der Form und dem Inhalt eines Werkes zu differenzieren. Ganz grundsätzlich muss davon ausgegangen werden, dass das Urheberrecht allein die Form und nicht den Inhalt eines Werkes schützt.[350] Ausgehend von diesem Grundsatz sind jedoch mittlerweile zahlreiche Ausnahmen anerkannt.[351]

Genießt ein Werk urheberrechtlichen Schutz, kommen dem Urheber sowohl die Urheberpersönlichkeitsrechte (§§ 12 ff. UrhG) wie das Veröffentlichungsrecht oder das Recht auf Anerkennung der Urheberschaft als auch die Urheberverwertungsrechte (§§ 15 ff. UrhG) wie das Vervielfältigungs- und Verbreitungsrecht zu. Nach der dem deutschen Urheberrecht zugrundeliegenden monistischen Theorie bilden die Persönlichkeits- und Verwer-

---

rechts, § 6, Rn. 17 ff.; grundlegend zum Schutz der „kleinen Münze" im Urheberrecht siehe *Schulze*, Die kleine Münze und ihre Abgrenzungsproblematik bei den Werkarten des Urheberrechts (1983).

347 *Loewenheim*, in: Loewenheim, Handbuch des Urheberrechts, § 6, Rn. 17.
348 *Götting/Leuze*, in: Hartmer/Detmer (Hrsg.), Hochschulrecht, S. 777, 792 (Rn. 39); *Bullinger*, in: Wandtke/Bullinger, UrhR, § 2 UrhG, Rn. 19; *Schulze*, in: Dreier/Schulze, Urheberrechtsgesetz, § 2 UrhG, Rn. 13 f.
349 Vgl. BGH, Urteil v. 26.06.2003 – I ZR 176/01, BGHZ 155, 257, 264 = GRUR 2003, 876 – *Sendeformat*; *Götting/Leuze*, in: Hartmer/Detmer (Hrsg.), Hochschulrecht, S. 777, 792 (Rn. 41); *Schulze*, in: Dreier/Schulze, Urheberrechtsgesetz, § 2 UrhG, Rn. 37 f.; siehe auch Art. 9 Abs. 2 TRIPS: „*Der urheberrechtliche Schutz erstreckt sich nicht auf Ausdrucksformen und nicht auf Ideen, Verfahren, Arbeitsweisen oder mathematische Konzepte.*"
350 *Götting/Leuze*, in: Hartmer/Detmer (Hrsg.), Hochschulrecht, S. 777, 793 (Rn. 42); siehe auch *Schulze*, in: Dreier/Schulze, Urheberrechtsgesetz, § 2 UrhG, Rn. 43.
351 Zur Differenzierung hinsichtlich der verschiedenen Werkarten siehe *Götting/Leuze*, in: Hartmer/Detmer (Hrsg.), Hochschulrecht, S. 777, 793 (Rn. 43 ff.); *Bullinger*, in: Wandtke/Bullinger, UrhR, § 2 UrhG, Rn. 38; *Loewenheim*, in: Loewenheim, Handbuch des Urheberrechts, § 7, Rn. 9 f. Der Inhalt des Werkes ist selbstverständlich auch dann geschützt, wenn die Art des jeweiligen Werkes eine Trennung zwischen Form und Inhalt gar nicht zulässt, vgl. *Bullinger*, in: Wandtke/Bullinger, UrhR, § 2 UrhG, Rn. 37; *Loewenheim*, in: Loewenheim, Handbuch des Urheberrechts, § 7, Rn. 8. Zum Streit um den Schutz des Inhalts wissenschaftlicher Werke siehe unten Kapitel 4. § 10 A. III. 2. (S. 537).

tungsrechte eine Einheit und sind untrennbar miteinander verbunden.[352] Diese „*untrennbare Einheit*"[353] der Urhebereigenschaft und des Werkes lässt sich aus § 11 UrhG ablesen, der das Werk dem Schöpfer in persönlicher und wirtschaftlicher Hinsicht umfassend zuweist.[354] Aufgrund der monistischen Konzeption und der Unübertragbarkeit der Persönlichkeitsrechte ist es dem Urheber verwehrt, das Urheberrecht als Ganzes zu übertragen (vgl. § 29 Abs. 1 UrhG).[355]

II. Urheberrechtlich geschützte Werke als Arbeitsergebnisse

Weniger komplex als im Arbeitnehmererfinderrecht gestaltet sich die Beantwortung der Frage, ob urheberrechtlich geschützte Werke eines Arbeitnehmers überhaupt als Arbeitsergebnisse aufgefasst werden können und damit im Ergebnis dem Arbeitgeber gebühren sollten. Während der Arbeitnehmer zu einer erfinderischen Tätigkeit grundsätzlich nicht verpflichtet ist, da ihr Eintritt ungewiss ist, sind die Anforderungen an die schöpferische Tätigkeit im Urheberrecht deutlich geringer. Der Arbeitnehmer kann durchaus arbeitsvertraglich dazu verpflichtet sein, ein urheberrechtlich geschütztes Werk zu schaffen. Das Entstehen einer solchen persönlichen geistigen Schöpfung (vgl. § 2 Abs. 2 UrhG) ist nicht ungewiss.[356] Zwar schuldet der Arbeitnehmer, wie gesehen, im Gegensatz zum Werk-

---

352 *Götting/Leuze*, in: Hartmer/Detmer (Hrsg.), Hochschulrecht, S. 777, 782 (Rn. 10); *Dietz/Peukert*, in: Loewenheim, Handbuch des Urheberrechts, § 15, Rn. 1; siehe zur monistischen Theorie auch *Wandtke*, in: FS 200 Jahre Humboldt-Universität zu Berlin (2010), S. 1173 ff.; *Rehbinder/Peukert*, Urheberrecht, Rn. 51 f.; *Schack*, Urheber- und Urhebervertragsrecht, Rn. 343 ff. Demgegenüber gilt in vielen anderen Staaten wie z. B. Frankreich, Belgien oder der Schweiz die dualistische Theorie, die eine Abspaltung von Persönlichkeits- und Verwertungsrechten zulässt, vgl. hierzu *Götting/Leuze*, in: Hartmer/Detmer (Hrsg.), Hochschulrecht, S. 777, 782 (Rn. 10 Fn. 9); *Schack*, Urheber- und Urhebervertragsrecht, Rn. 345.
353 Begründung zum „Entwurf eines Gesetzes über Urheberrecht und verwandte Schutzrechte (Urheberrechtsgesetz)" vom 23.03.1962, BT-Drs. IV/270, S. 43; siehe hierzu *Veigel*, Immaterialgüterrechte im Arbeitsverhältnis, Rn. 23.
354 *Veigel*, Immaterialgüterrechte im Arbeitsverhältnis, Rn. 23; *Bullinger*, in: Wandtke/Bullinger, UrhR, § 11 UrhG, Rn. 1 f.; *Schulze*, in: Dreier/Schulze, Urheberrechtsgesetz, § 11 UrhG, Rn. 1 f.
355 Vgl. *Götting/Leuze*, in: Hartmer/Detmer (Hrsg.), Hochschulrecht, S. 777, 783 (Rn. 12); *Schack*, Urheber- und Urhebervertragsrecht, Rn. 346; *Ulmer-Eilfort*, in: Ulmer-Eilfort/Obergfell, Verlagsrecht, § 8 VerlG, Rn. 3.
356 *Veigel*, Immaterialgüterrechte im Arbeitsverhältnis, Rn. 137.

Kapitel 2. Vergütungsansprüche und Immaterialgüterrechte im Arbeitsrecht

unternehmer gerade keinen Erfolg, sondern nur die tatsächliche Arbeitsleistung. Anders als im Bereich der Erfindungen kann allerdings nach dem zugrunde zu legenden subjektiven Leistungsmaßstab die Schaffung eines urheberrechtlich geschützten Werkes nicht nur von Arbeitnehmern mit herausragenden Kenntnissen und Fähigkeiten, sondern auch von einfachen Angestellten erwartet werden und damit Gegenstand der konkreten arbeitsvertraglichen Verpflichtung sein. Im Ergebnis können urheberrechtlich geschützte Werke des Arbeitnehmers deshalb als Arbeitsergebnisse anzusehen sein.

III. Rechtsentstehung und -zuordnung im Arbeitnehmerurheberrecht

Ebenso wie im Rahmen der Arbeitnehmererfindungen und technischen Verbesserungsvorschläge des Arbeitnehmers muss danach gefragt werden, in welcher Person des Arbeitsverhältnisses die Rechte an einem urheberrechtlich geschützten Werk originär entstehen und wem die Rechte an dem Werk im Ergebnis zuzuordnen sind.

1. Entstehung der Urheberrechte im Arbeitsverhältnis

In § 7 UrhG findet das sog. Schöpferprinzip seinen Niederschlag: Urheber ist der Schöpfer des Werkes. Das Schöpferprinzip entfaltet seine Geltung auch im Anwendungsbereich des Arbeitsrechts[357]; der Arbeitnehmer ist der Urheber der durch ihn erbrachten persönlichen geistigen Schöpfung, die durch das Urheberrecht geschützt wird. Allerdings enthält das Urheberrecht mit § 43 UrhG eine Sondernorm betreffend die Rechtsstellung des Urhebers im Arbeitsverhältnis. Der zufolge gelten die Vorschriften des die Nutzungsrechte an dem Werk betreffenden 2. Unterabschnitts des UrhG auch dann, *„wenn der Urheber das Werk in Erfüllung seiner Verpflichtungen aus einem Arbeits- oder Dienstverhältnis geschaffen hat, soweit sich aus dem Inhalt oder dem Wesen des Arbeits- oder Dienstverhältnisses nichts anderes ergibt."* Obgleich der Verweis in § 43 UrhG mit der Formulierung *„Vorschriften dieses Unterabschnitts"* nur die §§ 31-44 UrhG und nicht auch § 7

---

357 Begründung zum „Entwurf eines Gesetzes über Urheberrecht und verwandte Schutzrechte (Urheberrechtsgesetz)" vom 23.03.1962, BT-Drs. IV/270, S. 61; siehe hierzu *Veigel*, Immaterialgüterrechte im Arbeitsverhältnis, Rn. 21; *Thum*, in: Wandtke/Bullinger, UrhR, § 7 UrhG, Rn. 9.

UrhG unmittelbar in Bezug nimmt, geht aus der Formulierung des § 43 UrhG dennoch hervor, dass die arbeitnehmerurheberrechtliche Grundnorm ebenfalls von der Urheberschaft des Arbeitnehmers an dem betroffenen Werk ausgeht.[358] Auch § 43 UrhG folgt damit zunächst dem Schöpferprinzip; die Rechte an dem urheberrechtlich geschützten Werk eines Arbeitnehmers entstehen originär in der Person des Arbeitnehmers.[359]

Eine weitere Sonderregelung hinsichtlich der Schaffung von Werken im Rahmen von Arbeitsverhältnissen lässt sich in den besonderen Bestimmungen für Computerprogramme mit § 69b Abs. 1 UrhG ausmachen. Wird durch den Arbeitnehmer ein Computerprogramm in Wahrnehmung seiner Aufgaben oder nach Anweisungen seines Arbeitgebers geschaffen, erhält der Arbeitgeber die vermögenswerten Rechte an dem Computerprogramm derivativ. § 69b ist insoweit lex specialis gegenüber § 43 UrhG.[360] Originär entsteht das Urheberrecht aber infolge des auch hier geltenden Schöpferprinzips beim Arbeitnehmer.[361] Vereinzelt wird demgegenüber davon ausgegangen, die Urheberrechte entstünden aufgrund von § 69b

---

[358] *Veigel*, Immaterialgüterrechte im Arbeitsverhältnis, Rn. 21.

[359] So die allg. Meinung, siehe nur BGH, Urteil v. 26.10.1951 – I ZR 93/51, GRUR 1952, 257, 258 – *Krankenhaus-Kartei*; *Schack*, Urheber- und Urhebervertragsrecht, S. 303; *Ulmer*, Urheber- und Verlagsrecht, S. 184; *Thum*, in: Wandtke/Bullinger, UrhR, § 7 UrhG, Rn. 9; *Wandtke*, in: Wandtke/Bullinger, UrhR, § 43 UrhG, Rn. 4; vgl. auch für Beamte: BGH, Urteil v. 12.05.2010 – I ZR 209/07, GRUR 2011, 59, 60 (Rn. 10) – *Lärmschutzwand*. Zur Kritik am Schöpferprinzip siehe *Schacht*, Die Einschränkungen des Urheberpersönlichkeitsrechts im Arbeitsverhältnis, S. 66 m. w. N. **Demgegenüber** spricht sich *Rehbinder* de lege ferenda für einen originären Rechtserwerb des Arbeitgebers aus, siehe *Rehbinder*, UFITA 1973 (Bd. 66), 125 ff.

[360] *Grobys/Foerstl*, NZA 2002, 1015, 1019; *Leinhas*, IT-Outsourcing und Betriebsübergang im Sinne des § 613a BGB – arbeitnehmererfindungsrechtliche und arbeitnehmerurheberrechtliche Problemlösungen, Rn. 267; *Veigel*, Immaterialgüterrechte im Arbeitsverhältnis, Rn. 23; *Dreier*, in: Dreier/Schulze, Urheberrechtsgesetz, § 69b UrhG, Rn. 1; *Grützmacher*, in: Wandtke/Bullinger, UrhR, § 69b UrhG, Rn. 1.

[361] *Kraßer*, in: FG Schricker (1995), S. 77, 100; *Veigel*, Immaterialgüterrechte im Arbeitsverhältnis, Rn. 23; *Wiebe*, in: Spindler/Schuster, Recht der elektronischen Medien, § 69b UrhG, Rn. 2. Für einen **originären Rechtserwerb des Arbeitgebers de lege ferenda** eintretend *Rehbinder*, RdA 1968, 309 ff.; *ders.*, in: FS Roeber (1973), S. 481, 499 ff.; *Barthel*, Arbeitnehmerurheberrechte in Arbeitsverträgen, Tarifverträgen und Betriebsvereinbarungen, S. 187 f.; *Himmelmann*, Vergütungsrechtliche Ungleichbehandlung von Arbeitnehmer-Erfinder und Arbeitnehmer-Urheber, S. 264; vgl. auch *Kraßer*, in: FG Schricker (1995), S. 77, 114; dazu **krit.** *Veigel*, Immaterialgüterrechte im Arbeitsverhältnis, Rn. 111 ff.

UrhG originär beim Arbeitgeber.³⁶² Ein solches Verständnis ist mit der monistischen Grundkonzeption des Urheberrechts allerdings nicht vereinbar, die ein Auseinanderfallen der persönlichkeitsrechtlichen und vermögensrechtlichen Positionen zu vermeiden sucht.³⁶³ Aber auch systematische Erwägungen sprechen gegen einen originären Rechtserwerb des Arbeitgebers. Der Gesetzgeber hat es unterlassen, im Rahmen von § 7 UrhG eine den Vorschriften des § 7 Abs. 2 DesignG oder § 2 Abs. 2 HalblSchG vergleichbare Regelung zu schaffen, die eine originäre Rechtszuordnung zum Arbeitgeber vorsehen.³⁶⁴

Folglich gilt für sämtliche durch den Arbeitnehmer geschaffenen, urheberrechtlich geschützten Werke einschließlich der Schaffung von Computerprogrammen das Schöpferprinzip aus § 7 UrhG. Um auf die vom Arbeitnehmer geschaffenen Arbeitsergebnisse zugreifen und diese verwerten zu können, bleibt dem Arbeitgeber demnach nichts anderes übrig, als sich Nutzungsrechte an dem entsprechenden Werk einräumen zu lassen.

2. Rechtezuordnung bzw. Nutzungsrechtseinräumung bei Arbeitnehmerwerken

Das in § 7 UrhG zum Ausdruck gebrachte Schöpferprinzip kollidiert bei persönlichen geistigen Schöpfungen eines Arbeitnehmers mit dem arbeitsrechtlichen Grundsatz des Rechtes des Arbeitgebers am Arbeitsergebnis.³⁶⁵ Es stellt sich mithin die Frage, auf welche Weise dem arbeitsrechtlichen Grundsatz ausreichend Rechnung getragen werden kann, im Ergebnis also der Arbeitgeber in den Genuss des Arbeitsergebnisses kommt. Aufgrund der Regelungsunterschiede zwischen § 43 UrhG und § 69 UrhG ist die Rechtezuordnung von durch den Arbeitnehmer geschaffenen Computer-

---

362 So *Loos*, Das Urheberrecht des Arbeitnehmers an Computerprogrammen, S. 120 ff. Dies ist bereits in einem Gesetzesantrag des Landes Brandenburg gefordert worden, siehe Begründung zum „Entwurf eines Gesetzes zur Bereinigung des Arbeitsrechts" vom 12.09.1996, BT-Drs. 671/96, S. 214; ebenso wohl auch *Becker*, ZUM 2010, 473.
363 *Wandtke*, GRUR 2015, 831, 834; *Veigel*, Immaterialgüterrechte im Arbeitsverhältnis, Rn. 23; siehe zur monistischen Theorie oben Kapitel 2. § 6 B. I. (S. 120), insbesondere die Nachweise in Fn. 352 (S. 123).
364 *Veigel*, Immaterialgüterrechte im Arbeitsverhältnis, Rn. 23; vgl. zur Rechtszuordnung bei § 7 Abs. 2 DesignG unten Kapitel 2. § 6 C. III. (S. 163).
365 Zum arbeitsrechtlichen Grundsatz des Rechts des Arbeitgebers am Arbeitsergebnis siehe oben Kapitel 2. § 5 A. (S. 77).

programmen (b.) im Anschluss an die allgemeine Erörterung der Rechtezuordnung urheberrechtlich geschützter Werke des Arbeitnehmers (a.) gesondert zu untersuchen.

a. Urheberrechtlich geschützte Werke

Der Arbeitgeber erlangt die Urheberrechte an den Werken seiner Arbeitnehmer nicht nur nicht originär, auch eine translative Rechtsübertragung auf den Arbeitgeber scheidet aufgrund des die Unübertragbarkeit des Urheberrechts regelnden § 29 Abs. 1 UrhG aus.[366] Dem Arbeitgeber bleibt damit nur die Möglichkeit, Nutzungsrechte an dem urheberrechtlich geschützten Werk eingeräumt zu bekommen. An dieser Stelle muss die Ebene des § 43 UrhG betreten werden. § 43 UrhG erklärt die urhebervertragsrechtlichen Vorschriften mitsamt den Regelungen über die Einräumung von Nutzungsrechten auch im Arbeitsverhältnis für anwendbar, wenn der Arbeitnehmer das Werk in Erfüllung seiner Verpflichtungen aus dem Arbeitsverhältnis schafft. In Bezug genommen wird dabei auch die Vorschrift des § 31 UrhG, wonach der Urheber einem anderen Nutzungsrechte an dem Werk einräumen kann. Hierdurch ist zunächst jedoch noch nicht viel gewonnen, da gemäß dieser Vorschrift der Urheber einem anderen Nutzungsrechte einräumen *kann*, selbstverständlich aber nicht *muss*. Allerdings verweist § 43 UrhG auch nicht uneingeschränkt auf die urhebervertragsrechtlichen Vorschriften. Diese sollen nur soweit anwendbar sein, wie *„sich aus dem Inhalt oder dem Wesen des Arbeits- oder Dienstverhältnisses nichts anderes ergibt"*. Damit kann § 43 UrhG zu einer *„Reduktion des Urheberschutzes"* im Arbeitsverhältnis führen.[367]

Fraglich bleibt aber, ob den Arbeitnehmer überhaupt eine Pflicht trifft, dem Arbeitgeber entsprechende Nutzungsrechte an seinen Werken einzuräumen. Nur bei Vorliegen einer Verpflichtung zur Nutzungsrechtseinräumung kann die Zuordnung des Arbeitsergebnisses zum Arbeitgeber vollumfänglich gelingen; die bloße Möglichkeit der freiwilligen Einräumung der Nutzungsrechte durch den Arbeitnehmer genügt hierzu nicht. § 43 UrhG selbst enthält aber keine solche Pflicht des Arbeitnehmers, dem Arbeitgeber Nutzungsrechte an dem von ihm geschaffenen Werk einzuräu-

---

366 Vgl. zur Unübertragbarkeit der Urheberrechte oben Kapitel 2. § 6 B. I. (S. 120).
367 *Kraßer/Schricker*, Patent- und Urheberrecht an Hochschulen, S. 97.

men.³⁶⁸ Eine entsprechende Verpflichtung kann sich deshalb nur aus anderen Rechtsquellen wie etwa dem Arbeitsvertrag ergeben. Um Aussagen bezüglich etwaiger Einräumungspflichten des Arbeitnehmerurhebers treffen zu können, ist hinsichtlich der verschiedenen Werkarten zu differenzieren: Grundsätzlich lassen sich Pflichtwerke und freie Werke des Arbeitnehmers unterscheiden.

aa. Pflichtwerke

Bei dem Werk des Arbeitnehmers handelt es sich um ein sog. „Pflichtwerk", wenn der Arbeitnehmer das Werk innerhalb seines Pflichtenkreises geschaffen hat, die Schaffung des Werkes etwa in sein nach dem Arbeitsvertrag vorgesehenes Pflichtenprogramm fällt.³⁶⁹ § 43 UrhG findet nur auf Werke Anwendung, die der Arbeitnehmer *„in Erfüllung seiner Verpflichtungen"* aus dem Arbeitsverhältnis geschaffen hat. Bevor der Frage nach einer Pflicht des Arbeitnehmers zur Einräumung von Nutzungsrechten nachgegangen werden kann (hierzu (2)), ist zunächst also zu untersuchen, in welchem Fall den Arbeitnehmer überhaupt eine Verpflichtung zur Schaffung urheberrechtlich geschützter Werke trifft (hierzu (1)).

(1) Pflicht zur Schaffung urheberrechtlich geschützter Werke

Wie bereits dargelegt, kann der Arbeitnehmer durchaus zu urheberrechtlichem Schaffen verpflichtet sein.³⁷⁰ Die Rechtsgrundlage einer solchen Pflicht kann sich neben dem Arbeitsvertrag³⁷¹ auch aus dem Gesetz, aus Tarifverträgen oder sonstigen individualvertraglichen Vereinbarungen er-

---

368 BGH, Urteil v. 22.02.1974 – I ZR 128/72, GRUR 1974, 480, 481 f. – *Hummelrechte*; *Veigel*, Immaterialgüterrechte im Arbeitsverhältnis, Rn. 139, 167.
369 Vgl. *Barthel*, Arbeitnehmerurheberrechte in Arbeitsverträgen, Tarifverträgen und Betriebsvereinbarungen, S. 18; *Rehbinder/Peukert*, Urheberrecht, Rn. 1006; *Wandtke*, Die Rechte der Urheber und ausübenden Künstler im Arbeits- und Dienstverhältnis, Rn. 107; *Leuze*, in: BeckOK-UrhR, Sonderbereiche, Urheberrecht im Bereich der Wissenschaft, Rn. 2.
370 Hierzu siehe oben Kapitel 2. § 6 B. II. (S. 123).
371 Statt vieler *Ulrici*, Vermögensrechtliche Grundfragen des Arbeitnehmerurheberrechts, S. 109 mit zahlreichen Nachweisen in Fn. 112; *Dreier*, in: Dreier/Schulze, Urheberrechtsgesetz, § 43 UrhG, Rn. 10.

geben.³⁷² Fehlt eine ausdrückliche Vereinbarung – wie es der Regelfall sein wird³⁷³ –, ist im Wege der Auslegung zu ermitteln, ob den Arbeitnehmer eine entsprechende Verpflichtung trifft.³⁷⁴ Hierzu können verschiedene Kriterien herangezogen werden, wie das typische Berufsbild, die betriebliche Funktion des Arbeitnehmers, die Verwendbarkeit des Werks für den Arbeitgeber, die Branchenüblichkeit oder die Aufgabe der Abteilung, in der der Arbeitnehmer tätig ist.³⁷⁵ Nicht entscheidend ist, ob der Arbeitnehmer das Werk innerhalb oder außerhalb der Arbeitszeit geschaffen hat, da auch außerhalb der Arbeitszeit geschaffene Werke, die in den Pflichtenkreis des Arbeitnehmers fallen, als Pflichtwerke anzusehen sind.³⁷⁶

(2) Pflicht zur Nutzungsrechtseinräumung

Die aufgeworfene und hier zu erörternde Fragestellung, *ob* den Arbeitnehmer eine Nutzungsrechtseinräumungspflicht trifft, ist nicht präzise genug formuliert. Da es sich bei einem Pflichtwerk des Arbeitnehmers um ein Arbeitsergebnis handelt, das nach dem arbeitsrechtlichen Grundsatz des Rechts am Arbeitsergebnis dem Arbeitgeber zusteht, muss der Arbeitnehmer im Ergebnis verpflichtet sein, dem Arbeitgeber diejenigen Nutzungsrechte einzuräumen, die dieser benötigt, um die vom Arbeitnehmerurheber geschuldete Leistung vertragsgemäß nutzen und verwerten zu kön-

---

372 *Kraßer/Schricker*, Patent- und Urheberrecht an Hochschulen, S. 98; *Ulrici*, Vermögensrechtliche Grundfragen des Arbeitnehmerurheberrechts, S. 110 m. w. N. in den Fn. 121 und 122; *Dreier*, in: Dreier/Schulze, Urheberrechtsgesetz, § 43 UrhG, Rn. 10; vgl. auch *Veigel*, Immaterialgüterrechte im Arbeitsverhältnis, Rn. 168.
373 *Ulrici*, Vermögensrechtliche Grundfragen des Arbeitnehmerurheberrechts, S. 109.
374 Vgl. nur *Barthel*, Arbeitnehmerurheberrechte in Arbeitsverträgen, Tarifverträgen und Betriebsvereinbarungen, S. 20; *Kraßer/Schricker*, Patent- und Urheberrecht an Hochschulen, S. 98; *Kuckuk*, Die Vergütungsansprüche der Arbeitnehmerurheber im Spannungsfeld zwischen Arbeitsrecht und neuem Urheberrecht, S. 75 f.; *Mathis*, Der Arbeitnehmer als Urheber, S. 15; *Müller-Höll*, Der Arbeitnehmerurheber in der Europäischen Gemeinschaft, S. 39; *Zirkel*, Das Recht des angestellten Urhebers und das EU-Recht, S. 22.
375 *Ulrici*, Vermögensrechtliche Grundfragen des Arbeitnehmerurheberrechts, S. 109 mit Nachweisen in den Fn. 114-119; *Dreier*, in: Dreier/Schulze, Urheberrechtsgesetz, § 43 UrhG, Rn. 10.
376 Vgl. *Veigel*, Immaterialgüterrechte im Arbeitsverhältnis, Rn. 168.

nen.³⁷⁷ Insoweit muss den Arbeitnehmerurheber eine Anbietungspflicht hinsichtlich der Übertragung der Nutzungsrechte als notwendige Mitwirkungshandlung treffen.³⁷⁸ Die Frage muss deshalb vielmehr lauten, *woraus* die in jedem Fall bestehende Pflicht des Arbeitnehmers abgeleitet werden kann.

Als Rechtsgrundlage einer solchen Anbietungspflicht bzw. Pflicht zur Einräumung von Nutzungsrechten kommt zunächst der Arbeitsvertrag in Betracht. Aus diesem kann eine entsprechende Verpflichtung ausdrücklich hervorgehen³⁷⁹; dies wird jedoch bei gewöhnlichen Arbeitsverträgen nur selten der Fall sein.³⁸⁰ Fehlt eine ausdrückliche Regelung hinsichtlich der

---

377 Vgl. BGH, Urteil v. 22.02.1974 – I ZR 128/72, GRUR 1974, 480, 482 – *Hummelrechte*; *Barthel*, Arbeitnehmerurheberrechte in Arbeitsverträgen, Tarifverträgen und Betriebsvereinbarungen, S. 39; *Kraßer*, in: FG Schricker (1995), S. 77, 84, 90. So i. E. auch *Leuze*, in: BeckOK-UrhR, Sonderbereiche, Urheberrecht im Bereich der Wissenschaft, Rn. 3, der allerdings betont, dass es sich bei dieser Pflicht nicht um eine schuldrechtliche Verpflichtung, sondern vielmehr um eine stillschweigende Nutzungsrechtseinräumung im Wege der Vorausverfügung bei Abschluss des Arbeitsvertrags handele, da eine schuldrechtliche Verpflichtung dem Arbeitgeber keine ausreichende Sicherung verschaffe (mit Hinweis auf *Wandtke*, in: Wandtke/Bullinger, UrhR, § 43 UrhG, Rn. 50).
378 *Barthel*, Arbeitnehmerurheberrechte in Arbeitsverträgen, Tarifverträgen und Betriebsvereinbarungen, S. 39; vgl. auch *Wandtke*, Die Rechte der Urheber und ausübenden Künstler im Arbeits- und Dienstverhältnis, Rn. 116.
379 *Grobys/Foerstl*, NZA 2002, 1015, 1016; *Rehbinder*, in: FS Roeber (1973), S. 481, 492; *Wandtke*, GRUR 1992, 139, 142; *Ulrici*, Vermögensrechtliche Grundfragen des Arbeitnehmerurheberrechts, S. 162 mit zahlreichen Nachweisen. Eine Regelung bei Abschluss des Arbeitsvertrags hinsichtlich der Einräumung von Nutzungsrechten, würde sich zwangsläufig auf die künftigen (noch zu erbringenden) Werke des Arbeitnehmers beziehen. Nach § 40 Abs. 1 S. 1 UrhG bedarf ein Vertrag, durch den sich der Urheber zur Einräumung von Nutzungsrechten an künftigen Werken verpflichtet, die überhaupt nicht näher oder nur der Gattung nach bestimmt sind, der Schriftform. Es ist umstritten, ob diese Regelung auch im Rahmen von § 43 UrhG Anwendung findet und damit auch für entsprechende Arbeitsverträge die Schriftform erforderlich ist. Nach h. M. findet § 40 Abs. 1 S. 1 UrhG bei § 43 UrhG allerdings zurecht keine Anwendung. Hierfür spricht zum einen der Wortlaut von § 43 UrhG, der sich allein auf die bereits geschaffenen Werke des Arbeitnehmers bezieht. Zum anderen entspricht die sich aus der arbeitnehmerschützenden Vorschrift des § 40 Abs. 1 S. 1 UrhG bei fehlender Schriftform ergebende Nichtigkeitsfolge nicht den Interessen des Arbeitnehmers. Vergleiche zu diesem Streit und den vertretenen Positionen *Ulrici*, Vermögensrechtliche Grundfragen des Arbeitnehmerurheberrechts, S. 222 ff.
380 Vgl. *Kraßer/Schricker*, Patent- und Urheberrecht an Hochschulen, S. 74; *Ulrici*, Vermögensrechtliche Grundfragen des Arbeitnehmerurheberrechts, S. 169 m. w. N.

Einräumung von Nutzungsrechten bzw. einer entsprechenden Verpflichtung hierzu, ist im Wege der Auslegung nach §§ 133, 157 BGB zu ermitteln, in welchem Umfang und woraus den Arbeitnehmer eine Nutzungsrechtseinräumungspflicht treffen soll. Eine solche kann sich regelmäßig bei erläuternder oder ergänzender Vertragsauslegung bzw. aus dem Grundsatz von Treu und Glauben ergeben.[381]

(a) Einfache Vertragsauslegung

Im Wege der einfachen (erläuternden) Vertragsauslegung wird versucht, den wirklichen Willen der Parteien zu ermitteln.[382] Regelmäßig werden sich die Arbeitsvertragsparteien jedoch keine Gedanken über die Pflicht zur Einräumung von Nutzungsrechten machen, es sei denn, es handelt sich um einen Arbeitsvertrag auf einem Gebiet, in dem urheberrechtliches Werkschaffen typischerweise vorausgesetzt wird (z. B. Rundfunk- und Pressewesen).[383] In der Regel beschränkt sich die erläuternde Auslegung im Bereich des Urheberrechts deshalb auf diejenigen Fälle, in denen eine Vertragsklausel hinsichtlich des *Umfangs* der Nutzungsrechtseinräumung auf verschiedene Weise gedeutet werden kann oder eine entsprechende Regelung fehlt.[384] Bei der Auslegung gilt vor allem das Prinzip der interessengerechten und vertragszweckkonformen Auslegung.[385] Dabei wird die Auslegung im Bereich des Urheberrechts ergänzt durch die in § 31 Abs. 5 UrhG festgeschriebene Zweckeinräumungsregel,[386] die auch im Arbeit-

---

381 Vgl. zu den Ausführungen im Folgenden *Ulrici*, Vermögensrechtliche Grundfragen des Arbeitnehmerurheberrechts, S. 162 ff.
382 Siehe nur BGH, Urteil v. 19.01.2000 – VIII ZR 275/98, NJW-RR 2000, 1002, 1003; *Ahrens*, in: Prütting/Wegen/Weinreich, BGB, § 133 BGB, Rn. 1, 16; *Singer*, in: Staudinger (2017), § 133 BGB, Rn. 2; *Wolf*, in: Soergel, BGB, Bd. 2, § 157 BGB, Rn. 1; vgl. hierzu auch *Busche*, in: MüKo-BGB, Bd. 1, § 157 BGB, Rn. 3.
383 Vgl. *Barthel*, Arbeitnehmerurheberrechte in Arbeitsverträgen, Tarifverträgen und Betriebsvereinbarungen, S. 54; *Ulrici*, Vermögensrechtliche Grundfragen des Arbeitnehmerurheberrechts, S. 164.
384 *Ulrici*, Vermögensrechtliche Grundfragen des Arbeitnehmerurheberrechts, S. 168.
385 Statt vieler *Ahrens*, in: Prütting/Wegen/Weinreich, BGB, § 133 BGB, Rn. 38 ff.; *Busche*, in: MüKo-BGB, Bd. 1, § 157 BGB, Rn. 6 ff.; *Singer*, in: Staudinger (2017), § 133 BGB, Rn. 52 ff.
386 *Ulrici*, Vermögensrechtliche Grundfragen des Arbeitnehmerurheberrechts, S. 166.

nehmerurheberrecht Anwendung findet.[387] Sind bei der Einräumung eines Nutzungsrechts die Nutzungsarten nicht ausdrücklich einzeln bezeichnet oder wird die Einräumung von Nutzungsrechten nicht ausdrücklich vereinbart, bestimmen sich gem. § 31 Abs. 5 S. 1 und 2 UrhG die Nutzungsarten, auf die sich das Nutzungsrecht erstreckt oder der Grund und Umfang der Nutzungsrechtseinräumung nach dem von beiden Partnern zugrunde gelegten Vertragszweck. Durch § 31 Abs. 5 UrhG kann die Pflicht des Arbeitnehmers zur Einräumung von Nutzungsrechten in ihrem Umfang beschränkt werden; die Verpflichtung selbst kann durch § 31 Abs. 5 UrhG nicht begründet werden.[388] Die Zweckeinräumungsregel greift demnach erst, wenn sich im Wege der Auslegung nach §§ 133, 157 BGB eine Einräumungspflicht bereits ermitteln lässt.[389]

Entscheidend ist in jedem Fall der Zweck des der Rechtseinräumung zugrundeliegenden Rechtsverhältnisses. Wie bereits erörtert[390] liegt der Zweck des Arbeitsvertrags darin, dass sich der Arbeitgeber die Arbeitskraft des Arbeitnehmers zu Nutze macht und der Arbeitnehmer durch die Zahlung des Arbeitsentgelts eine gesicherte Existenzgrundlage erhält. Der Arbeitgeber kann sich die Arbeit des Arbeitnehmers jedoch nur dann zu Nutze machen, wenn er die Möglichkeit zur Verwertung der Arbeitsergebnisse erlangt, ihm also die Rechte zur Verwertung der durch den Arbeitnehmer geschaffenen Werke zusteht. Andernfalls würde der Zweck des Arbeitsvertrags vereitelt.[391] Eine erläuternde Auslegung i. V. m. § 31 Abs. 5 UrhG wird deshalb regelmäßig ergeben, dass der Arbeitnehmer dem Arbeitgeber Nutzungsrechte in dem Umfang einzuräumen hat, wie dieser sie benötigt, um das Werk verwerten und den Nutzen hieraus ziehen zu können.[392]

---

387 Allg. Auffassung, siehe nur *Balle*, NZA 1997, 868, 869; *Kraßer*, in: FG Schricker (1995), S. 77, 91; *Ulrici*, Vermögensrechtliche Grundfragen des Arbeitnehmerurheberrechts, S. 166 mit zahlreichen Nachweisen in Fn. 105; *Veigel*, Immaterialgüterrechte im Arbeitsverhältnis, Rn. 169. Zur Geltung auch für Dienstverhältnisse von Beamten siehe BGH, Urteil v. 12.05.2010 – I ZR 209/07, GRUR 2011, 59, 60 (Rn. 11 f.) – *Lärmschutzwand*.
388 Vgl. *Mathis*, Der Arbeitnehmer als Urheber, S. 110; *Ulrici*, Vermögensrechtliche Grundfragen des Arbeitnehmerurheberrechts, S. 166; **a. A.** *Grobys/Foerstl*, NZA 2002, 1015, 1016.
389 *Ulrici*, Vermögensrechtliche Grundfragen des Arbeitnehmerurheberrechts, S. 166.
390 Siehe oben Kapitel 2. § 5 A. I. (S. 77).
391 Vgl. *Ulrici*, Vermögensrechtliche Grundfragen des Arbeitnehmerurheberrechts, S. 171 mit zahlreichen Nachweisen in Fn. 134.
392 So i. E. auch BGH, Urteil v. 22.02.1974 – I ZR 128/72, GRUR 1974, 480, 483 – *Hummelrechte*; *Barthel*, Arbeitnehmerurheberrechte in Arbeitsverträgen, Tarif-

(b) Ergänzende Vertragsauslegung

Fehlt es an einer Willensbildung der Parteien hinsichtlich der Nutzungsrechtseinräumung, muss im Wege der ergänzenden Vertragsauslegung der hypothetische Wille der Parteien ermittelt werden.[393] Dabei gilt es zu klären, was die Vertragsparteien bei Berücksichtigung der beiderseitigen Interessen vereinbart hätten, wenn sie an den entsprechenden Punkt gedacht hätten.[394] Auch an dieser Stelle hat die Auslegung vertragszweckkonform und interessengerecht zu erfolgen.[395] Ein Rückgriff auf § 31 Abs. 5 UrhG scheidet indes aus, da die Zweckübertragungsregel allein auf den *Umfang* der Rechtseinräumung, nicht aber die Rechtseinräumung selbst Bezug nimmt.[396] In der Regel wird eine ergänzende Vertragsauslegung ergeben, dass die Parteien eine entsprechende Pflicht zur Nutzungsrechtseinräumung vereinbart hätten, da nur auf diesem Weg die Erfüllung des Arbeitsvertragszwecks erreicht werden kann. Der Arbeitgeber ist zur Verwertung der Werke auf die Einräumung der Nutzungsrechte an ihn angewiesen.[397]

---

verträgen und Betriebsvereinbarungen, S. 39; *Ulrici*, Vermögensrechtliche Grundfragen des Arbeitnehmerurheberrechts, S. 171 f.
393 *Ulrici*, Vermögensrechtliche Grundfragen des Arbeitnehmerurheberrechts, S. 164, 178, 179 jeweils m. w. N.; vgl. zur ergänzenden Vertragsauslegung nur *Leipold*, BGB I, § 15 Rn. 22 f.; *Wolf/Neuner*, Allgemeiner Teil des Bürgerlichen Rechts, § 35 Rn. 66; *Ahrens*, in: Prütting/Wegen/Weinreich, BGB, § 133 BGB, Rn. 25 ff., 28; *Armbrüster*, in: Erman, BGB, § 157 BGB, Rn. 15; *Looschelders*, in: Heidel/Hüßtege/Mansel/Noack, BGB, Bd. 1, § 157 BGB, Rn. 6, 21.
394 St. Rspr., siehe nur BGH, Urteil v. 04.03.2004 – III ZR 96/03, BGHZ 158, 201, 207 = NJW 2004, 1590; BGH, Urteil v. 11.10.2005 – XI ZR 395/04, BGHZ 164, 286, 292 (Rn. 26) = NJW 2006, 54 – *Euroumstellung*; BGH, Urteil v. 24.01.2008 – III ZR 79/07, NJW-RR 2008, 562, 563 (Rn. 15); BGH, Urteil v. 04.12.2014 – VII ZR 4/13, NJW 2015, 955, 957 (Rn. 28); ebenso *Ahrens*, in: Prütting/Wegen/Weinreich, BGB, § 133 BGB, Rn. 28 f.; *Busche*, in: MüKo-BGB, Bd. 1, § 157 BGB, Rn. 47 m. w. N.; *Looschelders*, in: Heidel/Hüßtege/Mansel/Noack, BGB, Bd. 1, § 157 BGB, Rn. 21; *Roth*, in: Staudinger (2015), § 157 BGB, Rn. 30.
395 BGH, Urteil v. 19.01.2007 – V ZR 163/06, NJW 2007, 1884, 1886 f. (Rn. 23); BGH, Urteil v. 18.11.2011 – V ZR 31/11, BGHZ 191, 336, 341 f. (Rn. 16) = NJW 2012, 526; *Leipold*, BGB I, § 15 Rn. 23; *Ahrens*, in: Prütting/Wegen/Weinreich, BGB, § 133 BGB, Rn. 28; *Busche*, in: MüKo-BGB, Bd. 1, § 157 BGB, Rn. 47; *Looschelders*, in: Heidel/Hüßtege/Mansel/Noack, BGB, Bd. 1, § 157 BGB, Rn. 22.
396 *Busche*, in: FS Reimann (2009), S. 37, 41.
397 Vgl. *Ulrici*, Vermögensrechtliche Grundfragen des Arbeitnehmerurheberrechts, S. 180.

Kapitel 2. Vergütungsansprüche und Immaterialgüterrechte im Arbeitsrecht

(c) Treu und Glauben

Auch aus dem Grundsatz von Treu und Glauben gem. § 242 BGB wird sich in der Regel eine Einräumungspflicht ergeben. Der auch im Arbeitsverhältnis geltende Grundsatz[398] verpflichtet die Parteien des Arbeitsvertragsverhältnisses, auf die Interessen der jeweils anderen Vertragspartei Rücksicht zu nehmen und den Vertragszweck weder zu gefährden noch zu beeinträchtigen.[399] Zwar reicht allein das Interesse des Arbeitgebers, Nutzungsrechte eingeräumt zu bekommen, hierzu noch nicht aus.[400] Allerdings ergibt sich die Einräumungspflicht des Arbeitnehmers daraus, dass der Vertragszweck bei Nichteinräumung der Nutzungsrechte vereitelt würde, indem dem Arbeitgeber die Verwertung der Arbeitsergebnisse verwehrt bleibt. Eine Pflicht zur Einräumung der Nutzungsrechte an dem vom Arbeitnehmer geschaffenen Werk ergibt sich folglich regelmäßig aus Treu und Glauben gem. § 242 BGB unter Berücksichtigung der Verkehrssitte als arbeitsvertragliche leistungssichernde Nebenpflicht.[401]

(3) Fazit

Bei den in Erfüllung der Verpflichtungen aus dem Arbeitsverhältnis geschaffenen Werken des Arbeitnehmers handelt es sich um sog. Pflichtwerke, die zur Anwendung des § 43 UrhG führen. Um dem arbeitsrechtlichen Grundsatz des Rechts am Arbeitsergebnis Rechnung zu tragen, muss der Arbeitgeber in den Genuss der Nutzungsrechte an den Arbeitsergebnissen gelangen, um diese verwerten zu können. Eine entsprechende Pflicht des Arbeitnehmers zur Einräumung von Nutzungsrechten an den von ihm geschaffenen Werken ergibt sich zwar nicht aus § 43 UrhG selbst, sie folgt je-

---

398 *Ulrici*, Vermögensrechtliche Grundfragen des Arbeitnehmerurheberrechts, S. 182; vgl. auch *Böttcher*, in: Erman, BGB, § 242 BGB, Rn. 143; *Linck*, in: Schaub, ArbR-Hdb, § 53, Rn. 3.
399 *Ulrici*, Vermögensrechtliche Grundfragen des Arbeitnehmerurheberrechts, S. 184 m. w. N.; *Joussen*, in: BeckOK-ArbR, § 611 BGB, Rn. 384.
400 *Ulrici*, Vermögensrechtliche Grundfragen des Arbeitnehmerurheberrechts, S. 184; vgl. auch *Wandtke*, Die Rechte der Urheber und ausübenden Künstler im Arbeits- und Dienstverhältnis, Rn. 119.
401 Siehe grundlegend zur Rechtsgrundlage der Einräumungspflicht *Ulrici*, Vermögensrechtliche Grundfragen des Arbeitnehmerurheberrechts, S. 163 ff.; darüberhinaus siehe auch *Koch*, CR 1985, 86, 87; *Veigel*, Immaterialgüterrechte im Arbeitsverhältnis, Rn. 139; **a. A.** *Leuze*, in: BeckOK-UrhR, Sonderbereiche, Urheberrecht im Bereich der Wissenschaft, Rn. 3.

doch im Wege der Auslegung regelmäßig vor allem aus dem Grundsatz von Treu und Glauben gem. § 242 BGB unter Berücksichtigung der Verkehrssitte als leistungssichernde Nebenpflicht des Arbeitsvertrags.

bb. Freie Werke

Die Pflichtwerke sind zu unterscheiden von den freien Werken des Arbeitnehmers. § 43 UrhG findet dann keine Anwendung, wenn der Arbeitnehmer das Werk nicht in Erfüllung seiner Verpflichtungen aus dem Arbeitsverhältnis schafft.[402] In einem solchen Fall kann die Leistung des Arbeitnehmers nicht als Arbeitsergebnis angesehen werden, das nach dem arbeitsrechtlichen Grundsatz des Rechts am Arbeitsergebnis dem Arbeitgeber zustehen müsste.

(1) Differenzierung zwischen ungebundenen und gebundenen freien Werken

Dass der Arbeitnehmer das Werk nicht in Erfüllung seiner Verpflichtungen aus dem Arbeitsverhältnis schafft, bedeutet gleichwohl nicht zwingend, dass das geschaffene Werk keinerlei Verbindung zum Arbeitsverhältnis aufweist. Vielmehr ist in einer Vielzahl der Fälle davon auszugehen, dass der Arbeitnehmer das Werk zwar nicht im Rahmen der Arbeitsverpflichtung, wohl aber unter Einsatz betrieblicher Mittel oder unter Rückgriff auf Erfahrungen aus dem Betrieb schafft. Darüber hinaus kann es für den Arbeitgeber oftmals auch von Interesse sein, das vom Arbeitnehmer außerhalb seiner vertraglichen Verpflichtungen geschaffene Werk im eigenen Betrieb oder Unternehmen wirtschaftlich nutzen zu können.[403] Das Arbeitnehmererfinderrecht statuiert in § 19 Abs. 1 ArbNErfG eine Pflicht des Arbeitnehmers zur Anbietung von Nutzungsrechten gegenüber dem Arbeitgeber hinsichtlich freier Erfindungen, die im Zeitpunkt des Angebots in den vorhandenen oder vorbereiteten Arbeitsbereich des Betriebes

---

402 Vgl. *Barthel*, Arbeitnehmerurheberrechte in Arbeitsverträgen, Tarifverträgen und Betriebsvereinbarungen, S. 23; *Dreier*, in: Dreier/Schulze, Urheberrechtsgesetz, § 43 UrhG, Rn. 23; *Leuze*, in: BeckOK-UrhR, Sonderbereiche, Urheberrecht im Bereich der Wissenschaft, Rn. 2.
403 *Barthel*, Arbeitnehmerurheberrechte in Arbeitsverträgen, Tarifverträgen und Betriebsvereinbarungen, S. 24; *Dreier*, in: Dreier/Schulze, Urheberrechtsgesetz, § 43 UrhG, Rn. 23.

des Arbeitgebers fallen und die der Arbeitnehmer während der Dauer des Arbeitsverhältnisses anderweitig verwerten möchte. Insoweit stellt sich die Frage, ob den Arbeitnehmer auch bei freien Werken im Urheberrecht eine Pflicht zur Anbietung und Einräumung von Nutzungsrechten treffen kann. Bei den freien Werken wird deshalb zum Teil unterschieden zwischen „gebundenen" und „ungebundenen" freien Werken. Von einem *gebundenen* Freiwerk sei auszugehen, wenn ein Pflichtwerk nach den genannten Kriterien zwar nicht vorliege, also eine überobligatorische Leistung des Arbeitnehmers gegeben sei, den Arbeitnehmer gleichwohl aber eine Anbietungspflicht treffe. Demgegenüber handele es sich um ein *ungebundenes* freies Werk, wenn der Arbeitnehmer ein Werk gänzlich außerhalb des Arbeitsverhältnisses schaffe, ihn also keinerlei Anbietungspflichten treffen.[404]

Ob den Arbeitnehmer eine entsprechende Anbietungspflicht hinsichtlich der Nutzungsrechte an freien Werken trifft, ist in der juristischen Literatur stark umstritten.[405] Unter einer Anbietungspflicht wird zumeist verstanden, dass der Arbeitnehmer zwar grundsätzlich nicht verpflichtet sei, dem Arbeitgeber Nutzungsrechte einzuräumen, er jedoch vorrangig dem Arbeitgeber die Werknutzung gegen angemessene Vergütung anbieten müsse, wenn er das Werk verwerten will. Die Anbietungspflicht wird demnach als Verpflichtung zum Abschluss eines entgeltlichen Nutzungsvertrags angesehen.[406] Der Streit hat erhebliche Auswirkungen auf die sich später anschließende Frage etwaiger Vergütungsansprüche des Arbeitnehmerurhebers und muss deshalb im Folgenden einer umfassenden Betrachtung zugeführt werden.[407]

---

404 *Scholz*, Die rechtliche Stellung des Computerprogramme erstellenden Arbeitnehmers nach Urheberrecht, Patentrecht und Arbeitnehmererfindungsrecht, S. 31 ff.; ähnlich, aber mit anderem Ergebnis hinsichtlich der Anbietungspflicht *Kraßer/Schricker*, Patent- und Urheberrecht an Hochschulen, S. 98, die zwischen „*nichtpflichtgebundem Werkschaffen im Rahmen des Arbeits- oder Dienstverhältnisses*" und „*Nebentätigkeiten*" unterscheiden.
405 Überblicksartig zum Meinungsstand siehe *Rojahn*, in: Schricker/Loewenheim, UrhG, § 43 UrhG, Rn. 100 ff.
406 *Rehbinder*, in: FS Hubmann (1985), S. 359, 361; *Ulrici*, Vermögensrechtliche Grundfragen des Arbeitnehmerurheberrechts, S. 16, 153 f. m. w. N.
407 Siehe zu den Vergütungsansprüchen des Arbeitnehmerurhebers unten Kapitel 4. § 9 B. (S. 464 ff.).

(2) Anbietungspflicht des Arbeitnehmers bei freien Werken

Unstreitig ist eine Anbietungspflicht hinsichtlich freier Werke dann gegeben, wenn der schriftliche Arbeitsvertrag oder ein Tarifvertrag eine entsprechende Regelung ausdrücklich vorsieht. Die Vorschrift des § 40 Abs. 1 S. 1 UrhG verlangt für Verträge, durch die sich der Urheber zur Einräumung von Nutzungsrechten an künftigen Werken verpflichtet, die überhaupt nicht näher oder nur der Gattung nach bestimmt sind, die Schriftform. Zwar ist umstritten, ob diese Regelung auch auf Arbeitsverträge uneingeschränkte Anwendung findet.[408] Einigkeit besteht aber dahingehend, dass § 40 Abs. 1 S. 1 UrhG insoweit für Arbeitsverträge Geltung erlangt, als im Arbeitsvertrag die Verpflichtung zur Einräumung von Nutzungsrechten für *„nicht in Erfüllung der Verpflichtung aus dem Arbeitsverhältnis"* geschaffene Werke (freie Werke) begründet wird.[409] Die Vereinbarung einer Anbietungspflicht hinsichtlich der künftigen freien Werke des Arbeitnehmers muss demnach schriftlich festgehalten sein.

Offen bleibt die Frage nach einer Anbietungspflicht somit nur für die – zugegebenermaßen regelmäßig auftretenden – Fälle, in denen der Arbeitnehmer ein urheberrechtlich geschütztes freies Werk bereits geschaffen hat und es an einer ausdrücklichen Regelung in Bezug auf eine Anbietungspflicht fehlt.

(a) Meinungsstand in der Literatur

Einem bedeutenden Teil der Literatur zufolge ist von einer Anbietungspflicht des Arbeitnehmers auch bei freien Werken auszugehen.[410] Gestützt wird diese Auffassung auf verschiedene Erwägungen. Zum Teil wird eine

---

408 Hierzu ausführlicher oben in Fn. 379 (S. 130); zum Streit siehe auch *Ulrici*, Vermögensrechtliche Grundfragen des Arbeitnehmerurheberrechts, S. 222 ff.
409 *Ulrici*, Vermögensrechtliche Grundfragen des Arbeitnehmerurheberrechts, S. 222; vgl. auch *Holländer*, CR 1991, 614; *Kraßer/Schricker*, Patent- und Urheberrecht an Hochschulen, S. 101; *Zirkel*, Das Recht des angestellten Urhebers und das EU-Recht, S. 35; *Dreier*, in: Dreier/Schulze, Urheberrechtsgesetz, § 43 UrhG, Rn. 19.
410 Zur Diskussion um eine Anbietungspflicht jeweils mit Nachweisen zu den einzelnen Ansichten siehe *Dreier*, in: Dreier/Schulze, Urheberrechtsgesetz, § 43 UrhG, Rn. 23 ff.; *Rojahn*, in: Schricker/Loewenheim, UrhG, § 43 UrhG, Rn. 101 ff.; *Wandtke*, in: Wandtke/Bullinger, UrhR, § 43 UrhG, Rn. 30 ff.

Anbietungspflicht mit der arbeitsrechtlichen „Treuepflicht"[411] oder dem arbeitsrechtlichen Wettbewerbsverbot[412] begründet, andere befürworten eine Analogie zu § 19 ArbNErfG.[413] Demgegenüber wird eine Anbietungspflicht von einer im Vordringen befindlichen Meinung in der Literatur gänzlich abgelehnt.[414]

Die eine Anbietungspflicht des Arbeitnehmerurhebers befürwortenden Literaten sind sich im Weiteren aber dahingehend uneinig, welche freien Werke überhaupt einer Anbietungspflicht unterfallen können. Während nur vereinzelt eine generelle Anbietungspflicht für alle freien Werke verlangt wurde[415], möchten andere hinsichtlich der Voraussetzungen der Anbietungspflicht differenzieren. So sollen nach einer der vertretenen Auffassungen, vergleichbar dem Wortlaut in § 19 Abs. 1 ArbNErfG zu freien Erfindungen, nur die freien Werke einer Anbietungspflicht unterliegen, die in den Arbeitsbereich des Arbeitgebers fallen.[416] Andere sehen es für eine Anbietungspflicht als entscheidend an, ob das Werkschaffen im Sachzusammenhang mit der geschuldeten Arbeitstätigkeit steht, das freie Werk also im Rahmen einer Tätigkeit entstanden ist, die mit der Arbeitstätigkeit

---

411 Statt vieler BGH GRUR 1991, 523, 528 – Grabungsmaterialien; *Rehbinder*, in: FS Hubmann (1985), S. 359, 361; *Dreier*, in: Dreier/Schulze, Urheberrechtsgesetz, § 43 UrhG, Rn. 26; *A. Nordemann*, in: Fromm/Nordemann, Urheberrecht, § 43 UrhG, Rn. 25; i. Ü. siehe die zahlreichen Nachweise bei *Ulrici*, Vermögensrechtliche Grundfragen des Arbeitnehmerurheberrechts, S. 186 in Fn. 239 sowie bei *Rojahn*, in: Schricker/Loewenheim, UrhG, § 43 UrhG, Rn. 101.
412 *Gaul*, NJW 1961, 1509, 1511 ff.; *Ullmann*, GRUR 1987, 6, 9; *Rehbinder/Peukert*, Urheberrecht, Rn. 1012; *Ruzman*, Softwareentwicklung durch Arbeitnehmer, S. 118 f.; *Schack*, Urheber- und Urhebervertragsrecht, Rn. 1017.
413 LG München, Urteil v. 16.01.1997 – 7 O 15354/91, ZUM 1997, 659 ff.; *Schmieder*, GRUR 1963, 297, 299; *Loos*, Das Urheberrecht des Arbeitnehmers an Computerprogrammen, S. 92; *Scholz*, Die rechtliche Stellung des Computerprogramme erstellenden Arbeitnehmers nach Urheberrecht, Patentrecht und Arbeitnehmererfindungsrecht, S. 116 f.; **dagegen** *Däubler*, AuR 1985, 169, 174 f.; *Kraßer*, in: FG Schricker (1995), S. 77, 104; *Dreier*, in: Dreier/Schulze, Urheberrechtsgesetz, § 43 UrhG, Rn. 25; *Wandtke*, in: Wandtke/Bullinger, UrhR, § 43 UrhG, Rn. 31; vgl. auch *Loewenheim/Spindler*, in: Schricker/Loewenheim, UrhG, § 69b UrhG, Rn. 9 f.
414 *Bayreuther*, GRUR 2003, 570, 577 f.; *Leinhas*, IT-Outsourcing und Betriebsübergang im Sinne des § 613a BGB – arbeitnehmererfindungsrechtliche und arbeitnehmerurheberrechtliche Problemlösungen, Rn. 184 ff., 190; *Leuze*, in: BeckOK-UrhR, Sonderbereiche, Urheberrecht im Bereich der Wissenschaft, Rn. 2; *Wandtke*, in: Wandtke/Bullinger, UrhR, § 43 UrhG, Rn. 34 ff.
415 Vgl. *Gaul*, RDV 1994, 1, 4.
416 *Rehbinder*, in: FS Hubmann (1985), S. 359, 361; *Rehbinder/Peukert*, Urheberrecht, Rn. 1012.

sachlich vergleichbar ist.⁴¹⁷ Wiederum andere verlangen, dass das Werk unter Zuhilfenahme betrieblicher Mittel und Erfahrungen geschaffen wurde.⁴¹⁸

(b) Eigene Würdigung

Der Streit um die Anbietungspflicht weist zwei verschiedene Ebenen auf: Auf der ersten Stufe geht es um die Frage, ob und aus welchem Rechtsgrund eine Anbietungspflicht überhaupt angenommen werden kann. Wird eine Anbietungspflicht bejaht, stellt sich auf einer zweiten Stufe die Frage, ob diese uneingeschränkt oder aber nur bezüglich bestimmter freier Werke gilt. Eine derartig scharfe Trennung zwischen den Voraussetzungen und dem Grund einer Anbietungspflicht erscheint jedoch nicht zweckmäßig im Hinblick darauf, dass – wie sich im Rahmen der Stellungnahme zeigen wird – die einzelnen Aspekte eng miteinander verwoben sind. So wirken die vielen einzelnen Meinungen in der Literatur eher gekünstelt und tragen zum Teil nicht zu einer Klärung der Rechtslage bei.

(aa) Analoge Anwendung des § 19 ArbNErfG

Eine analoge Heranziehung der Vorschrift des § 19 Abs. 1 ArbNErfG erscheint zunächst naheliegend. Dann müsste der Arbeitnehmerurheber, der das geschaffene freie Werk verwerten will, zunächst dem Arbeitgeber mindestens ein nicht ausschließliches Recht zur Benutzung der Erfindung zu angemessenen Bedingungen anbieten. Dies setzt voraus, dass das Werk in den Arbeitsbereich des Betriebs des Arbeitgebers fällt (vgl. § 19 Abs. 1 ArbNErfG). Schon insoweit lässt sich erkennen, dass Rechtsgrund und Voraussetzungen der Anbietungspflicht nur schwerlich voneinander zu trennen sind. Eine analoge Anwendung des § 19 Abs. 1 ArbNErfG ist jedoch nicht ohne weiteres möglich, sondern erfordert das Vorliegen einer planwidrigen Regelungslücke sowie einer vergleichbaren Interessenlage.⁴¹⁹

---

417 Vgl. *Czernik*, RdA 2014, 354, 356; *Sack*, BB 1991, 2165, 2173.
418 *Ruzman*, Softwareentwicklung durch Arbeitnehmer, S. 118 f.; *A. Nordemann*, in: Fromm/Nordemann, Urheberrecht, § 43 UrhG, Rn. 25; vgl. auch *Gaul*, NJW 1961, 1509, 1511; *Holländer*, CR 1991, 614, 616; *Blatz*, Das Recht des Arbeitgebers an literarischen Arbeitsergebnissen, S. 69 f.; *Vinck*, Die Rechtsstellung des Urhebers im Arbeits- und Dienstverhältnis, S. 24.
419 Statt vieler *Reimer*, Juristische Methodenlehre, Rn. 562.

Kapitel 2. Vergütungsansprüche und Immaterialgüterrechte im Arbeitsrecht

Selbst bei Annahme einer planwidrigen Regelungslücke aufgrund des Fehlens einer dem § 19 ArbNErfG vergleichbaren Vorschrift im Urheberrecht[420], muss eine Analogie zu § 19 ArbNErfG aufgrund einer abweichenden Interessenlage im Urheberrecht gegenüber dem Patent- bzw. Arbeitnehmererfinderrecht im Ergebnis ausscheiden.[421] Das *Patentrecht* gewährt dem Patentinhaber ein Monopol dahingehend, dass die dem Patent zugrundeliegende technische Regel nicht ohne Zustimmung des Patentinhabers verwertet werden darf. Verwertet der Arbeitnehmer eine freie Erfindung, können Wettbewerber des Arbeitgebers in den Genuss einer solchen Monopolstellung gelangen, die zu einem erheblichen Wettbewerbsnachteil des Arbeitgebers führen würde. Dem soll § 19 ArbNErfG entgegenwirken, indem der Arbeitnehmer verpflichtet wird, vor einer anderweitigen Verwertung zunächst seinem Arbeitgeber das Recht zur Nutzung der Erfindung anzubieten. Bereits die Gesetzesbegründung zu § 19 ArbNErfG a. F. (in der Begründung noch § 18 ArbNErfG) lässt erkennen, dass § 19 ArbNErfG nicht die Verwertungsinteressen des Arbeitgebers an den freien Erfindungen seiner Arbeitnehmer im Blick hatte, sondern der Arbeitgeber vor monopolartigen Verwertungsverträgen des Arbeitnehmers mit anderen Betrieben geschützt werden sollte, die den Arbeitgeber möglicherweise von einer Beteiligung am Wettbewerb oder von der Benutzung bestimmter Arbeitsmittel ausschließen würden.[422] Dementsprechend würde eine Anbietungspflicht nach § 19 ArbNErfG auch nicht grundsätzlich für alle freien Werke des Arbeitnehmers, sondern nur dann bestehen, wenn der Arbeitnehmer sich tatsächlich zur anderweitigen Verwertung entschlossen hat und die Erfindung überhaupt in den Arbeitsbereich des Arbeitgebers fällt.[423]

---

420 So LG München, Urteil v. 16.01.1997 – 7 O 15354/91, ZUM 1997, 659, 665 f.; *Scholz*, Die rechtliche Stellung des Computerprogramme erstellenden Arbeitnehmers nach Urheberrecht, Patentrecht und Arbeitnehmererfindungsrecht, S. 113 ff.; **ablehnend** *Ulrici*, Vermögensrechtliche Grundfragen des Arbeitnehmerurheberrechts, S. 159.
421 Vgl. zum Folgenden *Ulrici*, Vermögensrechtliche Grundfragen des Arbeitnehmerurheberrechts, S. 173 ff.; *Veigel*, Immaterialgüterrechte im Arbeitsverhältnis, Rn. 239 ff.; **a. A.** *Schmieder*, GRUR 1963, 297, 299; *Scholz*, Die rechtliche Stellung des Computerprogramme erstellenden Arbeitnehmers nach Urheberrecht, Patentrecht und Arbeitnehmererfindungsrecht, S. 116 f.
422 Begründung zum "Entwurf eines Gesetzes über Erfindungen von Arbeitnehmern und Beamten" der Bundesregierung vom 19.08.1955, BT-Drs. II/1648, S. 37.
423 So *Rehbinder*, in: FS Hubmann (1985), S. 359, 361; *Rehbinder/Peukert*, Urheberrecht, Rn. 1012 f.

Die Interessenlage im *Urheberrecht* lässt sich mit der dargestellten Situation im Arbeitnehmererfinderrecht nicht vergleichen. Das Urheberrecht gewährt dem Urheber keine dem Patentrecht vergleichbare Monopolstellung. Zwar erhält der Schöpfer eines Werkes urheberrechtlichen Schutz dahingehend, dass Dritte das von ihm geschaffene Werk nicht ohne weiteres benutzen dürfen, allerdings kommt dem urheberrechtlichen Schutz keine dem Erfindungsschutz vergleichbare wettbewerbspolitische Bedeutung zu.[424] Während mit Erfindungen vielfach für ein technisches Problem eine einzigartige Lösung gefunden wird, sind urheberrechtlich geschützte Werke in verschiedenen Variationen denkbar. Ein urheberrechtlich geschütztes Werk allein vermag demnach anders als ein Patent keine Monopolstellung innerhalb eines Marktbereichs zu begründen. Denn soweit der Arbeitgeber durch ein Patent eines Konkurrenten in seiner Wettbewerbsfähigkeit beeinträchtigt werden kann, indem er ohne das Patent faktisch von einem Teilbereich wirtschaftlicher Betätigung ausgeschlossen wird[425], führen urheberrechtlich geschützte Werke Dritter nicht zu einer derartigen Beeinträchtigung; es bleiben theoretisch viele weitere vergleichbare Schöpfungen möglich, die dem gleichen Zweck dienen.[426] Bezogen auf den Arbeitnehmerurheber bedeutet dies, dass der Arbeitgeber auf die vom Arbeitnehmer geschaffenen urheberrechtlich geschützten Werke zur Erhaltung der Wettbewerbsfähigkeit nicht derart angewiesen ist, wie dies im Erfindungsrecht der Fall ist.[427] Während es also im Arbeitnehmererfindungsrecht einer Sonderregelung wie § 19 ArbNErfG bedarf, um die Wettbewerbsfähigkeit des Arbeitgebers zu wahren, genügen im Urheberrecht die Schranken des allgemeinen Wettbewerbsverbots.[428] Durch das Wettbewerbsverbot ist der Arbeitgeber ausreichend geschützt.[429] Schon aufgrund dieser Unterschiede hinsichtlich der Auswirkungen von Patent- und Urheberrecht auf den Wettbewerb ist die Interessenlage im Patent- und Urhe-

---

424 Vgl. *Kraßer/Schricker*, Patent- und Urheberrecht an Hochschulen, S. 104; *Veigel*, Immaterialgüterrechte im Arbeitsverhältnis, Rn. 240.
425 *Ullmann*, GRUR 1987, 6, 9; *Ulrici*, Vermögensrechtliche Grundfragen des Arbeitnehmerurheberrechts, S. 174 f.
426 *Ulrici*, Vermögensrechtliche Grundfragen des Arbeitnehmerurheberrechts, S. 175; *Veigel*, Immaterialgüterrechte im Arbeitsverhältnis, Rn. 240.
427 *Veigel*, Immaterialgüterrechte im Arbeitsverhältnis, Rn. 240; vgl. auch *Ulrici*, Vermögensrechtliche Grundfragen des Arbeitnehmerurheberrechts, S. 174 f.
428 Vgl. zum arbeitsrechtlichen Wettbewerbsverbot siehe sogleich (bb).
429 *Schwab*, AuR 1993, 129, 132; *Schwab*, NZA 1999, 1254, 1256; *Ullmann*, GRUR 1987, 6, 9; *Barthel*, Arbeitnehmerurheberrechte in Arbeitsverträgen, Tarifverträgen und Betriebsvereinbarungen, S. 28 f.; *Ulrici*, Vermögensrechtliche Grundfragen des Arbeitnehmerurheberrechts, S. 176.

berrecht nicht vergleichbar, sodass eine Analogie zu § 19 ArbNErfG nicht angebracht erscheint.

Als nur schwer begründbar erweist sich eine analoge Anwendung des § 19 ArbNErfG auch im Hinblick auf das unterschiedliche Verständnis von freien Arbeitsergebnissen im Patent- und Urheberrecht.[430] Freie Erfindungen i. S. d. ArbNErfG sind nur solche, die weder aus der dem Arbeitnehmer im Betrieb oder in der öffentlichen Verwaltung obliegenden Tätigkeit entstanden sind noch maßgeblich auf Erfahrungen oder Arbeiten des Betriebes oder der öffentlichen Verwaltung beruhen (vgl. § 4 Abs. 2 ArbNErfG). Demgegenüber erfasst der Begriff des freien Werks im Urheberrecht gerade nicht die sog. „Erfahrungswerke", also solche urheberrechtlich geschützten Werke, die der Arbeitnehmer aufgrund seiner Erfahrungen im Betrieb, aber außerhalb seiner vertraglichen Verpflichtungen aus dem Arbeitsverhältnis schafft. Bei der Schaffung des Urhebergesetzes im Jahr 1965[431] war dem Gesetzgeber die bereits seit 1957 bestehende Regelung des § 4 Abs. 2 Nr. 2 ArbNErfG[432] hinlänglich bekannt, sodass auf eine bewusste Abweichung geschlossen werden kann.[433] Insoweit fehlt es schon an einer planwidrigen Regelungslücke. Aus diesem Grund erscheint auch die in der Literatur teilweise zur Voraussetzung einer Anbietungspflicht erhobene Zuhilfenahme betrieblicher Mittel oder Erfahrungen nicht geeignet.[434] Mithilfe einer Analogie zu § 19 ArbNErfG kann eine Anbietungspflicht des Arbeitnehmerurhebers folglich nicht begründet werden.

(bb) Wettbewerbsverbot

Entscheidend ist letztlich das Wettbewerbsverbot. Nach teilweise in der Literatur vertretener Ansicht kann eine Anbietungspflicht auf das allgemeine arbeitsrechtliche Wettbewerbsverbot gestützt werden.[435] Dies vermag je-

---

430 Ähnlich *Veigel*, Immaterialgüterrechte im Arbeitsverhältnis, Rn. 241.
431 „Gesetz über Urheberrecht und verwandte Schutzrechte (Urheberrechtsgesetz)" vom 09.09.1965, BGBl. 1965, Teil I, S. 1273.
432 „Gesetz über Arbeitnehmererfindungen" vom 25.07.1957, BGBl. 1957, Teil I, S. 756, in Kraft getreten am 01.10.1957.
433 Vgl. hierzu *van der Hoff*, Die Vergütung angestellter Software-Entwickler, S. 109; *Ruzman*, Softwareentwicklung durch Arbeitnehmer, S. 111 f. (allerdings zu § 69b UrhG, der erst im Jahr 1993 geschaffen wurde).
434 Vgl. hierzu auch *Veigel*, Immaterialgüterrechte im Arbeitsverhältnis, Rn. 234.
435 Siehe die Nachweise in Fn. 412 (S. 138).

doch ebenfalls nicht zu überzeugen. Nach § 60 Abs. 1 HGB darf der Handlungsgehilfe ohne Einwilligung des Prinzipals weder ein Handelsgewerbe betreiben noch in dem Handelszweig des Prinzipals für eigene oder fremde Rechnung Geschäfte machen. Das im Handelsrecht verankerte Wettbewerbsverbot des § 60 Abs. 1 HGB findet auch im Arbeitsrecht analoge Anwendung.[436] Damit ist es dem Arbeitnehmer verwehrt, während der Dauer des Arbeitsverhältnisses eine Konkurrenztätigkeit auszuüben, unabhängig davon, ob ein Wettbewerbsverbot im Arbeitsvertrag ausdrücklich geregelt ist.[437] Darüber hinaus folgt das arbeitsrechtliche Wettbewerbsverbot heute aus einer arbeitsvertraglichen Nebenpflicht i. S. d. § 241 Abs. 2 BGB[438], da der Arbeitnehmer auf die Rechte, Rechtsgüter und Interessen des Arbeitgebers Rücksicht nehmen muss. Aus diesem Grund erscheint auch die in der Literatur vorgenommene Differenzierung zwischen dem Wettbewerbsverbot und der arbeitsrechtlichen „Treuepflicht"[439] als Grundlage der Anbietungspflicht nicht sinnvoll, da arbeitsrechtliche „Treuepflichten" selbst Nebenpflichten i. S. d. § 241 Abs. 2 BGB darstellen.[440] Eine darüberhinausgehende arbeitsrechtliche „Treuepflicht" ist bereits mangels rechtlicher Grundlage abzulehnen.[441]

Ausgehend von dem ohnehin bestehenden Wettbewerbsverbot des Arbeitnehmers erscheint die teilweise vorgenommene Begrenzung einer Anbietungspflicht auf die freien Werke des Arbeitnehmers, die im Rahmen einer der Arbeitstätigkeit des Arbeitnehmers sachlich vergleichbaren außervertraglichen Tätigkeit entstanden sind, redundant.[442] Die sachliche Vergleichbarkeit der anderweitigen Tätigkeit des Arbeitnehmers ist so lange unerheblich, wie dieser nicht gegen das arbeitsrechtliche Wettbewerbsverbot verstößt. Soweit muss ihm aber auch die Verwertung des freien Werks zustehen, ohne mit einer Anbietungspflicht belastet zu werden.

---

436 BAG, Urteil v. 16.08.1990 – 2 AZR 13/90, NZA 1991, 141, 142 f.; BAG, Urteil v. 26.09.2007 – 10 AZR 511/06, BAGE 124, 133, 137 f. (Rn. 17) = NZA 2007, 1436; *Ulrici*, Vermögensrechtliche Grundfragen des Arbeitnehmerurheberrechts, S. 172; *Müller-Glöge*, in: MüKo-BGB, Bd. 4, § 611 BGB, Rn. 1101.
437 BAG, Urteil v. 20.09.2006 – 10 AZR 439/05, BAGE 119, 294, 297 (Rn. 16) = NZA 2007, 977; *Veigel*, Immaterialgüterrechte im Arbeitsverhältnis, Rn. 229; vgl. auch BAG, Urteil v. 16.08.1990 – 2 AZR 13/90, NZA 1991, 141, 142.
438 Vgl. statt vieler BAG, Urteil v. 20.09.2006 – 10 AZR 439/05, BAGE 119, 294, 297 (Rn. 16) = NZA 2007, 977; BAG, Urteil v. 24.03.2010 – 10 AZR 66/09, BAGE 134, 43, 46 (Rn. 15) = NZA 2010, 693.
439 Siehe hierzu die Nachweise in den Fn. 412 und 411 (S. 138).
440 Vgl. *Veigel*, Immaterialgüterrechte im Arbeitsverhältnis, Rn. 236.
441 Zur „Treuepflicht" vgl. oben Kapitel 2. § 4 B. (S. 74).
442 So aber die Nachweise in Fn. 417 (S. 139).

Fällt das Werkschaffen des Arbeitnehmers demgegenüber in den wettbewerblich unzulässigen Tätigkeitsbereich, bedarf es etwaiger Anbietungspflichten nicht, da der Arbeitnehmer Rechte, die in den Marktbereich des Arbeitgebers fallen, aufgrund des Wettbewerbsverbots ohnehin nicht verwerten darf und der Arbeitgeber im Verletzungsfall Unterlassung, Schadensersatz und gegebenenfalls Herausgabe des aus der Konkurrenztätigkeit Erlangten verlangen kann.[443]

Auch die Argumentation derjenigen, die eine Anbietungspflicht für freie Werke bejahen, die der Arbeitnehmer unter Zuhilfenahme betrieblicher Mittel oder Erfahrungen geschaffen hat, verblasst vor dem Hintergrund des Wettbewerbsverbots noch weiter. Das Urhebergesetz erfasst als Pflichtwerke nur die Werke, die der Arbeitnehmer in Erfüllung seiner Verpflichtungen aus dem Arbeitsverhältnis geschaffen hat. Anders als im Arbeitnehmererfindergesetz (vgl. § 4 Abs. 2 Nr. 2 ArbNErfG), sind Werke, die auf Erfahrungen oder Arbeiten des Betriebes beruhen, als freie Werke anzusehen; eine Analogie zu § 4 Abs. 2 Nr. 2 ArbNErfG im Urhebergesetz scheidet wie gesehen aus.[444] Die Grenze bildet wiederum das Wettbewerbsverbot. Der Arbeitnehmer darf so lange außerhalb der betrieblichen Tätigkeit von seinen betrieblichen Erfahrungen Gebrauch machen, wie er nicht gegen das arbeitsrechtliche Wettbewerbsverbot verstößt. So weit muss ihm aber auch die freie Verwertung zustehen. Die Annahme einer Anbietungspflicht würde unweigerlich zu einer unzulässigen Analogie zu § 4 Abs. 2 Nr. 2 ArbNErfG führen.[445]

Die in der Literatur vorgebrachten Meinungen sind nur verschiedene Spielarten, die allein unter dem Aspekt des arbeitsrechtlichen Wettbewerbsverbots zusammengefasst werden können, mit dessen Hilfe die Frage nach einer Anbietungspflicht zufriedenstellend gelöst werden kann. Mit dem Wettbewerbsverbot käme man schließlich zu dem Ergebnis, dass nur solche freien Werke des Arbeitnehmers einer Anbietungspflicht unterfallen, die in den Arbeitsbereich des Arbeitgebers fallen.[446] Gleichwohl scheidet auch das arbeitsrechtliche Wettbewerbsverbot als Grundlage einer Anbietungspflicht des Arbeitnehmers insgesamt aus. Denn verletzt der Arbeitnehmer das Wettbewerbsverbot, indem er in den Arbeitsbereich des Arbeitgebers fallende freie Werke verwertet, führt dies nicht zu einer Nut-

---

[443] Ablehnend zur sachlichen Vergleichbarkeit auch *Veigel*, Immaterialgüterrechte im Arbeitsverhältnis, Rn. 233.
[444] Siehe hierzu soeben unter (aa).
[445] Vgl. *Veigel*, Immaterialgüterrechte im Arbeitsverhältnis, Rn. 234.
[446] So die Nachweise in Fn. 416 (S. 138).

zungsrechtseinräumung an den Arbeitgeber. Aus dem Wettbewerbsverbot kann der Arbeitgeber allenfalls Unterlassung und Schadensersatz gem. §§ 280 Abs. 1, 241 Abs. 2 BGB bzw. § 61 Abs. 1 Hs. 1 HGB analog[447] oder unter Umständen Herausgabe des aus der Konkurrenztätigkeit Erlangten nach §§ 687 Abs. 2, 681 S. 2, 667 BGB bzw. § 61 Abs. 1 Hs. 2 HGB analog verlangen.[448] Die aktive Einräumung von Nutzungsrechten oder auch die Anbietung von Nutzungsrechten kann der Arbeitgeber demgegenüber nicht verlangen.[449] Zudem würde eine Anbietungspflicht hinsichtlich der in den Arbeitsbereich des Arbeitgebers fallenden freien Werke zu einer derartigen Annäherung an § 19 ArbNErfG führen, die im Ergebnis eine Analogie zu § 19 ArbNErfG zur Folge hätte. Eine solche wurde jedoch bereits aus guten Gründen abgelehnt.[450] Mithin vermag auch das Wettbewerbsverbot eine Anbietungspflicht des Arbeitnehmers nicht zu begründen.

(3) Fazit

Schafft der Arbeitnehmer außerhalb seiner vertraglich geschuldeten Tätigkeit ein urheberrechtlich geschütztes Werk, handelt es sich hierbei um ein freies Werk des Arbeitnehmers. Die Verwertung des Werkes steht dem Arbeitnehmer zu; eine Anbietungspflicht des freien Werkes ergibt sich weder aus einer Analogie zu § 19 ArbNErfG noch aus dem arbeitsrechtlichen Wettbewerbsverbot. Eine Differenzierung zwischen gebundenen und ungebundenen Freiwerken erübrigt sich mithin.[451]

---

447 *Veigel*, Immaterialgüterrechte im Arbeitsverhältnis, Rn. 229; *Richardi/Fischinger*, in: Staudinger (2016), § 611 BGB, Rn. 1181 ff.
448 Siehe hierzu *Veigel*, Immaterialgüterrechte im Arbeitsverhältnis, Rn. 229; *Roth*, in: Baumbach/Hopt, HGB, § 61 HGB, Rn. 3.
449 *Bayreuther*, GRUR 2003, 570, 577; *Müller-Höll*, Der Arbeitnehmerurheber in der Europäischen Gemeinschaft, S. 72 f.; *Ulrici*, Vermögensrechtliche Grundfragen des Arbeitnehmerurheberrechts, S. 173; *Veigel*, Immaterialgüterrechte im Arbeitsverhältnis, Rn. 236; *Dreier*, in: Dreier/Schulze, Urheberrechtsgesetz, § 43 UrhG, Rn. 27; *Wandtke*, in: Wandtke/Bullinger, UrhR, § 43 UrhG, Rn. 34.
450 Hierzu siehe oben Kapitel 2. § 6 B. III. 2. a. bb. (2) (b) (aa), (S. 139).
451 So auch *Barthel*, Arbeitnehmerurheberrechte in Arbeitsverträgen, Tarifverträgen und Betriebsvereinbarungen, S. 24, 30; **a. A.** *Scholz*, Die rechtliche Stellung des Computerprogramme erstellenden Arbeitnehmers nach Urheberrecht, Patentrecht und Arbeitnehmererfindungsrecht, S. 29 und auch *Kraßer/Schricker*, Patent- und Urheberrecht an Hochschulen, S. 106, die die fehlende Definition und Abgrenzung in der Literatur kritisieren und zwischen „*Werkschaffen im Bereich*

b. Sonderfall: Computerprogramme gem. §§ 69a, 69b UrhG

Lange Zeit wurde diskutiert, ob auch Computerprogramme dem urheberrechtlichen Schutz unterfallen können.[452] Unter der Fülle an möglichen urheberrechtlich geschützten Werken nehmen Computerprogramme heute eine besondere Stellung im Urheberrechtsgesetz ein. Im Katalog der geschützten Werke nach § 2 Abs. 1 UrhG werden diese seit 1985 explizit erwähnt[453] und mit den §§ 69a bis 69b UrhG widmet das UrhG seit 1993 einen ganzen Abschnitt den besonderen urheberrechtlichen Bestimmungen für Computerprogramme.[454] Computerprogramme i. S. d. UrhG sind Programme in jeder Gestalt, einschließlich des Entwurfsmaterials (§ 69a Abs. 1 UrhG).

Im Gegensatz zum allgemeinen Urheberrecht erhebt § 69a UrhG das Kriterium der *Individualität* des Werks bzw. Programms ausdrücklich zur Voraussetzung der Schutzfähigkeit. So werden nach § 69a Abs. 3 UrhG Computerprogramme geschützt, wenn sie individuelle Werke in dem Sinne darstellen, dass sie das Ergebnis der eigenen geistigen Schöpfung sind. Gleichwohl weicht § 69a UrhG damit inhaltlich nicht von der *„persönlichen geistigen Schöpfung"* i. S. d. § 2 Abs. 2 UrhG ab. Die unterschiedliche Formulierung erklärt sich allein daraus, dass die §§ 69a ff. UrhG auf der europäischen Computerprogramm-Richtlinie beruhen[455], die möglichst wortlautgetreu umgesetzt werden sollte.[456] Weitere Voraussetzungen der

---

der Nebentätigkeit" (vgl. ungebunden) und *„Werkschaffen im Arbeits- oder Dienstverhältnis ohne Verpflichtung hierzu"* (vgl. gebunden) differenzieren, allerdings ohne nennenswerte Unterschiede in der Behandlung der verschiedenen Fallgruppen zu verdeutlichen.

452 Vgl. dazu *Loewenheim/Spindler*, in: Schricker/Loewenheim, UrhG, Vor §§ 69a ff. UrhG, Rn. 1.
453 Eingeführt durch das „Gesetz zur Änderung von Vorschriften auf dem Gebiet des Urheberrechts" vom 24.06.1985, BGBl. 1985, Teil I, S. 1137.
454 Eingefügt durch „Zweites Gesetz zur Änderung des Urheberrechtsgesetzes" vom 09.06.1993, BGBl. 1993, Teil I, S. 910.
455 Richtlinie 91/250/EWG des Rates über den Rechtsschutz von Computerprogrammen vom 14.05.1991, ABl. Nr. L 122, S. 42 (veröffentlicht in GRUR Int. 1991, 545 ff.); nunmehr ersetzt durch die Richtlinie 2009/24/EG des Europäischen Parlaments und des Rates über den Rechtsschutz von Computerprogrammen vom 23.04.2009, ABl. Nr. L 111, S. 16 (veröffentlicht in GRUR Int. 2009, 677 ff.).
456 *Loewenheim/Spindler*, in: Schricker/Loewenheim, UrhG, § 69a UrhG, Rn. 14; vgl. auch den Allgemeinen Teil der Begründung zum „Entwurf eines Zweiten Gesetzes zur Änderung des Urheberrechtsgesetzes" der Bundesregierung vom 18.12.1992, BT-Drs. 12/4022, S. 8.

Schutzfähigkeit eines Computerprogramms sind neben der Individualität deshalb wie bei jedem sonstigen Werk auch die persönliche Schöpfung, der geistige Gehalt sowie die wahrnehmbare Formgestaltung.[457]

Hinsichtlich der Individualität werden nach heute allgemeiner Auffassung in Rechtsprechung und Literatur auch Computerprogramme der sog. kleinen Münze geschützt.[458] Zwar hatte die Rechtsprechung die Anforderungen an die Individualität von Computerprogrammen zeitweise hochzusetzen versucht und verlangte eine gewisse Gestaltungshöhe dahingehend, dass die Gestaltung des Programms das handwerkliche Durchschnittskönnen eines Programmierers deutlich überragt.[459] Jenseits der dieser Rechtsprechung entgegengebrachten starken Kritik aus der Literatur[460] wurde diesem Verständnis auch mit dem auf Art. 1 Abs. 3 S. 2 der Computerprogramm-Richtlinie zurückgehenden[461] § 69a Abs. 3 S. 2 UrhG eine deutliche Absage erteilt.[462] Dieser bestimmt, dass andere Kriterien, insbesondere qualitative oder ästhetische, zur Bestimmung der Schutzfähigkeit nicht an-

---

457 *Dreier*, in: Dreier/Schulze, Urheberrechtsgesetz, § 69a UrhG, Rn. 26; *Loewenheim/Spindler*, in: Schricker/Loewenheim, UrhG, § 69a UrhG, Rn. 14; zu den einzelnen Voraussetzungen siehe oben Kapitel 2. § 6 B. I. (S. 120).
458 Für die Rechtsprechung siehe BGH, Urteil v. 14.07.1993 – I ZR 47/91, BGHZ 123, 208, 211 = GRUR 1994, 39 – *Buchhaltungsprogramm*; BGH, Urteil v. 03.03.2005 – I ZR 111/02, GRUR 2005, 860, 861 – *Fash 2000*; BGH, Urteil v. 20.09.2012 – I ZR 90/09, GRUR 2013, 509, 510 (Rn. 24) – *UniBasic-IDOS*; OLG Frankfurt a. M., Urteil v. 27.01.2015 – 11 U 94/13, GRUR 2015, 784, 787 (Rn. 36) – *Objektcode*. Für die Literatur siehe *Erdmann/Bornkamm*, GRUR 1991, 877, 879; *Dreier*, in: Dreier/Schulze, Urheberrechtsgesetz, § 69a UrhG, Rn. 26; *Loewenheim/Spindler*, in: Schricker/Loewenheim, UrhG, § 69a UrhG, Rn. 19. Im Übrigen siehe auch die Begründung zum „Entwurf eines Zweiten Gesetzes zur Änderung des Urheberrechtsgesetzes" der Bundesregierung vom 18.12.1992, BT-Drs. 12/4022, S. 9 f.
459 BGH, Urteil v. 09.05.1985 – I ZR 52/83, BGHZ 94, 276, 286 ff. = GRUR 1985, 1041 – *Inkasso-Programm*; BGH, Urteil v. 04.10.1990 – I ZR 139/89, BGHZ 112, 264, 271 = GRUR 1991, 449 – *Betriebssystem*.
460 Vgl. dazu *Loewenheim/Spindler*, in: Schricker/Loewenheim, UrhG, Vor §§ 69a ff. UrhG, Rn. 1.
461 *Loewenheim/Spindler*, in: Schricker/Loewenheim, UrhG, § 69a UrhG, Rn. 17. Der Art. 1 Abs. 3 Richtlinie 91/250/EWG des Rates vom 14.05.1991 über den Rechtsschutz von Computerprogrammen lautet: „*Computerprogramme werden geschützt, wenn sie individuelle Werke in dem Sinne darstellen, dass sie das Ergebnis der eigenen geistigen Schöpfung sind. Zur Bestimmung ihrer Schutzfähigkeit sind keine anderen Kriterien anzuwenden.*" (ABl. Nr. L 122, S. 42).
462 *Lehmann*, NJW 1991, 2112, 2113; vgl. auch BGH, Urteil v. 14.07.1993 – I ZR 47/91, BGHZ 123, 208, 211 = GRUR 1994, 39 – *Buchhaltungsprogramm*; *Loewenheim/Spindler*, in: Schricker/Loewenheim, UrhG, Vor §§ 69a ff. UrhG, Rn. 8.

Kapitel 2. Vergütungsansprüche und Immaterialgüterrechte im Arbeitsrecht

zuwenden sind. Nicht geschützt durch das UrhG sind demgegenüber bloße Ideen und Grundsätze, die einem Element des Computerprogramms zugrunde liegen (§ 69a Abs. 2 S. 2 UrhG). Im Übrigen finden auf Computerprogramme die für Sprachwerke geltenden Bestimmungen Anwendung, soweit in den Vorschriften der §§ 69a bis 69b UrhG nichts anderes bestimmt ist (§ 69a Abs. 4 UrhG).

Zu den besonderen Bestimmungen für Computerprogramme gehört insbesondere der für die vorliegende Arbeit relevante § 69b UrhG, der Aussagen hinsichtlich derjenigen Computerprogramme trifft, die im Rahmen eines Dienst- oder Arbeitsverhältnisses geschaffen werden. Danach ist der Arbeitgeber berechtigt, alle vermögensrechtlichen Befugnisse an dem vom Arbeitnehmer geschaffenen Computerprogramm auszuüben, sofern nichts anderes vereinbart ist. Auf diesem Wege ist es dem Arbeitgeber möglich, in den Genuss des Arbeitsergebnisses zu gelangen. Auch im Anwendungsbereich des § 69b UrhG lassen sich Pflichtwerke und freie Werke des Arbeitnehmers unterscheiden.[463]

aa. Pflichtwerke

Ein Pflichtwerk liegt vor, wenn der Arbeitnehmer das Computerprogramm *„in Wahrnehmung seiner Aufgaben"* oder *„nach den Anweisungen des Arbeitgebers"* schafft. Die in § 69b UrhG gewählte Formulierung weicht von derjenigen in § 43 UrhG ab, in der von Werken *„in Erfüllung [... der] Verpflichtungen aus einem Arbeits- oder Dienstverhältnis"* die Rede ist. Der Hintergrund dessen ist die wortlautgetreue Umsetzung des Art. 2 Abs. 3 der Computerprogrammrichtlinie[464], der § 69b UrhG zugrunde liegt.[465]

---

463 Vgl. *Barthel*, Arbeitnehmerurheberrechte in Arbeitsverträgen, Tarifverträgen und Betriebsvereinbarungen, S. 182; *Wandtke*, Die Rechte der Urheber und ausübenden Künstler im Arbeits- und Dienstverhältnis, S. 301 f., 306.
464 Art. 2 Abs. 3 der Richtlinie 91/250/EWG des Rates vom 14.05.1991 über den Rechtsschutz von Computerprogrammen lautet: *„Wird ein Computerprogramm von einem Arbeitnehmer in Wahrnehmung seiner Aufgaben oder nach den Anweisungen seines Arbeitgebers geschaffen, so ist ausschließlich der Arbeitgeber zur Ausübung aller wirtschaftlichen Rechte an dem so geschaffenen Programm berechtigt, sofern keine andere vertragliche Vereinbarung getroffen wird."* (ABl. Nr. L 122, S. 42).
465 Vgl. *Veigel*, Immaterialgüterrechte im Arbeitsverhältnis, Rn. 175; *Dreier*, in: Dreier/Schulze, Urheberrechtsgesetz, § 69b UrhG, Rn. 8; *Loewenheim/Spindler*, in: Schricker/Loewenheim, UrhG, § 69b UrhG, Rn. 1.

(1) Erfasste Werke

Mit der Formulierung „*in Wahrnehmung seiner Aufgaben*" werden die Aufgaben des Arbeitnehmers in Bezug genommen. Entscheidend ist, ob die Schaffung von Computerprogrammen in den Aufgabenkreis des Arbeitnehmers fällt. Diese Aufgaben des Arbeitnehmers können sich – wie bei § 43 UrhG auch – aus dem Arbeitsvertrag, Tarifverträgen, der betrieblichen Funktion des Arbeitnehmers, der Verwendbarkeit des Werks für den Arbeitgeber, der Aufgabe der Abteilung, in der der Arbeitnehmer tätig ist, dem typischen Berufsbild sowie der Branchenüblichkeit ergeben.[466] Danach handelt vor allem der Arbeitnehmer in Wahrnehmung seiner Aufgaben, der primär zum Zweck der Softwareerstellung eingestellt wurde und infolge dessen Software als Ergebnis seiner Arbeitstätigkeit schuldet[467], was bei einer Einstellung als „Programmierer" regelmäßig der Fall sein wird.[468]

Computerprogramme, die der Arbeitnehmer „*nach den Anweisungen seines Arbeitgebers*" entwickelt, sind solche, die der Arbeitnehmer nach Weisungen des Arbeitgebers schafft, die über das Direktionsrecht des Arbeitgebers hinausgehen. Denn Computerprogramme, die der Arbeitnehmer aufgrund von Weisungen schafft, die durch das Direktionsrecht des Arbeitgebers gedeckt sind, fallen bereits unter den Anwendungsbereich von § 69b Abs. 1 Alt. 1 UrhG („*Wahrnehmung seiner Aufgaben*"). Eine gegenteilige Auffassung ließe den Anwendungsbereich von § 69b Abs. 1 Alt. 2 UrhG gegenstandslos werden.[469] Zu beachten gilt allerdings, dass der Arbeitneh-

---

466 *Veigel*, Immaterialgüterrechte im Arbeitsverhältnis, Rn. 176; *Dreier*, in: Dreier/Schulze, Urheberrechtsgesetz, § 69b UrhG, Rn. 8; siehe auch *Grützmacher*, in: Wandtke/Bullinger, UrhR, § 69b UrhG, Rn. 5 f.; *Loewenheim/Spindler*, in: Schricker/Loewenheim, UrhG, § 69b UrhG, Rn. 5 f. Zu den Kriterien im Einzelnen die Nachweise in den Fn. 375 (S. 129).
467 *van der Hoff*, Die Vergütung angestellter Software-Entwickler, S. 136; *Grützmacher*, in: Wandtke/Bullinger, UrhR, § 69b UrhG, Rn. 11 m. w. N.
468 *van der Hoff*, Die Vergütung angestellter Software-Entwickler, S. 136; *Wandtke*, in: Wandtke/Bullinger, UrhR, § 43 UrhG, Rn. 18.
469 So i. E. und teils mit ähnlicher Begründung auch *Sack*, UFITA 1993 (Bd. 121), 15, 20; *Ruzman*, Softwareentwicklung durch Arbeitnehmer, S. 113; *Dreier*, in: Dreier/Schulze, Urheberrechtsgesetz, § 69b UrhG, Rn. 8; *Grützmacher*, in: Wandtke/Bullinger, UrhR, § 69b UrhG, Rn. 16; *Loewenheim/Spindler*, in: Schricker/Loewenheim, UrhG, § 69b UrhG, Rn. 7; **a. A.** *Gaul*, RDV 1994, 1, 2; *Barthel*, Arbeitnehmerurheberrechte in Arbeitsverträgen, Tarifverträgen und Betriebsvereinbarungen, S. 184 ff.; *Kuckuk*, Die Vergütungsansprüche der Arbeitnehmerurheber im Spannungsfeld zwischen Arbeitsrecht und neuem Urheberrecht, S. 58 f. Dem Meinungsstreit nur geringe Bedeutung beimessend *Veigel*, Immaterialgüterrechte im Arbeitsverhältnis, Rn. 178, der in der Werkschöpfung

Kapitel 2. Vergütungsansprüche und Immaterialgüterrechte im Arbeitsrecht

mer Weisungen des Arbeitgebers, die über das Direktionsrecht hinausgehen, nicht Folge leisten *muss*.⁴⁷⁰ Der Anwendungsbereich des § 69b Abs. 1 Alt. 2 UrhG bleibt also auf diejenigen Fälle beschränkt, in denen der Arbeitnehmer einer nicht mehr vom Direktionsrecht gedeckten Weisung des Arbeitgebers dennoch folgt und im Rahmen der Weisungen ein Programm entwickelt.⁴⁷¹

(2) Rechtsnatur des § 69b UrhG

Handelt es sich nach diesen Grundsätzen bei dem Computerprogramm des Arbeitnehmers um ein Pflichtwerk, erwirbt der Arbeitgeber die Rechte zur Ausübung der vermögensrechtlichen Befugnisse per Gesetz; einer vertraglichen Einräumung der Nutzungsrechte durch den Arbeitnehmer bedarf es nach herrschender Auffassung insoweit nicht⁴⁷², weshalb die Regelung zumeist als eine gesetzliche Lizenz verstanden wird.⁴⁷³ Demgegen-

---

aufgrund von Weisungen, die über das Direktionsrecht des Arbeitgebers hinausgeht, eine konkludente Änderung oder Erweiterung der arbeitsvertraglichen Pflichten erblickt und damit auch in diesem Fall § 69b Abs. 1 Alt. 1 UrhG zur Anwendung gelangen lässt. Auch dieses Verständnis lässt § 69b Abs. 1 Alt. 2 UrhG leer laufen.

470 *van der Hoff*, Die Vergütung angestellter Software-Entwickler, S. 143 f.
471 Vgl. hierzu auch *van der Hoff*, Die Vergütung angestellter Software-Entwickler, S. 144; *Grützmacher*, in: Wandtke/Bullinger, UrhR, § 69b UrhG, Rn. 16; *Loewenheim/Spindler*, in: Schricker/Loewenheim, UrhG, § 69b UrhG, Rn. 7.
472 Siehe nur *Sack*, UFITA 1993 (Bd. 121), 15, 22 f.; *Kraßer*, in: FG Schricker (1995), S. 77, 84; *Barthel*, Arbeitnehmerurheberrechte in Arbeitsverträgen, Tarifverträgen und Betriebsvereinbarungen, S. 187; *Leinhas*, IT-Outsourcing und Betriebsübergang im Sinne des § 613a BGB – arbeitnehmererfindungsrechtliche und arbeitnehmerurheberrechtliche Problemlösungen, Rn. 267.
473 BGH, Urteil v. 24.10.2000 – X ZR 72/98, GRUR 2001, 155, 157 – *Wetterführungspläne I*; BGH, Urteil v. 23.10.2001 – X ZR 72/98, GRUR 2002, 149, 151 – *Wetterführungspläne II*; *Ahrens*, in: FS Reimann (2009), S. 1, 4; *Bayreuther*, GRUR 2003, 570, 572; *Kraßer*, in: FG Schricker (1995), S. 77, 100; *Barthel*, Arbeitnehmerurheberrechte in Arbeitsverträgen, Tarifverträgen und Betriebsvereinbarungen, S. 187; *Haas*, Das neue Urhebervertragsrecht, Rn. 417; *van der Hoff*, Die Vergütung angestellter Software-Entwickler, S. 134; *Leinhas*, IT-Outsourcing und Betriebsübergang im Sinne des § 613a BGB – arbeitnehmererfindungsrechtliche und arbeitnehmerurheberrechtliche Problemlösungen, Rn. 267 m. w. N.; *Ulrici*, Vermögensrechtliche Grundfragen des Arbeitnehmerurheberrechts, S. 89; *Grützmacher*, in: Wandtke/Bullinger, UrhR, § 69b UrhG, S. 1 m. w. N.; mit Bezug zum europarechtlichen Hintergrund siehe auch *Lehmann*, NJW 1991, 2112, 2113.

über lassen sich Meinungen in der Literatur finden, die § 69b UrhG als bloße Auslegungsregelung begreifen und damit dennoch eine vertragliche Rechtsüberleitung annehmen wollen.[474] Für die Rechtszuordnung selbst ist eine Entscheidung dieses Streits nahezu unerheblich, da der Arbeitgeber in jedem Fall die vermögensrechtlichen Befugnisse an dem Computerprogramm des Arbeitnehmers erhält.[475] Der Streit um die Rechtsnatur des § 69b UrhG erlangt jedoch besondere Bedeutung im Hinblick auf die noch zu behandelnden Vergütungsansprüche des Arbeitnehmers für die Schaffung von Computerprogrammen, deren Erörterung als Ausgangspunkt für die Betrachtung der Vergütungsansprüche von Hochschulbeschäftigten dient.

Die Argumente, die für das Verständnis des § 69b UrhG als bloße Auslegungsregel vorgebracht werden, tragen nicht. Soweit argumentiert wird, § 69b UrhG mache mit der Festlegung der Vorrangigkeit anderweitiger Vereinbarungen („*sofern nichts anderes vereinbart ist*") den vertraglichen Charakter der Rechtsübertragung deutlich[476], kann dem nicht beigetreten werden, da diese Formulierung lediglich die Abdingbarkeit der Vorschrift des § 69b UrhG klarstellen soll.[477] Auch im Hinblick auf § 2 Abs. 2 HalblSchG und § 7 Abs. 2 DesignG erscheint dieses Argument nicht tragfähig, da diese Vorschriften (nach hier vertretener Auffassung) einen originären Rechtserwerb des Arbeitgebers per Gesetz regeln[478], gleichwohl aber ebenfalls die Möglichkeit der vertraglichen Abweichung vorsehen.[479] Anders als teilweise angenommen, verstößt die Annahme einer gesetzlichen Lizenz auch nicht gegen den allgemeinen Gleichbehandlungsgrundsatz

---

474 *Hauptmann*, Abhängige Beschäftigung und der urheberrechtliche Schutz des Arbeitsergebnisses, S. 167 f.; *Veigel*, Immaterialgüterrechte im Arbeitsverhältnis, Rn. 144; *Czychowski*, in: Fromm/Nordemann, Urheberrecht, § 69b UrhG, Rn. 2; **von gesetzlicher Vermutung sprechend** OLG Düsseldorf, Urteil v. 27.03.1997 – 20 U 51/96, ZUM-RD 1997, 555, 557 – *Dongle-Umgehung*; *Kaboth/Spies*, in: BeckOK-UrhR, § 69b UrhG, Rn. 1; **als cessio legis** *Himmelmann*, Vergütungsrechtliche Ungleichbehandlung von Arbeitnehmer-Erfinder und Arbeitnehmer-Urheber, S. 94; *Schack*, Urheber- und Urhebervertragsrecht, S. 304.
475 Siehe aber zu den Problemen hinsichtlich der räumlichen Reichweite der übertragenen Nutzungsrechte Fn. 484 (S. 152).
476 So *Czychowski*, in: Fromm/Nordemann, Urheberrecht, § 69b UrhG, Rn. 2; siehe hierzu auch *Loewenheim/Spindler*, in: Schricker/Loewenheim, UrhG, § 69b UrhG, Rn. 11.
477 Vgl. *Grützmacher*, in: Wandtke/Bullinger, UrhR, § 69b UrhG, Rn. 1.
478 Siehe zur designrechtlichen Vorschrift des § 7 Abs. 2 DesignG unten Kapitel 2. § 6 C. III. 3. a. aa. (S. 167 ff.).
479 Vgl. hierzu *Veigel*, Immaterialgüterrechte im Arbeitsverhältnis, Rn. 141.

Kapitel 2. Vergütungsansprüche und Immaterialgüterrechte im Arbeitsrecht

aus Art. 3 Abs. 1 GG. Insoweit wird zwar argumentiert, dass die Annahme einer gesetzlichen Lizenz zum Ausschluss der Regelungen des Urhebervertragsrechts nach §§ 31 ff. UrhG im Rahmen von § 69b UrhG führe und der angestellte Computerprogrammierer durch die damit verbundene Unanwendbarkeit der §§ 32, 32a UrhG gegenüber den sonstigen Arbeitnehmern vor allem im Hinblick auf die Vergütungssituation benachteiligt werde.[480] Wie noch zu zeigen sein wird[481], sind die Vorschriften der §§ 32, 32a UrhG auf das Arbeitnehmerurheberrecht, also auch auf die ein sonstiges urheberrechtlich geschütztes Werk schaffenden Arbeitnehmer nach § 43 UrhG, aber ohnehin nicht anwendbar, weshalb die befürchtete Ungleichbehandlung ausbleibt. Im Ergebnis ist die Rechtsnatur des § 69b UrhG folglich als gesetzliche Lizenz zu verstehen.

(3) Umfang der übergehenden Nutzungsrechte

Während der Arbeitgeber die Nutzungsrechte an den urheberrechtlich geschützten Werken des Arbeitnehmers nach § 43 UrhG bei mangelnder Vereinbarung sowohl dem Grunde als auch dem Umfang nach nur soweit erhält, wie es der Betriebszweck erfordert, stehen dem Arbeitgeber die vermögensrechtlichen Befugnisse an einem Computerprogramm des Arbeitnehmers nach der Sonderregelung des § 69b UrhG sowohl in sachlicher und räumlicher als auch in zeitlicher Hinsicht uneingeschränkt zu.[482] Der Arbeitgeber erlangt die Nutzungsrechte folglich für innerbetriebliche wie für außerbetriebliche Nutzungen (sachlich)[483], für die in- wie ausländische Nutzung (räumlich)[484] sowie für eine Nutzung auch nach Beendigung des

---

480 So *Veigel*, Immaterialgüterrechte im Arbeitsverhältnis, Rn. 142 ff.
481 Siehe hierzu unten Kapitel 4. § 9 B. II. 1. b. bb. (3) (b), (S. 484 ff.).
482 Vgl. *Veigel*, Immaterialgüterrechte im Arbeitsverhältnis, Rn. 179; *Dreier*, in: Dreier/Schulze, Urheberrechtsgesetz, § 69b UrhG, Rn. 9; *Kaboth/Spies*, in: BeckOK-UrhR, § 69b UrhG, Rn. 14; *Loewenheim/Spindler*, in: Schricker/Loewenheim, UrhG, § 69b UrhG, Rn. 11 f.
483 BGH, Urteil v. 24.10.2000 – X ZR 72/98, GRUR 2001, 155, 157 – *Wetterführungspläne I*; *Bayreuther*, GRUR 2003, 570, 572; *Sack*, UFITA 1993 (Bd. 121), 15, 24; *Sack*, BB 1991, 2165, 2169; *Grützmacher*, in: Wandtke/Bullinger, UrhR, § 69b UrhG, Rn. 19; *Sack*, BB 1991, 2165, 2169.
484 Der Streit, ob es sich bei § 69b UrhG um eine Auslegungsregel oder eine gesetzliche Lizenz handelt, hat Auswirkungen auf die räumliche Reichweite der eingeräumten Nutzungsbefugnisse, da bei Annahme einer gesetzlichen Lizenz, der Übergang der Nutzungsbefugnisse aufgrund des Territorialitätsprinzips auf das deutsche Staatsgebiet beschränkt bliebe. Dieser Konflikt wird durch die Annah-

Arbeitsverhältnisses (zeitlich).[485] In sachlicher Hinsicht findet vor allem die in § 31 Abs. 5 UrhG festgeschriebene Zweckübertragungslehre im Rahmen von § 69b UrhG keine Anwendung[486], da der Arbeitgeber durch § 69b UrhG sämtliche in § 69c UrhG enthaltenen ausschließlichen Nutzungsrechte erlangt, insbesondere Nutzungsrechte zur Verwertung nach den §§ 15 ff. UrhG sowie Rechte zur Bearbeitung des Programms.[487] Die gesetzlichen Vergütungsansprüche des Arbeitnehmers (z. B. § 27 Abs. 2 und 3 UrhG für Vermietung und Verleihen) verbleiben hingegen bei ihm als Urheber, sie gehören nicht zu den vermögensrechtlichen Befugnissen, die auf den Arbeitgeber übergehen.[488] Dies findet seine Rechtfertigung darin, dass der Arbeitgeber dieser Ansprüche zur wirtschaftlichen Verwertung der durch den Arbeitnehmer geschaffenen Programme nicht bedarf.[489]

Stehen nach § 69b UrhG die vermögensrechtlichen Befugnisse an dem Computerprogramm des Arbeitnehmers dem Arbeitgeber zu, bedeutet dies zugleich, dass die Urheberpersönlichkeitsrechte an dem geschaffenen

---

me des Vorrangs des Arbeitsstatuts nach Art. 8 Rom I-VO gegenüber dem urheberrechtlichen Territorialitätsprinzip gelöst und auf diesem Wege selbst bei Annahme einer gesetzlichen Lizenz, eine Rechtsübertragung auch für das Ausland erzielt (vgl. hierzu *Sack*, UFITA 1993 (Bd. 121), 15, 25 f.; *Leinhas*, IT-Outsourcing und Betriebsübergang im Sinne des § 613a BGB – arbeitnehmererfindungsrechtliche und arbeitnehmerurheberrechtliche Problemlösungen, Rn. 269; *Dreier*, in: Dreier/Schulze, Urheberrechtsgesetz, § 69b UrhG, Rn. 9; *Grützmacher*, in: Wandtke/Bullinger, UrhR, § 69b UrhG, Rn. 20).

485 *Sack*, BB 1991, 2165, 2169; *Dreier*, in: Dreier/Schulze, Urheberrechtsgesetz, § 69b UrhG, Rn. 9.

486 Begründung zum „Entwurf eines Zweiten Gesetzes zur Änderung des Urheberrechtsgesetzes" der Bundesregierung vom 18.12.1992, BT-Drs. 12/4022, S. 10; BGH, Urteil v. 24.10.2000 – X ZR 72/98, GRUR 2001, 155, 157 – *Wetterführungspläne I*; *Balle*, NZA 1997, 868, 870; *Bayreuther*, GRUR 2003, 570, 572; *van der Hoff*, Die Vergütung angestellter Software-Entwickler, S. 134; *Veigel*, Immaterialgüterrechte im Arbeitsverhältnis, Rn. 179; *Czychowski*, in: Fromm/Nordemann, Urheberrecht, § 69b UrhG, Rn. 28; *Dreier*, in: Dreier/Schulze, Urheberrechtsgesetz, § 69b UrhG, Rn. 9; *Grützmacher*, in: Wandtke/Bullinger, UrhR, § 69b UrhG, Rn. 19; *Loewenheim/Spindler*, in: Schricker/Loewenheim, UrhG, § 69b UrhG, Rn. 12; a. A. *Schwab*, NZA 1999, 1254, 1256 (Fn. 12); *Wandtke*, in: Wandtke/Bullinger, UrhR, § 43 UrhG, Rn. 56.

487 Vgl. *Leinhas*, IT-Outsourcing und Betriebsübergang im Sinne des § 613a BGB – arbeitnehmererfindungsrechtliche und arbeitnehmerurheberrechtliche Problemlösungen, Rn. 269; *Grützmacher*, in: Wandtke/Bullinger, UrhR, § 69b UrhG, Rn. 18; *Kaboth/Spies*, in: BeckOK-UrhR, § 69b UrhG, Rn. 14.

488 *Dreier*, in: Dreier/Schulze, Urheberrechtsgesetz, § 69b UrhG, Rn. 10; a. A. *Grützmacher*, in: Wandtke/Bullinger, UrhR, § 69b UrhG, Rn. 18.

489 Vgl. *Dreier*, in: Dreier/Schulze, Urheberrechtsgesetz, § 69b UrhG, Rn. 10.

Programm nicht auf den Arbeitgeber übergehen, sondern beim Arbeitnehmerurheber verbleiben.[490] Aufgrund des uneingeschränkten Übergangs aller vermögensrechtlichen Befugnisse auf den Arbeitgeber können die Urheberpersönlichkeitsrechte des Arbeitnehmers jedoch einer Einschränkung unterliegen.[491]

bb. Freie Werke

Ein freies Werk liegt demgegenüber vor, wenn die Kriterien des § 69b UrhG nicht erfüllt sind. In diesem Fall erhält der Arbeitgeber nicht das Recht zur Ausübung der vermögensrechtlichen Befugnisse an dem Computerprogramm, da § 69b UrhG auf außervertragliche bzw. außerdienstliche Werke keine Anwendung findet.[492] Vergleichbar der Situation freier Werke im Rahmen von § 43 UrhG, wird auch für Computerprogramme diskutiert, ob den Arbeitnehmer bei freien Werken eine Anbietungspflicht trifft. Eine solche ist grundsätzlich aus den bereits zu § 43 UrhG getroffenen Erwägungen abzulehnen.[493]

---

490 Begründung zum „Entwurf eines Zweiten Gesetzes zur Änderung des Urheberrechtsgesetzes" der Bundesregierung vom 18.12.1992, BT-Drs. 12/4022, S. 10; siehe auch OLG Hamm, Urteil v. 07.08.2007 – 4 U 14/07, GRUR-RR 2008, 154 – *Copyrightvermerk*; KG, Beschluss v. 28.01.1997 – 5 W 6232/96, NJW-RR 1997, 1405; *Dreier*, in: Dreier/Schulze, Urheberrechtsgesetz, § 69b UrhG, Rn. 3; *Grützmacher*, in: Wandtke/Bullinger, UrhR, § 69b UrhG, Rn. 26; *Kaboth/Spies*, in: BeckOK-UrhR, § 69b UrhG, Rn. 16.
491 *Czychowski*, in: Fromm/Nordemann, Urheberrecht, § 69b UrhG, Rn. 4; *Dreier*, in: Dreier/Schulze, Urheberrechtsgesetz, § 69b UrhG, Rn. 3; *Kaboth/Spies*, in: BeckOK-UrhR, § 69b UrhG, Rn. 16; *Loewenheim/Spindler*, in: Schricker/Loewenheim, UrhG, § 69b UrhG, Rn. 14 f.
492 Begründung zum „Entwurf eines Zweiten Gesetzes zur Änderung des Urheberrechtsgesetzes" der Bundesregierung vom 18.12.1992, BT-Drs. 12/4022, S. 11; vgl. hierzu *Barthel*, Arbeitnehmerurheberrechte in Arbeitsverträgen, Tarifverträgen und Betriebsvereinbarungen, S. 186.
493 Vgl. zur Ablehnung der Anbietungspflicht oben Kapitel 2. § 6 B. III. 2. a. bb. (2) (b), (S. 139 ff.). Siehe auch für § 69b UrhG *Barthel*, Arbeitnehmerurheberrechte in Arbeitsverträgen, Tarifverträgen und Betriebsvereinbarungen, S. 187; *Dreier*, in: Dreier/Schulze, Urheberrechtsgesetz, § 69b UrhG, Rn. 8; *Loewenheim/Spindler*, in: Schricker/Loewenheim, UrhG, § 69b UrhG, Rn. 9 f.

(1) Probleme in der Abgrenzung der freien Werke gegenüber den Pflichtwerken

Diese Fragestellung wird im Rahmen von § 69b UrhG allerdings durch die generell schwierige Abgrenzung zwischen Pflichtwerken und freien Werken überlagert. So einfach die für freie Werke aufgestellte Voraussetzung *„wenn die Kriterien des § 69b UrhG nicht erfüllt sind"* klingt, viel schwerer ist die Beurteilung der Erfüllung dieses Erfordernisses. Denn wie bei § 43 UrhG sind Computerprogramme denkbar, die zwar außerhalb der primären Aufgabenstellung entwickelt werden, aber einen engen Bezug zum Arbeitsverhältnis aufweisen. So etwa, wenn der Arbeitnehmer ein Computerprogramm mit Arbeitsmitteln und Kenntnissen aus dem Betrieb des Arbeitgebers entwickelt ohne zur Softwareerstellung primär verpflichtet zu sein. Während ein Werk, das unter Zuhilfenahme betrieblicher Mittel und Erfahrungen geschaffen wird, im Rahmen von § 43 UrhG unproblematisch als freies Werk qualifiziert und lediglich eine Anbietungspflicht hinsichtlich freier Werke diskutiert wird[494], stellt sich für entsprechend entwickelte Computerprogramme bereits die Frage, ob auch diese als freie Werke angesehen werden können oder doch der Regelung des § 69b UrhG unterfallen müssen.[495] Insoweit werden ähnliche Aspekte aus verschiedenen Blickwinkeln betrachtet.

Unter welchen Voraussetzungen Computerprogramme noch als Pflichtwerke anzusehen sind, die sich nicht zweifelsfrei den Arbeitsaufgaben des Arbeitnehmers zuordnen lassen, ist in der Literatur umstritten.[496] Aufgrund der vergleichbaren Struktur zu § 43 UrhG und der ähnlich gelagerten Argumentation soll an dieser Stelle nur noch auf die abweichenden Aspekte ausführlicher eingegangen werden.[497]

---

494 Dazu oben Kapitel 2. § 6 B. III. 2. a. bb. (2) (a), (S. 137).
495 Vgl. *van der Hoff*, Die Vergütung angestellter Software-Entwickler, S. 137; ungenau deshalb *Ruzman*, Softwareentwicklung durch Arbeitnehmer, S. 113 ff., die im Rahmen von § 69b UrhG die Frage nach Anbietungspflichten hinsichtlich freier Werke mit den *„bei Gelegenheit geschaffenen Werken"* vermengt.
496 Zum Meinungsstreit siehe *van der Hoff*, Die Vergütung angestellter Software-Entwickler, S. 137 ff.
497 Im Übrigen siehe die Argumentation oben Kapitel 2. § 6 B. III. 2. a. bb. (2) (b), (S. 139).

Kapitel 2. Vergütungsansprüche und Immaterialgüterrechte im Arbeitsrecht

(2) Meinungsstand

Während ein Teil der Literatur und Rechtsprechung es für die Anwendbarkeit des § 69b UrhG ausreichen lässt, dass der Arbeitnehmer das Computerprogramm unter Verwendung sachlicher Mittel des Arbeitgebers während der Arbeitszeit an seinem Arbeitsplatz geschaffen hat und das Programm bei der Aufgabenerfüllung des Arbeitnehmers im Betrieb verwendbar ist[498], verlangt die überwiegende Ansicht einen engen inneren Zusammenhang zwischen der Erstellung der Software und der vertraglich geschuldeten Arbeitstätigkeit des Arbeitnehmers.[499] Andere bejahen § 69b UrhG hingegen auch dann, wenn der Arbeitnehmer zur Schaffung von Software zwar primär nicht verpflichtet, im Einzelfall aber bei freier Handhabe hinsichtlich der Gestaltung und Organisation seines Aufgabenbereichs[500] zur Verwendung eines Computers und zur Eigeninitiative hinsichtlich der Schaffung arbeitserleichternder Programme aufgerufen ist und ein entsprechendes Programm entwickelt.[501] Schließlich lässt sich eine Auffassung finden, die § 69b UrhG bei einer nicht zweifelsfreien Zuordnung des Computerprogramms zu den arbeitsvertraglichen Aufgaben des Arbeitnehmers für unanwendbar erklärt.[502]

(3) Eigene Würdigung

Letztere Auffassung verdient im Ergebnis Zustimmung. Zwar erfasst § 69b UrhG seinem Wortlaut nach nicht nur diejenigen Computerprogramme, die der Arbeitnehmer nach Weisung des Arbeitgebers (§ 69b Abs. 1 Var. 2 UrhG) oder, wie in § 43 UrhG verlangt, *„in Erfüllung seiner Verpflichtungen"* aus dem Arbeitsverhältnis entwickelt, sondern auch die vom Arbeitneh-

---

498 KG, Beschluss v. 28.01.1997 – 5 W 6232/96, NJW-RR 1997, 1405; vgl. dazu auch *Junker/Richardi/Buchner*, Computerrecht, Rn. 98 f.
499 OLG München, Urteil v. 25.11.1999 – 29 U 2437/97, NZA-RR 2000, 258, 259; *Gaul*, in: FS Bartenbach (2005), S. 505, 514 f.; *Dreier*, in: Dreier/Schulze, Urheberrechtsgesetz, § 69b UrhG, Rn. 8; *Kaboth/Spies*, in: BeckOK-UrhR, § 69b UrhG, Rn. 9.
500 Vgl. *Buchner*, in: Lehmann (Hrsg.), Rechtsschutz und Verwertung von Computerprogrammen, S. 421, 432; *Grützmacher*, in: Wandtke/Bullinger, UrhR, § 69b UrhG, Rn. 14; vgl. auch *Holländer*, CR 1991, 614, 615.
501 *Grützmacher*, in: Wandtke/Bullinger, UrhR, § 69b UrhG, Rn. 14; vgl. auch *Holländer*, CR 1991, 614, 615; *Redeker*, IT-Recht, Rn. 26.
502 *Kraßer*, in: FG Schricker (1995), S. 77, 79; *Schwab*, NZA 1999, 1254, 1256; *Kaboth/Spies*, in: BeckOK-UrhR, § 69b UrhG, Rn. 11.

mer „*in Wahrnehmung*" seiner Aufgaben geschaffenen Programme.[503] Die gegenüber § 43 UrhG abweichende Formulierung beruht jedoch lediglich auf der wortlautgetreuen Umsetzung der EU-Richtlinie zum Softwareschutz[504]; eine inhaltliche Abweichung war nicht beabsichtigt.[505] Der Wortlaut rechtfertigt demnach nicht den Schluss, dass sämtliche Computerprogramme des Arbeitnehmers, die einen irgendwie gearteten Bezug zur Arbeitsaufgabe aufweisen, als Pflichtwerke anzusehen sind. Vielmehr gehören auch zur Aufgabe des Arbeitnehmers nur diejenigen Werke, die dieser vertraglich tatsächlich schuldet.[506] Bereits aus diesem Grund vermögen die Auffassungen, die auch das auf Eigeninitiative des Arbeitnehmers entwickelte Programm dem Regime des § 69b UrhG unterstellen wollen oder bei bloßer betrieblicher Verwendbarkeit des Programms den Anwendungsbereich des § 69b UrhG für eröffnet erklären, nicht zu überzeugen. Lässt man ein auf Eigeninitiative des Arbeitnehmers geschaffenes Programm für § 69b UrhG ausreichen, wird der Anwendungsbereich der Vorschrift unzulässig erweitert. Darüber hinaus steht ein derartiges Verständnis auch nicht im Einklang mit dem Willen des Gesetzgebers, wonach § 69b UrhG auf außervertragliche Werke keine Anwendung finden soll.[507] Keine Aussage lässt sich der Gesetzesbegründung hinsichtlich der bei Gelegenheit geschaffenen Werke entnehmen, die einen Bezug zur betrieblichen Tätigkeit aufweisen. Dass der Gesetzgeber die Diskussion um eine Anbietungspflicht hinsichtlich der freien Werke im Rahmen von § 43 UrhG kannte und sich dennoch bei der Schaffung des § 69b UrhG im Jahr 1993 zu den „*bei Gelegenheit geschaffenen*" Computerprogrammen nicht äußerte[508], lässt den Schluss zu, dass er die entsprechenden Werke nicht dem Anwendungsbereich des § 69b UrhG unterordnen wollte.[509]

Auch der Auffassung, die allein unter Verwendung sachlicher Mittel und Know-how des Arbeitgebers entwickelte Programme des Arbeitneh-

---

503 Vgl. hierzu *van der Hoff*, Die Vergütung angestellter Software-Entwickler, S. 140.
504 Siehe oben Kapitel 2. § 6 B. III. 2. b. (S. 146).
505 *Dreier*, in: Dreier/Schulze, Urheberrechtsgesetz, § 69b UrhG, Rn. 8; *Grützmacher*, in: Wandtke/Bullinger, UrhR, § 69b UrhG, Rn. 5; *Kaboth/Spies*, in: BeckOK-UrhR, § 69b UrhG, Rn. 8; *Loewenheim/Spindler*, in: Schricker/Loewenheim, UrhG, § 69b UrhG, Rn. 5.
506 *van der Hoff*, Die Vergütung angestellter Software-Entwickler, S. 141.
507 Begründung zum „Entwurf eines Zweiten Gesetzes zur Änderung des Urheberrechtsgesetzes" der Bundesregierung vom 18.12.1992, BT-Drs. 12/4022, S. 11.
508 Vgl. hierzu *Ruzman*, Softwareentwicklung durch Arbeitnehmer, S. 112.
509 *van der Hoff*, Die Vergütung angestellter Software-Entwickler, S. 142; siehe auch *Kuckuk*, Die Vergütungsansprüche der Arbeitnehmerurheber im Spannungsfeld zwischen Arbeitsrecht und neuem Urheberrecht, S. 65 f.

mers unter § 69b UrhG fassen will, kann nicht beigetreten werden.[510] Insoweit ergibt sich eine Vergleichbarkeit gegenüber der Situation im Rahmen von § 43 UrhG. Soweit dazu vertreten wird, den Arbeitnehmer treffe eine Anbietungspflicht hinsichtlich derjenigen freien Werke, die er unter Zuhilfenahme betrieblicher Arbeitsmittel oder Erfahrungen schafft, ist ein solches Verständnis aufgrund der Vorschrift des § 4 Abs. 2 Nr. 2 ArbNErfG abgelehnt worden. Denn diese Vorschrift, die auch Erfahrungserfindungen in den Kreis der Diensterfindungen einbezieht und diese gerade nicht als freie Erfindungen ansieht, kann aus den bereits genannten Gründen im Urheberrecht nicht analog angewendet werden.[511] Ebenso würde auch bei § 69b UrhG die Berücksichtigung der sachlichen Mittel und Erfahrungen aus dem Betrieb zu einer unzulässigen Analogie des § 4 Abs. 2 Nr. 2 ArbNErfG führen.[512]

Bislang offen geblieben ist, ob für die Anwendung des § 69b UrhG bei nicht ausdrücklich im Arbeitsvertrag umschriebenen Pflichten das Vorliegen eines engen inneren Zusammenhangs zwischen der Schaffung des Computerprogramms und der arbeitsvertraglichen Tätigkeit des Arbeitnehmers ausreicht. Insoweit ergeben sich Parallelen zu der im Rahmen von § 43 UrhG vertretenen Auffassung, die eine Anbietungspflicht des Arbeitnehmers bei freien Werken bejaht, die im Rahmen einer mit der Arbeitstätigkeit sachlich vergleichbaren Tätigkeit entstanden sind.[513] Die Argumentation im Kontext von § 43 UrhG lässt sich auf die hiesige Situation jedoch nicht übertragen. Das Verlangen eines Sachzusammenhangs als Voraussetzung für eine Anbietungspflicht wurde maßgeblich deshalb abgelehnt, weil der Arbeitgeber durch das arbeitsrechtliche Wettbewerbsver-

---

510 So i. E. auch *Brandi-Dohrn*, CR 2001, 285, 286; *Veigel*, Immaterialgüterrechte im Arbeitsverhältnis, Rn. 181; *Bayreuther*, in: Münchener Handbuch zum Arbeitsrecht, Bd. 1, § 91, Rn. 38; *Dreier*, in: Dreier/Schulze, Urheberrechtsgesetz, § 69b UrhG, Rn. 8 m. w. N.; *Loewenheim/Spindler*, in: Schricker/Loewenheim, UrhG, § 69b UrhG, Rn. 9.
511 Siehe hierzu oben Kapitel 2. § 6 B. III. 2. a. bb. (2) (b) (aa), (S. 139).
512 So auch *van der Hoff*, Die Vergütung angestellter Software-Entwickler, S. 142; vgl. auch *Ruzman*, Softwareentwicklung durch Arbeitnehmer, S. 111; *Veigel*, Immaterialgüterrechte im Arbeitsverhältnis, Rn. 182. Zur Analogie zu § 4 Abs. 2 Nr. 2 ArbNErfG vgl. auch *Brandi-Dohrn*, CR 2001, 285, 290; *Holländer*, CR 1991, 614, 615; *Ruzman*, Softwareentwicklung durch Arbeitnehmer, S. 111 f.; *Loewenheim/Spindler*, in: Schricker/Loewenheim, UrhG, § 69b UrhG, Rn. 9; a. A. LG München, Urteil v. 16.01.1997 – 7 O 15354/91, ZUM 1997, 659, 665 f. (aufgehoben durch OLG München, Urteil v. 25.11.1999 – 29 U 2437/97, NZA-RR 2000, 258 ff.).
513 Siehe die Nachweise in Fn. 417 (S. 139).

bot ausreichend geschützt wird.⁵¹⁴ Die Erwägungen zum Wettbewerbsverbot können im Rahmen von § 69b UrhG aber keine Rolle spielen. Zwar gilt das Wettbewerbsverbot uneingeschränkt auch hinsichtlich der durch einen Arbeitnehmer entwickelten Computerprogramme, wie aufgezeigt⁵¹⁵ dreht sich die Diskussion bei § 69b UrhG aber (anders als bei § 43 UrhG) nicht um eine Anbietungspflicht hinsichtlich freier Werke, die der Arbeitnehmer anderweitig verwerten will, sondern es geht bereits um die Frage, wann ein freies Werk i. S. d. § 69b UrhG überhaupt anzunehmen ist. Während das Vorliegen eines entsprechenden sachlichen Zusammenhangs bei § 43 UrhG also zu einer Anbietungspflicht hinsichtlich des freien Werks führen soll, hat ein solcher im Rahmen des § 69b UrhG bereits die Annahme eines Pflichtwerks mit den Rechtsfolgen des § 69b UrhG zur Folge. Das Kriterium des sachlichen Zusammenhangs kann folglich nicht allein mit der im Rahmen des § 43 UrhG erfolgten Argumentation zurückgewiesen werden.

Dennoch sollte auch für § 69b UrhG nicht auf einen engen inneren Zusammenhang zwischen der Entwicklung des Computergramms und der arbeitsvertraglichen Tätigkeit des Arbeitnehmers abgestellt werden. Denn ein tragendes Indiz für einen solchen Zusammenhang wird wiederum sein, ob die entwickelte Software maßgeblich auf Erfahrungen oder Arbeiten des Arbeitgebers beruht.⁵¹⁶ Auf diese Weise würde durch die Hintertür eine Analogie zu § 4 Abs. 2 Nr. 2 ArbNErfG vorgenommen, deren Zulässigkeit bereits aus guten Gründen verneint wurde.⁵¹⁷ Darüber hinaus muss auch aus praktischer Sicht davon ausgegangen werden, dass in der heutigen Zeit, in der die Nutzung des Computers zum festen Bestandteil eines Großteils der Arbeitsverhältnisse geworden ist, es vermehrt zu Abgrenzungsproblemen führt, wenn ein innerer Zusammenhang zwischen der Arbeitstätigkeit und dem geschaffenen Programm als ausreichend für die Annahme eines Pflichtwerks erachtet wird. So lässt sich vielfach nur schwer feststellen, ob die Verpflichtung zur Programmiertätigkeit ausdrücklich zur Arbeitsverpflichtung des Arbeitnehmers gehört.⁵¹⁸ Zumin-

---

514 Dazu oben Kapitel 2. § 6 B. III. 2. a. bb. (2) (b) (bb), (S. 142).
515 Hierzu siehe oben Kapitel 2. § 6 B. III. 2. b. bb. (1), (S. 155).
516 Vgl. *van der Hoff*, Die Vergütung angestellter Software-Entwickler, S. 143.
517 Zur Unzulässigkeit der analogen Anwendung des § 4 Abs. 2 Nr. 2 ArbNErfG siehe Kapitel 2. § 6 B. III. 2. a. bb. (2) (b) (aa), (S. 139).
518 Vgl. *Junker/Richardi/Buchner*, Computerrecht, Rn. 99, die den Sachzusammenhang i. E. allerdings nicht (wie hier) als zu weitgehend, sondern als zu eng ablehnen und die Verwendung von Betriebsmitteln und Erfahrungen aus dem Betrieb als ausreichend für die Annahme eines Pflichtwerks ansehen.

dest ohne eine weitergehende klare Konturierung sollte das Kriterium des engen inneren Zusammenhangs nicht herangezogen werden.

Überzeugender ist es demnach, ein Pflichtwerk i. S. d. § 69b UrhG nur dann anzunehmen, wenn der Arbeitnehmer ein Computerprogramm aufgrund einer konkreten Weisung seines Arbeitgebers schafft oder zur Programmiertätigkeit arbeitsvertraglich verpflichtet ist. Demzufolge kommt es bei außerhalb des Aufgabenbereichs entwickelten Computerprogrammen auf die bloße Verwendbarkeit des Programms im Betrieb ebenso wenig an, wie darauf, ob der Arbeitnehmer die Software mit Arbeitsmitteln, Kenntnissen oder Erfahrungen aus dem Betrieb des Arbeitgebers entwickelt hat.

C. Arbeitnehmerdesignrecht

Wesentlichen Einfluss auf die erfolgreiche Vermarktung eines Produktes hat nicht allein dessen Inhalt oder die dem Produkt zugrundeliegende Idee, es kommt absatzwirtschaftlich mindestens ebenso entscheidend auf die gestalterische Umsetzung und äußere Form des geschaffenen Werks an. Das Design eines Produkts spielt eine immer bedeutender werdende Rolle, vor allem bei der Herstellung von Möbeln, grafischen Symbolen oder Logos sowie von Textilien. Auch bei Bauten und Bauelementen sowie technischen Apparaten, Instrumenten oder Programmen ist die Bedeutsamkeit von Designs immens.[519] Im vergangenen Jahr 2017 vermeldete das DPMA 44.297 angemeldete Designs; es wurden 53.036 Eintragungsverfahren abgeschlossen, davon 47.168 mit einer Eintragung des angemeldeten Designs. Obgleich die Anzahl der Designanmeldungen seit 2014 leicht rückläufig ist, hat das Design an Attraktivität keineswegs eingebüßt. Zum Ende des Jahres 2017 wurde ein Gesamtbestand in Deutschland eingetragener De-

---

519 Vgl. hierzu die Abbildung der zehn anmeldestärksten Warenklassen 2016 in: Deutsches Patent- und Markenamt, Jahresbericht 2016, S. 36, abrufbar im Internet unter: https://www.dpma.de/docs/dpma/veroeffentlichungen/jahresberichte/dpma-jahresbericht2016_nichtbarrierefrei.pdf, zuletzt abgerufen am 19.04.2020 sowie die Abbildung der „TOP 5 Warenklassen" im Jahr 2017 in: Deutsches Patent- und Markenamt, Jahresbericht 2017, S. 38, abrufbar im Internet unter: https://www.dpma.de/docs/dpma/veroeffentlichungen/jahresberichte/jahresbericht2017.pdf, zuletzt abgerufen am 19.04.2020.

signs von 312.860 in Kraft befindlicher Designs festgestellt.[520] Die Stellung des Designs im gesamtheitlichen Wirtschaftssystem manifestiert sich fernab der statistischen Zahlen auch in weiteren Faktoren wie der stetigen Zunahme universitärer Studiengänge wie „Produktdesign" und „Modedesign" (z. B. Universität der Künste Berlin) oder „Industrial Design" (z. B. Technische Universität München) sowie der Etablierung von Designwettbewerben wie dem German Design Award.

Ohne dass konkrete Zahlen bekannt sind, ist davon auszugehen, dass auch Designs weit überwiegend im Rahmen eines Arbeitsverhältnisses durch einen Arbeitnehmer entworfen werden. Dies zeigt sich bereits daran, dass allein die Anmeldungen der 50 anmeldestärksten Unternehmen und Institutionen, die auf Designentwürfen ihrer Arbeitnehmer beruhen, bereits über 40 % aller Anmeldungen ausmachen.[521] Neben dem Arbeitnehmererfinder- und -urheberrecht kommt demnach auch dem Arbeitnehmerdesignrecht besondere Bedeutung zu. Gleichwohl wird der Bereich des Arbeitnehmerdesignrechts in der juristischen Literatur nur recht stiefmütterlich behandelt. Vor allem die Frage nach der Vergütung des Arbeitnehmerdesigners wird weitestgehend außer Acht gelassen.[522]

I. Designs und Gemeinschaftsgeschmacksmuster

Durch das Immaterialgüterrecht geschützt werden neben den bereits genannten Schöpfungen durch deutsches Recht auch eingetragene Designs (ehemals Geschmacksmuster[523]) sowie durch europäisches Recht eingetra-

---

520 Deutsches Patent- und Markenamt, Jahresbericht 2017, S. 104, abrufbar im Internet unter: https://www.dpma.de/docs/dpma/veroeffentlichungen/jahresberichte/jahresbericht2017.pdf, zuletzt abgerufen am 19.04.2020.
521 Auf die 50 anmeldestärksten Unternehmen und Institutionen entfielen 17.898 Designanmeldungen im Jahr 2017. Gemessen an der Gesamtzahl der Anmeldungen von 54.588 Designanmeldungen ergibt sich eine Quote von 40,40 %. Vgl. hierzu Deutsches Patent- und Markenamt, Jahresbericht 2017, S. 107, abrufbar im Internet unter: https://www.dpma.de/docs/dpma/veroeffentlichungen/jahresberichte/jahresbericht2017.pdf, zuletzt abgerufen am 19.04.2020.
522 Ein sehr kurzer Ansatz zur Vergütung lässt sich finden bei *Lüken*, Der Arbeitnehmer als Schöpfer von Werken geistigen Eigentums, S. 100 f.
523 Das Geschmacksmustergesetz wurde zum 01.01.2014 durch das DesignG abgelöst. Geschmacksmuster und Design unterscheiden sich nur terminologisch voneinander, nicht inhaltlich (vgl. Begründung zum „Entwurf eines Gesetzes zur Modernisierung des Geschmacksmustergesetzes sowie zur Änderung der Regelungen über die Bekanntmachungen zum Ausstellungsschutz" der Bundesre-

Kapitel 2. Vergütungsansprüche und Immaterialgüterrechte im Arbeitsrecht

gene und nicht eingetragene Gemeinschaftsgeschmacksmuster. Ein Design im Sinne des Designgesetzes bzw. ein Gemeinschaftsgemacksmuster im Sinne der Gemeinschaftsgeschmacksmusterverordnung (GGV)[524] ist die zweidimensionale oder dreidimensionale Erscheinungsform eines ganzen Erzeugnisses oder eines Teils davon, die sich insbesondere aus den Merkmalen der Linien, Konturen, Farben, der Gestalt, Oberflächenstruktur oder der Werkstoffe des Erzeugnisses selbst oder seiner Verzierung ergibt (§ 1 Nr. 1 DesignG, Art. 3 lit. a) GGV). Geschützt werden jedoch nur eingetragene Designs sowie Gemeinschaftsgeschmacksmuster, die neu sind und Eigenart haben (§ 2 Abs. 1 DesignG, Art. 4 Abs. 1 GGV). Ein Design bzw. ein eingetragenes Gemeinschaftsgeschmacksmuster gilt als neu, wenn vor dem Anmeldetag kein identisches Design bzw. Gemeinschaftsgeschmacksmuster offenbart worden ist, wobei Designs und Gemeinschaftsgeschmacksmuster dann als identisch gelten, wenn sich ihre Merkmale in nur unwesentlichen Einzelheiten unterscheiden (§ 2 Abs. 2 DesignG, Art. 5 Abs. 1 lit. b), Abs. 2 GGV). Ein nicht eingetragenes Gemeinschaftsgeschmacksmuster gilt als neu, wenn der Öffentlichkeit vor dem Tag, an dem das Gemeinschaftsgeschmacksmuster, das geschützt werden soll, erstmals der Öffentlichkeit zugänglich gemacht wird, kein identisches Gemeinschaftsgeschmacksmuster zugänglich gemacht worden ist (Art. 5 Abs. 1 lit. a) GGV)

Ein Design bzw. ein Gemeinschaftsgeschmacksmuster hat Eigenart, wenn sich der Gesamteindruck, den es beim informierten Benutzer hervorruft, von dem Gesamteindruck unterscheidet, den ein anderes Design bzw. Gemeinschaftsgeschmacksmuster bei diesem Benutzer hervorruft, das vor dem Anmeldetag bzw. dem Tag, an dem das Gemeinschaftsgeschmacksmuster, das geschützt werden soll, erstmals der Öffentlichkeit zugänglich gemacht wird, offenbart worden ist (§ 2 Abs. 3 S. 1 DesignG, Art. 6 GGV). Die Schutzdauer des eingetragenen Designs beträgt 25 Jahre (§ 27 Abs. 2 DesignG), die des eingetragenen Gemeinschaftsgeschmacksmusters fünf Jahre ab dem Anmeldetag, wobei der Rechtsinhaber die Schutzdauer einmal oder mehrmals um einen Zeitraum von fünf Jahren bis zu einer Gesamtdauer von 25 Jahren verlängern lassen kann (Art. 12

---

gierung vom 10.05.2013, BT-Drs. 17/13428, S. 2; *Veigel*, Immaterialgüterrechte im Arbeitsverhältnis, Rn. 34). Aus diesem Grund kann weiterhin uneingeschränkt auf die zum Geschmacksmustergesetz ergangene Rechtsprechung und Literatur zurückgegriffen werden.

524 Verordnung (EG) Nr. 6/2002 des Rates vom 12.12.2001 über das Gemeinschaftsgeschmacksmuster, ABl. Nr. L 3, S. 1 ff., in Kraft getreten am 06.03.2002.

GGV). Das nicht eingetragene Gemeinschaftsgeschmacksmuster wird für eine Frist von drei Jahren geschützt, beginnend mit dem Tag, an dem es der Öffentlichkeit innerhalb der Gemeinschaft erstmals zugänglich gemacht wurde (Art. 11 Abs. 1 GGV).

II. Designs und Gemeinschaftsgeschmacksmuster als Arbeitsergebnisse

Auch im Designrecht stellt sich die Frage, ob das vom Arbeitnehmer entwickelte Design bzw. Gemeinschaftsgeschmacksmuster als Arbeitsergebnis aufgefasst werden kann und nach arbeitsrechtlichen Grundsätzen im Ergebnis dem Arbeitgeber das Recht auf das eingetragene Design bzw. Gemeinschaftsgeschmacksmuster zustehen soll. Mit der Einordnung als Arbeitsergebnis verhält es sich ähnlich wie im Urheberrecht. Wie an ein urheberrechtlich geschütztes Werk, sind auch an das Design bzw. Gemeinschaftsgeschmacksmuster keine erhöhten Anforderungen hinsichtlich der Entstehung zu stellen; anders als eine Erfindung ist die Entstehung eines Designs bzw. Gemeinschaftsgeschmacksmusters nicht ungewiss oder unvorhersehbar. Zum Entwerfen eines Designs bzw. Gemeinschaftsgeschmacksmusters kann der Arbeitnehmer demnach ebenso arbeitsvertraglich verpflichtet sein wie zur Entstehung einer persönlichen geistigen Schöpfung. Das Design bzw. Gemeinschaftsgeschmacksmuster kann folglich ein Arbeitsergebnis des Arbeitnehmers darstellen.[525]

III. Rechtsentstehung und -zuordnung im Arbeitnehmerdesignrecht

1. Gleichlauf von Designs und Gemeinschaftsgeschmacksmustern

Hinsichtlich der Rechtsentstehung und -zuordnung im Arbeitsverhältnis erscheint eine weitergehende Differenzierung zwischen dem nach deutschen Recht geschützten eingetragenen Design und dem nach europäischen Recht geschützten Gemeinschaftsgeschmacksmuster insoweit nicht geboten, als die einschlägigen Regelungen des § 7 DesignG und des Art. 14 GGV nahezu wort-, aber vor allem inhaltsgleich sind. Auch eine weitergehende Unterscheidung zwischen dem eingetragenen und dem nicht eingetragenen Gemeinschaftsgeschmacksmuster ist nicht vonnöten, da die für

---

[525] Vgl. zu diesem Absatz *Veigel*, Immaterialgüterrechte im Arbeitsverhältnis, Rn. 137.

das Arbeitsverhältnis maßgebende Regelung des Art. 14 GGV anders als viele andere Vorschriften der GGV zwischen diesen ebenfalls nicht differenziert. Aus diesem Grund soll im Folgenden der Einfachheit halber allein vom Design und den nationalen Regelungen gesprochen werden, obgleich die Betrachtung ebenso für das (nicht) eingetragene Gemeinschaftsgeschmacksmuster ihre Geltung mit der Maßgabe entfaltet, dass die entsprechenden Vorschriften der GGV Anwendung finden, auf die jeweils nur ergänzend hingewiesen wird. Soweit die Inbezugnahme anderer Vorschriften der GGV geboten erscheint, wird auf etwaige Abweichungen gesondert hingewiesen.

2. Abgrenzung zwischen gebundenen und freien Entwürfen

Das Designrecht folgt grundsätzlich dem Entwerferprinzip; § 7 Abs. 1 S. 1 DesignG schreibt das Recht auf das eingetragene Design dem Entwerfer zu. Diese Rechtszuordnung ändert sich allerdings für diejenigen Designs, die ein Arbeitnehmer in Ausübung seiner Aufgaben oder nach den Weisungen des Arbeitgebers entworfen hat. Nach § 7 Abs. 2 DesignG steht in diesen Fällen das Recht am eingetragenen Design dem Arbeitgeber zu, sofern vertraglich nichts anderes vereinbart wurde. Für die Rechtsentstehung und -zuordnung ist also die Abgrenzung zwischen gebundenen und freien Entwürfen des Arbeitnehmers maßgebend.[526]

Ein gebundener Entwurf liegt zunächst dann vor, wenn der Arbeitnehmer das Design *„in Ausübung seiner Aufgaben"* entworfen hat. Das Designrecht enthält damit eine wieder andere Formulierung als sie im Erfindungsrecht oder im Urheberrecht verwendet wird. Dort ist in § 4 Abs. 2 Nr. 1 ArbNErfG von *„Erfindungen, die [...] aus der dem Arbeitnehmer [...] obliegenden Tätigkeit entstanden sind"* bzw. von Werken *„in Erfüllung [der] Verpflichtungen aus [dem] Arbeitsverhältnis"* (§ 43 UrhG) oder *„in Wahrnehmung [der] Aufgaben"* (§ 69b UrhG) die Rede. Eine andere Beurteilung ergibt sich aus der abweichenden Formulierung jedoch nicht. Auch hier kommt es auf die arbeitsrechtliche Verpflichtung des Arbeitnehmers zum Entwerfen von Designs an, die allerdings nicht nur allgemein aus der arbeitsvertraglichen Arbeitsaufgabe des Arbeitnehmers hervorgeht, sondern anhand des im Zeitpunkt der Fertigstellung des Entwurfs zugewiesenen

---

526 Vgl. *Kühne*, in: Eichmann/v. Falckenstein/Kühne, DesignG, § 7, Rn. 20. Die entsprechenden Regelungen für das Gemeinschaftsgeschmacksmuster finden sich in Art. 14 Abs. 1 und 3 GGV.

konkreten Arbeits- und Pflichtenkreises bestimmt werden muss.[527] Dem Begriff der tatsächlichen Arbeitsaufgabe muss ein weites Verständnis zugrunde gelegt werden; er kann über das arbeitsvertragliche Arbeitsgebiet hinausgehen.[528] Der zu bestimmende Aufgabenkreis ist dabei auch abhängig von der Stellung des Entwerfers im Betrieb: Je höher die Stellung des Arbeitnehmers, desto weiter kann das Aufgabenspektrum gefasst sein.[529]

Nach § 7 Abs. 2 Alt. 2 DesignG sind gebundene Entwürfe auch solche, die nach den Weisungen des Arbeitgebers entworfen wurden. Die Formulierung ähnelt der des § 69b Abs. 1 Alt. 2 UrhG (*„Weisungen"* statt *„Anweisungen"*). Entsprechend der Ausführungen zur Schaffung von Computerprogrammen nach Anweisungen des Arbeitgebers ist bei den nach Weisung des Arbeitgebers entworfenen Designs ebenfalls davon auszugehen, dass von dieser Tatbestandsalternative auch die über das Direktionsrecht des Arbeitgebers hinausgehenden Weisungen erfasst sein sollen. Da vom Direktionsrecht gedeckte Weisungen bereits unter die erste Alternative subsumiert werden können, liefe der Anwendungsbereich der zweiten Alternative andernfalls leer.[530]

Ein freier Entwurf liegt demgegenüber vor, wenn der Arbeitnehmer das Design weder in Ausübung seiner Aufgaben noch nach Weisung seines Arbeitgebers entworfen hat. Dies ist zeitlich gesehen jedenfalls dann der Fall, wenn der Entwurf vor Beginn oder nach Beendigung des Arbeitsverhältnisses gefertigt wurde.[531] Schwierigkeiten in der Abgrenzung können sich in den Fällen ergeben, in denen der Arbeitnehmer den Entwurf in der Freizeit, also außerhalb der Arbeitszeit schafft.[532] In sachlicher Hinsicht ist ein freier Entwurf aber selbst dann gegeben, wenn das entworfene Design

---

527 *Veigel*, Immaterialgüterrechte im Arbeitsverhältnis, Rn. 198; *Beyerlein*, in: Günther/Beyerlein, DesignG, § 7, Rn. 15; *Kühne*, in: Eichmann/v. Falckenstein/Kühne, DesignG, § 7, Rn. 20.
528 *Kühne*, in: Eichmann/v. Falckenstein/Kühne, DesignG, § 7, Rn. 20; **zweifelnd** *Veigel*, Immaterialgüterrechte im Arbeitsverhältnis, Rn. 198, der eine weite Auslegung mit Blick auf § 7 Abs. 2 Alt. 1 DesignG (*„nach den Anweisungen des Arbeitgebers"*) als nicht zwingend erachtet.
529 *Kühne*, in: Eichmann/v. Falckenstein/Kühne, DesignG, § 7, Rn. 20; vgl. auch *Veigel*, Immaterialgüterrechte im Arbeitsverhältnis, Rn. 198; *Beyerlein*, in: Günther/Beyerlein, DesignG, § 7, Rn. 15.
530 Vgl. oben zum Urheberrecht Kapitel 2. § 6 B. III. 2. b. aa. (1), (S. 149); so i. E. auch *Beyerlein*, in: Günther/Beyerlein, DesignG, § 7, Rn. 16; *Kühne*, in: Eichmann/v. Falckenstein/Kühne, DesignG, § 7, Rn. 20.
531 *Veigel*, Immaterialgüterrechte im Arbeitsverhältnis, Rn. 201; *Kühne*, in: Eichmann/v. Falckenstein/Kühne, DesignG, § 7, Rn. 21.
532 Vgl. *Kühne*, in: Eichmann/v. Falckenstein/Kühne, DesignG, § 7, Rn. 22.

auf Anregungen aus der betrieblichen Sphäre beruht, der Arbeitnehmer zur Entwurfsschaffung aber nicht verpflichtet ist. Denn wie im Urheberrecht, fehlt es im Designrecht an einer dem § 4 Abs. 2 Nr. 2 ArbNErfG vergleichbaren Norm[533], wonach auch sog. Erfahrungserfindungen in den Kreis der gebundenen Erfindungen einbezogen werden. Eine analoge Anwendung der Vorschrift scheidet aufgrund der bereits zum Urheberrecht getroffenen Erwägungen auch im Designrecht aus, sodass es einer erneuten Erörterung der Problematik an dieser Stelle nicht bedarf.[534] Folglich ist für einen gebundenen Entwurf allein entscheidend, ob der Entwurf des Arbeitnehmers seinen Aufgaben oder den Weisungen des Arbeitgebers entspringt. Es kommt weder darauf an, ob der Entwurf außerhalb der Arbeitszeit oder des Arbeitsortes geschaffen wurde[535], noch ist entscheidend, ob sich der Arbeitnehmer für den Entwurf des Designs der vom Arbeitgeber zur Verfügung gestellten Betriebsmittel bedient hat[536] oder dass der Entwurf im Betrieb verwendbar wäre.[537] Allerdings vermag die arbeitsvertragliche Erlaubnis einer Nebentätigkeit für Entwürfe außerhalb der arbeitsvertraglichen Verpflichtungen eine Indizwirkung für die Annahme eines freien Entwurfs zu entfalten.[538]

3. Entstehung der Designrechte im Arbeitsverhältnis

Soweit § 7 Abs. 2 DesignG das im Designrecht grundsätzlich geltende Entwerferprinzip überlagert, stellt sich die Frage, bei welcher Partei des Arbeitsverhältnisses die Rechte am eingetragenen Design entstehen. Nach den Maßstäben der soeben erfolgten Abgrenzung ist für die Betrachtung der Rechtsentstehung zwischen den gebundenen und freien Entwürfen des Arbeitnehmers zu differenzieren.

---

533 *Veigel*, Immaterialgüterrechte im Arbeitsverhältnis, Rn. 201; *Beyerlein*, in: Günther/Beyerlein, DesignG, § 7, Rn. 17; *Kühne*, in: Eichmann/v. Falckenstein/Kühne, DesignG, § 7, Rn. 21.
534 Vgl. zur Argumentation oben Kapitel 2. § 6 B. III. 2. a. bb. (2) (b) (aa), (S. 139); so auch *Veigel*, Immaterialgüterrechte im Arbeitsverhältnis, Rn. 201.
535 *Veigel*, Immaterialgüterrechte im Arbeitsverhältnis, Rn. 198; *Beyerlein*, in: Günther/Beyerlein, DesignG, § 7, Rn. 18; *Kühne*, in: Eichmann/v. Falckenstein/Kühne, DesignG, § 7, Rn. 22.
536 Zu Unrecht a. A. *Beyerlein*, in: Günther/Beyerlein, DesignG, § 7, Rn. 15; *Kühne*, in: Eichmann/v. Falckenstein/Kühne, DesignG, § 7, Rn. 20.
537 *Kühne*, in: Eichmann/v. Falckenstein/Kühne, DesignG, § 7, Rn. 22.
538 *Beyerlein*, in: Günther/Beyerlein, DesignG, § 7, Rn. 18; *Kühne*, in: Eichmann/v. Falckenstein/Kühne, DesignG, § 7, Rn. 22.

a. Gebundene Entwürfe

Liegt ein gebundener Entwurf des Arbeitnehmers vor, steht dem Arbeitgeber nach § 7 Abs. 2 DesignG das Recht an dem eingetragenen Design zu, sofern vertraglich nichts anderes vereinbart wurde. Erneut weicht die Formulierung des § 7 Abs. 2 DesignG von den Formulierungen im Arbeitnehmererfinder- und Arbeitnehmerurheberrecht ab. Während im Arbeitnehmererfinderrecht *„mit der Inanspruchnahme [der Erfindung] alle vermögenswerten Rechte an der Diensterfindung auf den Arbeitgeber über[gehen]"* (vgl. § 7 Abs. 1 ArbNErfG) und im Arbeitnehmerurheberrecht der *„Arbeitgeber zur Ausübung aller vermögensrechtlichen Befugnisse an dem Computerprogramm berechtigt"* ist (vgl. § 69b UrhG), steht dem Arbeitgeber im Arbeitnehmerdesignrecht *„das Recht an dem eingetragenen Design [...] zu"*.

aa. Originärer Rechtserwerb vs. derivativer Rechtserwerb des Arbeitgebers

Für den Vergütungsanspruch des entwerfenden Arbeitnehmers und schließlich des entwerfenden Hochschulbeschäftigten ist entscheidend, auf welche Art und Weise der Arbeitgeber das Recht auf das eingetragene Design durch die Regelung des § 7 Abs. 2 DesignG erwirbt. In Betracht kommt sowohl ein originärer als auch ein derivativer Rechtserwerb des Arbeitgebers.

(1) Historische Entwicklung und Meinungsstand

Die Frage nach der Entstehung des Rechts des Arbeitgebers an dem eingetragenen Design wird nach wie vor nicht einheitlich beantwortet. Nach herrschender Auffassung ist davon auszugehen, dass § 7 Abs. 2 DesignG einen originären Rechtserwerb des Arbeitgebers vorsieht[539], während anderen Ansichten zufolge der Arbeitgeber das Recht auf das eingetragene

---

539 *Veigel*, Immaterialgüterrechte im Arbeitsverhältnis, Rn. 49; *Beyerlein*, in: Günther/Beyerlein, DesignG, § 7, Rn. 10; *Kühne*, in: Eichmann/v. Falckenstein/Kühne, DesignG, § 7, Rn. 24. Vergleiche schon für den inhaltlich übereinstimmenden § 7 Abs. 2 GeschmMG a. F. *Ahrens*, in: FS Reimann (2009), S. 1, 4; *v. Falckenstein*, in: FS Bartenbach (2005), S. 73, 75; *McGuire*, GRUR 2011, 767, 770; *Weber*, in: FS Buchner (2009), S. 916, 917; *Loos*, Das Urheberrecht des Arbeitnehmers an Computerprogrammen, S. 123; *Lüken*, Der Arbeitnehmer als Schöpfer von Werken geistigen Eigentums, S. 97; *Eichmann*, in: Eichmann/Kur,

Design lediglich derivativ erwerben soll.[540] Diese bis heute nicht einhellig vorgenommene Beurteilung der Art des Rechtserwerbs war bereits im Rahmen des unreformierten § 2 GeschmMG 1876[541] umstritten[542], wonach der Arbeitgeber als Urheber der entsprechenden Muster und Modelle des Arbeitnehmers galt.[543] In diesem Rahmen wurde unter Verweis auf die Vergleichbarkeit von Urheberrecht und Geschmacksmusterrecht zum Teil ebenfalls ein derivativer Rechtserwerb vertreten und § 2 GeschmMG 1876 als Vermutung bzw. gesetzliche Auslegungsregel für die Rechtsübertragung verstanden.[544] Zwar ist die Zahl der Befürworter eines derivativen Rechtserwerbs des Arbeitgebers mit der Reform des Geschmacksmusterrechts im Jahr 2004[545] deutlich zurückgegangen, indem die reformierte Regelung des § 7 Abs. 2 GeschmMG 2004 dem Arbeitgeber nunmehr das Recht auf das eingetragene Design zuordnete, während der Arbeitnehmer der Entwerfer des Designs blieb.[546] Dennoch wurde ein derivativer Rechtserwerb auch weiterhin vertreten. Als § 7 Abs. 2 GeschmMG 2004 zum 01. Januar 2014 durch § 7 Abs. 2 DesignG ersetzt wurde, hatte dies lediglich terminologische Auswirkungen; inhaltliche Änderungen ergaben sich

---

Designrecht, § 2, Rn. 103; *Himmelmann*, in: Reimer/Schade/Schippel, ArbNErfG, Einleitung, Rn. 2.

540 *Rother*, GRUR Int. 2004, 235; *Böhm*, Bildurheberrechte und gewerbliche Schutzrechte in Auftragsverhältnissen, S. 128; *Schack*, Urheber- und Urhebervertragsrecht, Rn. 1114.

541 „Gesetz betreffend das Urheberrecht an Mustern und Modellen" vom 11.01.1876, RGBl. 1876, S. 11, in Kraft getreten am 01.04.1876.

542 Für einen **originären Rechtserwerb** des Arbeitgebers *Gaul*, NJW 1986, 163, 166; *Hesse*, GRUR 1980, 404, 411; *Hubmann*, in: FS Hueck (1959), S. 43, 56; *Rehbinder*, in: FS Roeber (1973), S. 481, 491. Für einen **derivativen Rechtserwerb** des Arbeitgebers *Ullmann*, GRUR 1987, 6, 7; *Schacht*, Die Einschränkungen des Urheberpersönlichkeitsrechts im Arbeitsverhältnis, S. 35; *Frhr. v. Gamm*, Geschmacksmustergesetz, § 2 GeschmMG, Rn. 9.

543 § 2 GeschmMG 1876 lautete: „*Bei solchen Mustern und Modellen, welche von den in einer inländischen gewerblichen Anstalt beschäftigten Zeichnern, Malern, Bildhauern usw. im Auftrage oder für Rechnung des Eigentümers der gewerblichen Anstalt angefertigt werden, gilt der letztere, wenn durch Vertrag nichts anderes bestimmt ist, als der Urheber der Muster und Modelle.*"

544 *Ullmann*, GRUR 1987, 6, 7.

545 „Gesetz zur Reform des Geschmacksmusterrechts (Geschmacksmusterreformgesetz)" vom 12.03.2004, BGBl. 2004, Teil I, S. 390, in Kraft getreten am 19.03.2004 bzw. am 01.06.2004.

546 § 7 Abs. 2 GeschmMG a. F. lautete: „*Wurde ein Muster von einem Arbeitnehmer in Ausübung seiner Aufgaben oder nach den Weisungen seines Arbeitgebers entworfen, so steht das Recht an dem Geschmacksmuster dem Arbeitgeber zu, sofern vertraglich nichts anderes vereinbart wurde.*"

hierdurch nicht.[547] Der Streit um die Rechtsentstehung blieb damit bis heute weiterhin bestehen.

(2) Stellungnahme

Während sich dem Wortlaut des § 7 Abs. 2 DesignG keine unmittelbare Entscheidung für einen originären oder derivativen Rechtserwerb entnehmen lässt[548], können systematische Gesichtspunkte durchaus für die Annahme eines originären Rechtserwerbs des Arbeitgebers fruchtbar gemacht werden. Der Regelung des § 7 DesignG lässt sich ein Regel-Ausnahme-Charakter entnehmen, der § 7 Abs. 2 DesignG als Ausnahme zu der Grundregel des § 7 Abs. 1 DesignG begreift: Während grundsätzlich dem Entwerfer nach Abs. 1 das Recht auf das eingetragene Design zusteht, stehen die Rechte am eingetragenen Design eines Arbeitnehmers nach Abs. 2 dem Arbeitgeber zu. Soweit § 7 Abs. 2 DesignG als Vermutungsregelung zur vertraglichen Rechtsübertragung verstanden wird[549], erscheint dies nicht überzeugend, da eine solche Regelung in den 5. Abschnitt des Designgesetzes (§§ 29-32 DesignG) hätte eingegliedert werden müssen, vergleichbar der Einordnung des § 43 UrhG in das Urhebervertragsrecht.[550] Systematisch gesehen ist deshalb von einem originären Rechtserwerb des Arbeitgebers auszugehen.

Ein Blick in die Gesetzesbegründung zu § 7 Abs. 2 DesignG hilft indes nicht weiter. Der Gesetzgeber stellt zwar fest, dass die Regelung von Arbeitnehmermustern in § 2 des zu dem Zeitpunkt geltenden Geschmacksmustergesetzes *„im Wesentlichen"* der vorgeschlagenen Regelung in § 7 Abs. 2 Design n. F. entspricht.[551] Gerade im Hinblick auf den schon zu diesem Zeitpunkt bestehenden Streit, ob § 2 GeschmMG 1876 als originäre

---

547 Vgl. Begründung zum „Entwurf eines Gesetzes zur Modernisierung des Geschmacksmustergesetzes sowie zur Änderung der Regelungen über die Bekanntmachungen zum Ausstellungsschutz" der Bundesregierung vom 10.05.2013, BT-Drs. 17/13428, S. 27; siehe auch *Veigel*, Immaterialgüterrechte im Arbeitsverhältnis, Rn. 34.
548 Vgl. *Veigel*, Immaterialgüterrechte im Arbeitsverhältnis, Rn. 41.
549 *Rother*, GRUR Int. 2004, 235; *Böhm*, Bildurheberrechte und gewerbliche Schutzrechte in Auftragsverhältnissen, S. 128; *Schack*, Urheber- und Urhebervertragsrecht, Rn. 1114.
550 *Veigel*, Immaterialgüterrechte im Arbeitsverhältnis, Rn. 42.
551 Begründung zum „Entwurf eines Gesetzes zur Reform des Geschmacksmusterrechts (Geschmacksmusterreformgesetz)" der Bundesregierung vom 28.05.2003, BT-Drs. 15/1075, S. 36.

oder derivative Rechtszuordnung zum Arbeitgeber zu verstehen ist, wird nicht deutlich, was mit *„im Wesentlichen"* gemeint sein sollte.[552]

Die vielerorts erfolgte Abkehr von der Annahme eines derivativen Rechtserwerbs aufgrund der im Zuge der Reformierung vorgenommenen Änderungen erfolgte vor allem mit Blick auf das sich dadurch geänderte Verhältnis von Geschmacksmuster- und Urheberrecht zu Recht, da die zur alten Rechtslage vorgebrachte Argumentation seither keine Geltung mehr beanspruchen kann[553]: Soweit sich die Vertreter des originären Rechtserwerbs nach früherer Rechtslage entgegenhalten lassen mussten, dass durch die Urheberstellung des Arbeitgebers dem Arbeitnehmer auch sämtliche Persönlichkeitsrechte genommen würden, vermag diese auch heute noch im Geltungsbereich von § 7 Abs. 2 DesignG vertretene Position[554] nicht mehr zu überzeugen. § 7 Abs. 2 DesignG hat gegenüber der vormals geltenden Regelung des § 2 GeschmMG 1876 keinerlei Auswirkungen (mehr) auf die Stellung des Entwerfers, sondern ordnet allein die vermögensrechtlichen Befugnisse des Rechts auf das eingetragene Design dem Arbeitgeber zu. Obgleich hiervon in der Regelung des § 7 Abs. 2 DesignG anders als in § 69b UrhG oder § 7 ArbNErfG nicht ausdrücklich die Rede ist, ergibt sich dies daraus, dass § 7 Abs. 2 DesignG dem Arbeitgeber nur das Recht an dem eingetragenen Design einräumt, ihn aber nicht zum Entwerfer des Designs erklärt. Auch bei der Annahme eines originären Rechtserwerbs bleibt der Arbeitnehmer der Entwerfer des Designs.[555]

Die Vorschrift des § 7 Abs. 2 DesignG als bloße Vermutungsregelung für die vertragliche Rechtsübertragung im Rahmen eines derivativen Rechtserwerbs des Arbeitgebers zu verstehen, kann schließlich auch nicht mit dem Argument Gehör finden, der in § 7 Abs. 2 DesignG enthaltene Vorbehalt der individualvertraglichen Abrede (*„sofern vertraglich nichts anderes vereinbart wurde"*) mache den vertraglichen Charakter der Rechtsübertragung deutlich. Insoweit lässt sich die Argumentation zu § 69b UrhG hier übertragen: Durch die entsprechende Formulierung soll allein der dispositive

---

552 So auch *Veigel*, Immaterialgüterrechte im Arbeitsverhältnis, Rn. 41.
553 Hierzu siehe *Veigel*, Immaterialgüterrechte im Arbeitsverhältnis, Rn. 43 ff. Zum Verhältnis von Geschmacksmuster- und Urheberrecht vgl. ausführlich unten Kapitel 5. § 12 C. III. 2. a. (S. 661).
554 *Böhm*, Bildurheberrechte und gewerbliche Schutzrechte in Auftragsverhältnissen, S. 128 f.
555 Vgl. auch *Veigel*, Immaterialgüterrechte im Arbeitsverhältnis, Rn. 47, der allerdings unverändert von einem nicht mehr anzunehmenden Designerpersönlichkeitsrecht spricht; *Beyerlein*, in: Günther/Beyerlein, DesignG, § 7, Rn. 20.

Charakter des § 7 Abs. 2 DesignG zum Ausdruck gebracht werden; eine darüberhinausgehende Bedeutung war nicht beabsichtigt.[556]

bb. Umfang des Rechtserwerbs

Da der Arbeitgeber die Rechte an dem eingetragenen Design nach hier vertretener Auffassung originär in seiner Person erwirbt, stehen ihm die Rechte in zeitlicher, räumlicher sowie inhaltlicher Hinsicht unbeschränkt zu. Die im Urheberrecht geltende Zweckübertragungsregel des § 31 Abs. 5 UrhG, wonach sich bei mangelnder Bezeichnung der Nutzungsarten bei der Einräumung der Nutzungsrechte der Umfang selbiger aus dem von beiden Vertragsparteien zugrunde gelegten Vertragszweck ergeben, kann im Designrecht schon aus diesem Grund keine Anwendung finden. Der Arbeitgeber hat das alleinige Benutzungsrecht; ebenso kann er allein darüber entscheiden, ob und in welchem Umfang er das eingetragene Design des Arbeitnehmers verwertet.[557]

b. Freie Entwürfe

Entwirft der Arbeitnehmer ein Design nicht in Ausübung seiner Aufgaben und nicht nach den Weisungen seines Arbeitgebers, handelt es sich um einen freien Entwurf.[558] In diesem Fall entstehen die Rechte an dem eingetragenen Design gem. § 7 Abs. 1 DesignG originär in der Person des Arbeitnehmers; der Arbeitgeber erhält keine Rechte an dem eingetragenen Design. Möchte der Arbeitgeber den Entwurf des Arbeitnehmers gleichwohl verwerten, muss er eine Rechtsübertragung mit dem Arbeitnehmer vertraglich vereinbaren.[559] Der Arbeitnehmer kann dem Arbeitgeber nach

---

556 Vgl. hierzu oben Kapitel 2. § 6 B. III. 2. b. aa. (2), (S. 150).
557 *Veigel*, Immaterialgüterrechte im Arbeitsverhältnis, Rn. 200; *Kühne*, in: Eichmann/v. Falckenstein/Kühne, DesignG, § 7, Rn. 24.
558 Vgl. hierzu oben Kapitel 2. § 6 C. III. 2. (S. 164).
559 *Veigel*, Immaterialgüterrechte im Arbeitsverhältnis, Rn. 201; *Kühne*, in: Eichmann/v. Falckenstein/Kühne, DesignG, § 7, Rn. 21.

§ 29 Abs. 1 DesignG das Recht am eingetragenen Design übertragen[560] oder ihm gem. § 31 Abs. 1 DesignG Lizenzen erteilen.[561]

Wie im Arbeitnehmerurheberrecht lässt sich die Diskussion führen, ob der Arbeitnehmer in bestimmten Fällen dazu verpflichtet ist, seinem Arbeitgeber die Rechtsübertragung anzubieten, bevor er das Design eigenständig verwertet. Eine solche Anbietungspflicht wird zum Teil mit der Rechtsähnlichkeit zu den §§ 18, 19 ArbNErfG, der arbeitsvertraglichen „Treuepflicht" oder dem Wettbewerbsverbot begründet. Voraussetzungen hierfür sollen etwa das Vorliegen eines Zusammenhangs zwischen dem Entwurf und dem Arbeitsbereich des Betriebes oder die Verwendung erheblicher betrieblicher Erfahrungen sein.[562] Alle diese Ansätze vermögen eine Anbietungspflicht des Arbeitnehmers jedoch nicht überzeugend zu begründen; insoweit kann weitestgehend auf die Ausführungen zur Anbietungspflicht im Urheberrecht verwiesen werden.[563]

Einzig die Argumentation zur Ablehnung der analogen Anwendung des § 19 ArbNErfG[564] kann insoweit nicht kommentarlos übertragen werden, als im Rahmen der Prüfung der vergleichbaren Interessenlage denknotwendigerweise auf einen Vergleich zwischen dem Erfindungsrecht und dem Urheberrecht abgestellt wurde. Demgegenüber muss an dieser Stelle die Situation im Erfinderrecht mit der im Designrecht verglichen werden.[565] Wie dargestellt lässt sich sowohl den Gesetzesmaterialien als auch dem Sinn und Zweck des § 19 ArbNErfG entnehmen, dass der Arbeitgeber davor geschützt werden sollte, durch monopolartige Verwertungsverträge des Arbeitnehmers mit anderen Betrieben von einer Beteiligung am Wett-

---

560 Die GGV sieht für das Gemeinschaftsgeschmacksmuster eine vergleichbare Regelung in Art. 28 GGV vor. Zwar fehlt es anders als in § 29 Abs. 1 DesignG an der ausdrücklichen Regelung, dass das Recht am eingetragenen Geschmacksmuster übertragen werden kann, allerdings ergibt sich die Möglichkeit der Rechtsübertragung implizit aus der den Rechtsübergang regelnden Vorschrift des Art. 28 GGV, die mit folgenden Worten eingeleitet wird: *„Der Übergang der Rechte an einem eingetragenen Gemeinschaftsgeschmacksmuster unterliegt folgenden Bestimmungen: [...]."*
561 Eine vergleichbare Regelung für die Erteilung von Lizenzen bei Gemeinschaftsgeschmacksmustern findet sich in Art. 32 Abs. 1 GGV.
562 Auf alle Ansätze zugleich abstellend *Kühne*, in: Eichmann/v. Falckenstein/Kühne, DesignG, § 7, Rn. 23; vgl. auch *Lüken*, Der Arbeitnehmer als Schöpfer von Werken geistigen Eigentums, S. 99.
563 Siehe hierzu oben Kapitel 2. § 6 B. III. 2. a. bb. (2) (b), (S. 139).
564 Zur Ablehnung der analogen Anwendung des § 19 ArbNErfG im Urheberrecht siehe oben Kapitel 2. § 6 B. III. 2. a. bb. (2) (b) (aa), (S. 139).
565 Vgl. *Veigel*, Immaterialgüterrechte im Arbeitsverhältnis, Rn. 244 f.

bewerb oder von der Benutzung bestimmter Arbeitsmittel ausgeschlossen zu werden.[566] Die Regelung ließ sich auf die urheberrechtliche Situation freier Werke vor allem deshalb nicht übertragen, weil das Urheberrecht dem Rechteinhaber keine dem Patentrecht vergleichbare Monopolstellung gewährt.[567] Dies ist im Designrecht jedoch nicht anders. Zwar entfaltet ein eingetragenes Design durchaus eine Sperrwirkung in dem Sinne, dass der Rechtsinhaber des eingetragenen Designs nach § 38 Abs. 1 S. 1 DesignG[568] das ausschließliche Recht hat, Dritten zu verbieten, es ohne seine Zustimmung zu benutzen[569], was für die Vergleichbarkeit von Patent- und Designrecht hinsichtlich des monopolartigen Charakters sprechen könnte. Allerdings stellt sich die Situation nicht anders dar als im Urheberrecht, da dieses ebenfalls ein vergleichbares Verbietungsrecht vorsieht. Zudem ist die Gefahr der Wettbewerbseinschränkungen und der dem § 19 ArbNErfG zugrundeliegende *„Monopolisierungsdruck"* im Designrecht nicht vergleichbar gegeben.[570] Wie das Urheberrecht auch, schützt das Designrecht keine gestalterische Lehre, sondern lediglich die wahrnehmbare Erscheinungsform.[571] Obgleich die denkbare Zahl verschiedener Variationen urheberrechtlich geschützter Werke höher sein mag als die Gestaltungsfreiheit im Designrecht, wird der Arbeitgeber auch bei Bestehen eines fremden eingetragenen Designs nicht völlig seiner wirtschaftlichen Handlungsfreiheit und Wettbewerbsfähigkeit beraubt. Anders als in dem eine Monopolstellung gewährenden Patentrecht ist der Arbeitgeber im Designrecht ausreichend durch das allgemeine Wettbewerbsverbot geschützt und auf den Schutz des § 19 ArbNErfG demnach nicht angewiesen. In Ermangelung einer vergleichbaren Interessenlage lässt sich auch im Designrecht eine Anbietungspflicht des Arbeitnehmers für freie Entwürfe nicht im Wege einer analogen Anwendung des § 19 ArbNErfG begründen.

Überdies scheint eine analoge Anwendung des § 19 ArbNErfG auch hinsichtlich des unterschiedlichen Verständnisses freier Arbeitsergebnisse im

---

566 Begründung zum "Entwurf eines Gesetzes über Erfindungen von Arbeitnehmern und Beamten" der Bundesregierung vom 19.08.1955, BT-Drs. II/1648, S. 37.
567 Siehe hierzu oben Kapitel 2. § 6 B. III. 2. a. bb. (2) (b) (aa), (S. 139).
568 Die Parallelvorschrift für das eingetragene Gemeinschaftsgeschmacksmuster ist in Art. 19 Abs. 1 GGV geregelt.
569 *Eichmann*, in: Eichmann/v. Falckenstein/Kühne, DesignG, § 38, Rn. 11.
570 *Veigel*, Immaterialgüterrechte im Arbeitsverhältnis, Rn. 245.
571 BGH, Urteil v. 28.11.1973 – I ZR 86/72, GRUR 1974, 406, 409 – *Elektroschalter*; *Rehmann*, Designrecht, Rn. 13; *Veigel*, Immaterialgüterrechte im Arbeitsverhältnis, Rn. 245.

Patentrecht und Designrecht schon nicht gelungen. Ebenso wie im Urheberrecht „Erfahrungswerke" von § 43 UrhG nicht erfasst sind[572], stellen auch „Erfahrungsentwürfe", also Entwürfe, die der Arbeitnehmer mit Erfahrungen aus dem Betrieb, aber ohne eine entsprechende Aufgabe oder Weisung des Arbeitgebers entwirft, keine gebundenen Entwürfe i. S. d. § 7 Abs. 2 DesignG dar, sondern sind als freie Entwürfe zu qualifizieren.[573] Demgegenüber ordnet das Arbeitnehmererfindungsrecht auch Erfahrungserfindungen den Diensterfindungen i. S. d. § 4 ArbNErfG zu, die der Inanspruchnahme durch den Arbeitgeber unterliegen. § 4 Abs. 2 Nr. 2 ArbNErfG lässt sich weder auf das Urheberrecht noch auf das Designrecht analog anwenden. Nach alledem kann eine Anbietungspflicht des Arbeitnehmers hinsichtlich seiner freien Entwürfe nicht angenommen werden.

c. Vertragliche Abreden

Die Formulierung des § 7 Abs. 2 DesignG stellt klar, dass zwischen Arbeitnehmer und Arbeitgeber getroffene individualvertragliche Abreden Vorrang vor der gesetzlich niedergelegten Rechtezuordnung haben (*„sofern vertraglich nichts anderes vereinbart wurde"*). Den Parteien des Arbeitsvertrags steht es damit frei, von der soeben dargestellten Rechtezuordnung hinsichtlich gebundener Entwürfe abzuweichen; § 7 Abs. 2 DesignG hat insoweit einen dispositiven Charakter. So können die Arbeitsvertragsparteien etwa vereinbaren, dass die Rechte an dem Entwurf beim Arbeitnehmer verbleiben oder dass der Arbeitnehmer berechtigt ist, eine Designanmeldung im eigenen Namen vorzunehmen. Auch in Bezug auf die freien Entwürfe des Arbeitnehmers sind vertragliche Abreden denkbar. Bereits im Arbeitsvertrag, während des Arbeitsverhältnisses oder auch erst nach Fertigstellung des Entwurfs können vertragliche Vereinbarungen dahingehend getroffen werden, dass der Arbeitgeber die Rechte an dem freien Entwurf des Arbeitnehmers erhalten soll.[574] Diese Vereinbarungen können ausdrücklich getroffen werden, können sich aber auch konkludent aus den Umständen ergeben.[575] Auch eine betriebliche Übung oder Betriebsverein-

---

572 Siehe hierzu oben Kapitel 2. § 6 B. III. 2. a. bb. (2) (b) (aa), (S. 139).
573 Dazu oben Kapitel 2. § 6 C. III. 2. (S. 164).
574 *Eichmann*, in: Eichmann/Kur, Designrecht, § 2, Rn. 103; *Kühne*, in: Eichmann/ v. Falckenstein/Kühne, DesignG, § 7, Rn. 27.
575 *Kühne*, in: Eichmann/v. Falckenstein/Kühne, DesignG, § 7, Rn. 27.

barungen vermögen abweichende Vereinbarungen zu begründen.[576] Fehlt es allerdings an Regelungen hinsichtlich des Umfangs der Rechtseinräumung, ist auch trotz Nichtgeltung des § 31 Abs. 5 UrhG im Designrecht[577] im Zweifel davon auszugehen, dass der Arbeitgeber die Rechte nur soweit erhält, wie er sie für die Verwertung benötigt.[578]

4. Rechtezuordnung bei Arbeitnehmerdesigns

Da nach hier vertretener Auffassung von einem originären Rechtserwerb des Arbeitnehmers auszugehen ist und dieser nach § 7 Abs. 2 DesignG die vermögenswerten Rechte an dem eingetragenen Design erhält, erübrigt sich eine weitergehende Diskussion über einen derivativen Rechtserwerb des Arbeitgebers anders als im Arbeitnehmererfinder- oder -urheberrecht, wo die Rechte an der Erfindung oder dem urheberrechtlich geschützten Werk zunächst originär in der Person des Erfinders bzw. Schöpfers entstehen und der Arbeitgeber auf einen derivativen Rechtserwerb angewiesen ist, um in den Genuss des jeweiligen Arbeitsergebnisses zu kommen.[579]

D. Zusammenfassung

Arbeitsergebnisse sind in verschiedenen Formen denkbar. Zu den immaterialgüterrechtlich relevanten Arbeitsergebnissen zählen vor allem die Erfindungen, die technischen Verbesserungsvorschläge, die urheberrechtlich geschützten Werke, sowie die Designentwürfe, die von einem Arbeitnehmer im Rahmen seiner Arbeitstätigkeit geschaffen werden.

Eine Erfindung ist eine technische Lehre zum planmäßigen Handeln unter Einsatz beherrschbarer Naturkräfte zur Erreichung eines kausal übersehbaren Erfolgs. Um in den Anwendungsbereich des ArbNErfG zu gelangen, muss die Erfindung patentfähig sein, d. h. absolut neu sein, auf einer erfinderischen Tätigkeit beruhen sowie gewerblich anwendbar sein. Nach dieser Maßgabe als Erfindung anzusehende Leistungen des Arbeitnehmers stellen Arbeitsergebnisse dar, wenn der Arbeitnehmer zur Schaffung von Erfindungen arbeitsvertraglich verpflichtet ist. Eine solche Ver-

---

576 *Beyerlein*, in: Günther/Beyerlein, DesignG, § 7, Rn. 20.
577 Siehe hierzu oben Kapitel 2. § 6 C. III. 3. a. bb. (S. 171).
578 *Kühne*, in: Eichmann/v. Falckenstein/Kühne, DesignG, § 7, Rn. 27.
579 *Veigel*, Immaterialgüterrechte im Arbeitsverhältnis, Rn. 148.

pflichtung ist in jedem Einzelfall gesondert zu prüfen, wird für den gewöhnlichen Arbeitnehmer regelmäßig aber ausscheiden. Demnach stellen in der Regel weder Aufgabenerfindungen, die aus der dem Arbeitnehmer obliegenden Tätigkeit entstanden sind, noch Erfahrungserfindungen, die allein auf Erfahrungen oder Arbeiten des Betriebs beruhen, Arbeitsergebnisse dar. In Ermangelung der Qualifikation der Arbeitnehmererfindungen als Arbeitsergebnisse, erhält der Arbeitgeber die Rechte an den Erfindungen nicht kraft des arbeitsrechtlichen Grundsatzes des Rechts am Arbeitsergebnis. Vielmehr schreibt das PatG dem Arbeitnehmer als Erfinder das Recht auf das Patent zu (§ 6 Abs. 1 PatG). Allerdings erlangt der Arbeitgeber durch das ArbNErfG die Möglichkeit der Inanspruchnahme der Erfindung, mittels derer die vermögenswerten Rechte an der Erfindung auf ihn übergeleitet werden. Im Ergebnis werden Erfindungen des Arbeitnehmers damit dennoch dem Arbeitgeber zugeordnet.

Macht der Arbeitnehmer einen qualifizierten technischen Verbesserungsvorschlag, indem er eine Lösungsmöglichkeit für ein bestimmtes Problem oder eine konkrete Aufgabe darstellt und dem Arbeitgeber übermittelt und der Vorschlag dem Arbeitgeber eine ähnliche Vorzugsstellung gewährt wie ein gewerbliches Schutzrecht, stellt dieser Verbesserungsvorschlag ein dem Arbeitgeber zuzuordnendes Arbeitsergebnis dar, sofern der Arbeitnehmer zur Entwicklung technischer Verbesserungsvorschläge arbeitsvertraglich verpflichtet ist. Denn anders als zur Schaffung von Erfindungen kann der Arbeitnehmer zur Schaffung technischer Verbesserungsvorschläge verpflichtet sein. Die Rechte an dem Vorschlag entstehen originär beim Arbeitgeber.

Handelt es sich bei der Leistung des Arbeitnehmers um ein urheberrechtlich geschütztes Werk, also eine persönliche geistige Schöpfung im Bereich der Literatur, Wissenschaft oder Kunst, stellt dieses ein Arbeitsergebnis dar, sofern der Arbeitnehmer zur Schaffung des Werkes verpflichtet ist. Gleichwohl entstehen die Rechte an dem urheberrechtlich geschützten Werk in der Person des Arbeitnehmers als Schöpfer des Werkes (§ 7 UrhG). Demzufolge kann das Recht am Arbeitsergebnis nicht ohne weiteres nach arbeitsrechtlichen Grundsätzen dem Arbeitgeber zugeordnet werden. Um den Konflikt zwischen Arbeits- und Urheberrecht zu lösen, bestimmt § 43 UrhG den Umgang mit urheberrechtlich geschützten Werken, die im Rahmen eines Arbeitsverhältnisses geschaffen werden. Ist der Arbeitnehmer zur Schaffung des Werkes verpflichtet bzw. schafft der Arbeitnehmer ein Werk in Erfüllung seiner Verpflichtungen aus dem Arbeitsverhältnis (sog. Pflichtwerk), ist er zugleich in der Regel zur Einräumung von Nutzungsrechten an den Arbeitgeber in dem Umfang verpflichtet, wie der

Arbeitgeber diese benötigt, um das Werk innerhalb des Betriebszwecks nutzen zu können. Eine solche Verpflichtung wird sich regelmäßig im Wege der Auslegung ergeben. Wird das Werk vom Arbeitnehmer außerhalb seiner vertraglich geschuldeten Tätigkeit geschaffen (sog. freies Werk), trifft diesen keine Pflicht zur Einräumung von Nutzungsrechten an den Arbeitgeber. Auch eine Pflicht des Arbeitnehmers zur Anbietung von Nutzungsrechten im Vorfeld einer anderweitigen Verwertung ist abzulehnen.

Handelt es sich bei dem Werk des Arbeitnehmers um ein Computerprogramm, greift die Regelung des § 69b UrhG ein. Besonderheiten gegenüber § 43 UrhG ergeben sich insoweit, als die Rechtsnatur des § 69b UrhG als gesetzliche Lizenz zu begreifen ist. Mithin bedarf es einer vertraglichen Einräumung der Nutzungsrechte durch den Arbeitnehmer nicht; der Arbeitgeber erhält die Nutzungsrechte an den Pflichtprogrammen des Arbeitnehmers per Gesetz. Allerdings ist der Umfang der Nutzungsrechtseinräumung nicht auf die Nutzung im Rahmen des Betriebszwecks beschränkt. Die Behandlung freier Computerprogramme eines Arbeitnehmers ist im Ergebnis nicht anders zu beurteilen als die sonstigen freien Werke des Arbeitnehmers.

Schließlich spielen auch von einem Arbeitnehmer entworfene Designs und Gemeinschaftsgeschmacksmuster eine bedeutende Rolle. Entwirft ein Arbeitnehmer ein durch das DesignG geschütztes Design bzw. ein durch die Gemeinschaftsgeschmacksmuster-Verordnung geschütztes Gemeinschaftsgeschmacksmuster, gebührt dieses als Arbeitsergebnis dem Arbeitgeber, sofern der Arbeitnehmer zum Entwerfen von Designs bzw. Gemeinschaftsgeschmacksmustern arbeitsvertraglich verpflichtet ist. Obgleich das Recht auf das eingetragene Design bzw. Gemeinschaftsgeschmacksmuster grundsätzlich dem Entwerfer zusteht, regeln § 7 Abs. 2 DesignG und Art. 14 Abs. 3 GGV einen originären Rechtserwerb des Arbeitgebers an den Designs und Gemeinschaftsgeschmacksmustern seines Arbeitnehmers, die dieser in Ausübung seiner Aufgaben oder nach den Weisungen des Arbeitgebers entworfen hat. Handelt es sich demgegenüber um einen freien Entwurf des Arbeitnehmers, steht allein diesem das Recht zur Verwertung zu. Eine Anbietungspflicht ergibt sich (wie im Urheberrecht) nicht.

Kapitel 3. Vergütungsansprüche des Hochschulbeschäftigten im Arbeitnehmererfinderrecht

Unter den genannten Immaterialgüterrechten im Arbeitsverhältnis hat die Erfindung eine besonders herausragende Bedeutung. Denn Erfindungen sind als Grundlage von Patenten unverzichtbar für den technologischen Fortschritt. Die zentrale Rolle der Hochschulen für die technologische Entwicklung und die innovationspolitische Bedeutung des Transfers der Hochschulentwicklungen in die Industrie sind einleitend bereits beleuchtet worden.[580]

Mit der Abschaffung des Hochschullehrerprivilegs, kurz gesagt der Überleitung der Verwertungsrechte vom Hochschulbeschäftigten auf die Hochschule, ist die Frage nach einem Vergütungsanspruch des Hochschulbeschäftigten gegen die Hochschule erstmals zu Tage getreten. Der Gesetzgeber hat dies erkannt und mit der Neuregelung des § 42 ArbNErfG einen eigenständigen Vergütungsanspruch des Hochschulbeschäftigten für den Fall vorgesehen, dass die Hochschule eine Erfindung des Hochschulbeschäftigten verwertet. Nach § 42 Nr. 4 ArbNErfG erhält der Hochschulbeschäftigte 30 % der durch die Verwertung erzielten Einnahmen. Obgleich die Erfindungen von Hochschulbeschäftigten mit Arbeitnehmererfindungen der Sache nach gleich gestellt wurden, weicht das Gesetz damit für Erfindungen von Hochschulbeschäftigten hinsichtlich der Vergütung von den allgemeinen arbeitnehmererfinderrechtlichen Vergütungsregelungen aus den §§ 9 ff. ArbNErfG ab. Um das Vergütungssystem des Arbeitnehmererfindungsrechts verstehen und den Sonderreglungscharakter des Abs. § 42 Nr. 4 ArbNErfG für Erfindungen von Hochschulbeschäftigten begreifen zu können, soll im Folgenden zunächst die Vergütungssituation des Arbeitnehmererfinders dargestellt werden (§ 7), um im Anschluss hieran die Regelung des § 42 Nr. 4 ArbNErfG einer vertieften Betrachtung zuführen zu können (§ 8).

---

580 Siehe hierzu ausführlicher im Rahmen der Einleitung oben Kapitel 1. § 1 (S. 42 ff.).

§ 7 Die Vergütungsansprüche des Arbeitnehmererfinders

Das Arbeitnehmererfindergesetz hält in den §§ 9 ff. ArbNErfG ausdrückliche Regelungen zur Vergütung des Arbeitnehmererfinders bereit. Danach hat der Arbeitnehmer gegen den Arbeitgeber einen Anspruch auf angemessene Vergütung, sobald der Arbeitgeber die Diensterfindung in Anspruch genommen hat. Es stellt sich zum einen die Frage, für wen diese Bestimmungen konkret gelten, wer also als Arbeitnehmer und Arbeitgeber i. S. d. ArbNErfG anzusehen ist (A.). Des Weiteren ist zu untersuchen, wann und vor allem aus welchen Gründen das ArbNErfG dem Arbeitnehmererfinder eine Vergütung neben dem vertraglich vereinbarten Arbeitsentgelt gewährt. Eine solche Vergütung kommt für Erfindungen (B.) sowie für technische Verbesserungsvorschläge (C.) in Betracht.

A. Persönlicher Anwendungsbereich des Arbeitnehmererfindergesetzes

Im allgemeinen Teil der arbeitsrechtlichen Grundlagen ist der sachliche Anwendungsbereich des Arbeitnehmererfindergesetzes bereits betrachtet worden.[581] Es wurde bislang jedoch nicht näher darauf eingegangen, auf wen das ArbNErfG persönlich Anwendung findet.

I. Der Arbeitnehmerbegriff i. S. d. ArbNErfG

Nach § 1 ArbNErfG gilt das Arbeitnehmererfindergesetz insbesondere für alle von Arbeitnehmern im privaten und öffentlichen Dienst getätigten Erfindungen und technischen Verbesserungsvorschläge. Es stellt sich die Frage, inwieweit sich dieser Arbeitnehmerbegriff unterscheidet von dem des allgemein arbeitsrechtlichen Verständnisses, wie es bereits erörtert wurde. Nach der Auffassung des BGH geht das Arbeitnehmererfindergesetz tatsächlich vom arbeitsrechtlichen Arbeitnehmerbegriff aus.[582] Auch die herrschende Meinung in der Literatur bestimmt den arbeitnehmererfinderrechtlichen Arbeitnehmererfinderbegriff anhand des allgemeinen arbeitsrechtlichen Arbeitnehmerbegriffs.[583] Arbeitnehmer i. S. d. ArbNErfG ist

---

581 Siehe hierzu oben Kapitel 2. § 6 A. I. 1. b. (S. 99).
582 BGH, Urteil v. 24.10.1989 – X ZR 58/88, GRUR 1990, 193 – *Auto-Kindersitz*.
583 Siehe nur *Gaul*, GRUR 1963, 341; *Wimmer*, GRUR 1961, 449, 452; *Bartenbach/ Volz*, Arbeitnehmererfindungsgesetz, § 1, Rn. 7; *Boemke*, in: Boemke/Kursawe,

Kapitel 3. Vergütungsansprüche des Hochschulbeschäftigten im Arbeitnehmererfinderrecht

demnach, wer im Dienste eines anderen zur Leistung weisungsgebundener, fremdbestimmter Arbeit in persönlicher Abhängigkeit verpflichtet ist (§ 611a Abs. 1 S. 1 BGB).[584] Während die Entscheidung des BGH noch ohne eine Begründung daherkommt, lassen sich in der Literatur durchaus Argumente für den Rückgriff auf den arbeitsrechtlichen Arbeitnehmerbegriff finden. Zum einen wird der Arbeitnehmerbegriff im ArbNErfG selbst nicht definiert, sondern vorausgesetzt, was für die Anwendung der allgemeinen Vorschriften spricht.[585] Zum anderen geht auch aus der Begründung des Regierungsentwurfs hervor, dass sich der Arbeitnehmerbegriff *„nach den im Arbeitsrecht ermittelten Grundsätzen"* richtet.[586] Keine Anwendung findet das ArbNErfG in der Konsequenz deshalb auf Organmitglieder[587], wohl aber auf leitende Angestellte.[588] Da unter den Arbeitnehmerbegriff i. S. d. Arbeitsrechts weder Beamte noch Soldaten fallen[589], erstreckt § 1 ArbNErfG den Anwendungsbereich des ArbNErfG explizit auch auf diese Personengruppen. Auf arbeitnehmerähnliche Personen ist das ArbNErfG demgegenüber weder direkt noch analog anwendbar.[590] Aus Gründen der Systematik sowie aus teleologischen Gesichtspunkten

---

ArbNErfG, § 1, Rn. 21; *Rother*, in: Reimer/Schade/Schippel, ArbNErfG, § 1, Rn. 2; *Volmer/Gaul*, in: Arbeitnehmererfindungsgesetz, § 1, Rn. 24. Siehe grundlegend auch *Lenhart*, Arbeitnehmer- und Arbeitgeberbegriff im Arbeitnehmererfindungsrecht, S. 87 ff.; im Übrigen siehe auch die zahlreichen Nachweise dort auf S. 85 (Fn. 349).

584 Zum allgemeinen Arbeitnehmerbegriff mit entsprechenden Nachweisen siehe oben Kapitel 2. § 4 A. I. (S. 52).

585 Vgl. statt vieler *Bartenbach/Volz*, Arbeitnehmererfindungsgesetz, § 1, Rn. 7.

586 Begründung zum "Entwurf eines Gesetzes über Erfindungen von Arbeitnehmern und Beamten" der Bundesregierung vom 19.08.1955, BT-Drs. II/1648, S. 17; hierzu *Volmer*, GRUR 1978, 329.

587 *Lenhart*, Arbeitnehmer- und Arbeitgeberbegriff im Arbeitnehmererfindungsrecht, S. 186 mit zahlreichen Nachweisen in Fn. 729; siehe auch eingehend zu Organerfindungen *Busche*, in: FS Reimann (2009), S. 37, 38.

588 *Lenhart*, Arbeitnehmer- und Arbeitgeberbegriff im Arbeitnehmererfindungsrecht, S. 181 mit zahlreichen Nachweisen in Fn. 705; siehe auch schon früher BGH, Urteil v. 25.02.1958 – I ZR 181/56, GRUR 1958, 334, 336.

589 Zum Arbeitnehmerbegriff siehe oben Kapitel 2. § 4 A. I. (S. 52).

590 *Volmer*, GRUR 1978, 329, 334 f.; *Wimmer*, GRUR 1961, 449, 453; *Lenhart*, Arbeitnehmer- und Arbeitgeberbegriff im Arbeitnehmererfindungsrecht, S. 174 ff.; *Bartenbach/Volz*, Arbeitnehmererfindungsgesetz, § 1, Rn. 25. Demgegenüber für eine **direkte Anwendung** *Heilmann/Taeger*, BB 1990, 1969, 1970. Für eine **analoge Anwendung** *Gaul*, GRUR 1977, 686, 689; *Rother*, in: Reimer/Schade/Schippel, ArbNErfG, § 1, Rn. 6; *Volmer/Gaul*, in: Arbeitnehmererfindungsgesetz, § 1, Rn. 59 ff.

findet § 1 ArbNErfG aber (analoge) Anwendung auf die zu ihrer Berufsausbildung Beschäftigten (Auszubildende).[591]

II. Der Arbeitgeberbegriff i. S. d. ArbNErfG

Auch zum Arbeitgeberbegriff findet sich im Arbeitnehmererfindergesetz keine Definition. Aus den genannten Gründen ist demzufolge der Begriff des Arbeitgebers wie der Arbeitnehmerbegriff zunächst im allgemeinen Arbeitsrecht anzuknüpfen.[592] Arbeitgeber i. S. d. ArbNErfG ist demnach jede natürliche oder juristische Person sowie Personengesamtheit, der bzw. die wenigstens einen Arbeitnehmer beschäftigt und von diesem die Erbringung von Dienstleistungen auf der Grundlage eines Arbeitsvertrags nach § 611a BGB fordern kann.[593] Ohne an dieser Stelle genauer auf einzelne Fallgruppen wie Leiharbeitsverhältnisse[594], Betriebsübergänge[595] oder mittelbare Arbeitsverhältnisse[596] eingehen zu können, zeigt sich, dass diese allgemeine arbeitsrechtliche Umschreibung des Arbeitgeberbegriffs nicht alle Fälle sachgerecht zu erfassen vermag und deshalb den Besonderheiten des jeweiligen Falls angepasst werden muss. Für das Arbeitnehmererfindergesetz erscheint es deshalb sinnvoller, als Arbeitgeber denjenigen anzusehen, der unmittelbar das Recht hat, die Arbeit des Arbeitnehmers zu fordern, da die Erfindung als Arbeitsergebnis mit der übrigen Arbeitsleistung zusammengehört.[597]

---

591 *Gaul*, GRUR 1977, 686, 688 f.; *Bartenbach/Volz*, Arbeitnehmererfindungsgesetz, § 1, Rn. 40; *Rother*, in: Reimer/Schade/Schippel, ArbNErfG, § 1, Rn. 2; *Volmer/Gaul*, in: Arbeitnehmererfindungsgesetz, § 1, Rn. 53 ff.
592 *Bartenbach/Volz*, Arbeitnehmererfindungsgesetz, § 1, Rn. 95. Eingehend zum Arbeitgeberbegriff i. S. d. ArbNErfG *Lenhart*, Arbeitnehmer- und Arbeitgeberbegriff im Arbeitnehmererfindungsrecht, S. 233 ff. sowie *Volmer*, GRUR 1978, 393, 394 ff.; *Volmer/Gaul*, in: Arbeitnehmererfindungsgesetz, § 1, Rn. 108 ff.
593 Zum Arbeitgeberbegriff siehe oben Kapitel 2. § 4 A. III. (S. 73).
594 Siehe hierzu *Lenhart*, Arbeitnehmer- und Arbeitgeberbegriff im Arbeitnehmererfindungsrecht, S. 245 f. sowie *Volmer*, GRUR 1978, 393, 400 f.
595 Siehe hierzu *Lenhart*, Arbeitnehmer- und Arbeitgeberbegriff im Arbeitnehmererfindungsrecht, S. 240 f.
596 Hierzu siehe *Volmer*, GRUR 1978, 393, 399.
597 *Volmer*, GRUR 1978, 393, 397.

Kapitel 3. Vergütungsansprüche des Hochschulbeschäftigten im Arbeitnehmererfinderrecht

B. Vergütungsansprüche für Erfindungen

Erfindungen von Arbeitnehmern können gebundene oder freie Erfindungen sein, § 4 Abs. 1 ArbNErfG.[598] Auch hinsichtlich der Vergütung des Arbeitnehmers für im Rahmen des Arbeitsverhältnisses gemachte Erfindungen ist zwischen diesen gebundenen (I.) und freien Erfindungen (II.) zu differenzieren.

I. Vergütungsansprüche für Diensterfindungen

Es lassen sich im ArbNErfG verschiedene Vergütungstatbestände finden. Der maßgebliche Vergütungsanspruch des Arbeitnehmererfinders ist in § 9 Abs. 1 ArbNErfG für den Fall geregelt, dass der Arbeitgeber eine Diensterfindung des Arbeitnehmers in Anspruch nimmt. § 9 Abs. 1 ArbNErfG enthält den *allgemeinen Vergütungsgrundsatz*, wonach der Erfinder grundsätzlich an allen wirtschaftlichen bzw. geldwerten Vorteilen zu beteiligen ist, die dem Arbeitgeber aufgrund der Erfindung kausal zufließen.[599] Daneben kennt das ArbNErfG auch Vergütungsansprüche des Arbeitnehmers, wenn der Arbeitgeber die Erfindung freigibt, sich aber Benutzungsrechte vorbehält (§§ 14 Abs. 3, 16 Abs. 3 ArbNErfG) oder die Erfindung geheim gehalten wird (§ 17 ArbNErfG).

1. Vergütungsanspruch bei Inanspruchnahme der Diensterfindung aus § 9 ArbNErfG

Nimmt der Arbeitgeber gem. § 6 Abs. 1 ArbNErfG die vom Arbeitnehmer gemeldete Diensterfindung in Anspruch, gehen die vermögenswerten Rechte an der Erfindung auf ihn über (§ 7 Abs. 1 ArbNErfG). Infolge der Inanspruchnahme erhält der Arbeitnehmer gem. § 9 Abs. 1 ArbNErfG einen Anspruch auf angemessene Vergütung. Ergänzt wird § 9 ArbNErfG durch § 11 ArbNErfG, der bestimmt, dass der Bundesminister für Arbeit

---

598 Ausführlicher zu den Begriffen siehe oben Kapitel 2. § 6 A. I. 1. b. dd. (S. 106).
599 BGH, Urteil v. 29.04.2003 – X ZR 186/01, BGHZ 155, 8, 14f. = GRUR 2003, 789 – *Abwasserbehandlung*; BGH, Urteil v. 17.11.2009 – X ZR 137/07, BGHZ 183, 182, 189f. (Rn. 20), 192 (Rn. 31) = GRUR 2010, 223 – *Türinnenverstärkung*; Bartenbach/Volz, Arbeitnehmererfindungsgesetz, § 9, Rn. 2 m. w. N.; *Keukenschrijver*, in: Busse/Keukenschrijver, PatG, § 9 ArbEG, Rn. 5.

nach Anhörung der Spitzenorganisationen der Arbeitgeber und Arbeitnehmer Richtlinien über die Bemessung der Vergütung erlässt. Auf dieser Grundlage sind unter der Federführung von Theodor Blank (CDU) im Jahr 1959 die Richtlinien für die Vergütung von Arbeitnehmererfindungen im privaten Dienst[600] (im Folgenden: ArbNErf-RL) erlassen und im Jahr 1960 um die entsprechende Anwendung auf Arbeitnehmer im öffentlichen Dienst sowie auf Beamte und Soldaten ergänzt worden.[601] Diese Richtlinien sollen nach ArbNErf-RL Nr. 1 keine verbindlichen Vorschriften darstellen, können aber Anhaltspunkte für die Vergütung geben.[602]

Im Rahmen von § 9 Abs. 1 ArbNErfG stellt sich vor allem die Frage nach dem Grund der Vergütung (a.). Dabei ist insbesondere klärungsbedürftig, warum das ArbNErfG mit der Vergütungsregelung in § 9 Abs. 1 ArbNErfG von dem arbeitsrechtlichen Grundsatz abweicht, dass das Arbeitsergebnis mit dem vereinbarten Arbeitsentgelt abgegolten ist. Daneben ist fraglich, zu welchem Zeitpunkt der Vergütungsanspruch entsteht (b.), wie dieser konkret zu berechnen ist (c.) und wann er fällig wird (d.). Da die Vergütung des Hochschulerfinders, insbesondere die Bemessung ihrer Höhe, eigenen Grundsätzen folgt, soll an dieser Stelle allerdings nur auf die für die Ermittlung der Hochschulerfindervergütung maßgeblichen Aspekte der Arbeitnehmererfindervergütung eingegangen werden.[603]

a. Vergütungsgrund des § 9 Abs. 1 ArbNErfG

Von besonderer Bedeutung für die vorliegende Arbeit ist die Fragestellung, aus welchen Gründen ein Arbeitnehmer, der eine Erfindung im Rahmen eines Arbeitsverhältnisses macht, eine Vergütung von seinem Arbeitgeber erhalten soll. Eingehende Überlegungen hierzu sind im Hinblick auf die später erfolgende Betrachtung des Grundes der Hochschulerfindervergütung zwingend notwendig, die als Grundlage der möglichen Übertra-

---

600 Richtlinien für die Vergütung von Arbeitnehmererfindungen im privaten Dienst vom 20.07.1959, Beilage zum Bundesanzeiger Nr. 156 vom 18.08.1959.
601 Richtlinien für die Vergütung von Arbeitnehmererfindungen im öffentlichen Dienst vom 01.12.1960, Bundesanzeiger Nr. 237 vom 08.12.1960, S. 2.
602 Siehe hierzu auch *Engemann*, in: Boemke/Kursawe, ArbNErfG, § 9, Rn. 160.
603 Im Übrigen sei auf die sehr umfangreichen Kommentierungen vor allem zur Bemessung der Arbeitnehmererfindervergütung verwiesen, siehe nur *Bartenbach/Volz*, Arbeitnehmererfindungsgesetz, § 9, Rn. 69–300; *Engemann*, in: Boemke/Kursawe, ArbNErfG, § 9, Rn. 155–419; *Himmelmann*, in: Reimer/Schade/Schippel, ArbNErfG, § 9, Rn. 34–52.

Kapitel 3. Vergütungsansprüche des Hochschulbeschäftigten im Arbeitnehmererfinderrecht

gung der hochschulerfinderrechtlichen Vergütungsvorschrift auf andere Rechtsgebiete des Immaterialgüterrechts dient.

aa. Meinungsstand zum Vergütungsgrund

Versucht man, auf die Frage nach der Grundlage der in § 9 ArbNErfG vorgesehenen Sondervergütung des Arbeitnehmers eine Antwort zu finden, macht sich schon nach nur überblicksartiger Sichtung der einschlägigen juristischen Literatur Ernüchterung breit. So viele Autoren sich der Frage annehmen, so viele verschiedene Positionen scheinen auch vertreten zu sein. Der sich um den Grund der Vergütungszahlung rankende Streit ist facettenreich und zunächst unübersichtlich. *Himmelmann* ist es gut gelungen, die vielen verschiedenen Strömungen, die sich zum Teil nur in Nuancen und in Randbereichen unterscheiden, in eine recht prägnante und übersichtliche Form zu bringen.[604] Die wesentlichen Standpunkte sollen aus den genannten Gründen auch hier wiedergegeben und kritisch begutachtet werden. Es lassen sich im Wesentlichen zwei Hauptrichtungen ausmachen: Zum Teil wird der Erfindervergütungsanspruch mit dem arbeitsrechtlich geprägten Sonderleistungsprinzip begründet (dazu (1)), überwiegend aber soll er seine Rechtfertigung im patentrechtlich orientierten Monopolprinzip finden (dazu (2)).

(1) Sonderleistungsprinzipien

Das Sonderleistungsprinzip basiert auf der Annahme, dass der Arbeitnehmer für von ihm erbrachte, über das übliche Maß hinausgehende Sonderleistungen eine gesonderte Vergütung erhalten müsse, da solche überobligatorischen Leistungen des Arbeitnehmers nicht bereits mit dem Arbeitsentgelt abgegolten seien. Das Sonderleistungsprinzip wird dem Vergütungsanspruch in verschiedenen Ausprägungen zugrunde gelegt. *Himmelmann* zufolge lässt sich das ergebnisbezogene vom tätigkeitsbezoge-

---

[604] *Himmelmann*, in: Reimer/Schade/Schippel, ArbNErfG, Einleitung, Rn. 34 ff. und *ders.*, Vergütungsrechtliche Ungleichbehandlung von Arbeitnehmer-Erfinder und Arbeitnehmer-Urheber, S. 116 ff.; ähnlich auch *Brune*, Bewährtes deutsches Arbeitnehmererfindergesetz?, S. 47 ff.

nen Sonderleistungsprinzip unterscheiden.[605] Hinter der Differenzierung steckt letztlich die Problematik der arbeitsvertraglichen Verpflichtung des Arbeitnehmers zum „Erfinden".[606]

(a) Ergebnisbezogenes Sonderleistungsprinzip

Eine Lesart des Sonderleistungsprinzips legt die Annahme zu Grunde, dass kein Arbeitnehmer arbeitsvertraglich verpflichtet sein kann, Erfindungen zu tätigen. Der Arbeitnehmer könne allenfalls dazu verpflichtet sein, sich um eine Erfindung zu bemühen. Die Verpflichtung zu einem solchen Bemühen um eine Erfindung sei allerdings schon dann erfüllt, wenn der Arbeitnehmer diese Bemühungen tatsächlich anstrengt. Diese Bemühungen sind mit dem vom Arbeitgeber gezahlten Arbeitsentgelt bereits abgegolten. Macht der Arbeitnehmer hingegen tatsächlich eine Erfindung, fällt diese nicht in den vom Arbeitgeber geschuldeten Pflichtenkreis und stellt demnach eine Sonderleistung des Arbeitnehmers dar, die nicht bereits nach § 611a Abs. 2 BGB vergütet worden ist und deshalb nach § 9 ArbNErfG gesondert vergütet werden muss.[607]

(b) Tätigkeitsbezogenes Sonderleistungsprinzip

Demgegenüber knüpft das tätigkeitsbezogene Sonderleistungsprinzip an die arbeitsrechtlichen Grundlagen an, wonach der Arbeitnehmer einen Anspruch auf eine Sondervergütung erlangt, wenn er quantitativ oder qualitativ mehr leistet als er seiner arbeitsvertraglichen Verpflichtung nach schuldet.[608] Entsteht durch eine Tätigkeit des Arbeitnehmers, zu der er vertraglich nicht verpflichtet ist, eine Erfindung, so ist diese neben dem Arbeitsentgelt gesondert zu vergüten. Fällt die Tätigkeit des Arbeitnehmers demgegenüber in seinen vertraglich geschuldeten Pflichtenkanon, erhält er keine Sondervergütung, unabhängig davon, ob durch seine Tätigkeit

---

605 *Himmelmann*, Vergütungsrechtliche Ungleichbehandlung von Arbeitnehmer-Erfinder und Arbeitnehmer-Urheber, S. 127, 129.
606 Vgl. hierzu oben Kapitel 2. § 6 A. I. 2. (S. 107).
607 Das ergebnisbezogene Sonderleistungsprinzip wird vertreten von *Gaul*, BB 1992, 1710, 1714 f.; *ders.*, GRUR 1977, 686, 687; *ders.*, GRUR 1980, 1029, 1030; *Volmer/Gaul*, in: Arbeitnehmererfindungsgesetz, § 9, Rn. 8, 9; *Rehbinder*, RdA 1968, 309, 314 f.; *ders.*, in: FS Hubmann (1985), S. 359, 363.
608 Siehe hierzu oben Kapitel 2. § 5 C. II. 3. (S. 88).

eine Erfindung entsteht oder nicht. Der Anknüpfungspunkt des tätigkeitsbezogenen Sonderleistungsprinzips liegt demnach nicht in dem vom Arbeitnehmer erbrachten Arbeitsergebnis, sondern in der von ihm geschuldeten Arbeitstätigkeit.[609]

(2) Monopolprinzipien

Dem Sonderleistungsprinzip als Grundlage des arbeitnehmererfinderrechtlichen Vergütungsanspruchs aus § 9 ArbNErfG treten diejenigen Vertreter der Literatur entgegen, die die rechtliche Begründung des Vergütungsanspruches im sog. Monopolprinzip erblicken. Dieses knüpft an die Ausschlusswirkung an, die ein Schutzrecht vermittelt und wird, wie die Sonderleistungstheorien auch, in verschiedenen Varianten vertreten; der strengen Monopoltheorie einerseits sowie der abgeschwächten Monopoltheorie andererseits.

(a) Strenge Monopoltheorie

Einem Teil der Literatur zufolge soll das Monopolprinzip in strenger Gestalt zur Anwendung kommen; entscheidend soll danach das bereits tatsächlich erteilte Schutzrecht sein. Der Arbeitgeber erlange durch ein erteiltes Patent oder Gebrauchsmuster ein Monopolrecht, dass es ihm ermöglicht, andere Marktteilnehmer von jeglicher Benutzung der Erfindung auszuschließen. An den wirtschaftlichen Vorteilen, die dem Arbeitgeber erst aufgrund der Monopolstellung erwachsen, soll der Arbeitnehmererfinder, der seinem Arbeitgeber zu dieser rechtlichen Ausschlussstellung erst verholfen hat, beteiligt werden. Aus diesem Grund soll sich der Sondervergütungsanspruch des Arbeitnehmers aus der durch das erteilte Schutzrecht vermittelten Monopolposition rechtfertigen. Nicht ausreichend hingegen könne die bloße Schutzfähigkeit der Erfindung sein.[610]

---

609 Das tätigkeitsbezogene Sonderleistungsprinzip wurde vertreten von *Reimer/Schippel*, Die Vergütung von Arbeitnehmererfindungen, S. 17 ff.
610 Die strenge Monopoltheorie wird vertreten von DPA, Einigungsvorschlag der Schiedsstelle nach dem ArbNErfG v. 26.02.1993 – Arb.Erf. 13/92, GRUR 1996, 49, 52 – *Gießereimaschinen*; *Bock*, Mitt. 1971, 220, 224; *Fischer*, GRUR 1963, 107, 108; *ders.*, GRUR 1971, 430, 431; *Friedrich*, GRUR 1963, 138, 139; *Heine*, GRUR 1960, 321, 324; *Krieger*, in: FS Quack (1991), S. 41, S. 50 ff.; *Rebitzki*, GRUR 1963, 555, 557; *Sautter*, Mitt. 1971, 203, 205; *Schade*, GRUR 1965, 634,

(b) Abgeschwächte Monopoltheorie

Die herrschende Meinung vertritt demgegenüber das sog. abgeschwächte Monopolprinzip. In Gegenüberstellung zum Monopolprinzip in seiner strengen Form, lässt die abgeschwächte Lesart des Monopolprinzips die Schutzfähigkeit der Erfindung ausreichen, um einen Vergütungsanspruch des Arbeitnehmerfinders zu begründen. Die rechtliche Grundlage des Vergütungsanspruchs aus § 9 ArbNErfG liege demnach nicht in der Erteilung des Schutzrechts und der hieraus erwachsenden tatsächlichen Monopolstellung des Arbeitgebers selbst, sondern vielmehr in der bloßen Möglichkeit der Schutzrechtserteilung und dem damit verbundenen möglichen Erwerb eines Ausschlussrechts, die dem Arbeitgeber durch die technische Neuerung des Arbeitnehmers zukommen.[611]

bb. Argumentationslinien und Stellungnahme

Obgleich vereinzelt angenommen wurde, dass aufgrund der vermeintlich eindeutigen Gesetzesbegründung mit ihrer Entscheidung für das Monopolprinzip *„kein Anlass mehr bestehen [sollte], die Gesichtspunkte, die für das Sonderleistungsprinzip geltend gemacht worden sind, wieder der Auslegung des*

636; *Schultz-Süchting*, GRUR 1973, 293, 297; *Himmelmann*, in: Reimer/Schade/Schippel, ArbNErfG, § 9, Rn. 11 (der sich allerdings de lege ferenda für eine Neuausrichtung des ArbNErfG am tätigkeitsbezogenen Sonderleistungsprinzip ausspricht); *Kraßer/Ann*, Patentrecht, § 21 Rn. 101; *Kurz*, Die historische Entwicklung des Arbeitnehmererfindungsrechts in Deutschland, S. 223; vgl. auch *Joos*, GRUR Int. 1990, 366, 368.

611 Die abgeschwächte Monopoltheorie wurde und wird vertreten von RG, Urteil v. 07.12.1932 – I 189/32, RGZ 139, 87, 91; BGH, Urteil v. 28.06.1962 – I ZR 28/61, BGHZ 37, 281, 284 f. = GRUR 1963, 135 – *Cromegal*; BGH, Urteil v. 20.11.1962 – I ZR 40/61, GRUR 1963, 315, 317 – *Pauschalabfindung*; BGH, Urteil v. 30.03.1971 – X ZR 8/68, GRUR 1971, 475, 477 – *Gleichrichter*; BGH, Urteil v. 23.06.1977 – X ZR 6/75, GRUR 1977, 784, 788 – *Blitzlichtgeräte*; BGH, Urteil v. 02.06.1987 – X ZR 97/86, GRUR 1987, 900, 901 f. – *Entwässerungsanlage*; BGH, Urteil v. 06.02.2002 – X ZR 215/00, GRUR 2002, 609, 610 – *Drahtinjektionseinrichtung*; *Johannesson*, GRUR 1970, 114, 115; *ders.*, GRUR 1972, 63, 64; *Sturm*, Mitt. 1989, 61, 65; *Windisch*, GRUR 1985, 829, 835; *Brune*, Bewährtes deutsches Arbeitnehmererfindergesetz?, S. 58 m. w. N.; *Bartenbach/Volz*, Arbeitnehmererfindungsgesetz, Einleitung vor §§ 9-12, Rn. 9 und § 9, Rn. 14; *Himmelmann*, in: Reimer/Schade/Schippel, ArbNErfG, § 9, Rn. 6 ff.; **dagegen** *Meier-Beck*, in: FS Reimann (2009), S. 309, 319.

Gesetzes in der einen oder anderen Form zugrunde zu legen"[612], zeigt die Fülle verschiedener Meinungen, dass auch nach nunmehr 60 Jahren nach Inkrafttreten des ArbNErfG[613] der Streit um den Grund der arbeitnehmererfinderrechtlichen Vergütung noch nicht beigelegt worden ist. Aus diesem Grund ist es unerlässlich, im Wege der Auslegung eine Antwort auf die Frage nach dem Vergütungsgrund des § 9 ArbNErfG zu finden.

(1) Grundlagen zur Gesetzesauslegung

Die Auslegung eines Gesetzes erfolgt anhand des üblichen Auslegungskanons, der im Wesentlichen vier Auslegungsmethoden umfasst: die Wortlautauslegung, die systematische Auslegung, die historische Auslegung sowie die teleologische Auslegung nach Sinn und Zweck des Gesetzes.[614]

Dem Wortlaut des Gesetzes kommt eine herausragende Bedeutung zu, da in ihm der gesetzgeberische Wille unmittelbar zu Tage tritt. Er bildet deshalb den Ausgangspunkt für die Auslegung.[615] Aus Gründen der Rechtssicherheit und des Vertrauensschutzes ist eine vom Wortlaut abweichende Interpretation nur in Ausnahmefällen möglich.[616] Ergänzt wird die Auslegung um eine Betrachtung der Systematik des Gesetzes sowie die Einbeziehung der Gesetzgebungsgeschichte, um auf diese Weise den Willen des Gesetzgebers zu ermitteln.[617] Gleichwohl kann die Auslegung dabei nicht stehen bleiben. Hierzu hat der BGH festgestellt: *„Kein Gesetz verträgt eine starre Begrenzung seiner Anwendbarkeit auf solche Fälle, die der vom Gesetzgeber ins Auge gefaßten Ausgangslage entsprechen; denn es ist nicht toter Buchstabe, sondern lebendig sich entwickelnder Geist, der mit den Lebensverhältnissen fortschreiten und ihnen sinnvoll angepaßt weitergelten will, solange dies nicht die Form sprengt, in die er gegossen ist."*[618] Von großer Bedeutung ist

---

612 *Fischer*, GRUR 1963, 107, 108.
613 Das Arbeitnehmererfindergesetz ist am 01. Oktober 1957 in Kraft getreten (§ 49 ArbNErfG).
614 Vgl. *Wank*, Die Auslegung von Gesetzen, S. 41.
615 *Wank*, Die Auslegung von Gesetzen, S. 41; *Zippelius*, Juristische Methodenlehre, S. 37; vgl. auch *Reimer*, Juristische Methodenlehre, Rn. 281.
616 *Zippelius*, Juristische Methodenlehre, S. 39; vgl. hierzu auch *Ulrici*, Vermögensrechtliche Grundfragen des Arbeitnehmerurheberrechts, S. 305.
617 *Wank*, Die Auslegung von Gesetzen, S. 67 ff., 71 ff.; *Reimer*, Juristische Methodenlehre, Rn. 311 ff., 347 ff.
618 BGH, Urteil v. 29.01.1957 – 1 StR 333/56, BGHSt 10, 157, 159 f. = NJW 1957, 718; vgl. auch RG, Urteil v. 17.09.1885 – 1643/85, RGSt 12, 371, 372 f.

demnach die teleologische Auslegung, eine Auslegung nach Sinn und Zweck des Gesetzes.[619]

(2) Wortlautauslegung

Der Wortlaut des § 9 ArbNErfG lässt eine eindeutige Bestimmung im Ergebnis nicht zu. Nach der arbeitnehmererfinderrechtlichen Vergütungsgrundnorm hat der Arbeitnehmer gegen den Arbeitgeber einen Vergütungsanspruch, sobald der Arbeitgeber die Diensterfindung in Anspruch genommen hat. Die Vorschrift enthält keinerlei Aussagen zu dessen rechtlicher Grundlage.

(a) „Angemessene Vergütung"

Soweit § 9 ArbNErfG allerdings einen Anspruch auf *angemessene* Vergütung vorsieht, ist fraglich, ob dem Kriterium der Angemessenheit eine Entscheidung für das Sonderleistungsprinzip entnommen werden kann. Denn schließlich könnte man auf den Gedanken kommen, die Angemessenheit des Vergütungsanspruchs sei Ausfluss des Äquivalenzgrundsatzes, indem der Arbeitnehmer für seine überobligatorische Leistung, die nicht bereits durch das Arbeitsentgelt abgegolten ist, eine angemessene Vergütung erhalten soll, die das gestörte Äquivalenzverhältnis wiederherstellt. Ein solcher Gedanke erscheint zunächst nicht abwegig vor dem Hintergrund, dass eine Vergütung nur dann als angemessen anzusehen ist, wenn sie die Verhältnisse des Einzelfalls berücksichtigt und die Interessen und Leistungen der Parteien mit gleichen Maßstäben misst.[620] Insoweit könnte vor allem die (Sonder-)Leistung des Arbeitnehmers im jeweiligen Fall von Bedeutung sein und aufgrund dessen das Sonderleistungsprinzip als Grundlage des § 9 ArbNErfG angenommen werden. Ein solches Verständnis des Angemessenheitsbegriffs ist aber nicht überzeugend. Durch die Verwendung des unbestimmten Rechtsbegriffs[621] der Angemessenheit möchte der Gesetzgeber primär zum Ausdruck bringen, dass sich schematische Lösun-

---

619 *Wank*, Die Auslegung von Gesetzen, S. 71.
620 *Himmelmann*, in: Reimer/Schade/Schippel, ArbNErfG, § 9, Rn. 33.
621 *Windisch*, GRUR 1985, 829, 831; *Bartenbach/Volz*, Arbeitnehmererfindungsgesetz, § 9, Rn. 71; *Himmelmann*, in: Reimer/Schade/Schippel, ArbNErfG, § 9, Rn. 33; *Keukenschrijver*, in: Busse/Keukenschrijver, PatG, § 9 ArbEG, Rn. 29.

gen verbieten und vielmehr eine einzelfallgerechte Beurteilung notwendig ist.[622] Angemessen ist die Vergütung, die einen gerechten Ausgleich zwischen den betrieblichen Interessen des Arbeitgebers und dem Vergütungsinteresse des Arbeitnehmers darstellt.[623] Entscheidend sind deshalb nicht allein die Leistungen des Arbeitnehmers, sondern vor allem auch die objektiv zu bestimmenden wirtschaftlichen Vorteile des Arbeitgebers, die dieser aus der Verwertung der in Anspruch genommenen Erfindung zieht oder ziehen kann, an denen der Arbeitnehmer beteiligt werden soll.[624] Nimmt man die wirtschaftlichen Vorteile des Arbeitgebers in den Blick, können diese vorrangig in der Erlangung eines Ausschlussrechts zu sehen sein und damit für das Monopolprinzip als Grundlage des § 9 ArbNErfG sprechen. Da die Angemessenheit aber gerade den Ausgleich beiderseitiger Interessen bezweckt, verbietet sich eine bloß einseitige Betrachtung der Interessen. Mit dem Kriterium der Angemessenheit wird folglich keine Aussage hinsichtlich des Rechtsgrundes des § 9 ArbNErfG getroffen.

(b) „Sobald der Arbeitgeber die Diensterfindung in Anspruch genommen hat"

Auch die Formulierung *„sobald der Arbeitgeber die Diensterfindung in Anspruch genommen hat"* (§ 9 Abs. 1 ArbNErfG) bietet keine weitergehende Aufklärung hinsichtlich des Vergütungsgrundes. Dass der Vergütungsanspruch des Arbeitnehmers dem Grunde nach mit der Inanspruchnahme der Diensterfindung entsteht[625], hat keinerlei Einfluss auf die Frage, welches der beiden Prinzipien § 9 ArbNErfG zugrunde liegt. Denn durch die Inanspruchnahme der Erfindung manifestiert sich zum einen die Sonderleistung des Arbeitnehmers, der zur Schaffung einer Erfindung arbeitsvertraglich nicht verpflichtet ist, zum anderen erhält der Arbeitgeber hierdurch die Möglichkeit der Erlangung eines Schutzrechts mit der damit ver-

---

622 *Bartenbach/Volz*, Arbeitnehmererfindungsgesetz, § 9, Rn. 70; *Himmelmann*, in: Reimer/Schade/Schippel, ArbNErfG, § 9, Rn. 33.
623 BGH, Urteil v. 13.11.1997 – X ZR 6/96, GRUR 1998, 684, 687 – *Spulkopf*; BGH, Urteil v. 13.11.1997 – X ZR 132/95, BGHZ 137, 162, 167 = GRUR 1998, 689 – *Copolyester II*; *Bartenbach/Volz*, Arbeitnehmererfindungsgesetz, § 9, Rn. 71; *Himmelmann*, in: Reimer/Schade/Schippel, ArbNErfG, § 9, Rn. 33.
624 *Bartenbach/Volz*, Arbeitnehmererfindungsgesetz, § 9, Rn. 71; *Himmelmann*, in: Reimer/Schade/Schippel, ArbNErfG, § 9, Rn. 33.
625 Eingehender zur Entstehung des Vergütungsanspruchs aus § 9 ArbNErfG siehe unten Kapitel 3. § 7 B. I. 1. b. (S. 200).

bundenen Monopolstellung.[626] Einzig der in § 9 ArbNErfG festgelegte Zeitpunkt der Inanspruchnahme kann für die Entstehung des Vergütungsanspruchs als Argument gegen die strenge Monopoltheorie fruchtbar gemacht werden, da diese die Monopolstellung des Arbeitgebers durch das tatsächlich erteilte Schutzrecht als Grundlage des Vergütungsanspruchs aus § 9 ArbNErfG ansieht, es an einer Schutzrechtserteilung im Zeitpunkt der Inanspruchnahme aber noch mangelt. Der Wortlaut des § 9 ArbNErfG erhebt, anders als vergleichbare Vorschriften anderer nationaler Rechtsordnungen[627], die Schutzrechtserteilung gerade nicht zur Voraussetzung der Entstehung des Vergütungsanspruchs.[628]

(c) Fazit

Der Anspruch des Arbeitnehmers auf eine angemessene Vergütung kann damit sowohl aus dem Sonderleistungsprinzip als Vergütung für eine überobligatorische Leistung als auch aus dem Monopolprinzip als Vergütung für die Ermöglichung eines Ausschlussrechts des Arbeitgebers resultieren. Der Wortlaut des § 9 ArbNErfG bleibt insoweit offen.[629]

(3) Systematische Auslegung

Für die Ermittlung des Vergütungsgrundes in § 9 ArbNErfG müssen auch die übrigen Vorschriften des ArbNErfG in Bezug genommen werden.[630] In § 2 ArbNErfG wird definitorisch bestimmt, dass Erfindungen im Sinne des ArbNErfG nur patent- oder gebrauchsmusterfähige Erfindungen sein können. Dass § 2 ArbNErfG die bloße Schutzfähigkeit der Erfindung ausrei-

---

626 Vgl. auch *Brune*, Bewährtes deutsches Arbeitnehmererfindergesetz?, S. 55.
627 Siehe *Brune*, Bewährtes deutsches Arbeitnehmererfindergesetz?, S. 469 ff., der die Rechtsordnungen von Kasachstan, Russland, Weißrussland, Großbritannien, Hongkong, Luxemburg, Georgien, China, Litauen, Italien, Niederlande als Beispiele nennt.
628 Vgl. *Brune*, Bewährtes deutsches Arbeitnehmererfindergesetz?, S. 56.
629 So i. E. auch *Gaul*, GRUR 1980, 1029, 1029; *Brune*, Bewährtes deutsches Arbeitnehmererfindergesetz?, S. 55.
630 **Ablehnend** *Brune*, Bewährtes deutsches Arbeitnehmererfindergesetz?, S. 53 ff., 68, der zu dem Ergebnis kommt, dass ein allgemeingültiges Vergütungsprinzip für das ArbNErfG nicht existiere und die Grundlage der einzelnen Vergütungsansprüche des ArbNErfG vielmehr jeweils gesondert zu ermitteln sei.

Kapitel 3. Vergütungsansprüche des Hochschulbeschäftigten im Arbeitnehmererfinderrecht

chen lässt, könnte gegen die Monopoltheorie in ihrer strengen Anwendung sprechen, indem eine Schutzrechtserteilung hier, wie aber auch an keiner anderen Stelle des ArbNErfG, gerade nicht vorausgesetzt wird. Soweit dagegen eingewendet würde, der Anwendungsbereich des § 2 ArbNErfG erstrecke sich nur auf den „formalen" Teil des ArbNErfG und gelte indes nicht für die Vergütungsvorschrift aus § 9 ArbNErfG, könnte einer solchen Auffassung nicht zugestimmt werden. Der Wortlaut des § 2 ArbNErfG macht mit der Formulierung „*Erfindungen im Sinne dieses Gesetzes*" deutlich, dass die zugrunde gelegte Definition umfassende Geltung im gesamten ArbNErfG erlangen soll.[631] Auch § 12 Abs. 3 S. 2 ArbNErfG kann nicht als Argument für die strenge Monopoltheorie fruchtbar gemacht werden. Dieser sieht zwar vor, dass der Arbeitgeber die Vergütung im Falle mangelnder Vereinbarung zwischen Arbeitgeber und Arbeitnehmer spätestens drei Monate nach der *Erteilung* des Schutzrechts festzusetzen hat. Hierbei handelt es sich jedoch lediglich um eine Fälligkeitsvorschrift, die den spätesten Zeitpunkt der Fälligkeit des Vergütungsanspruchs bestimmt. Die Entstehung des Vergütungsanspruchs bleibt hiervon hingegen unberührt und erfolgt bereits mit der Inanspruchnahme der patent- oder gebrauchsmusterfähigen Erfindung.[632] Schließlich sprechen auch die Regelung der Gerichtszuständigkeit aus § 39 ArbNErfG sowie das Rückforderungsverbot aus § 12 Abs. 6 S. 2 ArbNErfG gegen eine Anwendung der strengen Monopoltheorie, da beide Regelungen sich mit der Voraussetzung einer Schutzrechtserteilung nicht vereinbaren lassen.[633]

Gegen die Sonderleistungstheorie könnte in systematischer Hinsicht allerdings die Regelung des § 20 Abs. 1 ArbNErfG sprechen, wonach der Arbeitnehmer gegen den Arbeitgeber einen Anspruch auf angemessene Vergütung hat, wenn der Arbeitgeber technische Verbesserungsvorschläge des Arbeitnehmers verwertet, die dem Arbeitgeber eine ähnliche Vorzugsstellung gewähren wie ein gewerbliches Schutzrecht. Wie noch gezeigt werden wird, basiert der Vergütungsanspruch aus § 20 Abs. 1 ArbNErfG eindeutig auf dem Monopolprinzip; da der Arbeitnehmer sich zur Entwicklung technischer Verbesserungsvorschläge anders als zu erfinderischer Tätigkeit arbeitsvertraglich verpflichten kann[634], kann ein technischer

---

631 So *Fischer*, GRUR 1963, 107, 108; *Brune*, Bewährtes deutsches Arbeitnehmererfindergesetz?, S. 56; *Bartenbach/Volz*, Arbeitnehmererfindungsgesetz, § 2, Rn. 16.
632 Vgl. auch *Brune*, Bewährtes deutsches Arbeitnehmererfindergesetz?, S. 54 f. Zur Entstehung des Vergütungsanspruchs siehe unten eingehend Kapitel 3. § 7 B. I. 1. 1. b. (S. 200).
633 *Himmelmann*, in: Reimer/Schade/Schippel, ArbNErfG, Einleitung, Rn. 35.
634 Hierzu vgl. oben Kapitel 2. § 6 A. II. 2. (S. 117).

Verbesserungsvorschlag insoweit auch keine Sonderleistung des Arbeitnehmers darstellen.[635] Da nach § 20 Abs. 1 S. 2 ArbNErfG für die Vergütung technischer Verbesserungsvorschläge die Regelung des § 9 ArbNErfG sinngemäß anzuwenden ist, spricht vieles dafür, auch in § 9 ArbNErfG nicht das Sonderleistungsprinzip als Vergütungsgrund zu erblicken. Hinzu kommt, dass die Vorschrift des § 20 Abs. 1 ArbNErfG hinsichtlich der Vergütung explizit auf die Vorzugsstellung Bezug nimmt, die dem Arbeitgeber durch den technischen Verbesserungsvorschlag zukommt. Wird schon die Vergütung für technische Verbesserungsvorschläge aufgrund der dem Patentrecht „*ähnlichen*" Vorzugsstellung gewährt, muss dies erst recht für die Vergütung von Erfindungen gelten, die eine tatsächliche Monopolstellung ermöglichen.[636]

Aus systematischen Erwägungen lässt sich zumindest die strenge Monopoltheorie als Grundlage des Vergütungsanspruchs aus § 9 ArbNErfG ausschließen. Eine Entscheidung im Übrigen kann der Gesetzessystematik nicht eindeutig entnommen werden. Es spricht jedoch vieles gegen die Sonderleistungstheorie als vergütungsrechtlicher Grundlage.

(4) Historische Auslegung

Historische Erwägungen hinsichtlich der Grundlage des § 9 ArbNErfG bilden das Fundament der Argumentationen in der juristischen Literatur. Nach dem Willen des Gesetzgebers, der sich der amtlichen Begründung zu § 8 ArbNErfG a. F. (heute § 9 ArbNErfG n. F.) entnehmen lasse, stütze sich der arbeitnehmererfinderrechtliche Vergütungsanspruch auf das Monopolprinzip.[637]

---

635 Siehe hierzu unten Kapitel 3. § 7 C. I. (S. 216).
636 Vgl. *Fischer*, GRUR 1963, 107, 108; *Gaul*, GRUR 1980, 1029 f.; *Veigel*, Immaterialgüterrechte im Arbeitsverhältnis, Rn. 355.
637 So die ganz h. M., siehe statt vieler *Fischer*, GRUR 1963, 107, 108, *Johannesson*, GRUR 1970, 114, 115 ff.; *Bartenbach/Volz*, Arbeitnehmererfindungsgesetz, Einleitung vor §§ 9-12, Rn. 9.

Kapitel 3. Vergütungsansprüche des Hochschulbeschäftigten im Arbeitnehmererfinderrecht

Das frühere Recht ging dagegen mit § 5 DVO[638] noch vom Sonderleistungsprinzip aus.[639] Es darf aufgrund der Gesetzesmaterialien aber zu Recht bezweifelt werden, dass das Sonderleistungsprinzip auch der Regelung des § 9 ArbNErfG noch zu Grunde liegt, wie es von einigen Vertretern in der juristischen Literatur angenommen wurde.[640] Die Gesetzesbegründung macht deutlich, dass der besondere Rechtsgrund der Verpflichtung des Arbeitgebers zur Zahlung einer Erfindervergütung darin begründet liegt, dass der Arbeitgeber mit der Inanspruchnahme einer Diensterfindung in die Lage versetzt wird, ein Monopolrecht zu erwerben.[641] Dass es sich hierbei um eine bewusste Entscheidung des Gesetzgebers für das Monopolprinzip handelte, geht auch aus dem weiteren Verlauf des Gesetzgebungsverfahrens hervor: Der schriftliche Bericht des beteiligten Ausschusses für gewerblichen Rechtsschutz und Urheberrecht lässt erkennen, dass die Koppelung des Vergütungsanspruchs an das Sonderleistungsprinzip diskutiert, aber abgelehnt wurde. Begründet wurde die Ablehnung des Sonderleistungsprinzips vor allem mit dem Argument, dass der Begriff der Sonderleistung im Arbeitsrecht nicht bekannt und

---

638 Durchführungsverordnung zur Verordnung über die Behandlung von Erfindungen von Gefolgschaftsmitgliedern vom 20.03.1943, RGBl. 1943, Teil I, S. 257 (sog. Göring-Speer-Verordnung). § 5 Abs. 1 der Verordnung lautet: *„Nimmt der Unternehmer eine patentfähige Erfindung eines Gefolgschaftsmitgliedes in Anspruch, so hat dieses gegenüber dem Unternehmer einen Anspruch auf angemessene Vergütung. Bei der Bemessung der Vergütung sind insbesondere die Verwertbarkeit der Erfindung, das Ausmaß der schöpferischen Leistung, die Höhe des Arbeitsentgeltes und die Aufgaben des Gefolgschaftsmitgliedes im Betriebe zu berücksichtigen."*
639 BGH, Urteil v. 13.07.1956 – I ZR 197/54, GRUR 1956, 500; *Müller-Pohle*, Erfindungen von Gefolgschaftsmitgliedern, § 5 Rn. 1; *Riemschneider/Barth*, Die Gefolgschaftserfindung, § 5 Anm. 3 (S. 140); *Bartenbach/Volz*, Arbeitnehmererfindungsgesetz, Einleitung vor §§ 9-12, Rn. 9 (Fn. 5); wohl auch *Himmelmann*, in: Reimer/Schade/Schippel, ArbNErfG, § 9, Rn. 6; **a. A.** Schriftlicher Bericht des Ausschusses für gewerblichen Rechtsschutz und Urheberrecht über den „Entwurf eines Gesetzes über Erfindungen von Arbeitnehmern und Beamten", Bericht der Abgeordneten Frau Dr. Jochmus, BT-Drs. II/3327, S. 2 (abgedruckt in BlPMZ 1957, 249 f.); *Fischer*, GRUR 1963, 107, 108. Einschränkend auch *Veigel*, Immaterialgüterrechte im Arbeitsverhältnis, Rn. 337 ff., der davon ausgeht, dass sowohl das Sonderleistungsprinzip als auch das Monopolprinzip in § 5 DVO ihren Niederschlag gefunden haben.
640 Siehe die Nachweise in Fn. 607 (S. 185); vor allem *Volmer/Gaul*, in: Arbeitnehmererfindungsgesetz, § 9, Rn. 5 ff.; **dagegen** *Johannesson*, GRUR 1970, 114, 115 f.; *Engemann*, in: Boemke/Kursawe, ArbNErfG, § 9, Rn. 26.
641 Begründung zum "Entwurf eines Gesetzes über Erfindungen von Arbeitnehmern und Beamten" der Bundesregierung vom 19.08.1955, BT-Drs. II/1648, S. 26.

eine eindeutige Definition nicht gegeben sei. Weiterhin habe dem Sonderleistungsprinzip als vergütungsrechtlicher Grundlage entgegengestanden, dass der Kreis der leitenden Angestellten, aus dem die größte Zahl der Arbeitnehmererfindungen stamme, leer ausgehen würde und der Arbeitgeber durch gezielte Ausgestaltung des Arbeitsvertrags entsprechenden Einfluss hätte nehmen können.[642] Auch weitere Erwägungen des Ausschusses machen deutlich, dass das Monopolprinzip in unverwässerter Form als Grundlage dienen sollte. So ist die Regelung des Null-Falls, die nunmehr in ArbNErf-RL Nr. 38[643] ihren Niederschlag gefunden hat, bewusst nicht im ArbNErfG geregelt worden, um eine *"Verquickung von Sonderleistungs- und Monopolprinzip"* zu vermeiden.[644]

Nicht unbeachtlich ist schließlich auch, dass in Ablehnung des Monopolprinzips Vorschläge eingebracht wurden, die Patentfähigkeit nur bei der Höhe der Vergütung zu berücksichtigen bzw. eine Vergütung sowohl für patentfähige als auch für nicht patentfähige Erfindungen vorzusehen.[645] Indem der Gesetzgeber diesen Vorschlägen keine Beachtung geschenkt hat, wird abermals deutlich, dass die Zugrundelegung des Monopolprinzips im Willen des Gesetzgebers stand.[646] Aus historischer Sicht ist nach alledem davon auszugehen, dass der Rechtsgrund des Vergütungsanspruchs aus § 9 ArbNErfG im Monopolprinzip zu erblicken ist.

(5) Teleologische Auslegung

Eine Betrachtung des Wortlauts des § 9 ArbNErfG sowie der systematischen und historischen Hintergründe hat allein ergeben, dass der Gesetzgeber der Vergütungsregelung das Monopolprinzip zugrunde legen wollte,

---

642 Schriftlicher Bericht des Ausschusses für gewerblichen Rechtsschutz und Urheberrecht über den „Entwurf eines Gesetzes über Erfindungen von Arbeitnehmern und Beamten", Bericht der Abgeordneten Frau Dr. Jochmus, BT-Drs. II/3327, S. 2 (abgedruckt in BlPMZ 1957, 250). **Kritisch** gegenüber dem ersten Argument *Himmelmann*, in: Reimer/Schade/Schippel, ArbNErfG, § 9, Rn. 5.
643 Zu den Richtlinien für die Vergütung von Arbeitnehmererfindungen siehe oben Kapitel 3. § 7 B. I. 1. (S. 182).
644 Schriftlicher Bericht des Ausschusses für gewerblichen Rechtsschutz und Urheberrecht über den „Entwurf eines Gesetzes über Erfindungen von Arbeitnehmern und Beamten", Bericht der Abgeordneten Frau Dr. Jochmus, BT-Drs. II/3327, S. 2 (abgedruckt in BlPMZ 1957, 252). Siehe eingehender zum Null-Fall die teleologische Auslegung sogleich unter (5).
645 Siehe hierzu die Nachweise bei *Fischer*, GRUR 1963, 107, 108 (Fn. 13, 14).
646 *Fischer*, GRUR 1963, 107, 108.

die Monopoltheorie in ihrer strengen Ausgestaltung als Vergütungsgrund allerdings nicht tragbar ist. Für eine exakte Bestimmung des Rechtsgrundes der Vergütungsregelung kommt es deshalb entscheidend auf die Ermittlung des Sinn und Zwecks der Vorschrift im Wege einer teleologischen Auslegung an.

Die Differenzierung zwischen der tätigkeitsbezogenen und der ergebnisbezogenen Sonderleistungstheorie beruht letzten Endes auf dem Streit hinsichtlich der Annahme einer arbeitsvertraglichen Verpflichtung des Arbeitnehmers zur Schaffung von Erfindungen. Wird mit der ergebnisbezogenen Sonderleistungstheorie davon ausgegangen, die Sonderleistung sei in der schutzrechtsfähigen Arbeitnehmererfindung zu sehen, wird die Annahme zugrunde gelegt, der Arbeitnehmer könne sich zur Schaffung einer Erfindung nicht arbeitsvertraglich verpflichten. Demgegenüber geht das tätigkeitsbezogene Sonderleistungsprinzip, das die Sonderleistung des Arbeitnehmers in der über die geschuldete Leistung hinausgehenden Tätigkeit erblickt, stillschweigend davon aus, dass eine erfinderische Tätigkeit arbeitsvertraglich geschuldet sein kann. Auf die Problematik der arbeitsvertraglichen Verpflichtung des Arbeitnehmers zur Schaffung von Erfindungen ist bereits umfassend eingegangen worden. Die Untersuchung hat ergeben, dass die grundsätzliche Annahme einer möglichen Verpflichtung zu erfinderischer Tätigkeit nicht überzeugen kann, da das Beruhen der Erfindung auf einer erfinderischen Tätigkeit voraussetzt, dass sich die Erfindung für den Fachmann nicht in naheliegender Weise aus dem Stand der Technik ergibt (vgl. § 4 PatG). Da das Gelingen einer Erfindung von Anfang an ungewiss ist, scheidet eine arbeitsvertragliche Verpflichtung des Arbeitnehmers zur Entwicklung schutzfähiger Erfindungen regelmäßig aus.[647] Folglich ist auch dem tätigkeitsbezogenen Sonderleistungsprinzip die Grundlage entzogen.[648] Aus dieser Argumentation könnten gleichsam aber die Vertreter des ergebnisbezogenen Sonderleistungsprinzips die Rechtfertigung ihrer Theorie schöpfen, die sie aus teleologischen Gesichtspunkten trotz des historischen Hintergrunds als Vergütungsgrund des § 9 ArbNErfG verstanden wissen wollen. Ausgehend von der auch hier vertretenen Annahme, der Arbeitnehmer könne sich zur Schaffung einer Erfindung vertraglich nicht verpflichten, könne die tatsächlich entstandene Erfindung eines Arbeitnehmers nicht als Arbeitsergebnis gewertet werden, welches nach § 611a Abs. 2 BGB durch das Arbeitsentgelt abgegolten wird.

---

647 Zur Argumentation mit entsprechenden Nachweisen siehe oben Kapitel 2. § 6 A. I. 2. a. bb. (S. 108).
648 Ähnlich auch *Brune*, Bewährtes deutsches Arbeitnehmererfindergesetz?, S. 55.

Gewährt § 9 ArbNErfG zusätzlich zu dem üblichen Arbeitsentgelt dennoch einen Vergütungsanspruch des Arbeitnehmers, sei hierin unweigerlich die Entscheidung des Gesetzgebers für das Sonderleistungsprinzip zu erkennen.[649]

Gleichwohl sprechen die besseren Argumente dafür, das abgeschwächte Monopolprinzip als Grundlage des § 9 ArbNErfG anzuerkennen. Die meisten Dissonanzen im Streit um den Vergütungsgrund ertönen aufgrund der an vielen Stellen nicht sauber vorgenommenen Trennung zwischen der Entstehung des Vergütungsanspruchs und der sich erst daran anschließenden Frage nach der Höhe der Vergütung. So wird dem abgeschwächten Monopolprinzip etwa entgegengehalten, es könne die Regelung des § 9 Abs. 2 ArbNErfG nicht erklären und sei in seiner ausschließlichen Anwendung mit dieser nicht vereinbar, da nach § 9 Abs. 2 ArbNErfG i. V. m. den Vergütungsrichtlinien für die Bemessung der Vergütung die wirtschaftliche Verwertbarkeit der Diensterfindung, die Aufgaben und die Stellung des Arbeitnehmers im Betrieb sowie der Anteil des Betriebes an dem Zustandekommen der Diensterfindung maßgeblich sind. Vor allem auf die beiden letztgenannten Merkmale stützt sich die der abgeschwächten Monopoltheorie entgegengebrachte Kritik. Diese Kriterien ließen erkennen, dass der Vergütungsanspruch des § 9 ArbNErfG sehr wohl (auch) durch das Sonderleistungsprinzip geprägt sei, indem vorrangig auf den Umfang und den Inhalt der schöpferischen Leistung des Arbeitnehmers zur Vergütungsberechnung abgestellt werde.[650] Hierin zeigt sich jedoch deutlich die Vermengung von Fragen hinsichtlich des Vergütungsgrundes und der Bemessung der Vergütungshöhe.[651] Das abgeschwächte Monopolprinzip muss die Regelung des § 9 Abs. 2 ArbNErfG überhaupt nicht erklären können, da die in § 9 Abs. 2 ArbNErfG genannten Kriterien zur Vergütungsbemessung erst dann zum Tragen kommen können, wenn der Vergütungsanspruch dem Grunde nach bereits besteht.[652]

Eine ebensolche Vermischung findet auch statt, wenn in den in Nr. 38 der Vergütungsrichtlinien für Arbeitnehmererfindungen vorgesehenen Nullfällen eine Durchbrechung des Monopolprinzips zugunsten des Son-

---

[649] Vgl. hierzu die Nachweise in Fn. 607 (S. 185).
[650] So vor allem *Hubmann*, in: FS Hueck (1959), S. 43, 49; *Hueck*, in: FS Nikisch (1958), S. 63, 75; *Volmer/Gaul*, in: Arbeitnehmererfindungsgesetz, § 9, Rn. 18, 19; vgl. hierzu *Brune*, Bewährtes deutsches Arbeitnehmererfindergesetz?, S. 56.
[651] Vgl. auch *Engemann*, in: Boemke/Kursawe, ArbNErfG, § 9, Rn. 26.
[652] *Brune*, Bewährtes deutsches Arbeitnehmererfindergesetz?, S. 56 f.; *Himmelmann*, in: Reimer/Schade/Schippel, ArbNErfG, § 9, Rn. 8.

Kapitel 3. Vergütungsansprüche des Hochschulbeschäftigten im Arbeitnehmererfinderrecht

derleistungsprinzips gesehen wird.[653] Die ArbNErf-RL Nr. 38 sieht vor, dass eine Vergütung wegfallen kann, wenn der Anteilsfaktor sowie der Erfindungswert besonders niedrig sind. Eine Vergütung ist nach Auffassung des Gesetzgebers dann nicht (mehr) angemessen, wenn „*die Entwicklungsarbeit auf dem Gebiet der Diensterfindung zu den vertraglichen Arbeiten des Arbeitnehmers gehört, dieser ein entsprechendes Gehalt dafür bezieht und die erfinderische Leistung des Arbeitnehmers im Verhältnis zum betriebsinternen Stand der Technik einen [...] [nur] geringen technischen Fortschritt bedeutet [...].*"[654] Da mit der Berücksichtigung der den Anteilsfaktor bestimmenden Aspekte der Stellung und Lösung der Aufgabe (ArbNErf-RL Nr. 31, 32) sowie der Aufgabe und Stellung des Arbeitnehmers im Betrieb (ArbNErf-RL Nr. 33) vorrangig die Leistung des Arbeitnehmers bewertet würde, könne zumindest hierin das Sonderleistungsprinzip als Grundlage des Vergütungsanspruchs erkannt werden.[655] Dem ist jedoch entgegenzuhalten, dass auch die den Wegfall der Vergütung regelnde ArbNErf-RL Nr. 38 über § 11 ArbNErfG nur für die *Höhe* der Vergütung Bedeutung erlangt. So kann es unter den in der Richtlinie genannten Voraussetzungen im Ausnahmefall vorkommen, dass der dem Grunde nach durch die Inanspruchnahme der Erfindung entstandene Anspruch auf angemessene Vergütung auf Null zu bemessen ist.[656] Keinen Einfluss hat die Bemessung der Vergütungs*höhe* aber auf die *Entstehung* des Anspruchs und damit den Vergütungsgrund.

Die Heranziehung von ArbNErf-RL Nr. 38 erscheint auch aus anderen Gründen nicht überzeugend. *Veigel* weist zu Recht darauf hin, dass es sich bei den in ArbNErf-RL Nr. 38 genannten Kriterien für den Wegfall der Vergütung um die „*Kehrseite der Abdampfverwertungsrechtsprechung des BAG*" handelt[657]: Statt der vom BAG für den Sondervergütungsanspruch geforderten, über die übliche Arbeitsleistung hinausgehenden Leistung des Arbeitnehmers, verlangt ArbNErf-RL Nr. 38 für den Wegfall der Vergütung eine vertraglich geschuldete Arbeitsleistung des Arbeitnehmers, für

---

653 Eine solche Durchbrechung wird angenommen von *Schade*, GRUR 1958, 519, 523; *Himmelmann*, in: Reimer/Schade/Schippel, ArbNErfG, § 9, Rn. 9; vgl. hierzu auch *Brune*, Bewährtes deutsches Arbeitnehmererfindergesetz?, S. 57 f.
654 Begründung zum "Entwurf eines Gesetzes über Erfindungen von Arbeitnehmern und Beamten" der Bundesregierung vom 19.08.1955, BT-Drs. II/1648, S. 27.
655 *Himmelmann*, in: Reimer/Schade/Schippel, ArbNErfG, § 9, Rn. 9.
656 Vgl. auch BGH, Urteil v. 28.06.1962 – I ZR 28/61, BGHZ 37, 281, 288 = GRUR 1963, 135 – *Cromegal*.
657 *Veigel*, Immaterialgüterrechte im Arbeitsverhältnis, Rn. 347; siehe zur Abdampfverwertungsrechtsprechung des BAG oben Kapitel 2. § 5 C. II. 3. b. (S. 90).

die ein entsprechendes Gehalt bezogen wird; statt eines für den Sondervergütungsanspruch erforderlichen nicht unerheblichen Vorteils für den Arbeitgeber entfällt die Vergütung nach ArbNErf-RL Nr. 38 gerade dann, wenn die erfinderische Leistung des Arbeitnehmers im Verhältnis zum betriebsinternen Stand der Technik einen nur geringen technischen Fortschritt bietet. Man kann so wie *Veigel* daraus den Schluss ziehen, dass der Gesetzgeber des ArbNErfG 1957 die Sonderleistungstheorie in ArbNErf-RL Nr. 38 umsetzte, bevor das BAG 1965 die maßgeblichen Kriterien des Sonderleistungsprinzips ausgeformt hat.[658] Naheliegender und vor allem überzeugender ist es indes, in diesem Umstand die konzeptionelle Verschiedenheit zwischen dem arbeitsrechtlichen Sonderleistungsprinzip und dem arbeitnehmererfinderrechtlichen Vergütungsausschluss zu erkennen. Während das arbeitsrechtliche Sonderleistungsprinzip eine zusätzliche Vergütung grundsätzlich verneint und nur im Ausnahmefall eine Sondervergütung gewährt, wird die arbeitnehmererfinderrechtliche Vergütung umgekehrt grundsätzlich gezahlt und fällt nur unter den Bedingungen der ArbNErf-RL Nr. 38 im Ausnahmefall weg.[659] Der Nullfall stellt damit eine Ausnahme dar, dessen Voraussetzungen nicht verallgemeinert werden können. Schon aus diesem Grund erscheint es nicht sachgerecht, in § 9 ArbNErfG das Sonderleistungsprinzip hineinzulesen.

Das abgeschwächte Monopolprinzip vermag klare und folgerichtige Ergebnisse zu liefern.[660] Bereits mit der Inanspruchnahme der Diensterfindung erlangt der Arbeitgeber gem. § 7 Abs. 1 ArbNErfG die vermögenswerten Rechte an der Erfindung. Dies berechtigt ihn allein nach § 13 Abs. 1 ArbNErfG, die gemeldete Diensterfindung im Inland zur Erteilung eines Schutzrechts anzumelden. Die sich aus der Erfindung ergebende Vorzugsstellung erlangt der Arbeitgeber demnach bereits mit der Inanspruchnahme der Erfindung, nicht erst im Zeitpunkt der tatsächlichen Erteilung des Schutzrechts. Elemente des Sonderleistungsprinzips können allein bei der Berechnung der Vergütungshöhe Bedeutung erlangen[661], indem diese durch die Berücksichtigung des Anteilsfaktors nach Nr. 30

---

[658] *Veigel*, Immaterialgüterrechte im Arbeitsverhältnis, Rn. 348.
[659] Vgl. zu dieser Begründung *Veigel*, Immaterialgüterrechte im Arbeitsverhältnis, Rn. 348, der aber zu einem anderen Ergebnis kommt.
[660] *Fischer*, GRUR 1963, 107, 111.
[661] So i. E. auch *Veigel*, Immaterialgüterrechte im Arbeitsverhältnis, Rn. 356; genau umgekehrt bei *Gaul/Wexel*, BB 1984, 2069, 2071 und *Volmer/Gaul*, in: Arbeitnehmererfindungsgesetz, § 9, Rn. 12, 17, die den Vergütungsgrund im Sonderleistungsprinzip sehen und die Vergütungshöhe anhand des Monopolprinzips berechnet wissen wollen.

bis 38 der Vergütungsrichtlinien auch anhand der Leistung des Arbeitnehmers berechnet wird.[662]

cc. Fazit

Der hinter der Regelung des § 9 Abs. 1 ArbNErfG stehende Vergütungsgrund wird nicht einheitlich beurteilt. In der Literatur lassen sich Sonderleistungs- sowie Monopoltheorien finden, die in verschiedenen Ausprägungen vertreten werden. Eine Auslegung der Vergütungsvorschrift des § 9 ArbNErfG ergibt, dass der arbeitnehmererfinderrechtlichen Vergütung das abgeschwächte Monopolprinzip zugrunde liegt. Damit beruht der Vergütungsanspruch des Arbeitnehmererfinders auf dem Umstand, dass dem Arbeitgeber durch die Erfindung des Arbeitnehmers die Möglichkeit zuteil wird, ein monopolartiges Ausschlussrecht zu erlangen. Andere Lesarten des Monopolprinzips (strenge Monopoltheorie), sowie das dem Monopolprinzip entgegengesetzte Sonderleistungsprinzip vermögen als Grundlage des Vergütungsanspruchs nicht zu dienen. Lediglich hinsichtlich der Vergütungshöhe können Aspekte des Sonderleistungsprinzips zum Tragen kommen.

b. Entstehung des Vergütungsanspruchs

Entscheidend für die Entstehung des Vergütungsanspruchs des Arbeitnehmers dem Grunde nach ist nach § 9 Abs. 1 ArbNErfG i. V. m. § 2 ArbNErfG, dass der Arbeitgeber eine patent- oder gebrauchsmusterfähige Erfindung des Arbeitnehmers in Anspruch genommen hat (gem. § 6 Abs. 1 ArbNErfG). Da der Arbeitnehmererfinder den Vergütungsanspruch als „Ausgleich" dafür erhält, dass er seinem Arbeitgeber die Möglichkeit der Erlangung eines Schutzrechts verschafft, muss ihm dieser Vergütungsanspruch in dem Moment zustehen, in dem der Arbeitgeber die Möglichkeit der monopolartigen Vorzugsstellung tatsächlich erlangt. Da durch die Inanspruchnahme die vermögenswerten Rechte an der Diensterfindung auf den Arbeitgeber gem. § 7 Abs. 1 ArbNErfG übergehen und er infolgedessen nach § 13 Abs. 1 ArbNErfG allein berechtigt ist, die Erfindung zum Schutzrecht anzumelden, ist die Inanspruchnahme der entscheidende Zeit-

---

662 Siehe zur Berechnung der Vergütung unten Kapitel 3. § 7 B. I. 1. c. (S. 202).

punkt für die Geltendmachung des Vergütungsanspruchs.⁶⁶³ Dem Grunde nach entsteht der Vergütungsanspruch also mit Zugang der wirksamen Inanspruchnahmeerklärung beim Arbeitnehmer bzw. mit Eintritt der Inanspruchnahmefiktion gem. § 6 Abs. 2 ArbNErfG.⁶⁶⁴ § 9 ArbNErfG sieht heute nur noch die unbeschränkte Inanspruchnahme der Diensterfindung vor. Die Möglichkeit einer beschränkten Inanspruchnahme ist durch die Reform des Patentrechtes im Jahr 2009 entfallen.⁶⁶⁵

Dass der Vergütungsanspruch erst mit der Inanspruchnahme der Diensterfindung dem Grunde nach entsteht, bedeutet gleichwohl nicht, dass der Arbeitgeber im Fall der Inanspruchnahme nicht auch Benutzungshandlungen vor der Inanspruchnahme zu vergüten hat.⁶⁶⁶ Für den Umfang des Vergütungsanspruches ist der konkrete Zeitpunkt der Inanspruchnahme demnach nicht von Bedeutung.⁶⁶⁷ Ebenfalls von dem Gesichtspunkt der Entstehung des Vergütungsanspruchs zu trennen sind Fragen hinsichtlich der Vereinbarung oder Festsetzung der Vergütung gem. § 12 ArbNErfG;

---

663 Vgl. BGH, Urteil v. 10.09.2002 – X ZR 199/01, GRUR 2003, 237, 238 – *Ozon*; *Bartenbach/Volz*, Arbeitnehmererfindungsgesetz, § 9, Rn. 11.
664 BGH, Urteil v. 02.12.1960 – I ZR 23/59, GRUR 1961, 338, 339 – *Chlormethylierung*; BGH, Urteil v. 29.11.1988 – X ZR 63/87, BGHZ 106, 84, 89 = GRUR 1989, 205 – *Schwermetalloxidationskatalysator*; BGH, Urteil v. 10.09.2002 – X ZR 199/01, GRUR 2003, 237, 238 – *Ozon*; BGH, Urteil v. 04.12.2007 – X ZR 102/06, GRUR 2008, 606, 606 (Rn. 15) – *Ramipril I*; BGH, Urteil v. 18.05.2010 – X ZR 79/07, BGHZ 185, 341, 344 (Rn. 18) = GRUR 2010, 817 – *Steuervorrichtung*; *Bartenbach/Volz*, Arbeitnehmererfindungsgesetz, § 9, Rn. 11; *Himmelmann*, in: Reimer/Schade/Schippel, ArbNErfG, § 9, Rn. 20; **a. A.** *v. Falckenstein*, in: FS Bartenbach (2005), S. 73, S. 80 f.
665 „Entwurf eines Gesetzes zur Vereinfachung und Modernisierung des Patentrechts" der Bundesregierung vom 10.12.2008, BT-Drs. 16/11339, S. 11, 32.
666 BGH, Urteil v. 29.04.2003 – X ZR 186/01, BGHZ 155, 8, 18 = GRUR 2003, 789 – *Abwasserbehandlung*; zust. *Kunzmann*, in: FS Bartenbach (2005), S. 175, 196 f.; *Himmelmann*, in: Reimer/Schade/Schippel, ArbNErfG, § 9, Rn. 20; **a. A.** *Bartenbach/Volz*, Arbeitnehmererfindungsgesetz, § 9, Rn. 11. Der BGH geht in seiner Entscheidung „*Abwasserbehandlung*" (a. a. O.) allerdings noch weiter und erklärt, auch vor der Meldung der Erfindung erfolgte Benutzungshandlungen des Arbeitgebers seien vergütungspflichtig; dem zust. *Meier-Beck*, in: FS Reimann (2009), S. 309, 317 f.; *Keukenschrijver*, in: Busse/Keukenschrijver, PatG, § 9 ArbEG, Rn. 14. Dies lehnen *Kunzmann* (a. a. O.) sowie *Himmelmann* (a. a. O.) zurecht ab. Siehe hierzu auch unten im Rahmen von § 42 Nr. 4 ArbNErfG Kapitel 3. § 8 A. V. 1. (S. 412).
667 „Entwurf eines Gesetzes zur Vereinfachung und Modernisierung des Patentrechts" der Bundesregierung vom 10.12.2008, BT-Drs. 16/11339, S. 33.

diese bewirken lediglich eine Konkretisierung des Vergütungsanspruchs, der jedoch mit der Inanspruchnahme bereits entsteht.[668]

Anders als andere Rechtsordnungen sind für die Entstehung des Vergütungsanspruchs im deutschen Arbeitnehmererfinderrecht weder eine Verwertung der Erfindung[669] noch ein besonderer Nutzen für den Arbeitgeber[670] oder ein besonderer Wert der Erfindung[671] erforderlich.[672] Insbesondere kommt es auf die tatsächliche Erteilung eines Schutzrechts nicht an; es genügt die bloße Möglichkeit einer Schutzrechtserteilung.[673]

c. Vergütungsbemessung

Eine der komplextesten Fragen des Arbeitnehmererfinderrechts ist die nach der Berechnung der Höhe der Arbeitnehmererfindervergütung.[674] Neben dem allgemeinen Gebot der Angemessenheit der Vergütung in § 9 Abs. 1 ArbNErfG, lassen sich für die konkrete Bemessung der Arbeitnehmererfindervergütung im ArbNErfG nur zwei Regelungen ausmachen.

---

668 *Engemann*, in: Boemke/Kursawe, ArbNErfG, § 9, Rn. 54; *Volmer/Gaul*, in: Arbeitnehmererfindungsgesetz, § 9, Rn. 21. Zur Konkretisierung des Vergütungsanspruchs nach § 12 ArbNErfG siehe unten Kapitel 3. § 7 B. I. 1. d. (S. 208).

669 LAG Frankfurt a. M., Urteil v. 19.05.1960 – III LA 43/58, GRUR 1961, 135 – *Schwingankermotor*; *Bartenbach/Volz*, Arbeitnehmererfindungsgesetz, § 9, Rn. 12; *Keukenschrijver*, in: Busse/Keukenschrijver, PatG, § 9 ArbEG, Rn. 13. Anders die Rechtsordnungen z. B. von China, Georgien und Polen, vgl. dazu *Brune*, Bewährtes deutsches Arbeitnehmererfindergesetz?, S. 470, 476.

670 So die Rechtsordnungen z. B. von Großbritannien, Hongkong, Luxemburg, Malaysia und Mexiko, vgl. *Brune*, Bewährtes deutsches Arbeitnehmererfindergesetz?, S. 469 f., 473 f.

671 So die Rechtsordnungen z. B. von Schweden, Norwegen und Dänemark, vgl. *Brune*, Bewährtes deutsches Arbeitnehmererfindergesetz?, S. 473.

672 Siehe eingehend zu den Entstehungsvoraussetzungen des Vergütungsanspruchs in den verschiedenen Rechtsordnungen die rechtsvergleichende Arbeit von *Brune*, Bewährtes deutsches Arbeitnehmererfindergesetz?, S. 469 ff.

673 BGH, Urteil v. 28.06.1962 – I ZR 28/61, BGHZ 37, 281, 284 = GRUR 1963, 135 – *Cromegal*; BGH, Urteil v. 06.02.2002 – X ZR 215/00, GRUR 2002, 609, 610 – *Drahtinjektionseinrichtung*; *Brune*, Bewährtes deutsches Arbeitnehmererfindergesetz?, S. 70; *Bartenbach/Volz*, Arbeitnehmererfindungsgesetz, § 9, Rn. 12, 14. Anders die Rechtsordnungen z. B. von China, Georgien, Großbritannien, Hongkong, Italien, Kasachstan, Litauen, Luxemburg, Niederlande, Russland und Weißrussland, die die Erteilung eines Patents für den Vergütungsanspruch voraussetzen, vgl. *Brune*, Bewährtes deutsches Arbeitnehmererfindergesetz?, S. 469 ff.

674 Vgl. *Bartenbach/Volz*, Arbeitnehmererfindungsgesetz, § 9, Rn. 69.

Nach § 9 Abs. 2 ArbNErfG sind insbesondere die wirtschaftliche Verwertbarkeit der Diensterfindung, die Aufgaben und die Stellung des Arbeitnehmers im Betrieb sowie der Anteil des Betriebes an dem Zustandekommen der Diensterfindung maßgebend. Daneben bestimmt der bereits erwähnte § 11 ArbNErfG[675], dass der Bundesminister für Arbeit Richtlinien über die Bemessung der Vergütung erlässt, auf deren Grundlage die Richtlinien für die Vergütung von Arbeitnehmererfindungen im privaten[676] sowie öffentlichen Dienst[677] fußen. Wie eingangs erläutert, kann im Folgenden allein auf die für die weitere Betrachtung der Hochschulerfindervergütung maßgeblichen Faktoren der Vergütungsberechnung eingegangen werden.

aa. Angemessenheit der Vergütung

In § 9 Abs. 1 ArbNErfG wird dem Arbeitnehmer für den Fall der Inanspruchnahme der Diensterfindung durch den Arbeitgeber ein Anspruch auf eine *angemessene* Vergütung zugesprochen. Wie im Rahmen der Untersuchung des Vergütungsgrundes bereits angeklungen ist[678], drückt der Gesetzgeber durch das Gebot der Angemessenheit aus, dass sich schematische Lösungen verbieten und die Vergütungsberechnung vielmehr anhand einer Beurteilung des jeweiligen Einzelfalls zu erfolgen hat.[679] Dabei steht die Entscheidung über die Vergütung nicht im freien Ermessen des Arbeitgebers, sondern ist aufgrund des unbestimmten Rechtsbegriffs der Angemessenheit gerichtlich in vollem Umfang überprüfbar.[680] Ebenso sind die subjektiven Vorstellungen der Parteien über eine angemessene Vergütung nicht entscheidend. Vielmehr ist die Angemessenheit ausschließlich nach sachlichen Kriterien zu beurteilen.[681] Die Vergütung ist nur angemessen,

---

675 Hierzu siehe oben Kapitel 3. § 7 B. I. 1. (S. 182).
676 Richtlinien für die Vergütung von Arbeitnehmererfindungen im privaten Dienst vom 20.07.1959, Beilage zum Bundesanzeiger Nr. 156 vom 18.08.1959.
677 Richtlinien für die Vergütung von Arbeitnehmererfindungen im öffentlichen Dienst vom 01.12.1960, Bundesanzeiger Nr. 237 vom 08.12.1960, S. 2.
678 Siehe hierzu oben Kapitel 3. § 7 B. I. 1. a. bb. (2) (a), (S. 189).
679 *Bartenbach/Volz*, Arbeitnehmererfindungsgesetz, § 9, Rn. 70; *Himmelmann*, in: Reimer/Schade/Schippel, ArbNErfG, § 9, Rn. 33.
680 *Windisch*, GRUR 1985, 829, 831; *Bartenbach/Volz*, Arbeitnehmererfindungsgesetz, § 9, Rn. 71; *Engemann*, in: Boemke/Kursawe, ArbNErfG, § 9, Rn. 158; *Himmelmann*, in: Reimer/Schade/Schippel, ArbNErfG, § 9, Rn. 33; *Keukenschrijver*, in: Busse/Keukenschrijver, PatG, § 9 ArbEG, Rn. 29.
681 *Bartenbach/Volz*, Arbeitnehmererfindungsgesetz, § 9, Rn. 71; *Engemann*, in: Boemke/Kursawe, ArbNErfG, § 9, Rn. 158.

Kapitel 3. Vergütungsansprüche des Hochschulbeschäftigten im Arbeitnehmererfinderrecht

wenn sie die Interessen beider Parteien gleichermaßen berücksichtigt und würdigt. Um dem Gebot der Angemessenheit zu genügen, muss die Vergütung einen gerechten Ausgleich zwischen dem Vergütungsinteresse des Arbeitnehmers und den betrieblichen Interessen des Arbeitgebers bieten.[682] Im Lichte dieses Grundsatzes sind auch die Vergütungsrichtlinien oder die Kriterien in § 9 Abs. 2 ArbNErfG zu lesen, die keine allgemeingültigen, jeden Sachverhalt erfassenden Bestimmungen enthalten, sondern lediglich als Anhaltspunkte für eine gerechte Vergütungsberechnung dienen können.[683]

Auch im Zuge der Reformierung des ArbNErfG hat der Gesetzgeber davon abgesehen, die Angemessenheit aus der Regelung der Arbeitnehmererfindervergütung zu streichen[684], was sich an den gescheiterten Versuchen der Etablierung eines Pauschalvergütungssystems zeigt: Bestrebungen um eine Gesamtreform des ArbNErfG führten im Jahr 2000 zur Bildung einer Expertenrunde zur Reformierung des ArbNErfG.[685] Hieraus ging der Referentenentwurf des Bundesministeriums der Justiz vom 25. Oktober 2001 (Ref-E-ArbNErfG) hervor, mithilfe dessen die komplizierten Regelungen des ArbNErfG insbesondere im Hinblick auf die Vergütung des Arbeitnehmererfinders vereinfacht werden sollten.[686] Dieser Entwurf sah ein Pauschalvergütungssystem für die Arbeitnehmererfindervergütung vor, wonach der Arbeitnehmer nach der Inanspruchnahme eine erste Vergütung i. H. v. 750 € erhalten sollte (§ 9 Ref-E-ArbNErfG), die um eine Vergütung

---

682 BGH, Urteil v. 13.11.1997 – X ZR 132/95, BGHZ 137, 162, 167 = GRUR 1998, 689 – *Copolyester II*; BGH, Urteil v. 13.11.1997 – X ZR 6/96, GRUR 1998, 684, 687 – *Spulkopf*; *Bartenbach/Volz*, Arbeitnehmererfindungsgesetz, § 9, Rn. 71; *Engemann*, in: Boemke/Kursawe, ArbNErfG, § 9, Rn. 158; *Himmelmann*, in: Reimer/Schade/Schippel, ArbNErfG, § 9, Rn. 33.
683 Vgl. *Engemann*, in: Boemke/Kursawe, ArbNErfG, § 9, Rn. 157, 160; *Himmelmann*, in: Reimer/Schade/Schippel, ArbNErfG, § 9.
684 Begründung zum "Entwurf eines Gesetzes über Erfindungen von Arbeitnehmern und Beamten" der Bundesregierung vom 19.08.1955, BT-Drs. II/1648, S. 26: „Für die Bemessung der Vergütung belässt es der Entwurf bei der allgemeinen Bestimmung, daß die Vergütung angemessen sein muß." Vergleiche auch *Engemann*, in: Boemke/Kursawe, ArbNErfG, § 9, Rn. 158.
685 *Bergmann*, Erfindungen von Hochschulbeschäftigten nach der Reform von § 42 ArbNErfG, Rn. 68.
686 Referentenentwurf eines „Zweiten Gesetzes zur Änderung des Gesetzes über Arbeitnehmererfindungen" des Bundesministeriums der Justiz vom 25.10.2001, abgedruckt bei *Bartenbach*, VPP-Rundbrief 2004, 52, 54 ff.; vgl. hierzu auch *Bergmann*, Erfindungen von Hochschulbeschäftigten nach der Reform von § 42 ArbNErfG, Rn. 71. Zur Zusammensetzung der Expertengruppe siehe *Franke*, VPP-Rundbrief 2004, 49 (Fn. 7).

i. H. v. 2000 € im Fall der Verwertung der Erfindung ergänzt werden würde (§ 10 Ref-E-ArbNErfG). Bei erteiltem Schutzrecht und unterbliebener Verwertung sollte der Arbeitnehmererfinder zuzüglich der ersten Vergütung eine pauschale Vergütung i. H. v. 500 € erhalten (§ 11 Ref-E-ArbNErfG). Den Marktwert der Erfindung berücksichtigende Kriterien sollten dem Entwurf zufolge erst darüber hinaus relevant werden, indem der Arbeitnehmererfinder eine nach dem erfindungsgemäßen Gesamtumsatz gestaffelte Vergütung von mindestens 5.000 € bei hohen erfindungsgemäßen Umsätzen erhalten sollte (§ 12 Ref-E-ArbNErfG). Da diese Reformbestrebungen aufgrund zu großer Meinungsverschiedenheiten zwischen den Arbeitgebern und Gewerkschaften nicht umgesetzt werden konnten[687], legte eine neu gebildete Expertenrunde im Jahr 2003 einen Entwurf vor (Projektgruppe-E-ArbNErfG)[688], der auf dem Referentenentwurf aufbaute, diesen aber grundlegend veränderte.[689] Gleichwohl wurde erneut ein Pauschalvergütungssystem vorgeschlagen, das sich lediglich hinsichtlich der Höhe der jeweiligen Vergütungsstufen von dem im Referentenentwurf zugrunde gelegten Vergütungssystem unterschied (vgl. §§ 9-12 Projektgruppe-E-ArbNErfG).[690] Auch dieser Entwurf der Projektgruppe scheiterte.[691] Es verblieb bei dem Vergütungssystem des § 9 ArbNErfG, das eine angemessene Vergütung des Arbeitnehmererfinders vorsieht.

bb. Wirtschaftliche Verwertbarkeit bzw. Ermittlung des Erfindungswerts

Nach § 9 Abs. 2 ArbNErfG ist für die Bemessung der Vergütung insbesondere die in den Vergütungsrichtlinien als „Erfindungswert" bezeichnete (vgl. ArbNErf-RL Nr. 2 S. 3) wirtschaftliche Verwertbarkeit der Diensterfindung entscheidend. Für die wirtschaftliche Verwertbarkeit kommt es

---

687 Vgl. hierzu *Bergmann*, Erfindungen von Hochschulbeschäftigten nach der Reform von § 42 ArbNErfG, Rn. 75.
688 „Entwurf eines Zweiten Gesetzes zur Änderung des Gesetzes über Arbeitnehmererfindungen" der Projektgruppe Arbeitnehmererfindergesetz vom 16.06.2003, abgedruckt bei *Bartenbach*, VPP-Rundbrief 2004, 52, 54 ff. Zur Zusammensetzung der Expertenrunde siehe *Franke*, VPP-Rundbrief 2004, 49, 50 (Fn. 8).
689 *Bergmann*, Erfindungen von Hochschulbeschäftigten nach der Reform von § 42 ArbNErfG, Rn. 77 f.
690 Hierzu auch *Bergmann*, Erfindungen von Hochschulbeschäftigten nach der Reform von § 42 ArbNErfG, Rn. 78.
691 Vgl. *Bergmann*, Erfindungen von Hochschulbeschäftigten nach der Reform von § 42 ArbNErfG, Rn. 83.

maßgeblich darauf an, welchen Betrag ein freier Erfinder für die entsprechende Erfindung erhalten würde.[692] Es stellt sich die Frage, wie dieser Wert und abhängig davon die Vergütung des Arbeitnehmererfinders zu ermitteln sind. Hierfür sind vor allem auch die Vergütungsrichtlinien zum Arbeitnehmererfindergesetz zu Rate zu ziehen.

(1) Betrieblich benutzte Erfindungen

Dem ersten Teil der Richtlinien zufolge lässt sich der Erfindungswert bei betrieblich benutzten Erfindungen in der Regel anhand drei verschiedener Methoden ermitteln (ArbNErf-RL Nr. 3). Zunächst wird versucht, den Erfindungswert nach der Lizenzanalogie zu bestimmen. Dafür wird der in der Praxis für vergleichbare Fälle freier Erfindungen übliche Lizenzsatz der Ermittlung zugrunde gelegt (ArbNErf-RL Nr. 3a, 6 ff.). Wird der Erfindungswert demgegenüber anhand des erfassbaren betrieblichen Nutzens ermittelt, der dem Betrieb aus der Benutzung der Erfindung erwachsen ist, wird mittels eines Kosten- und Ertragsvergleichs nach betriebswirtschaftlichen Grundsätzen die durch den Einsatz der Erfindung verursachte Differenz zwischen Kosten und Erträgen ermittelt (ArbNErf-RL Nr. 3b, 12). Ist die Ermittlung nach der Lizenzanalogie oder nach dem erfassbaren betrieblichen Nutzen nicht oder nur mit unverhältnismäßigem Aufwand möglich, muss der Erfindungswert geschätzt werden. Dabei kann von dem Preis ausgegangen werden, den der Betrieb hätte aufwenden müssen, wenn er die Erfindung von einem freien Erfinder hätte erwerben wollen (ArbNErf-RL Nr. 3c, 13).

(2) Außerbetriebliche Verwertung

Erfolgt statt einer betrieblichen Nutzung der Erfindung eine Verwertung durch Lizenzvergabe, entspricht der Erfindungswert der Nettolizenzeinnahme. Zur Bestimmung der Nettolizenzeinnahme sind von der Bruttolizenzeinnahme die Kosten der Entwicklung nach Fertigstellung der Erfindung sowie die für die Betriebsreife aufgebrachten Kosten abzuziehen (ArbNErf-RL Nr. 14, 15). Wird die Erfindung nicht durch Lizenzvergabe verwertet, sondern verkauft, ist der Erfindungswert gleich dem Nettoerlös.

---

692 Vgl. statt vieler *Himmelmann*, in: Reimer/Schade/Schippel, ArbNErfG, § 9, Rn. 36 f.

Zur Berechnung des Nettobetrags sind ebenfalls die genannten Kosten gegenüber dem Bruttoertrag in Abzug zu bringen (ArbNErf-RL Nr. 16). Wird die Erfindung durch einen Austauschvertrag verwertet, wird zunächst versucht, den Erfindungswert anhand des Gesamtnutzens des Austauschvertrags für den Arbeitgeber zu ermitteln. Gelingt dies nicht, ist der Erfindungswert zu schätzen (ArbNErf-RL Nr. 17). Schließlich kann eine Verwertung auch durch ein Sperrpatent erfolgen. Sperrpatente sind Patente, die nur deshalb angemeldet und aufrecht erhalten werden, um zu verhindern, dass ein Wettbewerber die Erfindung verwertet und dadurch die eigene laufende oder bevorstehende Erzeugung beeinträchtigt. Unterbleibt die Benutzung, weil ein gleichartiges Patent schon im Betrieb benutzt wird, kann die Verwertung der ersten Erfindung als Ausgangspunkt für den Erfindungswert der zweiten Erfindung dienen (vgl. ArbNErf-RL Nr. 18).

(3) Nicht verwertete Erfindungen

Anhaltspunkte geben die Vergütungsrichtlinien auch für die Ermittlung des Erfindungswertes bei nicht verwerteten Erfindungen, also Erfindungen, die weder betrieblich benutzt noch als Sperrpatent oder außerbetrieblich durch Vergabe von Lizenzen, Verkauf oder Tausch verwertet werden (vgl. ArbNErf-RL Nr. 20). Genannt werden vier Arten nicht verwerteter Erfindungen: Vorrats- und Ausbaupatente, nicht verwertbare Erfindungen sowie Erfindungen, deren Verwertbarkeit noch nicht feststellbar ist oder Erfindungen, bei denen die Verwertbarkeit nicht oder nicht voll ausgenutzt wird. Vorratspatente sind Patente für Erfindungen, die im Zeitpunkt der Erteilung des Patents noch nicht verwertet werden oder nicht verwertbar sind, mit deren späterer Verwertung oder Verwertbarkeit aber zu rechnen ist. Ein Halten auf Vorrat mag zweckdienlich erscheinen, um etwa den Fortschritt der technischen Entwicklung und den günstigsten Moment zur Verwertung des Patents abzuwarten. Ausbaupatente sind Vorratspatente, die gehalten werden, um bestehende Patente zu verbessern, bevor diese verwertet werden. Die Ermittlung des Erfindungswertes von Vorrats- und Ausbaupatenten kann nur anhand einer Schätzung erfolgen (ArbNErf-RL Nr. 21). Nicht verwertbare Erfindungen sind solche, bei denen auch mit der späteren Verwertbarkeit nicht zu rechnen ist. Solchen Erfindungen fehlt es an einem Erfindungswert. Insoweit bietet sich nur die Freigabe der Erfindung an (ArbNErf-RL Nr. 22). Erfindungen, deren aktuelle oder spätere wirtschaftliche Verwertbarkeit noch nicht feststellbar ist, haben keinen Erfindungswert. Der Arbeitgeber wird prüfen und erproben müssen, ob sich eine wirtschaftliche Verwertbarkeit der Erfindung ergibt. Solange dies nicht der Fall ist, scheidet auch eine Vergütung aus (ArbNErf-RL Nr. 23). Bei Erfindungen, die trotz Verwertbarkeit nicht oder teilweise nicht verwertet werden, sind bei der Ermittlung des Erfindungswerts die unausgenutzten Verwertungsmöglichkeiten im Rahmen der bei verständiger Würdigung bestehenden wirtschaftlichen Möglichkeiten zu berücksichtigen (ArbNErf-RL Nr. 24).

cc. Anteilsfaktor

Mit dem Erfindungswert wird der Preis ermittelt, den der Arbeitgeber einem freien Erfinder für die Übertragung der Erfindung zahlen müsste. Im Anschluss an die Ermittlung des Erfindungswerts ist ein Abzug vorzunehmen, der die Aufgaben und die Stellung des Arbeitnehmers im Betrieb sowie den Anteil des Betriebes an dem Zustandekommen der Diensterfindung angemessen abbildet (vgl. § 9 Abs. 2 ArbNErfG, ArbNErf-RL Nr. 2). Damit soll dem Umstand Rechnung getragen werden, dass es sich gerade nicht um eine freie Erfindung, sondern eine aus dem Arbeitsverhältnis resultierende Diensterfindung handelt (ArbNErf-RL Nr. 30).[693] Der Anteil, der sich für den Arbeitnehmer unter Berücksichtigung dieses Abzugs an dem Erfindungswert ergibt, wird in Form eines in Prozenten ausgedrückten Anteilsfaktors ermittelt. Der Anteilsfaktor wird durch die Stellung der Aufgabe, durch die Lösung der Aufgabe sowie durch die Aufgaben und die Stellung des Arbeitnehmers im Betrieb bestimmt (ArbNErf-RL Nr. 30, 31 ff.). ArbNErf-RL Nr. 37 lässt sich eine Tabelle zur Berechnung des Anteilsfaktors anhand der genannten Faktoren entnehmen.

d. Fälligkeit des Vergütungsanspruchs

Dass der Vergütungsanspruch mit der Inanspruchnahme der Diensterfindung dem Grunde nach entsteht, bedeutet gleichwohl nicht, dass der Arbeitgeber zur sofortigen Zahlung verpflichtet ist, da oftmals die für die Bemessung der Vergütung relevanten Faktoren im Zeitpunkt der Inan-

---

[693] *Bartenbach/Volz*, Arbeitnehmererfindungsgesetz, § 9, Rn. 74, 261; vgl. auch BVerfG, Beschluss v. 24.04.1998 – 1 BvR 587/88, NJW 1998, 3704, 3705 – *Induktionsschutz von Fernmeldekabeln*.

spruchnahme noch gar nicht bekannt sind.[694] Der Zeitpunkt der Zahlungsverpflichtung des Arbeitgebers wird vielmehr bestimmt durch die Fälligkeit des Vergütungsanspruchs. Nach Maßgabe der zivilrechtlichen Grundnorm des § 271 BGB ist der Vergütungsanspruch fällig, sobald der Arbeitnehmer von seinem Arbeitgeber die Vergütung verlangen kann.[695] Hierdurch ist noch nicht viel gewonnen, da sich gerade die Frage stellt, wann der Arbeitnehmer eine Vergütung für die Erfindung zu verlangen berechtigt ist. Die Fälligkeit des durch die Inanspruchnahme entstehenden Vergütungsanspruchs aus § 9 Abs. 1 ArbNErfG bestimmt sich nach der Sonderregelung des § 12 ArbNErfG.[696] Demzufolge sollen Art und Höhe der Vergütung durch eine rechtsgeschäftliche Vereinbarung zwischen Arbeitgeber und Arbeitnehmer in angemessener Frist nach Inanspruchnahme der Diensterfindung festgestellt (§ 12 Abs. 1 ArbNErfG) bzw. bei Nichteinigung in angemessener Zeit einseitig durch den Arbeitgeber festgesetzt (§ 12 Abs. 3 S. 1 ArbNErfG) werden. Die Festsetzung der Vergütung hat spätestens bis zum Ablauf von drei Monaten nach Erteilung des Schutzrechts zu erfolgen (§ 12 Abs. 3 S. 2 ArbNErfG). § 12 ArbNErfG legt damit den spätesten Zeitpunkt der Fälligkeit fest.[697] Die Angemessenheit der Frist ist im Übrigen eine Frage des Einzelfalls.[698] Der Vergütungsanspruch wird grundsätzlich erst fällig, *„wenn die wirtschaftliche Verwertbarkeit der Diensterfindung (bei dem konkreten Arbeitgeber) feststeht, also die für die Bemessung der Vergütungshöhe entscheidenden Kriterien bekannt sind und dem Arbeitgeber wirtschaftliche Vorteile aus der Nutzung der Diensterfindung (tatsächlich) zufließen."*[699] Entscheidende Bedeutung für die Fälligkeit des

---

694 *Bartenbach/Volz*, Arbeitnehmererfindungsgesetz, § 9, Rn. 12; *Himmelmann*, in: Reimer/Schade/Schippel, ArbNErfG, § 9, Rn. 20; vgl. auch *Engemann*, in: Boemke/Kursawe, ArbNErfG, § 9, Rn. 72.
695 Vgl. *Bartenbach/Volz*, Arbeitnehmererfindungsgesetz, § 9, Rn. 20; *Engemann*, in: Boemke/Kursawe, ArbNErfG, § 9, Rn. 72; *Himmelmann*, in: Reimer/Schade/Schippel, ArbNErfG, § 9, Rn. 21.
696 *Bartenbach/Volz*, Arbeitnehmererfindungsgesetz, § 9, Rn. 20; *Engemann*, in: Boemke/Kursawe, ArbNErfG, § 9, Rn. 73; *Himmelmann*, in: Reimer/Schade/Schippel, ArbNErfG, § 9, Rn. 21; *Keukenschrijver*, in: Busse/Keukenschrijver, PatG, § 9 ArbEG, Rn. 15.
697 *Engemann*, in: Boemke/Kursawe, ArbNErfG, § 9, Rn. 73.
698 *Bartenbach/Volz*, Arbeitnehmererfindungsgesetz, § 12, Rn. 25; *Himmelmann*, in: Reimer/Schade/Schippel, ArbNErfG, § 9, Rn. 21.
699 *Bartenbach/Volz*, Arbeitnehmererfindungsgesetz, § 9, Rn. 20 mit Nachweisen zu Entscheidungen der Schiedsstelle; vgl. auch *Engemann*, in: Boemke/Kursawe, ArbNErfG, § 9, Rn. 73; *Himmelmann*, in: Reimer/Schade/Schippel, ArbNErfG, § 9, Rn. 21; *Keukenschrijver*, in: Busse/Keukenschrijver, PatG, § 9 ArbEG, Rn. 15.

Kapitel 3. Vergütungsansprüche des Hochschulbeschäftigten im Arbeitnehmererfinderrecht

Vergütungsanspruchs kommt nach der Rechtsprechung auch der Benutzung der Erfindung durch den Arbeitgeber zu. Erfolgt eine Nutzungsaufnahme durch den Arbeitgeber, ist eine zumindest vorläufige Vergütung, unabhängig von der Erteilung des Schutzrechts, spätestens bis zum Ablauf von drei Monaten nach Aufnahme der Benutzung festzusetzen.[700]

2. Vergütung für Benutzungsrechte nach §§ 14 Abs. 3, 16 Abs. 3 ArbNErfG

Neben dem Vergütungsanspruch aus § 9 ArbNErfG für die Inanspruchnahme von Diensterfindungen sieht das ArbNErfG auch weitere Vergütungsansprüche des Arbeitnehmererfinders für nicht ausschließliche Benutzungsrechte des Arbeitgebers an der Erfindung vor. Das ArbNErfG kennt insbesondere den Vergütungsanspruch aus § 14 Abs. 3 ArbNErfG sowie aus § 16 Abs. 3 ArbNErfG.

a. Der Vergütungsanspruch aus § 14 Abs. 3 ArbNErfG

Infolge der Inanspruchnahme der Diensterfindung ist der Arbeitgeber berechtigt, diese auch im Ausland zur Erteilung von Schutzrechten anzumelden, was § 14 Abs. 1 ArbNErfG deklaratorisch bestimmt.[701] Für ausländische Staaten, in denen der Arbeitgeber keine Schutzrechte erwerben will, hat er dem Arbeitnehmer gem. § 14 Abs. 2 ArbNErfG die Diensterfindung freizugeben und ihm auf Verlangen den Erwerb von Auslandsschutzrechten zu ermöglichen. Gleichzeitig mit der Freigabe kann der Arbeitgeber sich ein nichtausschließliches Recht zur Benutzung der Diensterfindung in

---

700 BGH, Urteil v. 28.06.1962 – I ZR 28/61, BGHZ 37, 281 = GRUR 1963, 135 – *Cromegal*; BGH, Urteil v. 30.03.1971 – X ZR 8/68, GRUR 1971, 475, 477 – *Gleichrichter*; BGH, Urteil v. 02.06.1987 – X ZR 97/86, GRUR 1987, 900, 902 – *Entwässerungsanlage*; BGH, Urteil v. 10.09.2002 – X ZR 199/01, GRUR 2003, 237, 239 – *Ozon*; hierzu auch *Bartenbach/Volz*, Arbeitnehmererfindungsgesetz, § 9, Rn. 21; *Engemann*, in: Boemke/Kursawe, ArbNErfG, § 9, Rn. 73; *Himmelmann*, in: Reimer/Schade/Schippel, ArbNErfG, § 9, Rn. 21.
701 Vgl. DPA, Einigungsvorschlag der Schiedsstelle nach dem ArbNErfG v. 09.05.1985 – Arb.Erf. 58/84, BlPMZ 1958, 383, 384; *Flaig*, Mitt. 1982, 47; *Himmelmann*, Vergütungsrechtliche Ungleichbehandlung von Arbeitnehmer-Erfinder und Arbeitnehmer-Urheber, S. 48; *Bartenbach/Volz*, Arbeitnehmererfindungsgesetz, § 14, Rn. 2.

den betreffenden ausländischen Staaten vorbehalten (§ 14 Abs. 3 Alt. 1 ArbNErfG) und verlangen, dass der Arbeitnehmer bei der Verwertung der freigegebenen Erfindung in den betreffenden ausländischen Staaten die Verpflichtungen des Arbeitgebers aus den im Zeitpunkt der Freigabe bestehenden Verträgen über die Diensterfindung berücksichtigt (§ 14 Abs. 3 Alt. 2 ArbNErfG). In beiden Fällen hat der Arbeitgeber dem Arbeitnehmer eine angemessene Vergütung als Ausgleich zu zahlen.

Behält der Arbeitgeber sich ein nichtausschließliches Benutzungsrecht vor (Alt. 1) oder verlangt er die Rücksichtnahme auf bestehende Verträge (Alt. 2), entsteht der Vergütungsanspruch des Arbeitnehmers, anders als es der Wortlaut von § 14 Abs. 3 ArbNErfG suggerieren mag, nicht allein mit der Vorbehaltserklärung[702] oder dem Rücksichtnahmeverlangen[703] des Arbeitgebers, sondern erst dann, wenn der Arbeitnehmer ein Schutzrecht in dem freigegebenen Auslandsstaat erwirbt.[704] Auf eine Benutzung der Diensterfindung durch den Arbeitgeber kommt es für die Entstehung des Vergütungsanspruchs indes nicht an.[705] Die Benutzung wird jedoch regelmäßig für die Fälligkeit des Anspruchs entscheidend sein, da dieser erst fällig wird, wenn sich die wirtschaftlichen Vorteile des Benutzungsvorbehalts für den Arbeitgeber beziffern lassen.[706] Die Höhe der Vergütung ist im Einzelfall anhand der Angemessenheit zu bestimmen; insoweit sind die zu

---

702 *Himmelmann*, Vergütungsrechtliche Ungleichbehandlung von Arbeitnehmer-Erfinder und Arbeitnehmer-Urheber, S. 49; **a. A.** *Bartenbach/Volz*, Arbeitnehmererfindungsgesetz, § 14, Rn. 62, 67.

703 *Himmelmann*, Vergütungsrechtliche Ungleichbehandlung von Arbeitnehmer-Erfinder und Arbeitnehmer-Urheber, S. 51; *Bartenbach/Volz*, Arbeitnehmererfindungsgesetz, § 14, Rn. 67.

704 *Himmelmann*, Vergütungsrechtliche Ungleichbehandlung von Arbeitnehmer-Erfinder und Arbeitnehmer-Urheber, S. 49, 51; vgl. auch *Johannesson*, GRUR 1970, 114, 121; *Bartenbach/Volz*, Arbeitnehmererfindungsgesetz, § 14, Rn. 61; *Hoppe-Jänisch*, in: Boemke/Kursawe, ArbNErfG, § 14, Rn. 80.

705 *Gaul*, Mitt. 1971, 241, 247; *Himmelmann*, Vergütungsrechtliche Ungleichbehandlung von Arbeitnehmer-Erfinder und Arbeitnehmer-Urheber, S. 49; *Bartenbach/Volz*, Arbeitnehmererfindungsgesetz, § 14, Rn. 67; **a. A.** *Johannesson*, GRUR 1970, 114, 121.

706 *Himmelmann*, Vergütungsrechtliche Ungleichbehandlung von Arbeitnehmer-Erfinder und Arbeitnehmer-Urheber, S. 50; *Bartenbach/Volz*, Arbeitnehmererfindungsgesetz, § 14, Rn. 63; vgl. auch *Hoppe-Jänisch*, in: Boemke/Kursawe, ArbNErfG, § 14, Rn. 79.

§ 9 Abs. 2 ArbNErfG ermittelten Grundsätze für den Benutzungsvorbehalt[707] bzw. der wirtschaftliche Wert der Rücksichtnahme entscheidend.[708]

b. Der Vergütungsanspruch aus § 16 Abs. 3 ArbNErfG

Während der Arbeitgeber zur Schutzrechtsanmeldung im Ausland nur berechtigt, nicht aber verpflichtet ist, trifft ihn nach § 13 Abs. 1 ArbNErfG die Pflicht, gemeldete Diensterfindungen im Inland zur Erteilung eines Schutzrechts anzumelden.

Von dieser Pflicht befreit § 16 ArbNErfG, der dem Arbeitgeber die Aufgabe der Schutzrechtsanmeldung oder des Schutzrechts ermöglicht. Will der Arbeitgeber vor Erfüllung des Anspruchs des Arbeitnehmers auf angemessene Vergütung die Anmeldung der Diensterfindung zur Erteilung eines Schutzrechts nicht weiterverfolgen oder das auf die Diensterfindung erteilte Schutzrecht nicht aufrechterhalten, hat er dies dem Arbeitnehmer mitzuteilen und ihm auf dessen Verlangen und Kosten das Recht zu übertragen (§ 16 Abs. 1 ArbNErfG). Gleichzeitig mit der Mitteilung der Aufgabeabsicht kann sich der Arbeitgeber nach § 16 Abs. 3 ArbNErfG ein nicht ausschließliches Recht zur Benutzung der Diensterfindung vorbehalten. Als Ausgleich hat er dem Arbeitnehmer eine angemessene Vergütung zu zahlen.

Der Vergütungsanspruch des Arbeitnehmers aus § 16 Abs. 3 ArbNErfG gleicht inhaltlich und strukturell demjenigen aus § 14 Abs. 3 ArbNErfG[709]; insoweit ergeben sich keine Besonderheiten gegenüber den bereits zu § 14 Abs. 3 ArbNErfG erfolgten Darstellungen. Dem Grunde nach entsteht der Vergütungsanspruch mit der Vorbehaltserklärung und der gleichzeitigen Mitteilung der Aufgabeabsicht. Zudem ist erforderlich, dass der Arbeitnehmer die Schutzrechtsposition übernimmt und aufrechterhält.[710] Die

---

707 *Himmelmann*, Vergütungsrechtliche Ungleichbehandlung von Arbeitnehmer-Erfinder und Arbeitnehmer-Urheber, S. 50.
708 *Himmelmann*, Vergütungsrechtliche Ungleichbehandlung von Arbeitnehmer-Erfinder und Arbeitnehmer-Urheber, S. 51; *Bartenbach/Volz*, Arbeitnehmererfindungsgesetz, § 14, Rn. 68; *Hoppe-Jänisch*, in: Boemke/Kursawe, ArbNErfG, § 14, Rn. 89.
709 Vgl. *Himmelmann*, Vergütungsrechtliche Ungleichbehandlung von Arbeitnehmer-Erfinder und Arbeitnehmer-Urheber, S. 53; *Keukenschrijver*, in: Busse/Keukenschrijver, PatG, § 16 ArbEG, Rn. 35; *Trimborn*, in: Reimer/Schade/Schippel, ArbNErfG, § 16, Rn. 23.
710 *Bartenbach/Volz*, Arbeitnehmererfindungsgesetz, § 16, Rn. 91.

tatsächliche Nutzungsaufnahme durch den Arbeitgeber ist für die Entstehung des Vergütungsanspruchs unerheblich[711], bestimmt aber die Fälligkeit des Anspruchs.[712] Der Vergütungsanspruch ist nach § 12 ArbNErfG festzustellen bzw. festzusetzen.[713] Für die Bemessung der Vergütungshöhe gilt das Gebot der Angemessenheit.[714]

3. Vergütung bei Betriebsgeheimnissen aus § 17 ArbNErfG

Einen weiteren Vergütungsanspruch des Arbeitnehmererfinders sieht § 17 ArbNErfG vor. Der Arbeitgeber, der nach § 13 Abs. 1 ArbNErfG zur Anmeldung eines Schutzrechts verpflichtet ist, kann von der Erwirkung eines Schutzrechts absehen, wenn berechtigte Belange des Betriebes es erfordern, eine gemeldete Diensterfindung nicht bekannt werden zu lassen und der Arbeitgeber die Schutzfähigkeit der Diensterfindung dem Arbeitnehmer gegenüber anerkennt (§ 17 Abs. 1 ArbNErfG). Um eine Erfindung zum Betriebsgeheimnis i. S. d. § 17 ArbNErfG erklären zu können, ist zunächst deren Inanspruchnahme durch den Arbeitgeber erforderlich.[715] Die Vergütung des Arbeitnehmers richtet sich demzufolge nach den allgemeinen Grundsätzen des § 9 ArbNErfG.[716] Demnach beruht auch die Vergütung aus § 17 ArbNErfG auf dem abgeschwächten Monopolprinzip, das

---

711 *Himmelmann*, Vergütungsrechtliche Ungleichbehandlung von Arbeitnehmer-Erfinder und Arbeitnehmer-Urheber, S. 53; *Bartenbach/Volz*, Arbeitnehmererfindungsgesetz, § 16, Rn. 91.
712 DPA, Einigungsvorschlag der Schiedsstelle nach dem ArbNErfG v. 28.05.1985 – Arb.Erf. 52/84, BlPMZ 1986, 75; *Himmelmann*, Vergütungsrechtliche Ungleichbehandlung von Arbeitnehmer-Erfinder und Arbeitnehmer-Urheber, S. 53; *Bartenbach/Volz*, Arbeitnehmererfindungsgesetz, § 16, Rn. 91; *Hoppe-Jänisch*, in: Boemke/Kursawe, ArbNErfG, § 16, Rn. 162; **a. A.** *Volmer/Gaul*, in: Arbeitnehmererfindungsgesetz, § 16, Rn. 226.
713 *Himmelmann*, Vergütungsrechtliche Ungleichbehandlung von Arbeitnehmer-Erfinder und Arbeitnehmer-Urheber, S. 53; *Bartenbach/Volz*, Arbeitnehmererfindungsgesetz, § 16, Rn. 91; *Keukenschrijver*, in: Busse/Keukenschrijver, PatG, § 16 ArbEG, Rn. 37.
714 *Bartenbach/Volz*, Arbeitnehmererfindungsgesetz, § 16, Rn. 92; *Keukenschrijver*, in: Busse/Keukenschrijver, PatG, § 16 ArbEG, Rn. 38.
715 *Brune*, Bewährtes deutsches Arbeitnehmererfindergesetz?, S. 65; *Bartenbach/Volz*, Arbeitnehmererfindungsgesetz, § 17, Rn. 19; vgl. auch *Gennen*, in: Boemke/Kursawe, ArbNErfG, § 17, Rn. 18.
716 *Bartenbach/Volz*, GRUR 1982, 133, 140; *Brune*, Bewährtes deutsches Arbeitnehmererfindergesetz?, S. 65; *Bartenbach/Volz*, Arbeitnehmererfindungsgesetz, § 17, Rn. 59; *Gennen*, in: Boemke/Kursawe, ArbNErfG, § 17, Rn. 52; *Keukenschrijver*,

der Regelung des § 9 ArbNErfG zugrunde liegt.[717] Der Arbeitgeber erhält durch die Inanspruchnahme die Möglichkeit zur Erlangung eines Schutzrechts. Dass er diese aus betrieblichen Gründen nicht wahrnimmt, ist unerheblich.[718] Allerdings sind nach § 17 Abs. 3 ArbNErfG bei der Bemessung der Vergütung auch die wirtschaftlichen Nachteile zu berücksichtigen, die sich für den Arbeitnehmer daraus ergeben, dass auf die Diensterfindung kein Schutzrecht erteilt worden ist (vgl. auch ArbNErf-RL Nr. 27).[719]

II. Vergütungsansprüche für freie Erfindungen

Erfindungen von Arbeitnehmern, die weder aus der dem Arbeitnehmer im Betrieb obliegenden Tätigkeit entstanden sind noch maßgeblich auf Erfahrungen oder Arbeiten des Betriebs beruhen, sind freie Erfindungen gem. § 4 Abs. 3 ArbNErfG. Freie Erfindungen von Arbeitnehmern unterliegen allein den Beschränkungen der §§ 18 und 19 ArbNErfG.[720] Nach § 18 Abs. 1 ArbNErfG trifft den Arbeitnehmer eine Mitteilungspflicht hinsichtlich der während der Dauer des Arbeitsverhältnisses gemachten freien Erfindungen, soweit die Erfindung im Arbeitsbereich des Betriebes des Arbeitgebers verwendbar ist (vgl. § 18 Abs. 3 ArbNErfG). Auf diese Weise erhält der Arbeitgeber die Möglichkeit, zu überprüfen, ob es sich tatsächlich um eine freie Erfindung handelt (vgl. § 18 Abs. 1 S. 2 ArbNErfG). Möchte der Arbeitnehmer eine freie Erfindung während der Dauer des Arbeitsverhältnisses anderweitig verwerten, hat er nach § 19 Abs. 1 S. 1 ArbNErfG zunächst dem Arbeitgeber mindestens ein nichtausschließliches Recht zur Benutzung der Erfindung zu angemessenen Bedingungen anzubieten,

---

in: Busse/Keukenschrijver, PatG, § 17 ArbEG, Rn. 12; *Trimborn*, in: Reimer/Schade/Schippel, ArbNErfG, § 17, Rn. 12.
717 *Brune*, Bewährtes deutsches Arbeitnehmererfindergesetz?, S. 66; *Volmer/Gaul*, in: Arbeitnehmererfindungsgesetz, § 17, Rn. 117; vgl. auch *Johannesson*, GRUR 1970, 114, 115. Siehe zum abgeschwächten Monopolprinzip als Grundlage des Vergütungsanspruchs aus § 9 ArbNErfG oben Kapitel 3. § 7 B. I. 1. a. bb. (S. 187).
718 *Brune*, Bewährtes deutsches Arbeitnehmererfindergesetz?, S. 65.
719 Vgl. hierzu *Bartenbach/Volz*, Arbeitnehmererfindungsgesetz, § 17, Rn. 60 ff.; *Gennen*, in: Boemke/Kursawe, ArbNErfG, § 17, Rn. 56.
720 Vgl. *Himmelmann*, Vergütungsrechtliche Ungleichbehandlung von Arbeitnehmer-Erfinder und Arbeitnehmer-Urheber, S. 54.

wenn die Erfindung in den Arbeitsbereich des Betriebes des Arbeitgebers fällt.

Das nichtausschließliche Benutzungsrecht des Arbeitgebers aus § 19 Abs. 1 S. 1 ArbNErfG lässt sich grundsätzlich mit den Benutzungsrechten aus § 14 Abs. 3 ArbNErfG sowie aus § 16 Abs. 3 ArbNErfG vergleichen.[721] Anders als in §§ 14 Abs. 3, 16 Abs. 3 ArbNErfG folgt das Benutzungsrecht jedoch nicht kraft Gesetzes aus einer einseitigen Erklärung des Arbeitgebers[722], sondern entsteht im Wege eines Vertragsschlusses. Nimmt der Arbeitgeber das Angebot des Arbeitnehmers innerhalb von drei Monaten an (vgl. § 19 Abs. 2 ArbNErfG), führt dies zum Abschluss eines Vertrags zwischen Arbeitnehmer und Arbeitgeber. In der Regel handelt es sich dabei um einen neben dem Arbeitsverhältnis stehenden Lizenzvertrag.[723] Mit dem Lizenzvertrag entsteht der Anspruch des Arbeitnehmers auf eine Vergütung als Ausgleich für die Einräumung eines Benutzungsrechts an der freien Erfindung.[724]

Bezüglich der Höhe der Vergütung steht der Arbeitnehmer seinem Arbeitgeber bei Abschluss eines Lizenzvertrags wie ein Betriebsfremder gegenüber.[725] Demnach lassen sich auch die Vergütungsrichtlinien nur bedingt anwenden. Zwar kann der Erfindungswert anhand der Richtlinien ermittelt werden; ein Abzug nach den ArbNErf-RL Nr. 30 ff. erfolgt aber nicht, da dieser gerade nur vorgenommen wird, wenn es sich nicht um eine freie Erfindung handelt (vgl. ArbNErf-RL Nr. 30).[726]

---

721 *Himmelmann*, Vergütungsrechtliche Ungleichbehandlung von Arbeitnehmer-Erfinder und Arbeitnehmer-Urheber, S. 54 f.; *Keukenschrijver*, in: Busse/Keukenschrijver, PatG, § 16 ArbEG, Rn. 35; *Trimborn*, in: Reimer/Schade/Schippel, ArbNErfG, § 16, Rn. 23.

722 *Brune*, Bewährtes deutsches Arbeitnehmererfindergesetz?, S. 63; *Himmelmann*, Vergütungsrechtliche Ungleichbehandlung von Arbeitnehmer-Erfinder und Arbeitnehmer-Urheber, S. 55.

723 Vgl. *Himmelmann*, Vergütungsrechtliche Ungleichbehandlung von Arbeitnehmer-Erfinder und Arbeitnehmer-Urheber, S. 55; *Bartenbach/Volz*, Arbeitnehmererfindungsgesetz, § 19, Rn. 9, 56; *Trimborn*, in: Reimer/Schade/Schippel, ArbNErfG, § 19, Rn. 9.

724 *Himmelmann*, Vergütungsrechtliche Ungleichbehandlung von Arbeitnehmer-Erfinder und Arbeitnehmer-Urheber, S. 55 f.

725 *Veigel*, Immaterialgüterrechte im Arbeitsverhältnis, Rn. 278; *Trimborn*, in: Reimer/Schade/Schippel, ArbNErfG, § 19, Rn. 19; vgl. auch *Bartenbach/Volz*, Arbeitnehmererfindungsgesetz, § 19, Rn. 9.

726 Vgl. *Himmelmann*, Vergütungsrechtliche Ungleichbehandlung von Arbeitnehmer-Erfinder und Arbeitnehmer-Urheber, S. 56; *Bartenbach/Volz*, Arbeitnehmererfindungsgesetz, § 19, Rn. 28; *Trimborn*, in: Reimer/Schade/Schippel,

III. Vergütungsansprüche für nichtschutzfähige Erfindungen

Erbringt der Arbeitnehmer eine Sonderleistung, die über die geschuldete Arbeitsleistung hinausgeht, aber ist seine schöpferische Leistung nicht schutzfähig, so scheidet ein Vergütungsanspruch nach § 9 ArbNErfG aus. Gewährt die Leistung auch keine faktische Monopolstellung des Arbeitgebers, kommt ebenfalls kein Anspruch aus § 20 Abs. 1 ArbNErfG in Betracht.[727] Regelmäßig wird als Beispielsfall eine vom Arbeitgeber genutzte Diensterfindung des Arbeitnehmers genannt, die zwar wegen prioritätsälterer Schutzrechte eines Dritten nicht schutzfähig ist, dem Arbeitgeber aber ein wertvolles Vorbenutzungsrecht nach § 12 PatG ermöglicht.[728] Da die Vergütungsvorschriften des ArbNErfG nicht zum Tragen kommen, muss auf die allgemeinen arbeitsrechtlichen Grundsätze zurückgegriffen werden.[729]

C. Vergütungsansprüche für technische Verbesserungsvorschläge

Hinsichtlich der Vergütung ist zwischen einfachen und qualifizierten technischen Verbesserungsvorschlägen des Arbeitnehmers zu differenzieren, da § 20 Abs. 1 ArbNErfG nur für letztere eine gesetzliche Vergütungsregelung vorsieht.[730]

I. Vergütung für einfache technische Verbesserungsvorschläge

Ist der Arbeitnehmer zur Entwicklung technischer Neuerungen verpflichtet, stehen seine Verbesserungsvorschläge als Arbeitsergebnis dem Arbeitgeber zu, der das Recht hat, diese nach seinem Belieben zu verwerten.

ArbNErfG, § 19, Rn. 19. Zum Anteilsfaktor siehe oben Kapitel 3. § 7 B. I. 1. c. cc. (S. 208).
727 Zum Vergütungsanspruch für sog. qualifizierte technische Verbesserungvorschläge aus § 20 Abs. 1 ArbNErfG siehe sogleich C. II. (S. 152).
728 *Himmelmann*, Vergütungsrechtliche Ungleichbehandlung von Arbeitnehmer-Erfinder und Arbeitnehmer-Urheber, S. 67; *Bartenbach/Volz*, Arbeitnehmererfindungsgesetz, § 9, Rn. 333; *Himmelmann*, in: Reimer/Schade/Schippel, ArbNErfG, § 9, Rn. 15.
729 Dazu siehe oben Kapitel 2. § 5 C. II. 3. (S. 88).
730 Zu den Begriffen des einfachen und qualifizierten technischen Verbesserungsvorschlags siehe oben Kapitel 2. § 6 A. II. 1. (S. 113).

Folglich scheidet eine gesonderte Vergütung des Arbeitnehmers für derartige Verbesserungsvorschläge grundsätzlich aus[731]; gesetzliche Vergütungsansprüche bestehen nicht. Eine Vergütung kommt lediglich dann in Betracht, wenn einzel-[732] bzw. tarifvertragliche Regelungen oder Betriebsvereinbarungen bestehen, die dem Arbeitnehmer auch für technische Verbesserungsvorschläge eine Vergütung gewähren (vgl. § 20 Abs. 2 ArbNErfG). Während Tarifverträge mit Regelungen hinsichtlich technischer Verbesserungsvorschläge bislang eher unüblich sind[733], wird häufiger ein betriebliches Vorschlagswesen im Wege der Betriebsvereinbarung etabliert[734], die nach § 77 Abs. 4 BetrVG für die Arbeitnehmer unmittelbar und zwingend gilt[735]; dem Betriebsrat steht für die Grundsätze über das betriebliche Vorschlagswesen ein Mitbestimmungsrecht nach § 87 Abs. 1 Nr. 12 BetrVG zu.[736]

Eine Vergütung ohne entsprechende Vereinbarung erhält der Arbeitnehmer nur dann, wenn es sich bei seinem Vorschlag um eine echte Sonderleistung handelt. Dies ist der Fall, wenn der Arbeitnehmer zur Schaffung technischer Verbesserungsvorschläge arbeitsrechtlich nicht verpflichtet ist, gleichwohl aber Vorschläge zur Verbesserung macht. Solche Sonderleistungen können vergütungsrechtlich nicht anders behandelt werden als nichtschutzfähige Erfindungen eines Arbeitnehmers. Dem Arbeitnehmer steht eine Sondervergütung aus § 242 BGB zu, soweit die Verwertung dem Arbeitgeber einen nicht unerheblichen wirtschaftlichen Vorteil bringt.[737]

---

731 *Bayreuther*, in: Münchener Handbuch zum Arbeitsrecht, Bd. 1, § 90, Rn. 63; *Raif*, in: Boemke/Kursawe, ArbNErfG, § 3.
732 Dass § 20 Abs. 2 ArbNErfG lediglich von „*Regelung durch Tarifvertrag oder Betriebsvereinbarung*" spricht, schließt einzelvertragliche Vereinbarungen nicht aus, vgl. *Volmer*, RdA 1957, 241, 244; *Kursawe/Nebel*, in: Boemke/Kursawe, ArbNErfG, § 20, Rn. 29; *Rother*, in: Reimer/Schade/Schippel, ArbNErfG, § 20, Rn. 19.
733 *Rother*, in: Reimer/Schade/Schippel, ArbNErfG, § 20, Rn. 20.
734 *Friemel*, Die Betriebsvereinbarung über Arbeitnehmererfindungen und technische Verbesserungsvorschläge, S. 119 ff., 137 ff.; *Bartenbach/Volz*, Arbeitnehmererfindungsgesetz, § 20, Rn. 55; *Raif*, in: Boemke/Kursawe, ArbNErfG, § 3, Rn. 38; *Rother*, in: Reimer/Schade/Schippel, ArbNErfG, § 20, Rn. 22.
735 Vgl. *Bartenbach/Volz*, Arbeitnehmererfindungsgesetz, § 20, Rn. 60.
736 Näher hierzu *Bartenbach/Volz*, Arbeitnehmererfindungsgesetz, § 20, Rn. 56 ff.; *Raif*, in: Boemke/Kursawe, ArbNErfG, § 3, Rn. 50 ff.; vgl. auch *Keukenschrijver*, in: Busse/Keukenschrijver, PatG, § 20 ArbEG, Rn. 16.
737 BAG, Urteil v. 30.04.1965 – 3 AZR 291/63, BAGE 17, 151, 151 ff. = GRUR 1966, 88 – *Abdampfverwertung*; *Veigel*, Immaterialgüterrechte im Arbeitsverhältnis, Rn. 281; *Bartenbach/Volz*, Arbeitnehmererfindungsgesetz, § 20, Rn. 66; *Bayreu-*

Kapitel 3. Vergütungsansprüche des Hochschulbeschäftigten im Arbeitnehmererfinderrecht

II. Vergütung für qualifizierte technische Verbesserungsvorschläge

Mit § 20 Abs. 1 ArbNErfG enthält das ArbNErfG einen speziellen Vergütungsanspruch für qualifizierte technische Verbesserungsvorschläge eines Arbeitnehmers. Nach § 20 Abs. 1 S. 1 ArbNErfG hat der Arbeitnehmer gegen den Arbeitgeber einen Anspruch auf angemessene Vergütung für technische Verbesserungsvorschläge, die dem Arbeitgeber eine ähnliche Vorzugsstellung gewähren wie ein gewerbliches Schutzrecht, sobald dieser sie verwertet. § 20 Abs. 1 S. 2 ArbNErfG erklärt, dass die Bestimmungen der §§ 9 und 12 ArbNErfG sinngemäß anzuwenden sind.

1. Vergütungsgrund des § 20 Abs. 1 ArbNErfG

Nach § 20 Abs. 1 ArbNErfG erhält der Arbeitnehmer eine Vergütung, wenn der Arbeitgeber einen qualifizierten technischen Verbesserungsvorschlag des Arbeitnehmers verwertet. Da ein qualifizierter Verbesserungsvorschlag nur vorliegt, wenn der Vorschlag dem Arbeitgeber eine den gewerblichen Schutzrechten vergleichbare Vorzugsstellung, also eine faktische Monopolstellung gewährt[738], liegt auch dem Vergütungsanspruch aus § 20 Abs. 1 ArbNErfG das Monopolprinzip zugrunde.[739] § 20 Abs. 1 ArbNErfG bringt bereits seinem Wortlaut nach zum Ausdruck, dass das Gesetz die Vergütung nicht an eine Sonderleistung des Arbeitnehmers, sondern an die Vorzugsstellung des Arbeitgebers anknüpft. Zudem spricht aus historischer Perspektive vieles für das Monopolprinzip, indem auch der Bundestags-Ausschuss für gewerblichen Rechtsschutz und Urheberrecht das Monopolprinzip trotz der Regelung als gewahrt ansah.[740] Allerdings kann die Monopoltheorie nicht in ihrer strengen Form zur Anwen-

---

ther, in: Münchener Handbuch zum Arbeitsrecht, Bd. 1, § 90, Rn. 63; *Kursawe/Nebel*, in: Boemke/Kursawe, ArbNErfG, § 20, Rn. 36; *Müller-Glöge*, in: MüKoBGB, Bd. 4, § 611 BGB, Rn. 574; *Raif*, in: Boemke/Kursawe, ArbNErfG, § 3, Rn. 37; *Rother*, in: Reimer/Schade/Schippel, ArbNErfG, § 20, Rn. 20. Siehe auch oben zur Vergütung bei nichtschutzfähigen Erfindungen Kapitel 3. § 7 B. III. (S. 216).

738 Siehe zum qualifizierten technischen Verbesserungsvorschlag oben Kapitel 2. § 6 A. II. 1. b. (S. 116).

739 *Bock*, Mitt. 1971, 220, 223; *Friedrich*, GRUR 1958, 270, 274; *Krieger*, in: FS Quack (1991), S. 41, 50 f.; *Veigel*, Immaterialgüterrechte im Arbeitsverhältnis, Rn. 279; *Bartenbach/Volz*, Arbeitnehmererfindungsgesetz, § 20, Rn. 1.

740 Schriftlicher Bericht des Ausschusses für gewerblichen Rechtsschutz und Urheberrecht über den „Entwurf eines Gesetzes über Erfindungen von Arbeitneh-

dung gelangen. Während diese auf die rechtliche Monopolstellung abstellt, die dem Arbeitgeber aus einem auf eine Erfindung tatsächlich erteilten Schutzrecht erwächst[741], kommt es im Rahmen von § 20 Abs. 1 ArbNErfG in Ermangelung der Schutzfähigkeit eines technischen Verbesserungsvorschlags gerade nicht auf das erteilte Schutzrecht, sondern allein auf die faktische Monopolstellung an. Folgerichtig ist § 20 Abs. 1 ArbNErfG wie § 9 Abs. 1 ArbNErfG mit dem abgeschwächten Monopolprinzip zu erklären[742], wonach der Arbeitnehmer eine gesonderte Vergütung dafür erhält, dass er seinem Arbeitgeber die Möglichkeit einer monopolartigen Vorzugsstellung verschafft.

2. Entstehung des Vergütungsanspruchs

Im Gegensatz zu einer Diensterfindung setzt der technische Verbesserungsvorschlag keine Inanspruchnahme durch den Arbeitgeber voraus, da das Verwertungsrecht dem Arbeitgeber bereits originär zusteht und ihm als Arbeitsergebnis zugeordnet ist.[743] Der Vergütungsanspruch aus § 20 Abs. 1 ArbNErfG entsteht demnach anders als der Vergütungsanspruch aus § 9 Abs. 1 ArbNErfG nicht mit der Inanspruchnahme der schöpferischen Leistung des Arbeitnehmers. Entsprechend knüpft § 20 Abs. 1 ArbNErfG die Vergütung für qualifizierte technische Verbesserungsvorschläge auch nicht an die Verwertbarkeit, sondern an die tatsächliche Verwertung des Verbesserungsvorschlags durch den Arbeitgeber.[744] Der Verwertungsbegriff geht weiter als die bloße Benutzung und umfasst auch den Verkauf oder die Vergabe von Lizenzen an den technischen Verbesserungsvorschlägen des Arbeitnehmers.[745] Entscheidend ist nicht die Nutzung des Vorschlags in allen seinen Details; es genügt für die Verwertung, dass der

---

mern und Beamten", Bericht der Abgeordneten Frau Dr. Jochmus, BT-Drs. II/3327 (abgedruckt in BlPMZ 1957, 253 zu § 19, heute § 20).
741 Zur strengen Monopoltheorie siehe oben Kapitel 3. § 7 B. I. 1. a. aa. (2) (a), (S. 186).
742 So auch *Himmelmann*, Vergütungsrechtliche Ungleichbehandlung von Arbeitnehmer-Erfinder und Arbeitnehmer-Urheber, S. 139.
743 Siehe hierzu oben Kapitel 2. § 6 A. II. 2. und 3 (S. 117 ff.).
744 Vgl. BAG, Urteil v. 30.04.1965 – 3 AZR 291/63, BAGE 17, 151, 153 f. = GRUR 1966, 88 – *Abdampfverwertung*; *Bartenbach/Volz*, Arbeitnehmererfindungsgesetz, § 20, Rn. 25 f.; *Kursawe/Nebel*, in: Boemke/Kursawe, ArbNErfG, § 20, Rn. 12 f.
745 *Bartenbach/Volz*, Arbeitnehmererfindungsgesetz, § 20, Rn. 26 f.; *Rother*, in: Reimer/Schade/Schippel, ArbNErfG, § 20, Rn. 11; vgl. auch *Kursawe/Nebel*, in: Boemke/Kursawe, ArbNErfG, § 20, Rn. 12.

Kapitel 3. Vergütungsansprüche des Hochschulbeschäftigten im Arbeitnehmererfinderrecht

Arbeitgeber den Kerngedanken, also die Hauptidee des Vorschlags verwertet.[746] Eine Verwertung ist aber dann nicht gegeben, wenn der Arbeitgeber den Vorschlag noch prüft und erprobt.[747]

Ein Anspruch auf eine Verwertung des Verbesserungsvorschlags steht dem Arbeitnehmer nicht zu, da die Verwertung im Belieben des Arbeitgebers steht.[748] Die Verwertungsfreiheit des Arbeitgebers wird allein durch das Gebot der guten Sitten sowie das Verbot von Rechtsmissbrauch und Willkür (§ 242 BGB) begrenzt.[749] Allerdings kann selbst dann noch kein treuwidriges Verhalten i. S. d. § 242 BGB angenommen werden, wenn der Arbeitgeber eine Verwertung gerade unterlässt, um aus wirtschaftlichen Gründen eine Vergütung einzusparen.[750]

3. Vergütungsbemessung

Für die Bemessung der Höhe der Vergütung gilt die Regelung des § 9 ArbNErfG sinngemäß (vgl. § 20 Abs. 1 S. 2 ArbNErfG). Entscheidend sind demnach auch für die Vergütung aus § 20 Abs. 1 ArbNErfG die für die Erfindungsvergütung nach § 9 Abs. 2 ArbNErfG relevanten Komponenten

---

746 OLG Frankfurt a. M., Urteil v. 01.12.1966 – 6 U 116/64, BB 1967, 475 – *Räumzange*; so auch *Bartenbach/Volz*, Arbeitnehmererfindungsgesetz, § 20, Rn. 30; *Kursawe/Nebel*, in: Boemke/Kursawe, ArbNErfG, § 20, Rn. 13; *Rother*, in: Reimer/Schade/Schippel, ArbNErfG, § 20, Rn. 11; vgl. auch *Keukenschrijver*, in: Busse/Keukenschrijver, PatG, § 20 ArbEG, Rn. 6.

747 BAG, Urteil v. 30.04.1965 – 3 AZR 291/63, BAGE 17, 151, 153 = GRUR 1966, 88 – *Abdampfverwertung*; *Bartenbach/Volz*, Arbeitnehmererfindungsgesetz, § 20, Rn. 28; *Keukenschrijver*, in: Busse/Keukenschrijver, PatG, § 20 ArbEG, Rn. 7; *Kursawe/Nebel*, in: Boemke/Kursawe, ArbNErfG, § 20, Rn. 12; *Rother*, in: Reimer/Schade/Schippel, ArbNErfG, § 20, Rn. 11.

748 BAG, Urteil v. 30.04.1965 – 3 AZR 291/63, BAGE 17, 151, 154 = GRUR 1966, 88 – *Abdampfverwertung*; BAG, Beschluss v. 16.03.1982 – 1 ABR 63/80, BAGE 38, 148, 157 = AP BetrVG 1972 § 87 Vorschlagswesen Nr. 2; *Bartenbach/Volz*, Arbeitnehmererfindungsgesetz, § 20, Rn. 31; *Keukenschrijver*, in: Busse/Keukenschrijver, PatG, § 20 ArbEG, Rn. 6; *Kursawe/Nebel*, in: Boemke/Kursawe, ArbNErfG, § 20, Rn. 14; *Rother*, in: Reimer/Schade/Schippel, ArbNErfG, § 20, Rn. 11.

749 BAG, Urteil v. 30.04.1965 – 3 AZR 291/63, BAGE 17, 151, 154 = GRUR 1966, 88 – *Abdampfverwertung*; *Bartenbach/Volz*, Arbeitnehmererfindungsgesetz, § 20, Rn. 31; *Keukenschrijver*, in: Busse/Keukenschrijver, PatG, § 20 ArbEG, Rn. 6; *Rother*, in: Reimer/Schade/Schippel, ArbNErfG, § 20, Rn. 11.

750 *Hartung*, Die Vergütung der Verbesserungsvorschläge, S. 56; *Bartenbach/Volz*, Arbeitnehmererfindungsgesetz, § 20, Rn. 31.

des „Erfindungswerts" und des „Anteilsfaktors".[751] Ergänzt wird die Vergütung technischer Verbesserungsvorschläge durch die ArbNErf-RL Nr. 29.[752]

Grundsätzlich kann die Ermittlung des Werts des technischen Verbesserungsvorschlags nach denselben Methoden erfolgen, wie sie für die Ermittlung des Erfindungswerts schutzfähiger Erfindungen angewendet werden (vgl. ArbNErf-RL Nr. 29). Bei der Berechnung der Vergütung ist jedoch zu berücksichtigen, dass es nach § 9 Abs. 2 ArbNErfG auf die Verwertbarkeit der Erfindung ankommt, während ein Vergütungsanspruch nach § 20 Abs. 1 ArbNErfG nur im Fall der tatsächlichen Verwertung entsteht. Unausgenutzte wirtschaftliche Verwertbarkeit, die nach § 11 ArbNErfG i. V. m. ArbNErf-RL Nr. 24 für den Vergütungsanspruch aus § 9 ArbNErfG von Bedeutung ist, kann im Rahmen von § 20 ArbNErfG demnach keine Berücksichtigung finden (vgl. ArbNErf-RL Nr. 29).[753]

4. Fälligkeit des Vergütungsanspruchs

§ 20 Abs. 1 S. 2 ArbNErfG verweist nicht nur auf § 9 ArbNErfG, sondern auch auf § 12 ArbNErfG. Auch die Vergütung für einen qualifizierten technischen Verbesserungsvorschlag ist demzufolge durch Vereinbarung zwischen Arbeitgeber und Arbeitnehmer festzustellen (§ 12 Abs. 1 ArbNErfG) bzw. bei mangelnder Vereinbarung einseitig durch den Arbeitgeber festzusetzen (§ 12 Abs. 3 ArbNErfG). Während § 12 Abs. 3 S. 2 ArbNErfG als spätesten Zeitpunkt der Festsetzung den Ablauf von drei Monaten nach Erteilung des Schutzrechts nennt, bleibt bei qualifizierten technischen Verbesserungsvorschlägen aufgrund der mangelnden Schutzfähigkeit die Erteilung eines Schutzrechts aus. § 12 Abs. 3 S. 2 ArbNErfG ist im Rahmen von

---

751 Siehe eingehend zum Erfindungswert und Anteilsfaktor bei qualifizierten technischen Verbesserungsvorschlägen *Bartenbach/Volz*, Arbeitnehmererfindungsgesetz, § 20, Rn. 41 ff.

752 Zwar verweist § 20 Abs. 1 S. 2 ArbNErfG unmittelbar nur auf die §§ 9 und 12 ArbNErfG und nicht auf § 11 ArbNErfG, der die Vergütungsrichtlinien zur Bemessung der Vergütung in Bezug nimmt. Gleichwohl ist der Gesetzesauftrag in § 11 ArbNErfG umfassend und wurde durch den Richtliniengeber mit der Aufnahme von Richtlinie Nr. 29 zur Bemessung der Vergütung für qualifizierte technische Verbesserungsvorschläge zutreffend ausgefüllt, vgl. *Bartenbach/Volz*, Arbeitnehmererfindungsgesetz, § 20, Rn. 40.

753 Vgl. hierzu auch *Bartenbach/Volz*, Arbeitnehmererfindungsgesetz, § 20, Rn. 39; *Rother*, in: Reimer/Schade/Schippel, ArbNErfG, § 20, Rn. 13.

§ 20 Abs. 1 ArbNErfG demnach mit der Maßgabe anzuwenden, dass der Arbeitgeber die Vergütung spätestens bis zum Ablauf von drei Monaten nach Aufnahme der Verwertung festzusetzen hat.[754]

D. Zusammenfassung

Da das ArbNErfG dem Arbeitgeber die Möglichkeit der Inanspruchnahme der Erfindung des Arbeitnehmers, verbunden mit der Überleitung der vermögenswerten Erfindungsrechte auf sich eröffnet, stellt sich die Frage, ob der Arbeitnehmer im Gegenzug eine neben dem Arbeitsentgelt stehende Sondervergütung erhalten muss. Diese Frage beantwortet § 9 ArbNErfG. Gelingt dem Arbeitnehmer im Rahmen seiner Arbeitstätigkeit eine Erfindung und nimmt der Arbeitgeber diese in Anspruch, steht dem Arbeitnehmer ein Anspruch gegen den Arbeitgeber auf eine angemessene Vergütung zu. Im Wege der Auslegung ergibt sich, dass sich der Vergütungsanspruch aus dem sog. abgeschwächten Monopolprinzip heraus rechtfertigt. Danach erhält der Arbeitnehmer die Vergütung, weil er seinem Arbeitgeber durch die Erfindung ermöglicht, ein monopolartiges Ausschlussrecht zu erlangen. Der Anspruch entsteht mit Zugang der wirksamen Inanspruchnahmeerklärung beim Arbeitnehmer bzw. mit Eintritt der Inanspruchnahmefiktion gem. § 6 Abs. 2 ArbNErfG; es kommt weder auf die Schutzrechtserteilung noch auf die Verwertung der Erfindung an. Die angemessene Vergütung des Arbeitnehmers bemisst sich unter Berücksichtigung des Erfindungswerts sowie des Anteilsfaktors. Hierzu ist auf die Vergütungsrichtlinien zum Arbeitnehmererfindungsgesetz zurückzugreifen, die in diesem Abschnitt hinreichend erläutert worden sind. Die Fälligkeit des Vergütungsanspruchs bestimmt sich anhand des § 12 ArbNErfG. Neben dem Anspruch aus § 9 ArbNErfG sieht das ArbNErfG Vergütungsansprüche des Arbeitnehmers für nicht ausschließliche Benutzungsrechte des Ar-

---

754 So auch *Bartenbach/Volz*, Arbeitnehmererfindungsgesetz, § 20, Rn. 32; *Rother*, in: Reimer/Schade/Schippel, ArbNErfG, § 20, Rn. 17; vgl. auch *Lindenmaier/Lüdecke*, Arbeitnehmererfindungen, § 20 ArbNErfG, Anm. 4; **a. A.** *Heine/Rebitzki*, Die Vergütung für Erfindungen von Arbeitnehmern im privaten Dienst, Technische Verbesserungsvorschläge (RL Nr. 29), Anm. 2: Da die Vergütung eines technischen Verbesserungsvorschlags im Regelfall erst auf Grund der tatsächlich erzielten Ersparnisse feststellbar sei und die tatsächlich erzielten Ersparnisse sich regelmäßig erst nach einer gewissen Bewährungszeit zuverlässig ermitteln ließen, sei das Abwarten eines Jahres erforderlich.

beitgebers nach den §§ 14 Abs. 3, 16 Abs. 3 ArbNErfG sowie für geheim gehaltene Erfindungen des Arbeitnehmers nach § 17 ArbNErfG vor.

Handelt es sich bei der Erfindung des Arbeitnehmers um eine freie Erfindung, unterliegt diese allein den Beschränkungen der §§ 18, 19 ArbNErfG. Der Arbeitnehmer ist verpflichtet, vor einer anderweitigen Verwertung seinem Arbeitgeber mindestens ein nicht ausschließliches Recht zur Benutzung der Erfindung zu angemessenen Bedingungen anzubieten. Erfolgt eine entsprechende vertragliche Einigung zwischen Arbeitnehmer und Arbeitgeber, etwa im Wege eines Lizenzvertrags, erhält der Arbeitnehmer die vertraglich vereinbarte Vergütung als Ausgleich für die Einräumung der Nutzungsrechte. Nicht schutzfähige Erfindungen eines Arbeitnehmers können allenfalls im Ausnahmefall zu einem Sondervergütungsanspruch aus § 612 BGB oder aus § 242 BGB führen.

Eine Vergütung erhält der Arbeitnehmer nicht nur für Erfindungen, sondern auch für qualifizierte technische Verbesserungsvorschläge. Dieser Anspruch ergibt sich aus § 20 Abs. 1 ArbNErfG und beruht ebenfalls auf dem abgeschwächten Monopolprinzip. Da der technische Verbesserungsvorschlag nicht durch den Arbeitgeber in Anspruch genommen werden muss, ist für die Entstehung des Vergütungsanspruchs die Verwertung des Vorschlags entscheidend. Für die Bemessung sowie die Fälligkeit der Vergütung gelten die Regelungen der §§ 9, 12 ArbNErfG sinngemäß. Im Hinblick auf die mangelnde Schutzfähigkeit von technischen Verbesserungsvorschlägen sowie auf die tatsächliche Verwertung statt der Inanspruchnahme ergeben sich aber leichte Abweichungen gegenüber dem Vergütungsanspruch aus § 9 ArbNErfG. Handelt es sich um einen nicht qualifizierten technischen Verbesserungsvorschlag, scheidet eine Vergütung im Grundsatz aus und kommt lediglich dann in Betracht, wenn eine solche einzel- bzw. tarifvertraglich geregelt ist, oder der Verbesserungsvorschlag eine echte Sonderleistung des Arbeitnehmers darstellt.

§ 8 Die Vergütungsansprüche des Hochschulerfinders

Während eine Erfindung eines Arbeitnehmers anhand der allgemeinen Vorschriften des ArbNErfG beurteilt wird und dem Arbeitnehmererfinder aus § 9 ArbNErfG ein Anspruch auf angemessene Vergütung zusteht, sieht § 42 ArbNErfG für Erfindungen an Hochschulen besondere Bestimmungen vor. Eine solche besondere Bestimmung findet sich vor allem hinsichtlich der Vergütung eines Hochschulbeschäftigten, dessen Erfindung durch den Dienstherrn verwertet wird: Der Hochschulbeschäftigte erhält 30 Prozent der durch die Verwertung erzielten Einnahmen, § 42 Nr. 4 ArbNErfG (A.). Soweit freie Erfindungen und technische Verbesserungsvorschläge nicht unter den Anwendungsbereich des § 42 Nr. 4 ArbNErfG fallen, sind Vergütungsansprüche des Hochschulbeschäftigten für freie Erfindungen und technische Verbesserungsvorschläge gesondert zu betrachten (B.).

A. Der Vergütungsanspruch für Erfindungen aus § 42 Nr. 4 ArbNErfG

Das ArbNErfG sieht mit § 42 Nr. 4 ArbNErfG einen eigenständigen Vergütungsanspruch für Erfindungen von Hochschulbeschäftigten vor, der einer eingehenden Betrachtung bedarf. Damit stellt sich zunächst die Frage, in welchem Verhältnis die besondere Vergütungsbestimmung des § 42 Nr. 4 ArbNErfG zu den allgemeinen arbeitnehmererfinderrechtlichen Vergütungsansprüchen eines Arbeitnehmers aus den §§ 9 ff. ArbNErfG steht (I.). Eng damit zusammen hängt die konkrete Bestimmung des Anwendungsbereichs von § 42 ArbNErfG (II.). Da der Hochschulbeschäftigte die Vergütung abhängig von den durch die Verwertung erzielten Einnahmen erhält, ist im Anschluss an die Bestimmung des Anwendungsbereichs eine Definition des Verwertungsbegriffs i. S. d. § 42 Nr. 4 ArbNErfG erforderlich (III.) und es stellt sich die Frage, wie die Vergütung des Hochschulbeschäftigten konkret zu bemessen ist (IV.). Sodann müssen auch der Zeitpunkt der Entstehung sowie der Fälligkeit des Vergütungsanspruchs geklärt werden (V.). Die Regelung des § 42 ArbNErfG, die die Verwertung der Hochschulerfindungen in die Hände der Hochschule legt, hat die Problematik einer Verwertungspflicht der Hochschulen hervorgerufen, auf die ebenfalls einzugehen ist (VI.). Schließlich ergeben sich auch Fragen in Bezug auf die Modalitäten des Vergütungsanspruchs (VII.) und es bedarf einer Begutachtung der Besonderheiten bei einer durch eine Patentverwertungsagentur erfolgenden Erfindungsverwertung (VIII.).

I. Das Verhältnis von § 42 Nr. 4 ArbNErfG zu den §§ 9 ff. ArbNErfG

Das Vergütungssystem für Erfindungen des gewöhnlichen Arbeitnehmererfinders nach den Regelungen der §§ 9 ff. ArbNErfG ist bereits vorgestellt worden. Im Anschluss hieran stellt sich die Frage, in welchem Verhältnis hierzu das Vergütungssystem für Hochschulerfindungen nach § 42 Nr. 4 ArbNErfG steht. Aus dem Regelungsgehalt des § 42 ArbNErfG ergibt sich bereits eine erste wichtige Feststellung dahingehend, dass die Vergütung des Hochschulbeschäftigten dem Grundsatz nach abweichend von der des gewöhnlichen Arbeitnehmererfinders ausgestaltet ist. Andernfalls hätte es einer vergütungsrechtlichen Sonderregelung für Hochschulerfindungen nicht bedurft und bei den Regelungen der § 40 ArbNErfG i. V. m. §§ 9 ff. ArbNErfG verbleiben können. Daraus kann aber nicht schlechterdings im Umkehrschluss folgen, dass eine Anwendung der §§ 9 ff. ArbNErfG im Hochschulbereich in jedem Fall ausscheidet. Diskutiert wird die Anwendung dieser allgemeinen Vorschriften nämlich vor allem in dem Fall, dass eine Verwertung der Erfindung durch die Hochschule ausbleibt und § 42 ArbNErfG scheinbar tatbestandlich schon nicht zur Anwendung gelangt.

1. Zum Meinungsstand

a. Herrschende Meinung

Die überwiegende Meinung in der Literatur und auch zum Teil in der Rechtsprechung versteht § 42 Nr. 4 ArbNErfG als lex specialis gegenüber den Vorschriften aus §§ 9 ff. ArbNErfG, sodass ab der Inanspruchnahme einer Hochschulerfindung durch den Dienstherrn die Anwendung der §§ 9 ff. ArbNErfG ausscheiden soll.[755] Infolgedessen sind die allgemeinen arbeitnehmererfinderrechtlichen Vorschriften unabhängig davon ausgeschlossen, ob die Erfindung durch den Dienstherrn tatsächlich verwertet wird und eine Vergütung des Hochschulerfinders eintritt.[756] Im Ergebnis

---

755 Für die Rechtsprechung siehe nur OLG Düsseldorf, Urteil v. 12.04.2012 – I-2 U 15/11, Mitt. 2012, 463, 464 – *Verwendung einer Genveränderung*. Für die h. M. in der Literatur siehe *Fleuchaus/Braitmayer*, GRUR 2002, 653, 658; *Heerma/Maierhöfer*, GRUR 2010, 682, 683 f.; *Körting/Kummer*, RdA 2003, 279, 283; *Bartenbach/Volz*, Arbeitnehmererfindungsgesetz, § 42 n. F., Rn. 145; *Keukenschrijver*, in: Busse/Keukenschrijver, PatG, § 42 ArbEG, Rn. 20; *Leuze*, in: Reimer/Schade/Schippel, ArbNErfG, § 42 n. F., Rn. 36; siehe auch *Bergmann*, Erfindungen von Hochschulbeschäftigten nach der Reform von § 42 ArbNErfG, Rn. 493, die sich allerdings in Widerspruch zu einer späteren Aussage setzt, indem sie im Rahmen der innerbetrieblichen Eigennutzung die Heranziehung der Grundsätze von §§ 9, 11 ArbNErfG tolerieren möchte (vgl. *Bergmann*, Erfindungen von Hochschulbeschäftigten nach der Reform von § 42 ArbNErfG, Rn. 551 f.); wohl auch *Kraßer/Ann*, Patentrecht, § 21 Rn. 146; **a. A.** *Stallberg*, GRUR 2007, 1035, 1038 ff.; *Hübner*, Erfindungen von Beschäftigten an Hochschulen, S. 62 Rn. 146; *Soudry*, Die Rechtsstellung des Hochschulerfinders nach der Neufassung von § 42 ArbNErfG, S. 151 ff.
756 *Bartenbach/Volz*, Arbeitnehmererfindungsgesetz, § 42 n. F., Rn. 161.

Kapitel 3. Vergütungsansprüche des Hochschulbeschäftigten im Arbeitnehmererfinderrecht

kann der Hochschulbeschäftigte damit leer ausgehen, wenn eine Verwertung der Erfindung ausbleibt oder durch die Verwertung lediglich geringe bis gar keine Einnahmen erzielt werden.[757]

Diese Auffassung findet ihre Stütze vor allem in den Gesetzesmaterialien. Dort heißt es in der amtlichen Begründung zum Gesetzesentwurf zu § 42 Nr. 4: *„Verwertet der Dienstherr die Diensterfindung [...], wird die Höhe der Vergütung – in Abweichung von § 9 Abs. 2 – pauschal festgesetzt auf 30 Prozent des erzielten Verwertungserlöses."*[758] Bereits daraus ergebe sich der Sonderregelungscharakter des § 42 Nr. 4 ArbNErfG.[759] Entscheidend für die Einschlägigkeit des § 42 Nr. 4 ArbNErfG soll demnach weniger das Merkmal der Verwertung, als vielmehr die Qualifikation der Erfindung als Hochschulerfindung sein. Kurz gesagt: Liegt eine Erfindung eines Hochschulbeschäftigten vor, soll der Anwendungsbereich des § 42 Nr. 4 ArbNErfG für sämtliche Vergütungsfragen eröffnet, und damit gleichzeitig die Anwendung der allgemeinen Regelungen ausgeschlossen bleiben.

b. Andere Auffassungen

Erstmals *Stallberg*[760] in einem Aufsatz und im Anschluss hieran auch *Soudry*[761] in seiner Dissertationsschrift beschäftigten sich eingehender mit der Frage, ob dieses Ergebnis gerechtfertigt sein kann und der Intention des Gesetzgebers entspricht. Dafür untersuchen die Autoren das Verhältnis des § 42 Nr. 4 ArbNErfG zu den §§ 9 ff. ArbNErfG jeweils gesondert für die verschiedenen Fallgruppen der unterbliebenen Verwertung nach der Inanspruchnahme, der Verwertung der Erfindung ohne Einnahmen sowie der Verwertung mit nur geringen Einnahmen.

---

757 Vgl. *Soudry*, Die Rechtsstellung des Hochschulerfinders nach der Neufassung von § 42 ArbNErfG, S. 151 f.

758 Begründung zum „Entwurf eines Gesetzes zur Änderung des Gesetzes über Arbeitnehmererfindungen" einzelner Abgeordneter der SPD sowie der Fraktion Bündnis 90/Die Grünen vom 09.05.2001, BT-Drs. 14/5975, S. 7.

759 *Fleuchaus/Braitmayer*, GRUR 2002, 653, 658 (Fn. 87); *Bergmann*, Erfindungen von Hochschulbeschäftigten nach der Reform von § 42 ArbNErfG, Rn. 493 (Fn. 403).

760 *Stallberg*, GRUR 2007, 1035, 1038 ff. *Stallberg* nennt als einzige Arbeit, die bis dato auf diese Fragestellung hinweist, die Dissertationsschrift von *Hübner* (vgl. *Hübner*, Erfindungen von Beschäftigten an Hochschulen, S. 62), der eine ausführliche Begründung jedoch schuldig bleibt.

761 *Soudry*, Die Rechtsstellung des Hochschulerfinders nach der Neufassung von § 42 ArbNErfG, S. 151 ff.

Der ausschließliche Sondercharakter des § 42 Nr. 4 ArbNErfG gegenüber den allgemeinen Vergütungsansprüchen aus den §§ 9 ff. ArbNErfG wird für den Fall der ausreichend Einnahmen generierenden Verwertung der Erfindung nicht bestritten.[762] Anders sei es aber insbesondere dann, wenn die Verwertung der Erfindung nach der Inanspruchnahme gänzlich unterbleibt. Dass dem Hochschulerfinder aufgrund der Nichterfüllung des Tatbestands des § 42 Nr. 4 ArbNErfG (fehlende Verwertung) nach dieser Vorschrift keine Vergütung zusteht, ihm gleichzeitig aber ein Vergütungsanspruch nach den allgemeinen Vergütungsvorschriften verwehrt bleiben soll, sei sowohl mit dem Wortlaut und der systematischen Stellung des § 42 Nr. 4 ArbNErfG als auch mit der Intention und dem Telos der Vorschrift nicht vereinbar.[763] Im Ergebnis sei der ausschließliche Anwendungsbereich des § 42 Nr. 4 ArbNErfG demnach tatbestandlicher und nicht gegenständlicher Natur.[764]

Zur Begründung dieser Auffassung wird zum einen angeführt, dass der Wortlaut des § 42 Nr. 4 ArbNErfG nur vorgebe, wie sich die Vergütung im Fall der Verwertung der Erfindung bemessen lässt. Der Regelungsgehalt der Vorschrift beinhalte jedoch nicht, dass es nur diesen *einzigen* Vergütungsanspruch des Hochschulerfinders nach § 42 Nr. 4 ArbNErfG geben könne.[765] Weiterhin folge aus der Systematik der §§ 40, 41 ArbNErfG, dass die allgemeinen Regelungen des ArbNErfG auch im Hochschulbereich immer dann zum Tragen kommen sollen, wenn die Vorschrift des § 42 ArbNErfG tatbestandlich nicht eingreift. Genau ein solcher Fall liege bei der unterbliebenen Verwertung vor.[766] Schließlich ergebe sich ebenfalls

---

762 *Stallberg*, GRUR 2007, 1035, 1038; vgl. auch *Soudry*, Die Rechtsstellung des Hochschulerfinders nach der Neufassung von § 42 ArbNErfG, S. 153 f.
763 *Stallberg*, GRUR 2007, 1035, 1038 f.; *Soudry*, Die Rechtsstellung des Hochschulerfinders nach der Neufassung von § 42 ArbNErfG, S. 153 f.; **krit.** *Kraßer/Ann*, Patentrecht, § 21 Rn. 146.
764 *Stallberg*, GRUR 2007, 1035, 1038 ff. So im Ergebnis (allerdings ohne auf das Problem der unterbliebenen Verwertung einzugehen) auch *Pahlow/Gärditz*, WissR 2006, 48, 54 f. (Fn. 31), die die Entstehung eines Anspruches aus § 9 Abs. 1 ArbNErfG mit dem Zugang der wirksamen Inanspruchnahmeerklärung annehmen und erst ab erfolgter Verwertung der Regelung des § 42 Nr. 4 ArbNErfG Geltung verschaffen möchten.
765 *Stallberg*, GRUR 2007, 1035, 1038 f.; *Soudry*, Die Rechtsstellung des Hochschulerfinders nach der Neufassung von § 42 ArbNErfG, S. 153 f.
766 *Stallberg*, GRUR 2007, 1035, 1039, der an dieser Stelle zudem mit überzeugenden Argumenten gegen den Einwand vorgeht, dem Gesetzgeber sei aufgrund des vormals geltenden Hochschullehrerprivilegs die Konsequenz der systematischen Stellung überhaupt nicht bewusst gewesen.

Kapitel 3. Vergütungsansprüche des Hochschulbeschäftigten im Arbeitnehmererfinderrecht

aus den Gesetzesmaterialien, dass der Gesetzgeber mit der Neuregelung des § 42 Nr. 4 ArbNErfG eine vergütungsrechtliche Besserstellung des Hochschulbeschäftigten gegenüber dem gewöhnlichen Arbeitnehmerfinder beabsichtigt habe, um die finanziellen Anreize zur Forschungsförderung zu erhöhen. Obgleich es im Fall der Nichtverwertung legitimerweise nicht zu der gewünschten Besserstellung kommen könne, dürfe es überdies nicht in eine Schlechterstellung des Hochschulbeschäftigten umschlagen, die durch eine Ablehnung der allgemeinen Vergütungsansprüche aber evoziert würde.[767]

Eine weitere Ausnahme müsse zudem für den Fall gelten, dass die Erfindung durch den Dienstherrn zwar verwertet wird, die Verwertung aber nur geringe oder gar keine Einnahmen einbringt. Auch in dieser Konstellation wäre der Hochschulerfinder gegenüber dem gewöhnlichen Arbeitnehmer schlechter gestellt, indem seine Vergütung hinter dessen Vergütungsansprüchen zurückbleibe. Eine andere Argumentation als im Rahmen der unterbliebenen Verwertung sei aber deshalb vonnöten, weil das Merkmal der „Einnahmen" nicht als Tatbestandsmerkmal, sondern vielmehr als Rechtsfolge des § 42 Nr. 4 ArbNErfG zu qualifizieren sei.[768] Doch obwohl mit der erfolgten Verwertung der Tatbestand des § 42 Nr. 4 ArbNErfG erfüllt sei und ein Rückgriff auf die allgemeinen Vergütungsvorschriften dem Grunde nach verwehrt bliebe, sei ein Ausschluss der §§ 9 ff. ArbNErfG im Fall der nur geringen oder fehlenden Einnahmen im Ergebnis nicht mit dem Telos des § 42 Nr. 4 ArbNErfG vereinbar. Zur Lösung des Problems wird zum Teil auf eine teleologische Reduktion der Rechtsfolge des § 42 Nr. 4 ArbNErfG zurückgegriffen, die eine Anwendung der allgemeinen Vergütungsvorschriften möglich machen soll.[769] Andere schlagen eine kombinierte Anwendung von § 42 Nr. 4 ArbNErfG und den §§ 9 ff. ArbNErfG vor, die zu einer Vergütung in Höhe von 30 Prozent der auf der Grundlage von §§ 9 ff. ArbNErfG ermittelten fiktiven Einnahmen führt.[770]

---

767 Vgl. *Stallberg*, GRUR 2007, 1035, 1039; *Soudry*, Die Rechtsstellung des Hochschulerfinders nach der Neufassung von § 42 ArbNErfG, S. 153 f.
768 *Stallberg*, GRUR 2007, 1035, 1039 f.; vgl. auch *Boemke/Sachadae*, in: Boemke/Kursawe, ArbNErfG, § 42, Rn. 136.
769 *Stallberg*, GRUR 2007, 1035, 1040.
770 *Bergmann*, Erfindungen von Hochschulbeschäftigten nach der Reform von § 42 ArbNErfG, Rn. 551 f.; *Soudry*, Die Rechtsstellung des Hochschulerfinders nach der Neufassung von § 42 ArbNErfG, S. 161; im Ergebnis auch *Hübner*, Erfindungen von Beschäftigten an Hochschulen, S. 62 f.; *Bartenbach/Volz*, Arbeitnehmererfindungsgesetz, § 42 n. F., Rn. 171.

Bartenbach und *Volz* kommen zum selben Ergebnis, allerdings ohne dabei unmittelbar auf § 9 ArbNErfG abzustellen. Die Anwendung von § 9 ArbNErfG würde dazu führen, dass auch bei Hochschulerfindungen ein Anteilsfaktor ermittelt werden müsste, was mit der Intention der Neuregelung des § 42 ArbNErfG, eine vereinfachte, relativ streitfeste und den Verwaltungsaufwand begrenzende Vergütungsberechnung zu ermöglichen[771], nicht vereinbar sei. Vielmehr ließen sich die Einnahmen fiktiv nach dem marktüblichen (Brutto-) Kaufpreis bzw. (Brutto-) Lizenzsatz bemessen, zu deren Bestimmung auf die Grundsätze zum Erfindungswert bei kostenloser Lizenzvergabe bzw. Erfindungsübertragung zurückgegriffen werden könne. Der Vergütungsanspruch sei allerdings stets auf 30 % der auf diesem Wege ermittelten Einnahmen begrenzt.[772]

Für die Fallvariante der nur geringe Einnahmen generierenden Verwertung geht *Soudry* gesondert davon aus, dass es eines Günstigkeitsvergleichs dahingehend bedürfe, dass die Vergütung nach §§ 9 ff. ArbNErfG solange zur Geltung komme, wie der Anspruch aus § 42 Nr. 4 ArbNErfG eine geringere Vergütung gewährt. Nur dies könne der vom Gesetzgeber intendierten Besserstellung der Hochschulbeschäftigten gerecht werden.[773]

---

771 *Bartenbach/Volz*, Arbeitnehmererfindungsgesetz, § 42 n. F., Rn. 165.
772 Zu diesem Absatz siehe *Bartenbach/Volz*, Arbeitnehmererfindungsgesetz, § 42 n. F., Rn. 171. Soweit die Autoren für eine endgültige Klärung der Streitfrage ein Abwarten einer höchstrichterlichen Entscheidung anregen, läuft dieser Verweis schlicht ins Leere, da derzeit keinerlei entsprechende Verfahren anhängig sind, in denen die Frage aufgegriffen werden könnte. Im Übrigen lässt sich ein wirklicher Unterschied zu den sonst vertretenen Auffassungen nicht erkennen. Zwar liegt ein Unterschied in der Tat darin, dass bei der Ermittlung des Anteilsfaktors zusätzlich Abzüge vom Erfindungswert vorzunehmen sind (aufgrund von Aufgabe und Stellung des Arbeitnehmers im Betrieb sowie Beteiligung des Arbeitgebers am Zustandekommen der Diensterfindung, s. ArbNErf-RL Nr. 30 ff.), die im Rahmen der vorgeschlagenen Berechnung entfallen würden (vgl. *Bartenbach/Volz*, Arbeitnehmererfindungsgesetz, § 42 n. F., Rn. 171). Dennoch ist nicht ersichtlich, inwiefern die gleichwohl komplex zu berechnende fiktive Vergütung der gesetzgeberischen Zielsetzung einer Vergütungsvereinfachung besser gerecht werden soll. Zudem kommt in der Sache sehr wohl (wenn auch eingeschränkt) § 9 ArbNErfG zum Zuge.
773 *Soudry*, Die Rechtsstellung des Hochschulerfinders nach der Neufassung von § 42 ArbNErfG, S. 161 ff.; so i. E. auch *Boemke/Sachadae*, in: Boemke/Kursawe, ArbNErfG, § 42, Rn. 154.

2. Stellungnahme mit eigenem Lösungsansatz

a. Kritik an den bestehenden Meinungen

Eine Beurteilung des Verhältnisses zwischen § 42 Nr. 4 ArbNErfG und den allgemeinen vergütungsrechtlichen Vorschriften für Arbeitnehmererfindungen aus den §§ 9 ff. ArbNErfG fällt wahrlich nicht leicht. Vor allem im Hinblick darauf, dass sowohl der Wortlaut des § 42 Nr. 4 ArbNErfG als auch die Gesetzessystematik keine eindeutige Lesart zulassen. Dennoch ist die Abgrenzungsfrage von großer Relevanz, auch für die vorliegende Untersuchung. Denn kommt man zu dem Ergebnis, dass § 42 Nr. 4 ArbNErfG nicht als abschließende Spezialvorschrift die Regelung des § 9 Abs. 2 ArbNErfG verdrängt, sodass der Hochschulerfinder den allgemeinen Vergütungsanspruch auch für den Fall behielte, dass die Hochschule die Erfindung nicht oder nur unzureichend verwertet, so verlöre die im Folgenden zu untersuchende Frage nach einer Verwertungspflicht der Hochschule im Rahmen des § 42 Nr. 4 ArbNErfG[774] ein Stück weit an Bedeutung.

Zuzustimmen ist der allgemeinen Ansicht in dem Grundsatz, dass die allgemeinen Vorschriften des ArbNErfG auch im Hochschulbereich gelten, soweit nicht § 42 ArbNErfG Sonderbestimmungen vorsieht. Nicht richtig ist jedoch der von der herrschenden Meinung daraus gezogene Schluss, § 42 Nr. 4 ArbNErfG enthalte entsprechende Sonderbestimmungen gegenüber der allgemeinen Vergütungsregelung des § 9 Abs. 2 ArbNErfG auch hinsichtlich des *Bestehens* eines Vergütungsanspruchs des Hochschulbeschäftigten. Denn die den § 9 Abs. 2 ArbNErfG ausschließende Wirkung entfaltet § 42 Nr. 4 ArbNErfG allein hinsichtlich der *Höhe* und der *Berechnung* der Vergütung, nicht bezüglich des *Bestehens* des Anspruchs selbst. Der Wortlaut des § 42 Nr. 4 ArbNErfG zwingt somit nicht dazu anzunehmen, dass es einen Vergütungsanspruch des Hochschulerfinders jenseits dieser Vorschrift nicht geben kann.[775]

Der vielfach in der Literatur aufgeworfene pauschale Hinweis auf die flächendeckende Spezialität des § 42 Nr. 4 ArbNErfG erscheint in der Tat unreflektiert, vor allem im Hinblick darauf, dass er regelmäßig ohne eine

---

774 Siehe zur Problematik der Verwertungspflicht der Hochschule unten Kapitel 3. § 8 A. VI. (S. 425).
775 Vgl. sehr anschaulich und ausführlich hierzu *Stallberg*, GRUR 2007, 1035, 1038 f.

ausreichende Begründung daher kommt.[776] Dennoch kann auch den Gegenansätzen von *Stallberg* und *Soudry*[777], die einen Vergütungsanspruch des Hochschulbeschäftigten jenseits von § 42 Nr. 4 ArbNErfG in den genannten Fallgruppen annehmen wollen, nicht in ihrer Gesamtheit zugestimmt werden. In der diese Frage betreffenden juristischen Meinungswelt existieren zweifelsohne nur die Extrempositionen: Entweder soll ein Vergütungsanspruch außerhalb von § 42 Nr. 4 ArbNErfG unter keinen Umständen bestehen oder ein solcher wird in jeder Konzeption angenommen, die vom Regelfall der erfolgreichen Verwertung abweicht. Es fehlt mithin an einer vermittelnden Lösung, die sich an einer gerechten Verteilung des Verwertungs- und Vergütungsrisikos orientiert.

b. Eigener Ansatz – Die „Lösung der gerechten Risikoverteilung"

aa. Der Ansatz

Um zu untersuchen, ob neben dem Anspruch aus § 42 Nr. 4 ArbNErfG auch die allgemeinen arbeitnehmererfinderrechtlichen Vergütungsansprüche zur Anwendung gelangen können, ist es richtig, mit den genannten Autoren die Auswirkungen auf die Fallgruppen der *unterbliebenen Verwertung* und der *erfolgten Verwertung mit nur unzureichenden Einnahmen* in den Blick zu nehmen. Zwischen diesen Fallgruppen ist zu differenzieren, da sie sich immerhin in der Erfüllung bzw. Nichterfüllung des gesetzlichen Tatbestandes unterscheiden.

Zu beachten sind die verschiedenen Interessen der in die Verwertung einer Hochschulerfindung involvierten Akteure. Dies hat auch der Gesetzgeber erkannt, indem mit § 42 ArbNErfG eine besondere Regelung geschaffen werden sollte, die „*die Interessen und Bedürfnisse aller Beteiligten (Hochschule, Wissenschaftler, Wirtschaft, Allgemeinheit) angemessen berücksichtigt [...].*"[778] Innerhalb der Begründung zu § 42 Nr. 4 ArbNErfG wird insbesondere auf die Interessen der Hochschule sowie der Hochschulbeschäftigten eingegangen. Während die Hochschule Zugriff auf die Diensterfin-

---

776 Ohne Begründung z. B. bei *Bartenbach/Volz*, Arbeitnehmererfindungsgesetz, § 42 n. F., Rn. 145.
777 Zu den Ansätzen von *Stallberg* und *Soudry* siehe oben Kapitel 3. § 8 A. I. 1. b. (S. 226).
778 Begründung zum „Entwurf eines Gesetzes zur Änderung des Gesetzes über Arbeitnehmererfindungen" einzelner Abgeordneter der SPD sowie der Fraktion Bündnis 90/Die Grünen vom 09.05.2001, BT-Drs. 14/5975, S. 5.

dungen sowie die Möglichkeit zur deren Verwertung in Eigenregie bekommen sollte, um das Patentaufkommen aus deutschen Hochschulen zu steigern und den Hochschulen den Aufbau eines aus den Verwertungserlösen finanzierten Patent- und Verwertungswesens zu ermöglichen, sollte dem Hochschulerfinder für den Verlust seiner Erfinderrechte eine angemessene Pauschalvergütung zuerkannt werden. Vereinfacht ausgedrückt geht es den Hochschulen darum, so wenig wie möglich an den Erfinder als Vergütung zahlen zu müssen, während der Erfinder die höchstmögliche Vergütung begehrt. Diese Interessen gilt es in Einklang zu bringen. Hierfür wird im Folgenden eine näher vorzustellende „Lösung der gerechten Risikoverteilung" vorgeschlagen, die sich unbedingt an den jeweils von den Parteien zu tragenden Risiken orientiert und eine einheitliche Beurteilung aller Fallgruppen ermöglicht.

bb. Fallgruppe „Unterbliebene Verwertung"

Verwertet die Hochschule die Erfindung nicht und § 42 Nr. 4 ArbnErfG kommt nicht zum Tragen, stellt sich die Frage, ob dem Hochschulerfinder der Anspruch auf eine Vergütung entgegen der herrschenden Meinung[779] dennoch aus den allgemeinen Vergütungsregelungen des ArbNErfG erhalten bleiben muss. Eine Antwort auf diese Frage kann allein anhand einer Betrachtung der Zuordnung der Rechte sowie der Risikoverteilung bei Hochschulerfindungen gefunden werden.

(1) Rechtezuordnung und Risikoverteilung nach dem ArbNErfG

Meldet der Hochschulbeschäftigte seinem Dienstherrn eine Diensterfindung und nimmt diese die Erfindung in Anspruch, gehen in diesem Moment die vermögenswerten Rechte an der Erfindung auf den Dienstherrn über (§ 7 Abs. 1 ArbNErfG). Im Gegensatz zum früheren Hochschullehrerprivileg ist es dem Hochschulerfinder nun nicht mehr möglich, die Erfindung selbst gewinnbringend zu verwerten. Ihm bleibt als Ausgleich „nur" der Vergütungsanspruch gegenüber dem Dienstherrn aus § 42 Nr. 4 ArbNErfG. Bereits aus dieser Zuordnung der Rechte ergibt sich, dass der Hochschulbeschäftigte auf die Verwertung der Erfindung durch die Hochschule angewiesen und von der Hochschule offensichtlich abhängig ist.

---

779 Für die herrschende Meinung siehe oben Kapitel 3. § 8 A. I. 1. a. (S. 225).

Hat die Hochschule sich nach einer Prüfung der Verwertbarkeit der Erfindung für eine Inanspruchnahme entschieden und ordnet der Gesetzgeber ihr infolgedessen die Rechte an der Erfindung zu, bekommt sie damit die Möglichkeit, Erfindungen zu verwerten (und Einnahmen zu generieren), die nach alter Rechtslage möglicherweise nie zur Verwertung gelangt wären, z. B weil der Hochschulerfinder die mit der Schutzrechtsarbeit verbundenen Kosten und Mühen scheute. Im Ergebnis stellt sich diese Rechtezuordnung als Vorteil der Hochschule gegenüber der früheren Rechtslage dar.

(a) Gegenläufige Interessen des Hochschulbeschäftigten und der Hochschule

Rückt man im Anschluss an die Betrachtung der zugunsten der Hochschule ausschlagenden Rechteverteilung die Interessen des Hochschulerfinders ins Blickfeld, wird deutlich, dass es nicht angehen kann, die Vergütung des Hochschulerfinders nach § 42 ArbNErfG allein in das Belieben der Hochschule zu stellen, indem dieser freigestellt bleibt, ob sie die Erfindung verwertet oder nicht. Verweigert man jeglichen Vergütungsanspruch des Hochschulbeschäftigten jenseits von § 42 Nr. 4 ArbNErfG, überlässt gleichzeitig aber der Hochschule das Recht zur Verwertung und damit den Eintritt der Rechtsfolge von § 42 Nr. 4 ArbNErfG, ginge der Hochschulerfinder im Ernstfall gänzlich leer aus. Diese Rechtslage böte keinen adäquaten Ausgleich für den Verlust der Verwertungsrechte und würde zu einer Benachteiligung des Hochschulbeschäftigten sowohl gegenüber der vormals geltenden Regelung als auch gegenüber den sonstigen Arbeitnehmern führen, was durch die Neuregelung des § 42 ArbNErfG keineswegs beabsichtigt war.[780]

---

780 Vgl. Begründung zum „Entwurf eines Gesetzes zur Änderung des Gesetzes über Arbeitnehmererfindungen" einzelner Abgeordneter der SPD sowie der Fraktion Bündnis 90/Die Grünen vom 09.05.2001, BT-Drs. 14/5975, S. 7; siehe auch *Stallberg*, GRUR 2007, 1035, 1039; *Soudry*, Die Rechtsstellung des Hochschulerfinders nach der Neufassung von § 42 ArbNErfG, S. 154. Es zeigt sich, dass die Gesetzesmaterialien eine eindeutige Interpretation gerade nicht zulassen. Denn auf dieselbe Formulierung im Koalitionsentwurf, dass § 42 Nr. 4 ArbNErfG eine vergütungsrechtliche Besserstellung gegenüber der Vergütung nach den allgemeinen Regeln „*im Fall der Verwertung*" bietet (BT-Drs. 14/5975, S. 6), werden konträre Argumentationslinien gestützt: Zum Teil wird festgestellt, dass ausweislich der Gesetzesbegründung nur im Fall der Verwertung eine Besserstel-

Dies führt zu der vorläufigen Feststellung, dass es eines weiteren, von § 42 Nr. 4 ArbNErfG unabhängigen Vergütungsanspruchs des Hochschulbeschäftigten im Fall der unterbliebenen Verwertung bedarf.

Zugegebenermaßen dürfen aber auch die Interessen der Hochschule nicht aus dem Blickfeld geraten. Zwar muss die ausreichende Vergütung des Hochschulbeschäftigten gesichert werden. Gleichwohl bedeutet ein Vergütungsanspruch des Hochschulerfinders trotz ausgebliebener Verwertung im Ergebnis auch, dass die Hochschule auch ohne entsprechende Einkünfte zur Zahlung einer Vergütung verpflichtet ist. Dies wiederum würde zu einer Schlechterstellung der Hochschule führen, die ebenfalls nicht in der Absicht des Gesetzgebers stand.

(b) Interessenabwägung

Die dargestellten widerstreitenden Interessen müssen in einen angemessenen Ausgleich gebracht werden. Dazu ist vor allem zu ermitteln, ob die Hochschule oder aber der Hochschulbeschäftigte als schützenswerter anzusehen ist. Führt man sich den bislang eher abstrakt betrachteten Fall der „unterbliebenen Verwertung" einmal vor das Auge der praktischen Anwendung, stellt sich die Frage, wann in der Praxis überhaupt der Fall eintritt, dass eine Erfindung durch die Hochschule nicht verwertet wird. Im Ergebnis lassen sich dafür im Wesentlichen zwei Fallgruppen voneinander unterscheiden:
a) Die Hochschule verwertet die Erfindung *bewusst* nicht, etwa weil sie nach der Inanspruchnahme feststellt, dass die Erfindung anders als erwartet nicht verwertbar ist.
b) Die Hochschule verwertet die Erfindung *unbewusst* aus reiner Untätigkeit bzw. Nachlässigkeit nicht.

In beiden Fallvarianten steht das Interesse des Hochschulerfinders an einer Vergütung als Ausgleich für seinen Rechteverlust im Vordergrund. In Variante a) verwertet die Hochschule die Erfindung gerade aufgrund der geringen bis fehlenden Verwertbarkeit nicht. Dies bedeutet, dass auch ein

---

lung erfolgen solle. Dies heiße im Umkehrschluss, dass im Fall der Nichtverwertung keine Besserstellung stattfindet, nicht aber, dass auf die allgemeinen Vergütungsregelungen zurückzugreifen sei (*Heerma/Maierhöfer*, GRUR 2010, 682, 684 f.) Nach anderer Auslegung bedeute dies umgekehrt aber gerade, dass im Fall der ausbleibenden Verwertung die allgemeinen Regelungen angewendet werden müssten, da zwar keine Besserstellung erfolgen soll, aber auch eine Schlechterstellung nicht eintreten dürfe (*Stallberg*, GRUR 2007, 1035, 1039).

Vergütungsanspruch aus § 9 ArbNErfG, der sich anhand der Verwertbarkeit der Erfindung bemisst, entsprechend gering ausfallen wird. Die finanzielle Belastung der Hochschule hält sich demnach in Grenzen, während umgekehrt das gänzliche Ausbleiben einer Vergütung einen starken Eingriff in die Rechte des Hochschulerfinders bedeuten würde. In Variante b) ist die Hochschule schon dem Grunde nach nicht schützenswert. Der Hochschulerfinder ist auf die Verwertung der Erfindung durch die Hochschule angewiesen. Verwertet diese die Erfindung aus reiner Nachlässigkeit nicht, missbraucht sie ihre besondere Stellung, die ihr durch die Rechtsordnung verliehen wird. Auch in diesem Fall ist der Hochschulbeschäftigte schützenswerter.

(2) Fazit

Wird die Erfindung eines Hochschulbeschäftigten durch die Hochschule bewusst oder unbewusst nicht verwertet, steht dem Hochschulbeschäftigten nach Abwägung der widerstreitenden Interessen gleichwohl ein Vergütungsanspruch zu, der sich allerdings nicht aus § 42 Nr. 4 ArbNErfG, sondern aus den allgemeinen erfinderrechtlichen Vergütungsvorschriften der §§ 9 ff. ArbNErfG ergibt.

cc. Fallgruppe „Fehlende bzw. geringe Einnahmen"

Eine entsprechende Betrachtung der Rechte- und Risikoverteilung muss auch für die Fallgruppe der Verwertung mit nur geringen oder gänzlich ausbleibenden Einnahmen angestellt werden. Denkbar sind solche Fälle in der Praxis insbesondere, wenn eine Erfindung sich trotz anfangs guter Verwertungsaussichten im weiteren Verlauf des Verwertungsverfahrens als kaum verwertbar erweist, z. B. weil kein entsprechendes Interesse in der Industrie an der Erfindung besteht. Eindeutig klargestellt werden muss an dieser Stelle, dass es sich bei der Fallgruppe der fehlenden oder geringen Einnahmen lediglich um diejenigen Fälle handelt, in denen die Verwertung unbeabsichtigt zu lediglich geringen oder ausbleibenden Einnahmen führt. Verwertet die Hochschule eine Erfindung bereits in der Absicht, durch die Verwertung keinerlei Vermögenswerte von außen einzuspielen (z. B. Halten von Patenten zu Werbezwecken), handelt es sich dabei um

Kapitel 3. Vergütungsansprüche des Hochschulbeschäftigten im Arbeitnehmererfinderrecht

einen gesondert zu bewertenden Fall[781], der nicht der im Folgenden beschriebenen Risikoverteilung folgt.

(1) Rechtezuordnung und Risikoverteilung nach dem ArbNErfG

In den Fällen der nur wenig bis gar keine Einnahmen generierenden Verwertung findet anders als in der Fallgruppe der unterbliebenen Verwertung eine Verwertung der Erfindung tatsächlich statt. Das bedeutet, der Dienstherr hat Verwertungsbemühungen angestrengt; auf welchem Weg oder in welchem Umfang sei dahingestellt. Dass diese nicht zum gewünschten Erfolg geführt haben, ist insoweit zunächst zweitrangig, als durch den Tatbestand der Verwertung die Vergütungsnorm des § 42 Nr. 4 einschlägig ist. Daran ändert auch die Nichterfüllung des Merkmals der *„durch die Verwertung erzielten Einnahmen"* nichts, da es sich hierbei nicht um ein zum gesetzlichen Tatbestand des § 42 Nr. 4 ArbNErfG gehörendes Merkmal, sondern um einen Teil der Rechtsfolge handelt, was sich sowohl aus dem Wortlaut als auch aus der Gesetzessystematik ergibt.[782]

Es stellt sich demzufolge für die Fallgruppe der ausbleibenden bzw. geringen Vergütung nicht die Frage, ob ein allgemeiner Vergütungsanspruch des Hochschulbeschäftigten aus § 9 ArbNErfG *statt* der Vergütungsregelung des § 42 Nr. 4 ArbNErfG möglich ist, sondern ob ein solcher *neben* der Sonderregelung des § 42 Nr. 4 ArbNErfG existieren kann.

Da das Recht zur Verwertung der Erfindung, wie soeben dargestellt, in den Verantwortungsbereich der Hochschule fällt und der Hochschulbeschäftigte aufgrund seines verwertungsabhängigen Vergütungsanspruchs auf die Verwertung durch die Hochschule angewiesen ist, trägt das Risiko einer erfolgreichen Verwertung nicht nur die Hochschule, die möglichst reichliche Einnahmen erwirken will, sondern auch der Hochschulbeschäftigte, dessen Vergütung von der Höhe der Einnahmen abhängig ist. Selbstverständlich ändert sich auch infolge der tatsächlichen Verwertung nichts an den mangelnden Zugriffsrechten des Hochschulbeschäftigten und be-

---

781 Zu den Einnahmen der Hochschule beim Halten von Patenten zur Werbezwecken siehe unten Kapitel 3. § 8 A. IV. 1. d. ff. (S. 396).
782 Siehe hierzu ausführlicher *Stallberg*, GRUR 2007, 1035, 1039 f. Würde es sich bei den „durch die Verwertung erzielten Einnahmen" hingegen um ein Tatbestandsmerkmal handeln, müsste bei deren Nichtvorliegen mit gleicher Begründung wie im Rahmen der unterbliebenen Verwertung ein Vergütungsanspruch aus den allgemeinen Vorschriften angenommen werden, da § 42 Nr. 4 ArbNErfG insoweit nicht einschlägig wäre.

sagter Risikoverteilung. Die Verwertung der Erfindung liegt nach wie vor in den Händen der Hochschule. Auch bleibt der Vergütungsanspruch weiterhin von der Höhe der erzielten Einnahmen abhängig. Dennoch mag es möglicherweise nicht gerechtfertigt erscheinen, das Risiko der *erfolgreichen* Verwertung auch auf die Schultern des Hochschulbeschäftigten zu laden. Man mag versucht sein, mit obiger Argumentation im Rahmen der Fallgruppe der unterbliebenen Verwertung auch hier den Hochschulbeschäftigten schützen und das Risiko der erfolgreichen Verwertung ebenfalls allein der Hochschule aufbürden zu wollen, indem diese auch im Fall der erfolglosen Verwertung zu einer Vergütungszahlung verpflichtet werden soll. Ohne es auf diese Weise zu formulieren, setzen an dieser Stelle die von der herrschenden Meinung abweichenden Vorschläge in der Literatur an. Im Grunde basieren alle diese Ansätze auf der angeblich vom Gesetzgeber durch die Neuregelung intendierten Besserstellung des Hochschulbeschäftigten, die im Falle der Ablehnung eines anderweitigen Vergütungsanspruchs neben dem Anspruch aus § 42 Nr. 4 ArbNErfG nicht erreicht würde und deshalb Korrekturen in Form der genannten Vorschläge von Nöten seien.

(2) Erforderlichkeit einer Ausnahme zu der gesetzlichen Risikoverteilung

Dieses Verständnis wirft indes zwei Fragen auf: Zum einen stellt sich die Frage, ob die Besserstellung des Hochschulbeschäftigten wirklich als vorrangiges Ziel des Gesetzgebers aus den Gesetzesmaterialien herausgelesen werden kann und so den Hochschulbeschäftigten besonders schützenswert gegenüber der Hochschule macht (hierzu (a)). Zum anderen schließt sich die Folgefrage an, anhand welchen Maßstabs sich eine Besser- oder Schlechterstellung des Hochschulbeschäftigten überhaupt beurteilen lässt (hierzu (b)).

(a) Finanzielle Besserstellung des Hochschulbeschäftigten als primäre Zielsetzung des Gesetzgebers

Ziel der Reform des § 42 ArbNErfG war es ausweislich der Gesetzesbegründung, *„den Wissens- und Technologietransfer an den Hochschulen zu för-*

dern und damit zu mehr Innovation beizutragen."⁷⁸³ Zu diesem Zweck sollte den Hochschulen die Möglichkeit eröffnet werden, alle wirtschaftlich nutzbaren Erfindungen in ihrem Bereich schützen zu lassen und auf dieser Basis stärker und effektiver einer industriellen Verwertung zuzuführen.⁷⁸⁴

Vorrangiges Ziel des Gesetzgebers war es demnach, die Position der Hochschulen zu stärken. Weiter heißt es aber, dass gleichzeitig *„alle Hochschulerfinder durch eine Besserstellung bei der Erfindervergütung motiviert werden [sollen], aktiv an der Schutzrechtserlangung und Verwertung ihrer Erfindung mitzuwirken."*⁷⁸⁵ Eben hieraus wird in der Literatur die vielfach zitierte Besserstellung des Hochschulbeschäftigten als primäre Zielsetzung des Gesetzgebers entnommen. Dies ist nicht zutreffend. Liest man genauer, so lässt sich zwangsläufig feststellen, dass es sich bei der vom Gesetzgeber angesprochenen Besserstellung lediglich um ein Mittel zur Erreichung des übergelagerten Zweckes der Innovationsförderung, nicht aber um das vorrangige Ziel selbst handeln sollte. Dies zeigt bereits die Verwendung der Präposition *„durch"*, welche hier im Rahmen einer adverbialen Bestimmung der Art und Weise verwendet wird. Hätte die finanzielle Besserstellung des Hochschulbeschäftigten im primären Interesse des Gesetzgebers gelegen, hätte es der Verwendung einer adverbialen Bestimmung des Zwecks bedurft (*"zur Besserstellung"*). Diesem Verständnis bleibt der Gesetzgeber auch im besonderen Teil der Gesetzesbegründung treu, wo sich die Formulierung findet: *„Durch die pauschale Vergütung in Höhe von 30 Prozent des Brutto-Verwertungserlöses findet eine Besserstellung der an einer Hochschule Beschäftigten gegenüber anderen Beschäftigten im öffentlichen Dienst und den Arbeitnehmern im privaten Dienst statt."*⁷⁸⁶ Es soll gerade nicht ausgedrückt werden, dass eine Besserstellung stattfinden *soll*. Vielmehr handelt es sich um eine Feststellung, dass aufgrund der gesonderten Vergütungsregelung eine Besserstellung *stattfindet*, die wiederum zur Erreichung des Ziels des vermehrten Patentaufkommens beitragen soll. Dies ergibt sich auch aus dem unmittelbar folgenden Satz in der Begründung, in dem der Gesetzgeber die Besserstellung keineswegs als Regelungsabsicht präsentiert, sondern eher glaubt, diese rechtfertigen zu müssen: *„Diese Besserstel-*

---

783 Begründung zum „Entwurf eines Gesetzes zur Änderung des Gesetzes über Arbeitnehmererfindungen" einzelner Abgeordneter der SPD sowie der Fraktion Bündnis 90/Die Grünen vom 09.05.2001, BT-Drs. 14/5975, S. 2.
784 Siehe Nachweis in Fn. 783.
785 Siehe Nachweis in Fn. 783.
786 Begründung zum „Entwurf eines Gesetzes zur Änderung des Gesetzes über Arbeitnehmererfindungen" einzelner Abgeordneter der SPD sowie der Fraktion Bündnis 90/Die Grünen vom 09.05.2001, BT-Drs. 14/5975, S. 7.

lung ist dadurch gerechtfertigt, dass nur auf diese Weise das gesetzgeberische Ziel einer Förderung des Patentwesens an Hochschulen und eine Förderung des Technologietransfers erreicht werden kann."[787] Argumentativ unterstützend kann schließlich noch ein weiterer Satz der Begründung zu § 42 Nr. 4 ArbNErfG herangezogen werden: *„Ein Anreiz für die Hochschullehrer zu forschen und die Forschungsergebnisse dem Dienstherrn zu melden kann nur auf finanziellem Wege erfolgen.*"[788] Die Besserstellung des Hochschulbeschäftigten vermag damit im Ergebnis allenfalls ein mittelfristiges bzw. untergeordnetes Ziel des Gesetzgebers darzustellen[789]; es ist lediglich ein Mittel zum Zweck.

Den dargestellten Auffassungen in der Literatur entzieht dieses Verständnis des Gesetzeszwecks zu großen Teilen den Boden, stützen sich deren Argumentationen für eine teleologische Reduktion des § 42 Nr. 4 ArbnErfG[790] oder einen Günstigkeitsvergleich[791] fast ausschließlich auf die verpasste Besserstellung des Hochschulbeschäftigten, die wie festgestellt als lediglich sekundäres gesetzgeberisches Ziel, nicht hingegen als tragendes Argument fungieren kann.

(b) Maßstab der Beurteilung einer „Besserstellung"

Selbst wenn man davon ausginge, die Gesetzesmaterialien seien dahingehend zu interpretieren, dass die Besserstellung des Hochschulbeschäftigten als mindestens gleichrangiges Interesse gegenüber den Interessen der Hochschule und der Allgemeinheit an einer Innovationsförderung anzunehmen sei, ist schon die grundsätzliche Annahme nicht zutreffend, die Versagung eines anderweitigen Vergütungsanspruchs im Fall der ausbleibenden Einnahmen führe zu einem Ausbleiben der Besserstellung bzw. gar zu einer Schlechterstellung des Hochschulbeschäftigten.

---

787 Begründung zum „Entwurf eines Gesetzes zur Änderung des Gesetzes über Arbeitnehmererfindungen" einzelner Abgeordneter der SPD sowie der Fraktion Bündnis 90/Die Grünen vom 09.05.2001, BT-Drs. 14/5975, S. 2.
788 Siehe Nachweis in Fn. 787.
789 Darüber hinaus könnte man sich die Frage stellen, ob eine Besserstellung des Hochschulbeschäftigten gegenüber den sonstigen Erfindern überhaupt mit dem Verfassungsrecht vereinbar ist oder ob möglicherweise ein Verstoß gegen Art. 3 Abs. 1 GG in Form der Ungleichbehandlung vorliegt. Zu dieser Frage siehe eingehend *Soudry*, Die Rechtsstellung des Hochschulerfinders nach der Neufassung von § 42 ArbNErfG, S. 113; siehe auch *Bergmann*, Erfindungen von Hochschulbeschäftigten nach der Reform von § 42 ArbNErfG, Rn. 635 ff.
790 Zur teleologischen Reduktion siehe den Nachweis oben in Fn. 769 (S. 228).
791 Für den Günstigkeitsvergleich siehe den Nachweis oben in Fn. 773 (S. 229).

Kapitel 3. Vergütungsansprüche des Hochschulbeschäftigten im Arbeitnehmererfinderrecht

Unter einer Besserstellung wird in der Literatur offensichtlich allein eine tatsächlich höher ausfallende Vergütung verstanden. Ein wenig salopp formuliert: Nur wenn der Hochschulbeschäftigte am Ende des Tages mehr Geld in der Tasche hat als der gewöhnliche Arbeitnehmer, ist er besser gestellt als dieser. Ein solches Verständnis greift indes zu kurz. Die Gesetzesbegründung macht deutlich, dass die Pauschalvergütung in Höhe von 30% einen finanziellen Anreiz für die Hochschulmitarbeiter darstellt, Erfindungen zu tätigen und Diensterfindungen zu melden. Denn durch die pauschale Vergütung finde eine Besserstellung gegenüber den sonstigen Arbeitnehmern statt. Schließlich könne nur ein Anreiz auf finanziellem Wege zur gewünschten Steigerung des Patentaufkommens führen.[792] Auf den ersten Blick vermag dies zu der Annahme zu verleiten, dass eine Besserstellung im Umkehrschluss dann nicht vorliege, wenn die Vergütung des § 42 Nr. 4 ArbNErfG aufgrund geringer Einnahmen nicht das Maß der gewöhnlichen Vergütung nach den allgemeinen arbeitnehmererfinderrechtlichen Regelungen erreicht, da es an einem finanziellen Anreiz in diesem Fall fehle. Dieser Umkehrschluss entbehrt jedoch seiner Grundlage. Es soll zwar nicht die Aussage der Gesetzesbegründung bestritten werden, dass die pauschale Vergütung des § 42 Nr. 4 ArbNErfG zu einer Besserstellung des Hochschulbeschäftigten führt. Die folgenden Ausführungen sollen jedoch als Plädoyer für die Annahme verstanden werden, dass auch bei geringen oder fehlenden Einnahmen die Regelung des § 42 Nr. 4 ArbNErfG zu der (gewünschten) Besserstellung des Hochschulbeschäftigten führt, ungeachtet der Tatsache, dass die Vergütung im Einzelfall auch niedriger ausfallen kann als die des gewöhnlichen Arbeitnehmers. Denn die Besserstellung liegt nicht in der tatsächlich höher ausfallenden Vergütung im konkreten Fall begründet, sondern in der grundsätzlich besser ausgestalteten Vergütungsregelung für den Hochschulbeschäftigten. Der beabsichtigte finanzielle Anreiz für den Hochschulbeschäftigten kann schon darin gesehen werden, dass ihm eine über dem Gewöhnlichen liegende Vergütung durch § 42 Nr. 4 ArbNErfG in Aussicht gestellt wird. Denn ein Anreiz soll eine Person zu einem bestimmten Verhalten veranlassen. Unabhängig von der konkreten Vergütung im Einzelfall vermag die bessere Hochschulerfindervergütungsregelung den Hochschulbeschäftigten grundsätzlich zu vermehrter Forschung und Meldung von Dienstergebnissen zu veranlassen. Eine solche Sichtwei-

---

792 Begründung zum „Entwurf eines Gesetzes zur Änderung des Gesetzes über Arbeitnehmererfindungen" einzelner Abgeordneter der SPD sowie der Fraktion Bündnis 90/Die Grünen vom 09.05.2001, BT-Drs. 14/5975, S. 7.

se erscheint auch aus einem anderen Blickwinkel gerechtfertigt: Profitiert der Hochschulbeschäftigte auf der einen Seite von besonders hohen Einnahmen durch eine erfolgreiche Verwertung, muss er auf der anderen Seite auch das Risiko der nicht erfolgreichen Verwertung mit lediglich geringen Einnahmen tragen.

Verlangt man hingegen eine kombinierte Anwendung der §§ 42 Nr. 4 ArbNErfG und 9 ff. ArbNErfG, die dazu führen soll, dem Hochschulbeschäftigten zumindest den Anspruch des gewöhnlichen Arbeitnehmers zuzubilligen[793], so würde sich der Hochschulbeschäftigte im Ergebnis die „Rosinen herauspicken", indem ihm einerseits die Früchte einer erfolgreichen Verwertung zukommen, er im umgekehrten Fall aber vor einer lediglich geringen Vergütung bewahrt bleiben soll. Gleichzeitig würden die Hochschulen durch Vergütungsverpflichtungen trotz geringer Einnahmen stark benachteiligt und der beabsichtigte Ausbau des hochschulinternen Patent- und Verwertungswesens würde gefährdet. Vor dem dargestellten Hintergrund, dass der Gesetzgeber primär nicht den Hochschulbeschäftigten schützen, sondern vielmehr die Hochschulen stärken und den Innovationsprozess fördern wollte, ist eine solche Auffassung nicht tragbar.

Beachtung geschenkt werden sollte daneben auch dem Aspekt, dass die vergütungsrechtliche Stellung des Hochschulbeschäftigten durch die im Regelfall eintretende Pauschalvergütung eine deutliche Verbesserung gegenüber der alten Rechtslage erfahren hat[794], mithin die Einbeziehung des Hochschulbeschäftigten in die Risikoverteilung eine zusätzliche Rechtfertigung erhält. Zuzugeben ist, dass sich der in den Gesetzesmaterialien verwendete Terminus der „Besserstellung" nicht auf einen Vergleich zwischen der damaligen und der heutigen Regelung, sondern lediglich auf eine Besserstellung des Hochschulbeschäftigten gegenüber dem gewöhnlichen Arbeitnehmer bezieht. Dennoch kann dieser Gesichtspunkt für die hier vorgenommene Abwägung, die sich allein an den sich gegenüberstehenden Risiken der Parteien orientiert, fruchtbar gemacht werden.

(3) Fazit

Eine angemessene Verteilung der Risikolast ergibt, dass der Hochschulbeschäftigte das Risiko einer erfolglosen Verwertung mit zu tragen hat. In

---

793 So *Soudry*, Die Rechtsstellung des Hochschulerfinders nach der Neufassung von § 42 ArbNErfG, S. 165 f.
794 Siehe hierzu näher unten Kapitel 3. § 8 A. IV. 1. c. cc. (1), (S. 370).

diesem Sinne erscheint es gerechtfertigt und aufgrund der Auslegung des § 42 Nr. 4 ArbNErfG geboten, den Rückgriff auf die allgemeinen Vergütungsregelungen des ArbNErfG im Fall der Verwertung mit geringen oder fehlenden Einnahmen zu verweigern. Der Vergütungsanspruch aus § 42 Nr. 4 ArbNErfG bietet einen adäquaten Ausgleich für den Verlust der Verwertungsrechte des Hochschulbeschäftigten. Die verschiedenen Ansätze in der Literatur sind geprägt von einem diametral verschiedenen Verständnis der Gesetzesmaterialien und einer divergierenden Akzentuierung der einzelnen Zielrichtungen der Neuregelung. Der hier aufgezeigte Lösungsansatz anhand einer Bewertung der Risikoverteilung vermag hingegen eine stringente und einzelfallgerechte Lösung zu liefern.

dd. Kontrollüberlegungen

(1) Allgemeine Kontrollüberlegung

Der soeben entwickelte Lösungsansatz könnte im Ergebnis zu einer Schlechterstellung der Hochschulen im Fall der unterbliebenen Verwertung gegenüber der Fallgruppe der Verwertung mit geringen Einnahmen führen: In Fällen der unterbliebenen Verwertung muss die Hochschule dem Hochschulerfinder einen Vergütungsanspruch aus § 9 Abs. 2 ArbNErfG zahlen, der sich anhand der Verwertbarkeit der Erfindung bemisst, während der Vergütungsanspruch im Fall der erfolglosen Verwertung aufgrund der bloß geringen bzw. fehlenden Einnahmen nur gering aus- oder gar gänzlich entfällt.[795]

Dazu ist aber zu beachten, dass sich die finanzielle Benachteiligung der Hochschulen im Fall der unterbliebenen Verwertung gleichwohl noch im Rahmen hält. Es kann davon ausgegangen werden, dass die üblicherweise zu zahlende Vergütung in solchen Fällen zwischen 2.500 € und 4.000 € beträgt.[796] Des Weiteren entspricht es gerade der Zielsetzung des Reformgesetzgebers, die Hochschulen zur Erfindungsverwertung anzuregen, um den Wissens- und Technologietransfer zu beleben. Diesem Ziel könnte

---

795 Dieser Fragestellung der „Benachteiligung der Hochschulen" widmet sich (unter leicht veränderten Vorzeichen) auch *Soudry*, Die Rechtsstellung des Hochschulerfinders nach der Neufassung von § 42 ArbNErfG, S. 164 f.
796 *Soudry*, Die Rechtsstellung des Hochschulerfinders nach der Neufassung von § 42 ArbNErfG, S. 164; *Bartenbach/Volz*, Arbeitnehmererfindervergütung, RL Nr. 21, Rn. 55 ff.

§ 8 Die Vergütungsansprüche des Hochschulerfinders

aufgrund der „Strafzahlungen" bei unterlassener Verwertung Rechnung getragen werden.[797]

(2) Vereinbarkeit mit Art. 14 Abs. 1 GG

Die dargestellte Lösung ist darüber hinaus auch mit der Regelung des Art. 14 Art. 1 GG vereinbar. Andernorts erfolgende Verlautbarungen, die unter Bezugnahme auf das BVerfG die Ablehnung einer Erfindervergütung auch für den Fall der Verwertung mit fehlenden Einnahmen als Verstoß gegen die verfassungsrechtliche verankerte Eigentumsgarantie verstanden wissen wollen[798], greifen ersichtlich zu kurz.
Das BVerfG stellte in seiner Entscheidung *Induktionsschutz von Fernmeldekabeln* lediglich fest, dass durch den Anspruch auf angemessene Vergütung, als Kompensation für den Verlust der Verfügungs- und Verwertungsrechte des Erfinders, die grundsätzliche Zuordnung des wirtschaftlichen Wertes der Erfindung an den Erfinder gewährleistet wird, die zum Kernbereich der Eigentumsgarantie aus Art. 14 Abs. 1 GG gehört.[799] Zum einen erfolgte diese Rechtsprechung in Bezug auf den Anspruch eines Arbeitnehmers auf angemessene Vergütung aus § 9 ArbNErfG und kann nicht ohne weiteres auch auf den insoweit schon konzeptionell andersartigen Pauschalvergütungsanspruch des Hochschulerfinders aus § 42 Nr. 4 ArbNErfG übertragen werden.[800] Zum anderen arbeitet das BVerfG sehr gründlich, wenn es von einer *„grundsätzlichen"* Zuordnung des wirtschaftlichen Wertes spricht. Ein genereller Verstoß gegen Art. 14 Abs. 1 GG kann also nicht schon darin gesehen werden, dass im *Ausnahmefall* der Verwertung mit geringen oder fehlenden Einnahmen die Vergütung des Hochschulbeschäftigten geringer ausfällt als die des gewöhnlichen Arbeitnehmers.[801] Entsprechend der bereits dargelegten Argumente[802] kann eine Unvereinbar-

---

797 Vgl. auch *Soudry*, Die Rechtsstellung des Hochschulerfinders nach der Neufassung von § 42 ArbNErfG, S. 164 f.
798 *Soudry*, Die Rechtsstellung des Hochschulerfinders nach der Neufassung von § 42 ArbNErfG, S. 152.
799 BVerfG, Beschluss v. 24.04.1998 – 1 BvR 587/88, NJW 1998, 3704, 3705 – *Induktionsschutz von Fernmeldekabeln*.
800 **Anders** *Soudry*, Die Rechtsstellung des Hochschulerfinders nach der Neufassung von § 42 ArbNErfG, S. 152.
801 Vgl. *Bartenbach/Volz*, Arbeitnehmererfindungsgesetz, § 42 n. F., Rn. 161.
802 Vgl. zur Argumentation im Fall der unterbliebenen Verwertung Kapitel 3. § 8 A. I. 2. b. bb. (S. 232).

keit mit Art. 14 Abs. 1 GG nur dann angenommen werden, wenn dem Hochschulerfinder das Risiko einer tatsächlichen Verwertung auferlegt würde, indem ein anderweitiger Vergütungsanspruch des Hochschulerfinders auch für den Fall der gänzlich unterbliebenen Verwertung abgelehnt würde.[803]

3. Fazit

§ 42 Nr. 4 ArbNErfG regelt einen Vergütungsanspruch des Hochschulbeschäftigten für den Fall, dass die Hochschule dessen Erfindung verwertet. Ob daneben auch weitere Vergütungsansprüche des Hochschulbeschäftigten aus anderen Vorschriften in Betracht kommen, ist umstritten. Nach der herrschenden Meinung stellt § 42 Nr. 4 ArbNErfG eine abschließende Sonderregelung gegenüber den allgemeinen Vergütungsvorschriften aus §§ 9 ff. ArbNErfG dar. Andere Auffassungen hingegen möchten einen Anspruch aus § 9 ArbNErfG gewähren, wenn eine Verwertung der Erfindung durch die Hochschule unterbleibt oder trotz erfolgter Verwertung entsprechende Einnahmen ausbleiben bzw. lediglich gering ausfallen.

Für eine sachgerechte und fallgruppenübergreifende Lösung wurde die „Lösung der gerechten Risikoverteilung" entwickelt. Danach sind die Interessen der Hochschule sowie des Hochschulbeschäftigten gegenüberzustellen und in einen angemessenen Ausgleich zu bringen. Eine derartige Interessenabwägung insbesondere unter Berücksichtigung der Gesetzesmaterialien ergibt, dass dem Hochschulbeschäftigten im Fall der unterbliebenen Verwertung ein Vergütungsanspruch aus §§ 9 ff. ArbNErfG zuzubilligen ist, da das Risiko einer Verwertung der Erfindung allein im Verantwortungsbereich der Hochschule liegt. Erfolgt hingegen eine Verwertung der Erfindung und bringt diese lediglich geringe oder gar keine Einnahmen ein, ist ein Vergütungsanspruch des Hochschulbeschäftigten jenseits von § 42 Nr. 4 ArbNErfG abzulehnen, da der Hochschulerfinder das Risiko einer *erfolgreichen* Verwertung mitzutragen hat.

---

803 Vgl. *Soudry*, Die Rechtsstellung des Hochschulerfinders nach der Neufassung von § 42 ArbNErfG, S. 152.

II. Der Anwendungsbereich des § 42 ArbNErfG

Die Sonderregelung des § 42 ArbNErfG sieht besondere Bestimmungen für *Erfindungen* der an einer *Hochschule Beschäftigten* vor. Die Vorschrift enthält damit bereits grundlegende Angaben zum persönlichen (Beschäftigte an einer Hochschule), als auch zum sachlichen (Erfindungen) sowie institutionellen (Hochschule) Anwendungsbereich. Im Weiteren stellt sich aber die Frage, wer unter den Begriff des Hochschulbeschäftigten konkret zu subsumieren ist, welche Erfindungen von § 42 ArbNErfG erfasst sind und welche Institutionen als Hochschule i. S. d. § 42 Nr. 4 ArbNErfG anzuerkennen sind. Der persönliche (1.), institutionelle (2.) und sachliche (3.) Anwendungsbereich des § 42 ArbNErfG müssen im Folgenden näher bestimmt werden.

Wie bereits einleitend dargestellt, unterlag die Regelung des § 42 ArbNErfG gravierenden strukturellen Änderungen im Zuge der Reform des Arbeitnehmererfindungsrechts, weg vom alten Hochschullehrerprivileg der freien Verwertung, hin zur Verwertung durch die Hochschulen. Für das Verständnis des heutigen Anwendungsbereichs der Vorschrift ist die Entwicklung von der alten zur neuen Rechtslage nicht unbedeutend. Im Folgenden soll deshalb jeweils überblicksartig die unreformierte Rechtslage dargestellt werden, bevor auf den heutigen Anwendungsbereich des § 42 ArbNErfG eingegangen wird.

1. Persönlicher Anwendungsbereich – Der Hochschulbeschäftigte

Im Rahmen der Untersuchung des Anwendungsbereichs von § 42 ArbNErfG stellt sich vor allem die Frage, welche Personengruppen konkret von der Vorschrift umfasst sein sollen. Gerade im Hinblick auf den persönlichen Anwendungsbereich hat die Neuregelung des § 42 ArbNErfG entscheidende Änderungen mit sich gebracht.

a. Persönlicher Anwendungsbereich des § 42 ArbNErfG bis zum 06.02.2002

§ 42 ArbNErfG a. F. erfasste in seiner bis zum 06.02.2002 geltenden Fassung schon in der amtlichen Überschrift nur *„Erfindungen von Hochschullehrern und Hochschulassistenten."* So galten auch dem Wortlaut der Vorschrift nach die besonderen Bestimmungen des § 42 ArbNErfG a. F. nur für Professoren, Dozenten und wissenschaftliche Assistenten bei den wissenschaftlichen Hochschulen. Allerdings waren nur solche Hochschullehrer und -assistenten erfasst, die im öffentlichen Dienst standen, was sich bereits aus der Verwendung des Begriffs „Dienstherr" in § 42 Abs. 2 ArbNErfG a. F. ergibt.[804] Nicht entscheidend hingegen sollte sein, ob es sich um ein Beamtenverhältnis oder aber ein Arbeitsverhältnis handelte.[805]

aa. Hochschullehrer

Von § 42 ArbNErfG a. F. erfasst waren ausweislich des Wortlauts Professoren und Dozenten, die sich unter den Begriff des Hochschullehrers zusammenfassen ließen.[806] Unter dem Begriff „Professoren" konnten nur die in den §§ 42 bis 46 HRG a. F. geregelten, hauptamtlich bzw. hauptberuflich an einer Hochschule tätigen Professoren verstanden werden. Gastprofessoren (vgl. § 36 Abs. 3 HRG a. F.) waren nur insoweit erfasst, als sie in einem Dienst- oder Arbeitsverhältnis zu einer anderen Hochschule standen.[807] Mit dem Begriff des „Dozenten" waren nur die in § 48c Abs. 1 S. 2 HRG a. F. den Professoren gleichgestellten Dozenten gemeint. Nicht erfasst von § 42 ArbNErfG a. F. waren demnach die sog. Privatdozenten, bei denen es an einem Dienstverhältnis mangelte. Unter den Begriff der Privatdozenten fielen die außerplanmäßigen Professoren und Honorarprofessoren, die Lehrbeauftragten und die Lehrkräfte für besondere Aufgaben.[808] Für diese galten die Vorschriften der §§ 40 und 41 ArbNErfG.[809]

---

804 *Kraßer/Schricker*, Patent- und Urheberrecht an Hochschulen, S. 38; *Leuze*, in: Reimer/Schade/Schippel, ArbNErfG, § 42 (a. F.), Rn. 2.
805 *Ballhaus*, GRUR 1984, 1; *Kraßer/Schricker*, Patent- und Urheberrecht an Hochschulen, S. 38; *Bartenbach/Volz*, Arbeitnehmererfindergesetz (4. Auflage 2002), § 42 a. F., Rn. 4; *Leuze*, in: Reimer/Schade/Schippel, ArbNErfG, § 42 (a. F.), Rn. 2 f.
806 Vgl. *Bartenbach/Volz*, Arbeitnehmererfindergesetz (4. Auflage 2002), § 42 a. F., Rn. 5.
807 *Ballhaus*, GRUR 1984, 1, 3; *Kraßer/Schricker*, Patent- und Urheberrecht an Hochschulen, S. 39, 138; *Bartenbach/Volz*, Arbeitnehmererfindergesetz (4. Auflage 2002), § 42 a. F., Rn. 5.
808 *Bartenbach/Volz*, Arbeitnehmererfindergesetz (4. Auflage 2002), § 42 a. F., Rn. 5.
809 *Bartenbach/Volz*, Arbeitnehmererfindergesetz (4. Auflage 2002), § 42 a. F., Rn. 13; *Volmer/Gaul*, in: Arbeitnehmererfindungsgesetz, § 42, Rn. 29.

bb. Hochschulassistenten

§ 42 ArbNErfG a. F. erfasste neben den Hochschullehrern auch die wissenschaftlichen Assistenten. Unter diesen Begriff fielen die wissenschaftlichen Assistenten im Sinne von §§ 47, 48 HRG a. F. Kennzeichnend war neben der Erbringung selbständiger, wissenschaftlicher Dienstleistungen in Forschung und Lehre die eigene wissenschaftliche Arbeit.[810] Dementsprechend fielen auch die in den §§ 48a, 48b HRG a. F. geregelten Oberassistenten und Oberingenieure unter den Anwendungsbereich von § 42 ArbNErfG a. F.[811] Demgegenüber oblagen wissenschaftlichen Mitarbeitern (§ 53 HRG a. F.) lediglich wissenschaftliche Dienstleistungen zur Erfüllung der Aufgaben in Forschung und Lehre[812] (qualifizierte Hilfstätigkeiten), sodass diese nicht zu den wissenschaftlichen Assistenten i. S. v. § 42 ArbNErfG a. F. gerechnet werden konnten.[813] Aus gleichem Grund schieden auch wissenschaftliche Hilfskräfte erst recht aus dem Anwendungsbereich aus, unabhängig davon, ob sie im Einzelfall nach der Art ihrer Tätigkeit die Aufgaben eines Hochschulassistenten wahrgenommen haben.[814]

cc. Weitere Personengruppen

Weitere an den Hochschulen tätige Arbeitnehmer und Beamte waren von § 42 ArbNErfG a. F. nicht erfasst, sondern es galten die für Arbeitnehmer

---

810   LG Düsseldorf, Urteil v. 26.06.1990 – 4 O 218/89, GRUR 1994, 53, 55 – *Photoplethysmograph*; *Ballhaus*, GRUR 1984, 1, 4 ff.; *Kraßer/Schricker*, Patent- und Urheberrecht an Hochschulen, S. 40; *Bartenbach/Volz*, Arbeitnehmererfindergesetz (4. Auflage 2002), § 42 a. F., Rn. 11.
811   LG Düsseldorf, Urteil v. 26.06.1990 – 4 O 218/89, GRUR 1994, 53, 55 – *Photoplethysmograph*; vgl. auch Begründung zum "Entwurf eines Gesetzes über Erfindungen von Arbeitnehmern und Beamten" der Bundesregierung vom 19.08.1955, BT-Drs. II/1648, S. 52 (dort noch § 43 ArbNErfG).
812   BAG, Urteil v. 28.01.1998 – 7 AZR 677/96, BAGE 87, 362, 363 = NZA 1998, 1120; vgl. auch *Bartenbach/Volz*, Arbeitnehmererfindergesetz (4. Auflage 2002), § 42 a. F., Rn. 12.
813   LG Düsseldorf, Urteil v. 26.06.1990 – 4 O 218/89, GRUR 1994, 53, 55 – *Photoplethysmograph*; *Bartenbach/Volz*, Arbeitnehmererfindergesetz (4. Auflage 2002), § 42 a. F., Rn. 12; ausführlich hierzu *Ballhaus*, GRUR 1984, 1, 5 f.
814   Vgl. auch LG Düsseldorf, Urteil v. 26.06.1990 – 4 O 218/89, GRUR 1994, 53, 55 – *Photoplethysmograph*.

Kapitel 3. Vergütungsansprüche des Hochschulbeschäftigten im Arbeitnehmererfinderrecht

im öffentlichen Dienst sowie Beamte vorgesehenen Bestimmungen der §§ 40, 41 ArbNErfG a. F.

Erfindungen von Doktoranden (§ 21 HRG a. F.) im Rahmen ihrer Promotion fielen nur unter § 42 ArbNErfG a. F., sofern die Erfindung der Forschungstätigkeit im Rahmen einer Beschäftigung als wissenschaftlicher Assistent entsprang.[815] Keine Anwendung konnte § 42 ArbNErfG a. F. hingegen finden, wenn der Doktorand eine Erfindung lediglich als wissenschaftliche Hilfskraft oder wissenschaftlicher Mitarbeiter machte.[816] Lag eine Beschäftigung als wissenschaftlicher Mitarbeiter oder wissenschaftliche Hilfskraft vor, so fiel eine etwaige Erfindung unter das allgemeine Arbeitnehmererfinderrecht, sofern die Erfindung im Rahmen des Beschäftigungsverhältnisses bei der Erfüllung der dem wissenschaftlichen Beschäftigten obliegenden wissenschaftlichen Dienstleistungen gemacht wurde. Erfindungen von wissenschaftlichen Mitarbeitern bzw. Hilfskräften, die im Rahmen eines Doktorandenverhältnisses gemacht wurden, unterfielen demgegenüber nur eingeschränkt dem Arbeitnehmererfindergesetz. Für diese als freie Erfindungen i. S. v. § 4 Abs. 3 ArbNErfG galten insoweit nur begrenzte Mitteilungs- und Anbietungspflichten gem. §§ 19, 20 ArbNErfG a.F.[817] Erfindungen von Doktoranden, die in keinem Beschäftigungsverhältnis zur Universität standen, fielen mangels eines für das Arbeitnehmererfindergesetz erforderlichen Arbeits- bzw. Dienstverhältnisses gänzlich aus dem Anwendungsbereich des Arbeitnehmererfindergesetzes heraus.[818] Aus gleichem Grund waren auch Erfindungen von Studenten im Rahmen einer Studien- oder Diplomarbeit nicht erfasst.[819]

---

815 *Bartenbach/Volz*, Arbeitnehmererfindergesetz (4. Auflage 2002), § 42 a. F., Rn. 14 und § 1, Rn. 41; *Volmer/Gaul*, in: Arbeitnehmererfindungsgesetz, § 42, Rn. 32.
816 *Volmer/Gaul*, in: Arbeitnehmererfindungsgesetz, § 42, Rn. 31.
817 Vgl. ausführlich hierzu *Wimmer*, GRUR 1961, 449, 453 f.; so auch *Ballhaus*, GRUR 1984, 1, 6.
818 *Wimmer*, GRUR 1961, 449, 452; *Bartenbach/Volz*, Arbeitnehmererfindergesetz (4. Auflage 2002), § 1, Rn. 41. Ausführlich zur Rechtsnatur des Doktorandenverhältnisses siehe BGH, Urteil v. 14.12.1959 – III ZR 114/58, NJW 1960, 911 ff.
819 *Bartenbach/Volz*, Arbeitnehmererfindergesetz (4. Auflage 2002), § 42 a. F., Rn. 15 f.; vgl. auch *Ballhaus*, GRUR 1984, 1; *Volmer/Gaul*, in: Arbeitnehmererfindungsgesetz, § 42, Rn. 40.

b. Persönlicher Anwendungsbereich des § 42 ArbNErfG seit dem 07.02.2002

Dass die Neufassung des § 42 ArbNErfG n.F. auch im Bereich des persönlichen Anwendungsbereichs Veränderungen mit sich brachte, zeigt sich bereits an der amtlichen Überschrift der Norm im Vergleich zur Vorgängerfassung. So gelten die durch § 42 ArbNErfG n.F. geregelten *„Besonderen Bestimmungen"* seither für *„Erfindungen an Hochschulen"* und nicht mehr lediglich für *„Erfindungen von Hochschullehrern und Hochschulassistenten"*.

Allerdings ließ sich dem Gesetzesentwurf des Bundesrates vom 9. März 2001 eine solch gänzliche Abkehr von der bestehenden Regelung noch nicht entnehmen. Dieser vom Land Niedersachsen eingebrachte „Entwurf eines Gesetzes zur Förderung des Patentwesens an den Hochschulen" sah lediglich die Änderung des Normtextes in *„Erfindungen des wissenschaftlichen Personals der Hochschulen aus dienstlicher Tätigkeit"* vor.[820] Damit sollte der Anwendungsbereich von § 42 ArbNErfG zwar auf das gesamte *„wissenschaftliche Personal der Hochschulen"* ausgedehnt werden und damit neben Professoren, Dozenten und wissenschaftlichen Assistenten auch alle sonstigen Personen mit wissenschaftlicher Forschungstätigkeit erfassen, allerdings sollte er nach wie vor auf das *wissenschaftliche* Personal beschränkt bleiben. Dieser Entwurf geht zurück auf eine gleichlautende Übereinkunft der Bund-Länder-Kommission für Bildungsplanung und Forschungsförderung (heute: Gemeinsame Wissenschaftskonferenz) vom 19. Juni 2000 sowie einen konkreten Formulierungsvorschlag der Kommission für eine Gesetzesänderung vom 30. Oktober 2000.[821]

Ausweislich der Entwurfsbegründung sollte durch die Ausdehnung des Anwendungsbereichs die fragwürdige Sonderstellung der Hochschullehrer gegenüber anderen wissenschaftlichen Mitarbeitern beseitigt sowie die unterschiedliche Behandlung von Personengruppen mit gleichen Aufgaben und gleicher Verantwortung unterbunden werden, um dem unter volkswirtschaftlichen Aspekten inakzeptablen Zustand des gehemmten Techno-

---

820 Anlage zum „Entwurf eines Gesetzes zur Förderung des Patentwesens an den Hochschulen", Gesetzesantrag des Landes Niedersachsen vom 09.11.2000, BR-Drs. 740/00, Anlage S. 1.
821 Bund-Länder-Kommission für Bildungsplanung und Forschungsförderung, BLK Jahresbericht 2000, S. 49, abrufbar im Internet unter: http://www.blk-bonn.de/papers/jb2000.pdf, zuletzt abgerufen am 19.04.2020.

logietransfers infolge der geltenden Rechtslage entgegenzuwirken.[822] Da lediglich die Gleichstellung allen wissenschaftlichen Personals angestrebt wurde und bereits diese Ausdehnung des Anwendungsbereichs als Fortschritt gegenüber der bestehenden Rechtslage galt, ist eine weitere mögliche Ausdehnung auf das gesamte Hochschulpersonal übersehen und somit auch nicht diskutiert worden.

Die im Gesetzesentwurf vorgeschlagene Regelung hat jedoch keinen Eingang in die schließlich erlassene Neuregelung des § 42 ArbNErfG n. F. gefunden. Vielmehr hat der Gesetzgeber mit der Neuformulierung in *„Erfindungen der an einer Hochschule Beschäftigten"* den persönlichen Anwendungsbereich der Norm bewusst noch weiter ausgedehnt. Nach dem heutigen § 42 ArbNErfG n. F. sind danach alle *„Erfindungen der an einer Hochschule Beschäftigten"* von der Norm erfasst. Der Grund hierzu lag auf der Hand: Der Gesetzgeber hatte die Praxis im Blick und erkannte, dass Forschungsarbeiten an Hochschulen nicht lediglich von Wissenschaftlern durchgeführt werden, sondern das Ergebnis der Hochschulforschung vielfach aus einer Kooperation von wissenschaftlichem sowie nicht-wissenschaftlichem bzw. technischem Personal heraus entsteht. Würde der Anwendungsbereich des § 42 ArbNErfG weiterhin auf das wissenschaftliche Personal beschränkt bleiben, ergäben sich vielfach unbillige Ergebnisse bei den unterschiedlichen Methoden zur Ermittlung der Vergütung sowie überhaupt erhebliche Schwierigkeiten bei der Berechnung der konkreten Vergütung.[823]

aa. Begriffsabgrenzungen

Im persönlichen Anwendungsbereich des § 42 ArbNErfG n. F. nunmehr erfasst sind damit alle an einer Hochschule Beschäftigten, kurz: die Hochschulbeschäftigten.

Aufbauend auf die obige Darstellung zum allgemeinen Beschäftigtenbegriff[824] stellt sich hier die konkrete Frage, wer unter den Begriff des Hochschulbeschäftigten zu fassen ist. Klärungsbedürftig ist, ob auch hier der all-

---

822 Anlage zum „Entwurf eines Gesetzes zur Förderung des Patentwesens an den Hochschulen", Gesetzesantrag des Landes Niedersachsen vom 09.11.2000, BR-Drs. 740/00, Begründung, Allgemeiner Teil, S. 4.
823 Vgl. Begründung zum „Entwurf eines Gesetzes zur Änderung des Gesetzes über Arbeitnehmererfindungen" einzelner Abgeordneter der SPD sowie der Fraktion Bündnis 90/Die Grünen vom 09.05.2001, BT-Drs. 14/5975, Besonderer Teil, S. 6.
824 Zum Beschäftigtenbegriff siehe oben Kapitel 2. § 4 A. II. (S. 70).

gemeine Beschäftigtenbegriff als Ausgangspunkt uneingeschränkt zur Anwendung kommt oder dieser für den Bereich des Hochschulrechts zu modifizieren ist. Möglicherweise bedarf es auch einer gänzlich eigenen Begriffsbestimmung speziell für den Bereich der Hochschule. Zur Beantwortung dieser Fragen soll der Begriff des Hochschulbeschäftigten zunächst von dem des Hochschul*arbeitnehmers* und des Hochschul*wissenschaftlers* abgegrenzt und anschließend einer näheren Bestimmung des ihn umfassenden Personenkreises zugeführt werden.

(1) Unterscheidung zwischen „Hochschularbeitnehmer" und „Hochschulbeschäftigter"

Wenn der Gesetzgeber in § 42 ArbNErfG n. F. den Begriff des Beschäftigten neu einführt, so liegt zunächst die Frage auf der Hand, warum er sich nicht für den Arbeitnehmerbegriff entschieden hat, der ansonsten im Arbeitnehmererfindergesetz verwendet wird. Nach § 1 ArbNErfG, der den Anwendungsbereich des Arbeitnehmererfindungsgesetzes bestimmt, unterliegen dem Gesetz die Erfindungen und technischen Verbesserungsvorschläge von Arbeitnehmern im privaten und im öffentlichen Dienst, sowie von Beamten und Soldaten. Und in § 34 HG NRW beispielsweise finden sich Regelungen für die „*Arbeitnehmerinnen und Arbeitnehmer der Hochschule*". Es stellt sich die Frage, warum der Gesetzgeber also nicht den Begriff des „Hochschularbeitnehmers" statt den des „Hochschulbeschäftigten" verwendet. Im Ergebnis irrelevant wäre diese Fragestellung dann, wenn die Begriffe des Arbeitnehmers und des Beschäftigten ohnehin synonym verwendet werden könnten. Dass dies jedoch keineswegs der Fall sein kann, wurde bereits erörtert.[825]

Allerdings ist der Arbeitnehmerbegriff für § 42 ArbNErfG nicht ausreichend. Zunächst lässt sich feststellen, dass es sich für § 42 ArbNErfG n.F. wie auch schon in der alten Fassung zwingend um eine Tätigkeit im öffentlichen Dienst handeln muss.[826] Dies ergibt sich systematisch bereits

---

825 Vgl. zum Verhältnis zwischen Arbeitnehmer- und Beschäftigtenbegriff oben Kapitel 2. § 4 A. II. 2. b. (S. 72).
826 *Bartenbach/Volz*, Arbeitnehmererfindergesetz, § 42 n. F., Rn. 11; *Bergmann*, Erfindungen von Hochschulbeschäftigten nach der Reform von § 42 ArbNErfG, Rn. 150; *Reetz*, Erfindungen an Hochschulen, S. 111; *Soudry*, Die Rechtsstellung des Hochschulerfinders nach der Neufassung von § 42 ArbNErfG, S. 125; *Bartenbach/Volz*, Arbeitnehmererfindergesetz, § 42 n. F., Rn. 11. Zu § 42 ArbNErfG a. F. siehe Fn. 804 (S. 246).

Kapitel 3. Vergütungsansprüche des Hochschulbeschäftigten im Arbeitnehmererfinderrecht

aus der Verwendung des Begriffs „Dienstherr" in § 40 Nr. 1, 2 und 4 ArbNErfG, aus der Ausnahme zu § 40 Nr. 1 ArbNErfG in § 42 Nr. 5 ArbNErfG sowie aus der Überschrift des 3. Abschnitts des Arbeitnehmererfindergesetzes[827], in den § 42 ArbNErfG eingeordnet ist.[828] Diese Auffassung wird aber auch von der Begründung des Gesetzesentwurfs getragen.[829] Dennoch würde der Arbeitnehmerbegriff gerade die Hauptgruppe an Personen, die unter § 42 ArbNErfG fallen sollen, nicht erfassen, nämlich das Leitbild des beamteten Hochschullehrers.[830] Bei Beamten handelt es sich mangels privatrechtlichen Vertrags nicht um Arbeitnehmer.

Der Gesetzgeber wollte aber gerade, dass *„alle Bediensteten einer Hochschule, unabhängig davon, ob es sich um Beamte oder Angestellte"* handelt, durch § 42 ArbNErfG n. F. erfasst werden.[831] Demnach war die Wahl des Beschäftigtenbegriffes zumindest insoweit treffend, als die Formulierung *„Arbeitnehmerinnen und Arbeitnehmer an einer Hochschule"* für eine umfassende Beschreibung des gewünschten persönlichen Anwendungsbereichs des § 42 ArbNErfG n. F. nicht hinreichend und damit ungeeignet gewesen wäre.

(2) Unterscheidung zwischen „Hochschulwissenschaftler" und „Hochschulbeschäftigter"

Im Blick hatte der Gesetzgeber bei der Änderung des § 42 ArbNErfG insbesondere die *vergütungsrechtliche* Gleichstellung der an einer Hochschule beschäftigten Erfinder. Sollte demnach vor allem für den Vergütungsanspruch des Hochschulerfinders nach § 42 Nr. 4 ArbnErfG n. F. geregelt werden, dass nunmehr das gesamte Hochschulpersonal vom Anwendungsbereich erfasst ist, so geriet die Formulierung des Einleitungssatzes von § 42 ArbNErfG n. F. durch Verwendung des Hochschulbeschäftigtenbe-

---

827 Die Überschrift zum 3. Abschnitt des Arbeitnehmererfindergesetzes lautet: *„Erfindungen und technische Verbesserungsvorschläge von Arbeitnehmern im öffentlichen Dienst, von Beamten und Soldaten"*.
828 *Bartenbach/Volz*, Arbeitnehmererfindungsgesetz, § 42 n. F., Rn. 11.
829 Begründung zum „Entwurf eines Gesetzes zur Änderung des Gesetzes über Arbeitnehmererfindungen" einzelner Abgeordneter der SPD sowie der Fraktion Bündnis 90/Die Grünen vom 09.05.2001, BT-Drs. 14/5975, Besonderer Teil, S. 6.
830 Vgl. *Bartenbach/Volz*, Arbeitnehmererfindungsgesetz, § 42 n. F., Rn. 9.
831 Begründung zum „Entwurf eines Gesetzes zur Änderung des Gesetzes über Arbeitnehmererfindungen" einzelner Abgeordneter der SPD sowie der Fraktion Bündnis 90/Die Grünen vom 09.05.2001, BT-Drs. 14/5975, Besonderer Teil, S. 6.

griffes zu unpräzise, indem dieser dem Wortlaut nach auch für die übrigen Nummern des § 42 ArbNErfG n. F. zur Geltung kommen muss. Obgleich von der Regelung des § 42 ArbNErfG n. F. wortlautgemäß also alle „an einer Hochschule Beschäftigten" erfasst sind, kann nicht ohne weiteres davon ausgegangen werden, dass die gesamte Norm auch auf jegliches Hochschulpersonal Anwendung findet. Insoweit wird vielfach angenommen, dass die besonderen Bestimmungen in § 42 Nr. 1 bis 3 ArbNErfG n. F. aufgrund der Wissenschaftsfreiheit aus Art. 5 Abs. 3 S. 1 GG[832] nur für Hochschulwissenschaftler gelten könnten.[833] Demnach müsste zwischen den einzelnen Nummern des § 42 ArbNErfG n. F. eine differenzierte Betrachtung vorgenommen werden, wofür der Begriff des „Hochschulbeschäftigten" im Wesentlichen vom Begriff des „Hochschulwissenschaftlers" abgegrenzt werden müsste. Da der Begriff des Hochschulbeschäftigten im Rahmen von § 42 Nr. 4 ArbNErfG n. F. jedoch unstreitig und eindeutig umfassende Geltung für das gesamte Hochschulpersonal entfaltet und nicht lediglich auf wissenschaftliches Personal beschränkt bleibt[834], ist eine vertiefte Erörterung dieser Problematik für die Betrachtung des Vergütungsanspruchs eines Hochschulerfinders nicht geboten.

---

832 Vgl. zur Vereinbarkeit des § 42 ArbNErfG mit Art. 5 Abs. 3 S. 1 GG vor allem *Leuze*, GRUR 2005, 27, 27 ff.
833 Zumindest für § 42 Nr. 1 ArbNErfG siehe *Bartenbach/Volz*, GRUR 2002, 743, 745; *Leuze*, GRUR 2005, 27, 29; *Weyand/Haase*, GRUR 2007, 28, 33; *Kretzer*, Die Novellierung des "Hochschullehrerprivilegs" (§ 42 ArbNErfG), S. 17 f.; vgl. auch Begründung zum „Entwurf eines Gesetzes zur Änderung des Gesetzes über Arbeitnehmererfindungen" einzelner Abgeordneter der SPD sowie der Fraktion Bündnis 90/Die Grünen vom 09.05.2001, BT-Drs. 14/5975, Besonderer Teil, S. 6; **a. A.** *Lux*, Rechtsfragen der Kooperation zwischen Hochschulen und Wirtschaft, S. 149, die § 42 Nr. 1 ArbNErfG auch den nichtwissenschaftlichen Mitarbeitern zukommen lassen will; ebenso *Boemke/Sachadae*, in: Boemke/Kursawe, ArbNErfG, § 42, Rn. 43. Streitig bleibt zudem, wer zum Kreis der Hochschulwissenschaftler zu zählen ist. So gehören nach *Bartenbach/Volz* auch wissenschaftliche Mitarbeiter zum Kreis der Hochschulwissenschaftler (vgl. *Bartenbach/Volz*, GRUR 2002, 743, 746), was *Leuze* in Zweifel zieht (vgl. *Leuze*, GRUR 2005, 27, 29).
834 *Bartenbach/Hellebrand*, Mitt. 2002, 165, 168; *Bartenbach/Volz*, GRUR 2002, 743, 755; *Bartenbach/Volz*, Arbeitnehmererfindungsgesetz, § 42 n. F., Rn. 153; *Keukenschrijver*, in: Busse/Keukenschrijver, PatG, § 42 ArbEG, Rn. 19; *Leuze*, in: Reimer/Schade/Schippel, ArbNErfG, § 42 n. F., Rn. 11, 36; vgl. auch *Fleuchaus/Braitmayer*, GRUR 2002, 653, 655. Siehe hierzu ausführlich sogleich unter bb.

bb. Bestimmung des Begriffs „Hochschulbeschäftigter"

Nach der Feststellung, dass der Begriff des „Beschäftigten an einer Hochschule" zumindest im Rahmen von § 42 Nr. 4 ArbNErfG vom Gesetzgeber bewusst gewählt worden ist, stellt sich weitergehend die Frage, welcher Personenkreis konkret unter den Begriff des „Hochschulbeschäftigten" i. S. d. § 42 ArbNErfG n. F. fällt. Zur Beantwortung dieser Frage ist vor allem an den Begriff des „Beschäftigten" anzuknüpfen. Dieser wird durch die Regelung des § 42 ArbNErfG n. F. erstmals überhaupt im Arbeitnehmererfindergesetz verwandt.[835]

(1) Zum Meinungsstand

Welcher Beschäftigtenbegriff dem § 42 ArbNErfG zugrunde zu legen ist, wird in der Literatur nicht einheitlich beurteilt. Während zumeist die Verwendung des im Sozialversicherungsrecht geltenden Beschäftigtenbegriffs aus § 7 SGB IV vorgeschlagen wird[836], stellt *Reetz* dieser vorherrschenden Auffassung in seiner Dissertationsschrift einen sog. korporationsrechtlichen Ansatz zur Begriffsbestimmung gegenüber.[837]

(a) Verweisung auf § 7 SGB IV und weitere Auffassungen

Vielfach erfolgt in der Literatur der schlichte Hinweis, der Begriff des Beschäftigten im Arbeitnehmererfindergesetz lehne sich an den sozialversicherungsrechtlichen Beschäftigtenbegriff des § 7 SGB IV an.[838] Dass es sich

---

835 *Bartenbach/Volz*, GRUR 2002, 743, 745.
836 *Bartenbach/Volz*, GRUR 2002, 743, 745; *Leuze*, GRUR 2005, 27; *Bergmann*, Erfindungen von Hochschulbeschäftigten nach der Reform von § 42 ArbNErfG, Rn. 153; *Kretzer*, Die Novellierung des "Hochschullehrerprivilegs" (§ 42 ArbnErfG), S. 16; *Soudry*, Die Rechtsstellung des Hochschulerfinders nach der Neufassung von § 42 ArbNErfG, S. 125; *Leuze*, in: Reimer/Schade/Schippel, ArbNErfG, § 42 n. F., Rn. 9
837 *Reetz*, Erfindungen an Hochschulen, S. 123 ff.
838 *Bartenbach/Volz*, GRUR 2002, 743, 745; *Bergmann*, Erfindungen von Hochschulbeschäftigten nach der Reform von § 42 ArbNErfG, Rn. 153; *Kretzer*, Die Novellierung des "Hochschullehrerprivilegs" (§ 42 ArbNErfG), S. 16; *Soudry*, Die Rechtsstellung des Hochschulerfinders nach der Neufassung von § 42 ArbNErfG, S. 125; *Leuze*, in: Reimer/Schade/Schippel, ArbNErfG, § 42 n. F., Rn. 9; **zweifelnd** *Reetz*, Erfindungen an Hochschulen, S. 112.

bei dem vor allem von *Bartenbach* und *Volz*[839] verwendeten Begriff der „Anlehnung" an § 7 SGB IV um keine anerkannte juristische Arbeitsmethode wie die der Gesetzesanalogie oder der Gesetzesauslegung handelt, kann nicht in Zweifel gezogen werden. Im Ergebnis kann aber mit *Reetz* davon ausgegangen werden, dass mit der Verwendung des Begriffs der „Anlehnung" eine Herleitung des Beschäftigtenbegriffes im Wege einer Gesetzesanalogie aus § 7 SGB IV gemeint ist. *Leuze* nimmt an, § 42 ArbNErfG n. F. gebe mit der Formulierung der *„an einer Hochschule Beschäftigten"* zu erkennen, dass der Gesetzgeber *„von dem Beschäftigtenbegriff des § 7 SGB IV ausgeht"*.[840] Diese lediglich in der Formulierung abweichende Ansicht soll im Ergebnis jedoch keine Unterschiede hervorrufen. Versteht man unter dem Beschäftigungsbegriff in § 42 ArbNErfG den Beschäftigten i. S. d. § 7 SGB IV, so wäre eine Beschäftigung wie bereits dargestellt[841] die nichtselbständige Arbeit, insbesondere in einem Arbeitsverhältnis, die sich nach § 7 Abs. 1 S. 2 SGB IV im Wesentlichen durch Weisungsgebundenheit und Eingliederung in die Arbeitsorganisation des Weisungsgebers erkennen lässt. Der Begriff des Beschäftigten soll damit alle in weisungsgebundener, persönlich abhängiger Stellung Tätigen an einer Hochschule erfassen. Entscheidend sei dabei lediglich, dass eine tatsächliche Beschäftigung an einer Hochschule zum Zeitpunkt der Fertigstellung der Erfindung bestanden hat.[842] Auf die Frage, ob die Hochschule selbst Arbeitgeber bzw. Dienstherr ist oder nur ein Arbeits- bzw. Beamtenverhältnis mit dem Land besteht, komme es nicht an.[843]

Daneben stehen Auffassungen, die sich zur Bestimmung des Beschäftigtenbegriffs nicht der sozialversicherungsrechtlichen Vorschrift bedienen. Für *Boemke* und *Sachadae*[844] ist ein Beschäftigter i. S. d. § 42 ArbNErfG, wer in einem Beschäftigungsverhältnis mit der Hochschule steht. Allein damit ist noch nicht viel gewonnen, da das Beschäftigungsverhältnis an einer Hochschule seinerseits einer Definition bedarf, was andere Autoren

---

839 *Bartenbach/Volz*, GRUR 2002, 743, 745; *Bartenbach/Volz*, Arbeitnehmererfindungsgesetz, § 42 n. F., Rn. 10.
840 *Leuze*, GRUR 2005, 27.
841 Zum Beschäftigtenbegriff siehe oben Kapitel 2. § 4 A. II. (S. 70).
842 *Bergmann*, Erfindungen von Hochschulbeschäftigten nach der Reform von § 42 ArbNErfG, Rn. 167; *Bartenbach/Volz*, Arbeitnehmererfindungsgesetz, § 42 n. F., Rn. 11.
843 *Körting/Kummer*, RdA 2003, 279, 282; *Bergmann*, Erfindungen von Hochschulbeschäftigten nach der Reform von § 42 ArbNErfG, Rn. 167; *Bartenbach/Volz*, Arbeitnehmererfindungsgesetz, § 42 n. F., Rn. 11.
844 *Boemke/Sachadae*, in: Boemke/Kursawe, ArbNErfG, § 42, Rn. 30 f.

eben zur Verweisung auf § 7 SGB IV verleitet. Ebenfalls kaum erhellend ist die von *Körting* und *Kummer* vorgenommene Anwendung des § 42 ArbNErfG auf alle „*Hochschulangehörigen*"[845] ohne diese näher zu benennen. *Bergmann* engt den Beschäftigtenbegriff im Ergebnis auf den Begriff des Arbeitnehmers ein, indem sie „*alle in einem Arbeitsverhältnis an einer Hochschule Stehenden vom persönlichen Anwendungsbereich des § 42 ArbNErfG n. F.*" erfasst wissen will.[846] Eine derartige Gleichstellung des Arbeitnehmer- und Beschäftigtenbegriffs ist jedoch bereits abgelehnt worden.[847] Konkretisierend stellen aber auch diese Autoren wie *Bartenbach/ Volz* für den Begriff der Beschäftigung alle auf eine unselbständige, weisungsgebundene Tätigkeit an einer Hochschule ab.[848]

(b) Der „korporationsrechtliche Ansatz" von Reetz

Reetz[849] weist darauf hin, dass eine analoge Anwendung des § 7 SGB IV nur dann möglich ist, wenn sich der Beschäftigtenbegriff nicht zuvor im Wege der Auslegung bereits bestimmen lässt, da die Analogie subsidiär gegenüber der Auslegung ist.[850] Schließlich würde es in diesem Fall an einer für die Analogie erforderlichen Regelungslücke fehlen. Er sieht die Bestimmung des Beschäftigtenbegriffs anhand einer Feststellung der *tatsächlichen* Beschäftigung – wie u. a. *Bartenbach* und *Volz* sie vornehmen – als nicht ausreichend an, um den persönlichen Anwendungsbereich des § 42 ArbNErfG hinreichend konkret bestimmen zu können. Die tatsächliche Beschäftigung sei „*schon eine selbstverständliche Voraussetzung für das Vorliegen einer Diensterfindung im Sinne des § 4 II ArbEG.*" Für eine zuverlässige Abgrenzung des § 42 ArbNErfG gegenüber den §§ 40, 41 ArbNErfG sei daher mehr erforderlich. In einer ausführlichen Betrachtung kommt *Reetz* im Wege der Auslegung zu dem Ergebnis, dass der Beschäftigtenbegriff in § 42 ArbNErfG aufgrund des Sonderregelungscharakters gegenüber den

---

845 *Körting/Kummer*, RdA 2003, 279, 282.
846 *Bergmann*, Erfindungen von Hochschulbeschäftigten nach der Reform von § 42 ArbNErfG, Rn. 154.
847 Siehe hierzu oben Kapitel 2. § 4 A. II. 2. b. (S. 72).
848 *Körting/Kummer*, RdA 2003, 279, 282; *Bergmann*, Erfindungen von Hochschulbeschäftigten nach der Reform von § 42 ArbNErfG, Rn. 153 f.; *Boemke/Sachadae*, in: Boemke/Kursawe, ArbNErfG, § 42, Rn. 31.
849 *Reetz*, Erfindungen an Hochschulen, S. 112 f.
850 *Engisch*, Einführung in das juristische Denken, S. 240, 254 m. w. N: „*Die Analogie setzt hinter der Auslegung, auch hinter der extensiven Auslegung ein.*"

§§ 40 und 41 ArbNErfG[851] zunächst lediglich *„einen Sammelbegriff für die durch §§ 40, 41 ArbEG bereits erfassten Personen"* darstelle.[852] Dementsprechend umfasse § 42 ArbNErfG in jedem Fall Beamte, Angestellte, Arbeiter und Soldaten, da auch die Hochschulen Körperschaften bzw. Anstalten des öffentlichen Rechts i. S. v. § 40 ArbNErfG sind.[853]

Zur umfassenden Bestimmung des Beschäftigtenbegriffs und zur Abgrenzung des § 42 ArbNErfG gegenüber den §§ 40, 41 ArbNErfG hat *Reetz* einen sog. *„korporationsrechtlichen Ansatz"* entwickelt. Im Gegensatz zu einem funktionalen Verständnis, wonach der Beschäftigtenbegriff rein funktional durch die den Nrn. 1 bis 3 des § 42 ArbNErfG innewohnenden Gegebenheiten der Lehr- und Forschungstätigkeit bestimmt wird und damit den Anwendungsbereich der gesamten Norm auf diejenigen Beschäftigten einschränkt, die sich auf die Wissenschaftsfreiheit berufen können[854], greift der korporationsrechtliche Ansatz auf die Zugehörigkeit des Betreffenden zur Selbstverwaltungskörperschaft „Hochschule" (vgl. § 58 Abs. 1 HRG) zurück. Dadurch wird der Beschäftigtenbegriff i. S. d. § 42 ArbNErfG statusmäßig begrenzt.[855]

Die Zugehörigkeit zur Hochschule bestimme sich dabei in erster Linie im Wege der Mitgliedschaft nach § 36 Abs. 1 HRG.[856] Nach § 36 Abs. 1 S. 1 HRG sind Mitglieder der Hochschule *„die an der Hochschule nicht nur vorübergehend oder gastweise hauptberuflich Tätigen und die eingeschriebenen Studierenden"*, wobei Letztere schon von vornherein nicht zur Gruppe der Beschäftigten i. S. d. § 42 ArbNErfG gezählt werden könnten, da diese grundsätzlich nicht an der Hochschule tätig würden.[857] Bei den an der Hoch-

---

851 Wohl allg. A., siehe nur *Beyerlein*, NZA 2002, 1020, 1022 f.; *Kelp*, in: Gärditz/Pahlow (Hrsg.), Hochschulerfinderrecht, S. 223, 237 (Rn. 37); *Bartenbach/Volz*, Arbeitnehmererfindungsgesetz, § 42 n. F., Rn. 5; *Leuze*, in: Reimer/Schade/Schippel, ArbNErfG, § 42 n. F., Rn. 1.
852 *Reetz*, Erfindungen an Hochschulen, S. 113.
853 *Reetz*, Erfindungen an Hochschulen, S. 114.
854 Vgl. hierzu *Reetz*, Erfindungen an Hochschulen, S. 121 ff.
855 *Reetz*, Erfindungen an Hochschulen, S. 123.
856 Zur Weitergeltung der Vorschriften des HRG auch nach Abschaffung der Rahmengesetzgebungskompetenz im Zuge der Förderalismusreform im Jahr 2006 siehe sogleich die Hinweise im Rahmen der Stellungnahme unter (2).
857 Vgl. *Reetz*, Erfindungen an Hochschulen, S. 124; so auch *Böhringer*, NJW 2002, 952, 953; *Körting/Kummer*, RdA 2003, 279, 282; *Soudry*, Die Rechtsstellung des Hochschulerfinders nach der Neufassung von § 42 ArbNErfG, S. 125 f.; *Bartenbach/Volz*, Arbeitnehmererfindungsgesetz, § 42 n. F., Rn. 17. Siehe auch Begründung zum „Entwurf eines Gesetzes zur Änderung des Gesetzes über Arbeitnehmererfindungen" einzelner Abgeordneter der SPD sowie der Fraktion Bündnis 90/Die Grünen vom 09.05.2001, BT-Drs. 14/5975, Besonderer Teil, S. 6.

schule hauptberuflich Tätigen handele es sich zum einen um die in § 42 HRG genannten Personengruppen des hauptberuflich wissenschaftlichen und künstlerischen Personals. Darüber hinaus ergebe sich aus der Erwähnung der *„sonstigen Mitarbeiterinnen und Mitarbeiter"* in § 37 Abs. 1 S. 3 HRG, dass auch das hauptberuflich nichtwissenschaftliche Personal zu den Mitgliedern der Hochschule zu zählen sei. Die Tätigkeit darf nicht nur vorübergehend oder gastweise erfolgen. Eine solche nicht nur vorübergehende Tätigkeit liege jedenfalls bei einem befristeten oder unbefristeten Arbeitsvertrag bzw. einem beamtenrechtlichen Dienstverhältnis vor.[858]

Der Hochschule zugehörig können neben den Mitgliedern der Hochschule auch die sog. „Angehörigen" der Hochschule sein. Neben den hauptberuflich Tätigen kann das Landesrecht nach § 36 Abs. 1 S. 2 Alt. 1 HRG auch die Stellung der *„sonstigen an der Hochschule Tätigen"* regeln. Im Umkehrschluss zu § 36 Abs. 1 S. 1 HRG fallen hierunter die nur vorübergehend oder gastweise hauptberuflich Tätigen sowie die nebenberuflich Beschäftigten. So regelt etwa § 9 Abs. 4 HG NW, dass die nebenberuflich, vorübergehend oder gastweise an einer Hochschule Tätigen sowie die wissenschaftlichen Hilfskräfte der Hochschule angehören, ohne Mitglied der Hochschule zu sein.[859] Dem Beschäftigungsbegriff des § 42 ArbNErfG unterfallen nach *Reetz* demnach alle korporationsrechtlich der Hochschule Zugehörigen, entweder als Mitglieder der Hochschule nach § 36 Abs. 1 S. 1 Alt. 1 HRG oder als sonstige an der Hochschule Tätige nach § 36 Abs. 1 S. 2 Alt. 1 HRG, die sich jeweils nach den genannten Kriterien näher bestimmen lassen.

Kein taugliches Abgrenzungskriterium hingegen könne ein Abstellen auf die Tätigkeit an einer Hochschule als *Anstellungskörperschaft* bilden. Ginge man davon aus, § 42 ArbNErfG erfasse lediglich diejenigen Beschäftigten, deren Dienstherr bzw. Arbeitgeber die Hochschule selbst und nicht etwa das Land ist, entzöge man dem Anwendungsbereich des § 42 ArbNErfG den Großteil der „an einer Hochschule Beschäftigten", da die Hochschulen nur in seltenen Fällen tatsächlich als Dienstherr auftreten.[860] *Reetz* stimmt folglich mit den anderen Autoren zumindest dahingehend

---

858 *Reetz*, Erfindungen an Hochschulen, S. 124.
859 Hierzu siehe *Reetz*, Erfindungen an Hochschulen, S. 126 ff.
860 *Reetz*, Erfindungen an Hochschulen, S. 114 ff., 120 f. Die wenigen Ausnahmen, in denen die Hochschule als Dienstherr auftritt, finden sich bei *Bartenbach/Volz*, Arbeitnehmererfindungsgesetz, § 42 n. F., Rn. 9. Zur Dienstherrenfähigkeit der Hochschule siehe ausführlich unten Kapitel 3. § 8 A. II. 2. b. bb. (2), (S. 272).

überein, dass es auf die Frage, ob die Hochschule selbst Arbeitgeberin bzw. Dienstherrin ist, nicht entscheidend ankommt.[861]

(2) Eigene Stellungnahme

Bei näherer Betrachtung fällt zunächst auf, dass es sich bei den vertretenen Positionen mehr um einen akademischen Streit als um einen tatsächlich praxisrelevanten Disput handelt. Denn im Ergebnis umfasst der korporationsrechtliche Ansatz von *Reetz*, wenn auch auf anderem Wege, denselben Personenkreis wie die anderen in der Literatur vertretenen Ansätze.[862]

Versucht man den Konflikt gleichwohl beizulegen, stellt sich in der Tat zunächst die Frage, ob ohne weiteres auf den Beschäftigtenbegriff des § 7 SGB IV abgestellt werden kann. Aber auch fernab der Frage, ob der Begriff des Beschäftigten sich nicht bereits durch Auslegung ermitteln lässt und eine analoge Anwendung des § 7 SGB IV schon aus diesem Grunde ausscheidet, muss man zu dem Ergebnis kommen, dass die Wertungen des § 7 SGB IV zur vollumfänglichen Begriffsbestimmung nicht geeignet sind. Dies zeigt sich bereits exemplarisch an der Gruppe der verbeamteten Hochschullehrer, die als zentrale Gruppe von § 42 ArbNErfG erfasst sein sollen.[863] Entsprechend der obigen Ausarbeitung zum sozialrechtlichen Beschäftigungsbegriff, ist davon auszugehen, dass das Beschäftigungsverhältnis (wie auch das Arbeitsverhältnis) nach dem Grad der persönlichen Abhängigkeit bestimmt wird, der sich maßgeblich durch die Weisungsgebundenheit des die Tätigkeit Ausübenden ermitteln lässt.[864] Dies ergibt sich auch bereits aus der Lektüre des § 7 Abs. 1 S. 2 SGB IV, der die Weisungsgebundenheit zum Anhaltspunkt für eine Beschäftigung erklärt. Gerade die Hochschullehrer unterliegen jedoch keinem dienstlichen Weisungsrecht und wären mit der Regelung des § 7 SGB IV daher nur schwer vereinbar.[865]

Vielmehr ist mit *Reetz* davon auszugehen, dass sich der Beschäftigtenbegriff bereits durch Auslegung ermitteln lässt und ein Rekurrieren auf den sozialrechtlichen Beschäftigungsbegriff von daher ohnehin nicht von Nö-

---

861 Siehe dazu die Nachweise in Fn. 843 (S. 255).
862 Vgl. *Bartenbach/Volz*, Arbeitnehmererfindungsgesetz, § 42 n. F., Rn. 10 (Fn. 131).
863 *Bartenbach/Volz*, Arbeitnehmererfindungsgesetz, § 42 n. F., Rn. 9.
864 Zum sozialrechtlichen Beschäftigtenbegriff siehe oben Kapitel 2. § 4 A. II. 2. (S. 71).
865 So auch *Reetz*, Erfindungen an Hochschulen, S. 113.

Kapitel 3. Vergütungsansprüche des Hochschulbeschäftigten im Arbeitnehmererfinderrecht

ten ist.[866] Neben den bereits angeführten Aspekten zum *korporationsrechtlichen Ansatz* stützt auch eine historisch-intentionale Auslegung dieses Ergebnis.[867] Blieb der Entwurf des Bundesrates hinsichtlich des persönlichen Anwendungsbereichs des § 42 ArbNErfG noch unklar und umfasste nur das wissenschaftliche Hochschulpersonal[868], so ging der später angenommene Entwurf der Bundesregierung darüber hinaus und unterließ mit der heute in § 42 ArbNErfG n. F. Eingang gefundenen Formulierung eine derartige Beschränkung.[869] Bereits nach der allgemeinen Gesetzesbegründung unterstellt die Neuregelung „*im Grundsatz die Erfindungen des **gesamten Personals** [Hervorhebung durch den Verf.] an Hochschulen den allgemeinen Regelungen des Gesetzes über Arbeitnehmererfindungen.*"[870] Zwar spricht die Gesetzesbegründung gerade im Rahmen von § 42 Nr. 4 ArbNErfG nur von Hochschulwissenschaftlern und scheint an dieser Stelle nicht die nichtwissenschaftlichen Beschäftigten zu erfassen. Dass Gegenteiliges gewollt war, zeigt sich aber im besonderen Teil der amtlichen Begründung. Danach gelten die „*Besonderen Bestimmungen für Erfindungen an Hochschulen*" für „*alle Bediensteten einer Hochschule, unabhängig davon, ob es sich um Beamte oder Angestellte, wissenschaftliches oder technisches Personal handelt.*" Zudem führe „*für Beschäftigte ohne wissenschaftliche Tätigkeit [...] die Einbeziehung in die Sonderregelungen des § 42 lediglich in Bezug auf die Vergütung zu einer Besserstellung gegenüber anderen Beamten und Arbeitnehmern im öffentlichen Dienst.*"[871] Demnach sollte zumindest § 42 Nr. 4 ArbNErfG auf das gesamte Hochschulpersonal, wissenschaftlich wie nichtwissenschaftlich, ausweislich der Gesetzesbegründung Anwendung finden.[872]

Fraglich ist aber, ob mit *Reetz* auf die Norm des § 36 Abs. 1 HRG zurückgegriffen werden sollte. Denn mit der Föderalismusreform im Jahr

---

866 *Reetz*, Erfindungen an Hochschulen, S. 113, 120 ff.
867 Ausführlich zur historischen Auslegung *Reetz*, Erfindungen an Hochschulen, S. 129 ff.
868 „Entwurf eines Gesetzes zur Förderung des Patentwesens an den Hochschulen" des Bundesrates vom 26.04.2001, BT-Drs. 14/5939, S. 5.
869 Vgl. „Entwurf eines Gesetzes zur Änderung des Gesetzes über Arbeitnehmererfindungen" der Bundesregierung vom 23.11.2001, BT-Drs. 14/7565.
870 Begründung zum „Entwurf eines Gesetzes zur Änderung des Gesetzes über Arbeitnehmererfindungen" einzelner Abgeordneter der SPD sowie der Fraktion Bündnis 90/Die Grünen vom 09.05.2001, BT-Drs. 14/5975, Allgemeiner Teil, S. 5.
871 Begründung zum „Entwurf eines Gesetzes zur Änderung des Gesetzes über Arbeitnehmererfindungen" einzelner Abgeordneter der SPD sowie der Fraktion Bündnis 90/Die Grünen vom 09.05.2001, BT-Drs. 14/5975, Besonderer Teil, S. 6.
872 Siehe statt vieler so auch *Reetz*, Erfindungen an Hochschulen, S. 136.

2006 ist die Rahmengesetzgebungskompetenz des Bundes für die allgemeinen Grundsätze des Hochschulwesens entfallen, die Art. 75 Abs. 1 Nr. 1a GG a. F. vorsah. Da das HRG trotz mehrfacher Anläufe bislang nicht aufgehoben wurde[873], gilt es nach Art. 125b Abs. 1 S. 1 GG in *„versteinerter"* Form fort.[874] Nach § 74 Abs. 1 Nr. 33 GG fallen in den Bereich der konkurrierenden Gesetzgebung nunmehr allein die Kompetenzbereiche „Hochschulzulassung" sowie „Hochschulabschlüsse". Von seiner Gesetzgebungszuständigkeit hat der Bundesgesetzgeber bislang jedoch keinen Gebrauch gemacht.[875] Dass die Landesgesetzgeber ihre im Zuge der Föderalismusreform gewonnenen Gesetzgebungszuständigkeiten genutzt haben, zeigt sich in der Fülle der Landeshochschulgesetze.[876] Aufgrund der Weitergeltung des HRG kann nach wie vor auf die Regelungen des HRG Bezug genommen werden.[877]

Leise Zweifel an *Reetz'* korporationsrechtlichem Ansatz beschleichen den kritischen Leser lediglich hinsichtlich der Personen, die keiner Tätigkeit für die Hochschule nachgehen (z. B. Studenten). Dass diese mangels eines Beschäftigungsverhältnisses nicht von § 42 ArbNErfG erfasst sein sollen, ist nicht nur unstreitig, sondern ergibt sich zudem auch aus der amtlichen Begründung, die die *„Gastdozenten, Doktoranden und Studenten, soweit sie nicht zusätzlich bei der Hochschule angestellt sind"* von der Regelung ausnimmt.[878] Folgt man aber dem korporationsrechtlichen Ansatz in strenger Anwendung, so müssten auch diese Personengruppen vom Beschäftigtenbegriff umfasst sein, da sie als „Mitglieder" der Hochschule (vgl. § 36 Abs. 1 HRG) der Selbstverwaltungskörperschaft „Hochschule" korporati-

---

873 Hierzu ausführlicher siehe *Kempen*, in: Hartmer/Detmer (Hrsg.), Hochschulrecht, S. 1, 19 (Rn. 47).
874 *Reich*, HRG, Einführung, Rn. 1; vgl. auch *Kempen*, in: Hartmer/Detmer (Hrsg.), Hochschulrecht, S. 1, 19 (Rn. 47), der die Fortgeltung des HRG allerdings auf § 125a Abs. 1 S. 1 GG stützt.
875 *Kempen*, in: Hartmer/Detmer (Hrsg.), Hochschulrecht, S. 1, 19 (Rn. 47).
876 Vgl. die Aufzählung der Landeshochschulgesetze bei *Kempen*, in: Hartmer/ Detmer (Hrsg.), Hochschulrecht, S. 1, 20 (Rn. 50).
877 Die Bezugnahme auf das HRG erscheint im weiteren Verlauf auch insoweit geboten, als der Rahmen der Arbeit eine Einbeziehung aller, zum Teil sehr verschiedenen, landesgesetzlichen Regelungen nicht zulässt. Ein Rückgriff auf die jeweiligen Landeshochschulgesetze erfolgt lediglich dann, wenn besondere Ausnahmeregelungen hervorgehoben werden sollen oder entsprechende Regelungen im HRG nicht enthalten sind.
878 Begründung zum „Entwurf eines Gesetzes zur Änderung des Gesetzes über Arbeitnehmererfindungen" einzelner Abgeordneter der SPD sowie der Fraktion Bündnis 90/Die Grünen vom 09.05.2001, BT-Drs. 14/5975, Besonderer Teil, S. 6.

onsrechtlich zugehören. *Reetz* umgeht dies mit dem schlichten Hinweis, dass Studenten zwar auch Hochschulmitglieder seien, *„jedoch nicht zu den Gruppen der Beschäftigten, die im Rahmen der §§ 40 f., 42 ArbEG relevant sein könnten"* gehören.[879] Dennoch ist dem Ansatz von *Reetz* voll zuzustimmen, da er bis auf die gerade erörterten, marginalen Ungereimtheiten mit dem Sinn und Zweck des § 42 ArbNErfG vereinbar ist und eine bestmögliche Bestimmung des Beschäftigtenbegriffs bietet. Eines wie auch immer gearteten Rückgriffs auf § 7 SGB IV bedarf es deshalb nicht.

c. Fazit

Während § 42 ArbNErfG a. F. lediglich für Professoren, wissenschaftliche Assistenten und Dozenten Anwendung fand, stellt die neue Fassung des § 42 ArbNErfG auf den Begriff des Hochschulbeschäftigten ab. Der Hochschulbeschäftigte muss sowohl vom Hochschularbeitnehmer als auch vom Hochschulwissenschaftler abgegrenzt und eigenständig bestimmt werden. Eines Rückgriffes auf § 7 SGB IV bedarf es nicht, da sich der Begriff des Hochschulbeschäftigten im Wege der Auslegung ermitteln lässt.

Der Begriff des Hochschulbeschäftigten i. S. d. § 42 ArbNErfG wird nach der korporationsrechtlichen Zugehörigkeit zur Hochschule bestimmt. An einer Hochschule Beschäftigte sind demnach alle als Mitglieder der Hochschule nach § 36 Abs. 1 S. 1 Alt. 1 HRG oder als sonstige an der Hochschule Tätige nach § 36 Abs. 1 S. 2 Alt. 1 HRG. Im Ergebnis fällt das gesamte wissenschaftliche wie nichtwissenschaftliche Hochschulpersonal, also vor allem folgender Personenkreis unter den Beschäftigtenbegriff des § 42 Nr. 4 ArbNErfG: Zunächst das in § 42 Abs. 1 HRG geregelte, hauptberuflich tätige wissenschaftliche und künstlerische Personal der Hochschule, wie Professoren (§§ 44, 46 HRG), Juniorprofessoren (§§ 47, 48 HRG), wissenschaftliche und künstlerische Mitarbeiter (§ 53 HRG) sowie Lehrkräfte für besondere Aufgaben (§ 56 HRG).[880] Ebenso umfasst sind

---

879 *Reetz*, Erfindungen an Hochschulen, S. 124.
880 So auch *Bergmann*, Erfindungen von Hochschulbeschäftigten nach der Reform von § 42 ArbNErfG, Rn. 154; *Reetz*, Erfindungen an Hochschulen, S. 119; *Bartenbach/Volz*, Arbeitnehmererfindungsgesetz, § 42 n. F., Rn. 12; *Leuze*, in: Reimer/Schade/Schippel, ArbNErfG, § 42 n. F., Rn. 7.

wissenschaftliche[881] und studentische[882] Hilfskräfte (vgl. § 57e HRG), das technische Personal[883] sowie alle Verwaltungsbeamten, -angestellten und -arbeiter.[884] Nicht erfasst von § 42 ArbNErfG werden alle diejenigen Personen, die nicht an der Hochschule tätig werden, wie Doktoranden oder Studenten.[885] Auch nicht unter die Regelung fallen Gastdozenten, Honorarprofessoren oder Lehrbeauftragte, soweit sie nicht in einem abhängigen Dienstverhältnis zur Hochschule stehen.[886]

---

881 Begründung zum „Entwurf eines Gesetzes zur Änderung des Gesetzes über Arbeitnehmererfindungen" einzelner Abgeordneter der SPD sowie der Fraktion Bündnis 90/Die Grünen vom 09.05.2001, BT-Drs. 14/5975, Besonderer Teil, S. 6; *Bartenbach/Volz*, Arbeitnehmererfindungsgesetz, § 42 n. F., Rn. 12; *Leuze*, in: Reimer/Schade/Schippel, ArbNErfG, § 42 n. F., Rn. 8.

882 *Körting/Kummer*, RdA 2003, 279, 282; *Bergmann*, Erfindungen von Hochschulbeschäftigten nach der Reform von § 42 ArbNErfG, Rn. 154; *Reetz*, Erfindungen an Hochschulen, S. 119; *Bartenbach/Volz*, Arbeitnehmererfindungsgesetz, § 42 n. F., Rn. 12; *Leuze*, in: Reimer/Schade/Schippel, ArbNErfG, § 42 n. F., Rn. 9.

883 *Beyerlein*, NZA 2002, 1020, 1023; *Körting/Kummer*, RdA 2003, 279, 282; *Bergmann*, Erfindungen von Hochschulbeschäftigten nach der Reform von § 42 ArbNErfG, Rn. 154; *Kretzer*, Die Novellierung des "Hochschullehrerprivilegs" (§ 42 ArbnErfG), S. 17; *Reetz*, Erfindungen an Hochschulen, S. 120; *Bartenbach/Volz*, Arbeitnehmererfindungsgesetz, § 42 n. F., Rn. 12; *Boemke/Sachadae*, in: Boemke/Kursawe, ArbNErfG, § 42, Rn. 32; *Leuze*, in: Reimer/Schade/Schippel, ArbNErfG, § 42 n. F., Rn. 11.

884 *Bergmann*, Erfindungen von Hochschulbeschäftigten nach der Reform von § 42 ArbNErfG, Rn. 154; *Kretzer*, Die Novellierung des "Hochschullehrerprivilegs" (§ 42 ArbnErfG), S. 17; *Reetz*, Erfindungen an Hochschulen, S. 120; *Soudry*, Die Rechtsstellung des Hochschulerfinders nach der Neufassung von § 42 ArbNErfG, S. 125; *Bartenbach/Volz*, Arbeitnehmererfindungsgesetz, § 42 n. F., Rn. 12; *Leuze*, in: Reimer/Schade/Schippel, ArbNErfG, § 42 n. F., Rn. 11; vgl. auch *Boemke/Sachadae*, in: Boemke/Kursawe, ArbNErfG, § 42, Rn. 32.

885 *Beyerlein*, NZA 2002, 1020, 1023; *Böhringer*, NJW 2002, 952, 953; *Körting/Kummer*, RdA 2003, 279, 282; *Bergmann*, Erfindungen von Hochschulbeschäftigten nach der Reform von § 42 ArbNErfG, Rn. 155; *Kelp*, in: Gärditz/Pahlow (Hrsg.), Hochschulerfinderrecht, S. 223, 239 (Rn. 41); *Soudry*, Die Rechtsstellung des Hochschulerfinders nach der Neufassung von § 42 ArbNErfG, S. 125 f.; *Bartenbach/Volz*, Arbeitnehmererfindungsgesetz, § 42 n. F., Rn. 17; *Boemke/Sachadae*, in: Boemke/Kursawe, ArbNErfG, § 42, Rn. 35.

886 *Kelp*, in: Gärditz/Pahlow (Hrsg.), Hochschulerfinderrecht, S. 223, 239 (Rn. 41); *Bartenbach/Volz*, Arbeitnehmererfindungsgesetz, § 42 n. F., Rn. 17; *Boemke/Sachadae*, in: Boemke/Kursawe, ArbNErfG, § 42, Rn. 35 f.; siehe auch *Leuze*, in: Reimer/Schade/Schippel, ArbNErfG, § 42 n. F., Rn. 13.

2. Institutioneller Anwendungsbereich – Die Hochschule

Vom persönlichen Anwendungsbereich des § 42 ArbNErfG n. F. sind die an einer *Hochschule* Beschäftigten erfasst. Nach der Feststellung des unter den Beschäftigtenbegriff fallenden Personenkreises schließt sich die Fragestellung an, was unter dem Begriff der „Hochschule" im Detail zu verstehen ist. Auch für den institutionellen Anwendungsbereich des § 42 ArbNErfG blieb die Reform des Arbeitnehmererfindergesetzes im Jahr 2002 nicht folgenlos.

a. Der institutionelle Anwendungsbereich des § 42 ArbNErfG bis zum 06.02.2002

In der bis zum 06. Februar 2002 geltenden Fassung des § 42 ArbNErfG entfaltete die Sonderregelung ihre Wirkung für Erfindungen der privilegiert Tätigen bei den *„wissenschaftlichen Hochschulen"*. Der allgemeine Begriff der Hochschule wird in § 1 HRG beschrieben. Danach sind Universitäten, Pädagogische Hochschulen, die Kunsthochschulen, die Fachhochschulen, sowie sonstige Einrichtungen, die nach Landesrecht staatliche Hochschulen sind[887], erfasst. Auch staatlich anerkannte Hochschulen wie die Bundeswehr-Hochschulen oder kirchliche Hochschulen werden durch § 1 S. 2 HRG i. V. m. § 70 HRG umfasst (vgl. z. B. §§ 113 ff. HG NRW a. F. bzw. § 72 ff. HG NRW n. F.)[888] Der Anwendungsbereich der Vorschrift blieb früher allerdings auf die Universitäten und sonstigen wissenschaftlichen Hochschulen beschränkt. Dies ergab sich aus dem Zusatz der *„wissenschaftlichen"* Hochschulen. Ausgenommen von der Sonderregelung des § 42 ArbNErfG a. F. waren nach damals herrschender Meinung folglich die Fachhochschulen und damit vergleichbare Bildungsstätten.[889] Gestützt wurde diese Auffassung nicht nur auf den Wortlaut, sondern auch durch den Normzweck des § 42 ArbNErfG a. F.: Gegenüber den Universitäten als

---

887 Siehe z. B. für Nordrhein-Westfalen § 1 Abs. 2 HG NRW.
888 *Bartenbach/Volz*, Arbeitnehmererfindergesetz (4. Auflage 2002), § 42 a. F., Rn. 6.
889 *Fernández de Córdoba*, GRUR Int. 1996, 218, 225 (Fn. 72); *Kraßer/Schricker*, Patent- und Urheberrecht an Hochschulen, S. 42; *Bartenbach/Volz*, Arbeitnehmererfindergesetz (4. Auflage 2002), § 42 a. F., Rn. 7; *Keukenschrijver*, in: Busse, PatG (5. Auflage 1999), § 42 ArbEG, Rn. 2; *Volmer/Gaul*, in: Arbeitnehmererfindungsgesetz, § 42, Rn. 17, 24, 27; **zweifelnd** *Beier/Ullrich*, Staatliche Forschungsförderung und Patentschutz, Bd. 2, S. 280 (Fn. 141); **a. A.** *Barth*, GRUR 1997, 880, 882; *Leuze*, in: Reimer/Schade/Schippel, ArbNErfG, § 42 (a. F.), Rn. 10 m. w. N.

Stätten der Forschung sollten die Fachhochschulen vorrangig der Ausbildung der Studenten dienen und mithin eine andere Aufgabe erfüllen.[890] Ebenfalls nach h. M. nicht erfasst waren Wissenschaftler an nicht universitären, privatrechtlich organisierten und von öffentlicher Hand unterhaltenen Forschungseinrichtungen wie den Max-Planck-Instituten, den Instituten der Fraunhofer Gesellschaft e.V., den Helmholtz-Instituten oder dem Deutschen Zentrum für Luft- und Raumfahrt e.V.[891]

b. Der institutionelle Anwendungsbereich des § 42 ArbNErfG seit dem 07.02.2002

Nach der seit 2002 geltenden Fassung des § 42 ArbNErfG gelten die Sonderbestimmungen für „*Erfindungen der an einer **Hochschule** [Hervorhebung durch den Verf.] Beschäftigten*". Es sticht ins Auge, dass der bislang in seiner Bedeutung umstrittene Zusatz der „*wissenschaftlichen*" Hochschule mit der Neufassung der Norm gestrichen wurde. Nunmehr wird nur noch die Hochschuleigenschaft zur Voraussetzung des institutionellen Anwendungsbereichs des § 42 ArbNErfG n. F. erhoben.

aa. Der Begriff der Hochschule

Nach wie vor richtet sich die Bestimmung des Hochschulbegriffs mangels eigenständiger Definition im Arbeitnehmererfindergesetz zunächst nach § 1 S. 1 HRG.[892] Neben den Universitäten sind demnach heute nach allgemeiner Auffassung auch die Fachhochschulen vom Anwendungsbereich

---

890 Vgl. *Bartenbach/Volz*, Arbeitnehmererfindergesetz (4. Auflage 2002), § 42 a. F., Rn. 8.
891 *Kraßer/Schricker*, Patent- und Urheberrecht an Hochschulen, S. 42 f.; *Bartenbach/Volz*, Arbeitnehmererfindergesetz (4. Auflage 2002), § 42 a. F., Rn. 10 m. w. N.; *Keukenschrijver*, in: Busse, PatG (5. Auflage 1999), § 42 ArbEG, Rn. 3; *Leuze*, in: Reimer/Schade/Schippel, ArbNErfG, § 42 (a. F.), Rn. 11; *Volmer/Gaul*, in: Arbeitnehmererfindungsgesetz, § 42, Rn. 20.
892 *Fleuchaus/Braitmayer*, GRUR 2002, 653, 656; *Körting/Kummer*, RdA 2003, 279, 282; *Bergmann*, Erfindungen von Hochschulbeschäftigten nach der Reform von § 42 ArbNErfG, Rn. 158 f.; *Reetz*, Erfindungen an Hochschulen, S. 106 f.; *Soudry*, Die Rechtsstellung des Hochschulerfinders nach der Neufassung von § 42 ArbNErfG, S. 128; *Bartenbach/Volz*, Arbeitnehmererfindungsgesetz, § 42 n. F., Rn. 13; *Boemke/Sachadae*, in: Boemke/Kursawe, ArbNErfG, § 42, Rn. 25; *Leuze*, in: Reimer/Schade/Schippel, ArbNErfG, § 42 n. F., Rn. 6.

erfasst.[893] Dies wird in den amtlichen Begründungen der Gesetzesentwürfe sogar explizit klargestellt[894], sodass sich der Gesetzgeber ausdrücklich gegen die ehemals vorherrschende Meinung entschieden hat. Ebenfalls sind die Bundeswehr-Hochschulen, die Fachhochschule des Bundes für öffentliche Verwaltung sowie die Gesamthochschulen nunmehr eingeschlossen.[895] Nicht erfasst werden die Bildungseinrichtungen des Bundes oder des Landes, die nicht als Hochschulen im Sinne einer gesetzlichen Vorschrift anzusehen sind, wie einfache Verwaltungsfachschulen oder sonstige Bildungseinrichtungen (z. B. Aus- und Fortbildungszentren der Bundespolizei).[896]

(1) Privatrechtlich organisierte Hochschulen

Strittig bleibt aber die Anwendung des § 42 ArbNErfG auf privat betriebene, staatlich anerkannte Hochschulen, die über § 1 S. 2 i. V. m. § 70 HRG ebenfalls in den Anwendungsbereich des Hochschulrahmengesetzes einbezogen werden. Nach einer insbesondere früher vorherrschenden, aber weiterhin vertretenen Auffassung werden auch staatlich anerkannte Hochschulen, wie z. B. die Universität Witten-Herdecke, vom Anwendungsbereich des § 42 ArbNErfG n. F. erfasst.[897] Dies folge aus der Verweisung des

---

893 So z. B. *Beyerlein*, NZA 2002, 1020, 1023; *Körting/Kummer*, RdA 2003, 279, 282; *Kraßer*, in: Hartmer/Detmer (Hrsg.), Hochschulrecht, S. 831, 849 (Rn. 63); *Soudry*, Die Rechtsstellung des Hochschulerfinders nach der Neufassung von § 42 ArbNErfG, S. 128; *Bartenbach/Volz*, Arbeitnehmererfindungsgesetz, § 42 n. F., Rn. 13; *Boemke/Sachadae*, in: Boemke/Kursawe, ArbNErfG, § 42, Rn. 25; *Keukenschrijver*, in: Busse/Keukenschrijver, PatG, § 42 ArbEG, Rn. 7; *Leuze*, in: Reimer/Schade/Schippel, ArbNErfG, § 42 n. F., Rn. 6.
894 Begründung zum „Entwurf eines Gesetzes zur Änderung des Gesetzes über Arbeitnehmererfindungen" einzelner Abgeordneter der SPD sowie der Fraktion Bündnis 90/Die Grünen vom 09.05.2001, BT-Drs. 14/5975, Besonderer Teil, S. 6; Begründung zum „Entwurf eines Gesetzes zur Änderung des Gesetzes über Arbeitnehmererfindungen" der Bundesregierung vom 17.08.2001, BR-Drs. 583/01, Besonderer Teil, S. 7.
895 *Balzer/Milbradt*, PharmR 2003, 378, 379; *Bartenbach/Volz*, Arbeitnehmererfindungsgesetz, § 42 n. F., Rn. 13.
896 *Boemke/Sachadae*, in: Boemke/Kursawe, ArbNErfG, § 42, Rn. 26.
897 *Balzer/Milbradt*, PharmR 2003, 378, 379; *Reetz*, Erfindungen an Hochschulen, S. 109; *Leuze*, in: Reimer/Schade/Schippel, ArbNErfG, § 42 n. F., Rn. 6; früher auch *Bartenbach/Volz*, GRUR 2002, 743, 745 und *dies.*, Arbeitnehmererfindergesetz (4. Auflage 2002), § 42 n. F., Rn. 13, die ihre Auffassung jedoch später revi-

§ 1 S. 2 HRG[898] auf § 70 HRG: Da der Hochschulbegriff des § 42 ArbNErfG nach § 1 HRG bestimmt wird und über die Verweisung des S. 2 auch die privat betriebenen Hochschulen kraft Anerkennung als Hochschulen i. S. d. HRG gelten, müssten diese auch den Sonderbestimmungen des § 42 ArbNErfG n. F. unterworfen werden. Nach gegenteiliger Ansicht sollen diese bloß staatlich anerkannten Hochschulen jedoch nicht in den Anwendungsbereich des § 42 ArbnErfG n. F. miteinbezogen sein.[899]

Für die letztere Auffassung sprechen die besseren Argumente. Dass eine nicht staatliche Hochschule durch den Anerkennungsakt der Länder über § 1 S. 2 i. V. m. § 70 HRG als Hochschule i. S. d. Hochschulrahmengesetzes gilt, heißt nicht zwangsläufig, dass diese als Hochschule i. S. d. § 42 ArbNErfG n. F. anzusehen ist. Vor allem systematische Erwägungen sprechen gegen eine Einbeziehung der staatlich anerkannten Hochschulen in den Anwendungsbereich. § 42 ArbNErfG n. F. ist eingeordnet in den dritten Abschnitt des Arbeitnehmererfindergesetzes, der überschrieben ist mit *„Erfindungen und technische Verbesserungsvorschläge von Arbeitnehmern* **im öffentlichen Dienst** [Hervorhebung durch den Verf.], *von Beamten und Soldaten."* Wie bereits erörtert, folgt u. a. aus dieser systematischen Einordnung sowie aus dem Verhältnis des § 42 ArbNErfG zu den §§ 40, 41 ArbNErfG, dass es sich im Rahmen des § 42 ArbNErfG n. F. um eine Beschäftigung im öffentlichen Dienst handeln muss.[900] Eine staatlich anerkannte Hochschule ist jedoch gerade eine nicht staatliche, privatrechtlich organisierte Hochschule, was sich unmittelbar aus § 70 HRG ergibt.[901] Da der staatliche Anerkennungsakt keinerlei Auswirkungen auf die Rechtsnatur des Dienstverhältnisses hat und die Anstellungsverhältnisse an den privat ver-

---

diert haben (siehe *Bartenbach/Volz*, Arbeitnehmererfindungsgesetz, § 42 n. F., Rn. 13).

898 § 1 S. 2 HRG lautet: *„Dieses Gesetz betrifft, soweit dies in § 70 bestimmt ist, auch die staatlich anerkannten Hochschulen."*

899 *Bergmann*, Erfindungen von Hochschulbeschäftigten nach der Reform von § 42 ArbNErfG, Rn. 161; *Kohler/Beyer*, in: Asche/Bauhus/Kaddatz/Seel (Hrsg.), Modernes Patentbewusstsein in Hochschulen, S. 79 (Fn. 1); *Krausnick*, in: Gärditz/Pahlow (Hrsg.), Hochschulerfinderrecht, S. 117, 123 ff. (Rn. 15 ff.); *Soudry*, Die Rechtsstellung des Hochschulerfinders nach der Neufassung von § 42 ArbNErfG, S. 129 f.; *Bartenbach/Volz*, Arbeitnehmererfindungsgesetz, § 42 n. F., Rn. 13; *Boemke/Sachadae*, in: Boemke/Kursawe, ArbNErfG, § 42, Rn. 26; *Keukenschrijver*, in: Busse/Keukenschrijver, PatG, § 42 ArbEG, Rn. 7; offen gelassen *Kraßer*, in: Hartmer/Detmer (Hrsg.), Hochschulrecht, S. 831, 849 (Fn. 52).

900 Siehe hierzu oben Kapitel 3. § 8 A. II. 1. b. aa. (1), (S. 251).

901 *Bergmann*, Erfindungen von Hochschulbeschäftigten nach der Reform von § 42 ArbNErfG, Rn. 161.

fassten Hochschulen trotz Anerkennung weiterhin privatrechtlich bleiben, fehlt es an einer Beschäftigung im öffentlichen Dienst, was die Anwendung des § 42 ArbNErfG n. F. ausschließt.[902]

(2) Außeruniversitäre Forschungseinrichtungen[903]

Hinsichtlich der außeruniversitären Forschungseinrichtungen, die zwar von öffentlicher Hand unterhalten aber privatrechtlich organisiert werden[904], hat die Reform des § 42 ArbNErfG keine Änderungen mit sich gebracht. § 42 ArbNErfG n. F. findet wie auch schon nach der h. M. zur alten Rechtslage keine Anwendung auf die an solchen Forschungseinrichtungen Beschäftigten.[905] Schon begrifflich können außeruniversitäre Einrichtungen nur schwer unter den Begriff der Hochschule gefasst werden. Aber auch aus dem Gesetzgebungsverfahren zur Neufassung des § 42 ArbNErfG geht hervor, dass außerhochschulische Einrichtungen vom Anwendungsbereich der Vorschrift nicht umfasst sein sollen, indem ein auf Einbeziehung der genannten Institutionen gerichteter Änderungsantrag[906] abgelehnt wurde.[907] Schließlich spricht wie auch im Rahmen der staatlich aner-

---

902 Vgl. *Bergmann*, Erfindungen von Hochschulbeschäftigten nach der Reform von § 42 ArbNErfG, Rn. 161; *Soudry*, Die Rechtsstellung des Hochschulerfinders nach der Neufassung von § 42 ArbNErfG, S. 129 f.; so i. E. auch *Keukenschrijver*, in: Busse/Keukenschrijver, PatG, § 42 ArbEG, Rn. 7. Nunmehr auch *Bartenbach/Volz*, Arbeitnehmererfindungsgesetz, § 42 n. F., Rn. 13.
903 Grundlegend zur außeruniversitären Forschung siehe *Meusel*, Außeruniversitäre Forschung im Wissenschaftsrecht, S. 1 ff.
904 Vgl. hierzu oben Kapitel 3. § 8 A. II. 2. a. (S. 264).
905 So auch *Bartenbach/Volz*, GRUR 2002, 743, 746; *Beaucamp*, DöD 2003, 99, 100; *Hoeren*, WissR 2005, 131, 136; *Körting/Kummer*, RdA 2003, 279, 285; *Schippan*, F&L 2002, 648, 650; *Wündisch/Hering*, GRUR Int. 2009, 106, 108; *Kraßer*, in: Hartmer/Detmer (Hrsg.), Hochschulrecht, S. 831, 849 (Rn. 63); *Reetz*, Erfindungen an Hochschulen, S. 110; *Soudry*, Die Rechtsstellung des Hochschulerfinders nach der Neufassung von § 42 ArbNErfG, S. 127 f.; *Bartenbach/Volz*, Arbeitnehmererfindungsgesetz, § 42 n. F., Rn. 20; *Leuze*, in: Reimer/Schade/Schippel, ArbNErfG, § 42 n. F., Rn. 7; *Schwab*, Arbeitnehmererfindungsrecht, § 42 ArbNErfG, Rn. 6; **krit.** *Fleuchaus/Braitmayer*, GRUR 2002, 653, 656 f. Zur alten Rechtslage siehe die Nachweise in Fn. 891 (S. 265).
906 Änderungsantrag einzelner Abgeordneter sowie der Fraktion der PDS zum „Entwurf eines Gesetzes zur Änderung des Gesetzes über Arbeitnehmererfindungen" (BT-Drs. 14/5975) vom 28.11.2001, BT-Drs. 14/7652, S. 1.
907 Stenographischer Bericht zur 206. Sitzung des Deutschen Bundestags vom 30.11.2001, BT-Plenarprotokoll 14/206, S. 20427. Ausführlicher hierzu *Berg-*

kannten Hochschulen die Systematik gegen eine Einbeziehung, da § 42 ArbNErfG n. F. eine Beschäftigung im öffentlichen Dienst erfordert.[908]

(3) Selbständige Universitätskliniken

Auch den Universitätskliniken fällt im Hinblick auf Forschung und Lehre eine bedeutende Rolle zu, sodass sie für die medizinischen Fakultäten unverzichtbar sind, vgl. § 31a Abs. 1 HG NRW (§ 41 HG NRW a. F.).[909] Dennoch fehlt denjenigen Universitätskliniken, die als rechtlich eigenständige Anstalt oder Körperschaft des öffentlichen Rechts und nicht als Untergliederung einer Universität betrieben werden (und das ist heute in den meisten Bundesländern der Regelfall[910]), der hochschulrechtliche Status. Aus der soeben besprochenen, bewussten Entscheidung des Gesetzgebers, Forschungseinrichtungen außerhalb von staatlichen Hochschulen nicht in den Anwendungsbereich des § 42 ArbNErfG einzubeziehen, lässt sich ablesen, dass es nicht das Ziel des Gesetzgebers gewesen ist, alle Einrichtungen, die der Forschung und Lehre dienen, unabhängig vom Hochschulstatus in den Anwendungsbereich mit aufzunehmen. Selbständige Universitätskliniken werden demnach von § 42 ArbNErfG nicht erfasst.[911]

---

mann, Erfindungen von Hochschulbeschäftigten nach der Reform von § 42 ArbNErfG, Rn. 163; *Boemke/Sachadae*, in: Boemke/Kursawe, ArbNErfG, § 42, Rn. 27.

908 Siehe hierzu soeben unter (1).
909 *Sandberger*, in: Hartmer/Detmer (Hrsg.), Hochschulrecht, S. 459, 488 (Rn. 142); *Boemke/Sachadae*, in: Boemke/Kursawe, ArbNErfG, § 42, Rn. 28; *Möller*, in: Huster/Kaltenborn, Krankenhausrecht, § 16 D Universitätskliniken, Rn. 20 ff.
910 Siehe z.B. für Nordrhein-Westfalen § 31a Abs. 2 S. 1 HG NRW i. V. m. § 1 UKVO NRW; *Sandberger*, in: Hartmer/Detmer (Hrsg.), Hochschulrecht, S. 459, 480 (Rn. 104 ff.); siehe auch *Möller*, in: Huster/Kaltenborn, Krankenhausrecht, § 16 D Universitätskliniken, Rn. 21 ff.
911 *Boemke/Sachadae*, in: Boemke/Kursawe, ArbNErfG, § 42, Rn. 28; **a. A.** *Bartenbach/Volz*, Arbeitnehmererfindungsgesetz, § 42 n. F., Rn. 13; *Leuze*, in: Reimer/Schade/Schippel, ArbNErfG, § 42 n. F., Rn. 6. Für den Sonderfall, dass das Personal im Bereich eines Universitätsklinikums ohne Hochschulstatus beschäftigt wird, aber das Anstellungsverhältnis zu einer Hochschule besteht vgl. *Boemke/Sachadae*, in: Boemke/Kursawe, ArbNErfG, § 42, Rn. 29.

bb. Der Begriff des „Dienstherrn"

Bei näherer Betrachtung der Vorschrift des § 42 ArbNErfG n. F. fällt auf, dass der Gesetzgeber neben der Verwendung des Hochschulbegriffs in den Nummern 1, 2 und 4 auch vom sog. „Dienstherrn" spricht. Es drängt sich die Frage auf, inwieweit zwischen den Begrifflichkeiten der Hochschule und des Dienstherrn zu differenzieren ist und wer letzten Endes tatsächlich unter den institutionellen Anwendungsbereich des § 42 ArbNErfG n. F. zu subsumieren ist. Relevanz birgt diese Fragestellung für die vorliegende Arbeit vor allem durch die Tatsache, dass § 42 ArbNErfG n. F. die materielle Berechtigung zur Verwertung der Erfindung sowie den damit verbundenen Verwertungserlös dem „Dienstherrn" und nicht der „Hochschule" zuschreibt.

Auch bereits das alte Hochschullehrerprivileg des § 42 ArbNErfG a. F. verwendete beide Begrifflichkeiten. Allerdings galt § 42 ArbNErfG a. F. für das Personal *bei* den Hochschulen. Damit wurde deutlich, dass es gerade nicht auf die Frage ankommen sollte, ob die Hochschule selbst oder aber das jeweilige Bundesland als Dienstherr anzusehen war.[912] In seiner neuen Fassung hingegen bedient sich § 42 ArbNErfG nun der Formulierung der *„an einer Hochschule Beschäftigten* [Hervorhebung durch den Verfasser]." Demnach muss ein Beschäftigungsverhältnis an der Hochschule bestehen, während insbesondere § 42 Nr. 4 ArbNErfG für das Recht zur Verwertung vom Dienstherrn spricht. Es liegt also die Frage auf der Hand, ob auch die Hochschule als Dienstherr angesehen werden kann oder ob die Begrifflichkeiten hier insoweit auseinanderfallen.

(1) Definition des „Dienstherrn"

Der Begriff des Dienstherrn ist ein im Beamtenrecht seit jeher gängiger Terminus, vgl. § 3 BeamtStG (§ 2 Abs. 1 BRRG a. F.) und § 121 BRRG.[913]

---

912 *Bergmann*, Erfindungen von Hochschulbeschäftigten nach der Reform von § 42 ArbNErfG, Rn. 166; *Bartenbach/Volz*, Arbeitnehmererfindergesetz (4. Auflage 2002), § 42 a. F., Rn. 9.
913 Vgl. *Pahlow/Gärditz*, WissR 2006, 48, 64. Zwar wurde das Beamtenrechtsrahmengesetz aufgrund der Aufhebung der Kompetenz des Bundes zur Rahmengesetzgebung im Zuge der Föderalismusreform durch das Beamtenstatusgesetz weitestgehend abgelöst, § 121 BRRG gilt jedoch weiter fort (vgl. § 63 Abs. 3 BeamtStG).

Die Dienstherrenfähigkeit ist laut § 121 BRRG[914] das Recht, Beamte zu haben. Dies könnte zunächst zu der Fehlannahme führen, dass die vom „Dienstherrn" sprechenden erfinderrechtlichen Vorschriften, lediglich auf das verbeamtete Personal Anwendung finden können. Das hätte zur Folge, dass auch die vergütungsrechtliche Regelung des § 42 Nr. 4 ArbNErfG nur auf verbeamtete Erfinder beschränkt bliebe. Dass eine solche Beschränkung des persönlichen Anwendungsbereichs nicht gewollt sein kann[915] und es gerade nicht entscheidend ist, ob der Beschäftigte Arbeitnehmer oder Beamter ist, wurde bereits geklärt.[916] Da der Gesetzgeber in § 42 ArbNErfG lediglich vom Regelbild des verbeamteten Hochschullehrers ausgeht[917], ist es zu einer „*redaktionellen Unschärfe*" gekommen.[918] Soweit es sich also um einen Arbeitnehmer handelt, tritt an die Stelle des Dienstherrn der Arbeitgeber, sodass unter den Begriff des „Dienstherrn" sowohl der Dienstherr eines verbeamteten Hochschulbeschäftigten als auch der öffentliche Arbeitgeber eines angestellten Hochschulbeschäftigten zu fassen ist.[919]

Die Dienstherrenfähigkeit, also das Recht Beamte zu haben, fällt nach § 121 BBRG dem Bund, den Ländern, den Gemeinden und Gemeindeverbänden (Nr. 1), sowie unter gesonderten Voraussetzungen den sonstigen Körperschaften, Anstalten und Stiftungen des öffentlichen Rechts (Nr. 2)

---

914 Siehe auch § 2 BeamtStG für Beamte der Länder sowie § 2 BBG für Beamte des Bundes.
915 Vgl. auch Begründung zum „Entwurf eines Gesetzes zur Änderung des Gesetzes über Arbeitnehmererfindungen" einzelner Abgeordneter der SPD sowie der Fraktion Bündnis 90/Die Grünen vom 09.05.2001, BT-Drs. 14/5975, Besonderer Teil, S. 6.
916 *Bartenbach/Volz*, GRUR 2002, 743, 745; *Beyerlein*, NZA 2002, 1020, 1023; *Körting/Kummer*, RdA 2003, 279, 282; *Weyand/Haase*, GRUR 2007, 28, 31; *Bergmann*, Erfindungen von Hochschulbeschäftigten nach der Reform von § 42 ArbNErfG, Rn. 153; *Bartenbach/Volz*, Arbeitnehmererfindungsgesetz, § 42 n. F., Rn. 10. Siehe hierzu oben Kapitel 3. § 8 A. II. 1. b. aa. (1), (S. 251).
917 *Bartenbach/Volz*, Arbeitnehmererfindungsgesetz, § 42 n. F., Rn. 9.
918 *Bergmann*, Erfindungen von Hochschulbeschäftigten nach der Reform von § 42 ArbNErfG, Rn. 169; ebenso *Bartenbach/Volz*, Arbeitnehmererfindungsgesetz, § 42 n. F., Rn. 9.
919 Gemeinsamer Senat der obersten Gerichtshöfe des Bundes, Beschluss v. 12.03.1987 – GmS-OGB 6/86, NJW 1987, 2571, 2572; *Pahlow/Gärditz*, WissR 2006, 48, 64; *Bergmann*, Erfindungen von Hochschulbeschäftigten nach der Reform von § 42 ArbNErfG, Rn. 169; *Reetz*, Erfindungen an Hochschulen, S. 112; *Bartenbach/Volz*, Arbeitnehmererfindungsgesetz, § 42 n. F., Rn. 9; im Ergebnis auch *Kraßer*, in: Hartmer/Detmer (Hrsg.), Hochschulrecht, S. 831, 849 (Rn. 64).

zu. Dienstherr ist diejenige mit Personalhoheit ausgestattete juristische Person des öffentlichen Rechts, der gegenüber Rechte und Pflichten des Beamten aus dem Beamtenverhältnis bestehen.[920] Dienstherr ist also die Anstellungskörperschaft, wobei diese nicht zwingend zugleich auch die Beschäftigungskörperschaft sein muss, bei der der Beamte eingesetzt wird.[921]

(2) Dienstherrenfähigkeit der Hochschule

Nach § 42 Nr. 4 ArbNErfG n. F. stehen die Verwertungsrechte dem Dienstherrn bzw. wie gerade festgestellt, dem öffentlichen Arbeitgeber zu. Dies scheint mit der Intention des Gesetzgebers bei der Neufassung der Regelung zu kollidieren, da in der amtlichen Begründung von der Inanspruchnahme- und Verwertungsmöglichkeit „durch die Hochschulen" die Rede ist. Zunächst ist, entgegen teils anderslautender Stimmen in Literatur und Praxis[922], festzustellen, dass die Begrifflichkeiten „Hochschule" und „Dienstherr" keineswegs ohne weiteres identisch sind.[923] Weitergehend stellt sich aber die Frage, ob auch die Hochschule als Dienstherr bzw. (öffentlicher) Arbeitgeber[924] des Hochschulbeschäftigten angesehen werden kann. Da Hochschulen keine Gebietskörperschaften darstellen und eine Dienstherrenfähigkeit nach § 121 Nr. 1 BRRG mithin nicht in Betracht kommt, können diese allenfalls kraft Besitzstandes oder durch gesonderten Verleihungsakt nach § 121 Nr. 2 BRRG dienstherrenfähig sein. Denn nach

---

920 *Bergmann*, Erfindungen von Hochschulbeschäftigten nach der Reform von § 42 ArbNErfG, Rn. 171 m. H. a. *Trute/Richter*, ZBR 2002, 11, 13.
921 *Pahlow/Gärditz*, WissR 2006, 48, 64.
922 *Kohler/Beyer*, in: Asche/Bauhus/Kaddatz/Seel (Hrsg.), Modernes Patentbewusstsein in Hochschulen, S. 79, 80; Bundesministerium für Bildung und Forschung, Existenzgründungen mit Hochschulpatenten, S. 10, abrufbar im Internet unter: http://www.exist.de/SharedDocs/Downloads/DE/Studien/Existenzgruendungen-Hochschulpatenten.pdf?__blob=publicationFile, zuletzt abgerufen am 19.04.2020.
923 *Bartenbach/Volz*, in: FS 50 Jahre VPP (2005), S. 225, 235; *Bergmann*, Erfindungen von Hochschulbeschäftigten nach der Reform von § 42 ArbNErfG, Rn. 170; *Kelp*, in: Gärditz/Pahlow (Hrsg.), Hochschulerfinderrecht, S. 223, 239 (Rn. 42); *Bartenbach/Volz*, Arbeitnehmererfindungsgesetz, § 42 n. F., Rn. 9; *Leuze*, in: Reimer/Schade/Schippel, ArbNErfG, § 42 n. F., Rn. 44; vgl. auch *Hübner*, Erfindungen von Beschäftigten an Hochschulen, S. 55.
924 Auf den Zusatz „bzw. (öffentlichen) Arbeitgeber" wird im Folgenden zwecks Leserlichkeit verzichtet.

§ 121 Nr. 2 BRRG besitzen das Recht, Beamte zu haben, *"sonstige Körperschaften, Anstalten und Stiftungen des öffentlichen Rechts, die dieses Recht im Zeitpunkt des Inkrafttreten dieses Gesetzes besitzen oder denen es nach diesem Zeitpunkt durch Gesetz, Rechtsverordnung oder Satzung verliehen wird."*

In Betracht kommt zunächst die Dienstherrenfähigkeit kraft Besitzstandes für diejenigen öffentlich-rechtlichen Körperschaften, die die Dienstherrenfähigkeit bereits vor Inkrafttreten des BRRG am 1. September 1957 innehatten (§ 121 Nr. 2 Alt. 1 BRRG).[925] Dies trifft jedoch auf keine einzige deutsche Hochschule zu. Daneben kann einer Körperschaft des öffentlichen Rechts die Dienstherrenfähigkeit durch Gesetz verliehen werden (§ 121 Nr. 2 Alt. 2 BRRG). Da es sich bei den Hochschulen in aller Regel um Körperschaften öffentlichen Rechts handelt (vgl. § 58 Abs. 1 HRG sowie z. B. § 2 Abs. 1 HG NRW für das Land Nordrhein-Westfalen), kann grundsätzlich auch den Hochschulen die Dienstherrenfähigkeit verliehen werden. Die Vorschrift des § 121 Nr. 2 Alt. 2 BRRG blieb hinsichtlich der Hochschulen jedoch lange Zeit bloße Theorie, da die Länder von der Möglichkeit der Verleihung der Dienstherrenfähigkeit keinen Gebrauch machten und es vielmehr bei dem traditionellen Bild der fehlenden Personalhoheit der Hochschulen verblieb. Infolgedessen standen die an einer Hochschule tätigen Beamten in einem Dienstverhältnis zum jeweiligen Bundesland.[926] Nach und nach ist vermehrt einigen Hochschulen die Dienstherrenfähigkeit kraft Gesetzes verliehen worden, so etwa den Hochschulen der Länder Berlin[927], Nordrhein-Westfalen[928] und Saarland[929], sowie den rechtlich verselbständigten Universitätskliniken der Länder Baden-Württemberg, Nordrhein-Westfalen und Schleswig-Holstein.[930] In diesen Fällen ist die jeweilige Hochschule Dienstherr des an ihr beschäftigten Personals.

---

925 Vgl. auch *Bergmann*, Erfindungen von Hochschulbeschäftigten nach der Reform von § 42 ArbNErfG, Rn. 171, die die Industrie- und Handelskammern sowie Landesversicherungsanstalten als Beispiele nennt.
926 *Pahlow/Gärditz*, WissR 2006, 48, 64 f.
927 § 2 Abs. 4 BerlHG.
928 § 2 Abs. 3 S. 2 HG NRW.
929 § 9 S. 4 SaarlUG, allerdings nur für die Beschäftigten ohne Professorenstatus; hierzu *Bartenbach/Volz*, Arbeitnehmererfindungsgesetz, § 42 n. F., Rn. 9.
930 Siehe § 11 Abs. 1 UKG BW, § 31a Abs. 6 Nr. 4 HG NRW i. V. m. § 14 Abs. 1 UKVO NRW, § 91 Abs. 1 S. 2 HSG SH für das nichtwissenschaftliche Personal; hierzu *Pahlow/Gärditz*, WissR 2006, 48, 65; *Bartenbach/Volz*, Arbeitnehmererfindungsgesetz, § 42 n. F., Rn. 9.

Dennoch fehlt es der Mehrzahl der deutschen Hochschulen nach wie vor an der Verleihung der Dienstherrenfähigkeit, sodass diese über kein eigenes Personal verfügen, sondern im Rahmen der Personalverwaltung übertragene staatliche Aufgaben wahrnehmen. Dies hat zur Folge, dass nicht die Hochschule selbst, sondern in den meisten Fällen das jeweilige Bundesland[931] oder (seltener) der Bund[932], in sehr seltenen Fällen aber auch eine Kommune[933] oder gar eine Stiftung des öffentlichen Rechts[934], als Dienstherr des an der Hochschule tätigen Personals anzusehen ist.[935] Im Ergebnis stehen die Rechte aus dem ArbNErfG dann auch nicht der beschäftigenden Hochschule, sondern in der Regel dem jeweiligen Bundesland als Dienstherrn des Hochschulerfinders zu.[936]

(3) Versuche zur Konfliktlösung

Die vorige Darstellung zeigt, dass in einer Vielzahl der Fälle der Begriff der Hochschule und der Begriff des Dienstherrn auseinanderfallen. § 42 Nr. 4 ArbNErfG n. F. weist das Recht zur Verwertung der Erfindung und damit

---

931 Dies gilt grundsätzlich für die Länder Baden-Württemberg (§ 11 Abs. 1 LHG BW), Bayern (Art. 21 Abs. 10 BayHSchG), Brandenburg (§ 37 Abs. 1 BbgHG), Bremen (§ 14 Abs. 1 BremHG), Hamburg (§ 7 Abs. 1 HmbHG), Hessen (§ 60 Abs. 1 HHG), Mecklenburg-Vorpommern (§ 2 Abs. 4 LHG M-V), Niedersachsen (§ 48 Abs. 3 NHG), Rheinland-Pfalz (§ 43 Abs. 1 HochSchG RPF), Saarland (§ 12 Abs. 1 S. 1 SHSG, allerdings nur für die hauptamtlichen Mitglieder des Universitätspräsidiums, die Direktorin/den Direktor der Saarländischen Universitäts- und Landesbibliothek und für die Professoren), Sachsen (§ 78 Abs. 1 SächsHSFG), Sachsen-Anhalt (§ 33 Abs. 1 S. 2 HSG LSA), Schleswig-Holstein (§ 71 HSG SH) und Thüringen (§ 89 Abs. 1 ThürHG).
932 Dies ist z. B. der Fall bei den Beschäftigten der Universitäten der Bundeswehr in Hamburg und München oder bei Beschäftigten der Fachhochschule des Bundes für öffentliche Verwaltung in Brühl; vgl. *Bergmann*, Erfindungen von Hochschulbeschäftigten nach der Reform von § 42 ArbNErfG, Rn. 41 (Fn. 51).
933 Siehe § 96 HHG für die Staatliche Hochschule für Bildende Künste Frankfurt am Main (sog. „Städelschule"), die von der Stadt Frankfurt am Main betrieben wird.
934 Dies ist der Fall bei der Stiftungsuniversität Göttingen nach § 58 Abs. 1 S. 1 NHG sowie bei der Stiftungsuniversität Frankfurt am Main nach § 88 Abs. 1 S. 1 HHG; vgl. grundlegend zur Hochschulorganisationsform der Stiftungsuniversität *Herfurth/Kirmse*, WissR 2003, 51 ff.
935 Vgl. auch *Bergmann*, Erfindungen von Hochschulbeschäftigten nach der Reform von § 42 ArbNErfG, Rn. 172.
936 *Pahlow/Gärditz*, WissR 2006, 48, 65.

verbunden auch die Erlöse aus den Hochschulpatenten dem *Dienstherrn* zu. Ebenso erwirbt nach § 7 ArbNErfG ausschließlich der Dienstherr/ Arbeitgeber infolge der Inanspruchnahme der Erfindung die Rechte an dieser. Ist – wie dargestellt – in den meisten Fällen davon auszugehen, dass der Dienstherr der an einer Hochschule Beschäftigten nicht die Hochschule selbst, sondern das jeweilige Bundesland ist, so fallen diese Rechte sowie die Erlöse aus den Hochschulpatenten auch dem jeweiligen Land und nicht etwa der Hochschule zu, an der die Erfindung gemacht wurde. Dieses Ergebnis kollidiert jedoch mit dem erklärten Ziel des § 42 ArbNErfG n. F., die Rechtsstellung der Hochschulen zu stärken, um so den Wissens- und Technologietransfer neu zu beleben.

Das Ergebnis bezeichnen *Pahlow/Gärditz* als *„frappierend"*, scheint das Ziel, die Autonomie der Hochschulen zu stärken und diesen durch die Erlöse aus den Patenten die Finanzierung ihrer Aufgaben ermöglichen zu können, schon aus diesem Grund verfehlt zu sein.[937] *Leuze* hingegen erkennt die aufgeworfene Fragestellung zwar als sachgerecht an, attestiert den Autoren allerdings ein *„unnötiges Aufpumpen"* der Problematik.[938] Vergleichbar sieht es *Bergmann*, die das Problem eher von der praktischen Seite aus angeht und annimmt, dass es *„in der Praxis keine Rolle"* spiele.[939] Hinter der Ablehnung der Relevanz dieser Problematik stehen folgende Überlegungen: Obwohl die Verwertungsrechte und -erlöse rein formal zwar dem Dienstherrn zugeordnet sind, lasse sich schon aus den Bestimmungen der Landeshochschulgesetze ablesen, dass die Erträge aus den Patenten im Ergebnis den Hochschulen zukommen sollen (vgl. z. B. § 29 Abs. 7 S. 2 HHG, § 41 Abs. 4 LHG BW, § 25 Abs. 6 HSG LSA, § 14 Abs. 6 HochSchG RPF).[940] Darüber hinaus wird das jeweilige Land in erfindungsrechtlichen Angelegenheiten gegenüber dem Hochschulpersonal oh-

---

[937] *Pahlow/Gärditz*, WissR 2006, 48, 66, die auch ausführlicher auf weitergehende Probleme insbesondere hinsichtlich der Forschungskooperationen zwischen Universität und Wirtschaft z. B. im Rahmen von Public-Private-Partnerships eingehen. Siehe zur ohnehin umfangreichen Kritik gegenüber der Zielsetzung des § 42 ArbNErfG n. F. stellv. für viele *Leuze*, in: Reimer/Schade/Schippel, ArbNErfG, § 42 n. F., Rn. 2 ff.
[938] *Leuze*, in: Reimer/Schade/Schippel, ArbNErfG, § 42 n. F., Rn. 44.
[939] *Bergmann*, Erfindungen von Hochschulbeschäftigten nach der Reform von § 42 ArbNErfG, Rn. 173.
[940] *Leuze*, in: Reimer/Schade/Schippel, ArbNErfG, § 42 n. F., Rn. 44; vgl. auch *Kelp*, in: Gärditz/Pahlow (Hrsg.), Hochschulerfinderrecht, S. 223, 240 (Rn. 42).

nehin durch die Hochschulen und deren Organe vertreten.[941] Denn neben der Erfüllung der eigenen Körperschaftsangelegenheiten im Rahmen der Selbstverwaltung nehmen die Hochschulen als staatliche Einrichtungen in der Regel auch die staatlichen Angelegenheiten der Länder wie Personalverwaltung, Haushalts-, Wirtschafts- und Finanzangelegenheiten in eigener Zuständigkeit als Auftragsangelegenheiten für das jeweilige Land wahr.[942] Dies geschieht im Regelfall im Wege der Einheitsverwaltung[943]: Sämtliche Aufgaben – sowohl die Selbstverwaltungsaufgaben als auch die staatlichen Aufgaben in Auftragsverwaltung – werden durch eine einheitliche Verwaltung, also ohne organisatorische Trennung, ausgeführt.[944] Auch wenn die Rechte aus dem ArbNErfG dem Dienstherrn zustehen, werden diese demnach in der Praxis von den Hochschulen wahrgenommen. Dem an der Hochschule Beschäftigten erscheint die Hochschule als Partner in Erfindungsangelegenheiten.[945] Vielfach ist zudem landesrechtlich angeordnet, dass die Zuständigkeit als Dienstvorgesetzter auf die Leitung der Hochschule delegiert wird[946] oder dass die Universität die Befugnis des Dienstherrn bzw. des Arbeitgebers nach dem ArbNErfG auch gegenüber den an der Universität Beschäftigten wahrnimmt, die Beamte oder Angestellte des Landes sind.[947]

Wird demnach oft angenommen, die Problematik des Auseinanderfallens der Hochschule und des Dienstherrn entbehre in der Praxis ihrer Relevanz, erscheint diese Auffassung nicht weit genug durchdrungen zu sein. Vielmehr stellen *Bartenbach/Volz* neben den von *Pahlow/Gärditz* genannten

---

941 *Bergmann*, Erfindungen von Hochschulbeschäftigten nach der Reform von § 42 ArbNErfG, Rn. 173; *Kraßer*, in: Hartmer/Detmer (Hrsg.), Hochschulrecht, S. 831, 849 (Rn. 64); *Bartenbach/Volz*, Arbeitnehmererfindungsgesetz, § 42 n. F., Rn. 9; vgl. auch *Kelp*, in: Gärditz/Pahlow (Hrsg.), Hochschulerfinderrecht, S. 223, 239 f. (Rn. 42).
942 Vgl. Art. 12 BayHSchG, § 5 Abs. 3 BbgHG, § 47 NHG, § 6 Abs. 2. S. 2 i. V. m. § 9 HochSchG RPF, § 2 Abs. 4 ThürHG, § 56 HSG LSA, § 6 Abs. 1, 3 HSG SH; hierzu *Bartenbach/Volz*, Arbeitnehmererfindungsgesetz, § 42 n. F., Rn. 9.
943 Vgl. § 2 Abs. 2 BerlHG, § 5 Abs. 3 S. 1 BbgHG, § 2 Abs. 3 LHG M-V, § 2 Abs. 4 S. 1 ThürHG, § 6 Abs. 1 S. 2 HSG SH.
944 *Bartenbach/Volz*, Arbeitnehmererfindungsgesetz, § 42 n. F., Rn. 9.
945 *Bergmann*, Erfindungen von Hochschulbeschäftigten nach der Reform von § 42 ArbNErfG, Rn. 173; *Kraßer*, in: Hartmer/Detmer (Hrsg.), Hochschulrecht, S. 831, 849 (Rn. 64).
946 § 11 Abs. 5 LHG BW, Art. 21 Abs. 10, 23 Abs. 3 BayHSchG, § 48 Abs. 3 NHG, § 44 HochSchG RPF, § 78 Abs. 2 SächsHSFG, § 46 Abs. 10, 11 HSG LSA.
947 § 73 Abs. 3 S. 1 SHSG; siehe auch Anordnung zur Durchführung des Gesetzes über Arbeitnehmererfindungen des Hamburger Senats vom 11.06.1993, Amtl. Anz. 1993, S. 1257.

Problemkreisen[948] richtigerweise auch weitere sich aus der Bindung der Hochschule an das Land ergebende Folgeprobleme heraus, die nicht hinweg zu diskutieren sind. Insbesondere hat die Rechtsinhaberschaft des Landes an den Erfindungen zur Folge, dass bezüglich der für eine Diensterfindung relevanten Erfahrungen und Vorarbeiten nicht bloß auf den Bereich der Hochschule, sondern auf den gesamten Bereich des Landes als Dienstherr bzw. Arbeitgeber abzustellen ist. Darüber hinaus bleiben vor allem Bindungen der Hochschule an die Fachaufsicht sowie an die Weisungsbefugnisse des Landes bestehen.[949]

Wünschenswert bleibt damit weiterhin eine explizite Regelung des Gesetzgebers, die eine Zuordnung der aus der Inanspruchnahme der Erfindung resultierenden Rechte zur Hochschule festschreibt.[950] Anderweitig könnte Abhilfe auch dadurch geschaffen werden, dass den Hochschulen durch den jeweiligen Landesgesetzgeber Dienstherrenfähigkeit verliehen wird, vergleichbar den bereits in Berlin und Nordrhein-Westfalen geltenden Regelungen.[951]

c. Fazit

Die Vorschrift des § 42 ArbNErfG n. F. gilt im institutionellen Anwendungsbereich für die Hochschulen. Der Begriff der Hochschule richtet sich maßgeblich nach § 1 HRG. Da der Zusatz der „wissenschaftlichen" Hochschulen mit der Neufassung der Norm entfallen ist, sind heute neben den Universitäten vor allem auch die Fachhochschulen vom Anwendungsbereich umfasst. Nicht erfasst hingegen sind nach hier vertretener Ansicht die privatrechtlich verfassten, staatlich anerkannten Hochschulen sowie die außeruniversitären Forschungseinrichtungen und die verselbständigten Universitätskliniken.

---

948 Siehe hierzu den Nachweis in Fn. 937 (S. 275).
949 *Bartenbach/Volz*, Arbeitnehmererfindungsgesetz, § 42 n. F., Rn. 9.
950 So auch Bundesministerium für Bildung und Forschung, Existenzgründungen mit Hochschulpatenten, S. 70, abrufbar im Internet unter: http://www.exist.de/SharedDocs/Downloads/DE/Studien/Existenzgruendungen-Hochschulpatenten.pdf?__blob=publicationFile, zuletzt abgerufen am 19.04.2020; *Pahlow/Gärditz*, WissR 2006, 48, 69; *Bergmann*, Erfindungen von Hochschulbeschäftigten nach der Reform von § 42 ArbNErfG, Rn. 173; *Kelp*, in: Gärditz/Pahlow (Hrsg.), Hochschulerfinderrecht, S. 223, 240 (Rn. 42); *Kohler/Beyer*, in: Asche/Bauhus/Kaddatz/Seel (Hrsg.), Modernes Patentbewusstsein in Hochschulen, S. 79, 80.
951 *Pahlow/Gärditz*, WissR 2006, 48, 69.

Soweit der Gesetzgeber im Rahmen von § 42 ArbNErfG verschiedentlich sowohl von der Hochschule als auch vom Dienstherrn spricht, ist bezüglich des institutionellen Anwendungsbereichs keineswegs von einer Identität der Begrifflichkeiten auszugehen. In der Mehrheit der landesgesetzlichen Regelungen fehlt es den Hochschulen an der Dienstherrenfähigkeit, sodass die Rechte aus dem Arbeitnehmererfindergesetz nicht der beschäftigenden Hochschule, sondern dem jeweiligen Bundesland als Dienstherr der an der Hochschule Beschäftigten zufallen. In der Praxis kommen die Ausübung dieser Rechte sowie die Erlöse aus den Hochschulpatenten dennoch den Hochschulen zu, indem diese die staatlichen Angelegenheiten des Landes (und hierunter fallen auch die erfindungrechtlichen Angelegenheiten) als Auftragsangelegenheiten im Wege der Einheitsverwaltung wahrnehmen. Dennoch bleibt eine entsprechende gesetzliche Nachbesserung wünschenswert.

3. Sachlicher Anwendungsbereich – Die Erfindung

Die besonderen Bestimmungen des § 42 ArbNErfG gelten für Erfindungen an Hochschulen (§ 42 ArbNErfG n. F.) bzw. für Erfindungen von Hochschullehrern und Hochschulassistenten (§ 42 ArbNErfG a. F.). Ausgehend von der bereits erfolgten allgemeinen Bestimmung des Erfindungsbegriffs[952] ist zu untersuchen, welche technischen Neuerungen unter den Begriff der Erfindung i. S. d. § 42 ArbNErfG subsumiert werden können und sich so von den anderen Arbeitsergebnissen abgrenzen lassen, die gerade nicht der Regelung des § 42 ArbNErfG unterfallen. Insbesondere in Bezug auf den sachlichen Anwendungsbereich brachte die Reform des § 42 ArbNErfG einschneidende Änderungen mit sich.

a. Der sachliche Anwendungsbereich des § 42 ArbNErfG bis zum 06.02.2002

Die Regelung des § 42 ArbNErfG a. F. bestimmte, dass Erfindungen von Professoren, Dozenten und wissenschaftlichen Assistenten, die von ihnen in dieser Eigenschaft gemacht wurden, als freie Erfindungen anzusehen waren. Diese Bestimmung bildete das Herzstück des sog. „Hochschullehrerprivilegs". Privilegiert wurden die genannten Personen gegenüber den

---

952 Siehe hierzu oben Kapitel 2. § 6 A. I. 1. (S. 94).

gewöhnlichen Arbeitnehmern, indem ihre im Rahmen der wissenschaftlichen Tätigkeit gemachten Erfindungen nicht am Maßstab des § 4 Abs. 2 ArbNErfG gemessen wurden, sondern unwiderleglich als freie Erfindungen i. S. d. § 4 Abs. 3 ArbNErfG eingestuft wurden.[953] Auf diese Weise stand allein dem Erfinder das Recht auf die Verwertung der Erfindung zu; eine Zugriffsmöglichkeit der Hochschule bestand bis auf eine mögliche Beteiligung am Ertrag nach § 40 Abs. 2 S. 2 ArbNErfG nicht. Auch trafen den Erfinder gem. § 42 Abs. 1 S. 2 ArbNErfG a. F. keine Anbietungs- oder Mitteilungspflichten nach §§ 18, 19 ArbNErfG. § 42 Abs. 1 S. 1 ArbNErfG a. F. setzte einzig voraus, dass die Erfindung des Hochschullehrers oder -assistenten „*in dieser Eigenschaft*" gemacht wurde. Um als freie Erfindung gelten zu können, musste die Erfindung aus der wissenschaftlichen Forschungs- oder Lehrtätigkeit des Erfinders als Angehörigem der Hochschule entstanden sein. Entscheidend war die arbeits- bzw. dienstrechtliche Zugehörigkeit zur Hochschule.[954]

Ob auch technische Verbesserungsvorschläge von Hochschullehrern und Hochschulassistenten unter § 42 ArbNErfG a. F. fallen sollten, war höchst umstritten. Zum Teil wurde eine Ausdehnung der Vorschrift auf technische Verbesserungsvorschläge unter Verweis auf den Wortlaut abgelehnt, der allein von Erfindungen sprach.[955] Demgegenüber sollte § 42 ArbNErfG a. F. nach anderer Auffassung entgegen des Wortlauts auch auf technische Verbesserungsvorschläge analog angewendet werden, um der Wissenschaftsfreiheit aus Art. 5 Abs. 3 GG sowie dem Stufenverhältnis zwischen Erfindung und technischem Verbesserungsvorschlag[956] gerecht zu werden.[957]

---

953 Vgl. *Bartenbach/Volz*, Arbeitnehmererfindergesetz (4. Auflage 2002), § 42 a. F., Rn. 17.

954 Begründung zum "Entwurf eines Gesetzes über Erfindungen von Arbeitnehmern und Beamten" der Bundesregierung vom 19.08.1955, BT-Drs. II/1648, S. 14 f., 40; vgl. auch *Kraßer/Schricker*, Patent- und Urheberrecht an Hochschulen, S. 41 f.; *Bartenbach/Volz*, Arbeitnehmererfindergesetz (4. Auflage 2002), § 42 a. F., Rn. 18.

955 *Lindenmaier/Lüdecke*, Arbeitnehmererfindungen, § 42 ArbNErfG, Anm. 2; *Volmer/Gaul*, in: Arbeitnehmererfindungsgesetz, § 42, Rn. 72 f.

956 Zum Stufenverhältnis von Erfindung und technischem Verbesserungsvorschlag siehe oben Kapitel 2. § 6 A. II. 1. a. (S. 113).

957 Vgl. *Frieling*, GRUR 1987, 407, 409; *Beier/Ullrich*, Staatliche Forschungsförderung und Patentschutz, Bd. 2, S. 281 (Fn. 146); *Bartenbach/Volz*, Arbeitnehmererfindergesetz (4. Auflage 2002), § 42 a. F., Rn. 29; *Leuze*, in: Reimer/Schade/Schippel, ArbNErfG, § 42 (a. F.), Rn. 21.

b. Der sachliche Anwendungsbereich des § 42 ArbNErfG seit dem 07.02.2002

In sachlicher Hinsicht gilt die Vorschrift des § 42 ArbNErfG ihrem Einleitungssatz zufolge für „*Erfindungen*". Während dort und in den Nummern 2 und 4 von „*Erfindungen*" die Rede ist, sprechen die Nummern 1 bis 3 (auch) von sog. „*Diensterfindungen*". Auf den ersten Blick scheint der Gesetzgeber die Begrifflichkeiten wahllos und synonym zu verwenden.[958] Es stellt sich die Frage, was der sachliche Anwendungsbereich des § 42 Nr. 4 ArbNErfG konkret umfasst.

aa. Erfindung im Sinne von § 42 Nr. 4 ArbNErfG

Zunächst gilt neben § 42 ArbNErfG auch die allgemeine Vorschrift des § 2 ArbNErfG[959], sodass Erfindungen im Hochschulbereich vom Anwendungsbereich der Vorschrift ebenfalls nur erfasst werden, sofern sie patent- oder gebrauchsmusterfähig entsprechend den oben dargestellten Voraussetzungen sind.[960]

(1) Erfasst sind nur Diensterfindungen

Obwohl § 42 ArbNErfG n. F. sowohl in seinem Einleitungssatz als auch in Nr. 4 dem Wortlaut nach nur von Erfindungen spricht, erfasst der sachliche Anwendungsbereich des § 42 ArbNErfG n. F. nur Diensterfindungen.[961] Dies ergibt sich zumindest für die Nummern 1 bis 3 bereits unmit-

---

958 Zur Kritik hierzu siehe *Bergmann*, Erfindungen von Hochschulbeschäftigten nach der Reform von § 42 ArbNErfG, Rn. 186 ff.
959 *Bartenbach/Volz*, Arbeitnehmererfindungsgesetz, § 42 n. F., Rn. 26; *Keukenschrijver*, in: Busse/Keukenschrijver, PatG, § 42 ArbEG, Rn. 4; *Leuze*, in: Reimer/Schade/Schippel, ArbNErfG, § 42 n. F., Rn. 15; vgl. auch Begründung zum „Entwurf eines Gesetzes zur Änderung des Gesetzes über Arbeitnehmererfindungen" einzelner Abgeordneter der SPD sowie der Fraktion Bündnis 90/Die Grünen vom 09.05.2001, BT-Drs. 14/5975, Allgemeiner Teil, S. 5; *Heerma/Maierhöfer*, GRUR 2010, 682, 683.
960 Zum Erfindungsbegriff i. S. d. ArbNErfG siehe oben Kapitel 2. § 6 A. I. 1. b. (S. 99).
961 So die h. M., vgl. *Bergmann*, Erfindungen von Hochschulbeschäftigten nach der Reform von § 42 ArbNErfG, Rn. 180 ff.; *Soudry*, Die Rechtsstellung des Hochschulerfinders nach der Neufassung von § 42 ArbNErfG, S. 130; *Bartenbach/Volz*,

telbar aus dem Wortlaut und für Nr. 5 aus dem Verweis auf § 40 Nr. 1 ArbNErfG, der ebenfalls seinem Wortlaut zufolge auf Diensterfindungen beschränkt bleibt.[962] Für die vergütungsrechtlich relevante Nr. 4 des § 42 ArbNErfG n. F. wird jedoch ebenfalls angenommen, dass nur Diensterfindungen in ihren Anwendungsbereich fallen sollen.[963] Hierfür sprechen zum einen die Gesetzesmaterialien[964] sowie zum anderen der indirekte Verweis auf die für den Vergütungsanspruch des § 42 ArbNErfG n. F. erforderliche Inanspruchnahme, die ebenfalls nur in Bezug auf Diensterfindungen gilt (vgl. § 6 ArbNErfG).[965] Freie Erfindungen der Hochschulbeschäftigten unterfallen damit nicht dem Regime des § 42 ArbNErfG.

(2) Abgrenzung zwischen Diensterfindung und freier Erfindung

Weitergehend stellt sich aber die Frage, wie zu bestimmen ist, um welche Art von Erfindung es sich im Einzelfall bei der an der Hochschule gemachten Erfindung handelt. Da nur Diensterfindungen vom sachlichen Anwendungsbereich des § 42 ArbNErfG n. F. erfasst sind, kommt der Feststel-

---

Arbeitnehmererfindungsgesetz, § 42 n. F., Rn. 30; a. A. bzgl. § 42 Nr. 4 ArbNErfG *Keukenschrijver*, in: Busse/Keukenschrijver, PatG, § 42 ArbEG, Rn. 8.

962 Vgl. *Bartenbach/Volz*, Arbeitnehmererfindungsgesetz, § 42 n. F., Rn. 30; *Boemke/Sachadae*, in: Boemke/Kursawe, ArbNErfG, § 42, Rn. 39; *Keukenschrijver*, in: Busse/Keukenschrijver, PatG, § 42 ArbEG, Rn. 8.

963 *Bergmann*, Erfindungen von Hochschulbeschäftigten nach der Reform von § 42 ArbNErfG, Rn. 184; *Bartenbach/Volz*, Arbeitnehmererfindungsgesetz, § 42 n. F., Rn. 30; *Boemke/Sachadae*, in: Boemke/Kursawe, ArbNErfG, § 42, Rn. 39; a. A. *Keukenschrijver*, in: Busse/Keukenschrijver, PatG, § 42 ArbEG, Rn. 8.

964 Begründung zum „Entwurf eines Gesetzes zur Änderung des Gesetzes über Arbeitnehmererfindungen" einzelner Abgeordneter der SPD sowie der Fraktion Bündnis 90/Die Grünen vom 09.05.2001, BT-Drs. 14/5975, Besonderer Teil, S. 6 f. (insbes. S. 7 zu § 42 Nr. 4: *„Verwertet der Dienstherr die Diensterfindung durch Patentverkauf oder Lizenzvergabe, [...]"*); hierzu *Bergmann*, Erfindungen von Hochschulbeschäftigten nach der Reform von § 42 ArbNErfG, Rn. 183; *Boemke/Sachadae*, in: Boemke/Kursawe, ArbNErfG, § 42, Rn. 39.

965 *Bergmann*, Erfindungen von Hochschulbeschäftigten nach der Reform von § 42 ArbNErfG, Rn. 184, die im Folgenden vorschlägt, § 42 Nr. 4 ArbNErfG de lege ferenda dahingehend zu ändern, dass der Begriff der „Erfindung" durch „Diensterfindung" ersetzt wird (vgl. Rn. 189); *Boemke/Sachadae*, in: Boemke/Kursawe, ArbNErfG, § 42, Rn. 39.

Kapitel 3. Vergütungsansprüche des Hochschulbeschäftigten im Arbeitnehmererfinderrecht

lung, ob eine Diensterfindung oder eine freie Erfindung vorliegt, für die vergütungsrechtliche Behandlung eine herausragende Bedeutung zu.[966]

Die Abgrenzung der Diensterfindung von der freien Erfindung bestimmt sich grundsätzlich auch für Erfindungen an Hochschulen nach den allgemeinen Grundsätzen und Vorschriften, ohne dass es einer speziellen Sonderregelung für den Hochschulbereich bedarf.[967] Ausschlaggebende Norm für die Beurteilung des Vorliegens einer Diensterfindung ist folglich auch im Erfindungsrecht der Hochschule § 4 Abs. 2 ArbNErfG.[968] Vorab ist jedoch klarzustellen: Uneingeschränkte Anwendung kann § 4 Abs. 2 ArbNErfG nur für die nichtwissenschaftlichen Mitarbeiter sowie das technische Personal der Hochschule entfalten, deren Erfindungen insoweit wie die aller gewöhnlichen Arbeitnehmer zu behandeln sind.[969] Denn Besonderheiten können sich aufgrund der Wissenschafts- und Forschungsfreiheit aus Art. 5 Abs. 3 S. 1 GG für die wissenschaftlichen Beschäftigten, vor allem die Gruppe der Hochschullehrer ergeben, was im Folgenden bei der Betrachtung der Aufgaben- oder Erfahrungserfindungen näher zu erörtern ist.

Für die Anwendung des § 4 Abs. 2 ArbNErfG ist zunächst erforderlich, dass die Erfindung *„während der Dauer des Arbeitsverhältnisses"* gemacht worden ist. Für die entsprechende Beurteilung sind weder Ort oder Zeit

---

966 Vgl. auch *Bergmann*, Erfindungen von Hochschulbeschäftigten nach der Reform von § 42 ArbNErfG, Rn. 193, 198; *Soudry*, Die Rechtsstellung des Hochschulerfinders nach der Neufassung von § 42 ArbNErfG, S. 131; *Bartenbach/Volz*, Arbeitnehmererfindungsgesetz, § 42 n. F., Rn. 30.

967 Begründung zum „Entwurf eines Gesetzes zur Änderung des Gesetzes über Arbeitnehmererfindungen" einzelner Abgeordneter der SPD sowie der Fraktion Bündnis 90/Die Grünen vom 09.05.2001, BT-Drs. 14/5975, Besonderer Teil, S. 6 zu Art. 1 Nr. 2. Zu den allgemeinen Grundsätzen der Abgrenzung zwischen freien Erfindungen und Diensterfindungen siehe oben Kapitel 2. § 6 A. I. 1. b. dd. (S. 106).

968 So die ganz h. M., siehe *v. Falck/Schmaltz*, GRUR 2004, 469; *Körting/Kummer*, RdA 2003, 279, 282; *Peter*, Mitt. 2004, 396, 400; *Post/Kuschka*, GRUR 2003, 494, 495; *Hübner*, Erfindungen von Beschäftigten an Hochschulen, S. 46 ff.; *Kraßer/Ann*, Patentrecht, § 21 Rn. 135; *Kretzer*, Die Novellierung des "Hochschullehrerprivilegs" (§ 42 ArbnErfG), S. 19; *Soudry*, Die Rechtsstellung des Hochschulerfinders nach der Neufassung von § 42 ArbNErfG, S. 132; *Bartenbach/Volz*, Arbeitnehmererfindungsgesetz, § 42 n. F., Rn. 31; **a. A.** *Fahse*, in: GS Krüger (2001), S. 93, 103 f.; *Leuze*, GRUR 2005, 27, 29; *ders.*, WissR 2002, 348, 351.

969 *Bergmann*, Erfindungen von Hochschulbeschäftigten nach der Reform von § 42 ArbNErfG, Rn. 209 ff., 213; *Soudry*, Die Rechtsstellung des Hochschulerfinders nach der Neufassung von § 42 ArbNErfG, S. 133; *Bartenbach/Volz*, Arbeitnehmererfindungsgesetz, § 42 n. F., Rn. 35.

der Erfindung[970] noch die Art der Finanzierung des Erfindungsprozesses (aus hochschuleigenen Mitteln oder aus Drittmitteln nach § 25 HRG) maßgeblich.[971] Es kommt alleine auf das rechtliche Bestehen eines Arbeitsverhältnisses an.[972] Liegt eine während der Dauer des Arbeitsverhältnisses gemachte Erfindung vor, muss es sich bei dieser weiterhin um eine Aufgaben- oder aber um eine Erfahrungserfindung handeln. Zwischen den jeweiligen Voraussetzungen ist zu differenzieren.

(a) Aufgabenerfindung nach § 4 Abs. 2 Nr. 1 ArbNErfG

Eine Aufgabenerfindung liegt gem. § 4 Abs. 2 Nr. 1 ArbNErfG vor, wenn die während der Dauer des Arbeitsverhältnisses gemachte Erfindung des Hochschulbeschäftigten aus der ihm in der Hochschule (öffentliche Verwaltung)[973] obliegenden Tätigkeit entstanden ist.[974]
Eine solche liegt bei Erfindungen des nichtwissenschaftlichen Personals unproblematisch vor, wenn ein nichtwissenschaftlicher Hochschulbeschäftigter im Wege seines Arbeitsvertrages einen Forschungsauftrag erteilt be-

---

970 *Peter*, Mitt. 2004, 396, 397; *Bergmann*, Erfindungen von Hochschulbeschäftigten nach der Reform von § 42 ArbNErfG, Rn. 204; *Hübner*, Erfindungen von Beschäftigten an Hochschulen, S. 46; *Kraßer/Ann*, Patentrecht, § 21 Rn. 46; *Bartenbach/Volz*, Arbeitnehmererfindungsgesetz, § 42 n. F., Rn. 32; *Rother*, in: Reimer/Schade/Schippel, ArbNErfG, § 4, Rn. 16; **a. A.** *Beaucamp*, DöD 2003, 99, 101.
971 *Böhringer*, NJW 2002, 952, 953; *v. Falck/Schmaltz*, GRUR 2004, 469, 469; *Post/Kuschka*, GRUR 2003, 494, 495; *Bergmann*, Erfindungen von Hochschulbeschäftigten nach der Reform von § 42 ArbNErfG, Rn. 226; *Soudry*, Die Rechtsstellung des Hochschulerfinders nach der Neufassung von § 42 ArbNErfG, S. 134; *Bartenbach/Volz*, Arbeitnehmererfindungsgesetz, § 42 n. F., Rn. 33; *Keukenschrijver*, in: Busse/Keukenschrijver, PatG, § 42 ArbEG, Rn. 8; vgl. auch *Körting/Kummer*, RdA 2003, 279, 283.
972 BGH, Urteil v. 18.05.1971 – X ZR 68/67, GRUR 1971, 407 – *Schlussurlaub*; *Kraßer/Ann*, Patentrecht, § 21 Rn. 46; *Bartenbach/Volz*, Arbeitnehmererfindungsgesetz, § 4, Rn. 10; *Rother*, in: Reimer/Schade/Schippel, ArbNErfG, § 4, Rn. 16.
973 Entgegen anderslautender Stimmen in der Literatur (vgl. *Leuze*, GRUR 2005, 27, 29 f.) sind Hochschulen der „öffentlichen Verwaltung" i. S. d. § 4 Abs. 2 Nr. 1 ArbNErfG zuzuordnen. Aus den §§ 40, 41 ArbNErfG ergibt sich, dass nicht nur Verwaltungsbeamte im engeren Sinne erfasst sein sollen, sondern unter die Neuregelung alle Beschäftigten im öffentlichen Dienst fallen (vgl. *Soudry*, Die Rechtsstellung des Hochschulerfinders nach der Neufassung von § 42 ArbNErfG, S. 131 f.).
974 Allgemein zur Aufgabenerfindung nach § 4 Abs. 2 Nr. 1 ArbNErfG siehe oben Kapitel 2. § 6 A. I. 2. a. bb. (S. 108).

kommt und bei dessen Erfüllung eine Erfindung macht.[975] Problematischer erscheint das Vorliegen einer Aufgabenerfindung bei Erfindungen des wissenschaftlichen Hochschulpersonals. Nicht nur, aber vor allem im Hinblick auf die diesem Personenkreis zukommende Wissenschafts- und Forschungsfreiheit. Innerhalb der Gattung der wissenschaftlichen Beschäftigten bietet es sich an, die Gruppe der Hochschullehrer und die Gruppe der sonstigen wissenschaftlichen Beschäftigten gesondert zu betrachten.

(aa) Erfindungen der Hochschullehrer

Hochschullehrer nehmen nach § 43 HRG die ihrer Hochschule obliegenden Aufgaben in Wissenschaft, Kunst, Forschung, Lehre und Weiterbildung in ihren Fächern nach näherer Ausgestaltung ihres Dienstverhältnisses selbständig wahr. Der dienstliche Aufgabenbereich eines Hochschullehrers umfasst damit vor allem auch die Forschung und Lehre. Demnach fällt den Hochschullehrern die dienstliche Obliegenheit zu, ihr Fach in Forschung und Lehre angemessen zu vertreten, gleichsam üben sie ihr Amt aber entsprechend des in Art. 5 Abs. 3 S. 1 GG grundrechtlich verankerten Grundsatzes „*Wissenschaft, Forschung und Lehre sind frei*" unabhängig von staatlichen Weisungen aus.[976] Eine Aufgabenerfindung kann jedenfalls immer dann angenommen werden, wenn die Erfindung im Rahmen eines konkreten Forschungs- oder Entwicklungsauftrags gemacht wird, zu dem sich der Hochschullehrer verpflichtet hat.[977] Einige Autoren in der juristischen Literatur gehen davon aus, dass aber der nur allgemein beschriebene dienstliche Aufgabenkreis „Forschung" zur Annahme eines solchen konkreten Forschungsvorhabens und zur Qualifizierung einer aus der Forschungstätigkeit heraus entstandenen Erfindung als Aufgabenerfindung i. S. d. § 4 Abs. 2 Nr. 1 ArbNErfG nicht ausreichen kann.[978] Eine weitergehende Konkretisierung der Dienstpflichten, die zu einem konkreten Forschungsauftrag führen könnte, sei aufgrund der Wissenschaftsfreiheit aus

---

975 *Bergmann*, Erfindungen von Hochschulbeschäftigten nach der Reform von § 42 ArbNErfG, Rn. 210. Siehe auch Fn. 969 (S. 282).
976 Vgl. *Soudry*, Die Rechtsstellung des Hochschulerfinders nach der Neufassung von § 42 ArbNErfG, S. 133 m. w. N.
977 *Soudry*, Die Rechtsstellung des Hochschulerfinders nach der Neufassung von § 42 ArbNErfG, S. 133; vgl. auch *Bartenbach/Volz*, Arbeitnehmererfindungsgesetz, § 4, Rn. 22.
978 *Peter*, Mitt. 2004, 396, 397; *Bartenbach/Volz*, Arbeitnehmererfindungsgesetz, § 42 n. F., Rn. 37 m. w. N.

Art. 5 Abs. 3 S. 1 GG jedoch nicht möglich.⁹⁷⁹ Wird diese Auffassung andernorts als „*ergebnis- und zielorientiert*" kritisiert⁹⁸⁰, so ist dies zwar überspitzt ausgedrückt, dennoch sprechen für die gegenteilige herrschende Ansicht, die das Vorliegen einer Aufgabenerfindung bejaht⁹⁸¹, die besseren Argumente.

Zum einen stützen systematische Erwägungen diese Auffassung, indem bereits § 43 HRG selbst bezüglich der Aufgaben des Hochschullehrers von der näheren Ausgestaltung des Dienstverhältnisses spricht. Zudem werden die Aufgaben des Hochschullehrers nicht lediglich durch § 43 HRG umschrieben. So lässt z. B. auch § 22 S. 2 HRG erkennen, dass sich der Gegenstand der Forschung nur unter Berücksichtigung der Aufgabenstellung der Hochschule bestimmen lässt. Obgleich der Hochschullehrer die der Hochschule obliegenden Aufgaben gem. § 43 HRG selbständig wahrnimmt, bedeutet dies nicht zwangsläufig, dass der Begriff der Forschung „*zur alleinigen Disposition und Ausfüllung durch den einzelnen Wissenschaftler*"⁹⁸² steht. Der Aufgabenbereich „Forschung" gehört zu den dienstlichen Obliegenheiten des Hochschullehrers, sodass eine im Rahmen dieser Forschung gemachte Erfindung als „*aus der [...] obliegenden Tätigkeit entstanden*" i. S. d. § 4 Abs. 2 Nr. 1 ArbNErfG gelten muss.⁹⁸³ Zum anderen wird der Hochschullehrer durch die Qualifizierung der im Rahmen seiner ihm dienstlich obliegenden Tätigkeit gemachten Erfindung als Aufgabenerfindung nicht in seiner Wissenschaftsfreiheit beeinträchtigt, da er in seiner Forschungstätigkeit weder gehindert noch eingeschränkt wird.⁹⁸⁴ Dass die Einordnung der Erfindung als Aufgabenerfindung im Ergebnis vor allem zu einer abweichenden Rechtsinhaberschaft sowie Verwertungs- und Vergütungspraxis führt, tangiert lediglich die pekuniären Interessen des Hochschulleh-

---

979 *Körting/Kummer*, RdA 2003, 279, 283; *Körting*, Das Arbeitnehmererfindungsrecht und die innerbetriebliche Innovationsförderung, S. 110; vgl. auch *Pahlow/Gärditz*, WissR 2006, 48, 51.
980 *Bergmann*, Erfindungen von Hochschulbeschäftigten nach der Reform von § 42 ArbNErfG, Rn. 224.
981 So die wohl h. M., siehe nur *v. Falck/Schmaltz*, GRUR 2004, 469, 470; *Bergmann*, Erfindungen von Hochschulbeschäftigten nach der Reform von § 42 ArbNErfG, Rn. 217 ff.; *Soudry*, Die Rechtsstellung des Hochschulerfinders nach der Neufassung von § 42 ArbNErfG, S. 133 ff.
982 *Soudry*, Die Rechtsstellung des Hochschulerfinders nach der Neufassung von § 42 ArbNErfG, S. 135.
983 Vgl. zu diesem Absatz *Soudry*, Die Rechtsstellung des Hochschulerfinders nach der Neufassung von § 42 ArbNErfG, S. 134 f.
984 *Bergmann*, Erfindungen von Hochschulbeschäftigten nach der Reform von § 42 ArbNErfG, Rn. 223.

rers, die durch die grundrechtlich verbürgte Wissenschaftsfreiheit aber nicht geschützt werden.[985]

Schließlich sprechen auch teleologische Erwägungen zu § 42 ArbNErfG gegen die Nichtanwendung des § 4 Abs. 2 Nr. 1 ArbNErfG auf Erfindungen von Hochschullehrern. Wird die Qualifizierung von Hochschullehrererfindungen als Aufgabenerfindung abgelehnt und werden diese im Ergebnis als freie Erfindungen angesehen, würde das Hochschullehrerprivileg des § 42 ArbNErfG a. F. durch die Hintertür wieder eingeführt. Dieses sollte mit der Neuregelung des § 42 ArbNErfG jedoch gerade abgeschafft werden, sodass die gegenteilige Auffassung den Zweck des § 42 ArbNErfG n. F. vereiteln würde.[986] Umgekehrt gesprochen wäre die Regelung des § 42 Abs. 1 S. 1 ArbNErfG a. F. zuvor auch überflüssig gewesen, wenn es sich bei den Erfindungen von Hochschullehrern schon nach den allgemeinen Grundsätzen nicht um Aufgabenerfindungen, sondern immer um freie Erfindungen handeln würde. Das Bedürfnis für den Gesetzgeber, die Erfindungen von Hochschullehrern in § 42 Abs. 1 S. 1 ArbNErfG a. F. als freie Erfindungen zu deklarieren bestand gerade deshalb, weil es sich unter Anwendung der allgemeinen Regelung des § 4 ArbNErfG um Aufgabenerfindungen (oder Erfahrungserfindungen) gehandelt hätte.

Festzuhalten bleibt: Richtig ist die Feststellung, dass die Forschung des Hochschullehrers aufgrund der ihm zustehenden Wissenschafts- und Forschungsfreiheit nicht ohne weiteres inhaltlich beschränkt werden kann. Falsch ist aber der Schluss, dies habe auch Auswirkungen auf die Einordnung der Erfindung als Aufgabenerfindung oder freier Erfindung. Die Forschungs- und Wissenschaftsfreiheit aus Art. 5 Abs. 3 S. 1 GG steht folglich der Einordnung der Erfindung des Hochschullehrers als Aufgabenerfindung gem. § 4 Abs. 2 Nr. 1 ArbNErfG nicht entgegen.

(bb) Erfindungen der sonstigen wissenschaftlichen Beschäftigten

Die Rechtsstellung der wissenschaftlichen Mitarbeiter bestimmt sich nach § 53 HRG. Nach § 53 Abs. 1 S. 1 HRG obliegen diesen wissenschaftliche

---

985 Vgl. nur BGH, Urteil v. 18.09.2007 – X ZR 167/05, BGHZ 173, 356, 360 f. (Rn. 18 f.) = GRUR 2008, 150 – *Selbststabilisierendes Kniegelenk*; *Körting/Kummer*, RdA 2003, 279, 282; *Bergmann*, Erfindungen von Hochschulbeschäftigten nach der Reform von § 42 ArbNErfG, Rn. 225.
986 Vgl. hierzu *Kraßer*, in: Hartmer/Detmer (Hrsg.), Hochschulrecht, S. 831, 851 (Rn. 66).

Dienstleistungen. Macht ein wissenschaftlicher Mitarbeiter im Rahmen einer ihm konkret zugewiesenen Forschungsaufgabe eine Erfindung oder entsteht eine Erfindung bei der Ausübung seiner Tätigkeit innerhalb des ihm zugewiesenen Aufgabenbereichs, so liegt eine Aufgabenerfindung i. S. d. § 4 Abs. 2 Nr. 1 ArbNErfG unproblematisch vor.[987] Ein Konflikt mit Art. 5 Abs. 3 GG besteht insoweit nicht, da den wissenschaftlichen Mitarbeitern im Rahmen der Ausübung ihrer unselbständigen und weisungsgebundenen Tätigkeit die Wissenschaftsfreiheit nicht zukommt. Entsprechendes ist auch ohne gesonderte Rechtsvorschrift für die sonstigen wissenschaftlichen Hochschulbeschäftigten, wie z. B. wissenschaftliche Hilfskräfte anzunehmen.

(b) Erfahrungserfindung nach § 4 Abs. 2 Nr. 2 ArbNErfG

Weiterhin könnte die Erfindung eines Hochschulbeschäftigten eine Erfahrungserfindung i. S. d. § 4 Abs. 2 Nr. 2 ArbNErfG darstellen. Eine Erfahrungserfindung ist gegeben, wenn die Erfindung des Hochschulbeschäftigten maßgeblich auf Erfahrungen oder Arbeiten der Hochschule (öffentliche Verwaltung)[988] beruht.[989] Wie auch im Rahmen der Aufgabenerfindung liegt eine Erfahrungserfindung bei nichtwissenschaftlichem oder technischem Personal unproblematisch vor, wenn ein nichtwissenschaftlicher Beschäftigter der Hochschule eine Erfindung macht, die maßgeblich auf hochschuleigenem Wissen beruht.[990] Weitergehende Fragen stellen sich auch an dieser Stelle hauptsächlich nur für das wissenschaftliche Personal der Hochschulen, wobei eine Differenzierung zwischen der Gruppe der Hochschullehrer und den sonstigen wissenschaftlichen Beschäftigten im Gegensatz zur Aufgabenerfindung hier nicht vonnöten ist.[991]

---

987 Vgl. *Bergmann*, Erfindungen von Hochschulbeschäftigten nach der Reform von § 42 ArbNErfG, Rn. 230 f.; *Bartenbach/Volz*, Arbeitnehmererfindungsgesetz, § 42 n. F., Rn. 38 m. w. N.
988 Siehe zur Einordnung der Hochschule unter den Begriff der „öffentlichen Verwaltung" i. S. d. § 4 Abs. 2 ArbNErfG bereits Fn. 973 (S. 283).
989 Allgemein zur Erfahrungserfindung nach § 4 Abs. 2 Nr. 2 ArbNErfG siehe oben Kapitel 2. § 6 A. I. 2. a. aa. (S. 107).
990 *Bergmann*, Erfindungen von Hochschulbeschäftigten nach der Reform von § 42 ArbNErfG, Rn. 211.
991 Bei den beiden Gruppen ergeben sich im Hinblick auf die Einordnung der Erfindung als Erfahrungserfindung (anders als im Rahmen der Aufgabenerfindung) keinerlei Unterschiede, vgl. *Bergmann*, Erfindungen von Hochschulbe-

Kapitel 3. Vergütungsansprüche des Hochschulbeschäftigten im Arbeitnehmererfinderrecht

(aa) Erfahrungen oder Arbeiten der Hochschule

Fraglich ist, welche Erfahrungen und Arbeiten der Hochschule zuzurechnen sind, auf welchen die Erfindung des Hochschulbeschäftigten beruhen könnte. Dies ist in der Literatur nicht unumstritten. Parallel zur Problematik im Rahmen der Aufgabenerfindungen erscheint auch an dieser Stelle Art. 5 Abs. 3 S. 1 GG auf der Bildfläche der Argumentation. Denn nach vielerorts vertretener Auffassung ist davon auszugehen, dass die Erfahrungen und Arbeiten eines Hochschullehrers, die er im Rahmen seiner Forschungstätigkeit in der Vergangenheit gesammelt hat, aufgrund der Wissenschaftsfreiheit aus Art. 5 Abs. 3 S. 1 GG allein ihm zuzuordnen seien.[992] Dies würde bedeuten, dass eine Erfindung, die der Hochschullehrer mit den Erkenntnissen seiner bisherigen Forschung macht, nicht auf Erfahrungen oder Arbeiten der Hochschule beruht und damit nicht als Erfahrungserfindung i. S. d. § 4 Abs. 2 Nr. 2 ArbNErfG eingeordnet werden kann. Mithin käme auch § 42 ArbNErfG nicht zur Anwendung.

Dieser Auffassung kann nicht zugestimmt werden, verfehlt sie letzten Endes vor allem den gesetzgeberischen Zweck, die Erfindungen aller Hochschulbeschäftigten den besonderen Regelungen des § 42 ArbNErfG n. F. zu unterwerfen.[993] Vielmehr ist davon auszugehen, dass sämtliche Erfahrungen und Arbeiten, die der Hochschullehrer während seiner Forschungstätigkeit macht, der ihn beschäftigenden Hochschule zuzuschreiben sind.[994] Eine Begründung dessen ist bei der Qualifizierung der Hochschullehrererfindung als Aufgabenerfindung praktisch schon geliefert worden.[995] Regelungsgehalt des Art. 5 Abs. 3 S. 1 GG ist es nicht, eine wirtschaftliche bzw. vermögensrechtliche Zuordnung von Forschungsergebnissen vorzunehmen, sondern vielmehr den Forscher vor *„jeder staatlichen Einwirkung auf den Prozeß der Gewinnung und Vermittlung wissenschaft-*

---

schäftigten nach der Reform von § 42 ArbNErfG, Rn. 257; *Bartenbach/Volz*, Arbeitnehmererfindungsgesetz, § 42 n. F., Rn. 39.

992 Statt vieler *Bartenbach/Volz*, Arbeitnehmererfindungsgesetz, § 42 n. F., Rn. 39 m. w. N.

993 Zu dem hinter § 42 ArbNErfG stehenden Zweck siehe oben Kapitel 3. § 8 A. II. 1. b. bb. (2), (S. 259).

994 Ebenso *v. Falck/Schmaltz*, GRUR 2004, 469, 470; *Schmaltz*, Mitt. 2004, 504; *Bergmann*, Erfindungen von Hochschulbeschäftigten nach der Reform von § 42 ArbNErfG, Rn. 238 ff.; *Kraßer*, in: Hartmer/Detmer (Hrsg.), Hochschulrecht, S. 831, 850 (Rn. 67); *Kraßer/Ann*, Patentrecht, § 21 Rn. 135 (Fn. 133).

995 Siehe hierzu oben Kapitel 3. § 8 A. II. 3. b. aa. (2) (a), (S. 283).

licher Erkenntnisse"[996] zu bewahren. Durch die Zuordnung der Erfahrungen und Arbeiten zur Hochschule, wird dieses Recht jedoch in keiner Weise beschränkt, sodass Art. 5 Abs. 3 S. 1 GG den gewonnenen Erkenntnissen nicht entgegensteht.[997] Es besteht zudem auch aus anderen Gründen kein Anlass, einen Hochschullehrer anders zu behandeln als einen gewöhnlichen Arbeitnehmer, dessen Erfahrungen, die er im Rahmen seiner Tätigkeit macht, ebenfalls nicht ihm, sondern dem Unternehmen gehören, bei dem er beschäftigt ist.[998]

Im Ergebnis ist die Erfindung eines Hochschullehrers, die aus dem Wissen und den Erkenntnissen seiner bisherigen Forschungstätigkeit resultiert, als auf den Erfahrungen und Arbeiten der Hochschule beruhend anzusehen, sodass eine Erfahrungserfindung i. S. d. § 4 Abs. 2 Nr. 2 ArbNErfG vorliegt. Gleiches gilt auch dann, wenn zur Entstehung der Erfindung das Wissen von Kollegen an derselben Hochschule beigetragen hat.[999] Ausnahmsweise liegt eine Erfahrungserfindung dann nicht vor, wenn der Hochschullehrer die Hochschule wechselt. Das von ihm bis zum Zeitpunkt des Hochschulwechsels erworbene Wissen verbleibt bei der alten Hochschule.[1000]

---

[996] BVerfG, Urteil v. 29.05.1973 – 1 BvR 424/71, 1 BvR 325/72, BVerfGE 35, 79, 112 = NJW 1973, 1176; so i. E. auch *Kraßer/Ann*, Patentrecht, § 21 Rn. 135 (Fn. 133); *Soudry*, Die Rechtsstellung des Hochschulerfinders nach der Neufassung von § 42 ArbNErfG, S. 137.

[997] So i. E. auch *v. Falck/Schmaltz*, GRUR 2004, 469, 470; *Schmaltz*, Mitt. 2004, 504; *Hübner*, Erfindungen von Beschäftigten an Hochschulen, S. 108 f.; *Soudry*, Die Rechtsstellung des Hochschulerfinders nach der Neufassung von § 42 ArbNErfG, S. 137.

[998] Vgl. *Bergmann*, Erfindungen von Hochschulbeschäftigten nach der Reform von § 42 ArbNErfG, Rn. 239 m. w. N.

[999] *Körting/Kummer*, RdA 2003, 279, 283; *Bartenbach/Volz*, Arbeitnehmererfindungsgesetz, § 42 n. F., Rn. 39; a. A. *Peter*, Mitt. 2004, 396, 398 f., insbes. S. 400: *"Danach ist festzustellen, dass eine aus einer Nebentätigkeit eines Hochschullehrers resultierende Erfindung, die sich auf Vorarbeiten und Erfahrungen eines Kollegen stützt, durchaus eine Erfahrungserfindung sein kann (etwa bei schwebenden Patentanmeldungen, projektinternen Informationen), jedoch nicht sein muss und meist nicht sein wird."*

[1000] *Volz*, in: FG Müller-Jahncke (2009), S. 495, 512; *Bergmann*, Erfindungen von Hochschulbeschäftigten nach der Reform von § 42 ArbNErfG, Rn. 244; *Bartenbach/Volz*, Arbeitnehmererfindungsgesetz, § 42 n. F., Rn. 39; **a. A.** *Peter*, Mitt. 2004, 396, 399 f.

(bb) Erfindung beruht „maßgeblich" auf den Erfahrungen oder Arbeiten der Hochschule

Es genügt nicht, dass die Erfindung einzig auf den Erfahrungen oder Arbeiten der Hochschule beruht, sie muss dies auch „maßgeblich" tun. Nicht ausreichend ist damit vor allem eine bloße Kausalität zwischen dem hochschulinternen Wissen und der Erfindung.[1001] Es bedarf vielmehr des Überschreitens einer gewissen Erheblichkeitsschwelle der bisherigen Erfahrungen und Arbeiten in Bezug auf die gemachte Hochschulerfindung.

Wie im allgemeinen Arbeitnehmererfinderrecht[1002] wird die Maßgeblichkeit der in der Vergangenheit an der Hochschule erarbeiteten Erfahrungen oder Arbeiten für die Erfindung zu bejahen sein, wenn die Erfindung ein konkretes Problem auf einem Gebiet löst, auf dem die Hochschule (bzw. das jeweilige Institut der Hochschule) seit längerem Erfahrungen gesammelt hat und der Hochschullehrer im Rahmen seiner bisherigen Tätigkeit damit befasst war.[1003] Letztlich bleibt diese Einordnung aber abhängig vom Einzelfall.[1004]

(3) Hochschulerfindungen in Nebentätigkeit

Die Frage, wie Erfindungen eines Hochschulbeschäftigten zu behandeln sind, die dieser im Rahmen einer Nebentätigkeit macht, bietet schon seit langem Zündstoff für Diskussionen. Vor allem die Problematik einer „Flucht in die Nebentätigkeit" fällt in diesen Fragenkreis.[1005]

Für den Bereich der Aufgabenerfindung lässt sich diese Frage vergleichsweise leicht beantworten: Eine Erfindung, die im Rahmen einer Nebentätigkeit gemacht wird, kann schon begrifflich keine Aufgabenerfindung i. S. d. § 4 Abs. 2 Nr. 1 ArbNErfG sein, da die Nebentätigkeit selbstver-

---

1001 *Bartenbach/Volz*, Arbeitnehmererfindungsgesetz, § 4, Rn. 44.
1002 Für die Anwendbarkeit der allgemeinen Regelungen des ArbNErfG siehe auch *Bartenbach/Volz*, Arbeitnehmererfindungsgesetz, § 4, Rn. 44 und § 42 n. F., Rn. 39.
1003 *Bergmann*, Erfindungen von Hochschulbeschäftigten nach der Reform von § 42 ArbNErfG, Rn. 249.
1004 *Bergmann*, Erfindungen von Hochschulbeschäftigten nach der Reform von § 42 ArbNErfG, Rn. 247, 250; *Bartenbach/Volz*, Arbeitnehmererfindungsgesetz, § 42 n. F., Rn. 39.
1005 Vgl. hierzu *Peter*, Mitt. 2004, 396 ff. Aufschlussreich zur praktischen Relevanz der Fragestellung *Slopek/Pausewang/Beye*, WissR 2011, 50, 79 ff.

ständlich keine dem Hochschullehrer aus seinem Dienstverhältnis obliegende Tätigkeit darstellt.[1006] Keine Einmütigkeit hingegen besteht bei der Einordnung der Nebentätigkeitserfindung als Erfahrungserfindung i. S. d. § 4 Abs. 2 Nr. 2 ArbNErfG. Nutzt ein Hochschulwissenschaftler im Rahmen seiner Nebentätigkeit die im Hauptamt erworbenen Erfahrungen für die Entwicklung der Erfindung, geht die vorherrschende Meinung von einer Erfahrungserfindung aus[1007], was andere (zumindest) in dieser Allgemeinheit aber nicht akzeptieren[1008] und regelmäßig eine freie Erfindung annehmen wollen.[1009] Zum Teil wird sogar statuiert, dass im Fall einer genehmigten oder genehmigungsfreien Nebentätigkeit in jedem Fall eine Erfahrungserfindung zu verneinen sei.[1010] Die Gesetzesmaterialien bleiben diesbezüglich leider unergiebig.[1011]

1006 *Bergmann*, Erfindungen von Hochschulbeschäftigten nach der Reform von § 42 ArbNErfG, Rn. 227; *Soudry*, Die Rechtsstellung des Hochschulerfinders nach der Neufassung von § 42 ArbNErfG, S. 139; so i. E. auch *Körting/Kummer*, RdA 2003, 279, 283; *Slopek/Pausewang/Beye*, WissR 2011, 50, 78; *Volz*, in: FG Müller-Jahncke (2009), S. 495, 514 f.; *Reetz*, Erfindungen an Hochschulen, S. 167 f.; *Leuze*, in: Reimer/Schade/Schippel, ArbNErfG, § 42 n. F., Rn. 47.

1007 Siehe nur *Böhringer*, NJW 2002, 952, 953; *Weyand/Haase*, GRUR 2007, 28, 32; *Gärditz*, in: Gärditz/Pahlow (Hrsg.), Hochschulerfinderrecht, S. 35, 45 f. (Rn. 18); **a. A.** *Peter*, Mitt. 2004, 396, 397 f.; *Leuze*, GRUR 2005, 27, 29 f.

1008 *Bartenbach/Volz*, Arbeitnehmererfindungsgesetz, § 42 n. F., Rn. 40.

1009 *Peter*, Mitt. 2004, 396, 400; *Kretzer*, Die Novellierung des "Hochschullehrerprivilegs" (§ 42 ArbNErfG), S. 25; *Bartenbach/Volz*, Arbeitnehmererfindungsgesetz, § 42 n. F., Rn. 40; *Keukenschrijver*, in: Busse/Keukenschrijver, PatG, § 42 ArbEG, Rn. 8; *Leuze*, GRUR 2005, 27, 29; **a. A.** *Pahlow/Gärditz*, WissR 2006, 48, 51.

1010 *v. Falck/Schmaltz*, GRUR 2004, 469; *Leuze*, GRUR 2005, 27, 29; *Soudry*, Die Rechtsstellung des Hochschulerfinders nach der Neufassung von § 42 ArbNErfG, S. 139 unter Bezug auf die Begründung zum „Entwurf eines Gesetzes zur Änderung des Gesetzes über Arbeitnehmererfindungen" einzelner Abgeordneter der SPD sowie der Fraktion Bündnis 90/Die Grünen vom 09.05.2001, BT-Drs. 14/5975, Besonderer Teil, S. 6; *Leuze*, in: Reimer/Schade/Schippel, ArbNErfG, § 42 n. F., Rn. 47; *Schwab*, Arbeitnehmererfindungsrecht, § 42 ArbNErfG, Rn. 9.

1011 Der Fraktionsentwurf zur Änderung des ArbNErfG sah vor, dass Erfindungen, „die der Wissenschaftler im Rahmen einer genehmigten Nebentätigkeit macht" oder „die privat getätigt werden, ohne dass ein dienstlicher Bezug vorhanden ist" als freie Erfindungen einzustufen seien (vgl. Begründung zum „Entwurf eines Gesetzes zur Änderung des Gesetzes über Arbeitnehmererfindungen" einzelner Abgeordneter der SPD sowie der Fraktion Bündnis 90/Die Grünen vom 09.05.2001, BT-Drs. 14/5975, Besonderer Teil, S. 6). Im Regierungsentwurf wurde hingegen davon ausgegangen, dass aus einer Nebentätigkeit heraus entstandene Erfindungen dann als freie Erfindungen anzusehen seien, „wenn sie keine Dienst-

Richtig ist es, eine aus einer Nebentätigkeit heraus entstandene Erfindung dann als Erfahrungserfindung zu qualifizieren, wenn sich diese auch im Hauptamt als eine Erfahrungserfindung dargestellt hätte.[1012] Nur eine solche Auffassung wird im Wege strukturierter Anwendung des § 4 Abs. 2 ArbNErfG den allgemeinen arbeitnehmererfinderrechtlichen Grundsätzen, die auch im Hochschulbereich gelten, gerecht. Nutzt der Hochschulwissenschaftler maßgeblich Erfahrungen oder Arbeiten der Hochschule für die Entwicklung seiner Erfindung, so ist diese als Erfahrungserfindung anzusehen, unabhängig davon, ob sie im Hauptamt oder im Rahmen einer Nebentätigkeit entwickelt und fertiggestellt wird. Andernfalls liegt eine freie Erfindung vor. Damit kommt es im Ergebnis auch nicht auf die Genehmigung der Nebentätigkeit an.[1013] Entsprechend dieser Ansicht besteht zudem keine Gefahr, dass der Hochschulforscher die Erfindung kurz vor deren Fertigstellung in eine Nebentätigkeit verlagert, um einer Inanspruchnahme zu entgehen und eine Geltung als freie Erfindung beanspruchen zu können.

Vertragliche Vereinbarungen, die vorsehen, dass sämtliche auch in Nebentätigkeit gemachten Erfindungen eines Hochschullehrers als Diensterfindungen anzusehen sind, sind im Hinblick auf § 22 ArbNErfG, der zuungunsten des Arbeitnehmers abweichende Vereinbarungen unterbindet[1014], unwirksam.[1015]

---

erfindungen i. S. d. § 4 Abs. 2 darstellen" (vgl. Begründung zum „Entwurf eines Gesetzes zur Änderung des Gesetzes über Arbeitnehmererfindungen" der Bundesregierung vom 17.08.2001, BR-Drs. 583/01, Besonderer Teil, S. 7). Vergleiche hierzu auch *Bartenbach/Volz*, Arbeitnehmererfindungsgesetz, § 42 n. F., Rn. 36.

1012 So zumindest i. E. wohl auch *Pahlow/Gärditz*, WissR 2006, 48, 51; *Bergmann*, Erfindungen von Hochschulbeschäftigten nach der Reform von § 42 ArbNErfG, Rn. 252 f.; *Bartenbach/Volz*, Arbeitnehmererfindungsgesetz, § 42 n. F., Rn. 40.

1013 Vgl. *Bergmann*, Erfindungen von Hochschulbeschäftigten nach der Reform von § 42 ArbNErfG, 227 (Fn. 99); **anders** *Leuze*, GRUR 2005, 27, 30 m. w. N.; *Soudry*, Die Rechtsstellung des Hochschulerfinders nach der Neufassung von § 42 ArbNErfG, S. 139, der zu Unrecht einen Genehmigungsvorbehalt der Hochschule annimmt.

1014 § 22 ArbNErfG lautet: „*Die Vorschriften dieses Gesetzes können zuungunsten des Arbeitnehmers nicht abbedungen werden. Zulässig sind jedoch Vereinbarungen über Diensterfindungen nach ihrer Meldung, über freie Erfindungen und technische Verbesserungsvorschläge (§ 20 Abs. 1) nach ihrer Meldung.*"

1015 Zu abweichenden Vereinbarungen im Übrigen siehe unten Kapitel 3. § 8 A. VII. (S. 443).

bb. Technische Verbesserungsvorschläge

§ 42 ArbNErfG n. F. sieht ausweislich des Wortlauts eine Geltung nur für Erfindungen vor, obgleich sich der Anwendungsbereich des allgemeinen Arbeitnehmererfinderrechts neben den Erfindungen im Übrigen auch auf sog. technische Verbesserungsvorschläge, also Vorschläge für sonstige technische Neuerungen, die nicht patent- oder gebrauchsmusterfähig sind (vgl. § 3 ArbNErfG), erstreckt. Wie auch schon im Rahmen von § 42 ArbNErfG a. F. ist nach wie vor umstritten, ob § 42 ArbNErfG n. F. auch technische Verbesserungsvorschläge der Hochschulbeschäftigten entgegen seines Wortlauts umfasst.[1016] Während bezüglich § 42 ArbNErfG a. F. eine analoge Anwendung der Vorschrift noch denkbar war[1017], scheidet die Erstreckung der Neufassung des § 42 ArbNErfG auf technische Verbesserungsvorschläge heute eindeutig aus.[1018] Zum einen sprechen sowohl der Gesetzeswortlaut als auch die Gesetzesbegründung klare Worte, indem an diesen Stellen ausdrücklich nur von Erfindungen die Rede ist.[1019] Da die sonst für den öffentlichen Dienst geltenden Vorschriften der §§ 40, 41 ArbNErfG demgegenüber explizit auch technische Verbesserungsvorschläge umfassen, stützen zudem systematische Erwägungen diese Auffassung.[1020] Zum anderen zeigt die Entwicklung der Reform des § 42 ArbNErfG, dass der Gesetzgeber trotz Kenntnis der beschriebenen Problematik eine Einbeziehung der technischen Verbesserungsvorschläge nicht vorgenommen und damit auch nicht gewollt hat.[1021]

1016 Befürwortend etwa *Beyerlein*, NZA 2002, 1020, 1023; zum Streit im Rahmen von § 42 ArbNErfG a. F. siehe oben Kapitel 3. § 8 A. II. 3. a. (S. 278).
1017 So *Bartenbach/Volz*, Arbeitnehmererfindungsgesetz, § 42 n. F., Rn. 52; vgl. auch *Beier/Ullrich*, Staatliche Forschungsförderung und Patentschutz, Bd. 2, S. 281 (Fn. 146).
1018 So die h. M., siehe nur *Körting/Kummer*, RdA 2003, 279, 282; *Bergmann*, Erfindungen von Hochschulbeschäftigten nach der Reform von § 42 ArbNErfG, Rn. 266 ff.; *Kretzer*, Die Novellierung des "Hochschullehrerprivilegs" (§ 42 ArbnErfG), S. 18 f.; *Soudry*, Die Rechtsstellung des Hochschulerfinders nach der Neufassung von § 42 ArbNErfG, S. 130 f.; *Bartenbach/Volz*, Arbeitnehmererfindungsgesetz, § 42 n. F., Rn. 52; *Keukenschrijver*, in: Busse/Keukenschrijver, PatG, § 42 ArbEG, Rn. 8; **a. A.** wohl *Beyerlein*, NZA 2002, 1020, 1023.
1019 Vgl. *Bergmann*, Erfindungen von Hochschulbeschäftigten nach der Reform von § 42 ArbNErfG, Rn. 267.
1020 *Bergmann*, Erfindungen von Hochschulbeschäftigten nach der Reform von § 42 ArbNErfG, Rn. 268; vgl. auch *Soudry*, Die Rechtsstellung des Hochschulerfinders nach der Neufassung von § 42 ArbNErfG, S. 131.
1021 *Soudry*, Die Rechtsstellung des Hochschulerfinders nach der Neufassung von § 42 ArbNErfG, S. 131; vgl. auch *Bartenbach/Volz*, GRUR 2002, 743, 747.

c. Fazit

Im Ergebnis bleibt für den sachlichen Anwendungsbereich des § 42 ArbNErfG n. F. Folgendes festzuhalten: Es sind nur Erfindungen, nicht aber technische Verbesserungsvorschläge des Hochschulbeschäftigten von der Norm erfasst; wiederum aber nur solche Erfindungen, die patent- oder gebrauchsmusterfähig sind. Zudem gilt § 42 ArbNErfG n. F. nur für sog. Diensterfindungen, für freie Erfindungen hingegen nicht. Die Abgrenzung zwischen Diensterfindungen und freien Erfindungen richtet sich auch für Hochschulbeschäftigte nach der allgemeinen arbeitnehmererfinderrechtlichen Vorschrift des § 4 ArbNErfG. Damit kommt sowohl eine Qualifizierung der Erfindung als Aufgabenerfindung nach § 4 Abs. 2 Nr. 1 ArbNErfG, als auch als Erfahrungserfindung nach § 4 Abs. 2 Nr. 2 ArbNErfG in Betracht.

Bei nichtwissenschaftlichen Hochschulbeschäftigten liegt eine Aufgabenerfindung unproblematisch vor, wenn diese im Wege ihres Arbeitsvertrages einen Forschungsauftrag erteilt bekommen und bei dessen Erfüllung eine Erfindung machen. Erfindungen von Hochschullehrern lassen sich als Aufgabenerfindung qualifizieren, wenn die Erfindung aus der allgemeinen Forschertätigkeit des Hochschullehrers heraus entsteht, da der allgemeine Aufgabenkreis Forschung nach der hier zugrundeliegenden Auffassung als zu den dienstlichen Obliegenheiten des Hochschullehrers zugehörig anzusehen ist. Weder die Forschungs- und Wissenschaftsfreiheit aus Art. 5 Abs. 3 S. 1 GG noch die arbeitnehmererfinderrechtliche Sonderregelung des § 42 ArbNErfG n. F. gebieten eine andere Bewertung dieser Einordnung. Erfindungen der sonstigen wissenschaftlichen Beschäftigten können ebenfalls als Aufgabenerfindung qualifiziert werden.

Eine Erfahrungserfindung liegt bei nichtwissenschaftlichem und technischem Personal ebenfalls ohne Bewertungsschwierigkeiten vor, wenn ein Beschäftigter dieser Personengruppe eine Erfindung macht, die maßgeblich auf hochschuleigenem Wissen beruht. Für Hochschulwissenschaftler ist die Einordnung ihrer Erfindungen als Erfahrungserfindungen hingegen umstritten. Nach hier vertretener Auffassung sind Erfahrungen und Arbeiten des Hochschullehrers der ihn beschäftigenden Hochschule zuzuordnen, sodass Erfindungen von Hochschullehrern, die maßgeblich auf ihrer bisherigen Forschungstätigkeit oder auf Kollegenwissen beruhen, ebenfalls als hochschuleigenes Wissen anzusehen und eine Erfahrungserfindung im Ergebnis auch für Hochschullehrer zu bejahen ist. Auch hier stehen Art. 5 Abs. 3 S. 1 GG und § 42 ArbNErfG n. F. nicht entgegen. Für die Erfindungen der sonstigen wissenschaftlichen Beschäftigten gilt nichts anderes.

Erfindungen, die ein Hochschulwissenschaftler im Rahmen einer Nebentätigkeit macht, müssen nach hier vertretener Auffassung ebenfalls streng am Maßstab des § 4 ArbNErfG beurteilt werden. Damit handelt es sich bei in Nebentätigkeit entwickelten Erfindungen von Hochschullehrern regelmäßig um Erfahrungserfindungen.

4. Fazit

§ 42 ArbNErfG n. F. sieht besondere Bestimmungen für Erfindungen der an einer Hochschule Beschäftigten vor. Der Anwendungsbereich dieser Norm hat sich durch die Reform im Jahr 2002 in wesentlichen Punkten geändert. Die vorhergehende Untersuchung hat folgende Feststellungen bezüglich des heutigen Anwendungsbereichs der Vorschrift ergeben:

In persönlicher Hinsicht gilt § 42 ArbNErfG n. F. zunächst für den sog. Hochschulbeschäftigten. Vom Begriff des Hochschulbeschäftigten umfasst ist das gesamte an einer Hochschule tätige Personal, wissenschaftliches wie nichtwissenschaftliches. Die genaue Bestimmung erfolgt nach der hier vertretenen Auffassung anhand eines korporationsrechtlichen Ansatzes. Erfasst sind gem. § 36 Abs. 1 HRG demzufolge alle als Mitglieder oder sonstige an der Hochschule Tätige, ausgenommen derjenigen Personen an der Hochschule, die nicht in einem abhängigen Dienstverhältnis zur Hochschule stehen.

Institutionell gilt § 42 ArbNErfG n. F. für alle Hochschulen nach Maßgabe des § 1 HRG. Erfasst sind damit neben den Universitäten heute auch die Fachhochschulen. Vom Anwendungsbereich hingegen nicht gedeckt sind zwar staatlich anerkannte, aber privatrechtlich verfasste Hochschulen sowie außeruniversitäre Forschungseinrichtungen oder verselbständigte Universitätskliniken.

Die Vorschrift des § 42 ArbNErfG n. F. ist sachlich zugeschnitten auf Erfindungen und gilt nicht für technische Verbesserungsvorschläge. Erfasst sind lediglich Diensterfindungen. Freie Erfindungen unterfallen nicht dem Anwendungsbereich. Ob eine freie Erfindung oder eine Diensterfindung vorliegt, bestimmt sich anhand der allgemeinen Vorschrift des § 4 ArbNErfG. Erfindungen von Hochschulbeschäftigten können demnach als Aufgabenerfindung oder als Erfahrungserfindung anzusehen sein. Im Ergebnis deckt sich die rechtliche Einordnung von Hochschulerfindungen mit den Regelungen des allgemeinen Arbeitnehmererfinderrechts.

Kapitel 3. Vergütungsansprüche des Hochschulbeschäftigten im Arbeitnehmererfinderrecht

III. Der Verwertungsbegriff des § 42 Nr. 4 ArbNErfG

Da sich die Verwertung der Erfindung als notwendige Bedingung für den Vergütungsanspruch des Hochschulerfinders darstellt, kommt der eindeutigen Klärung des Verwertungsbegriffes eine tragende Rolle zu. Es stellt sich die Frage, in welchen Fällen von einer Verwertung der Erfindung durch den Dienstherrn ausgegangen werden kann, die zu einem Vergütungsanspruch des Hochschulbeschäftigten führt.

In Ermangelung einer gesetzlichen Definition des Verwertungsbegriffes im ArbNErfG ist der Begriff der Verwertung i. S. d. § 42 Nr. 4 ArbNErfG näher zu bestimmen. In der Literatur lassen sich vielfach nur kurze Hinweise darauf finden, dass der Begriff der Verwertung weit zu verstehen sei und es erfolgt eine (teils umfangreiche) Enumeration einzelner Verwertungsarten bzw. -formen, die unter den Verwertungsbegriff gefasst werden sollen.[1022] Häufig wird im gleichen Atemzug postuliert, dass im Ergebnis kein anderer Verwertungsbegriff als der auch ansonsten im Arbeitnehmererfindungsrecht zugrundeliegende, wie etwa in den §§ 7 Abs. 2 a. F., 9 Abs. 2, 19 Abs. 1, 27 Nr. 3 a. F. und § 40 Nr. 3 ArbNErfG gelten könne.[1023] Wird davon ausgegangen, der Begriff der Verwertung umfasse „*alle denkbaren Verwertungshandlungen*"[1024], handelt es sich insoweit keineswegs um den Versuch einer Definition, sondern um eine zirkelschlussartige und infolgedessen inhaltsleere Formulierung. Soweit ersichtlich fehlt es in der Literatur und Rechtsprechung an einer über den Verweis auf den allgemeinen Verwertungsbegriff hinausgehenden, näheren Auseinandersetzung mit dem Verwertungsbegriff i. S. d. § 42 Nr. 4 ArbNErfG.[1025]

Dies kann für eine umfangreiche Betrachtung der Vergütungspflichten der Hochschule aber nicht ausreichend sein. Dies gilt umso mehr im Hinblick darauf, dass auch der den in Bezug genommenen Vorschriften zu-

---

1022 Vgl. *Bergmann*, Erfindungen von Hochschulbeschäftigten nach der Reform von § 42 ArbNErfG, Rn. 519 ff.; *Kretzer*, Die Novellierung des "Hochschullehrerprivilegs" (§ 42 ArbNErfG), S. 47; *Bartenbach/Volz*, Arbeitnehmererfindungsgesetz, § 42 n. F., Rn. 160; *Boemke/Sachadae*, in: Boemke/Kursawe, ArbNErfG, § 42, Rn. 135 f.; *Keukenschrijver*, in: Busse/Keukenschrijver, PatG, § 42 ArbEG, Rn. 21; *Leuze*, in: Reimer/Schade/Schippel, ArbNErfG, § 42 n. F., Rn. 39.
1023 *Bartenbach/Volz*, Arbeitnehmererfindungsgesetz, § 42 n. F., Rn. 160; vgl. auch *Soudry*, Die Rechtsstellung des Hochschulerfinders nach der Neufassung von § 42 ArbNErfG, S. 150; *Leuze*, in: Reimer/Schade/Schippel, ArbNErfG, § 42 n. F., Rn. 39.
1024 So *Bergmann*, Erfindungen von Hochschulbeschäftigten nach der Reform von § 42 ArbNErfG, Rn. 519.
1025 Ansätze hierzu finden sich aber bei *Stallberg*, GRUR 2007, 1035, 1035 ff.

grundeliegende, allgemeine arbeitnehmererfinderrechtliche Verwertungsbegriff seinerseits keineswegs eine normative Bestimmung erfahren hat, sondern lediglich durch Kommentierungen und Aufsätze beschrieben worden ist. *Bartenbach* und *Volz* etwa beschreiben den § 9 ArbNErfG zugrundeliegenden Begriff der Verwertung als *„Nutzbarmachen der Erfinderrechte im allgemeinen Wirtschaftsverkehr [...], sei es durch Umsätze mit erfindungsgemäßen Produkten, durch den innerbetrieblichen Einsatz der erfinderischen Lehre, durch ein Sperrpatent oder durch Übertragung von Erfindungsrechten bzw. deren Lizenzierung"* oder als *„Nutzung der erfindungsgemäßen Lehre i. R. d. Schutzbereichs der Patentanmeldung (des Patents) bzw. des Gebrauchsmusters [...]."*[1026] Den Verwertungsbegriff nach § 19 Abs. 1 ArbNErfG definieren sie demgegenüber als *„jede Nutzung zu gewerblichen Zwecken"*.[1027]

Ziel der vorliegenden Arbeit kann es zwar selbstverständlich nicht sein, den allgemeinen arbeitnehmererfinderrechtlichen Begriff der Verwertung grundlegend zu hinterfragen oder gar zu revolutionieren. Raum bietet die Untersuchung aber durchaus für die Fragestellung, ob der im Arbeitnehmererfinderrecht allgemein gebräuchliche Verwertungsbegriff, wie behauptet[1028], auch im Hochschulrecht uneingeschränkte Anwendung finden kann oder ob der Verwertungsbegriff des § 42 Nr. 4 ArbNErfG eine eigene Bestimmung unter Berücksichtigung der hochschulrechtlichen Besonderheiten erfahren muss. Zwecks dessen muss versucht werden, im Wege der Auslegung eine möglichst präzise definitorische Bestimmung des Verwertungsbegriffs i. S. d. § 42 Nr. 4 ArbNErfG vorzunehmen.[1029]

1. Wortlautauslegung

Der Begriff der Verwertung lässt allein anhand des Wortlauts von § 42 Nr. 4 ArbNErfG keine genaue Bestimmung zu. Zum einen kann unter einer Verwertung die Veräußerung von Sachen oder Rechten verstanden werden, um den der Sache oder dem Recht innewohnenden Wert zu realisieren, also Erlöse zu erzielen. Hierbei spielen in erster Linie finanzielle und kommerzielle Interessen eine Rolle. Andererseits kann die Verwertung auch als Nutzbarmachung oder nutzbringende Verwendung bzw. als

---

1026 *Bartenbach/Volz*, Arbeitnehmererfindungsgesetz, § 9, Rn. 90 f.
1027 *Bartenbach/Volz*, Arbeitnehmererfindungsgesetz, § 19, Rn. 35.
1028 Siehe die Nachweise in Fn. 1023 (S. 296).
1029 Zu den Auslegungsgrundsätzen siehe oben Kapitel 3. § 7 B. I. 1. a. bb. (1), (S. 188).

Kapitel 3. Vergütungsansprüche des Hochschulbeschäftigten im Arbeitnehmererfinderrecht

Verarbeitung interpretiert werden. Hier tritt die tatsächliche Nutzung der Sache in den Vordergrund. Die beiden Begriffsverständnisse unterscheiden sich im Wesentlichen nur in ihrer wirtschaftlichen Orientierung. Während es bei der Verwertung im Sinne einer Nutzung oder Verarbeitung lediglich darum geht, dass der verwertete Gegenstand tatsächlich gebraucht wird, wohnt der Verwertung in Form der Erzeugung eines finanziellen Erlöses die Generierung eines geldwerten Vorteils sowie in der Regel ein Auftreten am Markt inne.

Eine wirtschaftliche bzw. kommerzielle Komponente kann in den Begriff der Verwertung i. S. d. § 42 Nr. 4 ArbNErfG aber dem Wortlaut nach nicht als zwingende Voraussetzung hinein gelesen werden. Dafür spricht vor allem, dass es sich ansonsten bei dem sowohl in den Gesetzesmaterialien als auch im Schrifttum verwendeten Begriffspaar der „wirtschaftlichen Verwertung"[1030] um eine Tautologie handeln würde, die den Zusatz der „Wirtschaftlichkeit" redundant erscheinen ließe. Dem Gesetzgeber hätte es freigestanden, wie in anderen Gesetzen[1031], von einer wirtschaftlichen Verwertung zu sprechen; gleichwohl hat er hiervon keinen Gebrauch gemacht. Im Ergebnis ist die Erzielung eines Erlöses damit nach dem Wortlaut des Verwertungsbegriffs eine hinreichende, nicht aber notwendige Bedingung. Nutzt die Hochschule die Erfindung des Hochschulbeschäftigten lediglich innerbetrieblich, ohne Einnahmen von außen einzuspielen (sog. hochschulinterne Nutzung), könnte begrifflich deshalb dennoch von einer Verwertung auszugehen sein.[1032]

Mithin lässt der Wortlaut die Begriffsbestimmung weitgehend offen. Schlechterdings erforderlich ist, dass die Erfindung in wie auch immer gearteter Weise durch die Hochschule genutzt wird. Wird eine Erfindung

---

1030 Zur Verwendung in den Gesetzesmaterialien siehe Begründung zum „Entwurf eines Gesetzes zur Änderung des Gesetzes über Arbeitnehmererfindungen" einzelner Abgeordneter der SPD sowie der Fraktion Bündnis 90/Die Grünen vom 09.05.2001, BT-Drs. 14/5975, Allgemeiner Teil, S. 5; für die Verwendung des Begriffes im Schrifttum siehe *Bartenbach/Volz*, GRUR 2002, 743, 744; *Leuze*, GRUR 2005, 27; *Post/Kuschka*, GRUR 2003, 494.
1031 Der Begriff der *„wirtschaftlichen Verwertung"* wird z. B. im Mietrecht in § 573 Abs. 2 Nr. 3 BGB verwendet.
1032 Im Ergebnis (ohne Begründung) bejahend *Stallberg*, GRUR 2007, 1035, 1036; *Kretzer*, Die Novellierung des "Hochschullehrerprivilegs" (§ 42 ArbnErfG), S. 47; *Soudry*, Die Rechtsstellung des Hochschulerfinders nach der Neufassung von § 42 ArbNErfG, S. 160; *Bartenbach/Volz*, Arbeitnehmererfindungsgesetz, § 42 n. F., Rn. 160; *Leuze*, in: Reimer/Schade/Schippel, ArbNErfG, § 42 n. F., Rn. 39; **a. A.** *Hübner*, Erfindungen von Beschäftigten an Hochschulen, S. 61 f.

hingegen nicht gebraucht, kann schon begrifflich keine Verwertung angenommen werden.

2. Systematische Erwägungen

Über die Wortlautauslegung hinaus müssen in die Betrachtung ebenfalls systematische Erwägungen mit einbezogen werden.[1033] Durch die Inanspruchnahme der Diensterfindung gehen die vermögenswerten Rechte an der Erfindung auf die Hochschule über (§ 7 Abs. 1 ArbNErfG). Zu diesen übergehenden Rechten sind insbesondere das Recht auf das Patent (§ 6 PatG), der Anspruch auf Erteilung des Patents und das Recht aus dem Patent, sowie das Recht zur Lizenzierung (§ 15 Abs. 1, 2 PatG) zu zählen.[1034] Freilich kann allein in einem Gebrauch dieser Rechte gegenüber den Patenterteilungsbehörden, also etwa in der Anmeldung der Erfindung zur Schutzrechtserteilung, noch keine Verwertung gesehen werden, was sich auch aus § 13 ArbNErfG ergibt.[1035] Fraglich ist aber, ab wann die Ausübung der Erfinderrechte zur Annahme einer Verwertung führt.

a. Die Begriffe der „Benutzung" und „Verwendung" im ArbNErfG und PatG

Im gewerblichen Rechtsschutz lässt sich für den Umgang mit Schutzrechten nicht allein der Verwertungsbegriff finden. Sowohl das ArbNErfG als auch das PatG kennen daneben Begriffe wie die Benutzung oder die Verwendung. Aus systematischer Perspektive ist zu untersuchen, inwieweit der in § 42 Nr. 4 ArbNErfG verwandte Begriff der Verwertung hiervon abzugrenzen ist.

1033 Zur systematischen Auslegung siehe oben Kapitel 3. § 7 B. I. 1. a. bb. (1), (S. 188).
1034 Auf eine Erwähnung des parallel laufenden Gebrauchsmusterschutzes wird im Folgenden zwecks Übersichtlichkeit und Leserlichkeit verzichtet.
1035 *Bartenbach/Volz*, Arbeitnehmererfindungsgesetz, § 9, Rn. 90.

aa. Der patentrechtliche Begriff der „Benutzung" in § 9 PatG

In diesem Zusammenhang lässt sich insbesondere die Frage zur Diskussion stellen, ob der Begriff der Verwertung durch den in § 9 PatG zu findenden patentrechtlichen Begriff der „Benutzung" beschrieben werden kann. Geht man von einer Gleichsetzung der Verwertung i. S. d. § 42 ArbNErfG mit der Benutzung i. S. d. § 9 PatG aus, so ließe sich die Verwertung als Nutzung der erfindungsgemäßen Lehre i. R. d. Schutzumfangs des Patents beschreiben[1036] – wobei der Schutzbereich des Patents seinerseits durch die Patentansprüche bestimmt wird (vgl. § 14 PatG) – und es wäre ein Rückgriff auf die von Rechtsprechung und Lehre entwickelten Grundsätze zum Schutzrechtsverletzungsverfahren möglich.[1037]

Unabhängig davon, dass bei einer Gleichsetzung der Begrifflichkeiten nicht zweifelsfrei erklärt werden könnte, warum sich der Gesetzgeber dann nicht auch für den Begriff der „Benutzung" in § 42 Nr. 4 ArbNErfG entschieden hat, erscheint eine derartige Parallelität auch nicht ohne weiteres möglich.[1038] Nach § 9 S. 1 PatG ist allein der Patentinhaber befugt, die patentierte Erfindung im Rahmen des geltenden Rechts zu benutzen, wobei in § 9 S. 2 Nr. 1 PatG als (das Schutzrecht verletzende) Benutzungshandlungen das Herstellen, Anbieten, Inverkehrbringen oder Gebrauchen des geschützten Erzeugnisses bzw. das Einführen oder Besitzen zu einem der genannten Zwecke genannt werden. Geschützt ist damit nach Nr. 1 nur die betriebliche Benutzung des *patentgeschützten Erzeugnisses* durch den Arbeitgeber. Aus den Richtlinien für die Vergütung von Arbeitnehmererfindungen im privaten und im öffentlichen Dienst[1039], die über § 11 ArbNErfG Anwendung finden, ergibt sich, dass neben der eigenen betrieblichen Benutzung durch den Arbeitgeber eine Verwertung vor allem auch durch eine außerbetriebliche Nutzung wie etwa die Lizenzvergabe oder den Erfindungsverkauf erfolgen kann. Dies zeigt unmittelbar Richtlinie Nr. 14, die sich der Vergütung für den Fall annimmt, dass eine *„Erfindung nicht betrieblich benutzt, sondern durch Vergabe von Lizenzen verwertet wird"*.

1036 Vgl. *Bartenbach/Volz*, Arbeitnehmererfindungsgesetz, § 9, Rn. 91; *Himmelmann*, in: Reimer/Schade/Schippel, ArbNErfG, § 9, Rn. 38.
1037 *Bartenbach/Volz*, Arbeitnehmererfindungsgesetz, § 9, Rn. 91; *Keukenschrijver*, in: Busse/Keukenschrijver, PatG, § 11 ArbEG, Rn. 9.
1038 So offensichtlich auch die h. M., z. B. *Bartenbach/Volz*, Arbeitnehmererfindungsgesetz, § 9, Rn. 92; *Volmer/Gaul*, in: Arbeitnehmererfindungsgesetz, § 9, Rn. 234; vgl. auch *Himmelmann*, in: Reimer/Schade/Schippel, ArbNErfG, § 9, Rn. 38.
1039 Siehe die Nachweise in den Fn. 600 und 601 (S. 183).

Solche Handlungen nach außen, wie die Erteilung einer Lizenz, sind vom Benutzungsbegriff des § 9 PatG aber nicht mehr umfasst; auch nicht vom „Inverkehrbringen" i. S. d. § 9 PatG, da sich dieses allein auf das Inverkehrbringen des patentgeschützten Erzeugnisses und nicht des Patents selbst bezieht.[1040]

Der arbeitnehmerrechtliche Begriff der Verwertung ist damit weitergehend als der patentrechtliche Benutzungsbegriff[1041], indem nicht nur die betriebliche Benutzung des patentgeschützten Erzeugnisses, sondern auch die Veräußerung der Rechte an der Erfindung erfasst ist. Hieran lässt sich bereits systematisch erkennen, dass der Begriff der Benutzung aus § 9 PatG nicht deckungsgleich mit dem Begriff der Verwertung aus § 42 Nr. 4 ArbNErfG sein kann und damit allenfalls als Ausgangspunkt für die weitere Betrachtung taugt.

bb. Der Begriff der „Verwendung" aus § 18 Abs. 3 ArbNErfG

Weiterhin steht in Frage, welche Erkenntnisse sich aus einer Abgrenzung des Verwertungsbegriffs gegenüber dem in § 18 Abs. 3 ArbNErfG gebrauchten Begriff der Verwendung ergeben. Eine Verwendung liegt in der schlichten Nutzung der Erfindung im eigenen Betrieb des Arbeitgebers durch die Herstellung oder den Gebrauch innerhalb des Betriebs. Sie setzt keinerlei Streben nach einem wirtschaftlichen Vorteil oder Gewinn voraus.[1042] Um den Verwertungsbegriff hiervon sinnvoll abgrenzen zu können, ergeben sich im Wesentlichen zwei Voraussetzungen für den Verwertungsbegriff: Zum einen enthält dieser als ein Mehr gegenüber dem Begriff der Verwendung eine wirtschaftliche Komponente insoweit, als durch die Verwertung eine wirtschaftliche Nutzziehung aus der Erfindung beabsichtigt wird. Zum anderen muss eine Verwertung nicht zwangsläufig innerhalb des Betriebs des Arbeitgebers stattfinden. Da der Gesetzgeber anders als in § 18 Abs. 3 ArbNErfG den Begriff der Verwertung statt den der

---

1040 *Kraßer/Ann*, Patentrecht, § 33 Rn. 149; *Ensthaler*, in: BeckOK-PatR, § 9 PatG, Rn. 44; *Keukenschrijver*, in: Busse/Keukenschrijver, PatG, § 9 PatG, Rn. 77; *Mes*, Patentgesetz, § 9 PatG, Rn. 46; *Trimborn*, in: Büscher/Dittmer/Schiwy, Gewerblicher Rechtsschutz, § 9 PatG, Rn. 14.
1041 *Bartenbach/Volz*, Arbeitnehmererfindungsgesetz, § 9, Rn. 92; vgl. auch *Volmer/Gaul*, in: Arbeitnehmererfindungsgesetz, § 9, Rn. 234.
1042 Vgl. *Bartenbach/Volz*, Arbeitnehmererfindungsgesetz, § 18, Rn. 30; *Rother*, in: Reimer/Schade/Schippel, ArbNErfG, § 18, Rn. 13.

Verwendung gewählt hat, spricht vieles dafür, in den Verwertungsbegriff i. S. d. § 42 Nr. 4 ArbNErfG ein wirtschaftliches Element hinein zu lesen.

b. Weitere Verwertungsbegriffe im ArbNErfG

Wenn der Gesetzgeber in § 42 Nr. 4 ArbNErfG den Begriff der Verwertung benutzt, bedient er sich eines im ArbNErfG durchaus häufiger verwendeten Terminus. Dies darf jedoch nicht zwangsläufig zu der Annahme führen, der Verwertungsbegriff i. S. d. § 42 Nr. 4 ArbNErfG unterscheide sich nicht von dem sonst im ArbNErfG verwendeten Verwertungsbegriff. Es ist vielmehr der Frage nachzugehen, ob sich die Verwertungsbegriffe in ihrer Bedeutung unterscheiden und inwieweit die anderweitigen Verwertungsbegriffe des ArbNErfG für die Begriffsbestimmung in § 42 Nr. 4 ArbNErfG fruchtbar gemacht werden können.

aa. Der Verwertungsbegriff aus § 9 Abs. 2 ArbNErfG

Zunächst wird angeknüpft an die obige Fragestellung, inwieweit zur Bestimmung des hochschulrechtlichen Verwertungsbegriffs ein Verweis auf die in § 9 Abs. 2 ArbNErfG geltende Definition des Verwertungsbegriffes ausreichend ist, wie dies in der Literatur zumeist angenommen wird.[1043] Abgesehen von der bereits erwähnten Problematik, dass auch der dem § 9 Abs. 2 ArbNErfG zugrundeliegende Verwertungsbegriff keine definitorische Bestimmung erfahren hat, sondern lediglich durch die Literatur ausformuliert worden ist, weist eine uneingeschränkte Anwendung des Verwertungsbegriffes aus § 9 Abs. 2 ArbNErfG im Rahmen von § 42 Nr. 4 ArbNErfG auch aus anderen Gründen schwerwiegende Strukturprobleme auf.

1043 Vgl. oben die Nachweise in Fn. 1023 (S. 296).

(1) Im Gegensatz zu § 42 Nr. 4 ArbNErfG erfasst § 9 Abs. 2 ArbNErfG auch Sperrpatente

Eine tatsächliche Verwertung nach § 9 Abs. 2 ArbNErfG liegt unbestritten auch in der Nutzung eines sog. Sperrpatents[1044]; Patente, die nicht zum Schutz eigener, sondern nur zur Unterbindung fremder Anwendungstätigkeit bestimmt sind (siehe Richtlinie Nr. 18 S. 1: Sperrpatente bilden *„einen besonderen Fall der Verwertung einer Diensterfindung"*).[1045]

Die Nutzung als Sperrpatent kann jedoch keine Verwertungsform i. S. d. § 42 Nr. 4 ArbNErfG darstellen, was einen Verweis auf § 9 Abs. 2 ArbNErfG erschwert bzw. verhindert. Die Patentanmeldungen durch Hochschulen erfolgen nicht, um Mitbewerber am Markt von der Verwertung auszuschließen[1046], sondern um das an den Hochschulen generierte Wissen und entsprechende Forschungsergebnisse in die Wirtschaft zu übertragen. Dieser Wissens- und Technologietransfer versteht sich dabei nicht nur als reiner Selbstzweck der Hochschulen, sondern stellt auch eine der Hochschule zufallende Aufgabe nach § 2 Abs. 7 HRG dar.[1047] Mit dem Bestreben und der Verpflichtung der Hochschulen, den gesellschaftlichen Fortschritt durch neuartige Technologien und wissenschaftliche Errungenschaften voranzutreiben, ist die reine Nutzung von Sperrpatenten zum Ausschluss von Konkurrenten nicht vereinbar. Überdies erweist sich der Einsatz von Sperrpatenten im Hochschulbereich ohnehin als problematisch, da Kollisionen mit der dem Hochschulerfinder grundrechtlich gewährleisteten positiven Publikationsfreiheit aus Art. 5 Abs. 3 S. 1 GG kaum zu vermeiden sind.[1048] Schon aus diesen Gründen ist ein vollumfänglicher Verweis auf § 9 Abs. 2 ArbNErfG nicht überzeugend.

1044 Begründung zum "Entwurf eines Gesetzes über Erfindungen von Arbeitnehmern und Beamten" der Bundesregierung vom 19.08.1955, BT-Drs. II/1648, S. 27; *Bartenbach/Volz*, Arbeitnehmererfindungsgesetz, § 9, Rn. 92; *Engemann*, in: Boemke/Kursawe, ArbNErfG, § 9, Rn. 331; *Volmer/Gaul*, in: Arbeitnehmererfindungsgesetz, § 9, Rn. 165; vgl. auch *Keukenschrijver*, in: Busse/Keukenschrijver, PatG, § 11 ArbEG, Rn. 29.
1045 Siehe hierzu *Kraßer/Ann*, Patentrecht, § 3 Rn. 50; *Soudry*, Die Rechtsstellung des Hochschulerfinders nach der Neufassung von § 42 ArbNErfG, S. 171.
1046 *Godt*, WissR 2003, 24, 45; *Soudry*, Die Rechtsstellung des Hochschulerfinders nach der Neufassung von § 42 ArbNErfG, S. 172.
1047 Der unter das Kapitel *„Aufgaben der Hochschulen"* fallende § 2 Abs. 7 HRG lautet: *„Die Hochschulen fördern den Wissens- und Technologietransfer."*
1048 Vgl. *Soudry*, Die Rechtsstellung des Hochschulerfinders nach der Neufassung von § 42 ArbNErfG, S. 171 m. H. a. *Bartenbach/Volz*, Arbeitnehmererfindungsgesetz, § 42 n. F., Rn. 58.

(2) Verwertbarkeit geht weiter als Verwertung

Bedenken ergeben sich bei einem vertieften Einblick auch dahingehend, dass § 9 Abs. 2 ArbNErfG anders als § 42 Nr. 4 ArbNErfG zur Vergütungsberechnung grundsätzlich nicht auf die tatsächliche Verwertung, sondern vielmehr auf die Verwertbarkeit der Diensterfindung, also den Erfindungswert[1049], abstellt.[1050] Auch wenn richtigerweise davon auszugehen, dass sich der Erfindungswert am besten anhand des tatsächlich erzielten Verwertungserlöses berechnen lässt, es mithin auch im Rahmen von § 9 Abs. 2 ArbNErfG maßgeblich auf die tatsächliche Verwertung ankommt[1051], wäre eine durch entsprechenden Verweis erfolgende Gleichstellung der Vorschriften hinsichtlich des Verwertungsbegriffes das falsche Signal. Denn obgleich sich der Erfindungswert anhand der tatsächlichen Verwertung leichter bestimmen lässt, geht der Begriff der Verwertbarkeit – gerade in Fällen etwa der unterbliebenen Verwertung – doch über den Verwertungsbegriff deutlich hinaus.

(3) Fazit

Der in Literatur vorgenommene, vollumfängliche Verweis auf § 9 Abs. 2 ArbNErfG oder die übrigen Vorschriften des ArbNErfG ist demnach nicht gelungen. Es bedarf einer eigenständigen Begriffsbestimmung der Verwertung i. S. d. § 42 Nr. 4 ArbNErfG, die sich aber selbstverständlich in wesentlichen Aspekten an § 9 Abs. 2 ArbNErfG orientieren darf.

1049 *Bartenbach/Volz*, Arbeitnehmererfindungsgesetz, § 9, Rn. 86; *Engemann*, in: Boemke/Kursawe, ArbNErfG, § 9, Rn. 175. Zum Erfindungswert siehe auch oben Kapitel 3. § 7 B. I. 1. c. bb. (S. 205).

1050 BGH, Urteil v. 17.11.2009 – X ZR 137/07, BGHZ 183, 182, 189 (Rn. 21) = GRUR 2010, 223 – *Türinnenverstärkung*; *Bartenbach/Volz*, Arbeitnehmererfindungsgesetz, § 9, Rn. 86; *Engemann*, in: Boemke/Kursawe, ArbNErfG, § 9, Rn. 175; *Keukenschrijver*, in: Busse/Keukenschrijver, PatG, § 9 ArbEG, Rn. 31; *Volmer/Gaul*, in: Arbeitnehmererfindungsgesetz, § 9, Rn. 33.

1051 BGH, Urteil v. 16.04.2002 – X ZR 127/99, GRUR 2002, 801, 802 – *Abgestuftes Getriebe*; *Bartenbach/Volz*, Arbeitnehmererfindungsgesetz, § 9, Rn. 86, 90.

bb. Der Verwertungsbegriff aus § 19 Abs. 1 ArbNErfG

Im Anschluss hieran muss untersucht werden, ob der dem § 19 Abs. 1 ArbNErfG zugrundeliegende Verwertungsbegriff als Grundlage für § 42 Nr. 4 ArbNErfG dienen kann. Soweit *Bartenbach* und *Volz* etwa auf § 19 Abs. 1 ArbNErfG verweisen[1052] und dort die Verwertung als *„jede Nutzung zu gewerblichen Zwecken"* definieren[1053], könnte einem durchaus in den Sinn kommen, für den Verwertungsbegriff aus § 42 Nr. 4 ArbNErfG ein gewerbsmäßiges Handeln der Hochschule zur Voraussetzung zu erheben.

Den Verwertungsbegriff aus § 42 Nr. 4 ArbNErfG mit dem Begriff der Gewerbsmäßigkeit zu belegen, erscheint allerdings nicht geglückt. Zum einen gibt es nicht den *einen* feststehenden einheitlichen Begriff des Gewerbes[1054], dessen Voraussetzungen hier zu Rate gezogen werden könnte. Vielmehr hat der Gewerbebegriff neben dem grundlegenden im Gewerberecht (§ 1 GewO)[1055] trotz gewisser Ähnlichkeiten unterschiedliche Ausprägungen und Definitionen in den verschiedenen Rechtsgebieten erfahren; so etwa im allgemeinen Zivilrecht[1056], im Handelsrecht[1057] oder im Steuerrecht.[1058] Der Gewerbebegriff ist deshalb immer im Lichte des jeweiligen Gesetzes zu lesen und wird zumeist auch in jedem Gesetz gesondert

---

1052 *Bartenbach/Volz*, Arbeitnehmererfindungsgesetz, § 42 n. F., Rn. 160.
1053 *Bartenbach/Volz*, Arbeitnehmererfindungsgesetz, § 19, Rn. 35; ähnlich auch *Keukenschrijver*, in: Busse/Keukenschrijver, PatG, § 19 ArbEG, Rn. 7: „*Verwertung ist nur eine gewerbliche Nutzung, [...]*"; *Rother*, in: Reimer/Schade/Schippel, ArbNErfG, § 19, Rn. 10: *„Man wird wohl nur an die gewerbliche Verwertung zu denken haben."*; *Volmer/Gaul*, in: Arbeitnehmererfindungsgesetz, § 19, Rn. 77: *„Der Begriff der Verwertung im Sinne des § 19 Abs. 1. S. 1 setzt eine gewerbsmäßige Handlung voraus, die mit Gewinnstreben verbunden ist."*
1054 *Kindler*, in: Ebenroth/Boujong/Joost/Strohn, HGB, Bd. 1, § 1, Rn. 15; *K. Schmidt*, in: MüKo-HGB, Bd. 1, § 1, Rn. 22.
1055 Zum gewerberechtlichen Gewerbebegriff *Pielow*, in: BeckOK-GewR, § 1 GewO, Rn. 134 ff.; siehe auch *Kindler*, in: Ebenroth/Boujong/Joost/Strohn, HGB, Bd. 1, § 1, Rn. 18; *K. Schmidt*, in: MüKo-HGB, Bd. 1, § 1, Rn. 23.
1056 Zum zivilrechtlichen Gewerbebegriff siehe *K. Schmidt*, in: MüKo-HGB, Bd. 1, § 1, Rn. 25; vgl. auch *Kindler*, in: Ebenroth/Boujong/Joost/Strohn, HGB, Bd. 1, § 1, Rn. 16.
1057 Zum handelsrechtlichen Gewerbebegriff siehe vor allem *K. Schmidt*, in: MüKo-HGB, Bd. 1, § 1, Rn. 26 ff.; *Hopt*, in: Baumbach/Hopt, HGB, § 1 HGB, Rn. 12 ff.; *Kindler*, in: Ebenroth/Boujong/Joost/Strohn, HGB, Bd. 1, § 1, Rn. 20 ff.
1058 Zum steuerrechtlichen Gewerbebegriff *Wacker*, in: Schmidt, EStG, § 15, Rn. 8 ff.; siehe auch *Kindler*, in: Ebenroth/Boujong/Joost/Strohn, HGB, Bd. 1, § 1, Rn. 19; *K. Schmidt*, in: MüKo-HGB, Bd. 1, § 1, Rn. 24.

beschrieben (z. B. § 15 Abs. 1 S. 1 Nr. 1 i. V. m. Abs. 2 EStG, § 1 Abs. 1 HGB). Im ArbNErfG findet sich der Begriff der Gewerbsmäßigkeit hingegen nicht. Schon dies lässt es schwierig erscheinen, von einer gewerblichen Nutzung zu sprechen, wenn nicht eindeutig ist, auf welchen Gewerbebegriff abgestellt werden soll. Vor allem im Hinblick auf den wirtschaftlichen Charakter der Verwertung kann dies insoweit zu Verwirrungen führen, als der Gewerbebegriff im Allgemeinen eine Gewinnerzielungsabsicht voraussetzt[1059], während im Rahmen des handelsrechtlichen Gewerbebegriffs gestritten wird, ob eine (subjektive) Gewinnerzielungsabsicht oder aber die (objektive) Vereinbarung eines Entgelts relevant sein sollen.[1060] Insoweit erscheint der Rückgriff auf den Gewerbebegriff nicht hinreichend eindeutig.

Zugegebenermaßen taucht der Begriff des Gewerbes aber im Patentrecht auf. Und das mit nicht geringerer Bedeutung denn als Grundvoraussetzung der Patentfähigkeit einer Erfindung (vgl. § 5 PatG).[1061] Dieser Umstand vermag jedoch keineswegs die vorstehende Argumentation dadurch zu entkräften, dass für eine präzise Bestimmung der patentrechtliche Begriff der Gewerblichkeit zugrunde gelegt werden könne; im Gegenteil kann der Gewerbebegriff des PatG hier sogar argumentativ unterstützend herangezogen werden. Immerhin spricht § 2 PatG, der die Nichterteilung von Patenten für Erfindungen, deren Verwertung gegen die öffentliche Ordnung oder die guten Sitten verstoßen würde, regelt, von einer *gewerblichen* Verwertung. Daraus ergibt sich, dass der Begriff der Verwertung nicht zwingend ein Element der Gewerblichkeit in sich trägt. Andernfalls liefen der Zusatz und die Betonung der *gewerblichen* Verwertung leer. Weiterhin erweist sich auch hier das Merkmal der Gewinnerzielungsabsicht als problematisch. Während eine solche im Rahmen des allgemeinen Gewerbebegriffs überwiegend vorausgesetzt wird, betrifft der Begriff der gewerbli-

---

1059 Für das **Gewerberecht** statt vieler BVerwG, Urteil v. 27.02.2013 – 8 C 8/12, NJW 2013, 2214 (Rn. 12 f.); *Pielow*, in: BeckOK-GewR, § 1 GewO, Rn. 146 ff. Für das **Zivilrecht** siehe nur BGH, Urteil v. 02.07.1985 – X ZR 77/84, BGHZ 95, 155, 157 = NJW 1985, 3063 (zu § 196 BGB a. F.); *Kindler*, in: Ebenroth/Boujong/Joost/Strohn, HGB, Bd. 1, § 1, Rn. 16. Für das **Steuerrecht** *Wacker*, in: Schmidt, EStG, § 15, Rn. 8, 24 ff.
1060 Für eine **Gewinnerzielungsabsicht** *Brüggemann*, in: Staub, HGB (4. Auflage 1995), Bd. 1, § 1 HGB, Rn. 9 m. w. N.; für die **Entgeltlichkeit** statt vieler *K. Schmidt*, in: MüKo-HGB, Bd. 1, § 1, Rn. 31; *Kindler*, in: Ebenroth/Boujong/Joost/Strohn, HGB, Bd. 1, § 1, Rn. 28; vgl. auch *Hopt*, in: Baumbach/Hopt, HGB, § 1 HGB, Rn. 16; *Körber*, in: Oetker, HGB, § 1, Rn. 29.
1061 Zum Merkmal der gewerblichen Anwendbarkeit als Voraussetzung für die Patentfähigkeit siehe oben Kapitel 2. § 6 A. I. 1. b. cc. (S. 104).

chen Anwendbarkeit lediglich die Eignung der Erfindung zur Herstellung in einem Gewerbebetrieb oder zur Anwendung auf einem gewerblichen Gebiet[1062] und ist gerade unabhängig von dem Versprechen eines Gewinns[1063] oder eines kommerziellen Erfolgs.[1064] Demnach eignet sich auch der im Patentgesetz verwendete Begriff der Gewerblichkeit nicht zur näheren Beschreibung, sodass eine Inbezugnahme des Gewerbebegriffs für die Bestimmung des Verwertungsbegriffs nach wie vor zu weitläufig ist.

Umgekehrt kommt es andererseits in sachlicher Hinsicht aber auch zu einer ungewollten Einengung des Verwertungsbegriffes durch den Gewerbebegriff. Denn dieser folgt nach jahrelanger Ausgestaltung durch Rechtsprechung und Literatur einer gewissen Struktur, ja geradezu Starrheit, die einen flexiblen Umgang mit dem Verwertungsbegriff erschweren würde. Der auf diese Weise bereits „vorgeformte" Gewerbebegriff lässt kaum Spielraum in seinen Voraussetzungen. In diese Voraussetzungen würde der Verwertungsbegriff durch einen schlichten Verweis auf die gewerbsmäßige Nutzung hineingezwängt. Es zeigt sich aber, dass einzelne Elemente der Gewerbsmäßigkeit im Rahmen des Verwertungsbegriffes aus § 42 Nr. 4 ArbNErfG nicht recht passen möchten. So kann vor allem das dem Gewerbe innewohnende Element der Dauerhaftigkeit der Tätigkeit[1065] nicht ohne weiteres auch in den Begriff der Verwertung hineingelesen werden. Zwar mag eine Verwertung durch die Hochschule regelmäßig auch auf Dauer erfolgen, allerdings muss auch ein – vom Gewerbebegriff wegen fehlender Dauerhaftigkeit nicht umfasstes – einmaliges Spontanhandeln der Hochschule, wie z. B. ein Einzelverkauf einer Erfindung[1066], bereits als Verwertung aufgefasst werden können[1067], sodass zumindest die Dauerhaftigkeit der Tätigkeit nicht zur Voraussetzung der Verwertung erklärt werden kann. Unstimmigkeiten können sich des Weiteren auch dahingehend ergeben, dass der Gewerbebegriff keine freien Berufe und wis-

---

1062 Dazu siehe die Nachweise in Fn. 259 (S. 105).
1063 *Kraßer/Ann*, Patentrecht, § 13 Rn. 10; *Keukenschrijver*, in: Busse/Keukenschrijver, PatG, § 5 PatG, Rn. 7.
1064 *Keukenschrijver*, in: Busse/Keukenschrijver, PatG, § 5 PatG, Rn. 7.
1065 Zur Dauerhaftigkeit beim Gewerbebegriff *Kindler*, in: Ebenroth/Boujong/Joost/Strohn, HGB, Bd. 1, § 1, Rn. 23 ff.; *Pielow*, in: BeckOK-GewR, § 1 GewO, Rn. 143 ff.; *K. Schmidt*, in: MüKo-HGB, Bd. 1, § 1, Rn. 30.
1066 Vgl. *K. Schmidt*, in: MüKo-HGB, Bd. 1, § 1, Rn. 30.
1067 Ohne vorweg greifen zu wollen, sei der Hinweis gestattet, dass dies auch aus dem Sinn und Zweck des § 42 Nr. 4 ArbNErfG folgt; vgl. dazu im Rahmen der Betrachtung des Patentverkaufs unten Kapitel 3. § 8 A. III. 4. b. cc) (2) (a), (S. 337).

senschaftlichen Tätigkeiten umfasst[1068], es sich vorliegend aber gerade um aus wissenschaftlicher Tätigkeit heraus entstandene Erfindungen handelt, deren Verwertung in Rede steht. Nach alledem kann auch der in § 19 Abs. 1 ArbNErfG genutzte Begriff der Verwertung nicht der Bestimmung des Verwertungsbegriffes aus § 42 Nr. 4 ArbNErfG zugrunde gelegt werden.

cc. Der Verwertungsbegriff aus § 27 Nr. 3 ArbNErfG a. F. und § 40 Nr. 3 ArbNErfG

Die den § 27 Nr. 3 ArbNErfG a. F. (entspricht heute weitgehend § 27 Nr. 2 ArbNErfG n. F.) sowie § 40 Nr. 3 ArbNErfG zugrundeliegenden Verwertungsbegriffe erscheinen ebenfalls nicht geeignet zur Bestimmung des Verwertungsbegriffes aus § 42 Nr. 4 ArbNErfG.[1069] Diese Vorschriften unterscheiden sich schon von ihrer Grundkonzeption sowie in ihrer Zielsetzung von den soeben genannten Regelungen: § 9 Abs. 2 ArbNErfG und § 19 Abs. 1 ArbNErfG tragen zur Lösung des Spannungsverhältnisses zwischen den Rechten des Arbeitgebers und den Ansprüchen des Arbeitnehmers bei, dem Hauptanliegen des ArbNErfG. Sie sind damit Zentralnormen der Umsetzung des mit dem ArbNErfG verfolgten Zwecks. Demgegenüber betreffen § 27 Nr. 3 ArbNErfG a. F. und § 40 Nr. 3 ArbNErfG gerade nicht diese Sonderkonstellation zwischen Arbeitgeber und Arbeitnehmer. § 40 Nr. 3 ArbNErfG regelt den Fall, dass der Arbeitnehmer die Erfindung selbst verwertet; die Vorschrift enthält lediglich Sonderbestimmungen für den öffentlichen Dienst. In § 27 Nr. 3 ArbNErfG a. F. findet die Verwertung ebenfalls nicht durch den Arbeitgeber statt. Geregelt ist die Verwertung der Erfindung durch den Insolvenzverwalter im Insolvenzverfahren über das Vermögen des Arbeitgebers. Die in diesen Normen enthaltenen „Nebenregelungen" behandeln folglich Spezialfälle, deren Regelungen nicht verallgemeinerungsfähig sind.

1068 So die h. M., siehe nur *Hopt*, in: Baumbach/Hopt, HGB, § 1 HGB, Rn. 19; *Kindler*, in: Ebenroth/Boujong/Joost/Strohn, HGB, Bd. 1, § 1, Rn. 38; *Körber*, in: Oetker, HGB, § 1, Rn. 35; *Röhricht*, in: Röhricht/v. Westphalen/Haas, HGB, § 1 HGB, Rn. 61; *K. Schmidt*, in: MüKo-HGB, Bd. 1, § 1, Rn. 32; **krit.** *Raisch*, in: FS Rittner (1991), S. 471, 480 f.
1069 So aber *Bartenbach/Volz*, Arbeitnehmererfindungsgesetz, § 42 n. F., Rn. 160.

c. Fazit

Es zeigt sich, dass die systematische Auslegung kaum brauchbare Ergebnisse im Hinblick auf die Bestimmung des Verwertungsbegriffs i. S. d. § 42 Nr. 4 ArbNErfG zu liefern vermag. Während der patentrechtliche Begriff der Benutzung nach § 9 PatG allenfalls als Ausgangspunkt dienen kann, im Grunde aber weiter gefasst ist als der Verwertungsbegriff, können sowohl der Verwendungsbegriff als auch die anderweitig im ArbNErfG genutzten Verwertungsbegriffe nicht zu Rate gezogen werden. Festhalten lässt sich allein, dass die Verwertung nicht durch den Gewerbebegriff beschrieben werden kann und sich gegenüber einer bloßen Verwendung durch ein wirtschaftliches Element abgrenzt.

3. Historische Auslegung

Da sowohl die Auslegung nach dem Wortlaut als auch nach der Systematik des Gesetzes nur wenig Gewinn bringt, stellt sich die Frage, inwiefern die Gesetzesmaterialien Aufschluss über die Intention des Gesetzgebers hinsichtlich der von § 42 ArbNErfG n. F. erfassten Verwertungsmöglichkeiten sowie bezüglich einer Begriffsbestimmung der Verwertung geben.[1070]

a. Entstehungsgeschichte des § 42 Nr. 4 ArbNErfG

Der vom Land Niedersachsen eingebrachte „*Entwurf eines Gesetzes zur Förderung des Patentwesens an den Hochschulen*" vom 09. November 2000[1071], der den Stein zur später erfolgten Änderung des § 42 ArbNErfG ins Rollen brachte, kann zur Auslegung insoweit nicht herangezogen werden, als er noch eine, vom heutigen Wortlaut der Norm gänzlich abweichende Textfassung mit deutlich divergierenden Regelungen vorsah. Aus dem glei-

---

1070 Zur historischen Auslegung siehe oben Kapitel 3. § 7 B. I. 1. a. bb. (1), (S. 188).
1071 „Entwurf eines Gesetzes zur Förderung des Patentwesens an den Hochschulen", Gesetzesantrag des Landes Niedersachsen vom 09.11.2000, BR-Drs. 740/00.

Kapitel 3. Vergütungsansprüche des Hochschulbeschäftigten im Arbeitnehmererfinderrecht

chem Grund kommt auch eine Berücksichtigung des vom Bundestag abgelehnten[1072] Entwurfs des Bundesrates[1073] nicht in Betracht.[1074]

Erste Ansatzpunkte kann deshalb erst der von der Koalition SPD und Bündnis90/Die Grünen vorgelegte Gesetzesentwurf vom 09. Mai 2001[1075] bieten, der mit lediglich marginalen Änderungen auf Empfehlung des Rechtsausschusses des Bundestags hin[1076], am 30. November 2001 (also etwas über ein Jahr nach der ersten Initiative zur Reformierung des § 42 ArbNErfG) vom Bundestag angenommen wurde.[1077] Dort heißt es in der Begründung zu § 42 Nr. 4 ArbNErfG: *„Verwertet der Dienstherr die Erfin-*

1072 Siehe Stenographischer Bericht zur 206. Sitzung des Deutschen Bundestags vom 30.11.2001, BT-Plenarprotokoll 14/206, S. 20427.
1073 „Entwurf eines Gesetzes zur Förderung des Patentwesens an den Hochschulen" des Bundesrates vom 26.04.2001, BT-Drs. 14/5939.
1074 Nach diesen Entwürfen sollte § 42 ArbNErfG ursprünglich wie folgt lauten:
„Für Erfindungen des wissenschaftlichen Personals der Hochschulen aus dienstlicher Tätigkeit sind die allgemeinen Vorschriften mit folgenden Maßgaben anzuwenden:
Hat der Dienstherr eine Diensterfindung mit dem Ziel der Verwertung in Anspruch genommen, so beträgt die Erfindervergütung ein Drittel des Verwertungserlöses nach Abzug der Patentierungskosten.
Nimmt der Dienstherr lediglich eine angemessene Beteiligung an dem Ertrag der Diensterfindung in Anspruch, so beträgt diese in der Regel ein Viertel des Verwertungserlöses nach Abzug der Patentierungskosten.
Lehnt der Erfinder eine Veröffentlichung seiner Erfindung ab, so kann er innerhalb eines Monats nach Meldung (§ 5) schriftlich einer Schutzrechtsanmeldung widersprechen. Will der Erfinder dennoch veröffentlichen oder er selbst oder ein Dritter ein Schutzrecht für die Erfindung anmelden oder diese gewerblich nutzen lassen, so hat er dem Dienstherrn die Erfindung erneut anzubieten; in diesem Fall besteht kein Widerspruchsrecht.
Dem Erfinder verbleibt im Falle der Inanspruchnahme ein nicht ausschließliches Recht zur Benutzung im Rahmen seiner wissenschaftlichen Lehr- und Forschungstätigkeit.
Abweichende Vereinbarungen sind zulässig. § 22 ist dabei nicht anzuwenden."
1075 „Entwurf eines Gesetzes zur Änderung des Gesetzes über Arbeitnehmererfindungen" einzelner Abgeordneter der SPD sowie der Fraktion Bündnis 90/Die Grünen vom 09.05.2001, BT-Drs. 14/5975.
1076 Beschlussempfehlung und Bericht des Rechtsausschusses zum „Entwurf eines Gesetzes zur Änderung des Gesetzes über Arbeitnehmererfindungen" einzelner Abgeordneter der SPD und der Fraktion Bündnis 90/Die Grünen (BT-Drs. 14/5975) sowie zum „Entwurf eines Gesetzes zur Förderung des Patentwesens an den Hochschulen" des Bundesrates (BT-Drs. 14/5939) vom 26.11.2001, BT-Drs. 14/7573.
1077 Stenographischer Bericht zur 206. Sitzung des Deutschen Bundestags vom 30.11.2001, BT-Plenarprotokoll 14/206, S. 20427.

dung durch Patentverkauf oder Lizenzvergabe, [...]".[1078] Damit schien der Begriff der Verwertung auf die Verwertungsformen des Patentverkaufs und der Lizenzvergabe beschränkt zu bleiben. Die Begründung zum etwa drei Monate später vorgelegten Entwurf der Bundesregierung vom 17. August 2001[1079], der jedoch nicht Gegenstand der Schlussabstimmung im Bundestag war[1080], bot insoweit weitere Aufklärung, als neben dem Patentverkauf und der Lizenzvergabe auch die Verwertung *„in einer anderen Form, durch die ihm* [Anm. d. Verf.: dem Dienstherrn] *Vermögenswerte zufließen"* erfasst sein sollte[1081]. Beide Entwürfe liefern jedoch lediglich Beispiele für mögliche Arten der Verwertung, statt sich einer Definition des Verwertungsbegriffes zu bemühen.

Nur zum Teil anders handhabt es der Referentenentwurf des Bundesministeriums der Justiz vom 25. Oktober 2001 zu einer Gesamtreform des Arbeitnehmererfindergesetzes[1082], der allerdings nicht umgesetzt wurde.[1083] Dieser beschreibt in § 10 Abs. 1 S. 2 Ref-E-ArbNErfG den Begriff der Verwertung wie folgt: *„Eine Verwertung liegt insbesondere vor, wenn der Arbeitgeber die Diensterfindung im eigenen Unternehmen nutzt, verkauft, tauscht oder eine Lizenz an ihr vergibt."*[1084] Was sich zunächst als Definition liest, ist im Ergebnis jedoch nichts anderes als eine nicht abschließende Enumeration der möglichen Verwertungsarten, was sich aus der Formulierung *„insbeson-*

1078 Begründung zum „Entwurf eines Gesetzes zur Änderung des Gesetzes über Arbeitnehmererfindungen" einzelner Abgeordneter der SPD sowie der Fraktion Bündnis 90/Die Grünen vom 09.05.2001, BT-Drs. 14/5975, Besonderer Teil, S. 7.
1079 Begründung zum „Entwurf eines Gesetzes zur Änderung des Gesetzes über Arbeitnehmererfindungen" der Bundesregierung vom 17.08.2001, BR-Drs. 583/01.
1080 *Bergmann*, Erfindungen von Hochschulbeschäftigten nach der Reform von § 42 ArbNErfG, Rn. 518 (Fn. 452).
1081 Begründung zum „Entwurf eines Gesetzes zur Änderung des Gesetzes über Arbeitnehmererfindungen" der Bundesregierung vom 17.08.2001, BR-Drs. 583/01, Besonderer Teil, S. 10.
1082 Referentenentwurf eines Zweiten Gesetzes zur Änderung des Gesetzes über Arbeitnehmererfindungen des Bundesministeriums der Justiz vom 25.10.2001, abgedruckt bei *Bartenbach*, VPP-Rundbrief 2004, 52, 54 ff.
1083 Hierzu ausführlicher *Bergmann*, Erfindungen von Hochschulbeschäftigten nach der Reform von § 42 ArbNErfG, Rn. 70 ff.
1084 Referentenentwurf eines Zweiten Gesetzes zur Änderung des Gesetzes über Arbeitnehmererfindungen des Bundesministeriums der Justiz vom 25.10.2001, abgedruckt bei *Bartenbach*, VPP-Rundbrief 2004, 52, 57.

Kapitel 3. Vergütungsansprüche des Hochschulbeschäftigten im Arbeitnehmererfinderrecht

dere" ergibt.[1085] Ähnlich formuliert es auch der auf dem Referentenentwurf basierende Entwurf einer Expertengruppe vom 16. Juni 2003[1086], der wie der Referentenentwurf auch eine Gesamtreform des Arbeitnehmererfindergesetzes zum Ziel hatte, damit aber ebenso scheiterte: *„Eine Verwertung liegt vor, wenn der Arbeitgeber die Diensterfindung im eigenen Unternehmen nutzt und/oder eine besonders vergütete Lizenz an ihr vergibt bzw. sie verkauft. Erprobungshandlungen stellen keine Verwertung dar."*[1087] Auch die in diesem Entwurf der Projektgruppe aufgezählten Verwertungsarten können weder als taxative Aufzählung noch als abstrakte Begriffsbestimmung aufgefasst werden. Gleiches muss auch für ein Gutachten des Bundesministeriums für Bildung und Forschung aus dem Jahr 2004 gelten, das als *grundsätzliche* Verwertungsmöglichkeiten für Hochschulpatente neben dem Patentverkauf und dem Abschluss von Lizenzverträgen auch die Verwertung mit Existenzgründung durch Beteiligung, Lizenz oder Verkauf sowie das Halten von Patenten zur Einwerbung von Drittmitteln nennt.[1088]

b. Wirtschaftliche Determination des Verwertungsbegriffes

Der Regierungsentwurf scheint das Erfordernis eines wirtschaftlichen Erfolgs für die Annahme einer Verwertung zu vermitteln, wenn er von Verwertungsformen spricht, durch die dem Dienstherrn Vermögenswerte *zufließen*.[1089] Hierbei handelt es sich jedoch um eine redaktionelle Unschärfe. Gemeint sind Verwertungsformen, durch die der Hochschule Vermögens-

---

1085 **A. A.** wohl *Bergmann*, Erfindungen von Hochschulbeschäftigten nach der Reform von § 42 ArbNErfG, Rn. 518.
1086 „Entwurf eines Zweiten Gesetzes zur Änderung des Gesetzes über Arbeitnehmererfindungen" der Projektgruppe Arbeitnehmererfindergesetz vom 16.06.2003, abgedruckt bei *Bartenbach*, VPP-Rundbrief 2004, 52, 54 ff.
1087 „Entwurf eines Zweiten Gesetzes zur Änderung des Gesetzes über Arbeitnehmererfindungen" der Projektgruppe Arbeitnehmererfindergesetz vom 16.06.2003, abgedruckt bei *Bartenbach*, VPP-Rundbrief 2004, 52, 57.
1088 Bundesministerium für Bildung und Forschung, Existenzgründungen mit Hochschulpatenten, S. 23, abrufbar im Internet unter: http://www.exist.de/SharedDocs/Downloads/DE/Studien/Existenzgruendungen-Hochschulpatenten.pdf?__blob=publicationFile, zuletzt abgerufen am 19.04.2020; in der Folge so auch *Kohler/Beyer*, in: Asche/Bauhus/Kaddatz/Seel (Hrsg.), Modernes Patentbewusstsein in Hochschulen, S. 79, 81.
1089 Begründung zum „Entwurf eines Gesetzes zur Änderung des Gesetzes über Arbeitnehmererfindungen" der Bundesregierung vom 17.08.2001, BR-Drs. 583/01, Besonderer Teil, S. 10.

werte *zufließen können*. Dies ergibt sich aus folgenden Überlegungen: Durch die Novellierung des § 42 ArbNErfG sollten die rechtlichen Möglichkeiten der Hochschulen gestärkt werden. *„Bei Inanspruchnahme der Erfindungen können sie bei erfolgreicher wirtschaftlicher Verwertung der Erfindung Einkünfte realisieren"*[1090], die der Hochschule den Aufbau eines eigenfinanzierten Hochschulpatentwesens ermöglichen. Das bedeutet im Umkehrschluss, dass eine Verwertung aus Sicht des Gesetzgebers nicht zwangsläufig den Erfolg in sich trägt. Fehlt es an einer erfolgreichen pekuniären Verwertung der Erfindung bleibt zwar ein Zufluss von Vermögensvorteilen für die Hochschule aus, nichtsdestotrotz liegt eine (erfolglose) Verwertung aber zweifelsohne vor. Im Ergebnis ist der Verwertungsbegriff deshalb grundsätzlich unabhängig vom tatsächlichen Vermögenszufluss, also einnahmefrei zu definieren.[1091] Sehr unpräzise formuliert deshalb zum Beispiel *Soudry*, wenn der Verwertungsbegriff seiner Auffassung nach *„alle vereinnahmten Vermögenswerte [umfasst], die kausal auf die Diensterfindung zurückzuführen sind."*[1092]

c. Unentgeltliche Übertragung von Erfindungen als Verwertung

Anders als private Wirtschaftsunternehmen verfolgen Hochschulen nicht unbedingt das Ziel, mit den aus der Hochschule hervorgehenden Patenten den maximalen Umsatz zu generieren. Zwar wird es auch der Hochschule hauptsächlich daran gelegen sein, durch Einnahmen aus der Patentverwertung ein eigenfinanziertes Hochschulpatentwesen zu etablieren sowie Gelder für die weitere Forschung zu erhalten. Dennoch lassen sich auch andere Gründe für die Patentierung der Forschungsergebnisse finden. So können das Patentportfolio und der Einsatz von Patenten als Werbemittel die Innovations- und Forschungskraft einer Hochschule verdeutlichen und den Bekanntheitsgrad sowie das Renommee der Hochschule steigern. Zugleich wird der Wirtschaftsstandort der Region durch eine patentstarke Hochschule gefördert. Zur Erreichung dieser Ziele werden die Hochschulen vielfach bestrebt sein, gerade nicht die grundsätzliche Ausschlusswir-

---

1090 Begründung zum „Entwurf eines Gesetzes zur Änderung des Gesetzes über Arbeitnehmererfindungen" einzelner Abgeordneter der SPD sowie der Fraktion Bündnis 90/Die Grünen vom 09.05.2001, BT-Drs. 14/5975, Allgemeiner Teil, S. 5.
1091 *Stallberg*, GRUR 2007, 1035, 1036.
1092 *Soudry*, Die Rechtsstellung des Hochschulerfinders nach der Neufassung von § 42 ArbNErfG, S. 150.

kung von Patenten zu nutzen, sondern vielmehr die Forschungsergebnisse einer breiten Öffentlichkeit zugänglich zu machen. In diesem Zusammenhang wird die Hochschule statt ausschließlicher Lizenzen vorrangig günstige oder sogar unentgeltliche Lizenzen vergeben wollen.[1093]

Nach herrschender Meinung in der Literatur ist der Verwertungsbegriff deshalb auch dann einnahmefrei zu definieren, wenn die Hochschule Rechte an der Diensterfindung aufgrund fehlender oder gar negativer Vergütungsvereinbarung[1094] unentgeltlich an einen Partner in der Industrie überträgt.[1095] Obgleich hieran deutlich würde, dass die Hochschule nicht beabsichtigt, die Diensterfindung wirtschaftlich zu nutzen, könne eine Verwertung – da einnahmeunabhängig zu beurteilen – bereits in der Rechteübertragung gesehen werden.[1096] Berechtigte Fragen hinsichtlich der Qualifizierung einer regelmäßig vereinbarten Projektsumme oder sonstiger vermögenswerter Vorteile der Hochschule (z. B. Nutzung von Laborgeräten oder Zugang zu forschungsrelevanten Informationen[1097]) als Einnahmen, müssten der Prüfung des entsprechenden Tatbestandsmerkmals der aus der Verwertung erzielten Einnahmen vorbehalten bleiben.[1098] An der Verwertungsqualität vermöchten sie nichts zu ändern.

Die Gesetzesbegründung lässt allerdings erkennen, dass der Gesetzgeber vom Regelfall der erfolgreichen wirtschaftlichen Verwertung, also der Erreichung eines wirtschaftlichen Nutzens durch die Verwertung der Erfindung ausging, und es ist deshalb überzeugend, den Verwertungsbegriff zumindest als *„wirtschaftlich intendierte Handlung"* zu begreifen.[1099] Demzufolge lässt sich in Zweifel ziehen, ob auch diejenigen Fälle tatsächlich eine Verwertung darstellen können, in denen die Hochschule die Erfinderrechte bewusst ohne die Vereinbarung einer Gegenleistung preisgibt. Lehnt man die gegenleistungslose Übertragung der Erfindung als Verwertung ab,

---

1093 Vgl. zu diesem Absatz *Godt*, WissR 2003, 24, 45 f.
1094 Negative Vergütungsklauseln enthalten die ausdrückliche Erwähnung der Unentgeltlichkeit.
1095 *Post/Kuschka*, GRUR 2003, 494, 496; *Stallberg*, GRUR 2007, 1035, 1036; *Bartenbach/Volz*, Arbeitnehmererfindungsgesetz, § 42 n. F., Rn. 160; *Boemke/Sachadae*, in: Boemke/Kursawe, ArbNErfG, § 42, Rn. 136; i. E. auch *Bergmann*, Erfindungen von Hochschulbeschäftigten nach der Reform von § 42 ArbNErfG, Rn. 525; offen gelassen *Beyerlein*, NZA 2002, 1020, 1022.
1096 *Stallberg*, GRUR 2007, 1035, 1036; im Ergebnis auch *Bartenbach/Volz*, Arbeitnehmererfindungsgesetz, § 9, Rn. 92 und § 42 n. F., Rn. 160.
1097 *Stallberg*, GRUR 2007, 1035, 1036 f.
1098 Vgl. *Stallberg*, GRUR 2007, 1035, 1036 f.; vgl. auch *Boemke/Sachadae*, in: Boemke/Kursawe, ArbNErfG, § 42, Rn. 136.
1099 *Stallberg*, GRUR 2007, 1035, 1036.

heißt das in der Konsequenz, dass zur Beurteilung der Verwertungseigenschaft die Gegenleistung in den Blick genommen werden muss. Dies scheint auf den ersten Blick dem Grundsatz der einnahmefreien Bestimmung des Verwertungsbegriffs zu widersprechen. Anders als befürchtet, führt eine Einbeziehung der Gegenleistung in die Betrachtung allerdings keineswegs zu einer Vermischung von Tatbestand und Rechtsfolge.[1100] Da die Verwertung als wirtschaftlich *intendierte* Handlung zu verstehen ist, kommt es für die Verwertung gerade nicht auf den tatsächlichen wirtschaftlichen Nutzen selbst (also die tatsächlich generierten Einnahmen), sondern lediglich auf die von der Hochschule *beabsichtigte* wirtschaftliche Nutzziehung an. Betrachtet wird somit nicht die Gegenleistung, sondern nur die beabsichtigte Gegenleistung. Das Merkmal der Einnahmen behält seine Bedeutung also für die Bestimmung des tatsächlichen wirtschaftlichen Nutzens der Verwertung, anhand dessen sich die pauschale Vergütung des Hochschulerfinders berechnen lässt.[1101]

Überträgt die Hochschule eine Erfindung zwar ohne Vereinbarung einer Geldzahlung, aber mit der Absicht, andere Vermögensvorteile einzuspielen, handelt es sich nicht um einen Fall der Unentgeltlichkeit, da Unentgeltlichkeit grundsätzlich die Abwesenheit einer den Erwerb ausgleichenden Gegenleistung erfordert.[1102] Insoweit liegt die Intention der Hochschule, die Diensterfindung wirtschaftlich zu nutzen, vor und eine Verwertungshandlung ist zu bejahen. Gibt die Hochschule die Erfindung hingegen in dem Wissen preis, überhaupt keine Gegenleistung zu erhalten, so beabsichtigt sie von vornherein keine wirtschaftliche Nutzung der Erfindung. Dann erscheint es in der Tat fragwürdig, noch von einer Verwertung zu sprechen.[1103] In diesem Fall scheint die wirtschaftliche Intention und mithin die Verwertungsqualität verneint werden zu müssen. Hierüber geben die Gesetzesmaterialien jedoch keinen Aufschluss. Der Fall der Übertragung der Erfindungsrechte ohne eine Gegenleistung zu erhalten, ist vom Gesetzgeber nicht beachtet worden. Es wird deshalb im Rahmen der sich anschließenden teleologischen Auslegung zu untersuchen sein, ob

---

1100 So aber *Stallberg*, GRUR 2007, 1035, 1036 f.
1101 **Anders** *Stallberg*, GRUR 2007, 1035, 1036 f.
1102 Vgl. zur Unentgeltlichkeit bei der Schenkung nach § 516 BGB statt vieler BGH, Urteil v. 28.05.2009 – Xa ZR 9/08, NJW 2009, 2737 (Rn. 8); *Koch*, in: MüKo-BGB, Bd. 3, § 516 BGB, Rn. 24; zur Unentgeltlichkeit bei der Leihe nach § 598 BGB *Häublein*, in: MüKo-BGB, Bd. 4, § 598 BGB, Rn. 21.
1103 Diese Frage ist bereits von *Beyerlein* in einem Aufsatz aufgeworfen worden, der eine Antwort allerdings schuldig geblieben ist, vgl. *Beyerlein*, NZA 2002, 1020, 1022.

nach Sinn und Zweck des § 42 Nr. 4 ArbNErfG auch der Übertragung der Erfinderrechte ohne Erhalt einer Gegenleistung die Qualifikation als Verwertung im Sinne der Vorschrift beizumessen ist.

d. Fazit

Die Gesetzesmaterialien geben nur Aufschluss darüber, was der Gesetzgeber in jedem Fall als Verwertung verstanden wissen wollte. Ihre Auslegung reicht jedoch nicht so weit, den Verwertungsbegriff einer umfassenden Bestimmung zuzuführen. Zumindest aber muss es sich bei der Verwertung der Diensterfindung um eine wirtschaftlich intendierte Handlung der Hochschule handeln.

4. Teleologische Auslegung

Entscheidende Bedeutung kommt der Auslegung des Verwertungsbegriffes nach Sinn und Zweck der zugrundeliegenden Vorschrift zu.[1104] Im Rahmen der bislang erfolgten Betrachtung sind Fragen aufgeworfen worden, denen allein mithilfe der Auslegung des Wortlauts, der gesetzlichen Systematik oder des gesetzgeberischen Willens nicht begegnet werden konnte. Entscheidend ist nunmehr die Ermittlung des hinter der Neuregelung des § 42 Nr. 4 ArbNErfG stehenden Zwecks.

a. Weites Begriffsverständnis im Grundsatz

Der Wissens- und Technologietransfer aus den Hochschulen blieb lange Zeit hinter den Erwartungen zurück. Diese Feststellung bildete die Grundlage für die Neuregelung des § 42 ArbNErfG, der die Förderung des Wissens- und Technologietransfers bezweckte, um so zu mehr Innovation beizutragen. Das Kernstück der Novellierung bildete dabei die Abschaffung des Hochschullehrerprivilegs und die pauschale Vergütungsregelung von Hochschulerfindungen nach § 42 Nr. 4 ArbNErfG. Nach Auffassung des Gesetzgebers ist die Förderung des Wissens- und Technologietransfers sowie der Aufbau eines Hochschulpatentwesens nur auf dem Wege einer fi-

---

1104 Zur teleologischen Auslegung siehe oben Kapitel 3. § 7 B. I. 1. a. bb. (1), (S. 188).

nanziellen Besserstellung der Hochschulbeschäftigten zu erreichen, da nur finanzielle Anreize ausreichenden Antrieb für die Hochschulbeschäftigten bieten würden, zu forschen und die Forschungsergebnisse dem Dienstherrn zu melden.[1105] In der Tat lag laut einer Untersuchung aus dem Jahr 1999 für 89 % der befragten Hochschullehrer das Motiv für die Patentierung einer patentfähigen Erfindung in dem Interesse an der wirtschaftlichen Verwertung[1106]; Hochschullehrer schienen damit offensichtlich vor allem pekuniäre Interessen zu verfolgen.[1107]

Verfolgt § 42 Nr. 4 ArbNErfG das Zwischenziel des finanziellen Anreizes für Hochschulbeschäftigte, um auf diesem Wege das Hauptziel, die Förderung des Wissens- und Technologietransfers zu erreichen[1108], so kann eine erste Feststellung hinsichtlich des der Norm zugrundeliegenden Verwertungsbegriffs dahingehend getroffen werden, dass der Verwertungsbegriff – wie auch in der Literatur verlangt[1109] – besonders weit gefasst

---

1105 Begründung zum „Entwurf eines Gesetzes zur Änderung des Gesetzes über Arbeitnehmererfindungen" einzelner Abgeordneter der SPD sowie der Fraktion Bündnis 90/Die Grünen vom 09.05.2001, BT-Drs. 14/5975, Besonderer Teil, S. 7.
1106 *Cohausz*, Untersuchung zum Verwertungsprivileg, S. 99.
1107 Dieses Motiv mag sich möglicherweise über die Jahre hinweg geändert haben, wie eine Untersuchung von Slopek/Pausewang/Beye vermuten lässt, vgl. *Slopek/Pausewang/Beye*, WissR 2011, 50, 72 ff.: *„Während in der Literatur die Diskussion also davon beherrscht wird, wie durch eine vor allem pekuniäre Incentivierung das Patentierungsbewusstsein der Hochschulbeschäftigten gestärkt werden kann, spielen solche Fragen an den befragten nordrhein-westfälischen Hochschulen nur eine untergeordnete Rolle. So bewerten die Transferstellen die gesetzlich vorgesehene Beteiligungsquote von 30 Prozent ausnahmslos als ausreichend. Die Befragung der Hochschulwissenschaftler bestätigte diese Bewertung nachhaltig. So wurde wiederholt festgestellt, dass 30 Prozent zwar als angemessen betrachtet wird, der Vergütungssatz aber nicht im Vordergrund stehe. Die Wissenschaftler wünschen sich vielmehr, dass die Gelder an den eigenen Forschungsbereich und nicht an den Forscher als Einzelperson ausgekehrt würden. Zusätzlich habe eine Fokussierung auf Geld ohnehin nichts mit seriöser Wissenschaft zu tun, so die Meinung. Die Tranferstellen unterstreichen durchweg, dass die größte Anreizwirkung für die Hochschulerfinder keineswegs von der – ohnehin weithin unbegründeten – Aussicht auf nennenswerte finanzielle Erfolge ausgeht. Stattdessen fielen immer wieder Aussagen dahingehend, dass ein guter Service und eine reibungslose Abwicklung des Verwertungsprozesses den größten Anreiz darstellen."* Gleichwohl kann hier an dieser Stelle (noch) allein auf die Perspektive im Vorfeld der Reformierung des § 42 Nr. 4 ArbNErfG Bezug genommen werden.
1108 Siehe hierzu Kapitel 3. § 8 A. I. 2. b. (S. 231).
1109 *Bergmann*, Erfindungen von Hochschulbeschäftigten nach der Reform von § 42 ArbNErfG, Rn. 519; *Bartenbach/Volz*, Arbeitnehmererfindungsgesetz, § 42 n. F., Rn. 160; i. Ü. siehe die Nachweise in Fn. 1022 (S. 296).

werden muss. Ein finanzieller Anreiz zur Forschung ist für den Hochschulbeschäftigten nur dann tatsächlich gegeben, wenn er davon ausgehen kann, dass seine Forschungsergebnisse zumindest in der Regel einer wirtschaftlichen Verwertung zugeführt werden und entsprechende Erträge einbringen. Etwaige Beschränkungen hinsichtlich der Qualifikation von Handlungen des Dienstherrn als Verwertung führen zu Unsicherheiten auf Seiten der Hochschulerfinder, die Einbußen bei der Erfindungsmeldungsbereitschaft sowie damit verbunden des Technologietransfers zur Folge haben können. Ein weites Begriffsverständnis der Verwertung muss erst recht auch dann gelten, wenn die finanzielle Besserstellung des Hochschulerfinders gar als primärer Gesetzeszweck angesehen wird.

Für einen weiten Verwertungsbegriff spricht auch ein zweiter gewichtiger Grund. Obgleich die finanzielle Besserstellung des Hochschulbeschäftigten nach hier vertretener Auffassung nicht das primäre Ziel des § 42 Nr. 4 ArbNErfG darstellt, muss dennoch im Blick behalten werden, dass die Regelung des § 42 Nr. 4 ArbNErfG auch der angemessenen Vergütung des Hochschulbeschäftigten Rechnung tragen will. Das Recht zur Verwertung der Diensterfindung steht nach Wegfall des Hochschullehrerprivilegs nunmehr der Hochschule zu; der Hochschulerfinder erhält nach § 42 Nr. 4 ArbNErfG n. F. unter anderem als Kompensation für den Verlust seiner Erfinderrechte eine pauschale Vergütung. Wird der Begriff der Verwertung in seiner Reichweite beschnitten, hat dies zeitgleich auch eine Rationalisierung oder gar Eliminierung des hochschulerfinderrechtlichen Vergütungsanspruchs zur Folge. Der Hochschulbeschäftigte, der hinsichtlich seiner Vergütung von der Verwertung der Erfindung durch die Hochschule abhängig ist, würde seinen entsprechenden Ausgleich verlieren; die Angemessenheit geriete ins Wanken. Auch aus diesem Grund muss mit einer Beschränkung des Verwertungsbegriffes behutsam umgegangen werden.

An dieser Stelle könnte eingewendet werden, dass dem Anliegen der angemessenen Vergütung des Hochschulbeschäftigten auch im Wege einer ersatzlosen Streichung des § 42 ArbNErfG hätte begegnet werden können; also mit einer vollumfänglichen Unterwerfung des Hochschulbeschäftigten und seiner Erfindungen unter die allgemeinen Regelungen des ArbNErfG nach §§ 40, 41 ArbNErfG, verbunden mit einer angemessenen Vergütung nach § 9 Abs. 2 ArbNErfG. Diesem Einwand muss jedoch mit Art. 5 Abs. 3 S. 1 GG eine klare Absage erteilt werden: Eine Gleichstellung des Hochschulbeschäftigten mit dem gewöhnlichen Arbeitnehmer scheidet schon aufgrund der nur den Hochschulerfindern zukommenden Wissenschafts- und Forschungsfreiheit aus Art. 5 Abs. 3 S. 1 GG aus.[1110]

b. Bestimmung des Verwertungsbegriffes im Besonderen

Trotz der vorstehenden Erwägungen kann freilich nicht jede beliebige Nutzung der Erfindung durch den Dienstherrn als Verwertung aufgefasst werden. Fasst man den Verwertungsbegriff aus den genannten Gründen zugunsten der Hochschulbeschäftigten möglichst weit, darf dabei nicht vergessen werden, dass § 42 ArbNErfG primär die Position der Hochschulen stärken wollte.[1111] Als Teil des vorrangigen Ziels der Förderung des Technologietransfers soll die Vorschrift auch dazu dienen, den Hochschulen den Aufbau eines eigenfinanzierten Hochschulpatentwesens zu ermöglichen. Würde nunmehr jede Handlung des Dienstherrn hinsichtlich der Erfindung als Verwertungshandlung aufgefasst, führte dies zu einer erheblichen finanziellen Belastung der Hochschulen durch entsprechende Vergütungszahlungen an die Hochschulerfinder. Diese Interpretation würde zweifelsfrei dem Telos des § 42 Nr. 4 ArbNErfG, den Wissens- und Technologietransfer zu beleben, entgegenstehen. Um den Begriff der Verwertung anhand des Sinns und des Zwecks bestimmen zu können, wird im Folgenden zwischen einer zeitlichen, örtlichen sowie inhaltlichen Anknüpfung differenziert.

aa. Zeitliche Anknüpfung

Der Prozess einer Erfindungsverwertung gestaltet sich unter Umständen aufwendig und langwierig. Von der Meldung der Diensterfindung durch den Arbeitnehmer, die den Auftakt des Verwertungsprozesses bildet, über die Inanspruchnahme des Arbeitgebers bis hin zur erfolgreichen Verwer-

---

1110 Vgl. zu diesem Absatz die Begründung zum „Entwurf eines Gesetzes zur Änderung des Gesetzes über Arbeitnehmererfindungen" einzelner Abgeordneter der SPD sowie der Fraktion Bündnis 90/Die Grünen vom 09.05.2001, BT-Drs. 14/5975, Allgemeiner Teil, S. 5.
1111 Begründung zum „Entwurf eines Gesetzes zur Änderung des Gesetzes über Arbeitnehmererfindungen" einzelner Abgeordneter der SPD sowie der Fraktion Bündnis 90/Die Grünen vom 09.05.2001, BT-Drs. 14/5975, Allgemeiner Teil, S. 5: „*Durch die Gesetzesnovellierung sollen die rechtlichen Möglichkeiten der Hochschulen gestärkt werden.*"

tung der Erfindung können mitunter Jahre vergehen. Es stellt sich die Frage, ob ein bestimmter Zeitpunkt während dieses Prozesses die entscheidende Grenze für den Beginn einer Verwertung darstellt, der Verwertungsbegriff sich also zeitlich an den Erfindungsverwertungsprozess anknüpfen lässt.

(1) Vorbereitungshandlungen

Vor dem Hintergrund der unerwünschten finanziellen Überbelastung der Hochschulen können bloße Vorbereitungshandlungen noch nicht als Verwertung angesehen werden.[1112] Nicht erfasst sind also solche Handlungen, die lediglich der Erprobung der Erfindung[1113] sowie der Prüfung der Wirtschaftlichkeit der Erfindungsverwendung dienen[1114] (z. B. Kosten-/ Nutzenanalysen oder Lieferung von Prototypen).[1115] Dies erscheint auch sachgerecht, wird dem Hochschulerfinder schließlich die Bürde der Erprobung der Erfindung sowie der Prüfung ihrer Verwertbarkeit auf eigene Kosten abgenommen (vgl. Vergütungsrichtlinie Nr. 23 Abs. 1). Ebenfalls als nicht vergütungspflichtige Vorfeldmaßnahme muss selbst das Anbieten erfindungsgemäßer Produkte erachtet werden, solange der bloße Erprobungs- und Testzweck im Vordergrund steht.[1116] Es stellt sich aber die Frage, ab

---

1112 Vgl. auch DPA, Einigungsvorschlag der Schiedsstelle nach dem ArbNErfG v. 27.02.1984 – Arb.Erf. 54/83, BlPMZ 1984, 301 f.; DPA, Einigungsvorschlag der Schiedsstelle nach dem ArbNErfG v. 04.02.1986 – Arb.Erf. 2(B)/85, BlPMZ 1986, 346 ff.; *Bartenbach/Volz*, Arbeitnehmererfindungsgesetz, § 9, Rn. 93; *Himmelmann*, in: Reimer/Schade/Schippel, ArbNErfG, § 9, Rn. 38; *Keukenschrijver*, in: Busse/Keukenschrijver, PatG, § 9 ArbEG, Rn. 9; *Volmer/Gaul*, in: Arbeitnehmererfindungsgesetz, § 9, Rn. 751.
1113 Vgl. *Bartenbach/Volz*, Arbeitnehmererfindungsgesetz, § 9, Rn. 93; *Volmer/Gaul*, in: Arbeitnehmererfindungsgesetz, § 9, Rn. 751.
1114 Vgl. DPA, Einigungsvorschlag der Schiedsstelle nach dem ArbNErfG v. 03.12.1987 – Arb.Erf. 57/87, BlPMZ 1988, 264, 266; DPA, Einigungsvorschlag der Schiedsstelle nach dem ArbNErfG v. 04.02.1986 – Arb.Erf. 2(B)/85, BlPMZ 1986, 346; *Bartenbach/Volz*, Arbeitnehmererfindungsgesetz, § 9, Rn. 93; *Volmer/Gaul*, in: Arbeitnehmererfindungsgesetz, § 9, Rn. 749.
1115 *Bartenbach/Volz*, Arbeitnehmererfindungsgesetz, § 9, Rn. 93. Die Autoren nennen im Folgenden eine Reihe an Beispielen für vergütungsfreie Vorbereitungshandlungen, wie das Herstellen von Zeichnungen und Modellen, Planung, Ausschreibung und Angebotsentgegennahme sowie Kontaktaufnahme mit potenziellen Herstellerfirmen zur Prüfung der Verwertbarkeit (siehe Rn. 93.1).
1116 *Bartenbach/Volz*, Arbeitnehmererfindungsgesetz, § 9, Rn. 93; siehe auch *Himmelmann*, in: Reimer/Schade/Schippel, ArbNErfG, § 9, Rn. 38.

wann das Stadium der Vorbereitungshandlungen, die erst eine Verwertung ermöglichen sollen[1117], verlassen wird und eine tatsächliche Verwertung angenommen werden muss.

(2) Beginn der Verwertung

(a) Ab Inanspruchnahme?

Zunächst könnte als ein die Verwertung begründender Übergangszeitpunkt die Inanspruchnahme nach § 6 ArbNErfG in Betracht kommen. Mit der Inanspruchnahme gehen die vermögenswerten Rechte an der Diensterfindung auf den Arbeitgeber über (§ 7 Abs. 1 ArbNErfG). Ab diesem Zeitpunkt verliert der Hochschulerfinder die Verfügungsbefugnis über seine Erfinderrechte, als „Ausgleich" erhält er einen pauschalen Vergütungsanspruch aus § 42 Nr. 4 ArbNErfG. Dies könnte dafür sprechen, sämtliche Handlungen der Hochschule, die zeitlich nach der Inanspruchnahme getätigt werden, als Verwertung zu qualifizieren, da der Vergütungsanspruch des Hochschulerfinders ab diesem Zeitpunkt von dem Vorgehen der Hochschule finanziell abhängig ist. Ein solches Verständnis hätte den Vorteil, dass Vorbereitungshandlungen wie die Prüfung der Verwertbarkeit der Erfindung, die aus den zuvor genannten Gründen nicht als Verwertung angesehen werden können, schon aus diesem Grund nicht dem Verwertungsbegriff unterfielen.

Die Inanspruchnahme als entscheidenden Zeitpunkt für den Übergang bloßer Vorbereitungshandlungen zur tatsächlichen Verwertung zu erklären, hat jedoch auch gewichtige Argumente gegen sich. Vor allem systematische Erwägungen sprechen gegen ein solches Verständnis. Denn nach der allgemeinen arbeitnehmererfinderrechtlichen Vergütungsregelung in § 9 Abs. 1 ArbNErfG steht dem Arbeitnehmer der Anspruch auf angemessene Vergütung zu, *„sobald der Arbeitgeber die Diensterfindung in Anspruch genommen hat."* Diese Formulierung hätte der Gesetzgeber auch in § 42 Nr. 4 ArbNErfG verwenden können. Dafür hat er sich aber gerade nicht entschieden, sondern vielmehr das Tatbestandsmerkmal der Verwertung anstelle der Inanspruchnahme als ausschlaggebenden Aspekt für den Vergütungsanspruch normiert.

Weiterhin zeigt sich, dass eine klare Grenzziehung durch den Zeitpunkt der Inanspruchnahme nicht möglich ist, da sowohl Verwertungshandlun-

---

1117 *Bartenbach/Volz*, Arbeitnehmererfindungsgesetz, § 9, Rn. 93.

gen vor der Inanspruchnahme als auch nicht als Verwertung zu qualifizierende Handlungen der Hochschulen nach der Inanspruchnahme nicht ausgeschlossen sind. Zum einen können Handlungen der Hochschulen, die soeben als Vorbereitungshandlungen im Vorfeld der eigentlichen Verwertung bezeichnet wurden, in den Zeitraum nach der Inanspruchnahme fallen. So wird etwa die Erprobung der Erfindung nicht dadurch zur Verwertung, dass sie – wie in der Regel üblich – erst nach der Inanspruchnahme durch den Arbeitgeber erfolgt. Zum anderen erscheint es zweifelhaft, ob etwaige Handlungen, die die Hochschule schon vor der Inanspruchnahme der Diensterfindung vornimmt, wie die Vorabübertragung oder der Abschluss von Veräußerungs- und Lizenzverträgen im Vorfeld der Inanspruchnahme, tatsächlich in keinem Fall eine Verwertung darstellen können.

Zum Teil wird angenommen, Verwertungshandlungen vor der Inanspruchnahme seien aufgrund von § 185 Abs. 2 S. 1 2. Alt. BGB[1118] schon denknotwendigerweise ausgeschlossen, da Verfügungen der Hochschule als Nichtberechtigte erst im Zeitpunkt der Inanspruchnahme durch Rechtsnachfolge nach § 6 ArbNErfG wirksam würden.[1119] Dieser Argumentation kann nicht beigetreten werden. Als richtig festzuhalten bleibt zwar, dass die Inanspruchnahme – wie für § 9 ArbNErfG auch – die Mindestvoraussetzung für die *Geltendmachung* des Vergütungsanspruchs aus § 42 Nr. 4 ArbNErfG darstellt.[1120] Das bedeutet gleichwohl nicht, dass eine vergütungspflichtige Verwertungshandlung nicht bereits schon vor der Inanspruchnahme möglich ist. Der BGH beschäftigt sich in seinem Urteil *Abwasserbehandlung*[1121] mit der Frage, ob im Rahmen von § 9 ArbNErfG eine angemessene Vergütung im Zeitpunkt der Inanspruchnahme auch für bereits vor der Inanspruchnahme erfolgte Nutzungen geschuldet wird. Dabei kommt er zu dem Ergebnis, dass aufgrund des allgemeinen Vergütungsgrundsatzes[1122] auch bereits vor der Inanspruchnahme erfolgte Benutzungshandlungen für die angemessene Vergütung des Arbeitnehmers

---

1118 § 185 Abs. 2 S. 1 2. Alt. i. V. m. Abs. 1 BGB lautet: *„Die Verfügung [die ein Nichtberechtigter über einen Gegenstand trifft] wird wirksam, [...] wenn der Verfügende den Gegenstand erwirbt [...]."*
1119 Für den Fall der sog. Vorabübertragung *Stallberg*, GRUR 2007, 1035, 1036.
1120 Vgl. für § 9 ArbNErfG BGH, Urteil v. 29.04.2003 – X ZR 186/01, BGHZ 155, 8, 18 = GRUR 2003, 789 – *Abwasserbehandlung*; *Bartenbach/Volz*, Arbeitnehmererfindungsgesetz, § 9, Rn. 11.
1121 BGH, Urteil v. 29.04.2003 – X ZR 186/01, BGHZ 155, 8, 8 ff. = GRUR 2003, 789 – *Abwasserbehandlung*.
1122 Zum allgemeinen Vergütungsgrundsatz siehe oben Kapitel 3. § 7 B. I. (S. 182).

zu berücksichtigen sind, wenn andernfalls nicht gewährleistet wäre, dass der Arbeitnehmererfinder den ihm gebührenden angemessenen Anteil erhielte.[1123]

Die in diesem Zusammenhang zum Vergütungsanspruch aus § 9 ArbNErfG getroffenen Erwägungen des BGH lassen sich ohne Einschränkungen auf den Vergütungsanspruch des Hochschulbeschäftigten aus § 42 Nr. 4 ArbNErfG übertragen: Der wesentliche Aspekt der Bejahung einer Vergütungspflicht für im Vorfeld der Inanspruchnahme erfolgte Verwertungshandlungen liegt in der Bekämpfung der Umgehungs- und Missbrauchsgefahr. Gelänge es der Hochschule, in der Frist von vier Monaten, die ihr unter Umständen gem. § 6 Abs. 2 ArbNErfG zur Inanspruchnahme der gemeldeten Diensterfindung bleibt, die wesentlichen Vorteile der Diensterfindung zu realisieren, müsste sie eine Vergütung lediglich wegen einiger noch verbleibender Verwertungshandlungen nach der Inanspruchnahme leisten. Der Hochschulerfinder würde um seinen angemessenen Anteil gebracht.[1124]

Der BGH geht in seiner Entscheidung allerdings noch einen Schritt weiter und bejaht eine vergütungspflichtige Verwertung auch für Handlungen des Arbeitgebers, die vor der Meldung der Diensterfindung durch den Arbeitnehmer erfolgen.[1125] Dies erscheint jedoch sehr zweifelhaft, da die Erfindung dem Arbeitgeber vor der Meldung durch den Arbeitnehmer als Arbeitsergebnis zusteht.[1126] Aus diesem Grund neigt die Schiedsstelle inzwischen zu Recht dazu, eine Vergütungspflicht zwar auch für die Zeit vor der Inanspruchnahme, aber erst ab dem Zeitpunkt der Erfindungsmeldung anzunehmen.[1127]

1123 BGH, Urteil v. 29.04.2003 – X ZR 186/01, BGHZ 155, 8, 18 = GRUR 2003, 789 – *Abwasserbehandlung*; (nur) insoweit zust. *Kunzmann*, in: FS Bartenbach (2005), S. 175, 196; *Himmelmann*, in: Reimer/Schade/Schippel, ArbNErfG, § 9, Rn. 20; *Keukenschrijver*, in: Busse/Keukenschrijver, PatG, § 9 ArbEG, Rn. 14; wohl auch *Meier-Beck*, in: FS Reimann (2009), S. 309, 317 f.; a. A. *Bartenbach/Volz*, Arbeitnehmererfindungsgesetz, § 9, Rn. 11.

1124 Vgl. zu den Erwägungen des BGH hinsichtlich § 9 ArbNErfG BGH, Urteil v. 29.04.2003 – X ZR 186/01, BGHZ 155, 8, 18 = GRUR 2003, 789 – *Abwasserbehandlung*.

1125 BGH, Urteil v. 29.04.2003 – X ZR 186/01, BGHZ 155, 8, 18 f. = GRUR 2003, 789 – *Abwasserbehandlung*.

1126 *Bartenbach/Volz*, Arbeitnehmererfindungsgesetz, § 9, Rn. 11; *Himmelmann*, in: Reimer/Schade/Schippel, ArbNErfG, § 9, Rn. 20.

1127 DPMA, Einigungsvorschlag der Schiedsstelle nach dem ArbNErfG v. 04.11.2003 – Arb.Erf. 23/01, BlPMZ 2005, 83 ff.; i. Ü. siehe den Hinweis auf die unveröffentlichen Einigungsvorschläge der Schiedsstelle bei *Bartenbach/*

Im Ergebnis bestimmt die Inanspruchnahme damit lediglich den frühesten Zeitpunkt der Geltendmachung des Vergütungsanspruchs. Sie vermag demgegenüber nicht eine zeitliche Zäsur für den Beginn einer Verwertung zu vermitteln, da sowohl Verwertungshandlungen vor der Inanspruchnahme als auch nicht als Verwertung zu qualifizierende Handlungen der Hochschulen nach der Inanspruchnahme nicht ausgeschlossen sind.[1128]

(b) Ab Anmeldung zum Schutzrecht?

Als weiterer Zeitpunkt des Erfindungsverwertungsprozesses, der einen Übergang der Vorbereitungs- zur Verwertungshandlung bewirkt, könnte die Anmeldung der Erfindung zum Schutzrecht in Betracht kommen. Der Arbeitgeber ist nach der Meldung der Diensterfindung durch den Arbeitnehmer verpflichtet, die Erfindung zur Erteilung eines Schutzrechts im Inland anzumelden (§ 13 Abs. 1 ArbNErfG). Ohne Zweifel kann in der Anmeldung zum Schutzrecht selbst aber keine Verwertungshandlung gesehen werden, was sich bereits aus § 13 ArbNErfG ergibt.[1129] Bezüglich der Frage, ob die Schutzrechtsanmeldung als zeitliche Zäsur dahingehend zu fungieren vermag, sich anschließende Handlungen der Hochschule als Verwertungshandlungen zu qualifizieren, kann vollumfänglich auf die vorstehende Argumentation zu ebensolcher Eignung der Inanspruchnahme verwiesen werden.[1130] Insbesondere sind vor der Anmeldung zum Schutzrecht erfolgte Handlungen der Hochschule aufgrund der Missbrauchs- und Umgehungsgefahr als vergütungspflichtig anzuerkennen. Im Ergebnis ist der Vergütungsanspruch des Hochschulbeschäftigten damit in zeitlicher Hinsicht unabhängig von einer Anmeldung der Erfindung zum Schutzrecht.[1131]

Volz, Arbeitnehmererfindungsgesetz, § 9, Rn. 11 (Fn. 71); ferner siehe *Keukenschrijver*, in: Busse/Keukenschrijver, PatG, § 9 ArbEG, Rn. 14.
1128 So i. E. auch (allerdings ohne Begründung) *Boemke/Sachadae*, in: Boemke/Kursawe, ArbNErfG, § 42, Rn. 134.
1129 Siehe oben Kapitel 3. § 8 A. III. 2. (S. 299).
1130 Siehe hierzu soeben unter (a).
1131 So im Ergebnis auch *Soudry*, Die Rechtsstellung des Hochschulerfinders nach der Neufassung von § 42 ArbNErfG, S. 189; *Bartenbach/Volz*, Arbeitnehmererfindungsgesetz, § 42 n. F., Rn. 157.

(3) Fazit

Es lässt sich feststellen, dass weder der Zeitpunkt der Inanspruchnahme noch der Moment der Schutzrechtsanmeldung geeignet sind, die Schwelle von der vergütungsfreien Vorbereitungshandlung zur vergütungspflichtigen Verwertungshandlung klar zu definieren. Allein in zeitlicher Hinsicht lässt sich demnach kein Zeitpunkt bestimmen, der den „Beginn" der Verwertung festlegt.

bb. Inhaltliche Anknüpfung

Da eine rein zeitliche Anknüpfung des Verwertungsbegriffes nicht gelingt, stellt sich im Folgenden die Frage, ob der an sich weit zu fassende Verwertungsbegriff inhaltlich beschränkt werden muss, um nicht jedwede denkbare Handlung der Hochschule in Bezug auf die Erfindung als Verwertungshandlung zu qualifizieren.

(1) Verwertung der Erfindung vs. Verwertung des Schutzrechts

Zunächst kann die Frage in den Raum gestellt werden, ob der Verwertungsbegriff abhängig von der Unterscheidung ist, ob die Nutzung der Erfindung oder die Nutzung des auf die Erfindung erteilten Schutzrechts durch die Hochschule in Rede steht. In der Tat wird in den bereits existierenden Arbeiten nicht immer hinreichend deutlich zwischen einer Erfindungsverwertung und einer Patentverwertung differenziert.[1132] Auch die Existenz von Patentverwertungsgesellschaften sowie ihre Bezeichnung suggerieren, dass eine vergütungsrechtlich relevante Verwertung lediglich im Fall der Verwertung eines Patentes gegeben sei. Wird nur von einer Patentverwertung gesprochen, so ist dies irreführend. Übergangen wird dabei, dass auch bereits eine Verwertung der zugrundeliegenden Erfindung möglich ist, die noch nicht zum Schutzrecht angemeldet wurde. Dies zeigen zum einen die bereits genannten Beispiele zu Verwertungshandlungen sogar vor der Inanspruchnahme, die der Schutzrechtsanmeldung noch vorge-

---

1132 Siehe z. B. *Soudry*, Die Rechtsstellung des Hochschulerfinders nach der Neufassung von § 42 ArbNErfG, S. 150; *Boemke/Sachadae*, in: Boemke/Kursawe, ArbNErfG, § 42, Rn. 135.

lagert ist.[1133] Zum anderen spricht der Wortlaut des § 42 Nr. 4 ArbNErfG eine deutliche Sprache, wenn von der Verwertung der *Erfindung* die Rede ist.

Der Verwertungsbegriff ist also unabhängig von einer Anmeldung der Erfindung zu einem Schutzrecht.[1134] Die Schutzrechtsanmeldung vermag damit weder in zeitlicher[1135] noch in sachlicher Hinsicht Anhaltspunkte für die Beurteilung der Verwertungsqualität einer Hochschulhandlung zu liefern.

(2) Wirtschaftlichkeit der Verwertung i. S. d. § 42 Nr. 4 ArbNErfG

Eine zentrale Rolle für die Bestimmung des Verwertungsbegriffes nimmt die Fragestellung ein, ob nach Sinn und Zweck des § 42 Nr. 4 ArbNErfG der Kreis der als Verwertung zu qualifizierenden Handlungen der Hochschule auf diejenigen Nutzungen beschränkt bleibt, die einen wirtschaftlichen Erfolg herbeiführen bzw. herbeiführen sollen.

(a) Übertragung der Erfindung ohne Gegenleistung in Geld

Aufschluss hinsichtlich des Erfordernisses eines wirtschaftlichen Charakters des Verwertungsbegriffes ergab eine Auslegung der Gesetzesmaterialien nur insoweit, als der Verwertungsbegriff grundsätzlich „einnahmefrei" zu definieren ist. Bei dem Merkmal der *„durch die Verwertung erzielten Einnahmen"* handelt es sich wie bereits festgestellt gerade nicht um ein Tatbestandsmerkmal, sondern vielmehr um ein Element der Rechtsfolgenseite.[1136] Dennoch ist die Verwertung als wirtschaftlich intendierte Handlung zu verstehen. Das bedeutet, dass die Handlung der Hochschule zumindest auf die Erzielung eines wirtschaftlichen Nutzens ausgerichtet sein muss. Demzufolge kann eine Verwertung auch dann angenommen werden,

---

1133 Siehe oben Kapitel 3. § 8 A. III. 4. b. aa. (2) (a), (S. 321).
1134 Die Frage nach der Abhängigkeit des Verwertungsbegriffs von der Schutzrechtserteilung ist strenggenommen zu trennen von der Frage, ob auch die Geltendmachung des Vergütungsanspruchs von einer Schutzrechtserteilung unabhängig ist (zu Letzterem siehe *Bartenbach/Volz*, Arbeitnehmererfindungsgesetz, § 42 n. F., Rn. 157). Im Ergebnis sind beide Fragen jedoch gleich zu beantworten.
1135 Insoweit siehe oben Kapitel 3. § 8 A. III. 4. b. aa. (2) (b), (S. 324).
1136 Siehe hierzu oben Kapitel 3. § 8 A. I. 2. b. cc. (1), (S. 236).

wenn die Hochschule eine Erfindung zwar ohne Gegenleistung in Geld an einen Industriepartner überträgt, dies aber in der Absicht geschieht, anderweitige Vermögensvorteile zu erlangen.[1137]

(b) Übertragung der Erfindung ohne jede Gegenleistung

Offen geblieben ist allerdings, ob auch eine Übertragung ohne jedwede Gegenleistung unter den Begriff der Verwertung i. S. d. § 42 Nr. 4 ArbNErfG subsumiert werden kann.

(aa) Pro-Argumente

Wie bereits festgestellt wurde, muss der Verwertungsbegriff besonders weit ausgelegt werden, um dem Sinn und Zweck der Vorschrift zu genügen.[1138] Dies könnte dafür sprechen, auch den Fall der gegenleistungslosen Übertragung der Erfinderrechte an Dritte als Verwertung anzusehen. Vor allem, weil der in diesem Zusammenhang erfolgte Einwand, dass der an sich weit zu fassende Verwertungsbegriff im Hinblick auf ausufernde Vergütungsansprüche des Hochschulbeschäftigten eine zumindest teilweise Einschränkung zugunsten der Hochschule erfahren muss, hier an dieser Stelle nicht greifen kann. Denn anders als im Fall der ex post fehlenden oder lediglich gering ausfallenden Einnahmen, bringt die Hochschule im Fall der Übertragung der Erfinderrechte ohne Vereinbarung einer Gegenleistung bereits ex ante zum Ausdruck, die Erfindung überhaupt nicht wirtschaftlich nutzen zu wollen. Während in der Fallkonstellation der Verwertung mit geringen Einnahmen eine beabsichtigte wirtschaftliche Nutzziehung fehlschlägt, verzichtet die Hochschule im Fall der Verwertung ohne Gegenleistung von vornherein und willentlich auf einen finanziellen Erfolg. Die Hochschule bedarf in einem solchen Fall keines besonderen Schutzes.

1137 Vgl. die Nachweise in den Fn. 1219 und 1220 (S. 352). Siehe hierzu unten ausführlich im Rahmen der Betrachtung des Einnahmenbegriffs Kapitel 3. § 8 A. IV. 1. d. (S. 383).
1138 Dazu oben Kapitel 3. § 8 A. III. 4. a. (S. 316).

(bb) Contra-Argumente

Dennoch ist es überzeugender davon auszugehen, dass eine Übertragung der Erfinderrechte ohne die Vereinbarung einer Gegenleistung nicht mehr vom Verwertungsbegriff des § 42 Nr. 4 ArbNErfG umfasst ist. Vor dem Hintergrund, dass § 42 Nr. 4 ArbNErfG maßgeblich die Förderung des Wissens- und Technologietransfers mittels einer vergütungsrechtlichen Privilegierung des Hochschulbeschäftigten bezweckt, muss angenommen werden, dass eine Verwertung im Sinne der Vorschrift zumindest regelmäßig auf die Erlangung eines wirtschaftlichen Nutzens ausgerichtet ist. Der Hochschulbeschäftigte, dessen Vergütungsanspruch bei Verwertung einer Diensterfindung nach § 42 Nr. 4 ArbNErfG nur dann in der Praxis auch realisiert wird, wenn die Verwertung entsprechende Einnahmen erzielt, kann kein Interesse daran haben, dass die Hochschule die Erfindung ohne einen entsprechenden Gegenwert, anhand dessen sich der Vergütungsanspruch berechnen ließe, preisgibt. Der vom Gesetzgeber avisierte, dauerhafte finanzielle Anreiz für den Hochschulbeschäftigten, die Forschung voranzutreiben, ist nur dann gegeben, wenn die Verwertung der Erfindung zumindest in der Regel einen wirtschaftlichen, monetären Erfolg garantiert, an dem der Hochschulbeschäftigte partizipiert.[1139] Insofern ist es zutreffend, den Verwertungsbegriff auch nach Sinn und Zweck des § 42 Nr. 4 ArbNErfG als *„wirtschaftlich intendierte Handlung"* zu verstehen.[1140]

Auch aus anderen Gründen erscheint es zweifelhaft, die Übertragung ohne Gegenleistung als Verwertung zu qualifizieren. Werden durch Handlungen der Hochschule Einnahmen erzielt, fällt es leicht, eben diese Handlungen als Verwertung zu qualifizieren und den Hochschulerfinder an den Einnahmen teilhaben zu lassen. Immerhin handelt es sich um die von § 42 Nr. 4 ArbNErfG in Blick genommene Situation. Schwerer fällt eine Grenzziehung für die Annahme einer Verwertungsqualität aber bei solchen Handlungen der Hochschule, die von vornherein nicht auf einen finanziellen Erfolg ausgerichtet sind. Ohne eine Gegenleistung lässt sich nur schwer beurteilen, worin die Verwertungshandlung der Hochschule gesehen werden kann. Deutlich wird dies etwa am Beispiel einer Lizenzvergabe ohne Gegenleistungsvereinbarung: Vergibt die Hochschule eine Lizenz

---

1139 Vgl. Begründung zum „Entwurf eines Gesetzes zur Änderung des Gesetzes über Arbeitnehmererfindungen" einzelner Abgeordneter der SPD sowie der Fraktion Bündnis 90/Die Grünen vom 09.05.2001, BT-Drs. 14/5975, S. 6, 7.
1140 Vgl. *Stallberg*, GRUR 2007, 1035, 1036.

an einen Partner in der Industrie, ohne eine Gegenleistung zu verlangen, liegt nach der gegenteiligen Auffassung eine Verwertung durch die Hochschule vor. Es stellt sich die Frage, wo in diesem Zusammenhang nun aber der entscheidende Unterschied zwischen einer Lizenzvergabe ohne Gegenleistung und der Vereinbarung einer Nichtangriffsabrede für den Fall der Schutzrechtsverletzung liegt. Gleich, ob die Hochschule dem Industriepartner die Lizenz ohne Gegenleistung überlässt oder diesem zusichert, gegen Schutzrechtsverletzungen nicht vorzugehen, in beiden Fällen gibt die Hochschule Erfinderrechte preis, ohne einen monetären Vorteil zu erlangen. Ob die Vereinbarung einer Nichtangriffsabrede aber ebenfalls (noch) als Verwertung der Erfindung verstanden werden kann, muss sehr bezweifelt werden. Vor allem im Hinblick darauf, dass sich die Konstellation noch weiterdenken lässt: Der Weg von einer Nichtangriffsabrede für den Fall der Schutzrechtsverletzung zu einem schlichten Unterlassen des Angriffs einer Schutzrechtsverletzung auch ohne entsprechende Vereinbarung ist nicht weit. Spätestens bei einem Unterlassen kann aber nicht mehr von einer Verwertungshandlung gesprochen werden und es zeigt sich deutlich, dass klare Grenzen kaum zu ziehen sind, wenn es an einer vereinbarten Gegenleistung fehlt.

Nur am Rande erwähnt sei, dass auch haushaltsrechtliche Erwägungen wie die Grundsätze der Wirtschaftlichkeit und Sparsamkeit bei Verfügung über Landesvermögen dagegen sprechen, die gegenleistungslose Übertragung der Erfindung durch die Hochschule als Verwertung anzusehen.[1141]

(cc) Genereller Ausschluss der gegenleistungslosen Übertragung

Ein solches Verständnis suggeriert allerdings auch, die Qualifikation einer Handlung als Verwertung liege subjektiv im Belieben der Hochschule, abhängig davon, ob sie eine wirtschaftliche Nutzziehung aus der Erfindung beabsichtigt oder nicht. Dass nach hiesiger Auffassung eine gegenleistungslose Übertragung der Erfinderrechte nicht als Verwertung i. S. d. § 42 Nr. 4 ArbNErfG anzusehen ist, bedeutet gleichwohl nicht, dass ein Vergütungsanspruch des Hochschulerfinders aufgrund mangelnder Verwertung gänz-

---

1141 *Bergmann*, Erfindungen von Hochschulbeschäftigten nach der Reform von § 42 ArbNErfG, Rn. 570, die dem Hochschulerfinder i. E. einen Vergütungsanspruch anhand der Berechnung fiktiver Bruttoeinnahmen entsprechend den §§ 9, 11 ArbNErfG i. V. m. den Vergütungsrichtlinien gewähren will; vgl. auch *Bartenbach/Volz*, in: FS 50 Jahre VPP (2005), S. 225, 243.

lich ausbleibt. Vielmehr streiten die soeben angeführten Argumente gerade dafür, der Hochschule eine Übertragung der Erfinderrechte ohne die Vereinbarung einer Gegenleistung durch Negierung der Verwertungsqualität generell zu verwehren. Diese Entscheidung hat weitreichende Konsequenzen, rechtfertigt sich aber gerade auch aus Überlegungen zu eben diesen. Denn nimmt man an, es handele sich auch bei der Übertragung von Erfinderrechten ohne eine Gegenleistung um eine Verwertung i. S. d. § 42 Nr. 4 ArbNErfG, würde dies zu nicht korrigierbaren Ergebnissen führen, was folgende Überlegungen verdeutlichen:

a) Im Anschluss an die Definition des Verwertungsbegriffes wird weiterhin untersucht werden müssen, ob der Hochschule im Hinblick auf § 42 Nr. 4 ArbNErfG eine Pflicht zur Verwertung der Erfindung zukommt. Wird eine solche bejaht und eine Verwertung auch im Fall der gegenleistungslosen Übertragung der Erfinderrechte angenommen, so käme die Hochschule ihrer Verwertungspflicht in einem solchen Fall nach. Gleichwohl würde aber das Ziel der Verwertungspflicht nicht erreicht, die angemessene Vergütung des Hochschulbeschäftigten zu sichern, da der Hochschulbeschäftigte aufgrund der fehlenden Gegenleistung nach § 42 Nr. 4 ArbNErfG leer ausginge. Auch könnte er aufgrund der ordnungsgemäßen Erfüllung der Pflicht keine Schadensersatzansprüche geltend machen. Vor allem Ersteres widerspricht dem Sinn und Zweck des § 42 Nr. 4 ArbNErfG.

b) Eng damit zusammen hängt auch die Frage nach weiteren Ansprüchen des Hochschulbeschäftigten auf eine angemessene Vergütung. Wird eine Verwertung bejaht, ist der Anwendungsbereich des § 42 Nr. 4 ArbNErfG eröffnet, der als speziellere Norm die allgemeine Vergütungsregelung des § 9 ArbNErfG verdrängt.[1142] Stehen dem Hochschulbeschäftigten aber lediglich ein faktisch bedeutungsloser Vergütungsanspruch aus § 42 Nr. 4 ArbNErfG und keine weiteren Vergütungsansprüche zu, steht er im Ergebnis ohne eine Vergütung da. Wie bereits mehrfach erwähnt, ist dies mit dem Telos von § 42 Nr. 4 ArbNErfG grundsätzlich nicht vereinbar. Lehnt man hingegen richtigerweise eine Verwertungsqualität ab, handelt es sich bei der (pflichtwidrigen) Übertragung der Erfinderrechte ohne Gegenleistung um einen Fall der „unterbliebenen Verwertung", dessen rechtliche Behandlung bereits be-

---

1142 Siehe oben zum Verhältnis zwischen § 42 Nr. 4 ArbNErfG und § 9 ArbNErfG Kapitel 3. § 8 A. I. (S. 224).

sprochen wurde.[1143] Im Ergebnis steht dem Hochschulbeschäftigten in diesem Fall nach hier vertretener Auffassung ein Anspruch aus den allgemeinen Vergütungsvorschriften des ArbNErfG zu. Nur dies erscheint sachgerecht und dem Sinn und Zweck der Vorschrift entsprechend.

c) Schließlich läge aufgrund der insgesamt ausbleibenden Vergütung des Hochschulbeschäftigten ein Verstoß gegen den Allgemeinen Vergütungsgrundsatz vor, wonach der Arbeitnehmer grundsätzlich an allen wirtschaftlichen (geldwerten) Vorteilen zu beteiligen ist, die dem Arbeitgeber aufgrund der Erfindung kausal zufließen.[1144]

Die Vereinbarung negativer Vergütungsklauseln zwischen der Hochschule und dem Industriepartner, durch die die Unentgeltlichkeit der Rechteübertragung explizit festgeschrieben wird, ist damit nicht zulässig. Vollständigkeitshalber muss allerdings erwähnt werden, dass es sich bei der Fragestellung nach einer Verwertung ohne jedwede Gegenleistung um ein Problem eher theoretischer Natur handelt. In der Praxis werden entsprechende Fälle nur äußerst selten auftreten, da es dem Arbeitgeber in der Regel selbst daran gelegen sein wird, die Erfindung bestmöglich gewinnbringend zu nutzen. Dies wird umso mehr für die Hochschule gelten müssen, da in der öffentlichen Verwaltung vermögenswerte Rechte üblicherweise nicht verschenkt werden.[1145]

(c) Fazit

Es zeigt sich, dass die Übertragung der Erfinderrechte ohne die Vereinbarung einer Gegenleistung den Hochschulen generell verwehrt bleibt und schon aus diesem Grund eine Verwertungsqualität i. S. d. § 42 Nr. 4 ArbNErfG abgelehnt werden muss. Entscheidende Grenze für die Annahme der Verwertungsqualität kann demnach nur die Absicht der Hochschule bilden, einen wirtschaftlichen Nutzen aus der Verwertung der Erfindung zu ziehen. Erforderlich ist also eine *„wirtschaftliche Intention"* der Hochschule[1146]; die Absicht der Erlangung eines irgendwie gearteten Gegenwerts, der die Grundlage für eine Berechnung der Vergütung zu bilden vermag.

1143 Zur Fallgruppe der unterbliebenen Verwertung siehe oben Kapitel 3. § 8 A. I. 2. b. bb. (S. 232).
1144 Zum allgemeinen Vergütungsgrundsatz siehe oben Kapitel 3. § 7 B. I. (S. 182).
1145 *Bartenbach/Volz*, Arbeitnehmererfindungsgesetz, § 42 n. F., Rn. 171.
1146 Vgl. *Stallberg*, GRUR 2007, 1035, 1036.

cc. „Örtliche" Anknüpfung

Weitergehend ist zu untersuchen, ob der Verwertungsbegriff abhängig vom Ort des Einsatzes der jeweiligen Erfindung oder des jeweiligen Schutzrechts ist. Ansatzpunkte für eine örtliche Anknüpfung des Verwertungsbegriffes bieten eine innerbetriebliche Verwendung innerhalb der Hochschule sowie eine außerhochschulische Nutzung der Erfindung bzw. des Schutzrechts.

(1) Hochschulinterne Nutzung

(a) Innerbetriebliche Eigennutzung

Der Hochschule bieten sich verschiedene Wege, eine durch den Arbeitnehmer gemeldete Diensterfindung zu nutzen. Nicht immer wird es das Ziel der Hochschule sein, eine Erfindung auf den Markt zu bringen. Die Hochschule kann unter Umständen vielmehr ein Interesse daran haben, die Erfindung im eigenen Betrieb einzusetzen. So kann eine Erfindung etwa als Basis für weitere Forschungen dienen oder im eigenen Laborbetrieb eingesetzt werden.[1147]

(aa) Zum Meinungsstand

Bei der betrieblichen Eigennutzung durch den Arbeitgeber selbst handelt sich um einen typischen, vom ArbNErfG vorgesehenen Fall der Verwertung der Erfindung.[1148] Dies zeigen bereits unmittelbar die Richtlinien Nr. 3 bis 13 der Vergütungsrichtlinien von Arbeitnehmererfindungen im privaten Dienst[1149], die sich mit Fragen nach dem Erfindungswert betrieblich benutzter Erfindungen beschäftigen. Ob die innerbetriebliche Eigennutzung allerdings auch im Bereich der Hochschulerfindungen eine Verwertung i. S. v. § 42 Nr. 4 ArbNErfG darstellen kann, wird indes nicht einheitlich beurteilt. Die herrschende Meinung nimmt eine Verwertung auch

---

1147 *Bartenbach/Volz*, Arbeitnehmererfindungsgesetz, § 42 n. F., Rn. 160.
1148 *Bergmann*, Erfindungen von Hochschulbeschäftigten nach der Reform von § 42 ArbNErfG, Rn. 548; *Hübner*, Erfindungen von Beschäftigten an Hochschulen, S. 61.
1149 Siehe dazu den Nachweis in Fn. 600 und 601 (S. 183).

bei einem Einsatz der Erfindung im eigenen Betrieb der Hochschule an, wobei diese Auffassung in der Regel mit einem schlichten Verweis auf die Gesetzesmaterialien sowie die Intention des § 42 Nr. 4 ArbNErfG begründet wird.[1150] Vereinzelt wird eine hochschulinterne Verwertung demgegenüber abgelehnt, da diese mit dem Telos der Vorschrift gerade nicht vereinbar sei.[1151]

(bb) Eigene Stellungnahme

Die innerhochschulische Nutzung einer Erfindung ist ein in der Praxis nur selten anzutreffender Fall, da es den Hochschulen in der Regel an den entsprechenden Mitteln für eine betriebliche Eigennutzung wie an einem eigenen Produktionsbetrieb fehlt.[1152] Da eine solche gleichwohl nicht ausgeschlossen ist[1153], wird eine Auseinandersetzung mit der aufgeworfenen Fragestellung nicht entbehrlich.

Die Ablehnung der Verwertungseigenschaft einer hochschulinternen Eigennutzung wird im Wesentlichen mit den in diesem Fall aufgrund fehlender Zahlungen von außerhalb nicht existenten Einnahmen i. S. d. § 42 Nr. 4 ArbNErfG begründet.[1154] Ungeachtet der Tatsache, dass der zugrundeliegende Begriff der Einnahmen noch zu klären sein wird, kann eine auf die Einnahmen aufbauende Argumentation allerdings kein Gehör finden[1155], da der Verwertungsbegriff aus den bereits genannten Gründen einnahmefrei, also unabhängig von den durch die Verwertung tatsächlich

---

1150 Ausführlich *Bergmann*, Erfindungen von Hochschulbeschäftigten nach der Reform von § 42 ArbNErfG, Rn. 548 ff.; siehe auch *Stallberg*, GRUR 2007, 1035, 1036; *Soudry*, Die Rechtsstellung des Hochschulerfinders nach der Neufassung von § 42 ArbNErfG, S. 160; *Bartenbach/Volz*, Arbeitnehmererfindungsgesetz, § 42 n. F., Rn. 160.
1151 *Hübner*, Erfindungen von Beschäftigten an Hochschulen, S. 61 ff.
1152 *Stallberg*, GRUR 2007, 1035, 1036 (Fn. 11); *Bergmann*, Erfindungen von Hochschulbeschäftigten nach der Reform von § 42 ArbNErfG, Rn. 548; *Soudry*, Die Rechtsstellung des Hochschulerfinders nach der Neufassung von § 42 ArbNErfG, S. 160.
1153 Vgl. *Bergmann*, Erfindungen von Hochschulbeschäftigten nach der Reform von § 42 ArbNErfG, Rn. 548.
1154 *Hübner*, Erfindungen von Beschäftigten an Hochschulen, S. 61.
1155 So aber vor allem *Bergmann*, Erfindungen von Hochschulbeschäftigten nach der Reform von § 42 ArbNErfG, Rn. 548 ff., die sich i. E. allerdings für eine Verwertung im Fall der innerbetrieblichen Eigennutzung ausspricht; vgl. auch *Hübner*, Erfindungen von Beschäftigten an Hochschulen, S. 61 f.

erzielten Einnahmen, zu definieren ist.[1156] Durch eine Beschränkung des Verwertungsbegriffes auf Verwertungshandlungen, die zu effektiven Zahlungen von außerhalb der Hochschule führen[1157], kommt es zu einer Vermischung des tatbestandlichen Verwertungsbegriffes mit den der Rechtsfolgenseite zuzuordnenden Einnahmen.

Da die Verwertung aber als wirtschaftlich intendierte Handlung zu begreifen ist, könnte eingewendet werden, dass die Hochschule im Fall der Eigennutzung der Erfindung die Generierung von Einnahmen nicht einmal beabsichtigt.[1158] Wie auch bei einer vollständig gegenleistungslosen Übertragung von Erfinderrechten, bei der eine Verwertung durch die Hochschule verneint werden muss[1159], beabsichtigt die Hochschule, die die Erfindung im eigenen Betrieb nutzt, von vornherein keine Einnahmen von außen einzuspielen. Allerdings ist die Hochschule gewillt – und insoweit unterscheiden sich die genannten Fälle maßgeblich voneinander –, überhaupt einen wirtschaftlichen Nutzen aus der Verwendung der Erfindung zu ziehen. Dieser kann auch allein in der Ersparnis von Aufwendungen liegen. Insofern lässt sich die betriebliche Eigennutzung durch die Hochschule eher mit dem Fall der Übertragung der Erfinderrechte an einen Industriepartner ohne eine Gegenleistung in Geld vergleichen, in dem aufgrund anderweitiger Vermögensvorteile von einer Verwertung ausgegangen werden kann.[1160]

Ohne in die historische Auslegung zurückfallen zu wollen, sei der Hinweis erlaubt, dass die Gesetzesmaterialien keinen Aufschluss in Bezug auf die Bewertung der hochschulinternen Erfindungsnutzung als Verwertung bieten. Während die Gesetzesbegründung zu § 42 Nr. 4 ArbNErfG, die lediglich von einer Verwertung „*durch Patentverkauf oder Lizenzvergabe*" spricht[1161], zum Teil dahingehend verstanden wird, dass andere Formen der Verwertung und damit auch die hochschulinterne Nutzung der Erfin-

---

1156 Hierzu siehe oben Kapitel 3. § 8 A. III. 3. b. (S. 312).
1157 So *Hübner*, Erfindungen von Beschäftigten an Hochschulen, S. 61.
1158 Zur Legitimität der Betrachtung der beabsichtigten wirtschaftlichen Nutzziehung durch die Hochschule trotz grundsätzlich einnahmefreier Bestimmung des Verwertungsbegriffs siehe oben Kapitel 3. § 8 A. III. 3. c (S. 313).
1159 Siehe hierzu oben Kapitel 3. § 8 A. III. 4. b. bb. (2) (b), (S. 327 ff.).
1160 Dazu oben Kapitel 3. § 8 A. III. 4. b. bb. (2) (a), (S. 326).
1161 Begründung zum „Entwurf eines Gesetzes zur Änderung des Gesetzes über Arbeitnehmererfindungen" einzelner Abgeordneter der SPD sowie der Fraktion Bündnis 90/Die Grünen vom 09.05.2001, BT-Drs. 14/5975, Besonderer Teil, S. 7.

dung nicht erfasst sein sollen[1162], erwähnt der Regierungsentwurf daneben auch die Verwertung *„in einer anderen Form"*[1163], weshalb mehrheitlich ebenfalls die Eigennutzung durch die Hochschule unter den Verwertungsbegriff fallen soll.[1164] Es lässt sich nicht widerspruchsfrei ermitteln, ob der Gesetzgeber den Fall der Nutzung der Erfindung innerhalb der Hochschule als Verwertung verstanden wissen wollte. Es kann vielmehr wohl davon ausgegangen werden, dass der Gesetzgeber diesem Fall schlicht keine Beachtung geschenkt hat, da eine hochschuleigene Erfindungsverwertung aufgrund fehlender und technischer Mittel der Hochschulen nicht in Betracht zu kommen schien.[1165]

Die Berücksichtigung der hochschulinternen Erfindungsnutzung als Verwertung i. S. d. § 42 Nr. 4 ArbNErfG widerspricht nicht der Intention der Vorschrift. Soweit eingewendet wird, der innerbetriebliche Einsatz stehe der von § 42 Nr. 4 ArbNErfG intendierten Förderung des Wissens- und Technologietransfers entgegen[1166], kann dieser Einwand nicht durchgreifen. Bezweckt ist die Förderung des Wissens- und Technologietransfers mittels eines finanziellen Anreizes für die Hochschulbeschäftigten durch die pauschale Vergütungsregelung des § 42 Nr. 4 ArbNErfG. Zugegebenermaßen wird der Wissens- und Technologietransfers durch lediglich in der Hochschule verbleibende Erfindungen nicht unmittelbar neu belebt. Die gegenteilige Auffassung wartet jedoch mit keinem besseren Ergebnis auf: Bei Verneinung der Verwertungsqualität wird dem Hochschulerfinder der Anspruch aus § 42 Nr. 4 ArbNErfG mangels Tatbestandserfüllung gänzlich genommen. Auf diese Weise mangelt es an dem finanziellen Anreiz für den Hochschulbeschäftigten, was ebenfalls zu einem Ausbleiben des Wissens- und Technologietransfers führt.

Zusammenfassend ist davon auszugehen, dass auch die interne Nutzung der Erfindung durch die Hochschule als Verwertung i. S. d. § 42 Nr. 4 ArbNErfG zu begreifen ist.

1162 *Hübner*, Erfindungen von Beschäftigten an Hochschulen, S. 61 f.
1163 Begründung zum „Entwurf eines Gesetzes zur Änderung des Gesetzes über Arbeitnehmererfindungen" der Bundesregierung vom 17.08.2001, BR-Drs. 583/01, S. 10.
1164 *Stallberg*, GRUR 2007, 1035, 1036 (Fn. 12); *Soudry*, Die Rechtsstellung des Hochschulerfinders nach der Neufassung von § 42 ArbNErfG, S. 160.
1165 Siehe dazu die Nachweise in Fn. 1152 (S. 333).
1166 So *Hübner*, Erfindungen von Beschäftigten an Hochschulen, S. 61.

(b) Halten von Patenten zu Werbezwecken

Darüber hinaus wird auch das Halten von Patenten zur Einwerbung von Drittmitteln aus der Industrie oder als Expertise-Nachweis gegenüber Unternehmen sowie der Einsatz im Rahmen der Öffentlichkeitsarbeit als (zumindest mittelbare) Verwertungshandlung angesehen.[1167] Bei dieser Form der Verwertung handelt es sich um einen praktisch bedeutsamen und nicht seltenen Fall, der teilweise sogar als vorrangig gegenüber der direkten wirtschaftlichen Verwertung bewertet wird.[1168]

Kritisch angemerkt werden könnte, dass sich das Halten von Patenten auf den ersten Blick mit dem Einsatz als Sperrpatent vergleichen lässt, welches nach hier vertretener Auffassung nicht als Verwertung i. S. d. § 42 Nr. 4 ArbNErfG begriffen werden kann. Bei genauerer Betrachtung zeigen sich jedoch eindeutige Unterschiede. Das Sperrpatent, das einzig dazu dient, Mitbewerber am Markt auszuschließen, kann aufgrund der Unvereinbarkeit mit dem Hochschulrecht sowie mit der grundrechtlichen geschützten Forschungs- und Wissenschaftsfreiheit nicht als Verwertung i. S. d. § 42 ArbNErfG anerkannt werden.[1169] Demgegenüber wird durch den Einsatz der Erfindung als Marketing-Tool weder der Technologietransfer gefährdet, noch ergeben sich Bedenken hinsichtlich Art. 5 Abs. 3 S. 1 GG. Vielmehr steht hinter dem Einsatz der Erfindung zu Marketingzwecken durchaus eine wirtschaftliche Intention der Hochschule; die Absicht, die Erfindung wirtschaftlich zu nutzen. Diese Absicht ist für die Annahme einer Verwertung ausreichend. Auf tatsächlich belegbare geldwerte Vorteile kommt es im Rahmen des Verwertungsbegriffes nicht an.[1170] Fragen hinsichtlich der Einnahmen sowie der Kausalität der Erfindung für etwaige erzielte Einnahmen müssen der Begutachtung des Merkmals der „durch die Verwertung erzielten Einnahmen" vorbehalten bleiben.

1167 Bundesministerium für Bildung und Forschung, Existenzgründungen mit Hochschulpatenten, S. 23 f., abrufbar im Internet unter: http://www.exist.de/SharedDocs/Downloads/DE/Studien/Existenzgruendungen-Hochschulpatenten.pdf?__blob=publicationFile, zuletzt abgerufen am 19.04.2020; *Kohler/Beyer*, in: Asche/Bauhus/Kaddatz/Seel (Hrsg.), Modernes Patentbewusstsein in Hochschulen, S. 79, 81; *Bergmann*, Erfindungen von Hochschulbeschäftigten nach der Reform von § 42 ArbNErfG, Rn. 523; **zweifelnd** *Bartenbach/Volz*, Arbeitnehmererfindungsgesetz, § 42 n. F., Rn. 160.
1168 *Slopek/Pausewang/Beye*, WissR 2011, 50, 56; vgl. auch *Bartenbach/Volz*, Arbeitnehmererfindungsgesetz, § 42 n. F., Rn. 160.
1169 Siehe hierzu oben Kapitel 3. § 8 A. III. 2. b. aa. (1), (S. 303).
1170 So aber *Bartenbach/Volz*, Arbeitnehmererfindungsgesetz, § 42 n. F., Rn. 160.

(2) Außerhochschulische Nutzungen

Die Nutzung einer Erfindung innerhalb der Hochschule spielt in der Praxis eine lediglich untergeordnete Rolle. Demgegenüber wird die Hochschule eine Erfindung regelmäßig außerhalb der Hochschule zum Einsatz bringen, um durch sie Einnahmen zu erzielen. Im Rahmen der außerhochschulischen Nutzung der Erfindung lassen sich verschiedenen Formen finden.

(a) Patentverkauf

Die Gesetzesbegründung zu § 42 Nr. 4 ArbNErfG nennt als Verwertungsmöglichkeit zunächst den Verkauf des Patents.[1171] Neben der Vergabe von Lizenzen bildet der Patentverkauf einen der Hauptanwendungsfälle der Verwertung, denn vielfach ist dies für die Hochschule der schnellste Weg, die Erfindung „zu Geld zu machen".[1172]

Beim Verkauf des Patents wird das Recht auf das Patent i. S. v. § 15 Abs. 1 S. 2 PatG übertragen. Die Grundlage der Rechtsübertragung des Patentrechts auf den Erwerber bildet ein schuldrechtlicher Kaufvertrag nach § 453 BGB (Verpflichtungsgeschäft)[1173], dessen Zustandekommen

---

1171 Begründung zum „Entwurf eines Gesetzes zur Änderung des Gesetzes über Arbeitnehmererfindungen" einzelner Abgeordneter der SPD sowie der Fraktion Bündnis 90/Die Grünen vom 09.05.2001, BT-Drs. 14/5975, Besonderer Teil, S. 7. Da es sich bei dem Verkauf von Patenten durch die Hochschule um eine Veräußerung aus dem hoheitlichen Bereich einer juristischen Person des öffentlichen Rechts handelt, dürfen die steuerrechtlichen Gesichtspunkte nicht außer Acht gelassen werden, siehe hierzu Bundesministerium für Bildung und Forschung, Existenzgründungen mit Hochschulpatenten, S. 32 f., abrufbar im Internet unter: http://www.exist.de/SharedDocs/Downloads/DE/Studien/Existenzgruendungen-Hochschulpatenten.pdf?__blob=publicationFile, zuletzt abgerufen am 19.04.2020.
1172 Vgl. Bundesministerium für Bildung und Forschung, Existenzgründungen mit Hochschulpatenten, S. 33, abrufbar im Internet unter: http://www.exist.de/SharedDocs/Downloads/DE/Studien/Existenzgruendungen-Hochschulpatenten.pdf?__blob=publicationFile, zuletzt abgerufen am 19.04.2020; siehe auch *Bergmann*, Erfindungen von Hochschulbeschäftigten nach der Reform von § 42 ArbNErfG, Rn. 559.
1173 *Beyerlein*, Mitt. 2004, 193; *Haedicke*, GRUR 2004, 123, 124; *Ullmann/Deichfuß*, in: Benkard, Patentgesetz, § 15 PatG, Rn. 24; vgl. auch zur alten Rechtslage vor der Schuldrechtsreform gem. § 433 Abs. 1 S. 2 BGB a. F. BGH, Urteil v. 23.03.1982 – X ZR 76/80, BGHZ 83, 283, 287 = GRUR 1982, 481 – *Hartmetall-*

und Wirksamkeit sich nach den Vorschriften des Bürgerlichen Rechts richten.[1174] Die Rechtsübertragung selbst (Verfügungsgeschäft) erfolgt durch eine Abtretung nach §§ 413, 398 BGB.[1175] Infolge der Übertragung des Patentrechts ist es der Hochschule als Verkäuferin des Patents verwehrt, während der Laufzeit des Patents Erzeugnisse nach der Erfindung herzustellen oder zu vertreiben; unabhängig davon, ob die Veräußerung entgeltlich oder unentgeltlich erfolgt.[1176] Zudem darf die Hochschule das übertragene Patent nach dem Grundsatz von Treu und Glauben nicht mit der Nichtigkeitsklage angreifen.[1177] § 15 Abs. 1 S. 2 PatG ermöglicht aber auch die nur beschränkte Übertragung des Patentrechts. So ist es der Hochschule möglich, das Vollrecht zu übertragen und sich gleichzeitig ein einfaches Nutzungsrecht vorzubehalten.[1178]

Entscheidend ist, dass der Käufer demgegenüber zur Zahlung des vereinbarten Kaufpreises verpflichtet ist, denn der durch die Hochschule erzielte Kaufpreis stellt die Grundlage für die Vergütung des Hochschulerfinders dar.

(b) Lizenzvergabe

Um aus der Erfindung einen geldwerten Vorteil zu ziehen, muss die Hochschule das Patent nicht zwingend vollumfänglich übertragen. Die Gesetzesbegründung nennt als Verwertungsart i. S. d. § 42 Nr. 4 ArbNErfG neben dem Patentverkauf auch die wirtschaftlich deutlich bedeutsamere[1179]

---

kopfbohrer; *Nirk*, GRUR 1970, 329, 329 f. m. w. N. in Fn. 2; *Tilmann*, Mitt. 2001, 282, 285.
1174 *Ullmann/Deichfuß*, in: Benkard, Patentgesetz, § 15 PatG, Rn. 5.
1175 *Beyerlein*, Mitt. 2004, 193; *Ullmann/Deichfuß*, in: Benkard, Patentgesetz, § 15 PatG, Rn. 5. Zur Gewährleistungshaftung bei Patentverkäufen siehe *Haedicke*, GRUR 2004, 123, 124 ff.; *Nirk*, GRUR 1970, 329, 329 ff.; *Ullmann/Deichfuß*, in: Benkard, Patentgesetz, § 15 PatG, Rn. 32 ff.
1176 *Bergmann*, Erfindungen von Hochschulbeschäftigten nach der Reform von § 42 ArbNErfG, Rn. 525; *Ullmann/Deichfuß*, in: Benkard, Patentgesetz, § 15 PatG, Rn. 27.
1177 St. Rspr., siehe nur BGH, Urteil v. 12.07.1955 – I ZR 31/54, GRUR 1955, 535, 536 f.; BGH, Beschluss v. 04.10.1988 – X ZR 3/88, GRUR 1989, 39, 40 – *Flächenentlüftung*.
1178 Vgl. OLG München, Urteil v. 25.07.2013 – 6 U 541/12, GRUR 2013, 1125, 1132.
1179 *Ullmann/Deichfuß*, in: Benkard, Patentgesetz, § 15 PatG, Rn. 54.

§ 8 Die Vergütungsansprüche des Hochschulerfinders

und in der Praxis am häufigsten realisierte[1180] Möglichkeit der Lizenzvergabe.[1181]

§ 15 Abs. 2 S. 1 PatG stellt klar, dass das Recht auf das Patent auch Gegenstand von Lizenzen sein kann. Die Lizenz ist eine verdinglichte Obligation, die ein vertragliches Nutzungsrecht an einem Immaterialgüterrecht darstellt,[1182] wobei der der Lizenzvergabe zugrundeliegende Lizenzvertrag zwischen der Hochschule und dem Lizenznehmer ein Vertrag sui generis gem. § 311 BGB ist[1183], mittels dessen dem Lizenznehmer ein positives Nutzungsrecht an der Erfindung eingeräumt wird.[1184] Demgegenüber ist der Lizenznehmer der Hochschule als Lizenzgeberin gegenüber verpflich-

---

1180 *Bergmann*, Erfindungen von Hochschulbeschäftigten nach der Reform von § 42 ArbNErfG, Rn. 561.
1181 Begründung zum „Entwurf eines Gesetzes zur Änderung des Gesetzes über Arbeitnehmererfindungen" einzelner Abgeordneter der SPD sowie der Fraktion Bündnis 90/Die Grünen vom 09.05.2001, BT-Drs. 14/5975, Besonderer Teil, S. 7.
1182 Eingehend hierzu siehe *McGuire*, Die Lizenz, S. 530 ff.; ansonsten siehe auch *dies.*, GRUR 2009, 13, 16; *Ullmann/Deichfuß*, in: Benkard, Patentgesetz, § 15 PatG, Rn. 54. Demgegenüber für die **Lizenz als dingliches Recht** eintretend *B. Bartenbach*, Mitt. 2003, 102, 105; *dies.*, Die Patentlizenz als negative Lizenz, S. 88.
1183 Vgl. exemplarisch BGH, Urteil v. 11.06.1970 – X ZR 23/68, GRUR 1970, 547, 548 – *Kleinfilter*; BGH, Urteil v. 03.11.1988 – I ZR 242/86, BGHZ 105, 374, 377 f. = NJW 1989, 456; BGH, Beschluss v. 12.12.2003 – IXa ZB 165/03, NJW-RR 2004, 644, 645; *Bartenbach/Volz*, Arbeitnehmererfindungsgesetz, § 9, Rn. 221; *Loth/Hauck*, in: BeckOK-PatR, § 15 PatG, Rn. 40; grundlegend *McGuire*, Die Lizenz, S. 612 ff. Für eine Einordnung als **Miet- bzw. mietähnlicher Vertrag** *Breuer*, GRUR 1912, 44, 57; vgl. auch *Bühling*, Die Markenlizenz und ihre vertragliche Gestaltung, S. 7, 11. Für eine Einordnung als **Pacht- bzw. pachtähnlicher Vertrag** BGH, Urteil v. 17.11.2005 – IX ZR 162/04, GRUR 2006, 435, 437 (Rn. 21) – *Softwarenutzungsrecht*; BGH, Urteil v. 21.10.2015 – I ZR 173/14, GRUR 2016, 201, 204 (Rn. 43) – *Ecosoil*; *Baur*, ZHR 1967, 1, 9 ff.; *Finger*, GRUR 1916, 17; *Ohl*, GRUR 1992, 78; *Cebulla*, Die Pacht nichtsächlicher Gegenstände, S. 98 ff. (mit ausführlicher Stellungnahme); *Pahlow*, Lizenz und Lizenzvertrag im Recht des Geistigen Eigentums, S. 265 ff.; *Harke*, in: MüKo-BGB, Bd. 4, § 581 BGB, Rn. 18; *Schaub*, in: Staudinger (2013), Vorbem. zu § 581 BGB, Rn. 83; *Teichmann*, in: Jauernig, BGB, § 581 BGB, Rn. 2; *Ullmann/Deichfuß*, in: Benkard, Patentgesetz, § 15 PatG, Rn. 83. Für eine Einordnung als **Kaufvertrag** *Nirk*, GRUR 1970, 329, 330 ff. Für eine Einordnung als **kaufvertragsähnlicher Vertrag** RG, Urteil v. 03.02.1912 – I 632/10, RGZ 78, 363, 365; *Haedicke*, Rechtskauf und Rechtsmängelhaftung, S. 82 f.; *Henn*, Patent- und Know-how-Lizenzvertrag, Rn. 113.
1184 BGH, Urteil v. 25.01.1983 – X ZR 47/82, BGHZ 86, 330, 333 f. = GRUR 1983, 237 – *Brückenlegepanzer*; *McGuire*, Die Lizenz, S. 32 ff., 84; *Ullmann/Deichfuß*,

tet, die vereinbarten Lizenzgebühren zu zahlen[1185], die wiederum als Grundlage für die Vergütungsberechnung im Rahmen von § 42 Nr. 4 ArbNErfG dienen können. Das bedeutet gleichwohl nicht, dass eine Lizenz nicht auch unentgeltlich vergeben werden kann.[1186]

Eine Lizenz kann sowohl ausschließlich als auch nicht ausschließlich erteilt werden (§ 15 Abs. 2 S. 1 PatG). Mit einer ausschließlichen Lizenz erwirbt der Lizenznehmer die Nutzungsrechte vollumfänglich, d. h. ihm steht die alleinige Benutzungsbefugnis zu[1187], sodass auch dem Lizenzgeber die Benutzung fortan verwehrt bleibt.[1188] Erwirbt der Lizenznehmer hingegen eine nicht ausschließliche Lizenz (sog. einfache Lizenz), fällt ihm lediglich eine Benutzungsbefugnis mit schuldrechtlicher Wirkung zu.[1189] Der Lizenzgeber ist nicht gehindert, weitere Lizenzen an andere Marktteil-

---

in: Benkard, Patentgesetz, § 15 PatG, Rn. 56. Nach **früherer Auffassung** wurde die Lizenz demgegenüber als negative Lizenz verstanden, wonach es darauf ankommen sollte, dass der Schutzrechtsinhaber auf die Ausschließlichkeit seines Benutzungsrechts zugunsten des Lizenznehmers verzichtet, vgl. RG, Urteil v. 01.03.1911 – I 366/10, RGZ, 400, 402 f.; siehe ausführlich zur Theorie der negativen Lizenz *McGuire*, Die Lizenz, S. 39 ff. mit Nachweisen. **Heute ähnlich** noch *B. Bartenbach*, Die Patentlizenz als negative Lizenz, S. 1 ff.; **dagegen** *Ullmann/Deichfuß*, in: Benkard, Patentgesetz, § 15 PatG, Rn. 57.

1185 BGH, Urteil v. 06.05.2009 – KZR 39/06, BGHZ 180, 312, 317 f. (Rn. 29), 319 (Rn. 33) = GRUR 2009, 694 – *Orange-Book-Standard*; *Loth/Hauck*, in: BeckOK-PatR, § 15 PatG, Rn. 61; *Ullmann/Deichfuß*, in: Benkard, Patentgesetz, § 15 PatG, Rn. 123.
1186 *Bartenbach/Volz*, Arbeitnehmererfindungsgesetz, § 9, Rn. 221; *Loth/Hauck*, in: BeckOK-PatR, § 15 PatG, Rn. 38. Zur Vergütung bei kostenloser Lizenzvergabe siehe unten Kapitel 3. § 8 A. IV. 1. d. bb. (2), (S. 390).
1187 BGH, Urteil v. 20.05.2008 – X ZR 180/05, BGHZ 176, 311, 324 (Rn. 35) = Mitt. 2008, 407 – *Tintenpatrone*; *Bartenbach/Volz*, Arbeitnehmererfindungsgesetz, § 9, Rn. 221; *Loth/Hauck*, in: BeckOK-PatR, § 15 PatG, Rn. 44; *Ullmann/Deichfuß*, in: Benkard, Patentgesetz, § 15 PatG, Rn. 89; ausführlich *McGuire*, Die Lizenz, S. 92 ff. m. w. N.
1188 BGH, Urteil v. 20.05.2008 – X ZR 180/05, BGHZ 176, 311, 324 (Rn. 35) = Mitt. 2008, 407 – *Tintenpatrone*; *McGuire*, Die Lizenz, S. 100; *Bartenbach/Volz*, Arbeitnehmererfindungsgesetz, § 9, Rn. 221; *Ullmann/Deichfuß*, in: Benkard, Patentgesetz, § 15 PatG, Rn. 90.
1189 BGH, Urteil v. 23.03.1982 – KZR 5/81, BGHZ 83, 251, 256 = NJW 1983, 1790 – *Verankerungsteil*; *Bartenbach*, Patentlizenz- und Know-how-Vertrag, Rn. 120 ff.; *Bartenbach/Volz*, Arbeitnehmererfindungsgesetz, § 9, Rn. 221; *Loth/Hauck*, in: BeckOK-PatR, § 15 PatG, Rn. 48 f. Allerdings für eine dingliche Wirkung der einfachen Lizenz im Urheberrecht BGH, Urteil v. 26.03.2009 – I ZR 153/06, BGHZ 180, 344, 353 (Rn. 20) = GRUR 2009, 946 – *Reifen Progressiv*.

nehmer zu erteilen; der Lizenznehmer hat keinen Anspruch auf Exklusivität.[1190]

Ob eine Übertragung des Vollrechts oder lediglich eine Lizenzvergabe stattfindet, richtet sich weniger nach der von den Parteien zum Ausdruck gebrachten Wortwahl, sondern vielmehr nach dem Gesamtinhalt der Vereinbarung.[1191] Entscheidendes Abgrenzungskriterium in diesem Zusammenhang bildet das zeitliche Element der Rechtsübertragung, also die Frage, ob die Nutzung der Rechte nur zeitlich begrenzt überlassen oder endgültig übertragen wird.[1192] Im Zweifel gilt für die Bestimmung der sog. Zweckübertragungsgrundsatz[1193], der besagt, dass der Schutzrechtsinhaber, der Rechte überträgt, über diese im Zweifel nur insoweit verfügt, als dies zur Erreichung des schuldrechtlich vereinbarten Zwecks unbedingt erforderlich ist; im Zweifel ist daher eher von der Vereinbarung eines zeitlich befristeten Nutzungsrechts als von einer Übertragung des Vollrechts auszugehen.[1194]

(c) Lizenzaustausch

Einen Unterfall der Lizenzvergabe bildet der Lizenzaustausch, der demnach ebenfalls als Verwertung im Sinne von § 42 Nr. 4 ArbNErfG anzuerkennen ist. Im Fall des Lizenzaustauschs vereinbaren die Parteien des Lizenzvertrages als Gegenleistung des Lizenznehmers nicht die Zahlung einer Lizenzgebühr, sondern seinerseits die Einräumung von Nutzungsrechten zugunsten des Lizenzgebers.[1195] Es findet ein gegenseitiger Aus-

---

1190 *McGuire*, Die Lizenz, S. 101 f.; *Loth/Hauck*, in: BeckOK-PatR, § 15 PatG, Rn. 50; vgl. auch *Ullmann/Deichfuß*, in: Benkard, Patentgesetz, § 15 PatG, Rn. 99 f.
1191 BGH, Urteil v. 11.04.2000 – X ZR 185/97, GRUR 2000, 788, 790 f. – *Gleichstromsteuerschaltung*; *Loth/Hauck*, in: BeckOK-PatR, § 15 PatG, Rn. 15; *Ullmann/Deichfuß*, in: Benkard, Patentgesetz, § 15 PatG, Rn. 25.
1192 *Ullmann/Deichfuß*, in: Benkard, Patentgesetz, § 15 PatG, Rn. 25.
1193 *Loth/Hauck*, in: BeckOK-PatR, § 15 PatG, Rn. 42; *Ullmann/Deichfuß*, in: Benkard, Patentgesetz, § 15 PatG, Rn. 26; vgl. auch BGH, Urteil v. 11.04.2000 – X ZR 185/97, GRUR 2000, 788, 789 – *Gleichstromsteuerschaltung*.
1194 *Loth/Hauck*, in: BeckOK-PatR, § 15 PatG, Rn. 15; *Ullmann/Deichfuß*, in: Benkard, Patentgesetz, § 15 PatG, Rn. 26. Zum Zweckübertragungsgrundsatz siehe auch *Busche*, in: FS Reimann (2009), S. 37, 41.
1195 *Bartenbach/Volz*, Arbeitnehmererfindungsgesetz, § 9, Rn. 236; *Engemann*, in: Boemke/Kursawe, ArbNErfG, § 9, Rn. 371; *Loth/Hauck*, in: BeckOK-PatR, § 15 PatG, Rn. 41; **anders** *Pfaff/Nagel*, in: Pfaff/Osterrieth, Lizenzverträge, Allgemeiner Teil, Rn. 15 ff., die als gegenseitige Leistungen nicht die Einräumung von

tausch von Lizenzen ohne Geldzahlungen statt. Anders als bei einer kostenlosen Lizenzvergabe erhält die Hochschule im Rahmen eines Austauschvertrags somit tatsächlich eine Gegenleistung[1196], anhand derer sich die Hochschulerfindervergütung bemessen lässt.

(d) Weitere Nutzungsformen

Ein Gutachten des Bundesministeriums für Bildung und Forschung über Gestaltungsmöglichkeiten von Hochschulen im Rahmen von Existenzgründungen mit Hochschulpatenten aus dem Jahr 2004 nennt neben dem Abschluss von Lizenzverträgen, dem Patentverkauf und dem Halten von Patenten zur Einwerbung von Drittmitteln noch eine weitere Möglichkeit, die als Verwertung von Hochschulpatenten anzusehen sei.[1197] Es ist die Rede von einer „*Verwertung mit Existenzgründung*", die wiederum gegliedert wird in das Eingehen einer Unternehmensbeteiligung der Hochschule, den Abschluss eines Lizenzvertrages sowie den Verkauf des Patents an die die Geschäftstätigkeit aufnehmende Gesellschaft. Hinsichtlich der Verwertungsqualifikation bietet die Differenzierung zwischen einer Verwertung mit oder ohne Existenzgründung allerdings keinen Mehrwert gegenüber den bereits genannten Fallgruppen, da die Lizenzvergabe sowie der Patentverkauf unabhängig davon als Verwertung i. S. v. § 42 Nr. 4 ArbNErfG anzusehen sind[1198], ob die Verwertung mit oder ohne Existenzgründung erfolgt.

Fraglich bleibt allein, ob auch die im Gutachten genannte Unternehmensbeteiligung durch die Hochschule (sog. Ausgründung) zweifelsfrei

---

Nutzungsrechten, sondern die Nichtgeltendmachung von Verletzungsansprüchen ansehen und sich damit der überholten Rechtsfigur der „negativen Lizenz" annähern, die sie selbst jedoch ablehnen (siehe Rn. 17).

1196 Vgl. *Engemann*, in: Boemke/Kursawe, ArbNErfG, § 9, Rn. 375.

1197 Bundesministerium für Bildung und Forschung, Existenzgründungen mit Hochschulpatenten, S. 23, abrufbar im Internet unter: http://www.exist.de/SharedDocs/Downloads/DE/Studien/Existenzgruendungen-Hochschulpatenten.pdf?__blob=publicationFile, zuletzt abgerufen am 19.04.2020.

1198 *Bergmann*, Erfindungen von Hochschulbeschäftigten nach der Reform von § 42 ArbNErfG, Rn. 521; *Kohler/Beyer*, in: Asche/Bauhus/Kaddatz/Seel (Hrsg.), Modernes Patentbewusstsein in Hochschulen, S. 79, S. 84, 88; Bundesministerium für Bildung und Forschung, Existenzgründungen mit Hochschulpatenten, S. 31, 36, abrufbar im Internet unter: http://www.exist.de/SharedDocs/Downloads/DE/Studien/Existenzgruendungen-Hochschulpatenten.pdf?__blob=publicationFile, zuletzt abgerufen am 19.04.2020.

als Verwertung i. S. v. § 42 Nr. 4 ArbNErfG anerkannt werden kann. Beteiligt sich eine Hochschule als Gesellschafterin des patentverwertenden Unternehmens an einer Existenzgründung[1199], geschieht dies in der Regel durch die Einbringung von Patenten. Im Gegenzug für die Einbringung eines Patents als Sacheinlage erhält die Hochschule Gesellschaftsanteile.[1200] Problematisch erscheint, dass es bei dieser Konstellation an unmittelbar resultierenden Einnahmen i. S. v. § 42 Nr. 4 ArbNErfG zu fehlen scheint. Wie bereits dargelegt, ist der Verwertungsbegriff jedoch unabhängig von den durch die Verwertung erzielten Einnahmen zu bestimmen. Lediglich ein wirtschaftlich intendiertes Handeln der Hochschule ist erforderlich.[1201] Ein solches ist bei einer Unternehmensbeteiligung der Hochschule grundsätzlich gegeben, sodass auch die Einbringung eines Patents gegen die Gewährung von Gesellschaftsanteilen eine Verwertung i. S. d. § 42 Nr. 4 ArbNErfG darstellt.[1202]

dd. Fazit

Es lässt sich feststellen, dass der Verwertungsbegriff nicht örtlich angeknüpft werden kann, da sowohl der innerbetriebliche Einsatz der Erfindung als auch außerhochschulische Nutzungshandlungen als Verwertung i. S. v. § 42 Nr. 4 ArbNErfG qualifiziert werden können. Unterschiede mögen sich daher allemal zwischen den verschiedenen Arten der Verwertung

---

1199 Eine Existenzgründung setzt nicht zwangsläufig die Gründung einer Gesellschaft voraus; es kann ebenso eine bestehende Gesellschaft zur Aufnahme der Geschäftstätigkeit genutzt werden (siehe Bundesministerium für Bildung und Forschung, Existenzgründungen mit Hochschulpatenten, S. 23, abrufbar im Internet unter: http://www.exist.de/SharedDocs/Downloads/DE/Studien/Existenzgruendungen-Hochschulpatenten.pdf?__blob=publicationFile, zuletzt abgerufen am 19.04.2020; *Kohler/Beyer*, in: Asche/Bauhus/Kaddatz/Seel (Hrsg.), Modernes Patentbewusstsein in Hochschulen, S. 79, 81).
1200 Bundesministerium für Bildung und Forschung, Existenzgründungen mit Hochschulpatenten, S. 40, abrufbar im Internet unter: http://www.exist.de/SharedDocs/Downloads/DE/Studien/Existenzgruendungen-Hochschulpatenten.pdf?__blob=publicationFile, zuletzt abgerufen am 19.04.2020; *Bergmann*, Erfindungen von Hochschulbeschäftigten nach der Reform von § 42 ArbNErfG, Rn. 521; *Kohler/Beyer*, in: Asche/Bauhus/Kaddatz/Seel (Hrsg.), Modernes Patentbewusstsein in Hochschulen, S. 79, 90.
1201 Siehe hierzu oben Kapitel 3. § 8 A. III. 3. c. (S. 313).
1202 So i. E. auch *Bergmann*, Erfindungen von Hochschulbeschäftigten nach der Reform von § 42 ArbNErfG, Rn. 522, 566; *Bartenbach/Volz*, Arbeitnehmererfindungsgesetz, § 42 n. F., Rn. 209; vgl. auch *Pahlow/Gärditz*, WissR 2006, 48, 53.

und daran anknüpfend in der Höhe der Vergütung des Hochschulerfinders ergeben. Eine Bestimmung des Verwertungsbegriffes durch den Ort der Nutzung der Erfindung ist hingegen nicht möglich.

5. Zusammenfassung der Ergebnisse und Versuch einer Definition des Verwertungsbegriffes

Die vorausgegangene Untersuchung hat ergeben, dass der Verwertungsbegriff maßgeblich durch die wirtschaftliche Natur einer Hochschulhandlung bestimmt wird. Im Folgenden soll versucht werden, die gefundenen Ergebnisse zusammenzufassen und den Verwertungsbegriff einer definitorischen Bestimmung zuzuführen.

a. Handlung der Hochschule

Festgestellt wurde zunächst, dass weder eine ersatzlose Streichung des § 42 Nr. 4 ArbNErfG vorgenommen werden kann, um die allgemeinen Vergütungsregelungen auch im Hochschulbereich zur Anwendung zu bringen, noch die im übrigen ArbNErfG verwendeten Verwertungsbegriffe auf § 42 Nr. 4 ArbNErfG übertragen werden können. Die Verwertung i. S. d. § 42 Nr. 4 ArbNErfG muss nach Sinn und Zweck möglichst weit gefasst werden und erfasst zunächst jede Nutzung der Erfindung oder des Schutzrechts durch die Hochschule. Die Nutzung durch den Begriff der „Benutzung" aus § 9 PatG zu beschreiben greift allerdings zu kurz, da dieser lediglich die betriebliche Benutzung des patentgeschützten Erzeugnisses erfasst, es sich jedoch gezeigt hat, dass der arbeitnehmererfinderrechtliche Verwertungsbegriff auch die Veräußerung der Rechte an der Erfindung umfassen muss. Die schlichte Verwendung des Benutzungsbegriffes oder der Nutzung sollte deshalb in einer Definition vermieden werden. Besser geeignet scheint, von einer „Handlung" der Hochschule zu sprechen. Ein bloßes Unterlassen der Hochschule wird auf diese Weise gleich mit aus der Definition ausgeklammert.

Dennoch kann nicht jede beliebige Handlung der Hochschule in Bezug auf die Erfindung als Verwertung der Erfindung aufgefasst werden. Eine Beschränkung erscheint schon aus teleologischer Sicht dahingehend geboten, dass die Hochschulen nicht mit unverhältnismäßigen Vergütungszahlungen konfrontiert werden dürfen.

b. Gewerblichkeit bzw. Gewerbsmäßigkeit der Handlung

Eine Beschränkung auf gewerbliche oder gewerbsmäßige Handlungen der Hochschule erweist sich als nicht sinnvoll. Auf diese Frage wurde im Rahmen der systematischen Betrachtung ausführlich eingegangen und Stellung bezogen.[1203] Das dort aufgefundene Ergebnis wird umso mehr durch die anschließenden Erwägungen zum Telos des § 42 Nr. 4 ArbNErfG gestützt.[1204] Dem Hochschulerfinder, der u. a. als Ausgleich für den Verlust seiner Erfinderrechte einen Anspruch auf eine Pauschalvergütung zugewiesen bekommt, steht dieser Anspruch auch dann zu, wenn die Hochschule beabsichtigt, nur eine einzige Verwertungshandlung vorzunehmen. Dies passt mit dem Gewerbebegriff nicht zusammen, der die zumindest geplante Dauerhaftigkeit der Tätigkeit voraussetzt.[1205] Darüber hinaus erfordert etwa der handelsrechtliche Gewerbebegriff eine anbietende Tätigkeit am Markt.[1206] Dies lässt sich mit der Tatsache, dass nach Sinn und Zweck der Vorschrift auch hochschulinterne Nutzungen der Erfindung vom Verwertungsbegriff erfasst sein sollen, ebenfalls nicht vereinbaren. Schließlich geht aus der Verwendung des Gewerbebegriffs nicht eindeutig genug hervor, dass auch ein Streben der Hochschule nach einem wirtschaftlichen Nutzen erforderlich ist, da die Voraussetzung einer Gewinnerzielungsabsicht für die verschiedenen Gewerbebegriffe unterschiedlich beurteilt wird.[1207] Dieses Problem umgeht *Volmer*, indem er durch Einfügung eines Relativsatzes die Verwertung i. S. v. § 19 Abs. 1 ArbNErfG als *„gewerbsmäßige Handlung, die mit Gewinnstreben verbunden ist"*[1208], beschreibt. Dieser Zusatz mag zwar letztgenannter Problematik begegnen; die zuvor genannten Ungereimtheiten lassen sich hierdurch allerdings nicht ausräumen. Obendrein stellt sich ohnehin die Frage, ob Betätigungen der öffentlichen Hand nicht grundsätzlich vom Gewerbebegriff ausgenommen werden sollten.[1209] In diesem Fall erwiese sich ein Rückgriff auf

---

1203 Dazu oben Kapitel 3. § 8 A. III. 2. b. bb. (S. 305).
1204 Zu den teleologischen Gesichtspunkten siehe oben Kapitel 3. § 8 A. III. 4. (S. 316).
1205 Siehe dazu die Nachweise in Fn. 1065 (S. 307).
1206 *Hopt*, in: Baumbach/Hopt, HGB, § 1 HGB, Rn. 16; *Kindler*, in: Ebenroth/Boujong/Joost/Strohn, HGB, Bd. 1, § 1, Rn. 22; *K. Schmidt*, in: MüKo-HGB, Bd. 1, § 1, Rn. 28.
1207 Zum Merkmal der Gewinnerzielungsabsicht Kapitel 3. § 8 A. III. 2. b. bb. (S. 305).
1208 *Volmer/Gaul*, in: Arbeitnehmererfindungsgesetz, § 19, Rn. 77.
1209 *Pielow*, in: BeckOK-GewR, § 1 GewO, Rn. 156.

Kapitel 3. Vergütungsansprüche des Hochschulbeschäftigten im Arbeitnehmererfinderrecht

den Gewerbebegriff in der Definition des Verwertungsbegriffes aus § 42 Nr. 4 ArbNErfG schon aus diesem Grund als äußerst unglücklich. Wenn der Begriff der Gewerbsmäßigkeit schließlich nur deshalb verwendet wird, um zu den Fällen der rein privaten Nutzung abgrenzen zu können, wie dies bei § 6 Abs. 1 PatG a. F. der Fall war[1210], ist der Begriff aufgrund der starken Vorprägung des Gewerbebegriffs nicht die beste Wahl.

c. Wirtschaftlichkeit der Handlung

Es muss folglich ein besser geeigneter Begriff zur Einschränkung gefunden werden. Hierzu bietet sich als Ausgangspunkt die von *Stallberg* geschaffene Formulierung der *„wirtschaftlich intendierten Handlung"* an.[1211]

Der Vergütungsanspruch des Hochschulbeschäftigten aus § 42 Nr. 4 ArbNErfG realisiert sich nur, wenn die Hochschule durch die Verwertung der Erfindung Einnahmen erzielt, an denen der Hochschulerfinder partizipieren kann. Das bedeutet, dass die Hochschule in der Regel versuchen wird, die Erfindung einem wirtschaftlichen Nutzen zuzuführen und durch die Verwertung entsprechende Einnahmen zu generieren. Der wirtschaftliche Nutzen muss dabei nicht zwingend in einer Geldzahlung liegen, sondern kann auch durch den Zufluss anderer Vermögensvorteile begründet sein.[1212] Es wird deutlich, dass *Stallberg* mit der *„wirtschaftlich intendierten Handlung"* nur eine neue Begrifflichkeit schafft, im Ergebnis aber dasselbe meint wie auch die anderen Autoren. Er nutzt den Begriff der Wirtschaftlichkeit ebenfalls nur im Sinne der Gewerblichkeit der Handlung.[1213] Es stellt sich deshalb die Frage, ob der Begriff der „wirtschaftlich intendierten Handlung" ausreicht, um alle zuvor entwickelten, für die Verwertung relevanten Fallgruppen abzubilden. Zusammenfassen lassen sich dabei folgende Fallgruppen:

1210 *Keukenschrijver*, in: Busse/Keukenschrijver, PatG, § 5 PatG, Rn. 11.
1211 *Stallberg*, GRUR 2007, 1035, 1036.
1212 Siehe die Nachweise in Fn. 1218 und 1219 (S. 352).
1213 Vgl. *Stallberg*, GRUR 2007, 1035, 1036 (Fn. 9).

Fallgruppe 1. Die Handlung der Hochschule führt zu einem tatsächlichen wirtschaftlichen Nutzen und die wirtschaftliche Nutzziehung ist durch die Hochschule beabsichtigt.

Fallgruppe 2. Die Hochschule beabsichtigt durch ihre Handlung einen wirtschaftlichen Nutzen, aber dieser bleibt aus oder fällt gering aus.

Fallgruppe 3. Durch die Handlung der Hochschule kommt es zu einem tatsächlichen wirtschaftlichen Nutzen, der von der Hochschule jedoch nicht beabsichtigt wurde.

Fallgruppe 4. Die Hochschule beabsichtigt weder eine wirtschaftliche Nutzziehung, noch tritt ein wirtschaftlicher Nutzen ein.

aa. Fallgruppe 1: Verwertung mit Absicht und Vermögenszuwachs

Schon aus dem eigenen Interesse der Hochschule heraus gehört es zum Regelfall, dass die Hochschule versucht, die Erfindung eines an der Hochschule Beschäftigten gewinnbringend einzusetzen. Handlungen der Hochschule in Bezug auf eine Erfindung sind demnach regelmäßig darauf ausgerichtet einen wirtschaftlichen Nutzen aus der Erfindung zu ziehen. Sollte dies gelingen, d. h. die entsprechenden Handlungen der Hochschule führen zu einem Zufluss an Vermögenswerten, liegt eine erfolgreiche Verwertung zweifelsohne vor. Dieser Umstand darf jedoch nicht dazu verleiten, sowohl einen tatsächlichen wirtschaftlichen Nutzen als auch die Absicht der Hochschule zur Erzielung eines wirtschaftlichen Nutzens zu kumulativen Voraussetzungen des Verwertungsbegriffs zu erheben, was sich anhand der Betrachtung der folgenden Fallgruppen zeigt.

bb. Fallgruppe 2: Verwertung mit Absicht, aber ohne Vermögenszuwachs

Die historisch-genetische sowie die teleologische Auslegung des Verwertungsbegriffes haben gezeigt, dass der Verwertungsbegriff unabhängig von den tatsächlich erzielten Einnahmen zu bestimmen ist, da eine Verwertung auch erfolglos sein kann, ohne den Charakter der Verwertung zu verlieren. Bleibt die durch die Hochschule beabsichtigte wirtschaftliche Nutzziehung aus, handelt es sich folglich dennoch um einen Fall der Verwertung. Im Ergebnis kommt es damit nicht allein auf die tatsächliche Wirtschaftlichkeit der Hochschulhandlung, sondern vielmehr auch auf die hinter der entsprechenden Handlung stehende Absicht der wirtschaftlichen Nutzziehung durch die Hochschule an. Den Verwertungsbegriff an der Wirtschaftlichkeit auszurichten, verstößt demnach nicht gegen den Grundsatz der einnahmefreien Bestimmung des Verwertungsbegriffes, da nicht die Wirtschaftlichkeit des tatsächlichen Nutzens, sondern vielmehr allein die Absicht der Hochschule hinsichtlich der Wirtschaftlichkeit der Nutzziehung beurteilt wird. Die Bestimmung des Verwertungsbegriffs bleibt damit unabhängig von den tatsächlich erzielten Einnahmen.

Aus diesem Grund kann es nicht ausreichend sein, lediglich von einer „wirtschaftlichen Handlung" der Hochschule zu sprechen. Dies würde das Erfordernis der Erzielung eines tatsächlichen wirtschaftlichen Nutzens suggerieren. Vielmehr geht es um eine „wirtschaftlich intendierte Handlung", bei deren Vorliegen eine Verwertung angenommen werden muss.

cc. Fallgruppe 3: Verwertung ohne Absicht und mit Vermögenszuwachs

Die wirtschaftlich intendierte Handlung als vorrangige Fallgruppe der Verwertung zu begreifen ist richtig; sie als alleinige Voraussetzung für die Verwertung anzusehen hingegen nicht. Denn dies würde bedeuten, dass die entsprechende subjektive Ausrichtung der Hochschule für die Verwertung zwingend erforderlich ist. Auch wenn festgestellt wurde, dass die Hochschule eine Erfindung nicht gänzlich ohne die Vereinbarung einer Gegenleistung verwerten kann, d. h. eine Verwertung in den Fällen mangelnder Absicht wirtschaftlicher Nutzziehung der Hochschule ohnehin ausscheidet[1214] und insofern die subjektive Ausrichtung der Hochschulhandlung allein maßgeblich zu sein scheint, blieben bei einer Beschränkung auf die subjektive Tatbestandskomponente diejenigen – zugegebenermaßen in der Praxis nicht sehr relevanten – Fälle außer Betracht, in denen die Hochschule eine wirtschaftliche Nutzziehung zwar nicht beabsichtigt, die in Rede stehende Handlung aber dennoch zu einem Vermögenszufluss auf Seiten der Hochschule führt, an dem der Hochschulerfinder beteiligt werden könnte. Die Definition der Verwertung i. S. d. § 42 Nr. 4 ArbNErfG muss allein aus diesem Grund beide Fallgruppen als Varianten erfassen: die Fälle, in denen die Hochschule durch ihre Handlungen tatsächliche Einnahmen erzielt und die Fälle, in denen die Hochschule eine wirtschaftliche Nutzziehung zumindest beabsichtigt.

1214 Vgl. hierzu oben Kapitel 3. § 8 A. III. 4. b. bb. (2) (b), (S. 327).

Auf den ersten Blick scheint die Betrachtung der tatsächlich erzielten Einnahmen allerdings gegen den Grundsatz der einnahmefreien Bestimmung des Verwertungsbegriffes zu verstoßen.[1215] Nicht vergessen werden darf aber dessen Hintergrund: Die Annahme der Unabhängigkeit des Verwertungsbegriffes von den erzielten Einnahmen resultiert aus der Tatsache, dass auch eine wirtschaftlich erfolglose Handlung als Verwertung qualifiziert werden kann. Keine Aussage wird gleichzeitig auch dahingehend getroffen, dass tatsächliche Einnahmen nicht für die Bewertung des Verwertungsbegriffes berücksichtigt werden können. Einnahmeunabhängigkeit bedeutet damit im Ergebnis nur, dass tatsächliche Einnahmen keine zwingende Voraussetzung für die Annahme der Verwertung darstellen. Umgekehrt vermag ihr Vorliegen allerdings eine Verwertungsqualität der für die Einnahmen kausalen Handlung zu begründen.

dd. Fallgruppe 4: Verwertung ohne Absicht und ohne Vermögenszuwachs

Eine Verwertung liegt nur dann nicht vor, wenn die Hochschule durch ihre Handlung weder eine wirtschaftliche Nutzziehung beabsichtigt, noch ein tatsächlicher wirtschaftlicher Nutzen entsteht.[1216] Hierbei handelt es sich um einen in der Praxis kaum denkbaren Fall.

ee. Fazit

Für diesen Abschnitt kann zusammenfassend festgestellt werden, dass eine Handlung der Hochschule für die Einordnung als Verwertungshandlung einen tatsächlichen wirtschaftlichen Nutzen erwirken *und/oder* von der Absicht einer wirtschaftlichen Nutzziehung getragen sein muss. Eine Verwertung ist nach den bisherigen Voraussetzungen also zumindest dann gegeben, wenn die Hochschule die Erzielung eines wirtschaftlichen Nutzens beabsichtigt. Auf einen tatsächlichen wirtschaftlichen Nutzen kommt es daneben nicht zwingend an („und/oder-Verknüpfung").

1215 Dazu oben Kapitel 3. § 8 A. III. 3. b. (S. 312).
1216 Vgl. oben Kapitel 3. § 8 A. III. 4. b. bb. (2) (b), (S. 327).

d. Weitere Voraussetzungen

Ein zeitliches Element ist in die Definition nicht aufzunehmen. Es hat sich gezeigt, dass sich ein eindeutiger Zeitpunkt, der einer Hochschulhandlung das Etikett der Verwertung aufdrückt, nicht existiert. Auch der Ort des Einsatzes der Erfindung gibt keinen Aufschluss hinsichtlich der Bestimmung des Verwertungsbegriffes, sodass dieses Kriterium ebenfalls keinen Niederschlag in einer Definition finden kann. Ebenso ist die Verwertung unabhängig von einer Schutzrechtsanmeldung. Sowohl das erteilte Schutzrecht als auch die Erfindung selbst sind verwertungsfähig. Einer entsprechenden Erwähnung in der Definition bedarf es demnach grundsätzlich nicht. Um die Unabhängigkeit des Verwertungsbegriffs von der Schutzrechtsanmeldung zu manifestieren, sollte jedoch klarstellend aufgenommen werden, dass ein wirtschaftlicher Nutzen sowohl aus der Erfindung als auch aus einem auf die Erfindung erteilten Schutzrecht gezogen werden kann.

e. Definition des Verwertungsbegriffs i. S. d. § 42 Nr. 4 ArbNErfG de lege ferenda

Die gefundenen Ergebnisse zusammenfassend wird die folgende Definition des Verwertungsbegriffes i. S. d. § 42 Nr. 4 ArbNErfG de lege ferenda als § 42 Nr. 4 S. 2 ArbNErfG vorgeschlagen. Die Vorschrift des § 42 ArbNErfG würde sich dann wie folgt lesen:

§ 42 ArbNErfG – Besondere Bestimmungen für Erfindungen an Hochschulen
Für Erfindungen der an einer Hochschule Beschäftigten gelten folgende besonderen Bestimmungen:
1. *Der Erfinder ist berechtigt, die Diensterfindung im Rahmen seiner Lehr- und Forschungstätigkeit zu offenbaren, wenn er dies dem Dienstherrn rechtzeitig, in der Regel zwei Monate zuvor, angezeigt hat. § 24 Abs. 2 findet insoweit keine Anwendung.*
2. *Lehnt ein Erfinder aufgrund seiner Lehr- und Forschungsfreiheit die Offenbarung seiner Diensterfindung ab, so ist er nicht verpflichtet, die Erfindung dem Dienstherrn zu melden. Will der Erfinder seine Erfindung zu einem späteren Zeitpunkt offenbaren, so hat er dem Dienstherrn die Erfindung unverzüglich zu melden.*

3. *Dem Erfinder bleibt im Fall der Inanspruchnahme der Diensterfindung ein nichtausschließliches Recht zur Benutzung der Diensterfindung im Rahmen seiner Lehr- und Forschungstätigkeit.*
4. *Verwertet der Dienstherr die Erfindung, beträgt die Höhe der Vergütung 30 vom Hundert der durch die Verwertung erzielten Einnahmen.* ²*Als Verwertung im Sinne des Satzes 1 ist jede Handlung der Hochschule anzusehen, die einen tatsächlichen wirtschaftlichen Nutzen durch die Erfindung oder das Schutzrecht erzielt oder zumindest auf die Erzielung eines wirtschaftlichen Nutzens durch die Erfindung oder das Schutzrecht ausgerichtet ist.*

IV. Vergütungsbemessung

Nach § 42 Nr. 4 ArbNErfG beträgt die Höhe der Vergütung des Hochschulerfinders im Fall der Verwertung der Diensterfindung durch den Dienstherrn 30 vom Hundert der durch die Verwertung erzielten Einnahmen. Maßgebliche Bezugsgröße für die Berechnung des Vergütungsanspruchs des Hochschulbeschäftigten sind demzufolge die Einnahmen. Auf den ersten Blick erscheint die Berechnung der Einnahmen recht einfach. Schaut man jedoch einmal genauer hin, ergibt sich eine Reihe an Problemkreisen und offenen Fragen in Bezug auf die Begriffsbestimmung (1.) und die Kausalität zwischen der Verwertung und den erzielten Einnahmen (2.) sowie hinsichtlich der festgelegten Pauschalvergütung (3.).

1. Der Begriff der Einnahmen i. S. d. § 42 Nr. 4 ArbNErfG

Der Begriff der Einnahmen wird in § 42 Nr. 4 ArbNErfG erstmals im ArbNErfG verwendet.[1217] Ebenso wie für den Verwertungsbegriff mangelt es an einer definitorischen Bestimmung. Es stellt sich mithin die Frage, welche Vermögenswerte als Einnahmen i. S. d. § 42 Nr. 4 ArbNErfG zu qualifizieren sind. Einigkeit in der juristischen Literatur besteht dahinge-

---

1217 *Bergmann*, Erfindungen von Hochschulbeschäftigten nach der Reform von § 42 ArbNErfG, Rn. 543; *Leuze*, in: Reimer/Schade/Schippel, ArbNErfG, § 42 n. F., Rn. 40; vgl. auch *Boemke/Sachadae*, in: Boemke/Kursawe, ArbNErfG, § 42, Rn. 139.

Kapitel 3. Vergütungsansprüche des Hochschulbeschäftigten im Arbeitnehmererfinderrecht

hend, dass der Einnahmenbegriff besonders weit gefasst werden muss.[1218] Anders als es die allgemeinsprachliche Verwendung des Begriffs Einnahmen suggerieren mag, muss es sich bei den Einnahmen nicht zwingend um Geldleistungen handeln. Mit der Entscheidung *Genveränderungen* hat der BGH im Jahr 2013 ausdrücklich klargestellt, dass auch andere geldwerte Vermögensvorteile als Einnahmen angesehen werden können.[1219] Als Einnahmen werden deshalb meist alle Vermögenswerte verstanden, die dem Dienstherrn durch die Verwertung der Erfindung zufließen.[1220]

Entscheidend für die Beurteilung der Einnahmen sind allein die tatsächlich zugeflossenen Vermögenswerte.[1221] Nicht relevant hingegen sind bloße Forderungen[1222] oder bestehende, aber nicht durchsetzbare Ansprüche.[1223] Andernfalls würde eine bloße Verwertbarkeit der Erfindung vergütet, auf die es im Rahmen von § 42 Nr. 4 ArbNErfG anders als bei § 9

1218 *Bartenbach/Volz*, GRUR 2002, 743, 755; *Heerma/Maierhöfer*, GRUR 2010, 682, 685; *Bergmann*, Erfindungen von Hochschulbeschäftigten nach der Reform von § 42 ArbNErfG, Rn. 539; *Boemke/Sachadae*, in: Boemke/Kursawe, ArbNErfG, § 42, Rn. 139; *Leuze*, in: Reimer/Schade/Schippel, ArbNErfG, § 42 n. F., Rn. 40.

1219 BGH, Urteil v. 05.02.2013 – X ZR 59/12, GRUR 2013, 498, (Rn. 17) – *Genveränderungen*; siehe auch *Boemke/Sachadae*, in: Boemke/Kursawe, ArbNErfG, § 42, Rn. 139.

1220 Allg. A., siehe BGH, Urteil v. 05.02.2013 – X ZR 59/12, GRUR 2013, 498, (Rn. 17) – *Genveränderungen*; *Bartenbach/Volz*, GRUR 2002, 743, 755 f.; *Heerma/Maierhöfer*, GRUR 2010, 682, 685; *Körting/Kummer*, RdA 2003, 279, 283; *Stallberg*, GRUR 2007, 1035, 1037; *Bergmann*, Erfindungen von Hochschulbeschäftigten nach der Reform von § 42 ArbNErfG, Rn. 539; *Kraßer/Ann*, Patentrecht, § 21 Rn. 145; *Bartenbach/Volz*, Arbeitnehmererfindungsgesetz, § 42 n. F., Rn. 167; *Boemke/Sachadae*, in: Boemke/Kursawe, ArbNErfG, § 42, Rn. 139; *Gennen*, in: MAH-Arbeitsrecht, § 16, Rn. 187; *Keukenschrijver*, in: Busse/Keukenschrijver, PatG, § 42 ArbEG, Rn. 22; *Leuze*, in: Reimer/Schade/Schippel, ArbNErfG, § 42 n. F., Rn. 40; vgl. auch Begründung zum „Entwurf eines Gesetzes zur Änderung des Gesetzes über Arbeitnehmererfindungen" der Bundesregierung vom 17.08.2001, BR-Drs. 583/01, S. 10.

1221 *Kretzer*, Die Novellierung des "Hochschullehrerprivilegs" (§ 42 ArbnErfG), S. 48; *Soudry*, Die Rechtsstellung des Hochschulerfinders nach der Neufassung von § 42 ArbNErfG, S. 115; *Bartenbach/Volz*, Arbeitnehmererfindungsgesetz, § 42 n. F., Rn. 168; **a. A.** wohl *Stallberg*, GRUR 2007, 1035, 1038, der auf den Zeitpunkt der Vereinbarung der entsprechenden Leistungspflicht abstellt.

1222 *Kretzer*, Die Novellierung des "Hochschullehrerprivilegs" (§ 42 ArbnErfG), S. 48; *Bartenbach/Volz*, Arbeitnehmererfindungsgesetz, § 42 n. F., Rn. 168.

1223 *Kretzer*, Die Novellierung des "Hochschullehrerprivilegs" (§ 42 ArbnErfG), S. 48; *Soudry*, Die Rechtsstellung des Hochschulerfinders nach der Neufassung von § 42 ArbNErfG, S. 115; *Bartenbach/Volz*, Arbeitnehmererfindungsgesetz, § 42 n. F., Rn. 168.

ArbNErfG gerade nicht ankommt.[1224] Schwierigkeiten und Unstimmigkeiten ergeben sich in der Literatur allerdings dahingehend, in welcher Höhe die erzielten Einnahmen der Vergütungsberechnung zugrunde zu legen sind. Problematisch erscheint dabei vor allem die Bewertung der Einnahmen, wenn es an einer Geldzahlung als Gegenwert fehlt.

a. Gesetzlicher Ausgangspunkt – Das Bruttoprinzip

Aufschluss darüber, welche Einnahmenhöhe bzw. Einnahmenberechnung für die Vergütungsberechnung als relevant anzusehen ist, scheinen zunächst vor allem die Gesetzesmaterialien zu liefern. Die Gesetzesbegründung zu § 42 Nr. 4 ArbNErfG stellt eindeutig klar, dass ein *„Abzug der Schutzrechtserwirkungs-, -aufrechterhaltungs-, -verteidigungs- und -verwertungskosten [...] nicht statt[findet]."*[1225] Der Gesetzgeber hat sich damit ausdrücklich für das sog. Bruttoprinzip entschieden. Die Vergütung des Hochschulbeschäftigten bemisst sich danach an den lediglich um die Steuern gekürzten Bruttoeinnahmen[1226] (ausgenommen Ertragssteuern wie die Einkommensteuer[1227]), die der Hochschule durch die Verwertung der Erfindung zufließen. Der Hochschulbeschäftigte wird im Ergebnis also nicht an den

---

1224 Vgl. zum Verhältnis von § 42 Nr. 4 ArbNErfG und § 9 ArbNErfG oben Kapitel 3. § 8 A. I. 2. b. (S. 231).

1225 Begründung zum „Entwurf eines Gesetzes zur Änderung des Gesetzes über Arbeitnehmererfindungen" einzelner Abgeordneter der SPD sowie der Fraktion Bündnis 90/Die Grünen vom 09.05.2001, BT-Drs. 14/5975, Besonderer Teil, S. 7.

1226 *Bartenbach/Volz*, GRUR 2002, 743, 756; *Körting/Kummer*, RdA 2003, 279, 283; *Weyand/Haase*, GRUR 2007, 28, 32; *Bergmann*, Erfindungen von Hochschulbeschäftigten nach der Reform von § 42 ArbNErfG, Rn. 542; *Kretzer*, Die Novellierung des "Hochschullehrerprivilegs" (§ 42 ArbNErfG), S. 49; *Bartenbach/Volz*, Arbeitnehmererfindungsgesetz, § 42 n. F., Rn. 168; *Keukenschrijver*, in: Busse/Keukenschrijver, PatG, § 42 ArbEG, Rn. 22; *Leuze*, in: Reimer/Schade/Schippel, ArbNErfG, § 42 n. F., Rn. 40; **Nicht um die Steuern kürzend** *Kraßer/Ann*, Patentrecht, § 21 Rn. 145 (*„ohne jeden Abzug"*); ebenso *Kraßer*, in: Hartmer/Detmer (Hrsg.), Hochschulrecht, S. 831, 855 (Rn. 77).

1227 *Körting/Kummer*, RdA 2003, 279, 283; *Weyand/Haase*, GRUR 2007, 28, 32; *Kretzer*, Die Novellierung des "Hochschullehrerprivilegs" (§ 42 ArbnErfG), S. 49; *Soudry*, Die Rechtsstellung des Hochschulerfinders nach der Neufassung von § 42 ArbNErfG, S. 178 f.; *Bartenbach/Volz*, Arbeitnehmererfindungsgesetz, § 42 n. F., Rn. 168; *Leuze*, in: Reimer/Schade/Schippel, ArbNErfG, § 42 n. F., Rn. 40; **nicht differenzierend** *Bergmann*, Erfindungen von Hochschulbeschäftigten nach der Reform von § 42 ArbNErfG, Rn. 542.

Kapitel 3. Vergütungsansprüche des Hochschulbeschäftigten im Arbeitnehmererfinderrecht

für die Prüfung, Anmeldung, Bewerbung, Verwaltung und Verteidigung des Schutzrechts sowie sonst anfallenden Kosten oder an den Ertragssteuern beteiligt[1228]; diese sind von der Hochschule alleine zu tragen.

Diese Regelung war nicht unumstritten. Der bereits erwähnte Gesetzesentwurf des Bundesrats sah noch eine Regelung nach dem sog. Drittelmodell vor[1229], das in außerhochschulischen Forschungseinrichtungen regelmäßig Anwendung findet.[1230] Danach sollte der Hochschulbeschäftigte eine Vergütung in Höhe eines Drittels des Verwertungserlöses *„nach Abzug der Patentierungskosten erhalten"*[1231], also das sog. Nettoprinzip zum Zuge kommen, welches dem Arbeitnehmererfinderrecht durchaus nicht fremd ist; es findet sich unter anderem in den Vergütungsrichtlinien zu § 11 ArbNErfG (z. B. ArbNErf-RL Nr. 14 Abs. 1 S. 1 und ArbNErf-RL Nr. 16 Abs. 1 S. 1). Dennoch setzte der Regierungsentwurf diesem das Bruttoprinzip entgegen.[1232] Auch in einer Stellungnahme eingebrachte Einwände des Bundesrates hinsichtlich durch das Bruttoprinzip möglicherweise auftretender Minusgeschäfte der Hochschulen[1233] vermochten hieran nichts zu ändern. Das Problem des Verlustgeschäfts für die Hochschulen wurde vom Gesetzgeber demnach nicht etwa übersehen. Die Bundesregierung ging vielmehr davon aus, dass ihr Entwurf *„dem Ziel, einen Anreiz für die Hochschullehrer zu schaffen, erfinderisch tätig zu werden und Erfindungen zu mel-*

1228 Vgl. *Soudry*, Die Rechtsstellung des Hochschulerfinders nach der Neufassung von § 42 ArbNErfG, S. 178 f.
1229 „Entwurf eines Gesetzes zur Förderung des Patentwesens an den Hochschulen" des Bundesrates vom 26.04.2001, BT-Drs. 14/5939, S. 6 (zu Art. 1, zu den Nrn. 1 und 2).
1230 *v. Falck/Schmaltz*, GRUR 2004, 469, 471; *Bergmann*, Erfindungen von Hochschulbeschäftigten nach der Reform von § 42 ArbNErfG, Rn. 544, 580; *Bartenbach/Volz*, Arbeitnehmererfindungsgesetz, § 42 n. F., Rn. 178; vgl. auch Begründung zum „Entwurf eines Gesetzes zur Änderung des Gesetzes über Arbeitnehmererfindungen" einzelner Abgeordneter der SPD sowie der Fraktion Bündnis 90/Die Grünen vom 09.05.2001, BT-Drs. 14/5975, Besonderer Teil, S. 7.
1231 „Entwurf eines Gesetzes zur Förderung des Patentwesens an den Hochschulen" des Bundesrates vom 26.04.2001, BT-Drs. 14/5939, S. 5.
1232 Begründung zum „Entwurf eines Gesetzes zur Änderung des Gesetzes über Arbeitnehmererfindungen" der Bundesregierung vom 17.08.2001, BR-Drs. 583/01, S. 10 (zu § 42 Nr. 4).
1233 Stellungnahme des Bundesrates zum „Entwurf eines Gesetzes zur Änderung des Gesetzes über Arbeitnehmererfindungen" vom 27.09.2001, BT-Drs. 583/01, S. 2. Zum Problem der Minusgeschäfte der Hochschulen siehe sogleich aa.

den, besser gerecht"[1234] werde. Schließlich hat das Bruttoprinzip aller Bedenken zum Trotz in § 42 Nr. 4 ArbNErfG Niederschlag gefunden.

b. Meinungsstand in der Literatur

Die herrschende Meinung in der Literatur stützt sich auf die Gesetzesbegründung und den Verlauf des Gesetzgebungsverfahrens und legt der Berechnung des Vergütungsanspruchs aus § 42 Nr. 4 ArbNErfG entsprechend die Bruttoeinnahmen aus der Verwertung der Erfindung zu Grunde.[1235] Dabei hat sie neben den gesetzeshistorischen Erwägungen auch die Systematik des Gesetzes auf ihrer Seite: § 42 Nr. 4 ArbNErfG spricht erstmals und einzig im ArbNErfG von „*Einnahmen*". Naheliegend wäre doch die Verwendung des Begriffs des „Ertrags" gewesen, wie er sich in § 42 Abs. 2 S. 1 ArbNErfG a. F. und § 40 Nr. 1 ArbNErfG finden lässt. Da der Begriff des Ertrags auf die Nettoeinnahmen abzielt[1236], mache der Gesetzgeber auch durch die Verwendung des Einnahmenbegriffs statt des Ertragsbegriffes deutlich, dass er das Bruttoprinzip in § 42 Nr. 4 ArbNErfG verankert wissen wollte.[1237] Etwaige Nachteile des Bruttoprinzips, wie eine finanziel-

---

[1234] Gegenäußerung der Bundesregierung zum „Entwurf eines Gesetzes zur Änderung des Gesetzes über Arbeitnehmererfindungen" vom 23.11.2001, BT-Drs. 14/7565, S. 7 (zu Nr. 2).

[1235] BGH, Urteil v. 05.02.2013 – X ZR 59/12, GRUR 2013, 498, (Rn. 16) – *Genveränderungen*; *Leistner*, IIC 2004, 859, 869; *Böhringer*, NJW 2002, 952, 954; *v. Falck/Schmaltz*, GRUR 2004, 469, 471; *v. Falckenstein*, in: FS Bartenbach (2005), S. 73, 75; *Fleuchaus/Braitmayer*, GRUR 2002, 653, 655; *Körting/Kummer*, RdA 2003, 279, 283; *Post/Kuschka*, GRUR 2003, 494; *Schippan*, F&L 2002, 648, 650; *Sellnick*, NVwZ 2002, 1340, 1342; *Stallberg*, GRUR 2007, 1035, 1037; *Weyand/Haase*, GRUR 2007, 28, 32; *Hübner*, Erfindungen von Beschäftigten an Hochschulen, S. 63; *Kraßer*, in: Hartmer/Detmer (Hrsg.), Hochschulrecht, S. 831, 855 (Rn. 77); *Bartenbach/Volz*, Arbeitnehmererfindungsgesetz, § 42 n. F., Rn. 168; *Boemke/Sachadae*, in: Boemke/Kursawe, ArbNErfG, § 42, Rn. 145; *Gennen*, in: MAH-Arbeitsrecht, § 16, Rn. 186; *Keukenschrijver*, in: Busse/Keukenschrijver, PatG, § 42 ArbEG, Rn. 22; *Leuze*, in: Reimer/Schade/Schippel, ArbNErfG, § 42 n. F., Rn. 40.

[1236] *Bergmann*, Erfindungen von Hochschulbeschäftigten nach der Reform von § 42 ArbNErfG, Rn. 543; *Bartenbach/Volz*, Arbeitnehmererfindungsgesetz, § 40, Rn. 26; *Boemke/Sachadae*, in: Boemke/Kursawe, ArbNErfG, § 40, Rn. 71 ff.; *Leuze*, in: Reimer/Schade/Schippel, ArbNErfG, § 40, Rn. 16.

[1237] Vgl. *Bergmann*, Erfindungen von Hochschulbeschäftigten nach der Reform von § 42 ArbNErfG; *Bartenbach/Volz*, Arbeitnehmererfindungsgesetz, § 42 n. F., Rn. 168.

le Schlechterstellung der Hochschulen, müssten aufgrund der bewussten gesetzgeberischen Entscheidung hingenommen werden.[1238] Die Berechnung der Hochschulerfindervergütung nach dem Bruttoprinzip entspreche schließlich auch dem Sinn und Zweck des § 42 Nr. 4 ArbNErfG, indem zum einen die Vergütungsberechnung vereinfacht und somit Streitigkeiten vermieden würden und zum anderen der Hochschulerfinder prinzipiell eine höhere Vergütung erhalte als bei einer Berechnung anhand des Nettoertrags.[1239]

Die Zugrundelegung des Bruttoprinzips in § 42 Nr. 4 ArbNErfG hat aber auch mehrfach Kritik erfahren. Schon recht frühzeitig nach der Reformierung des § 42 ArbNErfG haben sich erste Aufsätze der mit dem Bruttoprinzip verbundenen Problematik des sog. Minusgeschäfts angenommen.[1240] Später wurden die Problemstellung und entsprechende Lösungsansätze ebenfalls in zwei Dissertationen umfangreich thematisiert.[1241]

aa. Die Problematik des Minusgeschäfts

Die Berechnung der Vergütung des Hochschulerfinders nach dem Bruttoprinzip kann im Ergebnis finanzielle Einbußen für die Hochschule bedeuten. Hat die Hochschule eine Vergütung in Höhe von 30% der ungekürzten Einnahmen an den Hochschulbeschäftigten zu zahlen, so steht dem Hochschulbeschäftigten der Vergütungsanspruch auch dann zu, wenn die Hochschule durch lediglich geringe Einnahmen nicht einmal die Schutzrechtskosten zu decken vermag. Es bedarf keiner umfangreichen Berech-

---

1238 Vgl. *Bartenbach/Volz*, Arbeitnehmererfindungsgesetz, § 42 n. F., Rn. 168; vgl. ansonsten auch *Böhringer*, NJW 2002, 952, 954; *Körting/Kummer*, RdA 2003, 279, 283.
1239 Vgl. *v. Falck/Schmaltz*, GRUR 2004, 469, 471; *Bergmann*, Erfindungen von Hochschulbeschäftigten nach der Reform von § 42 ArbNErfG, Rn. 601; siehe auch Begründung zum „Entwurf eines Gesetzes zur Änderung des Gesetzes über Arbeitnehmererfindungen" der Bundesregierung vom 17.08.2001, BR-Drs. 583/01, Besonderer Teil, S. 10 (zu § 42 Nr. 4) sowie „Entwurf eines Gesetzes zur Änderung des Gesetzes über Arbeitnehmererfindungen" einzelner Abgeordneter der SPD sowie der Fraktion Bündnis 90/Die Grünen vom 09.05.2001, BT-Drs. 14/5975, S. 2, 5 f.
1240 So etwa *v. Falck/Schmaltz*, GRUR 2004, 469, 471.
1241 *Bergmann*, Erfindungen von Hochschulbeschäftigten nach der Reform von § 42 ArbNErfG, Rn. 584 ff.; *Soudry*, Die Rechtsstellung des Hochschulerfinders nach der Neufassung von § 42 ArbNErfG, Rn. 178 ff.

nung von Beispielsaufgaben[1242], um zu verdeutlichen, dass die Hochschule durch die Verwertung stets das 1,43-fache der Schutzrechtskosten an Einnahmen erwirtschaften muss, um ein Minusgeschäft zu vermeiden.[1243] Dabei sind sonstige Kosten wie für die Unterhaltung der Patentabteilung (Personalkosten) oder für die Entwicklung (z. B. Laboreinrichtungen) nicht einmal berücksichtigt[1244], sodass der Faktor im Ergebnis wohl noch höher liegen mag.

Die Problematik der Minusgeschäfte ist nicht etwa eine Fragestellung rein theoretischer oder akademischer Natur. Eher im Gegenteil sind Minusgeschäfte der Hochschulen das traurige Bild der Realität der Patentverwertung aus den Hochschulen. Ein Großteil der durch die Hochschulen angemeldeten Patente vermag die angefallenen Kosten nach wie vor nicht zu decken.[1245] Sog. Blockbuster oder Golden-Nuggets, wie besonders er-

---

1242 So aber vor allem bei *Bergmann*, Erfindungen von Hochschulbeschäftigten nach der Reform von § 42 ArbNErfG, Rn. 587 ff.; vgl. auch *Fleuchaus/Braitmayer*, GRUR 2002, 653, 655.

1243 *Bartenbach/Hellebrand*, Mitt. 2002, 165, 169; *Bergmann*, Erfindungen von Hochschulbeschäftigten nach der Reform von § 42 ArbNErfG, Rn. 590. Dahinter steht folgende Berechnung: Um ein Minusgeschäft zu vermeiden muss die Hochschule Einnahmen in Höhe der Schutzrechtskosten plus 30 % der Gesamteinnahmen generieren, d. h.
Einnahmen = Schutzrechtskosten + 0,3 × Einnahmen.
Wandelt man diese Gleichung um, ergibt sich der Faktor von etwa 1,43:
Einnahmen = Schutzrechtskosten + 0,3 × Einnahmen
Einnahmen - 0,3 × Einnahmen = Schutzrechtskosten
0,7 × Einnahmen = Schutzrechtskosten
Einnahmen = Schutzrechtskosten × 10 ÷ 7
Einnahmen ≈ 1,43 × Schutzrechtskosten.

1244 Vgl. *Bartenbach/Hellebrand*, Mitt. 2002, 165, 169; *v. Falck/Schmaltz*, GRUR 2004, 469, 471.

1245 Bundesministerium für Bildung und Forschung, Existenzgründungen mit Hochschulpatenten, S. 20 f., abrufbar im Internet unter: http://www.exist.de/SharedDocs/Downloads/DE/Studien/Existenzgruendungen-Hochschulpatenten.pdf?__blob=publicationFile, zuletzt abgerufen am 19.04.2020; vgl. auch *Beaucamp*, DöD 2003, 99, 100; *Bergmann*, Erfindungen von Hochschulbeschäftigten nach der Reform von § 42 ArbNErfG, Rn. 595; *Soudry*, Die Rechtsstellung des Hochschulerfinders nach der Neufassung von § 42 ArbNErfG, S. 179.

tragreiche Patente bezeichnet werden[1246], treten nur sehr selten auf.[1247] Es ist deshalb richtig, die vom Gesetzgeber vorgenommene Zugrundelegung des Bruttoprinzips in § 42 Nr. 4 ArbNErfG grundlegend zu hinterfragen und dieses auf seine Tauglichkeit hinsichtlich der Erfüllung des Gesetzeszwecks zu untersuchen. Es erscheint nicht ausgeschlossen, dass der Gesetzgeber die Auswirkungen des Bruttoprinzips bei der Neuregelung des § 42 Nr. 4 ArbNErfG unterschätzt hat.[1248]

bb. Lösungsvorschlag de lege lata – Vergütungsanpassung nach § 12 Abs. 6 ArbNErfG

Es werden unterschiedliche Auswege aus dem Dilemma der Überbelastung der Hochschulen aufgrund hoher Vergütungszahlungen trotz nicht kostendeckender Verwertung vorgeschlagen. Während überwiegend auf eine Änderung der derzeitigen Gesetzeslage abgezielt wird[1249], versucht *Soudry* zunächst auch eine Lösung nach geltendem Recht zu finden.[1250]

In seiner Dissertationsschrift legt *Soudry* dar, dass sich die Problematik der Verlustgeschäfte der Hochschule zwar nicht völlig beseitigen, dennoch aber im Wege einer Vergütungsanpassung nach § 12 Abs. 6 ArbNErfG wesentlich entschärfen lasse.[1251] Die Regelung des § 12 Abs. 6 S. 1 ArbNErfG,

---

1246 *Bergmann*, Erfindungen von Hochschulbeschäftigten nach der Reform von § 42 ArbNErfG, Rn. 595; Bundesministerium für Bildung und Forschung, Existenzgründungen mit Hochschulpatenten, S. 21 (Fn. 22), abrufbar im Internet unter: http://www.exist.de/SharedDocs/Downloads/DE/Studien/Existenzgr uendungen-Hochschulpatenten.pdf?__blob=publicationFile, zuletzt abgerufen am 19.04.2020.
1247 *Bergmann*, Erfindungen von Hochschulbeschäftigten nach der Reform von § 42 ArbNErfG, Rn. 595; *Soudry*, Die Rechtsstellung des Hochschulerfinders nach der Neufassung von § 42 ArbNErfG, S. 182.
1248 Vgl. *Bergmann*, Erfindungen von Hochschulbeschäftigten nach der Reform von § 42 ArbNErfG, Rn. 606; *Soudry*, Die Rechtsstellung des Hochschulerfinders nach der Neufassung von § 42 ArbNErfG, S. 179.
1249 *Bergmann*, Erfindungen von Hochschulbeschäftigten nach der Reform von § 42 ArbNErfG, Rn. 599 ff. Zu den Lösungsvorschlägen de lege ferenda siehe sogleich cc.
1250 *Soudry*, Die Rechtsstellung des Hochschulerfinders nach der Neufassung von § 42 ArbNErfG, S. 180 ff.
1251 *Soudry*, Die Rechtsstellung des Hochschulerfinders nach der Neufassung von § 42 ArbNErfG, S. 180 ff.; a. A. *Bartenbach/Volz*, Arbeitnehmererfindungsgesetz, § 42 n. F., Rn. 168. Zum Verhältnis von § 12 Abs. 6 ArbNErfG zu den allgemeinen Grundsätzen des Fehlens oder des Wegfalls der Geschäftsgrundlage

die für den Fall der wesentlichen nachträglichen Änderung der für die Feststellung oder Festsetzung der Vergütung maßgeblichen Umstände die Möglichkeit des gegenseitigen Verlangens der Parteien nach einer Einwilligung in eine andere Vergütungsregelung vorsieht, entfalte seine Wirkung auch für Hochschulerfindungen im Rahmen von § 42 Nr. 4 ArbNErfG.[1252] Erforderlich sei ein objektiv auffälliges Missverhältnis dahingehend, dass einem der Beteiligten ein Festhalten der Vereinbarung nicht mehr zugemutet werden kann. Allerdings dürfe dies nicht zur Abwälzung des finanziellen Risikos auf den Erfinder führen, da es die Grundlage der Reform sei, dem Hochschulforscher das wirtschaftliche Risiko der Erfindungsverwertung abzunehmen. Insbesondere sollen bloße Umsatzschwankungen oder die Verwirklichung des üblichen Marktrisikos für eine Vergütungsanpassung nicht genügen. Denkbar sei eine Vergütungsanpassung nach § 12 Abs. 6 ArbNErfG unter Berücksichtigung des jeweiligen Einzelfalls aber dann, wenn ein derartiges Missverhältnis zwischen den erzielten Einnahmen und den entstandenen Kosten bestehe, dass der Hochschule die Zahlung der vollständigen Vergütung nicht zugemutet werden kann, was jedenfalls dann angenommen werden könne, wenn die Kosten hinsichtlich eines einzelnen Schutzrechts derart ausufern, dass der gesamte Aufbau einer Patentinfrastruktur an der Hochschule langfristig gefährdet wird.[1253]

Im Falle einer Vergütungsanpassung nach § 12 Abs. 6 ArbNErfG müsse darüber hinaus allerdings gesichert werden, dass eine gewisse Mindestvergütung des Hochschulerfinders nicht unterschritten wird. Es sei mit dem Telos von § 42 Nr. 4 ArbNErfG zumindest nicht vereinbar, wenn der Hochschulbeschäftigte im Ergebnis schlechter stünde als der gewöhnliche Arbeitnehmererfinder. Einen pauschalierten Mindestvergütungsanspruch lehnt *Soudry* für die geltende Rechtslage allerdings ab.[1254] Vielmehr biete sich ein Rückgriff auf die allgemeinen Regeln der §§ 9 ff. i. V. m. den Ver-

---

nach §§ 242, 779 BGB vgl. BGH, Urteil v. 17.04.1973 – X ZR 59/69, BGHZ 61, 153, 158 ff. = GRUR 1973, 649 – *Absperrventil*.

1252 *Soudry*, Die Rechtsstellung des Hochschulerfinders nach der Neufassung von § 42 ArbNErfG, S. 180; *Bartenbach/Volz*, Arbeitnehmererfindungsgesetz, § 42 n. F., Rn. 148; missverständlich insoweit *Bartenbach/Volz*, Arbeitnehmererfindungsgesetz, § 42 n. F., Rn. 168.

1253 Vgl. zu diesem Absatz *Soudry*, Die Rechtsstellung des Hochschulerfinders nach der Neufassung von § 42 ArbNErfG, S. 181 ff.

1254 *Soudry*, Die Rechtsstellung des Hochschulerfinders nach der Neufassung von § 42 ArbNErfG, S. 184 f. Hingegen könne die an anderer Stelle vorgeschlagene Pauschalierung des Mindestvergütungsanspruchs im Rahmen des de lege ferenda festzuschreibenden Nettoprinzips (so *Bergmann*, Erfindungen von Hochschulbeschäftigten nach der Reform von § 42 ArbNErfG, Rn. 612 ff.) durchaus

gütungsrichtlinien an, sodass dem Hochschulerfinder ein Mindestanspruch in Höhe des gedachten Arbeitnehmererfinderanspruchs nach §§ 9 ff. i. V. m. den Vergütungsrichtlinien zustehen müsse. Auf diesem Wege einer Vergütungsanpassung nach § 12 Abs. 6 ArbNErfG gekoppelt mit einem Anspruch auf Mindestvergütung könne der Anwendung des „sachfremden Bruttoprinzips" im Fall der Minusgeschäfte bereits nach geltendem Recht wirksam entgegengetreten werden.[1255]

Soudry benennt aber bereits selbst auch die mit dieser Lösung praktisch verbundenen Nachteile, die sich zum einen durch das Rückforderungsverbot aus § 12 Abs. 6 S. 2 ArbNErfG sowie zum anderen aus der Tatsache ergeben, dass es sich bei der Vergütungsanpassung um einen Ausnahmefall handelt und die Aufteilung der Verluste zwischen der Hochschule und den Instituten reichlich Konfliktpotential bietet.[1256]

cc. Lösungsvorschläge de lege ferenda

(1) Anwendung des Nettoprinzips

Jenseits dessen lassen sich vor allem Lösungsansätze finden, die dem als nicht gerecht empfundenen, geltenden Bruttoprinzip de lege ferenda die Vergütungsberechnung nach dem Nettoprinzip entgegensetzen wollen. Nur durch eine Ausweitung des ansonsten im ArbNErfG geltenden Nettoprinzips auch auf die Hochschulerfindungen, könnten Minusgeschäfte der Hochschulen weitestgehend vermieden werden.[1257]

Für eine Festschreibung des Nettoprinzips werden sowohl systematische als auch teleologische Argumente ins Feld geführt. Zum einen sei das Nettoprinzip, anders als das Bruttoprinzip, dem ArbNErfG bereits bekannt, indem der den §§ 42 Abs. 2 S. 2 ArbNErfG a. F. und 40 Nr. 1 ArbNErfG zugrundeliegende Begriff des „Ertrags" der Erfindung nach dem Nettoprin-

---

Gehör finden, vgl. *Soudry*, Die Rechtsstellung des Hochschulerfinders nach der Neufassung von § 42 ArbNErfG, S. 190.

1255 *Soudry*, Die Rechtsstellung des Hochschulerfinders nach der Neufassung von § 42 ArbNErfG, S. 185 f.

1256 Hierzu eingehender *Soudry*, Die Rechtsstellung des Hochschulerfinders nach der Neufassung von § 42 ArbNErfG, S. 186 ff.

1257 *Bergmann*, Erfindungen von Hochschulbeschäftigten nach der Reform von § 42 ArbNErfG, Rn. 599 ff.; *Soudry*, Die Rechtsstellung des Hochschulerfinders nach der Neufassung von § 42 ArbNErfG, S. 189 f.; vgl. auch *v. Falck/Schmaltz*, GRUR 2004, 469, 471.

§ 8 Die Vergütungsansprüche des Hochschulerfinders

zip berechnet werde und auch die Vergütungsrichtlinien das Nettoprinzip in Bezug nehmen (ArbNErf-RL Nr. 14 Abs. 1 S. 1 und ArbNErf-RL Nr. 16 Abs. 1. S. 1).[1258] Darüber hinaus gelte auch an außeruniversitären Forschungseinrichtungen sowie in den Rechtsordnungen anderer Länder vorrangig das Nettoprinzip[1259]; so z. B. in den USA, deren Hochschulpatentwesen für die Reformierung des § 42 ArbNErfG Pate gestanden habe.[1260] Mehr gegen das Brutto- als für das Nettoprinzip spreche auch, dass auf der Basis der Vergütungsberechnung anhand des Bruttoprinzips der durch die Reform bezweckte Aufbau eines eigenfinanzierten Hochschulpatentwesens aufgrund der drohenden Minusgeschäfte nicht gelingen könne.[1261] Auch entspreche die Zugrundelegung des Nettoprinzips insoweit dem Zweck des § 42 Nr. 4 ArbNErfG, als die vom Gesetzgeber durch Schaffung eines finanziellen Anreizes bezweckte Besserstellung des Hochschulbeschäftigten auch bei der Vergütungsberechnung anhand des Nettoprinzips gegeben sei.[1262] Gerechtfertigt sei der Abzug der Schutzrechtskosten schließlich zudem dadurch, dass der Hochschulbeschäftigte diese im Fall der eigenen Verwertung ebenfalls hätte aufwenden müssen.[1263]

Allerdings werden auch Bedenken gegen das Nettoprinzip erhoben. Das Nettoprinzip könne das Auftreten von Minusgeschäften zwar eindämmen,

---

1258 *Bergmann*, Erfindungen von Hochschulbeschäftigten nach der Reform von § 42 ArbNErfG, Rn. 603; *Soudry*, Die Rechtsstellung des Hochschulerfinders nach der Neufassung von § 42 ArbNErfG, S. 189.

1259 *Bergmann*, Erfindungen von Hochschulbeschäftigten nach der Reform von § 42 ArbNErfG, Rn. 603, 610; *Soudry*, Die Rechtsstellung des Hochschulerfinders nach der Neufassung von § 42 ArbNErfG, S. 189; **z. B. für Frankreich** siehe *v. Falck/Schmaltz*, GRUR 2004, 469, 473; *Weyand/Haase*, GRUR 2007, 28, 30; *Bergmann*, Erfindungen von Hochschulbeschäftigten nach der Reform von § 42 ArbNErfG, Rn. 198; *Kretzer*, Die Novellierung des "Hochschullehrerprivilegs" (§ 42 ArbnErfG), S. 113; *Bartenbach/Volz*, Arbeitnehmererfindungsgesetz, § 42 n. F., Rn. 8; **für die USA** *v. Falck/Schmaltz*, GRUR 2004, 469, 475; *Bergmann*, Erfindungen von Hochschulbeschäftigten nach der Reform von § 42 ArbNErfG, Rn. 773; *Lux*, Rechtsfragen der Kooperation zwischen Hochschulen und Wirtschaft, S. 173.

1260 *Bergmann*, Erfindungen von Hochschulbeschäftigten nach der Reform von § 42 ArbNErfG, Rn. 610; im Übrigen vgl. die Nachweise in der vorherigen Fußnote.

1261 Vgl. *Bergmann*, Erfindungen von Hochschulbeschäftigten nach der Reform von § 42 ArbNErfG, Rn. 606 ff.

1262 *Bergmann*, Erfindungen von Hochschulbeschäftigten nach der Reform von § 42 ArbNErfG, Rn. 609 vgl. auch *v. Falck/Schmaltz*, GRUR 2004, 469, 471.

1263 *Soudry*, Die Rechtsstellung des Hochschulerfinders nach der Neufassung von § 42 ArbNErfG, S. 190.

es jedoch nicht ganz beseitigen. Es blieben Fälle denkbar, in denen die Schutzrechtskosten die Bruttoeinnahmen überstiegen und somit trotz Abzugs Kosten bei der Hochschule zurückblieben. Umgekehrt entfiele eine Vergütung des Hochschulbeschäftigten aufgrund fehlender Nettoeinnahmen allerdings völlig, was wiederum dem Zweck der Vorschrift widersprechen könne.[1264] Ähnlich wie auch nach der Lösung de lege lata wird deshalb teilweise vorgeschlagen, dass Nettoprinzip mit einer Mindestvergütung des Hochschulerfinders zu kombinieren. An dieser Stelle wurde unter Rückgriff auf die Entwürfe zu einer Gesamtreform des ArbNErfG eine Mindestvergütung in Höhe von 2000 € vorgeschlagen.[1265] Andere sehen den Rückgriff auf einen Mindestvergütungsanspruch aus §§ 9 ff. ArbNErfG i. V. m. den Vergütungsrichtlinien als Ausweg an.[1266]

(2) Gestaffelte Pauschalvergütung

Im Rahmen des Arbeitnehmererfinderrechts gab es immer wieder Bestrebungen um eine Gesamtreform des ArbNErfG. Sämtliche Vorhaben in diese Richtung sind bislang jedoch gescheitert.[1267] Ein großer Teil der Diskussionen hinsichtlich einer Gesamtreform dreht sich um die Frage der Arbeitnehmererfindervergütung. Zwecks Vereinfachung wurde vorgeschlagen, eine in mehrere Teile gestaffelte, zu vorbestimmten Zeiten fällige und der Höhe nach pauschalierte Vergütung zu regeln, die die überaus komplizierte und streitträchtige Vergütungsberechnung nach § 9 ArbNErfG ablösen sollte. Nach Auffassung von *Soudry* ergibt eine solche gestaffelte Pauschalvergütung auch im Bereich des Hochschulerfindungsrechts Sinn, indem sie den Anreiz zu erfinderischer Tätigkeit erhöhe und die Auswirkungen von Minusgeschäften begrenze.[1268]

1264 *Bergmann*, Erfindungen von Hochschulbeschäftigten nach der Reform von § 42 ArbNErfG, Rn. 611; *Soudry*, Die Rechtsstellung des Hochschulerfinders nach der Neufassung von § 42 ArbNErfG, S. 190.
1265 *Bergmann*, Erfindungen von Hochschulbeschäftigten nach der Reform von § 42 ArbNErfG, Rn. 613 ff. Zu den zugrundeliegenden Gesamtreform-Entwürfen siehe die Nachweise oben in den Fn. 686 (S. 204) und 688 (S. 205).
1266 *Soudry*, Die Rechtsstellung des Hochschulerfinders nach der Neufassung von § 42 ArbNErfG, S. 190.
1267 Siehe dazu vor allem *Bergmann*, Erfindungen von Hochschulbeschäftigten nach der Reform von § 42 ArbNErfG, Rn. 64 ff., 83 f.
1268 *Soudry*, Die Rechtsstellung des Hochschulerfinders nach der Neufassung von § 42 ArbNErfG, S. 190; vgl. auch *Bergmann*, Erfindungen von Hochschulbeschäftigten nach der Reform von § 42 ArbNErfG, Rn. 618 ff.

c. Eigene Würdigung des Einnahmenbegriffs

Es ist sicher nicht richtig, die diskutierten Fragen rund um die Bestimmung des Einnahmenbegriffs als klassischen Meinungsstreit zu bezeichnen. Denn es herrscht Einmütigkeit dahingehend, das Bruttoprinzip als das tragende Prinzip des geltenden Rechts anzuerkennen. Abweichende Auffassungen postulieren nicht das Nettoprinzip als Grundlage des § 42 Nr. 4 ArbNErfG de lege lata, sondern sie sind allein bestrebt, das derzeit geltende Bruttoprinzip durch das Nettoprinzip de lege ferenda zu ersetzen. Insoweit muss im Folgenden untersucht werden, ob den in der Literatur entwickelten Argumentationen beigepflichtet werden kann und Änderungen des Bruttoprinzips vorgenommen werden sollten oder ob auch gegen das Nettoprinzip seinerseits Bedenken erhoben werden müssen.

aa. Geltung des Bruttoprinzips de lege lata

Wenig überzeugend scheint es zwar, sich allein im Wege systematischer Auslegung auf die Verwendung des Begriffes der Einnahmen statt des Ertrags in § 42 Nr. 4 ArbNErfG zu konzentrieren und hierin die bewusste Entscheidung des Gesetzgebers für das Bruttoprinzip zu erkennen. Denn ob dem Gesetzgeber eine entsprechende Weitsicht attestiert werden kann, lässt sich anhand der Gesetzesmaterialien nicht zweifelsfrei ermitteln, da die Gesetzesbegründung sich zu der, gegenüber dem restlichen ArbNErfG abweichenden, Verwendung des Einnahmenbegriffs nicht näher äußert. Dies kann aber dahingestellt bleiben, da die Gesetzesbegründung zumindest im Übrigen eindeutig erkennen lässt, dass der Gesetzgeber sich bewusst für das Bruttoprinzip entschieden hat.[1269] De lege lata gilt damit bis heute, dass der Pauschalvergütungsanspruch des Hochschulerfinders anhand der nicht um die Schutzrechtskosten gekürzten Einnahmen zu berechnen ist und der Hochschulbeschäftigte im Ergebnis nicht an den durch die Verwertung verursachten Kosten beteiligt wird.

1269 Begründung zum „Entwurf eines Gesetzes zur Änderung des Gesetzes über Arbeitnehmererfindungen" einzelner Abgeordneter der SPD sowie der Fraktion Bündnis 90/Die Grünen vom 09.05.2001, BT-Drs. 14/5975, Besonderer Teil, S. 7: *„Ein Abzug der Schutzrechtserwirkungs-, -aufrechterhaltungs-, -verteidigungs- und -verwertungs-kosten findet dabei nicht statt."*

Kapitel 3. Vergütungsansprüche des Hochschulbeschäftigten im Arbeitnehmererfinderrecht

bb. Bewertung des geltenden Bruttoprinzips

Dieses Ergebnis ruft die bereits dargestellte Problematik der Minusgeschäfte der Hochschulen auf den Plan. Ein Problem, dass der Gesetzgeber bewusst in Kauf genommen hat, in der Annahme, auf diesem Wege könne ein finanzieller Anreiz für die Hochschulbeschäftigten besser geschaffen werden.[1270] Der Fokus lag damit auf der vergütungsrechtlichen Besserstellung des Hochschulbeschäftigten, dessen finanzielles Risiko minimiert werden sollte. Gleichwohl ist die Richtigkeit dieser Annahme nicht in Stein gemeißelt. Mag es gerechtfertigt gewesen sein, dem Gesetzgeber zunächst eine Schonfrist zuzugestehen[1271], innerhalb derer sich die Anwendung des Bruttoprinzips in der Praxis bewähren konnte, muss nunmehr heute, etwa 15 Jahre nach der Reform erörtert werden, ob die Zugrundelegung des Bruttoprinzips den mit der Neuregelung verbundenen Zweck erreicht oder der Gesetzgeber möglicherweise die Auswirkungen der Minusgeschäfte verkannt hat.

(1) Zwecksetzung des § 42 Nr. 4 ArbNErfG in diesem Kontext

Dazu stellt sich zunächst die Frage, was unter dem Zweck des § 42 Nr. 4 ArbNErfG zu verstehen ist. Diese Frage ist bereits ausgiebig erörtert worden und zieht sich wie ein roter Faden durch die bisherige Untersu-

---

1270 Gegenäußerung der Bundesregierung zum „Entwurf eines Gesetzes zur Änderung des Gesetzes über Arbeitnehmererfindungen" vom 23.11.2001, BT-Drs. 14/7565, S. 7 (zu Nr. 2): *„Demgegenüber wird die im Entwurf der Bundesregierung vorgesehene Regelung dem Ziel, einen Anreiz für die Hochschullehrer zu schaffen, erfinderisch tätig zu werden und Erfindungen zu melden, besser gerecht."*

1271 Zuweilen wurde aufgrund ausländischer Erfahrungen davon ausgegangen, dass frühestens nach etwa 10 Jahren eine Bewertung des neu etablierten Verwertungssystems möglich sei (vgl. *Körting/Kummer*, RdA 2003, 279, 285; *Bergmann*, Erfindungen von Hochschulbeschäftigten nach der Reform von § 42 ArbNErfG, Rn. 651; *Hoeren*, in: Asche/Bauhus/Kaddatz/Seel [Hrsg.], Modernes Patentbewusstsein in Hochschulen, S. 33, 36 sowie Bundesministerium für Bildung und Forschung, Existenzgründungen mit Hochschulpatenten, S. 74, abrufbar im Internet unter: http://www.exist.de/SharedDocs/Downloads/DE/Studien/Existenzgruendungen-Hochschulpatenten.pdf?__blob=publicationFile, zuletzt abgerufen am 19.04.2020; vgl. auch *Lux-Wesener*, in: Hartmer/Detmer [Hrsg.], Hochschulrecht, S. 415, 423 [Rn. 22]). Andernorts wurde von kürzeren Fristen wie *„einige Jahre (durchschnittlich nicht unter sieben)"* ausgegangen (vgl. *Matschiner*, in: FS 50 Jahre VPP (2005), S. 174, 177).

chung.¹²⁷² Sie wird auch hier relevant, da der Gesetzgeber an dieser Stelle von seiner grundsätzlichen und ursprünglichen Zielsetzung abgewichen zu sein scheint.

Entscheidende Triebfeder für die Reform des § 42 ArbNErfG war die Erkenntnis des mangelnden Technologietransfers der Erfindungen aus Hochschulen in die Wirtschaft, dessen Neubelebung und Förderung zur maßgebenden Zielsetzung der Neuregelung wurde. Die Förderung des Technologietransfers sollte vorrangig auf dem Wege einer finanziellen Besserstellung der Hochschulbeschäftigten erfolgen, um diesen einen Anreiz zu erfinderischer Tätigkeit zu bieten. Während die finanzielle Besserstellung strenggenommen lediglich als ein Mittel zur Technologietransferförderung verstanden werden kann, erhob die Bundesregierung dieses Mittel in ihrer Gegenäußerung zur Stellungnahme des Bundesrates zur primären Zielsetzung des § 42 Nr. 4 ArbNErfG, indem sie die vergütungsrechtliche Privilegierung des Hochschulbeschäftigten in den Mittelpunkt rückte und gar über die Interessen der Hochschule stellte, deren Benachteiligung durch etwaige Minusgeschäfte dahinter in Kauf genommen wurde: „*Demgegenüber wird die im Entwurf der Bundesregierung vorgesehene Regelung* [Anm. des Verf.: das Bruttoprinzip] *dem Ziel, einen Anreiz für die Hochschullehrer zu schaffen, erfinderisch tätig zu werden und Erfindungen zu melden, besser gerecht.*"¹²⁷³ Umgekehrt beeinträchtige das vom Bundesrat vorgeschlagene Nettoprinzip die Zielsetzung, den Wissens- und Technologietransfer an den Hochschulen zu fördern.¹²⁷⁴ Gesehen hat die Bundesregierung dabei lediglich den mit dem Nettoprinzip verbundenen höheren Aufwand der Vergütungsberechnung sowie die Belastung des Hochschulbeschäftigten mit einem finanziellen Risiko, was zu einer Beeinträchtigung des Technologietransfers führt. Der Gegenvorschlag des Bruttoprinzips ignoriert jedoch, dass die Bevorzugung der Interessen des Hochschulbeschäftigten gegenüber denjenigen der Hochschule erst Recht zu einer Gefährdung des Technologietransfers führt, da vorrangig die Position der Hochschulen gestärkt werden sollte.

Maßgebende Zielsetzung des § 42 Nr. 4 ArbNErfG bleibt trotz missverständlicher Äußerungen im Rahmen des Gesetzgebungsverfahrens die Förderung des Wissens- und Technologietransfers. Zudem sollte den Hoch-

---

1272 Siehe hierzu vor allem oben Kapitel 3. § 8 A. I. 2. b. (S. 231).
1273 Gegenäußerung der Bundesregierung zum „Entwurf eines Gesetzes zur Änderung des Gesetzes über Arbeitnehmererfindungen" vom 23.11.2001, BT-Drs. 14/7565, S. 7 (zu Nr. 2).
1274 Siehe den Nachweis in Fn. 1273 (S. 365).

Kapitel 3. Vergütungsansprüche des Hochschulbeschäftigten im Arbeitnehmererfinderrecht

schulen ermöglicht werden, durch Einnahmen aus den Patenten ein eigenfinanzierten Hochschulpatentwesen zu etablieren.

(2) Zweckerreichung durch Anwendung des Bruttoprinzips

Die Neuregelung des § 42 ArbNErfG vermochte an der unzulänglichen Nutzung des Innovationspotenzials zunächst kaum etwas zu ändern. Das brachliegende Verwertungspotenzial nicht genutzter Forschungsergebnisse wurde zwei Jahre später noch auf 80 bis 100 Milliarden Euro geschätzt.[1275] Ausschlaggebend für die Verwertungsergebnisse waren fast ausschließlich sog. Spitzenpatente, d. h. nur sehr wenige Patente machten einen Großteil der Einnahmen aus.[1276]

(a) Förderung des Technologietransfers

Diese Einschätzung hat sich, wie diverse Studien und Untersuchungen zeigen, bis heute nicht maßgeblich verbessert. Nach wie vor bleibt der Wissens- und Technologietransfer hinter den Erwartungen zurück.[1277] Im Jahr 2017 hat die Anzahl der Patentanmeldungen aus den Hochschulen gemessen an der Gesamtzahl der eingereichten Patentanmeldungen beim DPMA mit 1,09 % nahezu den Tiefstwert des letzten Jahrzehnts erreicht.[1278] Zwar fällt der Anstieg der Hochschulpatentanmeldungen unmittelbar nach der Gesetzesänderung im Jahr 2002 ins Auge, indem die Zahl der Patentanmeldungen aus den Hochschulen bei sogar leicht geringerer Gesamtzahl der Anmeldungen von 249 Anmeldungen in 2001 auf 401 Anmeldungen im Jahr 2002 stieg (Zuwachs um +61 %).[1279] Die mit der Novellierung an-

---

1275 *Risch*, in: Risch (Hrsg.), Hochschulen und Patente, S. 5; siehe auch *Slopek/Pausewang/Beye*, WissR 2011, 50.
1276 *Enders*, in: Wagner/Fischer (Hrsg.), Patentverwertung, S. 45, 46.
1277 Vgl. *Weyand/Haase*, GRUR 2007, 28, 29.
1278 Dies ergibt sich aus 668 Hochschulpatentanmeldungen im Verhältnis zu 61.469 beim DPMA eingereichten Anmeldungen. Nur in den Jahren 2013 (1,07 %) und 2014 (1,06 %) lag der Wert jeweils knapp niedriger, vgl. Deutsches Patent- und Markenamt, Jahresbericht 2017, S. 89, 92, abrufbar im Internet unter: https://www.dpma.de/docs/dpma/veroeffentlichungen/jahresberichte/jahresbericht2017.pdf, zuletzt abgerufen am 19.04.2020.
1279 Deutsches Patent- und Markenamt, Jahresbericht 2006, S. 8, abrufbar im Internet unter: https://www.dpma.de/docs/dpma/veroeffentlichungen/3/dpma_jb_2006-1.pdf, zuletzt abgerufen am 19.04.2020.

fangs möglicherweise einhergehende Euphorie ist offensichtlich jedoch schnell abgeklungen, wenn man die Zahlen der folgenden Jahre betrachtet. Seither ist weder die absolute Anzahl der Hochschulpatentanmeldungen wesentlich gestiegen noch hat sich das Verhältnis der Zahl der Patentanmeldungen aus den Hochschulen gegenüber der Gesamtzahl der eingereichten Patentanmeldungen merklich verbessert. Vielmehr liegt die Zahl der Hochschulpatentanmeldungen im Jahr 2017 mit 668 Patentanmeldungen noch unter dem Wert aus dem Jahr 2007 (673 Anmeldungen).[1280]

Zurückzuführen ist diese Entwicklung vor allem auf die Tatsache, dass besonders ertragreiche Erfindungen eher die Ausnahme darstellen.[1281] In der Praxis führt die Erfindungsverwertung deshalb häufig zu einem Verlustgeschäft für die Hochschulen: Sie haben die Kosten für die Schutzrechtsverwertung zu tragen und dem Erfinder eine Vergütung in Höhe von 30 % der durch die Verwertung erzielten Einnahmen zu zahlen, die wiederum in der Regel nicht einmal die Schutzrechtskosten zu decken vermögen. Diese Minusgeschäfte belasten nach wie vor den Technologietransfer. Es sei vorerst dahingestellt, ob die Neuregelung immerhin zu der beabsichtigten finanziellen Besserstellung der Hochschulbeschäftigten geführt hat. Denn selbst wenn dieses Zwischenziel der finanziellen Besserstellung erreicht worden sein sollte, bleibt zumindest der damit bezweckte Technologietransfer in dem gewünschten Ausmaß aus.

(b) Aufbau eines eigenfinanzierten Patentverwertungssystems

Da die Verwertung der Erfindungen aus den Hochschulen in der Regel nicht viel einbringt, ist es den Hochschulen auch nur sehr erschwert möglich, ein eigenfinanziertes Hochschulpatentwesen zu etablieren. Auch knapp 10 Jahre nach der Reform (die prognostizierte Dauer der voraus-

---

1280 Vgl. Deutsches Patent- und Markenamt, Jahresbericht 2017, S. 92, abrufbar im Internet unter: https://www.dpma.de/docs/dpma/veroeffentlichungen/jahresberichte/jahresbericht2017.pdf, zuletzt abgerufen am 19.04.2020 und Deutsches Patent- und Markenamt, Jahresbericht 2013, S. 89, abrufbar im Internet unter: https://presse.dpma.de/docs/pdf/dpma-jahresbericht2013.pdf, zuletzt abgerufen am 19.04.2020.
1281 Vgl. *Slopek/Pausewang/Beye*, WissR 2011, 50, 58; *Bergmann*, Erfindungen von Hochschulbeschäftigten nach der Reform von § 42 ArbNErfG, Rn. 595; *Soudry*, Die Rechtsstellung des Hochschulerfinders nach der Neufassung von § 42 ArbNErfG, S. 179.

sichtlich non-rentablen Anlaufphase[1282]) gelang eine Refinanzierung der Verwertungsaufwendungen durch die Verwertungseinnahmen noch nicht. Auf die Kleine Anfrage einzelner Abgeordneter sowie der Fraktion der SPD vom 26. Oktober 2011[1283] antwortete die Bundesregierung, dass hinsichtlich des Grades der Refinanzierung der Verwertungsaufwendungen bei den Hochschulen und Forschungseinrichtungen für PVA-Dienstleistungen bislang in keinem Fall eine vollständige Deckung erreicht worden sei.[1284]

Neu ist die Auffassung der Bundesregierung in diesem Zusammenhang, eine Deckung sei *„für ein selbsttragendes Verwertungsgeschäft der Hochschulen [...] auch nicht notwendig, da den Auftraggebern neben den reinen Erlösen auch weiterer Nutzen, wie Folgeprojekte auf Drittmittelbasis, Renommee u. a. zukomm[e], der monetär bewertet weit höher sein [könne]."*[1285] Vor dem Hintergrund, dass durch die Gesetzesnovellierung die Voraussetzungen für die langfristige Sicherung eines Patent- und Verwertungswesens im Hochschulbereich geschaffen werden sollten, welches sich im Laufe der Zeit aus den Verwertungserlösen selbst finanzieren und tragen sollte[1286], mutet diese Aussage seltsam an. Zwar war dem Gesetzgeber bewusst, dass die Schaffung eines Patent- und Verwertungssystems nicht von Beginn an allein durch die Einnahmen möglich sein könne. Allerdings formulierte der Gesetzgeber die Erwartung, dass zumindest mittel- bis langfristig die durch die Verwertung erzielten Einnahmen die Schutzrechtskosten übersteigen werden.[1287]

1282 Vgl. die Nachweise in Fn. 1271 (S. 364).
1283 Kleine Anfrage einzelner Abgeordneter und der Fraktion SPD zum „Sachstand zur Verwertung öffentlich finanzierter Forschungsergebnisse durch Patentverwertungsagenturen im Rahmen des Förderprogramms SIGNO Hochschulen" vom 26.10.2011, BT-Drs. 17/7117, S. 2 (Frage 12).
1284 Antwort der Bundesregierung auf die Kleine Anfrage einzelner Abgeordneter und der Fraktion SPD (s. Nachweis in Fn. 1283) vom 17.11.2011, BT-Drs. 17/7759, S. 8 f. (Frage 12); vgl. hierzu auch *Bartenbach/Volz*, Arbeitnehmererfindungsgesetz, § 42 n. F., Rn. 6.1.
1285 Antwort der Bundesregierung auf die Kleine Anfrage einzelner Abgeordneter und der Fraktion SPD (s. Nachweis in Fn. 1283, S. 368) vom 17.11.2011, BT-Drs. 17/7759, S. 9 (Frage 12).
1286 Begründung zum „Entwurf eines Gesetzes zur Änderung des Gesetzes über Arbeitnehmererfindungen" einzelner Abgeordneter der SPD sowie der Fraktion Bündnis 90/Die Grünen vom 09.05.2001, BT-Drs. 14/5975, Allgemeiner Teil, S. 5.
1287 Begründung zum „Entwurf eines Gesetzes zur Änderung des Gesetzes über Arbeitnehmererfindungen" einzelner Abgeordneter der SPD sowie der Fraktion Bündnis 90/Die Grünen vom 09.05.2001, BT-Drs. 14/5975, S. 3, 5, 8.

Ungeachtet der Nachvollziehbarkeit der Begründung dieser Auffassung, erscheint ein solches Verständnis schon aus volkswirtschaftlicher Perspektive kaum tragbar. Da die Hochschulforschung zum größten Teil aus Steuermitteln finanziert wird, müssen die erzielten Einnahmen im Ergebnis auch der zahlenden Allgemeinheit zu Gute kommen.[1288] Das bedeutet vor allem, dass soweit der Steuerzahler mit der Finanzierung der Hochschulforschung belastet wird – anders wäre eine Finanzierung der Hochschulforschung allerdings auch nicht denkbar –, unabhängig von der Frage der tatsächlichen Realisierbarkeit zumindest die Erwartung aufrecht erhalten werden sollte, dass das Hochschulpatentwesen sich eines Tages selbst finanzieren kann. Ein Verweis auf einen weiteren, monetär bewertbaren Nutzen ist insoweit nicht zielführend.

(3) Fazit

Das durch den Gesetzgeber in § 42 Nr. 4 ArbNErfG verankerte Bruttoprinzip, wonach die Vergütung des Hochschulbeschäftigten anhand der ungekürzten Einnahmen der Hochschule zu berechnen ist, hat nicht den erwünschten Erfolg der Förderung des Technologietransfers mit sich gebracht. Das Bruttoprinzip führt in vielen Fällen zu Verlustgeschäften der Hochschulen, wodurch auch die Möglichkeit eines eigenfinanzierten Hochschulpatentwesens bislang ausbleibt. Es stellt sich deshalb die Frage, ob das nicht erfolgreiche Bruttoprinzip durch neue Regelungen abgelöst werden sollte.

cc. Eigener Lösungsansatz: Das modifizierte Nettoprinzip

Es muss versucht werden, eine geeignete Lösung zu finden, die Minusgeschäfte der Hochschulen weitestgehend zu vermeiden und den Technologietransfer zu beleben. Hierzu wurden, wie dargestellt, überwiegend Lösungswege angeboten, die eine Ausweitung des Nettoprinzips auch auf Hochschulerfindungen vorsehen.[1289] Diese Auffassungen verdienen im Ergebnis aber nur in Teilen Zustimmung.

1288 Hierzu auch *Bergmann*, Erfindungen von Hochschulbeschäftigten nach der Reform von § 42 ArbNErfG, Rn. 656.
1289 Siehe hierzu oben Kapitel 3. § 8 A. IV. 1. b. cc. (1), (S. 360).

Entscheidend für die Beurteilung der Fragestellung, anhand welcher Einnahmen sich die Vergütung des Hochschulbeschäftigten bemisst, ist die Frage, ob der Hochschulerfinder an den Kosten, die der Hochschule durch die Verwertung der Erfindung entstehen, beteiligt werden sollte und sofern dies der Fall ist, in welcher Höhe. Nur eine solche ergebnisorientierte Betrachtung vermag die Grundlage für eine Regelung zu schaffen, die dem Ziel der Förderung des Wissens- und Technologietransfers auf Dauer gerecht wird.

(1) Beteiligung des Hochschulbeschäftigten an den Schutzrechtskosten

Es wurde bereits erörtert, dass der primär hinter § 42 ArbNErfG stehende Zweck in der Förderung des Wissens- und Technologietransfers mittels einer Stärkung der Position der Hochschulen begründet liegt. Die mit § 42 Nr. 4 ArbNErfG bezweckte finanzielle Besserstellung des Hochschulbeschäftigten dient lediglich als Mittel, um dieses Ziel langfristig zu erreichen. Es müssen deshalb vorrangig die Interessen der Hochschulen Beachtung finden. Mit dieser Zielsetzung ist es unvereinbar, dauerhafte Verlustgeschäfte der Hochschulen zugunsten vergütungsrechtlicher Vorteile der Hochschulbeschäftigten zu dulden. Das bedeutet nicht, dass von vornherein eine Lösung abzulehnen ist, die im Einzelfall auch zu Minusgeschäften der Hochschule führen kann. In der vom Gesetzgeber vorgesehenen Berechnung der Vergütung nach dem Bruttoprinzip sind solche Minusgeschäfte allerdings schon konzeptionell verankert und stellen nicht lediglich ausnahmsweise auftretende Fallkonstellationen dar.

Sofern die Hochschule die Erfindung nicht freigibt, sondern sie in Anspruch nimmt, erlangt sie das Recht zur Verwertung der Erfindung. Allerdings hat sie dabei die Schutzrechtskosten, wie die Kosten für die Patentanmeldung oder Aufrechterhaltung des Patents zu tragen. Dem Hochschulerfinder wird damit das mit der Verwertung grundsätzlich verbundene finanzielle Risiko abgenommen. Für die Beurteilung der dem Hochschulbeschäftigten dadurch entstehenden Vor- oder Nachteile ist im Weiteren – insbesondere mit Blick auf einen Vergleich zur vormals geltenden Rechtslage – zwischen den Hochschullehrern und den sonstigen Hochschulbeschäftigen zu differenzieren.

(a) Hochschullehrer und Hochschulassistenten

Anders als nach dem für Hochschullehrer und Hochschulassistenten (im Folgenden: Hochschullehrer) früher geltenden Hochschullehrerprivileg setzt sich der Hochschullehrer, dessen Erfindung zum Patent angemeldet wird, keinem Investitionsrisiko mehr aus. Insoweit erfährt der Hochschullehrer bereits eine Besserstellung gegenüber der früheren Rechtslage. Zugegebenermaßen verliert er zeitgleich auch die Chancen und Erträge, die die Verwertung der Erfindung mit sich bringt und nach der alten Regelung ihm im vollen Umfang zustanden; gleichzeitig erfährt die Hochschule durch den Erhalt des Schutzrechts eine Besserstellung. Nicht vergessen werden darf jedoch, dass vorliegend gerade von der Fallgruppe der Verwertung mit die Kosten nicht deckenden Einnahmen (Minusgeschäft) die Rede ist. In einer solchen Konstellation, in der die Schutzrechtskosten die Einnahmen der Verwertung übersteigen, hätte der Hochschullehrer auch nach der früheren Rechtslage keine Gewinne erzielen können.

Erzielt die Hochschule durch die Verwertung Einnahmen, so hat sie den Hochschulerfinder nach dem Bruttoprinzip an diesen zu beteiligen, wodurch eine zusätzliche Belastung der Hochschule entsteht. Diese erscheint nicht gerechtfertigt vor dem Hintergrund, dass der Hochschullehrer bei einer Vergütungsberechnung nach dem Bruttoprinzip nicht auch an den Kosten beteiligt wird. Dass der Hochschullehrer hierdurch eine beachtliche finanzielle Besserstellung gegenüber der vormals geltenden Rechtslage erfährt, zeigt folgende Beispielsrechnung: Musste der Hochschullehrer nach früherem Recht die vollen Schutzrechtskosten in Höhe von 50.000 € tragen und nahm durch die Verwertung 60.000 € ein, stand ihm der Gewinn in Höhe von 10.000 € in voller Höhe zu. Heute muss der Hochschullehrer nicht mehr für die Kosten der Verwertung aufkommen und erhält nach § 42 Nr. 4 ArbNErfG eine Vergütung in Höhe von 30 Prozent der durch die Verwertung erzielten Einnahmen. Seine Vergütung beträgt bei der Berechnung anhand des Bruttoprinzips 18.000 €. Im Ergebnis erhält der Hochschullehrer 8000 € mehr als nach früherer Rechtslage bei völliger Befreiung vom Risiko einer erfolglosen Verwertung. Die Geltung des Bruttoprinzips legt den Fokus damit allein auf die Vergütungsperspektive des Hochschullehrers. Den Interessen der Hochschule wird demgegenüber nicht hinreichend Beachtung geschenkt. Eine derartige finanzielle Besserstellung des Hochschullehrers steht aber in keinem angemessenen Verhältnis zur zusätzlichen Belastung der Hochschulen. Zwar mag der finanzielle Anreiz für die Hochschullehrer gegeben sein; die eigentlich beabsichtigte Förderung des Technologietransfers wird durch die Überbelastung der

Hochschulen dennoch gefährdet, weshalb der Hochschullehrer an den Schutzrechtskosten zu beteiligen ist.

(b) Sonstige Hochschulbeschäftigte

Es ist fraglich, ob hinsichtlich der sonstigen Hochschulbeschäftigten eine andere Bewertung der Interessen insoweit vorgenommen werden muss, als für diese das Hochschullehrerprivileg nach der alten Rechtslage nicht galt. Dabei stellt sich vor allem die Frage, ob die nunmehr geltende Rechtslage tatsächlich auch zu einer Besserstellung des Hochschulbeschäftigten führt, die seine Beteiligung an den Schutzrechtskosten zu rechtfertigen vermag oder ob nicht gar von einer Schlechterstellung des Hochschulbeschäftigten auszugehen ist.

Für den sonstigen Hochschulbeschäftigten hat sich jedoch dahingehend nicht viel geändert, als auch nach der alten Rechtslage seine Erfindung als gebundene Erfindung eingestuft wurde, die der Verwertung durch die Hochschule unterlag. Als nicht durch § 42 ArbNErfG a. F. privilegierte Erfinder, waren die sonstigen Hochschulbeschäftigten und ihre Erfindungen nicht anders zu behandeln, als die gewöhnlichen Arbeitnehmererfinder. Ihnen stand damit ein Vergütungsanspruch aus § 9 Abs. 1 ArbNErfG gegen die Hochschule zu. Soweit die Erfindungen der Hochschulbeschäftigten aufgrund des erweiterten Anwendungsbereichs nunmehr unter die Regelung des § 42 ArbNErfG fallen, haben sich hinsichtlich der Qualifikation der Erfindungen als Diensterfindungen zunächst keine Änderungen, mithin auch keine Verschlechterungen ergeben. Aufgewertet wurde jedoch der finanzielle Ausgleich, der mit der Übertragung der Erfindungsrechte an die Hochschule verbunden ist. Denn durch die Pauschalvergütung in Höhe von 30 % der Einnahmen fand eine deutliche Verbesserung der Vergütungssituation gegenüber den Regelungen der §§ 9 ff. ArbNErfG (in der Regel zwischen 4,5 und 10 % der Einnahmen[1290]) statt.

Besonders hinsichtlich der sonstigen Hochschulbeschäftigten erscheint es deshalb mit Blick auf den Zweck des § 42 Nr. 4 ArbNErfG (Stärkung der Position der Hochschulen) nicht gerechtfertigt, die Hochschule mit höheren Vergütungszahlungen zu belasten, ohne dass diese nennenswerte Vorteile gegenüber der vormals geltenden Rechtslage erlangt und ohne dass der Hochschulbeschäftigte an den Schutzrechtskosten beteiligt wird.

1290 Siehe die Berechnung und die Nachweise in Fn. 1389 (S. 408).

(2) Beteiligung an welchen konkreten Kosten?

Mit der bislang allgemein gehaltenen Feststellung, dass der Hochschulbeschäftigte an den Schutzrechtskosten zu beteiligen ist, ist noch nicht gesagt, an welchen Kosten der Hochschulbeschäftigte konkret beteiligt werden sollte. Denn Kosten entstehen der Hochschule in Bezug auf das Schutzrecht gleich an mehreren Stellen. Zunächst muss sie für die Erwirkungen des Schutzrechts aufkommen, was vor allem die nicht unerheblichen Gebühren der Patentanmeldung umfasst. Im Folgenden fallen Kosten für die Aufrechterhaltung und ggf. auch für die Verteidigung des Schutzrechts an. Letztlich kommen auch Kosten für die eigentliche Verwertung des Schutzrechts in Betracht.

Die vorstehenden Erwägungen hinsichtlich einer gerechten Risikoverteilung und des Zwecks des § 42 Nr. 4 ArbNErfG sprechen dafür, den Hochschulbeschäftigten an allen entstehenden Kosten zu beteiligen. Zu diesem Ergebnis gelangt man auch dann, wenn statt des Begriffs der Einnahmen der Begriff des Ertrags der Berechnung zugrunde gelegt werden soll. Nach allgemeinen Verständnis wird unter dem Ertrag i. S. v. § 40 Nr. 1 ArbNErfG und § 42 Abs. 2 Nr. 2 ArbNErfG a. F. der Verwertungserlös abzüglich der Anmeldekosten, der laufenden Schutzrechtsgebühren und der Schutzrechtsverteidigungskosten einschließlich der Kosten zur Erreichung der Verwertungsreife verstanden.[1291] Gleichwohl muss auch dem Hinweis von *Bergmann* zugestimmt werden, die lediglich die Schutzrechtserwirkungs- und -aufrechterhaltungskosten für abzugsfähig erklärt und die Beurteilung der Abzugsfähigkeit der Schutzrechtsverteidigungs- und -verwertungskosten im Übrigen einer empirischen Untersuchung sowie einem Fachgutachten anheimstellt, das nicht allein die rechtlichen, sondern auch die betriebswirtschaftlichen Gesichtspunkte berücksichtigt.[1292] Es sei darauf hingewiesen, dass im Folgenden, wenn auch technisch unscharf, von den „Schutzrechtskosten" oder den „durch die Verwertung entstehenden Kosten" gesprochen wird, um die Lesbarkeit nicht zu gefährden.

1291 Siehe nur *Bartenbach/Volz*, Arbeitnehmererfindungsgesetz, § 40, Rn. 26 sowie *dies.*, Arbeitnehmererfindergesetz (4. Auflage 2002), § 42 a. F., Rn. 35.
1292 *Bergmann*, Erfindungen von Hochschulbeschäftigten nach der Reform von § 42 ArbNErfG, Rn. 655 (Fn. 636).

Kapitel 3. Vergütungsansprüche des Hochschulbeschäftigten im Arbeitnehmererfinderrecht

(3) Umfang der Beteiligung an den Schutzrechtskosten

Es stellt sich die Frage, in welcher Höhe der Hochschulbeschäftigte die Kosten der Schutzrechtsverwertung mit zu tragen hat. Geradezu auf der Hand liegt in diesem Zusammenhang folgende Grundüberlegung: Bei einer 30-prozentigen Beteiligung an den Einnahmen muss den Hochschulbeschäftigten auch ein Risiko bei der Verwertung in Höhe von 30 % treffen. Auf diese Weise erfolgt ein angemessener Risiko-Nutzen-Ausgleich. Ähnliche Gedanken treiben auch die Verfechter der Etablierung einer Vergütungsberechnung nach dem Nettoprinzip um. Der Hochschulbeschäftigte soll an den Schutzrechtskosten beteiligt werden, indem er nur eine Vergütung abhängig von den Einnahmen nach vollständigem Abzug der Schutzrechtskosten erhält.[1293]

Diese Vorgehensweise hat jedoch einen entscheidenden Haken. Bei der Berechnung der Vergütung nach dem Nettoprinzip im herkömmlichen Sinne wird der Hochschulbeschäftigte, der erst dann eine Vergütung erhält, wenn die Einnahmen durch die Verwertung die Schutzrechtskosten übersteigen, tatsächlich zunächst zu hundert Prozent an den Schutzrechtskosten beteiligt, obwohl ihm im Ergebnis nur 30 % der überbleibenden Einnahmen zukommen. Richtig ist es nach soeben erfolgter Überlegung aber, den Hochschulbeschäftigten nur in Höhe von 30 % am Risiko zu beteiligen. Von den durch die Verwertung erzielten Einnahmen sollten demnach nicht die Schutzrechtskosten in voller Höhe abgezogen werden (so die Vergütungsberechnung nach dem Nettoprinzip), sondern es sollte lediglich ein Abzug in Höhe von 30% erfolgen. Damit ergibt sich für die Vergütungsberechnung folgende Formel:

$$Vergütung = 0{,}3 \times (Einnahmen - 0{,}3 \times Ausgaben)$$

Rein rechnerisch handelt es sich in Anwendung des mathematischen Distributivgesetzes im Ergebnis um eine 9 %-ige Beteiligung des Hochschulbeschäftigten an den Schutzrechtskosten.

Die Rechtfertigung dieses Modells soll zunächst anhand folgender Beispielsrechnung veranschaulicht werden: Betragen (wie in obigem Beispiel)[1294] die durch die Hochschule aufzubringenden Schutzrechtskosten 50.000 € und erzielt die Hochschule durch die Verwertung Einnahmen in

---

1293 Vgl. zum Nettoprinzip im herkömmlichen Sinn oben Kapitel 3. § 8 A. IV. 1. b. cc. (1), (S. 360).
1294 Siehe die Beispielsrechnung oben Kapitel 3. § 8 A. IV. 1. c. cc. (1), (S. 370).

Höhe von 60.000 €, erhält der Hochschulbeschäftigte 30 % der um 30 % der Schutzrechtskosten gekürzten Einnahmen, also

$$0,3 \times (60.000\ € - 0,3 \times 50.000\ €) = 13.500\ €.^{1295}$$

Im Ergebnis steht der Hochschullehrer damit noch besser da als nach der alten Rechtslage (+ 3.500 €).[1296] Auf der anderen Seite wird nicht allein die Hochschule mit den Schutzrechtskosten belastet und Verluste der Hochschule lassen sich zumindest reduzieren. So muss die Hochschule nach der vorgeschlagenen Berechnungsmethode nur das 1,3-fache der Schutzrechtskosten an Einnahmen erwirtschaften, um ein Minusgeschäft zu vermeiden, statt des 1,43-fachen, wie dies bei der Berechnung anhand des Bruttoprinzips der Fall ist.[1297]

Der Lösung nach dem Nettoprinzip im herkömmlichen Sinn muss zugestanden werden, dass diese etwaige Minusgeschäfte der Hochschule noch weiter zu reduzieren vermag. Danach kommt es nur dann zu einem Verlustgeschäft der Hochschule, wenn die Schutzrechtskosten die Einnahmen aus der Verwertung übersteigen. Eine solche Berechnung strapaziert jedoch die Rechte des Hochschulbeschäftigten, wie gesehen, über Gebühr. Diesem stehen lediglich 30 % der Einnahmen zu, obgleich er vollumfäng-

---

1295 Mathematisch betrachtet liegt der entscheidende Unterschied zwischen dem herkömmlichen Nettoprinzip und dem hier vorgeschlagenen Nettoprinzip in modifizierter Form im Setzen der Klammern. Dem Nettoprinzip liegt, ohne dass diese von seinen Vertretern explizit genannt würde, dieselbe Formel wie die genannte zugrunde, nur ohne die (notwendigen) Klammern:
$0,3 \times 60.000\ € - 0,3 \times 50.000\ € = 0,3 \times (60.000\ € - 50.000\ €)$;
der Hochschulbeschäftigte erhält nur 30 Prozent der Einnahmen nach völligem Abzug der Kosten.
1296 Die sonstigen Hochschulbeschäftigten stehen aufgrund der nunmehr auch für sie geltenden Regelung des § 42 Nr. 4 ArbNErfG ohnehin besser dar als nach der alten Rechtslage (§§ 9 ff. ArbNErfG), sodass es einer weiteren detaillierten Darstellung nicht bedarf.
1297 Dies ergibt sich aus folgender Berechnung: Um ein Minusgeschäft zu vermeiden, muss die Hochschule nach dem modifizierten Nettoprinzip Einnahmen in Höhe der Schutzrechtskosten plus 30 % der um 30 % gekürzten Gesamteinnahmen generieren, d. h.
Einnahmen = Schutzrechtskosten + 0,3 × (Einnahmen - 0,3 × Ausgaben).
Wandelt man diese Gleichung um, ergibt sich folgende Berechnung:
Einnahmen = Schutzrechtskosten + 0,3 × Einnahmen - 0,09 × Schutzrechtskosten
Einnahmen - 0,3 × Einnahmen = Schutzrechtskosten - 0,09 × Schutzrechtskosten
0,7 × Einnahmen = 0,91 × Schutzrechtskosten
Einnahmen = 0,91 × Schutzrechtskosten ÷ 0,7
Einnahmen = 1,3 × Schutzrechtskosten.

lich an den Schutzrechtskosten beteiligt wird. Auf diese Weise würden die Interessen der Hochschule auf Kosten des Hochschulbeschäftigten unverhältnismäßig stark in den Fokus gerückt.

Letztlich handelt es sich bei dem vorgeschlagenen Lösungsansatz nicht um eine gänzliche Neukonzeption, sondern lediglich um eine Modifikation des Nettoprinzips. Den Abzug von Kosten beschreibend, kann der Begriff „Netto" uneingeschränkt Verwendung finden, da die Einnahmen nach hier vertretener Auffassung ebenfalls gekürzt werden müssen. Einer neuen Begrifflichkeit bedarf es demnach nicht. Ein Unterschied ergibt sich allein hinsichtlich der Höhe der abzugsfähigen Kosten. Im Grunde erfolgt nach dem hiesigen Verständnis eine Kombination aus Aspekten, die beiden Berechnungsprinzipien zugrunde liegen: Der Hochschulbeschäftigte wird an den Schutzrechtskosten beteiligt (Nettoprinzip), allerdings erhält er die dreißig prozentige Vergütung, sobald die Hochschule ausreichende Einnahmen erwirtschaftet (Bruttoprinzip), und nicht erst bei Einnahmen, die die Schutzrechtskosten übersteigenden.

Im Ergebnis bietet der vorgeschlagene Lösungsansatz einen angemessenen Ausgleich zwischen den Interessen der Hochschule und denen des Hochschulbeschäftigten. Neben den bereits genannten Aspekten und Argumenten kann aber vor allem auch der zivilrechtliche Gedanke der Anrechnung ersparter Aufwendungen für die Anwendung eines modifizierten Nettoprinzips fruchtbar gemacht werden: Der Hochschulbeschäftigte sieht sich in der günstigen Position, die Kosten für die Schutzrechtsanmeldung sowie alle weiteren mit der Verwertung der Erfindung verbundenen Kosten nicht (mehr) selbst tragen zu müssen. Profitiert er dennoch von den durch die Verwertung erzielten Einnahmen der Hochschule in Höhe von 30 Prozent, muss er sich seine ersparten Aufwendungen in entsprechender Höhe anrechnen lassen.

(4) Betrachtung der Konsequenzen des modifizierten Nettoprinzips

Um das vorgeschlagene Lösungsmodell des modifizierten Nettoprinzips auf seine Sachdienlichkeit hin zu überprüfen, müssen die sich hieraus ergebenden Konsequenzen in Augenschein genommen werden. Entscheidend sind dabei vor allem die Auswirkungen der Vergütungsberechnung auf die Verlustgeschäfte der Hochschule sowie auf den finanziellen Anreiz für den Hochschulbeschäftigten.

(a) Auswirkungen auf Minusgeschäfte der Hochschulen

Das Bruttoprinzip führt zu einer Vielzahl an Verlustgeschäften für die Hochschulen, die das Nettoprinzip mit dem Abzug der Schutzrechtskosten vor Berechnung der Hochschulerfindervergütung einzudämmen versucht. Die Modifikation des Nettoprinzips vermag Minusgeschäfte der Hochschulen nicht gänzlich zu beseitigen und im Vergleich zum Nettoprinzip im herkömmlichen Sinne mögen Verlustgeschäfte der Hochschulen sogar noch häufiger anzutreffen sein, doch auch nach dem Nettoprinzip lassen sich solche nicht vollumfänglich vermeiden.[1298] Der mögliche Einwand eventuell auftretender Minusgeschäfte der Hochschulen, kann dem Lösungsansatz deshalb nicht entgegengebracht werden. Wichtig ist allein, ein angemessenes Interessenverhältnis herzustellen, wie dies durch die Modifikation des Nettoprinzips gelingt.

(b) Auswirkungen auf den finanziellen Anreiz für Hochschulbeschäftigte

Vor allem wird die vorgeschlagene Regelung auch den finanziellen Interessen des Hochschulbeschäftigten gerecht. Zwar muss sich der Ansatz grundsätzlich die gegenüber dem Nettoprinzip herrschende Kritik aufgrund der ähnlich gelagerten Konzeption des Abzugs der Schutzrechtskosten ebenfalls entgegenhalten lassen. Wird aber eingewendet, die Zielsetzung der Schaffung eines finanziellen Anreizes für den Hochschulbeschäftigten würde gefährdet, kann dies allenfalls für die Vergütungsberechnung nach dem Nettoprinzip im herkömmlichen Sinn gelten, da nach diesem der Vergütungsanspruch des Hochschulerfinders gegenüber der Bruttoberechnung tatsächlich erheblich gemindert wird. Für die Vergütungsberechnung nach dem modifizierten Nettoprinzip kann der Einwand indes kein Gehör finden, da ein ausreichender finanzieller Anreiz für den Hochschulbeschäftigten trotz der Minderung gegeben ist.[1299] Denn es gilt zu beachten, dass der Anreiz zur Forschungsförderung durch eine finanzielle Besserstellung des Hochschulbeschäftigten gegenüber dem gewöhnlichen Arbeitnehmererfinder hervorgerufen werden soll, nicht durch eine Besser-

---

1298 Vgl. *Bergmann*, Erfindungen von Hochschulbeschäftigten nach der Reform von § 42 ArbNErfG, Rn. 606 (Fn. 557).
1299 So i. E. auch für das Nettoprinzip im herkömmlichen Sinne *Bergmann*, Erfindungen von Hochschulbeschäftigten nach der Reform von § 42 ArbNErfG, Rn. 609.

stellung gegenüber der vormals geltenden Rechtslage. Der Hochschulbeschäftigte, dessen Vergütungsanspruch nach dem modifizierten Nettoprinzip zwar um eine Beteiligung an den Schutzrechtskosten gemindert werden soll, bleibt gegenüber dem normalen Arbeitnehmer dennoch deutlich privilegiert. Dass der finanzielle Anreiz aufgrund geringerer Vergütungserwartungen nicht ebenso hoch sein wird wie bei der Vergütungsberechnung anhand des Bruttoprinzips, vermag allein als Argument für das Bruttoprinzip, indes aber nicht als Argument gegen das Nettoprinzip zu fungieren.

Die Vergütungsberechnung anhand des vorgeschlagenen Modells wie auch die Berechnung nach dem herkömmlichen Nettoprinzip werfen im Vergleich zur Bruttoberechnung allerdings ein Problem auf. Erhält der Hochschulbeschäftigte nach dem Bruttoprinzip 30 % der ungekürzten Einnahmen, kann er bei geringen Einnahmen zwar auch nur eine geringe Vergütung erhalten, er kann jedoch niemals Verluste erleiden. Die (modifizierte) Nettoberechnung hingegen könnte strenggenommen auch zu einem negativen Betrag führen, wenn die Schutzrechtskosten die Einnahmen (in einem gewissen Maße) übersteigen. Das Risiko eines finanziellen Verlusts des Hochschulbeschäftigten ist mit der Zielsetzung des § 42 Nr. 4 ArbNErfG jedoch nicht vereinbar. In keinem Fall darf eine Beteiligung des Hochschulbeschäftigten an den Schutzrechtskosten also dazu führen, dass dieser im Ergebnis noch Zuzahlungen zu leisten hat. Die äußerste Grenze der Vergütungsberechnung nach dem Nettoprinzip muss demnach der sog. „Vergütungsanspruch bei Null"[1300] darstellen; eine Situation, in der der Hochschulbeschäftigte aufgrund der die Einnahmen (in gewissem Maß) übersteigenden Schutzrechtskosten leer ausgeht.

Allerdings erscheint auch der sog. Vergütungsanspruch bei Null zunächst nicht ohne Probleme zu sein. Wie gezeigt handelt es sich bei der die Kosten nicht deckenden Verwertung in der Praxis nicht etwa nur um einen Ausnahmefall. Es stellt sich die Frage, ob der finanzielle Anreiz für Hochschulbeschäftigte auch dann noch gegeben ist, wenn eine hohe Wahrscheinlichkeit dafür besteht, dass die Einnahmen hinter den Kosten der Verwertung zurückbleiben. Während diese Problematik zumeist, wie aufgezeigt, mit der Koppelung eines Mindestvergütungsanspruchs des

---

1300 Der Begriff wird verwendet bei *Bergmann*, Erfindungen von Hochschulbeschäftigten nach der Reform von § 42 ArbNErfG, Rn. 613.

Hochschulbeschäftigten gelöst wird[1301], vermag der vorgeschlagene Lösungsansatz des modifizierten Nettoprinzips schon anhand seiner Grundkonzeption dieses Problem zu lösen. Durch das modifizierte Nettoprinzip werden die Interessen zwischen der Hochschule und dem Hochschulbeschäftigten angemessen ausgeglichen, ohne dass es zusätzlicher Hilfsmechanismen bedarf: Die Hochschule wird durch die Beteiligung des Hochschulbeschäftigten an den Schutzrechtskosten vor einer unangemessenen Überbelastung bewahrt, der Hochschulerfinder hingegen wird gegenüber dem gewöhnlichen Arbeitnehmererfinder finanziell privilegiert. Durch die finanzielle Besserstellung des Hochschulbeschäftigten gegenüber dem gewöhnlichen Arbeitnehmer ist der vom Gesetzgeber beabsichtigte finanzielle Anreiz auch hinreichend geschaffen. Dass der Hochschulbeschäftigte im Einzelfall leer ausgehen mag, erscheint im Hinblick auf die grundsätzlich deutlich bessere Vergütungsregelung gerechtfertigt.

Dem Hochschulbeschäftigten einen Mindestvergütungsanspruch zuzubilligen, um die Zielsetzung der Schaffung eines finanziellen Anreizes zu untermauern, erscheint in mehrfacher Hinsicht zweifelhaft. Zum einen bringt ein solcher Mindestvergütungsanspruch die angemessene Aufteilung der Chancen und Risiken zwischen Hochschule und Hochschulerfinder ins Wanken. Durch einen solchen wird der Fokus zu sehr auf die finanziellen Interessen des Hochschulbeschäftigten gelegt und die Hochschule über Gebühr mit dem Risiko von Minusgeschäften belastet. Dies scheint zum anderen schon dahingehend nicht gerechtfertigt, dass der Hochschulbeschäftigte bei einer die Kosten nicht deckenden Verwertung nach der früheren Rechtslage ebenfalls leer ausging. Einerseits erhält die Hochschule zwar das Schutzrecht, anderseits erscheint es jedoch unbillig, dem Hochschulbeschäftigten obendrein einen Mindestvergütungsanspruch zuzugestehen, mit dem die Hochschule zusätzlich belastet wird, wenn dem Hochschulerfinder nunmehr bereits zusätzlich zu einer grundsätzlich großzügig ausgestalteten Vergütungsregelung noch das Risiko eines finanziellen Verlusts gänzlich abgenommen wird, welches im Ergebnis die Hochschule zu tragen hat. Im Ergebnis stellt sich der Vorschlag der Modifikation des Nettoprinzips als logische Konsequenz, aber auch als Bestätigung der oben entwickelten „Lösung der gerechten Risikoverteilung" dar, die die Chancen und Risiken der Verwertung zwischen der Hochschu-

---

1301 So *Bergmann*, Erfindungen von Hochschulbeschäftigten nach der Reform von § 42 ArbNErfG, Rn. 613 ff.; *Soudry*, Die Rechtsstellung des Hochschulerfinders nach der Neufassung von § 42 ArbNErfG, Rn. 184 ff.

Kapitel 3. Vergütungsansprüche des Hochschulbeschäftigten im Arbeitnehmererfinderrecht

le und dem Hochschulbeschäftigten angemessen zu verteilen sucht.[1302] Dort wurde bereits festgestellt, dass der Hochschulbeschäftigte das Risiko einer erfolgreichen Verwertung mit zu tragen hat. Dies schlägt sich hier in dem Risiko nieder, im Einzelfall nicht von der Erfindung profitieren zu können. Aus dem gleichen Grund muss auch ein weitergehender Anspruch des Hochschulbeschäftigten aus den allgemeinen Vergütungsvorschriften ausgeschlossen bleiben.

Schlussendlich muss ebenfalls Beachtung finden, dass durch die Anwendung des modifizierten Nettoprinzips die Zahl der Null-Fälle gegenüber dem herkömmlichen Nettoprinzip deutlich reduziert wird. Während nach dem traditionellen Nettoprinzip ein Null-Fall schon dann vorliegt, wenn die Einnahmen nur geringfügig hinter den Schutzrechtskosten zurückbleiben, geht der Hochschulbeschäftigte nach der vorgeschlagenen Modifikation des Nettoprinzips überhaupt erst dann leer aus, wenn die Ausgaben mehr als das 3,3-fache der erzielten Einnahmen betragen. Dass der Hochschulbeschäftigte im Ergebnis ausnahmsweise leer ausgeht, ist den vorstehenden Ausführungen zu Folge reformpolitisch weder sinn- noch verfassungswidrig.[1303]

(c) Auswirkungen auf die vereinfachte Vergütungsberechnung

Dem dargebotenen Lösungsansatz wird vorgeworfen werden, dem hinter der Regelung des § 42 Nr. 4 ArbNErfG stehenden Zweck einer vereinfachten Vergütungsberechnung entgegenzustehen. Ein solcher Einwand könnte allerdings kein Gehör finden. Zwar wurde in der Tat mit der Neuregelung des § 42 Nr. 4 ArbNErfG bezweckt, eine vereinfachte Vergütungsberechnung für Hochschulerfindungen zu ermöglichen.[1304] Dieses Ziel der

---

1302 Vgl. insoweit die Ausführungen oben zum Verhältnis von § 42 Nr. 4 ArbNErfG zu den allgemeinen Vergütungsvorschriften Kapitel 3. § 8 A. I. 2. b. (S. 231).
1303 A. A. *Soudry*, Die Rechtsstellung des Hochschulerfinders nach der Neufassung von § 42 ArbNErfG, S. 163.
1304 Begründung zum „Entwurf eines Gesetzes zur Änderung des Gesetzes über Arbeitnehmererfindungen" einzelner Abgeordneter der SPD sowie der Fraktion Bündnis 90/Die Grünen vom 09.05.2001, BT-Drs. 14/5975, Besonderer Teil, S. 6, 7; Begründung zum „Entwurf eines Gesetzes zur Änderung des Gesetzes über Arbeitnehmererfindungen" der Bundesregierung vom 17.08.2001, BR-Drs. 583/01, Besonderer Teil, S. 10; hierzu auch *Bergmann*, Erfindungen von Hochschulbeschäftigten nach der Reform von § 42 ArbNErfG, Rn. 71; *Soudry*, Die Rechtsstellung des Hochschulerfinders nach der Neufassung von § 42

Vergütungsvereinfachung wird durch die Anwendung des modifizierten Nettoprinzips jedoch keineswegs in Frage gestellt. Denn den Gesetzesmaterialien lässt sich entnehmen, dass die Regelung des § 42 Nr. 4 ArbNErfG eine *im Vergleich zu den allgemeinen Regelungen des Gesetzes über Arbeitnehmererfindungen* einfachere Erfindervergütung ermöglichen sollte.[1305] Verhindert werden sollte demnach die komplizierte Berechnung der Arbeitnehmererfindervergütung anhand des Erfindungswerts sowie des Anteilsfaktors. Der im Rahmen des modifizierten Nettoprinzips vorgenommene Abzug von Schutzrechtskosten in Höhe eines bestimmten Prozentsatzes stellt jedoch keine vergleichbar schwierige Berechnungsmethode dar, deren Verhinderung in der Absicht des Gesetzgebers stand und eine Entscheidung für das unkomplizierte Bruttoprinzip erkennen ließe. An der grundsätzlich einfacher zu berechnenden Pauschalvergütung des § 42 Nr. 4 ArbNErfG gegenüber der schwierig zu berechnenden allgemeinen Erfindervergütung vermag auch ein Abzug der Schutzrechtskosten nichts zu ändern.

Ferner normiert die Regelung des § 42 Nr. 4 ArbNErfG eine den Besonderheiten der Forschungslandschaft angemessene Vergütung.[1306] Der Gesetzgeber erkannte, dass an Forschungsarbeiten an Hochschulen nicht nur Wissenschaftler beteiligt sind, sondern wissenschaftliches und technisches Personal als Team eng verzahnt zusammen arbeiten. Durch eine einheitliche Vergütungsregelung für alle Hochschulbeschäftigten sollten, neben der Verhinderung von Benachteiligungen, vor allem Schwierigkeiten bei der Berechnung aufgrund unterschiedlicher Methoden zur Ermittlung der Vergütung beseitigt werden.[1307] Die vom Gesetzgeber in den Blick genommene Vergütungsvereinfachung bezog sich demnach vorrangig auf die Vergütungsberechnung für die an einer Gemeinschaftserfindung Beteiligten.[1308] Auch unter diesem Gesichtspunkt fällt die gegenüber dem Brutto-

---

ArbNErfG, S. 154; *Bartenbach/Volz*, Arbeitnehmererfindungsgesetz, § 42 n. F., Rn. 165.
1305 Begründung zum „Entwurf eines Gesetzes zur Änderung des Gesetzes über Arbeitnehmererfindungen" einzelner Abgeordneter der SPD sowie der Fraktion Bündnis 90/Die Grünen vom 09.05.2001, BT-Drs. 14/5975, Besonderer Teil, S. 7.
1306 Siehe Nachweis in Fn. 1305.
1307 Begründung zum „Entwurf eines Gesetzes zur Änderung des Gesetzes über Arbeitnehmererfindungen" einzelner Abgeordneter der SPD sowie der Fraktion Bündnis 90/Die Grünen vom 09.05.2001, BT-Drs. 14/5975, Besonderer Teil, S. 6.
1308 Vgl. *Soudry*, Die Rechtsstellung des Hochschulerfinders nach der Neufassung von § 42 ArbNErfG, S. 149 f.

prinzip „erschwerte" Vergütungsberechnung nach dem modifizierten Nettoprinzip nicht derart ins Gewicht, als dass eine Gefährdung des gesetzgeberischen Zwecks angenommen werden müsste.

(d) Auswirkungen auf den Zeitpunkt der Vergütungsberechnung

Werden nach dem hier vorgeschlagenen Modell die Schutzrechtskosten anteilig oder nach dem herkömmlichen Nettoprinzip ganz von den Einnahmen abgezogen, stellt sich die Frage, ob die Beteiligung des Hochschulbeschäftigten an den Schutzrechtskosten Auswirkungen auf den Zeitpunkt der Vergütungsberechnung hat, da mit der Schutzrechtsverwertung verbundene Kosten häufig nicht nur einmalig, sondern laufend anfallen (z. B. Jahresgebühren). Hierbei handelt es sich jedoch um eine Frage der Fälligkeit des Vergütungsanspruchs, die an entsprechender Stelle behandelt werden soll.[1309]

dd. Fazit

Um dem Reformzweck des § 42 Nr. 4 ArbNErfG gerecht zu werden und die Chancen und Risiken der Hochschule sowie des Hochschulbeschäftigten zwecks dessen in ein angemessenes Verhältnis zu setzen, muss der Hochschulbeschäftigte anders als nach der derzeit geltenden Bruttoprinzipberechnung der Vergütung an den durch die Schutzrechtsverwertung entstehenden Kosten beteiligt werden. Geht es um die Höhe der Beteiligung, wurde aufgrund diverser Schwächen des in der Literatur vorgeschlagenen Nettoprinzips ein eigener Lösungsansatz entwickelt, nach dem das Nettoprinzip eine wesentliche Modifikation erfahren soll. Der Hochschulbeschäftigte erhält eine Vergütung nicht erst, sobald die Einnahmen durch die Verwertung die Schutzrechtskosten übersteigen, sondern sobald die Hochschule Einnahmen erwirtschaftet. Anders als nach dem Bruttoprinzip wird er jedoch zu 30 % am Verwertungsrisiko beteiligt. Der Vergütungsanspruch berechnet sich nach dem entwickelten Lösungsvorschlag deshalb wie folgt:

$$\textit{Vergütung} = 0{,}3 \times (\textit{Einnahmen} - 0{,}3 \times \textit{Ausgaben})$$

[1309] Siehe hierzu ausführlich unten Kapitel 3. § 8 A. V. 2. b. bb. (2) (a), (S. 419).

Im Ergebnis wird der Hochschulbeschäftigte also zu 9 % an den Kosten beteiligt. Da etwaige Verluste des Hochschulbeschäftigten der Zwecksetzung des § 42 Nr. 4 ArbNErfG zuwider liefen, findet die vorgeschlagene Berechnung ihre Grenze im sog. Vergütungsanspruch bei Null, sofern die Ausgaben die Einnahmen derart übersteigen, dass das Ergebnis negativ ausfallen würde.

Die Vergütungsberechnung nach dem modifizierten Nettoprinzip vermag sowohl die häufig auftretenden Minusgeschäfte der Hochschulen, die die Förderung des Technologietransfers maßgeblich behindern, in großen Teilen einzudämmen als auch einen hinreichenden finanziellen Anreiz zur Forschungsförderung für die Hochschulbeschäftigten zu bieten, die gegenüber gewöhnlichen Arbeitnehmererfindern nach wie vor deutlich privilegiert bleiben.

d. Einzelfallbewertung der verschiedenen Verwertungsarten

Im Anschluss an die rechtstheoretische Betrachtung des Einnahmenbegriffs i. S. d. § 42 Nr. 4 ArbNErfG wird im Folgenden versucht, die gefundenen Ergebnisse in die in der Praxis gängigen Fallgruppen der Verwertung zu transferieren. Dies erscheint vor allem vor dem Hintergrund relevant, dass sich die Art und Höhe der Einnahmen nach der Art der jeweiligen Verwertung richten.[1310] Dabei sollen in einer Art synoptischer Darstellung auch die Unterschiede in der Berechnung nach dem hier vorgeschlagenen modifizierten Nettoprinzip gegenüber dem zum derzeit geltenden Bruttoprinzip, sowie dem in der Literatur vorgeschlagenen Nettoprinzip verdeutlicht werden. Unterscheiden lassen sich dabei vor allem diejenigen Fälle, in denen der Hochschule durch die Verwertung Geldzahlungen zufließen von denjenigen, durch die die Hochschule keine Geldleistungen, sondern sonstige Vermögenswerte erlangt.

Als regelmäßig unproblematisch stellt sich die Bewertung der Einnahmen in den Verwertungsfällen dar, in denen die Hochschule durch die Verwertung unmittelbar Geldleistungen von einem Partner aus der Industrie erhält. Insoweit können die entsprechenden Geldzahlungen als Einnahmen i. S. d. § 42 Nr. 4 ArbNErfG qualifiziert werden. Dies ist vor allem

---

1310 Vgl. *Bergmann*, Erfindungen von Hochschulbeschäftigten nach der Reform von § 42 ArbNErfG, Rn. 546; *Bartenbach/Volz*, Arbeitnehmererfindungsgesetz, § 42 n. F., Rn. 169; *Leuze*, in: Reimer/Schade/Schippel, ArbNErfG, § 42 n. F., Rn. 41.

Kapitel 3. Vergütungsansprüche des Hochschulbeschäftigten im Arbeitnehmererfinderrecht

bei den klassischen und am häufigsten auftretenden Verwertungsarten des Patent- oder Erfindungsverkaufs (aa.) sowie der Lizenzvergabe durch Abschluss eines Lizenzvertrages (bb.) der Fall.

Demgegenüber als problematisch erweist sich die Beurteilung des Einnahmenbegriffs bei jenen Verwertungsformen, deren Gegenleistung nicht in Form von Geldzahlungen, sondern durch die Übertragung sonstiger Vermögenswerte erfolgt. Selbstverständlich handelt es sich, wie dargestellt, auch bei dem Zufluss sonstiger Vermögenswerte um Einnahmen i. S. d. § 42 Nr. 4 ArbNErfG.[1311] Schwierig gestalten sich indes aber ihre exakte Benennung und Bewertung sowie die Bezifferung ihrer Höhe. So verhält es sich etwa bei der Verwertung der Erfindung durch einen Lizenzaustausch (cc.), der Verwertung durch eine Unternehmensbeteiligung (dd.), sowie bei der Verwertung durch hochschulinterne Nutzung der Erfindung (ee. und ff.). Besonderheiten ergeben sich bei sog. Forschungs- und Entwicklungsverträgen (gg.).

aa. Patent- oder Erfindungsverkauf

Der Verkauf des Patentes oder der Erfindung stellt eine Haupterscheinungsform der Verwertung dar.[1312] Der Verkauf erfolgt durch die Vereinbarung eines schuldrechtlichen Vertrags nach § 453 BGB, während die Übertragung des Patentes oder der Erfindung selbst im Wege einer Abtretung nach §§ 413, 398 BGB vorgenommen wird.[1313] Bei einem Verkauf des Patentes oder der Erfindung sind die durch die Verwertung erzielten Einnahmen unproblematisch in der entsprechenden Kaufpreiszahlung zu sehen.[1314] Die konkrete Höhe der Vergütung des Hochschulerfinders ist abhängig von der jeweils zugrunde gelegten Berechnungsmethode.

1311 Siehe die Nachweise in den Fn. 1219 und 1220 (S. 352).
1312 *Bergmann*, Erfindungen von Hochschulbeschäftigten nach der Reform von § 42 ArbNErfG, Rn. 559.
1313 Vgl. dazu oben Kapitel 3. § 8 A. III. 4. b. cc. (2) (a), (S. 337).
1314 *Bergmann*, Erfindungen von Hochschulbeschäftigten nach der Reform von § 42 ArbNErfG, Rn. 559; *Bartenbach/Volz*, Arbeitnehmererfindungsgesetz, § 42 n. F., Rn. 170; *Boemke/Sachadae*, in: Boemke/Kursawe, ArbNErfG, § 42, Rn. 140; vgl. auch *Beyerlein*, NZA 2002, 1020, 1021; *Leuze*, in: Reimer/Schade/Schippel, ArbNErfG, § 42 n. F., Rn. 41.

§ 8 Die Vergütungsansprüche des Hochschulerfinders

(1) Einnahmen nach den verschiedenen Berechnungsmethoden

Nach dem derzeit geltenden Bruttoprinzip erhält der Hochschulbeschäftigte 30 % des Kaufpreises, unabhängig davon, dass der Hochschule Kosten im Rahmen der Verwertung entstanden sind. Das bedeutet, dass dem Hochschulbeschäftigten in jedem Fall eine Vergütung zusteht, sei sie aufgrund eines nur geringen Kaufpreises auch noch so gering. Beträgt der erzielte Kaufpreiserlös weniger als das 1,43-fache der für die Verwertung aufgebrachten Kosten, kommt es zu einem Minusgeschäft der Hochschule, die zusätzlich zu den offen bleibenden Kosten auch den Vergütungsanspruch des Hochschulerfinders abhängig von der Höhe des Kaufpreises zu finanzieren hat.[1315]

Wird das in der Literatur vorgeschlagene Nettoprinzip der Berechnung der Vergütung zugrunde gelegt, so sind von dem erzielten Kaufpreis zunächst alle mit der Verwertung verbundenen Kosten der Hochschule abzuziehen, bevor der Hochschulbeschäftigte von der Differenz einen 30 %-igen Anteil erhält. Durch die Anwendung des Nettoprinzips werden Minusgeschäfte der Hochschulen zumindest eingedämmt, welche nur dann vorliegen, wenn die Schutzrechtskosten den erzielten Kaufpreis übersteigen. In einem solchen Fall verbleiben die offenen Kosten bei der Hochschule; niemals wird der Hochschulbeschäftigte mit diesen belastet. Dennoch hat er die Schutzrechtskosten solange mitzutragen, wie der Kaufpreis die mit der Verwertung verbundenen Kosten nicht deckt, da sich der Vergütungsanspruch erst dann realisiert, wenn nach Abzug der Schutzrechtskosten ein Überschuss verbleibt. Demnach hat die Berechnungsmethode auch zur Folge, dass der Vergütungsanspruch des Hochschulerfinders aus § 42 Nr. 4 ArbNErfG leer laufen kann. Um einen fehlenden Vergütungsanspruch zu verhindern, ist entweder ein Mindestvergütungsbetrag[1316] oder ein gedachter Arbeitnehmererfindervergütungsanspruch aus §§ 9 ff. ArbNErfG i. V. m. den Vergütungsrichtlinien vorgesehen.[1317] Der Mindestvergütungsanspruch ist abhängig von dem entsprechend festgelegten Mindestbetrag, während der Anspruch aus den allgemeinen Vergütungs-

---

1315 Zu dieser Berechnung vgl. oben Fn. 1243 (S. 357).
1316 *Bergmann*, Erfindungen von Hochschulbeschäftigten nach der Reform von § 42 ArbNErfG, Rn. 599 ff.
1317 *Soudry*, Die Rechtsstellung des Hochschulerfinders nach der Neufassung von § 42 ArbNErfG, S. 184 ff.

vorschriften anhand der Grundsätze des Erfindungswertes sowie des Anteilsfaktors zu berechnen ist.[1318]

Berechnet man die Vergütung des Hochschulbeschäftigten hingegen nach dem vorliegend entwickelten modifizierten Nettoprinzip, sind von dem durch den Verkauf der Erfindung oder des Patents erzielten Kaufpreis lediglich 30 % der mit der Verwertung einhergehenden Kosten der Hochschule abzuziehen, bevor der Hochschulbeschäftigte von der Differenz einen 30%-igen Anteil erhält. Gegenüber dem herkömmlichen Nettoprinzip mag es dadurch häufiger zu einem Minusgeschäft der Hochschule kommen, das schon dann eintritt, wenn der erzielte Kaufpreis weniger als das 1,3-fache der Schutzrechtskosten beträgt.[1319] Dennoch werden hochschulische Verlustgeschäfte im Vergleich zur Bruttoberechnung deutlich reduziert.

Nach dem modifizierten Nettoprinzip kann der Hochschulbeschäftigte leer ausgehen, wenn die für die Verwertung aufgebrachten Kosten mehr als das 3-fache des erzielten Kaufpreises betragen. Ein etwaiger Mindestvergütungsanspruch ist im Hinblick auf eine nach Sinn und Zweck des § 42 Nr. 4 ArbNErfG vorzunehmende interessengerechte Risikoverteilung zwischen Hochschule und Hochschulerfinder nicht vorgesehen.

(2) Problemfall: Fehlende Kaufpreisvereinbarung bzw. geringe geldwerte Vorteile

Problematisch erscheinen diejenigen Fälle, in denen die Hochschule Erfinder- oder Patentrechte überträgt, ohne dass die Zahlung eines Kaufpreises vereinbart wurde. Fehlt es an entsprechenden Kaufpreiszahlungen, bleiben Einnahmen i. S. d. § 42 Nr. 4 ArbNErfG scheinbar aus. Im Ergebnis ginge der Hochschulbeschäftigte wegen fehlender Einnahmen leer aus.

Die rechtliche Behandlung der Problematik fehlender Einnahmen ist umstritten.[1320] Während im Schrifttum zum Teil ein Vergütungsanspruch des Hochschulbeschäftigten aus § 9 Abs. 1 ArbNErfG befürwortet wird[1321], verstößt dies nach hier vertretener Auffassung gegen das Verhältnis von

---

1318 Vgl. hierzu oben zur allgemeinen Arbeitnehmererfindervergütung Kapitel 3. § 7 B. I. 1. c. (S. 202).
1319 Zu dieser Berechnung vgl. oben Fn. 1297 (S. 375).
1320 Vgl. zur Problematik fehlender Einnahmen schon oben Kapitel 3. § 8 A. I. 2. b. cc. (S. 235).
1321 Siehe die Nachweise in Fn. 769 und 770 (S. 228).

§ 42 Nr. 4 ArbNErfG zu den allgemeinen arbeitnehmerrechtlichen Vergütungsvorschriften. Ein Rückgriff auf § 9 Abs. 1 ArbNErfG ist auch nicht von Nöten, wie die Anwendung der oben entwickelten „Lösung der gerechten Risikoverteilung" zeigt: Ist ein Kaufpreis nicht vereinbart worden, weil die Hochschule bei der Veräußerung ohne jedwede wirtschaftliche Intention handelt, liegt nach hier vertretener Auffassung bereits keine Verwertung i. S. d. § 42 Nr. 4 ArbNErfG vor. Insofern handelt es sich um einen Fall der unterbliebenen Verwertung, der in der Tat eine Vergütung nach dem allgemeinen Arbeitnehmererfinderrecht ermöglicht.[1322] Unter dem Etikett der „fehlenden Kaufpreisvereinbarung" kann es deshalb nur um die Beurteilung derjenigen Fälle gehen, in denen die Hochschule mit dem Rechteempfänger zwar keinen Kaufpreis vereinbart, durch die Veräußerung der Erfindung aber die Erwirtschaftung anderweitiger Vermögensvorteile erwartet. Dann bedarf es jedoch keines Vergütungsanspruchs aus § 9 Abs. 1 ArbNErfG, da sich die der Hochschule durch die Veräußerung zufließenden Vermögensvorteile wirtschaftlich berechnen lassen und so als Grundlage zur Berechnung der Hochschulerfindervergütung dienen können. Folglich fehlt es nur dann an Einnahmen i. S. d. § 42 Nr. 4 ArbNErfG, wenn auch entsprechende geldwerte Gegenleistungen, anders als erwartet, ausbleiben. In einem solchen Fall wird die Vergütung des Hochschulbeschäftigten jedoch nicht etwa fiktiv anhand des marktüblichen Kaufpreises bestimmt.[1323] Vielmehr steht dem Hochschulbeschäftigten aufgrund seiner Beteiligung am Risiko einer erfolglosen Verwertung kein Anspruch auf eine Vergütung zu. Aus dem gleichen Grund kann der Hochschulbeschäftigte auch keinen Mindestanspruch für den Fall verlangen, dass die geldwerten Vorteile, also die Einnahmen und damit verbunden der Vergütungsanspruch lediglich gering ausfallen.[1324]

Nichts anderes kann auch dann gelten, wenn zwischen der Hochschule und dem Industrieunternehmen eine (nach hier vertretener Auffassung an sich unzulässige[1325]) negative Vergütungsklausel vereinbart wird, die die

---

1322 Zur unterbliebenen Verwertung und zur „Lösung der gerechten Risikoverteilung" siehe oben Kapitel 3. § 8 A. I. 2. b. bb. (S. 232).
1323 *Stallberg*, GRUR 2007, 1035, 1037, der allerdings – zu Unrecht – einen Anspruch aus § 9 Abs. 1 ArbNErfG gewährt; **a. A.** *Bartenbach/Volz*, Arbeitnehmererfindungsgesetz, § 42 n. F., Rn. 171.
1324 So *Soudry*, Die Rechtsstellung des Hochschulerfinders nach der Neufassung von § 42 ArbNErfG, S. 161 f.; ähnlich auch *Bergmann*, Erfindungen von Hochschulbeschäftigten nach der Reform von § 42 ArbNErfG, Rn. 612 ff. Zur Rechtfertigung dieses Ansatzes vgl. oben Kapitel 3. § 8 A. I. 2. b. cc. (S. 235).
1325 Hierzu siehe oben Kapitel 3. § 8 A. III. 4. b. bb. (2) (b), (S. 327).

Unentgeltlichkeit der Rechteübertragung also explizit festschreibt. Denn entscheidend können allein die tatsächlich erbrachten Leistungen und zugeflossenen Vermögenswerte sein; auf die Bezeichnung der Parteien kommt es insoweit nicht an. Eine negative Vergütungsklausel vermag allenfalls als Indiz dafür zu dienen, dass die entsprechenden Leistungen nicht auf die Übertragung zurückzuführen sind, was allerdings eine Frage der Kausalität und keine Frage im Zusammenhang mit den Einnahmen darstellt.[1326]

bb. Vergabe von Lizenzen

Der in der Praxis am häufigsten auftretende Anwendungsfall der Verwertung ist die Lizenzvergabe mittels Abschluss eines Lizenzvertrages.[1327] Die Lizenz ist eine verdinglichte Obligation, die ein vertragliches Nutzungsrecht an einem Immaterialgüterrecht darstellt, wobei der der Lizenzvergabe zugrundeliegende Lizenzvertrag zwischen der Hochschule und dem Lizenznehmer ein Vertrag sui generis gem. § 311 BGB ist, mittels dessen dem Lizenznehmer ein positives Nutzungsrecht an der Erfindung eingeräumt wird.[1328]

(1) Lizenzgebühren und sonstige vermögenswerte Vorteile

Die durch die Verwertung in Form der Lizenzvergabe erzielten Einnahmen sind unproblematisch in den entsprechenden vom Lizenznehmer gezahlten Lizenzgebühren zu sehen.[1329] Darüber hinaus können der Hochschule jenseits der Lizenzgebühren auch sonstige vermögenswerte Vorteile zufließen, die als Einnahmen i. S. d. § 42 Nr. 4 ArbNErfG zu qualifizieren

---

[1326] Zu diesem Absatz siehe *Stallberg*, GRUR 2007, 1035, 1037. Zur Kausalität siehe unten Kapitel 3. § 8 A. IV. 2. (S. 338).
[1327] *Bergmann*, Erfindungen von Hochschulbeschäftigten nach der Reform von § 42 ArbNErfG, Rn. 561.
[1328] Vgl. hierzu ausführlich und mit entsprechenden Nachweisen oben Kapitel 3. § 8 A. III. 4. b. cc. (2) (b), (S. 256).
[1329] *Bergmann*, Erfindungen von Hochschulbeschäftigten nach der Reform von § 42 ArbNErfG, Rn. 561; *Bartenbach/Volz*, Arbeitnehmererfindungsgesetz, § 42 n. F., Rn. 171; *Boemke/Sachadae*, in: Boemke/Kursawe, ArbNErfG, § 42, Rn. 140; vgl. auch *Leuze*, in: Reimer/Schade/Schippel, ArbNErfG, § 42 n. F., Rn. 41.

sind.[1330] Hierunter fallen vor allem Schadensersatzzahlungen, die die Hochschule von Dritten aufgrund von Schutzrechtsverletzungen (vgl. §§ 139 ff. PatG, § 24 GebrMG; §§ 823, 826 BGB; §§ 3, 17 UWG)[1331] erhält[1332], sonstige Einmalzahlungen[1333] oder die Überlassung von Nutzungsrechten.[1334] Ein vermögenswerter Vorteil der Hochschule ist auch gegeben, wenn der Lizenznehmer die Schutzrechts- oder Entwicklungskosten der Erfindung übernimmt oder erstattet.[1335]

Hinsichtlich der für die Pauschalvergütung anzusetzenden Höhe der Einnahmen ergeben sich nach allen drei Berechnungsmethoden keinerlei Unterschiede zur Verwertungsform des Patent- oder Erfindungsverkaufs. Da es sich bei den Lizenzgebühren wie auch bei den Kaufpreiszahlungen um einen Vermögenszufluss in Form von Geldzahlungen handelt, kommt es ebenfalls allein auf die Frage an, ob und in welcher Höhe die der Hochschule entstehenden Schutzrechtskosten bei der Bestimmung der Höhe der Einnahmen in Ansatz zu bringen sind. Insofern kann auf die vorstehenden Ausführungen entsprechend verwiesen werden. Da es bei der Übernahme der Kosten durch den Lizenznehmer an einer Geldzahlung an die Hochschule fehlt, kann zur Bewertung des Vermögensvorteils in der Regel auf die Kosten abgestellt werden, die dem Lizenznehmer für die Anmeldung, Aufrechterhaltung oder Verteidigung des Schutzrechts entstanden sind.[1336]

1330 Siehe die Nachweise in Fn. 1219 und 1220 (S. 352).
1331 *Bartenbach/Volz*, Arbeitnehmererfindungsgesetz, § 9, Rn. 239.
1332 *Bartenbach/Volz*, Arbeitnehmererfindungsgesetz, § 42 n. F., Rn. 170; *Boemke/Sachadae*, in: Boemke/Kursawe, ArbNErfG, § 42, Rn. 140; *Leuze*, in: Reimer/Schade/Schippel, ArbNErfG, § 42 n. F., Rn. 41.
1333 *Bartenbach/Volz*, Arbeitnehmererfindungsgesetz, § 42 n. F., Rn. 170; zust. *Leuze*, in: Reimer/Schade/Schippel, ArbNErfG, § 42 n. F., Rn. 41.
1334 *Bartenbach/Volz*, GRUR 2002, 743, 756; *dies.*, Arbeitnehmererfindungsgesetz, § 42 n. F., Rn. 171; *Boemke/Sachadae*, in: Boemke/Kursawe, ArbNErfG, § 42, Rn. 140; vgl. auch *Beyerlein*, NZA 2002, 1020, 1022.
1335 BGH, Urteil v. 05.02.2013 – X ZR 59/12, GRUR 2013, 498, 499 (Rn. 20 f.) – *Genveränderungen*; *Kraßer/Ann*, Patentrecht, § 21 Rn. 145; *Bartenbach/Volz*, Arbeitnehmererfindungsgesetz, § 42 n. F., Rn. 170 m. w. N.; *Boemke/Sachadae*, in: Boemke/Kursawe, ArbNErfG, § 42, Rn. 140; **a. A.** *Heerma/Maierhöfer*, GRUR 2010, 682, 685 ff. Zur Problematik des möglicherweise fehlenden Kausalitätszusammenhangs bei nachträglicher Übernahme bzw. Erstattung der Schutzrechts- oder Entwicklungskosten durch einen Dritten siehe unten Kapitel 3. § 8 A. IV. 2. d. (S. 405).
1336 BGH, Urteil v. 05.02.2013 – X ZR 59/12, GRUR 2013, 498, 499 (Rn. 27) – *Genveränderungen*.

(2) Problemfall: kostenlose Lizenzvergaben

Ähnlich wie im Fall des Patent- oder Erfindungsverkaufs mit fehlender Kaufpreisvereinbarung, kann es auch bei einer Lizenzvergabe an Einnahmen i. S. d. § 42 Nr. 4 ArbNErfG offensichtlich fehlen, wenn die Hochschule kostenlose Lizenzen vergibt und entsprechende Lizenzgebühren ausbleiben. Die Problematik der kostenlosen Lizenzvergabe ist rechtlich nicht anders zu beurteilen als der Patent- oder Erfindungsverkauf ohne Kaufpreisvereinbarung, da es im Fall fehlender Lizenzgebühren auch hier allein auf den Zufluss anderweitiger geldwerter Vorteile wie die nachträgliche Übernahme von Schutzrechts- oder Entwicklungskosten, sonstige Einmalzahlungen oder die Überlassung von Nutzungsrechten ankommt, die der Hochschule durch die Lizenzvergabe zukommen.[1337] Für die Auswirkungen der kostenlosen Lizenzvergabe auf den Vergütungsanspruch des Hochschulbeschäftigten wird insofern auf die vorstehenden Ausführungen verwiesen.

cc. Austausch von Lizenzen

Als Unterfall der Lizenzvergabe kann eine Verwertung i. S. d. § 42 Nr. 4 ArbNErfG auch durch den Austausch von Lizenzen erfolgen. Im Fall des Lizenzaustauschs vereinbaren die Parteien des Lizenzvertrages als Gegenleistung des Lizenznehmers nicht die Zahlung einer Lizenzgebühr, sondern seinerseits die Einräumung von Nutzungsrechten zugunsten des Lizenzgebers.[1338] Es findet ein gegenseitiger Austausch von Lizenzen ohne Geldzahlungen statt. Schwierigkeiten ergeben sich insoweit im Hinblick auf die Bewertung des der Hochschule zufließenden Vermögenswerts.

Die Bestimmung der durch einen Lizenzaustausch erzielten Bruttoeinnahmen i. S. d. § 42 Nr. 4 ArbNErfG wird nicht einheitlich beurteilt. Zum einen könnte in Anlehnung an Nr. 17 der Vergütungsrichtlinien zum ArbNErfG der Gesamtnutzen des Lizenzaustauschvertrags für die Hochschule zugrunde zu legen sein, sodass auf die Bruttoeinnahmen bzw. Vermögensvorteile abzustellen ist, die der Hochschule durch die eingetauschte Lizenz erwachsen.[1339] Der Hochschulbeschäftigte erhielte 30 % dieser durch die eingetauschte Lizenz erzielten Einnahmen. Um zu verhindern,

---

1337 Siehe die Nachweise in den Fn. 1333, 1334 (S. 389) und Fn. 1376 (S. 405).
1338 Dazu siehe Kapitel 3. § 8 A. III. 4. b. cc. (2) (c), (S. 341).
1339 So *Bartenbach/Volz*, Arbeitnehmererfindungsgesetz, § 42 n. F., Rn. 170.

dass der Hochschulerfinder im Ergebnis gegebenenfalls schlechter gestellt wird als bei der Zahlung einer einmaligen Lizenzgebühr, könnte zum anderen als Ersatz der ausbleibenden Lizenzgebühr der Bruttowert der empfangenen Lizenz im Wege der Schätzung gem. der ArbNErf-RL Nr. 17 i. V. m. ArbNErf-RL Nr. 13 ermittelt werden und dieser dem 30 %-igen Anteil des Hochschulbeschäftigten zugrunde zu legen sein.[1340]

Bei einer Vergütungsberechnung anhand des Nettoprinzips sind ebenfalls beide Ermittlungswege denkbar. Von den ermittelten Einnahmen sind die der Hochschule durch die Verwertung entstehenden Kosten abzuziehen. Der Hochschulbeschäftigte erhält demnach 30 % der um die Schutzrechtskosten gekürzten Einnahmen, die der Hochschule aus der eingetauschten Lizenz zukommen bzw. 30 % des um die Schutzrechtskosten gekürzten Bruttowertes der empfangenen Lizenz, sozusagen also des Nettowerts der eingetauschten Lizenz.

Wird die Vergütung des Hochschulerfinders anhand des modifizierten Nettoprinzips errechnet, ergeben sich Unterschiede zum herkömmlichen Nettoprinzip lediglich dahingehend, dass die Schutzrechtskosten nicht vollumfänglich, sondern lediglich in Höhe von 30 % von den erzielten Einnahmen abgezogen werden können. Hinsichtlich der Ermittlung der Einnahmen ergeben sich keinerlei Unterschiede.

dd. Ausgründung bzw. Unternehmensbeteiligung

Wie im Rahmen der Definitionsbestimmung des Verwertungsbegriff zuvor festgestellt, handelt es sich auch bei einer Unternehmensbeteiligung der Hochschule um eine Verwertung i. S. d. § 42 Nr. 4 ArbNErfG.[1341] Die Ermittlung der durch die Unternehmensbeteiligung erzielten Einnahmen gestaltet sich ähnlich schwierig wie im Fall des Lizenzaustausches, da die Hochschule für das Einbringen eines Patentes in die Gesellschaft als Sacheinlage im Gegenzug lediglich Gesellschaftsanteile statt unmittelbarer Geldzahlungen erhält. Es stellt sich die Frage, worin bei einer Verwertung durch eine Ausgründung die erzielten Einnahmen zu sehen sind.

Hinsichtlich der Bruttoberechnung liegen die Situationen ähnlich: Während bei einem Lizenzaustausch eine eigene Lizenz gegen eine fremde Lizenz getauscht wird, tauscht die Hochschule bei der Ausgründung ein

---

1340 So *Bergmann*, Erfindungen von Hochschulbeschäftigten nach der Reform von § 42 ArbNErfG, Rn. 564.
1341 Siehe oben Kapitel 3. § 8 A. III. 4. b. cc. (2) (d), (S. 341).

Kapitel 3. Vergütungsansprüche des Hochschulbeschäftigten im Arbeitnehmererfinderrecht

Patent gegen eine Unternehmensbeteiligung. Parallel laufend zur Einnahmenbestimmung bei Lizenzaustauschverträgen bieten sich daher auch bei der Ermittlung der Einnahmen durch eine Ausgründung der Hochschule zwei Möglichkeiten. Entweder wird auf die Einnahmen abgestellt, die aus Beteiligungserträgen und aus dem Verkauf von Gesellschaftsanteilen tatsächlich erzielt werden[1342] oder es ist der Bruttowert der Unternehmensbeteiligung entsprechend ArbNErf-RL Nr. 17 i. V. m. ArbNErf-RL Nr. 13 zu schätzen. Von dem jeweils ermittelten Betrag erhält der Hochschulbeschäftigte eine Vergütung in Höhe von 30 %.

Erfolgt die Berechnung der Vergütung im Wege des Nettoprinzips ergeben sich die gleichen Schwierigkeiten bei der Ermittlung der durch die Unternehmensbeteiligung erzielten Einnahmen. Hinsichtlich der Wege der Ermittlung geben sich keinerlei Unterschiede zur Bruttoberechnung. Unterschiede zeigen sich allerdings in der Höhe der für die Vergütungsberechnung anzusetzenden Einnahmen. Die ermittelten Einnahmen sind um die Schutzrechtskosten zu kürzen. Die Vergütung des Hochschulbeschäftigten beträgt demnach entweder 30 % der um die Schutzrechtskosten gekürzten tatsächlich erzielten Einnahmen aus Beteiligungserträgen und aus dem Verkauf von Gesellschaftsanteilen oder 30 % des Nettowerts der Unternehmensbeteiligung.

Die Vergütungsberechnung im Wege des modifizierten Nettoprinzips führt lediglich zu Unterschieden in der Höhe der abzugsfähigen Schutzrechtskosten. Die auf den verschiedenen Wegen ermittelten Einnahmen sind um 30 % der Schutzrechtskosten zu kürzen. Der Hochschulbeschäftigte erhält 30 % des errechneten Betrags.

ee. Innerhochschulische Eigennutzung

Die innerbetriebliche Nutzung einer Erfindung stellt nicht nur im allgemeinen Arbeitnehmererfinderrecht, sondern auch bei Erfindungen im Hochschulbereich eine Verwertung i. S. d. § 42 Nr. 4 ArbNErfG dar.[1343] So liegt eine Verwertung der Hochschulerfindung z. B. auch dann vor, wenn

---

1342 *Kohler/Beyer*, in: Asche/Bauhus/Kaddatz/Seel (Hrsg.), Modernes Patentbewusstsein in Hochschulen, S. 79, 91 sowie Bundesministerium für Bildung und Forschung, Existenzgründungen mit Hochschulpatenten, S. 41, abrufbar im Internet unter: http://www.exist.de/SharedDocs/Downloads/DE/Studien/Existenzgr uendungen-Hochschulpatenten.pdf?__blob=publicationFile, zuletzt abgerufen am 19.04.2020.
1343 Siehe oben Kapitel 3. § 8 A. III. 4. b. cc. (1) (a) (bb), (S. 333).

die Hochschule die Erfindung nicht veräußert, sondern im eigenen Laborbetrieb zwecks weiterer Forschung einsetzt.[1344]

(1) Einnahmen bei innerhochschulischer Nutzung

Ebenso wie in den beiden zuvor besprochenen Fallgruppen, fehlt es auch im Fall der hochschulinternen Nutzung der Erfindung an Geldleistungen infolge der Verwertung. Schwierigkeiten hinsichtlich der Berechnung des Vergütungsanspruchs des Hochschulerfinders ergeben sich vor allem dahingehend, dass es an einer Gegenleistung *von außen* fehlt, die als Einnahme i. S. d. § 42 Nr. 4 ArbNErfG qualifiziert werden könnte. Weitestgehend unverständlich ist jedoch, warum hieraus in der Literatur teilweise abgeleitet wird, dass es an Einnahmen i. S. d. § 42 Nr. 4 ArbNErfG gänzlich fehle und man sich diverser Hilfskonstruktionen wie einer fiktiven Einnahmenberechnung mithilfe des allgemeinen Arbeitnehmererfinderrechts bedient, um dennoch zu einem Vergütungsanspruch des Hochschulbeschäftigten zu gelangen.[1345] Denn im Grunde liegt der Fall nicht anders als bei den Verwertungsformen des Lizenzaustausches und der Unternehmensbeteiligung, in denen es ebenfalls an einem Zufluss von Geldleistungen mangelt.

Der einzige Unterschied liegt darin begründet, dass es im Fall der innerbetrieblichen Eigennutzung nicht nur an Geldleistungen, sondern gänzlich an einer Gegenleistung *von außerhalb* fehlt. Klarstellend sei erneut angemerkt, dass es sich bei der innerbetrieblichen Eigennutzung nicht etwa um eine Preisgabe der Erfinderrechte ohne *jedwede* Gegenleistung handelt, die nach hier vertretener Auffassung schon nicht als Verwertung angesehen werden könnte. Wie bereits erörtert ist die hochschulische Eigennutzung der Erfindung vielmehr vergleichbar mit der Übertragung der Erfindung an einen Industriepartner ohne Gegenleistung in Geld, der aber die hochschulische Absicht einer wirtschaftlichen Nutzziehung durch die Erlangung sonstiger Vermögensvorteile innewohnt und damit als Verwertung i. S. d. § 42 Nr. 4 ArbnErfG zu begreifen ist.[1346] Es fehlt schlichtweg lediglich an einer Gegenleistung *von außen*, die von den Befürwortern in der Literatur durch Ablehnung tatsächlicher Einnahmen i. S. d. § 42 Nr. 4

1344 *Bartenbach/Volz*, Arbeitnehmererfindungsgesetz, § 42 n. F., Rn. 160.
1345 *Bergmann*, Erfindungen von Hochschulbeschäftigten nach der Reform von § 42 ArbNErfG, Rn. 549 ff.; *Soudry*, Die Rechtsstellung des Hochschulerfinders nach der Neufassung von § 42 ArbNErfG, S. 160 f.
1346 Vgl. hierzu oben Kapitel 3. § 8 A. III. 4. b. cc. (1) (a) (bb), (S. 333).

ArbNErfG zwar implizit verlangt wird, jedoch nicht als Voraussetzung in den Einnahmenbegriff hineingelesen werden kann. Denn soweit die Einnahmen als „Vermögenswerte, die der Hochschule durch die Verwertung zufließen" definiert werden, ist nicht erkennbar, warum nicht auch die der Hochschule durch die innerbetriebliche Nutzung der Erfindung erwachsenden Vermögensvorteile als Einnahmen angesehen werden können. Immerhin handelt es sich auch bei diesen um Vermögenswerte, die der Hochschule durch die Verwertung zufließen. Alles Übrige muss der Beurteilung des Kausalitätsmerkmals vorbehalten bleiben.

Die Ablehnung tatsächlicher Einnahmen aufgrund fehlender Gegenleistungen von außen wartet zudem mit einer offensichtlichen Inkonsequenz auf: Wird eine Erfindung durch die Hochschule intern genutzt, fehlt es immer an Einnahmen von außen. Begreift man die innerbetriebliche Eigennutzung durch die Hochschule aber als Verwertung i. S. d. § 42 ArbNErfG, weil eine wirtschaftliche Nutzziehung durch die Hochschule beabsichtigt ist, erscheint es nicht sinnvoll, sich im Fall der hochschulinternen Nutzung stets diverser Hilfskonstruktionen zur Vergütungsberechnung bedienen zu müssen. Dann wäre es logischer, die hochschulinterne Nutzung gar nicht erst als Verwertung i. S. d. § 42 Nr. 4 ArbNErfG zu qualifizieren und so den Weg für Vergütungsansprüche des Hochschulerfinders aus dem allgemeinen Arbeitnehmererfinderrecht frei zu halten.[1347]

Wird die hochschulinterne Eigennutzung der Erfindung aber richtigerweise als Verwertung angesehen, erscheint es sinnvoller, der Berechnung der Vergütung des Hochschulerfinders die der Hochschule aus der innerbetrieblichen Nutzung der Erfindung erwachsenden Vermögensvorteile als Einnahmen zugrunde zu legen. Offen bleibt die Frage, wie diese Vermögensvorteile wirtschaftlich zu bewerten sind, um den Vergütungsanspruch beziffern zu können.

(2) Einnahmen nach den verschiedenen Berechnungsmethoden

Wird die Vergütung des Hochschulbeschäftigten de lege lata nach dem Bruttoprinzip berechnet, können zur Ermittlung der Einnahmen die

---

1347 So wohl bei *Hübner*, Erfindungen von Beschäftigten an Hochschulen, S. 63, der eine Verwertung im Fall der hochschulinternen Nutzung ablehnt und dem Hochschulbeschäftigten einen Vergütungsanspruch aus § 9 ArbNErfG zuspricht.

Grundsätze zum Erfindungswert als Maßstab herangezogen werden[1348]: Werden durch die innerbetriebliche Nutzung Umsätze erzielt, bietet sich zur Berechnung die Lizenzanalogie gem. Nr. 6 ff. der Vergütungsrichtlinien an; führt die Nutzung lediglich zu innerbetrieblichen Auswirkungen, kann eine Berechnung anhand der Methode des erfassbaren betrieblichen Nutzens gem. ArbNErf-RL Nr. 12 erfolgen.[1349] Anders als nach den Vergütungsrichtlinien vorgesehen, ist bei der Ermittlung des Erfindungswerts allerdings vom Brutto-Nutzen auszugehen. Anteilig hiervon erhält der Hochschulbeschäftigte eine Vergütung in Höhe von 30 %.[1350]

Die in der Literatur vorgeschlagenen Berechnungen kommen zum selben Ergebnis, wenn auch auf dogmatisch unsauberem Wege. Sowohl für eine fiktive Einnahmenbestimmung[1351] als auch für eine (sich inhaltlich davon nicht unterscheidende) kombinierte Anwendung von § 42 Nr. 4 ArbNErfG und §§ 9 ff. ArbNErfG i. V. m. mit den Vergütungsrichtlinien[1352] sei die Ermittlung des Erfindungswertes anhand der Vergütungsrichtlinien erforderlich, wobei aufgrund der Wertungen des § 42 Nr. 4 ArbNErfG der Brutto-Nutzen zugrunde zu legen sei.

Findet demgegenüber zur Vergütungsberechnung das Nettoprinzip Anwendung, sind die Einnahmen ebenfalls anhand des Erfindungswerts zu ermitteln. Allerdings ist vom Netto-Nutzen der Erfindung auszugehen, dass bedeutet, die der Hochschule durch die Verwertung entstandenen Kosten sind abzuziehen. Von dem auf diesem Wege ermittelten Betrag erhält der Hochschulbeschäftigte einen 30 %-igen Anteil.

In der Praxis mögen die Unterschiede der Berechnungsmethoden im Fall der Verwertung durch innerbetrieblichen Einsatz der Erfindung deutlich niedriger ausfallen als dies bei den anderen Verwertungsarten der Fall sein wird. Grund dafür dürften die aufgrund der zum Teil fehlenden Pa-

---

1348 *Bartenbach/Volz*, Arbeitnehmererfindungsgesetz, § 42 n. F., Rn. 172; *Boemke/Sachadae*, in: Boemke/Kursawe, ArbNErfG, § 42, Rn. 141; so i. E. auch *Bergmann*, Erfindungen von Hochschulbeschäftigten nach der Reform von § 42 ArbNErfG, Rn. 551; *Soudry*, Die Rechtsstellung des Hochschulerfinders nach der Neufassung von § 42 ArbNErfG, S. 160 f.
1349 *Bartenbach/Volz*, Arbeitnehmererfindungsgesetz, § 42 n. F., Rn. 172; *Boemke/Sachadae*, in: Boemke/Kursawe, ArbNErfG, § 42, Rn. 141.
1350 Siehe auch *Soudry*, Die Rechtsstellung des Hochschulerfinders nach der Neufassung von § 42 ArbNErfG, S. 161; *Bartenbach/Volz*, Arbeitnehmererfindungsgesetz, § 42 n. F., Rn. 178.
1351 So die Formulierung bei *Bergmann*, Erfindungen von Hochschulbeschäftigten nach der Reform von § 42 ArbNErfG, Rn. 551.
1352 So die Formulierung bei *Soudry*, Die Rechtsstellung des Hochschulerfinders nach der Neufassung von § 42 ArbNErfG, S. 161.

tentanmeldung der Hochschule ohnehin nicht entstehenden Schutzrechtskosten sein.

Hinsichtlich der Berechnung der Hochschulerfindervergütung anhand des modifizierten Nettoprinzips ergeben sich wie auch in den anderen Fallgruppen Unterschiede zum Nettoprinzip nur hinsichtlich der Höhe der Erfindervergütung. Statt eines umfassenden Abzugs der Kosten, die der Hochschule durch den Einsatz der Erfindung entstehen, wird der Hochschulbeschäftigte nur zu 30 % an diesen beteiligt, sodass von dem durch die Vergütungsrichtlinien ermittelten Wert der Erfindung 30 % der Verwertungskosten abzuziehen sind. Der Hochschulbeschäftigte erhält 30 % des auf diese Weise ermittelten Betrags.

ff. Halten von Patenten zu Werbezwecken

Schließlich fällt auch das Halten von Patenten zu Werbezwecken unter den Verwertungsbegriff des § 42 Nr. 4 ArbNErfG.[1353] Offenbleiben musste im Rahmen der Bestimmung des Verwertungsbegriffs, ob der Hochschule durch den Einsatz eines Patentes zu Werbezwecken auch Einnahmen zukommen. Ebenso wie im Rahmen des innerbetrieblichen Einsatzes der Erfindung, fehlt es in diesem Fall sowohl an Geldleistungen, als auch an einer sonstigen Gegenleistung *von außerhalb*.

Dies führt zunächst zwangsläufig zu dem Gedanken, die gleichen Grundsätze zur Berechnung der Vergütung wie im Fall der hochschulinternen Erfindungsnutzung zugrunde zu legen. Probleme ergeben sich jedoch dahingehend, dass die Ermittlung des Erfindungswertes kaum möglich sein dürfte. Hält die Hochschule Patente lediglich, um ihre Reputation zu erhöhen und mithilfe des steigenden Ansehens vermehrt Drittmittel aus der Industrie für Folgeprojekte einzuwerben, fehlt es an unmittelbaren Vermögensvorteilen, die der Hochschule durch das Halten des Patents erwachsen. Insofern mangelt es bei dem reinen Halten von Patenten zu Werbezecken an Einnahmen i. S. d. § 42 Nr. 4 ArbNErfG. Obgleich es sich um einen Fall der Verwertung handelt, scheidet ein Vergütungsanspruch des Hochschulerfinders aus § 42 Nr. 4 ArbNErfG regelmäßig aus. Eine Differenzierung der verschiedenen Berechnungsmethoden wird mithin obsolet.

Gerade im Vergleich zu den Ausführungen zur innerhochschulischen Eigennutzung der Erfindung, mag dieses Ergebnis auf den ersten Blick seltsam anmuten. Wird das Halten von Patenten als Verwertung i. S. d.

1353 Vgl. oben Kapitel 3. § 8 A. III. 4. b. cc. (1) (b), (S. 336).

§ 42 Nr. 4 ArbNErfG anerkannt und gleichzeitig festgestellt, dass es an Einnahmen regelmäßig fehlt, führt das Halten von Patenten zwangsläufig zu einem Ausbleiben einer Vergütung des Hochschulbeschäftigten, dessen Anspruch sich abhängig von den Einnahmen bemisst. Ein konzeptioneller Ausschluss der Hochschulerfindervergütung erscheint jedoch mit dem Sinn und Zweck von § 42 Nr. 4 ArbNErfG nicht vereinbar, soweit dem Hochschulbeschäftigten nicht auch aus anderen Vorschriften heraus eine Vergütung zustehen kann. Ist der Tatbestand der Verwertung wie beim Halten von Patenten erfüllt, sperrt § 42 Nr. 4 ArbNErfG allerdings grundsätzlich die allgemeine Vergütungsvorschrift des § 9 ArbNErfG. In der Konsequenz erschiene es unhaltbar, das Halten von Patenten als Verwertung i. S. d. § 42 ArbNErfG anzuerkennen, wenn eine Vergütung des Hochschulbeschäftigten sowohl nach § 42 Nr. 4 ArbNErfG als auch aus den allgemeinen Vergütungsvorschriften ausgeschlossen wird. Zu Recht wurde aber bereits darauf hingewiesen, dass die Sperrwirkung des § 42 Nr. 4 ArbNErfG nur dann eintreten kann, wenn die Einnahmen *unerwartet* ausbleiben bzw. lediglich gering ausfallen. Hat sich die Hochschule um eine erfolgreiche Verwertung bemüht, die aber nicht den gewünschten Erfolg mit sich bringt, erhält der Hochschulbeschäftigte, der nach der oben entwickelten „Lösung der gerechten Risikoverteilung" am Risiko der Verwertung zu beteiligen ist, nur eine geringe bis gar keine Vergütung. Ein Rückgriff auf die allgemeine Vergütungsvorschrift des § 9 ArbNErfG ist dann nicht möglich.[1354] Verwertet die Hochschule die Erfindung hingegen im vollen Bewusstsein der ausbleibenden Einnahmen, gerät die angemessene Risikoverteilung ins Wanken und die Sperrwirkung kann nicht aufrechterhalten werden. So verhält es sich bei dem Halten von Patenten zu Werbezwecken: Die Hochschule, die zur Steigerung der Reputation Patente in dem Wissen hält, keine unmittelbaren Einnahmen von außen durch die Verwertung zu erzielen, verzichtet absichtlich auf die möglichen Einnahmen der Verwertung. Insoweit bedarf sie anders als im Fall der unbeabsichtigt ausbleibenden Einnahmen keines Schutzes und der Weg über einen Vergütungsanspruch des Hochschulbeschäftigten aus § 9 ArbNErfG bleibt offen, wodurch die angeführten Bedenken zerstreut werden.

1354 Vgl. zur „Lösung der gerechten Risikoverteilung" oben Kapitel 3. § 8 A. I. 2. b. (S. 231).

gg. Besonderheiten bei Forschungs- und Entwicklungsverträgen

Besondere Schwierigkeiten kann die Beurteilung von der Hochschule zufließenden Vermögenswerten aufgrund ihrer Vielschichtigkeit im Zusammenhang mit Forschungs- und Entwicklungsverträgen bereiten.

In Frage steht vor allem, ob eine in einem Forschungs- und Entwicklungsvertrag vereinbarte Projektsumme, die der Industriepartner der Hochschule unabhängig von der jeweiligen Erfindung zahlt, als Einnahme i. S. d. § 42 Nr. 4 ArbNErfG deklariert werden kann. Dies erweist sich vor dem Hintergrund als problematisch, dass die gezahlte Projektsumme regelmäßig nur die Personal- und Sachmittelkosten deckt, die durch die Entwicklung der Erfindung anfallen.[1355] Insofern könnte es bei einem solchen *"finanziellen Nullsummenspiel"*[1356] an einem der Hochschule tatsächlich zufließenden Vermögenswert fehlen. Einem solchen Einwand werden jedoch zu Recht gewichtige Argumente entgegengebracht. Zum einen liegt bei der Zahlung einer Projektsumme durch den Industriepartner ein tatsächlicher Vermögenszufluss bei der Hochschule vor; dessen Verwendung spielt für die Beurteilung des Einnahmenbegriffes keine Rolle. Des Weiteren führt der Gedanke eines finanziellen Nullsummenspiels in die Irre. Zwar bleibt eine tatsächliche Nettogelderhöhung der Hochschule möglicherweise aus, dennoch spart die Hochschule die ansonsten selbst zu tragenden Entwicklungskosten durch die vom Industriepartner geleistete Projektsumme ein. Dies stellt in jedem Fall einen Vermögenszuwachs der Hochschule dar. Im Ergebnis ist deshalb auch eine im Forschungs- und Entwicklungsvertrag vereinbarte Projektsumme als Einnahme i. S. d. § 42 Nr. 4 ArbNErfG zu begreifen.[1357]

e. Fazit zum Einnahmenbegriff

Die Vergütung des Hochschulerfinders ist abhängig von den Einnahmen, die die Hochschule im Zuge der Verwertung erzielt. Der Begriff der Einnahmen ist im ArbNErfG nicht definiert und wird im Gegensatz zum Be-

---

1355 *Stallberg*, GRUR 2007, 1035, 1036.
1356 *Stallberg*, GRUR 2007, 1035, 1037.
1357 Zu diesem Absatz siehe *Stallberg*, GRUR 2007, 1035, 1037; so i. E. auch *Boemke/Sachadae*, in: Boemke/Kursawe, ArbNErfG, § 42, Rn. 144. Zur Problematik der Kausalität zwischen der Verwertung und der Zahlung einer Projektsumme siehe Kapitel 3. § 8 A. IV. 2. b. bb. (S. 402).

griff des Ertrags erstmals und einmalig in § 42 Nr. 4 ArbNErfG verwendet. Insoweit muss der Einnahmenbegriff näher bestimmt werden. Im Sinne eines weiten Verständnisses sind unter Einnahmen alle Vermögenswerte zu verstehen, die kausal auf die Verwertungshandlung der Hochschule zurückzuführen sind.

Bezüglich der Bemessung der Vergütung geht das Gesetz in § 42 Nr. 4 ArbNErfG vom sog. Bruttoprinzip aus. Das bedeutet, dass die pauschale Vergütung des Hochschulerfinders anhand der ungekürzten Bruttoeinnahmen der Hochschule berechnet wird. Demgegenüber wird in der Literatur zum Teil die Festschreibung des sog. Nettoprinzips befürwortet, wonach die Bruttoeinnahmen zunächst um die der Hochschule angefallenen Schutzrechtskosten zu kürzen sind, bevor der Hochschulbeschäftigte 30 % des auf diese Weise errechneten Betrags als Vergütung erhält. Hierdurch soll der Gefahr der häufig auftretenden Verlustgeschäfte der Hochschulen begegnet werden. Vorliegend wurde allerdings eine wesentliche Modifikation des herkömmlichen Nettoprinzips vorgenommen und das sog. „modifizierte Nettoprinzip" entwickelt. Unter besonderer Berücksichtigung des hinter § 42 Nr. 4 ArbNErfG stehenden gesetzgeberischen Zwecks hat eine Betrachtung der gerechten Risikenverteilung ergeben, dass der Hochschulbeschäftigte am Verwertungsrisiko zu 30 % zu beteiligen ist. Demzufolge sind die Schutzrechtskosten nicht in voller Höhe von den Bruttoeinnahmen abzuziehen, sondern es erfolgt lediglich ein Abzug der Kosten in Höhe von 30 %. Für die Vergütung des Hochschulbeschäftigten ergibt sich damit folgende Formel:

$$Vergütung = 0{,}3 \times (Einnahmen - 0{,}3 \times Ausgaben)$$

Ausgehend von dieser allgemeinen Berechnungsformel, ist die Art und Höhe der Einnahmen im Einzelnen abhängig von der jeweiligen Art der Verwertung.

2. Kausalität der Einnahmen („durch")

Eine von den Einnahmen abhängige Vergütung erhält der Hochschulerfinder nur dann, wenn die Einnahmen *durch* die Verwertung erzielt wurden. Liegt eine Verwertung der Diensterfindung durch die Hochschule vor und erlangt diese Einnahmen, so stellt sich die Frage, ob die erzielten Einnahmen kausal auf die jeweilige Verwertungshandlung zurückzuführen sind.[1358] Im Sinne der Äquivalenztheorie ist die Verwertung kausal für die Einnahmen, wenn die Verwertungshandlung nicht hinweggedacht werden kann, ohne dass die zugeflossenen Vermögenswerte entfielen.[1359] Nicht ausreichend hingegen ist eine bloße Ursächlichkeit zwischen den Einnahmen und der Diensterfindung; es kommt entscheidend auf die Verwertung der Erfindung an.[1360] Letztlich ist das Merkmal der Kausalität Ausdruck des Allgemeinen Vergütungsgrundsatzes.[1361]

a. Grundlagen – Zeitliche und hypothetische Komponente der Kausalität

Die erzielten Erlöse müssen in zweierlei Hinsicht aus der Verwertungshandlung resultieren. Zunächst können die Einnahmen nur durch die Verwertung erzielt worden sein, wenn die zu beurteilenden Einnahmen der Verwertungshandlung zeitlich nachgelagert sind. Dies lässt sich nur zweifelsfrei feststellen, wenn Verwertungs- und Einnahmezeitpunkt klar bestimmbar sind. Neben einer solchen zeitlichen Komponente der Kausalität muss auch das hypothetische Moment der Ursächlichkeit gegeben sein. Ein Kausalzusammenhang liegt danach nur vor, wenn die Einnah-

---

1358 Vgl. BGH, Urteil v. 05.02.2013 – X ZR 59/12, GRUR 2013, 498, 499 (Rn. 16, 23) – *Genveränderungen*; *Heerma/Maierhöfer*, GRUR 2010, 682, 686; *Stallberg*, GRUR 2007, 1035, 1037; *Weyand/Haase*, GRUR 2007, 28; *Weyand/Haase*, GRUR 2007, 28, 32; *Kraßer/Ann*, Patentrecht, § 21 Rn. 143; *Bartenbach/Volz*, Arbeitnehmererfindungsgesetz, § 42 n. F., Rn. 174; *Boemke/Sachadae*, in: Boemke/Kursawe, ArbNErfG, § 42, Rn. 139, 146; *Gennen*, in: MAH-Arbeitsrecht, § 16, Rn. 187; *Leuze*, in: Reimer/Schade/Schippel, ArbNErfG, § 42 n. F., Rn. 40.
1359 *Heerma/Maierhöfer*, GRUR 2010, 682, 686; *Stallberg*, GRUR 2007, 1035, 1037; insoweit ungenau *Boemke/Sachadae*, in: Boemke/Kursawe, ArbNErfG, § 42, Rn. 146, die auf die Erfindung statt auf die Verwertung abstellen.
1360 BGH, Urteil v. 05.02.2013 – X ZR 59/12, GRUR 2013, 498, 499 (Rn. 16, 23) – *Genveränderungen*; *Bergmann*, Erfindungen von Hochschulbeschäftigten nach der Reform von § 42 ArbNErfG, Rn. 539; *Bartenbach/Volz*, Arbeitnehmererfindungsgesetz, § 42 n. F., Rn. 167; insoweit missverständlich lediglich von der Kausalität der Diensterfindung sprechend *Weyand/Haase*, GRUR 2007, 28, 32; *Kraßer/Ann*, Patentrecht, § 21 Rn. 143; *Gennen*, in: MAH-Arbeitsrecht, § 16, Rn. 187; *Leuze*, in: Reimer/Schade/Schippel, ArbNErfG, § 42 n. F., Rn. 40; aufgrund der Verweise offensichtlich unbewusst, aber richtig bei *Boemke/Sachadae*, in: Boemke/Kursawe, ArbNErfG, § 42, Rn. 146.
1361 *Stallberg*, GRUR 2007, 1035, 1037 (Fn. 24); *Bartenbach/Volz*, Arbeitnehmererfindungsgesetz, § 42 n. F., Rn. 167. Zum Allgemeinen Vergütungsgrundsatz siehe oben Kapitel 3. § 7 B. I. 1. (S. 182).

§ 8 Die Vergütungsansprüche des Hochschulerfinders

men tatsächlich notwendige Folge der Verwertungshandlung, also durch die Verwertung bedingt sind.[1362]

Im Grundsatz bereitet die Feststellung der Kausalität der Verwertungshandlung für die Verwertungserlöse kaum Schwierigkeiten. Dennoch gibt es spezielle Fallkonstellationen, insbesondere im Zusammenhang mit Forschungs- und Entwicklungsverträgen, die die Beurteilung der Kausalität nicht unproblematisch erscheinen lassen (b. bis e.).

b. Übertragungsklauseln in Forschungs- und Entwicklungsverträgen

Ob die notwendige Ursächlichkeit gegeben ist, wird vor allem im Fall der sog. Vorabübertragung nicht einheitlich beurteilt. Von einer Vorabübertragung wird gesprochen, wenn in einem Forschungs- und Entwicklungsvertrag zwischen der Hochschule und einem Industrieunternehmen eine Übertragungsklausel vereinbart wird, mittels derer etwaige Erfindungen noch vor ihrer Fertigstellung auf den Industriepartner, meist gegen die Zahlung einer Projektsumme und die Vereinbarung einer Vergütungsklausel, übertragen werden.[1363]

aa. Vergütungsklauseln

Wird eine positive Vergütungsklausel vereinbart, trifft die Hochschule mit dem Partner aus der Industrie Regelungen dahingehend, dass dieser im Fall des Übergangs einer Erfindung ein entsprechendes Entgelt zahlt. Die aufgrund einer solchen Vergütungsklausel gezahlten Entgelte können unproblematisch als auf der Verwertung beruhende Einnahmen der Hochschule begriffen werden. Da die Vergütungsklausel dann zum Tragen kommt, wenn die Erfindung durch die Hochschule übertragen wird, eine Verwertungshandlung im Fall einer vereinbarten Übertragungsklausel aber bereits spätestens mit der Inanspruchnahme der Erfindung gegeben ist, liegt die aufgrund der Vergütungsklausel erfolgende Entgeltzahlung zeitlich stets nach der Verwertung. Zudem kommt die Vergütungsklausel

---

1362 Zu den beiden Komponenten der Kausalität siehe *Stallberg*, GRUR 2007, 1035, 1037 f.
1363 Zum Begriff der Vorabübertragung siehe *Stallberg*, GRUR 2007, 1035.

nur aufgrund der Übertragung der Erfindung zum Tragen, sodass auch das hypothetische Element der Kausalität erfüllt ist.[1364]

bb. Vereinbarung der Zahlung einer Projektsumme

Als deutlich schwieriger erweist sich jedoch die Beurteilung hinsichtlich der Kausalität einer vereinbarten Projektsumme.[1365] Eine Projektsumme wird von einem Industrieunternehmen bei Abschluss eines Forschungs- und Entwicklungsvertrags zwischen der Hochschule und dem Industrieunternehmen unabhängig von einer konkreten Erfindung gezahlt, die in der Regel die projektbezogenen Personal- und Sachmittel decken soll.[1366] Ob die Zahlung einer solchen Projektsumme kausal auf die Erfindungsübertragung zurückzuführen ist, wird in der juristischen Literatur nicht einheitlich beurteilt. Uneinigkeiten bestehen sowohl bezüglich der zeitlichen als auch im Hinblick auf die hypothetische Komponente der Ursächlichkeit.

(1) Problemkreise hinsichtlich der zeitlichen Komponente der Kausalität

Zum Teil wird davon ausgegangen, dass die Einnahmen in Form der Projektsumme der Erfindungsverwertung zeitlich vorgelagert seien und eine Kausalität schon aus diesem Grund abgelehnt werden müsse.[1367] Begründet wird diese Auffassung damit, dass die durch eine Übertragungsklausel vereinbarte Vorabübertragung der Erfindung erst im Zeitpunkt der Inanspruchnahme der Erfindung wirksam werde und auch erst ab diesem Zeitpunkt eine Verwertungshandlung vorliege, während die Zahlung der vereinbarten Projektsumme bereits zuvor erfolge.[1368]

Diese Auffassung verdient keine Zustimmung. Wie bereits im Rahmen des Verwertungsbegriffes erörtert, lässt sich die Verwertungsqualifikation

---

1364 Zu diesem Absatz *Stallberg*, GRUR 2007, 1035, 1038.
1365 Zur vorgelagerten Frage der Qualifikation einer Projektsumme als Einnahme i. S. d. § 42 Nr. 4 ArbNErfG siehe bereits oben Kapitel 3. § 8 A. IV. 1. d. gg. (S. 398).
1366 *Stallberg*, GRUR 2007, 1035.
1367 *Stallberg*, GRUR 2007, 1035, 1038; ähnlich auch *Gennen*, in: MAH-Arbeitsrecht, § 16, Rn. 187; offen gelassen bei *Boemke/Sachadae*, in: Boemke/Kursawe, ArbNErfG, § 42, Rn. 144.
1368 *Stallberg*, GRUR 2007, 1035, 1038.

zeitlich nicht an die Inanspruchnahme der Erfindung anknüpfen.[1369] Es wurde aufgezeigt, dass eine Verwertungshandlung bereits vor der Inanspruchnahme erfolgen kann. Um einer Missbrauchs- und Umgehungsgefahr durch die Hochschule wirksam begegnen zu können, müssen auch zeitlich vor der Inanspruchnahme liegende Verfügungen als Verwertungshandlungen qualifiziert werden können. Die Annahme, die Übertragung der Erfindung werde erst mit der durch die Inanspruchnahme begründeten Rechtsentstehung bei der Hochschule wirksam, impliziert, dass eine Verwertung per se nur in der Übertragung der Erfinderrechte gesehen werden könne.[1370] Wie zuvor umfassend dargelegt, ist eine Verwertung jedoch bereits in jeder Handlung der Hochschule zu sehen, die von der Absicht einer wirtschaftlichen Nutzziehung getragen wird.[1371] Aus diesem Grund stellt die in einer Übertragungsklausel vereinbarte Vorabübertragung durch die Hochschule auch ohne die Inhaberschaft der Erfinderrechte eine Verwertungshandlung dar. Eine Differenzierung zwischen der dinglichen Einigung i. S. d. §§ 398, 413 BGB und der Verfügungswirkung der Übertragungsklausel ist fruchtlos.[1372] Mithin erfolgt die Zahlung der Projektsumme zeitlich gesehen erst nach der Verwertungshandlung, sodass eine Kausalität in zeitlicher Hinsicht zu bejahen ist.

(2) Problemkreise hinsichtlich der hypothetischen Komponente der Kausalität

Weiterhin wird argumentiert, dass es darüber hinaus auch am hypothetischen Element der Kausalität fehle, indem die Leistungspflichten des Industriepartners nicht als Gegenleistung für die Erfindungsverwertung, sondern nur für die Verwertungschance vereinbart würden.[1373]

Auch dieses Verständnis ist nicht zutreffend, da es für die Beurteilung der Erfindungsverwertung nicht auf die Verwertungsmöglichkeiten des Industrieunternehmens, sondern auf die Verwertung durch die *Hochschule* ankommt.[1374] Die Hochschule verwertet die Erfindung nach den obigen Grundsätzen bereits dann, wenn sie in der Absicht wirtschaftlicher Nutz-

---

1369 Zur zeitlichen Anknüpfung des Verwertungsbegriffes siehe oben Kapitel 3. § 8 A. III. 4. b. aa. (S. 319).
1370 Sogar ausdrücklich bei *Stallberg*, GRUR 2007, 1035, 1038.
1371 Siehe dazu Kapitel 3. § 8 A. III. 4. b. bb. (2), (S. 326).
1372 So aber *Stallberg*, GRUR 2007, 1035, 1036.
1373 *Stallberg*, GRUR 2007, 1035, 1038.
1374 *Kraßer/Ann*, Patentrecht, § 21 Rn. 143 (Fn. 138).

Kapitel 3. Vergütungsansprüche des Hochschulbeschäftigten im Arbeitnehmererfinderrecht

ziehung über die Erfindung – unabhängig von ihrem Entstehungszeitpunkt – derart verfügt, dass sie diese auf den Industriepartner durch die Vereinbarung einer Übertragungsklausel verbunden mit der Zahlung einer Projektsumme vorab überträgt. Die infolgedessen durch das Industrieunternehmen geleistete Projektsumme ist somit durchaus durch die Verwertung der Erfindung durch die Hochschule bedingt, sodass eine Ursächlichkeit der Erfindungsverwertung für die erzielten Einnahmen auch in hypothetischer Hinsicht besteht.

c. Erstattungsklauseln in Forschungs- und Entwicklungsverträgen

Wesentlicher Bestandteil eines Forschungs- und Entwicklungsvertrags ist regelmäßig auch die Klärung der Frage, welche der Vertragsparteien die dem Hochschulerfinder nach dem Gesetz zustehende Vergütung zu tragen hat. Grundsätzlich fällt die Zahlung der Hochschulerfindervergütung aus § 42 Nr. 4 ArbNErfG der Hochschule zu. Durch eine Erstattungsklausel kann jedoch vereinbart werden, dass der Industriepartner die von der Hochschule an den Hochschulerfinder gezahlte Vergütung der Hochschule zu erstatten verpflichtet ist.[1375]

Die durch den Industriepartner auf eine Erstattungsverpflichtung gezahlte Summe erfolgt zeitlich zwar nachrangig gegenüber der Erfindungsverwertung, jedoch bleibt das hypothetische Element der Kausalität demgegenüber unerfüllt, sodass es an einer Ursächlichkeit der Erfindungsverwertung für den erstatteten Betrag insgesamt fehlt. Würde der der Hochschule zukommende Erstattungsbetrag als auf der Verwertung beruhende Einnahme verstanden, führte dies zu einem nicht endenden Vergütungsanspruch des Hochschulbeschäftigten, da dieser an dem Erstattungsbetrag als kausale Einnahmen beteiligt werden müsste, was zu einer erneuten, wiederum vergütungspflichtigen Erstattungszahlung führen würde. Schon allein aus diesem Grund ist ein Kausalzusammenhang im Fall der Erstattungsklausel denknotwendigerweise zu verneinen.

1375 Vgl. *Stallberg*, GRUR 2007, 1035, der auf die Erstattungsklausel jenseits der Klärung der Begrifflichkeit jedoch nicht weiter eingeht.

d. Nachträgliche Übernahme bzw. Erstattung von Schutzrechts- oder Entwicklungskosten

Es stellt sich die Frage, ob auch die nachträgliche Übernahme bzw. Erstattung von Schutzrechts- oder Entwicklungskosten durch einen Dritten als vermögenswerter Vorteil der Hochschule zu erachten ist. Während die nachträgliche Übernahme der Entwicklungskosten der Erfindung gemeinhin als Einnahme der Hochschule verstanden wird[1376], erfolgt die Beurteilung der nachträglich übernommenen Schutzrechtskosten nicht einheitlich. Großen Teilen der Literatur und der Rechtsprechung zufolge sollen auch diese unter die Einnahmen der Hochschule zu fassen sein.[1377] Demgegenüber wird teilweise danach differenziert, ob es sich um bis zum Abschluss des Lizenzvertrags oder erst nach Abschluss des Lizenzvertrags entstandene Schutzrechtskosten handelt. Die Übernahme der bis zum Zeitpunkt des Vertragsschlusses entstandenen Schutzrechtskosten könne als Einnahme i. S. d. § 42 Nr. 4 ArbNErfG angesehen werden. Dies rechtfertige sich unter anderem aus einem Vergleich mit der Erstattung der Entwicklungskosten durch den Industriepartner. In beiden Fällen handele es sich um Kosten, die der Hochschule unabhängig vom jeweiligen Forschungs- und Entwicklungsvertrag bzw. Lizenzvertrag entstanden sind und die Verwertung erst ermöglicht haben. Demgegenüber fehle es im Fall der Übernahme der erst nach Abschluss des Lizenzvertrags entstandenen Schutzrechtskosten vor allem an dem erforderlichen Kausalitätszusammenhang zwischen der Erfindungsverwertung und den Einnahmen. Unerheblich sei, ob der Lizenznehmer die Schutzrechtskosten direkt an die zuständigen Patentämter oder Patentanwälte zahlt oder der Hochschule die gezahlten Beträge erstattet, da auch bei einer direkten Übernahme die Hochschule von einer bestehenden Verbindlichkeit befreit und mithin einen geldwerten Vorteil erlangen würde.[1378]

1376 *Bartenbach/Volz*, GRUR 2002, 743, 756; *dies.*, Arbeitnehmererfindungsgesetz, § 42 n. F., Rn. 170 m. w. N.; *Boemke/Sachadae*, in: Boemke/Kursawe, ArbNErfG, § 42, Rn. 140; *Gennen*, in: MAH-Arbeitsrecht, § 16, Rn. 187.
1377 BGH, Urteil v. 05.02.2013 – X ZR 59/12, GRUR 2013, 498, 499 (Rn. 22 ff.) – *Genveränderungen*; *Kraßer/Ann*, Patentrecht, § 21 Rn. 145; *Bartenbach/Volz*, Arbeitnehmererfindungsgesetz, § 42 n. F., Rn. 170 m. w. N.; i. E. auch *Bergmann*, Erfindungen von Hochschulbeschäftigten nach der Reform von § 42 ArbNErfG, Rn. 540, die allerdings nicht hinreichend differenziert zwischen Entwicklungskosten und Schutzrechtskosten und lediglich pauschal von „Patentkosten" spricht. Gemeint sind wohl dennoch die Schutzrechtskosten.
1378 *Heerma/Maierhöfer*, GRUR 2010, 682, 685 ff.

Kapitel 3. Vergütungsansprüche des Hochschulbeschäftigten im Arbeitnehmererfinderrecht

Im Ergebnis ist dem BGH zuzustimmen, der in seiner Entscheidung *Genveränderungen* zum Ausdruck gebracht hat, dass es unerheblich sei, ob die vom Lizenznehmer übernommenen Kosten vor oder nach Abschluss des Lizenzvertrags entstanden sind. § 42 Nr. 4 ArbNErfG zufolge „*ist allein maßgeblich, ob zwischen der Verwertung des Patents und dem zugeflossenen Vermögensvorteil ein Kausalzusammenhang besteht. Ein solcher Zusammenhang besteht auch und gerade dann, wenn der Dienstherr auf Grund des Lizenzvertrags Inhaber weiterer Schutzrechte wird, ohne die hierfür anfallenden Kosten tragen zu müssen. Dies gilt auch dann, wenn der Dienstherr nach dem Lizenzvertrag zur Anmeldung und Aufrechterhaltung dieser Schutzrechte nicht nur berechtigt, sondern auch verpflichtet ist. Auch in dieser Konstellation fließt ihm der aus der Bestellung der Schutzrechte resultierende Vermögensvorteil zu.*"[1379]

e. Drittmittel i. S. d. § 25 HRG und sonstige Forschungsförderung

Keine auf der Verwertung kausal beruhende Einnahmen stellen Drittmittel i. S. d. § 25 HRG dar.[1380] Bei der aus Mitteln Dritter finanzierten Forschung erfolgen die Zahlungen zur Deckung der anfallenden Forschungs- und Entwicklungskosten. Anders als bei der nachträglichen Übernahme bzw. Erstattung von Entwicklungskosten[1381] werden derartige entwicklungsbezogene Drittmittel demnach von der Hochschule nicht für erbrachte erfinderische Leistungen eingenommen.[1382] Bei solchen bereits im Vorfeld übernommenen Kosten fehlt es an dem erforderlichen Kausalzusammenhang.[1383]

1379 BGH, Urteil v. 05.02.2013 – X ZR 59/12, GRUR 2013, 498, 499 (Rn. 23) – *Genveränderungen*; zust. *Keukenschrijver*, in: Busse/Keukenschrijver, PatG, § 42 ArbEG, Rn. 22.
1380 Zur Weitergeltung der Vorschriften des HRG auch nach Abschaffung der Rahmengesetzgebungskompetenz im Zuge der Förderalismusreform im Jahr 2006 siehe oben Kapitel 3. § 8 A. II. 1. b. bb. (2), (S. 259).
1381 Siehe hierzu soeben d.
1382 *Körting/Kummer*, RdA 2003, 279, 283; *Weyand/Haase*, GRUR 2007, 28, 32; *Kretzer*, Die Novellierung des "Hochschullehrerprivilegs" (§ 42 ArbnErfG), S. 49; *Bartenbach/Volz*, Arbeitnehmererfindungsgesetz, § 42 n. F., Rn. 174; i. E. auch *Kraßer*, in: Hartmer/Detmer (Hrsg.), Hochschulrecht, S. 831, 856 (Rn. 78); *Soudry*, Die Rechtsstellung des Hochschulerfinders nach der Neufassung von § 42 ArbNErfG, S. 115; *Gennen*, in: MAH-Arbeitsrecht, § 16, Rn. 187; *Leuze*, in: Reimer/Schade/Schippel, ArbNErfG, § 42 n. F., Rn. 40.
1383 *Bergmann*, Erfindungen von Hochschulbeschäftigten nach der Reform von § 42 ArbNErfG, Rn. 540, die allerdings lediglich von „*Patentkosten*" spricht

Auch staatliche Forschungsmittel sowie private oder öffentliche Finanzmittel zur Forschungsförderung stellen keine Einnahmen der Hochschule dar, die kausal auf der Verwertung der Erfindung beruhen, selbst wenn diese erst nach der Fertigstellung der Erfindung gezahlt werden. Anders als im Rahmen der Auftragsforschung werden durch derartige Fördermittel Forschungsvorhaben der Hochschule finanziert bzw. unterstützt, ohne dass dem Geldgeber ein Anspruch auf die Ergebnisse der jeweiligen Erfindung zusteht.[1384]

3. Pauschalvergütung in Höhe von 30 vom Hundert

Die Vorschrift des § 42 Nr. 4 ArbNErfG sieht für die Vergütung des Hochschulbeschäftigten eine Pauschalregelung vor. Wird eine Diensterfindung des Hochschulbeschäftigten durch die Hochschule verwertet und erzielt diese durch die Verwertung Einnahmen, so erhält der Hochschulbeschäftigte 30 vom Hundert der durch die Verwertung erzielten Einnahmen.

a. Verfassungsmäßigkeit der Pauschalierung auf 30 %

Durch die Festlegung einer Pauschalregelung weicht die Berechnung des Vergütungsanspruchs des Hochschulbeschäftigten entscheidend von dem des gewöhnlichen Arbeitnehmererfinders ab. Kurz zusammengefasst wird die Vergütung der privaten Arbeitnehmer sowie der Beschäftigten im öffentlichen Dienst nach den §§ 9 bis 11 ArbNErfG i. V. m. den Vergütungsrichtlinien anhand des Erfindungswerts sowie des Anteilsfaktors ermittelt und beruht auf der Verwertbarkeit der Erfindung.[1385] Demgegenüber erhält der Hochschulerfinder eine pauschale Vergütung in Höhe von 30 %

---

und nicht hinreichend zwischen Entwicklungs- und Schutzrechtskosten differenziert. Gemeint sind wohl aber nur die Schutzrechtskosten.

1384 *Bartenbach/Volz*, Arbeitnehmererfindungsgesetz, § 42 n. F., Rn. 174; vgl. auch *Weyand/Haase*, GRUR 2007, 28, 32; *Soudry*, Die Rechtsstellung des Hochschulerfinders nach der Neufassung von § 42 ArbNErfG, S. 115; *Leuze*, in: Reimer/Schade/Schippel, ArbNErfG, § 42 n. F., Rn. 40; ähnlich i. E. auch *Bergmann*, Erfindungen von Hochschulbeschäftigten nach der Reform von § 42 ArbNErfG, Rn. 540, die eine bloße Kostenübernahme durch einen Industriepartner auch nach Entstehen der Erfindung – allerdings aufgrund schon fehlender Verwertung – ablehnt.

1385 Vgl. hierzu oben Kapitel 3. § 7 B. I. 1. c. bb. und cc. (S. 205 ff.).

abhängig von den Einnahmen, die die Hochschule durch die Verwertung der Erfindung erzielt.

Vereinzelt wird in der Literatur angezweifelt, ob die Pauschalierung des Vergütungsanspruchs des Hochschulbeschäftigten den verfassungsrechtlichen Anforderungen genügt. Insbesondere könne § 42 Nr. 4 ArbNErfG mit der verfassungsrechtlich gewährleisteten Eigentumsgarantie aus Art. 14 GG kollidieren.[1386] Grund hierfür sei die Möglichkeit, dass die regelmäßig deutlich unterhalb der Vergütung des Hochschulbeschäftigten angesiedelte Vergütung des gewöhnlichen Arbeitnehmererfinders in „außergewöhnlichen" Fällen auch oberhalb der Hochschulerfindervergütung liegen könne. So seien besondere Fälle lizenzweise verwerteter Erfindungen denkbar, in denen – aufgrund nur geringer Kosten des Arbeitgebers für die Schutzrechtserteilung, Herstellung der Lizenzreife und Lizenzvergabe bei gleichzeitiger Annahme eines hohen Erfindungswerts in Höhe von z. B. 90 %[1387] – die anhand der allgemeinen Maßstäbe berechnete Vergütung bei 60 % der Bruttolizenzeinnahmen und damit deutlich über der pauschal berechneten Vergütung des Hochschulerfinders mit einem Faktor von lediglich 30 % der Bruttoeinnahmen liege.[1388]

Ein solches Verständnis wird jedoch zu Recht abgelehnt. Bei der zuvor getroffenen Annahme handelt es sich um ein Gedankenspiel rein theoretischer Natur. Zwar mögen in der Theorie Konstellationen denkbar sein, in denen die nach allgemeinen Maßstäben berechnete Vergütung über der pauschal errechneten Vergütung liegt; vor dem Hintergrund, dass die Vergütungssätze gewöhnlicher Arbeitnehmererfinder bei lizenzweise verwerteten Erfindungen in der Regel zwischen 4,5 und 10 % der Bruttolizenzeinnahmen betragen[1389], sind solche Fälle in der Praxis jedoch ausgeschlossen.[1390] § 42 Nr. 4 ArbNErfG ist folglich im Hinblick auf die Pauschalierung der Hochschulerfindervergütung in Höhe von 30 % verfassungsgemäß. Eine Verletzung von Art. 14 GG liegt nicht vor.

1386 *Hübner*, Erfindungen von Beschäftigten an Hochschulen, S. 89 ff.
1387 *Hübner*, Erfindungen von Beschäftigten an Hochschulen, S. 91 führt einen Fall an, in dem die Schiedsstelle einen Erfindungswert von 90 % angenommen hat.
1388 *Hübner*, Erfindungen von Beschäftigten an Hochschulen, S. 90 f.
1389 Vgl. die Berechnung bei *Hübner*, Erfindungen von Beschäftigten an Hochschulen, S. 90, der unter Verweis auf *Volz* in gewöhnlichen Fällen von einem Erfindungswert in Höhe von 30 bis 40 % der Bruttolizenzeinnahmen multipliziert mit einem typischerweise zwischen 15 und 25 % liegenden Anteilsfaktor ausgeht, vgl. dazu *Volz*, Das Recht der Arbeitnehmererfindung im öffentlichen Dienst, S. 124 f., 131.
1390 *Bartenbach/Volz*, Arbeitnehmererfindungsgesetz, § 42 n. F., Rn. 145.

b. Höhe des Prozentsatzes

Ausweislich der Gesetzesbegründung zu § 42 Nr. 4 ArbNErfG fußt die Höhe des Prozentsatzes mit 30 vom Hundert auf dem im außeruniversitären Forschungsbereich seit jeher bewährten Drittelmodell.[1391] Dieses weist die Erlöse aus der Verwertung einer Erfindung zu je einem Drittel dem Erfinder und den Forschungseinrichtungen zu.[1392]

Allerdings erfolgte die Regelung des § 42 Nr. 4 ArbNErfG nur in Anlehnung an das Drittelmodell; es wurde hingegen nicht umgesetzt, was sich anhand mehrerer Gesichtspunkte erkennen lässt. Zum einen beträgt der dem Hochschulerfinder zustehende Anteil an den durch die Verwertung erzielten Einnahmen der Hochschule 30 %; ein Drittel hingegen sind 33,3 %. Ein solcher, auf den ersten Blick leicht zu übersehender Unterschied, vermag in der Praxis allerdings zu deutlichen Auswirkungen in der Vergütungshöhe zu führen, insbesondere bei besonders ertragreichen Erfindungen.[1393] Des Weiteren gilt das Drittelmodell bei außeruniversitären Forschungseinrichtungen in Bezug auf die erzielten Nettoerlöse[1394], während der Gesetzgeber in § 42 Nr. 4 ArbNErfG eine Vergütungsberechnung anhand der Bruttoeinnahmen zugrunde gelegt hat.[1395] Schließlich hat der Gesetzgeber eine Verteilung der verbleibenden Einnahmen in Höhe von 70 % bewusst nicht geregelt, sondern die jeweilige Verwendung der Gelder den Hochschulen überlassen.[1396]

1391 Begründung zum „Entwurf eines Gesetzes zur Änderung des Gesetzes über Arbeitnehmererfindungen" einzelner Abgeordneter der SPD sowie der Fraktion Bündnis 90/Die Grünen vom 09.05.2001, BT-Drs. 14/5975, Besonderer Teil, S. 7 (zu § 42 Nr. 4).
1392 *Bergmann*, Erfindungen von Hochschulbeschäftigten nach der Reform von § 42 ArbNErfG, Rn. 544.
1393 *Bergmann*, Erfindungen von Hochschulbeschäftigten nach der Reform von § 42 ArbNErfG, Rn. 577, 580.
1394 Vgl. Begründung zum „Entwurf eines Gesetzes zur Änderung des Gesetzes über Arbeitnehmererfindungen" einzelner Abgeordneter der SPD sowie der Fraktion Bündnis 90/Die Grünen vom 09.05.2001, BT-Drs. 14/5975, Besonderer Teil, S. 7 sowie „Entwurf eines Gesetzes zur Förderung des Patentwesens an den Hochschulen" des Bundesrates vom 26.04.2001, BT-Drs. 14/5939, S. 6 (zu Art. 1, zu den Nrn. 1 und 2); Hochschulrektorenkonferenz, Zum Patentwesen an den Hochschulen, S. 18; *Sellnick*, NVwZ 2002, 1340, 1342.
1395 *Bergmann*, Erfindungen von Hochschulbeschäftigten nach der Reform von § 42 ArbNErfG, Rn. 580.
1396 Begründung zum „Entwurf eines Gesetzes zur Änderung des Gesetzes über Arbeitnehmererfindungen" einzelner Abgeordneter der SPD sowie der Fraktion Bündnis 90/Die Grünen vom 09.05.2001, BT-Drs. 14/5975, Besonderer Teil,

Kapitel 3. Vergütungsansprüche des Hochschulbeschäftigten im Arbeitnehmererfinderrecht

Die Erwähnung der in der Praxis bewährten erlösbezogenen Drittelregelung kann damit lediglich als Rechtfertigung des Prozentsatzes in Höhe von 30 % dienen. Eine Rechtfertigung des Prozentsatzes durch den Verweis auf ausländische Rechtsvorschriften taugt indes nicht. Zwar sehen auch die meisten ausländischen Rechtsordnungen vergleichbare Prozentsätze vor.[1397] Da diesen zufolge die Vergütung des Hochschulbeschäftigten jedoch anhand des Nettoprinzips berechnet wird[1398], kann ein Vergleich nicht gezogen werden. Denn durch eine Vergütung in Höhe von 30 % der Bruttoeinnahmen mag der Anteil an den Einnahmen im praktischen Ergebnis oftmals mehr als 50 % der Nettoeinnahmen ausmachen[1399], sodass der Prozentsatz der Nettoeinnahmen in Deutschland wesentlich höher liegt. Statthaft ist eine Anlehnung an ausländische Rechtsvorschriften folglich nur bei gleichzeitiger Festschreibung des Nettoprinzips.[1400]

Demnach stellt sich die Frage, woraus die Festschreibung des Prozentsatzes in Höhe von 30 % ihre Berechtigung schöpft. Das derzeit geltende Bruttoprinzip wurde bereits kritisiert und für nicht sachgerecht befunden. Demzufolge erscheint es nicht sinnvoll, de lege lata eine Rechtfertigung für die 30 %-ige Beteiligung des Hochschulbeschäftigten zu suchen, wenn bereits die Berechnungsmethode an sich nach hier vertretener Auffassung geändert werden muss. Der dem Bruttoprinzip entgegengebrachten Kritik könnte auch mit einer künftigen Änderung des Prozentsatzes nicht wirksam beigekommen werden. Die Frage nach der Rechtfertigung eines 30 %-igen Anteils kann deshalb allein unter der Bedingung der künftigen Festschreibung des (modifizierten) Nettoprinzips beleuchtet werden. *Bergmann* möchte auch unter der Geltung des Nettoprinzips den Faktor von 30 % nicht beanstanden, da er genüge, um einen finanziellen Anreiz für die Hochschulbeschäftigten zu erfinderischer Tätigkeit darzustellen.[1401] Demgegenüber verweigert sich *Soudry* nicht der Idee, bei einer Vergü-

---

S. 7; vgl. auch *Bergmann*, Erfindungen von Hochschulbeschäftigten nach der Reform von § 42 ArbNErfG, Rn. 580; *Bartenbach/Volz*, Arbeitnehmererfindungsgesetz, § 42 n. F., Rn. 178.

1397 Vgl. *Bergmann*, Erfindungen von Hochschulbeschäftigten nach der Reform von § 42 ArbNErfG, Rn. 578.

1398 Siehe hierzu die Nachweise in Fn. 1259 (S. 361).

1399 *Bartenbach/Volz*, Arbeitnehmererfindungsgesetz, § 42 n. F., Rn. 168, 178; siehe auch *Bartenbach/Hellebrand*, Mitt. 2002, 165, 169, die sogar von einem Anteil in Höhe von 80-90 % der Nettoeinnahmen ausgehen.

1400 So bei *Bergmann*, Erfindungen von Hochschulbeschäftigten nach der Reform von § 42 ArbNErfG, Rn. 655.

1401 *Bergmann*, Erfindungen von Hochschulbeschäftigten nach der Reform von § 42 ArbNErfG, Rn. 655.

tungsberechnung anhand des Nettoprinzips einen Faktor von 40 % zu veranschlagen, um dem Hochschulbeschäftigten auf diese Weise weiterhin einen hohen Vergütungsanspruch zu erhalten.[1402] Letztlich wird eine Beteiligung des Hochschulbeschäftigten in Höhe von 30 % wohl ausreichend sein, da der Hochschulbeschäftigte im Vergleich zum gewöhnlichen Arbeitnehmererfinder auch unter Geltung des Nettoprinzips deutlich privilegiert bleibt und ein ausreichender finanzieller Anreiz für die Hochschulbeschäftigten mithin gegeben ist. Dem Zweck des § 42 Nr. 4 ArbNErfG ist deshalb auch bei einer Nettoberechnung der Vergütung mit einer 30 %-igen Beteiligung des Hochschulbeschäftigten Genüge getan.

4. Fazit

Die Vergütung des Hochschulbeschäftigten aus § 42 Nr. 4 ArbNErfG bestimmt sich anhand der Einnahmen, die die Hochschule durch die Verwertung der Diensterfindung erzielt. Die Einnahmen sind in ihrer Art und Höhe abhängig von der jeweiligen Art der Verwertung. Ihre Höhe bemisst sich de lege lata anhand des Bruttoprinzips. Es wird allerdings vorgeschlagen, der Vergütungsberechnung künftig ein modifiziertes Nettoprinzip zugrunde zu legen. Demzufolge sind die Verwertungseinnahmen um 30 % der Schutzrechtskosten zu mindern, bevor hiervon der 30 %-ige Anteil des Hochschulbeschäftigten errechnet wird.

Die Einnahmen müssen kausal auf der Verwertung der Diensterfindung beruhen. Das zeitliche und hypothetische Element der Kausalität sind bei der Vereinbarung der Zahlung einer Projektsumme in einem Forschungs- und Entwicklungsvertrag gegeben. Auch die nachträgliche Übernahme bzw. Erstattung von Schutzrechts- oder Entwicklungskosten stellt eine Einnahme i. S. d. § 42 Nr. 4 ArbNErfG dar. Keine kausal auf die Verwertung zurückzuführenden Einnahmen liegen hingegen bei der Erstattung der Erfindervergütung durch den Industriepartner oder bei einer drittmittelfinanzierten Forschung i. S. d. § 25 HRG vor.

Die Pauschalierung des Vergütungsanspruchs des Hochschulbeschäftigten ist verfassungsgemäß und verstößt nicht gegen Art. 14 GG. Unter Festschreibung des modifizierten Nettoprinzips wird die Höhe des Prozentsatzes mit 30 Prozent gerechtfertigt sein, da ein ausreichender finanzieller Anreiz für den Hochschulerfinder gegeben ist.

1402 *Soudry*, Die Rechtsstellung des Hochschulerfinders nach der Neufassung von § 42 ArbNErfG, S. 190.

Kapitel 3. Vergütungsansprüche des Hochschulbeschäftigten im Arbeitnehmererfinderrecht

V. Entstehung und Fälligkeit des Vergütungsanspruchs

Für die Geltendmachung des Vergütungsanspruchs des Hochschulbeschäftigten ist entscheidend, wann der Vergütungsanspruch dem Grunde nach entsteht (1.) und wie der Fälligkeitszeitpunkt zu bestimmen ist (2.). Für beide Fragestellungen ist von Bedeutung, inwieweit die allgemeinen arbeitnehmererfinderrechtlichen Vorschriften auch auf den Vergütungsanspruch des Hochschulbeschäftigten anwendbar sind oder eigene Regelungen für Hochschulerfindungen gelten müssen.

1. Entstehung des Vergütungsanspruchs dem Grunde nach

Der Vergütungsanspruch des gewöhnlichen Arbeitnehmererfinders entsteht dem Grunde nach mit dem Zugang der wirksamen Inanspruchnahmeerklärung beim Arbeitnehmer bzw. mit Eintritt der Inanspruchnahmefiktion gem. § 6 Abs. 2 ArbNErfG.[1403] In der Literatur lässt sich zum Teil der Hinweis finden, auch die Entstehung des Vergütungsanspruchs aus § 42 Nr. 4 ArbNErfG richte sich nach den allgemeinen arbeitnehmererfinderrechtlichen Regelungen, da der Sonderregelungscharakter des § 42 Nr. 4 ArbNErfG gegenüber § 9 ArbNErfG nur hinsichtlich der Höhe der Vergütung greife.[1404]

Ebenso wie § 9 ArbNErfG setzt auch § 42 Nr. 4 ArbNErfG für die Entstehung des Vergütungsanspruchs zwingend eine Inanspruchnahme der Diensterfindung voraus. Dies ergibt sich bereits aus den Gesetzesmaterialien, die davon ausgehen, dass die Regelung nur bei einer Inanspruchnahme i. S. d. §§ 6, 7 ArbNErfG gilt.[1405] Hinsichtlich der Entstehung des Vergütungsanspruchs aus § 42 Nr. 4 ArbNErfG erscheint ein uneingeschränkter

---

1403 Vgl. zur Entstehung des Vergütungsanspruchs aus § 9 ArbNErfG oben Kapitel 3. § 7 B. I. 1. b. (S. 200).
1404 *Bartenbach/Volz*, Arbeitnehmererfindungsgesetz, § 42 n. F., Rn. 146, die unzutreffend auf *Bergmann* verweisen, die § 42 Nr. 4 ArbNErfG als Sonderregelung nicht nur hinsichtlich der Vergütungshöhe, sondern auch in Bezug auf den Entstehungsgrund sieht (vgl. *Bergmann*, Erfindungen von Hochschulbeschäftigten nach der Reform von § 42 ArbNErfG, Rn. 499). *Bergmann* selbst verweist allerdings wiederum zurück auf *Bartenbach/Volz*, was an ihrem Bewusstsein über die inhaltliche Abweichung zweifeln lässt; *Soudry*, Die Rechtsstellung des Hochschulerfinders nach der Neufassung von § 42 ArbNErfG, S. 151.
1405 Begründung zum „Entwurf eines Gesetzes zur Änderung des Gesetzes über Arbeitnehmererfindungen" einzelner Abgeordneter der SPD sowie der Fraktion Bündnis 90/Die Grünen vom 09.05.2001, BT-Drs. 14/5975, Besonderer Teil,

Verweis auf § 9 ArbNErfG zunächst allerdings nicht unproblematisch vor dem Hintergrund, dass die Entstehung des Vergütungsanspruchs aus § 9 ArbNErfG unabhängig von einer Verwertungshandlung des Arbeitgebers ist.[1406] Denn konstitutives Tatbestandsmerkmal des Vergütungsanspruchs des Hochschulerfinders aus § 42 Nr. 4 ArbNErfG ist gerade die Verwertung der Diensterfindung.

Zwar bleibt auch im Rahmen der Hochschulerfindervergütung die Inanspruchnahme ein entscheidendes Kriterium für die Entstehung des Anspruchs. Denn auch im Hochschulbereich kann der Vergütungsanspruch dem Grunde nach nur in dem Moment entstehen, in dem die Hochschule aufgrund der durch die Inanspruchnahme erfolgenden Übertragung der vermögenswerten Rechte und der damit verbundenen Monopolstellung zum finanziellen Ausgleich verpflichtet ist. Erfolgt eine Inanspruchnahme nicht, bleiben etwaige zuvor getätigte Verwertungshandlungen der Hochschule vergütungsfrei. Dennoch kann die Inanspruchnahme nicht das einzig entscheidende Kriterium darstellen. Der Vergütungsanspruch aus § 42 Nr. 4 ArbNErfG setzt neben der Inanspruchnahme tatbestandlich auch die Verwertung der Diensterfindung voraus. Demnach kann der Vergütungsanspruch auch erst mit der Verwertung der Erfindung entstehen.

Dieses Ergebnis wird auch von Kontrollüberlegungen hinsichtlich der bereits entwickelten „Lösung der gerechten Risikoverteilung"[1407] getragen. Nach hier vertretener Auffassung muss unter Gesichtspunkten eines angemessenen Interessenausgleichs dem Hochschulerfinder ein Vergütungsanspruch aus den allgemeinen Vorschriften des ArbNErfG erhalten bleiben, wenn eine Verwertung der Erfindung durch die Hochschule unterbleibt. Ein solcher bliebe nach dem hier entwickelten Ansatz möglich, da bei einer unterbliebenen Verwertung der Erfindung der Vergütungsanspruch aus § 42 Nr. 4 ArbNErfG noch nicht entstanden ist. Ließe man umgekehrt die Inanspruchnahme allein für die Entstehung des Vergütungsanspruchs

---

S. 7; vgl. auch *Bartenbach/Volz*, Arbeitnehmererfindungsgesetz, § 42 n. F., Rn. 156.

1406 *Bartenbach/Volz*, Arbeitnehmererfindungsgesetz, § 9, Rn. 12 m. H. a. LAG Frankfurt a. M., Urteil v. 19.05.1960 – III LA 43/58, GRUR 1961, 135 – *Schwingankermotor*; *Keukenschrijver*, in: Busse/Keukenschrijver, PatG, § 9 ArbEG, Rn. 13; **a. A.** BGH, Urteil v. 23.06.1977 – X ZR 6/75, GRUR 1977, 784, 788 – *Blitzlichtgeräte*.

1407 Zur „Lösung der gerechten Risikoverteilung" siehe oben Kapitel 3. § 8 A. I. 2. b. (S. 231).

Kapitel 3. Vergütungsansprüche des Hochschulbeschäftigten im Arbeitnehmererfinderrecht

ausreichen[1408], würde der Vergütungsanspruch des Hochschulbeschäftigten auch im Fall der unterbliebenen Verwertung durch die Hochschule entstehen und damit einen Vergütungsanspruch aus den allgemeinen arbeitnehmererfinderrechtlichen Vorschriften sperren. Der Hochschulbeschäftigte ginge leer aus, was dem Sinn und Zweck von § 42 Nr. 4 ArbNErfG widersprechen würde. Im Ergebnis entsteht der Vergütungsanspruch aus § 42 Nr. 4 ArbNErfG folglich mit der Inanspruchnahme sowie der Verwertung der Erfindung.[1409]

2. Fälligkeit des Vergütungsanspruchs

Dass der Hochschulerfinder den Vergütungsanspruch aus § 42 Nr. 4 ArbNErfG im Zeitpunkt der erfolgten Inanspruchnahme und Verwertung geltend machen kann, bedeutet gleichwohl nicht, dass die Hochschule bereits zu diesem Zeitpunkt die Hochschulerfindervergütung auch zu zahlen hat. Der Vergütungsanspruch berechnet sich anhand der durch die Verwertung der Diensterfindung erzielten Einnahmen. Oftmals wird es im Zeitpunkt des Vorliegens der Inanspruchnahme und Verwertung an relevanten Einnahmen aber noch fehlen, sodass der dem Grunde nach bestehende Vergütungsanspruch inhaltsleer bliebe.

a. Bestimmung der Fälligkeit nach § 12 ArbNErfG

Der Zeitpunkt der Zahlungsverpflichtung der Hochschule wird vielmehr bestimmt durch die Fälligkeit des Vergütungsanspruchs. Der Vergütungsanspruch ist fällig, sobald der Hochschulbeschäftigte von der Hochschule die Vergütung verlangen kann (vgl. § 271 BGB).[1410] Auch für die Bestimmung der Fälligkeit des Vergütungsanspruchs aus § 42 Nr. 4 ArbNErfG lohnt sich zunächst ein Blick auf die allgemeinen Regelungen des

---

1408 So i. E. *Bartenbach/Volz*, Arbeitnehmererfindungsgesetz, § 42 n. F., Rn. 146, indem sie auch hinsichtlich des Entstehens des Vergütungsanspruchs auf § 9 ArbNErfG verweisen.

1409 Unpräzise bei *Kretzer*, Die Novellierung des "Hochschullehrerprivilegs" (§ 42 ArbnErfG), S. 50, die für das Entstehen des Vergütunganspruch allein darauf abstellen will, ob Einnahmen aus der Verwertung der Erfindung erzielt wurden.

1410 Vgl. *Bartenbach/Volz*, Arbeitnehmererfindungsgesetz, § 9, Rn. 20; *Engemann*, in: Boemke/Kursawe, ArbNErfG, § 9, Rn. 72.

ArbNErfG. Im allgemeinen Arbeitnehmererfinderrecht wird die Fälligkeit der Vergütung durch die Regelung des § 12 ArbNErfG bestimmt. Nach § 12 ArbNErfG sollen Art und Höhe der Vergütung durch eine rechtsgeschäftliche Vereinbarung zwischen Arbeitgeber und Arbeitnehmer festgestellt (Abs. 1) bzw. bei Nichteinigung in angemessener Zeit einseitig durch den Arbeitgeber festgesetzt (Abs. 3) werden.[1411] Wie bereits erörtert, wird der Vergütungsanspruch grundsätzlich erst fällig, *„wenn die wirtschaftliche Verwertbarkeit der Diensterfindung (bei dem konkreten Arbeitgeber) feststeht, also die für die Bemessung der Vergütungshöhe entscheidenden Kriterien bekannt sind und dem Arbeitgeber wirtschaftliche Vorteile aus der Nutzung der Diensterfindung (tatsächlich) zufließen."*[1412] Übertragen auf den Vergütungsanspruch aus § 42 Nr. 4 ArbNErfG würde dieser erst fällig werden, wenn eine Verwertungshandlung durch die Hochschule vorliegt, aus der auch Einnahmen resultieren. Da es im Rahmen von § 42 Nr. 4 ArbNErfG gerade nicht auf die Verwertbarkeit, sondern die tatsächliche Verwertung ankommt, sind die für die Bemessung der Vergütungshöhe entscheidenden Kriterien erst bekannt, sobald Einnahmen durch die Verwertung vorliegen, die der Hochschule tatsächlich zugeflossen sind.

b. Das Verhältnis von § 42 Nr. 4 ArbNErfG zu § 12 ArbNErfG

Es stellt sich allerdings die Frage, ob § 12 ArbNErfG im Rahmen von § 42 Nr. 4 ArbNErfG überhaupt Anwendung finden kann bzw. wie das Verhältnis zwischen § 42 Nr. 4 ArbNErfG und § 12 ArbNErfG zu bestimmen ist.

aa. Zum Meinungsstand

Allgemein wird davon ausgegangen, dass die Konkretisierung des Vergütungsanspruchs des Hochschulbeschäftigten unter Berücksichtigung der hochschulrechtlichen Besonderheiten mit Hilfe von § 12 ArbNErfG er-

---

1411 Siehe hierzu oben Kapitel 3. § 7 B. I. 1. d. (S. 208).
1412 *Bartenbach/Volz*, Arbeitnehmererfindungsgesetz, § 9, Rn. 20 (mit Hinweisen auf Entscheidungen der Schiedsstelle in den Fn. 88 ff.); vgl. auch *Engemann*, in: Boemke/Kursawe, ArbNErfG, § 9, Rn. 73; *Himmelmann*, in: Reimer/Schade/Schippel, ArbNErfG, § 9, Rn. 21; *Keukenschrijver*, in: Busse/Keukenschrijver, PatG, § 9 ArbEG, Rn. 15.

folgt.¹⁴¹³ Allerdings setzen sich – soweit ersichtlich – einzig *Heerma* und *Maierhöfer* mit dieser Frage ausführlicher auseinander.¹⁴¹⁴ Da der Zweck des in § 12 ArbNErfG geregelten Konkretisierungsverfahrens in der Erleichterung und Beschleunigung der Ermittlung der angemessenen Vergütung begründet liege¹⁴¹⁵, müsse § 12 ArbNErfG auch im Rahmen von § 42 Nr. 4 ArbNErfG zur Geltung kommen. Durch § 12 ArbNErfG werde im Interesse der Rechtssicherheit die alsbaldige Klärung der Erfindervergütung gewährleistet; eine Zielsetzung, die auch im Hochschulrecht keineswegs weniger von Bedeutung sei, ging es dem Gesetzgeber schließlich gerade auch darum, mit § 42 Nr. 4 ArbNErfG eine Regelung zur vereinfachten Vergütungsberechnung zu schaffen.¹⁴¹⁶

bb. Eigene Stellungnahme

(1) Anwendung von § 12 ArbNErfG

Gleichwohl sollte diese Auffassung nicht ohne weiteres hingenommen, sondern kritisch hinterfragt werden. Denn die Anwendung von § 12 ArbNErfG im Rahmen von § 42 Nr. 4 ArbNErfG hat auch gewichtige Argumente gegen sich. Nach § 12 Abs. 3 S. 2 ArbNErfG ist der Arbeitgeber verpflichtet, die Vergütung spätestens bis zum Ablauf von drei Monaten nach Erteilung des Schutzrechts festzusetzen. Die Festsetzung hat auch

---

1413 *Heerma/Maierhöfer*, GRUR 2010, 682, 683 f.; *Bergmann*, Erfindungen von Hochschulbeschäftigten nach der Reform von § 42 ArbNErfG, Rn. 499; *Kraßer/Ann*, Patentrecht, § 21 Rn. 145; *Kretzer*, Die Novellierung des "Hochschullehrerprivilegs" (§ 42 ArbnErfG), S. 50; *Bartenbach/Volz*, Arbeitnehmererfindungsgesetz, § 42 n. F., Rn. 147; *Boemke/Sachadae*, in: Boemke/Kursawe, ArbNErfG, § 42, Rn. 155.
1414 *Heerma/Maierhöfer*, GRUR 2010, 682, 683 ff.
1415 Begründung zum "Entwurf eines Gesetzes über Erfindungen von Arbeitnehmern und Beamten" der Bundesregierung vom 19.08.1955, BT-Drs. II/1648, S. 30; so auch *Heerma/Maierhöfer*, GRUR 2010, 682, 683; *Bartenbach/Volz*, Arbeitnehmererfindungsgesetz, § 9, Rn. 40.
1416 Begründung zum „Entwurf eines Gesetzes zur Änderung des Gesetzes über Arbeitnehmererfindungen" einzelner Abgeordneter der SPD sowie der Fraktion Bündnis 90/Die Grünen vom 09.05.2001, BT-Drs. 14/5975, S. 6; hierzu auch *Soudry*, Die Rechtsstellung des Hochschulerfinders nach der Neufassung von § 42 ArbNErfG, S. 154.

dann zu erfolgen, wenn es an einer Verwertung bislang fehlt.[1417] In diesem Fall kann im Rahmen von § 9 ArbNErfG die Vergütung, die anhand der Verwertbarkeit der Erfindung mittels des Erfindungswertes bemessen wird, auch auf der Grundlage nicht ausgenutzter Verwertung trotz bestehender Verwertungsmöglichkeit nach § 9 Abs. 2 ArbNErfG i. V. m. den Vergütungsrichtlinien festgesetzt werden.[1418] Eine solche Berechnung anhand des Erfindungswertes ist im Rahmen von § 42 Nr. 4 ArbNErfG aber nicht möglich, was dazu führen kann, dass sich die grundsätzlich arbeitnehmerschützende Vorschrift des § 12 ArbNErfG[1419], im Rahmen von § 42 Nr. 4 ArbNErfG gerade gegen den Hochschulbeschäftigten wendet. Fehlte es nach dem Ablauf der Drei-Monats-Frist an einer Verwertung oder an erzielten Einnahmen durch die erfolgte Verwertung, hätte die Hochschule die Vergütung des Hochschulbeschäftigten gleichwohl festzusetzen. Da sich die Hochschulerfindervergütung im Fall der unterbliebenen Verwertung nicht auf Grundlage der Verwertbarkeit, sondern anhand der erzielten Einnahmen berechnet, die in einem solchen Fall nicht vorliegen, ginge der Hochschulbeschäftigte bei der zu erfolgenden Festsetzung auf Null (sog. „Null-Fall") leer aus.[1420]

Es könnte eingewendet werden, dass der sog. Null-Fall keineswegs ein Spezifikum im Rahmen des Hochschulrechts aufgrund der einnahmeabhängigen Vergütungsberechnung darstelle, sondern durchaus auch bei der Vergütung des gewöhnlichen Arbeitnehmererfinders auftreten könne, insoweit also keine Besonderheit vorliege, die eine Anwendung des § 12 ArbNErfG im Rahmen von § 42 Nr. 4 ArbNErfG erschwere. So kann eine Vergütung der Höhe nach etwa entfallen, soweit ihre Gewährung im Ein-

---

1417 *Heerma/Maierhöfer*, GRUR 2010, 682, 684; *Bartenbach/Volz*, Arbeitnehmererfindungsgesetz, § 12, Rn. 70.
1418 *Heerma/Maierhöfer*, GRUR 2010, 682, 684; *Bartenbach/Volz*, Arbeitnehmererfindungsgesetz, § 12, Rn. 210.
1419 BGH, Urteil v. 17.04.1973 – X ZR 59/69, BGHZ 61, 153, 159 = GRUR 1973, 649 – *Absperrventil*; BGH, Urteil v. 10.09.2002 – X ZR 199/01, GRUR 2003, 237, 238 – *Ozon*; *Trimborn*, in: Reimer/Schade/Schippel, ArbNErfG, § 12, Rn. 1; vgl. auch *Bartenbach/Volz*, Arbeitnehmererfindungsgesetz, § 12, Rn. 55 m. H. a. die Begründung zum "Entwurf eines Gesetzes über Erfindungen von Arbeitnehmern und Beamten" der Bundesregierung vom 19.08.1955, BT-Drs. II/1648, S. 29 (dort noch zu § 11).
1420 So i. E. *Heerma/Maierhöfer*, GRUR 2010, 682, 685; *Bartenbach/Volz*, Arbeitnehmererfindungsgesetz, § 42 n. F., Rn. 148.

Kapitel 3. Vergütungsansprüche des Hochschulbeschäftigten im Arbeitnehmererfinderrecht

zelfall nicht angemessen ist[1421] oder die Richtlinie Nr. 38 der Vergütungsrichtlinien eingreift[1422]; der Arbeitgeber hat die Vergütung in diesen Fällen nach § 12 ArbNErfG auf Null festzusetzen.[1423] Ein solcher Einwand kann jedoch kein Gehör finden, da es hinsichtlich eines Null-Falls eindeutige Unterschiede zwischen der Vergütung des Hochschulbeschäftigten und der Vergütung des gewöhnlichen Arbeitnehmererfinders gibt, die eine Vergleichbarkeit ausschließen. Zum einen lässt sich ausweislich der Gesetzesbegründung zu § 9 ArbNErfG feststellen, dass der Gesetzgeber den Null-Fall im Rahmen der Vergütungsberechnung nach § 9 Abs. 2 ArbNErfG als solchen erkannt und gebilligt hat.[1424] Demgegenüber ist bei der Regelung des § 42 Nr. 4 ArbNErfG ein ausbleibender Vergütungsanspruch des Hochschulbeschäftigten nicht gesehen worden. Der Reform-Gesetzgeber ging vielmehr davon aus, dass durch die Neuregelung des § 42 Nr. 4 ArbNErfG eine Besserstellung des Hochschulbeschäftigten in finanzieller Hinsicht erfolge.[1425] Zum anderen stellt der Null-Fall im Bereich der gewöhnlichen Arbeitnehmervergütung nach § 9 ArbNErfG einen äu-

---

1421 Begründung zum "Entwurf eines Gesetzes über Erfindungen von Arbeitnehmern und Beamten" der Bundesregierung vom 19.08.1955, BT-Drs. II/1648, S. 27; hierzu auch *Bartenbach/Volz*, Arbeitnehmererfindungsgesetz, § 9, Rn. 321 ff.; *Schwab*, Arbeitnehmererfindungsrecht, § 9 ArbNErfG, Rn. 28 ff.
1422 Siehe hierzu *Derichs*, GRUR 1961, 66 f.; *Halbach*, GRUR 1960, 457 ff.; *ders.*, GRUR 1961, 388 f.; *Bartenbach/Volz*, Arbeitnehmererfindungsgesetz, § 9, Rn. 323; *Schwab*, Arbeitnehmererfindungsrecht, § 9 ArbNErfG, Rn. 28 ff.
1423 *Bartenbach/Volz*, Arbeitnehmererfindungsgesetz, § 9, Rn. 326 und § 12, Rn. 43, 72.1; vgl. auch DPA, Einigungsvorschlag der Schiedsstelle nach dem ArbNErfG v. 25.04.1983 – Arb.Erf. 59/82, BlPMZ 1983, 378; siehe auch BGH, Urteil v. 28.06.1962 – I ZR 28/61, BGHZ 37, 281, 288 = GRUR 1963, 135 – *Cromegal*; *Schwab*, Arbeitnehmererfindungsrecht, § 9 ArbNErfG, Rn. 34.
1424 Begründung zum "Entwurf eines Gesetzes über Erfindungen von Arbeitnehmern und Beamten" der Bundesregierung vom 19.08.1955, BT-Drs. II/1648, S. 27 (dort noch zu § 8): „*Wenn auch der Entwurf davon ausgeht, daß im Regelfall eine Vergütung zu gewähren sein wird, so wird doch durch die Fassung des § 8 nicht ausgeschlossen, daß eine Vergütung entfällt, soweit ihre Gewährung im Einzelfall nicht angemessen ist. [...] Aus diesen Gründen hat der Entwurf auch von der gesetzlichen Festlegung einer Mindestvergütung, sei es in Höhe der vom Arbeitgeber für die Aufrechterhaltung des Schutzrechts zu zahlenden Gebühren, sei es in Höhe bestimmter Hundertsätze vom Umsatz, abgesehen.*"
1425 Begründung zum „Entwurf eines Gesetzes zur Änderung des Gesetzes über Arbeitnehmererfindungen" einzelner Abgeordneter der SPD sowie der Fraktion Bündnis 90/Die Grünen vom 09.05.2001, BT-Drs. 14/5975, Besonderer Teil, S. 7 (zu § 42 Nr. 4).

ßerst seltenen Ausnahmefall dar.[1426] Ganz anders ist es bei der Berechnung der Hochschulerfindervergütung nach § 42 Nr. 4 ArbNErfG, für die es drei Monate nach der Schutzrechtserteilung oftmals an einer Verwertung oder an durch die Verwertung erzielten Einnahmen (noch) fehlt[1427]; der Null-Fall würde also zum Regelfall. Es verbietet sich aber, eine für einen Ausnahmefall vorliegende Regelung, die grundsätzlich restriktiv zu handhaben ist, auf einen Regelfall zu übertragen, was einer Anwendung des § 12 ArbNErfG im Rahmen von § 42 Nr. 4 ArbNErfG im Ergebnis grundsätzlich entgegensteht.

(2) § 12 ArbNErfG unter Berücksichtigung hochschulrechtlicher Besonderheiten

Dennoch muss auch der Rechtssicherheit und dem Interesse an einer erleichterten und beschleunigten Berechnung der Erfindervergütung Rechnung getragen werden. Ginge man davon aus, § 12 ArbNErfG sei im Zusammenhang mit § 42 Nr. 4 ArbNErfG nicht anwendbar, fehlte es im Rahmen der Hochschulerfindervergütung an einer Regelung, die der zügigen Klärung der Vergütungsansprüche dient; die Fälligkeit des Vergütungsanspruches bliebe unklar. Um aber eine Neuregelung im Hochschulerfinderrecht zu vermeiden, sollte vorrangig versucht werden, der Feststellung bzw. Festsetzung der Vergütung i. S. d. § 12 ArbNErfG unter Berücksichtigung der hochschulrechtlichen Besonderheiten Geltung zu verschaffen.

(a) Die Fristen des § 12 Abs. 1 und Abs. 3 S. 2 ArbNErfG

Nach § 12 Abs. 1 ArbNErfG soll die Art und Höhe der Vergütung in angemessener Frist nach Inanspruchnahme der Diensterfindung durch Vereinbarung festgestellt werden. Bei fehlender Vereinbarung ist die Vergütung durch den Arbeitgeber drei Monate nach Erteilung des Schutzrechts festzusetzen (§ 12 Abs. 3 S. 2 ArbNErfG). Bei diesen zunächst für den Vergütungsanspruch aus § 9 ArbNErfG geltenden Regelungen werden Fristen durch die Inanspruchnahme bzw. durch die Schutzrechtserteilung in Gang gesetzt. Dies erscheint gerechtfertigt vor dem Hintergrund, dass sich

---

1426 *Bartenbach/Volz*, Arbeitnehmererfindungsgesetz, § 12, Rn. 43 und § 9, Rn. 324 f., 326; *Schwab*, Arbeitnehmererfindungsrecht, § 9 ArbNErfG, Rn. 30.
1427 *Heerma/Maierhöfer*, GRUR 2010, 682, 684.

Kapitel 3. Vergütungsansprüche des Hochschulbeschäftigten im Arbeitnehmererfinderrecht

der Vergütungsanspruch des Arbeitnehmererfinders nach § 9 ArbNErfG auch bei fehlender Verwertung bzw. fehlenden tatsächlichen Vermögensvorteilen des Arbeitgebers allein anhand der Verwertbarkeit der Erfindung berechnen lässt. Eine Klärung des Vergütungsanspruches erscheint ab dem Zeitpunkt der Inanspruchnahme möglich und auch geboten. Wie gezeigt, lässt sich der Vergütungsanspruch des Hochschulbeschäftigten demgegenüber zu einem derartig frühen Zeitpunkt in der Regel (noch) nicht berechnen, da es an einer tatsächlichen Verwertung, an Einnahmen sowie an den anzurechnenden Kosten noch fehlt, eine Vergütungsberechnung anhand der bloßen Verwertbarkeit aber ausscheidet. Den auf diese Weise in einer Vielzahl entstehenden Null-Fällen kann nur dadurch wirksam begegnet werden, dass die in § 12 ArbNErfG gewählten Fristen im Lichte des Hochschulrechts zu lesen sind. Entscheidend für den Fristbeginn hinsichtlich der Berechnung der Vergütung des Hochschulerfinders sind demnach weder die Inanspruchnahme noch die Schutzrechtserteilung, sondern vielmehr die durch die Verwertung tatsächlich zugeflossenen Einnahmen. Die Fristen des § 12 ArbNErfG beginnen folglich erst durch die Erzielung von Einnahmen zu laufen.[1428]

Problematisch erscheint jedoch, dass nach dem hier entwickelten Modell des modifizierten Nettoprinzips vor der Ausschüttung der Vergütung an den Hochschulbeschäftigten ein Anteil an den Schutzrechtskosten in Höhe von 30 % abzuziehen ist. Es würde sich der Praxis verschließen, wer nicht erkennt, dass die Schutzrechtskosten, wie etwa Aufrechterhaltungs- oder Anmeldekosten in der Regel zu unterschiedlichen bzw. mehreren Terminen oder auch in mehreren Stufen während des Patentverwertungsprozesses anfallen (z. B. Jahresgebühren oder gestufte Anmeldungen), sodass die Schutzrechtskosten nicht zu einem festen Zeitpunkt bestimmbar sind und abgezogen werden könnten. Ebenso verfehlt wäre es, davon auszugehen, dass auch die Einnahmen nur zu einem bestimmten Zeitpunkt anfielen. Dies mag bei einem Patentverkauf mit der Kaufpreiszahlung möglicherweise noch der Fall sein. Gerade in den häufigsten Verwertungsfällen der Lizenzvergabe werden in der Regel aber laufende Lizenzgebühren und nicht lediglich Einmalzahlungen erfolgen. Insoweit kann es bei der obigen Feststellung allein nicht bleiben, dass die Frist zur Berechnung der Fälligkeit mit der Erzielung von Einnahmen zu laufen beginnt. Vielmehr muss diese Aussage dahingehend konkretisiert werden, dass bei *jeder*

1428 So i. E. ohne Begründung auch *Kraßer/Ann*, Patentrecht, § 21 Rn. 145; **a. A.** *Heerma/Maierhöfer*, GRUR 2010, 682, 685; *Bartenbach/Volz*, Arbeitnehmererfindungsgesetz, § 42 n. F., Rn. 147 f.

§ 8 Die Vergütungsansprüche des Hochschulerfinders

durch die Verwertung bedingten Einnahme die jeweilige Frist zu laufen beginnt. In jedem Fall, in dem die Hochschule Einnahmen infolge der Verwertung erlangt, hat sie spätestens mit Ablauf von drei Monaten hiervon 30 % der bis dahin angefallenen Schutzrechtskosten in Abzug zu bringen und 30 % des verbleibenden Betrags als Vergütung des Hochschulbeschäftigten festzusetzen. Da dieses Ergebnis in der Praxis einen hohen organisatorischen Aufwand zur Folge haben wird, wird sich die vertragliche Vereinbarung von festen Vergütungszeitpunkten anbieten. Hierin läge kein Verstoß gegen die Unabdingbarkeitsklausel des § 22 S. 1 ArbNErfG, da abweichende Vereinbarungen über gemeldete Diensterfindungen nach § 22 S. 2 ArbNErfG zulässig sind.

(b) Sonstige Besonderheiten des Hochschulrechts

Die Vereinbarung zwischen dem Arbeitgeber und dem Arbeitnehmer nach § 12 Abs. 1 ArbNErfG sowie die Festsetzung durch den Arbeitgeber nach § 12 Abs. 3 ArbNErfG müssen die Art und Höhe der Vergütung bzw. die insoweit relevanten Berechnungsfaktoren enthalten.[1429] Nach hier vertretener Auffassung sind dabei ebenso die in Abzug gebrachten Kosten anzugeben. Allerdings sind Art und Höhe der Vergütung durch § 42 Nr. 4 ArbNErfG bereits vorgegeben: Der Hochschulerfinder erhält eine pauschale Vergütung in Höhe von 30 % der durch die Verwertung erzielten Einnahmen (abzüglich 30 % der Schutzrechtskosten); Angaben dazu, ob der Hochschulbeschäftigte eine pauschale Vergütung, eine prozentuale Beteiligung am Umsatz oder Gewinn oder eine Gehaltserhöhung erhalten soll[1430], erübrigen sich mithin.[1431] Auch die üblichen Berechnungsfaktoren zur Ermittlung der Vergütung wie der Erfindungswert oder der Anteilsfaktor kommen aufgrund der pauschalen Vergütungsberechnung nicht zur Geltung. Einzig die Benennung der Anzahl der Miterfinder sowie die Be-

---

1429 *Heerma/Maierhöfer*, GRUR 2010, 682, 683; *Bartenbach/Volz*, Arbeitnehmererfindungsgesetz, § 12, Rn. 17; siehe auch *Trimborn*, in: Reimer/Schade/Schippel, ArbNErfG, § 12, Rn. 17.
1430 *Heerma/Maierhöfer*, GRUR 2010, 682, 683; *Bartenbach/Volz*, Arbeitnehmererfindungsgesetz, § 12, Rn. 50; *Trimborn*, in: Reimer/Schade/Schippel, ArbNErfG, § 12, Rn. 23.
1431 *Heerma/Maierhöfer*, GRUR 2010, 682, 683.

Kapitel 3. Vergütungsansprüche des Hochschulbeschäftigten im Arbeitnehmererfinderrecht

zifferung der Miterfinderanteile sind auch im Hochschulrecht von Nöten (vgl. § 12 Abs. 2 ArbNErfG).[1432]

Die Festsetzung der Vergütung durch den Arbeitgeber hat gem. § 12 Abs. 3 S. 1 ArbNErfG durch eine begründete Erklärung in Textform zu erfolgen, die dem Arbeitgeber die Reflektion über das Bestehen, den Umfang und die Angemessenheit der Vergütung und dem Arbeitnehmer das Nachvollziehen der Vergütungsermittlung ermöglichen soll.[1433] Übertragen auf § 42 Nr. 4 ArbNErfG beschränkt sich die Begründungspflicht aus den soeben genannten Gründen auf die Angabe der durch die Verwertung erzielten Einnahmen sowie der Miterfinderanteile.[1434] Der Hochschule steht die Möglichkeit offen, bezüglich der Höhe des Prozentsatzes auf die gesetzliche Regelung des § 42 Nr. 4 ArbNErfG zu verweisen; eine Pflicht hierzu besteht indes nicht.[1435]

Das zweimonatige Widerspruchsrecht des Arbeitnehmers gegen die durch den Arbeitgeber erfolgte Festsetzung der Vergütung aus § 12 Abs. 4 ArbNErfG gilt mutatis mutandis auch im Hochschulrecht. Allerdings besteht das Widerspruchsrecht des Hochschulbeschäftigten mit Blick auf die vorstehenden Erwägungen lediglich hinsichtlich der nicht durch § 42 Nr. 4 ArbNErfG vorgegebenen Faktoren.[1436]

Inwieweit ein Anspruch auf Vergütungsanpassung aus § 12 Abs. 6 ArbNErfG auch im Rahmen des Hochschulerfindervergütungsanspruchs aus § 42 Nr. 4 ArbNErfG Anwendung finden kann, wurde bereits besprochen, sodass auf die dortigen Ausführungen verwiesen werden kann.[1437]

[1432] *Heerma/Maierhöfer*, GRUR 2010, 682, 683; *Bartenbach/Volz*, Arbeitnehmererfindungsgesetz, § 42 n. F., Rn. 148.

[1433] *Bartenbach/Volz*, Arbeitnehmererfindungsgesetz, § 12, Rn. 52.

[1434] *Bartenbach/Volz*, Arbeitnehmererfindungsgesetz, § 42 n. F., Rn. 148; vgl. auch *Kretzer*, Die Novellierung des "Hochschullehrerprivilegs" (§ 42 ArbnErfG), S. 50; *Boemke/Sachadae*, in: Boemke/Kursawe, ArbNErfG, § 42, Rn. 155.

[1435] *Heerma/Maierhöfer*, GRUR 2010, 682, 684; *Bartenbach/Volz*, Arbeitnehmererfindungsgesetz, § 42 n. F., Rn. 148.

[1436] *Heerma/Maierhöfer*, GRUR 2010, 682, 685; *Bartenbach/Volz*, Arbeitnehmererfindungsgesetz, § 42 n. F., Rn. 148. Siehe zum Widerspruchsrecht aus § 12 Abs. 4 ArbNErfG *Bartenbach/Volz*, Arbeitnehmererfindungsgesetz, § 12, Rn. 77 ff.; *Trimborn*, in: Reimer/Schade/Schippel, ArbNErfG, § 12, Rn. 37 ff.; siehe auch *Boemke/Sachadae*, in: Boemke/Kursawe, ArbNErfG, § 42, Rn. 155.

[1437] Vgl. oben Kapitel 3. § 8 A. IV. 1. b. bb (S. 358) zu der Frage, ob die Problematik der Minusgeschäfte der Hochschule mittels einer Vergütungsanpassung nach § 12 Abs. 6 ArbNErfG gelöst werden kann.

§ 8 Die Vergütungsansprüche des Hochschulerfinders

cc. Fazit

§ 12 ArbNErfG findet auch bei der Berechnung der Hochschulerfindervergütung aus § 42 Nr. 4 ArbNErfG Anwendung. Allerdings sind die hochschulrechtlichen Besonderheiten zu berücksichtigen. Das bedeutet vor allem, dass die Hochschule bei mangelnder Vereinbarung über die Vergütung jeweils spätestens mit Ablauf von drei Monaten nach jeder verwertungsbedingten Erzielung von Einnahmen die Vergütung unter Abzug des vom Hochschulbeschäftigten zu tragenden Anteils der jeweils bis dahin angefallenen Schutzrechtskosten festzusetzen hat.

c. Fälligkeit bei unterbliebener Verwertung

Beginnt die Frist zur Festsetzung erst mit dem Ereignis der Einnahmenerzielung infolge der Verwertung zu laufen, impliziert dies für die Anwendung des § 12 ArbNErfG im Hochschulbereich die Notwendigkeit der erfolgten Erfindungsverwertung. Solange die Hochschule die Erfindung nicht verwertet, kommt die hochschulrechtliche Regelung des § 42 Nr. 4 ArbNErfG aber gar nicht zum Tragen; es handelt sich um einen Fall der unterbliebenen Verwertung. Insoweit entfällt die Beurteilung des Verhältnisses zwischen § 42 Nr. 4 ArbNErfG und § 12 ArbNErfG und der Hochschulbeschäftigte erhält einen Vergütungsanspruch aus § 9 ArbNErfG, der mit der Inanspruchnahme der Erfindung bereits dem Grunde nach entsteht.[1438]

Problematisch erscheint in diesem Zusammenhang, dass sich die Fälligkeit des Anspruchs aus § 9 ArbNErfG wiederum nach der allgemeinen Vorschrift des § 12 ArbNErfG bestimmt. Das bedeutet, die Hochschule müsste nach § 12 Abs. 3 S. 2 ArbNErfG die Vergütung spätestens bis zum Ablauf von drei Monaten nach der Erteilung des Schutzrechts festsetzen. Wie gesehen, fehlt es zu diesem Zeitpunkt in den meisten Fällen noch an einer Verwertung des Schutzrechts. Zwar ist dies für die Berechnung des Anspruchs aus § 9 ArbNErfG unproblematisch, da sich dieser nach der Verwertbarkeit der Erfindung bemisst und gerade die Vergütung wegen nicht ausgenutzter Verwertungsmöglichkeiten ermöglichen soll. Allerdings ginge der Hochschulbeschäftigte bei einer anschließenden Verwertung in einer Vielzahl der Fälle seines Vergütungsanspruchs aus § 42 Nr. 4 ArbNErfG verlustig, wenn die Vergütung aus § 9 ArbNErfG durch die

---

1438 Vgl. hierzu oben Kapitel 3. § 7 B. I. 1. b. (S. 200).

Hochschule zuvor bereits festgesetzt wurde. Der Hochschule böte sich gleichzeitig die Möglichkeit, sich der in der Regel weitaus höheren Vergütungszahlung nach § 42 Nr. 4 ArbNErfG zu entziehen, indem sie die Vergütung vor der Verwertung anhand von § 9 ArbNErfG festsetzen könnte. Insoweit ließe sich eine Missbrauchsgefahr nicht ausschließen.

Unter Berücksichtigung dieser Erwägungen muss erneut den hochschulrechtlichen Besonderheiten Rechnung getragen werden. Hierfür bieten sich im Grunde zwei Möglichkeiten an: Zunächst könnte die Pflicht der Hochschule zur Festsetzung der Vergütung in eine Berechtigung des Hochschulbeschäftigten zum Verlangen der Vergütung umgedeutet werden. Demnach könnte der Hochschulbeschäftigte, der den ungewissen Eintritt einer Verwertung der Erfindung nicht abwarten möchte, spätestens mit Ablauf von drei Monaten nach Erteilung des Schutzrechts eine Vergütung nach § 9 ArbNErfG verlangen. Durch eine solche Lösung könnte gleichwohl der soeben beschriebenen Missbrauchsgefahr nicht wirksam begegnet werden, da die Hochschule zwar nicht die Pflicht, aber weiterhin die Berechtigung hätte, die Vergütung nach § 9 ArbNErfG vor der Verwertung der Erfindung festzusetzen. Überzeugender ist es deshalb, die Vergütung aus § 9 ArbNErfG lediglich als eine Art vorläufige Vergütung zu begreifen. Solange eine Verwertung noch nicht erfolgt ist und § 42 Nr. 4 ArbNErfG nicht eingreift, ist die Vergütung nach § 9 ArbNErfG durch die Hochschule spätestens bis zum Ablauf von drei Monaten nach Erteilung des Schutzrechts festzusetzen, gem. § 12 Abs. 3 S. 2 ArbNErfG. Der Vergütungsanspruch des Hochschulbeschäftigten aus § 9 ArbNErfG wird spätestens dann fällig und er behält diesen, wenn eine Verwertung zukünftig nicht mehr erfolgt. Sobald die Hochschule das Schutzrecht aber verwertet, ist der Hochschulbeschäftigte nach § 42 Nr. 4 ArbNErfG an den durch die Verwertung erzielten Einnahmen zu beteiligen. Die bereits gezahlte Vergütung nach § 9 ArbNErfG sollte in der Folge mit dem Anspruch aus § 42 Nr. 4 ArbNErfG verrechnet werden.

d. Fazit

Die Fälligkeit des Vergütungsanspruchs des Hochschulbeschäftigten aus § 42 Nr. 4 ArbNErfG bestimmt sich anhand § 12 ArbNErfG nach Maßgabe der hochschulrechtlichen Besonderheiten. Dementsprechend ist die Vergütung in angemessener Frist nach der Erzielung von Verwertungseinnahmen durch eine Vereinbarung zwischen dem Hochschulbeschäftigten und der Hochschule festzustellen (§ 12 Abs. 1 ArbNErfG). Mit der Feststellung der Vergütung bzw. mit Ablauf der angemessenen Frist wird der Vergütungsanspruch fällig. Kommt eine Vereinbarung über die Vergütung in angemessener Frist nicht zustande, hat die Hochschule die Vergütung nach § 12 Abs. 3 S. 1 ArbNErfG durch eine begründete Erklärung an den Hochschulbeschäftigten einseitig festzusetzen. Die Festsetzung muss gem. § 12 Abs. 3 S. 2 ArbNErfG spätestens bis zum Ablauf von drei Monaten nach der Erzielung von Einnahmen durch die Verwertung erfolgen. Damit tritt die Fälligkeit des Vergütungsanspruchs aus § 42 Nr. 4 ArbNErfG mit Festsetzung der Vergütung durch die Hochschule, spätestens jedoch drei Monate nach der Erzielung von Einnahmen durch die Verwertung der Diensterfindung ein.

Solange eine Verwertung noch nicht erfolgt ist, handelt es sich um einen Fall der unterbliebenen Verwertung und die Vergütung des Hochschulbeschäftigten ergibt sich aus § 9 ArbNErfG. Nach § 12 Abs. 3 S. 2 ArbNErfG hat die Hochschule die Vergütung spätestens mit Ablauf von drei Monaten nach Erteilung des Schutzrechts festzusetzen. Erfolgt im Anschluss eine Verwertung des Schutzrechts, greift § 42 Nr. 4 ArbNErfG ein und der Hochschulbeschäftigte wird an den Einnahmen beteiligt. In diesem Fall wird der Vergütungsanspruch aus § 9 ArbNErfG mit dem Vergütungsanspruch aus § 42 Nr. 4 ArbNErfG verrechnet.

VI. Problematik der Verwertungspflicht der Hochschulen

Der Hochschulerfinder erhält 30 % der durch die Verwertung erzielten Einnahmen, wenn die Hochschule die Diensterfindung verwertet. Es wurde bereits festgestellt, welche Ansprüche dem Hochschulbeschäftigten in welcher Höhe zustehen. Auch die Fallgruppe der unterbliebenen Verwertung wurde behandelt.[1439] Keine Beachtung wurde bislang der Frage geschenkt, ob die Hochschule aufgrund der Regelung des § 42 Nr. 4 ArbNErfG nicht sogar zur Verwertung der Diensterfindung und zur Erzielung von Einnahmen durch die Verwertung verpflichtet ist.

1. Problemaufriss

Die Vergütung des Hochschulbeschäftigten aus § 42 Nr. 4 ArbNErfG ist davon abhängig, dass die Hochschule die Diensterfindung verwertet; die

---

1439 Dazu oben Kapitel 3. § 8 A. I. 2. b. bb. (S. 232).

Verwertung stellt eine konstitutive Voraussetzung des Anspruchs aus § 42 Nr. 4 ArbNErfG dar. Unterbleibt die Verwertung der von der Hochschule in Anspruch genommenen Erfindung oder des Schutzrechts, erhält der Hochschulbeschäftigte keine Vergütung aus § 42 Nr. 4 ArbNErfG, da es an durch die Verwertung erzielten Einnahmen fehlt. Für das allgemeine Arbeitnehmererfinderrecht verneint *Meusel* eine gesetzliche Pflicht des Arbeitgebers zur Verwertung der Erfindung mit dem Argument, der Vergütungsanspruch aus § 9 ArbNErfG bestehe unabhängig von der tatsächlichen Verwertung und richte sich nach der wirtschaftlichen Verwertbarkeit.[1440] Es stellt sich die Frage, ob daraus im Umkehrschluss gefolgert werden muss, dass der von der Verwertung abhängige Vergütungsanspruch des § 42 Nr. 4 ArbNErfG eine Verwertungspflicht der Hochschule zur Folge hat.[1441]

Eine unmittelbare Pflicht der Hochschule zur Verwertung der Erfindung ist im ArbNErfG nicht geregelt. Ist der Hochschulbeschäftigte deshalb der Handhabung und Willkür der Hochschule schutzlos ausgeliefert und läuft Gefahr leer auszugehen? Oder besteht möglicherweise auch ohne eine Regelung im ArbNErfG eine Pflicht der Hochschule, die Erfindungen der Hochschulbeschäftigten wirtschaftlich zu verwerten? Denn es könnte möglicherweise der von § 42 Nr. 4 ArbNErfG bezweckten Privilegierung des Hochschulbeschäftigten gegenüber dem gewöhnlichen Arbeitnehmererfinder widersprechen[1442], wenn der Hochschulerfinder im Fall der unterbliebenen Verwertung durch den Wegfall der Vergütung schlechter gestellt wird als der gewöhnliche Arbeitnehmererfinder, dessen Vergütung sich anhand der Verwertbarkeit bemisst. In der Sache stellt sich nicht allein die Frage, ob die Hochschule zur Verwertung der Erfindung verpflichtet ist, sondern es ist vor allem entscheidend, ob dem Hochschulbeschäftigten ein Anspruch gegen die Hochschule auf die Verwertung der Erfindung zusteht. Von besonderer Bedeutung ist demnach, ob sich aus einer etwaig bestehenden Verwertungspflicht der Hochschule ein subjektives Recht des Hochschulbeschäftigten ableiten lässt. Sofern die rechtliche Würdigung ergibt, dass eine Verwertungspflicht der Hochschule angenommen werden muss, ist weitergehend fraglich, wie die Verwertungspflicht konkret ausge-

---

1440 *Meusel*, Außeruniversitäre Forschung im Wissenschaftsrecht, Rn. 577.
1441 Dies mit anderen Argumenten für außeruniversitäre Forschungseinrichtungen bejahend *Meusel*, Außeruniversitäre Forschung im Wissenschaftsrecht, Rn. 577.
1442 „Entwurf eines Gesetzes zur Änderung des Gesetzes über Arbeitnehmererfindungen" einzelner Abgeordneter der SPD sowie der Fraktion Bündnis 90/Die Grünen vom 09.05.2001, BT-Drs. 14/5975, S. 2, 6.

staltet ist. Es stellt sich die Frage, ob die Verwertungspflicht uneingeschränkt gilt oder der Verwertungspflicht auch dann Genüge getan wird, wenn etwa an der Philipps-Universität Marburg die Entscheidung über die Verwertung der Erfindung auf Basis einer Kosten- und Nutzenabschätzung fällt[1443] und eine Verwertung nur bei positiven wirtschaftlichen Aussichten betrieben wird.

2. Rechtliche Beurteilung des Bestehens einer Verwertungspflicht

a. Meinungsstand in der Literatur

Zu der aufgezeigten Problematik der Verwertungspflicht der Hochschulen existieren in der einschlägigen Literatur divergierende Ansichten. Sie wurde jedoch bislang keineswegs abschließend geklärt. Bestehende Literatur, die sich mit der Frage nach einer Verwertungspflicht beschäftigt, erschöpft sich in der Darstellung der gegenläufigen Positionen, ohne sich mit dem eigentlichen Problem dezidiert auseinanderzusetzen. Zumeist wird eine Verwertungspflicht mit dem schlichten Verweis auf die arbeits- bzw. dienstrechtliche „Fürsorgepflicht" der Hochschule oder aus haushaltsrechtlichen Erwägungen heraus angenommen[1444] oder mangels gesetzlicher Festschreibung abgelehnt.[1445] Einzig *Soudry*[1446] sowie *Post/Kuschka*[1447] beschäftigen sich eingehender mit der Frage der Verwertungspflicht. Die Au-

---

1443 Vgl. Philipps-Universität Marburg, Patentierungs- und Verwertungsstrategie der Philipps-Universität Marburg, S. 2, abrufbar im Internet unter: https://www.uni-marburg.de/de/universitaet/administration/recht/satzung/pat-verwert-strat-26012016-1.pdf, zuletzt abgerufen am 19.04.2020.
1444 *Leuze*, GRUR 2005, 27, 33; *Sellnick*, NVwZ 2002, 1340, 1342; *Körting*, Das Arbeitnehmererfindungsrecht und die innerbetriebliche Innovationsförderung, S. 117 f.; *Rösler*, Bestand, Reform oder Abschaffung des § 42 ArbNErfG, S. 272 f.; *Leuze*, in: Reimer/Schade/Schippel, ArbNErfG, § 42 n. F., Rn. 37; i. E. auch *Keukenschrijver*, in: Busse/Keukenschrijver, PatG, § 42 ArbEG, Rn. 18; vgl. auch *Kretzer*, Die Novellierung des "Hochschullehrerprivilegs" (§ 42 ArbnErfG), S. 31; *Meusel*, Außeruniversitäre Forschung im Wissenschaftsrecht, Rn. 577.
1445 *Bergmann*, Erfindungen von Hochschulbeschäftigten nach der Reform von § 42 ArbNErfG, Rn. 534 f.; wohl i. E. auch *Reetz*, Erfindungen an Hochschulen, S. 190.
1446 *Soudry*, Die Rechtsstellung des Hochschulerfinders nach der Neufassung von § 42 ArbNErfG, S. 166 ff., der eine Verwertungspflicht i. E. ablehnt.
1447 *Post/Kuschka*, GRUR 2003, 494, 495 ff., die eine Verwertungspflicht der Hochschule bejahen.

toren betrachten die Problematik dabei aus verschiedenen Blickwinkeln: Beachtung geschenkt wird einer dienstrechtlichen, einer hochschulrechtlichen, einer haushaltsrechtlichen sowie einer verfassungsrechtlichen Sichtweise.

b. Eigener Lösungsweg

Zweifelsohne lassen sich den genannten Arbeiten veritable Argumente entnehmen, die auch in der nachfolgenden Betrachtung Eingang finden werden. Dennoch fehlt es auch diesen Arbeiten an einer strikten Differenzierung zwischen dem Bestehen einer Verwertungspflicht, dem „Ob" der Verwertungspflicht und der tatsächlichen Ausgestaltung, dem „Wie" einer etwaig bestehenden Verwertungspflicht. Für eine strukturierte Bewertung der Verwertungspflicht muss allerdings zwischen den beiden Gesichtspunkten differenziert werden.

aa. Das „Ob" der Verwertungspflicht

Vor der Frage stehend, *ob* eine Verpflichtung der Hochschule zur Verwertung der Erfindung bzw. des Schutzrechts besteht, erscheint es sinnvoller, eine systematische Betrachtung anhand aller möglichen Anknüpfungspunkte im Verwertungsverfahren vorzunehmen, statt eine Analyse verschiedenster, voneinander losgelöster Erwägungen anzustrengen, wie dies bislang in der Literatur geschehen ist.[1448] Auf jeder einzelnen Stufe des Verwertungsverfahrens – dessen Grenzen nicht immer starr, sondern teils fließend sind – ist gesondert zu untersuchen, ob sich Anknüpfungspunkte für eine Verwertungspflicht der Hochschule finden lassen.

(1) Stufe 1 – Prüfung der Patentfähigkeit und Verwertbarkeit

Wird der Hochschule eine Diensterfindung durch den Hochschulbeschäftigten gemeldet, so hat sie im Hinblick auf eine Inanspruchnahme oder Freigabe der Erfindung ausgiebig zu prüfen, ob die Erfindung patentfähig

---

1448 So etwa bei *Bergmann*, Erfindungen von Hochschulbeschäftigten nach der Reform von § 42 ArbNErfG, Rn. 532 ff.; *Bartenbach/Volz*, Arbeitnehmererfindungsgesetz, § 42 n. F., Rn. 162.

und verwertbar ist.¹⁴⁴⁹ Die Prüfung der Patentfähigkeit, Ausführbarkeit und wirtschaftlichen Verwertbarkeit der Erfindung wird regelmäßig nicht durch die Hochschule selbst, sondern durch eine Patentverwertungsagentur, wie die *PROvendis GmbH* bei Hochschulen in Nordrhein-Westfalen¹⁴⁵⁰ oder die *Bayerische Patentallianz GmbH* für bayerische Hochschulen¹⁴⁵¹, durchgeführt. Nach umfangreicher Prüfung der Patentierbarkeit gibt die Patentverwertungsagentur gegenüber der Hochschule eine Stellungnahme mit einer Empfehlung ab, auf deren Grundlage die Hochschule über die Inanspruchnahme oder Freigabe der Erfindung entscheidet.¹⁴⁵²

Entscheidet sich die Hochschule für eine Inanspruchnahme und die damit einhergehende Schutzrechtsarbeit, könnte sich eine Pflicht zur Verwertung unter haushaltsrechtlichen Gesichtspunkten schon im Hinblick auf die im Vorfeld getätigten Aufwendungen der Hochschule ergeben. Als Körperschaft des öffentlichen Rechts und Trägerin der öffentlichen Verwaltung stellt die Hochschule ihren eigenen Haushalt fest und führt ihn selbständig aus.¹⁴⁵³ Nach § 6 Abs. 1 HGrG sind bei der Aufstellung und Ausführung des Haushaltsplans die Grundsätze der Wirtschaftlichkeit und Sparsamkeit zu beachten. Der Grundsatz der Wirtschaftlichkeit umfasst, dass ein Ziel mit bestimmten finanziellen Mitteln bestmöglich erreicht bzw. ein bestimmtes Ziel unter möglichst geringem Einsatz finanzieller Mittel erreicht werden soll. Entscheidend ist die Relation zwischen Nut-

---

1449 Vgl. *Soudry*, Die Rechtsstellung des Hochschulerfinders nach der Neufassung von § 42 ArbNErfG, S. 169.
1450 Vgl. Heinrich-Heine-Universität Düsseldorf, Patentierungsverfahren für Hochschulerfindungen, S. 2, abrufbar im Internet unter: http://www.forschung.uni-duesseldorf.de/fileadmin/redaktion/ZUV/Dezernat_2/Abteilung_2.2/Dokumente/161020_Patentierungsverfahren_StandOkt2016.pdf, zuletzt abgerufen am 19.04.2020.
1451 Vgl. Technische Universität München, Die Patentpolitik der TUM, S. 7, abrufbar im Internet unter: http://www.forte.tum.de/fileadmin/w00bgt/www/_application_pdf-Objekt_.pdf, zuletzt abgerufen am 19.04.2020.
1452 Vgl. z. B. Hochschule Ostwestfalen-Lippe, Leitfaden zum Thema Schutzrechte, S. 3 f., abrufbar im Internet unter: https://www.hs-owl.de/fileadmin/downloads/forschung_transfer/Leitfaden_zum_Thema_Schutzrechte.pdf, zuletzt abgerufen am 19.04.2020. Zur Aufgabe und Arbeit einer Patentverwertungsagentur siehe die beispielhafte Darstellung bei *Bergmann*, Erfindungen von Hochschulbeschäftigten nach der Reform von § 42 ArbNErfG, Rn. 649.
1453 *Post/Kuschka*, GRUR 2003, 494, 497; *Bull/Mehde*, Allgemeines Verwaltungsrecht mit Verwaltungslehre, Rn. 442; *Soudry*, Die Rechtsstellung des Hochschulerfinders nach der Neufassung von § 42 ArbNErfG, S. 169; *Volz*, Das Recht der Arbeitnehmererfindung im öffentlichen Dienst, S. 31; vgl. auch *Thieme*, Deutsches Hochschulrecht, Rn. 575.

zen, Erträgen und Aufwand.[1454] Nach dem Grundsatz der Sparsamkeit ist die Hochschule verpflichtet, den öffentlichen Finanzaufwand so gering wie möglich zu halten.[1455] Hat die Hochschule bereits finanziellen Aufwand betrieben, um die Patentierbarkeit der Erfindung bewerten zu lassen und kommt die Verwertbarkeitsprüfung zu einem positiven Ergebnis, ist die Hochschule aufgrund des Wirtschaftlichkeitsprinzips dazu verpflichtet, auch weitergehend die Verwertung der Erfindung zu betreiben. Demgegenüber muss die Hochschule die Erfindung bei schlechten Verwertungsaussichten aus Gründen der Wirtschaftlichkeit freigeben.[1456]

Entscheidend ist aber, ob aus der Verwertungspflicht auch ein subjektives Recht des Hochschulbeschäftigten auf eine Verwertung abgeleitet werden kann. Nur in einem solchen Fall kann sich ein Anspruch des Hochschulbeschäftigten bei Verletzung der Verwertungspflicht ergeben. Die haushaltrechtlichen Vorgaben binden jedoch allein die Hochschule in ihrem Handeln, ohne dem Hochschulerfinder subjektive Rechte zu gewähren.[1457] Eine Verwertungspflicht im Sinne eines subjektiven Rechts des Hochschulerfinders ergibt sich aus der Prüfung der Verwertbarkeit der Erfindung folglich nicht.

(2) Stufe 2 – Inanspruchnahme der Erfindung

Eine uneingeschränkte Pflicht der Hochschule, die gemeldete Diensterfindung gem. § 6 ArbNErfG in Anspruch zu nehmen, besteht wie soeben gesehen nicht. Nimmt die Hochschule die Diensterfindung aber in Anspruch, ist weitergehend fraglich, ob aus der Inanspruchnahme zwangsläu-

---

1454 *Soudry*, Die Rechtsstellung des Hochschulerfinders nach der Neufassung von § 42 ArbNErfG, S. 169; vgl. auch *Thieme*, Deutsches Hochschulrecht, Rn. 575; *Schwarz*, in: v. Mangoldt/Klein/Starck, Grundgesetz, Bd. 3, Art. 114 Abs. 2, Rn. 87.
1455 *Soudry*, Die Rechtsstellung des Hochschulerfinders nach der Neufassung von § 42 ArbNErfG, S. 169; vgl. *Thieme*, Deutsches Hochschulrecht, Rn. 575; *Volz*, Das Recht der Arbeitnehmererfindung im öffentlichen Dienst, S. 31; *Schwarz*, in: v. Mangoldt/Klein/Starck, Grundgesetz, Bd. 3, Art. 114 Abs. 2, Rn. 88.
1456 *Post/Kuschka*, GRUR 2003, 494, 497 f.; *Soudry*, Die Rechtsstellung des Hochschulerfinders nach der Neufassung von § 42 ArbNErfG, S. 169 f.
1457 Vgl. *Soudry*, Die Rechtsstellung des Hochschulerfinders nach der Neufassung von § 42 ArbNErfG, S. 170; *Bartenbach/Volz*, Arbeitnehmererfindungsgesetz, § 42 n. F., Rn. 162.

fig eine Pflicht zur Verwertung der Erfindung gefolgert werden kann.[1458] Eine solche ist zumindest aus den soeben dargestellten haushaltsrechtlichen Erwägungen heraus anzunehmen. Nimmt die Hochschule die Erfindung in Anspruch, ist sie aus Gesichtspunkten der Wirtschaftlichkeit dazu verpflichtet, die Erfindung auch zu verwerten.

Darüber hinaus wird eine Verwertungspflicht auch aus hochschulrechtlicher Sicht anzunehmen sein. Nach § 2 Abs. 7 HRG fällt der Hochschule die Aufgabe zu, den Wissens- und Technologietransfer zu fördern. Während dem privaten Arbeitgeber die unternehmerische Freiheit aus Art. 14 Abs. 1 GG zukommt, handelt die Hochschule im Rahmen ihrer öffentlichen Aufgaben[1459] und kann sich auf die unternehmerische Freiheit nicht berufen.[1460] Zur Förderung des Wissens- und Technologietransfers genügt die bloße Inanspruchnahme der Erfindung nicht. Um technologische Neuerungen von der Wissenschaft in die Praxis zu transferieren, bedarf es der Verwertung der entsprechenden Erfindungen. Der Wissenschaft und dem technischen Fortschritt ist wenig gedient, wenn die Hochschule die Erfindungen nur in Anspruch nimmt und sammelt, ohne sie einer Verwertung zuzuführen.[1461] Die Hochschule wird demnach auch aufgrund der ihr zufallenden hochschulrechtlichen Aufgabe dazu verpflichtet sein, in Anspruch genommene Erfindungen zu verwerten.[1462]

Wie die haushaltsrechtlichen Regelungen haben auch die hochschulrechtlichen Bestimmungen allein Auswirkungen für die Hochschule und legen deren Aufgaben fest. Ein subjektives Recht des Hochschulerfinders, von der Hochschule die Verwertung der Erfindung zu verlangen, ergibt

---

1458 So *Soudry*, Die Rechtsstellung des Hochschulerfinders nach der Neufassung von § 42 ArbNErfG, S. 169 f.; *Keukenschrijver*, in: Busse/Keukenschrijver, PatG, § 42 ArbEG, Rn. 18.
1459 *Soudry*, Die Rechtsstellung des Hochschulerfinders nach der Neufassung von § 42 ArbNErfG, S. 170; *Volz*, Das Recht der Arbeitnehmererfindung im öffentlichen Dienst, S. 28.
1460 Vgl. hierzu BVerfG, Beschluss v. 02.05.1967 – 1 BvR 578/63, BVerfGE 21, 362, 369 ff. = NJW 1967, 1411 – *Sozialversicherungsträger*; BVerfG, Beschluss v. 08.07.1982 – 2 BvR 1187/80, BVerfGE 61, 82, 105 ff. = NJW 1982, 2173 – *Sasbach*; BVerfG, Beschluss v. 23.03.1988 – 1 BvR 686/86, NJW 1988, 1715 – *Eigentumsrecht von Rundfunkanstalten*; *Depenheuer*, in: v. Mangoldt/Klein/Starck, Grundgesetz, Bd. 1, Art. 14, Rn. 189 f.
1461 *Rösler*, Bestand, Reform oder Abschaffung des § 42 ArbNErfG, S. 272.
1462 Vgl. auch *Soudry*, Die Rechtsstellung des Hochschulerfinders nach der Neufassung von § 42 ArbNErfG, S. 170 f.

sich hieraus nicht.¹⁴⁶³ Demnach kann auch aus der Inanspruchnahme eine Verwertungspflicht in Gestalt eines subjektiven Rechts des Erfinders nicht hergeleitet werden.

(3) Stufe 3 – Anmeldung zum Schutzrecht und Schutzrechtsarbeit

Nimmt die Hochschule die Erfindung in Anspruch, ist sie gem. § 13 Abs. 1 ArbNErfG zur unverzüglichen Schutzrechtsanmeldung verpflichtet.¹⁴⁶⁴ In diesem Kontext ist die bislang nicht aufgeworfene Frage zu erörtern, ob möglicherweise bereits mit der Anmeldepflicht eine Verwertungspflicht der Hochschule einhergeht. Diese Frage ist gesondert zu untersuchen, obwohl die vorherige Betrachtung ergeben hat, dass eine Verwertungspflicht bereits aus der Inanspruchnahme folgt. Denn zum einen trifft die Hochschule die Pflicht zur unverzüglichen Anmeldung des Patents auch unabhängig davon, ob sie die Erfindung bereits in Anspruch genommen hat¹⁴⁶⁵, zum anderen konnte aus der Verwertungspflicht infolge der Inanspruchnahme kein subjektives Recht des Hochschulerfinders abgeleitet werden.

Allein in die Anmeldeverpflichtung nach § 13 Abs. 1 ArbNErfG eine Pflicht zur Verwertung hineinzulesen, vermag aber schon aus einem Vergleich zum gewöhnlichen Arbeitgeber nicht zu überzeugen. Dieser ist nach § 13 Abs. 1 ArbNErfG verpflichtet, eine gemeldete Diensterfindung des Arbeitnehmers zum Schutzrecht anzumelden. Aufgrund seiner unternehmerischen Freiheit ist er zur Verwertung der Erfindung jedoch nicht verpflichtet. Eine Verwertungspflicht der Hochschule kann sich also allenfalls aus ihrer besonderen hochschulrechtlichen Stellung bzw. aus den ihr zukommenden Aufgaben ergeben. Eine allgemeine Verwertungspflicht folgt aus der Anmeldepflicht des § 13 Abs. 1 ArbNErfG nicht. Zum Teil

---

1463 *Soudry*, Die Rechtsstellung des Hochschulerfinders nach der Neufassung von § 42 ArbNErfG, S. 170 f.; *Bartenbach/Volz*, Arbeitnehmererfindungsgesetz, § 42 n. F., Rn. 162; **a. A.** wohl *Kretzer*, Die Novellierung des "Hochschullehrerprivilegs" (§ 42 ArbnErfG), S. 31.
1464 § 13 Abs. 1 ArbNErfG lautet: „*Der Arbeitgeber ist verpflichtet und berechtigt, eine gemeldete Diensterfindung im Inland zur Erteilung eines Schutzrechts anzumelden. Eine patentfähige Diensterfindung hat er zur Erteilung eines Patents anzumelden, sofern nicht bei verständiger Würdigung der Verwertbarkeit der Erfindung der Gebrauchsmusterschutz zweckdienlicher erscheint. Die Anmeldung hat unverzüglich zu geschehen.*"
1465 *Kraßer*, Beilage F&L 2002, 8, 11.

wird das Betreiben von Schutzrechtsarbeit jedoch nicht als Hochschulaufgabe angesehen. Aufgabe der Hochschulen sei es gerade, Wissen in die Öffentlichkeit zu tragen, um Forschung und Technologie zu fördern. Die Schutzrichtung des Patentrechts, Wissen zu schützen und die Nutzung zu beschränken, sei hiermit nicht vereinbar. Auch die Finanzierung der Hochschulforschung durch öffentliche Mittel stehe der Geheimhaltung und Monopolisierung von Wissen entgegen.[1466] Ein solches Verständnis verkennt jedoch, dass die Erfindung lediglich bis zum Zeitpunkt der Patentanmeldung geheim gehalten wird. Nach der Patentanmeldung kann über das Wissen frei verfügt werden.[1467] Zudem kann die Hochschule der ihr zukommenden Aufgabe des Wissens- und Technologietransfers nur dann gerecht werden, wenn die gemeldeten Erfindungen verwertet und in die Industrie transferiert werden. Eine wirtschaftliche Verwertung wird häufig aber nur dann erfolgreich sein und dem Wissenstransfer sowie dem volkswirtschaftlichen Nutzen dienen, wenn die Arbeitsergebnisse entsprechend rechtlich geschützt sind. Zum Aufgabenbereich der Hochschule gehört es demnach auch, die nötige Schutzrechtsarbeit zu betreiben.[1468]

Bliebe es allein bei der Verpflichtung zur Schutzrechtsarbeit, würde die hochschulrechtliche Aufgabe des Technologietransfers dennoch nicht erfüllt. Würde die Hochschule lediglich Patente anmelden und aufrechterhalten, ohne diese zu verwerten, handelte es sich um sog. Sperrpatente, die allein dazu geeignet sind, Mitbewerber am Markt auszuschließen. Solche Sperrpatente sind jedoch weder mit dem Hochschulrecht noch mit der Forschungs- und Wissenschaftsfreiheit des Hochschulerfinders aus Art. 5 Abs. 3 GG vereinbar und scheiden im Hochschulbereich folglich aus.[1469] Das hat zur Folge, dass sich die hochschulrechtliche Aufgabe des Technologietransfers nicht in dem Betreiben von Schutzrechtsarbeit erschöpfen kann. Vielmehr folgt aus der Verpflichtung der Hochschule, die Erfindung zum Patent anzumelden und weitere Schutzrechtsarbeit zu betreiben auch die Verpflichtung, die Patente zu verwerten.

Wie bereits gesehen[1470], fehlt es bei den hochschulrechtlichen Vorgaben aber an einem subjektiven Recht des Hochschulerfinders auf die Verwer-

---

1466 Vgl. *Kraßer/Schricker*, Patent- und Urheberrecht an Hochschulen, S. 16 f.; *Volmer/Gaul*, in: Arbeitnehmererfindungsgesetz, § 42, Rn. 57; siehe hierzu auch *Rösler*, Bestand, Reform oder Abschaffung des § 42 ArbNErfG, S. 275.
1467 *Rösler*, Bestand, Reform oder Abschaffung des § 42 ArbNErfG, S. 276.
1468 Vgl. hierzu *Rösler*, Bestand, Reform oder Abschaffung des § 42 ArbNErfG, S. 276 f.
1469 Zu den Sperrpatenten oben Kapitel 3. § 8 A. III. 2. b. aa. (1), (S. 303).
1470 Siehe hierzu oben Kapitel 3. § 8 A. VI. 2. b. aa. (2), (S. 430).

Kapitel 3. Vergütungsansprüche des Hochschulbeschäftigten im Arbeitnehmererfinderrecht

tung der Erfindung. Eine Verwertungspflicht im Sinne eines subjektiven Rechts kann demnach auch an die Anmeldung der Erfindung zum Schutzrecht nicht angeknüpft werden.

(4) Stufe 4 – Verwertung

Ist die Anmeldung der Erfindung zum Patent erfolgt, stellt sich im nächsten Schritt die Frage, ob die Hochschule auch aus anderen Erwägungen heraus zur Verwertung des Patents, z. B. durch Verkauf oder Lizenzvergabe verpflichtet ist. In Betracht kommt eine Verwertungspflicht unter hochschulrechtlichen, dienstrechtlichen sowie verfassungsrechtlichen Gesichtspunkten.

(a) Hochschulrechtliche Perspektive

Eine solche Verwertungspflicht ergibt sich, wie soeben dargestellt, zumindest aus hochschulrechtlicher Perspektive aus der Hochschulaufgabe des Wissens- und Technologietransfers. Unterließe die Hochschule die Verwertung von angemeldeten Patenten, lägen unzulässige Sperrpatente vor. Dem kann auch nicht entgegengehalten werden, die Verwertungstätigkeit sei allein auf die Erzielung von wirtschaftlichen Einnahmen ausgerichtet und unterfalle als rein unternehmerische Aufgabe demnach nicht mehr der Förderung von Forschung, Lehre und Wissenschaft.[1471] Zwar ist es richtig, dass eine rein wirtschaftliche Betätigung der Hochschule nicht in Betracht kommt, allerdings ist die Verwertung von Patenten nicht allein auf die wirtschaftliche Gewinnmaximierung, sondern auf die Förderung des Technologietransfers ausgerichtet. Die Verwertungsarbeit fällt als *„der letzte, wichtigste Schritt im Wissenstransfer [...] erst Recht in den Aufgabenbereich der Hochschule."*[1472] Ein subjektives Recht des Hochschulbeschäftigten ergibt sich aus den hochschulrechtlichen Aufgaben aber wie gesehen nicht.

1471 Vgl. *Rösler*, Bestand, Reform oder Abschaffung des § 42 ArbNErfG, S. 277.
1472 *Rösler*, Bestand, Reform oder Abschaffung des § 42 ArbNErfG, S. 278.

(b) Dienstrechtliche Perspektive

Eine Verwertungspflicht könnte daneben auch aus dienstrechtlichen Erwägungen heraus anzunehmen sein. So wird die Verwertungspflicht der Hochschule zum Teil aus der „Fürsorgepflicht" des Arbeitgebers abgeleitet.[1473] Unter der arbeitsrechtlichen „Fürsorgepflicht" wird die über gesetzlich oder tarifvertraglich geregelte Einzelpflichten hinausgehende Verpflichtung des Arbeitgebers verstanden, seine Verpflichtungen aus dem Arbeitsverhältnis so zu erfüllen, seine Rechte so auszuüben und die im Zusammenhang mit dem Arbeitsverhältnis stehenden Interessen des Arbeitnehmers so zu wahren, wie dies unter Berücksichtigung der Belange des Betriebs und der Interessen der anderen Arbeitnehmer des Betriebs nach Treu und Glauben billigerweise verlangt werden kann.[1474] Die eingangs erfolgte Betrachtung zur arbeitgeberseitigen „Fürsorgepflicht" hat jedoch gezeigt, dass eine solche mangels gesetzlicher Festschreibung nicht als eigenständige Rechtsgrundlage dienen kann und allenfalls Nebenpflichten zu konkretisieren vermag. Dann aber ist es ausgeschlossen, eine Verwertungspflicht der Hochschule auf die „Fürsorgepflicht" des Arbeitgebers zu stützen.

Fernab dieser grundlegenden Überlegungen, soll dennoch auf die in der Literatur angeführten Argumente eingegangen und untersucht werden, ob eine Verwertungspflicht unter der Annahme der Geltung einer „Fürsorgepflicht" des Arbeitgebers besteht. Angenommen eine „Fürsorgepflicht" des Arbeitgebers wird bejaht, würde diese auch im Arbeitnehmererfindergesetz Geltung entfalten. Dies folgt aus § 25 ArbNErfG, der bestimmt, dass sonstige Verpflichtungen, die sich für den Arbeitgeber und den Arbeitnehmer aus dem Arbeitsverhältnis ergeben, durch die Vorschriften des ArbNErfG nicht berührt werden.[1475] Ebenso gilt die „Fürsorgepflicht" für den Dienstherrn des Beamten, der nach § 78 BBG im Rahmen des Dienst- und Treueverhältnisses für das Wohl des Beamten zu sorgen hat. Demnach

---

[1473] So *Post/Kuschka*, GRUR 2003, 494, 496, die danach fragen, ob aus der „Fürsorgepflicht" heraus eine Pflicht der Hochschule besteht, für eine „*wirtschaftlich möglichst sinnvolle und effektive Verwertung der Erfindung zu sorgen.*" Die allgemeine Frage nach einer, unabhängig von ihrer konkreten Ausgestaltung geltenden, Verwertungspflicht außer Acht lassend, ist diese Untersuchung zu eng gefasst und vermischt das „Ob" und „Wie" der Verwertungspflicht.
[1474] Zur „Fürsorgepflicht" des Arbeitgebers siehe oben Kapitel 2. § 4 B. (S. 74).
[1475] Vgl. *Post/Kuschka*, GRUR 2003, 494, 496; *Soudry*, Die Rechtsstellung des Hochschulerfinders nach der Neufassung von § 42 ArbNErfG, S. 174; *Bartenbach/Volz*, Arbeitnehmererfindungsgesetz, § 25, Rn. 11 ff.

hat auch der Dienstherr alles zu unterlassen, was den Beamten zu schädigen geeignet ist.[1476]

Es stellt sich die Frage, ob aus dieser „Fürsorgepflicht" der Hochschule gegenüber dem Hochschulbeschäftigten eine Pflicht zur Verwertung der Erfindung des Hochschulbeschäftigten abgeleitet werden kann. Wie gesehen ist die Vergütung des Hochschulbeschäftigten von der Verwertung der Erfindung abhängig. Verwertet die Hochschule die Erfindung nicht und fehlt es hierdurch an Einnahmen, an denen der Hochschulbeschäftigte beteiligt werden könnte, erhält dieser keine Vergütung nach § 42 Nr. 4 ArbNErfG. Dies legt den Gedanken nahe, in der Nichtverwertung der Erfindung eine Schädigung des Hochschulbeschäftigten zu erblicken, die zu einem Verstoß der Hochschule gegen die „Fürsorgepflicht" führt. Umgekehrt gesprochen müsste aus der „Fürsorgepflicht" demnach eine Verwertungspflicht der Hochschule resultieren.[1477]

Ein solches Verständnis greift aber zu kurz, soweit allein auf die Interessen des Hochschulbeschäftigten abgestellt wird. Zuzugeben ist zwar zum einen, dass die Hochschule anders als der private Arbeitgeber sich nicht auf die unternehmerische Freiheit berufen kann, ihr Entscheidungsspielraum hinsichtlich der Entscheidung über das „Ob" der Verwertung insoweit begrenzt sein wird und zum anderen sich eine solche Beschränkung auch schon aus dem Zweck des § 42 ArbNErfG ergibt: mit der Neuregelung von § 42 ArbNErfG sollte ein eigenfinanziertes Hochschulpatentwesen ermöglicht werden, das nur erreicht werden kann, wenn die Hochschule möglichst viele Erfindungen in Anspruch nimmt und verwertet.[1478] Gleichwohl müssen aber auch die Interessen der Hochschule angemessen berücksichtigt werden. Demzufolge kann eine Verwertungspflicht der Hochschule aus den genannten Gründen zwar angenommen werden, ein subjektives Recht des Hochschulbeschäftigten auf eine Verwertung der Erfindung muss indes abgelehnt werden. Würde die Hochschule uneingeschränkt dazu verpflichtet, sämtliche in Anspruch genommenen Erfindungen des Hochschulbeschäftigten zu verwerten, würde sie diese Verpflichtung auch dann treffen, wenn sich unmittelbar nach der Inanspruchnahme der Erfindung oder nach der Anmeldung zum Schutzrecht herausstellte, dass die Erfindung entgegen der vorherigen Erwartungen

---

1476 *Soudry*, Die Rechtsstellung des Hochschulerfinders nach der Neufassung von § 42 ArbNErfG, S. 174.
1477 So *Post/Kuschka*, GRUR 2003, 494, 496 f.; vgl. auch *Meusel*, Außeruniversitäre Forschung im Wissenschaftsrecht, Rn. 577.
1478 Vgl. *Post/Kuschka*, GRUR 2003, 494, 497.

nicht verwertbar ist. Die Prüfung der Verwertbarkeit der Erfindung vor der Inanspruchnahme kann lediglich eine Momentaufnahme darstellen, die vor einer wesentlichen Änderung in der Zukunft nicht gefeit ist. So erscheint es keineswegs ausgeschlossen, dass nach der Anmeldung zum Schutzrecht der einzige Interessent abspringt, die Produktion hindernde Umweltgesetze erlassen werden oder Konkurrenzerfindungen am Markt auftreten, die den Wert der eigenen Erfindung mindern. Schon allein aus diesem Umstand heraus, kann eine Verwertungspflicht im Sinne eines subjektiven Rechts des Hochschulbeschäftigten nicht angenommen werden.[1479] Die Annahme einer uneingeschränkten Verwertungspflicht würde sich darüber hinaus auch in Widerspruch zur Regelung des § 16 Abs. 1 ArbNErfG setzen. Danach kann sich die Hochschule vor der Erfüllung des Vergütungsanspruchs des Hochschulbeschäftigten dazu entschließen, die Anmeldung zum Schutzrecht nicht weiterverfolgen oder das erteilte Schutzrecht nicht aufrechterhalten zu wollen und dem Hochschulbeschäftigten auf dessen Verlangen und Kosten das Recht übertragen. § 16 Abs. 1 ArbNErfG soll gerade die Möglichkeit schaffen, bei nach der Erteilung des Schutzrechts auftretenden Unwägbarkeiten die Erfindung freizugeben.[1480] In diesem Fall ist der Hochschulbeschäftigte nicht mehr von der Verwertung durch die Hochschule abhängig. Der Hochschulbeschäftigte ist durch die Möglichkeit der Freigabe der Erfindung nach § 16 Abs. 1 ArbNErfG ausreichend geschützt; der Konstruktion einer Verwertungspflicht der Hochschule bedarf es zum Schutz des Hochschulbeschäftigten nicht. Aus der allgemeinen „Fürsorgepflicht" lässt sich auch jenseits des Streits um ihr Bestehen deshalb kein subjektives Recht des Hochschulbeschäftigten auf eine Verwertung der Erfindung herleiten.

(c) Verfassungsrechtliche Perspektive

Verwertungspflichten der Hochschule könnten sich aber auch aus einem verfassungsrechtlichen Blickwinkel, konkret aus der Eigentumsgarantie des Art. 14 GG ergeben.[1481] Für das Urheberrecht hat das Bundesverfas-

---

1479 *Soudry*, Die Rechtsstellung des Hochschulerfinders nach der Neufassung von § 42 ArbNErfG, S. 174 f.
1480 *Soudry*, Die Rechtsstellung des Hochschulerfinders nach der Neufassung von § 42 ArbNErfG, S. 175.
1481 Vgl. zu diesem Ansatz *Soudry*, Die Rechtsstellung des Hochschulerfinders nach der Neufassung von § 42 ArbNErfG, S. 173.

Kapitel 3. Vergütungsansprüche des Hochschulbeschäftigten im Arbeitnehmererfinderrecht

sungsgericht entschieden, zu den konstituierenden Merkmalen des Urheberrechts als Eigentum im Sinne der Verfassung gehöre die grundsätzliche Zuordnung des vermögenswerten Ergebnisses der schöpferischen Leistung an den Urheber im Wege privatrechtlicher Normierung und seine Freiheit, in eigener Verantwortung darüber verfügen zu können.[1482] Diesen Grundsatz hat das Bundesverfassungsgericht in seiner Entscheidung *Induktionsschutz von Fernmeldekabeln* im Jahr 1998 auch im Arbeitnehmererfinderrecht für anwendbar erklärt.[1483] Demnach folgt aus der grundgesetzlich garantierten Eigentumsfreiheit des Art. 14 GG, dass dem Erfinder der wirtschaftliche Wert seiner Erfindung als Ergebnis seiner schöpferischen Leistung zugeordnet bleibt.[1484] Wenn es aber allein der Hochschule überlassen bleibt, ob sie die Erfindung verwertet und der Erfinder als Schöpfer des materiellen Wertes bei der Verwertung kein Mitspracherecht hat, könnte dieser Grundsatz verletzt werden, wenn der Hochschulerfinder am Ende leer ausgeht.[1485] Im Ergebnis zeigt sich aber, dass eine derartige Verletzung der Eigentumsfreiheit nicht zu befürchten steht, eine Verwertungspflicht mithin nicht angenommen werden muss. Verwertet die Hochschule die Erfindung des Hochschulbeschäftigten nicht, greift § 42 Nr. 4 ArbNErfG nicht ein. Stattdessen erhält der Hochschulbeschäftigte eine Vergütung aus § 9 ArbNErfG.[1486] Selbst bei unterbliebener Verwertung ist die Vergütung somit gesichert. Eine Verwertungspflicht ergibt sich insoweit nicht.[1487] Keine Vergütung erhält der Hochschulbeschäftigte nach hier vertretener Auffassung allerdings, wenn die Hochschule die Erfindung zwar verwertet, diese aber keine Einnahme generiert. Bei einer solchen erfolglosen Verwertung greift § 42 Nr. 4 ArbNErfG ein, eine Vergütung nach § 9 ArbNErfG scheidet aus. Insoweit könnte man durchaus auf den Gedanken kommen,

---

1482 St. Rspr., siehe nur BVerfG, Beschluss v. 07.07.1971 – 1 BvR 765/66, BVerfGE 31, 229, 240 f. = NJW 1971, 2163 – *Schulbuchprivileg*; BVerfG, Beschluss v. 25.10.1978 – 1 BvR 352/71, BVerfGE 49, 382, 392 = NJW 1979, 2029 – *Kirchenmusik*; BVerfG, Beschluss v. 04.11.1987 – 1 BvR 1611/84, BVerfGE 77, 263, 270 = NJW 1988, 1371; BVerfG, Beschluss v. 11.10.1988 – 1 BvR 777/85, BVerfGE 79, 1, 25 = NJW 1992, 1303.
1483 BVerfG, Beschluss v. 24.04.1998 – 1 BvR 587/88, NJW 1998, 3704, 3704 f. – *Induktionsschutz von Fernmeldekabeln*.
1484 BVerfG, Beschluss v. 24.04.1998 – 1 BvR 587/88, NJW 1998, 3704, 3705 – *Induktionsschutz von Fernmeldekabeln*.
1485 Vgl. *Soudry*, Die Rechtsstellung des Hochschulerfinders nach der Neufassung von § 42 ArbNErfG, S. 173.
1486 Siehe dazu oben Kapitel 3. § 8 A. I. 2. b. bb. (S. 232).
1487 So auch *Soudry*, Die Rechtsstellung des Hochschulerfinders nach der Neufassung von § 42 ArbNErfG, S. 173.

eine Verwertungspflicht anzunehmen, um den Eigentumsschutz auch für den Fall der fehlenden Einnahmen zu gewährleisten. Ein solches Vorgehen würde jedoch Aspekte des „Ob" und „Wie" der Verwertungspflicht miteinander vermengen. Liegt eine Verwertung durch die Hochschule vor und erfolgt diese lediglich nicht wirtschaftlich sinnvoll, ist dies keine Frage des „Ob", sondern eine Frage der Ausgestaltung der Verwertungspflicht.[1488] Aus verfassungsrechtlicher Perspektive ergibt sich demnach ebenfalls keine grundlegende Pflicht der Hochschule zur Verwertung.

(d) Fazit

Ob eine Pflicht der Hochschule zur Verwertung der Diensterfindung besteht, ist aus verschiedenen Blickwinkeln zu beurteilen. Aus hochschulrechtlichen und dienstrechtlichen Erwägungen ergibt sich, dass die Hochschule eine Verwertungspflicht zwar treffen kann, sich aus dieser aber kein subjektives Recht des Hochschulbeschäftigten ableiten lässt. Eine verfassungsrechtliche Betrachtung führt demgegenüber von vornherein zu keiner Verwertungspflicht der Hochschule.

(5) Stufe 5 – Festsetzung der Vergütung

Nach § 12 Abs. 1 ArbNErfG soll die Art und Höhe der Vergütung in angemessener Frist nach der Inanspruchnahme der Diensterfindung durch Vereinbarung zwischen dem Arbeitgeber und dem Arbeitnehmer festgestellt bzw. nach § 12 Abs. 3 ArbNErfG einseitig durch den Arbeitgeber festgesetzt werden. Die Festsetzung hat spätestens bis zum Ablauf von drei Monaten nach der Schutzrechtserteilung (vgl. § 12 Abs. 3 S. 2 ArbNErfG) zu erfolgen. Es wurde bereits aufgezeigt, dass diese Regelungen auch für Hochschulerfindungen Geltung beanspruchen, wobei den hochschulrechtlichen Besonderheiten Beachtung geschenkt werden muss. Das bedeutet, die Hochschule hat die Vergütung bei mangelnder Vereinbarung spätestens bis zum Ablauf von drei Monaten nach der Erzielung von Einnahmen durch die Verwertung festzusetzen.[1489] Insoweit stellt sich die Frage nach einer Verwertungspflicht aber nicht, da die Verwertung bereits erfolgt ist.

1488 Zur Ausgestaltung der Verwertungspflicht („Wie") siehe unten Kapitel 3. § 8 A. VI. 2. b. bb. (S. 440).
1489 Vgl. dazu oben Kapitel 3. § 8 A. V. 2. b. bb. (2) (a), (S. 419).

Kapitel 3. Vergütungsansprüche des Hochschulbeschäftigten im Arbeitnehmererfinderrecht

Die Hochschule trifft die Pflicht zur Vergütungsfestsetzung allerdings auch dann, wenn die Erfindung zu diesem Zeitpunkt, dem Ablauf von drei Monaten nach Erteilung des Schutzrechts noch nicht verwertet wurde. Insoweit hat sie die Vergütung nach § 9 ArbNErfG festzusetzen. Allein aus der Festsetzung der Vergütung kann sich allerdings noch keine Pflicht der Hochschule zur Verwertung ergeben. Die Vergütung nach § 9 ArbNErfG wird gerade unabhängig von der Verwertung für den Fall der unterbliebenen Verwertung festgesetzt.[1490]

(6) Fazit

Das Bestehen einer Verwertungspflicht der Hochschule ist anhand der einzelnen Stufen des Verwertungsverfahrens untersucht worden. Eine Verwertungspflicht ergibt sich sowohl aus der Prüfung der Verwertbarkeit der Erfindung, soweit diese positive Verwertungsaussichten zum Ergebnis hat, sowie aus der Inanspruchnahme der Erfindung. Ebenso kann eine Verwertungspflicht der Hochschule aus der Verpflichtung der Hochschule zum Betreiben von Schutzrechtsarbeit hergeleitet werden. Auch hochschulrechtliche und u. U. dienstrechtliche Vorgaben können eine Verwertungspflicht der Hochschule begründen.

In jedem Fall scheidet aber ein Anspruch des Hochschulbeschäftigten auf Verwertung der Erfindung gegen die Hochschule aus. Trotz der Verpflichtung der Hochschule zur Erfindungsverwertung, ergibt sich aus den hochschulrechtlichen, haushaltsrechtlichen sowie sonstigen Bestimmungen kein subjektives Recht des Hochschulbeschäftigten. Eine Verwertungspflicht der Hochschule als subjektives Recht des Hochschulerfinders kann nicht angenommen werden.

bb. Das „Wie" der Verwertungspflicht

Obgleich ein subjektives Recht des Hochschulbeschäftigten auf die Verwertung der Erfindung abgelehnt werden muss, ist eine grundsätzliche Pflicht der Hochschule zur Verwertung anzunehmen. Trifft die Hochschule eine solche Verwertungspflicht, stellt sich die Frage, ob die Hochschule speziellen Pflichten hinsichtlich der konkreten Ausgestaltung der Verwertung unterliegt. Auch insoweit scheint es im Hinblick auf die Abhängig-

---

1490 Vgl. Kapitel 3. § 8 A. V. 2. c. (S. 423).

keit der Hochschulerfindervergütung von den Verwertungseinnahmen nicht gleichgültig, ob die Hochschule etwa alle denkbaren Anstrengungen zur erfolgreichen Verwertung unternimmt oder sich lediglich um eine erfolgreiche Erfindung bemüht. Eine uneingeschränkte Verwertungspflicht muss aus den genannten Gründen zum Bestehen der Verwertungspflicht bereits abgelehnt werden. Aufgrund der denkbaren Verschlechterung der Verwertungsaussichten nach der Anmeldung der Erfindung zum Schutzrecht, kann die Hochschule nicht uneingeschränkt zur Verwertung des Schutzrechts verpflichtet werden.[1491]

Demgegenüber könnte aber eine eingeschränkte Verwertungspflicht in Betracht kommen. Zum Teil wird der Hochschule zumindest die Verpflichtung auferlegt, sich um eine Verwertung zu bemühen[1492] oder eine Erfindung dann zu verwerten, wenn die Verwertung wirtschaftlich effektiv und sinnvoll erscheint.[1493] Von dem Wunsch getrieben, den von der Verwertung abhängigen Hochschulbeschäftigten ausreichend zu schützen, lässt sich den verschiedenen Konstruktionen einer wie auch immer gearteten Verwertungspflicht einiges zu Gute halten. Dennoch muss eine solche im Ergebnis abgelehnt werden: Eine Erfindung des Hochschulbeschäftigten, die wirtschaftlich verwertbar ist, wird die Hochschule schon aus eigenem Interesse verwerten, um von der Erfindung selbst profitieren zu können. In die Diskussion der Verwertungspflicht sollten demnach allein diejenigen Fälle eingestellt werden, in denen eine Verwertung keinen Erfolg (mehr) verspricht. Zwar ist die Hochschule aus haushalts- und hochschulrechtlicher Sicht verpflichtet, die Erfindung zu verwerten. Dies kann jedoch aus den getroffenen Erwägungen zum Haushaltsrecht und zur Hochschulaufgabe der Förderung des Technologietransfers nur so weit gelten, wie die Erfindung auch verwertbar ist. Denn eine Verwertung trotz fehlender Verwertungsaussichten verstieße gegen das Gebot der Wirtschaftlichkeit und würde den Technologietransfer über lange Sicht nicht voranbringen. Die Hochschule sollte deshalb dann nicht zur Verwertung verpflichtet sein, wenn sich die Verwertungschancen nach der Inanspruchnahme oder der Anmeldung zum Schutzrecht verschlechtern und die Erfindung nicht mehr wirtschaftlich sinnvoll verwertbar erscheint. Dies ergibt sich auch daraus, dass die Hochschule nach § 16 Abs. 1 ArbNErfG die Möglichkeit hat, die Erfindung freizugeben.

1491 Siehe hierzu Kapitel 3. § 8 A. VI. 2. b. aa. (4) (b), (S. 435).
1492 *Sellnick*, NVwZ 2002, 1340, 1342.
1493 *Post/Kuschka*, GRUR 2003, 494, 498.

Kapitel 3. Vergütungsansprüche des Hochschulbeschäftigten im Arbeitnehmererfinderrecht

Der Hochschulbeschäftigte ist indessen ausreichend geschützt: Verwertet die Hochschule die Erfindung mangels Verwertbarkeit nicht, liegt entweder ein Fall der unterbliebenen Verwertung vor und der Hochschulbeschäftigte erhält eine Vergütung aus § 9 ArbNErfG oder die Hochschule überträgt die Erfindung auf das Verlangen des Hochschulbeschäftigten auf diesen gem. § 16 Abs. 1 ArbNErfG zurück, sodass er über die Erfindung frei verfügen kann.[1494] Verwertet die Hochschule die Erfindung, aber die Einnahmen bleiben aufgrund schlechter Verwertungsmöglichkeiten aus oder fallen lediglich gering aus, unterfällt dies dem Risiko der erfolglosen Verwertung, das der Hochschulbeschäftigte – wie gesehen[1495] – nach den Wertungen des § 42 Nr. 4 ArbNErfG mitzutragen hat. Die Vergütung ist entsprechend gering oder fällt weg. Dies zeigt, dass eine Verpflichtung der Hochschule zur wirtschaftlich sinnvollen Verwertung ins Leere läuft. Denn ist die Erfindung wirtschaftlich verwertbar, wird die Hochschule ein Eigeninteresse an der Verwertung haben; einer Verwertungspflicht bedarf es nicht. Ist die Erfindung hingegen nicht wirtschaftlich verwertbar, ergibt sich auch bei einer Pflicht zur wirtschaftlich sinnvollen Verwertung keine Verwertungspflicht, da die Verwertung gerade nicht wirtschaftlich sinnvoll ist. Lassen sich die Verwertungschancen demgegenüber nicht eindeutig bestimmen, kann auch nicht beurteilt werden, ob die Verwertung wirtschaftlich sinnvoll erscheint.[1496] Eine Pflicht zur wirtschaftlich sinnvollen Verwertung bliebe damit für eine große Anzahl an Fällen konturlos. Aus dem gleichen Grund erscheint auch die Verpflichtung der Hochschule zur Bemühung um eine erfolgreiche Verwertung sinnentleert.[1497]

Unabhängig von den konkreten Anforderungen an die Verwertungspflicht kann dem Hochschulerfinder jedenfalls kein einklagbarer Anspruch auf die Verwertung der Erfindung gegen die Hochschule zustehen. Dies ergibt sich schon daraus, dass es sich bei der Verwertung der Erfindung oder des Schutzrechts um ein ungewisses Ereignis handelt, zu dem sich die Hochschule kaum verpflichten kann. Für die Verwertung ist die Hochschule darauf angewiesen, Industriepartner zu finden, die das Patent bzw. die Erfindung kaufen oder Lizenzen erwerben. Auch bei guten Verwertbarkeitsprognosen ist es nicht ausgeschlossen, dass sich ein Käufer

---

1494 Zur Fallgruppe der unterbliebenen Verwertung siehe oben Kapitel 3. § 8 A. I. 2. b. bb. (S. 232).
1495 Siehe oben Kapitel 3. § 8 A. I. 2. b. (S. 231).
1496 Vgl. *Bergmann*, Erfindungen von Hochschulbeschäftigten nach der Reform von § 42 ArbNErfG, Rn. 535.
1497 So aber *Sellnick*, NVwZ 2002, 1340, 1342; so i. E. auch *Soudry*, Die Rechtsstellung des Hochschulerfinders nach der Neufassung von § 42 ArbNErfG, S. 175.

oder Lizenznehmer tatsächlich aber nicht finden lässt.[1498] In einem solchen Fall würde eine Verwertungspflicht verbunden mit Folgen, die mit einer Verletzung der Pflicht einhergehen, die Hochschule über Gebühr belasten. Zugleich bedarf es eines solch umfangreichen Schutzes für den Hochschulbeschäftigten nicht.

Es zeigt sich, dass die Hochschulen nicht zur optimalen Verwertung der Erfindung verpflichtet sind. Auch eine auf die wirtschaftlich sinnvolle Verwertung beschränkte Verwertungspflicht kann nicht überzeugen. Zwar wird die Hochschule verpflichtet sein, sich bei wirtschaftlich verwertbaren Erfindungen um eine Verwertung zu bemühen. Da die Hochschule insoweit aber schon im eigenen Interesse die Verwertung betreiben wird, handelt es sich um eine rein deklaratorische Ausformung der Verwertungspflicht. Eine Verwertungspflicht im Sinne eines subjektiven Rechts des Hochschulbeschäftigten zur Verwertung der Erfindung besteht in jedem Fall nicht.

3. Fazit

Da die Vergütung des Hochschulbeschäftigten nach § 42 Nr. 4 ArbNErfG von der Verwertung der Erfindung durch die Hochschule abhängig ist, stellt sich die Frage, ob die Hochschule zur Verwertung der gemeldeten Diensterfindung verpflichtet ist. Die Untersuchung hat ergeben, dass eine Verwertungspflicht der Hochschule unter bestimmten Gesichtspunkten zwar anzunehmen ist, ihre Ausgestaltung jedoch nicht konturierbar ist und sich vor allem kein subjektives Recht des Hochschulerfinders auf die Verwertung der Erfindung ableiten lässt. Ein Anspruch des Hochschulbeschäftigten gegen die Hochschule auf die Verwertung seiner Erfindung besteht nicht.

VII. Modalitäten des Vergütungsanspruchs

Neben den grundsätzlichen Erwägungen zum Tatbestand, zur Rechtsfolge, zur Entstehung und Fälligkeit sowie zum Grund und zur Berechnung des Vergütungsanspruchs des Hochschulbeschäftigten für durch die Hoch-

---

[1498] Vgl. hierzu *Bergmann*, Erfindungen von Hochschulbeschäftigten nach der Reform von § 42 ArbNErfG, Rn. 535; *Soudry*, Die Rechtsstellung des Hochschulerfinders nach der Neufassung von § 42 ArbNErfG, S. 174.

schule verwertete Erfindungen ließe sich der Vergütungsanspruch auch aus anderen Blickwinkeln betrachten. So könnte aus steuerrechtlicher Perspektive etwa von Bedeutung sein, ob die Erfindervergütung der Lohnsteuer unterliegt[1499] und sozialrechtlich von Interesse mag sein, ob die Erfindervergütung als zum Arbeitsentgelt i. S. d. Sozialversicherung gehörend (vgl. § 14 SGB IV) beitragspflichtig ist.[1500] Für alle diese Aspekte ergeben sich jedoch keinerlei Besonderheiten gegenüber dem allgemeinen Erfindervergütungsanspruch, weshalb auf die bereits hierzu bestehenden Kommentierungen verwiesen wird.[1501]

Auch im Übrigen gelten für die Modalitäten des Hochschulerfindervergütungsanspruchs die allgemeinen Vorschriften des ArbNErfG. So ergeben sich bezüglich der Art und Dauer sowie der Wirksamkeit, Verjährung und Verwirkung des Anspruchs keine Besonderheiten gegenüber dem allgemeinen Erfindervergütungsanspruch.[1502] Einzig die Form der Zahlung der Vergütung des Hochschulerfinders wird durch § 42 Nr. 4 ArbNErfG auf die Pauschalvergütung statt etwa laufender Zahlungen festgelegt.[1503] Der Vergütungsanspruch ist übertragbar und vererblich[1504] und wird auch durch die Auflösung des Arbeits- oder Dienstverhältnisses nicht berührt (vgl. § 26 ArbNErfG).

Die Vorschriften des Arbeitnehmererfindergesetzes können grundsätzlich nicht zu Ungunsten des Arbeitnehmers abbedungen werden (§ 22 S. 1 ArbNErfG). Zulässig sind jedoch Vereinbarungen über Diensterfindungen nach ihrer Meldung sowie über freie Erfindungen und technische Verbesserungsvorschläge nach ihrer Mitteilung (§ 22 S. 2 ArbNErfG). Die Regelung des § 22 ArbNErfG findet auch im Rahmen von § 42 ArbNErfG Anwendung. Denn eine die Anwendung des § 22 ArbNErfG ausschließende Vorschrift wie § 42 Abs. 1 S. 2 ArbNErfG a. F., die vergleichbar auch im

---

1499 Hierzu *Bartenbach/Volz*, Arbeitnehmererfindungsgesetz, § 9, Rn. 350; *Schwab*, Arbeitnehmererfindungsrecht, § 9 ArbNErfG, Rn. 68.
1500 Hierzu *Schwab*, Arbeitnehmererfindungsrecht, § 9 ArbNErfG, Rn. 69.
1501 Statt vieler *Schwab*, Arbeitnehmererfindungsrecht, § 9 ArbNErfG, Rn. 68 f.
1502 Vgl. *Bergmann*, Erfindungen von Hochschulbeschäftigten nach der Reform von § 42 ArbNErfG, Rn. 499; *Bartenbach/Volz*, Arbeitnehmererfindungsgesetz, § 42 n. F., Rn. 146. Zu den einzelnen Aspekten im Rahmen von § 9 ArbNErfG siehe nur *Himmelmann*, in: Reimer/Schade/Schippel, ArbNErfG, § 9, Rn. 23 ff.
1503 Zu den verschiedenen Formen der Vergütungszahlung siehe *Bartenbach/Volz*, Arbeitnehmererfindungsgesetz, § 9, Rn. 54 ff.
1504 Vgl. für die ganz h. M. zu § 9 ArbNErfG *Bartenbach/Volz*, Arbeitnehmererfindungsgesetz, § 1, Rn. 149 m. w. N.; *Himmelmann*, in: Reimer/Schade/Schippel, ArbNErfG, § 9, Rn. 17; *Schwab*, Arbeitnehmererfindungsrecht, § 9 ArbNErfG, Rn. 3.

„*Entwurf eines Gesetzes zur Förderung des Patentwesens an den Hochschulen*" des Bundesrates vom 09. März 2001[1505] noch vorgesehen war, ist in die Neuregelung des § 42 ArbNErfG n. F. nicht aufgenommen worden.[1506] Soweit § 42 Nr. 5 ArbNErfG die Ertragsbeteiligung der Hochschule gem. § 40 Nr. 1 ArbNErfG ausschließt, also eine Freigabe der Erfindung unter der Bedingung, die Hochschule am Verwertungserlös des Hochschulwissenschaftlers zu beteiligen, unwirksam macht[1507], bleiben nach § 22 S. 2 ArbNErfG abweichende Vereinbarungen hinsichtlich der *gemeldeten* Diensterfindung möglich. Der Hochschule und dem Hochschulbeschäftigten steht es demnach frei, eine Ertragsbeteiligung der Hochschule analog § 40 Nr. 1 ArbNErfG etwa zugunsten einer beabsichtigten Unternehmensausgründung zu vereinbaren.[1508]

VIII. Besonderheiten bei der Verwertung der Erfindung durch eine Patentverwertungsagentur

Im Rahmen der Prüfung einer Verwertungspflicht der Hochschule ist bereits angeklungen, dass regelmäßig nicht die Hochschule selbst die Diensterfindungen ihrer Hochschulbeschäftigten verwertet, sondern sich für die Verwertungsarbeit der Dienste einer Patentverwertungsagentur (PVA) bedient. Exemplarisch hierfür wurden die *PROvendis GmbH* bei Hochschulen in Nordrhein-Westfalen[1509] oder die *Bayerische Patentallianz GmbH* für bayerische Hochschulen[1510] genannt, die im Regelfall die Prüfung der Pa-

---

1505 „Entwurf eines Gesetzes zur Förderung des Patentwesens an den Hochschulen" des Bundesrates vom 09.03.2001, BT-Drs. 740/00 (entspricht BT-Drs. 14/5939 vom 26.04.2001).
1506 Vgl. auch *Fleuchaus/Braitmayer*, GRUR 2002, 653, 657; *Bergmann*, Erfindungen von Hochschulbeschäftigten nach der Reform von § 42 ArbNErfG, Rn. 500.
1507 *Bartenbach/Volz*, Arbeitnehmererfindungsgesetz, § 42 n. F., Rn. 185.
1508 *Sellnick*, NVwZ 2002, 1340, 1342; *Bergmann*, Erfindungen von Hochschulbeschäftigten nach der Reform von § 42 ArbNErfG, Rn. 669; *Bartenbach/Volz*, Arbeitnehmererfindungsgesetz, § 42 n. F., Rn. 185, 209.
1509 Vgl. Heinrich-Heine-Universität Düsseldorf, Patentierungsverfahren für Hochschulerfindungen, S. 2, abrufbar im Internet unter: http://www.forschung.uni-duesseldorf.de/fileadmin/redaktion/ZUV/Dezernat_2/Abteilung_2.2/Dokumente/161020_Patentierungsverfahren_StandOkt2016.pdf, zuletzt abgerufen am 19.04.2020.
1510 Vgl. Technische Universität München, Die Patentpolitik der TUM, S. 7, abrufbar im Internet unter: http://www.forte.tum.de/fileadmin/w00bgt/www/_application_pdf-Objekt_.pdf, zuletzt abgerufen am 19.04.2020.

tentfähigkeit, der Ausführbarkeit und der wirtschaftlichen Verwertbarkeit sowie die anschließende Verwertung der Erfindung übernehmen.[1511] Im Jahr 2011 gab es 24 solcher Patentverwertungsagenturen, die von den Hochschulen mit der Erbringung von Dienstleistungen beauftragt wurden.[1512]

Es stellt sich die Frage, welche Besonderheiten sich gegenüber den bisher aufgefundenen Ergebnissen ergeben, sofern die Verwertung durch eine PVA durchgeführt wird. Zunächst ist festzustellen, dass die Rechte und Pflichten des öffentlichen Arbeitgebers bzw. Dienstherrn gegenüber den Beschäftigten aus dem ArbNErfG auch bei Beauftragung einer PVA unberührt bleiben.[1513] Gleichwohl ist die Zwischenschaltung einer PVA für die Berechnung der Einnahmen nicht ohne Bedeutung, die wiederum maßgeblich für die Vergütung des Hochschulerfinders sind.

1. Problemaufriss

Erfolgt die Verwertung der Erfindung eines Hochschulbeschäftigten durch eine Patentverwertungsagentur, die aufgrund von Kooperationsverträgen mit der Hochschule im eigenen Namen tätig wird, erhält die Patentverwertungsagentur die durch die Verwertung erzielten Einnahmen (etwa aus Patentverkäufen oder Lizenzerteilungen), die sie an die Hochschule weitergibt. Selbstverständlich arbeiten aber die Patentverwertungsagenturen nicht unentgeltlich. Bevor die Einnahmen an die Hochschule weitergeleitet werden, zieht die Patentverwertungsagentur hiervon die ihr entstandenen Schutzrechtskosten sowie den auf sie entfallenden Eigenanteil (Kosten für die Dienstleistung) entsprechend der vertraglichen Vereinbarungen ab.[1514] Erhält der Hochschulbeschäftigte 30 % der durch die Verwertung erzielten Einnahmen, liegt die Frage auf der Hand, an welche Einnahmen für die Vergütungsberechnung anzuknüpfen ist. Entscheidend ist, ob die Vergütung anhand der Einnahmen der Patentverwertungsagentur berech-

---

1511 *Bartenbach/Volz*, Arbeitnehmererfindungsgesetz, § 42 n. F., Rn. 6.1; vgl. auch *Walter/Brusch/Hartung*, GRUR 2007, 395 ff.
1512 Antwort der Bundesregierung auf die Kleine Anfrage einzelner Abgeordneter und der Fraktion SPD (BT-Drs. 17/7117) vom 17.11.2011, BT-Drs. 17/7759, S. 3 (Frage 1).
1513 *Bartenbach/Volz*, Arbeitnehmererfindungsgesetz, § 42 n. F., Rn. 6.1.
1514 Vgl. hierzu *Heerma/Maierhöfer*, GRUR 2010, 682, 687.

net wird, oder ob auf die um die Kosten der Patentverwertungsagentur gekürzten Einnahmen der Hochschule abgestellt werden muss.[1515]

2. Rechtliche Würdigung

Die rechtliche Bewertung der aufgeworfenen Fragestellung muss im Lichte der bisherigen Feststellungen zur Hochschulerfindervergütung erfolgen. Schuldner des Vergütungsanspruchs aus § 42 Nr. 4 ArbNErfG ist die Hochschule als Arbeitgeber, weshalb für die Bemessung der Vergütung grundsätzlich die wirtschaftlichen Vorteile der Hochschule entscheidend sind, also die Einnahmen, die durch die Hochschule erzielt werden.[1516] Gleichwohl scheint es mit Blick auf Sinn und Zweck des § 42 Nr. 4 ArbNErfG nicht ohne weiteres gerechtfertigt, die Vergütungshöhe in das Belieben der Hochschule zu stellen, indem dieser die alleinige Entscheidungshoheit obliegt, ob sie sich für die Verwertung der Erfindung einer Patentverwertungsagentur bedient oder nicht.

Zum Teil wird vertreten, der Hochschulbeschäftigte erhalte 30 % der ungekürzten Einnahmen, die durch die Patentverwertungsagentur erzielt werden. Nur auf diese Weise werde man der gesetzgeberischen Intention gerecht, dass ein Abzug der Schutzrechtserwirkungs-, aufrechterhaltungs-, -verteidigungs- und -verwertungskosten bei der Berechnung der Hochschulerfindervergütung nicht stattfinden soll.[1517] Es könne keinen Unterschied machen, ob der Hochschule oder einer zwischengeschalteten Patentverwertungsagentur die Kosten für die Verwertung entstünden. In beiden Fällen könnten diese Kosten nicht in Abzug gebracht werden, da die Patentverwertungsagentur lediglich als „*verlängerter Arm*" der Hochschule bei der Verwertung der Erfindung fungiere.[1518] Letztlich ist diese Auffassung die logische Konsequenz der Vertreter des Bruttoprinzips, wonach

---

1515 Zu dieser Problemstellung siehe *Heerma/Maierhöfer*, GRUR 2010, 682, 687.
1516 *Heerma/Maierhöfer*, GRUR 2010, 682, 687; vgl. auch *Leuze*, in: Reimer/Schade/Schippel, ArbNErfG, § 42 n. F., Rn. 40.
1517 Begründung zum „Entwurf eines Gesetzes zur Änderung des Gesetzes über Arbeitnehmererfindungen" einzelner Abgeordneter der SPD sowie der Fraktion Bündnis 90/Die Grünen vom 09.05.2001, BT-Drs. 14/5975, Besonderer Teil, S. 7.
1518 *Heerma/Maierhöfer*, GRUR 2010, 682, 687; so wohl auch LG Düsseldorf, Urteil v. 18.01.2011 – 4b O 7/10, BeckRS 2011, 20351; *Bartenbach/Volz*, Arbeitnehmererfindungsgesetz, § 42 n. F., Rn. 168.

Kapitel 3. Vergütungsansprüche des Hochschulbeschäftigten im Arbeitnehmererfinderrecht

der Hochschulbeschäftigte 30 % des ungekürzten Verwertungserlöses erhalten und an den Schutzrechtskosten nicht beteiligt werden soll.[1519]

Dass das Bruttoprinzip de lege lata Geltung entfaltet, de lege ferenda aber durch das Nettoprinzip abgelöst werden sollte, wurde bereits umfassend erläutert. Denn der Zweck des § 42 Nr. 4 ArbNErfG gebietet es nicht schlechthin, den Hochschulbeschäftigten von jeglicher Beteiligung an den Schutzrechtskosten zu befreien.[1520] Konkret wurde die Vergütungsberechnung nach einem „modifizierten Nettoprinzip" vorgeschlagen, wonach der Hochschulbeschäftigte in gewisser Höhe an den Schutzrechtskosten durchaus zu beteiligen ist. Zur Vermeidung von Wiederholungen wird auf die dort erfolgte Argumentation verwiesen, die sich hier vollumfänglich übertragen lässt.[1521] Nach dem modifizierten Nettoprinzip sind deshalb von den Einnahmen, die die Patentverwertungsagentur durch die Verwertung der Erfindung erzielt, 30 % der angefallenen Schutzrechtskosten abzuziehen und anhand dessen die 30%-ige Vergütung des Hochschulbeschäftigten zu berechnen. Denn insoweit macht es in der Tat keinen Unterschied, ob die Erfindung durch die Hochschule oder durch eine Patentverwertungsagentur verwertet wird. Demnach ist es richtig auf die Einnahmen der Patentverwertungsagentur abzustellen. Nicht richtig ist es aber, eine Beteiligung des Hochschulbeschäftigten an den Schutzrechtskosten anzulehnen.

Diese Bewertung kann allerdings allein die durch die Verwertung entstandenen Schutzrechtskosten betreffen, die auch der Hochschule im Fall der eigenen Verwertung entstanden wären. Dass die Hochschule zur Erfindungsverwertung auf die Dienste einer Patentverwertungsagentur zurückgreift, darf nicht zum Nachteil des Hochschulbeschäftigten gereichen. Die der Hochschule für die Dienste der Patentverwertungsagentur entstehenden Kosten können demnach nicht in Abzug gebracht werden. Im Ergebnis erhält der Hochschulbeschäftigte 30 % der um 30 % der Schutzrechtskosten gekürzten Einnahmen, die die Patentverwertungsagentur durch die Verwertung erzielt.

1519 Zur Vergütungsberechnung nach dem Bruttoprinzip siehe oben Kapitel 3. § 8 A. IV. 1. a. (S. 353).
1520 Zur Berechnung der Vergütung nach dem in der Literatur vorgeschlagenen Nettoprinzip siehe oben Kapitel 3. § 8 A. IV. 1. b. cc. (1), (S. 360).
1521 Zur in dieser Arbeit vorgeschlagenen Modifikation des herkömmlichen Nettoprinzips mit ausführlicher Argumentation siehe Kapitel 3. § 8 A. IV. 1. c. cc. (S. 369).

B. Vergütungsansprüche für freie Erfindungen und technische Verbesserungsvorschläge

Der Untersuchung des Anwendungsbereichs von § 42 ArbNErfG lässt sich entnehmen, dass die für Erfindungen an einer Hochschule geltenden Sonderbestimmungen allein auf Diensterfindungen der Hochschulbeschäftigten Anwendung finden und sich weder auf freie Erfindungen noch auf technische Verbesserungsvorschläge von Hochschulbeschäftigten erstrecken. Aus diesem Grund ist bislang die Frage offen geblieben, wonach sich die Vergütung des Hochschulbeschäftigten für freie Erfindungen (I.) und technische Verbesserungsvorschläge (II.) richtet.

I. Vergütungsansprüche für freie Erfindungen

Stellt die Erfindung eines Hochschulbeschäftigten nach den dargestellten Kriterien weder eine Aufgaben- noch eine Erfahrungserfindung dar, handelt es sich um eine freie Erfindung des Hochschulbeschäftigten. Die rechtliche Behandlung solcher freier Erfindungen weicht im Grunde nicht von der alten Rechtslage mit der Geltung des Hochschullehrerprivilegs ab, wonach alle Erfindungen von Professoren, Dozenten und wissenschaftlichen Assistenten als freie Erfindungen galten.

In Ermangelung von Sondervorschriften kann für die freien Erfindungen von Hochschulbeschäftigten nur von den allgemeinen arbeitnehmererfinderrechtlichen Vorschriften ausgegangen werden. Nach § 4 Abs. 3 S. 2 ArbNErfG unterliegen freie Erfindungen allein den Beschränkungen der §§ 18 und 19 ArbNErfG: Nach § 18 ArbNErfG trifft den Arbeitnehmer eine Mitteilungspflicht gegenüber dem Arbeitgeber. § 19 ArbNErfG statuiert eine Anbietungspflicht des Arbeitnehmers. Im Übrigen steht dem Erfinder das Recht auf die freie Verwertung zu.

Fraglich ist, ob solche Mitteilungs- und Anbietungspflichten auch den *Hochschulbeschäftigten* treffen, der eine freie Erfindung macht. Dass die freien Erfindungen von Hochschulbeschäftigten grundsätzlich am Maßstab der allgemeinen Vorschriften zu messen sind, bedeutet gleichwohl nicht, dass die hochschulrechtlichen Besonderheiten außer Acht gelassen werden dürfen. Vielmehr ist mit Blick auf die grundgesetzlich garantierte Forschungs- und Wissenschaftsfreiheit davon auszugehen, dass Hochschullehrer nicht verpflichtet sind, der Hochschule ihre freien Erfindungen zur Verwertung anzubieten. Denn während Art. 5 Abs. 3 GG der Einordnung der Erfindung als Diensterfindung nach den oben herausgearbeiteten

Grundsätzen nicht entgegensteht[1522], wird durch die Statuierung einer Anbietungspflicht für die einmal als frei anerkannte Erfindung durchaus in den Schutzbereich der Forschungsfreiheit eingegriffen.

Gestützt wird diese Auffassung auch durch Gedanken zur vormals geltenden Rechtslage. Vor der Abschaffung des Hochschullehrerprivilegs galten die Erfindungen von Professoren, Dozenten und wissenschaftlichen Assistenten, die von ihnen in dieser Eigenschaft gemacht wurden, als freie Erfindungen (§ 42 Abs. 1 S. 1 ArbNErfG a. F.). Die grundsätzlich für freie Erfindungen geltende Anbietungspflicht gem. § 19 Abs. 1 ArbNErfG wurde nach § 42 Abs. 1 S. 2 ArbNErfG a. F. für Hochschulerfindungen aber explizit ausgeschlossen.[1523] Demnach sollten (freie) Erfindungen der Hochschullehrer und Hochschulassistenten ausdrücklich keiner Anbietungspflicht unterliegen. Aus der Abschaffung der Regelung kann nicht der Schluss gezogen werden, dass freie Erfindungen der Hochschulbeschäftigten heute einer Anbietungspflicht unterliegen sollen. Vielmehr war die Aufhebung der Norm der Tatsache geschuldet, dass es sich bei den Erfindungen der Hochschulbeschäftigten nach der heutigen Regelung grundsätzlich um Diensterfindungen handelt und die Regelung des § 42 Abs. 1 S. 2 ArbNErfG damit scheinbar entbehrlich wurde. Nicht beachtet wurde allerdings, dass auch heute das Vorliegen einer freien Erfindung nicht gänzlich ausgeschlossen ist. Liegt im Einzelfall eine freie Erfindung vor, ist der Hochschulbeschäftigte deshalb wie früher nicht verpflichtet, diese der Hochschule zur Nutzung anzubieten.[1524]

Bei einer freien Erfindung steht allein dem Hochschulerfinder das Recht zur Verwertung „seiner" Erfindung zu. Die Frage nach einer Vergütung durch die Hochschule stellt sich insoweit nicht, da die Erfindung nicht durch die Hochschule verwertet wird.

II. Vergütungsansprüche für technische Verbesserungsvorschläge

Auch technische Verbesserungsvorschläge von Hochschulbeschäftigten unterfallen nach hier vertretener Auffassung nicht dem Anwendungsbereich

---

1522 Siehe hierzu oben Kapitel 3. § 8 A. II. 3. b. aa. (2) (a), (S. 283).
1523 § 42 Abs. 1 S. 2 ArbNErfG a. F. lautete: „*Die Bestimmungen der §§ 18, 19 und 22 sind nicht anzuwenden.*"
1524 So mit einem Verweis auf das Urheberrecht i. E. auch *Leuze*, in: Reimer/Schade/Schippel, ArbNErfG, § 42 n. F., Rn. 47.

des § 42 ArbNErfG.[1525] Ihre Behandlung richtet sich demnach wie auch die der freien Erfindungen nach den allgemeinen Vorschriften des Arbeitnehmererfinderrechts.

Dem Arbeitnehmer steht es grundsätzlich frei, einen technischen Verbesserungsvorschlag zu veröffentlichen; eine Geheimhaltungspflicht besteht anders als bei Diensterfindungen nicht (vgl. § 24 ArbNErfG). Allerdings wird die Veröffentlichung regelmäßig einen Verstoß gegen arbeitsvertragliche Rücksichtnahmepflichten darstellen, die den Arbeitnehmer daran hindern, den Verbesserungsvorschlag zu veröffentlichen.[1526] Auch an dieser Stelle sind allerdings die hochschulrechtlichen Besonderheiten in den Blick zu nehmen. So zeigt sich, dass Vergleichbares nicht für den Hochschulwissenschaftler gelten kann. Denn dieser kann sich auf die Publikationsfreiheit nach Art. 5 Abs. 3 S. 1 GG berufen, wonach ihm die Veröffentlichung seiner Verbesserungsvorschläge in keinem Fall verwehrt werden kann (vgl. für Erfindungen deshalb § 42 Nr. 1 S. 2 ArbNErfG).[1527]

Grundsätzlich steht es dem Arbeitnehmer auch nur solange frei, einen durch ihn gemachten Verbesserungsvorschlag frei zu *verwerten*, wie kein Verstoß gegen die arbeitsvertraglichen Rücksichtnahmepflichten droht.[1528] Für die Annahme eines *uneingeschränkten* Verwertungsrechts des *Hochschulwissenschaftlers* erscheint ein erneuter Verweis auf Art. 5 Abs. 3 S. 1 GG im Gegensatz zum Veröffentlichungsrecht nicht unproblematisch, da durch Art. 5 Abs. 3 GG weder die wirtschaftliche noch die eigentumsrechtliche Zuordnung von technischen Verbesserungsvorschlägen gesichert wird. Durch die Verwehrung der Verwertung des Vorschlags sind allein wirtschaftliche Interessen des Hochschulwissenschaftlers betroffen, die durch Art. 5 Abs. 3 GG nicht geschützt werden.[1529] Im Ergebnis steht dem Hochschulbeschäftigten, wie dem gewöhnlichen Arbeitnehmer auch, das

---

1525 Dazu siehe oben Kapitel 3. § 8 A. II. 3. b. bb. (S. 293).
1526 Vgl. *Bergmann*, Erfindungen von Hochschulbeschäftigten nach der Reform von § 42 ArbNErfG, Rn. 271; *Bartenbach/Volz*, Arbeitnehmererfindungsgesetz, § 3, Rn. 31.
1527 *Bergmann*, Erfindungen von Hochschulbeschäftigten nach der Reform von § 42 ArbNErfG, Rn. 272; vgl. auch *Bartenbach/Volz*, Arbeitnehmererfindungsgesetz, § 42 n. F., Rn. 52.
1528 *Bergmann*, Erfindungen von Hochschulbeschäftigten nach der Reform von § 42 ArbNErfG, Rn. 273; *Bartenbach/Volz*, Arbeitnehmererfindungsgesetz, § 3, Rn. 32.
1529 Vgl. *Bergmann*, Erfindungen von Hochschulbeschäftigten nach der Reform von § 42 ArbNErfG, Rn. 274; *Bartenbach/Volz*, Arbeitnehmererfindungsgesetz, § 42 n. F., Rn. 36. Vgl. dazu auch oben Kapitel 3. § 8 A. II. 3. b. aa. (2) (a), (S. 209) mit den Nachweisen in Fn. 985 (S. 286).

Recht auf die Verwertung seiner Verbesserungsvorschläge regelmäßig nicht zu.[1530]

Auch die Vergütung des Hochschulbeschäftigten für technische Verbesserungsvorschläge richtet sich nach den allgemeinen Vorschriften, da § 42 Nr. 4 ArbNErfG auf technische Verbesserungsvorschläge ebenfalls keine Anwendung findet.[1531] Verwertet die Hochschule einen technischen Verbesserungsvorschlag des Hochschulbeschäftigten, steht diesem grundsätzlich keine Vergütung zu. Handelt es sich bei dem Vorschlag um einen qualifizierten technischen Verbesserungsvorschlag gem. § 20 Abs. 1 ArbNErfG, erhält der Hochschulbeschäftigte einen Vergütungsanspruch aus § 20 Abs. 1 i. V. m. § 9 ArbNErfG.[1532]

C. Zusammenfassung

Während sich die Vergütung des Arbeitnehmererfinders nach § 9 ArbNErfG richtet, erhält der Beschäftigte an einer Hochschule eine Erfindungsvergütung auf der Grundlage des § 42 Nr. 4 ArbNErfG. Diese Sondervorschrift verdrängt im Grundsatz die allgemeine Regelung. Nach der hier entwickelten „Lösung der gerechten Risikoverteilung", erhält der Hochschulbeschäftigte eine Vergütung aus den allgemeinen arbeitnehmererfinderrechtlichen Vorschriften ausnahmsweise nur dann, wenn eine Verwertung der Erfindung durch die Hochschule trotz der Inanspruchnahme der Erfindung unterbleibt. Demgegenüber verbleibt es für den Fall der ausbleibenden oder gering ausfallenden Einnahmen bei der Sonderregelung des § 42 Nr. 4 ArbNErfG.

Persönlich anwendbar ist § 42 Nr. 4 ArbNErfG auf alle korporationsrechtlich der Hochschule Zugehörigen. Im Ergebnis fällt damit das gesamte wissenschaftliche wie nichtwissenschaftliche Hochschulpersonal unter die Regelung. Sachlich findet die Sonderregelung allerdings lediglich auf Diensterfindungen der Hochschulbeschäftigten Anwendung; technische Verbesserungsvorschläge von Hochschulbeschäftigten unterfallen der Re-

---

1530 *Bergmann*, Erfindungen von Hochschulbeschäftigten nach der Reform von § 42 ArbNErfG, Rn. 274; **a. A.** wohl *Bartenbach/Volz*, Arbeitnehmererfindungsgesetz, § 42 n. F., Rn. 52.
1531 So auch *Bartenbach/Volz*, Arbeitnehmererfindungsgesetz, § 42 n. F., Rn. 52.
1532 Zu den Vergütungsansprüchen des Arbeitnehmers für technische Verbesserungsvorschläge nach den allgemeinen Vorschriften siehe oben Kapitel 3. § 7 C. (S. 216).

§ 8 Die Vergütungsansprüche des Hochschulerfinders

gelung des § 42 Nr. 4 ArbNErfG nicht. Mit dem Hochschulbegriff i. S. d. Vorschrift sind alle in § 1 HRG genannten Hochschulen gemeint.

Der Hochschulbeschäftigte erhält eine Vergütung, sofern die Hochschule seine Erfindung verwertet. Eine umfassende Betrachtung und Auslegung des Verwertungsbegriffs hat zu folgendem Vorschlag einer Definition des Begriffs der Verwertung geführt, die de lege ferenda als § 42 Nr. 4 S. 2 ArbNErfG festgeschrieben werden sollte: *Als Verwertung im Sinne des Satzes 1 ist jede Handlung der Hochschule anzusehen, die einen tatsächlichen wirtschaftlichen Nutzen durch die Erfindung oder das Schutzrecht erzielt oder zumindest auf die Erzielung eines wirtschaftlichen Nutzens durch die Erfindung oder das Schutzrecht ausgerichtet ist.*

Die Vergütung beträgt 30 % der durch die Verwertung erzielten Einnahmen. Derzeit wird zur Berechnung der Vergütung das sog. Bruttoprinzip zugrunde gelegt; ein Abzug der der Hochschule entstehenden Schutzrechtskosten findet demnach nicht statt. Die vorliegende Untersuchung hat jedoch die Unsachgemäßheit des Bruttoprinzips aufgezeigt und auch die Schwächen des dem Bruttoprinzip in der Literatur entgegengesetzten Nettoprinzips deutlich werden lassen. In der Folge wird eine Modifikation des herkömmlichen Nettoprinzips dahingehend vorgeschlagen, die Schutzrechtskosten bei der Berechnung der Vergütung nicht vollständig, sondern lediglich in Höhe von 30 % zu subtrahieren. Für die Berechnung der Vergütung des Hochschulbeschäftigten ergibt sich folgende Formel:

$$Vergütung = 0{,}3 \times (Einnahmen - 0{,}3 \times Ausgaben)$$

Welche Leistungen als Einnahmen anzusehen sind, bestimmt sich im Einzelfall anhand der jeweiligen Art der Verwertung; die einzelnen Fallgruppen wurden ausführlich besprochen. Dabei ist die Einnahmenqualität der jeweiligen Leistungen insbesondere im Hinblick auf das Merkmal der Kausalität sorgfältig zu prüfen. Betrachtet wurden hier vor allem Übertragungs- und Erstattungsklauseln in Forschungs- und Entwicklungsverträgen, die nachträgliche Übernahme bzw. Erstattung von Schutzrechtskosten sowie Drittmittel und sonstige Forschungsförderungen.

Der Vergütungsanspruch des Hochschulbeschäftigten entsteht anders als der des gewöhnlichen Arbeitnehmers nicht allein mit der Inanspruchnahme der Erfindung; es muss vielmehr die Verwertung der Erfindung durch die Hochschule hinzutreten. Bezüglich der Fälligkeit des Anspruchs findet § 12 ArbNErfG nach hier vertretener Auffassung mit der Maßgabe Anwendung, dass die Hochschule bei mangelnder Vereinbarung über die Vergütung die Vergütung spätestens mit Ablauf von drei Monaten nach der Erzielung von Einnahmen durch die Verwertung der Erfindung, statt drei Monate nach der Erteilung des Schutzrechts, festzusetzen hat.

Bei Erfüllung der Tatbestandsvoraussetzungen des § 42 Nr. 4 ArbNErfG steht dem Hochschulbeschäftigten die entsprechende Vergütung zu. Ein Anspruch des Hochschulbeschäftigten auf die Verwertung seiner Erfindung durch die Hochschule besteht gleichwohl nicht. Soweit eine Verwertungspflicht der Hochschule unter Umständen noch angenommen werden kann, eröffnet sie kein subjektives Recht des Hochschulbeschäftigten.

Stellt die Erfindung eines Hochschulbeschäftigten eine freie Erfindung dar, fällt das Recht auf die Verwertung der Erfindung allein dem Hochschulbeschäftigten zu. Während der gewöhnliche Arbeitnehmer zur Anbietung der freien Erfindung an den Arbeitgeber aus § 19 ArbNErfG verpflichtet ist, scheidet eine entsprechende Verpflichtung des Hochschulbeschäftigten aus. Die Vergütung des Hochschulbeschäftigten für technische Verbesserungsvorschläge richtet sich nach den allgemeinen Vorschriften.

Kapitel 4. Vergütungsansprüche des Hochschulbeschäftigten im Arbeitnehmerurheberrecht

Neben den Erfindungen spielen vor allem urheberrechtlich geschützte Werke eines Hochschulbeschäftigten hinsichtlich der für den Fortschritt erforderlichen Förderung der Forschung und der Wissenschaft eine zentrale Rolle. Einleitend ist die Relevanz des Urheberrechts für die Rechtsverhältnisse im Hochschulbereich bereits aufgezeigt worden. Es hat sich gezeigt, dass es dem Urheberrecht anders als dem Erfindungsrecht an Sonderregelungen für die Beschäftigten an einer Hochschule fehlt. In Ermangelung eines gesondert geregelten Vergütungsanspruchs des Hochschulurhebers stellt sich die Frage, ob dem Hochschulbeschäftigten, dessen urheberrechtlich geschütztes Werk durch die Hochschule verwertet wird, eine Vergütung als Ausgleich für die Nutzung zusteht.

Vergleichbar der Betrachtung zum Hochschulerfinderrecht, muss zunächst auf die Grundzüge der Vergütung des Arbeitnehmerurhebers eingegangen werden (§ 9), um anschließend die urheberrechtlichen Vergütungsansprüche des Hochschulbeschäftigten umfassend und vertieft behandeln zu können (§ 10). Die Bedeutung der allgemeinen arbeitnehmerurheberrechtlichen Vergütungsansprüche für die Betrachtung der Hochschulurhebervergütung darf dabei nicht unterschätzt werden. Da es an speziellen Regelungen hinsichtlich der Vergütung des Hochschulbeschäftigten für die Nutzung und Verwertung seiner urheberrechtlich geschützten Werke durch die Hochschule fehlt, kann es umso mehr notwendig erscheinen, auf die allgemeinen Regelungen der Arbeitnehmerurhebervergütung zurückzugreifen.

§ 9 Die Vergütungsansprüche des Arbeitnehmerurhebers

Nicht allein dem Hochschulurheberrecht, auch dem allgemeinen Arbeitnehmerurheberrecht scheint es an entsprechenden Vorschriften hinsichtlich einer Vergütung des Arbeitnehmers zu fehlen. Die einzig das Arbeitnehmerurheberrecht regelnde Grundnorm des § 43 UrhG enthält keinerlei Aussagen zur Vergütung des Arbeitnehmerurhebers. Zwar wird durch den in der Vorschrift enthaltenen Verweis auch die Vergütungsregelung des

Kapitel 4. Vergütungsansprüche des Hochschulbeschäftigten im Arbeitnehmerurheberrecht

§ 32 UrhG in Bezug genommen.[1533] Dabei handelt es sich jedoch ausschließlich um vertragliche Vergütungsansprüche und keine gesetzlichen.[1534] Es stellt sich damit die Frage, ob dem Arbeitnehmer, der im Rahmen eines Arbeitsverhältnisses ein urheberrechtlich geschütztes Werk schafft, überhaupt über das Arbeitsentgelt hinausgehende Vergütungsansprüche zustehen und auf welchem Grund eine solche Sondervergütung basieren kann (A.). Die Untersuchung dieser Fragen mündet schließlich mit allen ihren Facetten in einer Betrachtung der arbeitnehmerurheberrechtlichen Vergütungstatbestände (B.).

A. Vergütungsgrund des Arbeitnehmerurheberrechts

Die vermögensrechtlichen Fragen des Arbeitnehmerurheberrechts werden nicht einheitlich beurteilt. So besteht bis heute Uneinigkeit unter anderem hinsichtlich der auch als *„Gretchenfrage"* bezeichneten Fragestellung[1535], ob dem Arbeitnehmerurheber ein über das übliche Arbeitsentgelt hinausgehender Vergütungsanspruch für im Rahmen des Arbeitsverhältnisses geschaffene urheberrechtlich geschützte Werke zusteht. Der Forschungsstand hinsichtlich der dem Arbeitnehmerurheber zustehenden Vergütungsansprüche erscheint unübersichtlich.[1536] Der Anknüpfungspunkt für die Annahme einer Zusatzvergütung könnte in einer überobligatorischen Leistung des Arbeitnehmers oder in der Einräumung von Nutzungsrechten bzw. der Erlaubnis zur Werknutzung durch den Arbeitnehmer liegen. Es sollte deshalb zwischen schaffensbezogenen und werkbezogenen Vergütungsansprüchen des Arbeitnehmerurhebers unterschieden werden.[1537] Die seit der Einführung des UrhG bestehende Streitfrage hinsichtlich zusätzlicher Vergütungsansprüche des Arbeitnehmers wurde durch die Ein-

---

1533 § 32 Abs. 1 S. 1 UrhG lautet: *„Der Urheber hat für die Einräumung von Nutzungsrechten und die Erlaubnis zur Werknutzung Anspruch auf die vertraglich vereinbarte Vergütung. Ist die Höhe der Vergütung nicht bestimmt, gilt die angemessene Vergütung als vereinbart. Soweit die vereinbarte Vergütung nicht angemessen ist, kann der Urheber von seinem Vertragspartner die Einwilligung in die Änderung des Vertrages verlangen, durch die dem Urheber die angemessene Vergütung gewährt wird."*
1534 *Stöhr*, Gesetzliche Vergütungsansprüche im Urheberrecht, S. 64 ff.
1535 *Ulrici*, Vermögensrechtliche Grundfragen des Arbeitnehmerurheberrechts, S. 265.
1536 *Ulrici*, Vermögensrechtliche Grundfragen des Arbeitnehmerurheberrechts, S. 267 mit Hinweis auf zahlreiche Nachweise in Fn. 13.
1537 So zurecht *Ulrici*, Vermögensrechtliche Grundfragen des Arbeitnehmerurheberrechts, S. 266 f., 285, 287 ff., 300 ff.

führung der §§ 32, 32a UrhG im Zuge der Reform des Urheberrechts nicht beseitigt, sondern vielmehr überlagert bzw. verschärft.[1538] Es soll zunächst eine überblicksartige Darstellung der verschiedenen Positionen erfolgen, die zur Begründung eines Sondervergütungsanspruchs angeführt werden. Eine Bewertung der einzelnen Aspekte soll aus Praktikabilitätserwägungen heraus erst im Rahmen der Betrachtung der einzelnen Vergütungstatbestände im Arbeitnehmerurheberrecht (hierzu B.) an der jeweils entsprechenden Stelle vorgenommen werden, sodass eine Entscheidung der Streitfrage bis dahin schuldig geblieben wird.

I. Abgeltungslehre bzw. Einheitstheorie

Die nach wie vor der Reform des Urheberrechts herrschende Meinung vertritt die sog. Abgeltungslehre (auch Einheitstheorie genannt).[1539] Für diese ist die Beurteilung des Verhältnisses zwischen der dem Arbeitnehmer durch den Arbeitsvertrag zukommenden Aufgabe und dem von ihm geschaffenen Werk maßgeblich. Hierzu ist auf die bereits dargestellte Unterscheidung zwischen Pflichtwerken und freien Werken des Arbeitnehmers zurückzugreifen.[1540] Durch die Berücksichtigung der jeweiligen Werkgruppe zur Bestimmung des Vergütungsanspruchs erlangt das in § 43 UrhG enthaltene Tatbestandsmerkmal der Werkschaffung *„in Erfül-*

1538 Vgl. hierzu *Ulrici*, Vermögensrechtliche Grundfragen des Arbeitnehmerurheberrechts, S. 268, 283.
1539 Siehe nur BAG, Urteil v. 12.03.1997 – 5 AZR 669/95, NZA 1997, 765, 766 f. – *Schaufensterdekoration*; BGH, Urteil v. 24.10.2000 – X ZR 72/98, GRUR 2001, 155, 157 – *Wetterführungspläne I*; BGH, Urteil v. 23.10.2001 – X ZR 72/98, GRUR 2002, 149, 152 – *Wetterführungspläne II*; *Balle*, NZA 1997, 868, 871; *Bayreuther*, GRUR 2003, 570, 572; *Berger*, ZUM 2003, 173, 174 f.; *Hubmann*, in: FS Hueck (1959), S. 43, 55; *Barthel*, Arbeitnehmerurheberrechte in Arbeitsverträgen, Tarifverträgen und Betriebsvereinbarungen, S. 76 ff.; *Kuckuk*, Die Vergütungsansprüche der Arbeitnehmerurheber im Spannungsfeld zwischen Arbeitsrecht und neuem Urheberrecht, S. 123 f.; *Schack*, Urheber- und Urhebervertragsrecht, Rn. 1121; *Dreier*, in: Dreier/Schulze, Urheberrechtsgesetz, § 43 UrhG, Rn. 30; im Übrigen siehe auch die zahlreichen Nachweise bei *Ulrici*, Vermögensrechtliche Grundfragen des Arbeitnehmerurheberrechts, S. 270 (Fn. 27).
1540 Vgl. hierzu oben eingehend Kapitel 2. § 6 B. III. 2. (S. 126).

lung" der Verpflichtungen aus dem Arbeitsverhältnis besondere Bedeutung, dessen Bestimmung seinerseits keineswegs unumstritten ist.[1541]

Eine zusätzliche Vergütung neben dem üblichen Arbeitsentgelt scheidet nach der Abgeltungstheorie aus, sofern es sich bei dem von dem Arbeitnehmer geschaffenen Werk um ein Pflichtwerk handelt. Fällt die Schaffung des Werkes in den Pflichtenkreis des Arbeitnehmers, fehle es an einer überobligatorischen, zusätzlich zu vergütenden Leistung. Die Leistung des Arbeitnehmers sei in diesem Fall durch das übliche Arbeitsentgelt bereits abgegolten.[1542] Von diesem Grundsatz wird von den Vertretern der Abgeltungslehre eine wesentliche Ausnahme zugelassen, in der ein Vergütungsanspruch auch bei Pflichtwerken zu gewähren ist: Der Arbeitnehmer erhält eine Sondervergütung, wenn der Arbeitgeber das im Rahmen des Arbeitsverhältnisses geschaffene Werk des Arbeitnehmers außerhalb des Betriebszwecks nutzt[1543] und sofern die Nutzungsrechtseinräumung nicht auf Grund des Arbeitsvertrags, sondern auf einer anderen vertraglichen Grundlage erfolgt. Dann ergibt sich der Vergütungsanspruch des Arbeitnehmers aus diesem Vertrag i. V. m. § 32 UrhG.[1544]

Eine gesonderte Vergütung kommt nach der Abgeltungstheorie ansonsten nur bei den sog. gebundenen Werken des Arbeitnehmers in Betracht. Schafft der Arbeitnehmer ein Werk durch überobligatorische Leistungen im Rahmen des Arbeitsverhältnisses und ist er gleichwohl verpflichtet, dem Arbeitgeber ein Nutzungsrecht einzuräumen bzw. anzubieten, soll ihm ein zusätzlicher Vergütungsanspruch neben dem laufenden Arbeitsentgelt zustehen.[1545] Die rechtliche Grundlage eines solchen Vergütungsanspruchs wird innerhalb der Abgeltungstheorie allerdings ebenfalls nicht

---

1541 Zu den einzelnen vertretenen Positionen dieses Streits siehe *Ulrici*, Vermögensrechtliche Grundfragen des Arbeitnehmerurheberrechts, S. 105 ff.
1542 Siehe die Nachweise in Fn. 1539 (S. 457).
1543 Siehe nur *Balle*, NZA 1997, 868, 870; *Kraßer*, in: FG Schricker (1995), S. 77, 96 f.; *Barthel*, Arbeitnehmerurheberrechte in Arbeitsverträgen, Tarifverträgen und Betriebsvereinbarungen, S. 82 f.; *Dreier*, in: Dreier/Schulze, Urheberrechtsgesetz, § 43 UrhG, Rn. 31; *Rojahn*, in: Schricker/Loewenheim, UrhG, § 43 UrhG, Rn. 66.
1544 *Berger*, ZUM 2003, 173, 174 f.
1545 BAG, Urteil v. 30.04.1965 – 3 AZR 291/63, BAGE 17, 151, 157 = GRUR 1966, 88 – *Abdampfverwertung*; *Balle*, NZA 1997, 868, 871; *Rehbinder*, in: FS Roeber (1973), S. 481, 498 f.; *Barthel*, Arbeitnehmerurheberrechte in Arbeitsverträgen, Tarifverträgen und Betriebsvereinbarungen, S. 84; *Rojahn*, in: Schricker/ Loewenheim, UrhG, § 43 UrhG, Rn. 67; siehe auch die zahlreichen Nachweise bei *Ulrici*, Vermögensrechtliche Grundfragen des Arbeitnehmerurheberrechts, S. 274 (Fn. 49).

einheitlich beurteilt. Zumindest auf den ersten Blick vergleichbar der Differenzierung zwischen einem ergebnisbezogenen und einem tätigkeitsbezogenen Sonderleistungsprinzip im Arbeitnehmererfinderrecht[1546], wird hier unterschieden zwischen einer werkbezogenen, urheberrechtlichen und einer tätigkeitsbezogenen, arbeitsrechtlichen Anknüpfung.[1547]

1. Urheberrechtliche Anknüpfung

Zum Teil wird mit der urheberrechtlichen Sonderleistungstheorie das geschaffene Werk des Arbeitnehmers in den Vordergrund gestellt und eine werkbezogene Betrachtung vorgenommen. Die zusätzlich zu vergütende Sonderleistung des Arbeitnehmers liege aus urheberrechtlicher Perspektive in der Einräumung von Nutzungsrechten an den durch überobligatorische Leistungen geschaffenen Werken, sofern die Nutzungseinräumung nach den Regelungen des Arbeitsvertrags ursprünglich nicht geschuldet ist.[1548] Steht dem Arbeitnehmer nach Maßgabe des urheberrechtlichen Sonderleistungsprinzips ein Anspruch auf eine Sondervergütung zu, bildet die Grundlage der Vergütungsbemessung der Marktwert der eingeräumten Lizenz[1549] unter Berücksichtigung von Abzügen aufgrund der Verwendung von Betriebsmitteln oder betrieblichem Know-how.[1550]

Die Begründung des urheberrechtlichen Sonderleistungsprinzips unterlag im Laufe der Zeit verschiedenen Wandlungen. Während das Sonderleistungsprinzip zunächst auf die „Fürsorgepflicht" des Arbeitgebers[1551] und in der Folge auf den Grundsatz von Treu und Glauben aus § 242 BGB

1546 Zum tätigkeitsbezogenen Sonderleistungsprinzip im Arbeitnehmererfinderrecht vgl. oben Kapitel 3. § 7 B. I. 1. a. aa. (1) (b), (S. 185).
1547 *Ulrici*, Vermögensrechtliche Grundfragen des Arbeitnehmerurheberrechts, S. 275. Wie noch gezeigt werden wird, handelt es sich nur um eine *scheinbare* Vergleichbarkeit, vgl. dazu sogleich 2.
1548 Vgl. *Gaul*, NJW 1961, 1509, 1511; *Himmelmann*, GRUR 1999, 897, 898; *Kraßer*, in: FG Schricker (1995), S. 77, 105; *Hauptmann*, Abhängige Beschäftigung und der urheberrechtliche Schutz des Arbeitsergebnisses, S. 129 ff.; *Lucas*, Softwareentwicklung durch Arbeitnehmer, S. 143 ff.
1549 *Ulrici*, Vermögensrechtliche Grundfragen des Arbeitnehmerurheberrechts, S. 276 mit zahlreichen Nachweisen in Fn. 55.
1550 *Rehbinder*, in: FS Roeber (1973), S. 481, 498; *Ulrici*, Vermögensrechtliche Grundfragen des Arbeitnehmerurheberrechts, S. 276 m. w. N.
1551 *Hueck*, in: FS Nikisch (1958), S. 63, 70; *Nikisch*, Arbeitsrecht, Bd. 1, S. 320; vgl. auch *Frhr. von der Osten-Sacken und von Rhein*, Schöpferische Leistungen im Arbeitsverhältnis, S. 98 f.

Kapitel 4. Vergütungsansprüche des Hochschulbeschäftigten im Arbeitnehmerurheberrecht

gestützt wurde[1552], führte das BAG später auch die Vergleichbarkeit der urheberrechtlichen Sonderleistung zur Vergütungspflicht bei Mehrarbeit als Begründung an.[1553]

2. Arbeitsrechtliche Anknüpfung

Andere greifen zur Bestimmung der rechtlichen Grundlage des Sondervergütungsanspruchs auf die arbeitsrechtlichen Grundsätze zurück. Die Sonderleistung des Arbeitnehmers sei in der Erbringung überobligatorischer Leistungen zu sehen, sodass die Sondervergütung nicht werk-, sondern tätigkeitsbezogen bestimmt wird. Der Vergütungsanspruch des Arbeitnehmers ergebe sich im Fall der qualitativ oder quantitativ höherwertigen Leistung aus § 612 BGB.[1554] Die Höhe der Vergütung bemesse sich bei qualitativer Mehrarbeit nach der üblicherweise für die höherwertigen Dienste gezahlten Vergütung.[1555]

Die Unterscheidung zwischen einer werkbezogenen (Urheberrecht) und einer tätigkeitsbezogenen Betrachtung (Arbeitsrecht) scheint nur auf den ersten Blick vergleichbar mit der Differenzierung zwischen dem ergebnisbezogenen und dem tätigkeitsbezogenen Sonderleistungsprinzip im Arbeitnehmererfinderrecht. Denn ein wesentlicher Unterschied liegt in der

---

1552 BGH, Urteil v. 13.07.1956 – I ZR 197/54, GRUR 1956, 500, 501; BAG, Urteil v. 30.04.1965 – 3 AZR 291/63, BAGE 17, 151, 157 = GRUR 1966, 88 – *Abdampfverwertung*; *Däubler*, BB 2004, 2521, 2524 f., der auf die Entscheidung des BAG Bezug nimmt.
1553 BAG, Urteil v. 30.04.1965 – 3 AZR 291/63, BAGE 17, 151, 157 = GRUR 1966, 88 – *Abdampfverwertung*: Das BAG nimmt zur Begründung Bezug auf die Entscheidung BAG, Urteil v. 10.05.1957 – 2 AZR 56/55, BAGE 4, 105 = DB 1957, 535, die die Vergütungspflicht bei Mehrarbeit betrifft.
1554 BAG, Urteil v. 12.03.1997 – 5 AZR 669/95, NZA 1997, 765, 766 f. – *Schaufensterdekoration*; *Balle*, NZA 1997, 868, 871; *Bayreuther*, GRUR 2003, 570, 576 f.; *Barthel*, Arbeitnehmerurheberrechte in Arbeitsverträgen, Tarifverträgen und Betriebsvereinbarungen, S. 85; *Himmelmann*, Vergütungsrechtliche Ungleichbehandlung von Arbeitnehmer-Erfinder und Arbeitnehmer-Urheber, S. 253; *Loos*, Das Urheberrecht des Arbeitnehmers an Computerprogrammen, S. 160 ff.; *Müller-Höll*, Der Arbeitnehmerurheber in der Europäischen Gemeinschaft, S. 64; *Rojahn*, in: Schricker/Loewenheim, UrhG, § 43 UrhG, Rn. 67. Zum arbeitsrechtlichen Sonderleistungsprinzip siehe oben Kapitel 2. § 5 C. II. 3. (S. 88).
1555 Vgl. *Bayreuther*, GRUR 2003, 570, 577; *Barthel*, Arbeitnehmerurheberrechte in Arbeitsverträgen, Tarifverträgen und Betriebsvereinbarungen, S. 85; *Fuchs*, Arbeitnehmer-Urhebervertragsrecht, S. 214 f.

arbeitsvertraglichen Verpflichtung des Arbeitnehmers im Rahmen des jeweiligen Rechtsgebietes. Wie bereits zuvor festgestellt, ist umstritten, ob ein Arbeitnehmer sich zur erfinderischen Tätigkeit arbeitsvertraglich überhaupt verpflichten kann, während die Verpflichtung zur Schaffung eines urheberrechtlich geschützten Werkes unproblematisch möglich ist.[1556] Die Unterscheidung zwischen der ergebnisbezogenen und der tätigkeitsbezogenen Sonderleistungstheorie im Arbeitnehmererfinderrecht entscheidet sich allein anhand der Frage, ob eine arbeitsvertragliche Verpflichtung möglich ist und wann eine überobligatorische Leistung vorliegt. Im Arbeitnehmerurheberrecht hingegen geht es von vornherein nur um diejenigen Fälle, in denen überhaupt eine überobligatorische Leistung gegeben ist. Die Differenzierung resultiert lediglich aus der unterschiedlichen Bestimmung des Bezugspunktes der Sondervergütung.[1557]

II. Trennungstheorie

Vermehrt wird in Abgrenzung zur Einheitstheorie auch die sog. Trennungstheorie vertreten. Diese differenziert zwischen dem auf arbeitsrechtlicher Grundlage gezahlten üblichen Arbeitsentgelt einerseits, das der Arbeitnehmer für die von ihm erbrachte Arbeitstätigkeit erhält, und dem urheberrechtlich geprägten Nutzungsentgelt andererseits, das der Arbeitgeber dem Arbeitnehmer als Ausgleich für die Einräumung von Nutzungsrechten an dem vom Arbeitnehmer geschaffenen Werk zu leisten hat. Abgegolten werde durch das Arbeitsentgelt lediglich die Arbeitstätigkeit des Arbeitnehmers, nicht das dem Arbeitgeber eingeräumte Nutzungsrecht.[1558] Unabhängig davon, ob es sich bei dem in Rede stehenden

---

1556 Zur Möglichkeit der arbeitsvertraglichen Verpflichtung zu erfinderischer Tätigkeit siehe Kapitel 2. § 6 A. I. 2. a. bb. (S. 108). Zur Möglichkeit der arbeitsvertraglichen Verpflichtung zu urheberrechtlich relevantem Werkschaffen hingegen siehe Kapitel 2. § 6 B. II. (S. 123).
1557 Unklar bleibt deshalb der Verweis bei *Ulrici*, Vermögensrechtliche Grundfragen des Arbeitnehmerurheberrechts, S. 278 (Fn. 86) auf *Himmelmann*, Vergütungsrechtliche Ungleichbehandlung von Arbeitnehmer-Erfinder und Arbeitnehmer-Urheber, S. 132, der an dieser Stelle die Unterscheidung zwischen ergebnisbezogenem und tätigkeitsbezogenem Sonderleistungsprinzip im Arbeitnehmererfinderrecht behandelt.
1558 *Schwab*, AuR 1993, 129, 134; *Wandtke*, GRUR 1999, 390, 395; *Diederichsen*, Der Vergütungsanspruch des angestellten Urhebers, S. 168 f.; *Fuchs*, Arbeitnehmer-Urhebervertragsrecht, S. 173 ff. m w. N.; *Wandtke*, Die Rechte der Urheber und ausübenden Künstler im Arbeits- und Dienstverhältnis, Rn. 264 ff.

Kapitel 4. Vergütungsansprüche des Hochschulbeschäftigten im Arbeitnehmerurheberrecht

Werk um ein Pflichtwerk oder ein freies Werk des Arbeitnehmers handelt, soll der Arbeitnehmer für die Einräumung des Nutzungsrechts deshalb eine gesonderte Vergütung erhalten. Ein zusätzlicher Vergütungsanspruch kommt nach der Trennungstheorie also auch bei Pflichtwerken des Arbeitnehmers in Betracht.

Die Einräumung von Nutzungsrechten durch den Arbeitnehmer begründe ein Rechtsverhältnis eigener Art neben dem Arbeitsverhältnis. Aus diesem folge auch ohne eine gesonderte Vergütungsabrede ein Anspruch des Arbeitnehmers auf eine angemessene Vergütung.[1559] Unklar bleibt aber, auf welcher Rechtsgrundlage ein solches Rechtsverhältnis eigener Art fußen soll.

Auch wenn in der Sache zwei voneinander zu trennende Vergütungsansprüche vorliegen, kann sich das Ergebnis in der Praxis mit dem der Abgeltungstheorie weitestgehend decken. Denn es sei möglich, dass die zusätzliche, urheberrechtliche Vergütung bei Pflichtwerken etwa durch vertragliche Vereinbarung bereits im Arbeitsentgelt mit enthalten sei.[1560]

III. Analoge Anwendung der §§ 9 ff. ArbNErfG

Fernab des Streits zwischen der Abgeltungs- und Trennungstheorie wird auch eine analoge Anwendung der arbeitnehmererfinderrechtlichen Vergütungsregelungen auf das Arbeitnehmerurheberrecht diskutiert. Einer Auffassung zufolge, soll der ein urheberrechtlich geschütztes Werk schaffende Arbeitnehmer über das Arbeitsentgelt hinaus einen Sondervergütungsanspruch aus §§ 9 ff. ArbNErfG analog erhalten.[1561] Dieser Ansatz der entsprechenden Anwendung des Arbeitnehmererfinderrechts ist in weiten Teilen mit der Begründung der Trennungstheorie vergleichbar.[1562] Wäh-

---

1559 Vgl. *Schwab*, NZA 1999, 1254, 1257; *Wandtke*, GRUR 1992, 139, 141 f.; *Diederichsen*, Der Vergütungsanspruch des angestellten Urhebers, S. 169; vgl. dazu auch *Ulrici*, Vermögensrechtliche Grundfragen des Arbeitnehmerurheberrechts, S. 349.
1560 *Wandtke*, GRUR 1992, 139, 143; *ders.*, in: Wandtke/Bullinger, UrhR, § 43 UrhG, Rn. 139; vgl. auch *Veigel*, Immaterialgüterrechte im Arbeitsverhältnis, Rn. 283.
1561 Vgl. LG München, Urteil v. 16.01.1997 – 7 O 15354/91, ZUM 1997, 659, 665 f.; *Henkel*, BB 1987, 833, 836 f.; *Meiser*, NZA 1998, 291, 297; *Schwab*, NZA 1999, 1254, 1257; *Lucas*, Softwareentwicklung durch Arbeitnehmer, S. 165 ff., 186 ff., 256 f.
1562 *Ulrici*, Vermögensrechtliche Grundfragen des Arbeitnehmerurheberrechts, S. 282 m. N. in Fn. 91 und 93; a. A. *Wandtke*, GRUR 1992, 139, 143.

rend die Trennungstheorie den Vergütungsanspruch für die Einräumung der Nutzungsrechte allerdings auf ein Rechtsverhältnis eigener Art stützt, wird bei der analogen Anwendung des Arbeitnehmererfinderrechts von einer gesetzlichen Vergütungspflicht ausgegangen.[1563]

IV. Vergütungsanspruch aus § 32 UrhG

Seit der Einführung des § 32 UrhG[1564] wird der Meinungsstreit hinsichtlich eines vertraglichen Vergütungsanspruchs des Arbeitnehmers durch die Regelung des § 32 UrhG überlagert.[1565] Mit § 32 UrhG sieht das Urheberrecht Vergütungsansprüche des Urhebers als Ausgleich für die Nutzung der von ihm geschaffenen urheberrechtlich geschützten Werke durch Dritte vor. § 32 Abs. 1 S. 1 UrhG bestimmt, dass der Urheber für die Einräumung von Nutzungsrechten und die Erlaubnis zur Werknutzung einen Anspruch auf die vertraglich vereinbarte Vergütung hat, wobei eine angemessene Vergütung als vereinbart gilt, sofern die Höhe der Vergütung nicht bestimmt ist (vgl. § 32 Abs. 1 S. 2 UrhG). Weit verbreitet wird davon ausgegangen, dass die Regelung des § 32 UrhG auch auf die Pflichtwerke des Arbeitnehmerurhebers Anwendung findet.[1566] In der Folge könnten Vertreter der Trennungstheorie einen zusätzlichen Vergütungsanspruch

---

1563 *Ulrici*, Vermögensrechtliche Grundfragen des Arbeitnehmerurheberrechts, S. 282 f.; vgl. auch *Bartenbach/Volz*, Arbeitnehmererfindungsgesetz, § 9, Rn. 20; *Schwab*, Arbeitnehmererfindungsrecht, § 9 ArbNErfG, Rn. 3.
1564 Eingeführt durch das „Gesetz zur Stärkung der vertraglichen Stellung von Urhebern und ausübenden Künstlern" vom 22.03.2002, BGBl. 2002, Teil I, S. 1155, in Kraft getreten am 01.07.2002.
1565 *Ulrici*, Vermögensrechtliche Grundfragen des Arbeitnehmerurheberrechts, S. 283.
1566 *Fuchs*, GRUR 2006, 561, 562 ff.; *Grobys/Foerstl*, NZA 2002, 1015, 1016; *Jacobs*, NJW 2002, 1905, 1906; *Leinhas*, IT-Outsourcing und Betriebsübergang im Sinne des § 613a BGB – arbeitnehmererfindungsrechtliche und arbeitnehmerurheberrechtliche Problemlösungen, Rn. 225 ff., 232; *Rehbinder/Peukert*, Urheberrecht, Rn. 1039; *Veigel*, Immaterialgüterrechte im Arbeitsverhältnis, Rn. 296; *Voß*, Der Anspruch des Urhebers auf die angemessene Vergütung und die weitere angemessene Beteiligung, S. 43 ff.; *Dreier*, in: Dreier/Schulze, Urheberrechtsgesetz, § 43 UrhG, Rn. 30; *Rojahn*, in: Schricker/Loewenheim, UrhG, § 43 UrhG, Rn. 64; *Wandtke*, in: Wandtke/Bullinger, UrhR, § 43 UrhG, Rn. 145; a. A. *Bayreuther*, GRUR 2003, 570, 573 ff.; *Berger*, ZUM 2003, 173, 177 ff.; *Loos*, Das Urheberrecht des Arbeitnehmers an Computerprogrammen, S. 159 f.; *Müller-Höll*, Der Arbeitnehmerurheber in der Europäischen Gemeinschaft, S. 69.

auf § 32 UrhG stützen und auch die Befürworter der Abgeltungstheorie könnten dem Arbeitnehmerurheber eine zusätzliche Vergütung über § 32 UrhG für den Fall der Unangemessenheit der Vergütung zuerkennen. Einzig die Verfechter der analogen Anwendung des § 9 ArbNErfG gerieten in Erklärungsnot, indem § 32 UrhG die für die Analogie erforderliche planwidrige Regelungslücke schließen würde.[1567]

B. Vergütungstatbestände des Arbeitnehmerurheberrechts

Abhängig vom jeweiligen Anknüpfungspunkt können sich sowohl schaffensbezogene als auch werkbezogene Vergütungsansprüche des Arbeitnehmerurhebers ergeben. Bezugspunkt für den Vergütungsanspruch kann, wie dargestellt, entweder die Arbeitstätigkeit des Arbeitnehmers (schaffensbezogen) oder die Einräumung von Nutzungsrechten bzw. die Erlaubnis zur Werknutzung der durch den Arbeitnehmer im Rahmen des Arbeitsverhältnisses geschaffenen Werke (werkbezogen) sein.[1568]

I. Schaffensbezogene Vergütungsansprüche

Schaffensbezogene Vergütungsansprüche erhält der Arbeitnehmer für seine zur Werkschöpfung führende Tätigkeit.[1569] Da das Urheberrecht in seiner Regelungsabsicht lediglich auf das durch den Urheber geschaffene Werk abzielt, lassen sich solche Vergütungsansprüche, die an die schöpferische Tätigkeit des Arbeitnehmers anknüpfen, im Urheberrecht nicht verankern.[1570] Bekannt sind dem Urheberrecht nur werkbezogene Vergütungsansprüche. An den Schaffensvorgang anknüpfende Vergütungsansprüche können deshalb ihre Grundlage ausschließlich im Bereich des Arbeitsrechts finden.

1567 Vgl. *Ulrici*, Vermögensrechtliche Grundfragen des Arbeitnehmerurheberrechts, S. 284; siehe zu Letzterem auch *Wandtke*, in: Wandtke/Bullinger, UrhR, § 43 UrhG, Rn. 143.
1568 Hierzu siehe oben Kapitel 4. § 9 A. (S. 456).
1569 *Ulrici*, Vermögensrechtliche Grundfragen des Arbeitnehmerurheberrechts, S. 287; vgl. auch *Loos*, Das Urheberrecht des Arbeitnehmers an Computerprogrammen, S. 158; *Mathis*, Der Arbeitnehmer als Urheber, S. 158; *Zirkel*, Das Recht des angestellten Urhebers und das EU-Recht, S. 92.
1570 Vgl. *Ulrici*, Vermögensrechtliche Grundfragen des Arbeitnehmerurheberrechts, S. 287.

1. Regelmäßiges Arbeitsentgelt und Sonderleistungen

Der Arbeitnehmer erhält für die von ihm erbrachte Tätigkeit das regelmäßig vereinbarte Arbeitsentgelt gem. § 611a Abs. 2 BGB. Da der Arbeitnehmer in der Regel lediglich das Bemühen um einen Erfolg, nicht aber den Erfolg selbst schuldet, besteht der Anspruch des Arbeitnehmers auf das Arbeitsentgelt unabhängig davon, ob durch die Tätigkeit des Arbeitnehmers tatsächlich ein urheberrechtlich geschütztes Werk hervorgebracht wird.[1571] Zwar kann sich ein Arbeitnehmer zur Schaffung eines urheberrechtlich geschützten Werkes arbeitsvertraglich verpflichten.[1572] Er erhält das vereinbarte Arbeitsentgelt allerdings auch im Fall der Schlechtleistung ungemindert.[1573]

Neben dem regelmäßig gezahlten Arbeitsentgelt können dem Arbeitnehmer auch schaffensbezogene Vergütungsansprüche für erbrachte Sonderleistungen zustehen. In Betracht kommen sowohl quantitative als auch qualitative über den Pflichtenkreis des Arbeitnehmers hinausgehende Leistungen. Zu ihrer rechtlichen Bewertung lassen sich die Grundsätze des allgemeinen arbeitsrechtlichen Sonderleistungsprinzips heranziehen.[1574]

1571 *Bayreuther*, GRUR 2003, 570, 571; *Buchner*, GRUR 1985, 1, 7; *Barthel*, Arbeitnehmerurheberrechte in Arbeitsverträgen, Tarifverträgen und Betriebsvereinbarungen, S. 75 f.; *Grabig*, Die Bestimmung einer weiteren angemessenen Beteiligung in gemeinsamen Vergütungsregeln und in Tarifverträgen nach § 32a Abs. 4 UrhG, S. 62; *Ulrici*, Vermögensrechtliche Grundfragen des Arbeitnehmerurheberrechts, S. 288; *Wandtke*, in: Wandtke/Bullinger, UrhR, § 43 UrhG, Rn. 137; vgl. hierzu auch oben Kapitel 2. § 5 A. I. (S. 77).

1572 Zur Möglichkeit der arbeitsvertraglichen Verpflichtung zu urheberrechtlichem Werkschaffen siehe oben Kapitel 2. § 6 B. II. (S. 123).

1573 BAG, Urteil v. 17.07.1970 – 3 AZR 423/69, BAGE 22, 402, 404 f. = NJW 1971, 111; BAG, Beschluss v. 18.07.2007 – 5 AZN 610/07, AP BGB § 611 Minderleistung Nr. 1, unter II. 1. der Gründe; *Hueck/Nipperdey*, Lehrbuch des Arbeitsrechts, Bd. 1, S. 236; *Ulrici*, Vermögensrechtliche Grundfragen des Arbeitnehmerurheberrechts, S. 289 f. m. w. N.; *Wandtke*, in: Wandtke/Bullinger, UrhR, § 43 UrhG, Rn. 137. Allerdings kann der Arbeitgeber im Fall der Schlechtleistung möglicherweise Schadensersatzansprüche gegenüber dem Arbeitnehmer geltend machen, siehe hierzu nur BAG, Urteil v. 17.07.1970 – 3 AZR 423/69, BAGE 22, 402, 404 f. = NJW 1971, 111; BAG, Beschluss v. 18.07.2007 – 5 AZN 610/07, AP BGB § 611 Minderleistung Nr. 1, unter II. 1. der Gründe; *Hueck/Nipperdey*, Lehrbuch des Arbeitsrechts, Bd. 1, S. 237; *Ulrici*, Vermögensrechtliche Grundfragen des Arbeitnehmerurheberrechts, S. 290.

1574 Zum arbeitsrechtlichen Sonderleistungsprinzip siehe oben Kapitel 2. § 5 C. II. 3. (S. 88).

2. Quantitative Sonderleistungen

Erbringt der Arbeitnehmer quantitativ mehr Leistung als geschuldet (z. B. durch Überstunden), ist diese Mehrarbeit entsprechend zu vergüten. Hierbei handelt es sich nicht etwa um eine urheberrechtliche Besonderheit, sondern um die Anwendung arbeitsrechtlicher Grundsätze unabhängig davon, ob der Arbeitnehmer weisungsabhängige Dienste für eine Werkschöpfung oder sonstiger Art erbringt. Voraussetzung für die vergütungspflichtige Mehrarbeit ist, dass der Arbeitgeber diese zumindest billigt oder gar verlangt[1575]; ein bloßer Nutzen für den Arbeitgeber ohne seine Kenntnis von der Mehrarbeit reicht nicht aus.[1576] Die Rechtsgrundlage der unter Zustimmung oder Duldung des Arbeitgebers erbrachten Zusatzleistung kann in einer konkludenten Änderung des Arbeitsvertrages[1577], zumindest aber in einem fehlerhaften Arbeitsverhältnis[1578] erblickt werden.

Die Vergütung quantitativer Mehrarbeit kann sowohl tarifvertraglich als auch im Arbeitsvertrag selbst geregelt sein. Ist die Mehrarbeit allerdings ursprünglich vertraglich nicht vorgesehen, wird es in der Regel auch an einer entsprechenden Vergütungsvereinbarung im Arbeitsvertrag fehlen. Es stellt sich dann die Frage, wie die Vergütung des Arbeitnehmers für von ihm erbrachte Mehrarbeit zu ermitteln ist. Fehlt es an einer entsprechenden Vergütungsregelung kommt die Vorschrift des § 612 Abs. 1 BGB zum Tragen.[1579] Danach gilt eine Vergütung als stillschweigend vereinbart, wenn die Dienstleistung den Umständen nach nur gegen eine Vergütung

---

1575 St. Rspr., siehe nur BAG, Urteil v. 17.04.2002 – 5 AZR 644/00, NZA 2002, 1340, 1344; BAG, Urteil v. 28.01.2004 – 5 AZR 530/02, BAGE 109, 254, 259 = NZA 2004, 656; BAG, Urteil v. 03.11.2004 – 5 AZR 648/03, AP BGB § 611 Mehrarbeitsvergütung Nr. 49, unter III. 1. der Gründe; BAG, Urteil v. 10.04.2013 – 5 AZR 122/12, NZA 2013, 1100, 1101 (Rn. 14); ebenso *Hueck/Nipperdey*, Lehrbuch des Arbeitsrechts, Bd. 1, S. 275; *Ulrici*, Vermögensrechtliche Grundfragen des Arbeitnehmerurheberrechts, S. 292 m. w. N. in Fn. 33; *Müller-Glöge*, in: MüKo-BGB, Bd. 4, § 611 BGB, Rn. 826.
1576 *Ulrici*, Vermögensrechtliche Grundfragen des Arbeitnehmerurheberrechts, S. 292 f.
1577 Vgl. *Bayreuther*, GRUR 2003, 570, 578; *Loos*, Das Urheberrecht des Arbeitnehmers an Computerprogrammen, S. 161; *Ulrici*, Vermögensrechtliche Grundfragen des Arbeitnehmerurheberrechts, S. 292 m. w. N.; *Müller-Glöge*, in: MüKo-BGB, Bd. 4, § 611 BGB, Rn. 822.
1578 *Ulrici*, Vermögensrechtliche Grundfragen des Arbeitnehmerurheberrechts, S. 292.
1579 Zur der Frage, ob § 612 Abs. 1 BGB direkte oder analoge Anwendung findet siehe oben Kapitel 2. § 5 C. II. 3. a. (S. 88).

zu erwarten ist. Diese dem im Arbeitsrecht geltenden Äquivalenzgrundsatz zwischen Arbeitsleistung und Arbeitsentgelt Rechnung tragende Vorschrift[1580], findet auch im Bereich des Urheberrechts uneingeschränkte Anwendung.[1581] Im Zweifel ist davon auszugehen, dass die Mehrarbeit nur gegen eine zusätzliche Vergütung erwartet werden kann.[1582] Eine Zusatzvergütung scheidet nur dann aus, wenn dem Arbeitnehmer die höherwertige Leistung ausnahmsweise aus Treu und Glauben ohne eine besondere Vergütung zugemutet werden kann.[1583]

3. Qualitative Sonderleistungen

Neben quantitativen Sonderleistungen kann der Arbeitnehmer höherwertige Leistungen insbesondere auch in qualitativer Hinsicht erbringen. In der Bewertung ergibt sich keine andere Situation als bei quantitativen Sonderleistungen des Arbeitnehmers.[1584] Erbringt der Arbeitnehmer mit Zustimmung, Billigung oder auf Anweisung des Arbeitgebers qualitativ höherwertige Arbeit, handelt es sich hierbei ebenfalls um eine konkludente Vertragsänderung bzw. ein fehlerhaftes Arbeitsverhältnis.[1585] Bei Fehlen tarif- oder arbeitsvertraglicher Regelungen, richtet sich die Vergütung der Sonderleistung nach der Vorschrift des § 612 Abs. 1 BGB.[1586] Der Arbeitnehmer erhält eine zusätzliche Vergütung, wenn der Arbeitgeber die hö-

---

1580 Dazu oben Kapitel 2. § 5 C. II. 3. a. (S. 88).
1581 Vgl. *Ulrici*, Vermögensrechtliche Grundfragen des Arbeitnehmerurheberrechts, S. 293.
1582 Vgl. statt vieler BAG, Urteil v. 28.09.2005 – 5 AZR 52/05, BAGE 116, 66, 69 = NZA 2006, 149; *Buchner*, GRUR 1985, 1, 5; *Ulrici*, Vermögensrechtliche Grundfragen des Arbeitnehmerurheberrechts, S. 293 m. w. N.
1583 Siehe die Nachweise in Fn. 191 (S. 89).
1584 Statt vieler BAG, Urteil v. 25.03.2015 – 5 AZR 874/12, AP BGB § 612 Nr. 78, Rn. 24 ff.; BAG, Urteil v. 23.09.2015 – 5 AZR 626/13, AP BGB § 612 Nr. 79, Rn. 20; *Bayreuther*, GRUR 2003, 570, 576 f.; *Ulrici*, Vermögensrechtliche Grundfragen des Arbeitnehmerurheberrechts, S. 294 m. w. N.; *Joussen*, in: BeckOK-ArbR, § 612 BGB, Rn. 18 ff.
1585 Vgl. *Ulrici*, Vermögensrechtliche Grundfragen des Arbeitnehmerurheberrechts, S. 295.
1586 St. Rspr. des BAG, siehe nur BAG, Urteil v. 03.09.1997 – 5 AZR 428/96, BAGE 86, 261, 264 = NZA 1998, 540; BAG, Urteil v. 21.03.2002 – 6 AZR 456/01, AP TVG § 1 Tarifverträge: Musiker Nr. 17 unter I. 1. der Gründe; BAG, Urteil v. 23.09.2015 – 5 AZR 626/13, AP BGB § 612 Nr. 79, Rn. 20; siehe auch *Ulrici*, Vermögensrechtliche Grundfragen des Arbeitnehmerurheberrechts, S. 295; *Joussen*, in: BeckOK-ArbR, § 612 BGB, Rn. 18.

Kapitel 4. Vergütungsansprüche des Hochschulbeschäftigten im Arbeitnehmerurheberrecht

herwertigen Dienste den Umständen nach nur gegen Zahlung einer gesonderten Vergütung erwarten darf. Anders als im Fall der quantitativen Mehrarbeit wird dies jedoch häufig abgelehnt, da der Arbeitnehmer zumindest vorübergehend auch zur Erbringung höherwertiger Dienste aufgrund der aus dem Arbeitsverhältnis resultierenden „Treuepflicht" verpflichtet sei.[1587] Ein solches Verständnis ist allerdings nicht überzeugend: Fehlt es an einer arbeitsvertraglichen Regelung hinsichtlich der Übernahme höherwertiger Tätigkeiten, besteht für den Arbeitnehmer keinerlei Verpflichtung, solche zu übernehmen; die Dauer der Übernahme spielt dabei keine Rolle.[1588] Zudem fehlt es der in Bezug genommenen eigenständigen „Treuepflicht" an einer gesetzlichen Grundlage; schon allein aus diesem Grund scheint ein Rückgriff auf die „Treuepflicht" nicht überzeugend.[1589] Im Zweifel ist deshalb davon auszugehen, dass der Arbeitnehmer für die Übernahme höherwertiger Dienste eine gesonderte Vergütung erhalten soll.

Fehlt es an einer vertraglichen Vergütungsregelung, richtet sich die Höhe der Zusatzvergütung nach § 612 Abs. 2 BGB.[1590] Entscheidend ist damit der Wert der geleisteten Dienste, nicht der eines etwaig geschaffenen Werkes.[1591] Bemessungsgrundlage bildet die taxmäßige oder übliche Vergütung für die höherwertige Tätigkeit.[1592]

1587 BAG, Urteil v. 04.10.1972 – 4 AZR 475/71, BAGE 24, 452, 457 = NJW 1973, 293; BAG, Urteil v. 16.02.1978 – 3 AZR 723/76, AP BGB § 612 Nr. 31 unter I. 1. a) der Gründe; siehe auch *Lucas*, Softwareentwicklung durch Arbeitnehmer, S. 38; *Joussen*, in: BeckOK-ArbR, § 612 BGB, Rn. 20; *Richardi/Fischinger*, in: Staudinger (2016), § 612 BGB, Rn. 32.
1588 Vgl. *Boemke*, Schuldvertrag und Arbeitsverhältnis, S. 267 f.; *Himmelmann*, Vergütungsrechtliche Ungleichbehandlung von Arbeitnehmer-Erfinder und Arbeitnehmer-Urheber, S. 89 (Fn. 64); *Ulrici*, Vermögensrechtliche Grundfragen des Arbeitnehmerurheberrechts, S. 296.
1589 Siehe zur „Treuepflicht" oben Kapitel 2. § 4 B. (S. 74).
1590 Siehe die Nachweise in Fn. 1586 (S. 467).
1591 *Bayreuther*, GRUR 2003, 570, 577; *Barthel*, Arbeitnehmerurheberrechte in Arbeitsverträgen, Tarifverträgen und Betriebsvereinbarungen, S. 85; *Himmelmann*, Vergütungsrechtliche Ungleichbehandlung von Arbeitnehmer-Erfinder und Arbeitnehmer-Urheber, S. 253; *Loos*, Das Urheberrecht des Arbeitnehmers an Computerprogrammen, S. 158; *Ulrici*, Vermögensrechtliche Grundfragen des Arbeitnehmerurheberrechts, S. 298.
1592 *Ulrici*, Vermögensrechtliche Grundfragen des Arbeitnehmerurheberrechts, S. 299.

II. Werkbezogene Vergütungsansprüche für Pflichtwerke

Von den schaffensbezogenen Vergütungsansprüchen sind die sog. werkbezogenen Vergütungsansprüche des Arbeitnehmerurhebers zu unterscheiden. Diese erhält der Arbeitnehmer als Gegenleistung für die Einräumung von Nutzungsrechten an den von ihm geschaffenen Werken bzw. für die tatsächliche Nutzung eines Werkes durch den Arbeitgeber (synallagmatisches Verhältnis).[1593] Anders als die schaffensbezogenen Vergütungsansprüche, die anknüpfend an die schöpferische Tätigkeit des Arbeitnehmers ihre Grundlage im Arbeitsrecht finden, basieren die auf das geschaffene Werk bezogenen Ansprüche des Arbeitnehmers vorrangig auf urheberrechtlichen Regelungen. In Betracht kommen sowohl vertragliche (1.) als auch gesetzliche Ansprüche des Arbeitnehmerurhebers (2.).

1. Vertragliche werkbezogene Vergütungsansprüche

Rechtsgeschäftliche werkbezogene Vergütungsansprüche können trotz der Geltung des Urheberrechts vor allem aus dem Arbeitsverhältnis resultieren. Da das regelmäßige Arbeitsentgelt in der Regel lediglich als Gegenleistung der Arbeitstätigkeit begriffen werden kann, scheidet zwar eine Qualifikation des Arbeitsentgelts als werkbezogene Vergütung im Zweifel aus. Der Arbeitsvertrag kann allerdings gleichwohl Regelungen enthalten, die eine erfolgsabhängige Vergütung vorsehen. Wird der Arbeitnehmer grundsätzlich mit dem Arbeitsentgelt für seine Arbeitstätigkeit entlohnt, so können daneben auch Vergütungszahlungen vereinbart sein, die an das geschaffene Werk des Arbeitnehmers bzw. an die Einräumung von Nutzungsrechten an diesem anknüpfen. Möglich erscheint auch eine Verquickung schaffens- und werkbezogener Anteile in einem einheitlich gezahlten Arbeitsentgelt. Entscheidend für einen werkbezogenen Vergütungsanspruch ist jedoch, dass die Zahlung des Arbeitsentgelts zumindest teilweise an den Eintritt eines Erfolgs gekoppelt wird.[1594]

1593 Vgl. *Diederichsen*, Der Vergütungsanspruch des angestellten Urhebers, S. 153 f.; *Lucas*, Softwareentwicklung durch Arbeitnehmer, S. 151; *Ulrici*, Vermögensrechtliche Grundfragen des Arbeitnehmerurheberrechts, S. 300; *Wandtke*, Die Rechte der Urheber und ausübenden Künstler im Arbeits- und Dienstverhältnis, Rn. 265.

1594 Zu diesem Absatz *Ulrici*, Vermögensrechtliche Grundfragen des Arbeitnehmerurheberrechts, S. 327.

a. Vertragliche Vereinbarung

Eine entsprechende Vereinbarung muss aus dem Arbeitsvertrag eindeutig hervorgehen. Eine erfolgsabhängige Vergütung muss entweder ausdrücklich von vornherein oder nachträglich durch eine (konkludente) Vertragsänderung vereinbart worden sein. In Betracht kommt auch eine erläuternde bzw. ergänzende Vertragsauslegung, die auf einen entsprechenden (hypothetischen) Willen der Parteien schließen lässt.[1595] In die Betrachtung können dabei Aspekte wie die Vorstellungen der Parteien, das grundsätzliche Recht auf den Wert des Arbeitsergebnisses, der Persönlichkeitsbezug des urheberrechtlich geschützten Werkes zur Person des Schöpfers sowie die Vervielfältigbarkeit des Werkes einbezogen werden.[1596]

Ergibt sich eine werkbezogene Vergütungspflicht, indem die Nutzungsrechtseinräumung auf dem Arbeitsvertrag basiert, richtet sich die Vergütung nach den vertraglichen Vereinbarungen (vgl. § 32 Abs. 1 S. 1 UrhG).[1597] Bei fehlender Vereinbarung über die Vergütungs*höhe* kann der Arbeitnehmer die angemessene Vergütung verlangen (vgl. § 32 Abs. 1 S. 2 UrhG).[1598] Ein werkbezogener Vergütungsanspruch des Arbeitnehmerurhebers kann sich aber auch aus Rechtsverhältnissen jenseits des Arbeitsverhältnisses ergeben, sofern sie Regelungen zur Einräumung der Nutzungsrechte mit einer entsprechenden Entgeltzahlung vorsehen.[1599] Da sich in diesem Fall Arbeitnehmer und Arbeitgeber *„wie beliebige Dritte"* gegen-

---

[1595] Vgl. *Ulrici*, Vermögensrechtliche Grundfragen des Arbeitnehmerurheberrechts, S. 329.

[1596] *Ulrici*, Vermögensrechtliche Grundfragen des Arbeitnehmerurheberrechts, S. 331 ff.

[1597] Die Regelung des § 32 Abs. 1 S. 1 UrhG hat insoweit nur deklaratorischen Charakter, vgl. *Ulrici*, Vermögensrechtliche Grundfragen des Arbeitnehmerurheberrechts, S. 329; *Voß*, Der Anspruch des Urhebers auf die angemessene Vergütung und die weitere angemessene Beteiligung, S. 50; *Schulze*, in: Dreier/Schulze, Urheberrechtsgesetz, § 32 UrhG, Rn. 22; *Wandtke/Grunert*, in: Wandtke/Bullinger, UrhR, § 32 UrhG, Rn. 8.

[1598] *Ulrici*, Vermögensrechtliche Grundfragen des Arbeitnehmerurheberrechts, S. 301; *Voß*, Der Anspruch des Urhebers auf die angemessene Vergütung und die weitere angemessene Beteiligung, S. 50; *Wandtke/Grunert*, in: Wandtke/Bullinger, UrhR, § 32 UrhG, Rn. 10.

[1599] Vgl. *Roithmaier*, Das Recht des Arbeitgebers am kunstschutzfähigen Arbeitsergebnis nach geltendem und künftigen Recht, S. 172; *Ulrici*, Vermögensrechtliche Grundfragen des Arbeitnehmerurheberrechts, S. 157, 326, 357.

überstehen, deren Verhältnis sich nach den allgemeinen Vorschriften richtet[1600], soll hier nicht näher auf diese Verhältnisse eingegangen werden.

b. Fehlende vertragliche Vereinbarung

Aufgrund der Privatautonomie steht es den Parteien frei, eine erfolgsabhängige Vergütung zu vereinbaren (vgl. § 105 GewO). Problematisch erscheint die Frage nach werkbezogenen Vergütungsansprüchen des Arbeitnehmers in den Fällen, in denen es an einer entsprechenden Vereinbarung der Nutzungsrechtseinräumung gegen eine entsprechende Vergütung ausdrücklich fehlt und sich eine solche auch nicht im Wege der Auslegung ermitteln lässt. Höchst umstritten in diesem Kontext ist im Hinblick auf die im Jahr 2002 neu eingeführte Regelung des § 32 UrhG[1601] vor allem die Fragestellung, ob dem Arbeitnehmerurheber ein werkbezogener Vergütungsanspruch gleichwohl aus zwingenden Gründen stets zustehen muss.[1602]

aa. Zum Streitstand

Fehlt es an einer vertraglichen Vereinbarung in Bezug auf die Vergütung für die Einräumung von Nutzungsrechten, tritt für die Beurteilung eigenständiger werkbezogener Vergütungsansprüche jenseits vertraglicher Abreden der oben dargestellte Streit zwischen Abgeltungs- und Trennungstheorie zu Tage, die einen gesonderten Vergütungsanspruch des Arbeitnehmerurhebers auf verschiedene Weise begründen oder ablehnen. Neuen Wind in die Diskussion brachte die Neueinführung des § 32 UrhG durch das Gesetz zur Stärkung der vertraglichen Stellung von Urhebern und ausübenden Künstlern.[1603]

1600 *Balle*, NZA 1997, 868, 871; *Bayreuther*, GRUR 2003, 570, 577; *Buchner*, GRUR 1985, 1, 12f.; *Grabig*, Die Bestimmung einer weiteren angemessenen Beteiligung in gemeinsamen Vergütungsregeln und in Tarifverträgen nach § 32a Abs. 4 UrhG, S. 151; *Ulrici*, Vermögensrechtliche Grundfragen des Arbeitnehmerurheberrechts, S. 326.
1601 Eingeführt durch das „Gesetz zur Stärkung der vertraglichen Stellung von Urhebern und ausübenden Künstlern" vom 22.03.2002, BGBl. 2002, Teil I, S. 1155, in Kraft getreten am 01.07.2002.
1602 Dazu unten Kapitel 4. § 9 B. II. 1. b. aa. (3), (S. 474).
1603 Siehe den Nachweis in Fn. 1601.

Kapitel 4. Vergütungsansprüche des Hochschulbeschäftigten im Arbeitnehmerurheberrecht

(1) Abgeltungstheorie

Vertreter des urheberrechtlichen Sonderleistungsprinzips als Unteransicht der Abgeltungstheorie gehen davon aus, dass eine gesonderte Vergütung des Arbeitnehmerurhebers bei Pflichtwerken ohnehin nicht in Betracht kommt, da der Arbeitnehmer bei solchen Werken zur Einräumung von Nutzungsrechten aus dem Arbeitsvertrag verpflichtet ist und die Nutzungsrechtseinräumung als „*Annex zur Arbeitspflicht*"[1604] bereits mit dem üblichen Arbeitsentgelt abgegolten sei.[1605]

Bei den sog. gebundenen Werken komme eine werkbezogene Sondervergütung für die Nutzungsrechtseinräumung nur in Betracht, wenn es sich um eine echte Sonderleistung des Arbeitnehmers handele. Das urheberrechtliche Sonderleistungsprinzip geht dabei auf die Grundannahme zurück, dass der Arbeitnehmer für eine echte Sonderleistung auch ohne eine besondere Abrede eine zusätzliche Vergütung erhalten muss.[1606] Erforderlich ist, dass der Arbeitnehmer eine außergewöhnliche Leistung erbringt, die der Arbeitgeber in Anspruch nimmt, und dieser hierdurch eine wertvolle Bereicherung erlangt.[1607] Eine echte Sonderleistung liegt allerdings nur dann vor, wenn der Arbeitnehmer nicht ohnehin zur Einräumung von Nutzungsrechten bereits verpflichtet ist. Selbst bei fehlender vertraglicher Vereinbarung wird dies jedoch in der Regel der Fall sein, da die Nutzungsrechtseinräumung im Falle fehlender vertraglicher Urheberrechtsklauseln aufgrund von Treu und Glauben gem. § 242 BGB unter Berücksichtigung der Verkehrssitte als leistungssichernde Nebenpflicht des Arbeitsvertrags zu begreifen ist, wenn dem Arbeitgeber nur auf diesem Weg die Verwertung der zur Werkschöpfung führenden Arbeitstätigkeit

---

1604 Vgl. *Ulrici*, Vermögensrechtliche Grundfragen des Arbeitnehmerurheberrechts, S. 344.
1605 Siehe die Nachweise in Fn. 1539 (S. 457).
1606 Vgl. nur BAG, Urteil v. 30.04.1965 – 3 AZR 291/63, BAGE 17, 151, 157 = GRUR 1966, 88 – *Abdampfverwertung*; BAG, Beschluss v. 28.04.1981 – 1 ABR 53/79, DB 1981, 1882, 1883; BAG, Urteil v. 20.01.2004 – 9 AZR 393/03, BAGE 109, 193, 201 = NZA 2004, 994; stellvertr. für die Literatur siehe *Ulrici*, Vermögensrechtliche Grundfragen des Arbeitnehmerurheberrechts, S. 341 mit zahlreichen Rechtsprechungs- und Literaturnachweisen in Fn. 257.
1607 BAG, Urteil v. 30.04.1965 – 3 AZR 291/63, BAGE 17, 151, 157 = GRUR 1966, 88 – *Abdampfverwertung*; *Ulrici*, Vermögensrechtliche Grundfragen des Arbeitnehmerurheberrechts, S. 341 f. m. w. N.

möglich ist.¹⁶⁰⁸ In diesen Fällen scheidet eine gesonderte Vergütung des Arbeitnehmers mangels Sonderleistung aus. Werkbezogene Vergütungsansprüche des Arbeitnehmers kommen bei dem urheberrechtlichen Verständnis des Sonderleistungsprinzips deshalb ausnahmsweise nur in Betracht, sofern der Arbeitgeber Nutzungsrechte an gänzlich außerhalb des Arbeitsverhältnisses geschaffenen Werken des Arbeitnehmers (freie Werke) in Anspruch nimmt¹⁶⁰⁹ oder er das im Rahmen des Arbeitsverhältnisses geschaffene Werk außerhalb des Betriebszwecks nutzt.¹⁶¹⁰

Bei einer arbeitsrechtlichen Anknüpfung des Sonderleistungsprinzips scheidet ein werkbezogener Vergütungsanspruchs hingegen gänzlich aus, da diese gerade auf die Arbeitstätigkeit des Arbeitnehmers und nicht auf das von ihm geschaffene Werk und die Einräumung der Nutzungsrechte an diesem Bezug nimmt.

(2) Trennungstheorie

Die Trennungstheorie versteht die Einräumung der Nutzungsrechte durch den Arbeitnehmer nicht als Annex zur Arbeitspflicht, sondern begreift sie als eigenständiges Rechtsverhältnis neben dem Arbeitsverhältnis. Bei einer strikten Trennung des auf arbeitsrechtlicher Grundlage gezahlten Arbeitsentgeltes vom urheberrechtlich geprägten Nutzungsentgelt, werde durch die Zahlung des regelmäßigen Arbeitsentgelts lediglich die Arbeitstätigkeit, nicht aber die Einräumung der Nutzungsrechte durch den Arbeitnehmer abgegolten.¹⁶¹¹ Nach dieser Auffassung steht dem Arbeitnehmer auch bei Fehlen einer vertraglichen Abrede ein werkbezogener Vergütungsanspruch zu. Der Arbeitnehmer erhält als Ausgleich für jede Nutzungsrechtseinräumung zwingend einen Vergütungsanspruch, unabhängig davon, ob es sich bei dem von ihm geschaffenen Werk um ein Pflichtwerk oder aber ein freies Werk handelt.

1608 Siehe eingehend zur Rechtsgrundlage der Einräumungspflicht *Ulrici*, Vermögensrechtliche Grundfragen des Arbeitnehmerurheberrechts, S. 163 ff.; vgl. auch oben Kapitel 2. § 6 B. III. 2. a. aa. (2) (c), (S. 134).
1609 Siehe zu den Vergütungsansprüchen bei freien Werken unten Kapitel 4. § 9 B. III. (S. 515).
1610 Vgl. *Ulrici*, Vermögensrechtliche Grundfragen des Arbeitnehmerurheberrechts, S. 344 f.
1611 Siehe hierzu die Nachweise in Fn. 1558 (S. 461).

(3) Vergütungsanspruch aus § 32 UrhG

§ 32 Abs. 1 S. 1 UrhG sieht vor, dass der Urheber für die Einräumung von Nutzungsrechten und die Erlaubnis zur Werknutzung einen Anspruch auf die vertraglich vereinbarte Vergütung hat. Dabei handelt es sich für den Fall einer Nutzungsentgeltvereinbarung um eine rein deklaratorische Vorschrift.[1612] Der Urheber erhält das vertraglich vereinbarte Nutzungsentgelt. Vergleichbar den §§ 612 Abs. 2, 632 Abs. 2 BGB gilt nach § 32 Abs. 1 S. 2 UrhG die angemessene Vergütung als vereinbart, sofern die Höhe der Vergütung nicht bestimmt ist.[1613] Allerdings gewährt die urheberrechtliche Vorschrift anders als die bürgerlich-rechtlichen Bestimmungen eine angemessene und nicht „nur" die übliche Vergütung.[1614] Soweit die vereinbarte Vergütung nicht angemessen ist, kann der Urheber von seinem Vertragspartner die Einwilligung in die Änderung des Vertrags verlangen, durch die dem Urheber die angemessene Vergütung gewährt wird (§ 32 Abs. 1 S. 3 UrhG). Insgesamt soll die Regelung des § 32 UrhG die angemessene Vergütung des Urhebers für die Nutzung seiner Werke sichern (vgl. § 11 S. 2 UrhG).[1615]

Der Streit um die Regelung des § 32 UrhG enthält viele Facetten und Probleme auf verschiedenen Ebenen. Zunächst stellt sich für das allgemeine Urheberrecht die Frage, ob § 32 UrhG eine Vergütungsvereinbarung zwischen den Parteien voraussetzt oder inwieweit ein Nutzungsvertrag auch ohne eine entsprechende Vereinbarung zwangsläufig entgeltlichen Charakter hat (dazu (a.)). In der Folge ist umstritten, ob die Regelung des § 32 UrhG auch auf das Arbeitnehmerurheberrecht Anwendung finden

---

1612 *Fuchs*, Arbeitnehmer-Urhebervertragsrecht, S. 185; *Wandtke/Grunert*, in: Wandtke/Bullinger, UrhR, § 32 UrhG, Rn. 8.
1613 Zur Vergleichbarkeit siehe *Haas*, Das neue Urhebervertragsrecht, Rn. 137; *Ulrici*, Vermögensrechtliche Grundfragen des Arbeitnehmerurheberrechts, S. 301 m. w. N.
1614 *Heinze*, in: Gounalakis/Heinze/Dörr (Hrsg.), Urhebervertragsrecht, S. 193, 209 f.; *Ulrici*, Vermögensrechtliche Grundfragen des Arbeitnehmerurheberrechts, S. 301. Siehe auch *Schack*, GRUR 2002, 853, 855: „*Was üblich ist, muss nicht immer auch angemessen sein.*" Zurecht wird jedoch auch daraufhin hingewiesen, dass § 32 Abs. 2 S. 2 UrhG für den Begriff der Angemessenheit auf die „*üblicher- und redlicherweise*" zu leistende Vergütung verweist, vgl. hierzu *Voß*, Der Anspruch des Urhebers auf die angemessene Vergütung und die weitere angemessene Beteiligung, S. 50.
1615 *Ulrici*, Vermögensrechtliche Grundfragen des Arbeitnehmerurheberrechts, S. 283.

kann (dazu (b)). Diese Fragen müssen getrennt voneinander untersucht werden.

(a) Zwingende Entgeltlichkeit der Nutzungsrechtseinräumung

Problematisch erscheint, ob § 32 UrhG auch dann Anwendung findet, wenn es an einer Einigung der Parteien hinsichtlich der Entgeltlichkeit der Nutzungsrechtseinräumung im Nutzungsvertrag fehlt. Denn § 32 Abs. 1 UrhG scheint seinem Wortlaut nach eine zumindest konkludente Einigung der Parteien vorauszusetzen.[1616] Obgleich eine Auslegung des Nutzungsvertrags nach §§ 133, 157 BGB regelmäßig ergeben wird, dass die Nutzungsrechtseinräumung entgeltlich erfolgt[1617], sind ausnahmsweise Fälle denkbar, in denen eine unentgeltliche Einräumung der Nutzungsrechte in Betracht kommt, was unmittelbar auch aus dem Wortlaut des § 32 Abs. 3 S. 3 UrhG hervorgeht.[1618] In diesen Fällen könnte die Anwendung von § 32 UrhG ausgeschlossen sein.

Der Streit um die Frage nach einem zwingenden werkbezogenen Vergütungsanspruch des Urhebers aus § 32 UrhG bei Fehlen einer vertraglichen Abrede über die Nutzungsvergütung wird an verschiedenen Stellen in der Literatur angeknüpft. Mal geht es um die Frage, ob der Nutzungsvertrag zwingend entgeltlichen Charakter hat und damit in jedem Fall zu einer Vergütung des Urhebers führt[1619], mal wird die Fragestellung unter dem Gesichtspunkt der dogmatischen Einordnung des § 32 UrhG als vertraglicher oder aber als (zwingender) gesetzlicher Anspruch diskutiert.[1620] Die verschiedenen Diskussionsansätze führen jedoch alle auf dieselbe Fragestellung hinaus: Steht dem Urheber auch bei Fehlen einer vertraglichen

---

1616 Vgl. *Ulrici*, Vermögensrechtliche Grundfragen des Arbeitnehmerurheberrechts, S. 302; *Voß*, Der Anspruch des Urhebers auf die angemessene Vergütung und die weitere angemessene Beteiligung, S. 37 f.; *Berger*, in: Berger/Wündisch, Urhebervertragsrecht, § 2, Rn. 17.
1617 Vgl. *Ulrici*, Vermögensrechtliche Grundfragen des Arbeitnehmerurheberrechts, S. 303. Zur Auslegung nach §§ 133, 157 siehe *Voß*, Der Anspruch des Urhebers auf die angemessene Vergütung und die weitere angemessene Beteiligung, S. 38; *Berger*, in: Berger/Wündisch, Urhebervertragsrecht, § 2, Rn. 17.
1618 § 32 Abs. 3 S. 3 UrhG lautet: „*Der Urheber kann aber unentgeltlich ein einfaches Nutzungsrecht für jemanden einräumen.*"
1619 Vgl. etwa *Ulrici*, Vermögensrechtliche Grundfragen des Arbeitnehmerurheberrechts, S. 302 ff.; *Berger*, in: Berger/Wündisch, Urhebervertragsrecht, § 2, S. 17 ff.
1620 Vgl. z. B. *Stöhr*, Gesetzliche Vergütungsansprüche im Urheberrecht, S. 61 f.

Kapitel 4. Vergütungsansprüche des Hochschulbeschäftigten im Arbeitnehmerurheberrecht

Abrede über die Vergütung der Nutzungsrechtseinräumung ein zwingender Anspruch auf eine angemessene Vergütung aus § 32 Abs. 1 S. 1 und 2 UrhG zu?

Die Problematik wird hinfällig, wenn mit der herrschenden Meinung von einer ausnahmslosen Entgeltlichkeit aller Nutzungsverträge kraft Gesetzes ausgegangen wird. Danach soll dem Urheber in jedem Fall ein Anspruch auf eine angemessene Vergütung nach § 32 Abs. 1 S. 2 UrhG zustehen, unabhängig davon, ob durch die Parteien die Entgeltlichkeit der Nutzungsrechtseinräumung oder gar explizit die Unentgeltlichkeit vereinbart worden ist.[1621] Dies hätte einen zwingenden Vergütungsanspruch des Urhebers in angemessener Höhe unabhängig vertraglicher Abreden zur Folge. Nach § 32 Abs. 3 S. 1 UrhG könne sich der Vertragspartner auf das Fehlen der Vergütungsabrede bzw. die Abrede der Unentgeltlichkeit nicht berufen.[1622]

Anderen Autoren zufolge kann eine zwingende Entgeltlichkeit des Nutzungsvertrags nicht angenommen werden. Begründet wird diese Auffassung vor allem damit, dass die Regelungen des § 32 Abs. 1 bis 3 UrhG unausweichlich eine Vereinbarung über die Vergütung durch die Parteien voraussetzen.[1623] Die Annahme eines Vergütungsanspruchs über § 32 Abs. 1 UrhG scheide folglich im Falle der fehlenden Vergütungsvereinbarung aus. Die in § 32 Abs. 3 S. 1 UrhG vorgesehene Verwehrung der vertragspartnerseitigen Berufung auf zum Nachteil des Urhebers von § 32 Abs. 1 UrhG abweichende Vereinbarungen, könne ihre Wirkung nur für § 32 Abs. 1 S. 2 und 3 UrhG, nicht hingegen für § 32 Abs. 1 S. 1 UrhG entfalten.[1624]

1621 Für die h. M. siehe nur *Grobys/Foerstl*, NZA 2002, 1015, 1017; *Fuchs*, Arbeitnehmer-Urhebervertragsrecht, S. 185 ff.; *Hoecht*, Urheberrechte im Arbeitsverhältnis, S. 60; *Schulze*, in: Dreier/Schulze, Urheberrechtsgesetz, § 32 UrhG, Rn. 23.

1622 *Schulze*, in: Dreier/Schulze, Urheberrechtsgesetz, § 32 UrhG, Rn. 23; *Wandtke/Grunert*, in: Wandtke/Bullinger, UrhR, § 32 UrhG, Rn. 11.

1623 *Haas*, Das neue Urhebervertragsrecht, Rn. 140; *Berger*, in: Berger/Wündisch, Urhebervertragsrecht, § 2, Rn. 17 ff.; so auch *Ulrici*, Vermögensrechtliche Grundfragen des Arbeitnehmerurheberrechts, S. 304 ff.; *Voß*, Der Anspruch des Urhebers auf die angemessene Vergütung und die weitere angemessene Beteiligung, S. 37 f.

1624 *Haas*, Das neue Urhebervertragsrecht, Rn. 140, 192 f.; *Voß*, Der Anspruch des Urhebers auf die angemessene Vergütung und die weitere angemessene Beteiligung, S. 69.

(b) Anwendbarkeit des § 32 UrhG auf das Arbeitnehmerurheberrecht

Ebenfalls stark umstritten ist, ob die urhebervertragsrechtliche Regelung des § 32 UrhG auch auf das Arbeitnehmerurheberrecht Anwendung finden kann. Konkret ist fraglich, ob auch dem Arbeitnehmer, der seinem Arbeitgeber Nutzungsrechte an dem von ihm geschaffenen Werk einräumt, aus § 32 UrhG ein zwingender Vergütungsanspruch für die Einräumung der Nutzungsrechte zustehen muss, auch wenn es an einer entsprechenden vertraglichen Regelung hinsichtlich eines Nutzungsentgelts fehlt. Im Kern geht es dabei um die Frage, ob das Arbeitsverhältnis im Hinblick auf die Nutzungsrechtseinräumung zwingend entgeltlich ausgestaltet ist.[1625]

Die überwiegende Ansicht in der Literatur erkennt eine uneingeschränkte Geltung des § 32 UrhG auch für den Arbeitnehmerurheber an.[1626] Begründet wird diese Auffassung vor allem mit einem Verweis auf die den Tarifvorrang regelnde Vorschrift des § 32 Abs. 4 UrhG; Tarifverträge würden gerade für Arbeitnehmer gelten.[1627] Demgegenüber wird teilweise eine Geltung des § 32 UrhG für den Arbeitnehmerurheber abgelehnt, soweit die Einräumung der Nutzungsrechte auf arbeitsvertraglicher Grundlage erfolgt.[1628] Für diese Ansicht werden vor allem die Gesetzgebungsgeschichte sowie Gedanken zur Arbeitskampfparität vorgebracht.[1629]

1625 Vgl. *Ulrici*, Vermögensrechtliche Grundfragen des Arbeitnehmerurheberrechts, S. 352.
1626 *Fuchs*, GRUR 2006, 561, 562 ff.; *Grobys/Foerstl*, NZA 2002, 1015, 1016; *Jacobs*, NJW 2002, 1905, 1906; *Leinhas*, IT-Outsourcing und Betriebsübergang im Sinne des § 613a BGB – arbeitnehmererfindungsrechtliche und arbeitnehmerurheberrechtliche Problemlösungen, Rn. 225 ff., 232; *Rehbinder/Peukert*, Urheberrecht, Rn. 1039; *Veigel*, Immaterialgüterrechte im Arbeitsverhältnis, Rn. 296; *Voß*, Der Anspruch des Urhebers auf die angemessene Vergütung und die weitere angemessene Beteiligung, S. 43 ff.; *Dreier*, in: Dreier/Schulze, Urheberrechtsgesetz, § 43 UrhG, Rn. 30; *Rojahn*, in: Schricker/Loewenheim, UrhG, § 43 UrhG, Rn. 64; *Wandtke*, in: Wandtke/Bullinger, UrhR, § 43 UrhG, Rn. 145.
1627 *Grobys/Foerstl*, NZA 2002, 1015, 1016; *Fuchs*, Arbeitnehmer-Urhebervertragsrecht, S. 179; *Ruzman*, Softwareentwicklung durch Arbeitnehmer, S. 143; *Voß*, Der Anspruch des Urhebers auf die angemessene Vergütung und die weitere angemessene Beteiligung, S. 51.
1628 *Bayreuther*, GRUR 2003, 570, 573 ff.; *Berger*, ZUM 2003, 173, 177 ff.; *Loos*, Das Urheberrecht des Arbeitnehmers an Computerprogrammen, S. 159 f.; *Müller-Höll*, Der Arbeitnehmerurheber in der Europäischen Gemeinschaft, S. 69.
1629 *Berger*, ZUM 2003, 173, 175 ff.; *Loos*, Das Urheberrecht des Arbeitnehmers an Computerprogrammen, S. 159.

bb. Argumentationsstrukturen und eigene Würdigung

Hinsichtlich der Fragestellung, ob der Arbeitgeber eine Vergütung auch dann schuldet, wenn es an einer vertraglichen Vereinbarung über die Vergütung der Nutzungsrechtseinräumung durch den Arbeitnehmer fehlt, lassen sich im Wesentlichen drei verschiedene Ansätze festhalten. Während aus dem Blickwinkel des urheberrechtlichen Sonderleistungsprinzips ein werkbezogener Vergütungsanspruch neben dem Arbeitsentgelt in der Regel ausscheidet und nur bei echten Sonderleistungen des Arbeitnehmers, bei einer Nutzung des Werks außerhalb des Betriebszwecks oder einer Nutzung außerhalb des Arbeitsverhältnisses geschaffener Werke in Betracht kommt, sehen sowohl die Trennungstheorie als auch die Vertreter der Anwendbarkeit des § 32 UrhG auf das Arbeitsverhältnis einen zwingenden Vergütungsanspruch des Arbeitnehmerurhebers vor.

(1) Stellungnahme zur Abgeltungstheorie

Die Abgeltungstheorie[1630] ist durchaus nicht frei von dogmatischen Schwächen. Von der regelmäßigen Abgeltung der Nutzungsrechtseinräumung durch das für die Arbeitstätigkeit gezahlte Arbeitsentgelt ausgehend, greift sie in das synallagmatische Verhältnis des Arbeitsvertrags ein. Der Arbeitgeber schuldet das Arbeitsentgelt als Gegenleistung für die vom Arbeitnehmer erbrachte Tätigkeit. Die Nutzungsrechtseinräumung bezieht sich hingegen auf den tatsächlichen Erfolg des Arbeitnehmers, den dieser arbeitsvertraglich nicht schuldet.[1631] Gilt mit dem Arbeitsentgelt auch die Rechtseinräumung an dem geschaffenen Werk als abgegolten, erfolgt die Entgeltzahlung im Ergebnis auch als Gegenleistung für den Erfolg des Arbeitnehmers. Da die Einräumung der Nutzungsrechte in der Regel jedoch aufgrund einer arbeitsvertraglichen Nebenpflicht beruht[1632], die gerade nicht im synallagmatischen Verhältnis zur Entgeltpflicht steht, erscheint

---

1630 Die Abgeltungstheorie wird im Folgenden nur noch in ihrer Ausprägung als urheberrechtlicher Sonderleistungstheorie behandelt und diskutiert. Die Untauglichkeit der arbeitsrechtlichen Sonderleistungstheorie für werkbezogene Ansprüche wurde bereits festgestellt, siehe oben Kapitel 4. § 9 B. II. 1. b. aa. (1), (S. 472).
1631 Vgl. hierzu oben Kapitel 2. § 5 A. (S. 77).
1632 Dazu vgl. Kapitel 2. § 6 B. III. 2. a. aa. (2) (c), (S. 134).

die Abgeltungstheorie mit dem Synallagma des Arbeitsvertrags nur schwer vereinbar.[1633]

Weiterhin wird der Abgeltungstheorie entgegengehalten, dass der urheberrechtlich tätige Arbeitnehmer gegenüber den gewöhnlichen Arbeitnehmern benachteiligt werde, wenn alle Arbeitnehmer gleichermaßen einen allein von der Arbeitstätigkeit abhängigen Vergütungsanspruch erhalten und die besondere Leistung des schöpferisch tätigen Arbeitnehmers dabei unberücksichtigt bleibe.[1634] Dieser Einwand greift indes nicht durch. Aufgrund der Privatautonomie steht es den Parteien frei, die Vergütung auszuhandeln. Die schwächere Verhandlungsposition des Arbeitnehmerurhebers gegenüber dem Arbeitgeber ist kein Spezifikum der Abgeltungstheorie, sondern trifft gleichermaßen auch den gewöhnlichen Arbeitnehmer. Darüber hinaus liegt auch keine Benachteiligung des Arbeitnehmerurhebers gegenüber Selbständigen vor, da letztere zwar einen werkbezogenen Vergütungsanspruch erlangen, gleichzeitig aber anders als der Arbeitnehmerurheber keine schaffensbezogene Vergütung für ihre Tätigkeit erhalten.[1635]

Ein Sondervergütungsanspruch des Arbeitnehmers wird von den Vertretern der urheberrechtlichen Sonderleistungstheorie nur dann bejaht, wenn es sich um eine echte Sonderleistung des Arbeitnehmers handelt, der Arbeitgeber das geschaffene Werk außerhalb des Betriebszwecks nutzt oder der Arbeitgeber ein außerhalb des Arbeitsverhältnisses geschaffenes Werk nutzt. In diesen Fällen sei die Nutzungsrechtseinräumung nicht bereits mit dem Arbeitsentgelt abgegolten.[1636] Die verschiedenen Begründungsansätze der Sonderleistungstheorie hinsichtlich eines Sondervergütungsanspruchs vermögen jedoch nicht zu überzeugen[1637]:

Soweit der urheberrechtliche Sonderleistungsanspruch auf die „Fürsorgepflicht" des Arbeitgebers gestützt wird[1638], die den Arbeitgeber aufgrund der ihm damit zufallenden umfassenden Rücksichtnahme- und Förde-

---

1633 Vgl. hierzu *Veigel*, Immaterialgüterrechte im Arbeitsverhältnis, Rn. 284.
1634 Vgl. *Wandtke*, GRUR 1999, 390, 395.
1635 *Voß*, Der Anspruch des Urhebers auf die angemessene Vergütung und die weitere angemessene Beteiligung, S. 49.
1636 Vgl. oben Kapitel 4. § 9 A. I. 1. (S. 459).
1637 Zu den Vergütungsansprüchen für die Nutzung außerhalb des Arbeitsverhältnisses geschaffener Werke (sog. freie Werke) siehe unten Kapitel 4. § 9 B. III. (S. 515).
1638 Siehe oben die Nachweise in Fn. 1551 (S. 459).

rungspflicht[1639] dazu verpflichte, den Arbeitnehmer für besondere Leistungen zu belohnen[1640], spricht hiergegen bereits, dass es an einer gesetzlichen Grundlage für eine „Fürsorgepflicht" fehlt.[1641] Ebenso wie eine Pflicht des Arbeitnehmers zur Einräumung der Nutzungsrechte nicht auf eine „Treuepflicht" gestützt werden kann[1642], bedarf es keines auf die „Fürsorgepflicht" des Arbeitnehmers beruhenden werkbezogenen Vergütungsanspruchs.

Auch aus Treu und Glauben gem. § 242 BGB lässt sich eine Sondervergütung nicht herleiten. Die Vorschrift des § 242 BGB gilt zwar auch im Arbeitsverhältnis[1643], sie dient allerdings dazu, die Art und Weise der Leistungserbringung durch den Schuldner zu konkretisieren, sowie Rechte und Pflichten zu begrenzen und Schuldverhältnisse ausnahmsweise umzugestalten und anzupassen.[1644] Keine Berechtigung liefert § 242 BGB zu einer freien Rechtsschöpfung aus Billigkeitserwägungen.[1645] Aus diesem Grund scheidet ein Rückgriff auf den Grundsatz von Treu und Glauben zur Begründung eines Sondervergütungsanspruchs aus.

Soweit eine Sondervergütungspflicht durch eine Parallele zur Vergütung bei Mehrarbeit begründet wird[1646], ist dies ebenfalls zu Recht abgelehnt worden[1647], da hierdurch schaffens- und werkbezogene Vergütungsansprüche miteinander vermengt werden. Die für die qualitative oder

---

1639 Eingehender zum Umfang der „Fürsorgepflicht" *Hueck/Nipperdey*, Lehrbuch des Arbeitsrechts, Bd. 1, S. 390; *Nikisch*, Arbeitsrecht, Bd. 1, S. 470 ff.
1640 Vgl. *Gaul*, BB 1992, 1710, 1713 ff.; *Hueck*, in: FS Nikisch (1958), S. 63, 70; *Nikisch*, Arbeitsrecht, Bd. 1, S. 320.
1641 *Ulrici*, Vermögensrechtliche Grundfragen des Arbeitnehmerurheberrechts, S. 345 f. Siehe zur Ablehnung der „Fürsorgepflicht" oben Kapitel 2. § 4 B. (S. 74).
1642 Zur fehlenden Grundlage der „Treuepflicht" siehe oben Kapitel 2. § 4 B. (S. 74); vgl. hierzu *Ulrici*, Vermögensrechtliche Grundfragen des Arbeitnehmerurheberrechts, S. 187 ff.
1643 *Ulrici*, Vermögensrechtliche Grundfragen des Arbeitnehmerurheberrechts, S. 182; *Böttcher*, in: Erman, BGB, § 242 BGB, Rn. 143. Siehe auch oben Kapitel 2. § 6 B. III. 2. a. aa. (2) (c), (S. 134).
1644 *Ulrici*, Vermögensrechtliche Grundfragen des Arbeitnehmerurheberrechts, S. 180 f.; *Böttcher*, in: Erman, BGB, § 242 BGB, Rn. 18; *Sutschet*, in: BeckOK-BGB, § 242, Rn. 39 f.
1645 *Ulrici*, Vermögensrechtliche Grundfragen des Arbeitnehmerurheberrechts, S. 181; *Mansel*, in: Jauernig, BGB, § 242 BGB, Rn. 2; *Schulze*, in: Schulze, Hk-BGB, § 242 BGB, Rn. 1.
1646 Siehe oben die Nachweise in Fn. 1553 (S. 460).
1647 *Buchner*, GRUR 1985, 1, 3; *Ulrici*, Vermögensrechtliche Grundfragen des Arbeitnehmerurheberrechts, S. 347.

quantitative Mehrarbeit des Arbeitnehmers gezahlte Vergütung bezieht sich auf dessen Arbeitstätigkeit und ist damit erfolgsunabhängig, während es vorliegend um die Begründung werkbezogener Vergütungsansprüche geht.[1648]

Begründen lässt sich die Sonderleistungstheorie dem Grunde nach allenfalls mit der Annahme eines konkludenten Vertragsschlusses. In der Regel wird sich im Wege der Auslegung ergeben, dass der Arbeitgeber, der ein urheberrechtlich geschütztes Werk seines Arbeitnehmers in Anspruch nimmt, einen entgeltlichen Nutzungsvertrag schließen will. Gleiches gilt, wenn der Arbeitnehmer dem Arbeitgeber Nutzungsrechte an seinen Werken einräumt, ohne hierzu verpflichtet zu sein. In diesem Fall kann es zu einer konkludenten Änderung des Arbeitsvertrags oder zu einem konkludenten Vertragsschluss hinsichtlich eines anderweitigen Rechtsverhältnisses neben dem Arbeitsverhältnis kommen.[1649] Bei der Begründung eines anderweitigen Rechtsverhältnisses, stehen sich die Arbeitsvertragsparteien wie beliebige Dritte gegenüber, deren Verhältnis sich nach den allgemeinen Vorschriften richtet.[1650] Kommt es zu einer Vertragsänderung, gelten die allgemeinen Grundsätze zur Auslegung und Ergänzung des Arbeitsverhältnisses.[1651] In beiden Fällen kommt einer auf den konkludenten Vertragsschluss gestützten Sonderleistungstheorie demnach keine eigenständige Bedeutung zu.[1652]

Die urheberrechtliche Sonderleistungstheorie ist aufgrund der vorstehenden Überlegungen nicht in ihrer Gesamtheit abzulehnen. Soweit sich ihre Begründung allerdings lediglich auf eine konkludente Vertragsänderung zurückführen lässt, geht sie vollständig in den allgemeinen Grundsät-

---

1648 Vgl. *Ulrici*, Vermögensrechtliche Grundfragen des Arbeitnehmerurheberrechts, S. 347.
1649 *Ulrici*, Vermögensrechtliche Grundfragen des Arbeitnehmerurheberrechts, S. 348.
1650 Siehe oben Kapitel 4. § 9 B. II. 1. a. (S. 470); vgl. hierzu auch *Ulrici*, Vermögensrechtliche Grundfragen des Arbeitnehmerurheberrechts, S. 348.
1651 Siehe oben Kapitel 2. § 6 B. III. 2. a. aa. (2), (S. 129); vgl. auch *Ulrici*, Vermögensrechtliche Grundfragen des Arbeitnehmerurheberrechts, S. 339.
1652 *Ulrici*, Vermögensrechtliche Grundfragen des Arbeitnehmerurheberrechts, S. 348; vgl. auch *Kraßer*, in: FG Schricker (1995), S. 77, 109; *Barthel*, Arbeitnehmerurheberrechte in Arbeitsverträgen, Tarifverträgen und Betriebsvereinbarungen, S. 84; *Zirkel*, Das Recht des angestellten Urhebers und das EU-Recht, S. 97 f.

zen zur vertraglichen Vereinbarung auf.[1653] Insoweit fehlt es dann nicht an einer vertraglichen Vereinbarung.

(2) Stellungnahme zur Trennungstheorie

Der Trennungstheorie ist zunächst zuzugeben, dass sie den Streit um die Vergütungsansprüche des Arbeitnehmerurhebers bei Beendigung des Arbeitsverhältnisses[1654] zu lösen vermag.[1655] Der Abgeltungstheorie demgegenüber wird entgegengesetzt, ihre Argumentation hinsichtlich einer Abgeltung der Leistung des Arbeitnehmers durch das Arbeitsentgelt verliere an Bedeutung oder führe zu Widersprüchen, wenn bei Beendigung des Arbeitsverhältnisses das Arbeitsentgelt wegfällt. Ab diesem Zeitpunkt fehle das die Leistung des Arbeitnehmers abgeltende Arbeitsentgelt, während der Arbeitgeber unter Umständen weiterhin zur Nutzung des Werks berechtigt bleibe.[1656] Die Trennungstheorie kann diesem Dilemma mit der Annahme eines vom Arbeitsverhältnis losgelösten, gesonderten Vergütungsanspruchs des Arbeitnehmerurhebers für die Nutzungsrechtseinräumung entgehen.[1657]

Gleichwohl begegnet die Trennungstheorie auch erheblichen Bedenken, wenn sie den Sondervergütungsanspruch des Arbeitnehmerurhebers auf ein Rechtsverhältnis eigener Art stützen möchte.[1658] Für ein solches fehlt es an einer rechtlichen Grundlage, wie sie Art. 20 Abs. 3 GG erfordert.[1659]

1653 Vgl. *Ulrici*, Vermögensrechtliche Grundfragen des Arbeitnehmerurheberrechts, S. 349.
1654 Grundlegend zu diesem Streit siehe *Wandtke*, in: Wandtke/Bullinger, UrhR, § 43 UrhG, Rn. 147 ff.
1655 Vgl. *Ulrici*, Vermögensrechtliche Grundfragen des Arbeitnehmerurheberrechts, S. 281: „*richtungsweisend für den Streit*" sowie *Wandtke*, GRUR 1992, 139, 144.
1656 So *Wandtke*, GRUR 1999, 390, 396; *Fuchs*, Arbeitnehmer-Urhebervertragsrecht, S. 175; *Wandtke*, in: Wandtke/Bullinger, UrhR, § 43 UrhG, Rn. 148 f.
1657 Vgl. *Koch*, CR 1985, 146, 151 f.; *Schwab*, AuR 1993, 129, 135; *Wandtke*, GRUR 1992, 139, 144; *Fuchs*, Arbeitnehmer-Urhebervertragsrecht, S. 175; *Schwab*, Arbeitnehmererfindungsrecht, Anhang zu § 1 ArbNErfG, Rn. 113; *Wandtke*, in: Wandtke/Bullinger, UrhR, § 43 UrhG, Rn. 148 f.
1658 Vgl. hierzu oben Kapitel 4. § 9 A. II. (S. 461).
1659 Vgl. *Berger*, ZUM 2003, 173, 175; *Fuchs*, GRUR 2006, 561, 564 f.; *Boemke*, Schuldvertrag und Arbeitsverhältnis, S. 383; *Ulrici*, Vermögensrechtliche Grundfragen des Arbeitnehmerurheberrechts, S. 350 f.; *Voß*, Der Anspruch des Urhebers auf die angemessene Vergütung und die weitere angemessene Beteiligung, S. 48.

Soweit die Trennungstheorie auf den allgemeinen Grundsatz zurückgeführt wird, dass der Urheber an der Verwertung seines Werkes angemessen beteiligt werden muss[1660], vermag dies nicht zu überzeugen, da der Beteiligungsgrundsatz lediglich einen allgemeinen Grundgedanken des Urheberrechts enthält, der zur Begründung eines qualifizierten Vergütungsanspruchs jenseits von vertraglichen oder gesetzlichen Anspruchsgrundlagen nicht ausreicht.[1661]

§ 32 UrhG verdeutlicht gerade, dass der werkbezogene Vergütungsanspruch aus *dem* Rechtsverhältnis resultieren soll, das auch die Grundlage der Einräumung der Nutzungsrechte bildet.[1662] Ein vertragsunabhängiger, gesetzlicher Vergütungsanspruch ist vom Gesetzgeber gerade nicht gewollt.[1663] Beruht die Nutzungsrechtseinräumung auf dem Arbeitsverhältnis, richtet sich die Vergütung des Arbeitnehmerurhebers nach dem Arbeitsvertrag. Räumt der Arbeitnehmer die Nutzungsrechte hingegen auf der Basis eines Rechtsverhältnisses eigener Art ein, ist die Vergütung nach den allgemeinen urheberrechtlichen Vergütungsvorschriften zu bestimmen, da sich Arbeitnehmer und Arbeitgeber insoweit als Dritte gegenüberstehen.[1664] Ein solches Rechtsverhältnis eigener Art kann allerdings nicht gleichgesetzt werden mit einem Rechtsverhältnis eigener Art i. S. d. Trennungstheorie. Ein Rechtsverhältnis eigener Art entsteht gerade nur, wenn die Einräumung der Nutzungsrechte nicht bereits auf der Grundlage des Arbeitsverhältnisses erfolgt. Die Trennungstheorie begründet demgegenüber stets ein Rechtsverhältnis eigener Art neben dem bestehenden Arbeitsverhältnis.[1665] Sie ist mit der Regelung des § 32 UrhG demnach kaum noch zu vereinbaren.[1666]

1660 Vgl. *Wandtke*, GRUR 1992, 139, 140 f. Zum allgemeinen Beteiligungsgrundsatz siehe oben die Nachweise in Fn. 599 (S. 182).
1661 *Voß*, Der Anspruch des Urhebers auf die angemessene Vergütung und die weitere angemessene Beteiligung, S. 48.
1662 *Ulrici*, Vermögensrechtliche Grundfragen des Arbeitnehmerurheberrechts, S. 351; vgl. auch *Grabig*, Die Bestimmung einer weiteren angemessenen Beteiligung in gemeinsamen Vergütungsregeln und in Tarifverträgen nach § 32a Abs. 4 UrhG, S. 159.
1663 Siehe hierzu unten im Rahmen der historischen Auslegung des § 32 Kapitel 4. § 9 B. II. 1. b. bb. (3) (a) (bb), (S. 487).
1664 Dazu siehe die Nachweise in Fn. 1600 (S. 471).
1665 *Ulrici*, Vermögensrechtliche Grundfragen des Arbeitnehmerurheberrechts, S. 351.
1666 Vgl. *Ulrici*, Vermögensrechtliche Grundfragen des Arbeitnehmerurheberrechts, S. 357.

(3) Stellungnahme zum Vergütungsanspruch aus § 32 UrhG

Die Streitigkeiten um die Regelung des § 32 UrhG erscheinen zunächst unübersichtlich und schwer zu erfassen. Dies ist der Tatsache geschuldet, dass die vielen Problemfelder des § 32 UrhG unter verschiedenen Bezeichnungen oder an verschiedenen Stellen und unter ständig wechselnden Vorzeichen diskutiert werden. Die Verschaffung eines Überblicks wird zusätzlich dadurch erschwert, dass vielfach nicht hinreichend differenziert wird zwischen der Entgeltlichkeit des Nutzungsvertrags als Voraussetzung des Vergütungsanspruchs aus § 32 UrhG und der Entgeltlichkeit als einem dem Nutzungsvertrag zwingend innewohnenden Element mit einem sich daraus ergebenden unabdingbaren Vergütungsanspruch aus § 32 UrhG auch im Fall der fehlenden Vergütungsvereinbarung.[1667]

Naheliegend erscheint zunächst ein Vergleich zu den dienst- und werkvertraglichen Vorschriften der §§ 612 und 632 BGB. Ebenso wie § 32 UrhG gewähren diese einen Vergütungsanspruch im Falle der fehlenden Vereinbarung über die Höhe der Vergütung. Allerdings bemisst sich dieser in §§ 612 Abs. 2, 632 Abs. 2 BGB anhand der üblichen, nicht anhand der angemessenen Vergütung.[1668] Zudem sichern die §§ 612 Abs. 1 S. 2, 632 Abs. 1 S. 2 BGB einen Vergütungsanspruch des Dienstleistenden bzw. des Werkunternehmers auch dann, wenn es an einer Vergütungsvereinbarung gänzlich fehlt, sofern der Vertragspartner die Leistung nur gegen Zahlung einer Vergütung erwarten darf. Eine vergleichbare Regelung fehlt in § 32 Abs. 1 UrhG.[1669] Der Vorschrift des § 32 UrhG noch gleichkommender scheint die Regelung des § 22 Abs. 2 VerlG. Diese gewährt wie § 32 Abs. 1 S. 2 UrhG bei fehlender Bestimmung über die Vergütungshöhe eine angemessene Vergütung des Verfassers. Allerdings sieht § 22 Abs. 1 S. 2 VerlG auch die Fiktion einer stillschweigend vereinbarten Vergütung für den Fall der fehlenden Vergütungsabrede vor.

Aufgrund dieser Ähnlichkeiten wird teilweise eine analoge Anwendung des § 22 Abs. 1 S. 2 VerlG, vereinzelt auch der §§ 612 Abs. 1 und 632 Abs. 1

1667 Allerdings sauber trennend *Voß*, Der Anspruch des Urhebers auf die angemessene Vergütung und die weitere angemessene Beteiligung, S. 38.
1668 Vgl. hierzu *Schack*, GRUR 2002, 853, 855; *Heinze*, in: Gounalakis/Heinze/Dörr (Hrsg.), Urhebervertragsrecht, S. 193, 209 f.; *Ulrici*, Vermögensrechtliche Grundfragen des Arbeitnehmerurheberrechts, S. 301. Beachte aber auch den Hinweis in Fn. 1614 (S. 474).
1669 *Voß*, Der Anspruch des Urhebers auf die angemessene Vergütung und die weitere angemessene Beteiligung, S. 57.

BGB auf den Vergütungsanspruch aus § 32 UrhG befürwortet.[1670] In der Konsequenz erhalte der Urheber aus § 32 UrhG auch dann eine Vergütung, wenn es an einer Vergütungsvereinbarung fehlt, die Überlassung des Werkes aber den Umständen nach nur gegen eine Vergütung zu erwarten ist. Ob § 32 UrhG eine vertragliche Vereinbarung über die Entgeltlichkeit für einen werkbezogenen Vergütungsanspruch voraussetzt oder ob dem Urheber zwingend ein Anspruch auf eine angemessene Vergütung im Fall der Nutzungsrechtseinräumung unabhängig von der vertraglichen Abrede zustehen muss, muss aber vorrangig im Wege der Auslegung ermittelt werden (dazu (a)), bevor der Weg einer Analogie beschritten wird. Anschließend ist ebenfalls im Wege der Auslegung zu ermitteln, ob § 32 UrhG auch im Arbeitnehmerurheberrecht Anwendung finden muss (dazu (b)).

(a) Voraussetzungen des Vergütungsanspruchs aus § 32 UrhG

Sollte die zuerst aufgeworfene Fragestellung nach der vertraglichen Vereinbarung als Voraussetzung für den Vergütungsanspruch aus § 32 UrhG bereits durch Auslegung beantwortet werden können, bedarf es einer analogen Anwendung anderer Vorschriften nicht; sie ist sogar ausgeschlossen, da es in diesem Fall an einer planwidrigen Regelungslücke als grundlegender Voraussetzung der Analogie fehlt.[1671] Für die Auslegung kann unter kritischer Würdigung auf die gründliche Vorarbeit von *Ulrici*[1672] aufgebaut werden. Erforderlich ist eine Auslegung anhand des Wortlauts, der Gesetzessystematik, der Gesetzgebungsgeschichte sowie des Sinn und Zwecks der Vorschrift.[1673]

1670 Für eine **analoge Anwendung des § 22 Abs. 1 S. 2 VerlG**: *Haas*, Das neue Urhebervertragsrecht, Rn. 142; *Voß*, Der Anspruch des Urhebers auf die angemessene Vergütung und die weitere angemessene Beteiligung, S. 58 ff. Für eine **analoge Anwendung der §§ 612 Abs. 2, 632 Abs. 2 BGB**: *Berger*, in: Berger/Wündisch, Urhebervertragsrecht, § 2, Rn. 17.
1671 Zur Vorrangigkeit der Auslegung gegenüber der Analogie siehe Fn. 850 (S. 256).
1672 *Ulrici*, Vermögensrechtliche Grundfragen des Arbeitnehmerurheberrechts, S. 304 ff.
1673 Zu den Auslegungsgrundsätzen siehe oben Kapitel 3. § 7 B. I. 1. a. bb. (1), (S. 188).

Kapitel 4. Vergütungsansprüche des Hochschulbeschäftigten im Arbeitnehmerurheberrecht

(aa) Wortlautauslegung

Die Vorschrift des § 32 Abs. 1 S. 1 UrhG bestimmt, dass der Urheber für die Einräumung von Nutzungsrechten einen Anspruch auf die vertraglich vereinbarte Vergütung hat. Damit setzt § 32 Abs. 1 UrhG seinem Wortlaut nach eindeutig eine vertragliche Vereinbarung der Parteien über die Vergütung als konstitutives Merkmal für den Vergütungsanspruch voraus.[1674] Auch der Wortlaut des § 32 Abs. 1 S. 3 UrhG spricht für dieses Verständnis, indem von *„vereinbarte Vergütung"* die Rede ist. Die Regelung des § 32 Abs. 1 S. 2 UrhG, die einen Anspruch des Urhebers auf eine angemessene Vergütung vorsieht, gilt ihrem Wortlaut nach lediglich für die Fälle einer fehlenden Vereinbarung über die Vergütungs*höhe*; eine gänzlich fehlende Abrede hinsichtlich der Vergütung für die Nutzungsrechtseinräumung kann hierdurch nicht ohne weiteres ersetzt werden.[1675]

Auch der Wortlaut des § 32 Abs. 3 S. 1 UrhG legt kein anderes Verständnis nahe. Nach dieser Vorschrift kann sich der Vertragspartner auf eine Vereinbarung, die zum Nachteil des Urhebers von Absatz 1 abweicht, nicht berufen. Zwar mag die unentgeltliche Nutzungsrechtseinräumung zu einem Nachteil des Urhebers gereichen. Eine von Abs. 1 abweichende Vereinbarung liegt indes aber nicht vor, wenn es an einer Vergütungsvereinbarung schlechthin fehlt.[1676]

Die unentgeltliche Übertragung von Nutzungsrechten von § 32 UrhG ist dem Wortlaut nach nicht ausgeschlossen. Ein zwingender, eigenständiger Vergütungsanspruch des Urhebers ergibt sich nicht. Nur im Fall einer Vergütungsvereinbarung steht dem Urheber ein Anspruch auf die vertraglich vereinbarte Vergütung nach § 32 Abs. 1 UrhG zu. Seinem Wortlaut nach verlangt § 32 Abs. 1 UrhG die Entgeltlichkeit als Voraussetzung für eine Vergütung; die Annahme einer zwingenden Entgeltlichkeit des Nutzungsvertrags ist gleichwohl nicht herauszulesen.[1677]

1674 *Ulrici*, Vermögensrechtliche Grundfragen des Arbeitnehmerurheberrechts, S. 305; *Voß*, Der Anspruch des Urhebers auf die angemessene Vergütung und die weitere angemessene Beteiligung, S. 37; *Berger*, in: Berger/Wündisch, Urhebervertragsrecht, § 2, Rn. 17.
1675 *Ulrici*, Vermögensrechtliche Grundfragen des Arbeitnehmerurheberrechts, S. 305; vgl. auch *Haas*, Das neue Urhebervertragsrecht, Rn. 201.
1676 *Ulrici*, Vermögensrechtliche Grundfragen des Arbeitnehmerurheberrechts, S. 305.
1677 Vgl. *Ulrici*, Vermögensrechtliche Grundfragen des Arbeitnehmerurheberrechts, S. 305.

(bb) Historische Auslegung

Die Regelung des § 32 UrhG wurde durch das Gesetz zur Stärkung der vertraglichen Stellung von Urhebern und ausübenden Künstlern vom 22. März 2002 in das Urheberrecht neu eingeführt.[1678] Dem Gesetzgebungsverfahren vorgeschaltet war der sog. Professoren-Entwurf (im Folgenden: Prof-E-UrhG) vom 22. Mai 2000.[1679] Dieser sah in seiner überarbeiteten Fassung vom 17.08.2000[1680] in § 32 Abs. 1 Prof-E-UrhG vor, dass derjenige, der aufgrund eines vom Urheber eingeräumten Nutzungsrechts oder einer Erlaubnis des Urhebers ein Werk nutzt, dem Urheber eine nach Art und Umfang der Werknutzung angemessene Vergütung zu zahlen hat. Nach § 32 Abs. 2 S. 1 Prof-E-UrhG war dieser Anspruch als unabdingbarer Anspruch konzipiert.[1681] Mit dieser Regelung sollte ein gesetzlicher, von vertraglichen Vereinbarungen unabhängiger Vergütungsanspruch des Urhebers geschaffen werden. Dem Urheber hätte damit auch bei fehlender vertraglicher Vergütungsvereinbarung ein Anspruch auf die angemessene Vergütung für die Nutzungsrechtseinräumung zugestanden.[1682]

Die Regelungen des Professorenentwurfs wurden fast unverändert in den anschließenden Entwurf der Bundesregierung[1683] (im Folgenden: BReg-E-UrhG) übernommen.[1684] Demnach sah auch dieser in § 32 Abs. 1 BReg-E-UrhG einen gesetzlichen Vergütungsanspruch des Urhebers vor, der zwingend (vgl. § 32 Abs. 4 S. 1 BReg-E-UrhG) und unabhängig von ver-

---

1678 Eingeführt durch das „Gesetz zur Stärkung der vertraglichen Stellung von Urhebern und ausübenden Künstler" vom 22.03.2002, BGBl. 2002, Teil I, S. 1155, in Kraft getreten am 01.07.2002.
1679 „Entwurf eines Gesetzes zur Stärkung der vertraglichen Stellung von Urhebern und ausübenden Künstler" vom 22.05.2000, erarbeitet von den Professoren Adolf Dietz, Ulrich Loewenheim, Wilhelm Nordemann, Gerhard Schricker sowie dem Richter am Bundespatentgericht Martin Vogel (Professoren-Entwurf), veröffentlicht in GRUR 2000, 765 ff.
1680 Überarbeiteter Professoren-Entwurf eines Gesetzes zur Stärkung der vertraglichen Stellung von Urhebern und ausübenden Künstler vom 17.08.2000, abgedruckt bei *Haas*, Das neue Urhebervertragsrecht, S. 163 ff.
1681 Professoren-Entwurf vom 22.05.2000 (s. Fn. 1679), GRUR 2000, 765, 766.
1682 Begründung zum Professoren-Entwurf vom 22.05.2000 (s. Fn. 1679), GRUR 2000, 765, 773 f.; vgl. hierzu *Ulrici*, Vermögensrechtliche Grundfragen des Arbeitnehmerurheberrechts, S. 305 f.
1683 „Entwurf eines Gesetzes zur Stärkung der vertraglichen Stellung von Urhebern und ausübenden Künstler" einzelner Abgeordneter der SPD und der Fraktion Bündnis 90/Die Grünen vom 26.06.2001, BT-Drs. 14/6433.
1684 *Haas*, Das neue Urhebervertragsrecht, Rn. 8.

Kapitel 4. Vergütungsansprüche des Hochschulbeschäftigten im Arbeitnehmerurheberrecht

traglichen Abreden bestehen sollte.[1685] Hintergrund sowohl des Professoren- als auch des Regierungsentwurfs war die Annahme der strukturellen Unterlegenheit des Urhebers gegenüber dem Verwerter, der mit einem zwingenden werkbezogenen Vergütungsanspruch des Urhebers begegnet werden sollte.[1686]

Die in den Entwürfen vorgeschlagenen Regelungen sind indes nicht Gesetz geworden. Aufgrund vielfacher Kritik[1687] wurde der vorgesehene gesetzliche Vergütungsanspruch durch einen zwingenden vertraglichen Anspruch des Urhebers gegen den Vertragspartner auf Erhöhung der vereinbarten Vergütung bis zur angemessenen Vergütung ersetzt.[1688] Dadurch sollte der Vorrang der vertraglichen Abrede betont und die Möglichkeit einer Vertragskontrolle eingeführt werden.[1689] Diese Kehrtwende in der gesetzlichen Konstruktion des Vergütungsanspruchs erfolgte sowohl auf Empfehlung des Rechtsausschusses des Bundestags vom 23. Januar 2002[1690] als auch unter Berücksichtigung der vom Bundesministerium der Justiz entwickelten Formulierungshilfe vom 19. November 2001.[1691] Diese

---

1685 „Entwurf eines Gesetzes zur Stärkung der vertraglichen Stellung von Urhebern und ausübenden Künstlern" einzelner Abgeordneter der SPD und der Fraktion Bündnis 90/Die Grünen vom 26.06.2001, BT-Drs. 14/6433, S. 3.
1686 *Haas*, Das neue Urhebervertragsrecht, Rn. 7, 14.
1687 Siehe nur *Schack*, ZUM 2001, 453, 458 ff.; *Gounalakis*, in: Gounalakis/Heinze/Dörr (Hrsg.), Urhebervertragsrecht, S. 11 ff.; *Heinze*, in: Gounalakis/Heinze/Dörr (Hrsg.), Urhebervertragsrecht, S. 193 ff.
1688 Beschlussempfehlung und Bericht des Rechtsausschusses zum „Entwurf eines Gesetzes zur Stärkung der vertraglichen Stellung von Urhebern und ausübenden Künstlern" vom 23.01.2002, BT-Drs. 14/8058, S. 18.
1689 Beschlussempfehlung und Bericht des Rechtsausschusses zum „Entwurf eines Gesetzes zur Stärkung der vertraglichen Stellung von Urhebern und ausübenden Künstlern" vom 23.01.2002, BT-Drs. 14/8058, S. 18; siehe hierzu *Ulrici*, Vermögensrechtliche Grundfragen des Arbeitnehmerurheberrechts, S. 306; vgl. auch *Erdmann*, GRUR 2002, 923, 925.
1690 Beschlussempfehlung und Bericht des Rechtsausschusses zum „Entwurf eines Gesetzes zur Stärkung der vertraglichen Stellung von Urhebern und ausübenden Künstlern" vom 23.01.2002, BT-Drs. 14/8058, S. 18.
1691 Formulierungshilfe (Antrag) des Bundesministeriums der Justiz vom 19.11.2001 zum „Entwurf eines Gesetzes zur Stärkung der vertraglichen Stellung von Urhebern und ausübenden Künstlern" (BT-Drs. 14/6433), S. 15, abrufbar im Internet unter: http://www.frommnordemann.de/downloads/Gesetzgebungsmaterialien/FormH_19.11.2001_UrhVG.pdf, zuletzt abgerufen am 19.04.2020 sowie die überarbeitete Fassung der Formulierungshilfe des BMJ vom 14.01.2002, abrufbar im Internet unter: http://www.frommnordemann.de/downloads/Gesetzgebungsmaterialien/FormH_14.01.2002_UrhVG.pdf, zuletzt abgerufen am 19.04.2020.

grundlegende Konzeptionsänderung erschwert die Annahme eines zwingenden Vergütungsanspruchs des Urhebers im Fall der fehlenden Vergütungsvereinbarung erheblich.[1692]

Ein derart eindeutiges Auslegungsergebnis liefert ein genauerer Blick in die Gesetzesmaterialien allerdings nicht. Denn die Beschlussempfehlung des Rechtsausschusses des Bundestags geht gleichwohl auch bei Fehlen einer Vergütungsabrede von einer angemessenen Vergütung des Urhebers aus.[1693] Danach hätte der Nutzungsvertrag einen zwingend entgeltlichen Charakter, anders als es sich dem Wortlaut der heutigen Regelung des § 32 UrhG entnehmen lässt. Hiergegen lässt sich jedoch einwenden, dass dem Gesetzgeber die Folgen der Neukonzeption der rechtlichen Grundlagen des Vergütungsanspruchs nicht hinreichend bewusst gewesen sind, was sich auch an der überflüssig gewordenen Regelung des § 32 Abs. 3 S. 3 UrhG n. F. erkennen lässt.[1694]

Es zeigt sich im Ergebnis, dass die Betrachtung der Gesetzgebungshistorie ein eindeutiges Auslegungsergebnis nicht zulässt.

(cc) Systematische Auslegung

Für die Annahme einer zwingenden Entgeltlichkeit des Nutzungsvertrags lassen sich systematische Argumente ins Feld führen. So sieht etwa § 32 Abs. 3 S. 3 UrhG die Möglichkeit der unentgeltlichen Einräumung von einfachen Nutzungsrechten an jedermann vor. Hieraus könnte der Schluss gezogen werden, dass ausschließlich im Rahmen von § 32 Abs. 3 S. 3 UrhG eine unentgeltliche Nutzungsrechtseinräumung zulässig sein soll. Danach könnte der Urheber die Nutzungsrechte unentgeltlich nur Jedermann, nicht aber mit inter-partes-Wirkung lediglich seinem Vertragspartner einräumen. Im Umkehrschluss hieße das für alle anderen Fälle der unentgeltlichen Nutzungsrechtseinräumung, dass sich der Verwerter nicht gem. § 32 Abs. 3 S. 1, 2 UrhG auf das Fehlen einer Vergütungsvereinbarung oder die explizite Festschreibung der Unentgeltlichkeit berufen kann. Hieraus

---

1692 Vgl. *Ulrici*, Vermögensrechtliche Grundfragen des Arbeitnehmerurheberrechts, S. 306.
1693 Beschlussempfehlung und Bericht des Rechtsausschusses zum „Entwurf eines Gesetzes zur Stärkung der vertraglichen Stellung von Urhebern und ausübenden Künstlern" vom 23.01.2002, BT-Drs. 14/8058, S. 18.
1694 Vgl. *Haas*, Das neue Urhebervertragsrecht, Rn. 197; *Ulrici*, Vermögensrechtliche Grundfragen des Arbeitnehmerurheberrechts, S. 306 f.

könnte ein zwingender entgeltlicher Charakter der Nutzungsrechtseinräumung gefolgert werden.[1695]

Eine solche Sichtweise ist gleichwohl nicht überzeugend. Soll eine unentgeltliche Rechtseinräumung lediglich im Kontext von § 32 Abs. 3 S. 3 UrhG, also nur gegenüber jedermann möglich sein, so hätte dies die generelle Unzulässigkeit einer schenkweisen Nutzungsrechtseinräumung zur Folge. Aus Gründen der Privatautonomie muss die Übertragung der Nutzungsrechte im Wege der Schenkung aber zulässig bleiben; andernfalls könnte eine nicht gewollte Vergütung aufgedrängt werden.[1696] Überdies scheint der Rückgriff auf die Vorschrift des § 32 Abs. 3 S. 3 UrhG ohnehin wenig geglückt. Die systematische Stellung der Vorschrift hinter den Sätzen 1 und 2 in Abs. 3 des § 32 UrhG lässt erkennen, dass die unentgeltliche Einräumung eines einfachen Nutzungsrechts nur als eine nicht von § 32 Abs. 1 UrhG abweichende Vereinbarung deklariert werden sollte[1697]; eine darüberhinausgehende Bestimmung der Unzulässigkeit unentgeltlicher Nutzungsverträge lässt sich dem nicht entnehmen. Darüber hinaus hat der Gesetzgeber die Regelung des § 32 Abs. 3 S. 3 UrhG unverändert aus dem ursprünglichen Gesetzesentwurf (dort § 32 Abs. 4 S. 1 BReg-E-UrhG) übernommen, ohne die zwischen dem ursprünglichen Regierungsentwurf und der Gesetz gewordenen Regelung divergierende Grundkonzeption zu berücksichtigen.[1698] Nicht zuletzt spricht auch die ursprüngliche gesetzgeberische Motivation gegen das obige Verständnis. Die als „Linux-Klausel" bekannt gewordene Regelung des § 32 Abs. 3 S. 3 UrhG wurde getragen von dem Gedanken, dass weiterhin die Bereitstellung unentgeltlicher „Open-Source-Software" ohne entsprechende Vergütungszahlungen möglich bleiben sollte. Eine weitergehende Wirkung der Vorschrift ist nicht beabsichtigt gewesen.[1699]

1695 Vgl. hierzu *Ulrici*, Vermögensrechtliche Grundfragen des Arbeitnehmerurheberrechts, S. 307.
1696 *Voß*, Der Anspruch des Urhebers auf die angemessene Vergütung und die weitere angemessene Beteiligung, S. 37.
1697 Vgl. *Berger*, in: Berger/Wündisch, Urhebervertragsrecht, § 2, Rn. 19.
1698 *Haas*, Das neue Urhebervertragsrecht, Rn. 195 ff., der die Vorschrift des § 32 Abs. 3. S. 3 UrhG als „*Relikt aus dem RegE*" bezeichnet, die „*jetzt in Wahrheit funktionslos*" sei; *Voß*, Der Anspruch des Urhebers auf die angemessene Vergütung und die weitere angemessene Beteiligung, S. 38. Vergleiche zur Änderung der Gesetzeskonzeption auch zuvor (bb).
1699 *Berger*, in: Berger/Wündisch, Urhebervertragsrecht, § 2, Rn. 19; vgl. zur gesetzgeberischen Motivation hinsichtlich dieser Vorschrift die Begründung zum „Entwurf eines Gesetzes zur Stärkung der vertraglichen Stellung von Urhebern und ausübenden Künstlern" einzelner Abgeordneter der SPD und der Frakti-

Dennoch scheint aus systematischer Sicht für die Annahme eines eigenständigen Vergütungsanspruchs ein Erst-Recht-Schluss zur Regelung des § 32 Abs. 1 S. 2 UrhG zu sprechen. § 32 Abs. 1 S. 2 UrhG sieht vor, dass bei fehlender Bestimmung der Vergütungshöhe die angemessene Vergütung als vereinbart gilt. Genügt schon eine fehlende Vereinbarung über die *Höhe* der Vergütung, um einen Anspruch des Urhebers auf die angemessene Vergütung zu begründen, müsse dies erst recht bei vollkommener Abwesenheit einer Vergütungsregelung gelten.[1700] Auch ein Erst-Recht-Schluss zu § 32 Abs. 1 S. 3 UrhG wird teilweise gezogen: Nach § 32 Abs. 1 S. 3 UrhG kann der Urheber von seinem Vertragspartner die Einwilligung in die Änderung des Vertrags verlangen, soweit die vereinbarte Vergütung nicht angemessen ist. Wenn zum Schutz des Urhebers bereits die Unangemessenheit der vereinbarten Vergütung ausreicht, um dem Urheber einen Vergütungsanpassungsanspruch zu gewähren, müsse dies erst recht gelten, wenn es an einer Entgeltlichkeit der Nutzungsrechtseinräumung fehle. Diese Auffassung versteht die fehlende Vergütung als Steigerungsform der nicht angemessenen Vergütung.[1701] Dabei wird jedoch verkannt, dass die Nichtvereinbarung einer Vergütung bzw. die explizite Festschreibung der Unentgeltlichkeit nicht zwingend als unangemessen zu bewerten ist.[1702] Sowohl aus dem Gesetzesentwurf der Regierungsfraktionen[1703] als auch aus dem Bericht des Rechtsausschusses[1704] geht hervor, dass Fallgruppen denkbar sind, in denen eine ausbleibende Vergütung angemessen erscheint.[1705]

---

on Bündnis 90/Die Grünen vom 26.06.2001, BT-Drs. 14/6433, S. 15 (dort noch § 32 Abs. 4 S. 1); vgl. dazu auch *Nordemann*, Das neue Urhebervertragsrecht, § 32.

1700 *Schricker*, GRUR Int. 2002, 797, 802.

1701 *Nordemann*, Das neue Urhebervertragsrecht, S. 66.

1702 *Voß*, Der Anspruch des Urhebers auf die angemessene Vergütung und die weitere angemessene Beteiligung, S. 37.

1703 „Entwurf eines Gesetzes zur Stärkung der vertraglichen Stellung von Urhebern und ausübenden Künstlern" einzelner Abgeordneter der SPD und der Fraktion Bündnis 90/Die Grünen vom 26.06.2001, BT-Drs. 14/6433, S. 15: Beim „*Verlag von Dissertationen mit kleiner Auflage [...] wird die angemessene Vergütung zu Null schrumpfen.*"

1704 Beschlussempfehlung und Bericht des Rechtsausschusses zum „Entwurf eines Gesetzes zur Stärkung der vertraglichen Stellung von Urhebern und ausübenden Künstlern" vom 23.01.2002, BT-Drs. 14/8058, S. 18.

1705 Vgl. auch *Schricker*, GRUR Int. 2002, 797, 807; *Nordemann*, Das neue Urhebervertragsrecht, S. 82 (Rn. 34).

Kapitel 4. Vergütungsansprüche des Hochschulbeschäftigten im Arbeitnehmerurheberrecht

Ebenso wie die historische Auslegung lässt die systematische Auslegung ein eindeutiges Ergebnis nicht zu. Allerdings spricht einiges dafür, aus systematischer Sicht einen zwingenden Vergütungsanspruch aus § 32 UrhG abzulehnen.

(dd) Teleologische Auslegung

Da sowohl die systematische als auch die historische Auslegung des § 32 UrhG keine hinreichende Klarheit schaffen, erlangt eine Auslegung der Vorschrift nach Sinn und Zweck besondere Bedeutung. Der vom Gesetzgeber beabsichtigte Zweck der Vergütungsregelung des § 32 UrhG ist bereits aus dem Titel des Gesetzes erkennbar. Mit dem „Gesetz zur Stärkung der vertraglichen Stellung von Urhebern und ausübenden Künstlern" sollte vorrangig die strukturelle Unterlegenheit des Urhebers gegenüber seinem Vertragspartner bekämpft und die Position des Urhebers gestärkt werden.[1706]

Die herrschende Auffassung der zwingenden Entgeltlichkeit des Nutzungsvertrags und einem damit verbundenen vereinbarungsunabhängigen Vergütungsanspruch begründet ihre Ansicht überwiegend auch mit der Regelung des § 11 Abs. 2 UrhG.[1707] Die dem Unterabschnitt „Allgemeines" untergeordnete Vorschrift des § 11 UrhG äußert sich zum Regelungsinhalt des Urheberrechts, wonach das Urheberrecht den Urheber in seinen geistigen und persönlichen Beziehungen zum Werk und in der Nutzung des Werkes schützt und zugleich der Sicherung einer angemessenen Vergütung für die Nutzung des Werkes dient. Aus dieser für das Urheberrecht leitbildgebenden Vorschrift wird ein zwingender Vergütungsanspruch des

---

1706 Siehe „Entwurf eines Gesetzes zur Stärkung der vertraglichen Stellung von Urhebern und ausübenden Künstlern" einzelner Abgeordneter der SPD und der Fraktion Bündnis 90/Die Grünen vom 26.06.2001, BT-Drs. 14/6433, S. 1, 7; *Berger*, ZUM 2003, 173; *Erdmann*, GRUR 2002, 923; *Grobys/Foerstl*, NZA 2002, 1015; *Schricker*, GRUR Int. 2002, 797, 798; *Stickelbrock*, GRUR 2001, 1087; *Voß*, Der Anspruch des Urhebers auf die angemessene Vergütung und die weitere angemessene Beteiligung, S. 58; *Wandtke/Grunert*, in: Wandtke/Bullinger, UrhR, § 32 UrhG, Rn. 2.

1707 Siehe nur *Fuchs*, Arbeitnehmer-Urhebervertragsrecht, S. 185 ff.; *Voß*, Der Anspruch des Urhebers auf die angemessene Vergütung und die weitere angemessene Beteiligung, S. 58.

Urhebers in angemessener Höhe auch im Fall einer fehlenden Vergütungsabrede abgelesen.[1708]

Fraglich ist, ob dieser für den Urheber bezweckte Schutz allein durch die Annahme eines gesetzlichen Vergütungsanspruchs erreicht werden kann. Zwar wird der Urheber durch einen von der vertraglichen Abrede unabhängigen Vergütungsanspruch gegenüber dem Vertragspartner durchaus geschützt. Das bedeutet gleichwohl nicht, dass ein solches Verständnis das einzig zulässige darstellt. Vielmehr kann es sich um eine Regelung mit überschießender Wirkung handeln, wenn die Stärkung der Urheberposition auch auf milderem, die Interessen des Vertragspartners gleichermaßen berücksichtigenden Wege erfolgen könnte. Denn nicht allein die Interessen des Urhebers sind entscheidend; die Stärkung des Urhebers darf nicht um jeden Preis erfolgen. Eine interessengerechte Auslegung nach Sinn und Zweck des § 32 UrhG kann nur dann erreicht werden, wenn die beiderseitigen Interessen der Vertragsparteien in einen angemessenen Ausgleich gebracht werden.

Eine angemessene Vergütung des Urhebers ist nur in den Fällen erforderlich, in denen er eine Vergütung bei der Nutzungsrechtseinräumung erwartet. Beabsichtigt der Urheber durch den Abschluss eines Nutzungsvertrags, das von ihm geschaffene Werk zu verwerten, um hierdurch Erlöse zu erzielen und geht er zwecks dessen mit einem Vertragspartner ein entgeltliches Vertragsverhältnis ein, wird die hierbei auftretende Unterlegenheit des Urhebers durch einen Anspruch auf die angemessene Vergütung ausgeglichen. Kurzum, wird eine Vergütung vereinbart, soll diese zum Schutz des Urhebers angemessen sein. Steht es demgegenüber nicht in der Absicht des Urhebers, Einnahmen durch die Verwertung zu erzielen und räumt er seinem Vertragspartner die Nutzungsrechte unentgeltlich ein, liegt eine gestörte Vertragsparität schon gar nicht vor. Eines gesonderten Schutzes des Urhebers bedarf es in diesem Fall nicht.[1709] Weder sollte dem Vertragspartner eine Vergütungszahlung aufgebürdet werden, die der Urheber ohnehin nicht wünscht, noch darf dem Urheber eine nicht gewollte

---

1708 *Fuchs*, Arbeitnehmer-Urhebervertragsrecht, S. 185 ff.; *Voß*, Der Anspruch des Urhebers auf die angemessene Vergütung und die weitere angemessene Beteiligung, S. 58; *Wandtke/Grunert*, in: Wandtke/Bullinger, UrhR, § 32 UrhG, Rn. 10.

1709 *Haas*, Das neue Urhebervertragsrecht, Rn. 198; *Ulrici*, Vermögensrechtliche Grundfragen des Arbeitnehmerurheberrechts, S. 310; *Voß*, Der Anspruch des Urhebers auf die angemessene Vergütung und die weitere angemessene Beteiligung, S. 37.

Vergütung aufgedrängt werden.[1710] Entscheidend ist mithin die Willensrichtung des Urhebers hinsichtlich der Entgeltlichkeit. Zwar muss besonders beachtet werden, dass der Schutz des Urhebers nicht durch besondere Vereinbarungen der Unentgeltlichkeit umgangen wird[1711]; die Entscheidung des Urhebers für die unentgeltliche Rechtseinräumung muss deshalb freiwillig und aus eigenen Stücken erfolgen. Dieser Schutz wird jedoch bereits durch die Regelung des § 32 Abs. 3 S. 2 UrhG erreicht. Eine entsprechende Interpretation, wie sie die herrschende Meinung vornimmt, ist hierzu nicht erforderlich.

Die Annahme eines zwingenden Vergütungsanspruchs aus § 32 UrhG geht über den der Vorschrift innewohnenden Zweck hinaus. Zu einem Ausgleich der Interessen der Vertragsparteien unter besonderer Berücksichtigung der Schutzbedürftigkeit des typischerweise unterlegenen Urhebers genügt es, einen Anspruch des Urhebers auf eine angemessene Vergütung in denjenigen Fällen anzunehmen, in denen der Urheber das Werk entgeltlich verwerten will; die freiwillige unentgeltliche Rechtseinräumung bleibt zulässig.[1712] Die Feststellung der Zulässigkeit der unentgeltlichen Rechtseinräumung gibt zwar keinerlei weitergehende Auskunft darüber, ob unentgeltliche Rechtseinräumungen ebenfalls unter den Anwendungsbereich von § 32 UrhG fallen und damit in der Konsequenz auch der Angemessenheitskontrolle unterliegen. Ein zwingender Vergütungsanspruch des Urhebers ergibt sich bei teleologischer Auslegung des § 32 UrhG aber jedenfalls nicht.

(ee) Fazit

Sowohl der Wortlaut des § 32 UrhG als auch der Zweck der Vorschrift streiten gegen die Annahme eines zwingenden Vergütungsanspruchs im

---

1710 *Voß*, Der Anspruch des Urhebers auf die angemessene Vergütung und die weitere angemessene Beteiligung, S. 37.
1711 *Haas*, Das neue Urhebervertragsrecht, Rn. 199; *Ulrici*, Vermögensrechtliche Grundfragen des Arbeitnehmerurheberrechts, S. 310.
1712 Beschlussempfehlung und Bericht des Rechtsausschusses zum „Entwurf eines Gesetzes zur Stärkung der vertraglichen Stellung von Urhebern und ausübenden Künstlern" vom 23.01.2002, BT-Drs. 14/8058, S. 18; *Schricker*, GRUR Int. 2002, 797, 804; *Haas*, Das neue Urhebervertragsrecht, Rn. 140; *Voß*, Der Anspruch des Urhebers auf die angemessene Vergütung und die weitere angemessene Beteiligung, S. 37; *Berger*, in: Berger/Wündisch, Urhebervertragsrecht, § 2, Rn. 18; **a. A.** *Zirkel*, WRP 2003, 59, 60.

Fall der fehlenden vertraglichen Vergütungsabrede zwischen dem Urheber und seinem Vertragspartner. Obgleich die systematische und historische Auslegung ein eindeutiges Auslegungsergebnis nicht zulassen, kommt diesen ohnehin eine bloß untergeordnete Bedeutung zu, da der Gesetzgeber die Konsequenzen der Neukonzeption der gesetzlichen Grundlage nicht hinreichend bedacht hat. Nach alledem lässt sich im Wege der Auslegung feststellen, dass sich aus der Regelung des § 32 UrhG kein zwingender Vergütungsanspruch des Urhebers ableiten lässt. Diese Auffassung ist auch insbesondere im Hinblick auf die grundrechtlich verankerte Eigentumsfreiheit aus Art. 14 GG sowie auf das Sozialstaatsgebot i. V. m. Art. 2 Abs. 1 GG verfassungskonform.[1713]

Da sich bereits im Wege der Auslegung ermitteln lässt, dass ein zwingender Vergütungsanspruch aus § 32 UrhG ausscheidet, erübrigt sich eine analoge Heranziehung des § 22 Abs. 1 S. 2 VerlG bzw. der §§ 612 Abs. 1, 632 Abs. 2 BGB.

(b) Anwendbarkeit des § 32 UrhG auf das Arbeitnehmerurheberrecht

Wie oben dargestellt[1714], ist es ebenfalls höchst umstritten, ob § 32 UrhG überhaupt auch im Arbeitsverhältnis Anwendung finden kann. Vergleichbar der allgemeinen Problematik um § 32 UrhG stellt sich die Frage, ob sich für den Arbeitnehmerurheber, der seinem Arbeitgeber Nutzungsrechte an den von ihm geschaffenen Werken einräumt, ein zwingender Vergütungsanspruch für die Einräumung der Nutzungsrechte aus § 32 UrhG ergibt. Dabei geht es im Kern um die Frage, ob das Arbeitsverhältnis im Hinblick auf die Nutzungsrechtseinräumung zwingend entgeltlich ausgestaltet ist.[1715] Dies ist im Wege der Auslegung der Vorschrift zu ermitteln.[1716]

1713 Mit umfangreicher Begründung *Ulrici*, Vermögensrechtliche Grundfragen des Arbeitnehmerurheberrechts, S. 311 ff.
1714 Siehe hierzu oben Kapitel 4. § 9 B. II. 1. b. aa. (3) (b), (S. 477).
1715 Vgl. *Ulrici*, Vermögensrechtliche Grundfragen des Arbeitnehmerurheberrechts, S. 352.
1716 Zu den Auslegungsgrundsätzen siehe oben Kapitel 3. § 7 B. I. 1. a. bb. (1), (S. 188).

(aa) Wortlautauslegung

§ 32 UrhG gewährt einen Anspruch auf die vertraglich vereinbarte Vergütung, sofern der Urheber Nutzungsrechte einräumt oder die Erlaubnis zur Werknutzung erteilt. Erforderlich ist demnach eine vertragliche Grundlage für die Nutzungsrechtseinräumung. Hinsichtlich der Geltung der Regelung des § 32 UrhG für den Arbeitsvertrag äußert sich der Wortlaut der Vorschrift ausdrücklich weder in die eine, noch in die andere Richtung[1717], weshalb auf die bereits entwickelten Grundsätze zur Nutzungsrechtseinräumung im Arbeitsverhältnis zurückzugreifen ist. Der Arbeitnehmer kann dem Arbeitgeber Nutzungsrechte an den von ihm geschaffenen Werken auf der Grundlage des Arbeitsvertrags oder durch ein sonstiges Rechtsverhältnis einräumen.[1718] Die Einräumung der Nutzungsrechte erfolgt regelmäßig auf arbeitsvertraglicher Grundlage, denn in der Regel wird die Pflicht des Arbeitnehmers zur Einräumung der Nutzungsrechte als leistungssichernde Nebenpflicht des Arbeitsvertrags auszulegen sein.[1719] Die Nutzungsrechtseinräumung erfolgt nur dann nicht mehr auf der Grundlage des Arbeitsvertrags, wenn der Arbeitgeber das Werk außerhalb des Betriebszwecks nutzt oder er außerhalb des Arbeitsverhältnisses geschaffene Werke des Arbeitnehmers verwertet.[1720] Fehlt es in diesen Fällen an einer entsprechenden anderweitigen Grundlage für die Einräumung der Nutzungsrechte, scheidet § 32 UrhG aufgrund fehlender vertraglicher Vereinbarung aus.

Fraglich ist, ob die arbeitsvertragliche Grundlage der Nutzungsrechtseinräumung für die Anwendbarkeit des § 32 UrhG ausreicht. Wie dargestellt, ist § 32 UrhG nur auf entgeltliche Nutzungsrechtseinräumungen anwendbar.[1721] Die unentgeltliche Einräumung von Nutzungsrechten unterfällt indessen nicht der Vorschrift des § 32 UrhG, sofern nicht ein Umgehungsgeschäft i. S. d. § 32 Abs. 3 S. 2 UrhG vorliegt (sog. *„echte*

1717 Hierzu siehe *Ulrici*, Vermögensrechtliche Grundfragen des Arbeitnehmerurheberrechts, S. 356.
1718 Siehe oben Fn. 1599 (S. 470).
1719 Dazu vgl. oben Kapitel 2. § 6 B. III. 2. a. aa. (2) (c), (S. 134).
1720 *Ulrici*, Vermögensrechtliche Grundfragen des Arbeitnehmerurheberrechts, S. 357.
1721 Siehe oben Kapitel 4. § 9 B. II. 1. b. bb. (3) (a), (S. 485 ff.).

Unentgeltlichkeit"[1722]).[1723] Es stellt sich demnach die Frage, ob die Nutzungsrechtseinräumung auf arbeitsvertraglicher Grundlage stets als entgeltliche Nutzungsrechtseinräumung qualifiziert werden kann. Geht man abweichend von der herrschenden Meinung davon aus, dass § 32 UrhG nicht alle Nutzungsverträge zwingend als entgeltliche Rechtsverhältnisse ausgestaltet, ist diese Frage gesondert zu erörtern.[1724] Fehlt es dem Arbeitsvertrag an der Entgeltlichkeit der Nutzungsrechtseinräumung, scheidet eine Anwendung des § 32 UrhG dem Wortlaut nach aus.

Der Arbeitnehmer erhält mit dem Arbeitsentgelt eine schaffensbezogene Vergütung, die seine Arbeitstätigkeit abgilt. Dieses Arbeitsentgelt vermag die Voraussetzung der entgeltlichen Nutzungsrechtseinräumung nur dann zu erfüllen, wenn es gleichsam auch als Gegenleistung für die Einräumung der Nutzungsrechte durch den Arbeitnehmer gezahlt wird. Das regelmäßig gezahlte Arbeitsentgelt steht allerdings in keinem synallagmatischen Verhältnis zur Einräumung der Nutzungsrechte; es wird allein als Gegenleistung für die erbrachte Arbeitstätigkeit gezahlt.[1725] Erforderlich ist vielmehr eine darüber hinausgehende arbeitsvertraglich begründete Vergütung, die als Ausgleich für die Nutzungsrechtseinräumung gezahlt wird.[1726] An einer solchen wird es in der Regel allerdings fehlen, da den Arbeitnehmer akzessorisch zur Arbeitspflicht die leistungssichernde Nebenpflicht trifft, dem Arbeitgeber die Nutzungsrechte an den von ihm im Rahmen des Arbeitsverhältnisses geschaffenen Werken einzuräumen.[1727]

Außer im Fall einer gesonderten vertraglichen Vereinbarung der Vergütung für die Rechtseinräumung, ist § 32 UrhG deshalb seinem Wortlaut nach auf Arbeitsverhältnisse in der Regel nicht anwendbar.

1722 *Ulrici*, Vermögensrechtliche Grundfragen des Arbeitnehmerurheberrechts, S. 316.
1723 Vgl. hierzu oben Kapitel 4. § 9 B. II. 1. b. bb. (3) (a), (S. 485 ff.); vgl. auch *Haas*, Das neue Urhebervertragsrecht, Rn. 198 f.; *Ulrici*, Vermögensrechtliche Grundfragen des Arbeitnehmerurheberrechts, S. 316; *Voß*, Der Anspruch des Urhebers auf die angemessene Vergütung und die weitere angemessene Beteiligung, S. 37 f.; *Berger*, in: Berger/Wündisch, Urhebervertragsrecht, § 2, Rn. 17 f.
1724 Vgl. *Ulrici*, Vermögensrechtliche Grundfragen des Arbeitnehmerurheberrechts, S. 359.
1725 Dazu oben Kapitel 2. § 5 C. I. (S. 85).
1726 Vgl. *Ulrici*, Vermögensrechtliche Grundfragen des Arbeitnehmerurheberrechts, S. 300, 358.
1727 Siehe den Verweis in Fn. 1718 (S. 496); vgl. hierzu auch *Ulrici*, Vermögensrechtliche Grundfragen des Arbeitnehmerurheberrechts, S. 359.

Kapitel 4. Vergütungsansprüche des Hochschulbeschäftigten im Arbeitnehmerurheberrecht

(bb) Historische Auslegung

§ 43 UrhG erklärt die Anwendbarkeit der allgemeinen urheberrechtlichen Regelungen auf das Arbeitsverhältnis. Der schließlich unveränderten Übernahme dieser Vorschrift in das Gesetz ging eine lebhafte Diskussion voraus, die sich im Kern um die im Gesetzesentwurf der Regierungsfraktionen enthaltene Regelung des § 43 Abs. 3 BReg-E-UrhG rankte, welche einen Anspruch des Urhebers aus § 32 vorsah, soweit die Nutzung seiner Werke nicht durch Lohn und Gehalt tatsächlich abgegolten sind.[1728] Durch diesen expliziten Bezug zum Arbeitsverhältnis wäre die Vorschrift des § 32 UrhG unstreitig auch auf Arbeitnehmer anwendbar gewesen.[1729]

Die im Entwurf vorgesehene Regelung des § 43 Abs. 3 BReg-E-UrhG hat indes keinen Eingang in das Gesetz gefunden; der Gesetzesentwurf der Bundesregierung fand keine Mehrheit.[1730] Ebenso wie die im Regierungsentwurf ursprünglich geplante Konzeption eines gesetzlichen Vergütungsanspruchs zahlreicher Kritik unterlag[1731], erfuhr auch die Regelung des § 43 Abs. 3 BReg-E-UrhG vielfach Ablehnung: In der Stellungnahme des Bundesrats etwa wurde eine gesetzliche Regelung des Urheberrechts in Arbeits- und Dienstverhältnissen zwar befürwortet, zugleich aber auf eine Ungleichbehandlung von Arbeitnehmerurhebern gegenüber sonstigen Arbeitnehmern durch die Möglichkeit einer inhaltlichen Überprüfung der vertraglichen Vergütungsbestimmungen nach § 32 Abs. 1 S. 3 UrhG (Angemessenheitskontrolle des Arbeitsentgelts) hingewiesen.[1732] Diese Kritik vermag im Ergebnis allerdings nicht zu überzeugen, da tätigkeits- und werkbezogene Vergütungsansprüche miteinander vermengt werden: Während das Arbeitsentgelt als Gegenleistung für die erbrachte Arbeitstätigkeit des Arbeitnehmers gezahlt wird, erfasst § 32 UrhG lediglich werkbezogene

---

1728 „Entwurf eines Gesetzes zur Stärkung der vertraglichen Stellung von Urhebern und ausübenden Künstlern" einzelner Abgeordneter der SPD und der Fraktion Bündnis 90/Die Grünen vom 26.06.2001, BT-Drs. 14/6433, S. 5: *„Der Urheber hat einen Anspruch aus § 32, soweit die Nutzung seiner Werke nicht durch Lohn oder Gehalt tatsächlich abgegolten ist."*
1729 Vgl. *Bayreuther*, GRUR 2003, 570, 573; *Berger*, ZUM 2003, 173, 176; *Ulrici*, Vermögensrechtliche Grundfragen des Arbeitnehmerurheberrechts, S. 362.
1730 Vgl. *Bayreuther*, GRUR 2003, 570, 573; *Berger*, ZUM 2003, 173, 176; *Erdmann*, GRUR 2002, 923, 924; *Schacht*, Die Einschränkungen des Urheberpersönlichkeitsrechts im Arbeitsverhältnis, S. 25.
1731 Siehe die Nachweise in Fn. 1687 (S. 488).
1732 Stellungnahme des Bundesrates zum „Entwurf eines Gesetzes zur Stärkung der vertraglichen Stellung von Urhebern und ausübenden Künstlern" vom 13.07.2001, BR-Drs. 404/01, S. 9 f.

§ 9 Die Vergütungsansprüche des Arbeitnehmerurhebers

Vergütungen. Eine Angemessenheitskontrolle des tätigkeitsbezogenen Arbeitsentgelts stand damit auch durch die Regelung des § 43 Abs. 3 BReg-E-UrhG nicht zu befürchten.[1733]

Gleichwohl ist § 43 Abs. 3 BReg-E-UrhG in den Formulierungshilfen des Bundesministeriums der Justiz[1734] sowie in der Empfehlung des Rechtsausschusses des Bundestags[1735] nicht übernommen worden. Stattdessen wurde die Regelung des § 32 Abs. 4 UrhG ergänzt, die den Vorrang von Tarifverträgen festschreibt.[1736] Fraglich ist, ob sich hieraus Schlüsse hinsichtlich der Geltung des § 32 UrhG im Arbeitsverhältnis ziehen lassen. Für eine Anwendbarkeit des § 32 UrhG könnte sprechen, dass nach der Auffassung des Gesetzgebers die in § 43 Abs. 3 BReg-E-UrhG vorgesehene Regelung zum Vergütungsanspruch für Urheber in Arbeitsverhältnissen sich nun in § 32 Abs. 4 UrhG finden soll.[1737] Denn gilt der Regelungsinhalt des § 43 Abs. 3 BReg-E-UrhG über § 32 Abs. 4 UrhG fort, könnte weiterhin davon ausgegangen werden, dass § 32 UrhG aufgrund der Inbezugnahme in § 43 Abs. 3 BReg-E-UrhG auch auf das Arbeitsverhältnis Anwendung findet.[1738]

1733 Siehe ausführlicher hierzu *Ulrici*, Vermögensrechtliche Grundfragen des Arbeitnehmerurheberrechts, S. 361 f.
1734 Überarbeitete Fassung der Formulierungshilfe (Antrag) des Bundesministeriums der Justiz vom 14.01.2002 zum „Entwurf eines Gesetzes zur Stärkung der vertraglichen Stellung von Urhebern und ausübenden Künstlern" (BT-Drs. 14/6433), abrufbar im Internet unter: http://www.frommnordemann.de/downloads/Gesetzgebungsmaterialien/FormH_14.01.2002_UrhVG.pdf, zuletzt abgerufen am 19.04.2020.
1735 Beschlussempfehlung und Bericht des Rechtsausschusses zum „Entwurf eines Gesetzes zur Stärkung der vertraglichen Stellung von Urhebern und ausübenden Künstlern" vom 23.01.2002, BT-Drs. 14/8058, S. 10, 21.
1736 § 32 Abs. 4 UrhG lautet: *„Der Urheber hat keinen Anspruch nach Absatz 1 Satz 3* [Anm. d. Verf.: Anspruch auf Vergütungsanpassung], *soweit die Vergütung für die Nutzung seiner Werke tarifvertraglich bestimmt ist."*
1737 Beschlussempfehlung und Bericht des Rechtsausschusses zum „Entwurf eines Gesetzes zur Stärkung der vertraglichen Stellung von Urhebern und ausübenden Künstlern" vom 23.01.2002, BT-Drs. 14/8058, S. 21: *„Die in Absatz 3 des Gesetzesentwurfs vorgesehene Regelung zum Vergütungsanspruch für Urheber in Arbeits- oder Dienstverhältnissen findet sich nun in § 32 Abs. 4 und § 32a Abs. 4."*
1738 So *Bayreuther*, GRUR 2003, 570, 574; *Fuchs*, Arbeitnehmer-Urhebervertragsrecht, S. 178 f.; *Grabig*, Die Bestimmung einer weiteren angemessenen Beteiligung in gemeinsamen Vergütungsregeln und in Tarifverträgen nach § 32a Abs. 4 UrhG, S. 65; *Kuckuk*, Die Vergütungsansprüche der Arbeitnehmerurheber im Spannungsfeld zwischen Arbeitsrecht und neuem Urheberrecht, S. 135 f.; *Voß*, Der Anspruch des Urhebers auf die angemessene Vergütung und die weitere angemessene Beteiligung, S. 51.

Kapitel 4. Vergütungsansprüche des Hochschulbeschäftigten im Arbeitnehmerurheberrecht

Dennoch sprechen überzeugendere Argumente für ein gegenteiliges Verständnis der Gesetzesmaterialien. Aus der Aufgabe der ursprünglich vorgesehenen Regelung des § 43 Abs. 3 BReg-E-UrhG, die explizit auf § 32 UrhG verwies, kann geschlossen werden, dass eine Anwendung des § 32 UrhG auf das Arbeitsverhältnis ausscheiden sollte.[1739] Hierfür spricht auch die Auffassung des Rechtsausschusses des Bundestags, dass die von Rechtsprechung und Lehre entwickelten Grundsätze zu den Vergütungsansprüchen der Urheber in Arbeits- und Dienstverhältnissen unberührt bleiben sollten.[1740] Dass die ursprünglich vorgesehene Regelung des § 43 Abs. 3 BReg-E-UrhG sich nun in § 32 Abs. 4 UrhG finden soll, ist dahingehend zu verstehen, dass die für den Arbeitnehmer geltenden Vorschriften hinsichtlich der Vergütung nun in § 32 Abs. 4 UrhG geregelt sind.[1741] Eine schlichte Fortgeltung der Regelungswirkung des § 43 Abs. 3 BReg-E-UrhG kann in die Vorschrift nicht hinein interpretiert werden. Dass eine Änderung der Vergütungsregelungen des Arbeitnehmerurhebers nicht beabsichtigt war, zeigen auch die Formulierungshilfen des Bundesjustizministeriums, die klarstellen, dass der Regelungsgegenstand des Entwurfs der Werkvertrag der freiberuflichen Urheber und Künstler, und nicht das Arbeitsrecht sei.[1742] Ebenso bezweckte auch der Entwurf der Regierungsfraktionen die Absicherung freiberuflicher Urheber und ausübender Künstler.[1743]

1739 *Bayreuther*, GRUR 2003, 570, 573; *Berger*, ZUM 2003, 173, 176; *Ory*, AfP 2002, 93, 95.
1740 Beschlussempfehlung und Bericht des Rechtsausschusses zum „Entwurf eines Gesetzes zur Stärkung der vertraglichen Stellung von Urhebern und ausübenden Künstlern" vom 23.01.2002, BT-Drs. 14/8058, S. 21.
1741 *Ulrici*, Vermögensrechtliche Grundfragen des Arbeitnehmerurheberrechts, S. 362 f.
1742 Formulierungshilfe (Antrag) des Bundesministeriums der Justiz vom 19.11.2001 zum „Entwurf eines Gesetzes zur Stärkung der vertraglichen Stellung von Urhebern und ausübenden Künstlern" (BT-Drs. 14/6433), S. 2 (Nr. 7), abrufbar im Internet unter: http://www.frommnordemann.de/downloads/Gesetzgebungsmaterialien/FormH_19.11.2001_UrhVG.pdf, zuletzt abgerufen am 19.04.2020.
1743 „Entwurf eines Gesetzes zur Stärkung der vertraglichen Stellung von Urhebern und ausübenden Künstlern" einzelner Abgeordneter der SPD und der Fraktion Bündnis 90/Die Grünen vom 26.06.2001, BT-Drs. 14/6433, S. 8, 9; vgl. hierzu *Bayreuther*, GRUR 2003, 570, 574; *Ory*, AfP 2002, 93, 95.

Die PDS-Fraktion stellte einen Änderungsantrag dahingehend, § 43 BReg-E-UrhG in der Entwurfsfassung zu belassen.[1744] Der Korrekturanspruch im Sinne des § 32 UrhG gelte gleichermaßen für die Urheber und ausübenden Künstler in Dienst- und Arbeitsverhältnissen, unabhängig davon, ob ein Tarifvertrag vorliegt oder nicht.[1745] Dieser Antrag wurde vom Rechtsausschuss des Bundestags mehrheitlich abgelehnt.[1746] Durch die erneute Ablehnung wurde manifestiert, dass die urheberrechtlichen Vergütungsregelungen nach dem Willen des Gesetzgebers nicht auf das Arbeitsrecht erstreckt werden sollten.[1747] Auch viele Jahre später wurde dieser Kontinuitätsgedanke dadurch bestätigt, dass ein von der Fraktion DIE LINKE gestellter Entschließungsantrag zum Regierungsentwurf eines Zweiten Gesetzes zur Regelung des Urheberrechts in der Informationsgesellschaft[1748], die allgemeinen Regelungen des Urheberrechtsgesetzes – insbesondere in Hinsicht auf den Anspruch auf angemessene Vergütung – in vollem Umfang auf das Arbeitnehmerurheberrecht anzuwenden[1749], abgelehnt wurde.[1750]

Die historische Auslegung führt demnach zu keinem eindeutigen Ergebnis. Dennoch sprechen viele Gesichtspunkte der historischen Entwicklung dafür, dass bei der Gesetzesänderung im Jahr 2002 an der zuvor geltenden Rechtslage festgehalten werden sollte, die einen gesonderten Vergütungs-

---

1744 Siehe Beschlussempfehlung und Bericht des Rechtsausschusses zum „Entwurf eines Gesetzes zur Stärkung der vertraglichen Stellung von Urhebern und ausübenden Künstlern" vom 23.01.2002, BT-Drs. 14/8058, S. 16.
1745 Beschlussempfehlung und Bericht des Rechtsausschusses zum „Entwurf eines Gesetzes zur Stärkung der vertraglichen Stellung von Urhebern und ausübenden Künstlern" vom 23.01.2002, BT-Drs. 14/8058, S. 17.
1746 Beschlussempfehlung und Bericht des Rechtsausschusses zum „Entwurf eines Gesetzes zur Stärkung der vertraglichen Stellung von Urhebern und ausübenden Künstlern" vom 23.01.2002, BT-Drs. 14/8058, S. 17.
1747 *Berger*, ZUM 2003, 173, 176; *Ulrici*, Vermögensrechtliche Grundfragen des Arbeitnehmerurheberrechts, S. 363.
1748 „Entwurf eines Zweiten Gesetzes zur Regelung des Urheberrechts in der Informationsgesellschaft" der Bundesregierung vom 15.06.2006, BT-Drs. 16/1828.
1749 Beschlussempfehlung und Bericht des Rechtsausschusses zum „Entwurf eines Zweiten Gesetzes zur Regelung des Urheberrechts in der Informationsgesellschaft" der Bundesregierung (BT-Drs. 16/1828) vom 04.07.2007, BT-Drs. 16/5939, S. 43.
1750 Beschlussempfehlung und Bericht des Rechtsausschusses zum „Entwurf eines Zweiten Gesetzes zur Regelung des Urheberrechts in der Informationsgesellschaft" der Bundesregierung (BT-Drs. 16/1828) vom 04.07.2007, BT-Drs. 16/5939, S. 44; siehe hierzu *Ulrici*, Vermögensrechtliche Grundfragen des Arbeitnehmerurheberrechts, S. 363.

anspruch des Arbeitnehmerurhebers für die Einräumung der Nutzungsrechte an Pflichtwerken nicht vorsah. Eine Anwendung des § 32 UrhG im Arbeitnehmerurheberrecht scheidet aus historischer Sicht eher aus.

(cc) Systematische Auslegung

Zur Beantwortung der Frage, ob § 32 UrhG auch im Arbeitnehmerurheberrecht Anwendung findet und dem Arbeitnehmer einen werkbezogenen Vergütungsanspruch gewährt, müssen ferner systematische Erwägungen Berücksichtigung finden.

Die das Arbeitnehmerurheberrecht regelnde Vorschrift des § 43 UrhG, erklärt die Anwendbarkeit der urheberrechtlichen Vorschriften auf das Arbeitsverhältnis. Sie nimmt damit auch die Vorschrift des § 32 UrhG in Bezug, was für eine Anwendung des § 32 UrhG auch im Arbeitsverhältnis sprechen könnte. Zum Teil wird angenommen, die Anwendbarkeit des § 32 UrhG auf das Arbeitsverhältnis lasse sich vor allem aus der Regelung des § 32 Abs. 4 UrhG herauslesen. Der den Tarifvorrang festschreibenden Vorschrift könne nur dann ein wesentlicher Anwendungsbereich zukommen, wenn die Vorschrift des § 32 Abs. 1 UrhG auch auf Arbeitnehmer anwendbar ist, da Tarifverträge nach §§ 1, 4 TVG[1751] gerade für Arbeitsverhältnisse Geltung erlangen.[1752] Daraus folge im Umkehrschluss, dass § 32 Abs. 1 UrhG im Arbeitsverhältnis anwendbar sein muss, wenn kein Tarifvertrag eingreift.[1753] Dem wird entgegengehalten, dass Tarifverträge auch für arbeitnehmerähnliche Selbständige abgeschlossen werden können (§ 12a TVG) und es somit auch bei Nichtgeltung des § 32 UrhG für Arbeitnehmer bei einem ausreichenden Anwendungsbereich des § 32 Abs. 4

[1751] § 1 Abs. 1 TVG etwa lautet: „*Der Tarifvertrag regelt die Rechte und Pflichten der Tarifvertragsparteien und enthält Rechtsnormen, die den Inhalt, den Abschluß und die Beendigung von Arbeitsverhältnissen sowie betriebliche und betriebsverfassungsrechtliche Fragen ordnen können.*"

[1752] *Grobys/Foerstl*, NZA 2002, 1015, 1016; *Fuchs*, Arbeitnehmer-Urhebervertragsrecht, S. 179; *Haas*, Das neue Urhebervertragsrecht, Rn. 422; *Müller-Höll*, Der Arbeitnehmerurheber in der Europäischen Gemeinschaft, S. 66; *Voß*, Der Anspruch des Urhebers auf die angemessene Vergütung und die weitere angemessene Beteiligung, S. 51.

[1753] *Voß*, Der Anspruch des Urhebers auf die angemessene Vergütung und die weitere angemessene Beteiligung, S. 51; *Wandtke*, in: Wandtke/Bullinger, UrhR, § 43 UrhG, Rn. 134.

UrhG verbliebe.¹⁷⁵⁴ Hiergegen spricht jedoch wiederum, dass der Gesetzgeber nicht etwa eine Sonderregelung für arbeitnehmerähnliche Selbständige schaffen wollte.¹⁷⁵⁵ Dass der Gesetzgeber die Unterscheidung zwischen arbeitnehmerähnlichen Selbständigen und Arbeitnehmern durchaus berücksichtigt hat, wird deutlich an den Formulierungshilfen des Bundesjustizministeriums, die die Geltung der Subsidiarität gemeinsamer Vergütungsregeln gegenüber tarifvertraglichen Regelungen (vgl. § 36 Abs. 1 S. 3 UrhG) *„auch für abgeschlossene Tarifverträge für Urheber mit arbeitnehmerähnlichem Status nach § 12a TVG"* klarstellen.¹⁷⁵⁶ Zuzugeben ist zwar, dass der Tarifvorrang des § 32 Abs. 4 UrhG nur bei werkbezogenen Vergütungen, nicht hingegen bei schaffensbezogenen Vergütungen greift¹⁷⁵⁷ und werkbezogene Vergütungen vor allem in Tarifverträgen nach § 12a TVG vereinbart werden.¹⁷⁵⁸ Dennoch lassen sich in den Gesetzesmaterialien keinerlei Hinweise darauf finden, dass der Gesetzgeber lediglich die Regelung der Tarifverträge nach § 12a TVG bezweckte. Vielmehr beinhaltete die in § 36 Abs. 1. S. 3 BReg-E-UrhG enthaltene Regelung des Tarifvorrangs gegenüber den gemeinsamen Vergütungsregeln noch die Formulierung *„Tarifverträge[n] für Arbeitnehmer"*.¹⁷⁵⁹ Die Streichung des Zusatzes *„für Arbeitnehmer"* war keineswegs dadurch bedingt, dass Tarifverträge für Arbeitneh-

---

1754 *Berger*, ZUM 2003, 173, 176; *Ory*, AfP 2002, 93, 96; *Berger*, in: Berger/Wündisch, Urhebervertragsrecht, § 2, Rn. 41.
1755 Vgl. *Ulrici*, Vermögensrechtliche Grundfragen des Arbeitnehmerurheberrechts, S. 366 m. w. N.
1756 Überarbeitete Fassung der Formulierungshilfe (Antrag) des Bundesministeriums der Justiz vom 14.01.2002 zum „Entwurf eines Gesetzes zur Stärkung der vertraglichen Stellung von Urhebern und ausübenden Künstlern" (BT-Drs. 14/6433), S. 3 (Nr. 10), abrufbar im Internet unter: http://www.frommnordemann.de/downloads/Gesetzgebungsmaterialien/FormH_14.01.2002_UrhVG.pdf, zuletzt abgerufen am 19.04.2020; vgl. auch *Ulrici*, Vermögensrechtliche Grundfragen des Arbeitnehmerurheberrechts, S. 366 Fn. 463.
1757 § 32 Abs. 4 UrhG lautet: *„Der Urheber hat keinen Anspruch nach Absatz 1 Satz 3, soweit die Vergütung **für die Nutzung seiner Werke** tarifvertraglich bestimmt ist* [Anm.: Hervorhebung durch den Verfasser]." Vergleiche hierzu *Fuchs*, Arbeitnehmer-Urhebervertragsrecht, S. 195; *Ulrici*, Vermögensrechtliche Grundfragen des Arbeitnehmerurheberrechts, S. 367; *Zirkel*, Das Recht des angestellten Urhebers und das EU-Recht, S. 96.
1758 *Ulrici*, Vermögensrechtliche Grundfragen des Arbeitnehmerurheberrechts, S. 367.
1759 „Entwurf eines Gesetzes zur Stärkung der vertraglichen Stellung von Urhebern und ausübenden Künstlern" einzelner Abgeordneter der SPD und der Fraktion Bündnis 90/Die Grünen vom 26.06.2001, BT-Drs. 14/6433, S. 4; vgl. auch *Voß*, Der Anspruch des Urhebers auf die angemessene Vergütung und die weitere angemessene Beteiligung, S. 51.

mer doch nicht erfasst sein sollten. Wie der Bericht des Rechtsausschusses des Bundestags eindeutig zum Ausdruck bringt, sollte lediglich die Geltung des Tarifvorrangs *auch* für Tarifverträge arbeitnehmerähnlicher Personen klargestellt werden.[1760]

Fraglich ist aber, ob eine Anwendbarkeit des § 32 Abs. 1 S. 3 UrhG im Arbeitsverhältnis zu einem Verstoß gegen den Grundsatz der Arbeitskampfparität, dem obersten Grundsatz des Arbeitskampfrechts[1761], führt.[1762] Insofern könnte die Anwendung der Vorschrift des § 32 UrhG ausscheiden, da § 43 UrhG die Vorschriften des Urheberrechts auf im Rahmen des Arbeitsverhältnisses geschaffene Werke nur soweit für anwendbar erklärt, wie *„sich aus dem Inhalt oder dem Wesen des Arbeitsverhältnisses nichts anderes ergibt."* Der Arbeitskampf ist eine kollektive Maßnahme des Arbeitgebers oder des Arbeitnehmers zur Durchsetzung eigener Forderungen und wird von Art. 9 Abs. 3 GG als zulässig vorausgesetzt.[1763] Der Zweck der kollektiven Vertragsautonomie ist die Herstellung fairer Verhandlungschancen der Vertragsparteien[1764], also die Ermöglichung von Verhandlungen auf Augenhöhe. Ist eine friedliche Einigung der Parteien nicht möglich, stehen ihnen Arbeitskampfmittel wie Aussperrung, Boykott oder Streik zur Verfügung.[1765] Dabei muss gewährleistet bleiben, dass ein Gleichgewicht zwischen den Parteien hinsichtlich der Kampfmittel besteht (sog. Arbeitskampfparität).[1766] Geschützt wird durch Art. 9 Abs. 3 GG

1760 Beschlussempfehlung und Bericht des Rechtsausschusses zum „Entwurf eines Gesetzes zur Stärkung der vertraglichen Stellung von Urhebern und ausübenden Künstlern" vom 23.01.2002, BT-Drs. 14/8058, S. 20 (zu Nr. 7): *„In Absatz 1 Satz 3 ist mit der Streichung des Zusatzes „für Arbeitnehmer" die Klarstellung enthalten, dass* **auch** *Tarifverträge arbeitnehmerähnlicher Personen (§ 12a Tarifvertragsgesetz) Vorrang genießen* [Anm.: Hervorhebung durch den Verfasser]." Siehe hierzu *Bayreuther*, GRUR 2003, 570, 574.
1761 Vgl. BAG, Urteil v. 12.09.1984 – 1 AZR 342/83, BAGE 46, 322, 353 = NJW 1985, 85.
1762 So *Berger*, ZUM 2003, 173, 178; *Ory*, AfP 2002, 93, 95; *Berger*, in: Berger/Wündisch, Urhebervertragsrecht, § 2, Rn. 44.
1763 Vgl. *Gamillscheg*, Kollektives Arbeitsrecht – Ein Lehrbuch, Bd. 1, S. 968; *Treber*, in: Schaub, ArbR-Hdb, § 191, Rn. 5 f.
1764 *Linsenmaier*, in: ErfK-ArbR, Art. 9 GG, Rn. 112.
1765 Sehr umfangreich zu den einzelnen Kampfmitteln siehe *Gamillscheg*, Kollektives Arbeitsrecht – Ein Lehrbuch, Bd. 1, S. 985 ff.; siehe auch *Preis*, Arbeitsrecht – Kollektivarbeitsrecht, S. 354 ff.
1766 Vgl. hierzu nur BAG, Urteil v. 10.06.1980 – 1 AZR 822/79, BAGE 33, 140, 140 ff. = NJW 1980, 1642; *Gamillscheg*, Kollektives Arbeitsrecht – Ein Lehrbuch, Bd. 1, S. 968 f. Zur Unterscheidung von Verhandlungs- und Kampfparität siehe *Preis*, Arbeitsrecht – Kollektivarbeitsrecht, S. 345.

allerdings nicht ein bestimmtes Verhandlungsergebnis, sondern lediglich die Gleichwertigkeit der kollektiven Mittel zur Erzielung eines Verhandlungsergebnisses.[1767]

Der Grundsatz der Arbeitskampfparität könnte verletzt sein, wenn bei einer Bejahung der Anwendbarkeit des § 32 Abs. 1 S. 3 UrhG dem Arbeitnehmer durch den Anspruch auf Vergütungsanpassung ein zusätzliches Kampfmittel zukommt, das die Verhandlungsparität stört. Allerdings ist der Anspruch auf Anpassung der Vergütung kein kollektives Arbeitskampfmittel, sondern ein Individualanspruch einzelner Arbeitnehmer.[1768] Zwar würde der Arbeitnehmer durch den Vergütungsanpassungsanspruch einen gesetzlichen Mindestanspruch erlangen. Die Parität wird aber auch nicht durch die Gewährung gesetzlicher Mindestansprüche des Arbeitnehmers gestört, wie der gesetzliche Mindesturlaubsanspruch[1769] oder der gesetzlich festgelegte Mindestlohn[1770] verdeutlichen. § 32 Abs. 1 S. 3 UrhG hat allenfalls Einfluss auf das Verhandlungsergebnis, das Verfahren der Tarifverhandlungen ist durch den Anspruch auf Vergütungsanpassung nicht betroffen.[1771]

Die systematische Auslegung lässt wie auch die historische Auslegung kein eindeutiges Auslegungsergebnis zu. Unter Heranziehung des § 32 Abs. 4 UrhG scheint eine Anwendung des § 32 UrhG im Arbeitsverhältnis zunächst zu überzeugen; auch wird der Grundsatz der Arbeitskampfparität hierdurch nicht verletzt. Gleichwohl unterlag der Gesetzgeber dem bereits im Rahmen der historischen Auslegung angesprochenen Missverständnis, durch die Erstreckung des Urheberrechts auf das Arbeitsrecht unterläge das Arbeitsentgelt einer Angemessenheitskontrolle. Dies erschwert den systematischen Verweis auf § 32 Abs. 4 UrhG.[1772]

1767 *Gamillscheg*, Kollektives Arbeitsrecht – Ein Lehrbuch, Bd. 1, S. 968 f.; *Preis*, Arbeitsrecht – Kollektivarbeitsrecht, S. 345 ff.; *Ulrici*, Vermögensrechtliche Grundfragen des Arbeitnehmerurheberrechts, S. 368.
1768 *Ulrici*, Vermögensrechtliche Grundfragen des Arbeitnehmerurheberrechts, S. 368.
1769 Dieses Beispiel wird genannt von *Ulrici*, Vermögensrechtliche Grundfragen des Arbeitnehmerurheberrechts, S. 369.
1770 *Veigel*, Immaterialgüterrechte im Arbeitsverhältnis, Rn. 295.
1771 Siehe *Ulrici*, Vermögensrechtliche Grundfragen des Arbeitnehmerurheberrechts, S. 369.
1772 Vgl. hierzu *Ulrici*, Vermögensrechtliche Grundfragen des Arbeitnehmerurheberrechts, S. 367.

(dd) Teleologische Auslegung

§ 32 Abs. 3 S. 2 UrhG bestimmt, dass die Vorschriften des § 32 Abs. 1 und 2 UrhG auch dann Anwendung finden, wenn sie durch anderweitige Gestaltungen umgangen werden. Das Gesetz misst damit der teleologischen Auslegung eine besondere Bedeutung bei. Obwohl eine Auslegung nach dem Wortlaut der Vorschrift in der Regel ergibt, dass § 32 UrhG bei Fehlen einer vertraglichen Abrede im Arbeitsverhältnis keine Anwendung findet[1773], kann die teleologische Auslegung ergeben, dass § 32 UrhG nach Sinn und Zweck der Vorschrift im Wege der teleologischen Extension gleichwohl zur Anwendung kommen muss.

Ein Umgehungsgeschäft i. S. v. § 32 Abs. 3 S. 2 UrhG liegt vor, wenn durch eine rechtsgeschäftliche Vereinbarung der Schutz des § 32 Abs. 1 UrhG dadurch vermieden wird, dass § 32 Abs. 1 UrhG tatbestandlich keine Anwendung findet, obwohl er entsprechend seines Schutzzwecks Anwendung finden müsste.[1774] Fraglich ist, ob der durch § 32 UrhG bezweckte Schutz des Urhebers, angemessen an der Verwertung seiner Werke beteiligt zu werden und hierdurch eine gesicherte Existenzgrundlage zu erhalten, auch dem Arbeitnehmer zugutekommen muss.

Dem wird entgegengehalten, dass der Zweck des § 32 UrhG nur auf die Stärkung der Rechte der freien Urheber gerichtet sei.[1775] Anders als der Arbeitnehmerurheber, der durch die Zahlung eines schaffensbezogenen, erfolgsunabhängigen Entgelts sozial abgesichert sei, sei der freie Urheber auf die Verwertung seiner Werke existenziell angewiesen. Der Arbeitnehmer bedürfe des durch § 32 UrhG vermittelten Schutzes nicht. Vielmehr seien die im Arbeitsrecht vorgesehenen Kontrollmechanismen wie die Möglichkeit der Erwirkung von Tarifverträgen durch einen Arbeitskampf ausreichend, um dem Arbeitnehmer die angemessene Beteiligung am Wert seiner Werke zu sichern.[1776] Dem ist allerdings entgegenzusetzen, dass durch Tarifverträge in der Regel nur tätigkeitsbezogene Vergütungen geregelt

---

1773 Zur Anwendung des § 32 UrhG im Arbeitsverhältnis siehe oben Kapitel 4. § 9 B. II. 1. b. bb. (3) (b), (S. 495).
1774 *Ulrici*, Vermögensrechtliche Grundfragen des Arbeitnehmerurheberrechts, S. 359.
1775 So *Bayreuther*, GRUR 2003, 570, 573 f.; ebenso *Berger*, ZUM 2003, 173, 176; *Ory*, AfP 2002, 93, 95; *Wimmers/Rode*, CR 2003, 399, 402.
1776 *Berger*, ZUM 2003, 173, 177 f.; mit beachtlicher Argumentation auch *Leinhas*, IT-Outsourcing und Betriebsübergang im Sinne des § 613a BGB – arbeitnehmererfindungsrechtliche und arbeitnehmerurheberrechtliche Problemlösungen, Rn. 249.

werden, es sich bei § 32 UrhG hingegen um einen werkbezogenen Vergütungsanspruch handelt. Zwar mögen vereinzelt auch Tarifverträge mit werkbezogenen Vergütungsregelungen in Branchen zu finden sein, in denen urheberrechtlich relevantes Schaffen typisch ist (z. B. im Rundfunk- und Pressewesen); hierbei handelt es sich jedoch um vereinzelte Ausnahmen.[1777] Zudem darf die Effektivität von Arbeitskampfmaßnahmen wie dem Streik hinsichtlich werkbezogener Vergütungsansprüche zu Recht bezweifelt werden. Davon ausgehend, dass bis auf wenige Bereiche (wie etwa die genannten) in den meisten Branchen urheberisches Schaffen eher untypisch ist, werden sich kaum Arbeitnehmer finden, die aus reinem Altruismus gegenüber den wenigen schöpferisch tätigen Arbeitnehmer ihrer Branche in den Streik treten werden.[1778] Da das Gesetz keine weiteren arbeitsrechtlichen Kontrollmechanismen vorsieht, die eine angemessene Beteiligung des Arbeitnehmers am Wert seiner Werke gewährleisten – insbesondere findet eine Angemessenheitskontrolle des Arbeitsentgelts nach § 307 Abs. 1 S. 1 BGB gem. § 307 Abs. 3 S. 1 BGB nicht statt[1779] – scheint eine Anwendung des § 32 UrhG im Arbeitsverhältnis zum Schutz des Arbeitnehmers aus teleologischer Sicht zunächst nahezuliegen.

Gegen eine Anwendung des § 32 UrhG spricht jedoch zu Recht die von *Ulrici* erstmals in diesem Kontext ausreichend thematisierte Problematik der arbeitsrechtlichen Risikoverteilung.[1780] Wie bereits eingangs erläutert, steht das Recht am Arbeitsergebnis nach allgemeinen arbeitsrechtlichen

---

[1777] Begründung zum „Entwurf eines Gesetzes zur Stärkung der vertraglichen Stellung von Urhebern und ausübenden Künstlern" einzelner Abgeordneter der SPD und der Fraktion Bündnis 90/Die Grünen vom 26.06.2001, BT-Drs. 14/6433, Allgemeiner Teil, S. 7: „*Dieser Grundgedanke ist in Teilbereichen der Medienwirtschaft, insbesondere dort weitgehend zufriedenstellend durchgesetzt, wo Urheber durch Tarifverträge geschützt sind, wie z. B. die festangestellten Mitarbeiter von tarifgebundenen Sende- und Presseunternehmen. In anderen Bereichen freilich ist dies nicht der Fall.*" Vergleiche auch *Ulrici*, Vermögensrechtliche Grundfragen des Arbeitnehmerurheberrechts, S. 372. Für Beispiele tarifvertraglicher Regelungen siehe *Barthel*, Arbeitnehmerurheberrechte in Arbeitsverträgen, Tarifverträgen und Betriebsvereinbarungen, S. 108 ff.
[1778] *Ulrici*, Vermögensrechtliche Grundfragen des Arbeitnehmerurheberrechts, S. 372. Zu der lediglich beschränkten Effektivität von Arbeitskampfmaßnahmen vgl. auch *Hoecht*, Urheberrechte im Arbeitsverhältnis, S. 65.
[1779] *Hromadka*, NJW 2002, 2523, 2526 f.; *Richardi*, NZA 2002, 1057, 1061.
[1780] *Ulrici*, Vermögensrechtliche Grundfragen des Arbeitnehmerurheberrechts, S. 373 ff.; zuvor bereits Ansätze bei *Bayreuther*, GRUR 2003, 570, 574; dem folgend *Loos*, Das Urheberrecht des Arbeitnehmers an Computerprogrammen, S. 160; a. A. *Ruzman*, Softwareentwicklung durch Arbeitnehmer, S. 141 f.; *Veigel*, Immaterialgüterrechte im Arbeitsverhältnis, Rn. 294, der die Risikovertei-

Kapitel 4. Vergütungsansprüche des Hochschulbeschäftigten im Arbeitnehmerurheberrecht

Grundsätzen dem Arbeitgeber zu.[1781] Obwohl dieser Grundsatz für körperliche Arbeitsergebnisse entwickelt wurde, gilt er ebenso für unkörperliche Arbeitsergebnisse.[1782] Denn der dem Gerechtigkeitsprinzip folgende Grundsatz, dass demjenigen die Vorteile zu Gute kommen müssen, der auch das Risiko trägt[1783], kommt gleichermaßen für körperliche wie für unkörperliche Arbeitsergebnisse zur Geltung, sodass eine Unterscheidung nicht gerechtfertigt erscheint.[1784] Demnach stehen auch urheberrechtlich geschützte Werke, die der Arbeitnehmer im Rahmen des Arbeitsverhältnisses schafft, dem Arbeitgeber zu. Da die Rechte am Werk aufgrund des persönlichkeitsrechtlichen Bezugs aber originär in der Person des Arbeitnehmers entstehen, müssen die Rechte zur Nutzung des Werks dem Arbeitgeber eingeräumt werden. Hierzu ist der Arbeitnehmer als Annex zur Arbeitspflicht regelmäßig verpflichtet.[1785]

Entscheidend aber für die Frage nach einem Vergütungsanspruch des Arbeitnehmers ist, dass nicht nur die Verfügungsbefugnis über das Arbeitsergebnis, sondern auch der Wert des Arbeitsergebnisses nach allgemeinen arbeitsrechtlichen Grundsätzen dem Arbeitgeber zusteht[1786], weshalb der Arbeitgeber dem Arbeitnehmer keine gesonderte Vergütung für die Rechtseinräumung schuldet. An der hier getroffenen Wertung ändert sich auch dadurch nichts, dass der Arbeitgeber die Nutzungsrechte im Urheberrecht nur derivativ erhält.[1787] Die nach dinglichen Aspekten zu beurteilende Frage nach der Zuordnung des „Rechts *am* Arbeitsergebnis" ist von der schuldrechtlichen Seite des „Rechts *auf das* Arbeitsergebnis" zu trennen.[1788] Die Frage nach einer Vergütung bemisst sich allein anhand der

---

lung im Arbeitsrecht allerdings allein aus der Sicht des Arbeitnehmers beurteilt.
1781 Vgl. oben Kapitel 2. § 5 A. (S. 77).
1782 *Ulrici*, Vermögensrechtliche Grundfragen des Arbeitnehmerurheberrechts, S. 332, 376; **a. A.** *Wandtke*, GRUR 1992, 139, 142; *Diederichsen*, Der Vergütungsanspruch des angestellten Urhebers, S. 142.
1783 Vgl. *Buchner*, GRUR 1985, 1, 11; *Ulrici*, Vermögensrechtliche Grundfragen des Arbeitnehmerurheberrechts, S. 41; vgl. auch oben Kapitel 2. § 5 A. I. (S. 77).
1784 *Ulrici*, Vermögensrechtliche Grundfragen des Arbeitnehmerurheberrechts, S. 332, 376.
1785 Dazu oben Kapitel 2. § 6 B. III. 2. a. aa. (2) (c), (S. 134).
1786 Zur Zuordnung des Werts des Arbeitsergebnisses nach den allgemeinen arbeitsrechtlichen Grundsätzen siehe oben Kapitel 2. § 5 A. I. (S. 77).
1787 *Bayreuther*, GRUR 2003, 570, 572; *Ulrici*, Vermögensrechtliche Grundfragen des Arbeitnehmerurheberrechts, S. 85 ff., 377; **a. A.** *Wandtke*, GRUR 1992, 139; *Fuchs*, Arbeitnehmer-Urhebervertragsrecht, S. 174.
1788 Siehe hierzu oben Kapitel 2. § 5 A. (S. 77).

schuldrechtlichen Zuordnung des Wertes des Arbeitsergebnisses[1789], sodass die originäre Entstehung des Rechts beim Arbeitnehmer keine Auswirkungen auf die Vergütungsfrage haben kann. Hierin kann trotz der rein gedanklichen Trennung der persönlichkeitsrechtlichen Aspekte von den wirtschaftlichen Aspekten auch kein Verstoß gegen die monistische Grundkonzeption des Urheberrechts gesehen werden.[1790]

Die in § 32 UrhG zugrunde gelegte Interessenlage kollidiert mit dieser Risikoverteilung im Arbeitsverhältnis. § 32 UrhG sichert dem Urheber einen Anspruch auf eine Vergütung, soweit er dem Verwerter die Nutzungsrechte an dem Werk einräumt. Den Verwerter trifft, wie den Arbeitgeber auch, das Risiko der erfolgreichen Verwertung des Werkes; dafür stehen ihm sämtliche Einnahmen durch die Verwertung zu.[1791] Anders als der Arbeitgeber trägt der Verwerter jedoch nicht das Risiko der erfolgreichen Werkschöpfung selbst. Während der Arbeitgeber dem Arbeitnehmer eine erfolgsunabhängige Vergütung schuldet, trifft den Verwerter eine Vergütungspflicht nur dann, wenn ihm die Nutzungsrechte an dem *geschaffenen* Werk eingeräumt werden. Dem Arbeitgeber steht der Wert des Arbeitsergebnisses aber gerade deshalb zu, weil er auch das wirtschaftliche Risiko für dessen Entstehung trägt. Diese Argumentation lässt sich aufgrund des fehlenden entsprechenden Risikos beim Verwerter nicht auf § 32 UrhG übertragen.[1792] Bejaht man eine Anwendung des § 32 UrhG auf das Arbeitsverhältnis würden erfolgsunabhängige, tätigkeitsbezogene Vergütungsansprüche mit werkbezogenen Vergütungsansprüchen vermengt werden.

Aus teleologischen Gesichtspunkten ist die Anwendbarkeit des § 32 UrhG im Arbeitnehmerurheberrecht wegen der Unvereinbarkeit der arbeitsrechtlichen Risikoverteilung mit den Wertungen des § 32 UrhG abzulehnen. Räumt der Arbeitnehmer dem Arbeitgeber Nutzungsrechte an den von ihm im Rahmen des Arbeitsverhältnisses geschaffenen Werken ein und ist er hierzu verpflichtet, liegt auch bei Fehlen einer vertraglichen Vergütungsabrede kein Umgehungsgeschäft i. S. d. § 32 Abs. 3 S. 2 UrhG vor, das zu einer unabdingbaren Anwendung des § 32 Abs. 1 und 2 UrhG füh-

---

1789 *Ulrici*, Vermögensrechtliche Grundfragen des Arbeitnehmerurheberrechts, S. 85 ff., 332.
1790 *Ulrici*, Vermögensrechtliche Grundfragen des Arbeitnehmerurheberrechts, S. 333, 376 f.
1791 *Ulrici*, Vermögensrechtliche Grundfragen des Arbeitnehmerurheberrechts, S. 374.
1792 Vgl. *Bayreuther*, GRUR 2003, 570, 574; *Ulrici*, Vermögensrechtliche Grundfragen des Arbeitnehmerurheberrechts, S. 375.

Kapitel 4. Vergütungsansprüche des Hochschulbeschäftigten im Arbeitnehmerurheberrecht

ren würde. Dem Arbeitnehmer steht kein zwingender werkbezogener Vergütungsanspruch aus § 32 UrhG zu.

(ee) Fazit

Die Frage nach der Anwendbarkeit des § 32 UrhG im Arbeitnehmerurheberrecht ist umstritten. Die Auslegung der Vorschrift anhand ihres Wortlauts ergibt, dass § 32 UrhG nur dann Anwendung finden kann, wenn eine vertragliche Vereinbarung der Arbeitsvertragsparteien hinsichtlich eines Entgelts für die Nutzungsrechtseinräumung vorliegt. Sowohl die historische als auch die systematische Auslegung liefern keine klaren Ergebnisse. Gleichwohl sprechen die historischen und systematischen Erwägungen eher für eine Nichtanwendbarkeit. Die teleologische Auslegung schließlich ergibt, dass § 32 UrhG im Arbeitsrecht solange keine Anwendung findet, wie der Arbeitgeber das Risiko der Werkentstehung trägt. Da dies im Arbeitsverhältnis regelmäßig der Fall sein wird, scheidet eine Anwendung des § 32 UrhG auf das Arbeitsverhältnis weitestgehend aus. Ein werkbezogener Vergütungsanspruch des Arbeitnehmerurhebers aus § 32 UrhG besteht insofern nicht.

(c) Fazit zum Vergütungsanspruch aus § 32 UrhG

§ 32 UrhG sieht einen Anspruch des Urhebers auf die vereinbarte Vergütung vor. Entgegen vielfach vertretener Auffassung kann ein zwingender Vergütungsanspruch aus § 32 UrhG nicht herausgelesen werden. Fehlt es an einer vertraglichen Vereinbarung hinsichtlich einer Vergütung für die Einräumung von Nutzungsrechten, steht dem Urheber kein Anspruch auf eine Vergütung zu, sofern sich die Unentgeltlichkeit des Nutzungsvertrags nicht als Umgehung i. S. d. § 32 Abs. 3 S. 2 UrhG darstellt.

Dem Grunde nach ist § 32 UrhG auch im Arbeitsverhältnis anwendbar. Der Anwendungsbereich reduziert sich jedoch auf diejenigen Fälle, in denen eine vertragliche Abrede der Parteien hinsichtlich eines Nutzungsentgelts vereinbart wurde. Insoweit hat § 32 Abs. 1 UrhG lediglich deklaratorische Bedeutung. Fehlt es an einer Vergütungsabrede, kommt § 32 UrhG hingegen nicht zur Anwendung, da die Vorschrift mit der arbeitsrechtlichen Risikoverteilung in der Regel nicht vereinbar ist. Ein werkbezogener Vergütungsanspruch des Arbeitnehmerurhebers, der ein Werk im Rahmen

§ 9 Die Vergütungsansprüche des Arbeitnehmerurhebers

des Arbeitsverhältnisses schafft, scheidet im Fall der fehlenden Vereinbarung über eine Vergütung aus.

cc. Fazit

Fehlt es an einer Vereinbarung zwischen Arbeitnehmer und Arbeitgeber hinsichtlich einer Vergütung als Ausgleich für die Einräumung von Nutzungsrechten durch den Arbeitnehmer, stellt sich die Frage, ob dem Arbeitnehmer gleichwohl ein Anspruch auf eine Vergütung zustehen muss. Nach der herrschenden Abgeltungstheorie ist die Nutzungsrechtseinräumung, soweit sie auf dem Arbeitsverhältnis basiert, mit dem durch den Arbeitgeber gezahlten Arbeitsentgelt bereits abgegolten. Die dem gegenüberstehende Trennungstheorie gewährt dem Arbeitnehmer einen Anspruch auf eine gesonderte Vergütung für die Nutzungsrechtseinräumung. Es hat sich jedoch gezeigt, dass diese Auffassung spätestens seit der Einführung des § 32 UrhG nicht mehr tragfähig ist. Ein zwingender werkbezogener Vergütungsanspruch des Arbeitnehmers ergibt sich auch nicht aus § 32 UrhG, da die Vorschrift im Arbeitsverhältnis aufgrund der entgegenstehenden Risikoverteilung im Arbeitsrecht nicht anwendbar ist.

Da es an einer gesetzlichen Grundlage für einen über das Arbeitsentgelt hinausgehenden Vergütungsanspruch des Arbeitnehmers insgesamt fehlt, ist mit der Abgeltungstheorie de lege lata davon auszugehen, dass dem Arbeitnehmer bei Fehlen einer entsprechenden Vereinbarung kein werkbezogener Vergütungsanspruch zusteht, obgleich auch die Abgeltungstheorie nicht frei von Kritik ist. Ein Vergütungsanspruch des Arbeitnehmers kommt im Wege der konkludenten Vertragsänderung lediglich dann in Betracht, wenn der Arbeitgeber das im Rahmen des Arbeitsverhältnisses geschaffene Werk außerhalb des Betriebszwecks nutzt oder ein Werk des Arbeitnehmers in Anspruch nimmt und nutzt, das dieser außerhalb des Arbeitsverhältnisses geschaffen hat.

2. Gesetzliche werkbezogene Vergütungsansprüche

Neben vertraglichen werkbezogenen Vergütungsansprüchen kommen auch gesetzliche Vergütungsansprüche in Betracht. Ausgehend von den allgemeinen urheberrechtlichen gesetzlichen Vergütungsansprüchen stellt sich die Frage, welche gesetzlichen werkbezogenen Vergütungsansprüche dem Arbeitnehmerurheber zustehen können.

Kapitel 4. Vergütungsansprüche des Hochschulbeschäftigten im Arbeitnehmerurheberrecht

a. Allgemeine urheberrechtliche Ansprüche

Enthielt das im Jahr 1965 neu eingeführte Urhebergesetz noch acht gesetzliche Vergütungsansprüche[1793], lässt sich heute eine Vielzahl urheberrechtlicher Vergütungstatbestände finden, die durch die Urheberrechtsnovelle im Jahr 1972[1794] sowie die Urheberrechtsreform 1985[1795] neu eingeführt, umgestaltet und weiterentwickelt wurden. Ein Großteil der gesetzlich festgeschriebenen Vergütungsansprüche fußt dabei jeweils auf durch die Rechtsprechung zuvor entwickelten Grundsätzen. So ist etwa die Einführung des § 46 Abs. 4 UrhG Ausfluss der BVerfG-Entscheidung *Schulbuchprivileg*[1796] gewesen und die vorgenommene Neuregelung des § 52 Abs. 1 UrhG schon bereits in der Entscheidung *Kirchenmusik*[1797] des BVerfG gefordert worden.

Gesetzliche Vergütungsansprüche stehen dem Urheber vor allem als Ausgleich für urhebergesetzliche Schranken (z. B. §§ 54, 54a UrhG), für die Verletzung des Urheberrechts sowie aus einer rechtsgrundlosen Rechtseinräumung zu. Erfolgt eine Verletzung des Urheberrechts, erhält der Urheber einen verschuldensunabhängigen Anspruch aus § 812 Abs. 1 S. 1 Alt. 2 BGB auf Herausgabe des Erlangten[1798], wobei der Anspruch auf die Herausgabe des Werts nach § 818 Abs. 2 BGB gerichtet ist, welcher anhand der sog. Lizenzanalogie berechnet wird.[1799] Bei einer rechtswidrigen und

---

1793 Siehe § 26 Abs. 1 UrhG a. F., § 27 Abs. 1 UrhG a. F., § 47 Abs. 2 UrhG a. F., § 49 Abs. 1 S. 2 UrhG, § 52 Abs. 1 UrhG a. F. mit zwei verschiedenen Ansprüchen, § 53 Abs. 5 UrhG a. F., § 54 Abs. 2 UrhG a. F.; vgl. *Stöhr*, Gesetzliche Vergütungsansprüche im Urheberrecht, S. 22 f.
1794 „Gesetz zur Änderung des Urheberrechtsgesetzes" vom 10.11.1972, BGBl. 1972, Teil I, S. 2081, in Kraft getreten am 01.01.1973.
1795 „Gesetz zur Änderung von Vorschriften auf dem Gebiet des Urheberrechts" vom 24.06.1985, BGBl. 1985, Teil I, S. 1137, in Kraft getreten am 01.07.1985.
1796 BVerfG, Beschluss v. 07.07.1971 – 1 BvR 765/66, BVerfGE 31, 229, 229 ff. = NJW 1971, 2163 – *Schulbuchprivileg*.
1797 BVerfG, Beschluss v. 25.10.1978 – 1 BvR 352/71, BVerfGE 49, 382, 382 ff. = NJW 1979, 2029 – *Kirchenmusik*.
1798 *Rehbinder/Peukert*, Urheberrecht, Rn. 1292; *Ulrici*, Vermögensrechtliche Grundfragen des Arbeitnehmerurheberrechts, S. 322 f.; *Dreier*, in: Dreier/Schulze, Urheberrechtsgesetz, § 102a, Rn. 3; *Reber*, in: BeckOK-UrhR, § 102a UrhG, Rn. 1; *v. Wolff*, in: Wandtke/Bullinger, UrhR, § 97 UrhG, Rn. 91 f. Die Regelung des § 812 BGB findet Anwendung, da § 102a UrhG n. F. bestimmt, dass Ansprüche aus anderen gesetzlichen Vorschriften unberührt bleiben. Diese Bestimmung fand sich zuvor in § 97 Abs. 3 UrhG a. F.
1799 *Rehbinder/Peukert*, Urheberrecht, Rn. 1293; *Ulrici*, Vermögensrechtliche Grundfragen des Arbeitnehmerurheberrechts, S. 323; *Dreier*, in: Dreier/Schul-

schuldhaften Verletzung des Urheberrechts steht dem Urheber ein Anspruch aus § 97 Abs. 2 S. 1 UrhG n. F zu[1800], der den ebenfalls bestehenden deliktischen Anspruch aus § 823 Abs. 1 BGB i. V. m. dem Urheberrecht als sonstigem Recht[1801] verdrängt.[1802] Erfolgt eine rechtsgrundlose Einräumung von Nutzungsrechten, erhält der Urheber einen Anspruch auf Rückgewähr aus § 812 Abs. 1 S. 1 Alt. 1 BGB, sofern von der Geltung des Abstraktionsprinzips im Urheberrecht ausgegangen wird.[1803]

b. Arbeitnehmerurheberrechtliche Ansprüche

Entscheidend ist, welche gesetzlichen Vergütungsansprüche dem Arbeitnehmerurheber zukommen können. In Betracht kommen bei rechtmäßi-

---

ze, Urheberrechtsgesetz, § 102a, Rn. 4; *Reber*, in: BeckOK-UrhR, § 102a UrhG, Rn. 1; *v. Wolff*, in: Wandtke/Bullinger, UrhR, § 97 UrhG, Rn. 92.

[1800] § 97 UrhG ist durch das „Gesetz zur Verbesserung der Durchsetzung von Rechten des geistigen Eigentums" vom 07.07.2008, BGBl. 2008, Teil I, S. 1191 mit Wirkung vom 01.09.2008 neu gefasst worden (zurückgehend auf die Richtlinie 2004/48/EG des Europäischen Parlaments und des Rates vom 29.04.2004 zur Durchsetzung der Rechte des geistigen Eigentums, ABl. Nr. L 195, S. 16). Zuvor fand sich der Schadensersatzanspruch in § 97 Abs. 1 S. 1 UrhG a. F.

[1801] *Ulrici*, Vermögensrechtliche Grundfragen des Arbeitnehmerurheberrechts, S. 323 f.; vgl. auch *v. Wolff*, in: Wandtke/Bullinger, UrhR, § 97 UrhG, Rn. 96.

[1802] *Dreier*, in: Dreier/Schulze, Urheberrechtsgesetz, § 102a, Rn. 11; *Reber*, in: BeckOK-UrhR, § 102a UrhG, Rn. 4.

[1803] *Ulrici*, Vermögensrechtliche Grundfragen des Arbeitnehmerurheberrechts, S. 324 f. Die Annahme einer wirksamen rechtsgrundlosen Rechtseinräumung mit Rückgewähranspruch impliziert die Geltung des Abstraktionsprinzips im Urheberrecht, eine Frage die stark umstritten ist, auf die aber mangels weiterer Relevanz hier nicht näher eingegangen werden soll. Die **herrschende Auffassung** lehnt grundsätzlich die Geltung des Abstraktionsprinzips im Urheberrecht ab, vgl. nur BGH, Urteil v. 21.01.1982 – I ZR 182/79, GRUR 1982, 308, 309 – *Kunsthändler*; BGH, Urteil v. 19.07.2012 – I ZR 70/10, GRUR 2012, 916, 917 (Rn. 19) – *M2Trade*; OLG Karlsruhe, Urteil v. 25.10.2006 – 6 U 174/05, ZUM-RD 2007, 76-80, 79; *Wente/Härle*, GRUR 1997, 96, 98 f.; *Fuchs*, Arbeitnehmer-Urhebervertragsrecht, S. 127 ff.; *Grabig*, Die Bestimmung einer weiteren angemessenen Beteiligung in gemeinsamen Vergütungsregeln und in Tarifverträgen nach § 32a Abs. 4 UrhG, S. 20; *Hoecht*, Urheberrechte im Arbeitsverhältnis, S. 42; *Schulze*, in: Dreier/Schulze, Urheberrechtsgesetz, § 31 UrhG, Rn. 18. **Für die Geltung in besonderen Fällen** siehe aber BGH, Urteil v. 26.03.2009 – I ZR 153/06, GRUR 2009, 946, 947 (Rn. 17 ff.) – *Reifen Progressiv*; BGH, Urteil v. 19.07.2012 – I ZR 24/11, GRUR 2012, 914, 915 (Rn. 14 ff.) – *Take Five*. Zum Streitstand siehe ausführlicher *Ulrici*, Vermögensrechtliche Grundfragen des Arbeitnehmerurheberrechts, S. 138 ff.

Kapitel 4. Vergütungsansprüche des Hochschulbeschäftigten im Arbeitnehmerurheberrecht

ger Werknutzung vor allem kollektivrechtliche Ansprüche des Arbeitnehmers durch Tarifverträge oder Betriebsvereinbarungen, denn nach § 4 Abs. 1 S. 1 TVG und § 77 Abs. 4 S. 1 BetrVG gelten Tarifverträge und Betriebsvereinbarungen unmittelbar und zwingend. Den Tarif- bzw. Betriebspartnern steht es frei, werkbezogene Vergütungsansprüche des Arbeitnehmers zu regeln.[1804] Dann steht dem Arbeitnehmerurheber ein Anspruch auf werkbezogene Vergütung unter den entsprechenden Voraussetzungen zu; eines Rückgriffs auf § 32 Abs. 1 S. 1 UrhG bedarf es nicht.[1805] Wie bereits Erwähnung gefunden hat, sind tarifvertragliche Regelungen einer werkbezogenen Urhebervergütung bislang jedoch äußerst selten und ausschließlich in speziellen Branchen existent.[1806]

Soweit zum Teil eine analoge Anwendung der §§ 9 ff. ArbNErfG auf das Arbeitnehmerurheberrecht befürwortet wird[1807], würde es sich auch bei einem solchen Vergütungsanspruch um eine gesetzliche werkbezogene Vergütung des Arbeitnehmerurhebers handeln. Wie bei der Betrachtung der Vergütungsansprüche des Hochschulurhebers noch sehr ausführlich gezeigt werden wird, scheidet eine analoge Anwendung der arbeitnehmererfinderrechtlichen Vorschriften auf das Urheberrecht jedoch zumindest mangels vergleichbarer Interessenlage aus.[1808]

Wird ein Werk des Arbeitnehmers durch den Arbeitgeber rechtswidrig genutzt, stehen dem Arbeitnehmer die soeben dargestellten allgemeinen urheberrechtlichen Ansprüche bei rechtswidriger Verletzung des Urheberrechts zu.[1809]

1804 *Ulrici*, Vermögensrechtliche Grundfragen des Arbeitnehmerurheberrechts, S. 399; siehe auch *Barthel*, Arbeitnehmerurheberrechte in Arbeitsverträgen, Tarifverträgen und Betriebsvereinbarungen, S. 75; vgl. auch *Müller-Höll*, Der Arbeitnehmerurheber in der Europäischen Gemeinschaft, S. 63.
1805 *Ulrici*, Vermögensrechtliche Grundfragen des Arbeitnehmerurheberrechts, S. 399.
1806 Vgl. hierzu oben Kapitel 4. § 9 B. II. 1. b. bb. (3) (b) (dd), (S. 506).
1807 Siehe die Nachweise in Fn. 1561 (S. 462).
1808 Siehe hierzu eingehend unten im Rahmen der analogen Anwendung des § 42 Nr. 4 ArbNErfG auf das Hochschulurheberrecht Kapitel 4. § 10 C. II. (S. 604).
1809 *Ulrici*, Vermögensrechtliche Grundfragen des Arbeitnehmerurheberrechts, S. 403. Zu den allgemeinen urheberrechtlichen Ansprüchen bei rechtswidriger Verletzung des Urheberrechts siehe soeben a.

III. Vergütungsansprüche für freie Werke

Nach der hier vertretenen Abgeltungstheorie erhält der Arbeitnehmer fernab der grundsätzlichen Abgeltung seiner Arbeitsleistung durch das Arbeitsentgelt einen Sondervergütungsanspruch, wenn der Arbeitgeber das geschaffene Werk über den Betriebszweck hinaus verwertet oder der Arbeitgeber ein außerhalb des Arbeitsverhältnisses geschaffenes Werk nutzt.[1810] Jeder Vergütungsanspruch bedarf jedoch einer rechtlichen Grundlage (vgl. Art. 20 Abs. 3 GG).[1811] Zum Vergütungsanspruch bei außerbetrieblicher Nutzung ist bereits Stellung bezogen worden.[1812] Bislang offen geblieben ist aber, auf welcher rechtlichen Grundlage der Vergütungsanspruch des Arbeitnehmers für die Nutzung der von ihm außerhalb seiner vertraglich geschuldeten Tätigkeit geschaffenen Werke beruht. Denn nach hier vertretener Auffassung ist nicht zwischen gebundenen und ungebundenen freien Werken zu differenzieren.[1813] Bei den freien Werken des Arbeitnehmers stehen die Urheber- und Nutzungsrechte am Werk allein dem Arbeitnehmer zu.[1814] Es hat sich gezeigt, dass der Arbeitnehmer nicht verpflichtet ist, dem Arbeitgeber das freie Werk zur Nutzung anzubieten, unabhängig davon, ob der Arbeitnehmer das Werk mit Betriebsmitteln des Arbeitgebers und Erfahrungen aus dem Betrieb geschaffen hat oder ein sachlicher Zusammenhang zwischen dem Werkschaffen und der arbeitsvertraglich geschuldeten Tätigkeit des Arbeitnehmers besteht. Die Verwertung durch den Arbeitnehmer findet ihre Grenze allein im arbeitsrechtlichen Wettbewerbsverbot.[1815]

Bietet der Arbeitnehmer seinem Arbeitgeber gleichwohl Nutzungsrechte an einem von ihm außerhalb der Arbeitspflichten geschaffenen Werk an, so stehen sich Arbeitnehmer und Arbeitgeber wie beliebige Dritte gegenüber; es gelten die allgemeinen urheberrechtlichen Vorschriften.[1816] Das bedeutet, der Arbeitnehmer hat gegen den Arbeitgeber einen Anspruch auf die vertraglich vereinbarte Vergütung nach § 32 Abs. 1 S. 1 UrhG. Denn nach hier vertretener Ansicht findet § 32 UrhG auch im Ar-

---

1810 Siehe hierzu oben Kapitel 4. § 9 B. II. 1. b. bb. (1), (S. 478).
1811 Vgl. *Boemke*, Schuldvertrag und Arbeitsverhältnis, S. 383 f.
1812 Dazu oben Kapitel 4. § 9 B. II. 1. b. bb. (1), (S. 478): konkludente Vertragsänderung.
1813 Zur hier vertretenen Auffassung siehe oben Kapitel 2. § 6 B. III. 2. a. bb. (1), (S. 135).
1814 *Bayreuther*, GRUR 2003, 570, 577.
1815 Siehe dazu ausführlich oben Kapitel 2. § 6 B. III. 2. a. bb. (2) (b) (bb), (S. 142).
1816 *Bayreuther*, GRUR 2003, 570, 577.

Kapitel 4. Vergütungsansprüche des Hochschulbeschäftigten im Arbeitnehmerurheberrecht

beitsverhältnis Anwendung, soweit ein Nutzungsentgelt vertraglich vereinbart wurde.[1817] Schwierigkeiten hinsichtlich der Vergütung ergeben sich nur, sofern der Arbeitnehmer dem Arbeitgeber Nutzungsrechte an seinen freien Werken vertraglich einräumt, ohne dass ein Nutzungsentgelt ausdrücklich vereinbart wurde. Dass ein Nutzungsvertrag entgegen der herrschenden Meinung nicht zwingend entgeltlich ausgestaltet ist, wurde bereits festgestellt.[1818] Ob dem Arbeitnehmer auch bei fehlender Vereinbarung eine Vergütung zustehen muss, ist in der Rechtsprechung zeitweise nicht einheitlich beurteilt worden: In seiner Entscheidung *Statikprogramme* aus dem Jahr 1984 hatte das BAG für den Vergütungsanspruch eines nicht als Programmierer, sondern als Statiker eingestellten Arbeitnehmers verlangt, dass dieser sich die Nutzungsrechtseinräumung an von ihm entwickelten Computerprogrammen nur gegen Entgelt hätte vorbehalten müssen. Ein Vergütungsanspruch sei demnach nur anzunehmen, wenn der Arbeitnehmer die Nutzungsrechte ausdrücklich nur gegen ein Entgelt einräumt.[1819] Demgegenüber ließ der BGH es weniger als ein Jahr später in seiner *Elektrodenfabrik*-Entscheidung für den Vergütungsanspruch des Arbeitnehmers ausreichen, dass die Einräumung der Nutzungsrechte den Umständen nach nur gegen eine Vergütung zu erwarten war. Der Arbeitnehmer sei nicht verpflichtet, eine Entgeltzahlung ausdrücklich zu fordern.[1820]

Angesichts der Tatsache, dass die Entscheidung des BAG mit der bisherigen Rechtsprechung zu Sondervergütungsansprüchen bei Sonderleistungen des Arbeitnehmers nicht in Einklang stand und nach nur kurzer Zeit mit der Entscheidung des BGH „korrigiert" wurde, ist davon auszugehen, dass es sich bei der Entscheidung um eine einmalige Abweichung ohne Grundsatzcharakter handelte, der nicht ohne weiteres einfach gefolgt werden sollte. Es ist auch nicht einzusehen, warum der Vergütungsanspruch des Arbeitnehmers von einem ausdrücklichen Vorbehalt des Arbeitnehmers abhängig gemacht werden sollte. Vielmehr zeigen gerade Vorschriften wie die §§ 612 Abs. 1, 632 Abs. 1 BGB, dass eine Vergütung auch als stillschweigend vereinbart gelten kann, wenn die Leistung den Umständen

---

1817 Zur Anwendung des § 32 UrhG im Arbeitsverhältnis siehe oben Kapitel 4. § 9 B. II. 1. b. bb. (3) (b), (S. 495).
1818 Siehe oben Kapitel 4. § 9 B. II. 1. b. bb. (3) (a), (S. 485).
1819 BAG, Urteil v. 13.09.1983 – 3 AZR 371/81, BAGE 44, 113, 122 f. = GRUR 1984, 429 – *Statikprogramme*.
1820 BGH, Urteil v. 10.05.1984 – I ZR 85/82, GRUR 1985, 129, 130 – *Elektrodenfabrik*; vgl. hierzu auch BGH, Urteil v. 11.11.1977 – I ZR 56/75, GRUR 1978, 244, 246 – *Ratgeber für Tierheilkunde*.

nach nur gegen eine Vergütung zu erwarten ist.[1821] Fehlt es an einer ausdrücklichen Abrede hinsichtlich der Vergütung, steht dem Arbeitnehmer ein Vergütungsanspruch demnach nur zu, wenn er sich mit dem Arbeitgeber zumindest tatsächlich über die Entgeltlichkeit der Rechtseinräumung geeinigt hat. Allerdings wird die Auslegung des Nutzungsvertrags nach §§ 133, 157 BGB – wie die Entscheidung des BGH zeigt – regelmäßig ergeben, dass die Rechtseinräumung nach dem normativen Willen der Parteien entgeltlich erfolgen soll[1822]; die Einräumung der Nutzungsrechte ohne eine Gegenleistung stellt hingegen den Ausnahmefall dar.[1823] Soll die Rechtseinräumung entgeltlich erfolgen, gilt nach § 32 Abs. 1 S. 2 UrhG die angemessene Vergütung als vereinbart.[1824] Eines Rückgriffs auf die §§ 612, 632 BGB bedarf es demnach nicht.[1825]

Nutzt der Arbeitgeber ein freies Werk des Arbeitnehmers, ohne dass dieser ihm vertraglich Nutzungsrechte eingeräumt hat, macht der Arbeitgeber sich schadensersatzpflichtig.[1826] Deliktische bzw. bereicherungsrechtliche Ansprüche des Arbeitnehmers können sich insoweit aus den §§ 97 ff. UrhG sowie aus § 812 Abs. 1. S. 1 Alt. 2 BGB ergeben.[1827]

IV. Sonderfall: Vergütungsansprüche des Softwareprogrammierers im Arbeitsverhältnis

Mit § 69b UrhG enthält das Urhebergesetz eine Sonderregelung für den softwareprogrammierenden Arbeitnehmerurheber. Es stellt sich die Frage, ob sich hinsichtlich der werkbezogenen Vergütung des Computerprogramme erstellenden Arbeitnehmers Besonderheiten gegenüber der allgemeinen Arbeitnehmerurhebervergütung ergeben.

1821 Vgl. auch ausführlicher *Lucas*, Softwareentwicklung durch Arbeitnehmer, S. 145 ff.
1822 *Ulrici*, Vermögensrechtliche Grundfragen des Arbeitnehmerurheberrechts, S. 303 m. w. N.
1823 Vgl. *Ulrici*, Vermögensrechtliche Grundfragen des Arbeitnehmerurheberrechts, S. 311.
1824 Vgl. *Berger*, ZUM 2003, 173, 174 f.; *Ulrici*, Vermögensrechtliche Grundfragen des Arbeitnehmerurheberrechts, S. 316.
1825 Vgl. hierzu oben Kapitel 4. § 9 B. II. 1. b. bb. (3), (S. 484).
1826 *Berger*, ZUM 2003, 173, 174 f.; *Veigel*, Immaterialgüterrechte im Arbeitsverhältnis, Rn. 306; vgl. auch *Kraßer*, in: FG Schricker (1995), S. 77, 109.
1827 *Berger*, ZUM 2003, 173, 174 f.; *Ulrici*, Vermögensrechtliche Grundfragen des Arbeitnehmerurheberrechts, S. 272 f., 279 m. w. N.

Kapitel 4. Vergütungsansprüche des Hochschulbeschäftigten im Arbeitnehmerurheberrecht

1. Vergütung für Pflichtprogramme

§ 69b UrhG selbst trifft keinerlei Aussagen in Bezug auf die Vergütung des Arbeitnehmers.[1828] Damit stellt sich wie im Rahmen des § 43 UrhG die Frage, ob dem Arbeitnehmer neben dem Arbeitsentgelt zusätzliche Vergütungsansprüche für Computerprogramme zustehen, die dieser im Rahmen seiner Arbeitstätigkeit entwickelt.

a. Vergütungsanspruch im Rahmen von § 69b Abs. 1 Var. 1 UrhG

Zu den Pflichtwerken i. S. d. § 69b UrhG gehören zunächst diejenigen Computerprogramme, die der Arbeitnehmer in Wahrnehmung seiner Aufgaben geschaffen hat (§ 69b Abs. 1 Var. 1 UrhG). Der Arbeitnehmer entwickelt ein Computerprogramm in Wahrnehmung seiner Aufgaben, wenn er zur Schaffung von Computerprogrammen arbeitsvertraglich verpflichtet ist.[1829] Zur Beantwortung der Frage nach einer Vergütung hinsichtlich der Pflichtwerke i. S. d. § 69b Abs. 1 Var. 1 UrhG muss auf den bereits erörterten Streit zum Hintergrund einer Vergütungszahlung im Arbeitnehmerurheberrecht zurückgegriffen werden. Die in diesem Rahmen betrachteten Theorien und Argumente erlangen auch im Zusammenhang mit § 69b UrhG Bedeutung.

aa. Abgeltungstheorie

Nach der von der herrschenden Meinung vertretenen Abgeltungstheorie hat der Arbeitnehmerurheber, der ein urheberrechtlich geschütztes Werk in Erfüllung seiner Pflichten aus dem Arbeitsverhältnis schafft, keinen Anspruch auf eine zusätzliche Vergütung; das Werk des Arbeitnehmers sowie die Einräumung der Nutzungsrechte an diesem seien durch das vom Arbeitgeber gezahlte Arbeitsentgelt abgegolten.[1830] Die Abgeltungstheorie wird auch im Rahmen von § 69b UrhG vertreten, da sie für alle urheberrechtlich geschützten Werke gleichermaßen gelte. Dem Arbeitnehmer, der in Wahrnehmung seiner Aufgaben oder nach den Anweisungen des Ar-

---

1828 *Schwab*, NZA 1999, 1254, 1256.
1829 Dazu oben Kapitel 2. § 6 B. III. 2. b. aa. (S. 148).
1830 Siehe hierzu ausführlich und mit Nachweisen im Rahmen von § 43 UrhG oben Kapitel 4. § 9 A. I. (S. 457).

beitgebers ein Computerprogramm schafft, stehe aufgrund der Abgeltung durch das Arbeitsentgelt kein Anspruch auf eine Zusatzvergütung zu.[1831] Bei der Einräumung der Nutzungsrechte an dem geschaffenen Computerprogramm handle es sich nicht um eine Extraleistung des Arbeitnehmers, sondern vielmehr um das beabsichtigte Arbeitsergebnis.[1832] Diese Auffassung ist unabhängig davon, ob als Grundlage der Übertragung der Nutzungsrechte auf den Arbeitgeber bei § 69b UrhG eine gesetzliche Lizenz oder eine vertragliche Nutzungsrechtseinräumung angenommen wird.[1833]

bb. Trennungstheorie

Der Abgeltungstheorie steht auch im Rahmen von § 69b UrhG die Trennungstheorie gegenüber, die zwischen der Arbeitsleistung des Arbeitnehmerurhebers und der Einräumung der Nutzungsrechte differenzieren will. Abgegolten durch das Arbeitsentgelt sei lediglich die Arbeitstätigkeit des Arbeitnehmers; die Einräumung der Nutzungsrechte sei als Zusatzleistung hingegen gesondert zu vergüten.[1834] Für den Verlust der vermögenswerten Rechte, die auf den Arbeitgeber übergehen, müsse der das Computerprogramm schaffende Arbeitnehmer ein Nutzungsentgelt vom Arbeitgeber erhalten.

cc. § 69b UrhG als bloße Zuordnungsnorm

Der grundlegende Streit zwischen Abgeltungs- und Trennungstheorie wird bei § 69b UrhG ergänzt um eine Mindermeinung in der Literatur, die im Allgemeinen grundsätzlich auf Seiten der Abgeltungstheorie steht, § 69b UrhG im Besonderen jedoch den Abgeltungscharakter abspricht. Bei § 69b UrhG handele es sich um eine bloße Zuordnungsnorm, die keine Auswirkungen auf die Vergütung des softwareprogrammierenden Arbeitnehmerurhebers habe.[1835]

1831 Statt vieler *Grützmacher*, in: Wandtke/Bullinger, UrhR, § 69b UrhG, Rn. 22; *Loewenheim/Spindler*, in: Schricker/Loewenheim, UrhG, § 69b UrhG, Rn. 16.
1832 *Ruzman*, Softwareentwicklung durch Arbeitnehmer, S. 124.
1833 Zum Streit um die Rechtsnatur des § 69b UrhG siehe oben Kapitel 2. § 6 B. III. 2. b. aa. (2), (S. 150).
1834 Dazu ausführlich im Rahmen von § 43 UrhG oben Kapitel 4. § 9 A. II. (S. 461).
1835 *Brandi-Dohrn*, CR 2001, 285, 291; siehe dazu auch *Ruzman*, Softwareentwicklung durch Arbeitnehmer, S. 125.

dd. Eigene Würdigung

Der Streit um den urheberrechtlichen Vergütungsgrund ist bereits im Rahmen von § 43 UrhG ausgiebig erörtert worden. Insoweit kann auf die dortigen Ausführungen Bezug genommen werden.[1836]

Der Abgeltungstheorie ist auch für die Vergütungsansprüche hinsichtlich der Schaffung von Computerprogrammen der Vorzug zu geben, wobei die bereits geäußerten Bedenken ihr gegenüber ebenfalls Berücksichtigung finden müssen.[1837] Da der Arbeitnehmer sich zur Schaffung eines Computerprogramms arbeitsvertraglich ebenso verpflichten kann wie zur Schaffung sonstiger urheberrechtlich geschützter Werke, lässt sich die Argumentation insoweit übertragen: Fällt die Schaffung des Programms in den Pflichtenkreis des Arbeitnehmers, fehlt es an einer überobligatorischen Leistung des Arbeitnehmers, die gesondert vergütet werden müsste. Der Arbeitgeber, der das unternehmerische Risiko trägt und die betrieblichen Mittel zur Verfügung stellt, ist auf die unentgeltliche Verwertung der Computerprogramme der Arbeitnehmer angewiesen, um sich die Arbeitsergebnisse seiner Arbeitnehmer, deren Existenz er durch Zahlung des Arbeitsentgelts sichert, zu Nutze machen zu können. Wäre der Arbeitgeber gehalten, zusätzliche Vergütungsansprüche des Arbeitnehmers zu bedienen, um die Arbeitsergebnisse verwerten zu können, würde der Zweck des Arbeitsvertrags vereitelt. Die Trennungstheorie ist demgegenüber aus den bereits genannten Gründen abzulehnen; sie kann auch im Rahmen von § 69b UrhG insbesondere aufgrund fehlender rechtlicher Grundlage kein Gehör finden.

Ebenfalls keine Zustimmung kann die letztgenannte Auffassung erfahren, die eine Abgeltung im Rahmen von § 69b UrhG mit dem Argument ablehnt, der Vorschrift des § 69b UrhG fehle es an dem die Vergütung regelnden Charakter. Denn auch in § 43 UrhG lassen sich keine Aussagen hinsichtlich der Vergütung des Arbeitnehmers finden und es hat sich gezeigt, dass § 43 UrhG dennoch erhebliche Auswirkungen auf Fragen der Vergütung hat. Ebenso verhält es sich bei § 69b UrhG, der gegenüber § 43 UrhG lediglich eine Sonderregelung für Computerprogramme darstellt.[1838]

1836 Siehe oben Kapitel 4. § 9 B. II. 1. b. bb. (S. 478 ff.).
1837 Zu den Bedenken gegenüber der Abgeltungstheorie siehe oben Kapitel 4. § 9 B. II. 1. b. bb. (1), (S. 478).
1838 Vgl. *Ruzman*, Softwareentwicklung durch Arbeitnehmer, S. 127.

§ 9 Die Vergütungsansprüche des Arbeitnehmerurhebers

Im Ergebnis ist damit auch bei der Schaffung von Computerprogrammen von einer Abgeltung der urheberrechtlichen Leistung des Arbeitnehmers durch das Arbeitsentgelt auszugehen. Gegenüber der Situation des § 43 UrhG ergibt sich aber ein wesentlicher Unterschied. Während dem Arbeitnehmer im Rahmen von § 43 UrhG gesonderte Vergütungsansprüche auch nach der Abgeltungstheorie dann zustehen, wenn der Arbeitgeber das Pflichtwerk des Arbeitnehmers über den betrieblichen Zweck hinaus nutzt, kann diese Ausnahme bei § 69b UrhG nicht greifen. Dieser Sondervergütungsanspruch rechtfertigt sich nämlich aus der Tatsache, dass der Arbeitgeber die Nutzungsrechte an dem urheberrechtlich geschützten Werk des Arbeitnehmers dem Umfang nach nur so weit erhält, wie es für die Erfüllung des Vertragszwecks von Nöten ist, welcher wiederum sich anhand der betrieblichen Belange bestimmt.[1839] Diese sich aus der Zweckübertragungsregel des § 31 Abs. 5 UrhG ergebende Beschränkung der Nutzung auf den Vertragszweck, gilt im Rahmen von § 69b UrhG nicht, da die Regelung des § 31 Abs. 5 UrhG bei § 69b UrhG aus den genannten Gründen keine Anwendung finden kann.[1840] Der Arbeitgeber erlangt die vermögensrechtlichen Befugnisse an einem Computerprogramm des Arbeitnehmers in vollem Umfang („*zur Ausübung **aller** [Hervorhebung durch den Verf.] vermögensrechtlichen Befugnisse an dem Computerprogramm berechtigt*"), eine Beschränkung allein auf die Nutzung zu betrieblichen Zwecken ergibt sich nicht. Nutzt der Arbeitgeber das Computerprogramm also außerhalb des Betriebszwecks, scheidet eine Zusatzvergütung des erstellenden Arbeitnehmers anders als für den sonst urheberrechtlich tätigen Arbeitnehmer gleichwohl aus, da die Einräumung von Nutzungsrechten über den Betriebszweck hinaus im Rahmen von § 69b UrhG nicht als überobligatorisch anzusehen ist. Dies ergibt sich auch daraus, dass § 69b UrhG als gesetzliche Lizenz zu begreifen ist[1841]: Wird durch gesetzliche Erwerbsformen eine Rechtsposition entzogen, erfolgt eine Wertausgleich nur dann, wenn dies gesetzlich besonders angeordnet ist (vgl. § 951 Abs. 1 BGB).[1842]

Insgesamt stehen dem Computerprogramm entwickelnden Arbeitnehmer Ansprüche auf eine gesonderte Vergütung aus § 69b UrhG nicht zu.

1839 Vgl. dazu oben Kapitel 2. § 6 B. III. 2. a. aa. (2) (a), (S. 131).
1840 Siehe oben Kapitel 2. § 6 B. III. 2. b. aa. (3), (S. 152).
1841 Zur Rechtsnatur des § 69b UrhG siehe Kapitel 2. § 6 B. III. 2. b. aa. (2), (S. 150).
1842 *Veigel*, Immaterialgüterrechte im Arbeitsverhältnis, Rn. 306.

b. Vergütungsanspruch im Rahmen von § 69b Abs. 1 Var. 2 UrhG

Zu den Pflichtwerken i. S. d. § 69b UrhG gehören auch die Computerprogramme, die der Arbeitnehmer nach den Anweisungen seines Arbeitgebers geschaffen hat. Wie bereits dargestellt, muss es sich dabei um Weisungen des Arbeitgebers handeln, die über das Direktionsrecht hinausgehen, da § 69b Abs. 1 Var. 2 UrhG andernfalls leer liefe.[1843] Bei nicht mehr vom Direktionsrecht gedeckten Weisungen des Arbeitgebers ist der Arbeitnehmer grundsätzlich nicht verpflichtet, diesen Folge zu leisten.[1844] § 69b Abs. 1 Var. 2 UrhG greift damit nur ein, wenn ein Computerprogramm durch den Arbeitnehmer dennoch entwickelt wurde. Folgt der Arbeitnehmer also nur „freiwillig" der Weisung des Arbeitgebers, erscheint es nicht gerechtfertigt, auch solche Computerprogramme als durch das Arbeitsentgelt abgegolten zu betrachten. Vielmehr muss dem Arbeitnehmer im Ergebnis ein entsprechender Vergütungsanspruch für die Einräumung von Nutzungsrechten zustehen.[1845]

Abseits des schlichten Hinweises, dass ein Vergütungsanspruch des Arbeitnehmers angenommen werden muss[1846], ist in der Literatur, soweit ersichtlich, bislang nicht der Frage nachgegangen worden, auf welche rechtliche Grundlage der Vergütungsanspruch des Arbeitnehmers gestützt werden kann. Nicht ohne weiteres kann auf die Regelungen der §§ 32 ff. UrhG zurückgegriffen werden, da der Arbeitnehmer trotz der freiwilligen Einräumung der Nutzungsrechte dem Arbeitgeber nicht wie ein beliebiger Dritter gegenüber steht, sondern es sich weiterhin um ein „im Rahmen des Arbeitsverhältnisses" geschaffenes Pflichtwerk handelt. Insoweit liegt der Fall anders als bei dem allgemeinen Arbeitnehmerurheber, der dem Arbeitgeber freiwillig Nutzungsrechte an den von ihm geschaffenen freien Werken einräumt.[1847]

Allerdings kann auch die Sonderleistungstheorie zur Begründung des Vergütungsanspruchs nur schwerlich herangezogen werden. Nach dem Sonderleistungsprinzip erhält der Arbeitnehmer sowohl für qualitativ als auch für quantitativ höherwertige Sonderleistungen eine gesonderte Ver-

---

1843 Siehe dazu ausführlich oben Kapitel 2. § 6 B. III. 2. b. aa. (1), (S. 149).
1844 *van der Hoff*, Die Vergütung angestellter Software-Entwickler, S. 143 f.; *Grützmacher*, in: Wandtke/Bullinger, UrhR, § 69b UrhG, Rn. 16 m w. N.
1845 So auch *van der Hoff*, Die Vergütung angestellter Software-Entwickler, S. 144; wohl auch *Grützmacher*, in: Wandtke/Bullinger, UrhR, § 69b UrhG, Rn. 16.
1846 So bei *van der Hoff*, Die Vergütung angestellter Software-Entwickler, S. 144; *Grützmacher*, in: Wandtke/Bullinger, UrhR, § 69b UrhG, Rn. 16.
1847 Siehe hierzu oben Kapitel 4. § 9 B. III. (S. 515).

gütung. Der Arbeitnehmer, der seinem Arbeitgeber Nutzungsrechte an dem auf Anweisung geschaffenen Computerprogramm einräumt, erbringt eine überobligatorische Leistung, wenn er das Werk außerhalb seiner arbeitsvertraglichen Pflichten schafft. Da die Sonderleistungstheorie mangels anderweitiger rechtlicher Grundlagen allenfalls mit der Annahme eines konkludenten Vertragsschlusses begründet werden kann, kommt dieser im Rahmen von werkbezogenen Vergütungsansprüchen (wie hier bei der Nutzungsrechtseinräumung) keine eigenständige Bedeutung zu[1848]; es gelten die allgemeinen Grundsätze. Erbringt der Arbeitnehmer also auf Anweisung des Arbeitgebers eine qualitativ höherwertige Arbeit und räumt dem Arbeitgeber Nutzungsrechte an seiner Software ein, ohne hierzu verpflichtet zu sein, kommt es zu einer konkludenten Änderung des Arbeitsvertrags oder zu einem konkludenten Vertragsschluss hinsichtlich eines anderweitigen Rechtsverhältnisses neben dem Arbeitsverhältnis.

Der Annahme eines konkludenten Vertragsschlusses wird entgegengehalten, dass die Reichweite von § 69b Abs. 1 Var. 2 UrhG dadurch beschränkt werde, dass die konkludente Änderung des Arbeitsvertrags zu einer Modifizierung des Pflichtenkreises und damit schließlich zu einer Anwendung von § 69b Abs. 1 Var. 1 UrhG führe, indem der Arbeitnehmer nunmehr doch ein Werk „*in Wahrnehmung der Aufgaben*" schaffe.[1849] Diesen Bedenken muss zwar ausreichend Rechnung getragen werden. Ihnen ist jedoch damit entgegenzutreten, dass gerade die Frage nach einer gesonderten Vergütung zeigt, dass trotz der Annahme einer konkludenten Änderung der arbeitsvertraglichen Pflichten nicht zwingend von der Schaffung eines Werks „*in Wahrnehmung der Aufgaben*" auszugehen ist. Denn das von einem Arbeitnehmer in Wahrnehmung seiner Aufgaben geschaffene Programm gilt nur deshalb als mit dem Arbeitsentgelt abgegolten, weil die Entwicklung des Programms in seine arbeitsvertragliche Tätigkeit fällt, für die er das Arbeitsentgelt erhält. Demgegenüber ist der Arbeitnehmer, der eine über das Direktionsrecht hinausgehende Weisung des Arbeitgebers zur Schaffung einer Software erhält, nicht verpflichtet, dieses konkludente Angebot auf entsprechende Änderung der arbeitsvertraglichen Pflichten anzunehmen. Geht er gleichwohl auf das Angebot ein und kommt es in der Folge zu einer konkludenten Vertragsänderung und der Einräumung von Nutzungsrechten an dem geschaffenen Programm, muss die überobligatorische Leistung des Arbeitnehmers entsprechend hono-

---

1848 Vgl. dazu oben Kapitel 4. § 9 B. II. 1. b. bb. (1), (S. 478).
1849 *Veigel*, Immaterialgüterrechte im Arbeitsverhältnis, Rn. 178. Siehe auch oben Fn. 469 (S. 149).

Kapitel 4. Vergütungsansprüche des Hochschulbeschäftigten im Arbeitnehmerurheberrecht

riert werden; eine Abgeltung erscheint nicht gerechtfertigt. Auch nachträgliche konkludente Vertragsänderungen unter § 69b Abs. 1 Var. 1 UrhG zu subsumieren, ist demnach nicht sachgerecht.

Die konkludente Änderung des Arbeitsvertrags hat zur Folge, dass die allgemeinen Grundsätze zur Auslegung und Ergänzung des Arbeitsvertrags zum Tragen kommen.[1850] Danach ist anhand der Auslegung des geänderten Vertrags festzustellen, ob dem Arbeitnehmer ein zusätzlicher Vergütungsanspruch zusteht. Dies wird regelmäßig dann der Fall sein, wenn der Arbeitnehmer billigerweise erwarten darf, dass ihm für die Gewährung der Rechte eine Vergütung zusteht.[1851] Dann ergibt sich der Vergütungsanspruch aus den §§ 612, 632 BGB.[1852] Kommt es demgegenüber zu einem konkludenten Vertragsschluss eines gesonderten Rechtsverhältnisses neben dem Arbeitsverhältnis, steht der Arbeitnehmer dem Arbeitgeber wie ein beliebiger Dritte gegenüber und das Rechtsverhältnis richtet sich nach den allgemeinen Vorschriften. In diesem Fall kann der Arbeitnehmer für die Nutzungsrechtseinräumung eine Vergütung aus § 32 Abs. 1 UrhG verlangen.

c. Vergütungsanspruch aus § 32 UrhG

Wie im Rahmen von § 43 UrhG auch, lohnt sich eine Betrachtung von Vergütungsansprüchen des Arbeitnehmers aus den allgemeinen urheberrechtlichen Vergütungsvorschriften der §§ 32 ff. UrhG. Dabei stellt sich zunächst die Frage, ob § 32 UrhG im Rahmen von § 69b UrhG überhaupt Anwendung finden kann. Hiergegen könnte bereits die hier vertretene Auffassung sprechen, dass der Vergütungsanspruch aus § 32 UrhG schon auf den Arbeitnehmer generell keine Anwendung findet, solange der Arbeitgeber das Risiko der Werkentstehung trägt.[1853] Da es sich bei § 69b UrhG nur um eine Spezialnorm gegenüber § 43 UrhG handelt, könnte eine Anwendung des § 32 UrhG auch für den angestellten Urheber von Computerprogrammen aus dem gleichen Grund ausgeschlossen sein. Da die herrschende Meinung in der Literatur § 32 UrhG auch auf Arbeit-

---

1850 Siehe oben Kapitel 4. § 9 B. II. 1. b. bb. (1), (S. 478); vgl. auch *Ulrici*, Vermögensrechtliche Grundfragen des Arbeitnehmerurheberrechts, S. 339, 348.
1851 Vgl. *Ulrici*, Vermögensrechtliche Grundfragen des Arbeitnehmerurheberrechts, S. 339.
1852 Vgl. auch *Bayreuther*, GRUR 2003, 570, 578.
1853 Zur Anwendung des § 32 UrhG auf den Arbeitnehmer vgl. oben Kapitel 4. § 9 B. II. 1. b. bb. (3) (b), (S. 495).

§ 9 Die Vergütungsansprüche des Arbeitnehmerurhebers

nehmerurheber anwenden will und erst weitergehend umstritten ist, ob § 32 UrhG auch im Rahmen des § 69b UrhG anwendbar ist, soll auf diese Frage an dieser Stelle noch einmal eingegangen und untersucht werden, ob sich Unterschiede gegenüber der Betrachtung zu § 43 UrhG ergeben.

aa. Zum Meinungsstand

Nach teilweise vertretener Meinung kann die Regelung des § 32 UrhG im Geltungsbereich des § 69b UrhG nicht zur Anwendung gelangen.[1854] Gestützt wird diese Auffassung maßgeblich auf die Annahme, dass es sich bei § 69b UrhG um eine gesetzliche Lizenz handele und es an der für § 32 UrhG erforderlichen vertraglichen Vereinbarung in jedem Fall fehle.[1855] Zudem enthalte die Vorschrift des § 69b UrhG keinen Verweis auf die Regelungen der §§ 31 ff. UrhG.[1856]

Diesem Verständnis treten zahlreiche Literaten entgegen, die § 32 UrhG auch im Rahmen von § 69b UrhG für anwendbar erklären.[1857] Zum einen handele es sich bei § 69b UrhG gerade nicht um eine gesetzliche Lizenz, sondern um eine bloße Auslegungsregelung.[1858] Ferner sei selbst bei Annahme einer gesetzlichen Lizenz der Tatbestand des § 69b UrhG erfüllt, da der Rechtsübertragung nach § 69b UrhG zwingend ein Arbeitsverhältnis zugrunde liege, das zumindest mittelbar die für § 32 UrhG erforderliche vertragliche Vereinbarung biete. Zudem sei es nicht sachgerecht, den Softwareprogrammierer gegenüber dem gewöhnlichen Arbeitnehmerurheber zu benachteiligen.[1859]

1854 *Czychowski*, in: FS W. Nordemann (2004), S. 157, 159 ff.; *Wimmers/Rode*, CR 2003, 399, 403 f.; *Zirkel*, WRP 2003, 59, 65.
1855 *Zirkel*, WRP 2003, 59, 65.
1856 *Wimmers/Rode*, CR 2003, 399, 403.
1857 *Grobys/Foerstl*, NZA 2002, 1015, 1019; *Haas*, Das neue Urhebervertragsrecht, Rn. 427; *van der Hoff*, Die Vergütung angestellter Software-Entwickler, S. 151 f.; *Kuckuk*, Die Vergütungsansprüche der Arbeitnehmerurheber im Spannungsfeld zwischen Arbeitsrecht und neuem Urheberrecht, S. 187 ff.; *Veigel*, Immaterialgüterrechte im Arbeitsverhältnis, Rn. 301; zurückhaltend *Dreier*, in: Dreier/Schulze, Urheberrechtsgesetz, § 69b UrhG, Rn. 10; *Loewenheim/Spindler*, in: Schricker/Loewenheim, UrhG, § 69b UrhG, Rn. 18.
1858 *Veigel*, Immaterialgüterrechte im Arbeitsverhältnis, Rn. 301.
1859 *Grobys/Foerstl*, NZA 2002, 1015, 1019.

Kapitel 4. Vergütungsansprüche des Hochschulbeschäftigten im Arbeitnehmerurheberrecht

bb. Eigene Würdigung

Da die Anwendbarkeit des § 32 UrhG auf das Arbeitnehmerurheberrecht bereits generell abgelehnt wurde und somit eine Anwendbarkeit auch im Rahmen der Spezialregelung des § 69b UrhG ausscheidet, soll zu den gegensätzlichen Positionen nur noch in der gebotenen Kürze Stellung bezogen und die bereits gefundenen Ergebnisse untermauert werden. Denn auch für § 69b UrhG ist von der Unanwendbarkeit der urhebervertragsrechtlichen Regelung des § 32 UrhG auszugehen. Da es sich bei § 69b UrhG um eine gesetzliche Lizenz handelt und es an einer vertraglichen Rechtseinräumung fehlt[1860], § 32 UrhG in seinem Anwendungsbereich demgegenüber aber vertragliche Vereinbarungen voraussetzt, ergibt sich die Nichtanwendung bereits aus dem Wortlaut bzw. der Rechtsnatur des § 69b UrhG.[1861] Soweit angenommen wird, dass das für § 32 UrhG erforderliche Vertragsverhältnis in dem zugrundeliegenden Arbeitsverhältnis zu erblicken sei und damit trotz der Annahme einer gesetzlichen Lizenz jedenfalls mittelbar eine vertragliche Vereinbarung für den Rechtserwerb vorliege[1862], vermag dies nicht zu überzeugen. Ein solches ergebnisorientiertes Verständnis, allein getrieben durch das Bestreben, trotz der Annahme einer gesetzlichen Lizenz zur Anwendung der §§ 32 ff. UrhG gelangen zu können, führt zu Widersprüchen und Inkonsequenz.[1863] Jenseits dessen sieht der Wortlaut des § 69b UrhG auch keine Gegenleistung für den Übergang der Nutzungsrechte vor.[1864]

1860 Zum hier vertretenen Verständnis des § 69b UrhG als gesetzlicher Lizenz siehe oben Kapitel 2. § 6 B. III. 2. b. aa. (2), (S. 150).
1861 Vgl. *Zirkel*, WRP 2003, 59, 65; *Leinhas*, IT-Outsourcing und Betriebsübergang im Sinne des § 613a BGB – arbeitnehmererfindungsrechtliche und arbeitnehmerurheberrechtliche Problemlösungen, Rn. 275; so i. E. auch *Veigel*, Immaterialgüterrechte im Arbeitsverhältnis, Rn. 142, der § 69b UrhG allerdings als Auslegungsregel und nicht als gesetzliche Lizenz begreift und damit von anderen Grundbedingungen ausgeht. Obgleich im Ergebnis abweichend siehe zu diesem Argument auch *Grobys/Foerstl*, NZA 2002, 1015, 1019.
1862 So *Grobys/Foerstl*, NZA 2002, 1015, 1019; *Dinnes*, Softwareentwicklung im Vertragsverhältnis, S. 137 f.; *van der Hoff*, Die Vergütung angestellter Software-Entwickler, S. 152; *Kuckuk*, Die Vergütungsansprüche der Arbeitnehmerurheber im Spannungsfeld zwischen Arbeitsrecht und neuem Urheberrecht, S. 190 f.; *Ruzman*, Softwareentwicklung durch Arbeitnehmer, S. 149; vgl. noch zu § 36 UrhG a. F. *Richardi/Buchner*, NZA 2002, 883, 886.
1863 Vgl. auch *Veigel*, Immaterialgüterrechte im Arbeitsverhältnis, Rn. 143.
1864 BGH, Urteil v. 23.10.2001 – X ZR 72/98, GRUR 2002, 149, 152 – *Wetterführungspläne II*; *Wimmers/Rode*, CR 2003, 399, 403; *Leinhas*, IT-Outsourcing und

§ 9 Die Vergütungsansprüche des Arbeitnehmerurhebers

Aber auch systematische und teleologische Erwägungen stützen diese Auffassung. Im Gegensatz zu § 43 UrhG fehlt es der Regelung des § 69b UrhG an einem entsprechenden Verweis auf die Vorschriften der §§ 31 ff. UrhG, die § 43 UrhG hingegen unmittelbar in Bezug nimmt.[1865] Hieran hat der Gesetzgeber auch im Zuge der Urheberrechtsreform in Kenntnis des schon lange bestehenden Streits nichts geändert.[1866] Dem kann auch nicht entgegengehalten werden, ein solcher Verweis ergebe sich aus § 69a Abs. 4 UrhG, der die Anwendbarkeit der für Sprachwerke geltenden Bestimmungen auf Computerprogramme erklärt und damit auch die Vorschrift des § 32 UrhG erfasse[1867], da die Anwendbarkeit nach § 69a Abs. 4 UrhG nur gilt, „soweit in diesem Abschnitt nichts anderes bestimmt ist." § 69b UrhG enthält aber gerade eben solche abweichenden Sonderbestimmungen für Computerprogramme, die im Rahmen eines Arbeitsverhältnisses geschaffen werden.[1868] Überdies können Ansprüche aus § 32 UrhG im Rahmen von § 69b UrhG auch aus teleologischer Sicht nicht Platz greifen. Der Vergütungsanspruch aus § 32 UrhG soll die Rechte des Urhebers stärken und unausgewogene Vertragsverhältnisse ausgleichen. Da die Nutzungsrechte bei § 69b UrhG aber durch Gesetz auf den Arbeitgeber übergehen, fehlt es von vornherein an einer Vertragsparität, die gewahrt werden müsste.[1869]

Betriebsübergang im Sinne des § 613a BGB – arbeitnehmererfindungsrechtliche und arbeitnehmerurheberrechtliche Problemlösungen, Rn. 275.

1865 So auch *Wimmers/Rode*, CR 2003, 399, 403; *Leinhas*, IT-Outsourcing und Betriebsübergang im Sinne des § 613a BGB – arbeitnehmererfindungsrechtliche und arbeitnehmerurheberrechtliche Problemlösungen, Rn. 276.

1866 Vgl. *Leinhas*, IT-Outsourcing und Betriebsübergang im Sinne des § 613a BGB – arbeitnehmererfindungsrechtliche und arbeitnehmerurheberrechtliche Problemlösungen, Rn. 274.

1867 So aber *Ruzman*, Softwareentwicklung durch Arbeitnehmer, S. 147, die zwar von § 69b Abs. 4 UrhG spricht, aber in Ermangelung eines § 69b Abs. 4 UrhG ganz offensichtlich § 69a Abs. 4 UrhG meint – es handelt sich offensichtlich um ein redaktionelles Versehen; *Voß*, Der Anspruch des Urhebers auf die angemessene Vergütung und die weitere angemessene Beteiligung, S. 55; vgl. auch *Kraßer*, in: FG Schricker (1995), S. 77, 101; **a. A.** *Veigel*, Immaterialgüterrechte im Arbeitsverhältnis, Rn. 143; *Leinhas*, IT-Outsourcing und Betriebsübergang im Sinne des § 613a BGB – arbeitnehmererfindungsrechtliche und arbeitnehmerurheberrechtliche Problemlösungen, Rn. 276.

1868 So auch *Leinhas*, IT-Outsourcing und Betriebsübergang im Sinne des § 613a BGB – arbeitnehmererfindungsrechtliche und arbeitnehmerurheberrechtliche Problemlösungen, Rn. 276.

1869 *Wimmers/Rode*, CR 2003, 399, 403 f.; siehe auch *Veigel*, Immaterialgüterrechte im Arbeitsverhältnis, Rn. 142.

Schließlich lässt sich auch im Wege richtlinienkonformer Auslegung feststellen, dass die Anwendung von § 32 UrhG auf den angestellten Programmierer ausscheidet. § 69b UrhG setzt Art. 2 Abs. 3 der Richtlinie 91/250/EWG (sog. Computerprogramm-Richtlinie)[1870] um, der demzufolge in die Betrachtung mit einbezogen werden muss. Fraglich ist, ob Art. 2 Abs. 3 der Computerprogramm-Richtlinie und damit auch § 69b UrhG ein abschließender Charakter hinsichtlich der Regelung aller urheberrechtlichen Ansprüche, also auch etwaiger Vergütungsansprüche, zuerkannt werden muss. Hierfür spricht, dass in Art. 2 Abs. 3 der Richtlinie von *„allen wirtschaftlichen Rechten"* die Rede ist.[1871] Nach der Vorstellung des europäischen Gesetzgebers sollten dem Arbeitgeber, der die Verwertungsinvestitionen tätigt, die erforderlichen Nutzungsrechte verschafft werden, ohne diesen mit zusätzlichen Vergütungsansprüchen zu belasten.[1872] Das Investitionsrisiko wird der Arbeitgeber nur übernehmen wollen, wenn ihm im Gegenzug auch die Sicherheit gewährt wird, das Computerprogramm wirtschaftlich verwerten zu können. Vorrangig nicht den Urheber, sondern den Programmnutzer schützend[1873], würde durch die Annahme der Anwendbarkeit des § 32 UrhG der Schutz des § 69b UrhG unterlaufen. Die Anwendung des § 32 UrhG im Rahmen von § 69b UrhG widerspricht der Zwecksetzung der Computerprogramm-Richtlinie und ist damit nicht richtlinienkonform.[1874]

Der Nichtanwendbarkeit des § 32 UrhG auf den Softwareprogrammierer kann auch nicht mit dem Argument entgegengetreten werden, sie führe zu einer Ungleichbehandlung zwischen dem Computerprogramm er-

---

1870 Richtlinie 91/250/EWG des Rates über den Rechtsschutz von Computerprogrammen vom 14.05.1991, ABl. Nr. L 122, S. 42 (veröffentlicht in GRUR Int. 1991, 545 ff.); nunmehr ersetzt durch die Richtlinie 2009/24/EG des Europäischen Parlaments und des Rates über den Rechtsschutz von Computerprogrammen vom 23.04.2009, ABl. Nr. L 111, S. 16 (veröffentlicht in GRUR Int. 2009, 677 ff.).
1871 *Grützmacher*, in: Wandtke/Bullinger, UrhR, § 69b UrhG, Rn. 24.
1872 *Czychowski*, in: FS W. Nordemann (2004), S. 157, 161; *Leinhas*, IT-Outsourcing und Betriebsübergang im Sinne des § 613a BGB – arbeitnehmererfindungsrechtliche und arbeitnehmerurheberrechtliche Problemlösungen, Rn. 277.
1873 *Czychowski*, in: FS W. Nordemann (2004), S. 157, 161; *Dreier*, GRUR 1993, 781, 785; *Leinhas*, IT-Outsourcing und Betriebsübergang im Sinne des § 613a BGB – arbeitnehmererfindungsrechtliche und arbeitnehmerurheberrechtliche Problemlösungen, Rn. 277.
1874 So i. E. auch *Czychowski*, in: FS W. Nordemann (2004), S. 157, 161 f.; *Wimmers/Rode*, CR 2003, 399, 403; *Zirkel*, WRP 2003, 59, 65; *Leinhas*, IT-Outsourcing und Betriebsübergang im Sinne des § 613a BGB – arbeitnehmererfindungsrechtliche und arbeitnehmerurheberrechtliche Problemlösungen, Rn. 277.

stellenden Arbeitnehmer und dem sonst urheberrechtlich werkschaffenden Arbeitnehmer i. S. v. Art. 3 Abs. 1 GG.[1875] Denn nach hier vertretener Auffassung scheidet die Anwendung des § 32 UrhG für beide Arbeitnehmergruppen gleichermaßen aus.

d. Vergütungsanspruch aus § 9 Abs. 1 ArbNErfG analog

Ebenso wie ein Sondervergütungsanspruch des Arbeitnehmerurhebers aus einer Analogie zu den arbeitnehmererfinderrechtlichen Vorschriften der §§ 9 ff. ArbNErfG mangels planwidriger Regelungslücke und vergleichbarer Interessenlage abgelehnt werden musste[1876], scheidet die analoge Anwendung des § 9 ArbNErfG auch auf den Computerprogramm entwickelnden Arbeitnehmer aus.

e. Vergütungsanspruch aus dem arbeitsrechtlichen Sonderleistungsprinzip des § 612 BGB (analog)

Auch der softwareprogrammierende Arbeitnehmer erhält für seine Tätigkeit das vereinbarte Arbeitsentgelt. Während werkbezogene Vergütungsansprüche bis auf die genannten Ausnahmen neben dem Arbeitsentgelt ausscheiden, kann der Softwareprogrammierer auch bei Pflichtwerken einen gesonderten Vergütungsanspruch nach den Kriterien des Sonderleistungsprinzips geltend machen. Erbringt er eine quantitativ (z. B. Überstunden) oder qualitativ (z. B. Tätigkeit, die arbeitsvertraglich nicht geschuldet ist) höherwertige Leistung, steht ihm ein Sondervergütungsanspruch aus § 612 BGB analog zu.[1877] Insoweit ergeben sich keinerlei Besonderheiten gegenüber den sonstigen Arbeitnehmerurhebern.

1875 So aber *Dinnes*, Softwareentwicklung im Vertragsverhältnis, S. 137 f.; *Veigel*, Immaterialgüterrechte im Arbeitsverhältnis, Rn. 142, 301.
1876 Siehe hierzu oben Kapitel 4. § 9 B. II. 2. b. (S. 513).
1877 *Leinhas*, IT-Outsourcing und Betriebsübergang im Sinne des § 613a BGB – arbeitnehmererfindungsrechtliche und arbeitnehmerurheberrechtliche Problemlösungen, Rn. 272; vgl. auch oben Kapitel 2. § 5 C. II. 3. (S. 88).

2. Vergütung für freie Computerprogramme

Vergleichbar der Situation in § 43 UrhG ist auch bei § 69b UrhG im Hinblick auf die Vergütungssituation zwischen den Pflichtwerken und freien Werken des Arbeitnehmer zu unterscheiden. Dabei ergibt sich allerdings ein wesentlicher Unterschied zwischen dem gewöhnlichen und dem softwareprogrammierenden Arbeitnehmer. Für beide gilt zwar zunächst, dass das geschaffene Werk grundsätzlich durch das Arbeitsentgelt abgegolten ist und eine gesonderte Vergütung durch den Arbeitgeber nicht gezahlt werden muss (Abgeltungstheorie). Der gewöhnliche Arbeitnehmer erhält eine Sondervergütung aber dann, wenn der Arbeitgeber das geschaffene Werk außerhalb des Betriebszwecks nutzt oder ein freies Werk des Arbeitnehmers verwertet.[1878] Für den Softwareprogrammierer gilt Ersteres hingegen nicht. Dieser erhält eine Vergütung nur bei der Verwertung freier Werke. Hintergrund dessen ist der unterschiedliche Umfang der Rechtseinräumung: Während der Arbeitgeber die Nutzungsrechte an den urheberrechtlich geschützten Werken des Arbeitnehmers nach § 43 UrhG bei mangelnder Vereinbarung sowohl dem Grund als auch dem Umfang nach nur soweit erhält, wie es der Betriebszweck erfordert, stehen dem Arbeitgeber die vermögensrechtlichen Befugnisse an einem Computerprogramm des Arbeitnehmers nach der Sonderregelung des § 69b UrhG sowohl in sachlich und räumlicher als auch in zeitlicher Hinsicht uneingeschränkt zu. Die in § 31 Abs. 5 UrhG enthaltene Zweckübertragungslehre findet im Rahmen von § 69b UrhG keine Anwendung.[1879] Da der Arbeitgeber nur die über die Nutzungsrechtseinräumung hinausgehende Nutzung gesondert vergüten muss, er in Bezug auf die Computerprogramme aber das unbeschränkte Nutzungsrecht erhält, scheidet eine Sondervergütung des Programmierers auch dann aus, wenn der Arbeitgeber das Programm außerhalb des Betriebszwecks nutzt.[1880]

Der Arbeitnehmer, der ein Computerprogramm entwickelt, erhält eine Sondervergütung demnach nur, wenn es sich bei dem von ihm geschaffe-

---

1878 Dazu oben Kapitel 4. § 9 B. II. 1. b. bb. (1), (S. 478).
1879 Begründung zum „Entwurf eines Zweiten Gesetzes zur Änderung des Urheberrechtsgesetzes" der Bundesregierung vom 18.12.1992, BT-Drs. 12/4022, S. 10 (zu § 69b); BGH, Urteil v. 24.10.2000 – X ZR 72/98, GRUR 2001, 155, 157 – *Wetterführungspläne I*; *Balle*, NZA 1997, 868, 870; *Loewenheim/Spindler*, in: Schricker/Loewenheim, UrhG, § 69b UrhG, Rn. 12; a. A. *Veigel*, Immaterialgüterrechte im Arbeitsverhältnis, Rn. 179; *Wandtke*, in: Wandtke/Bullinger, UrhR, § 43 UrhG, Rn. 56.
1880 Vgl. auch *Ruzman*, Softwareentwicklung durch Arbeitnehmer, S. 128.

nen Programm um ein freies Werk handelt. Es hat sich gezeigt, dass die Abgrenzung der Pflichtwerke i. S. d. § 69b UrhG gegenüber den freien Werken nicht immer einfach ist. Von einem freien Computerprogramm ist jedenfalls dann auszugehen, wenn der Arbeitnehmer das Programm weder nach Anweisung des Arbeitgebers noch in Wahrnehmung seiner arbeitsvertraglichen Aufgaben entwickelt. Nach hier vertretener Auffassung liegt ein freies Werk des Arbeitnehmers aber auch bereits dann vor, wenn sich das Werk nicht zweifelsfrei den Arbeitsaufgaben des Arbeitnehmers zuordnen lässt. Auf einen inneren Zusammenhang zwischen dem Werkschaffen und der Arbeitstätigkeit des Arbeitnehmers oder die Verwendbarkeit des Programms im Betrieb des Arbeitgebers kommt es ebenso wenig an, wie darauf, ob der Arbeitnehmer das Computerprogramm mit Mitteln des Arbeitgebers oder Kenntnissen aus dem Betrieb entwickelt hat.[1881]

Auch bei Computerprogrammen ist der Arbeitnehmer nicht verpflichtet, seinem Arbeitgeber das freie Programm zur Nutzung anzubieten.[1882] Bietet der Arbeitnehmer dem Arbeitgeber ein freies Computerprogramm gleichwohl zur Nutzung an, steht der Programmierer dem Arbeitgeber wie ein Betriebsfremder gegenüber. Insoweit gelten die allgemeinen urheberrechtlichen Regelungen. In diesem Fall ergibt sich ein Vergütungsanspruch des Arbeitnehmers aus § 32 UrhG.[1883] Insoweit ergeben sich keine Unterschiede zur Nutzung sonstiger urheberrechtlich geschützter Werke durch den Arbeitgeber.[1884]

3. Fazit

Hinsichtlich der Vergütungsansprüche des angestellten Softwareprogrammierers für Pflichtwerke ergeben sich kaum Besonderheiten gegenüber den allgemeinen arbeitnehmerurheberrechtlichen Vergütungsansprüchen. Grundsätzlich ist davon auszugehen, dass das vom Arbeitnehmer im Rahmen des Arbeitsverhältnisses geschaffene Computerprogramm durch das

---

1881 Dazu siehe oben Kapitel 2. § 6 B. III. 2. b. bb. (3), (S. 156).
1882 Zur Anbietungspflicht siehe oben Kapitel 2. § 6 B. III. 2. b. bb. (S. 154).
1883 Vgl. *Leinhas*, IT-Outsourcing und Betriebsübergang im Sinne des § 613a BGB – arbeitnehmererfindungsrechtliche und arbeitnehmerurheberrechtliche Problemlösungen, Rn. 283; *Ruzman*, Softwareentwicklung durch Arbeitnehmer, S. 122.
1884 *Leinhas*, IT-Outsourcing und Betriebsübergang im Sinne des § 613a BGB – arbeitnehmererfindungsrechtliche und arbeitnehmerurheberrechtliche Problemlösungen, Rn. 283.

Kapitel 4. Vergütungsansprüche des Hochschulbeschäftigten im Arbeitnehmerurheberrecht

Arbeitsentgelt abgegolten ist; ein Sondervergütungsanspruch steht dem Arbeitnehmer nicht zu. Ein solcher ergibt sich auch nicht aus § 32 Abs. 1 UrhG, da die Vorschrift im Geltungsbereich von § 69b UrhG nicht anwendbar ist. Die im Rahmen des Arbeitnehmerurheberrechts geltende Ausnahme von der grundsätzlichen Abgeltung bei einer außerbetrieblichen Nutzung des Werks durch den Arbeitgeber, scheidet im Rahmen von § 69b UrhG aus, da die Zweckübertragungsregel des § 31 Abs. 5 UrhG keine Anwendung finden kann. Für den angestellten Softwareprogrammierer bleibt es damit in jedem Fall bei der Abgeltung durch das Arbeitsentgelt.

Räumt der Arbeitnehmer seinem Arbeitgeber Nutzungsrechte an einem freien Computerprogramm ein, steht er dem Arbeitgeber wie ein Dritter gegenüber; es gelten die allgemeinen urheberrechtlichen Vorschriften.

C. Zusammenfassung

Schafft ein Arbeitnehmer im Rahmen des Arbeitsverhältnisses ein urheberrechtlich geschütztes Werk und ist er zur Einräumung von Nutzungsrechten an den Arbeitgeber verpflichtet, stellt sich (vergleichbar dem Arbeitnehmererfindungsrecht) die Frage, ob dem Arbeitnehmer fernab der Arbeitsvergütung ein Sondervergütungsanspruch als Ausgleich für die Nutzungsrechtseinräumung zugesprochen werden muss.

Neben den auf die höherwertige Tätigkeit des Arbeitnehmers bezogenen Vergütungsansprüchen stehen vor allem auf das Werk bezogene Vergütungsansprüche in Frage. Die Problematik einer gesonderten Vergütung wird relevant, wenn es an einer vertraglichen Vereinbarung einer Vergütung für die Nutzungsrechtseinräumung fehlt. Mit der hier vertretenen Auffassung ist davon auszugehen, dass in diesem Fall die Einräumung der Nutzungsrechte durch das vom Arbeitgeber gezahlte Arbeitsentgelt abgegolten ist. An der grundsätzlichen Abgeltung vermag auch die seit 2002 geltende Regelung des § 32 Abs. 1 UrhG nichts zu ändern, die dem Urheber für die Einräumung von Nutzungsrechten zwar die vertraglich vereinbarte Vergütung zusichert (S. 1) und für den Fall der nicht bestimmten Vergütungshöhe die angemessene Vergütung als vereinbart fingiert (S. 2), aus der sich aber kein zwingender gesetzlicher Vergütungsanspruch des Urhebers für den Fall der fehlenden Vergütungsvereinbarung ergibt. Erschwerend kommt hinzu, dass § 32 UrhG selbst bei der Annahme eines zwingenden Vergütungsanspruchs jedenfalls auf Arbeitsverhältnisse keine Anwendung finden kann.

Jenseits der grundsätzlichen Abgeltung durch das Arbeitsentgelt erhält der Arbeitnehmer eine Sondervergütung im Wege einer konkludenten Vertragsänderung nur dann, wenn der Arbeitgeber das im Rahmen des Arbeitsverhältnisses geschaffene Werk außerhalb des Betriebszwecks nutzt oder ein Werk des Arbeitnehmers in Anspruch nimmt und nutzt, das dieser außerhalb des Arbeitsverhältnisses geschaffen hat.

Grundsätzlich gilt das Gesagte auch, wenn es sich bei dem Werk des Arbeitnehmers um ein Computerprogramm i. S. d. § 69b UrhG handelt. Die Einräumung von Nutzungsrechten an den Pflichtprogrammen des Arbeitnehmers ist durch das Arbeitsentgelt abgegolten. Die im Arbeitnehmerurheberrecht geltende Ausnahme der Vergütung für eine Nutzung des Werks außerhalb des Betriebszwecks greift im Rahmen von § 69b UrhG allerdings nicht; der Arbeitgeber kann das Computerprogramm demnach auch außerhalb des Betriebszwecks ohne eine gesonderte Vergütungszahlung nutzen.

§ 10 Die Vergütungsansprüche des Hochschulurhebers

Die Betrachtung der urheberrechtlichen Vergütungsansprüche eines Hochschulbeschäftigten kann anders als im Arbeitnehmererfinderrecht nicht auf eine spezielle gesetzliche Vorschrift aufgebaut werden. Dem Urhebergesetz fehlt es an einer dem § 42 Nr. 4 ArbNErfG vergleichbaren Regelung, die eine gesonderte Vergütung des Hochschulbeschäftigten für die Verwertung seiner Werke durch die Hochschule vorsieht. Bei der Untersuchung von Vergütungsansprüchen eines Hochschulbeschäftigten im Urheberrecht muss deshalb vor allem an die allgemeinen Vergütungsansprüche eines Arbeitnehmerurhebers angeknüpft werden.

Dafür stellt sich zunächst die Frage, inwieweit das Urheberrecht im Hochschulbereich persönlich, institutionell und sachlich Anwendung findet (A.). Zur konkreten Abgrenzung des Gegenstands der vorliegenden Untersuchung muss weiterhin bestimmt werden, in welchen Fällen überhaupt von einer Verwertung der Hochschulurheberwerke durch die Hochschule gesprochen werden kann. In diesem Kontext ist zu untersuchen, ob die allgemeine für Urheber in Arbeits- oder Dienstverhältnissen geltende Vorschrift des § 43 UrhG auch auf Arbeits- und Dienstverhältnisse im Hochschulbereich Anwendung finden kann (B.). Darauf aufbauend können schließlich die Vergütungsansprüche des Hochschulurhebers als Kern der Untersuchung begutachtet werden (C.).

Kapitel 4. Vergütungsansprüche des Hochschulbeschäftigten im Arbeitnehmerurheberrecht

A. Der Anwendungsbereich des Urheberrechts im Hochschulbereich

Die Bedeutung des Urheberrechts für Rechtsverhältnisse an einer Hochschule ist bereits aufgezeigt worden.[1885] Noch nicht beantwortet wurde damit aber die Frage, inwieweit das UrhG im Hochschulbereich überhaupt Anwendung findet. Selbstverständlich kann es sich auch bei einem Hochschulbeschäftigten um einen Urheber i. S. v. § 1 UrhG handeln, der grundsätzlich den Schutz des UrhG genießt. Gleichwohl können hochschulrechtliche Besonderheiten insbesondere im Hinblick auf die grundgesetzlich verbürgte Forschungs- und Wissenschaftsfreiheit aus Art. 5 Abs. 3 GG auftreten, die eine uneingeschränkte Anwendung des UrhG auf den Hochschulbereich erschweren. Zumindest aber sollte eine Anwendung der urheberrechtlichen Bestimmungen nicht unreflektiert und ohne Berücksichtigung der Eigenarten des Hochschulrechts erfolgen.

Zu untersuchen steht deshalb, welcher Personenkreis unter den Begriff des Hochschulbeschäftigten i. S. d. Urheberrechts zu subsumieren ist (I.) und wie der Begriff des Arbeitgebers bzw. der Hochschule im Urheberrecht zu bestimmen ist (II.). Schließlich muss erörtert werden, ob es sich auch bei Werken von Hochschulbeschäftigten um schutzfähige Werke i. S. d. UrhG handelt (III.).

I. Persönlicher Anwendungsbereich – Der Hochschulbeschäftigte

Da es an besonderen Bestimmungen für urheberrechtlich geschützte Werke der an einer Hochschule Beschäftigten mangelt, existiert anders als im Arbeitnehmererfinderrecht auch keine Vorschrift, die den Begriff des Hochschulbeschäftigten voraussetzt. Die Verwendung des Hochschulbeschäftigtenbegriffs im Urheberrecht resultiert allein aus dem Gegenstand der vorliegenden Arbeit, eine ganzheitliche Betrachtung der Vergütungsansprüche eines Hochschulbeschäftigten bei Verwertung des geistigen Eigentums durch die Hochschule vorzunehmen. Soll ein adäquater Vergleich zwischen den Vergütungsansprüchen im Arbeitnehmererfinder-, -urheber- und -designrecht oder gar eine Übertragung der arbeitnehmererfinderrechtlichen Regelungen auf die verschiedenen Rechtsbereiche erfolgen, ist es notwendig, der jeweiligen Betrachtung einen identischen Hochschulbeschäftigtenbegriff zugrunde zu legen.

1885 Siehe einleitend oben Kapitel 1. § 2 (S. 46).

Wird dem Begriff des Hochschulbeschäftigten im Arbeitnehmerurheberrecht demnach das Verständnis des arbeitnehmererfinderrechtlichen Hochschulbeschäftigtenbegriffs i. S. d. § 42 Nr. 4 ArbNErfG zugrunde gelegt, sind entsprechend des dort entwickelten Verständnisses[1886] damit alle Mitglieder der Hochschule nach § 36 Abs. 1. S. 1 Alt. 1 HRG oder sonstigen an der Hochschule Tätigen nach § 36 Abs. 1 S. 2 Alt. 1 HRG erfasst. Konkret fällt also das gesamte wissenschaftliche wie nichtwissenschaftliche Hochschulpersonal unter den Hochschulbeschäftigtenbegriff. Neben dem in § 42 Abs. 1 HRG geregelten, hauptberuflich tätigen wissenschaftlichen und künstlerischen Personal wie Professoren, Juniorprofessoren, wissenschaftlichen und künstlerischen Mitarbeitern sowie Lehrkräften für besondere Aufgaben sind dies auch wissenschaftliche und studentische Hilfskräfte, das technische Personal sowie alle Verwaltungsbeamten und -angestellten. Einzig diejenigen Personen, die nicht in einem abhängigen Dienstverhältnis zur Hochschule stehen, wie möglicherweise Doktoranden oder Studenten sowie in der Regel auch Gastdozenten, Honorarprofessoren oder Lehrbeauftragte, werden vom Begriff des Hochschulbeschäftigten im hier verwendeten urheberrechtlichen Sinn nicht erfasst. Inwieweit die urheberrechtlichen Vorschriften auf die einzelnen Beschäftigungsgruppen an einer Hochschule Anwendung finden, bleibt einer gesonderten Prüfung vorbehalten.[1887]

II. Institutioneller Anwendungsbereich – Die Hochschule

Ähnliches muss im Grunde auch für den institutionellen Anwendungsbereich des Urheberrechts im Hochschulbereich gelten. Zur Gewährleistung der Vergleichbarkeit muss der im Arbeitnehmererfinderrecht zugrunde gelegte Begriff der Hochschule auch im Hochschulurheberrecht Anwendung finden.

Dementsprechend sind gem. § 1 HRG Universitäten, Pädagogische Hochschulen, Kunsthochschulen, Fachhochschulen sowie sonstige Einrichtungen des Bildungswesens, die nach Landesrecht staatliche Hochschulen sind, als Hochschulen i. S. d. Urhebergesetzes anzuerkennen. Entsprechend des hier vertretenen arbeitnehmererfinderrechtlichen Verständ-

---

1886 Siehe zum Begriff des Hochschulbeschäftigten im Arbeitnehmererfinderrecht oben Kapitel 3. § 8 A. II. 1. (S. 245).
1887 Zur Anwendbarkeit des § 43 UrhG auf die einzelnen Beschäftigungsgruppen an einer Hochschule siehe unten Kapitel 4. § 10 B. III. 2. (S. 562).

nisses hingegen nicht erfasst, sind die privatrechtlich verfassten, staatlich anerkannten Hochschulen sowie die außeruniversitären Forschungseinrichtungen und verselbständigten Universitätskliniken. Die bereits erörterte Divergenz hinsichtlich des Hochschul- und Dienstherrenbegriffs gilt auch im Urheberrecht vergleichbar.[1888]

Einzig *Hubmann* und *Haberstumpf* legen dem Urheberrecht einen eigenen Dienstherrenbegriff zugrunde. Danach sei Dienstherr des Assistenten oder des Mitarbeiters der Professor, dem er zugeordnet ist.[1889] Diese Auffassung ist schon deshalb abzulehnen, weil sie die urheberrechtliche Stellung des Professors selbst nicht zu erklären vermag. Darüber hinaus ist für die Bestimmung des Hochschulbegriffs im Hochschulurheberrecht allein entscheidend, wem die Werke des Hochschulbeschäftigten als Arbeitsergebnis zugeordnet werden sollen; nicht von Bedeutung ist demgegenüber, wer die Rechte des Dienstherrn als Vorgesetzter ausübt.[1890]

III. Sachlicher Anwendungsbereich – Urheberrechtlich geschützte Werke

Den Urheberrechtsschutz nach Maßgabe des UrhG genießen Urheber von Werken der Literatur, Wissenschaft und Kunst (§ 1 UrhG). Nachdem ursprünglich nur die „Literatur" und die „Kunst" in § 1 UrhG Erwähnung fanden, wurde im Jahr 1965 der Begriff der Wissenschaft ergänzt.[1891] Obgleich selbstverständlich auch zahlreiche Werke der Literatur und der Kunst im Hochschulbereich geschaffen werden, erlangen gerade die wissenschaftlichen Werke im Hochschulbereich besondere Bedeutung. Als *wissenschaftliches* Werk ist dabei ein Geisteserzeugnis anzusehen, das seinem gedanklichen Inhalt nach auf die systematische und überprüfbare Vermittlung von Erkenntnis gerichtet und aus der Sicht seines Autors auf die Verfolgung eines belehrenden Zwecks angelegt ist.[1892]

1888 Zum Auseinanderfallen des Hochschulbegriffs und des Dienstherrenbegriffs siehe oben Kapitel 3. § 8 A. II. 2. b. (S. 265 ff.); vgl. hierzu auch *Leuze*, GRUR 2006, 552, 554; *Kraßer/Schricker*, Patent- und Urheberrecht an Hochschulen, S. 69 f.
1889 *Hubmann/Haberstumpf*, MittHV 1982, 211, 212; *Hubmann*, in: Arbeitsgruppe Fortbildung im Sprecherkreis der Hochschulkanzler (Hrsg.), Patent- und Urheberrecht, Arbeitnehmererfindungs- und Veröffentlichungsrecht. Fortbildungsprogramm für die Wissenschaftsverwaltung, S. 47, S. 63 f.
1890 Vgl. *Kraßer/Schricker*, Patent- und Urheberrecht an Hochschulen, S. 69.
1891 *Kraßer/Schricker*, Patent- und Urheberrecht an Hochschulen, S. 74 f.
1892 *v. Moltke*, Das Urheberrecht an den Werken der Wissenschaft, S. 32.

§ 10 Die Vergütungsansprüche des Hochschulurhebers

1. Werkkategorien im Hochschulbereich

Von den in § 2 Abs. 1 UrhG nicht abschließend aufgezählten Werkarten, die den urheberrechtlichen Schutz genießen, sind im Hochschulbereich nicht alle gleichermaßen relevant. Von Nr. 1 werden Sprachwerke, wie Schriftwerke oder Reden erfasst. Bei den Sprachwerken handelt es sich um die im Hochschulbereich wohl am häufigsten auftretende Werkart. Denn die Wissenschaft lebt von der schriftlichen oder mündlichen Formulierung und Wiedergabe von Gedanken und Theorien.[1893] Umfasst sind demnach vor allem Lehrbücher, Monographien, Vorlesungen, Vorlesungsmaterialien, Zeitschriften oder Festschriften. Aber auch Nr. 7 erfasst im Hochschulbereich regelmäßig geschaffene Werke wie Zeichnungen zur Projektion in Vorlesungen, Buchillustrationen, Landkarten oder Konstruktionszeichnungen. Unter die in Nr. 2 genannten Werke der Musik können im Bereich der Hochschule vor allem Kompositionen und Bearbeitungen zu Lehr- und Studienzwecken, Arrangements, Sammlungen von Instrumentalmusik oder Vertonungen zu Lehrzwecken fallen. Nr. 4 erfasst mit Werken der bildenden Künste unter anderem Gemälde, Graphiken und Plastiken, die zu Lehr- und Studienzwecken geschaffen werden, sowie Prüfungsarbeiten und Anschauungsmaterialien.[1894]

2. Urheberrechtlicher Schutz wissenschaftlicher Werke

Trotz der beispielhaften Aufzählung von Werkarten in § 2 Abs. 1 UrhG, werden als Werke i. S. d. Urheberrechtsgesetzes, die nach § 1 UrhG den Schutz des Urheberrechtsgesetzes genießen, gem. § 2 Abs. 2 UrhG nur persönliche geistige Schöpfungen angesehen. Das entsprechende Werk muss demnach eine gewisse Schöpfungshöhe aufweisen, wobei an diese grundsätzlich nur geringe Anforderungen gestellt werden; auch die sog. „kleine Münze" genießt den Schutz des Urheberrechts.[1895]

Im Hinblick auf den urheberrechtlichen Schutz *wissenschaftlicher* Werke sorgen die Anforderungen an die Schöpfungshöhe jedoch seit jeher für Diskussionen. Hinter der Streitfrage, ob wissenschaftliche Werke uneinge-

---

1893 Vgl. hierzu *Schmidt*, Open Access, S. 158.
1894 Diese Beispiele nennen *Kraßer/Schricker*, Patent- und Urheberrecht an Hochschulen, S. 77 f.
1895 Ausführlich zum Urheberrechtsschutz und seinen Voraussetzungen sowie zum Schutz der „kleinen Münze" siehe oben Kapitel 2. § 6 B. I. (S. 120).

schränkt den Schutz des Urheberrechts genießen, steht die vielfach propagierte Dichotomie von Inhalt und Form eines Werks, der *„Grundstein der Architektur des Urheberrechts"*.[1896] Die Form eines Werkes ist die Art und Weise, wie Gedanken oder Empfindungen, die zunächst nur im Geist des Schöpfers existieren, durch ein bestimmtes Ausdrucksmittel anderen mittelbar gemacht werden und bezieht sich auf die Art der Entäußerung geistiger Inhalte, die Art ihrer Wahrnehmbarmachung, ihrer Verkörperung oder ihrer Konkretisierung. Demgegenüber bezeichnet der Inhalt eines Werkes, was der Autor an Gedanken oder Gefühlen durch die Bindung an ein Ausdrucksmittel mitteilen will bzw. mitgeteilt hat.[1897] Sowohl in der Rechtsprechung als auch in der Lehre war und ist umstritten, welches der beiden Elemente als Ansatzpunkt zur Beurteilung der urheberrechtlichen Schutzfähigkeit eines Werkes herangezogen werden kann oder ob ein Zusammenwirken von Form und Inhalt möglich ist; zum Teil wird eine Unterscheidung zwischen Form und Inhalt eines Werkes ganz abgelehnt.[1898] Der zwar grundsätzlich für alle Werkarten geführte Streit, ob zur Begründung der Werkqualität neben der Form des Werkes auch der Werkinhalt Berücksichtigung finden darf, erlangt seinen Höhepunkt erst bei der Beurteilung des Urheberrechtsschutzes für wissenschaftliche Werke.

Für die vorliegende Untersuchung ist eine Klärung dieser Streitfrage durchaus von Relevanz. Denn sollte festgestellt werden, dass es an einer Schutzfähigkeit wissenschaftlicher Werke regelmäßig fehlt, folglich eine Vielzahl der Werke von Hochschulbeschäftigten dem Anwendungsbereich des Urheberrechts nicht unterfallen, kommt es hinsichtlich des Gegenstands der Untersuchung – der Frage nach Vergütungsansprüchen des Hochschulbeschäftigten bei Verwertung seiner Urheberrechte durch die Hochschule – denknotwendigerweise zu erheblichen Bedeutungseinbußen.

1896 *Götting*, in: FS W. Nordemann (2004), S. 7, 9; siehe grundlegend zur Unterscheidung von Inhalt und Form im Urheberrecht *Berking*, Die Unterscheidung von Inhalt und Form im Urheberrecht, S. 1 ff.
1897 *v. Moltke*, Das Urheberrecht an den Werken der Wissenschaft, S. 45, 49.
1898 So z. B. *Götting*, in: FS W. Nordemann (2004), S. 7, 20; *Haberstumpf*, UFITA 1983 (Bd. 96), 41, 47 f.; *Altenpohl*, Der urheberrechtliche Schutz von Forschungsresultaten, S. 51 ff. m. w. N.; *Schack*, Urheber- und Urhebervertragsrecht, Rn. 188.

§ 10 Die Vergütungsansprüche des Hochschulurhebers

a. Zum Streitstand

Eine eindeutige Antwort auf die aufgeworfene Fragestellung lässt sich in der Rechtsprechung nicht finden. Die Rechtsprechung des vergangenen Jahrhunderts kann mit Verlaub als sprunghaft bezeichnet werden.[1899] Eine unterschiedliche Entwicklung lässt sich vor allem hinsichtlich der Anforderungen an die Schutzfähigkeit wissenschaftlicher Werke gegenüber anderen Werkarten ausmachen. In der Literatur ist eine Vielzahl an Theorien entwickelt worden, um dem Dilemma der Dichotomie von Inhalt und Form im Rahmen wissenschaftlicher Werke zu begegnen. Aufgrund der Vielschichtigkeit der dargebotenen Ansätze soll zunächst die jeweilige Begründung der einzelnen Auffassungen unterschlagen bzw. auf das zum Verständnis unbedingt Notwendige reduziert werden. Erst im Anschluss an die reine Darstellung wird versucht werden, die verschiedenen Argumentationslinien und Begründungen zu bündeln und das Für und Wider der Beschränkung des Urheberrechtsschutzes wissenschaftlicher Werke auszuloten. Auch im Hinblick auf die darauf bezugnehmende eigene Würdigung verspricht dieses Vorgehen einen Zugewinn an Übersichtlichkeit und Verständnis.

aa. Rechtsprechungsentwicklung

Dass die Form des Werkes den Urheberrechtsschutz begründen kann, stand nie in Zweifel.[1900] Einigkeit besteht weitgehend auch dahin, dass kein zu hohes Maß an eigenschöpferischer Formgestaltung verlangt werden darf.[1901] Fraglich war und ist allein, ob neben der Form des Werks auch der Werkinhalt zur Schutzfähigkeit führen kann. Während das Reichsgericht für alle Werkarten zunächst davon ausging, dass nicht allein die Form, sondern auch der Inhalt eines Werkes bei der Beurteilung der Schutzfähigkeit des Werkes von Bedeutung sei[1902], hat es diese Auffassung

---

1899 Vgl. *Götting*, in: FS W. Nordemann (2004), S. 7, 12 („*Zick-Zack-Kurs*").
1900 *v. Moltke*, Das Urheberrecht an den Werken der Wissenschaft, S. 55.
1901 St. Rspr., vgl. nur BGH, Urteil v. 20.11.1986 – I ZR 160/84, GRUR 1987, 360, 361 – *Werbepläne*; BGH, Urteil v. 28.02.1991 – I ZR 88/89, GRUR 1991, 529, 529 f. – *Explosionszeichnungen*; BGH, Urteil v. 01.06.2011 – I ZR 140/09, GRUR 2011, 803, 808 (Rn. 62) – *Lernspiele*.
1902 Siehe nur RG, Urteil v. 18.12.1912 – I 4/12, RGZ 81, 120, 123: „*Dabei ist es an sich einerlei, ob sich das erforderliche Maß von Eigenart in dem Inhalt, oder in der Form der Gedanken ausdrückt, sofern nur das rein Schablonenmäßige, wie es z. B. in*

Kapitel 4. Vergütungsansprüche des Hochschulbeschäftigten im Arbeitnehmerurheberrecht

schon nur knapp drei Monate später wieder aufgegeben und den Inhalt des Werkes für nicht maßgeblich befunden.[1903] Diese Ansicht hat das Reichsgericht in der Folge jedoch nicht aufrechterhalten und ist zur ursprünglichen Auffassung zurückgekehrt, wonach auch der Inhalt des Werkes für die Beurteilung der Schutzfähigkeit von Bedeutung sein kann.[1904] Dieses Verständnis ist vom BGH zunächst übernommen worden.[1905]

Seine Ansicht hat der BGH aber in der Folge vor allem im Hinblick auf technisch-wissenschaftliche Werke zunächst verschärft[1906] und schließlich auch bei wissenschaftlichen Werken des nicht technischen Bereichs eine scharfe Trennung zwischen Form und Inhalt des Werks vorgenommen. Der BGH führte in seiner Entscheidung *Inkassoprogramm* aus dem Jahr 1985 hierzu aus: *„Für die urheberrechtliche Beurteilung wissenschaftlicher oder technischer Werke scheidet ein geistig-schöpferischer Gehalt in der Gedankenfüh-*

    Preisverzeichnissen, Katalogen und Theaterzetteln hervorzutreten pflegt, von dem Begriffe des Schriftwerkes ausgeschieden wird."
1903 RG, Urteil v. 08.03.1913 – I 161/12, RGZ 82, 16, 18 – *Die lustige Witwe*: *„Geschützt wird hier dem Urheber das Schriftwerk in seiner Gesamtheit, und zwar abweichend vom Patentrechte dergestalt, daß nicht jede Ausnutzung der Gedanken des Urhebers eine Rechtsverletzung darstellt, vielmehr jedermann eine freie Benutzung gestattet ist, die eine eigentümliche Schöpfung zur Folge hat. Mithin herrscht auf dem Schutzgebiete des literarischen Urheberrechts größere Bewegungsfreiheit, als auf dem patentrechtlichen."*
1904 RG, Urteil v. 17.02.1934 – I 212/33, RGZ 143, 412, 416 – *Formblatt*: *„Es kommt stets darauf an, ob sich im Inhalt des Vordrucks oder Formblatts oder Urkunden-Musters ein ungewöhnlicher Grad geschäftlicher Erfahrung, Gewandtheit, Wirtschafts- oder Rechtskenntnis, oder in seiner Form eine eigentümliche. nicht von selbst gegebene Anordnung und Einteilung kundgibt [...]."* Vergleiche auch RG, Urteil v. 30.06.1928 – I 29/28, RGZ 121, 357 – *Rechentabelle*.
1905 BGH, Urteil v. 17.10.1961 – I ZR 24/60, GRUR 1962, 51, 52 – *Zahlenlotto*: *„Die erforderliche schöpferische Eigenart braucht dabei nicht auf einer eigenpersönlichen Prägung der rein sprachlichen Ausdrucksform zu beruhen, sie kann sich vielmehr auch aus einem auf individuelle Geistestätigkeit zurückzuführenden Gedankeninhalt ergeben."* Vergleiche hierzu Götting, in: FS W. Nordemann (2004), S. 7, 13.
1906 BGH, Urteil v. 15.12.1978 – I ZR 26/77, BGHZ 73, 288, 292 = GRUR 1979, 464 – *Flughafenpläne*: *„Die persönliche geistige Schöpfung des Urhebers muß aber in der Darstellung selbst, also in ihrer Formgestaltung liegen. Dagegen kommt es nicht [...] auf den schöpferischen Gehalt des wissenschaftlichen oder technischen Inhalts der Darstellung an. [...] Das wissenschaftliche und technische Gedankengut eines Werkes – die wissenschaftliche und technische Lehre als solche – ist nicht Gegenstand des Urheberrechtsschutzes und kann daher auch nicht zur Begründung der Schutzfähigkeit von Skizzen, die die technische Lehre wiedergeben, herangezogen werden. Die Urheberschutzfähigkeit solcher Skizzen kann allein ihre Grundlage in der – notwendig schöpferischen – Form der Darstellungen finden."* Schon zuvor auch BGH, Urteil v. 21.11.1980 – I ZR 106/78, GRUR 1981, 352, 353 – *Staatsexamensarbeit*.

rung und -formung des dargestellten Inhalts weitgehend aus; die wissenschaftliche Lehre und das wissenschaftliche Ergebnis sind urheberrechtlich frei und jedermann zugänglich [...]; ihrer Darstellung und Gestaltung fehlt, soweit diese aus wissenschaftlichen Gründen in der gebotenen Form notwendig und durch die Verwendung der im fraglichen technischen Bereich üblichen Ausdrucksweise üblich sind, die erforderliche schöpferische Prägung."[1907] Diese Auffassung wurde durch die Rechtsprechung im Folgenden mehrfach bestätigt[1908] und hat sich bis heute nicht geändert.

bb. Entwicklungen in der Literatur

Auch in der Literatur wurde das Kriterium der Form des Werkes zur Begründung der Schutzfähigkeit nie in Zweifel gezogen.[1909] In Abweichung zur Rechtsprechung wurde die Berücksichtigung des Werkinhalts jedoch lange Zeit für alle Werkarten abgelehnt.[1910] Erst später schlossen sich Meinungen in der Literatur der Rechtsprechung an, dass auch der Inhalt von *Werken der Literatur* urheberrechtlich geschützt sein könne.[1911] Eine derartige Änderung hat es für *wissenschaftliche* Werke nicht gegeben. Nach wie vor geht der überwiegende Teil der Literatur davon aus, dass die reinen Forschungsergebnisse, wie wissenschaftliche Entdeckungen, Ideen, Theorien oder Erkenntnisse durch das Urheberrecht dem Inhalt nach nicht geschützt seien.[1912]

Es lässt sich eine Vielzahl an Theorien in der juristischen Literatur finden, deren vollumfängliche Betrachtung den Rahmen dieser Arbeit spren-

---

1907 BGH, Urteil v. 09.05.1985 – I ZR 52/83, BGHZ 94, 276, 285 = GRUR 1985, 1041 – *Inkasso-Programm*.
1908 Statt vieler BGH, Urteil v. 29.03.1984 – I ZR 32/82, GRUR 1984, 659, 660 – *Ausschreibungsunterlagen*; BGH, Urteil v. 12.07.1990 – I ZR 16/89, GRUR 1991, 130, 132 f. – *Themenkatalog*; OLG Hamburg, Urteil v. 22.05.2003 – 3 U 192/00, NJOZ 2003, 2766, 2768.
1909 *v. Moltke*, Das Urheberrecht an den Werken der Wissenschaft, S. 55.
1910 Siehe nur *de Boor*, Urheberrecht und Verlagsrecht, S. 73 ff.; *Kohler*, Urheberrecht an Schriftwerken und Verlagsrecht, S. 128 ff.
1911 Siehe nur *Ulmer*, Urheber- und Verlagsrecht, S. 120 ff.
1912 *Kraßer/Schricker*, Patent- und Urheberrecht an Hochschulen, S. 81; *Bullinger*, in: Wandtke/Bullinger, UrhR, § 2 UrhG, Rn. 38; *Dreier/Schulze*, in: *Dreier/Schulze, Urheberrechtsgesetz*; *Wiebe*, in: Spindler/Schuster, Recht der elektronischen Medien, § 2 UrhG, Rn. 5 f.

gen würde.¹⁹¹³ Dennoch sei auf die tragenden Ansätze hingewiesen. Voneinander trennen lassen sich im Wesentlichen zwei Strömungen, die sich durch Modifikationen der Tatbestandsseite einerseits und Modifikationen der Rechtsfolge andererseits unterscheiden. Während Vertreter der ersteren versuchen, auf der Tatbestandsseite zu klären, welche Werke nach Form und Inhalt in den Schutz des Urheberrechts fallen sollen, bemühen sich die Anhänger letzterer Position, über eine Bestimmung des „Schutzumfangs" auf der Rechtsfolgenseite eine Lösung zu finden.¹⁹¹⁴

(1) Befürwortende Auffassungen – Inhaltlicher Schutz

Auf der einen Seite stehen die Auffassungen, die einen inhaltlichen Schutz wissenschaftlicher Werke befürworten.¹⁹¹⁵ Auf *Kohler*¹⁹¹⁶ zurückgehend wurde vielfach zwischen einer äußeren sowie einer inneren Form des Werks differenziert.¹⁹¹⁷ Während die äußere Form die Art und Weise des Umgangs mit den verschiedenen Gestaltungs- und Ausdrucksmitteln umfasse, beschreibe die innere Form die innere Ordnung und Struktur eines Geistesgebildes¹⁹¹⁸, wie die Form der Ideenfolge oder Ideengruppierung¹⁹¹⁹, der geformte Stoff oder die Sammlung und Sichtung des Stoffes und dessen gedankliche Aufbereitung.¹⁹²⁰ Durch eine auf diese Weise verstandene Trennung in eine äußere und innere Form wird die Berücksichtigung des Werkinhalts bei der Beurteilung der Werkqualität ermöglicht,

---

1913 Siehe nur die vielen Ansätze, die genannt und diskutiert werden in der grundlegenden Arbeit zum Urheberrecht wissenschaftlicher Werke von *v. Moltke*, Das Urheberrecht an den Werken der Wissenschaft, S. 40 ff., 92 ff.
1914 Vgl. zur Trennung von Schutzbegründung und Schutzumfang *Berking*, Die Unterscheidung von Inhalt und Form im Urheberrecht, S. 123 ff.
1915 Statt mancher *Altenpohl*, Der urheberrechtliche Schutz von Forschungsresultaten, S. 124 ff.; i. Ü. siehe die Nachweise bei *v. Moltke*, Das Urheberrecht an den Werken der Wissenschaft, S. 95.
1916 *Kohler*, Urheberrecht an Schriftwerken und Verlagsrecht, S. 143 ff.
1917 *Allfeld*, Das Urheberrecht an Werken der Literatur, § 12, Anm. 5 ff. (S. 161 ff.); *de Boor*, Urheberrecht und Verlagsrecht, S. 83 ff.
1918 Vgl. *v. Moltke*, Das Urheberrecht an den Werken der Wissenschaft, S. 47, 48 m. w. N.
1919 *Kummer*, Das urheberrechtlich schützbare Werk, S. 10.
1920 *Ulmer*, Urheber- und Verlagsrecht, S. 123.

ohne dass eine Aufgabe der formalen Trennung von Form und Inhalt notwendig erscheint.[1921]

Ulmer entwickelte die sog. „Gewebetheorie". Nach dieser kommt es weniger auf eine Unterscheidung zwischen Form und Inhalt des Werks, sondern vielmehr auf eine Unterscheidung zwischen den individuellen Zügen des Werks und dem in ihm enthaltenen Gemeingut an.[1922] Entscheidend für die Individualität sei das „*Gewebe*" des Werks, also die Verflechtung der einzelnen, an sich nicht schutzfähigen, inhaltlichen Elemente und ihre Beziehungen zueinander.[1923] Auch andere Autoren lehnen eine Unterscheidung zwischen Form und Inhalt des Werks ab[1924]; für wissenschaftliche Werke zum Teil mit der Begründung, dass bei diesen Form und Inhalt Hand in Hand gingen und sich nicht voneinander trennen ließen.[1925]

(2) Vermittelnde Auffassungen – Eingeschränkter inhaltlicher Schutz

Nach teilweiser Auffassung gilt ein nur eingeschränkter Schutz hinsichtlich des Inhalts wissenschaftlicher Werke. Nach der Ansicht *Planders* entscheidet sich der Schutzumfang des Urheberrechts anhand des Zeitpunkts der Veröffentlichung des wissenschaftlichen Werks. Zwar könnte vor der Veröffentlichung auch der Inhalt des wissenschaftlichen Werks durch das Urheberpersönlichkeitsrecht sowie durch das Urheberverwertungsrecht geschützt sein; ein entsprechender Schutz scheide nach der Veröffentlichung

---

[1921] Vgl. *Götting*, in: FS W. Nordemann (2004), S. 7, 16; **krit.** *Schack*, Urheber- und Urhebervertragsrecht, Rn. 188.

[1922] *Ulmer*, Urheber- und Verlagsrecht, S. 122 f.; dem folgend *Schack*, Urheber- und Urhebervertragsrecht, Rn. 188; vgl. auch *Berking*, Die Unterscheidung von Inhalt und Form im Urheberrecht, S. 55.

[1923] *Ulmer*, Urheber- und Verlagsrecht, S. 123. Siehe dazu *Götting*, in: FS W. Nordemann (2004), S. 7, S. 16 f.; *v. Moltke*, Das Urheberrecht an den Werken der Wissenschaft, S. 51. Der „Gewebetheorie" hat sich der BGH ausdrücklich angeschlossen in BGH, Urteil v. 04.10.1990 – I ZR 139/89, BGHZ 112, 264, 277 = GRUR 1991, 449 – *Betriebssystem*. Die Gewebetheorie **ablehnend** *Haberstumpf*, ZUM 2001, 819, 822.

[1924] Statt vieler *Altenpohl*, Der urheberrechtliche Schutz von Forschungsresultaten, S. 51 ff.; i. Ü. siehe die Nachweise bei *v. Moltke*, Das Urheberrecht an den Werken der Wissenschaft, S. 51 in Fn. 49.

[1925] *Haberstumpf*, GRUR 1986, 222, 229 ff.; so auch *Schack*, Urheber- und Urhebervertragsrecht, Rn. 188.

des Werkes allerdings aus.[1926] In wesentlichen Punkten anders sieht es *v. Moltke*, der unabhängig vom Zeitpunkt der Veröffentlichung auch für den Inhalt wissenschaftlicher Werke die Urheberpersönlichkeitsrechte, nicht aber die Urheberverwertungsrechte wie das Vervielfältigungsrecht (§§ 15 Abs. 1 Nr. 1, 16 UrhG), das Verbreitungsrecht (§§ 15 Abs. 1 Nr. 2, 17 UrhG) oder das Vortragsrecht (§§ 15 Abs. 2 Nr. 1, 19 Abs. 1 UrhG) gewähren will.[1927]

(3) Ablehnende Auffassungen – Kein inhaltlicher Schutz

Demgegenüber wird die Berücksichtigung des Werkinhalts weit überwiegend gänzlich abgelehnt.[1928] Während der Inhalt des Werkes gemeinfrei sei, könne ein urheberrechtlicher Schutz für das Werk nur dann erreicht werden, wenn die Darstellung der Ergebnisse eine hinreichende Individualität im Hinblick auf die Form erreiche. Ergebnisse der wissenschaftlichen Forschung wie wissenschaftliche Lehren, Theorien, Erkenntnisse und Prinzipien müssten der Allgemeinheit frei zugänglich sein[1929], da nur auf diese Weise die freie geistige Auseinandersetzung mit wissenschaftlichen Gedanken und Ideen gewahrt werde, die *„den Nährboden der Wissenschaft"* bildet.[1930]

b. Argumentationslinien und eigene Würdigung

Im Wesentlichen lassen sich zur Begründung der herrschenden Auffassung in der Rechtsprechung und Literatur, die eine Berücksichtigung des Inhalts eines wissenschaftlichen Werks zur Begründung der Werkqualität ablehnt, drei Argumentationslinien herauskristallisieren: mögliche Wider-

---

1926 *Plander*, UFITA 1976 (Bd. 77), 25, 69; zurückgehend auf *Ghiron*, UFITA 1932 (Bd. 5), 34, 43 f.; **krit.** *Götting*, in: FS W. Nordemann (2004), S. 7, 18; *v. Moltke*, Das Urheberrecht an den Werken der Wissenschaft, S. 94 f.
1927 *v. Moltke*, Das Urheberrecht an den Werken der Wissenschaft, S. 123 ff., 135 ff.; ähnlich *Hubmann*, UFITA 1975 (Bd. 24), 1, 14 f., der auf das allgemeine Persönlichkeitsrecht zurückgreift.
1928 Siehe die Nachweise in Fn. 1912 (S. 541).
1929 *Berking*, Die Unterscheidung von Inhalt und Form im Urheberrecht, S. 98 ff.; *v. Moltke*, Das Urheberrecht an den Werken der Wissenschaft, S. 57 f.; *Loewenheim*, in: Schricker/Loewenheim, UrhG, § 2 UrhG, Rn. 85.
1930 Vgl. *Götting*, in: FS W. Nordemann (2004), S. 7, 9.

sprüche in der Abgrenzung zu den technischen Schutzrechten, die naturgemäße Vorgegebenheit wissenschaftlicher Gedanken und Lehren, sowie die Verhinderung der Monopolisierung wissenschaftlichen Gedankenguts.[1931]

Eine Kollision mit den technischen Schutzrechten fürchtete vor allem die Rechtsprechung.[1932] Wenn Entdeckungen und wissenschaftliche Theorien nicht durch das Patent- und Gebrauchsmusterrecht geschützt sind, aber bereits dem Inhalt nach durch das Urheberrecht geschützt würden, käme es zu einer Verlängerung der kurzen Schutzfrist des Patentschutzes.[1933] Zum Teil wird davon ausgegangen, dass wissenschaftliche Forschungsergebnisse lediglich etwas bereits Vorhandenes ans Licht bringen, es an einer schöpferischen Tätigkeit des Menschen bei der bloßen Aufdeckung und Sichtbarmachung von Naturzusammenhängen also fehle.[1934] Andere erkennen die wissenschaftlichen Erkenntnisse zwar als schöpferische Tätigkeit an, sehen diese aber aufgrund des Interesses der Allgemeinheit an der freien wissenschaftlichen Lehre und Forschung als Allgemeingut an.[1935]

Das Bestreben nach inhaltlicher Freiheit wissenschaftlicher Werke ist nur zu gut verständlich und auch aus historischer Perspektive gehört die Inhaltsfreiheit zu den Grundfesten urheberrechtlicher Dogmatik.[1936] Gleichzeitig steht aber außer Frage, dass auch wissenschaftliche Werke zum Schutz der Wissenschaftler nicht völlig außerhalb des Schutzbereichs des Urheberrechts stehen dürfen. Wird eine klare Trennlinie zwischen Inhalt und Form des Werks im Bereich der wissenschaftlichen Werke gezogen, bleiben mitunter auch bahnbrechende wissenschaftliche Erkenntnisse und Theorien so lange urheberrechtlich ungeschützt, wie diese nicht in einer besonders aufbereiteten Form dargestellt werden und sie die Anfor-

---

1931 Vgl. die Aufarbeitung der Argumente bei *v. Moltke*, Das Urheberrecht an den Werken der Wissenschaft, S. 59 ff.
1932 BGH, Urteil v. 15.12.1978 – I ZR 26/77, BGHZ 73, 288, 465 = GRUR 1979, 464 – *Flughafenpläne*; BGH, Urteil v. 29.03.1984 – I ZR 32/82, GRUR 1984, 659, 660 – *Ausschreibungsunterlagen*; **dagegen** *Götting*, in: FS W. Nordemann (2004), S. 7, 21 f.
1933 Vgl. hierzu *Götting*, in: FS W. Nordemann (2004), S. 7, 13; ausführlich und mit Nachweisen *v. Moltke*, Das Urheberrecht an den Werken der Wissenschaft, S. 59 ff.
1934 Siehe hierzu sehr ausführlich und mit Nachweisen *v. Moltke*, Das Urheberrecht an den Werken der Wissenschaft, S. 62 ff.
1935 Umfangreich zum Monopolisierungsgedanken siehe *v. Moltke*, Das Urheberrecht an den Werken der Wissenschaft, S. 74 ff. mit Nachweisen.
1936 *Götting*, in: FS W. Nordemann (2004), S. 7, 11.

derungen an die Schöpfungshöhe nicht erfüllen. Der urheberrechtliche Schutz wissenschaftlicher Werke wird stark beschränkt, wenn Forschungsergebnisse wie Entdeckungen, Theorien oder Erkenntnisse gänzlich urheberrechtlich ungeschützt bleiben.[1937]

Um den vorstehenden Erwägungen ausreichend Rechnung zu tragen, ist mit *Götting*[1938] eine Interessenabwägung zwischen der Sicherung der Wissenschaftsfreiheit, also der Wahrung eines freien wissenschaftlichen Gedankenaustauschs auf der einen Seite und der Gewährung eines angemessenen Urheberrechtsschutzes auf der anderen Seite vorzunehmen. Um die widerstreitenden Interessen im Wege der praktischen Konkordanz in einen angemessenen Ausgleich zu bringen, lehnt *Götting* eine abstrakte Unterscheidung von Form und Inhalt des Werkes ab und plädiert für eine *„konkrete Wertung im Lichte der Bedürfnisse der wissenschaftlichen Kommunikation".*[1939] Dieser Auffassung ist im Ergebnis zuzustimmen. Bereits der Wortlaut des Eingangssatzes von § 2 Abs. 1 UrhG sowie des § 2 Abs. 1 Nr. 7 UrhG lassen die Auffassung des Gesetzgebers erkennen, dass zu den geschützten Werken i. S. d. Urheberrechts auch Werke der Wissenschaft gehören sollen. Gleichwohl müssen die wissenschaftlichen Werke den Anforderungen des § 2 Abs. 2 UrhG genügen und eine persönliche geistige Schöpfung darstellen. Dass bei der Beurteilung der Schutzfähigkeit aber auch der Inhalt und nicht nur die Form des Werks maßgebend sein soll, geht bereits aus den Gesetzesmaterialien hervor: *„Als ‚persönliche geistige Schöpfungen' sind Erzeugnisse anzusehen, die durch ihren Inhalt oder durch ihre Form oder durch die Verbindung von Inhalt und Form etwas Neues und Eigentümliches darstellen."*[1940] Ein solches Verständnis ergibt sich aber auch bei kritischer Betrachtung der BGH-Rechtsprechung. Soweit der BGH eine eigenschöpferische Prägung der Darstellung und Gestaltung wissenschaftlicher Ergebnisse ablehnt, sofern diese aus wissenschaftlichen Gründen in der gebotenen Form notwendig und durch die Verwendung der im fraglichen technischen Bereich üblichen Ausdrucksweise üblich sind[1941], heißt dies übersetzt, dass die Schutzfähigkeit grundsätzlich im wissenschaftli-

---

1937 Vgl. dazu *Götting*, in: FS W. Nordemann (2004), S. 7, 8 f.
1938 *Götting*, in: FS W. Nordemann (2004), S. 7, 20 ff.
1939 *Götting*, in: FS W. Nordemann (2004), S. 7, 20; siehe auch *Obergfell*, in: Ulmer-Eilfort/Obergfell, Verlagsrecht, 1. Teil, Kap. A, Rn. 29.
1940 Begründung zum „Entwurf eines Gesetzes über Urheberrecht und verwandte Schutzrechte (Urheberrechtsgesetz)" vom 23.03.1962, BT-Drs. IV/270, S. 38 (zu § 2).
1941 BGH, Urteil v. 09.05.1985 – I ZR 52/83, BGHZ 94, 276, 285 = GRUR 1985, 1041 – *Inkasso-Programm*.

chen Bereich ausscheidet, wenn sich der Autor der für seinen Bereich üblichen Fachsprache bedient. Eine solche Auffassung mutet seltsam an vor dem Hintergrund, dass ein urheberrechtlicher Schutz von wissenschaftlichen Werken gerade dann in Betracht käme, wenn der Autor die wissenschaftlichen Ergebnisse in einer für seinen Fachbereich unüblichen, unsachlichen und geradezu unwissenschaftlichen Sprache präsentiert.[1942]

Es besteht überdies auch kein Anlass von dem sonst im Urheberrecht geltenden Grundsatz des Schutzes der „kleinen Münze" hinsichtlich wissenschaftlicher Werke abzuweichen.[1943] Trotz des verständlichen Wunsches, die inhaltliche Freiheit wissenschaftlicher Ergebnisse zu wahren, darf nicht außer Acht gelassen werden, dass eine unterschiedliche Beurteilung der Anforderungen an die Schöpfungshöhe hinsichtlich der verschiedenen Werkarten zu ungerechten Ergebnissen führt, die im Gesetz keinerlei Rechtfertigung finden. Darüber hinaus würde die Bewertung der Qualität wissenschaftlicher Arbeiten im Streitfall zur Aufgabe des Richters, was nicht gewollt sein kann.[1944]

Schließlich legen auch praktische Erwägungen die Schutzfähigkeit des Inhalts wissenschaftlicher Werke nahe. Nach § 24 HRG und den entsprechenden landesrechtlichen Regelungen sind bei der Veröffentlichung von Forschungsergebnissen Mitarbeiter, die einen eigenen wissenschaftlichen oder wesentlichen Beitrag geleistet haben, als Mitautoren zu nennen. Im Hinblick auf § 13 UrhG ist § 24 HRG dahingehend korrigierend auszulegen, dass als Mitautoren nur Miturheber i. S. d. § 8 UrhG in Betracht kommen.[1945] Wirkt ein Mitarbeiter, der einen wesentlichen Beitrag zu den Forschungsergebnissen geleistet hat, an der Formulierung der wissenschaftlichen Veröffentlichung der Ergebnisse aber nicht mit, könnte er bei der Annahme der Inhaltsfreiheit wissenschaftlicher Ergebnisse nicht als Miturheber i. S. v. § 8 UrhG angesehen und folglich nicht als Mitautor nach

---

1942 So *Haberstumpf*, UFITA 1983 (Bd. 96), 41, 42 f.; *Obergfell*, in: Büscher/Dittmer/Schiwy, Gewerblicher Rechtsschutz, § 2 UrhG, Rn. 25; zust. *Leuze*, in: BeckOK-UrhR, Sonderbereiche, Urheberrecht im Bereich der Wissenschaft, Rn. 16.
1943 So auch *Loewenheim*, in: Schricker/Loewenheim, UrhG, § 2 UrhG, Rn. 86; *Obergfell*, in: Gärditz/Pahlow (Hrsg.), Hochschulerfinderrecht, S. 195, 202 f. (Rn. 8); *dies.*, in: Ulmer-Eilfort/Obergfell, Verlagsrecht, 1. Teil, Kap. A, Rn. 28.
1944 *Götting*, in: FS W. Nordemann (2004), S. 7, 22; vgl. auch *Obergfell*, in: Ulmer-Eilfort/Obergfell, Verlagsrecht, 1. Teil, Kap. A, Rn. 29.
1945 *Thum*, in: Wandtke/Bullinger, UrhR, § 7 UrhG, Rn. 16; vgl. auch *Götting/Leuze*, in: Hartmer/Detmer (Hrsg.), Hochschulrecht, S. 777, 829 (Rn. 152).

§ 24 HRG genannt werden.[1946] Diese missliche Situation wird vermieden, wenn bereits der Inhalt von Forschungsergebnissen dem Inhalt nach als urheberrechtlich schutzfähig anerkannt wird.

Dass eine einzelfallbezogene Interessenabwägung nicht immer die gewünschte Rechtsklarheit im Allgemeinen schaffen kann, ist gesehen worden[1947], muss im Hinblick auf fehlende bessere Alternativlösungen aber hingenommen werden.

c. Fazit

Im Ergebnis ist davon auszugehen, dass auch wissenschaftliche Werke urheberrechtlichen Schutz genießen können. Zur Begründung der Werkqualität und dem damit verbundenen Urheberrechtsschutz kann auch der Inhalt des wissenschaftlichen Werks Berücksichtigung finden. Ob das jeweilige wissenschaftliche Werk als persönliche geistige Schöpfung i. S. d. § 2 Abs. 2 UrhG und damit als urheberrechtlich geschütztes Werk angesehen werden kann, ist im Wege einer Interessenabwägung im Einzelfall zu beurteilen. Dabei sind die Interessen der Allgemeinheit an der Freiheit des wissenschaftlichen Gedankenguts und das Interesse des Autors an einem ausreichenden Urheberrechtsschutz in Einklang zu bringen.

B. Verwertung der Werke des Hochschulbeschäftigten durch die Hochschule

Im Anschluss an die Feststellung der urheberrechtlichen Schutzfähigkeit wissenschaftlicher Werke stellt sich die Frage, welche Urheberrechte dem Hochschulbeschäftigten als Urheber eines Werkes zukommen (I.). Von Bedeutung für die vorliegende Arbeit sind allerdings allein diejenigen Werke eines Hochschulbeschäftigten, die durch die Hochschule verwertet werden, da sich nur in diesem Fall die Frage nach einem Vergütungsanspruch des Hochschulbeschäftigten gegenüber der Hochschule stellt. Insoweit

---

1946 Vgl. *Thum*, in: Wandtke/Bullinger, UrhR, § 7 UrhG, Rn. 16, die aus praktischer Sicht empfiehlt, dass derjenige, der zu den Forschungsergebnissen wesentlich beigetragen hat, stets auch an der Formulierung der wissenschaftlichen Veröffentlichung dieser Ergebnisse mitwirkt, um als Mitautor genannt werden zu können. Diese Aussage impliziert die Annahme der fehlenden Schutzfähigkeit von Forschungsergebnissen dem Inhalt nach.
1947 So auch *Götting*, in: FS W. Nordemann (2004), S. 7, 23.

muss der Kreis der erfassten Werke exakt abgegrenzt werden (II.). Verwertet die Hochschule ein urheberrechtlich geschütztes Werk eines Hochschulbeschäftigten, das dieser im Rahmen seiner Forschungstätigkeit geschaffen hat, ist fraglich, ob und inwieweit die arbeitnehmerurheberrechtliche Grundnorm des § 43 UrhG mit ihren Wertungen auch auf den Hochschulbeschäftigten Anwendung findet (III.). Schließlich muss auf den Sonderfall der Verwertung von Computerprogrammen der Hochschulbeschäftigten eingegangen werden (IV.).

I. Urheberverwertungs- und -persönlichkeitsrechte des Hochschulbeschäftigten

Kommt dem Werk eines Hochschulbeschäftigten der urheberrechtliche Schutz zu, fallen dem Hochschulbeschäftigten wie jedem Urheber grundsätzlich die Urheberpersönlichkeitsrechte nach den §§ 12-14 UrhG sowie die Urheberverwertungsrechte nach den §§ 15-24 UrhG zu.[1948]

1. Urheberpersönlichkeitsrechte des Hochschulbeschäftigten

§ 12 Abs. 1 UrhG gewährt dem Urheber das Veröffentlichungsrecht. Der Hochschulbeschäftigte hat das Recht zu bestimmen, ob und wie sein Werk zu veröffentlichen ist. Er kann eine Veröffentlichung seiner Forschungsergebnisse gänzlich unterlassen oder mit der Veröffentlichung bis zu einem für ihn geeignet erscheinenden Moment zuwarten. Entscheidet der Hochschulbeschäftigte sich für eine Veröffentlichung seines Werkes, steht ihm auch die Entscheidungsbefugnis über die Art und Weise der Veröffentlichung zu. Er kann seine Ergebnisse mündlich im Rahmen eines Vortrags veröffentlichen oder schriftlich in einer Fachzeitschrift publizieren.[1949] Als veröffentlicht ist ein Werk anzusehen, das mit Zustimmung des Berechtigten einer unbestimmten Vielzahl von Personen zur Kenntnis gebracht wird (vgl. § 6 Abs. 1 UrhG) und diese Personen weder durch gegenseitige Beziehungen noch durch Beziehungen zum Hochschulbeschäftigten per-

---

1948 Siehe allgemein für das Urheberrecht oben Kapitel 2. § 6 B. I. (S. 120).
1949 Vgl. *v. Moltke*, Das Urheberrecht an den Werken der Wissenschaft, S. 137.

sönlich verbunden sind (vgl. § 15 Abs. 3 UrhG).[1950] Dementsprechend wird eine Veröffentlichung im Fall eines Vortrags auf einem Fachkongress zu bejahen[1951], bei einer Vorlesung des Professors vor den Studierenden aber zu verneinen sein.[1952] Zu beachten gilt, dass § 12 Abs. 1 UrhG dem Hochschulbeschäftigten nur das Erstveröffentlichungsrecht zugesteht.[1953] Ist ein Werk einmal veröffentlicht, entfällt das Recht aus § 12 Abs. 1 UrhG.

In persönlicher Hinsicht wird durch das Urheberrecht neben dem Veröffentlichungsrecht auch das Recht des Urhebers auf Anerkennung seiner Urheberschaft an dem Werk und das Recht der Namensnennung geschützt (§ 13 UrhG). Diese Rechte sind für den Hochschulbeschäftigten von besonderer Bedeutung.[1954] Er kann die Anerkennung seiner Urheberschaft durch die Nennung seines Namens fordern, wenn seine Erkenntnisse und Forschungsergebnisse in der Öffentlichkeit mitgeteilt oder dargestellt werden.[1955] § 13 Abs. 2 UrhG gewährt dem Hochschulbeschäftigten zudem das Recht zu bestimmen, ob und wie das Werk mit einer Urheberbezeichnung zu versehen ist; dem Hochschulbeschäftigten ist damit auch die Möglichkeit der Veröffentlichung unter einem Pseudonym eröffnet.[1956] § 13 UrhG umfasst schließlich auch das negative Namensnen-

---

1950 *v. Moltke*, Das Urheberrecht an den Werken der Wissenschaft, S. 137; vgl. auch *Ahlberg*, in: BeckOK-UrhR, § 6 UrhG, Rn. 18; *A. Nordemann*, in: Fromm/Nordemann, Urheberrecht, § 6 UrhG, Rn. 10.
1951 *Hubmann*, MittHV 1966, 28, 30; *Altenpohl*, Der urheberrechtliche Schutz von Forschungsresultaten, S. 166; *v. Moltke*, Das Urheberrecht an den Werken der Wissenschaft, S. 137 f.; vgl. auch *Katzenberger/Metzger*, in: Schricker/Loewenheim, UrhG, § 6 UrhG, Rn. 13.
1952 *v. Moltke*, Das Urheberrecht an den Werken der Wissenschaft, S. 137; vgl. auch *Ulmer*, Urheber- und Verlagsrecht, S. 180, der Öffentlichkeit angesichts der Größe und Fluktuation des Hörerkreises aber für möglich hält; ebenso *Katzenberger/Metzger*, in: Schricker/Loewenheim, UrhG, § 6 UrhG, Rn. 13.
1953 *Altenpohl*, Der urheberrechtliche Schutz von Forschungsresultaten, S. 162 ff.; *v. Moltke*, Das Urheberrecht an den Werken der Wissenschaft, S. 136 f.; *Ulmer*, Urheber- und Verlagsrecht, S. 210.
1954 Vgl. *Altenpohl*, Der urheberrechtliche Schutz von Forschungsresultaten, S. 169 ff.; *v. Moltke*, Das Urheberrecht an den Werken der Wissenschaft, S. 141; *Dietz/Peukert*, in: Schricker/Loewenheim, UrhG, § 13 UrhG, Rn. 8: „[…] *spielt aber das urheberrechtliche Anerkennungsrecht nach § 13 […] für die wissenschaftliche Karriere eine bedeutsame Rolle.*"
1955 *v. Moltke*, Das Urheberrecht an den Werken der Wissenschaft, S. 141.
1956 Vgl. *v. Moltke*, Das Urheberrecht an den Werken der Wissenschaft, S. 140; vgl. auch *Dietz/Peukert*, in: Schricker/Loewenheim, UrhG, § 13 UrhG, Rn. 26.

nungsrecht: der Hochschulbeschäftigte kann auf die Ausübung seines Rechts auf Nennung seiner Urheberschaft verzichten.[1957]

Darüber hinaus gewährt das Urheberrecht mit § 14 UrhG dem Urheber das Recht, eine Entstellung oder eine andere Beeinträchtigung seines Werkes zu verbieten, die geeignet ist, seine berechtigten geistigen oder persönlichen Interessen am Werk zu gefährden. Das Entstellungsverbot wird ergänzt durch das Änderungsverbot in § 39 UrhG, demzufolge auch der Inhaber eines Nutzungsrechts das Werk, dessen Titel sowie die Urheberbezeichnung nicht ändern darf, wenn nichts anderes vereinbart ist. Geschützt wird durch diese Vorschriften das Integritätsinteresse des Hochschulbeschäftigten hinsichtlich seiner Werke.[1958] Eine Entstellung ist anzunehmen, wenn durch Verzerrung, Verfälschung oder Verstümmelung die Wesenszüge des Werks verändert werden.[1959] Eine *„andere Beeinträchtigung"* liegt vor, wenn der individuelle Gesamteindruck des Werkes verändert wird.[1960] Ist die Entstellung oder Beeinträchtigung geeignet, die Interessen des Urhebers zu gefährden, greift das Recht des Hochschulbeschäftigten aus § 14 UrhG, sofern im Einzelfall das Integritätsinteresse des Hochschulbeschäftigten die Interessen des Entstellers überwiegt.[1961]

1957 Vgl. *v. Moltke*, Das Urheberrecht an den Werken der Wissenschaft, S. 141; *Dietz/Peukert*, in: Schricker/Loewenheim, UrhG, § 13 UrhG, Rn. 26.
1958 *v. Moltke*, Das Urheberrecht an den Werken der Wissenschaft, S. 142; *Schacht*, Die Einschränkungen des Urheberpersönlichkeitsrechts im Arbeitsverhältnis, S. 181; *Schack*, Urheber- und Urhebervertragsrecht, Rn. 380; *Kroitzsch/Götting*, in: Schricker/Loewenheim, UrhG, § 14 UrhG, Rn. 3.
1959 *Schacht*, Die Einschränkungen des Urheberpersönlichkeitsrechts im Arbeitsverhältnis, S. 182; *Dustmann*, in: Fromm/Nordemann, Urheberrecht, § 14 UrhG, Rn. 9; *Kroitzsch/Götting*, in: Schricker/Loewenheim, UrhG, § 14 UrhG, Rn. 10; vgl. auch BGH, Urteil v. 02.10.1981 – I ZR 137/79, GRUR 1982, 107, 109 f. – *Kirchen-Innenraumgestaltung*.
1960 *Schacht*, Die Einschränkungen des Urheberpersönlichkeitsrechts im Arbeitsverhältnis, S. 182; *Schack*, Urheber- und Urhebervertragsrecht, Rn. 383; *Schulze*, in: Dreier/Schulze, Urheberrechtsgesetz, § 14 UrhG, Rn. 10.
1961 Vgl. *v. Moltke*, Das Urheberrecht an den Werken der Wissenschaft, S. 143; *Schacht*, Die Einschränkungen des Urheberpersönlichkeitsrechts im Arbeitsverhältnis, S. 182; *Dustmann*, in: Fromm/Nordemann, Urheberrecht, § 14 UrhG, Rn. 21 ff.; *Kroitzsch/Götting*, in: Schricker/Loewenheim, UrhG, § 14 UrhG, Rn. 8.

2. Urheberverwertungsrechte des Hochschulbeschäftigten

Neben den Persönlichkeitsrechten kommen dem Urheber auch Rechte zur Verwertung des Werks zu. § 15 Abs. 1 UrhG gewährt dem Urheber eines Werks das ausschließliche Recht, sein Werk in körperlicher Form zu verwerten, wobei dieses Recht insbesondere das Vervielfältigungs- (§ 16 UrhG) sowie das Verbreitungsrecht (§ 17 UrhG) umfasst. Nach § 15 Abs. 2 UrhG hat der Urheber ferner das ausschließliche Recht, sein Werk in unkörperlicher Form öffentlich wiederzugeben. Das Recht der öffentlichen Wiedergabe umfasst insbesondere das Vortrags- (§ 19 Abs. 1 UrhG), das Vorführungs- (§ 19 Abs. 4 UrhG) sowie das Bearbeitungsrecht (§ 23 UrhG).

a. Verwertung des Werks in körperlicher Form (§§ 16 und 17 UrhG)

Mit der Veröffentlichung eines Werkes geht regelmäßig auch die Vervielfältigung des Werks einher. Nach § 16 Abs. 1 UrhG ist das Vervielfältigungsrecht das Recht, Vervielfältigungsstücke des Werkes herzustellen, gleichviel ob vorübergehend oder dauerhaft, in welchem Verfahren und in welcher Zeit. Als Vervielfältigung ist jede körperliche Festlegung des Werkes zu verstehen, die geeignet ist, das Werk den menschlichen Sinnen auf irgendeine Art unmittelbar oder mittelbar wahrnehmbar zu machen.[1962] Eine Vervielfältigung ist bereits dann gegeben, wenn das Werk des Hochschulbeschäftigten seinem wissenschaftlichen oder technischen Gehalt nach neu körperlich festgelegt wird; auf die exakte Nutzung der Wortwahl oder die identische Reproduktion kommt es nicht an.[1963] Bereits durch die Darstellung der Erkenntnis oder Lehre des Hochschulbeschäftigten in der eigenen Arbeit oder durch Zugrundelegung der Erkenntnis für eigene Thesen wird in das Vervielfältigungsrecht des Hochschulbeschäftigten ein-

---

1962 St. Rspr., siehe nur BGH, Urteil v. 18.05.1955 – I ZR 8/54, BGHZ 17, 266, 269 f. = GRUR 1955, 492 – *Grundig-Reporter*; BGH, Urteil v. 03.07.1981 – I ZR 106/79, GRUR 1982, 102, 103 – *Masterbänder*; BGH, Urteil v. 04.05.2000 – I ZR 256/97, BGHZ 144, 232, 235 = GRUR 2001, 51 – *Parfumflakon*; schon zuvor RG, Urteil v. 07.11.1923 – I 21/23, RGZ 107, 277, 279; siehe auch *v. Moltke*, Das Urheberrecht an den Werken der Wissenschaft, S. 123; *Ulmer*, Urheber- und Verlagsrecht, S. 230; *Dustmann*, in: Fromm/Nordemann, Urheberrecht, § 16 UrhG, Rn. 9.

1963 Vgl. *v. Moltke*, Das Urheberrecht an den Werken der Wissenschaft, S. 124; *Dustmann*, in: Fromm/Nordemann, Urheberrecht, § 16 UrhG, Rn. 11.

gegriffen.[1964] Seine Schranke findet das Vervielfältigungsrecht allerdings in den §§ 45 ff. UrhG, insbesondere im Zitatrecht gem. § 51 UrhG[1965] sowie im Vervielfältigungsrecht zum privaten und sonstigen eigenen Gebrauch gem. § 53 UrhG.[1966]

§ 17 UrhG gewährt dem Urheber eines Werks das Verbreitungsrecht. Das Verbreitungsrecht ist gem. § 17 Abs. 1 UrhG das Recht, das Original oder Vervielfältigungsstücke des Werkes der Öffentlichkeit anzubieten oder in Verkehr zu bringen. Wie sich aus § 15 Abs. 1 UrhG ergibt, können nur körperlich festgelegte Werke verbreitet werden.[1967] Eine Verbreitung ist demnach bereits abzulehnen, wenn wissenschaftliche Ergebnisse in einem Vortrag vor einer Vielzahl von Zuhörern präsentiert werden.[1968] Unter der Verbreitungshandlung des Anbietens ist jede Aufforderung an die Öffentlichkeit zum Erwerb des Werkstücks zu verstehen.[1969] Ein Inverkehrbringen des Werks liegt demgegenüber vor, wenn es an die Öffentlichkeit veräußert, verkauft, verschenkt, vermietet oder verliehen wird[1970], es also aus der internen Betriebssphäre der Öffentlichkeit zugeführt wird.[1971] Eine Verbreitung ist danach etwa dann anzunehmen, wenn der Hochschulbeschäftigte in einem Aufsatz oder einer Monographie seine wissenschaftliche Erkenntnis niedergelegt hat und diese Werkstücke veräu-

---

1964 *v. Moltke*, Das Urheberrecht an den Werken der Wissenschaft, S. 124.
1965 § 51 UrhG lautet: *„Zulässig ist die Vervielfältigung, Verbreitung und öffentliche Wiedergabe eines veröffentlichten Werkes zum Zweck des Zitats, sofern die Nutzung in ihrem Umfang durch den besonderen Zweck gerechtfertigt ist. Zulässig ist dies insbesondere, wenn 1. einzelne Werke nach der Veröffentlichung in ein selbständiges wissenschaftliches Werk zur Erläuterung des Inhalts aufgenommen werden, 2. Stellen eines Werkes nach der Veröffentlichung in einem selbständigen Sprachwerk angeführt werden, 3. einzelne Stellen eines erschienenen Werkes der Musik in einem selbständigen Werk der Musik angeführt werden."*
1966 Vgl. zu den Schrankenbestimmungen hinsichtlich der Vervielfältigung *Dustmann*, in: Fromm/Nordemann, Urheberrecht, § 16 UrhG, Rn. 24.
1967 *v. Moltke*, Das Urheberrecht an den Werken der Wissenschaft, S. 126; *Dustmann*, in: Fromm/Nordemann, Urheberrecht, § 17 UrhG, Rn. 8; *Loewenheim*, in: Schricker/Loewenheim, UrhG, § 17 UrhG, Rn. 6 m. w. N.
1968 *v. Moltke*, Das Urheberrecht an den Werken der Wissenschaft, S. 127; vgl. auch *Loewenheim*, in: Schricker/Loewenheim, UrhG, § 17 UrhG, Rn. 6.
1969 *Loewenheim*, in: Schricker/Loewenheim, UrhG, § 17 UrhG, Rn. 9; vgl. auch BGH, Beschluss v. 11.04.2013 – I ZR 91/11, GRUR 2013, 1137, 1138 f. (Rn. 13) – Marcel-Breuer-Möbel.
1970 *Dustmann*, in: Fromm/Nordemann, Urheberrecht, § 17 UrhG, Rn. 18.
1971 *v. Moltke*, Das Urheberrecht an den Werken der Wissenschaft, S. 126; *Loewenheim*, in: Schricker/Loewenheim, UrhG, § 17 UrhG, Rn. 17; vgl. auch *Dustmann*, in: Fromm/Nordemann, Urheberrecht, § 17 UrhG, Rn. 12.

ßert oder verliehen oder zum Erwerb angeboten werden.¹⁹⁷² Allerdings wird das Verbreitungsrecht durch den Grundsatz der Erschöpfung aus § 17 Abs. 2 UrhG beschränkt: Hat der Hochschulbeschäftigte das Werk bereits selbst veräußert oder wurde es mit seiner Zustimmung verbreitet, kann er eine weitere Verbreitung nicht verhindern; das Verbreitungsrecht ist insoweit erschöpft.¹⁹⁷³

b. Verwertung des Werks in unkörperlicher Form (§§ 19 Abs. 1, 4 und 23 UrhG)

Neben der Verwertung des Werks in körperlicher Form ist es dem Urheber möglich, sein Werk in unkörperlicher Form zu verwerten.

Das Vortragsrecht nach § 19 Abs. 1 UrhG ist das Recht, ein Sprachwerk durch persönliche Darbietung öffentlich zu Gehör zu bringen. Von diesem Vortragsrecht umfasst sind alle Sprachwerke i. S. d. § 2 Abs. 1 Nr. 1 UrhG. Erfasst ist damit vor allem auch der Vortrag eines Hochschulwissenschaftlers auf einem Kongress oder einer Tagung, in dem er seine wissenschaftlichen Erkenntnisse präsentiert¹⁹⁷⁴, wobei der Begriff der Öffentlichkeit wie im Rahmen von § 15 Abs. 3 UrhG zu bestimmen ist.¹⁹⁷⁵ Das Vortragsrecht aus § 19 Abs. 1 UrhG erlaubt es dem Hochschulwissenschaftler, jedem Dritten die mündliche Darstellung seiner wissenschaftlichen Ergebnisse zu untersagen.¹⁹⁷⁶

Neben dem Vortragsrecht fällt dem Urheber auch das Vorführungsrecht aus § 19 Abs. 4 UrhG zu. Das Vorführungsrecht ist das Recht, ein Werk der bildenden Künste, ein Lichtbildwerk, ein Filmwerk oder Darstellungen wissenschaftlicher oder technischer Art durch technische Einrichtungen öffentlich wahrnehmbar zu machen. Eine Vorführung ist etwa dann gegeben, wenn ein Hochschulwissenschaftler die in einer wissenschaftlichen

---

1972 Vgl. *v. Moltke*, Das Urheberrecht an den Werken der Wissenschaft, S. 127 f.
1973 Vgl. *v. Moltke*, Das Urheberrecht an den Werken der Wissenschaft, S. 128. Zum Erschöpfungsgrundsatz siehe auch *Dustmann*, in: Fromm/Nordemann, Urheberrecht, § 17 UrhG, Rn. 24 ff.; *Loewenheim*, in: Schricker/Loewenheim, UrhG, § 17 UrhG, Rn. 35
1974 *v. Moltke*, Das Urheberrecht an den Werken der Wissenschaft, S. 129.
1975 *v. Moltke*, Das Urheberrecht an den Werken der Wissenschaft, S. 129; *v. Ungern-Sternberg*, in: Schricker/Loewenheim, UrhG, § 19 UrhG, Rn. 25; vgl. mit Einschränkungen auch *Dustmann*, in: Fromm/Nordemann, Urheberrecht, § 19 UrhG, Rn. 6.
1976 *v. Moltke*, Das Urheberrecht an den Werken der Wissenschaft, S. 129.

Darstellung niedergelegte Erkenntnis durch Projektion von Tageslichtfolien oder Diapositiven oder durch Beamer-Projektion der Öffentlichkeit zugänglich macht.[1977] Auch im Rahmen von § 19 Abs. 4 UrhG gilt der Öffentlichkeitsbegriff des § 15 Abs. 3 UrhG.[1978] Durch das Vorführungsrecht erhält der Hochschulwissenschaftler die Möglichkeit, Dritten die entsprechende Wiedergabe seiner Darstellungen wissenschaftlicher Art zu verwehren.[1979]

Schließlich steht auch das in § 23 UrhG verankerte Bearbeitungsrecht dem Urheber zu. Bearbeitungen oder andere Umgestaltungen des Werkes dürfen nach § 23 S. 1 UrhG nur mit Einwilligung des Urhebers des bearbeiteten oder umgestalteten Werkes veröffentlicht oder verwertet werden. Als eine Bearbeitung i. S. v. § 23 UrhG ist jede Veränderung des Originalwerks anzusehen.[1980] In Abgrenzung zur freien Benutzung nach § 24 UrhG stellen aber nur solche Veränderungen des Originalwerks eine Bearbeitung dar, die das bearbeitete Werk in seinen Grundzügen und seiner Individualität noch deutlich erkennen lassen.[1981] § 23 S. 1 UrhG untersagt allein die Verwertung und Veröffentlichung einer Bearbeitung des Originalwerks ohne die Einwilligung des Urhebers; die Herstellung der Bearbeitung selbst wird durch § 23 S. 1 UrhG nicht verhindert (mit Ausnahme der in § 23 S. 2 UrhG genannten Werke). Demnach ist es Dritten nicht verwehrt, wissenschaftliche Erkenntnisse und Forschungsergebnisse eines Hochschulbeschäftigten zu verändern, weiter zu entwickeln oder zu ergänzen.[1982] Ausgeschlossen ist es jedoch, ohne die Zustimmung des Hochschulbeschäftigten die Bearbeitung zu veröffentlichen, zu vervielfältigen oder zu verwerten.[1983]

1977 *v. Moltke*, Das Urheberrecht an den Werken der Wissenschaft, S. 130; vgl. auch *v. Ungern-Sternberg*, in: Schricker/Loewenheim, UrhG, § 19 UrhG, Rn. 61.

1978 *v. Moltke*, Das Urheberrecht an den Werken der Wissenschaft, S. 130; *Dustmann*, in: Fromm/Nordemann, Urheberrecht, § 19 UrhG, Rn. 30; *v. Ungern-Sternberg*, in: Schricker/Loewenheim, UrhG, § 19 UrhG, Rn. 63.

1979 *v. Moltke*, Das Urheberrecht an den Werken der Wissenschaft, S. 130.

1980 *v. Moltke*, Das Urheberrecht an den Werken der Wissenschaft, S. 131; *Loewenheim*, in: Schricker/Loewenheim, UrhG, § 23 UrhG, Rn. 6.

1981 *v. Moltke*, Das Urheberrecht an den Werken der Wissenschaft, S. 131; vgl. auch *Loewenheim*, in: Schricker/Loewenheim, UrhG, § 23 UrhG, Rn. 3.

1982 Vgl. *v. Moltke*, Das Urheberrecht an den Werken der Wissenschaft, S. 132; *Loewenheim*, in: Schricker/Loewenheim, UrhG, § 23 UrhG, Rn. 18; *A. Nordemann*, in: Fromm/Nordemann, Urheberrecht, §§ 23/24 UrhG, Rn. 15.

1983 Vgl. *v. Moltke*, Das Urheberrecht an den Werken der Wissenschaft, S. 133. Zu den Begriffen der Verwertung und der Veröffentlichung i. S. v. § 23 UrhG

3. Einschränkungen der Urheberpersönlichkeits- und -verwertungsrechte

Alle genannten Urheberpersönlichkeits- und -verwertungsrechte des Hochschulbeschäftigten können als Ergebnis der Interessenabwägung im Einzelfall[1984] aufgrund des Interesses der Allgemeinheit an der Wahrung des freien Gedankenaustauschs hinsichtlich wissenschaftlicher Forschung erheblich eingeschränkt sein. Urheberrechtliche Schrankenbestimmungen sehen insbesondere die §§ 44a ff. UrhG vor. Spezielle wissenschaftsrelevante Schranken sind darunter das Zitatrecht (§ 51 UrhG), die Nutzung in Unterricht und Lehre (§ 60a UrhG) sowie in der Forschung (§ 60c UrhG), in öffentlich zugänglichen Bibliotheken (§ 60e UrhG), Archiven und Museen (§ 60f UrhG) sowie die Vervielfältigungen zum privaten und sonstigen eigenen Gebrauch (§ 53 UrhG).[1985]

Die Urheberrechte eines Werkschöpfers können aber darüber hinaus auch eingeschränkt sein, sofern der Werkschaffende das Werk als Arbeitnehmer im Rahmen eines Arbeitsverhältnisses schafft und insoweit die Regelung des § 43 UrhG Platz greift.[1986] Ob derartige Einschränkungen auch den Hochschulbeschäftigten treffen können, ist abhängig von der Frage, ob auf die Werke des Hochschulbeschäftigten die allgemeine arbeitnehmerurheberrechtliche Vorschrift des § 43 UrhG Anwendung findet. Die Klärung dieser Frage soll einer gesonderten Prüfung vorbehalten bleiben.[1987]

II. Verwertung der Werke durch die Hochschule bzw. den Dienstherrn

Die Beschäftigten an den Hochschulen schaffen im Rahmen ihrer Forschung eine Vielzahl an urheberrechtlich geschützten Werken. Auch die wissenschaftlichen Werke genießen, wie gezeigt, regelmäßig urheberrecht-

---

siehe *Loewenheim*, in: Schricker/Loewenheim, UrhG, § 23 UrhG, Rn. 16 f.; *A. Nordemann*, in: Fromm/Nordemann, Urheberrecht, §§ 23/24 UrhG, Rn. 23 ff.

1984 Zur Interessenabwägung siehe oben Kapitel 4. § 10 A. III. 2. b. und c. (S. 544 ff.).
1985 Zu den Schranken des Urheberrechts siehe *Götting/Leuze*, in: Hartmer/Detmer (Hrsg.), Hochschulrecht, S. 777, 796 (Rn. 53 ff.).
1986 Zu den Einschränkungen der Urheberpersönlichkeitsrechte des Urhebers im Arbeits- oder Dienstverhältnis siehe vor allem *Schacht*, Die Einschränkungen des Urheberpersönlichkeitsrechts im Arbeitsverhältnis, S. 164 ff., 170 ff., 176 ff., 184 ff., 190 ff., 194 f., 197 ff.
1987 Siehe dazu unten Kapitel 4. § 10 B. III. (S. 558).

§ 10 Die Vergütungsansprüche des Hochschulurhebers

lichen Schutz. Gleichwohl sind nicht alle urheberrechtlich geschützten Werke von Hochschulbeschäftigten für die vorliegende Untersuchung relevant. Vergütungsansprüche von Hochschulbeschäftigten bei Verwertung des geistigen Eigentums *durch die Hochschule* thematisierend, sind nur diejenigen Werke der Hochschulbeschäftigten von Interesse, die tatsächlich durch die Hochschule verwertet werden bzw. verwertet werden können. Eine Verwertung durch den Hochschulbeschäftigten selbst muss also ebenso außer Betracht bleiben, wie eine Verwertung der Werke durch Dritte. Damit scheiden von vornherein urheberrechtlich geschützte Werke wie Monographien, Lehrbücher oder Vorträge des Hochschulbeschäftigten aus der näheren Betrachtung weitestgehend aus, da diese in der Regel nicht durch die Hochschule, sondern durch den Hochschulbeschäftigten selbst vermittelt bzw. verwertet werden und ein entsprechendes Verwertungsinteresse der Hochschule auch überhaupt nicht vorliegt. Dies wird vor allem auch einen Großteil der Lehre, wie Vorlesungen, Seminare, Übungen oder sonstige Lehrveranstaltungen betreffen.[1988] Auf den ersten Blick verbleibt damit zwar scheinbar kein relevanter Anwendungsbereich mehr, in denen die Hochschule urheberrechtlich geschützte Werke des Hochschulbeschäftigten verwertet. Dabei handelt es sich jedoch um ein trügerisches Bild. Den Hauptanwendungsbereich urheberrechtlich geschützter Werke, die durch die Hochschule verwertet werden können und an deren Verwertung die Hochschule regelmäßig ein Interesse haben wird, bilden die durch den Hochschulbeschäftigten entwickelten Computerprogramme.

Eine Verwertung der Werke des Hochschulbeschäftigten durch die Hochschule kommt aber nur in Betracht, sofern der Hochschule auch ein Recht bzw. die Möglichkeit zur Verwertung zusteht. Vergleichbar zur Rechtslage bei Erfindungen der Hochschulbeschäftigten, deren Verwertung durch die Hochschule nur bei gebundenen Erfindungen (Diensterfindungen) möglich ist[1989], ist zu untersuchen, ob die Verwertung urheberrechtlich geschützter Werke des Hochschulbeschäftigten nur dann in Betracht kommt, wenn es sich bei dem entsprechenden Werk um ein Pflichtwerk, also ein in Erfüllung der arbeits- bzw. dienstvertraglichen Pflichten entstandenes Werk, handelt oder ob eine Verwertung auch freier Werke der Hochschulbeschäftigten durch die Hochschule möglich ist. Dies setzt allerdings die Klärung der Vorfrage voraus, ob § 43 UrhG mit seinen bisher aufgezeigten Wertungen auch auf Hochschulbeschäftige anwendbar

---

1988 *Kraßer/Schricker*, Patent- und Urheberrecht an Hochschulen, S. 113.
1989 Vgl. oben Kapitel 3. § 8 A. II. 3. b. aa. (1), (S. 280).

ist; konkret, ob Pflichtwerke im Hochschulbereich überhaupt denkbar sind.

III. Anwendbarkeit des § 43 UrhG im Hochschulbereich

Bereits mehrfach ist angeklungen, dass für die Betrachtung hochschulurheberrechtlicher Vergütungsansprüche die allgemeine Vorschrift des Arbeitnehmerurheberrechts aus § 43 UrhG eine bedeutende Rolle spielt. Da speziell auf die Hochschulbeschäftigten gemünzte Regelungen dem Urheberrecht fremd sind, stellt sich die Frage, ob die für den gewöhnlichen Arbeitnehmerurheber geltende Bestimmung auch auf die Werke eines Hochschulbeschäftigten Anwendung findet, die dieser im Rahmen seines Dienst- oder Arbeitsverhältnisses schafft.

1. Anwendbarkeit des § 43 UrhG im Hochschulbereich allgemein

Die Untersuchung soll in zwei Teile untergliedert werden: Zunächst gilt es die Anwendbarkeit des § 43 UrhG auf den Hochschulbereich im Allgemeinen festzustellen, um anschließend die Anwendbarkeit auf die einzelnen Beschäftigungsgruppen an einer Hochschule betrachten zu können (dazu 2.).

a. Zusammenfassung der Wertungen des § 43 UrhG

Die Grundzüge der Vorschrift des § 43 UrhG sind bereits dargestellt worden; insoweit kann auf die obigen Ausführungen verwiesen werden.[1990] Zusammenfassend lassen sich folgende Wertungen des § 43 UrhG festhalten: Auch im Arbeitsverhältnis sind die Vorschriften des Urhebervertragsrechts mit den §§ 31 – 44 UrhG anwendbar, wenn der Arbeitnehmer ein Werk in Erfüllung seiner arbeitsvertraglichen Verpflichtungen schafft und soweit sich aus dem Inhalt oder dem Wesen des Arbeitsverhältnisses nichts anderes ergibt. § 43 UrhG findet demnach nur auf Pflichtwerke des Arbeitnehmers Anwendung. Handelt es sich bei dem urheberrechtlich geschützten Werk um ein Pflichtwerk, ist der Arbeitnehmer aufgrund arbeitsrecht-

---

1990 Siehe oben Kapitel 2. § 6 B. III. (S. 124).

licher Wertungen dazu verpflichtet, dem Arbeitgeber die Nutzungsrechte an dem von ihm geschaffenen Werk einzuräumen, soweit dieser sie benötigt, um die vom Arbeitnehmerurheber geschuldete Leistung vertragsgemäß nutzen und verwerten zu können. Auf diese Weise erlangt der Arbeitgeber die Möglichkeit, urheberrechtlich geschützte Werke des Arbeitnehmers verwerten zu können.

b. Anwendbarkeit des § 43 UrhG auf Beamte

Die zentrale Figur des Hochschulrechts ist der verbeamtete Professor an einer wissenschaftlichen Hochschule.[1991] Soll im Folgenden der Frage nachgegangen werden, ob auch diesen eine Pflicht zur Schaffung urheberrechtlicher Werke mit der Folge des § 43 UrhG treffen kann[1992], ist vorab zu klären, ob generell auch Beamte der Regelung des § 43 UrhG unterfallen.

Mit der in § 43 UrhG enthaltenen Formulierung „*Arbeits- und Dienstverhältnis*" sind das privatrechtliche Dienstverhältnis zwischen Arbeitgeber und Arbeitnehmer (Arbeitsverhältnis) sowie das öffentlich-rechtliche Dienstverhältnis des Beamten (Dienstverhältnis) gemeint.[1993] § 43 UrhG gilt folglich für alle abhängig Beschäftigten, unabhängig ihres Status als Beamter oder Arbeitnehmer und ungeachtet der rechtlichen Zuordnung des Rechtsverhältnisses zum öffentlichen oder privaten Recht[1994], sodass die Regelung des § 43 UrhG nicht nur für Arbeitnehmer gilt, sondern ebenso auf Beamte anwendbar ist.

Entscheidend für die Anwendbarkeit des § 43 UrhG ist folglich allein, ob den Arbeitnehmer oder Beamten eine Pflicht zur Schöpfung urheberrechtlich geschützter Werke und eine damit verbundene Pflicht zur Einräumung der Nutzungsrechte an den entsprechenden Werken trifft. An dieser Stelle gilt es durchaus, der Unterscheidung zwischen Arbeitnehmern und Beamten Beachtung zu schenken. Während das Rechtsverhältnis des Arbeitnehmers sowohl hinsichtlich der arbeitsrechtlichen Seite als

---

1991 *Bartenbach/Volz*, Arbeitnehmererfindungsgesetz, § 42 n. F., Rn. 9.
1992 Hierzu sogleich Kapitel 4. § 10 B. III. 2. a. aa. (S. 563).
1993 *Kraßer/Schricker*, Patent- und Urheberrecht an Hochschulen, S. 94; *Ulmer*, Urheber- und Verlagsrecht, S. 401; *Rojahn*, in: Schricker/Loewenheim, UrhG, § 43 UrhG, Rn. 10. Beachte die Abgrenzung zu den Angestellten des öffentlichen Dienstes, die als Arbeitnehmer im privatrechtlichen Sinne anzusehen sind, vgl. hierzu oben Kapitel 2. § 4 A. I. 1. b. (S. 57).
1994 *Kraßer/Schricker*, Patent- und Urheberrecht an Hochschulen, S. 94.

Kapitel 4. Vergütungsansprüche des Hochschulbeschäftigten im Arbeitnehmerurheberrecht

auch in Bezug auf die urheberrechtliche Bewertung allein privatrechtlich ausgestaltet ist, muss für das dem öffentlichen Recht angehörende[1995] Dienstverhältnis des Beamten differenziert werden: Die Rechte und Pflichten des Beamten sind öffentlich-rechtlicher Natur und ergeben sich aus dem Beamtenrecht sowie aus ungeschriebenen Grundsätzen zur Konkretisierung des Dienst- und Treueverhältnisses des Beamten. Daraus kann sich die Pflicht des Beamten ergeben, dem Dienstherrn Nutzungsrechte an den von ihm geschaffenen Werken einzuräumen. Demgegenüber erfolgt die Verfügung über die Nutzungsrechte auch bei Beamten auf privatrechtlicher Grundlage.[1996] Da es an öffentlich-rechtlichen Regelungen hinsichtlich des Urheberrechts allerdings fehlt, werden die urhebervertragsrechtlichen Regelungen auf das Beamtenverhältnis entsprechend angewendet.[1997] Probleme können sich daraus ergeben, dass die Vorschriften des Urhebervertragsrechts das Vorliegen eines privatrechtlichen Vertrags voraussetzen, an dem es bei Beamten, die gem. § 8 Abs. 1 BeamtStG (§ 5 Abs. 1 BRRG a. F.) ernannt werden, gerade fehlt.[1998] Aus diesem Grund müssen bei der Anwendung der privatrechtlichen Regelungen des Urhebervertragsrechts die Besonderheiten des öffentlich-rechtlichen Dienstverhältnisses Berücksichtigung finden.[1999]

c. Anwendbarkeit des § 43 UrhG im Hochschulbereich

Es wurde festgestellt, dass die Regelung des § 43 UrhG sowohl für Arbeitnehmer als auch für Beamte gilt. Bislang nicht geklärt wurde, ob die die Anwendung des Urhebervertragsrechts bestimmende Vorschrift auch im Hochschulbereich ihre Geltung entfaltet.

Die grundsätzliche Anwendbarkeit des § 43 UrhG im gesamten Hochschulbereich kann nicht bestritten werden.[2000] So sehr dahingehend Einigkeit besteht, so umfangreich sind allerdings auch die mit der Anwendung des § 43 UrhG auf den Hochschulbereich verbundenen Probleme. Schwierigkeiten ergeben sich vor allem im Hinblick auf die grundrechtlich ge-

---

[1995] *Kraßer/Schricker*, Patent- und Urheberrecht an Hochschulen, S. 95; *Rojahn*, in: Schricker/Loewenheim, UrhG, § 43 UrhG, Rn. 19.
[1996] *Kraßer/Schricker*, Patent- und Urheberrecht an Hochschulen, S. 95 f. m. w. N.
[1997] *Kraßer/Schricker*, Patent- und Urheberrecht an Hochschulen, S. 96; *Rojahn*, in: Schricker/Loewenheim, UrhG, § 43 UrhG, Rn. 28.
[1998] Vgl. dazu oben Kapitel 2. § 4 A. I. 1. (S. 55).
[1999] Vgl. *Kraßer/Schricker*, Patent- und Urheberrecht an Hochschulen, S. 96.
[2000] *Kraßer/Schricker*, Patent- und Urheberrecht an Hochschulen, S. 63, 111.

währleistete Forschungs- und Wissenschaftsfreiheit im Hochschulbereich. So vermag die Begründung einer Pflicht zur Schaffung urheberrechtlich geschützter Werke bei Hochschulbeschäftigten deutlich schwerer und komplexer zu erscheinen als dies bei „gewöhnlichen" Arbeitnehmerurhebern der Fall ist. Um der Frage nach einer entsprechenden Verpflichtung der Hochschulbeschäftigten nachzugehen, ist zwischen den einzelnen Gruppen der Beschäftigten an der Hochschule zu differenzieren (dazu sogleich 2.).

Eng verzahnt mit der Frage nach der Einräumungspflicht ist die Frage nach dem Umfang der entsprechenden Nutzungsrechtseinräumung. Da der Arbeitgeber das Risiko der wirtschaftlich erfolgreichen Verwertung sowie der Entstehung des Werks trägt, muss ihm im Gegenzug die Möglichkeit der Verwertung zukommen. Stets im Hinterkopf behalten werden muss dabei, dass bei fehlender ausdrücklicher Vereinbarung hinsichtlich der Einräumung von Nutzungsrechten eine Auslegung i. V. m. § 31 Abs. 5 UrhG unter Berücksichtigung des Vertragszwecks regelmäßig ergibt, dass der Arbeitgeber etwaige Nutzungsrechte nur soweit eingeräumt bekommt, wie er diese benötigt, um die von dem Arbeitnehmer geschuldete Leistung nutzen und verwerten zu können, sodass der Vertragszweck erfüllt wird.[2001] Zur Bestimmung des Zwecks des Arbeits- oder Dienstverhältnisses kann auf die betriebliche oder behördliche Zwecksetzung des Arbeitgebers oder Dienstherrn zurückgegriffen werden.[2002] Anders als der in der Privatwirtschaft tätige Unternehmer, der das freie unternehmerische Risiko trägt, handelt die Hochschule aber allein im Rahmen der ihr durch das Hochschulrecht zugewiesenen Aufgaben. Der Horizont freier wirtschaftlicher Aktivitäten einer Hochschule ist damit von vornherein begrenzt. Die für den privaten Arbeitgeber erörterten arbeitsrechtlichen Wertungen in Bezug auf den Vertragszweck, auf das Recht am Arbeitsergebnis sowie die damit verbundene Zuordnung der Urheberrechte[2003] lassen sich demzufolge nicht unreflektiert auf den Hochschulbereich übertragen. Unabhängig davon, ob die Hochschule oder der Staat Arbeitgeber oder Dienstherr des Hochschulbeschäftigten ist[2004], kommt es vielmehr auf die Zwecke der Hochschule an[2005], die durch die Aufgaben der Hochschule definiert wer-

---

2001 Siehe hierzu ausführlich oben Kapitel 2. § 6 B. III. 2. a. aa. (2) (a), (S. 131).
2002 *Kraßer/Schricker*, Patent- und Urheberrecht an Hochschulen, S. 69 m. w. N.
2003 Zum Recht am Arbeitsergebnis siehe oben Kapitel 2. § 5 A. (S. 77); zur Rechtszuordnung im Arbeitnehmerurheberrecht siehe Kapitel 2. § 6 B. III. 2. (S. 126).
2004 Zum Auseinanderfallen von Hochschulbegriff und Dienstherrnbegriff siehe oben Kapitel 4. § 10 A. II. (S. 535).
2005 *Kraßer/Schricker*, Patent- und Urheberrecht an Hochschulen, S. 70.

Kapitel 4. Vergütungsansprüche des Hochschulbeschäftigten im Arbeitnehmerurheberrecht

den. Transferiert auf die Hochschule bedeutet der obige Grundsatz folglich, dass die Hochschule Nutzungsrechte an den Werken der Hochschulbeschäftigten nur soweit eingeräumt bekommen muss, wie dies zur Erfüllung ihrer Aufgaben notwendig erscheint. Das kann im Ergebnis etwa bedeuten, dass der Hochschule die Nutzungsrechte nur zu pädagogischen Zwecken, nicht aber zur kommerziellen Verwertung des Rechts eingeräumt werden können, sofern hierdurch die Erfüllung der Hochschulaufgabe bereits erreicht wird.[2006] Anders der private Arbeitgeber, der zur Erreichung des Vertragszwecks des Arbeitsvertrags auf die kommerzielle Verwertung angewiesen ist. Die Aufgaben der Hochschule müssen im Rahmen der Betrachtung einer Pflicht der einzelnen Beschäftigungsgruppen zur Schaffung urheberrechtlich geschützter Werke und im Hinblick auf eine damit korrespondierende, mögliche Vergütungspflicht der Hochschule deshalb stets Berücksichtigung finden.

2. Differenzierung nach einzelnen Beschäftigungsgruppen

Die Anwendbarkeit der Vorschrift des § 43 UrhG auf den Hochschulbereich ist abhängig davon, welcher Personengruppe der werkschaffende Urheber angehört. Nicht auf alle Beschäftigungsgruppen an einer Hochschule ist § 43 UrhG gleichermaßen anwendbar, weshalb zwischen den einzelnen Gruppierungen differenziert werden muss. Unterscheiden lässt sich dabei die Kategorie des hauptberuflich wissenschaftlichen und künstlerischen Personals von den Kategorien der nicht hauptberuflich Tätigen an einer Hochschule sowie der sonstigen Angehörigen und Mitgliedern der Hochschule.

a. Hauptberufliches wissenschaftliches und künstlerisches Personal

Nach § 42 S. 1 HRG[2007] besteht das hauptberuflich tätige wissenschaftliche und künstlerische Personal der Hochschule insbesondere aus den Hoch-

---

2006 Vgl. BGH, Urteil v. 06.02.1985 – I ZR 179/82, GRUR 1985, 529 – *Happening*; siehe hierzu auch *Kraßer/Schricker*, Patent- und Urheberrecht an Hochschulen, S. 134.
2007 Zur Weitergeltung der Vorschriften des HRG auch nach Abschaffung der Rahmengesetzgebungskompetenz im Zuge der Förderalismusreform im Jahr 2006 siehe oben Kapitel 3. § 8 A. II. 1. b. bb. (2), (S. 259).

schullehrern, den wissenschaftlichen und künstlerischen Mitarbeitern sowie den Lehrkräften für besondere Aufgaben.

aa. Hochschullehrer (Professoren und Juniorprofessoren)

Unter die Gruppe der Hochschullehrer fallen die Professoren sowie die Juniorprofessoren (§ 42 S. 1 HRG). Professoren werden, soweit sie in das Beamtenverhältnis berufen werden, gem. § 46 HRG zu Beamten auf Zeit oder auf Lebenszeit ernannt. Zwar kann vereinzelt auch statt eines Beamtenverhältnisses ein privatrechtliches Dienstverhältnis begründet werden (vgl. § 51 Abs. 4 S. 1 HochSchG RPF). Hierbei handelt es sich aber zum einen um eine absolute Ausnahmeregelung[2008], zum anderen muss auch das privatrechtliche Dienstverhältnis derart ausgestaltet sein, dass die Selbständigkeit des Professors der Regelung des § 43 HRG entsprechend gewahrt bleibt.[2009] Die Betrachtung der urheberrechtlichen Wertungen ist demnach unabhängig davon, ob es sich um ein Beamten- oder Angestelltenverhältnis handelt, da es allein auf die selbständige Stellung des Professors ankommt. Die seit der Fünften Novelle des HRG[2010] in § 42 S. 2 HRG ebenfalls genannten Juniorprofessoren ersetzen weitestgehend die früheren Personalkategorien des wissenschaftlichen Assistenten (§ 47 HRG a. F.), Oberassistenten und -ingenieurs (§§ 48a, 48b HRG a. F.) und Hochschuldozenten (§§ 48c, 48d HRG a. F.).[2011] Das für Juniorprofessoren vorgesehene zweiphasige Dienstverhältnis (§ 48 Abs. 1 S. 1 HRG) wird etwa in Nordrhein-Westfalen durch ein Beamtenverhältnis auf Zeit für die Dauer von drei Jahren realisiert, das um weitere drei Jahre verlängert werden kann (§ 39 Abs. 5 HG NRW). Wie schon § 42 S. 1 HRG selbst deutlich werden lässt, ist der Juniorprofessor dem Universitätsprofessor rechtlich gleichgestellt.[2012] Aus diesem Grund wird der Einfachheit halber im Fol-

---

2008 *Kraßer/Schricker*, Patent- und Urheberrecht an Hochschulen, S. 121 f.; *Detmer*, in: Hartmer/Detmer (Hrsg.), Hochschulrecht, S. 139, 237 (Rn. 273).
2009 *Kraßer/Schricker*, Patent- und Urheberrecht an Hochschulen, S. 122.
2010 „Fünftes Gesetz zur Änderung des Hochschulrahmengesetzes und anderer Vorschriften (5. HRGÄndG)" vom 16.02.2002, BGBl. 2002, Teil I, S. 693, in Kraft getreten am 17.02.2002.
2011 *Hartmer*, in: Hartmer/Detmer (Hrsg.), Hochschulrecht, S. 241, 285 (Rn. 109). Dennoch lassen sich etwa in § 39 Abs. 7 HG NRW weiterhin Hochschuldozenten finden.
2012 *Hartmer*, in: Hartmer/Detmer (Hrsg.), Hochschulrecht, S. 241, 291 (Rn. 126).

genden zum Teil nur von Professoren gesprochen; gemeint sind zugleich auch die Juniorprofessoren.

Die Hochschullehrer gehören zum hauptberuflich tätigen wissenschaftlichen und künstlerischen Personal der *Hochschule* (§ 42 S. 1 HRG). Sie nehmen die ihrer Hochschule jeweils obliegenden Aufgaben in Wissenschaft und Kunst, Forschung, Lehre und Weiterbildung in ihren Fächern nach näherer Ausgestaltung ihres Dienstverhältnisses selbständig wahr (§ 43 HRG). Das Hochschulrahmengesetz nennt in § 1 HRG verschiedene Hochschularten, die als Hochschule i. S. d. HRG zu qualifizieren sind. Darunter fallen die Universitäten, die Pädagogischen Hochschulen, die Kunsthochschulen, die Fachhochschulen sowie die sonstigen Einrichtungen des Bildungswesens, die nach Landesrecht staatliche Hochschulen sind. Die Betrachtung einer Werkschaffungspflicht von Hochschullehrern soll im Folgenden getrennt für die Hochschullehrer der verschiedenen Hochschularten erfolgen.

(1) Universitätsprofessoren

§ 1 HRG erfasst zunächst die Universitäten als Hochschulen i. S. d. Hochschulrahmengesetzes. Der Schwerpunkt der Aufgaben einer Universität, die der Hochschullehrer gem. § 43 UrhG selbständig wahrnimmt, liegt im Bereich der Forschung und Lehre.[2013] Dabei genießen die Hochschullehrer an wissenschaftlichen Hochschulen den Schutz der grundrechtlich gewährleisteten Forschungs- und Lehrfreiheit aus Art. 5 Abs. 3 S. 1 GG.[2014] Dies hat erhebliche Auswirkungen auf die urheberrechtliche Stellung der Professoren, insbesondere auf die Anwendbarkeit des § 43 UrhG.

(a) Grundsatz: Keine Werkschaffungspflicht des Universitätsprofessors

Entscheidend für § 43 UrhG ist, ob den Universitätsprofessor eine Pflicht zur Schaffung urheberrechtlich geschützter Werke trifft, da § 43 UrhG nur

---

2013 Vgl. *Epping*, in: Hartmer/Detmer (Hrsg.), Hochschulrecht, S. 53, 62 (Rn. 14 f.); *Leuze*, in: BeckOK-UrhR, Sonderbereiche, Urheberrecht im Bereich der Wissenschaft, Rn. 16 m. w. N.
2014 Vgl. hierzu BVerfG, Urteil v. 29.05.1973 – 1 BvR 424/71, 1 BvR 325/72, BVerfGE 35, 79, 79 ff. = NJW 1973, 1176; *Thieme*, Deutsches Hochschulrecht, Rn. 119, 126; *Leuze*, in: BeckOK-UrhR, Sonderbereiche, Urheberrecht im Bereich der Wissenschaft, Rn. 16.

§ 10 Die Vergütungsansprüche des Hochschulurhebers

auf Pflichtwerke des Arbeitnehmers oder Beamten Anwendung findet.[2015] Wie bereits im Rahmen des Arbeitnehmererfinderrechts dargestellt, fällt den Hochschullehrern die dienstliche Obliegenheit zu, ihr Fach in Forschung und Lehre angemessen zu vertreten.[2016] Allerdings sind sie aufgrund der in Art. 5 Abs. 3 S. 1 GG grundgesetzlich verankerten Forschungs- und Lehrfreiheit dabei unabhängig von staatlichen Weisungen. Dem Hochschullehrer zufallende Pflichten sind deshalb immer im Lichte der grundrechtlichen Wertungen zu beurteilen, was § 4 Abs. 1 HRG deklaratorisch bekräftigt.

Lehre ist die wissenschaftlich fundierte Übermittlung der durch die Forschung gewonnenen Erkenntnisse.[2017] Zwar wird die Lehrverpflichtung regelmäßig die Pflicht zur Abhaltung von Lehrveranstaltungen umfassen[2018] und die Lehrfreiheit kann durch die Ausbildungsaufgabe der jeweiligen Hochschule (vgl. § 1 HRG) sowie durch das Dienstverhältnis des Hochschullehrers (vgl. § 43 UrhG) beschränkt sein.[2019] Eine Pflicht zur Schaffung urheberrechtlich geschützter Werke des Professors ergibt sich aus der Lehrverpflichtung gleichwohl nicht. Auch eine Publikationsverpflichtung (z. B. hinsichtlich der Veröffentlichung von Lehr- oder Übungsbüchern) kann sich aus der Lehrverpflichtung nicht ergeben, da Art. 5 Abs. 3 S. 1 GG als Ausfluss der Wissenschaftsfreiheit auch die Freiheit der Publikation gewährt.[2020]

2015 Siehe oben Kapitel 2. § 6 B. III. 2. a. aa. (S. 128).
2016 Dazu Kapitel 3. § 8 A. II. 3. b. aa. (2) (a) (aa), (S. 284); siehe auch *Kraßer*, in: Hartmer/Detmer (Hrsg.), Hochschulrecht, S. 831, 819 (Rn. 124), 850 (Rn. 66); *Kraßer/Schricker*, Patent- und Urheberrecht an Hochschulen, S. 66 f.
2017 BVerfG, Urteil v. 29.05.1973 – 1 BvR 424/71, 1 BvR 325/72, BVerfGE 35, 79, 113 = NJW 1973, 1176.
2018 Diese Verpflichtung der Professoren war in § 43 Abs. 2 HRG a. F. explizit geregelt. Die durch das „Gesetz zur Änderung dienst- und arbeitsrechtlicher Vorschriften im Hochschulbereich (HdaVÄndG)" vom 27.12.2004. BGBl. 2004, Teil I, S. 3835 erfolgte Streichung des Abs. 2 sollte nicht den Wegfall dieser Verpflichtung zur Folge haben, sondern lediglich den Rahmencharakter des Hochschulrahmengesetzes verdeutlichen und die Konkretisierung der Aufgaben der Professoren künftig den Landesgesetzgebern überlassen, vgl. Begründung zum „Entwurf eines Gesetzes zur Änderung dienst- und arbeitsrechtlicher Vorschriften im Hochschulbereich" der Fraktionen SPD und Bündnis 90/Die Grünen vom 09.11.2004, BT-Drs. 15/4132, Besonderer Teil, S. 14 (zu Nr. 4).
2019 *Kraßer/Schricker*, Patent- und Urheberrecht an Hochschulen, S. 67.
2020 *Kraßer/Schricker*, Patent- und Urheberrecht an Hochschulen, S. 67, 128.

Kapitel 4. Vergütungsansprüche des Hochschulbeschäftigten im Arbeitnehmerurheberrecht

Forschung ist die geistige Tätigkeit mit dem Ziele, in methodischer, systematischer und nachprüfbarer Weise neue Erkenntnisse zu gewinnen.[2021] Auch die Pflicht des Professors zur Vertretung seines Fachs in der Forschung vermag eine Werkschaffungspflicht nicht zu begründen. Zwar mag der Universitätsprofessor, der keine urheberrechtlich geschützten Werke schafft, die *„moralische Obliegenheit [verletzen], den wissenschaftlichen Fortschritt durch Teilnahme am Fachgespräch zu unterstützen"*[2022], eine Dienstpflichtverletzung liegt gleichwohl nicht vor. Aufgrund der Publikationsfreiheit steht es dem Professor auch frei zu entscheiden, ob und welche Forschungsergebnisse er veröffentlicht; eine Publikationspflicht (z. B. hinsichtlich der Veröffentlichung von Aufsätzen oder Monographien) ergibt sich aus der Forschungspflicht also ebenfalls nicht.[2023]

Dies führt zu dem Schluss, dass den Universitätsprofessor, der auch zu erfinderischer Tätigkeit nicht verpflichtet ist, keine grundsätzliche Verpflichtung zur Schaffung urheberrechtlich geschützter Werke trifft. Obgleich die Hochschulforschung auf die Publizität und Veröffentlichung von Forschungsergebnissen angelegt ist[2024], fällt dem Professor auch weder aus der Lehr- noch aus der Forschungsverpflichtung eine Publikationspflicht zu.[2025] Der nur für Pflichtwerke des Arbeitnehmers oder Beamten geltende § 43 UrhG kann auf Professoren und Juniorprofessoren deshalb nicht angewendet werden. Demzufolge ist es zumindest für die urheberrechtliche Bewertung auch unerheblich, ob der Professor das Werk innerhalb der dienstlichen Tätigkeit oder in einer Nebentätigkeit schafft.[2026]

2021 Bundesbericht Forschung III, Bericht der Bundesregierung über Stand und Zusammenhang aller Maßnahmen zur Förderung der wissenschaftlichen Forschung und Entwicklung in der Bundesrepublik Deutschland vom 12.06.1969, BT-Drs. V/4335, S. 4; BVerfG, Urteil v. 29.05.1973 – 1 BvR 424/71, 1 BvR 325/72, BVerfGE 35, 79, 113 = NJW 1973, 1176.
2022 *Altenpohl*, Der urheberrechtliche Schutz von Forschungsresultaten, S. 262 f.
2023 *Kraßer/Schricker*, Patent- und Urheberrecht an Hochschulen, S. 67, 127; a. A. *Detmer*, in: Hartmer/Detmer (Hrsg.), Hochschulrecht, S. 139, 197 (Rn. 165).
2024 BVerfG, Beschluss v. 01.03.1978 – 1 BvR 174/71, 1 BvR 178/71, 1 BvR 191/71, 1 BvR 333/75, BVerfGE 47, 327, 375 f. = NJW 1978, 1621.
2025 *Kraßer/Schricker*, Patent- und Urheberrecht an Hochschulen, S. 67, 128.
2026 Vgl. *Kraßer/Schricker*, Patent- und Urheberrecht an Hochschulen, S. 126.

(b) Ausnahmen: Werkschaffungspflicht des Universitätsprofessors

Wie fast immer gilt auch hier: Es gibt keine Regel ohne Ausnahmen! Dass den Hochschullehrer *grundsätzlich* keine Werkschaffungspflicht trifft, bedeutet nicht, dass eine entsprechende Verpflichtung im Ausnahmefall nicht doch angenommen werden muss. Dies kann vor allem im Rahmen eines Fernstudiums nach § 13 HRG der Fall sein. Anders als herkömmliche Universitätsprofessoren treten Professoren an Fernuniversitäten (z. B. an der Fernuniversität Hagen) mit ihren Studenten nicht unmittelbar in Kontakt, sondern überlassen diesen allein schriftliche Lehrmaterialien zur selbständigen Bearbeitung. In diesem Kontext kann davon ausgegangen werden, dass den Professor eine entsprechende Pflicht zur Erstellung der Lehrmaterialien trifft.[2027] Da das gesamte Konzept der Fernuniversität auf der Versendung von Lehrmaterialien beruht, wird auch die Universität unabhängig von der Person des Professors darauf angewiesen sein, ihren Studenten auf Dauer Lehrmaterialien zur Verfügung stellen zu können. Entsprechende Nutzungsrechte an den Lehrmaterialien eingeräumt zu bekommen, wird für die Fernuniversitäten regelmäßig von großer Bedeutung sein.[2028] Muss eine Verpflichtung des Hochschullehrers zur Werkschaffung in einem solchen Ausnahmefall angenommen werden, kommt die Regelung des § 43 UrhG ausnahmsweise zur Anwendung; dabei sind die hochschulrechtlichen Besonderheiten zu berücksichtigen. Im Regelfall wird sich aus den Umständen eine entsprechende Pflicht des Hochschullehrers ergeben, der Hochschule Nutzungsrechte an dem von ihm geschaffenen Werk (z. B. Lehrmaterialien für einen Fernstudiengang) einzuräumen. In Ermangelung ausdrücklicher Regelungen bemisst sich der Umfang der Rechtseinräumung nach der Zweckübertragungsregel des § 31 Abs. 5 UrhG anhand des Vertragszwecks. Da sich dieser wiederum anhand der Aufgabe der Hochschule bestimmt, wird der Professor im Fall des Fernstudiums verpflichtet sein, der Hochschule diejenigen Nutzungsrechte an den Lehrmaterialien einzuräumen, die sie benötigt, um das Fernstudium ordnungsgemäß durchführen zu können. Dies mag in der Regel die Rechte zur Vervielfältigung der Unterlagen sowie zur Verbreitung an die Studenten umfassen.[2029]

[2027] *Kraßer/Schricker*, Patent- und Urheberrecht an Hochschulen, S. 132; *Götting/Leuze*, in: Hartmer/Detmer (Hrsg.), Hochschulrecht, S. 777, 821 (Rn. 128).
[2028] *Kraßer/Schricker*, Patent- und Urheberrecht an Hochschulen, S. 113 f.
[2029] Vgl. *Kraßer/Schricker*, Patent- und Urheberrecht an Hochschulen, S. 134.

(c) Wertungen des § 43 UrhG passen nicht zur rechtlichen Stellung von Professoren

Jenseits solcher Ausnahmen kann § 43 UrhG aufgrund der Forschungs- und Lehrfreiheit auf Professoren keine Anwendung finden. Aber auch unabhängig von Art. 5 Abs. 3 S. 1 GG passen die Wertungen des § 43 UrhG nicht zur rechtlichen Stellung des Hochschullehrers. Die Vorschrift des § 43 UrhG ist zugeschnitten auf den Arbeitnehmer, der in abhängiger Stellung und fremdnütziger Tätigkeit ein urheberrechtlich geschütztes Werk schafft. Bei Universitätsprofessoren fehlt es aufgrund ihrer selbständigen Stellung gerade an dem für § 43 UrhG notwendigen Abhängigkeitsverhältnis.[2030] Umgekehrt ist die Hochschule auch auf die Einräumung der Nutzungsrechte, die durch § 43 UrhG ermöglicht wird, in vielen Fällen nicht angewiesen. Eine Verwertung der wissenschaftlichen Werke des Hochschulbeschäftigten durch die Hochschule, für welche sie die Nutzungsrechte benötigen würde, ist auf die wenigen Fälle begrenzt, in denen die Verwertung überhaupt in den Aufgabenbereich der Hochschule fällt. Zu den Aufgaben der Hochschule gehört es aber nicht, als Verlagsunternehmen für die wissenschaftlichen Veröffentlichungen ihrer Bediensteten zu fungieren.[2031] Es wurde bereits aufgezeigt, dass sich der Anwendungsbereich der Verwertung urheberrechtlich geschützter Werke durch die Hochschule im Wesentlichen auf die Verwertung von durch Hochschulbeschäftigte entwickelte Computerprogramme beschränkt.

(d) Parallelität zur Diensterfindung i. S. d. § 4 ArbNErfG

Die Ablehnung der Anwendbarkeit von § 43 UrhG auf Werke von Professoren scheint auf den ersten Blick im Widerspruch zu der oben dargestellten arbeitnehmererfinderrechtlichen Situation der Abgrenzung von Diensterfindungen und freien Erfindungen des Hochschulbeschäftigten zu stehen. An dieser Stelle kann und sollte deshalb eine Parallele zum Arbeitnehmererfinderrecht gezogen werden, um die gefundenen Ergebnisse zu verifizieren:

Zusammengefasst ist überzeugenderweise davon auszugehen, dass der Hochschullehrer zu erfinderischer Tätigkeit dienstlich nicht verpflichtet

---

2030 *Götting/Leuze*, in: Hartmer/Detmer (Hrsg.), Hochschulrecht, S. 777, 820 (Rn. 124).
2031 *Kraßer/Schricker*, Patent- und Urheberrecht an Hochschulen, S. 116.

sein kann und auch ein Bemühen um eine Erfindung nicht zu seinen Verpflichtungen gehört, aber eine von ihm im Rahmen seiner Forschung tatsächlich gemachte Erfindung als Aufgabenerfindung i. S. d. § 4 Abs. 2 Nr. 1 ArbNErfG anzusehen ist. Die Anerkennung der Erfindung des Hochschullehrers als Aufgabenerfindung führt in der Folge zur Anwendung von § 42 ArbNErfG mit den darin enthaltenen besonderen Wertungen insbesondere hinsichtlich der Vergütung des Hochschullehrers. Im Arbeitnehmerurheberrecht ist die Lage, wie dargestellt, eine andere. Vergleichbar der Regelung des § 42 ArbNErfG, die nur auf Diensterfindungen (§ 4 Abs. 2 ArbNErfG) des Hochschulbeschäftigten Anwendung findet, greift die Regelung des § 43 UrhG nur dann Platz, wenn es sich bei dem vom Hochschullehrer bereits geschaffenen Werk um ein Pflichtwerk handelt.

Der Wortlaut der Vorschriften des § 4 Abs. 2 Nr. 1 ArbNErfG und § 43 UrhG unterscheidet sich jedoch in einem wesentlichen Punkt voneinander, was die abweichenden Behandlung rechtfertigt: In § 4 Abs. 2 Nr. 1 ArbNErfG sind Aufgabenerfindungen solche, die *„aus der dem Arbeitnehmer im Betrieb oder in der öffentlichen Verwaltung obliegenden Tätigkeit entstanden sind"*, während § 43 UrhG eingreift, wenn der Urheber das Werk *„in Erfüllung seiner Verpflichtungen aus einem Arbeitsverhältnis- oder Dienstverhältnis geschaffen hat."* Die im Rahmen der Forschungstätigkeit tatsächlich entstandene Erfindung des Hochschullehrers ist unabhängig von einer entsprechenden Verpflichtung zur Erfindungstätigkeit als Aufgabenerfindung anzusehen. Für das Entstehen der Erfindung aus der obliegenden Tätigkeit ist auch nicht von Belang, inwieweit der Arbeitnehmer oder Beamte weisungsgebunden tätig wird oder die obliegende Tätigkeit durch Selbständigkeit geprägt ist.[2032] Ein entstandenes urheberrechtlich geschütztes Werk kann demgegenüber nur dann als Pflichtwerk i. S. d. § 43 UrhG qualifiziert werden, wenn den Hochschullehrer überhaupt eine Verpflichtung zur Schaffung urheberrechtlich geschützter Werke trifft. Die Weisungsgebundenheit der Tätigkeit wird von § 43 UrhG gerade vorausgesetzt. Eine solche Pflicht ist aus den genannten Gründen allerdings abzulehnen. Verglichen zur Situation im Arbeitnehmererfinderrecht ergeben sich durch die Ablehnung der Verpflichtung des Hochschullehrers zur Schaffung urheberrechtlich geschützter Werke demnach keinerlei Wertungswidersprüche.

2032 *Kraßer*, in: Hartmer/Detmer (Hrsg.), Hochschulrecht, S. 831, 851 (Rn. 66).

Kapitel 4. Vergütungsansprüche des Hochschulbeschäftigten im Arbeitnehmerurheberrecht

(e) Fazit

Universitätsprofessoren trifft bis auf vereinzelte Ausnahmefälle keine dienstliche Pflicht, urheberrechtlich geschützte Werke zu schaffen. Eine solche ergibt sich auch nicht aus der dienstlichen Obliegenheit des Professors, sein Fach in Forschung und Lehre angemessen zu vertreten. Aufgrund der Publikationsfreiheit aus Art. 5 Abs. 3 S. 1 GG ist der Hochschullehrer zu Publikationen nicht verpflichtet. In Ermangelung einer professoralen Werkschaffungspflicht ist § 43 UrhG auf das Dienstverhältnis des Hochschullehrers nicht anwendbar, sodass es bei den allgemeinen urheberrechtlichen Grundsätzen verbleibt. Selbst die im Dienst geschaffenen Werke des Professors sind deshalb als freie Werke anzusehen, deren Verwertung allein dem Professor als Urheber des Werks zusteht. Eine Pflicht zur Einräumung von Nutzungsrechten an die Hochschule besteht außer bei besonderer individueller Vereinbarung nicht.

(2) Professoren an Kunsthochschulen und Pädagogischen Hochschulen

In § 1 HRG werden neben den Universitäten auch die Kunsthochschulen und Pädagogischen Hochschulen als Hochschulen im Sinne des Gesetzes genannt.

Die Kunsthochschulen umfassen neben den Hochschulen für Bildende Kunst die Musikhochschulen sowie die Hochschulen für Neue Medien (einschließlich der Filmhochschulen).[2033] Während der Schwerpunkt der Aufgaben einer Universität auf der Wissenschaft liegt, fällt den Kunsthochschulen vorrangig die Pflege der Kunst als Aufgabe zu. Hochschullehrern an Kunsthochschulen, die nach § 43 HRG die Aufgaben ihrer Hochschule selbständig wahrnehmen, obliegt mithin vor allem die Kunstpflege, die durch die Lehre, Kunstausübung sowie die Durchführung künstlerischer Entwicklungsvorhaben realisiert wird.[2034] Dabei genießen die Professoren die grundrechtlich geschützte Freiheit der Kunst aus Art. 5 Abs. 3 S. 1 GG. Da sich der Schutzbereich des Art. 5 Abs. 3 S. 1 GG sowohl auf den Werk-

---

2033 *Lynen*, in: Hartmer/Detmer (Hrsg.), Hochschulrecht, S. 83, 105 (Rn. 28).
2034 *Lynen*, in: Hartmer/Detmer (Hrsg.), Hochschulrecht, S. 83, 107 (Rn. 30); *Leuze*, in: BeckOK-UrhR, Sonderbereiche, Urheberrecht im Bereich der Wissenschaft, Rn. 24;

als auch den Wirkbereich erstreckt, umfasst der Schutz der Kunstfreiheit sowohl die Herstellung der Werke als auch deren Verbreitung.[2035]

Bei Hochschullehrern an einer Kunsthochschule kommt neben anderen vorrangig die Schaffung von Werken der Musik (§ 2 Abs. 1 Nr. 2 UrhG), Werken der bildenden Künste und der angewandten Kunst (§ 2 Abs. 1 Nr. 4 UrhG) sowie von Lichtbildwerken (§ 2 Abs. 1 Nr. 5 UrhG) oder Filmwerken (§ 2 Abs. 1 Nr. 6 UrhG) in Betracht. Eine Verpflichtung des Hochschullehrers zur Schaffung entsprechender Werke kann insbesondere aufgrund der dem Hochschullehrer zufallenden Kunstfreiheit allerdings nicht angenommen werden. In der urheberrechtlichen Bewertung ergeben sich für den Professor an einer Kunsthochschule demnach keinerlei Unterschiede gegenüber dem Universitätsprofessor.[2036] Die Vorschrift des § 43 UrhG findet auf Werke des Professors keine Anwendung, sodass die allgemeinen urheberrechtlichen Vorschriften ohne eine Modifikation durch § 43 UrhG zur Geltung gelangen. Die Verwertung auch der in dienstlicher Tätigkeit geschaffenen Werke steht dem Professor zu; eine Pflicht zur Einräumung von Nutzungsrechten an die Hochschule besteht nicht.

Gleiches gilt für Professoren an den ebenfalls von § 1 HRG erfassten Pädagogischen Hochschulen. Solche lassen sich mittlerweile allerdings nur noch in Baden-Württemberg mit den Pädagogischen Hochschulen Freiburg, Heidelberg, Karlsruhe, Ludwigsburg, Schwäbisch Gmünd und Weingarten finden (vgl. § 1 Abs. 2 Nr. 2 LHG BW).[2037] Diesen obliegen gem. § 2 Abs. 1 Nr. 2 LHG BW lehrerbildende und auf außerschulische Bildungsprozesse bezogene wissenschaftliche Studiengänge; im Rahmen dieser Aufgaben betreiben sie Forschung. Insoweit werden sie auch als *„Spezialhochschulen mit einem segmentär definierten Auftrag"* bezeichnet und gelten als den Universitäten gleichgestellt.[2038] Diese Gleichstellung bezieht sich ebenfalls auf die *urheberrechtliche Stellung* der an einer Pädagogischen Hochschule beschäftigten Professoren. Für diese ergeben sich keinerlei Unterschiede gegenüber den Universitätsprofessoren mit der Folge, dass § 43 UrhG auch für Hochschullehrer an Pädagogischen Hochschulen kei-

---

2035 Siehe nur *Starck*, in: v. Mangoldt/Klein/Starck, Grundgesetz, Bd. 1, Art. 5 Abs. 3, Rn. 307, 310; *Wittreck*, in: Dreier, Grundgesetz, Bd. 1, Art. 5 III (Kunst), Rn. 45 ff.

2036 So auch *Götting/Leuze*, in: Hartmer/Detmer (Hrsg.), Hochschulrecht, S. 777, 822.

2037 *Götting/Leuze*, in: Hartmer/Detmer (Hrsg.), Hochschulrecht, S. 777, 822 (Rn. 129); *Lynen*, in: Hartmer/Detmer (Hrsg.), Hochschulrecht, S. 83, 102 (Rn. 25).

2038 *Lynen*, in: Hartmer/Detmer (Hrsg.), Hochschulrecht, S. 83, 103 (Rn. 26).

ne Anwendung findet und eine Pflicht zur Einräumung von Nutzungsrechten an die Hochschule nicht besteht.

(3) Fachhochschulprofessoren

Als Hochschulen im Sinne des HRG gelten nach § 1 HRG auch die Fachhochschulen. Dem Begriff der Fachhochschulen unterfallen die allgemeinen Fachhochschulen nach dem HRG sowie die Fachhochschulen für den öffentlichen Dienst des Bundes und der Länder.[2039] Wie den Universitäten fallen auch den Fachhochschulen die Aufgaben der Forschung und Lehre zu. Die Abgrenzung der Fachhochschulen gegenüber den Universitäten fällt jenseits des den Fachhochschulen fehlenden Promotionsrechts zwar nicht immer leicht, allerdings wird für Fachhochschulen der Praxis- bzw. Anwendungsbezug in der Lehre besonders betont.[2040] Den meisten Hochschulgesetzen der Länder lässt sich selbst für den Bereich der Forschung eine Schwerpunktsetzung auf den Anwendungsbezug und die Praxisnähe entnehmen.[2041]

Insoweit ist vor allem umstritten, ob der Forschung an Fachhochschulen ein bloß sekundärer Charakter zukommen kann oder ob sie als Primäraufgabe der Fachhochschulen zu begreifen ist.[2042] Da die Fachhochschulprofessoren gem. § 43 HRG die ihrer Hochschule obliegenden *Aufgaben* selbständig wahrnehmen, hat der Streit um die einer Fachhochschule zukommenden Aufgaben auch mittelbare Auswirkungen auf die dienstlichen Verpflichtungen des Fachhochschulprofessors. Festgehalten werden aber kann zumindest, dass der Schwerpunkt der Aufgaben von Fachhochschulprofessoren im Bereich der Lehre liegt[2043], was sich auch anhand der höheren Lehrverpflichtung gegenüber Universitätsprofessoren erkennen

---

2039 *Lynen*, in: Hartmer/Detmer (Hrsg.), Hochschulrecht, S. 83, 97 (Rn. 17).
2040 Siehe nur Art. 2 Abs. 1 S. 6 BayHSchG, §§ 4 Abs. 3 S. 4 BerlHG, § 3 Abs. 1 S. 4 BbgHG; § 3 Abs. 2 S. 1 HG NRW, § 2 Abs 1 S. 3 HochSchG RPF; vgl. hierzu *Lynen*, in: Hartmer/Detmer (Hrsg.), Hochschulrecht, S. 83, 97 (Rn. 18); *Waldeyer*, in: Heidelberger Kommentar, Hochschulrecht in Bund und Ländern, Bd. 3, Das Recht der Fachhochschulen, Rn. 4.
2041 Vgl. *Lynen*, in: Hartmer/Detmer (Hrsg.), Hochschulrecht, S. 83, 101 (Rn. 24).
2042 Siehe zum Streitstand *Waldeyer*, in: Heidelberger Kommentar, Hochschulrecht in Bund und Ländern, Bd. 3, Das Recht der Fachhochschulen, Rn. 21.
2043 Vgl. BVerfG, Beschluss v. 29.06.1983 – 2 BvR 720/79, BVerfGE 64, 323, 355 = NJW 1984, 912; *Lynen*, in: Hartmer/Detmer (Hrsg.), Hochschulrecht, S. 83, 128 (Rn. 64); *Waldeyer*, in: Heidelberger Kommentar, Hochschulrecht in Bund und Ländern, Bd. 3, Das Recht der Fachhochschulen, Rn. 16.

lässt.[2044] Im Übrigen kann die Festlegung zugunsten einer Meinung und eine exakte Bestimmung der Fachhochschulaufgaben für die vorliegende Betrachtung offen bleiben, da sich selbst bei der Annahme umfassender Verpflichtungen des Fachhochschulprofessors im Bereich der Forschung hinsichtlich der urheberrechtlichen Bewertung keinerlei Unterschiede gegenüber den Universitätsprofessoren ergeben.[2045] Auch diesen trifft keine Verpflichtung, urheberrechtlich geschützte Werke zu schaffen; die Anwendung von § 43 UrhG auf das Dienstverhältnis von Fachhochschulprofessoren scheidet aus. Eine Pflicht zur Einräumung von Nutzungsrechten an den vom Professor an einer Fachhochschule geschaffenen Werken besteht nicht.

(4) Professoren nichtstaatlicher Hochschulen

Über die genannten Hochschularten hinaus erklärt § 1 HRG die Anwendbarkeit des Hochschulrahmengesetzes auch auf die nach Landesrecht nicht staatlichen (privaten oder kirchlichen)[2046] Hochschulen, die gem. § 70 Abs. 1 HRG staatlich anerkannt sind. Bei den nichtstaatlichen Hochschulen handelt es sich nicht etwa um eine eigene Hochschulart; vielmehr können Universitäten, Fachhochschulen und Kunsthochschulen nichtstaatlich sein.[2047] Die Aufgaben der nichtstaatlichen Hochschulen richten sich demzufolge nach der zugrundeliegenden Hochschulart. Insoweit kann auf die bisherigen Ausführungen verwiesen werden. Urheberrechtliche Besonderheiten ergeben sich deshalb auch für die Professoren an nichtstaatlichen

---

2044 Während die Lehrverpflichtung von Fachhochschulprofessoren regelmäßig 18 Semesterwochenstunden umfasst (vgl. Beschluss der Kultusministerkonferenz vom 05.10.1990, „Vereinbarung über die Lehrverpflichtung an Hochschulen [ohne Kunsthochschulen] – Vereinbarung über Hochschullehrverpflichtung", NVwZ 1992, 46, 47; *Epping*, in: Hartmer/Detmer (Hrsg.), Hochschulrecht, S. 53, 60 [Rn. 12]), beschränkt sich das Lehrdeputat von Universitätsprofessoren in der Regel auf 8 bzw. 9 Semesterwochenstunden, vgl. *Detmer*, in: Hartmer/Detmer (Hrsg.), Hochschulrecht, S. 139, 201 (Rn. 175).
2045 *Götting/Leuze*, in: Hartmer/Detmer (Hrsg.), Hochschulrecht, S. 777, 822 (Rn. 129); *Leuze*, in: BeckOK-UrhR, Sonderbereiche, Urheberrecht im Bereich der Wissenschaft, Rn. 25.
2046 Siehe hierzu *Lynen*, in: Hartmer/Detmer (Hrsg.), Hochschulrecht, S. 83, 114 (Rn. 37).
2047 Vgl. *Lynen*, in: Hartmer/Detmer (Hrsg.), Hochschulrecht, S. 83, 112 (Rn. 36).

Hochschulen nicht.[2048] Auch diese trifft keine Werkschaffungspflicht und in Ermangelung der Anwendbarkeit von § 43 UrhG auch keine Pflicht zur Einräumung von Nutzungsrechten an urheberrechtlich geschützten Werken.

(5) Fazit

Für die Gruppe der Hochschullehrer lässt sich folgendes festhalten: Eine Verpflichtung zur Schaffung urheberrechtlich geschützter Werke trifft einen Professor grundsätzlich nicht; in Ausnahmefällen mag ein solche Verpflichtung allerdings durchaus möglich sein. Kann eine Werkschaffungspflicht regelmäßig nicht angenommen werden, scheidet eine Anwendung von § 43 UrhG aus, da Pflichtwerke des Professors insoweit nicht in Betracht kommen. In der Folge finden die allgemeinen urheberrechtlichen Regelungen Anwendung. Der Professor ist Urheber der von ihm geschaffenen Werke und kann frei über die Verwertung seiner Werke entscheiden. Eine Verpflichtung zur Einräumung von Nutzungsrechten an die Hochschule kann grundsätzlich nicht angenommen werden. Diese Grundsätze gelten gleichermaßen für die Hochschullehrer jedweder Hochschulart, die Universitätsprofessoren, die Fachhochschulprofessoren, die Kunsthochschulprofessoren sowie die Professoren an Pädagogischen Hochschulen.

bb. Wissenschaftliche und künstlerische Mitarbeiter und Hilfskräfte

Zu dem hauptberuflich tätigen wissenschaftlichen und künstlerischen Personal zählt § 42 S. 1 HRG auch die wissenschaftlichen und künstlerischen Mitarbeiter, deren dienstrechtliche Stellung in § 53 HRG konkretisiert wird. Wissenschaftlichen und künstlerischen Mitarbeitern obliegen wissenschaftliche oder künstlerische Dienstleistungen, d. h. sie werden unselbständig und weisungsgebunden tätig. Dabei spielt es keine Rolle, ob der wissenschaftliche oder künstlerische Mitarbeiter als Beamter oder als Angestellter die Dienstleistung erbringt (vgl. § 53 HRG).[2049]

2048 So auch *Götting/Leuze*, in: Hartmer/Detmer (Hrsg.), Hochschulrecht, S. 777, 822 (Rn. 130); *Leuze*, in: BeckOK-UrhR, Sonderbereiche, Urheberrecht im Bereich der Wissenschaft, Rn. 25.
2049 Vgl. *Götting/Leuze*, in: Hartmer/Detmer (Hrsg.), Hochschulrecht, S. 777, 826 (Rn. 141); *Kraßer/Schricker*, Patent- und Urheberrecht an Hochschulen, S. 145.

§ 10 Die Vergütungsansprüche des Hochschulurhebers

(1) Wissenschaftliche und künstlerische Dienstleistungen

Strenggenommen müsste auch an dieser Stelle für die Bestimmung der dem Mitarbeiter obliegenden Dienstleistungen zwischen den verschiedenen Hochschularten differenziert werden, da die Dienstleistungsobliegenheiten abhängig von den jeweiligen Aufgaben der Hochschule sind. Entsprechend der Situation bei Professoren, ergibt sich für die wissenschaftlichen und künstlerischen Mitarbeiter in Bezug auf die rechtliche Stellung sowie die Werkschaffungspflicht und die Anwendbarkeit des § 43 UrhG allerdings kein Unterschied hinsichtlich der verschiedenen Hochschulformen. Aus diesem Grund sollen die wissenschaftlichen und künstlerischen Dienstleistungen lediglich exemplarisch für die Universitäten und Kunsthochschulen näher bestimmt werden.

Unter die von wissenschaftlichen Mitarbeitern an Universitäten erbrachten typischen wissenschaftlichen Dienstleistungen fallen Tätigkeiten wie die Betreuung von wissenschaftlichen Apparaten, Recherchearbeiten und die Mitwirkung an Veröffentlichungen des Hochschullehrers sowie die wissenschaftliche Tätigkeit in Laboratorien oder Bibliotheken.[2050] Zu den Dienstleistungen des wissenschaftlichen Mitarbeiters gehört es auch, den Studierenden Fachwissen und praktische Fertigkeiten zu vermitteln und sie in der Anwendung wissenschaftlicher Methoden zu unterweisen (vgl. § 44 Abs. 1 HG NRW). Für künstlerische Mitarbeiter an Universitäten gilt dies sinngemäß (vgl. § 44 Abs. 10 HG NRW). Zu den künstlerischen Dienstleistungen der künstlerischen Mitarbeiter an Kunsthochschulen gehört es, die Professoren bei der Erfüllung ihrer Aufgaben zu unterstützen, den Studierenden Fachwissen und künstlerisch-praktische Fertigkeiten zu vermitteln und sie in Anwendung künstlerischer Formen und Ausdrucksmittel zu unterweisen. Ebenfalls zu den künstlerischen Dienstleistungen gehört die Unterstützung in künstlerischen Entwicklungsvorhaben (vgl. § 37 Abs. 1 KunstHG NRW). Hier gelten die Regelungen für wissenschaftliche Mitarbeiter an Kunsthochschulen sinngemäß (vgl. § 37 Abs. 9 S. 1 KunstHG NRW).

[2050] *Krüger*, in: Heidelberger Kommentar, Hochschulrecht in Bund und Ländern, Bd. 1, § 53 HRG, Rn. 9; vgl. hierzu *Götting/Leuze*, in: Hartmer/Detmer (Hrsg.), Hochschulrecht, S. 777, 826 (Rn. 141).

(2) Rechtliche Stellung

Unabhängig von der konkret obliegenden Dienstleistung ist das Dienstverhältnis des wissenschaftlichen oder künstlerischen *Mitarbeiters* geprägt durch das Weisungsrecht seines Fachvorgesetzten[2051]; dies wird in der Regel der Professor sein (vgl. auch § 44 Abs. 1 S. 2 HG NRW, § 37 Abs. 1 S. 3 KunstHG NRW).[2052] Aufgrund der unselbständigen Stellung der wissenschaftlichen und künstlerischen Mitarbeiter, die lediglich weisungsgebundene Tätigkeiten erbringen, ist davon auszugehen, dass § 43 UrhG auf die von ihnen in Erfüllung des Arbeits- oder Dienstverhältnisses geschaffenen Werke Anwendung findet, da es sich bei solchen um Pflichtwerke des Mitarbeiters handelt.[2053] Im Rahmen ihrer abhängigen Beschäftigung können sie sich weder auf die Wissenschaftsfreiheit[2054] noch auf die Kunstfreiheit aus Art. 5 Abs. 3 GG berufen. Die Hochschule erhält die Nutzungsrechte an den von einem wissenschaftlichen oder künstlerischen Mitarbeiter geschaffenen Pflichtwerken.[2055] Um schutzfähige Werke des Mitarbeiters handelt es sich aber überhaupt nur dann, wenn nicht eine bloße Gehilfentätigkeit vorliegt, sondern vielmehr eine Miturheberschaft i. S. d. § 8 Abs. 1 UrhG gegeben ist. Entgegen der früher vorherrschenden Meinung, der wissenschaftliche Mitarbeiter könne immer nur als Gehilfe am Werk des Professors angesehen werden[2056], muss heute davon ausgegangen werden, dass die Annahme eines stillschweigenden Verzichts des wissenschaftlichen Mitarbeiters auf die Miturheberschaft den Regeln guter und seriöser wissenschaftlicher Praxis zuwider läuft.[2057] Nicht nur der wissenschaftliche Mitarbeiter, der die Ausarbeitung eines ganzen Kapitels für den Professor

---

2051 *Götting/Leuze*, in: Hartmer/Detmer (Hrsg.), Hochschulrecht, S. 777, 826 (Rn. 143).
2052 Vgl. *Leuze*, GRUR 2006, 552, 554.
2053 So auch *Götting/Leuze*, in: Hartmer/Detmer (Hrsg.), Hochschulrecht, S. 777, 827 (Rn. 143) m. w. N.
2054 Vgl. *Scholz*, in: Maunz/Dürig, Grundgesetz, Bd. 1, Art. 5 Abs. 3 GG, Rn. 99 f., 103 ff.; hierzu auch *Kraßer/Schricker*, Patent- und Urheberrecht an Hochschulen, S. 65.
2055 Statt mancher *Götting/Leuze*, in: Hartmer/Detmer (Hrsg.), Hochschulrecht, S. 777, 827 (Rn. 143).
2056 Vgl. *Hubmann/Haberstumpf*, MittHV 1982, 211, 213; siehe grundlegend dazu *Leuze*, Urheberrechte der Beschäftigten im öffentlichen Dienst, § 6 Rn. 11 ff.
2057 *Leuze*, in: BeckOK-UrhR, Sonderbereiche, Urheberrecht im Bereich der Wissenschaft, Rn. 29.

übernimmt[2058], ist Miturheber an dem Werk des Professors, sondern auch der Mitarbeiter, der einen Fußnotenapparat selbständig erarbeitet[2059], Sachregister und Literaturverzeichnisse[2060] oder Leitsätze bzw. Abstracts eigenständig erstellt.[2061] Eine Gehilfentätigkeit mag demgegenüber vorliegen, wenn der wissenschaftliche Mitarbeiter nur Material sammelt oder redaktionelle Korrekturen vornimmt.[2062] Entsprechendes muss für den künstlerischen Mitarbeiter gelten.

Die Anwendbarkeit des § 43 UrhG ist gleichermaßen für wissenschaftliche und künstlerische *Hilfskräfte* zu bejahen, die in den Fachbereichen, den wissenschaftlichen Einrichtungen oder Betriebseinheiten Dienstleistungen in Forschung und Lehre bzw. in Kunst, Kunstausübung, künstlerischen Entwicklungsvorhaben und Lehre sowie hiermit zusammenhänge Verwaltungstätigkeiten unter der Verantwortung eines Hochschullehrers, einer anderen Person mit selbständigen Lehraufgaben oder eines wissenschaftlichen oder künstlerischen Mitarbeiters erbringen (vgl. § 46 Abs. 1 HG NRW; § 38 Abs. 1 KunstHG NRW). Auch diese werden in unselbständiger und weisungsgebundener Stellung tätig.

cc. Lehrkräfte für besondere Aufgaben

Schließlich rechnet § 42 HRG zu dem hauptberuflich tätigen wissenschaftlichen Personal auch die Lehrkräfte für besondere Aufgaben. Nach § 56

2058 *Leuze*, GRUR 2006, 552, 555 m. w. N.; *Götting/Leuze*, in: Hartmer/Detmer (Hrsg.), Hochschulrecht, S. 777, S. 827 (Rn. 144); *Leuze*, in: BeckOK-UrhR, Sonderbereiche, Urheberrecht im Bereich der Wissenschaft, Rn. 30; *Loewenheim/Peifer*, in: Schricker/Loewenheim, UrhG, § 7 UrhG, Rn. 9.
2059 *Leuze*, GRUR 2006, 552, 555; *Götting/Leuze*, in: Hartmer/Detmer (Hrsg.), Hochschulrecht, S. 777, S. 827 (Rn. 144); *Leuze*, in: BeckOK-UrhR, Sonderbereiche, Urheberrecht im Bereich der Wissenschaft, Rn. 30; *Thum*, in: Wandtke/Bullinger, UrhR, § 7 UrhG, Rn. 16; **a. A.** *Loewenheim/Peifer*, in: Schricker/Loewenheim, UrhG, § 7 UrhG, Rn. 9.
2060 *Götting/Leuze*, in: Hartmer/Detmer (Hrsg.), Hochschulrecht, S. 777, S. 827 (Rn. 144); *Thum*, in: Wandtke/Bullinger, UrhR, § 7 UrhG, Rn. 16; **a. A.** *Loewenheim/Peifer*, in: Schricker/Loewenheim, UrhG, § 7 UrhG, Rn. 9.
2061 Vgl. BGH, Urteil v. 21.11.1991 – I ZR 190/89, BGHZ 116, 136, 136 ff. = GRUR 1992, 382 – *Leitsätze*; BGH, Urteil v. 01.12.2010 – I ZR 12/08, GRUR 2011, 134, 134 ff. – *Perlentaucher*; *Thum*, in: Wandtke/Bullinger, UrhR, § 7 UrhG, Rn. 16.
2062 Vgl. *Schulze*, in: Dreier/Schulze, Urheberrechtsgesetz, § 2 UrhG, Rn. 9, der allerdings unpräzise von „*wissenschaftlichen Assistenten*" spricht.

Kapitel 4. Vergütungsansprüche des Hochschulbeschäftigten im Arbeitnehmerurheberrecht

HRG kann Lehrkräften für besondere Aufgaben die Vermittlung von praktischen Fertigkeiten und Kenntnissen, die nicht die Einstellungsvoraussetzungen für Hochschullehrer erfordert, übertragen werden, soweit die Vermittlung der entsprechenden Kenntnisse und Fertigkeiten überwiegend erforderlich ist. Da den Lehrkräften für besondere Aufgaben in der Regel keine Aufgaben in der Forschung bzw. im Bereich der künstlerischen Entwicklungsvorhaben zufallen[2063], werden sie vornehmlich an Fachhochschulen zu finden sein.[2064] Die Bestimmung der Aufgaben der Lehrkräfte für besondere Aufgaben hat keine gesetzliche Konkretisierung erfahren; auch ist eine allgemeine Bestimmung der Aufgaben nicht möglich. Vielmehr muss im Einzelfall untersucht werden, welche Aufgaben der Lehrkraft zufallen.[2065] Dabei ist vor allem die Bestimmung der Selbständigkeit der Lehrkraft von Bedeutung. Vergleichbar den wissenschaftlichen Mitarbeitern leisten auch die Lehrkräfte für besondere Aufgaben regelmäßig nur unselbständige Dienste[2066], sodass § 43 UrhG auf die von ihnen geschaffenen urheberrechtlich geschützten Werke Anwendung findet, soweit sie als Miturheber und nicht als bloße Gehilfen tätig werden.[2067] Bei den geschaffenen Werken handelt es sich insoweit um Pflichtwerke, an denen die Hochschule Nutzungsrechte eingeräumt bekommt. Auf Art. 5 Abs. 3 GG kann sich die praktische Fertigkeiten und Kenntnisse vermittelnde Lehrkraft für besondere Aufgaben nicht berufen.[2068] Ist ihre Tätigkeit im Einzelfall allerdings doch durch Selbständigkeit geprägt[2069], scheidet § 43 UrhG aus.

2063 *Götting/Leuze*, in: Hartmer/Detmer (Hrsg.), Hochschulrecht, S. 777, 829 (Rn. 149).
2064 Vgl. *Lynen*, in: Hartmer/Detmer (Hrsg.), Hochschulrecht, S. 83, 134 f. (Rn. 78).
2065 *Thieme*, Deutsches Hochschulrecht, Rn. 788.
2066 *Kraßer/Schricker*, Patent- und Urheberrecht an Hochschulen, S. 145; vgl. auch *Thieme*, Deutsches Hochschulrecht, Rn. 788.
2067 *Götting/Leuze*, in: Hartmer/Detmer (Hrsg.), Hochschulrecht, S. 777, 829 (Rn. 149). Zur Abgrenzung der Miturheberschaft von der bloßen Gehilfentätigkeit siehe zuvor Kapitel 4. § 10 B. III. 2. a. bb. (2), (S. 576).
2068 *Thieme*, Deutsches Hochschulrecht, Rn. 788.
2069 Vgl. *Kraßer/Schricker*, Patent- und Urheberrecht an Hochschulen, S. 145; *Thieme*, Deutsches Hochschulrecht, Rn. 788.

b. Nicht hauptberuflich Tätige an einer Hochschule

Neben dem in § 42 HRG aufgezählten hauptberuflich tätigen wissenschaftlichen und künstlerischen Personal der Hochschule gehören der Hochschule auch nicht hauptberufliche Tätige in Forschung und Lehre an. Im Anschluss an die Bestimmung des einschlägigen Personenkreises muss untersucht werden, inwiefern auch diese Hochschulbeschäftigten der Regelung des § 43 UrhG unterfallen.

aa. Einschlägiger Personenkreis

Im Gesetz werden die im Nebenamt an einer Hochschule Tätigen anders als das hauptberuflich tätige Hochschulpersonal nicht abschließend aufgezählt, dennoch lassen sich einige Personengruppen finden, die zwar selbständige Lehraufgaben wahrnehmen, gleichwohl nicht hauptberuflich an der Hochschule tätig sind.

(1) Privatdozenten

Nicht im HRG, aber in den Landeshochschulgesetzen lässt sich der „Privatdozent" finden (z. B. § 68 Abs. 2 HG NRW). Mit der Habilitation wird die Lehrbefähigung (facultas docendi) zuerkannt.[2070] Auf Grund der regelmäßig mit der Lehrbefähigung zusammenfallenden Verleihung der venia legendi[2071], der Befugnis zur selbständigen Durchführung von Lehrveranstaltungen, ist der Habilitierte berechtigt, die Bezeichnung „Privatdozent" zu führen. Die Privatdozentur ist weder eine Amtsbezeichnung noch ein akademischer Grad, sondern ein akademischer Titel.[2072] Wie der Wortlaut des § 68 Abs. 2 S. 4 HG NRW eigens deutlich werden lässt, wird durch die Verleihung des Titels Privatdozent kein Dienst- oder Arbeitsverhältnis begründet[2073]; es handelt sich bei der Privatdozentur um ein rein korporati-

---

[2070] Siehe hierzu *Hartmer*, in: Hartmer/Detmer (Hrsg.), Hochschulrecht, S. 241, 272 (Rn. 69).
[2071] *Hartmer*, in: Hartmer/Detmer (Hrsg.), Hochschulrecht, S. 241, 272 (Rn. 71).
[2072] *Hartmer*, in: Hartmer/Detmer (Hrsg.), Hochschulrecht, S. 241, 276 (Rn. 81); *Zimmerling*, Akademische Grade und Titel, Rn. 239.
[2073] Vgl. *Hartmer*, in: Hartmer/Detmer (Hrsg.), Hochschulrecht, S. 241, 276 (Rn. 82).

ves Rechtsverhältnis sui generis.²⁰⁷⁴ Der zur selbständigen Durchführung von Lehrveranstaltungen berechtigte Privatdozent genießt den Schutz von Art. 5 Abs. 3 GG.²⁰⁷⁵ Eine Weisungsgebundenheit des Privatdozenten kann sich allenfalls aus einem neben dem korporationsrechtlichen Verhältnis bestehenden und von der Bezeichnung Privatdozent unberührt bleibenden Dienst- oder Arbeitsverhältnis ergeben, das der wirtschaftlichen Existenz des Privatdozenten dient.²⁰⁷⁶ Hierbei kann es sich seit dem Wegfall von Oberassistenten und -ingenieuren sowie Hochschuldozenten vor allem um ein Dienstverhältnis als wissenschaftlicher Mitarbeiter handeln.²⁰⁷⁷

(2) Außerplanmäßige Professoren

Eine langjährige Tätigkeit als Privatdozent wird vorausgesetzt, um den ebenfalls korporationsrechtlichen Titel der außerplanmäßigen Professur verliehen zu bekommen.²⁰⁷⁸ Dieser kann etwa in Nordrhein-Westfalen von Universitäten an Personen verliehen werden, die die Einstellungsvoraussetzungen eines Professors erfüllen und in Forschung und Lehre hervorragende Leistungen erbringen (§ 41 Abs. 1 HG NRW), aber bislang noch keinen Ruf auf eine Professur erhalten haben.²⁰⁷⁹ Die außerplanmäßige Professur berechtigt zur Führung der Bezeichnung „Professor" (§ 41 Abs. 3 S. 5 HG NRW). Wie auch bei Privatdozenten wird durch die Verleihung des Titels „außerplanmäßiger Professor" weder ein Dienst- noch ein Arbeitsverhältnis begründet oder verändert²⁰⁸⁰, was § 41 Abs. 3 S. 4 HG NRW für die außerplanmäßige Professur in Nordrhein-Westfalen ausdrücklich feststellt. Bei der außerplanmäßigen Professur handelt es sich

---

2074 *Götting/Leuze*, in: Hartmer/Detmer (Hrsg.), Hochschulrecht, S. 777, 824 (Rn. 134); *Hartmer*, in: Hartmer/Detmer (Hrsg.), Hochschulrecht, S. 241, 276 (Rn. 81 f.); *Thieme*, Deutsches Hochschulrecht, Rn. 800.
2075 *Hartmer*, in: Hartmer/Detmer (Hrsg.), Hochschulrecht, S. 241, 276 (Rn. 84); *Kraßer/Schricker*, Patent- und Urheberrecht an Hochschulen, S. 138.
2076 *Hartmer*, in: Hartmer/Detmer (Hrsg.), Hochschulrecht, S. 241, 276 (Rn. 82); vgl. auch *Thieme*, Deutsches Hochschulrecht, Rn. 800.
2077 Vgl. *Thieme*, Deutsches Hochschulrecht, Rn. 800.
2078 Zum Beispiel fünf Jahre in Nordrhein-Westfalen, vgl. § 41 Abs. 3 S. 2 HG NRW); vgl. hierzu *Hartmer*, in: Hartmer/Detmer (Hrsg.), Hochschulrecht, S. 241, 278 (Rn. 90).
2079 *Hartmer*, in: Hartmer/Detmer (Hrsg.), Hochschulrecht, S. 241, 278 (Rn. 90).
2080 Vgl. *Hartmer*, in: Hartmer/Detmer (Hrsg.), Hochschulrecht, S. 241, 278 (Rn. 90); *Kraßer/Schricker*, Patent- und Urheberrecht an Hochschulen, S. 137 f.

§ 10 Die Vergütungsansprüche des Hochschulurhebers

ebenfalls um ein öffentlich-rechtliches Rechtsverhältnis eigener Art, das zur Abhaltung selbständiger Lehrveranstaltungen berechtigt.[2081] Dennoch kann und wird in der Regel neben der außerplanmäßigen Professur ein davon unabhängiges und streng zu trennendes Dienstverhältnis bestehen, aus dem sich eine Weisungsgebundenheit des außerplanmäßigen Professors etwa gegenüber einem Hochschullehrer als Fachvorgesetzten ergeben kann.[2082]

(3) Lehrbeauftragte

Zu der Gruppe der nicht hauptamtlich Tätigen an einer Hochschule gehören auch die Lehrbeauftragten, deren Rechtsstellung in § 55 HRG geregelt ist. Lehraufträge werden zur Ergänzung des Lehrangebots erteilt; die Lehrbeauftragten nehmen die ihnen übertragenen Lehraufgaben selbständig wahr. Auch durch die Erteilung eines Lehrauftrags wird ein Dienstverhältnis nicht begründet; vielmehr handelt es sich bei dem Lehrauftrag um ein Rechtsverhältnis eigener Art (vgl. z. B. § 43 S. 3 HG NRW).[2083] Anders als für Privatdozenten oder außerplanmäßige Professoren, verlangt der Lehrauftrag aber nicht die Erfüllung der Einstellungsvoraussetzungen für Professoren.[2084]

Der Inhalt des jeweiligen Lehrauftrags wird durch die Hochschule bestimmt. Nur innerhalb des gegenständlich konkretisierten Lehrauftrags ist der Lehrbeauftragte frei, im Rahmen der Lehrveranstaltung selbständig zu verfügen. Insoweit ist auch der Lehrbeauftragte durch die Wissenschaftsfreiheit aus Art. 5 Abs. 3 S. 1 GG geschützt. Regelmäßig steht den Lehrbeauftragten ein Anspruch auf eine Vergütung für ihre Tätigkeit zu (vgl. § 55 S. 4 HRG).

2081 *Kraßer/Schricker*, Patent- und Urheberrecht an Hochschulen, S. 137.
2082 *Hartmer*, in: Hartmer/Detmer (Hrsg.), Hochschulrecht, S. 241, 279 f. (Rn. 95).
2083 Siehe auch *Götting/Leuze*, in: Hartmer/Detmer (Hrsg.), Hochschulrecht, S. 777, 824 (Rn. 137); *Thieme*, Deutsches Hochschulrecht, Rn. 779 mit weiteren Hinweisen auf landesrechtliche Bestimmungen; a. A. *Löwisch/Wertheimer*, in: Hartmer/Detmer (Hrsg.), Hochschulrecht, S. 559, 564 (Rn. 15), die von einem Dienst- oder Arbeitsverhältnis ausgehen.
2084 *Thieme*, Deutsches Hochschulrecht, Rn. 779.

(4) Honorarprofessoren

Eine dem Lehrbeauftragten vergleichbare Situation besteht bei den Honorarprofessoren. Nach § 41 Abs. 2 HG NRW kann die Bezeichnung „Honorarprofessor" an Personen verliehen werden, die auf einem an der Hochschule vertretenen Fachgebiet hervorragende Leistungen in der beruflichen Praxis bei der Anwendung oder Entwicklung wissenschaftlicher Erkenntnisse und Methoden oder hervorragende Leistungen in Forschung, Kunst und Lehre, künstlerischen Entwicklungsvorhaben und Kunstausübung erbringen, die den Anforderungen für hauptberufliche Professoren entsprechen. Die Verleihung setzt wie auch die außerplanmäßige Professur eine mehrjährige erfolgreiche selbständige Lehrtätigkeit voraus (vgl. § 41 Abs. 3 S. 2 HG NRW). Bei der nordrhein-westfälischen Regelung handelt es sich im Hinblick auf das Erfordernis der den hauptberuflichen Professoren vergleichbaren wissenschaftlichen Verdienste um eine sonst nirgends zu findende Sonderregelung.[2085] Ebenso wie bei den bereits genannten Hochschulbeschäftigten wird durch die Honorarprofessur weder ein Beamten- noch ein Arbeitsverhältnis begründet; es handelt sich vielmehr um ein öffentlich-rechtliches Rechtsverhältnis eigener Art (vgl. § 41 Abs. 3 S. 4 HG NRW).[2086] Anders als die Lehrbeauftragten werden die Honorarprofessoren nur für ein bestimmtes Fach ernannt und bestimmen den Gegenstand des Lehrinhalts selbst. Die Lehrtätigkeit des Honorarprofessors erfolgt selbständig und unter eigener Verantwortung. Ebenfalls abweichend zur Situation der Lehrbeauftragten erhalten Honorarprofessoren keine Vergütung; ihre Lehrtätigkeit erfolgt ehrenamtlich. Honorarprofessoren können jedoch zugleich auch einen (vergüteten) Lehrauftrag erhalten.[2087]

(5) Vertretungsprofessoren

Ist eine Professur unbesetzt, kommt eine Lehrstuhlvertretung in Betracht, wobei die rechtliche Stellung des Lehrstuhlvertreters im HRG nicht gere-

---

2085 Im Übrigen ist das Rechtsverhältnis des Honorarprofessors in den jeweiligen Landesgesetzen sehr unterschiedlich ausgestaltet. Eine einheitliche Linie lässt sich kaum ausmachen. Vergleiche nur die Regelungen in Rheinland-Pfalz (§ 62 HochschG RPF), Bayern (Art. 25 BayHSchPG) sowie Schleswig-Holstein (§ 65 Abs. 2 HSG SH).
2086 *Kraßer/Schricker*, Patent- und Urheberrecht an Hochschulen, S. 138.
2087 *Kraßer/Schricker*, Patent- und Urheberrecht an Hochschulen, 138 (Fn. 268); *Thieme*, Deutsches Hochschulrecht, Rn. 784.

gelt ist. Für Nordrhein-Westfalen lässt sich mit § 39 Abs. 2 HG NRW aber eine Regelung zur Professurvertretung finden. Danach kann die Hochschule übergangsweise bis zur Besetzung der Stelle für einen Professor einen Vertreter, der die Voraussetzungen eines Professors erfüllt, mit der Wahrnehmung der Aufgaben aus der Stelle beauftragen. Wie auch bei den anderen Tätigkeiten handelt es sich bei der Lehrstuhlvertretung um ein öffentlich-rechtliches Rechtsverhältnis sui generis; ein Dienstverhältnis wird durch die Vertretung nicht begründet (vgl. § 39 Abs. 2 S. 2 HG NRW).[2088]

(6) Gastprofessoren und Gastdozenten

Nicht mit der Vertretungsprofessur verwechselt werden darf die Gastprofessur.[2089] Dabei handelt es sich in der Regel um Professoren, meist aus dem Ausland, die vorübergehend berufen werden, um das Lehrangebot an der Hochschule zu ergänzen. Eine entsprechende Regelung der Rechtsstellung von Gastprofessoren wird man im HG NRW vergeblich suchen. Eine solche lässt sich aber z. B. in § 55 Abs. 2 LHG BW finden. Danach kann die Hochschule jeweils für einen im Voraus begrenzten Zeitraum für bestimmte Aufgaben in Forschung, Lehre, Kunst und Weiterbildung Hochschullehrer anderer Hochschulen oder Persönlichkeiten aus der wissenschaftlichen oder künstlerischen Praxis, die die Voraussetzungen für eine Professur erfüllen, als Gastprofessoren bestellen. Der Gastprofessor wird auf der Grundlage eines privatrechtlichen oder öffentlich-rechtlichen Vertragsverhältnisses tätig.[2090] In Betracht kommt ebenfalls die Erteilung eines Lehrauftrags an den Gastprofessor. Je nachdem wie das Rechtsverhältnis im Einzelnen ausgestaltet ist, ergeben sich für den Gastprofessor keinerlei Besonderheiten gegenüber den hauptamtlich tätigen Professoren, den Honorarprofessoren oder den Lehrbeauftragten.[2091]

[2088] A. A. *Thieme*, Deutsches Hochschulrecht, Rn. 784, der – allerdings noch vor Inkrafttreten des HG NRW – davon ausging, dass es an gesetzlichen Regelungen zur Lehrstuhlvertretung fehlt und einen privatrechtlichen Arbeitsvertrag oder ein öffentlich-rechtliches Sonderdienstverhältnis als Grundlage annahm.
[2089] *Götting/Leuze*, in: Hartmer/Detmer (Hrsg.), Hochschulrecht, S. 777, 824 (Rn. 136).
[2090] *Götting/Leuze*, in: Hartmer/Detmer (Hrsg.), Hochschulrecht, S. 777, 824 (Rn. 136); *Thieme*, Deutsches Hochschulrecht, Rn. 785.
[2091] *Kraßer/Schricker*, Patent- und Urheberrecht an Hochschulen, S. 138.

bb. Urheberrechtliche Bewertung

Die Betrachtung der einzelnen Personengruppen nicht hauptberuflich Tätiger an einer Hochschule in Forschung und Lehre ergibt, dass allen Gruppen, ausgenommen die Gastprofessoren, die rechtliche Grundlage eines öffentlich-rechtlichen Rechtsverhältnisses sui generis gemein ist. Bei den Rechtsverhältnissen der Privatdozenten, der außerplanmäßigen Professoren, der Lehrbeauftragten sowie der Honorar- und Vertretungsprofessoren handelt es sich weder um ein Arbeits- noch um ein Dienstverhältnis. Bereits aus diesem Grund muss die Anwendung des § 43 UrhG auf die entsprechenden Rechtsverhältnisse ausscheiden, da die Vorschrift nur dann Geltung erlangt, wenn der Urheber das Werk in Erfüllung seiner Verpflichtungen aus einem Arbeits- oder Dienstverhältnis geschaffen hat.

Aber auch eine *entsprechende* Anwendung des § 43 UrhG kann nicht befürwortet werden. Wie bereits erläutert, bezweckt § 43 UrhG eine Regelung für Arbeitnehmer, die im Rahmen abhängiger und fremdnütziger Tätigkeit ein urheberrechtlich geschütztes Werk schaffen. Den genannten Personengruppen fehlt es, wie den Universitätsprofessoren auch, aufgrund ihrer Selbständigkeit und der ihnen aus dem Grundgesetz zufließenden Wissenschaftsfreiheit aus Art. 5 Abs. 3 GG an dem für § 43 UrhG erforderlichen Abhängigkeitsverhältnis.[2092]

Für das nicht hauptberufliche Personal an den Hochschulen verbleibt es demnach bei den allgemeinen urheberrechtlichen Regelungen; urheberrechtlich geschützte Werke der genannten Personen sind als freie Werke einzustufen, deren Verwertung und die dadurch erzielten Erlöse allein dem jeweiligen Urheber zustehen. Ohne gesonderte Vereinbarung erlangt die Hochschule keinerlei Nutzungsrechte an den Werken, die von nicht hauptberuflich Beschäftigten der Hochschule geschaffen werden. Eine Ausnahme von diesem Grundsatz ergibt sich lediglich dann, wenn das Werk innerhalb eines neben dem öffentlich-rechtlichen Rechtsverhältnis bestehenden Dienst- oder Arbeitsverhältnisses geschaffen wurde. Aufgrund der insoweit vorherrschenden Weisungsgebundenheit, sind die in diesem Verhältnis geschaffenen Werke als Pflichtwerke i. S. d. § 43 UrhG anzusehen.

Nichts anderes gilt im Ergebnis auch für die Gastprofessoren, die durchaus auf der Grundlage eines privatrechtlichen oder öffentlich-rechtlichen

---

[2092] So auch *Götting/Leuze*, in: Hartmer/Detmer (Hrsg.), Hochschulrecht, S. 777, 825 (Rn. 138); vgl. zu den Universitätsprofessoren oben Kapitel 4. § 10 B. III. 2. a. aa. (1) (c), (S. 568).

Vertragsverhältnisses tätig werden können. Diese sind je nach Ausgestaltung des Rechtsverhältnisses den hauptamtlich tätigen Professoren, den Honorarprofessoren oder den Lehrbeauftragten gleichzustellen. Auch sie trifft keine Pflicht zur Einräumung von Nutzungsrechten an die Hochschule, wie der BGH in seiner *Happening-Entscheidung* ausdrücklich bestätigt hat.[2093]

c. Sonstige Hochschulangehörige oder -mitglieder

In § 36 Abs. 1 S. 1 HRG werden neben den an der Hochschule nicht nur vorübergehend oder gastweise hauptberuflich Tätigen auch die eingeschriebenen Studierenden als Mitglieder der Hochschule deklariert. Nach § 36 Abs. 1 S. 2 HRG wird die Stellung der sonstigen an der Hochschule Tätigen durch das Landesrecht geregelt. So zählt etwa § 9 Abs. 1 S. 1 HG NRW neben den Studierenden auch die Doktoranden zu den Mitgliedern der Hochschule. Nach § 9 Abs. 4 HG NRW können der Hochschule weitere Personengruppen angehören, ohne Mitglied der Hochschule zu sein. Einigen Personengruppen, die nach diesen Grundsätzen als Mitglieder oder Angehörige der Hochschule anzusehen sind, fehlt es in der Regel jedoch an einem Beschäftigungsverhältnis mit der Hochschule. So findet § 43 UrhG bei den Studierenden, Doktoranden[2094] oder Habilitanden, die nicht zugleich auch in einem Arbeits- oder Dienstverhältnis zur Hochschule (z. B. als studentische oder wissenschaftliche Hilfskraft) stehen, keine Anwendung. Schafft eine der genannten Personen ein urheberrechtlich geschütztes Werk (z. B. Studienarbeit oder Dissertation), handelt es sich hierbei nicht um ein Pflichtwerk i. S. d. § 43 UrhG, sondern um ein freies Werk.[2095] Die Verwertung des Werkes steht allein dem betreffenden Urheber zu; Nutzungsrechte an diesen erhält die Hochschule bei Abwesenheit individueller Vereinbarungen nicht.[2096]

2093 BGH, Urteil v. 06.02.1985 – I ZR 179/82, GRUR 1985, 529, 530 – *Happening*.
2094 Zum Doktorandenverhältnis eingehend siehe *Hartmer*, in: Hartmer/Detmer (Hrsg.), Hochschulrecht, S. 241, 251 ff. (Rn. 18 ff.).
2095 *Götting/Leuze*, in: Hartmer/Detmer (Hrsg.), Hochschulrecht, S. 777, 829 (Rn. 150).
2096 *Kraßer/Schricker*, Patent- und Urheberrecht an Hochschulen, S. 147.

3. Fazit

Stellt man sich die Frage nach der Anwendbarkeit des § 43 UrhG auf die Rechtsverhältnisse der Hochschulbeschäftigten, um infolgedessen Aussagen hinsichtlich ihrer Vergütungsansprüche im Fall der Verwertung der durch sie geschaffenen urheberrechtlich geschützten Werke durch die Hochschule treffen zu können, lässt sich zunächst feststellen, dass § 43 UrhG grundsätzlich auch im Hochschulbereich Anwendung findet und dort sowohl für Arbeitnehmer als auch für Beamte gleichermaßen gilt.

Da die Regelung des § 43 UrhG allerdings nur für Pflichtwerke des Arbeitnehmers oder Beamten ihre Geltung entfaltet, kommt es entscheidend darauf an, ob den Hochschulbeschäftigten eine Pflicht zur Schaffung urheberrechtlich geschützter Werke trifft. Gegenüber dem gewöhnlichen Arbeitnehmer, der sich unproblematisch zur Werkschaffung verpflichten kann, erlangt diese Fragestellung im Hinblick auf die Wissenschaftsfreiheit aus Art. 5 Abs. 3 GG eine gewisse Brisanz. Aufgrund dessen ist zwischen den verschiedenen Beschäftigtengruppen der an einer Hochschule Beschäftigten zu differenzieren. Muss eine Werkschaffungspflicht mit einer damit verbundenen Pflicht zur Einräumung von Nutzungsrechten angenommen werden, sind die Nutzungsrechte jedoch nur soweit einzuräumen, wie die Hochschule sie benötigt. Aus diesem Grund müssen auch die Aufgaben der Hochschulen in der Betrachtung stets Berücksichtigung finden.

Die zum hauptberuflich tätigen Personal der Hochschule zu rechnenden Hochschullehrer trifft bis auf wenige Ausnahmefälle keine Verpflichtung zur Schaffung urheberrechtlich geschützter Werke; § 43 UrhG findet keine Anwendung. Dies gilt gleichermaßen für Universitätsprofessoren und Professoren an Kunsthochschulen wie für Fachhochschulprofessoren und Professoren nichtstaatlicher Hochschulen. Bei den professoralen Werken handelt es sich insoweit um freie Werke, deren Verwertung allein dem Professor als dessen Urheber zusteht. Eine Pflicht zur Einräumung von Nutzungsrechten an die Hochschule besteht nicht. Demgegenüber muss eine Verpflichtung zur Schaffung urheberrechtlich geschützter Werke sowohl für wissenschaftliche und künstlerische Mitarbeiter bzw. Hilfskräfte als auch für Lehrkräfte für besondere Aufgaben angenommen werden. Bei den durch diese Personengruppen geschaffenen Werken handelt es sich um Pflichtwerke i. S. d. § 43 UrhG, da diese ihre Tätigkeit regelmäßig in unselbständiger und abhängiger Stellung erbringen. Um urheberrechtlich schutzfähige Werke handelt es sich jedoch überhaupt nur dann, wenn das Werk eine gewisse Schöpfungshöhe aufweist. Zu deren Beurteilung muss zwischen einer bloßen Gehilfentätigkeit und einer Miturheberschaft des

§ 10 Die Vergütungsansprüche des Hochschulurhebers

wissenschaftlichen oder künstlerischen Mitarbeiters bzw. der Lehrkraft für besondere Aufgaben sauber differenziert werden. In Anwendung des § 43 UrhG werden der Hochschule Nutzungsrechte an den geschaffenen Werken eingeräumt, soweit diese sie zur Erfüllung ihrer Aufgaben benötigt.

Auf die nicht hauptberuflich Tätigen an einer Hochschule findet § 43 UrhG keine Anwendung. Sowohl bei den unter diese Kategorie fallenden Privatdozenten und außerplanmäßigen Professoren als auch bei den Lehrbeauftragten und Honorarprofessoren fehlt es an einem Dienst- bzw. Arbeitsverhältnis i. S. d. § 43 UrhG. Ihre Rechtsverhältnisse sind öffentlich-rechtliche Rechtsverhältnisse eigener Art. Da es sich bei diesen von den an einer Hochschule tätigen Personen geschaffenen Werken nicht um Pflichtwerke handelt, sind die entsprechenden Werke als freie Werke zu klassifizieren, deren Verwertung allein dem jeweiligen Urheber zusteht. Eine Pflicht zur Einräumung von Nutzungsrechten an die Hochschule besteht nicht.

Alles in allem kann die Anwendung des § 43 UrhG im Hochschulbereich im Regelfall nur für wissenschaftliche oder künstlerische Mitarbeiter und Hilfskräfte sowie für Lehrkräfte für besondere Aufgaben angenommen werden. Diese Personengruppen bilden im Hochschulbereich demnach den Hauptanwendungsfall des § 43 UrhG.

IV. Sonderfall: Computerprogramme von Hochschulbeschäftigten (§ 69b UrhG)

Den Hauptanwendungsfall urheberrechtlich geschützter Werke von Hochschulbeschäftigten, die durch die Hochschule verwertet werden, stellen die von Hochschulbeschäftigten erstellten Computerprogramme dar. Für im Arbeitsverhältnis geschaffene Computerprogramme gilt die Sonderregelung des § 69b UrhG, wonach alle vermögensrechtlichen Befugnisse an dem Computerprogramm auf den Arbeitgeber übergehen.[2097]

Aus dieser Sonderregelung ergeben sich aber keinerlei Besonderheiten gegenüber den bereits getroffenen Erwägungen zu den Urheberrechten der Hochschullehrer, da auch im Bereich der Informatik die Freiheit von Forschung und Lehre gilt.[2098] Computerprogramme zählen zu den Sprachwerken i. S. d. § 2 Abs. 1 Nr. 1 UrhG. Ebenso wie Hochschullehrer grund-

---

[2097] Grundlegend zu § 69b UrhG siehe oben Kapitel 2. § 6 B. III. 2. b. (S. 146).
[2098] *Götting/Leuze*, in: Hartmer/Detmer (Hrsg.), Hochschulrecht, S. 777, 821 (Rn. 127); *Grützmacher*, in: Wandtke/Bullinger, UrhR, § 69b UrhG, Rn. 15.

sätzlich nicht zur Schaffung sonstiger urheberrechtlich geschützter Werke verpflichtet sind, fehlt es auch an einer Pflicht zur Schaffung von Computerprogrammen. Bei von Hochschullehrern entwickelter Software handelt es sich um freie Werke, die § 69b UrhG nicht unterfallen.[2099] Eine Pflicht zur Einräumung von Nutzungsrechten an die Hochschule besteht nicht. Eine Pflicht des Hochschullehrers zur Schaffung eines Computerprogramms kann nur in dem, zugegebenermaßen sehr selten anzutreffenden, Ausnahmefall angenommen werden, dass eine solche Pflicht ausdrücklich vereinbart wurde.[2100] Auch für die sonstigen an einer Hochschule Beschäftigten ändert § 69b UrhG nichts. So können wissenschaftliche Mitarbeiter, soweit sie in abhängiger Stellung wissenschaftliche Dienstleistungen erbringen durchaus verpflichtet sein, im Rahmen ihrer Tätigkeit Computerprogramme zu entwickeln. Insoweit handelt es sich um Pflichtwerke i. S. d. § 69b UrhG und der Hochschule stehen die vermögensrechtlichen Befugnisse an den Computerprogrammen zu.[2101]

Auch eine Anbietungspflicht hinsichtlich der freien Computerprogramme scheidet bei § 69b UrhG für die Professoren aus den bereits genannten Gründen aus.[2102] Selbstverständlich steht es aber auch den nicht zur Entwicklung von Computerprogrammen verpflichteten Hochschullehrern frei, der Hochschule Nutzungsrechte an den von ihnen geschaffenen Computerprogrammen freiwillig vertraglich einzuräumen. In einem solchen Fall steht der Hochschullehrer der Hochschule wie ein beliebiger Dritter gegenüber und das Rechtsverhältnis richtet sich nach den allgemeinen urheberrechtlichen Regelungen.

C. Vergütungsansprüche des Hochschulurhebers

Die Betrachtung der Vergütungsansprüche eines Hochschulbeschäftigten gestaltet sich im Arbeitnehmerurheberrecht durchaus schwieriger als im Arbeitnehmererfinderrecht. Während das Arbeitnehmererfindergesetz sowohl für den Arbeitnehmererfinder im Allgemeinen als auch für den

---

2099 So auch statt vieler *Leuze*, GRUR 2006, 552, 558; *Grützmacher*, in: Wandtke/Bullinger, UrhR, § 69b UrhG, Rn. 15; *Loewenheim/Spindler*, in: Schricker/Loewenheim, UrhG, § 69b UrhG, Rn. 6.
2100 Vgl. *Grützmacher*, in: Wandtke/Bullinger, UrhR, § 69b UrhG, Rn. 15 m. w. N.
2101 *Loos*, Das Urheberrecht des Arbeitnehmers an Computerprogrammen, S. 97.
2102 *Götting/Leuze*, in: Hartmer/Detmer (Hrsg.), Hochschulrecht, S. 777, 821 (Rn. 127); **a. A.** *Loos*, Das Urheberrecht des Arbeitnehmers an Computerprogrammen, S. 95 ff. („*modifizierte Anbietungspflicht*").

Hochschulbeschäftigten ausdrückliche Regelungen hinsichtlich der Vergütung für den Fall vorsieht, dass der Arbeitgeber bzw. die Hochschule die Erfindung verwertet, fehlt es dem Arbeitnehmerurheberrecht bereits an einer Vergütungsvorschrift für den allgemeinen Arbeitnehmerurheber, dessen urheberrechtlich geschütztes Werk durch den Arbeitgeber verwertet wird. Entsprechend fehlt es auch an einer, dem § 42 Nr. 4 ArbNErfG für den Hochschulerfinder vergleichbaren speziellen Norm für den urheberrechtlich tätigen Hochschulbeschäftigten.

Aus diesem Grund ist zweistufig zu untersuchen: Zum einen stellt sich die Frage, welche Auswirkungen die Anwendung der für den gewöhnlichen Arbeitnehmerurheber geltenden Regelungen auf die Vergütung des Hochschulbeschäftigten hat (dazu I.). Zum zweiten ist zu ermitteln, ob der Hochschulbeschäftigte eine Vergütung analog zur Vergütungssituation im Arbeitnehmererfinderrecht erhalten muss (dazu II.).

I. Vergütungsansprüche nach den allgemeinen arbeitnehmerurheberrechtlichen Regelungen

Die Vergütungssituation des Arbeitnehmerurhebers stellt sich grundlegend anders dar als die des Arbeitnehmererfinders. Macht der Arbeitnehmer eine Erfindung, die der Arbeitgeber in Anspruch nimmt, erhält er nach § 9 Abs. 1 ArbNErfG einen Anspruch auf eine angemessene Vergütung, die sich im Wesentlichen nach der wirtschaftlichen Verwertbarkeit der Diensterfindung bemisst (§ 9 Abs. 2 ArbNErfG). Wie gezeigt, beruht die Vergütung des Arbeitnehmererfinders auf dem sog. abgeschwächten Monopolprinzip: Der *Arbeitnehmererfinder* erhält eine gesonderte Vergütung neben seinem Arbeitsentgelt dafür, dass er seinem Arbeitgeber die Möglichkeit verschafft, durch die Anmeldung eines Schutzrechts eine Monopolstellung am Markt zu erlangen. Hieran soll der Arbeitnehmer angemessen beteiligt werden. Die Vergütung wird demnach nicht etwa für eine Sonderleistung des Arbeitnehmers geschuldet.[2103] Demgegenüber scheidet eine gesonderte Vergütung des *Arbeitnehmerurhebers* neben dem Arbeitsentgelt nach der hier vertretenen Abgeltungslehre grundsätzlich aus. Ein Vergütungsanspruch steht dem Arbeitnehmerurheber nur dann zu, wenn der Arbeitgeber das vom Arbeitnehmer geschaffene Werk außerhalb des betrieblichen Zwecks nutzt oder der Arbeitnehmer dem Arbeitgeber Nut-

---

2103 Siehe zur abgeschwächten Monopoltheorie oben Kapitel 3. § 7 B. I. 1. a. bb. (S. 187).

Kapitel 4. Vergütungsansprüche des Hochschulbeschäftigten im Arbeitnehmerurheberrecht

zungsrechte an einem freien Werk einräumt. In diesem Fall erhält der Arbeitnehmer die Sondervergütung allerdings nicht aufgrund einer Monopolstellung des Arbeitgebers, sondern aufgrund der Erbringung einer echten Sonderleistung.[2104]

Während § 42 Nr. 4 ArbNErfG eine Sonderregelung für die Vergütung eines Hochschulerfinders vorsieht, fehlt es dem Hochschulurheberrecht wie dem allgemeinen Arbeitnehmerurheberrecht an einer Vergütungsregelung. In der Abwesenheit einer solchen Sonderregelung nun aber eine unmittelbare Bestätigung für die Abgeltungslehre zu erblicken, indem eine Sondervorschrift für den Hochschulbeschäftigten gerade deshalb fehle, weil ein Vergütungsanspruch bereits für den gewöhnlichen Arbeitnehmer aufgrund der Abgeltung durch das Arbeitsentgelt ausscheidet, wäre eindeutig zu voreilig. Denn noch konnte nicht ausgeschlossen werden, ob dem Hochschulbeschäftigten ein Vergütungsanspruch für urheberrechtlich geschützte Werke, die durch die Hochschule verwertet werden, zuerkannt werden muss bzw. kann, obwohl dem gewöhnlichen Arbeitnehmerurheber eine Sondervergütung nicht zusteht.

Vielmehr führt das Fehlen einer hochschulurheberrechtlichen Sondervergütungsnorm zunächst zu einer Anwendung der allgemeinen arbeitnehmerurheberrechtlichen Vorschriften auf die Vergütung des Hochschulbeschäftigten.[2105] In diesem Kontext wird vor allem die arbeitnehmerurheberrechtliche Regelung des § 43 UrhG relevant, deren Anwendbarkeit auf die verschiedenen Beschäftigtengruppen der Hochschule zuvor behandelt wurde.[2106] In der Folge sind die Auswirkungen der Anwendung der allgemeinen urheberrechtlichen Regelungen auf den Vergütungsanspruch des Hochschulbeschäftigten zu untersuchen.

1. Vergütungsfolgen der Anwendung des § 43 UrhG auf Werke des Hochschulbeschäftigten

Von tragender Bedeutung für Werke, die in Erfüllung der Verpflichtungen aus dem Arbeits- oder Dienstverhältnis geschaffen werden, ist die Regelung des § 43 UrhG. Es wurde aufgezeigt, dass diese Vorschrift auch im Hochschulbereich grundsätzlich Anwendung findet, jedoch nicht auf alle Beschäftigungsgruppen an einer Hochschule gleichermaßen anwendbar

---

2104 Siehe zur Abgeltungstheorie oben Kapitel 4. § 9 B. II. 1. b. bb. (1), (S. 478).
2105 So i. E. auch *Rojahn*, in: Schricker/Loewenheim, UrhG, § 43 UrhG, Rn. 129.
2106 Siehe hierzu oben Kapitel 4. § 10 B. III. 2. (S. 562).

ist.²¹⁰⁷ Demzufolge ist hinsichtlich der Vergütungsfrage zwischen den Personengruppen, auf die § 43 UrhG Anwendung findet und denjenigen, die der Regelung des § 43 UrhG nicht unterfallen, zu differenzieren.

a. Wissenschaftliche oder künstlerische Mitarbeiter bzw. Hilfskräfte und Lehrkräfte für besondere Aufgaben

Anwendung findet die Regelung des § 43 UrhG in der Regel nur auf Werke der wissenschaftlichen oder künstlerischen Mitarbeiter bzw. Hilfskräfte sowie der Lehrkräfte für besondere Aufgaben. Urheberrechtlich geschützte Werke, die die genannten Personen in Erfüllung ihrer Verpflichtungen aus dem Dienstverhältnis schaffen, sind als Pflichtwerke i. S. d. § 43 UrhG anzusehen. Dies hat zur Folge, dass wissenschaftliche bzw. künstlerische Mitarbeiter oder Hilfskräfte und Lehrkräfte für besondere Aufgaben dazu verpflichtet sind, der Hochschule Nutzungsrechte an den von ihnen geschaffenen Werken einzuräumen.²¹⁰⁸

Damit stellt sich die Frage, ob die Hochschule für die Einräumung der Nutzungsrechte ein entsprechendes Entgelt zu zahlen hat. An dieser Stelle wirkt sich der Streit um den Rechtsgrund der Vergütung im Urheberrecht aus.²¹⁰⁹ Eine Vergütung erhält der wissenschaftliche Mitarbeiter²¹¹⁰ oder die Lehrkraft für besondere Aufgaben für die Nutzungsrechtseinräumung nur nach der Trennungstheorie, die zwischen der Schaffung des Werks und der Einräumung der Nutzungsrechte differenziert und eine Abgeltung durch das Arbeitsentgelt allein hinsichtlich der Werkschaffung annehmen möchte. Demgegenüber ist mit der hier vertretenen Abgeltungstheorie davon auszugehen, dass auch die Einräumung der Nutzungsrechte durch das Arbeitsentgelt grundsätzlich bereits abgegolten ist, da die Trennungstheorie aus den genannten Gründen abgelehnt werden muss. Urheberrechtlich geschützte Werke, die ein wissenschaftlicher Mitarbeiter oder eine Lehrkraft für besondere Aufgaben im Rahmen des Dienstverhältnisses schafft, können demnach durch die Hochschule verwertet werden, ohne

---

2107 Siehe den Nachweis in vorhergehender Fußnote.
2108 Dazu oben Kapitel 4. § 10 B. III. 2. a. bb. und cc. (S. 574 ff.).
2109 Zum Streit um den urheberrechtlichen Vergütungsgrund siehe oben Kapitel 4. § 9 A. (S. 456).
2110 Hier und im Folgenden wird zwecks Leserlichkeit ausschließlich von wissenschaftlichen Mitarbeitern gesprochen. Gemeint und mit umfasst sind ebenso die künstlerischen Mitarbeiter sowie die wissenschaftlichen bzw. künstlerischen Hilfskräfte.

Kapitel 4. Vergütungsansprüche des Hochschulbeschäftigten im Arbeitnehmerurheberrecht

dass sie eine Vergütung schuldig ist. Eine gesonderte Vergütung steht dem Arbeitnehmer nach der Abgeltungstheorie nur dann zu, wenn der Arbeitgeber das geschaffene Werk über den Betriebszweck hinaus nutzt, da der Arbeitgeber die Nutzungsrechte an dem Werk nur soweit eingeräumt bekommt, wie er sie zur Verwertung benötigt (vgl. § 31 Abs. 5 UrhG).[2111] Eine weitergehende Nutzung ist nicht durch das Arbeitsentgelt abgegolten und dementsprechend zu vergüten. Übertragen auf die urheberrechtlich geschützten Werke der wissenschaftlichen Mitarbeiter bedeutet dies, dass ein Vergütungsanspruch nur dann in Betracht kommt, wenn die Hochschule das geschaffene Werk außerhalb des ihr zukommenden Aufgabenbereichs nutzt.

Darüber hinaus steht den wissenschaftlichen Mitarbeitern und Lehrkräften für besondere Aufgaben auch kein Vergütungsanspruch aus § 32 UrhG zu. Es wurde festgestellt, dass die Vorschrift des § 32 UrhG auf den Arbeitnehmerurheber keine Anwendung finden kann.[2112] Soweit auf die genannten Personengruppen die für den Arbeitnehmerurheber geltenden Vorschriften angewendet werden, haben auch diese keinen Vergütungsanspruch aus § 32 UrhG.

Schafft der wissenschaftliche Mitarbeiter bzw. die Lehrkraft für besondere Aufgaben ein Werk außerhalb der Verpflichtungen aus dem Arbeits- bzw. Dienstverhältnis, handelt es sich um ein freies Werk, das dem Anwendungsbereich von § 43 UrhG nicht unterliegt. Insoweit ist die Hochschule zur Nutzung des Werks auf die Einräumung von Nutzungsrechten durch den Urheber angewiesen. Denn zur Einräumung der Nutzungsrechte ist der Urheber des freien Werks nicht verpflichtet. Auch eine Anbietungspflicht des wissenschaftlichen Mitarbeiters oder der Lehrkraft für besondere Aufgaben hinsichtlich der freien Werke muss aus den bereits ausführlich dargelegten Gründen abgelehnt werden[2113], denn insoweit ergeben sich keine Unterschiede gegenüber den freien Werken eines gewöhnlichen Arbeitnehmerurhebers.[2114]

2111 Siehe oben Kapitel 2. § 6 B. III. 2. a. aa. (2) (a), (S. 131).
2112 Zur mangelnden Anwendbarkeit des § 32 UrhG auf den Arbeitnehmerurheber siehe oben Kapitel 4. § 9 B. II. 1. b. bb. (3) (b), (S. 495).
2113 Vgl. hierzu oben Kapitel 2. § 6 B. III. 2. a. bb. (2) (b), (S. 139) und Kapitel 4. § 9 B. III. (S. 515). Für die freien Werke von Hochschullehrern hingegen, ist die Frage nach einer Anbietungspflicht aufgrund der hochschulrechtlichen Besonderheiten gesondert zu untersuchen, vgl. hierzu sogleich Kapitel 4. § 10 C. I. 1. b. aa. (S. 593).
2114 So i. E. wohl auch *Wandtke*, in: Wandtke/Bullinger, UrhR, § 43 UrhG, Rn. 32; a. A. *Rojahn*, in: Schricker/Loewenheim, UrhG, § 43 UrhG, Rn. 133.

Räumt der wissenschaftliche Mitarbeiter oder die Lehrkraft für besondere Aufgaben der Hochschule Nutzungsrechte an einem freien Werk ein, steht er bzw. sie der Hochschule wie jeder beliebige Dritte gegenüber. Die Vergütung für die Nutzungsrechtseinräumung richtet sich in diesem Fall nach § 32 Abs. 1 UrhG.[2115] Für den Fall der fehlenden Vereinbarung eines Nutzungsentgelts sei zur Vermeidung von Wiederholungen auf die bereits zum Arbeitnehmerurheberrecht entwickelten Grundsätze verwiesen[2116], die auch hier uneingeschränkte Geltung entfalten.

b. Hochschullehrer, Privatdozenten, Außerplanmäßige Professoren, Lehrbeauftragte, Honorar-, Vertretungs- und Gastprofessoren

Eine abweichende Beurteilung ergibt sich für diejenigen Hochschulbeschäftigten, die ihre Tätigkeit in weisungsunabhängiger und selbständiger Stellung erbringen. Soweit im Folgenden zwecks Vereinfachung ausschließlich von Hochschullehrern die Rede ist, sind hiermit alle in der Überschrift genannten Personengruppen gemeint.

Die Regelung des § 43 UrhG findet dann keine Anwendung, wenn es sich bei dem Beschäftigten um einen Hochschullehrer handelt, der seine Tätigkeit weisungsunabhängig erbringt und den Schutz der Forschungs- und Lehrfreiheit aus Art. 5 Abs. 3 S. 1 GG genießt. Die von diesen Personengruppen geschaffenen Werke können mangels einer entsprechenden Verpflichtung zur Werkschaffung keine Pflichtwerke i. S. d. § 43 UrhG darstellen. Vielmehr handelt es sich auch bei den im Rahmen des Dienstverhältnisses geschaffenen urheberrechtlich geschützten Werken von Hochschullehrern um freie Werke.[2117]

aa. Anbietungspflicht des Hochschullehrers bei freien Werken

Die Verwertung freier Werke steht jedoch grundsätzlich dem Urheber zu, ohne dass dieser verpflichtet wäre, seinem Arbeitgeber Nutzungsrechte an dem geschaffenen Werk einzuräumen. Für Werke, die ein Arbeitnehmer in seiner Freizeit schafft, ist dies nur zu gut verständlich. Problematisch er-

---

2115 Vgl. hierzu oben Kapitel 4. § 9 B. III. (S. 515).
2116 Siehe zum Fehlen einer Vereinbarung über das Nutzungsentgelt bei freien Werken oben Kapitel 4. § 9 B. III. (S. 515).
2117 Dazu oben Kapitel 4. § 10 B. III. 2. a. aa. (S. 563).

Kapitel 4. Vergütungsansprüche des Hochschulbeschäftigten im Arbeitnehmerurheberrecht

scheint jedoch zum Beispiel die Situation, in der der Arbeitnehmer ein Werk mit den im Betrieb gewonnenen Erfahrungen oder mit Mitteln aus dem Betrieb, nicht aber in Erfüllung seiner Verpflichtungen aus dem Arbeitsverhältnis, schafft. Insoweit wurde bereits diskutiert, ob den Arbeitnehmer eine entsprechende Pflicht trifft, seinem Arbeitgeber solche außerhalb des Arbeitsverhältnisses geschaffenen Werke mit Bezug zum Arbeitsverhältnis zur Nutzung anzubieten.[2118] Übertragen auf die Hochschule ergibt sich Folgendes: Hochschullehrer sind frei in der Verwertung der durch sie geschaffenen urheberrechtlich geschützten Werke; ihnen steht das Recht zur Verwertung auf eigene Rechnung zu.[2119] Sie sind nicht verpflichtet, der Hochschule Nutzungsrechte an ihren Werken einzuräumen.[2120]

(1) Anbietungspflicht aus der „Treuepflicht" – Die Entscheidung „Grabungsmaterialien" des BGH

Es stellt sich aber die Frage, ob den Hochschullehrer die Pflicht trifft, der Hochschule Nutzungsrechte vor einer anderweitigen Verwertung wenigstens anzubieten. Ohne nähere Diskussion erscheint es zunächst naheliegend, in Ermangelung einer Anbietungspflicht des gewöhnlichen Arbeitnehmers auch eine Anbietungspflicht des Hochschullehrers zu verneinen. Damit würde aber die Entscheidung *Grabungsmaterialien* des BGH aus dem Jahr 1990 außer Acht gelassen.[2121] In dem der Entscheidung zugrundeliegenden Sachverhalt hatte der BGH eine Anbietungspflicht für die Erben eines Hochschulprofessors angenommen, der als Direktor des Instituts für Ur- und Frühgeschichte der Universität Heidelberg mit Hilfe von Mitarbeitern eine Vielzahl archäologischer Forschungsmaterialien, wie etwa Beschreibungen von Ausgrabungen, Zeichnungen, Grabungspläne, Dias und Fotos sowie Tagebücher und Briefe, erstellt hatte. Begründet hat der BGH seine Entscheidung mit einer nachwirkenden, und daher auch die

---

2118 Zur Anbietungspflicht des Arbeitnehmers siehe oben Kapitel 2. § 6 B. III. 2. a. bb. (2), (S. 137).
2119 Vgl. *Kraßer/Schricker*, Patent- und Urheberrecht an Hochschulen, S. 130; *Rojahn*, in: Schricker/Loewenheim, UrhG, § 43 UrhG, Rn. 131.
2120 Allg. A., siehe nur *Rehbinder*, in: FS Hubmann (1985), S. 359, 365 ff.; *Ullmann*, GRUR 1987, 6, 8; *Ulmer*, Urheber- und Verlagsrecht, S. 403; *Rojahn*, in: Schricker/Loewenheim, UrhG, § 43 UrhG, Rn. 131.
2121 BGH, Urteil v. 29.09.1990 – I ZR 244/88, BGHZ 112, 243, 243 ff. = GRUR 1991, 523 – *Grabungsmaterialien*.

Erben treffenden, „Treuepflicht" aus dem Dienstverhältnis des verstorbenen Professors, die sich aus der zwanzigjährigen Tätigkeit des Hochschullehrers am Institut sowie aus der wesentlichen Mitwirkung der Institutsangehörigen ergebe. Dabei verneinte der BGH zugleich sogar einen Vergütungsanspruch der Erben, da die Grabungsdokumentation durch den Professor unter Einsatz erheblicher personeller und sachlicher Mittel erstellt worden sei.[2122] Bejaht der BGH eine Anbietungspflicht für die Erben als nachwirkende „Treuepflicht" aus dem Dienstverhältnis des Professors, liegt der Schluss nahe, dass auch den verstorbenen Professor bereits eine Anbietungspflicht treffen sollte und damit generell eine Anbietungspflicht für Hochschullehrer angenommen werden muss. Dieser Schluss scheint auch dadurch gerechtfertigt zu sein, dass der BGH hinsichtlich der Anbietungspflicht diejenigen Literaturmeinungen zitiert, die sich auf die Anbietungspflicht des lebenden Arbeitnehmers und nicht der Erben beziehen.[2123]

Die Entscheidung des BGH ist zu Recht kritisiert worden[2124] und sollte vor allem nicht als erste höchstrichterliche Grundsatzentscheidung zur Anbietungspflicht eines Hochschullehrers verstanden werden. Die Anbietungspflicht ist bereits für den gewöhnlichen Arbeitnehmer aus guten Gründen abgelehnt worden.[2125] Eine solche für Hochschullehrer anzunehmen, erscheint als ergebnisorientiert im Hinblick darauf, dass nur auf diesem Wege eine Partizipation der Hochschulen an den generell freien Werken der Hochschullehrer ermöglicht wird. In dem Bewusstsein, dass die Anbietungspflicht für den gewöhnlichen Arbeitnehmer bereits stark umstritten ist, vermag die bloße Übertragung der Ablehnung einer Anbietungspflicht für den gewöhnlichen Arbeitnehmer auf den Bereich der Hochschule als alleiniges Argument nicht zu tragen, sodass weitere Gründe zur Ablehnung der Anbietungspflicht des Hochschullehrers angeführt

---

2122 BGH, Urteil v. 29.09.1990 – I ZR 244/88, BGHZ 112, 243, 258 = GRUR 1991, 523 – *Grabungsmaterialien*; dem folgend *Haberstumpf*, ZUM 2001, 819, 826 f.; *Loos*, Das Urheberrecht des Arbeitnehmers an Computerprogrammen, S. 95.
2123 *Schricker*, in: FS Lorenz (1991), S. 233, 238.
2124 Vgl. *Leuze*, WissR 2001, 156, 158 ff.; *Schricker*, in: FS Lorenz (1991), S. 233, 239 ff.; *Leuze*, Urheberrechte der Beschäftigten im öffentlichen Dienst, § 6 Rn. 5 f.; *Rojahn*, in: Schricker/Loewenheim, UrhG, § 43 UrhG, Rn. 131; *Wandtke*, in: Wandtke/Bullinger, UrhR, § 43 UrhG, Rn. 32; siehe auch *Götting/Leuze*, in: Hartmer/Detmer (Hrsg.), Hochschulrecht, S. 777, 820 (Rn. 124).
2125 Siehe hierzu oben Kapitel 2. § 6 B. III. 2. a. bb. (2) (b), (S. 139). Auch zu dieser Frage ist bislang keine höchstrichterliche Entscheidung ergangen, vgl. *Wandtke*, in: Wandtke/Bullinger, UrhR, § 43 UrhG, Rn. 31.

werden sollten. Daran mangelt es aber freilich auch nicht.[2126] Denn die Annahme einer Anbietungspflicht für Hochschullehrer lässt sich ebenso wie eine Pflicht zur Schaffung urheberrechtlich geschützter Werke schon nicht mit der Wissenschaftsfreiheit des Hochschullehrers vereinbaren. Die Publikationsfreiheit als Ausfluss der Wissenschaftsfreiheit gebietet, dem Hochschulprofessor zu ermöglichen, nach seinem Gutdünken das für ihn beste Publikationsorgan zu wählen, ohne hieran durch eine Anbietungspflicht gehindert zu sein.[2127] Darüber hinaus ist eine generelle Anbietungspflicht auch mit der Regelung des § 40 Abs. 1. S. 1 UrhG nicht vereinbar, wonach ein Vertrag, durch den sich der Urheber zur Einräumung von Nutzungsrechten an künftigen Werken verpflichtet, die nicht näher bestimmt sind, der schriftlichen Form bedarf. Da die Regelung auch für die öffentlich-rechtlichen Dienstverhältnisse der Beamten und damit auch für die Hochschullehrer gilt[2128], kann eine Anbietungspflicht ausnahmsweise nur dann angenommen werden, wenn eine solche bei Abschluss des Vertrags hinsichtlich der künftigen Werke schriftlich vereinbart wurde, was in der Praxis regelmäßig nicht der Fall ist.[2129]

Eine generelle Anbietungspflicht scheint aber auch der BGH mit seiner Entscheidung nicht statuieren zu wollen. Dies wird daran deutlich, dass er prüft, ob den Erben nicht *ausnahmsweise* eine Anbietungspflicht trifft. Neben der Interpretation, dass eine Anbietungspflicht ohnehin generell nur ausnahmsweise vorliegt, könnte die Aussage des BGH auch dahingehend verstanden werden, dass eine Anbietungspflicht nur für die Erben des Hochschulprofessors ausnahmsweise vorliegen kann, eine Anbietungspflicht für die Professoren selbst aber nicht angenommen werden soll. Einem solchen Verständnis widerspricht aber, dass den Erben nur schwerlich eine (nachwirkende) „Treuepflicht" aus dem Dienstverhältnis treffen

---

2126 Siehe zur ausführlichen Kritik an der Entscheidung des BGH *Schricker*, in: FS Lorenz (1991), S. 233, 239 ff.
2127 *Haberstumpf*, ZUM 2001, 819, 826 f.; *Rojahn*, in: Schricker/Loewenheim, UrhG, § 43 UrhG, Rn. 131; vgl. auch *Schricker*, in: FS Lorenz (1991), S. 233, 238 mit Nachweisen auf S. 242 (Fn. 28); **a. A.** *Rehbinder*, in: FS Hubmann (1985), S. 359, 361.
2128 *Schricker*, in: FS Lorenz (1991), S. 233, 241; *Kraßer/Schricker*, Patent- und Urheberrecht an Hochschulen, S. 102; **a. A.** *Ulmer*, Urheber- und Verlagsrecht, S. 404. Siehe zu § 40 UrhG auch oben Kapitel 2. § 6 B. III. 2. a. bb. (2), (S. 137) sowie Fn. 379 (S. 130).
2129 Vgl. *Schricker*, in: FS Lorenz (1991), S. 233, 240 ff.

kann, die im Dienstverhältnis für den Dienstverpflichteten selbst gar nicht besteht.[2130]

(2) Anbietungspflicht aus § 19 ArbNErfG analog

Eine Anbietungspflicht lässt sich auch im Hochschulbereich nicht durch § 19 ArbNErfG analog begründen.[2131] Neben den bereits genannten Argumenten, die eine analoge Anwendung des § 19 ArbNErfG im Urheberrecht ausschließen[2132], tritt im Hochschulbereich ein gewichtiger Aspekt hinzu: Zu der Zeit, als Erfindungen von Hochschullehrern nach § 42 Abs. 1 S. 1 ArbNErfG a. F. stets als freie Erfindungen anzusehen waren, bestimmte § 42 Abs. 1 S. 2 ArbNErfG a. F. in nur einem Satz später, dass die Bestimmungen der §§ 18, 19 und 22 ArbNErfG nicht anzuwenden sind. Damit sollten die freien Erfindungen von Hochschulbeschäftigten gerade nicht einer Mitteilungs- oder Anbietungspflicht unterliegen. Als der Gesetzgeber mit der Neuregelung des § 42 ArbNErfG die freien Erfindungen von Hochschulbeschäftigten zu Diensterfindungen erklärte und § 42 Abs. 1 S. 2 ArbNErfG im Zuge dessen strich, war er sich nicht darüber im Klaren, dass auch nach der neuen Rechtslage freie Erfindungen von Hochschulbeschäftigten gleichwohl nicht gänzlich ausgeschlossen sind. Demnach unterliegen auch heute die freien Erfindungen von Hochschulbeschäftigten keiner Anbietungspflicht aus § 19 ArbNErfG.[2133] Eine analoge Heranziehung des § 19 ArbNErfG auf freie urheberrechtlich geschützte Werke des Hochschullehrers scheitert demnach auch daran, dass die Vorschrift schon auf *Erfindungen* von Hochschulbeschäftigten keine Anwendung findet.

(3) Fazit

Alles in allem vermag die Annahme einer Anbietungspflicht für Hochschullehrer nicht zu überzeugen. Weder eine arbeitsvertragliche, nachwirkende „Treuepflicht" noch eine analoge Heranziehung des § 19 ArbNErfG

2130 Vgl. *Schricker*, in: FS Lorenz (1991), S. 233, 238.
2131 So aber wohl *Rehbinder*, in: FS Hubmann (1985), S. 359, 361.
2132 Zur Ablehnung der analogen Anwendung des § 19 ArbNErfG im Urheberrecht siehe oben Kapitel 2. § 6 B. III. 2. a. bb. (2) (b) (aa), (S. 139).
2133 Zur Anbietungspflicht im Hochschulerfinderrecht siehe oben Kapitel 3. § 8 B. I. (S. 449).

vermögen eine solche zu begründen. Selbst bei Annahme einer Anbietungspflicht für den gewöhnlichen Arbeitnehmer muss eine entsprechende Pflicht des Hochschullehrers schon aufgrund der ihm zukommenden Wissenschaftsfreiheit und seiner Selbständigkeit verneint werden.[2134]

bb. Freiwillige Nutzungsrechtseinräumung des Hochschullehrers bei freien Werken

Gleichwohl bleibt es dem Hochschullehrer im Rahmen der eigenständigen Verwertung unbenommen, der Hochschule das Werk zur Nutzung anzubieten und dieser Nutzungsrechte einzuräumen; bei bereits geschaffenen Werken greift schließlich auch das Schriftformerfordernis des § 40 Abs. 1 UrhG nicht ein. In diesem Fall gestaltet sich das Verhältnis zwischen dem Hochschullehrer und der Hochschule nicht anders als bei sonstigen Urhebern gegenüber dem jeweiligen Nutzer. Es gelten insoweit die allgemeinen urheberrechtlichen Regelungen. Räumt der Hochschullehrer der Hochschule ein Nutzungsrecht an einem von ihm geschaffenen urheberrechtlich geschützten Werk vertraglich ein, steht ihm ein Anspruch auf die vereinbarte Vergütung aus § 32 Abs. 1 S. 1 UrhG zu. Sowohl die Vergütung als auch der Umfang der Nutzungsrechte bestimmen sich anhand der vertraglichen Vereinbarungen. Allerdings muss in diesem Kontext auch der Zweckübertragungsregel des § 31 Abs. 5 UrhG Beachtung geschenkt werden: Sind bei der Einräumung des Nutzungsrechts die Nutzungsarten nicht ausdrücklich einzeln bezeichnet, so bestimmt sich nach dem von beiden Partnern zugrunde gelegten Vertragszweck, auf welche Nutzungsarten es sich erstreckt. Dies ergibt sich, wie bereits dargestellt, aus den Aufgaben der Hochschule. Dabei gehört die erwerbswirtschaftliche und wettbewerbliche Betätigung in der Regel nicht zu den hochschulrechtlichen Aufgaben. Es ist nicht die Aufgabe der Hochschule, durch die Verwertung von Urheberrechten ihrer Hochschulbeschäftigten Einnahmen zu erzielen.[2135] Vielmehr wird die Hochschule Nutzungsrechte nur im Rahmen des Lehr- und Forschungsbetriebs eingeräumt bekommen; die kommerzielle Verwertung verbleibt dem Hochschullehrer.[2136] Demnach wird es sich bei den

---

2134 So *Kraßer/Schricker*, Patent- und Urheberrecht an Hochschulen, S. 104; a. A. *Haberstumpf*, ZUM 2001, 819, 826 f.
2135 Vgl. *Seewald/Freudling*, NJW 1986, 2688, 2691; *Kraßer/Schricker*, Patent- und Urheberrecht an Hochschulen, S. 110.
2136 *Kraßer/Schricker*, Patent- und Urheberrecht an Hochschulen, S. 134, 192.

eingeräumten Nutzungsrechten regelmäßig um einfache (nicht ausschließliche) Nutzungsrechte handeln.[2137]

Fehlt es an einer ausdrücklichen Abrede hinsichtlich einer Vergütung, muss die Erfüllung des Merkmals „*vertraglich vereinbarte Vergütung*" aus § 32 Abs. 1 S. 1 UrhG in Zweifel gezogen werden und es stellt sich die Frage, ob dem Hochschullehrer für die nicht geschuldete Einräumung der Nutzungsrechte gleichwohl eine Vergütung zusteht. Für den gewöhnlichen Arbeitnehmer wurde bereits untersucht, ob dieser bei Fehlen einer Vergütungsabrede nur dann eine Vergütung verlangen kann, wenn er sich diese bei der Nutzungsrechtseinräumung ausdrücklich vorbehält. Es hat sich gezeigt, dass die Rechtsprechung hierzu nicht immer einheitlich urteilte.[2138] Es ist aber in Übertragung der herausgearbeiteten Grundsätze auf den Hochschullehrer davon auszugehen, dass diesem bei Fehlen einer Vergütungsabrede ein Vergütungsanspruch nur zusteht, wenn er sich mit der Hochschule über die Entgeltlichkeit der Rechtseinräumung geeinigt hat. Allerdings wird die Auslegung des Nutzungsvertrags nach §§ 133, 157 BGB regelmäßig ergeben, dass die Rechtseinräumung nach dem normativen Willen der Parteien entgeltlich erfolgen soll[2139]; die Einräumung der Nutzungsrechte ohne eine Gegenleistung stellt hingegen den Ausnahmefall dar.[2140] Soll die Rechtseinräumung entgeltlich erfolgen, gilt nach § 32 Abs. 1 S. 2 UrhG die angemessene Vergütung als vereinbart.[2141] Die Auslegung wird im Hochschulbereich konkretisiert durch den aus der Eigentumsfreiheit des Art. 14 GG resultierenden Grundsatz, dass der Urheber am Ertrag aus der Verwertung seines Werkes tunlichst zu beteiligen ist[2142] und ihm für jede ins Gewicht fallende Nutzung seines Werks grundsätz-

---

[2137] *Kraßer/Schricker*, Patent- und Urheberrecht an Hochschulen, S. 109, 134.
[2138] Siehe hierzu oben Kapitel 4. § 9 B. III. (S. 515).
[2139] Hierzu vgl. *Ulrici*, Vermögensrechtliche Grundfragen des Arbeitnehmerurheberrechts, S. 303 m. w. N.
[2140] Vgl. *Ulrici*, Vermögensrechtliche Grundfragen des Arbeitnehmerurheberrechts, S. 311.
[2141] Vgl. hierzu *Berger*, ZUM 2003, 173, 174 f.; *Ulrici*, Vermögensrechtliche Grundfragen des Arbeitnehmerurheberrechts, S. 316.
[2142] BGH, Urteil v. 06.11.1953 – I ZR 97/52, BGHZ 11, 135, 143 = GRUR 1954, 216 – *Lautsprecherübertragung*; BGH, Urteil v. 26.04.1974 – I ZR 137/22, GRUR 1974, 786, 787 – *Kassettenfilm*; zust. *Schricker/Katzenberger*, GRUR 1985, 87, 92; siehe hierzu auch *Kraßer/Schricker*, Patent- und Urheberrecht an Hochschulen, S. 110.

lich eine Vergütung zustehen muss.[2143] Lediglich bei einer nicht bedeutenden Eigennutzung der Hochschule kann eine Vergütungspflicht zu verneinen sein. Von Bedeutung für die Vergütungspflicht kann ebenfalls sein, welche Eigenverwertungsmöglichkeiten der Hochschulbeschäftigte durch die Rechtseinräumung verlustig geht.[2144]

cc. Ausnahme: Pflichtwerke des Hochschullehrers

Nur soweit ein Hochschullehrer im Einzelfall ausnahmsweise dazu verpflichtet ist, urheberrechtlich geschützte Werke zu schaffen, kann die Regelung des § 43 UrhG Platz greifen. In diesem Fall sind die Werke des Professors als Pflichtwerke anzusehen und aus den Umständen kann sich die Dienstpflicht des Professors ergeben, der Hochschule Nutzungsrechte an seinen Werken einzuräumen.[2145] Die Einräumung der Nutzungsrechte ist in diesem Fall entsprechend der Abgeltungstheorie durch das Gehalt abgegolten.[2146] Soweit es an ausdrücklichen Regelungen in Bezug auf die Rechtseinräumung regelmäßig fehlen wird, muss hinsichtlich des Umfangs der Nutzungsrechtseinräumung und damit der Reichweite der Abgeltung ebenfalls § 31 Abs. 5 UrhG Beachtung finden. Die Hochschule erhält die Nutzungsrechte nur soweit, wie dies zur Erfüllung ihrer Aufgaben erforderlich ist. So kann die Hochschule etwa das Recht zur Vervielfältigung des durch den Hochschullehrer erstellten Lehrmaterials im Rahmen eines Fernstudiengangs sowie das Recht zur Verbreitung des Materials an die Studierenden eingeräumt bekommen, da dies zur ordnungsgemäßen Durchführung des Studiengangs erforderlich ist. Demgegenüber werden der Hochschule z. B. keine Nutzungsrechte an den Manuskripten für Lehrbücher des Professors eines Fernstudiengangs eingeräumt, da das Verlegen

---

2143 BVerfG, Beschluss v. 25.10.1978 – 1 BvR 352/71, BVerfGE 49, 382, 399 ff. = NJW 1979, 2029 – *Kirchenmusik*; BGH, Urteil v. 18.05.1955 – I ZR 8/54, BGHZ 17, 266, 267 = GRUR 1955, 492 – *Grundig-Reporter*; *Loewenheim*, in: Schricker/Loewenheim, UrhG, Einleitung, Rn. 13; *A. Nordemann*, in: Fromm/Nordemann, Urheberrecht, § 1 UrhG, Rn. 4; siehe hierzu auch *Kraßer/Schricker*, Patent- und Urheberrecht an Hochschulen, S. 110.
2144 Vgl. *Kraßer/Schricker*, Patent- und Urheberrecht an Hochschulen, S. 110.
2145 Zu diesen Ausnahmefällen wie z. B. dem Professor an einer Fernuniversität siehe oben Kapitel 4. § 10 B. III. 2. a. aa. (1) (b), (S. 567).
2146 *Kraßer/Schricker*, Patent- und Urheberrecht an Hochschulen, S. 132 f. Zur Abgeltungstheorie im Übrigen siehe oben Kapitel 4. § 9 B. II. 1. b. bb. (1), (S. 478).

entsprechender Lehrbücher nicht zum Aufgabenbereich der Hochschule gehört und sie auf die Nutzungsrechtseinräumung dementsprechend nicht angewiesen ist.[2147]

dd. Fazit

Urheberrechtlich geschützte Werke, die ein Hochschullehrer innerhalb oder außerhalb seines Dienstverhältnisses schafft, sind freie Werke und können durch die Hochschule nicht ohne weiteres verwertet werden. Der Hochschullehrer schuldet weder die Einräumung von Nutzungsrechten noch die Anbietung derselben, da er zur Schaffung urheberrechtlich geschützter Werke nicht verpflichtet ist. Räumt der Hochschullehrer der Hochschule gleichwohl Nutzungsrechte ein, steht ihm ein Vergütungsanspruch aus § 32 Abs. 1 S. 1 UrhG zu. Fehlt es an einer entsprechenden Vergütungsabrede, wird die Auslegung des Nutzungsvertrags dennoch regelmäßig ergeben, dass der Nutzungsvertrag entgeltlich ausgestaltet sein soll. Ist der Hochschullehrer ausnahmsweise dazu verpflichtet, urheberrechtliche Werke zu schaffen und räumt er der Hochschule die Nutzungsrechte hieran ein, handelt es sich bei diesen Werken um Pflichtwerke i. S. d. § 43 UrhG, sodass diese Einräumung der Nutzungsrechte durch das Gehalt abgegolten ist und dem Hochschullehrer ein zusätzlicher Vergütungsanspruch nicht zukommt.

2. Vergütungsfolgen der Anwendung des § 69b UrhG auf Werke des Hochschulbeschäftigten

§ 69b UrhG enthält eine Sonderregelung für Computerprogramme, die von einem Arbeitnehmer in Wahrnehmung seiner Aufgaben oder nach Anweisungen seines Arbeitgebers geschaffen werden. Auch diese Regelung findet im Hochschulbereich Anwendung.[2148] Da § 69b UrhG als Spezialnorm zu § 43 UrhG auf denselben Grundsätzen beruht, ist seine Anwendbarkeit ebenfalls nicht für alle Hochschulbeschäftigten gleichermaßen zu bejahen. Auch hier ist zwischen den entsprechenden Personengruppen wie oben zu unterscheiden.

2147 Diese Beispiele werden genannt bei *Kraßer/Schricker*, Patent- und Urheberrecht an Hochschulen, S. 132 f.
2148 Siehe hierzu oben Kapitel 4. § 10 B. IV. (S. 587).

Kapitel 4. Vergütungsansprüche des Hochschulbeschäftigten im Arbeitnehmerurheberrecht

a. Wissenschaftliche oder künstlerische Mitarbeiter bzw. Hilfskräfte und Lehrkräfte für besondere Aufgaben

Computerprogramme, die wissenschaftliche Mitarbeiter[2149] oder Lehrkräfte für besondere Aufgaben in Wahrnehmung ihrer Aufgaben oder nach Anweisungen ihres Dienstherrn schaffen, stellen Pflichtwerke i. S. d. § 69b UrhG dar. Aufgrund dessen ist die Hochschule zur Ausübung aller vermögensrechtlichen Befugnisse an dem Computerprogramm berechtigt.

Eine gesonderte Vergütung erhält der wissenschaftliche Mitarbeiter aus § 69b UrhG gleichwohl nicht, unabhängig davon, ob § 69b UrhG als gesetzliche Lizenz oder als vertragliche Nutzungsrechtseinräumung verstanden wird.[2150] Denn insoweit ist auch für die Schaffung und Nutzung von Computerprogrammen die Abgeltungstheorie als vorzugswürdig anzusehen, wonach Ansprüche des wissenschaftlichen Mitarbeiters bereits mit dem Arbeitsentgelt abgegolten sind. Anders als bei der Schaffung sonstiger urheberrechtlich geschützter Werke, steht dem wissenschaftlichen Mitarbeiter wie dem Arbeitnehmerurheber eine Vergütung aber auch dann nicht zu, wenn die Hochschule das Computerprogramm außerhalb des ihr zugewiesenen Aufgabenbereichs nutzt, da die Zweckübertragungsregel des § 31 Abs. 5 UrhG im Rahmen von § 69b UrhG keine Anwendung findet.[2151]

Da § 32 UrhG auch im Rahmen von § 69b UrhG nicht zur Anwendung kommt[2152], scheidet ein Vergütungsanspruch aus § 32 UrhG darüber hinaus aus.

b. Hochschullehrer, Privatdozenten, Außerplanmäßige Professoren, Lehrbeauftragte, Honorar-, Vertretungs- und Gastprofessoren

Auch für die durch einen Hochschullehrer entwickelten Computerprogramme gelten die zur Schaffung urheberrechtlich geschützter Werke durch einen Hochschullehrer aufgezeigten Grundsätze. Besonderheiten ergeben sich insoweit nicht. Entwickelt ein Hochschullehrer eine Software,

---

2149 Beachte für die Verwendung der verkürzten Form den Hinweis in Fn. 2110 (S. 591).
2150 Siehe zum Streit um die Rechtsnatur des § 69b UrhG mit umfangreicher Stellungnahme oben Kapitel 2. § 6 B. III. 2. b. aa. (2), (S. 150).
2151 Siehe die Nachweise in Fn. 486 (S. 153).
2152 Zur hier vertretenen Ablehnung der Anwendbarkeit des § 32 UrhG auf § 69b UrhG siehe oben Kapitel 4. § 9 B. IV. 1. c. bb. (S. 526).

§ 10 Die Vergütungsansprüche des Hochschulurhebers

handelt es sich bei dieser aufgrund seiner Wissenschaftsfreiheit und Selbständigkeit um ein freies Werk, unabhängig davon, ob der Hochschullehrer sie innerhalb oder außerhalb des Dienstverhältnisses programmiert. § 69b UrhG findet bei Computerprogrammen von Hochschullehrern demnach keine Anwendung.[2153] Der Hochschullehrer ist weder verpflichtet, der Hochschule Nutzungsrechte an seinen Computerprogrammen einzuräumen, noch ergibt sich für den Hochschullehrer eine Anbietungspflicht, da diese sowohl für den gewöhnlichen Arbeitnehmer abzulehnen ist, als auch für den Hochschullehrer hinsichtlich sonstiger urheberrechtlich geschützter Werke bereits abgelehnt wurde.[2154] Das Recht zur Verwertung steht allein dem Hochschullehrer zu.

Dem Hochschullehrer steht es offen, der Hochschule das Programm dennoch zur Nutzung anzubieten und dieser Rechte zur Nutzung des Programms einzuräumen. In diesem Fall richtet sich das Verhältnis nach den allgemeinen Regelungen.[2155] Sind ausdrückliche Regelungen hinsichtlich der eingeräumten Nutzungsrechte nicht getroffen worden, hilft die Regelung des § 31 Abs. 5 UrhG[2156]; die Hochschule erhält Nutzungsrechte an dem Programm, soweit dies zur Erfüllung ihrer Aufgaben notwendig ist. Überlässt etwa ein Informatikprofessor der Hochschule Nutzungsrechte an einem für einen an der Hochschule eingesetzten Computer für Lehr- und Demonstrationszwecke entwickelten Computerprogramm, werden die Rechte an dem Programm im Zweifel nur für die Nutzung im Rahmen der Forschung und Lehre eingeräumt. Die Hochschule erhält im Zweifel demnach allenfalls ein nicht ausschließliches Nutzungsrecht.[2157] Wurde bei der Rechtseinräumung eine Vergütung vereinbart, hat der Hochschullehrer einen Anspruch auf diese aus § 32 Abs. 1 S. 1 UrhG. Ist eine entsprechende Vergütungsvereinbarung unterblieben, gelten die bereits genannten Grundsätze zur Auslegung des Nutzungsvertrags. In der Regel wird der

---

2153 Dazu siehe die Nachweise in Fn. 2099 (S. 588).
2154 Zur Ablehnung der Anbietungspflicht im Arbeitnehmerurheberrecht siehe oben Kapitel 2. § 6 B. III. 2. a. bb. (2) (b), (S. 139); zur Ablehnung der Anbietungspflicht des Hochschulbeschäftigten im Urheberrecht siehe oben Kapitel 4. § 10 C. I. 1. b. aa. (S. 593).
2155 Dazu oben Kapitel 4. § 10 C. I. 1. b. bb. (S. 598).
2156 Dass § 31 Abs. 5 UrhG im Rahmen von § 69b UrhG keine Anwendung finden kann, spielt keine Rolle, da § 69b UrhG bei den freien Computerprogrammen des Hochschullehrers überhaupt nicht eingreift.
2157 Zu diesem Beispiel siehe *Kraßer/Schricker*, Patent- und Urheberrecht an Hochschulen, S. 133 f.

Hochschullehrer die Nutzungsrechte nur gegen eine entsprechende Vergütungszahlung einräumen.[2158]

3. Fazit

Dem Urhebergesetz fehlt es an Regelungen hinsichtlich der Vergütung des Hochschulbeschäftigten bei Verwertung seines geistigen Eigentums durch die Hochschule. Zwar gelten die arbeitnehmerurheberrechtlichen Regelungen der §§ 43, 69b UrhG auch im Hochschulbereich, allerdings fehlt es auch diesen an vergütungsrechtlichen Bestimmungen. In Anwendung der allgemeinen Grundsätze ergibt sich, dass die §§ 43, 69b UrhG im Ergebnis grundsätzlich nur Auswirkungen auf die Werke und Computerprogramme von wissenschaftlichen Mitarbeitern und Lehrkräften für besondere Aufgaben haben. Bei deren Werken handelt es sich um Pflichtwerke, soweit sie zur Schaffung urheberrechtlich geschützter Werke verpflichtet sind. Die Einräumung der Nutzungsrechte an diesen Werken an die Hochschule ist durch das Gehalt bereits abgegolten, eine gesonderte Vergütung erhalten die genannten Hochschulbeschäftigten nicht. Anders stellt sich die Situation für die Mitglieder und Angehörigen einer Hochschule dar, die entweder nicht in einem Dienst- oder Arbeitsverhältnis zur Hochschule stehen oder ihre Tätigkeit in weisungsunabhängiger und selbständiger Stellung erbringen, namentlich die Hochschullehrer. Bei den durch sie geschaffenen Werken handelt es sich um freie Werke, deren Verwertung allein dem Urheber zusteht. Räumt der Hochschullehrer der Hochschule Nutzungsrechte an seinen Werken ein, obwohl er hierzu nicht verpflichtet ist, erhält er eine Vergütung aus § 32 Abs. 1 S. 1 UrhG.

II. Vergütungsanspruch in analoger Anwendung des § 42 Nr. 4 ArbNErfG

Im Anschluss an die Betrachtung der Auswirkungen der Anwendung allgemeiner arbeitnehmerurheberrechtlicher Regelungen auf die Vergütungssituation des Hochschulbeschäftigten stellt sich die Frage, ob sich eine abweichende Beurteilung der Vergütungssituation aus anderen Erwägungen heraus ergeben kann. Untersucht werden muss vor allem, ob die spezielle Vergütungsregelung für Erfindungen eines Hochschulbeschäftigten in § 42 Nr. 4 ArbNErfG auch auf das Urheberrecht der Hochschulbeschäftigten

---

2158 Vgl. oben Kapitel 4. § 10 C. I. 1. b. bb. (S. 598).

übertragen werden und eine Vergütung des urheberrechtlich tätigen Hochschulbeschäftigten analog zu § 42 Nr. 4 ArbNErfG angenommen werden kann. Zumindest scheint in der Praxis teilweise entsprechend verfahren zu werden. So lässt sich beispielsweise der Patentverwertungsstrategie der Hochschule Kaiserslautern zumindest für Computerprogramme Folgendes entnehmen: „*Die Patentanmeldung von Computersoftware ist in Deutschland schwierig. Die Hochschule ist bestrebt, die Verwertung von Software analog zu Erfindungen zu behandeln. Softwareentwickler haben keinen Vergütungsanspruch nach dem ArbNErfG. Aus Motivationsgründen strebt die Hochschule/Universität an, in Analogie zum ArbNErfG zu verfahren.*"[2159] Während die Frage einer analogen Anwendung des § 9 ArbNErfG auf den gewöhnlichen Arbeitnehmerurheber in der Literatur bereits diskutiert worden ist[2160], ist zur analogen Anwendung des § 42 Nr. 4 ArbNErfG auf den Hochschulurheber bislang nicht Stellung bezogen worden. Für einen Analogieschluss bedarf es einer planwidrigen Regelungslücke sowie der Vergleichbarkeit der Interessenlage des geregelten und des ungeregelten Falls.[2161]

1. Planwidrige Regelungslücke im Hochschulurheberrecht

Um die Vorschrift des § 42 Nr. 4 ArbNErfG im Hochschulurheberrecht analog anwenden zu können, muss zunächst eine planwidrige Regelungslücke vorliegen.[2162] Für Erfindungen der an einer Hochschule Beschäftig-

---

2159 Siehe Hochschule Kaiserslautern, Patentverwertungsstrategie der Hochschule Kaiserslautern, S. 4, abrufbar im Internet unter: https://www.hs-kl.de/fileadmin/forschung/unser-service/Patentstrategie_HSKL_Dez2015.pdf, zuletzt abgerufen am 19.04.2020.
2160 **Bejahend** statt mancher LG München, Urteil v. 16.01.1997 – 7 O 15354/91, ZUM 1997, 659, 666; *Henkel*, BB 1987, 833, 836 f.; *Schwab*, Arbeitnehmererfindungsrecht, Anhang zu § 1 ArbNErfG, Rn. 91. **Ablehnend** die h. M., siehe nur *Kraßer*, in: FG Schricker (1995), S. 77, 110; *Leuze*, GRUR 2006, 552, 558; *Ullmann*, GRUR 1987, 6, 13 f.; *Veigel*, Immaterialgüterrechte im Arbeitsverhältnis, S. 302 ff.; *Bartenbach/Volz*, Arbeitnehmererfindungsgesetz, § 1, Rn. 3.1; *Rojahn*, in: Schricker/Loewenheim, UrhG, § 43 UrhG, Rn. 64; *Rother*, in: Reimer/Schade/Schippel, ArbNErfG, § 2, Rn. 9; *Wandtke*, in: Wandtke/Bullinger, UrhR, § 43 UrhG, Rn. 143; vgl. auch BGH, Urteil v. 23.10.2001 – X ZR 72/98, GRUR 2002, 149, 151 f. – *Wetterführungspläne II*.
2161 Statt vieler *Reimer*, Juristische Methodenlehre, Rn. 562.
2162 Zur Analogievoraussetzung der planwidrigen Regelungslücke siehe *Reimer*, Juristische Methodenlehre, Rn. 568 ff.

ten sieht § 42 ArbNErfG besondere Bestimmungen vor. In § 42 Nr. 4 ArbNErfG wird ein Vergütungsanspruch des Hochschulbeschäftigten in Höhe von 30 Prozent der durch die Verwertung erzielten Einnahmen festgelegt, sofern der Dienstherr die Erfindung verwertet. Mit dieser Regelung wird von der Vergütungssituation des gewöhnlichen Arbeitnehmers abgewichen, der eine Vergütung nach den Kriterien des § 9 ArbNErfG erhält. Aber sowohl der Arbeitnehmer im Allgemeinen als auch der Hochschulbeschäftigte im Besonderen erhalten eine Vergütung neben dem Arbeitsentgelt, wenn eine durch sie gemachte Erfindung vom Arbeitgeber in Anspruch genommen bzw. verwertet wird.

Entsprechende Regelungen fehlen im Urhebergesetz. Während das Arbeitnehmererfindergesetz ein eigenes Gesetz für die Rechtsverhältnisse zwischen Arbeitnehmer und Arbeitgeber hinsichtlich der im Arbeitsverhältnis gemachten Erfindungen darstellt, lassen sich dem allgemein geltenden Urhebergesetz überhaupt nur zwei einzelne Vorschriften zum Arbeitnehmerurheberrecht entnehmen (§§ 43, 69b UrhG). Diese Vorschriften regeln jedoch lediglich die Zuordnung der Rechte an einem durch den Arbeitnehmer geschaffenen urheberrechtlich geschützten Werk. Regelungen hinsichtlich einer Vergütung lassen sich weder für den gewöhnlichen Arbeitnehmer noch für den Hochschulbeschäftigten finden. Zwar wurde infolge der Urheberrechtsreform von 2002 mit § 32 UrhG ein Vergütungsanspruch des Urhebers für die Einräumung von Nutzungsrechten im Urhebergesetz etabliert[2163], allerdings hat sich gezeigt, dass § 32 Abs. 1 UrhG im Arbeitsverhältnis keine Anwendung finden kann. Ein zwingender Vergütungsanspruch des Arbeitnehmers vergleichbar der Regelung des § 9 ArbNErfG ergibt sich aus § 32 UrhG nicht.[2164] Ein Vergütungsanspruch für den Hochschulbeschäftigten besteht ebenfalls nicht. Da der Hochschulerfinder bei Verwertung seiner Erfindung durch die Hochschule eine Vergütung aus § 42 Nr. 4 ArbNErfG erhält, eine Vergütung für die Verwertung seiner urheberrechtlich geschützten Werke allerdings nicht vorgesehen ist, liegt eine Gesetzeslücke vor.

Ein Analogieschluss kommt aber nur dann in Betracht, wenn es sich bei der aufgezeigten Gesetzeslücke um eine planwidrige Lücke handelt.[2165] Dafür müsste der Gesetzgeber eine entsprechende Regelung unbewusst

---

2163 „Gesetz zur Stärkung der vertraglichen Stellung von Urhebern und ausübenden Künstlern" vom 22.03.2002, BGBl. 2002, Teil I, S. 1155, in Kraft getreten am 01.07.2002.
2164 Vgl. dazu oben Kapitel 4. § 9 B. II. 1. b. bb. (3) (a), (S. 485).
2165 *Reimer*, Juristische Methodenlehre, Rn. 568 ff.

unterlassen haben; das bedeutet, dem Gesetzgeber war die Lücke nicht bewusst, und hätte er die Lücke gekannt, wäre diese geschlossen worden.[2166] Hat der Gesetzgeber die Regelung demgegenüber bewusst nicht getroffen, ist für einen Analogieschluss kein Raum. Zum Teil wird angenommen, die bestehende Lücke in der arbeitnehmerurheberrechtlichen Vergütung sei durch die Regelung des § 32 UrhG geschlossen worden.[2167] Fernab der angesprochenen Unanwendbarkeit der Regelung im Arbeitsverhältnis vermag dies aber auch aus historischer Perspektive nicht zu überzeugen. Der Gesetzgeber ging im Zusammenhang mit der Regelung der §§ 32, 32a UrhG davon aus, dass trotz der Regelung des § 43 UrhG, die auf § 32 UrhG verweist, die von Rechtsprechung und Lehre entwickelten Grundsätze zu den Vergütungsansprüchen der Urheber in Arbeits- und Dienstverhältnissen unberührt bleiben sollten.[2168] Daraus ergibt sich, dass der Gesetzgeber die bestehende Lücke sehr wohl gesehen, aber bewusst nicht beseitigt hat. Bei der Ablehnung eines grundsätzlichen Vergütungsanspruchs des Arbeitnehmerurhebers handelt es sich folglich um eine bewusste Entscheidung des Gesetzgebers.

Fraglich bleibt aber gerade, ob auch die fehlende urheberrechtliche Vergütung des Hochschulbeschäftigten vom Gesetzgeber gewollt war. Soweit § 42 ArbNErfG a. F. mit dem Hochschullehrerprivileg vorsah, dass es sich bei Erfindungen von Hochschullehrern um freie Erfindungen handelte, war eine Vergleichbarkeit zwischen Hochschulerfindern und Hochschulurhebern dahingehend gegeben, dass sämtliche Arbeitsergebnisse des Hochschulbeschäftigten als freies Werk dem Hochschulbeschäftigten zustanden und ohne gesonderte Vereinbarung einer Verwertung durch die Hochschule entzogen waren.[2169] Insoweit haben sich Fragen nach einer Sondervergütung des Hochschulbeschäftigten weder im Erfindungs- noch im Urheberrecht gestellt. Dies änderte sich durch die Neuregelung des § 42 Nr. 4 ArbNErfG. Seither erfolgt die Verwertung der Erfindung durch die Hochschule und der Hochschulerfinder erhält eine Beteiligung an den Einnahmen. Den Gesetzesmaterialien lässt sich jedoch nicht entnehmen,

---

2166 Vgl. *Reimer*, Juristische Methodenlehre, Rn. 568.
2167 Vgl. *Wandtke*, in: Wandtke/Bullinger, UrhR, § 43 UrhG, Rn. 143.
2168 Beschlussempfehlung und Bericht des Rechtsausschusses zum „Entwurf eines Gesetzes zur Stärkung der vertraglichen Stellung von Urhebern und ausübenden Künstlern" (BT-Drs. 14/7564 und BT-Drs. 14/6433) vom 23.01.2002, BT-Drs. 14/8058, S. 21.
2169 Vgl. zur analogen Anwendung des § 42 ArbNErfG a. F. auf urheberrechtlich geschützte Werke von Professoren, Dozenten und wissenschaftlichen Assistenten *Kraßer/Schricker*, Patent- und Urheberrecht an Hochschulen, S. 99 f.

dass dem Gesetzgeber dabei die abweichende Regelung gegenüber dem Hochschulbeschäftigten im Urheberrecht bewusst war. Vielmehr ist davon auszugehen, dass der Gesetzgeber – durch den Wunsch getrieben, den Wissens- und Technologietransfer zu fördern – eine Sonderregelung für die Erfindung von Hochschulbeschäftigten schaffen wollte, die finanzielle Anreize für den Hochschulbeschäftigten schafft.[2170] Dabei hat der Gesetzgeber zwar die finanzielle Besserstellung des Hochschulbeschäftigten gegenüber dem gewöhnlichen Arbeitnehmererfinder gesehen[2171], die Sonderstellung gegenüber dem Hochschulurheber jedoch nicht im Blick gehabt. Es kann nach alledem deshalb davon ausgegangen werden, dass es sich bei der fehlenden Regelung zur Vergütung des Hochschulurhebers um eine planwidrige Gesetzeslücke handelt.

2. Vergleichbare Interessenlage

Für einen Analogieschluss kommt es entscheidend darauf an, ob die Interessenlage der geregelten und ungeregelten Fälle vergleichbar ist.[2172] § 42 Nr. 4 ArbNErfG lässt sich nur dann auf den Hochschulbeschäftigten im Urheberrecht analog anwenden, wenn die Interessenlage im Hochschulerfinderrecht und im Hochschulurheberrecht vergleichbar ist. Dazu müssen alle in der Arbeit bereits beleuchteten Aspekte und Grundlagen hinsichtlich des Vergütungsgrunds (a.), der arbeitsvertraglichen Verpflichtung des Arbeitnehmers (b.) sowie der Strukturen der Rechtsgebiete (c. und d.) aufgegriffen und in die Betrachtung mit einbezogen werden.

2170 Vgl. dazu Begründung zum „Entwurf eines Gesetzes zur Änderung des Gesetzes über Arbeitnehmererfindungen" einzelner Abgeordneter der SPD sowie der Fraktion Bündnis 90/Die Grünen vom 09.05.2001, BT-Drs. 14/5975, Besonderer Teil, S. 7 (zu § 42 Nr. 4).
2171 „Entwurf eines Gesetzes zur Änderung des Gesetzes über Arbeitnehmererfindungen" einzelner Abgeordneter der SPD sowie der Fraktion Bündnis 90/Die Grünen vom 09.05.2001, BT-Drs. 14/5975, S. 2, 6, 7.
2172 *Wank*, Die Auslegung von Gesetzen, S. 96; vgl. auch *Wolf/Neuner*, Allgemeiner Teil des Bürgerlichen Rechts, § 4 Rn. 47. Zur Analogievoraussetzung der Vergleichbarkeit der Interessenlagen siehe auch *Reimer*, Juristische Methodenlehre, Rn. 577 ff.

§ 10 Die Vergütungsansprüche des Hochschulurhebers

a. Vergleichbarkeit des Vergütungsgrundes

Um die Vergütung des Hochschulbeschäftigten für die Verwertung von Erfindungen und Urheberrechten vergleichen zu können, müssen zunächst die jeweiligen Vergütungsgründe in den Blick genommen werden. Die Vergleichbarkeit ist nur schwer begründbar, wenn sich der Vergütungsgrund in seiner Grundkonzeption unterscheidet.

aa. Vergleich zwischen Arbeitnehmererfinder und Arbeitnehmerurheber

Es hat sich gezeigt, dass dem Arbeitnehmererfindergesetz das abgeschwächte Monopolprinzip zugrunde liegt: der *Arbeitnehmererfinder* erhält für seine Erfindung eine Vergütung, da dem Arbeitgeber durch die Inanspruchnahme der Erfindung die Möglichkeit eröffnet wird, eine wirtschaftliche Monopolstellung zu erlangen.[2173] Demgegenüber erhält der *Arbeitnehmerurheber* grundsätzlich keine Vergütung, da die durch ihn geschaffenen urheberrechtlich geschützten Werke, die der Arbeitgeber nutzt, als mit dem Arbeitsentgelt abgegolten anzusehen sind. Eine Vergütung erhält der Arbeitnehmerurheber nur dann, wenn der Arbeitgeber ein freies Werk des Arbeitnehmers nutzt oder das vom Arbeitnehmer im Rahmen des Arbeitsverhältnisses geschaffene Werk außerhalb des Betriebszwecks nutzt.[2174] Steht dem Arbeitnehmer ein Anspruch auf eine Sondervergütung zu, so liegt diesem folglich das Sonderleistungsprinzip zugrunde. Arbeitnehmererfinder- und -urheberrecht unterscheiden sich insoweit hinsichtlich der Vergütungskonzeption.

bb. Vergleich zwischen Hochschulerfinder und Hochschulurheber

Es stellt sich die Frage, ob sich auf hochschulrechtlicher Ebene hinsichtlich des Vergütungsgrundes Abweichungen gegenüber den allgemeinen, für den gewöhnlichen Arbeitnehmer geltenden Regelungen ergeben.

2173 Zur Geltung des abgeschwächten Monopolprinzips im Arbeitnehmererfinderrecht und dem Streit um den Vergütungsgrund im Arbeitnehmererfinderrecht im Übrigen siehe oben Kapitel 3. § 7 B. I. 1. a. (S. 183).

2174 Zur Abgeltungstheorie im Arbeitnehmerurheberrecht und zum Steit um eine zusätzliche Vergütung im Arbeitnehmerurheberrecht im Übrigen siehe oben Kapitel 4. § 9 A. (S. 485).

Kapitel 4. Vergütungsansprüche des Hochschulbeschäftigten im Arbeitnehmerurheberrecht

(1) Vergütungsgrund des § 42 Nr. 4 ArbNErfG im Hochschulerfinderrecht

Hinsichtlich der Vergütung des Hochschulbeschäftigten ist fraglich, ob der Vergütungsgrund des dem Arbeitnehmererfindergesetz entstammenden § 42 Nr. 4 ArbNErfG ebenfalls auf das Monopolprinzip zurückzuführen ist. Denn bei § 42 Nr. 4 ArbNErfG handelt es sich in gewisser Weise um eine Spezialregelung gegenüber den allgemeinen arbeitnehmererfinderrechtlichen Vorschriften zur Vergütung aus §§ 9 ff. ArbNErfG: Nach der oben entwickelten „Lösung der gerechten Risikoverteilung" verdrängt § 42 Nr. 4 ArbNErfG den § 9 ArbNErfG, wenn die Hochschule die Erfindung des Hochschulbeschäftigten in Anspruch genommen und verwertet hat; unterbleibt aber eine Verwertung, können die allgemeinen Vorschriften durchaus Geltung erlangen.[2175] Anders als der Vergütungsanspruch aus § 9 ArbNErfG, setzt der Vergütungsanspruch des Hochschulbeschäftigten aus § 42 Nr. 4 ArbNErfG demnach nicht nur die Inanspruchnahme durch die Hochschule, sondern auch die Verwertung der Erfindung voraus. Durch die Inanspruchnahme gehen alle vermögenswerten Rechte an der Erfindung auf den Arbeitgeber über (§ 7 Abs. 1 ArbNErfG). Ab diesem Zeitpunkt erhält der Arbeitgeber die Möglichkeit, die Erfindung zum Schutzrecht anzumelden und hierdurch eine Monopolstellung am Markt zu erlangen. Als Ausgleich hierfür erhält der Arbeitnehmererfinder eine Vergütung aus § 9 ArbNErfG. Streng genommen knüpft das Monopolprinzip damit nur an die Inanspruchnahme der Erfindung an, da es auf eine Verwertung im Rahmen von § 9 Abs. 1 ArbNErfG nicht ankommt. Da für § 42 Nr. 4 ArbNErfG die Inanspruchnahme alleine aber nicht ausreicht, sondern auch die Verwertung der Erfindung erfolgt sein muss, erscheint es zweifelhaft, ohne weiteres auf das Monopolprinzip als Vergütungsgrund abzustellen.

Während die Gesetzesmaterialien zu § 9 ArbNErfG sehr deutlich auf das Monopolprinzip abstellen[2176], lässt sich eine derart klare Aussage zum Vergütungsgrund des § 42 Nr. 4 ArbNErfG der Gesetzesbegründung nicht entnehmen. Vielmehr lassen die einzelnen genannten Aspekte einen großen Interpretationsspielraum zu, was zu verschiedensten Verständnissen des gesetzgeberischen Willens führt.[2177] Durch die Sonderregelung beabsich-

---

2175 Zur „Lösung der gerechten Risikoverteilung" siehe oben Kapitel 3. § 8 A. I. 2. b. (S. 231).
2176 Dazu oben Kapitel 3. § 7 B. I. 1. a. bb. (4), (S. 193).
2177 Vgl. zu den verschiedenen Interpretationen der Gesetzesmaterialien oben Fn. 780 (S. 233).

§ 10 Die Vergütungsansprüche des Hochschulurhebers

tigte der Gesetzgeber unter anderem eine Besserstellung der Hochschulbeschäftigten in finanzieller Hinsicht.[2178] Dies ließe zunächst den Schluss auf das Sonderleistungsprinzip zu, indem der Hochschulbeschäftigte eine Sondervergütung für die von ihm erbrachte überobligatorische Leistung erhalten soll. Andererseits sollte den Hochschulen aber die Möglichkeit eröffnet werden, alle wirtschaftlich nutzbaren Erfindungen in ihrem Bereich schützen zu lassen und auf dieser Basis stärker und effektiver einer industriellen Verwertung zuzuführen.[2179] Diesem Aspekt lassen sich überwiegend Elemente des Monopolprinzips entnehmen. Wie bereits umfassend dargestellt, kann die finanzielle Besserstellung des Hochschulbeschäftigten nur als Zwischenziel zur Erreichung der Förderung des Wissens- und Technologietransfers aus den Hochschulen verstanden werden und vermag als primäre Begründung nicht zu dienen.[2180] Vielmehr sollte durch die Regelung des § 42 Nr. 4 ArbNErfG die Position der Hochschulen gestärkt werden. Schon aus diesem Grund spricht mehr für das Monopolprinzip als Grundlage des § 42 Nr. 4 ArbNErfG.

Überdies hat sich gezeigt, dass die Spezialnorm des § 42 Nr. 4 ArbNErfG gerade nicht allein bei Vorliegen einer Erfindung eines Hochschulbeschäftigten eingreift, sondern das entscheidende Kriterium für die Anwendung der Vorschrift in der Verwertung der Erfindung zu erblicken ist. Der Hochschulbeschäftigte erhält eine Vergütung für seine Erfindung aber auch dann, wenn die Verwertung unterbleibt. In diesem Fall folgt die Vergütung aus § 9 ArbNErfG statt aus § 42 Nr. 4 ArbNErfG.[2181] Für die grundsätzliche Vergütung des Hochschulbeschäftigten ist demnach weniger die Verwertung, sondern vielmehr die Inanspruchnahme der Erfindung entscheidend. Zwar greift die Sonderregelung des § 42 Nr. 4 ArbNErfG erst mit der Verwertung ein, eine Vergütung erhält der Hochschulbeschäftigte gleichwohl ab dem Zeitpunkt der Inanspruchnahme. Der Hochschulbeschäftigte erhält also, wie der Arbeitnehmererfinder auch, eine Vergütung, weil er der Hochschule die Möglichkeit eröffnet, durch die gemachte Erfindung eine Monopolstellung am Markt zu erlangen. Grundsätzlich ist

---

[2178] „Entwurf eines Gesetzes zur Änderung des Gesetzes über Arbeitnehmererfindungen" einzelner Abgeordneter der SPD sowie der Fraktion Bündnis 90/Die Grünen vom 09.05.2001, BT-Drs. 14/5975, S. 2, 6, 7.

[2179] „Entwurf eines Gesetzes zur Änderung des Gesetzes über Arbeitnehmererfindungen" einzelner Abgeordneter der SPD sowie der Fraktion Bündnis 90/Die Grünen vom 09.05.2001, BT-Drs. 14/5975, S. 2.

[2180] Dazu oben Kapitel 3. § 8 A. I. 2. b. cc. (2) (a), (S. 237).

[2181] Für die Vergütung im Fall der unterbliebenen Verwertung siehe oben Kapitel 3. § 8 A. I. 2. b. bb. (S. 232).

Kapitel 4. Vergütungsansprüche des Hochschulbeschäftigten im Arbeitnehmerurheberrecht

demnach auch die Vergütung des Hochschulbeschäftigten durch das abgeschwächte Monopolprinzip zu erklären. Wird die Erfindung des Hochschulbeschäftigten verwertet, greift darüber hinaus die Spezialregelung des § 42 Nr. 4 ArbNErfG, die sich aber lediglich auf die Höhe und die Berechnung der Vergütung des Hochschulbeschäftigten auswirkt.

(2) Vergütungsgrund im Hochschulurheberrecht

Für den Hochschulbeschäftigten ergeben sich im Urheberrecht keine Besonderheiten gegenüber dem gewöhnlichen Arbeitnehmerurheber. Handelt es sich bei dem geschaffenen Werk um ein Pflichtwerk i. S. d. § 43 UrhG, erhält die Hochschule die Nutzungsrechte hieran, ohne eine Vergütung zahlen zu müssen. Die Nutzungsrechtseinräumung ist durch das Gehalt bereits abgegolten. Nutzt die Hochschule ein freies Werk des Hochschulbeschäftigten oder nutzt sie ein Pflichtwerk außerhalb des ihr zugewiesenen Aufgabenbereichs, so hat sie dem Hochschulbeschäftigten eine Vergütung zu zahlen.[2182] In diesem Fall beruht die Vergütungszahlung auf der Sonderleistung des Hochschulbeschäftigten. Entwickelt der Hochschulbeschäftigte ein Computerprogramm, scheidet eine Vergütungszahlung grundsätzlich aus, da auch bei einer Nutzung außerhalb des Aufgabenbereichs keine Vergütung zu zahlen ist. Eine Vergütung kommt nur bei der Nutzung eines freien Computerprogramms durch die Hochschule in Betracht.[2183] Auch in diesem Fall beruht die Zahlung der Vergütung auf einer Sonderleistung des Hochschulbeschäftigten.

(3) Gegenüberstellung/Vergleich

Stellt man den Grund der Vergütung des Hochschulerfinders und des Hochschulurhebers einander gegenüber, so lässt sich erkennen, dass sich die Vergütungsansprüche des Hochschulbeschäftigten in den verschiedenen Rechtsgebieten nicht auf die gleichen Prinzipien zurückführen lassen. Während die Erfindervergütung aus § 42 Nr. 4 ArbNErfG grundsätzlich auf dem Monopolprinzip beruht, liegt dem urheberrechtlichen Vergütungsanspruch des Hochschulbeschäftigten jenseits der regelmäßigen Ab-

---

2182 Ausführlich hierzu oben Kapitel 4. § 10 C. I. 1. a. (S. 592).
2183 Dazu ausführlich oben Kapitel 4. § 10 C. I. 2. a. (S. 602).

geltung durch das Arbeitsentgelt das Sonderleistungsprinzip zugrunde, sofern es sich überhaupt um ein Pflichtwerk handelt.

Schon aus diesem Grund erscheint es schwierig, die Regelung des § 42 Nr. 4 ArbNErfG auf die urheberrechtliche Vergütung des Hochschulbeschäftigten analog zu übertragen.

b. Arbeitsrechtliche Verpflichtung zur Schaffung von Arbeitsergebnissen

Zur Rechtfertigung des Ausschlusses der Analogie und der damit einhergehenden vergütungsrechtlichen Ungleichbehandlung von Arbeitnehmererfindern und Arbeitnehmerurhebern wird vielfach auch auf die arbeitsrechtliche Verpflichtung des Arbeitnehmers zur Schaffung von Erfindungen oder urheberrechtlich geschützten Werken Bezug genommen. Während der Arbeitnehmererfinder zur Schaffung von Erfindungen arbeitsvertraglich nicht verpflichtet sein könne, sondern lediglich das Bemühen um eine Erfindung schulde, könne der Arbeitnehmerurheber durchaus verpflichtet sein, urheberrechtlich geschützte Werke zu schaffen.[2184] Daraus wird von der herrschenden Meinung der Schluss gezogen, dem Arbeitnehmererfinder stehe aufgrund der nicht geschuldeten Leistung ein Anspruch auf eine Sondervergütung zu, während die in den Rahmen der Arbeitsverpflichtung fallende Werkleistung des Arbeitnehmerurhebers durch das Arbeitsentgelt abgegolten und ein zusätzlicher Vergütungsanspruch nicht gerechtfertigt sei.[2185] Diese Argumentation ließe sich uneingeschränkt auf die Vergütung zumindest der wissenschaftlichen Mitarbeiter übertragen, da auch diese nach hier vertretener Auffassung zur Schaffung von Erfindungen nicht verpflichtet sind, die Schaffung urheberrechtlich geschützter Werke aber durchaus in ihren Pflichtenkreis fallen kann.[2186]

Dabei wird allerdings verkannt, dass für die Vergleichbarkeit der Interessenlage auf eine falsche Ausgangslage zurückgegriffen wird. Die herrschen-

---

2184 Soweit auch die hier vertretene Auffassung, vgl. oben Kapitel 2. § 6 A. I. 2. (S. 107) für das Arbeitnehmererfinderrecht und Kapitel 2. § 6 B. II. (S. 123) für das Arbeitnehmerurheberrecht.

2185 Vgl. statt vieler *Dreier*, in: Dreier/Schulze, Urheberrechtsgesetz, § 43 UrhG, Rn. 30; *Rojahn*, in: Schricker/Loewenheim, UrhG, § 43 UrhG, Rn. 64.

2186 Zur Frage der Verpflichtung wissenschaftlicher Mitarbeiter zu erfinderischer Tätigkeit siehe oben Kapitel 3. § 8 A. II. 3. b. aa. (2) (a) (bb), (S. 286); zur Werkschaffungspflicht im Urheberrecht siehe oben Kapitel 4. § 10 B. III. 2. a. bb. (S. 574).

de Meinung führt zu Widersprüchen, wenn sie auf der einen Seite den Vergütungsanspruch des Arbeitnehmererfinders zu Recht mit der abgeschwächten Monopoltheorie begründet, auf der anderen Seite aber die arbeitsrechtliche Verpflichtung des Arbeitnehmers als relevant für die Begründung der Vergütung heranzieht. Soweit sie die Sondervergütung des Arbeitnehmererfinders mit der Sonderleistung des Arbeitnehmers aufgrund der fehlenden arbeitsrechtlichen Verpflichtung begründet, stellt sie dem urheberrechtlichen Abgeltungsprinzip indirekt nicht die abgeschwächte Monopoltheorie, sondern vielmehr das tätigkeitsbezogene Sonderleistungsprinzip gegenüber.[2187] Dieses liegt der Arbeitnehmererfindervergütung aber, wie bereits ausführlich betrachtet[2188], nicht zugrunde.

Ein Ausschluss der analogen Anwendung der arbeitnehmererfinderrechtlichen Vergütung auf den Arbeitnehmer im Allgemeinen sowie die analoge Anwendung des § 42 Nr. 4 ArbNErfG auf den Hochschulurheber im Besonderen kann demnach nicht mit der unterschiedlichen arbeitsrechtlichen Verpflichtung zur Schaffung von Erfindungen oder Werken begründet werden.

c. Strukturunterschiede bei Erfindungen und urheberrechtlich geschützten Werken von Hochschullehrern

Beachtung geschenkt werden muss allerdings der Tatsache, dass die vorstehenden Erwägungen in der Regel nur in Bezug auf wissenschaftliche Mitarbeiter und Lehrkräfte für besondere Aufgaben getroffen werden können, da es sich bis auf wenige Einzelfälle nur bei deren Werken um Pflichtwerke handeln kann.[2189] Insoweit lässt sich die Argumentation der herrschenden Meinung in Bezug auf die unterschiedliche arbeitsrechtliche Verpflichtung fernab der bereits genannten Schwierigkeiten hinsichtlich des Bezugspunkts gerade nicht auf die Hochschullehrer und sonst in Forschung und Lehre selbständig Tätigen übertragen. Denn diese sind sowohl zur Schaffung urheberrechtlich geschützter Werke als auch zur Schaffung von Erfindungen gleichermaßen nicht verpflichtet.

2187 Vgl. *Himmelmann*, Vergütungsrechtliche Ungleichbehandlung von Arbeitnehmer-Erfinder und Arbeitnehmer-Urheber, S. 149 ff.
2188 Siehe zum Vergütungsgrund im Arbeitnehmererfinderrecht oben Kapitel 3. § 7 B. I. 1. a. bb. (S. 187).
2189 Dazu oben Kapitel 4. § 10 B. III. 3. (S. 586).

§ 10 Die Vergütungsansprüche des Hochschulurhebers

Vielmehr ergeben sich für die Hochschullehrer bereits strukturelle Unterschiede zwischen dem Erfindungs- und Urheberrecht. Macht ein Hochschullehrer eine Erfindung, die aus seiner allgemeinen Forschertätigkeit heraus entsteht oder maßgeblich auf seiner bisherigen Forschungstätigkeit oder auf Kollegenwissen beruht, so handelt es sich um eine gebundene Erfindung i. S. d. § 4 Abs. 2 ArbNErfG. Verwertet die Hochschule die Diensterfindung, erhält der Hochschullehrer eine Vergütung aus § 42 Nr. 4 ArbNErfG. Schafft der Hochschullehrer demgegenüber ein urheberrechtlich geschütztes Werk bzw. Computerprogramm, handelt es sich hierbei regelmäßig um ein freies Werk, das der Regelung des § 43 UrhG bzw. des § 69b UrhG nicht unterfällt. Die Verwertung obliegt dem Hochschullehrer selbst. Insoweit lassen sich die Sachverhalte kaum miteinander vergleichen: Während Erfindungen des Hochschullehrers grundsätzlich gebundene Erfindungen darstellen, deren Verwertung durch die Hochschule erfolgt und nur ausnahmsweise freie Erfindungen des Hochschullehrers gegeben sind, handelt es sich bei den urheberrechtlich geschützten Werken des Hochschullehrers grundsätzlich um freie Werke, deren Verwertung ihm selbst zusteht und nur in Ausnahmefällen um Pflichtwerke, an denen die Hochschule Nutzungsrechte eingeräumt bekommt. Bei einem derartigen Auseinanderfallen des Regel-Ausnahme-Charakters der beiden Regelungsgebiete erscheint eine einheitliche Vergütungspraxis nicht sachgerecht.

Eine andere Beurteilung erscheint auch mit Blick auf Art. 5 Abs. 3 GG nicht geboten. Sowohl bei der Einordnung der Erfindung als Diensterfindung als auch bei der Kategorisierung urheberrechtlich geschützter Werke als Pflichtwerke, spielt die Forschungs- und Wissenschaftsfreiheit des Hochschulbeschäftigten aus Art. 5 Abs. 3 GG eine bedeutende Rolle. Wie gesehen, gebietet Art. 5 Abs. 3 GG nicht, Erfindungen von Hochschulbeschäftigten per se als freie Erfindungen einzuordnen. Vielmehr wird die Forschungstätigkeit des Hochschulbeschäftigten nicht dadurch beeinträchtigt, dass seine Erfindungen als Diensterfindungen i. S. d. § 4 Abs. 2 ArbNErfG angesehen werden, was zu einer abweichenden Rechtezuordnung sowie Vergütungs- und Verwertungspraxis führt. Denn durch diese Zuordnung werden allein die pekuniären Interessen des Hochschulbeschäftigten betroffen, die durch Art. 5 Abs. 3 GG nicht geschützt sind.[2190] Demgegenüber hat Art. 5 Abs. 3 GG auf die Qualifizierung der urheberrechtlich geschützten Werke eines Hochschullehrers als Pflichtwerke i. S. d. § 43 UrhG durchaus entscheidende Auswirkungen. Der Hochschulleh-

---

2190 Hierzu siehe die Nachweise in Fn. 985 (S. 286).

Kapitel 4. Vergütungsansprüche des Hochschulbeschäftigten im Arbeitnehmerurheberrecht

rer kann aufgrund der Forschungs- sowie vor allem der Publikationsfreiheit zu urheberrechtlichem Werkschaffen grundsätzlich nicht verpflichtet werden. So erscheinen Pflichtwerke des Hochschullehrers nur in Ausnahmefällen denkbar.[2191] Die unterschiedliche Behandlung des Hochschulerfinders und Hochschulurhebers ist damit auch im Hinblick auf Art. 5 Abs. 3 GG gerechtfertigt.

d. Sonderregelungscharakter des § 42 Nr. 4 ArbNErfG

Bei § 42 Nr. 4 ArbNErfG handelt es sich um eine Regelung, die besondere Bestimmungen für Erfindungen an Hochschulen hinsichtlich der Vergütung des erfindenden Hochschulbeschäftigten vorsieht. Die Vorschrift stellt eine Sonderregelung gegenüber den allgemeinen Vergütungsvorschriften aus §§ 9 ff. UrhG dar, die für Erfindungen der gewöhnlichen Arbeitnehmer gelten.

Schon aufgrund des Sonderregelungscharakters des § 42 Nr. 4 ArbNErfG scheint es problematisch, die Vorschrift analog im Urheberrecht zur Anwendung zu bringen. Eine Sonderregelung erscheint nur dort angebracht, wo es Grundregelungen gibt, die einer Konkretisierung für bestimmte Sachverhalte bedürfen. An solchen Grundregeln fehlt es jedoch im Arbeitnehmerurheberrecht. Anders als die §§ 9 ff. ArbNErfG, die eine Vergütung für den erfinderisch tätigen Arbeitnehmer vorsehen, regelt das Arbeitnehmerurheberrecht keinen Vergütungsanspruch des urheberrechtlich tätigen Arbeitnehmers. Vielmehr muss von einer Abgeltung der Leistung des Arbeitnehmers durch das Arbeitsentgelt ausgegangen werden. Weichen aber die Grundvoraussetzungen schon derart voneinander ab, erscheint es nicht sachgerecht, eine auf die arbeitnehmererfinderrechtliche Vergütungssituation zugeschnittene Sonderregelung für Hochschulbeschäftigte auf das grundsätzliche vergütungsmäßig ungeregelte Hochschulurheberrecht zu übertragen. Eine vergleichbare Interessenlage liegt insoweit nicht vor.

2191 Zur ausnahmsweisen Werkschaffungspflicht eines Hochschullehrers siehe oben Kapitel 4. § 10 B. III. 2. a. aa. (1) (b), (S. 567).

3. Fazit

Die Regelung des § 42 Nr. 4 ArbNErfG kann auf die Verwertung urheberrechtlich geschützter Werke des Hochschulbeschäftigten durch die Hochschule nicht analog angewendet werden; ein entsprechender Vergütungsanspruch des Hochschulbeschäftigten besteht nicht. Soweit eine planwidrige Regelungslücke noch angenommen werden kann, fehlt es an einer vergleichbaren Interessenlage hinsichtlich der geregelten Hochschulerfindervergütung und der nicht geregelten Hochschulurhebervergütung.

III. Fazit

Das Urheberrecht enthält keinerlei Vorschriften, die eine Vergütung des Hochschulbeschäftigten für die Verwertung seiner urheberrechtlich geschützten Werke durch die Hochschule vorsehen.

Werden die allgemeinen arbeitnehmerurheberrechtlichen Vorschriften auf das Rechtsverhältnis des Hochschulbeschäftigten angewendet, ergibt sich, dass regelmäßig nur wissenschaftliche Mitarbeiter sowie Lehrkräfte für besondere Aufgaben zur Schaffung von urheberrechtlich geschützten Werken (einschließlich Computerprogrammen) verpflichtet sein können, die als Pflichtwerke der Regelung des § 43 UrhG bzw. des § 69b UrhG unterliegen. Solche Werke sind mit dem üblichen Arbeitsentgelt bereits abgegolten. Urheberrechtlich geschützte Werke von Hochschulbeschäftigten, deren Tätigkeit durch Weisungsunabhängigkeit und Selbständigkeit geprägt ist und die den Schutz der Forschungs- und Wissenschaftsfreiheit genießen (namentlich Hochschullehrer), unterfallen hingegen nicht den Regelungen der §§ 43, 69b UrhG, sondern stellen freie Werke dar, die allein den jeweiligen Hochschulbeschäftigten als Urheber des Werks zur Verwertung berechtigen. Es besteht weder eine Pflicht zur Einräumung noch zur Anbietung von Nutzungsrechten.

Eine analoge Anwendung des § 42 Nr. 4 ArbNErfG auf die Vergütungssituation des Hochschulbeschäftigten scheidet aus, denn es fehlt insoweit an einer vergleichbaren Interessenlage zwischen dem Hochschulerfinderrecht einerseits und dem Hochschulurheberrecht andererseits.

D. Zusammenfassung

Da es dem Urheberrecht anders als dem Erfindungsrecht an Sonderbestimmungen hinsichtlich der Rechtsstellung von Hochschulbeschäftigten fehlt, ist zunächst der Anwendungsbereich des „Hochschulurheberrechts" abzugrenzen. Persönlich und institutionell muss der Anwendungsbereich für die vorliegende Arbeit ebenso wie im Erfindungsrecht bestimmt werden, um die Vergleichbarkeit der Rechtsmaterien gewährleisten zu können. Unter den sachlichen Anwendungsbereich fallen alle urheberrechtlich geschützten Werke eines Hochschulbeschäftigten. Dabei hat sich gezeigt, dass auch wissenschaftliche Werke den Schutz des Urheberrechts genießen können.

Die Frage nach Vergütungsansprüchen des Hochschulbeschäftigten stellt sich nur dann, wenn seine Werke durch die Hochschule genutzt werden. Eine Nutzung durch die Hochschule kommt grundsätzlich nur in Betracht, sofern es sich bei dem Werk des Hochschulbeschäftigten um ein Pflichtwerk handelt und der Hochschulbeschäftigte zur Einräumung von Nutzungsrechten an die Hochschule verpflichtet ist. Dies ist abhängig von der Frage, ob die das Arbeitnehmerurheberrecht regelnde Vorschrift des § 43 UrhG auch auf Hochschulbeschäftigte Anwendung finden muss. Unter Betrachtung der einzelnen Beschäftigungsgruppen an einer Hochschule hat sich gezeigt, dass § 43 UrhG allein für die Werke wissenschaftlicher oder künstlerischer Mitarbeiter und Hilfskräfte sowie der Lehrkräfte für besondere Aufgaben Geltung entfaltet. Bei den urheberrechtlich geschützten Werken der sonstigen Hochschulbeschäftigten handelt es sich im Übrigen (bis auf wenige Ausnahmefälle) um freie Werke.

Diese Differenzierung hat entscheidende Auswirkungen auf die Vergütung. Soweit in Ermangelung von Sonderbestimmungen zunächst die allgemeinen arbeitnehmerurheberrechtlichen Grundsätze angewendet werden, sind Werke der wissenschaftlichen oder künstlerischen Mitarbeiter bzw. Hilfskräfte sowie der Lehrkräfte für besondere Aufgaben mit dem Arbeitsentgelt abgegolten; eine gesonderte Vergütung für die Einräumung der Nutzungsrechte erhalten diese Hochschulbeschäftigten nicht. Eine Sondervergütung erhält diese Gruppe der Hochschulbeschäftigten nur, wenn die Hochschule das Werk außerhalb ihres Aufgabenbereichs nutzt. Für die urheberrechtlich geschützten Werke der sonstigen Hochschulbeschäftigten stellt sich die Frage nach einer Vergütung nicht, da ihre Werke grundsätzlich als freie Werke gelten. Räumen sie der Hochschule gleichwohl Nutzungsrechte an den von ihnen geschaffenen Werken ein, ist die Hochschule zur Zahlung der vereinbarten Vergütung nach § 32 Abs. 1 S. 1

UrhG verpflichtet. Eine Pflicht zur Anbietung der Nutzungsrechte trifft diese Gruppe der Hochschulbeschäftigten nicht, weder aus der arbeitsvertraglichen „Treuepflicht" noch aus einer analogen Anwendung von § 19 ArbNErfG. Handelt es sich bei dem geschaffenen Werk des Hochschulbeschäftigten um ein Computerprogramm i. S. d. § 69b UrhG, ergeben sich mit Ausnahme der Nichtanwendbarkeit der Zweckübertragungsregel des § 31 Abs. 5 UrhG keinerlei Besonderheiten gegenüber dem zu § 43 UrhG Gesagten. Das bedeutet, dass die Hochschule die Computerprogramme der unter die Regelung des § 43 UrhG fallenden Hochschulbeschäftigten auch außerhalb des ihr zugewiesenen Aufgabenbereichs nutzen kann, ohne eine gesonderte Vergütung zahlen zu müssen.

Fernab der Anwendung der allgemeinen arbeitnehmerurheberrechtlichen Regelungen stellt sich die Frage nach einer analogen Anwendung der arbeitnehmererfinderrechtlichen Vergütungsregelungen. Soweit eine planwidrige Regelungslücke im Hochschulurheberrecht noch angenommen werden kann, scheitert der Analogieschluss an einer mangelnden Vergleichbarkeit der Interessenlagen. Weder lässt sich der Vergütungsgrund im Hochschulerfinderrecht einerseits und im Hochschulurheberrecht andererseits vergleichen noch ist die Verpflichtung zu erfinderischer Tätigkeit und zu urheberrechtlichem Werkschaffen vergleichbar. Jenseits dessen treten unüberbrückbare Strukturunterschiede bei Erfindungen und urheberrechtlich geschützten Werken speziell von Hochschullehrern auf. Schließlich verwehrt auch der Sonderregelungscharakter des § 42 Nr. 4 ArbNErfG eine analoge Anwendung auf das Hochschulurheberrecht.

Kapitel 5. Vergütungsansprüche des Hochschulbeschäftigten im Arbeitnehmerdesignrecht

Mit Sicherheit stellen Erfindungen und urheberrechtlich geschützte Werke das Gros der geschaffenen Ergebnisse an einer Hochschule dar. Gleichwohl nicht unbeachtlich daneben stehen designrechtliche relevante Werke eines Hochschulbeschäftigten. Die Bedeutung des Designrechts im Bereich der Hochschule ist einleitend bereits aufgezeigt worden.

Werden Designentwürfe bzw. Gemeinschaftsgeschmacksmuster eines Hochschulbeschäftigten durch die Hochschule verwertet, stellt sich die Frage, ob dem Hochschulbeschäftigten für die von ihm im Rahmen seiner Tätigkeit entworfenen Designs bzw. Gemeinschaftsgeschmacksmuster eine gesonderte Vergütung zusteht. Entsprechend dem bisherigen Vorgehen der Untersuchung im Hochschulerfinder- und Hochschulurheberrecht, muss zunächst den Grundlagen der Vergütung des Arbeitnehmerdesigners Beachtung geschenkt werden (§ 11), um im Anschluss die designrechtlichen Vergütungsansprüche eines Hochschulbeschäftigten untersuchen zu können (§ 12). Vergleichbar der Situation im Urheberrecht ist die Betrachtung der allgemeinen arbeitnehmerdesignrechtlichen Vergütungsansprüche für die Vergütung des Hochschulbeschäftigten vor allem deshalb von besonderer Bedeutung, weil es an Sondervorschriften für die Hochschuldesignervergütung im Designrecht und Gemeinschaftsgeschmacksmusterrecht mangelt und daher möglicherweise auf die allgemeinen Regelungen der Arbeitnehmerdesignervergütung zurückzugreifen ist. Aufgrund des Gleichlaufs der Regelungen des Designs und des (nicht) eingetragenen Gemeinschaftsgeschmacksmusters im Bereich des Arbeitsrechts[2192] wird in diesem Kapitel erneut allein auf das Design und die nationalen Regelungen des DesignG eingegangen, während die Ausführungen gleichermaßen auf das Gemeinschaftsgeschmacksmuster übertragbar sind.

2192 Zum Gleichlauf des Designrechts und des Gemeinschaftsgeschmacksmusterrechts im Arbeitsrecht siehe ausführlich oben Kapitel 2. § 6 C. III. 1. (S. 163).

§ 11 Die Vergütungsansprüche des Arbeitnehmerdesigners

Vergleichbar dem Arbeitnehmerurheberrecht fehlt es im Arbeitnehmerdesignrecht an Vergütungsregelungen. Zwar regelt § 7 Abs. 2 DesignG als einzige Vorschrift das Arbeitnehmerdesignrecht, allerdings lassen sich der Regelung keine Hinweise auf eine Vergütung des Arbeitnehmers als Ausgleich für die (originäre) Zuordnung der Rechte am Design zum Arbeitgeber entnehmen. Dies wirft die Frage auf, ob dem Arbeitnehmer, der im Rahmen des Arbeitsverhältnisses ein Design entwirft, eine Vergütung zusteht, die über das übliche Arbeitsentgelt hinausgeht (A.). Soweit festgestellt werden muss, dass eine Sondervergütung des Arbeitnehmers aus arbeitnehmerdesignrechtlicher Perspektive ausscheidet, stellt sich im Anschluss die Frage, ob die arbeitnehmererfinderrechtlichen oder arbeitnehmerurheberrechtlichen Vergütungsregelungen im Arbeitnehmerdesignrecht analoge Anwendung finden können (B.).

A. Vergütungstatbestände des Arbeitnehmerdesignrechts

Hinsichtlich der Frage nach einer Vergütung des Arbeitnehmers für die von ihm im Rahmen des Arbeitsverhältnisses entworfenen Designs ist zwischen den gebundenen Entwürfen, also Designs, die der Arbeitnehmer in Ausübung seiner Aufgaben oder nach den Weisungen des Arbeitgebers entworfen hat (I.), und den im Übrigen freien Entwürfen des Arbeitnehmers (II.) zu differenzieren.

I. Vergütung für gebundene Entwürfe

Wie im Arbeitnehmererfinder- und im Arbeitnehmerurheberrecht stellt sich im Arbeitnehmerdesignrecht die Frage, ob dem Arbeitnehmer neben dem üblichen Arbeitsentgelt eine gesonderte Vergütung für die von ihm im Rahmen des Arbeitsverhältnisses entworfenen Designs zugestanden werden muss.

Kapitel 5. Vergütungsansprüche des Hochschulbeschäftigten im Arbeitnehmerdesignrecht

1. Grundsätzliche Abgeltung durch das Arbeitsentgelt

Es fehlt im Arbeitnehmerdesignrecht an gesetzlichen Vergütungsregelungen, die eine gesonderte Vergütung des Arbeitnehmers vorsehen.[2193] Allgemein wird deshalb, wie im Urheberrecht, von einer Abgeltung des Arbeitsergebnisses durch das Arbeitsentgelt ausgegangen. Ein vom Arbeitnehmer in Ausübung seiner Aufgaben oder nach Weisung des Arbeitgebers gefertigter Entwurf ist durch das vom Arbeitgeber gezahlte Arbeitsentgelt bereits abgegolten; anders ausgedrückt bildet das Arbeitsentgelt die Gegenleistung für sämtliche dem Arbeitgeber im Rahmen des Arbeitsverhältnisses zur Verfügung gestellten Designentwürfe.[2194] Gegenüber dem Urheberrecht lässt sich dieser Grundsatz im Designrecht aufgrund des zumindest überwiegend angenommenen originären Rechtserwerbs des Arbeitgebers auch kaum bestreiten. Eine der Trennungstheorie im Urheberrecht[2195] vergleichbare Position müsste zwingend von einem derivativen Rechtserwerb des Arbeitgebers ausgehen, um die als selbständig betrachtete vertragliche Rechtseinräumung gesondert vergüten zu können. Diese Auffassung wird deshalb, soweit ersichtlich, auch zu Recht nicht vertreten.

Entsprechend kann im Designrecht auch keine Ausnahme von der Abgeltung für den Fall der außerbetrieblichen Nutzung des Designs angenommen werden, wie sie von den Vertretern der Abgeltungstheorie im Urheberrecht für die Nutzung urheberrechtlich geschützter Werke über den Vertragszweck hinaus anerkannt wird.[2196] Aufgrund der originären Rechtszuordnung zum Arbeitgeber stehen diesem die Rechte an dem eingetragenen Design unbeschränkt zu. Eine Beschränkung der Nutzung allein auf den Vertragszweck oder den betrieblichen Bereich ergibt sich gerade nicht. Demnach steht dem Arbeitnehmerdesigner anders als dem Arbeitnehmerurheber auch dann keine Vergütung zu, wenn der Arbeitgeber das Design über den Vertragszweck hinaus verwertet. Eine Vergütung kann der Arbeitnehmer allein für die Übertragung der Rechte an einem freien Entwurf erhalten; insoweit steht der Arbeitnehmer dem Arbeitgeber wie ein Betriebsfremder gegenüber.

2193 *Kühne*, in: Eichmann/v. Falckenstein/Kühne, DesignG, § 7, Rn. 25.
2194 *Beyerlein*, in: Günther/Beyerlein, DesignG, § 7, Rn. 19; *Kühne*, in: Eichmann/v. Falckenstein/Kühne, DesignG, § 7, Rn. 25; vgl. noch zum Geschmacksmusterrecht *Ahrens*, in: FS Reimann (2009), S. 1, 9.
2195 Zur im Urheberrecht teilweise vertretenen Trennungstheorie siehe oben Kapitel 4. § 9 A. II. (S. 461).
2196 So auch die hier vertretene Auffassung, siehe oben Kapitel 4. § 9 B. II. 1. b. bb. (1), (S. 478).

Gleichwohl lassen sich in der Literatur Bestrebungen ausfindig machen, dem Arbeitnehmerdesigner in Sonderfällen dennoch eine gesonderte Vergütung zuzubilligen. So nimmt etwa *Kühne* unter Verweis auf das Urheberrecht und unter Rückgriff auf das Sonderleistungsprinzip eine Vergütung des Arbeitnehmers auch im Designrecht an, *„wenn das geschaffene Werk zu Vorteilen bei dem Arbeitgeber geführt hat, die vor dem Hintergrund der gesamten Beziehungen des Entwerfers zum Arbeitgeber in einem auffälligen Missverhältnis zu der von ihm gezahlten Vergütung stehen."*[2197] Auf diese Weise erhielte der Arbeitnehmerdesigner die Möglichkeit der Vergütungsanpassung. Noch zum tradierten Geschmacksmusterrecht gingen auch *Heilmann* und *Taeger* davon aus, dass eine *„vorsichtige Analogie zu den Regeln des ArbNErfG"* auf das Geschmacksmusterrecht bei deutlichen Parallelen zur Situation eines Arbeitnehmers in Betracht komme.[2198] Auch *v. Gamm* wollte dem Arbeitnehmer einen Vergütungsanspruch zuerkennen, der eine außergewöhnliche schöpferische Leistung erbringt, die nach dem Arbeitsvertrag im Hinblick auf die vereinbarte Vergütung nicht zu erwarten war.[2199]

Es ist deshalb im Anschluss zu untersuchen, ob trotz der grundsätzlichen Abgeltung des vom Arbeitnehmer entwickelten Entwurfs durch das Arbeitsentgelt, eine Vergütung des Arbeitnehmers für gebundene Entwürfe dennoch angenommen werden muss (hierzu sogleich B.).

2. Abweichende Vereinbarungen

Den Parteien des Arbeitsvertrags steht es aufgrund des dispositiven Charakters von § 7 Abs. 2 DesignG frei, von den gesetzlichen Regelungen vertraglich abzuweichen. Dabei können die Parteien nicht nur die im arbeitsrechtlichen Teil bereits angesprochenen Abreden hinsichtlich einer abweichenden Rechtszuordnung treffen[2200], sondern auch eine Vergütung des Arbeitnehmers frei vereinbaren. Dementsprechend erscheinen verschiedene Vergütungsvereinbarungen denkbar. Der Arbeitnehmer könnte z. B. eine laufende Vergütung während der Nutzung des durch ihn im Rahmen des Arbeitsverhältnisses gefertigten Entwurfs erhalten oder eine einmalige Pauschalvergütungssumme vertraglich zugesichert bekommen. Nicht aus-

---

2197 *Kühne*, in: Eichmann/v. Falckenstein/Kühne, DesignG, § 7, Rn. 26.
2198 *Heilmann/Taeger*, BB 1990, 1969, 1971.
2199 *Frhr. v. Gamm*, Geschmacksmustergesetz, § 2 GeschmMG, Rn. 16.
2200 Dazu oben Kapitel 2. § 6 C. III. 3. c. (S. 174).

geschlossen sind ebenfalls Vereinbarungen der Vertragsparteien über das Arbeitsverhältnis hinaus, die etwa eine Vergütung des Arbeitnehmers auch nach Beendigung des Arbeitsverhältnisses vorsehen. Die Beweislast für das Vorliegen entsprechender vertraglicher Abreden ruht auf den Schultern des Arbeitnehmers.[2201]

Aufgrund der im Arbeitnehmerdesignrecht grundsätzlich fehlenden Arbeitnehmervergütung, bietet sich auf der Grundlage von § 7 Abs. 2 DesignG die Einführung eines am Arbeitnehmererfinderrecht orientierten Incentive-Systems im Betrieb an, um eine Motivationsgrundlage für die Arbeitnehmer zu schaffen, Designs im Rahmen des Arbeitsverhältnisses zu entwerfen.[2202]

II. Vergütung für freie Entwürfe

Entwirft der Arbeitnehmer das Design weder in Ausübung seiner Aufgaben noch nach Weisung des Arbeitgebers, handelt es sich um einen freien Entwurf, der nicht unter die Regelung des § 7 Abs. 2 DesignG fällt. Folglich steht dem Arbeitgeber das Recht am eingetragenen Design nicht zu. Der Arbeitnehmer ist auch nicht verpflichtet, dem Arbeitgeber Rechte an seinen freien Entwürfen anzubieten, sofern er eine eigene Verwertung beabsichtigt. Eine solche Anbietungspflicht ergibt sich weder aus einer Analogie zur arbeitnehmererfinderrechtlichen Anbietungspflicht aus § 19 ArbNErfG, noch aus einer arbeitsvertraglichen „Treuepflicht". Vielmehr genügt zum Schutz der Interessen des Arbeitgebers das allgemeine Wettbewerbsverbot.[2203] Das freie Verwertungsrecht steht dem Arbeitnehmer unabhängig davon zu, ob der Entwurf auf Erfahrungen des Arbeitnehmers aus dem Betrieb oder auf Anregungen aus der betrieblichen Sphäre beruht. Ebenso wenig hat die Nutzung von Betriebsmitteln oder die Verwendbarkeit des Entwurfs im Betrieb des Arbeitgebers Auswirkungen auf die Verwertungsfreiheit des Arbeitnehmers.[2204]

Entscheidet sich der Arbeitnehmer gleichwohl, seinem Arbeitgeber das Recht an einem eingetragenen Design zu übertragen (vgl. § 29 Abs. 1 De-

---

2201 *Kühne*, in: Eichmann/v. Falckenstein/Kühne, DesignG, § 7, Rn. 27.
2202 Vgl. *Beyerlein*, in: Günther/Beyerlein, DesignG, § 7, Rn. 19. Zu Incentive-Systemen im Arbeitnehmererfindungsrecht siehe *Trimborn*, Mitt. 2006, 160 ff.
2203 Zur Anbietungspflicht bei freien Entwürfen siehe oben Kapitel 2. § 6 C. III. 3. b. (S. 171).
2204 Dazu siehe oben Kapitel 2. § 6 C. III. 2. (S. 164).

signG) oder ihm Lizenzen zu erteilen (vgl. § 31 Abs. 1 DesignG), steht er seinem Arbeitgeber wie ein beliebiger Dritter gegenüber. Zwar fehlt es im Designrecht an einer dem § 32 Abs. 1 S. 1 UrhG vergleichbaren Norm, die dem Urheber für die Einräumung von Nutzungsrechten und die Erlaubnis zur Werknutzung einen Anspruch auf die vertragliche vereinbarte Vergütung zuspricht. § 32 Abs. 1 S. 1 UrhG hat insoweit jedoch ohnehin rein deklaratorischen Charakter[2205], da sich der Anspruch auf die vereinbarte Vergütung bereits aus dem allgemeinen Vertragsrecht ergibt; einer entsprechenden Regelung bedarf es im Designrecht mithin nicht. Der Arbeitnehmerdesigner erhält die für die Rechtsübertragung vereinbarte Gegenleistung bzw. die vereinbarte Lizenzgebühr für die Lizenzerteilung.

Problematisch erscheint allein der Fall, dass es an einer Vereinbarung der Vergütung für die Rechtsübertragung oder Lizenzerteilung fehlt. Dann stellt sich die Frage, ob dem Arbeitnehmer gleichwohl ein Anspruch auf eine Vergütung zustehen muss. Unabhängig von der Frage, ob sich die *Statikprogramme*-Rechtsprechung des BGH zum urheberrechtlichen Vergütungsanspruch hinsichtlich freier Werke[2206] auf das Designrecht übertragen ließe und infolgedessen ein Vorbehalt der Vergütung durch den Arbeitnehmer im Zeitpunkt der Rechtsübertragung bzw. Lizenzerteilung für einen Vergütungsanspruch von Nöten wäre, ist die Entscheidung des BGH nach hier vertretener Auffassung schon im Urheberrecht als Einzelfallentscheidung mit mangelnder Verallgemeinerungsfähigkeit anzusehen.[2207] Vielmehr ist davon auszugehen, dass sich die Vergütung des Arbeitnehmerdesigners nach den allgemeinen Vorschriften richtet: Auch bei fehlender ausdrücklicher Vereinbarung gilt eine Vergütung als stillschweigend vereinbart, wenn die Rechtsübertragung oder Lizenzerteilung den Umständen nach nur gegen eine Vergütung zu erwarten ist (vgl. § 612 Abs. 1 BGB). Dies ist im Wege der Auslegung zu ermitteln.[2208] Ist lediglich die Höhe der Vergütung nicht bestimmt, gilt in Ermangelung einer Taxe die übliche Vergütung als vereinbart (§ 612 Abs. 2 BGB).

2205 Siehe die Nachweise in Fn. 1612 (S. 474).
2206 BAG, Urteil v. 13.09.1983 – 3 AZR 371/81, BAGE 44, 113, 113 ff. = GRUR 1984, 429 – *Statikprogramme*.
2207 Siehe hierzu oben Kapitel 4. § 9 B. III. (S. 515).
2208 *Kühne*, in: Eichmann/v. Falckenstein/Kühne, DesignG, § 7, Rn. 21.

B. Vergütungsansprüche aus analoger Anwendung des arbeitnehmererfinderrechtlichen oder arbeitnehmerurheberrechtlichen Vergütungssystems

Es wurde bereits die Frage aufgeworfen, ob fernab der grundsätzlichen Abgeltung des vom Arbeitnehmer entwickelten Entwurfs durch das Arbeitsentgelt, eine Vergütung des Arbeitnehmers für gebundene Entwürfe angenommen werden muss.[2209] Eine solche kann sich möglicherweise aus einer analogen Anwendung der arbeitnehmererfinderrechtlichen oder arbeitnehmerurheberrechtlichen Vergütungssituation im Arbeitnehmerdesignrecht ergeben. Da es dem Arbeitnehmerdesignrecht, wie soeben erwähnt, an Bestimmungen hinsichtlich der Vergütung des Arbeitnehmers fehlt, kann von einer für den Analogieschluss erforderlichen gesetzlichen Regelungslücke ausgegangen werden.[2210] Dass diese Regelungslücke allerdings nicht planwidrig besteht, ergibt sich bereits daraus, dass dem Gesetzgeber bei der Reformierung des Geschmacksmusterrechts im Jahr 2004 die gegenüber dem Arbeitnehmererfinderrecht abweichende Vergütungssituation im Arbeitnehmerdesignrecht sehr wohl bewusst war. Das bewusste Aufrechterhalten der Regelungslücke wurde durch die zum 01. Januar 2014 erfolgte Umwandlung des Geschmacksmustergesetzes in das Designrecht noch einmal manifestiert, indem von der Aufnahme entsprechender Regelungen erneut abgesehen wurde. Offen bleibt daneben, ob sich im Arbeitnehmerdesignrecht überhaupt auch eine dem Arbeitnehmererfinder- und -urheberrecht vergleichbare Interessenlage finden lässt.[2211] Um unnötige Wiederholungen zu vermeiden, soll diese Fragestellung erst im Kontext der analogen Anwendung des § 42 Nr. 4 ArbNErfG bzw. der Hochschulurhebervergütung auf die Vergütung des Hochschuldesigners wieder aufgegriffen werden.[2212]

2209 Zur Vergütung des Arbeitnehmers für gebundene Entwürfe siehe Kapitel 5. § 11 A. I. 1. (S. 622).
2210 Zur Analogievoraussetzung der planwidrigen Regelungslücke siehe *Reimer*, Juristische Methodenlehre, Rn. 568 ff.
2211 Zu der für die Analogie erforderlichen Voraussetzung einer Vergleichbarkeit der Interessenlagen siehe nur *Reimer*, Juristische Methodenlehre, Rn. 577 ff.
2212 Siehe unten Kapitel 5. § 12 C. II. (S. 652).

C. Zusammenfassung

Das Arbeitnehmerdesignrecht sieht gesetzliche Vergütungsansprüche des Arbeitnehmerdesigners nicht vor. Grundsätzlich muss von der Abgeltung der vom Arbeitnehmer im Arbeitsverhältnis entworfenen Designs durch das Arbeitsentgelt ausgegangen werden. Eine analoge Anwendung der arbeitnehmererfinderrechtlichen bzw. arbeitnehmerurheberrechtlichen Vergütungssituation im Arbeitnehmerdesignrecht soll erst später behandelt werden. Eine Vergütung des Arbeitnehmers für Designs, die er in Ausübung seiner Aufgaben oder nach Weisung des Arbeitgebers entworfen hat, kommt nur dann in Betracht, wenn die Parteien nach § 7 Abs. 2 DesignG abweichende Vereinbarungen hinsichtlich einer Vergütung des Arbeitnehmers oder einer andersartigen Rechtsentstehung und -zuordnung getroffen haben.

§ 12 Die Vergütungsansprüche des Hochschuldesigners

Gesetzliche Bestimmungen hinsichtlich der Vergütung eines Hochschuldesigners sucht man im DesignG vergeblich. Während das ArbNErfG mit § 42 Nr. 4 ArbNErfG eine Sonderregelung für die Vergütung von Hochschulbeschäftigten für Erfindungen vorsieht, fehlt es im Designrecht ebenso wie im Urheberrecht an einer vergleichbaren Regelung.

Es stellt sich deshalb die Frage, ob ein Vergütungsanspruch des Hochschulbeschäftigten für im Rahmen des Arbeits- bzw. Dienstverhältnisses entworfene Designs, die durch die Hochschule verwertet werden, besteht und auf welche Grundlage ein etwaiger Vergütungsanspruch gestützt werden kann. In Ermangelung von gesetzlichen Regelungen ist an die allgemeinen Vorschriften des Arbeitnehmerdesignrechts anzuknüpfen. Im Rahmen dessen ist zu untersuchen, ob das Designrecht auch im Hochschulbereich Anwendung findet (A.) und in welchen Fällen eine Verwertung der Hochschuldesigns durch die Hochschule tatsächlich vorliegt (B.). Erst im Anschluss daran kann der zentralen Frage nach den Vergütungsansprüchen des Hochschulbeschäftigten nachgegangen werden (C.).

A. Der Anwendungsbereich des Designrechts im Hochschulbereich

In Bezug auf den persönlichen, sachlichen und institutionellen Anwendungsbereich des *Designrechts* im Hochschulbereich ergeben sich im Grun-

Kapitel 5. Vergütungsansprüche des Hochschulbeschäftigten im Arbeitnehmerdesignrecht

de keine Unterschiede gegenüber den Ausführungen zum Anwendungsbereich des *Urheberrechts* im Hochschulbereich. Klarstellend sei auch an dieser Stelle nur noch einmal darauf hingewiesen, dass aus Gründen der Vergleichbarkeit und der möglichen Übertragung der arbeitnehmererfinderrechtlichen Vorschriften auf das Designrecht die Begriffe des Hochschulbeschäftigten sowie der Hochschule mit dem Begriffsverständnis im Arbeitnehmererfinder- und Arbeitnehmerurheberrecht übereinstimmen müssen.[2213] Demzufolge sind als Hochschulbeschäftigter i. S. d. Designrechts im hier verwendeten Sinne alle Mitglieder der Hochschule nach § 36 Abs. 1 S. 1 Alt. 1 HRG oder sonstigen an der Hochschule Tätigen nach § 36 Abs. 1 S. 2 Alt. 1 HRG erfasst. Dies umfasst das gesamte wissenschaftliche wie nichtwissenschaftliche Hochschulpersonal. Institutionell sind als Hochschule alle in § 1 HRG genannten Einrichtungen anzusehen, wie Universitäten, Pädagogische Hochschulen, Kunsthochschulen, Fachhochschulen sowie sonstige Einrichtungen des Bildungswesens, die nach Landesrecht staatliche Hochschulen sind. Im sachlichen Anwendungsbereich geschützt durch das DesignG werden Designs i. S. d. § 1 DesignG. Dieser Begriff des Designs gilt uneingeschränkt auch für die im Hochschulbereich gefertigten Entwürfe. Eine der im Urheberrecht geführten Diskussion um die urheberrechtliche Schutzfähigkeit wissenschaftlicher Werke[2214] vergleichbare Problematik ergibt sich im Hochschuldesignrecht nicht.

B. Verwertung der Designs des Hochschulbeschäftigten durch die Hochschule

Mit der Feststellung, dass die durch einen Hochschulbeschäftigten entworfenen Designs den Schutz des DesignG genießen, ist noch nicht gesagt, welche Designrechte dem Hochschulbeschäftigten als Entwerfer eines Designs zustehen (I.). Des Weiteren ist im Hinblick auf den Gegenstand der vorliegenden Arbeit auch für das Designrecht klärungsbedürftig, in welchen Fällen eine Verwertung des Entwurfs eines Hochschulbeschäftigten *durch die Hochschule* überhaupt vorliegt bzw. möglich ist (II.).

2213 Vgl. zur einheitlichen Bestimmung der Begrifflichkeiten im Arbeitnehmererfinder-, -urheber- und -designrecht oben Kapitel 4. § 10 A. I. (S. 534).
2214 Zur Problematik der Schutzfähigkeit wissenschaftlicher Werke im Urheberrecht siehe oben Kapitel 4. § 10 A. III. 2 (S. 537).

I. Designerverwertungs- und -persönlichkeitsrechte des Hochschulbeschäftigten

Kommt einem Design der Designschutz nach § 2 DesignG zu[2215], genießt der Hochschulbeschäftigte als Entwerfer des Designs die gleichen Rechte wie jeder gewöhnliche Designer. Anders als im Urheberrecht sind etwaige Designerpersönlichkeits- oder -verwertungsrechte im DesignG nicht ausdrücklich gesetzlich geregelt worden.

1. Keine Designerpersönlichkeitsrechte des Hochschulbeschäftigten

Seit der Reform des Geschmacksmusterrechts im Jahr 2004 und der damit verbundenen Ablösung des Geschmacksmusterrechts (nun Designrechts) vom Urheberrecht[2216] kann ein Designerpersönlichkeitsrecht nicht mehr angenommen werden.[2217] Da seither für den Inhalt und Umfang des Schutzrechts nicht mehr die vom Designer erbrachte schöpferische Leistung, sondern die spezifische Aufgabe des Designs, den Absatz von Konsumgütern zu fördern[2218], von Bedeutung ist, fehlt es – anders als im Urheberrecht – in der Regel an einem besonderen persönlichen Bezug zu den entworfenen Designs.

Allerdings steht dem Hochschulbeschäftigten das Recht auf Anerkennung der Entwerferschaft zu; das Designrecht enthält mit § 10 Abs. 1 DesignG ein Designerbenennungsrecht.[2219] Dieses umfasst jedoch nur das Recht, in der Anmeldung eines eingetragenen Designs und im Register als Entwerfer genannt zu werden. Hieraus erwächst dem Hochschulbeschäftigten die Berechtigung, sein Design als von ihm stammend auszuweisen sowie dagegen vorzugehen, dass ein anderer seinen Entwurf in Abrede

---

2215 Der entsprechende Schutz des Gemeinschaftsgeschmacksmusters ist in den Art. 4 ff. GGV geregelt.
2216 „Gesetz zur Reform des Geschmacksmusterrechts (Geschmacksmusterreformgesetz)" vom 12.03.2004, BGBl. 2004, Teil I, S. 390, in Kraft getreten am 19.03.2004 bzw. am 01.06.2004; hierzu siehe ausführlich unten Kapitel 5. § 12 C. III. 2. a (S. 661).
2217 A. A. wohl *Eichmann*, in: Eichmann/v. Falckenstein/Kühne, DesignG, Systematik des Designrechts - Allgemeines zum Designrecht, Rn. 19; *Veigel*, Immaterialgüterrechte im Arbeitsverhältnis, Rn. 47.
2218 *Ritscher*, GRUR Int. 1990, 559, 574.
2219 Ein vergleichbares Recht hinsichtlich des Gemeinschaftsgeschmacksmusters findet sich in Art. 15 Abs. 1, 2 GGV.

stellt oder sich selbst anmaßt.[2220] Nicht erfasst hingegen ist das eingetragene Design selbst. Denn anders als bei einzelnen urheberrechtlich geschützten Werken erscheint eine Anbringung des Namens bei Erzeugnissen der gewerblichen Serienproduktion häufig nicht möglich oder stößt auf gestalterische Schwierigkeiten.[2221] Eine Verpflichtung zur Nennung des Entwerfers auf dem Erzeugnis ergibt sich demnach nicht. Da auch das urheberrechtliche Benennungsrecht nur das geschützte Werk selbst erfasst, besteht selbst eine Verpflichtung zur Nennung des Namens auf der Verpackung oder in Begleittexten nicht.[2222] Das Recht auf Designerbenennung müsste insoweit vertraglich geregelt werden.[2223]

Zudem kann der Hochschuldesigner die Entstellung oder Beeinträchtigung seines Designs untersagen. Allerdings ist das designrechtliche Entstellungsverbot gegenüber dem urheberrechtlichen Entstellungsverbot schwächer ausgeprägt.[2224] Überträgt der Hochschulbeschäftigte das Design an einen Dritten, begibt er sich seines Rechts und kann nur noch gegen grobe Entstellungen seines Designs vorgehen.[2225]

2. Designerverwertungsrechte des Hochschulbeschäftigten

Dem Hochschulbeschäftigten, dessen Design dem Schutz des DesignG unterfällt, steht daneben auch das Recht zur Verwertung der Designschutzrechte zu. Nur durch eine Verwertung bietet sich dem Hochschulbeschäftigten die Möglichkeit, einen wirtschaftlichen Nutzen aus den geschaffenen Designs zu ziehen. Dazu besteht im Wesentlichen die Wahl zwischen der Übertragung des Designs (§ 29 Abs. 1 DesignG) oder der Erteilung aus-

---

2220 Vgl. *Eichmann*, in: Eichmann/v. Falckenstein/Kühne, DesignG, Systematik des Designrechts - Allgemeines zum Designrecht, Rn. 22; *Eichmann/Schulze*, in: Eichmann/Kur, Designrecht, § 9, Rn. 10; *Frhr. v. Gamm*, Geschmacksmustergesetz, § 5 GeschmMG, Rn. 13.
2221 *Eichmann/Schulze*, in: Eichmann/Kur, Designrecht, § 9, Rn. 13.
2222 *Eichmann/Schulze*, in: Eichmann/Kur, Designrecht, § 9, Rn. 13; vgl. auch *Eichmann*, in: Eichmann/v. Falckenstein/Kühne, DesignG, Systematik des Designrechts - Allgemeines zum Designrecht, Rn. 20.
2223 *Eichmann/Schulze*, in: Eichmann/Kur, Designrecht, § 9, Rn. 12; vgl. auch OLG München, Beschluss v. 30.06.1955 - 6 W 1267/55, GRUR 1956, 231 - *Bierflaschenetikett*.
2224 *Eichmann/Schulze*, in: Eichmann/Kur, Designrecht, § 9, Rn. 20; vgl. auch *Kur*, in: FG Schricker (1995), S. 503, 527; *Frhr. v. Gamm*, Geschmacksmustergesetz, § 5 GeschmMG, Rn. 14.
2225 Vgl. *Eichmann/Schulze*, in: Eichmann/Kur, Designrecht, § 9, Rn. 20.

schließlicher oder nicht ausschließlicher Lizenzen (§ 31 Abs. 1 DesignG).[2226]

Anders als das Urheberrecht ist das Recht am eingetragenen Design frei übertragbar nach § 29 Abs. 1 DesignG. Überträgt der Hochschulbeschäftigte seine Rechte an einen Dritten, erfolgt die Übertragung im Wege der Abtretung i. S. v. § 398 BGB. Durch die Abtretung wird die Rechtsposition des Hochschulbeschäftigten so auf den Dritten übertragen, dass dieser an die Stelle des Hochschulbeschäftigten tritt und neuer Inhaber wird.[2227] Erteilt der Hochschulbeschäftigte einem Industriepartner eine Lizenz gem. § 31 Abs. 1 DesignG, ist dieser bei der Erteilung einer ausschließlichen Lizenz allein berechtigt, das lizenzierte Recht zu nutzen. Wird hingegen eine nicht ausschließliche Lizenz bzw. einfache Lizenz erteilt, können neben dem Lizenznehmer auch weitere Lizenznehmer zur Nutzung berechtigt sein.[2228]

3. Einschränkungen der Designerverwertungsrechte

Wie die Urheberrechte eines Werkschöpfers können auch die Designerverwertungsrechte eingeschränkt sein, wenn der Entwerfer den Designentwurf als Arbeitnehmer im Rahmen eines Arbeitsverhältnisses gestaltet. Denn insoweit greift die das Arbeitnehmerdesignrecht regelnde Vorschrift des § 7 Abs. 2 DesignG ein, die das Recht an dem eingetragenen Design dem Arbeitgeber zuspricht, sofern vertraglich nichts anderes vereinbart wurde. Ob auch die Designrechte eines Hochschulbeschäftigten derartige Einschränkungen erfahren können, entscheidet sich an der Frage, ob die allgemeine arbeitnehmerdesignrechtliche Vorschrift auch auf die Designentwürfe von Hochschulbeschäftigten Anwendung finden kann (hierzu siehe sogleich C. I.).

2226 Für das Gemeinschaftsgeschmacksmuster siehe die Regelungen der Art. 28, 32 GGV.
2227 *Eichmann*, in: Eichmann/Kur, Designrecht, § 10, Rn. 11 f.
2228 *Eichmann*, in: Eichmann/Kur, Designrecht, § 10, Rn. 26 ff. Näheres zur Lizenz, vor allem zur Rechtsnatur der Lizenz, siehe oben im Rahmen der erfindungsrechtlichen Betrachtung Kapitel 3. § 8 A. III. 4. b. cc. (2) (b), (S. 338).

Kapitel 5. Vergütungsansprüche des Hochschulbeschäftigten im Arbeitnehmerdesignrecht

II. Verwertung der Designs durch die Hochschule bzw. den Dienstherrn

Bei all den denkbaren Designentwürfen im Hochschulbereich sei wie im Rahmen der urheberrechtlichen Betrachtung noch einmal klarstellend darauf hingewiesen, dass für die vorliegende Arbeit allein die Designs von Hochschulbeschäftigten von Bedeutung sind, die durch die Hochschule verwertet werden, da die Frage nach Vergütungsansprüchen des Hochschulbeschäftigten bei der Verwertung seines geistigen Eigentums *durch die Hochschule* beantwortet werden soll.

Eine Verwertung der Designrechte durch die Hochschule ist allerdings nur dann möglich, wenn der Hochschule auch die Rechte zur Verwertung an den eingetragenen Designs der an ihr Beschäftigten zustehen. Als Arbeitgeberin könnte sie die Verwertungsrechte mittels § 7 Abs. 2 DesignG erhalten, wonach die Rechte an dem eingetragenen Design dem Arbeitgeber zustehen, wenn das Design vom Arbeitnehmer in Ausübung seiner Aufgaben oder nach Weisungen seines Arbeitgebers entworfen hat. Dazu ist jedoch entscheidend, dass die Regelung des § 7 Abs. 2 DesignG auch auf die Rechtsverhältnisse zwischen den Hochschulbeschäftigten und den Hochschulen Anwendung findet. Weitergehend stellt sich die Frage, ob eine Verwertung durch die Hochschule nur im Fall der gebundenen Entwürfe eines Hochschulbeschäftigten in Betracht kommt oder ob die Hochschule auch freie Entwürfe der Hochschulbeschäftigten verwerten kann. Diesen Fragen soll unmittelbar im Rahmen der Untersuchung von Vergütungsansprüchen des Hochschuldesigners nachgegangen werden.

C. Vergütungsansprüche des Hochschuldesigners

Mangels Sondervorschriften für die Vergütung des Hochschulbeschäftigten im Designrecht ist zunächst an die allgemeinen arbeitnehmerdesignrechtlichen Vorschriften anzuknüpfen und zu untersuchen, ob dem Hochschulbeschäftigten aus dem allgemeinen Arbeitnehmerdesignrecht heraus eine Vergütung für seine im Rahmen seiner Tätigkeit entworfenen Designs zusteht, die durch die Hochschule verwertet werden.

Dazu stellt sich zunächst die Frage, inwieweit die allgemeinen arbeitnehmerdesignrechtlichen Vorschriften, genaugenommen § 7 Abs. 2 DesignG, auf das Rechtsverhältnis des Hochschulbeschäftigten überhaupt Anwendung finden können und welche Auswirkungen die Anwendung der Vorschriften auf die Vergütung des Hochschulbeschäftigten hat (I.). Im Anschluss daran muss untersucht werden, ob sich eine Vergütung des

§ 12 Die Vergütungsansprüche des Hochschuldesigners

Hochschulbeschäftigten analog zur Vergütungssituation im Arbeitnehmererfinderrecht (II.) oder im Arbeitnehmerurheberrecht (III.) ergibt.

I. Vergütung nach den allgemeinen arbeitnehmerdesignrechtlichen Regelungen

Dem Hochschulbeschäftigten kann eine Vergütung für die im Rahmen seiner Tätigkeit entworfenen Designs nach den allgemeinen arbeitnehmerdesignrechtlichen Regelungen nur zustehen, soweit sich der Anwendungsbereich dieser Vorschriften auch auf Arbeits- und Dienstverhältnisse im Hochschulbereich erstreckt (*Anwendbarkeit*). Lässt sich die Anwendbarkeit feststellen, ist in einem zweiten Schritt fraglich, welche Folgen sich aus der Anwendbarkeit der allgemeinen Vorschriften für die Vergütung des Hochschulbeschäftigten ergeben (*Anwendung*).

1. Anwendbarkeit des § 7 Abs. 2 DesignG im Hochschulbereich

Die Untersuchung der Anwendbarkeit des § 7 Abs. 2 DesignG wird in zwei Teile untergliedert: Wird die grundsätzliche Anwendbarkeit der Regelung auf den Hochschulbereich im Allgemeinen festgestellt (a.), muss im Folgenden die Anwendbarkeit für die einzelnen Beschäftigungsgruppen gesondert betrachtet werden (b.). Insoweit wird auch hier dem für die Untersuchung des Urheberrechts gewählten Aufbau gefolgt.

a. Anwendbarkeit des § 7 Abs. 2 DesignG im Allgemeinen

aa. Anwendbarkeit des § 7 Abs. 2 DesignG auf Beamte

Es stellt sich zunächst die Frage, ob § 7 Abs. 2 DesignG mit seinen dargestellten Wertungen[2229] auch auf Beamte uneingeschränkte Anwendung finden kann. Diese Fragestellung ist insoweit für die Beurteilung von Hochschuldesigns von Relevanz, als die Leitfigur des Hochschulrechts der verbeamtete Hochschullehrer ist.[2230] Muss die Anwendbarkeit des § 7 Abs. 2 DesignG auf Beamte abgelehnt werden, können von Hochschulleh-

---

2229 Dazu siehe oben Kapitel 2. § 6 C. III. (S. 163).
2230 *Bartenbach/Volz*, Arbeitnehmererfindungsgesetz, § 42 n. F., Rn. 9.

rern entworfene Designs schon aus diesem Grund nicht an § 7 Abs. 2 DesignG gemessen werden.

(1) Vergleich zum Arbeitnehmerurheberrecht

Im Arbeitnehmerurheberrecht ließ sich die Anwendbarkeit von § 43 UrhG auf Beamte vergleichsweise leicht beantworten, da unter das dort im Wortlaut genannte „*Arbeits- oder Dienstverhältnis*" auch das öffentlich-rechtliche Dienstverhältnis fällt. § 43 UrhG gilt damit für alle abhängig Beschäftigten, unabhängig von ihrem Status als Beamter oder Arbeitnehmer und ungeachtet der rechtlichen Zuordnung des Rechtsverhältnisses zum öffentlichen oder privaten Recht.[2231] In § 7 Abs. 2 DesignG ist demgegenüber weder von einem Arbeitsverhältnis, noch von einem Dienstverhältnis die Rede. Aus der Verwendung der Begriffe „*Arbeitnehmer*" und „*Arbeitgeber*" ergibt sich lediglich, dass zumindest ein Arbeitsverhältnis zugrunde liegen muss.

Fraglich bleibt aber, ob auch Beamte unter die Regelung des § 7 Abs. 2 DesignG gefasst werden können. Wie bereits erörtert, ist Arbeitnehmer, wer aufgrund eines privatrechtlichen Vertrags oder eines diesem gleichgestellten Rechtsverhältnisses im Dienste eines anderen zur Arbeit verpflichtet ist.[2232] Da Beamte nicht privatrechtlich, sondern aufgrund eines öffentlich-rechtlichen Dienstverhältnisses tätig werden, fallen diese nicht unter den Arbeitnehmerbegriff. Es fehlt insoweit am Kriterium des privatrechtlichen Vertrags.[2233] Diesem Umstand wird im Arbeitnehmererfindungs- und -urheberrecht entsprechend Rechnung getragen: Die grundsätzlich für Arbeitsverhältnisse geltenden Bestimmungen über Diensterfindungen in § 4 Abs. 1-3 ArbNErfG gelten nach § 4 Abs. 4 ArbNErfG entsprechend auch für Erfindungen von Beamten, § 43 UrhG erfasst ausdrücklich „*Arbeits- oder Dienstverhältnisse*" und § 69b Abs. 2 UrhG erklärt die entsprechende Anwendung von § 69b Abs. 1 UrhG auf Dienstverhältnisse. Eine vergleichbare Regelung fehlt hingegen im Arbeitnehmerdesignrecht. Dienstverhältnisse werden weder direkt noch entsprechend in den Anwendungsbereich mit einbezogen.

2231 *Kraßer/Schricker*, Patent- und Urheberrecht an Hochschulen, S. 94.
2232 Eingehend zum Arbeitnehmerbegriff siehe oben Kapitel 2. § 4 A. I. (S. 52).
2233 Zur Voraussetzung des privatrechtlichen Vertrags für die Arbeitnehmereigenschaft siehe oben Kapitel 2. § 4 A. I. 1. (S. 55).

(2) Gegen die Anwendbarkeit auf Beamte

Dies zwingt zu der Überlegung, ob die Abweichung der designrechtlichen Regelungen gegenüber den anderen Rechtsbereichen vom Gesetzgeber beabsichtigt ist und Beamte vom Anwendungsbereich des § 7 Abs. 2 DesignG ausgeschlossen bleiben sollten. Hierfür scheint zunächst ein Blick auf die europarechtlichen Grundlagen der Vorschriften zu sprechen. § 69b UrhG etwa beruht auf der Richtlinie 91/250/EWG des Rates vom 14. Mai 1991 über den Rechtsschutz von Computerprogrammen[2234] und übernimmt die dort in Art. 2 Abs. 3 der Richtlinie genannte Regelung. Allerdings ergänzte der Gesetzgeber die Vorschrift um § 69b Abs. 2 UrhG, der die entsprechende Anwendung der Regelungen auf Dienstverhältnisse erklärt. Die designrechtliche Regelung des § 7 Abs. 2 DesignG beruht nicht auf der dem DesignG zugrundeliegenden Geschmacksmusterrichtlinie[2235], sondern ist Art. 14 Abs. 3 der Gemeinschaftsgeschmacksmusterverordnung (GGV)[2236] nachgebildet, die das Schutzrecht des Gemeinschaftsgeschmacksmusters regelt. Dies lässt sich unmittelbar den Gesetzesmaterialien zum Designrecht entnehmen: *„§ 7 übernimmt die Regelung des Artikels 14 der Verordnung über das Gemeinschaftsgeschmacksmuster."*[2237] Obwohl Artikel 14 Abs. 3 GGV eine dem Art. 2 Abs. 3 der Computerprogramm-Richtlinie vergleichbare Regelung vorsieht, unterblieb es in § 7 Abs. 2 DesignG an einer ergänzenden Regelung wie § 69b Abs. 2 UrhG, die auch Dienstverhältnisse in den Anwendungsbereich einbezieht. Die unterschiedliche Übernahme der europarechtlichen Bestimmungen scheint zunächst die Annahme nahezulegen, der Gesetzgeber habe im Designrecht eine bewusst gegenüber dem Urheberrecht abweichende Regelung schaffen wollen. Gleichermaßen

---

2234 Siehe die Nachweise oben in Fn. 1870 (S. 528).
2235 Richtlinie 98/71/EG des Europäischen Parlaments und des Rates über den rechtlichen Schutz von Mustern und Modellen vom 13.10.1998, ABl. Nr. L 289, S. 28.
2236 Art. 14 Abs. 3 GGV lautet: *„Wird ein Geschmacksmuster jedoch von einem Arbeitnehmer in Ausübung seiner Aufgaben oder nach den Weisungen seines Arbeitgebers entworfen, so steht das Recht auf das Gemeinschaftsgeschmacksmuster dem Arbeitgeber zu, sofern vertraglich nichts anderes vereinbart wurde oder sofern die anwendbaren innerstaatlichen Rechtsvorschriften nichts anderes vorsehen."* (Verordnung (EG) Nr. 6/2002 des Rates vom 12.12.2001 über das Gemeinschaftsgeschmacksmuster, ABl. Nr. L 3, S. 1 ff., in Kraft getreten am 06.03.2002).
2237 Begründung zum „Entwurf eines Gesetzes zur Reform des Geschmacksmusterrechts (Geschmacksmusterreformgesetz)" der Bundesregierung vom 28.05.2003, BT-Drs. 15/1075, S. 36; siehe auch *Veigel*, Immaterialgüterrechte im Arbeitsverhältnis, Rn. 48.

müsste dann auch davon ausgegangen werden, dass die Regelung des Art. 14 Abs. 3 GGV selbst hinsichtlich der im Arbeitsverhältnis entstandenen Gemeinschaftsgeschmacksmuster auf Beamte keine Anwendung findet.

(3) Für die Anwendbarkeit auf Beamte

Dennoch ist es überzeugender, auch ohne eine entsprechende Bestimmung Beamte in den Anwendungsbereich von § 7 Abs. 2 DesignG (bzw. Art. 14 Abs. 3 GGV) mit einzubeziehen. Dies ergibt sich bereits aus einer unionsrechtskonformen Auslegung. Denn der europäische Gesetzgeber definiert den Arbeitnehmerbegriff anders als der deutsche Gesetzgeber. Arbeitnehmer i. S. d. europäischen Rechts ist grundsätzlich jede Person, die während einer bestimmten Zeit weisungsgebundene Leistungen erbringt, für die sie als Gegenleistung eine Vergütung erhält.[2238] Der europarechtliche Arbeitnehmerbegriff verlangt damit erkennbar keinen privatrechtlichen Vertrag als Voraussetzung. Demnach fallen auch auf der Grundlage eines öffentlich-rechtlichen Dienstverhältnisses tätige Beamte unter den Arbeitnehmerbegriff i. S. d. Europarechts.[2239] Daraus ergibt sich, dass es einer entsprechenden Regelung wie § 69b Abs. 2 UrhG nicht bedurfte. Folglich kann auch das Fehlen einer vergleichbaren Regelung im Designrecht nicht als bewusste Abweichung des Gesetzgebers gegenüber dem Urheberrecht verstanden werden.

Auch mit Blick auf den Hintergrund der Regelungen erscheint eine unterschiedliche Behandlung des Anwendungsbereichs von Arbeitnehmerurheberrecht und Arbeitnehmerdesignrecht nicht angebracht. Da eine Vielzahl der urheberrechtlich geschützten Werke und entworfenen Designs von abhängig Beschäftigten im Rahmen eines Beschäftigungsverhältnisses geschaffen werden, bedurfte es entsprechender Bestimmungen, die die Zu-

---

[2238] St. Rspr. des EuGH, siehe nur EuGH, Urteil v. 11.11.2010 – Rs. C-232/09, Slg. 2010 I-11405, Tz. 12 = ECLI:EU:C:2010:674 – *Danosa*; EuGH, Urteil v. 19.06.2014 – Rs. C-507/12, ECLI:EU:C:2014:2007, Tz. 35 – *Jessy Saint Prix*; EuGH, Urteil v. 19.07.2017 – Rs. C-143/16, ECLI:EU:C:2017:566, Tz. 19 – *Abercrombie & Fitch*; ebenso *Hantel*, Europäisches Arbeitsrecht, S. 15 f.
[2239] EuGH, Urteil v. 12.02.1974 – 152/73, Slg. 1974, 153, Tz. 5 = ECLI:EU:C:1974:13 – *Sotgiu*; EuGH, Urteil v. 03.05.2012 – Rs. C-337/10, ECLI:EU:C:2012:263, Tz. 25 – *Neidel*; so auch *Hantel*, Europäisches Arbeitsrecht, S. 15; *Kocher*, Europäisches Arbeitsrecht, § 1 Rn. 110; *Schiek*, Europäisches Arbeitsrecht, S. 217 (Rn. 4).

ordnung der Verwertungsrechte unter Berücksichtigung des arbeitgeberseitigen Rechts auf das Arbeitsergebnis regeln und einen angemessenen Ausgleich der Interessen der Parteien schaffen. Auch wenn es sich den Gesetzesmaterialien nicht unmittelbar entnehmen lässt, kam es dabei weder auf die Zuordnung des zugrundeliegenden Rechtsverhältnisses zum privaten oder öffentlichen Recht an, noch sollte die Unterscheidung zwischen Arbeitnehmern und Beamten erheblich sein. Es ging allein darum, die Arbeitsergebnisse abhängig Beschäftigter dem Arbeitgeber bzw. Dienstherrn zuordnen zu können.[2240] Insoweit ergeben sich aber zwischen den urheberrechtlich geschützten Werken und den entworfenen Designs keinerlei Unterschiede.

Allein aus Klarstellungsgründen wäre eine entsprechende Regelung durch den nationalen Gesetzgeber allerdings wünschenswert. Demnach sollte § 7 Abs. 2 DesignG de lege ferenda wie folgt lauten:

„Wird ein Design von einem Arbeitnehmer in Ausübung seiner Aufgaben oder nach den Weisungen seines Arbeitgebers entworfen, so steht das Recht an dem eingetragenen Design dem Arbeitgeber zu, sofern vertraglich nichts anderes vereinbart wurde. **Satz 1 ist auf Dienstverhältnisse entsprechend anzuwenden.**"

bb. Anwendbarkeit des § 7 Abs. 2 DesignG im Hochschulbereich

Die Regelung des § 7 Abs. 2 DesignG gilt für Arbeitnehmer wie für Beamte. Entschieden ist mit dieser Feststellung noch nicht, ob die Vorschrift auch im Hochschulbereich Anwendung findet. Da es an spezialgesetzlichen Regelungen hinsichtlich der rechtlichen Beurteilung von Hochschuldesigns fehlt, kommt der Frage nach der Anwendbarkeit der allgemeinen arbeitnehmerdesignrechtlichen Regelung entscheidende Bedeutung zu.

Der Anwendbarkeit des § 7 Abs. 2 DesignG im Hochschulbereich steht grundsätzlich nichts entgegen. Auch im Hochschulwesen lassen sich Arbeits- und Beamtenverhältnisse finden, die anhand der allgemeinen Regelungen zu beurteilen sind; insoweit ergeben sich grundsätzlich keine Besonderheiten. Allerdings müssen die grundrechtlich gewährleistete Forschungs- und Wissenschaftsfreiheit sowie die Kunstfreiheit aus Art. 5 Abs. 3 GG im Hochschulbereich berücksichtigt werden. Im Hinblick auf diese Grundfreiheiten mag vor allem der bei Anwendung des § 7 Abs. 2

2240 Vgl. hierzu oben Kapitel 4. § 10 B. III. 1. b. (S. 559).

Kapitel 5. Vergütungsansprüche des Hochschulbeschäftigten im Arbeitnehmerdesignrecht

DesignG vorgesehene originäre Rechtserwerb der Hochschule seltsam anmuten. Für eine genauere Untersuchung der Geltung des § 7 Abs. 2 DesignG im Hochschulbereich, ist – vergleichbar der urheberrechtlichen Betrachtung – im Folgenden zwischen den einzelnen Beschäftigungsgruppen an einer Hochschule zu differenzieren.

b. Differenzierung nach einzelnen Beschäftigungsgruppen

Kategorisieren lassen sich wie im Urheberrecht im Wesentlichen drei verschiedene Personengruppen an einer Hochschule: das hauptberuflich wissenschaftliche und künstlerische Personal, die nicht hauptberuflich an der Hochschule Tätigen sowie die sonstigen Hochschulangehörigen bzw. -mitglieder.

aa. Hauptberufliches wissenschaftliches und künstlerisches Personal

Das hauptberuflich tätige wissenschaftliche und künstlerische Personal besteht nach § 42 S. 1 HRG insbesondere aus den Hochschullehrern, den wissenschaftlichen und künstlerischen Mitarbeitern sowie den Lehrkräften für besondere Aufgaben. Um Wiederholungen zu vermeiden, soll an dieser Stelle hinsichtlich der rechtlichen Stellung und der Aufgaben der genannten Personengruppen sowie hinsichtlich der verschiedenen Hochschularten auf die Ausführungen zum Hochschulurheberrecht verwiesen und allein auf die designrechtlichen Besonderheiten eingegangen werden.[2241]

(1) Hochschullehrer

Allen Hochschullehrern, ob an Universitäten, Fach- oder Kunsthochschulen, Pädagogischen Hochschulen oder nicht staatlichen Hochschulen ist gemein, dass ihre Tätigkeit durch die Forschungs- und Wissenschaftsfreiheit bzw. die Kunstfreiheit aus Art. 5 Abs. 3 GG grundrechtlich geschützt

---

2241 Bezüglich der rechtlichen Stellung und der Aufgaben der einzelnen Beschäftigungsgruppen an einer Hochschule siehe im Rahmen der urheberrechtlichen Betrachtung oben Kapitel 4. § 10 B. III. 2 (S. 562).

wird.[2242] Die Kollision der jeweiligen Rechtszuordnungsregelungen (§§ 6, 7 ArbNErfG, § 43 UrhG) mit Art. 5 Abs. 3 GG wurde bereits im Hochschulerfinderrecht sowie im Hochschulurheberrecht diskutiert. So stellte sich im Hinblick auf Art. 5 Abs. 3 GG die Frage, ob die Erfindungen eines Hochschullehrers als Diensterfindungen angesehen werden können und die urheberrechtlich geschützten Werke eines Hochschullehrers als Pflichtwerke anhand des § 43 UrhG beurteilt werden können.[2243] Allerdings führte die Betrachtung zu abweichenden Ergebnissen innerhalb der beiden Rechtsgebiete. Insoweit muss ein Vergleich der hochschuldesignrechtlichen Situation sowohl mit der erfinderrechtlichen (dazu (a)) als auch mit der urheberrechtlichen Bewertung (dazu (b)) vorgenommen werden, um feststellen zu können, welcher Regelungsstruktur das Hochschuldesignrecht folgt (dazu (c)).

(a) Vergleich zum Hochschulerfinderrecht

Im Hochschulerfinderrecht wurde die Frage aufgeworfen, ob Art. 5 Abs. 3 GG einer Einordnung der Hochschullehrererfindung als Aufgabenerfindung entgegensteht. Eine Kollision mit Art. 5 Abs. 3 GG ist vor allem deshalb abgelehnt worden, weil die Klassifizierung der Erfindung als Diensterfindung i. S. d. § 4 Abs. 2 ArbNErfG und der damit einhergehende Übergang der vermögenswerten Rechte an der Erfindung auf die Hochschule allein die pekuniären Interessen des Hochschullehrers betrifft. Diese werden durch Art. 5 Abs. 3 GG jedoch nicht geschützt.[2244] Übertragen auf das Hochschuldesignrecht würde dies bedeuten, dass Art. 5 Abs. 3 GG der Einordnung des Entwurfs eines Hochschullehrers als gebundenem Entwurf nicht entgegenstünde, dessen Behandlung sich nach § 7 Abs. 2 DesignG richten würde. In der Folge stünden der Hochschule die vermögenswerten Rechte an dem eingetragenen Design originär zu.

2242 Vgl. dazu ausführlich oben Kapitel 4. § 10 B. III. 2. a. aa. (S. 563 ff.).
2243 Zum Erfindungsrecht siehe oben Kapitel 3. § 8 A. II. 3. b. aa. (2) (a) (aa), (S. 284); bezüglich des Urheberrechts siehe Kapitel 4. § 10 B. III. 2. a. aa. (S. 563).
2244 Vgl. hierzu Kapitel 3. § 8 A. II. 3. b. aa. (2) (a) (aa), (S. 284).

(b) Vergleich zum Hochschulurheberrecht

Im Hochschulurheberrecht wurde demgegenüber eine Kollision des § 43 UrhG mit Art. 5 Abs. 3 GG für Hochschullehrer bejaht. Hochschullehrer können aufgrund der Forschungs- und Wissenschaftsfreiheit aus Art. 5 Abs. 3 GG zur Schaffung urheberrechtlich geschützter Werke nicht verpflichtet werden. § 43 UrhG greift allerdings gerade nur ein, wenn es sich bei dem geschaffenen Werk um ein Pflichtwerk handelt. Anders als im Erfinderrecht sind nicht lediglich pekuniäre Interessen des Hochschullehrers betroffen.[2245] Würde auch im Hochschuldesignrecht eine mangelnde Verpflichtung des Hochschullehrers zum Entwerfen von Designs und demzufolge eine entsprechende Kollision der Regelung des § 7 Abs. 2 DesignG mit Art. 5 Abs. 3 GG angenommen, müsste die Anwendung des § 7 Abs. 2 DesignG auf Entwürfe von Hochschullehrern ausscheiden. In der Folge käme es zur Anwendung der allgemeinen designrechtlichen Regelungen, da es sich insoweit bei Entwürfen von Hochschullehrern um freie Entwürfe handeln würde.

(c) Gegenüberstellung

Zusammengefasst ergibt sich: Während im Hochschulerfinderrecht die Erfindungen eines Hochschullehrers regelmäßig Diensterfindungen darstellen, sind die urheberrechtlich geschützten Werke eines Hochschullehrers grundsätzlich als freie Werke anzusehen. Für die Beurteilung der Designentwürfe von Hochschullehrern ist demnach entscheidend, welchem Rechtsgebiet das Hochschuldesignrecht vergleichbar ist.

(aa) Keine Verpflichtung zum Entwerfen von Designs vergleichbar dem Urheberrecht

Im Ergebnis vermag nur der Vergleich des Hochschuldesignrechts mit dem Hochschulurheberrecht zu überzeugen. Denn ebenso wie im Urheberrecht fehlt es an einer Verpflichtung des Hochschullehrers, Designs zu entwerfen. Dies ergibt sich aus den folgenden Überlegungen: Die Regelung des § 7 Abs. 2 DesignG erfasst nur solche Designs, die in Ausübung der Aufgaben oder nach den Weisungen des Arbeitgebers durch den Ar-

---

2245 Siehe hierzu oben Kapitel 4. § 10 B. III. 2. a. aa. (1) (a), (S. 564).

beitnehmer entworfen wurden. Allein entscheidend für die Anwendung von § 7 Abs. 2 DesignG auf die Entwürfe von Hochschullehrern ist demnach, ob auch Hochschullehrer zum Entwerfen von Designs verpflichtet sein können. Dies ähnelt der Situation im Urheberrecht, wo § 43 UrhG ebenfalls nur Pflichtwerke des Arbeitnehmers, also in Erfüllung der Verpflichtungen aus dem Arbeitsverhältnis geschaffene Werke, erfasst und sich die Frage stellt, ob Hochschullehrer zur Schaffung urheberrechtlich geschützter Werke verpflichtet sein können. Maßgeblich für die Beurteilung eines Designs als gebundenem Entwurf sind damit die Aufgaben und Verpflichtungen des Hochschullehrers. Zwar sind etwa der Universitätsprofessor zur angemessenen Vertretung seines Fachs in Forschung und Lehre und der Kunsthochschulprofessor zur Kunstpflege durch Lehre, Kunstausübung und Durchführung künstlerischer Entwicklungsvorhaben verpflichtet.[2246] Wie im Urheberrecht scheitert eine konkrete Verpflichtung des Hochschullehrers zum Entwerfen von Designs aber an der Forschungs- oder der Kunstfreiheit aus Art. 5 Abs. 3 GG, aufgrund derer der Hochschullehrer unabhängig von staatlichen Weisungen tätig wird; der Hochschullehrer ist in Forschung, Lehre, Wissenschaft und Kunst frei. Gegenüber dem Urheberrecht kommt im Designrecht erschwerend hinzu, dass § 7 Abs. 2 DesignG anders als § 43 UrhG keinen derivativen, sondern einen originären Rechtserwerb des Arbeitgebers (der Hochschule) vorsieht. Die Annahme einer Verpflichtung des Hochschullehrers würde damit nicht nur zu einer Nutzungsrechtseinräumungspflicht, sondern vielmehr zu einer unmittelbaren Rechtsentstehung bei der Hochschule führen. Dieser originäre Rechtserwerb der Hochschule und der Rechtsverlust auf Seiten des Hochschullehrers ist erst Recht nicht mit der Forschungs- und Wissenschaftsfreiheit vereinbar. Designs entwirft der Hochschullehrer demnach ebenso wenig in Ausübung seiner Aufgaben, wie er urheberrechtlich geschützte Werke nicht in Erfüllung seiner Verpflichtungen schafft.

Aber auch unabhängig von Art. 5 Abs. 3 GG zeigt sich, dass die Regelung des § 7 Abs. 2 DesignG nicht zur rechtlichen Stellung von Hochschullehrern passt. Ebenso wie § 43 UrhG ist § 7 Abs. 2 DesignG zugeschnitten auf den Arbeitnehmer, der in abhängiger Stellung und fremdnütziger Tätigkeit ein Design entwirft. Bei Hochschullehrern fehlt es aufgrund ihrer

---

2246 Für den Universitätsprofessor siehe oben Kapitel 4. § 10 B. III. 2. a. aa. (1), (S. 564) sowie für den Kunsthochschulprofessor Kapitel 4. § 10 B. III. 2. a. aa. (2), (S. 570).

Kapitel 5. Vergütungsansprüche des Hochschulbeschäftigten im Arbeitnehmerdesignrecht

selbständigen Stellung (vgl. § 43 HRG) aber gerade an dem für § 7 Abs. 2 DesignG notwendigen Abhängigkeitsverhältnis.[2247]

(bb) Keine Vergleichbarkeit mit Diensterfindungen i. S. d. § 4 ArbNErfG

Es zeigt sich darüber hinaus auch, dass die erfinderrechtliche Lösung im Designrecht nicht passt. Im Erfinderrecht fehlt es bereits an der grundsätzlichen Möglichkeit der Verpflichtung zu erfinderischer Tätigkeit; schon der Arbeitnehmer ist zur Schaffung von Erfindungen nicht verpflichtet. Dennoch ordnet § 4 Abs. 2 Nr. 1 ArbNErfG Erfindungen von Arbeitnehmern als Diensterfindungen ein, die aus der dem Arbeitnehmer im Betrieb obliegenden Tätigkeit entstanden sind. Für die Unterscheidung zwischen gebundenen und freien Erfindungen ist im Arbeitnehmererfinderrecht demnach nicht die arbeitsrechtliche Verpflichtung zur Schaffung von Erfindungen, sondern allein das tatsächliche Ergebnis als aus der obliegenden Tätigkeit resultierend von Bedeutung. Da die allgemeinen Regelungen ebenso für die Erfindungen von Hochschullehrern gelten, kommt es auf die Frage der Verpflichtung des Hochschullehrers zur Schaffung von Erfindungen nicht an; die Einordnung der Hochschullehrererfindungen als gebundene Erfindungen ist unabhängig von den Aufgaben des Hochschullehrers. Eine Kollision mit Art. 5 Abs. 3 GG ergibt sich folglich nicht.[2248] Demgegenüber ist sowohl im Arbeitnehmerurheberrecht als auch im Arbeitnehmerdesignrecht durchaus eine arbeitsrechtliche Verpflichtung zur Schaffung urheberrechtlich geschützter Werke bzw. zum Entwerfen von Designs denkbar. So ist die Entscheidung, ob ein urheberrechtlich geschütztes Werk als Pflichtwerk i. S. d. § 43 UrhG oder als freies Werk anzusehen ist oder ob es sich bei einem Designentwurf um einen gebundenen Entwurf i. S. d. § 7 Abs. 2 DesignG oder einen freien Entwurf handelt, allein von der Verpflichtung des Arbeitnehmers zur Schaffung entsprechender Arbeitsergebnisse abhängig. Dementsprechend stellt sich auch für Hochschullehrer die Frage, ob diese eine Pflicht zur Schaffung urheberrechtlich geschützter Werke oder zum Entwerfen von Designs trifft, die wie gesehen aufgrund von Art. 5 Abs. 3 GG abgelehnt werden muss. In der Struktur gleicht das Designrecht demnach eher dem Urheberrecht als dem Erfinderrecht.

2247 Vgl. oben im Rahmen von § 43 UrhG Kapitel 4. § 10 B. III. 2. a. aa. (1) (c), (S. 568).
2248 Dazu oben Kapitel 3. § 8 A. II. 3. b. aa. (2) (a) (aa), (S. 284).

Auch der abweichende Wortlaut von § 7 Abs. 2 DesignG gegenüber § 43 UrhG legt keine andere Sichtweise nahe. Während § 43 UrhG von *„in Erfüllung seiner Verpflichtungen"* spricht, ist in § 7 Abs. 2 Design von *„in Ausübung seiner Aufgaben"* die Rede. Insoweit könnte der Gedanken naheliegen, dass das Urheberrecht die Schaffung des Werkes als Ergebnis der arbeitsrechtlichen Verpflichtung erfasst, im Designrecht es hingegen (vergleichbar dem Arbeitnehmererfinderrecht) für einen gebundenen Entwurf doch ausreicht, dass der Arbeitnehmer bei der Ausübung seiner Aufgaben, die nicht unmittelbar auf das Entwerfen von Designs ausgerichtet sind, ein Design entwirft. Dann käme es im Designrecht ebenso wie im Erfinderrecht für die Einordnung nicht auf die Verpflichtung zum Entwerfen von Designs, sondern vielmehr darauf an, ob das Design aus der dem Arbeitnehmer obliegenden Aufgabe heraus entstanden ist. Ein solches Verständnis wurde bereits abgelehnt[2249] und verbietet sich auch mit Blick auf den Hintergrund der Regelungen. Die abweichende Formulierung muss auf den anderslautenden Wortlaut des Art. 14 Abs. 3 GGV zurückgeführt werden, dem die Regelung des § 7 Abs. 2 DesignG nachgebildet ist.[2250]

(d) Fazit

Für die Einordnung eines Designentwurfs als gebundenem Entwurf nach § 7 Abs. 2 DesignG ist entscheidend, ob der Hochschullehrer zur Fertigung von Designs verpflichtet ist. Obgleich die arbeitsrechtliche Verpflichtung eines Arbeitnehmers zum Entwerfen von Designs grundsätzlich durchaus möglich ist, scheidet eine entsprechende Verpflichtung der Hochschullehrer aufgrund der ihnen zukommenden Forschungs- und Wissenschaftsfreiheit (bzw. Kunstfreiheit) aus Art. 5 Abs. 3 GG aus. Designentwürfe von Hochschullehrern unterfallen demnach als freie Entwürfe nicht der Regelung des § 7 Abs. 2 DesignG. Der originäre Rechtserwerb der Hochschule scheidet aus. Die Hochschule kann sich das Recht am eingetragenen Design allenfalls übertragen lassen oder eine entsprechende Lizenz eingeräumt bekommen.

2249 Siehe zur hier vertretenen Auffassung oben Kapitel 2. § 6 C. III. 2. (S. 164).
2250 Dazu siehe die Nachweise in Fn. 2238 (S. 636).

(2) Wissenschaftliche und künstlerische Mitarbeiter und Hilfskräfte

Aufgrund der unselbständigen Stellung der wissenschaftlichen und künstlerischen Mitarbeiter ist davon auszugehen, dass die von ihnen in Ausübung ihrer Aufgaben entworfenen Designs als gebundene Entwürfe i. S. d. § 7 Abs. 2 DesignG anzusehen sind. Wissenschaftliche und künstlerische Mitarbeiter können sich im Rahmen ihrer Tätigkeit weder auf die Forschungsfreiheit noch auf die Kunstfreiheit aus Art. 5 Abs. 3 GG berufen. Da § 7 Abs. 2 DesignG auf die Entwürfe dieser Mitarbeiter anwendbar ist, steht der Hochschule als Arbeitgeber bzw. Dienstherr das Recht an dem eingetragenen Design zu, sofern vertraglich nichts anders vereinbart wurde. Dies gilt gleichermaßen für die wissenschaftlichen und künstlerischen Hilfskräfte.

(3) Lehrkräfte für besondere Aufgaben

Die überwiegend an Fachhochschulen zu findenden Lehrkräfte für besondere Aufgaben, denen nach § 56 HRG die Vermittlung von praktischen Fertigkeiten und Kenntnissen übertragen werden kann, erbringen regelmäßig nur unselbständige Dienstleistungen. In diesem Fall kann unter den zu wissenschaftlichen und künstlerischen Mitarbeitern genannten Gesichtspunkten auch für von dieser Personengruppe entworfenen Designs davon ausgegangen werden, dass § 7 Abs. 2 DesignG Anwendung findet. Die in Ausübung der Aufgaben entworfenen Designs von Lehrkräften für besondere Aufgaben sind als gebundene Entwürfe anzusehen und das Recht am eingetragenen Design entsteht originär in der Person des Arbeitgebers, der Hochschule.

bb. Nicht hauptberuflich Tätige an einer Hochschule

Auch für die Designentwürfe der nicht hauptberuflich an einer Hochschule Tätigen muss die Anwendbarkeit des § 7 Abs. 2 DesignG geklärt werden. Der Kreis der Hochschulbeschäftigten, die nicht hauptberuflich an der Hochschule tätig werden, ist im Hochschulurheberrecht bereits ausführlich dargestellt worden. Zum nicht hauptberuflich tätigen Personal werden die Privatdozenten, die außerplanmäßigen Professoren, die Lehrbeauftragten, die Honorar- und Vertretungsprofessoren sowie die Gastprofessoren gerechnet.[2251] Ausgenommen die Gastprofessoren[2252], ist den genannten Personengruppen gemein, dass ihre rechtliche Stellung auf einem öffentlich-rechtlichen Rechtsverhältnis sui generis beruht; ein Dienst- oder Arbeitsverhältnis wird allein durch die rechtliche Stellung nicht begründet. Im Rahmen dieses Rechtsverhältnisses sind sie zur selbständigen Durchführung von Lehrveranstaltungen berechtigt und genießen insoweit den Schutz von Art. 5 Abs. 3 GG.[2253] Aus diesem Grund und aufgrund der selbständigen und weisungsunabhängigen Stellung verbietet es sich, die Regelung des § 7 Abs. 2 DesignG auf die genannten Personen anzuwenden. Designentwürfe, die sie im Rahmen ihres Rechtsverhältnisses entwickeln, sind als freie Entwürfe anzusehen, die der Regelung des § 7 Abs. 2 DesignG nicht unterfallen. Hat die Hochschule ein Interesse an der Verwertung dieser Entwürfe, muss sie sich die Rechte hieran übertragen lassen oder entsprechende Lizenzen eingeräumt bekommen.

Allerdings wird neben dem öffentlich-rechtlichen Rechtsverhältnis regelmäßig ein Arbeits- oder Dienstverhältnis zur Hochschule bestehen. Aus diesem kann sich durchaus eine entsprechende Weisungsgebundenheit ergeben. Entwirft eine der genannten Personen ein Design im Rahmen dieses Rechtsverhältnisses, handelt es sich aufgrund der weisungsabhängigen Tätigkeit um einen gebundenen Entwurf, der der Regelung des § 7 Abs. 2 DesignG unterfällt. Der Hochschule stehen die Rechte an diesen Entwürfen originär zu.

cc. Sonstige Hochschulangehörige bzw. -mitglieder

Die meisten der ansonsten zu den Mitgliedern oder Angehörigen der Hochschule zu rechnenden Personen, wie die Studierenden oder Doktoranden, stehen häufig weder in einem Arbeits- noch in einem Dienstverhältnis zur Hochschule, sodass es an einem Beschäftigungsverhältnis mit der Hochschule fehlt. In diesem Fall kann die Vorschrift des § 7 Abs. 2 DesignG keine Anwendung finden und es verbleibt bei den allgemeinen desi-

---

[2251] Siehe ausführlich hierzu oben Kapitel 4. § 10 B. III. 2. b. (S. 579).
[2252] Gastprofessoren können auf der Grundlage eines privatrechtlichen Vertragsverhältnisses tätig werden. Gleichwohl sind sie je nach Ausgestaltung des Rechtsverhältnisses den hauptamtlich tätigen Professoren, den Honorarprofessoren oder den Lehrbeauftragten gleichzustellen (vgl. hierzu oben Kapitel 4. § 10 B. III. 2. b. aa. (6), (S. 583)). Insoweit gelten auch für Gastprofessoren die im Folgenden dargestellten Grundsätze.
[2253] Dazu oben Kapitel 4. § 10 B. III. 2. b. aa. (S. 579 ff.).

Kapitel 5. Vergütungsansprüche des Hochschulbeschäftigten im Arbeitnehmerdesignrecht

gnrechtlichen Regelungen. Ein durch diese Personen entworfenes Design ist als freier Designentwurf anzusehen, dessen Verwertung dem jeweiligen Entwerfer zusteht. Hinsichtlich einer Vergütung gelten insoweit die zu freien Entwürfen herausgearbeiteten Grundsätze.[2254]

c. Fazit

Eine Untersuchung der Anwendbarkeit des § 7 Abs. 2 DesignG auf die Rechtsverhältnisse der Hochschulbeschäftigten ergibt, dass die Vorschrift grundsätzlich auch im Hochschulbereich Anwendung findet und sowohl auf Arbeitnehmer als auch auf Beamte anwendbar ist.

§ 7 Abs. 2 DesignG findet jedoch nur auf gebundene Entwürfe Anwendung. Entscheidend ist demnach, ob der Hochschulbeschäftigte zum Entwerfen von Designs verpflichtet ist. Während der gewöhnliche Arbeitnehmer sich unproblematisch zum Entwerfen von Designs verpflichten kann, ist die Beantwortung der Frage für den Hochschulbeschäftigten mit Blick auf die Forschungs- und Wissenschaftsfreiheit aus Art. 5 Abs. 3 GG vergleichsweise schwierig. Insoweit ist zwischen den verschiedenen Beschäftigungsgruppen an einer Hochschule zu differenzieren.

Es hat sich gezeigt, dass die Hochschullehrer eine solche Pflicht nicht trifft. Die im Rahmen ihrer Forschungsarbeit gestalteten Entwürfe sind als freie Entwürfe anzusehen, die der Regelung des § 7 Abs. 2 DesignG nicht unterfallen. Gleiches gilt für die Designs der nicht hauptberuflich an einer Hochschule Tätigen sowie der sonstigen Hochschulangehörigen bzw. -mitglieder, denen es in der Regel an einem Beschäftigungsverhältnis zur Hochschule fehlt. Einzig die Entwürfe von wissenschaftlichen und künstlerischen Mitarbeitern bzw. Hilfskräften sowie von Lehrkräften für besondere Aufgaben sind als gebundene Entwürfe anzusehen, auf die die arbeitnehmerdesignrechtliche Regelung des § 7 Abs. 2 DesignG Anwendung findet. Das Recht an ihren Designs steht originär der Hochschule zu.

2254 Zur Vergütung des Arbeitnehmers für freie Entwürfe siehe oben Kapitel 5. § 11 A. II. (S. 624).

2. Vergütungsfolgen der Anwendung des § 7 Abs. 2 DesignG auf Designs des Hochschulbeschäftigten

§ 7 Abs. 2 DesignG bildet die einzige designrechtliche Vorschrift, die sich mit dem Arbeitnehmerdesignrecht auseinandersetzt. Weitere Regelungen, insbesondere hinsichtlich der Vergütung eines Arbeitnehmerdesigners lassen sich dem DesignG nicht entnehmen. Auch für die Frage nach einer Vergütung ist demnach allein § 7 Abs. 2 DesignG ausschlaggebend. Dessen grundsätzliche Anwendbarkeit auf den Hochschulbereich wurde soeben festgestellt. Da die Regelung sich jedoch nicht auf alle Hochschulbeschäftigten gleichermaßen anwenden lässt, ist wie auch bei der urheberrechtlichen Betrachtung hinsichtlich der Frage nach einer Vergütung zu differenzieren: zwischen den Hochschulbeschäftigten, deren Designentwürfe der Regelung des § 7 Abs. 2 DesignG unterfallen und denjenigen Hochschulbeschäftigten, deren Entwürfe als freie Entwürfe anzusehen sind.

a. Wissenschaftliche oder künstlerische Mitarbeiter bzw. Hilfskräfte und Lehrkräfte für besondere Aufgaben

Die bisherige Untersuchung hat ergeben, dass die Regelung des § 7 Abs. 2 DesignG in der Regel nur auf Designentwürfe von wissenschaftlichen Mitarbeitern[2255] sowie von Lehrkräften für besondere Aufgaben Anwendung finden kann. Die von diesen Personen entworfenen Designs sind aufgrund der weisungsabhängigen Stellung als gebundene Entwürfe i. S. d. § 7 Abs. 2 DesignG anzusehen.

Nach den designrechtlichen Grundsätzen zum Arbeitnehmerdesignrecht scheidet eine zusätzliche Vergütung des Arbeitnehmers neben dem Arbeitsentgelt für gebundene Entwürfe aus. Der vom Arbeitnehmer im Rahmen des Arbeitsverhältnisses geschaffene Designentwurf ist durch das Arbeitsentgelt bereits abgegolten.[2256] Soweit man statt der Abgeltung eine Trennung zwischen der Arbeitstätigkeit und der Nutzungsrechtseinräumung annehmen und eine zusätzliche Vergütung auf die Einräumung der Nutzungsrechte stützen möchte (so die Trennungstheorie im Urheber-

---

[2255] Beachte für die Verwendung der verkürzten Form den Hinweis in Fn. 2110 (S. 591).
[2256] Siehe oben Kapitel 5. § 11 A. I. 1. (S. 622).

Kapitel 5. Vergütungsansprüche des Hochschulbeschäftigten im Arbeitnehmerdesignrecht

recht[2257]), kann dies im Designrecht kein Gehör finden, da es jenseits der schon grundsätzlich gegen die Trennungstheorie sprechenden Erwägungen im Arbeitnehmerdesignrecht aufgrund des originären Rechtserwerbs des Arbeitgebers an einer Einräumung der Nutzungsrechte gerade fehlt.[2258] Wird ein Design von einem wissenschaftlichen Mitarbeiter oder einer Lehrkraft für besondere Aufgaben in Ausübung seiner oder ihrer Aufgaben entworfen, so steht das Recht an dem Design originär der Hochschule zu; eine Nutzungsrechtseinräumung findet dementsprechend nicht statt. Das entworfene Design ist durch das Gehalt bereits abgegolten. Ein zusätzlicher Vergütungsanspruch besteht nicht.

Anders als im Urheberrecht besteht ein Vergütungsanspruch der genannten Personengruppen auch dann nicht, wenn die Hochschule das Recht an dem eingetragenen Design über ihren Aufgabenbereich hinaus verwertet. Die Hochschule erhält die Nutzungsrechte aufgrund des originären Rechtserwerbs zeitlich, räumlich sowie inhaltlich unbeschränkt. Die Beschränkung der Rechtseinräumung auf den Vertragszweck, wie sie § 31 Abs. 5 UrhG für die Nutzungsrechtseinräumung an urheberrechtlich geschützten Werken vorsieht, gilt im Designrecht nicht.

b. Hochschullehrer und nicht hauptberuflich Tätige an der Hochschule

Anders ist die Vergütungssituation zu beurteilen, wenn das Design von einem Hochschullehrer oder einem nicht hauptberuflich Tätigen an der Hochschule, namentlich einem Privatdozenten, einem außerplanmäßigen Professor, einem Lehrbeauftragten, einem Honorar- oder Vertretungsprofessor oder einem Gastprofessor entworfen wurde. Die genannten Personengruppen, im Folgenden der Einfachheit halber unter den Begriff „Hochschullehrer" zusammengefasst, zeichnen sich durch die Selbständigkeit ihrer Tätigkeit sowie das fehlende Arbeits- und Dienstverhältnis aus, das eine weisungsabhängige Stellung zu begründen vermag. Wie gesehen, scheidet eine Verpflichtung der Hochschullehrer zum Entwerfen von Designs aufgrund ihrer Weisungsunabhängigkeit und des ihnen zukommenden grundrechtlichen Schutzes aus Art. 5 Abs. 3 GG aus. In der Folge handelt es sich bei dem von einem Hochschullehrer in Ausübung seiner Aufgaben entworfenen Design um einen freien Entwurf, der der Regelung des

---

2257 Zur Trennungstheorie im Urheberrecht siehe oben Kapitel 4. § 9 A. II. (S. 461).
2258 Siehe hierzu oben Kapitel 2. § 6 C. III. 3. a. aa. (2), (S. 169).

§ 7 Abs. 2 DesignG nicht unterfällt. Das Recht zur Verwertung des Designs steht allein dem Hochschullehrer zu; die Frage nach einer Vergütung stellt sich nicht.

aa. Anbietungspflicht des Hochschullehrers bei freien Entwürfen

Hinsichtlich der freien Entwürfe muss wie im Hochschulurheberrecht aber gefragt werden, ob den Hochschullehrer eine Pflicht trifft, der Hochschule das Recht an dem eingetragenen Design anzubieten, bevor er das Design anderweitig verwertet. Diese Frage scheint vor allem dann berechtigt, wenn der Hochschullehrer für den Entwurf des Designs erheblich auf Erfahrungen aus dem Hochschulbetrieb zurückgegriffen hat. Gleichwohl ist zu dieser Fragestellung bislang, soweit ersichtlich, nicht Stellung bezogen worden.

Eine solche Anbietungspflicht hinsichtlich der freien Entwürfe ist für den gewöhnlichen Arbeitnehmerdesigner abgelehnt worden.[2259] Insoweit erscheint es schon nicht sachgerecht, eine Anbietungspflicht für Hochschullehrer zu statuieren. In dem Bewusstsein, dass die Anbietungspflicht des gewöhnlichen Arbeitnehmerdesigners aber durchaus stark umstritten ist, sollte die Ablehnung der Anbietungspflicht im Hochschulbereich nicht allein auf einen Vergleich zum allgemeinen Arbeitnehmerdesignrecht, sondern auch auf weitere Argumente gestützt werden. Wie im Hochschulurheberrecht scheitert die Annahme einer Anbietungspflicht maßgeblich an der dem Hochschullehrer zustehenden Forschungsfreiheit. Der grundrechtliche Schutz verbietet es, dem Hochschullehrer vorzuschreiben, wie er mit seinen Forschungsergebnissen zu verfahren hat. Ihm allein gebührt die Entscheidung darüber, ob und auf welche Weise das Design verwertet wird. Darüber hinaus kann die Anbietungspflicht auch nicht auf eine Analogie zu § 19 ArbNErfG gestützt werden. Jenseits der unüberbrückbaren Differenzen zwischen dem Arbeitnehmererfinderrecht und dem Arbeitnehmerdesignrecht, die eine analoge Anwendung des § 19 ArbNErfG bereits für den gewöhnlichen Arbeitnehmerdesigner ausscheiden lassen, kann eine analoge Anwendung schon innerhalb des Arbeitnehmererfinderrechts selbst nicht angenommen werden: Wie gesehen scheidet die analoge Anwendung des § 19 ArbNErfG auf die Erfindungen von

---

2259 Zur Ablehnung einer Anbietungspflicht des Arbeitnehmerdesigners siehe oben Kapitel 2. § 6 C. III. 3. b. (S. 171).

Hochschullehrern aus.[2260] Scheitert aber schon eine Analogie auf Hochschulerfindungen, so muss dies erst recht für eine Analogie auf das Hochschuldesignrecht gelten.

In der zum Hochschulurheberrecht ergangenen Entscheidung *Grabungsmaterialien*[2261] konstatierte der BGH eine Anbietungspflicht für die Erben eines Hochschullehrers, die sich aus einer nachvertraglichen „Treuepflicht" ergeben sollte. Einer Erörterung der Übertragbarkeit dieser Entscheidung auf das Hochschuldesignrecht bedarf es nicht, da die Rechtsprechung des BGH schon im Urheberrecht keine verallgemeinerungsfähige Entscheidung darstellt, auf die eine Anbietungspflicht des Hochschullehrers gestützt werden könnte.[2262]

Eine Anbietungspflicht des Hochschullehrers kann nicht angenommen werden. Sie kann weder auf eine arbeits- bzw. dienstvertragliche, nachwirkende „Treuepflicht" noch auf eine analoge Anwendung zu § 19 ArbNErfG gestützt werden. Selbst diejenigen, die eine Anbietungspflicht für den gewöhnlichen Arbeitnehmerdesigner annehmen möchten, müssten eine Anbietungspflicht des Hochschullehrers aufgrund der Forschungs- und Wissenschaftsfreiheit sowie dessen selbständiger Stellung ablehnen.

bb. Freiwillige Übertragung der Designrechte bzw. Lizenzeinräumung bei freien Entwürfen

Die Verwertungsrechte hinsichtlich der freien Entwürfe des Hochschullehrers stehen alleine diesem nach § 7 Abs. 1 S. 1 DesignG zu. Im Rahmen der freien Verwertung bietet sich dem Hochschullehrer auch die Möglichkeit, der Hochschule die Rechte an „seinem" Design anzubieten. Insoweit steht der Hochschullehrer der Hochschule jenseits seines Dienstverhältnisses wie ein beliebiger Dritter gegenüber; es greifen die Vorschriften des 5. Abschnitts des Designgesetzes über das eingetragene Design als Gegenstand des Vermögens. Demnach ergeben sich auch keine Besonderheiten gegenüber der Vergütung des gewöhnlichen Arbeitnehmers bei der Verwertung freier Entwürfe, sodass auf die obigen Ausführungen verwiesen werden

---

2260 Siehe dazu Kapitel 4. § 10 C. I. 1. b. aa. (2), (S. 597).
2261 BGH, Urteil v. 29.09.1990 – I ZR 244/88, BGHZ 112, 243, 243 = GRUR 1991, 523 – *Grabungsmaterialien*.
2262 Zur mangelnden Verallgemeinerungsfähigkeit der Entscheidung *Grabungsmaterialien* des BGH vgl. oben Kapitel 4. § 9 B. III. (S. 515).

kann.[2263] Der Hochschullehrer kann der Hochschule das Recht am eingetragen Design verkaufen und demzufolge übertragen (§ 29 Abs. 1 DesignG) oder der Hochschule Lizenzen für das gesamte Gebiet oder einen Teil des Gebiets der Bundesrepublik Deutschland erteilen (§ 31 Abs. 1 DesignG). Die Vergütung in einem solchen Fall richtet sich nach den vertraglichen Vereinbarungen zwischen Hochschullehrer und Hochschule. Im Fall der Rechtsübertragung erhält der Hochschullehrer den vereinbarten Kaufpreis, bei einer Lizenzerteilung die entsprechend vereinbarten Lizenzgebühren. Fehlt es an vertraglichen Vereinbarungen hinsichtlich der Vergütung für die Rechtsübertragung oder Lizenzerteilung, gilt eine Vergütung als stillschweigend vereinbart, wenn die Rechtsübertragung oder Lizenzerteilung den Umständen nach nur gegen eine Vergütung zu erwarten ist (vgl. § 612 Abs. 1 BGB). Dies ist im Wege der Auslegung zu ermitteln.[2264] Ist lediglich die Höhe der Vergütung nicht bestimmt, gilt die übliche Vergütung als vereinbart (§ 612 Abs. 2 BGB).

3. Fazit

Vergleichbar dem Urheberrecht fehlt es auch im Designrecht an Regelungen in Bezug auf die Vergütung des Hochschulbeschäftigten bei Verwertung seines geistigen Eigentums durch die Hochschule. Die einzige, das Arbeitnehmerdesignrecht regelnde Vorschrift des § 7 Abs. 2 DesignG gilt zwar grundsätzlich auch im Hochschulbereich. Sie enthält jedoch weder Regelungen zur Vergütung noch ist sie auf alle Hochschulbeschäftigten gleichermaßen anwendbar. Nur die von wissenschaftlichen oder künstlerischen Mitarbeitern und von Lehrkräften für besondere Aufgaben entworfenen Designs können als gebundene Entwürfe i. S. d. § 7 Abs. 2 DesignG angesehen werden. Das Recht am eingetragenen Design steht in diesem Fall originär der Hochschule zu. Alle Ansprüche sind bereits durch das Arbeitsentgelt abgegolten, sodass ein zusätzlicher Vergütungsanspruch daneben nicht besteht. Demgegenüber handelt es sich bei Designentwürfen von Hochschullehrern und nicht hauptberuflich an der Hochschule Tätigen, die unselbständig und weisungsungebunden tätig werden, um freie Entwürfe, die der Regelung des § 7 Abs. 2 DesignG nicht unterfallen. Den entsprechenden Hochschulbeschäftigten steht das Recht zur Verwertung

---

2263 Siehe zur Vergütung des Arbeitnehmers bei der Verwertung freier Entwürfe oben Kapitel 5. § 11 A. II. (S. 624).
2264 *Kühne*, in: Eichmann/v. Falckenstein/Kühne, DesignG, § 7, Rn. 21.

des Designs selbst zu. Wird das Recht am eingetragenen Design auf die Hochschule übertragen oder erhält diese Lizenzen, hat der Hochschuldesigner einen Anspruch auf die vertraglich vereinbarte Vergütung oder Lizenzgebühr bzw. eine stillschweigend vereinbarte Vergütung nach § 612 Abs. 1 BGB.

II. Vergütungsanspruch in analoger Anwendung des § 42 Nr. 4 ArbNErfG

Für das Gros der Hochschulbeschäftigten scheidet ein Vergütungsanspruch für im Rahmen des Arbeits- bzw. Dienstverhältnisses entworfene Designs bei Anwendung der allgemeinen arbeitnehmerdesignrechtlichen Vorschriften aus. Dieser Umstand legt die Frage nahe, ob den Hochschulbeschäftigten aus anderen Gesichtspunkten ein Vergütungsanspruch zugesprochen werden muss. Dabei kommt insbesondere eine analoge Anwendung der arbeitnehmererfinderrechtlichen Vergütungsregelung des § 42 Nr. 4 ArbNErfG für Erfindungen von Hochschulbeschäftigten auf Designentwürfe von Hochschulbeschäftigten in Betracht. Ebenso wie eine analoge Anwendung des § 42 Nr. 4 ArbNErfG auf das Hochschulurheberrecht, ist auch diese Frage in der Literatur bislang nicht thematisiert worden.

Um eine analoge Anwendung des § 42 Nr. 4 ArbNErfG bejahen zu können, muss eine planwidrige Gesetzeslücke sowie eine vergleichbare Interessenlage zwischen Hochschulerfinder- und Hochschuldesignerrecht vorliegen.[2265]

1. Planwidrige Regelungslücke

Das Arbeitnehmererfinderrecht sieht eine Vergütung des Arbeitnehmererfinders nach den §§ 9 ff. ArbNErfG vor, wenn der Arbeitgeber eine Diensterfindung des Arbeitnehmers in Anspruch nimmt. Abweichend von den allgemeinen arbeitnehmererfinderrechtlichen Vergütungsvorschriften erhält der Hochschulerfinder nach § 42 Nr. 4 ArbNErfG eine Vergütung in Höhe von 30 % der durch die Verwertung erzielten Einnahmen. Sowohl der Arbeitnehmererfinder als auch der Hochschulerfinder erhalten eine gesonderte Vergütung bei Inanspruchnahme bzw. Verwertung ihrer Erfindung durch den Arbeitgeber bzw. die Hochschule.

2265 Für die Voraussetzung einer Analogie siehe *Reimer*, Juristische Methodenlehre, Rn. 562.

§ 12 Die Vergütungsansprüche des Hochschuldesigners

Im Designrecht fehlt es an vergleichbaren Regelungen. Sowohl für den Arbeitnehmer als auch für den Hochschulbeschäftigten, der im Rahmen des Arbeits- oder Dienstverhältnisses ein Design entwirft, ist eine Sondervergütung neben dem Arbeitsentgelt nicht vorgesehen. Eine entsprechende Lücke im Gesetz liegt demnach vor.

Diese Regelungslücke ist für den Analogieschluss aber nur dann von Bedeutung, wenn sie sich als planwidrig erweist, der Sachverhalt vom Gesetzgeber also unbewusst nicht geregelt wurde.[2266] Dass es sich bei der fehlenden Regelung einer Vergütung für den Arbeitnehmerdesigner um eine planwidrige Regelungslücke handelt, ist bereits festgestellt worden.[2267] Offen geblieben ist dabei jedoch, ob sich auch die Nichtregelung einer Hochschuldesignervergütung als planwidrig darstellt. Vergleichbar der Situation im Hochschulurheberrecht ist davon auszugehen, dass sich der Gesetzgeber bei der Neuregelung des § 42 Nr. 4 ArbNErfG der Auswirkungen auf das Hochschuldesignrecht nicht bewusst gewesen ist. Vor der Abschaffung des Hochschullehrerprivilegs stellte sich die Frage nach einer Vergütung des Hochschulbeschäftigten nicht, da nicht nur urheberrechtlich geschützte Werke und Designs, sondern auch Erfindungen als freie Arbeitsergebnisse durch den Hochschulbeschäftigten selbst verwertet werden konnten. Zur Förderung des Wissens- und Technologietransfers wurden mit der Neuregelung von § 42 Nr. 4 ArbNErfG die Verwertungsrechte an Erfindungen von Hochschulbeschäftigten in die Hände der Hochschule gelegt und mit § 42 Nr. 4 ArbNErfG eine Vergütungsregelung als Ausgleich geschaffen. Entsprechende Regelungen im Urheber- oder Designrecht unterblieben. Die Sonderstellung des Hochschulerfinders gegenüber dem Hochschuldesigner hat der Gesetzgeber dabei übersehen. Eine planwidrige Regelungslücke kann insoweit angenommen werden.

2. Vergleichbare Interessenlage

Es stellt sich die Frage nach der Vergleichbarkeit der Interessenlage des geregelten Hochschulerfinderrechts und des ungeregelten Hochschuldesignerrechts. In weiten Teilen lässt sich dabei die Argumentation zur analogen Anwendung des § 42 Nr. 4 ArbNErfG auf das Hochschulurheberrecht auch hier fruchtbar machen.

2266 Vgl. *Reimer*, Juristische Methodenlehre, Rn. 568.
2267 Zur planwidrigen Regelungslücke im Arbeitnehmerdesignrecht siehe oben Kapitel 5. § 11 B. (S. 626).

Kapitel 5. Vergütungsansprüche des Hochschulbeschäftigten im Arbeitnehmerdesignrecht

a. Vergleichbarkeit des Vergütungsgrundes

Mit Blick auf den Vergütungsgrund erscheint eine Analogie des Hochschulerfinderrechts auf das Hochschuldesignrecht durchaus nicht unproblematisch. Der *Hochschulerfinder* hat gegen die Hochschule nach § 42 Nr. 4 ArbNErfG einen Anspruch auf eine Vergütung, sobald die Hochschule die Diensterfindung verwertet hat. Die Vergütung des Hochschulbeschäftigten basiert ebenso wie die Vergütung des Arbeitnehmererfinders auf dem abgeschwächten Monopolprinzip: Wie dargestellt, erhält der Hochschulbeschäftigte eine gesonderte Vergütung also dafür, dass er der Hochschule durch die Erfindung die Möglichkeit verschafft, ein Schutzrecht (Patent- oder Gebrauchsmuster) erteilt zu bekommen und hierdurch eine Monopolstellung zu erlangen.[2268] Der Vergütungsgrund des Arbeitnehmererfindungsgesetzes liegt damit gerade nicht in einer vom Arbeitnehmer bzw. Hochschulbeschäftigten erbrachten überobligatorischen Sonderleistung.[2269] Aus diesem Grund musste eine Übertragung der arbeitnehmererfinderrechtlichen Regelungen auf das Arbeitnehmerurheberrecht sowie eine Übertragung von § 42 Nr. 4 ArbNErfG auf das Hochschulurheberrecht ausscheiden, da das Urheberrecht keine dem Patentrecht vergleichbare Monopolstellung gewährt und ausnahmsweise bestehende Sondervergütungen allein auf dem Sonderleistungsprinzip beruhen können.[2270]

Nichts anderes kann für das *Designrecht* gelten. Nach teilweise vertretener Auffassung werden zwar das designrechtliche Ausschlussrecht aus § 38 Abs. 1 S. 1 DesignG und die aus dem Gebrauchsmuster erwachsende Monopolstellung als ähnlich angesehen, wodurch eine vergleichbare Interessenlage in Arbeitnehmererfinder- und Arbeitnehmerdesignrecht zu begründen sei.[2271] Neben den bereits getroffenen Erwägungen zur Ablehnung der analogen Anwendung des § 19 ArbNErfG schlägt dieses Verständnis allerdings auch aus einem anderen gewichtigen Aspekt heraus nicht durch, dem der unterschiedlichen Schutzrechtsvoraussetzungen. Der Patent- bzw. Gebrauchsmusterschutz verlangt, dass sich die Erfindung für den Fachmann nicht in naheliegender Weise aus dem Stand der Technik

---

2268 Siehe hierzu oben Kapitel 4. § 10 C. II. 2. a. bb. (1), (S. 610).
2269 Siehe oben Kapitel 3. § 7 B. I. 1. a. cc. (S. 200).
2270 Dazu oben Kapitel 2. § 6 C. III. 3. b. (S. 171).
2271 *Kühne*, in: Eichmann/v. Falckenstein/Kühne, DesignG, § 7, Rn. 25; vgl. auch *v. Falckenstein*, in: FS Bartenbach (2005), S. 73, 75; **a. A.** zurecht *Meier-Beck*, in: FS Reimann (2009), S. 309, 321.

ergibt (vgl. § 4 PatG), während es für die designrechtliche Eigenart nach § 2 Abs. 3 DesignG heute ausreicht, wenn sich der Gesamteindruck, den es beim informierten Benutzer hervorruft, von dem Gesamteindruck unterscheidet, den ein anderes Design bei diesem Benutzer hervorruft, das vor dem Anmeldetag offenbart worden ist. Mag eine Vergleichbarkeit zwischen Arbeitnehmererfinder- und Arbeitnehmerdesignrecht nach alter Rechtslage unter Umständen noch begründbar gewesen sein, als das vormals geltende Geschmacksmusterrecht für die Schutzfähigkeit noch eine überdurchschnittliche gestalterische Leistung verlangte[2272], scheidet sie heute aufgrund der unterschiedlichen Schutzrechtsvoraussetzungen aus. Vielmehr handelt es sich bei den arbeitnehmererfinderrechtlichen Vorschriften um ein in sich geschlossenes Regelungskonzept, das eine Vergütung des Arbeitnehmers für Erfindungen aufgrund der besonderen Gegebenheiten nur als Ausnahmefall vorsieht und damit nicht verallgemeinerungsfähig ist.[2273] Entsprechend kann auch eine Übertragung von § 42 Nr. 4 ArbNErfG auf den Hochschuldesigner nicht überzeugen.

b. Arbeitsrechtliche Verpflichtung zur Schaffung von Arbeitsergebnissen

Für die Vergleichbarkeit kann indes nicht auf die unterschiedlichen arbeitsrechtlichen Verpflichtungen des Arbeitnehmers bzw. Hochschulbeschäftigten in den verschiedenen Rechtsgebieten abgestellt werden. Wie im Urheberrecht erscheint die arbeitsrechtliche Verpflichtung des Arbeitnehmers zur Werkschaffung anders als im Erfindungsrecht durchaus möglich, weshalb schon aus diesem Grund eine Vergleichbarkeit scheinbar verneint werden könnte. Eine auf diesen Unterschied aufbauende Argumentation kann aber kein Gehör finden, da bei einem Vergleich der arbeitsrechtlichen Verpflichtungen im Hinblick auf die Vergütungssituation implizit auch dem Arbeitnehmererfindungsrecht Aspekte des Sonderleistungsprinzips zugrunde gelegt würden, indem nicht die Monopolstellung

---

2272 *Meier-Beck*, in: FS Reimann (2009), S. 309, 321.
2273 So i. E. BGH, Urteil v. 23.10.2001 – X ZR 72/98, GRUR 2002, 149, 152 (Rn. 16) – *Wetterführungspläne II*; vgl. auch *Lüken*, Der Arbeitnehmer als Schöpfer von Werken geistigen Eigentums, S. 100; *Veigel*, Immaterialgüterrechte im Arbeitsverhältnis, Rn. 310; *Kühne*, in: Eichmann/v. Falckenstein/Kühne, DesignG, § 7, Rn. 25.

des Arbeitgebers, sondern die Leistung des Arbeitnehmers den Ausschlag geben würde.[2274]

c. Abweichende Zuordnung der Rechte

Statt der arbeitsrechtlichen Verpflichtung zur Werkschaffung ist vielmehr die unterschiedliche Rechtezuordnung im Arbeitnehmererfinder- und Arbeitnehmerdesignrecht von Relevanz. Wie bereits ausführlich dargestellt, erhält der Arbeitgeber die Rechte an der Erfindung nur derivativ, während ihm die Rechte an dem eingetragenen Design nach hier vertretener Auffassung originär zustehen.[2275] Auch dies hat erhebliche Auswirkungen auf die Vergütungsfrage. Anders als bei dem derivativen Rechtserwerb des Arbeitgebers im Arbeitnehmererfinder- und Arbeitnehmerurheberrecht fehlt es bei dem originären Rechtserwerb des Arbeitgebers im Designrecht bereits an dem nötigen „Zwischenakt" der Rechtseinräumung bzw. -übertragung, an den eine Vergütung angeknüpft werden könnte. Stehen die Rechte an der Erfindung oder an einem urheberrechtlich geschützten Werk zunächst originär dem Arbeitnehmer zu und werden auf den Arbeitgeber übergeleitet, ist die Frage berechtigt, ob dem Arbeitnehmer aus der Rechtsübertragung oder Nutzungsrechtseinräumung ein zusätzlicher Vergütungsanspruch erwachsen muss. Demgegenüber stehen dem Arbeitnehmer die vermögenswerten Rechte an den von ihm im Rahmen des Arbeitsverhältnisses entworfenen Designs von Beginn an nicht zu. Der Arbeitnehmer erleidet somit keinen Rechtsverlust, der einen Vergütungsanspruch als Ausgleich rechtfertigen könnte.[2276]

d. Strukturunterschiede bei Erfindungen und Designs von Hochschullehrern

Speziell für die Gruppe der Hochschullehrer ergeben sich unüberwindbare Differenzen, die eine pauschale analoge Anwendung des § 42 Nr. 4

2274 Siehe zu dieser Argumentation ausführlich oben Kapitel 4. § 10 C. II. 2. b. (S. 613).
2275 Zum Arbeitnehmererfindungsrecht siehe Kapitel 2. § 6 A. I. 3 (S. 112); bezüglich der Rechtszuordnung im Arbeitnehmerdesignrecht siehe oben Kapitel 2. § 6 C. III. 3. a. aa. (2), (S. 169).
2276 Vgl. hierzu *Veigel*, Immaterialgüterrechte im Arbeitsverhältnis, Rn. 310.

§ 12 Die Vergütungsansprüche des Hochschuldesigners

ArbNErfG auf die von Hochschulbeschäftigten entworfenen Designs ausschließen. Vergleichbar dem Urheberrecht folgt das Designrecht einem vom Erfinderrecht abweichenden Regel-Ausnahme-Charakter. Die Erfindung eines Hochschullehrers ist seit Abschaffung des Hochschullehrerprivilegs grundsätzlich als gebundene Erfindung i. S. d. § 4 Abs. 2 ArbNErfG anzusehen, wenn diese aus seiner Forschungstätigkeit heraus entsteht oder maßgeblich auf Erfahrungen oder Arbeiten der Hochschule beruht; das Verwertungsrecht steht der Hochschule zu. Nur ausnahmsweise handelt es sich bei der Erfindung eines Hochschullehrers um eine freie Erfindung, die dieser frei verwerten kann. Im Designrecht verhält es sich umgekehrt: Grundsätzlich sind die von einem Hochschullehrer im Rahmen seiner Tätigkeit entworfenen Designs als freie Entwürfe anzusehen, die dieser frei verwerten kann. Ausnahmefälle, in denen die Hochschule das Recht am eingetragenen Design nach § 7 Abs. 2 DesignG erwirbt, sind kaum denkbar. Schon aufgrund dieser abweichenden Struktur bei Hochschullehrern kann eine analoge Anwendung des § 42 Nr. 4 ArbNErfG im Hochschuldesignrecht nicht angenommen werden.

e. Sonderregelungscharakter des § 42 Nr. 4 ArbNErfG

Letztlich muss auch das zur Übertragung auf das Hochschulurheberrecht angeführte Argument des Sonderregelungscharakters von § 42 Nr. 4 ArbNErfG hier angebracht werden; die Argumentation lässt sich insoweit übertragen: Es fehlt dem Arbeitnehmerdesignrecht an entsprechenden Regelungen hinsichtlich einer Vergütung. Das vom Arbeitnehmer in Ausübung seiner Aufgaben oder nach Weisung des Arbeitgebers entworfene Design ist mit dem Arbeitsentgelt abgegolten. Anders der Arbeitnehmererfinder, der für die von ihm im Rahmen des Arbeitsverhältnisses gemachte Erfindung eine Vergütung nach § 9 ArbNErfG erhält. § 42 Nr. 4 ArbNErfG enthält eine Sonderregelung gegenüber § 9 ArbNErfG für die Vergütung von Hochschulerfindern. Sonderregelungen erscheinen nur da sinnvoll, wo es Grundregelungen gibt, die für einen speziellen Sachverhalt eine Modifikation erfahren sollen. Soweit es dem Arbeitnehmerdesignrecht bereits an Grundregelungen in Bezug auf die Vergütung fehlt, erscheint es nicht sinnvoll, die auf das Arbeitnehmererfinderrecht zugeschnittene Sonderregelung des § 42 Nr. 4 ArbNErfG auf das Hochschuldesignrecht zu übertragen.

3. Fazit

Nach alledem muss eine analoge Anwendung der Hochschulerfindervergütung nach § 42 Nr. 4 ArbNErfG auf den Hochschuldesigner ausscheiden, da es insoweit an einer vergleichbaren Interessenlage fehlt. Die Nichtvergleichbarkeit der Sachverhalte ergibt sich sowohl aus dem unterschiedlichen Vergütungsgrund als auch aus der verschiedenartigen Rechtezuordnung in Arbeitnehmererfinder- und Arbeitnehmerdesignrecht. Demgegenüber kann die abweichende Beurteilung der arbeitsrechtlichen Verpflichtung des Arbeitnehmers zur Schaffung von Erfindungen und zum Entwerfen von Designs als Kriterium nicht herangezogen werden. Aber auch strukturelle Unterschiede der Rechtsgebiete hinsichtlich der Erfindungen und Designs von Hochschullehrern sowie der Sonderregelungscharakter des § 42 Nr. 4 ArbNErfG machen eine Übertragung auf das Hochschuldesignrecht unmöglich.

III. Vergütungsanspruch in analoger Anwendung des Hochschulurheberrechts

In Ermangelung der Übertragbarkeit der arbeitnehmererfinderrechtlichen Vorschriften stellt sich schließlich die Frage, ob sich stattdessen die Vergütungssituation des Hochschul*urhebers* analog auf die Vergütung des Hochschuldesigners übertragen lässt. Eine planwidrige Gesetzeslücke durch die Nichtregelung der Hochschuldesignervergütung wurde bereits festgestellt.[2277] Fraglich bleibt damit allein, ob zwischen dem Hochschuldesignrecht und dem Hochschulurheberrecht eine vergleichbare Interessenlage hinsichtlich der Vergütungssituation des Hochschulbeschäftigten besteht.

Die Untersuchung der Übertragbarkeit der urheberrechtlichen Vergütungssituation muss von vornherein auf den Kreis der wissenschaftlichen und künstlerischen Mitarbeiter sowie der Lehrkräfte für besondere Aufgaben beschränkt bleiben, da nur für diese Hochschulbeschäftigten eine Vergütung nach dem Urheberrecht überhaupt in Betracht kommt. Hochschullehrer und nicht hauptberuflich Tätige an der Hochschule sind in der Regel weder zur Schaffung von urheberrechtlich geschützten Werken noch zum Entwerfen von Designs dienstvertraglich verpflichtet. Ihre Werke gelten als freie Werke und ihre Designs als freie Entwürfe. Da in beiden Fällen das Recht zur Verwertung dem Hochschullehrer zusteht, stellt sich

---

2277 Dazu oben Kapitel 5. § 12 C. II. 1. (S. 652).

§ 12 Die Vergütungsansprüche des Hochschuldesigners

die Frage nach einer Vergütung durch die Hochschule nicht. Für wissenschaftliche und künstlerische Mitarbeiter sowie für Lehrkräfte für besondere Aufgaben erscheint eine Vergütung (zumindest für die über den Aufgabenbereich der Hochschule hinausgehende Nutzung) demgegenüber nicht ausgeschlossen, da ihre urheberrechtlich geschützten Werke als Pflichtwerke i. S. d. § 43 UrhG anzusehen sind und die Verwertung der Werke durch die Hochschule erfolgt. Nur insoweit könnte eine Übertragung auf das Hochschuldesignrecht in Betracht kommen. Gleichwohl wird der Lesbarkeit halber im Folgenden weiterhin von Hochschulbeschäftigten gesprochen.

1. Vergleichbarkeit des Vergütungsgrunds und der Zuordnung der Rechte

Aus den bisherigen Untersuchungen zur Vergütung des Hochschulurhebers lässt sich folgendes hinsichtlich des Vergütungsgrundes festhalten: Wie allgemein im Arbeitnehmerurheberrecht ist auch im Hochschulurheberrecht von der grundsätzlichen Abgeltung der Arbeitsleistung durch das Arbeitsentgelt auszugehen. Ein Anspruch auf eine Sondervergütung neben dem Arbeitsentgelt steht dem werkschaffenden Hochschulbeschäftigten nur ausnahmsweise dann zu, wenn es sich um eine echte Sonderleistung handelt. Dies ist der Fall, wenn die Hochschule das urheberrechtlich geschützte Werk des Hochschulbeschäftigten „außerhalb des Betriebszwecks", also außerhalb des ihr zufallenden Aufgabenbereichs nutzt oder ein freies Werk des Hochschulbeschäftigten nutzt. Steht dem Hochschulbeschäftigten im Ausnahmefall ein Anspruch auf eine gesonderte Vergütung nach den dargestellten Kriterien zu, ergibt sich dieser demnach aus dem Sonderleistungsprinzip.

Auch das Arbeitnehmerdesignrecht geht von einer grundsätzlichen Abgeltung der durch den Arbeitnehmer in Ausübung seiner Aufgaben oder nach Weisung des Arbeitgebers geschaffenen Designentwürfe durch das Arbeitsentgelt aus.[2278] Insofern erscheint es zunächst nicht fernliegend, die im Hochschul*urheber*recht geltenden Ausnahmetatbestände für eine Sondervergütung auch in das Hochschuldesignrecht zu übertragen. Denn anders als bei dem erfolgten Vergleich zwischen dem Hochschulerfinder- und dem Hochschulurheberrecht treten insoweit keine gravierenden Dif-

---

2278 Siehe dazu oben Kapitel 5. § 11 A. I. 1. (S. 622).

659

Kapitel 5. Vergütungsansprüche des Hochschulbeschäftigten im Arbeitnehmerdesignrecht

ferenzen hinsichtlich des Vergütungsgrundes auf, da in beiden Fällen auf das Sonderleistungsprinzip zurückgegriffen würde.[2279]

Dennoch muss eine solche Übertragung aufgrund des Auseinanderfallens der Rechtsentstehung in den beiden Rechtsgebieten abgelehnt werden. Bei einer Anwendung der urheberrechtlichen Grundsätze im Designrecht, erhielte der Hochschulbeschäftigte eine Sondervergütung dann, wenn die Hochschule den vom Hochschulbeschäftigten im Rahmen des Arbeitsverhältnisses gefertigten Entwurf außerhalb des ihr zugewiesenen Aufgabenbereichs nutzen würde. Anders als im Hochschulurheberrecht, das einen derivativen Rechtserwerb der Hochschule vorsieht, steht der Hochschule das Recht am eingetragenen Design nach hier vertretener Auffassung aber originär zu: Während die Hochschule durch die vertragliche Rechtseinräumung die Nutzungsrechte an einem urheberrechtlich geschützten Werk des Hochschulbeschäftigten nach der Zweckübertragungsregel im Zweifel nur soweit erhält, wie sie sie zur Verwertung benötigt (vgl. § 31 Abs. 5 UrhG), steht der Hochschule das Recht am eingetragenen Design in jeglicher Hinsicht unbeschränkt zu. Eine Beschränkung der Rechte auf den Aufgabenbereich der Hochschule scheitert mithin aufgrund des originären Rechtserwerbs der Hochschule.[2280] Eine Vergleichbarkeit kann insoweit schon aufgrund der verschiedenartigen Rechtszuordnung kaum angenommen werden.

2. Vergütung aus § 32 UrhG analog

Da ein Vergütungsanspruch aus § 32 Abs. 1 S. 1 UrhG schon für den Arbeitnehmerurheber abgelehnt werden muss, indem § 32 UrhG im Arbeitsverhältnis fernab vertraglicher Vereinbarungen keine Wirkung entfalten kann, erübrigt sich in der Folge strenggenommen auch eine Diskussion der Übertragbarkeit auf das Arbeitnehmer- und das Hochschuldesignrecht. In dem Bewusstsein allerdings, dass die hier vertretene Ablehnung des Vergütungsanspruchs aus § 32 UrhG im Arbeitsverhältnis nicht der herrschenden Auffassung entspricht[2281], soll im Folgenden dennoch gezeigt werden, dass selbst unter der Annahme eines urheberrechtlichen Vergütungsan-

---

2279 Die Vergütungsgründe des Hochschulerfindungsrechts (Monopolprinzip) und des Hochschulurheberrechts (Sonderleistungsprinzip) sind hingegen diametral verschieden, vgl. hierzu oben Kapitel 4. § 10 C. II. 2. a. bb. (S. 609).
2280 Hierzu oben Kapitel 5. § 11 A. I. 1. (S. 622).
2281 Für die herrschende Auffassung vgl. die Nachweise in Fn. 1626 (S. 477).

spruchs des Arbeitnehmers bzw. Hochschulbeschäftigten aus § 32 UrhG zumindest eine Übertragung des Anspruchs auf den Arbeitnehmer- oder Hochschuldesigner trotzdem ausscheiden muss[2282], da es insoweit an einer Vergleichbarkeit der Interessenlage fehlt.

a. Historischer Wandel des Verhältnisses zwischen Urheber- und Designrecht

Dies ergibt sich vor allem aus der historischen Entwicklung und dem Wandel den das Geschmacksmusterrecht bzw. Designrecht vollzogen hat: Das GeschmMG von 1876 wurde geschaffen, als *„im 19. Jahrhundert auf Grund der fortschreitenden industriellen Fertigung von Waren das Bedürfnis nach einem rechtlichen Schutz für deren Form- und Farbgestaltung entstand […]."*[2283] Zu diesem Zeitpunkt konnte allerdings lediglich auf das Urheberrecht zurückgegriffen werden, welches relativ hohe Anforderungen an die schöpferische Gestaltung eines Werkes für dessen Schutz enthielt. Das Geschmacksmustergesetz wurde mit einer gegenüber dem Urheberrecht abgesenkten Schutzschwelle geschaffen, wies allerdings einen engen Bezug zum bestehenden Urheberrecht auf.[2284] Von der urheberrechtlichen Grundlage des Geschmacksmusterrechts[2285] ging auch die Rechtsprechung aus, die zwischen dem Geschmacksmuster- und Urheberrecht keinen Wesensunterschied erblickte, sondern lediglich graduelle Unterschiede konstatierte.[2286] Mit dem Geschmacksmusterreformgesetz vom 12. März 2004[2287], durch das die Richtlinie 98/71/EG des Europäischen Parlaments und des Rates vom 13. Oktober 1998 über den rechtlichen Schutz von

---

2282 A. A. für den Arbeitnehmerdesigner *Bayreuther*, in: Münchener Handbuch zum Arbeitsrecht, Bd. 1, § 92, Rn. 3; *Kühne*, in: Eichmann/v. Falckenstein/Kühne, DesignG, § 7, Rn. 26.

2283 Begründung zum „Entwurf eines Gesetzes zur Reform des Geschmacksmusterrechts (Geschmacksmusterreformgesetz)" der Bundesregierung vom 28.05.2003, BT-Drs. 15/1075, S. 29.

2284 Begründung zum „Entwurf eines Gesetzes zur Reform des Geschmacksmusterrechts (Geschmacksmusterreformgesetz)" der Bundesregierung vom 28.05.2003, BT-Drs. 15/1075, S. 29.

2285 *Nirk*, Geschmacksmusterrecht, Urheberrecht und Designlaw, S. 4.

2286 Siehe nur BGH, Urteil v. 22.06.1995 – I ZR 119/93, GRUR 1995, 581, 582 – *Silberdistel* m. w. N.

2287 „Gesetz zur Reform des Geschmacksmusterrechts (Geschmacksmusterreformgesetz)" vom 12.03.2004, BGBl. 2004, Teil I, S. 390, in Kraft getreten am 01.06.2004.

Kapitel 5. Vergütungsansprüche des Hochschulbeschäftigten im Arbeitnehmerdesignrecht

Muster und Modellen[2288] in deutsches Recht umgesetzt wurde[2289], sollte das geltende Gesetz betreffend das Urheberrecht an Mustern und Modellen[2290] durch ein neues Geschmacksmustergesetz abgelöst werden.[2291] Das neue Geschmacksmusterrecht sollte ausweislich der Gesetzesbegründung „*ein eigenständiges gewerbliches Schutzrecht schaffen, das nicht nur eine Ableitung eines bestehenden Schutzrechts darstellt.*" Auf diese Weise sollte vor allem der enge Bezug zum Urheberrecht aufgehoben werden[2292], aber auch die Unabhängigkeit des Geschmacksmusterrechts von anderen Schutzrechten wie dem Patent- oder Markenrecht verdeutlicht werden. Im Gesetz selbst wurde dies neben der neuen Überschrift[2293] deutlich, wenn in § 7 Abs. 1 GeschmMG 2004 nicht mehr wie in § 2 GeschMG 1876 vom „*Urheber der Muster und Modelle*" die Rede war, sondern auf den Entwerfer des Geschmacksmusters Bezug genommen wurde. Während es nach alter Rechtslage für die Schutzfähigkeit entscheidend auf die Eigentümlichkeit nach § 1 Abs. 2 GeschmMG 1876, also vergleichbar dem Urheberrecht auf die Gestaltungshöhe ankam, verlangte § 2 Abs. 1, 3 GeschmMG 2004 nunmehr nur noch die Eigenart, also die Unterschiedlichkeit des Geschmacksmusters.[2294] In der Folge wandte sich die Literatur von dem bislang angenommenen Stufenverhältnis zwischen Urheberrecht und Geschmacksmusterrecht ab.[2295] Auch die Rechtsprechung hat seither nicht mehr von

---

2288 Richtlinie 98/71/EG des Europäischen Parlaments und des Rates über den rechtlichen Schutz von Mustern und Modellen vom 13.10.1998, ABl. Nr. L 289, S. 28.
2289 *Bullinger*, in: Wandtke/Bullinger, UrhR, § 2 UrhG, Rn. 98.
2290 „Gesetz betreffend das Urheberrecht an Mustern und Modellen" vom 11.01.1876, RGBl. 1876, S. 11, in Kraft getreten am 01.04.1876.
2291 „Entwurf eines Gesetzes zur Reform des Geschmacksmusterrechts (Geschmacksmusterreformgesetz)" der Bundesregierung vom 28.05.2003, BT-Drs. 15/1075, S. 1.
2292 Begründung zum „Entwurf eines Gesetzes zur Reform des Geschmacksmusterrechts (Geschmacksmusterreformgesetz)" der Bundesregierung vom 28.05.2003, BT-Drs. 15/1075, S. 29.
2293 Die Überschrift des GeschmMG 2004 lautet „*Gesetz über den rechtlichen Schutz von Mustern und Modellen*" statt „*Gesetz betreffend das Urheberrecht an Mustern und Modellen*", womit das GeschMG 1876 überschrieben war.
2294 *Bullinger*, in: Wandtke/Bullinger, UrhR, § 2 UrhG, Rn. 98; *Eichmann*, in: Eichmann/v. Falckenstein, Geschmacksmustergesetz (4. Auflage 2010), § 2, Rn. 12.
2295 Statt vieler *Koschtial*, GRUR 2004, 555 ff.; *Bullinger*, in: Wandtke/Bullinger, UrhR, § 2 UrhG, Rn. 98; *Loewenheim*, in: Schricker/Loewenheim, UrhG, § 2 UrhG, Rn. 182; **a. A.** *Ohly*, GRUR 2007, 731, 733; *Schulze*, in: Dreier/Schulze, Urheberrechtsgesetz, § 2 UrhG, Rn. 177; vgl. auch *Schack*, Urheber- und Urhebervertragsrecht, Rn. 232.

einem graduellen Unterschied zwischen Urheber- und Geschmacksmusterrecht gesprochen und sich von ihrer bisherigen Rechtsprechung distanziert.[2296] Mit der Reform des Geschmacksmustergesetzes änderte sich folglich die Schutzrichtung des Geschmacksmusterrechts[2297]; auch die Schutzvoraussetzungen und Rechtsfolgen von Urheber- und Geschmackmusterrecht unterscheiden sich seither.[2298] Zwar unterlag das Geschmacksmustergesetz seitdem einer erneuten Reform und wurde im Jahr 2014 durch das Designgesetz abgelöst.[2299] Inhaltliche Änderungen in Bezug auf die Schutzrichtung oder Schutzvoraussetzungen haben sich hierdurch jedoch nicht ergeben.

Schien nach dem traditionellen Verständnis aufgrund des Gleichlaufs und der sachlichen Nähe von Urheber- und Geschmacksmusterrecht eine Vergleichbarkeit der Rechtsmaterien durchaus plausibel, kann eine solche seit der Gesetzesänderung im Jahr 2004 nicht mehr angenommen werden.[2300] Fernab der vom Gesetzgeber bewusst vorgenommenen Abkopplung vom Urheberrecht, die eine Vergleichbarkeit schon schwer begründbar erscheinen lässt, fallen die Schutzrichtungen von Urheber- und Designrecht, wie soeben gezeigt, seither zu stark auseinander. Eine vergleichbare Interessenlage zwischen Hochschulurheber- und Hochschuldesignrecht kann insoweit nicht angenommen werden.

b. Einräumung von Nutzungsrechten vs. Originärer Rechtserwerb

Die Ablehnung der vergleichbaren Interessenlage ergibt sich aber auch noch aus einem anderen Aspekt. Ein Vergütungsanspruch aus § 32 UrhG folgt aus der vertraglichen Einräumung von Nutzungsrechten des Urhebers an den Nutzer. Der Hochschulbeschäftigte erhielte die vertraglich ver-

---

[2296] BGH, Urteil v. 13.11.2013 – I ZR 143/12, BGHZ 199, 52, 65 f. (Rn. 33 f.) = GRUR 2014, 175 – *Geburtstagszug*; zust. *Bullinger*, in: Wandtke/Bullinger, UrhR, § 2 UrhG, Rn. 98.

[2297] BGH, Urteil v. 13.11.2013 – I ZR 143/12, BGHZ 199, 52, 66 (Rn. 35) = GRUR 2014, 175 – *Geburtstagszug*; siehe auch *Veigel*, Immaterialgüterrechte im Arbeitsverhältnis, Rn. 45.

[2298] BGH, Urteil v. 13.11.2013 – I ZR 143/12, BGHZ 199, 52, 66 ff. (Rn. 36 f.) = GRUR 2014, 175 – *Geburtstagszug*; siehe auch *Veigel*, Immaterialgüterrechte im Arbeitsverhältnis, Rn. 45, 312.

[2299] Designgesetz in der Fassung der Bekanntmachung vom 24.02.2014, BGBl. 2014, Teil I, S. 122; zuletzt geändert durch Art. 15 des Gesetzes vom 17.07.2017, BGBl. 2017, Teil I, S. 2541.

[2300] Vgl. *Veigel*, Immaterialgüterrechte im Arbeitsverhältnis, Rn. 45, 312.

Kapitel 5. Vergütungsansprüche des Hochschulbeschäftigten im Arbeitnehmerdesignrecht

einbarte Vergütung also als Gegenleistung für die Nutzungsrechtseinräumung; es handelte sich um einen derivativen Rechtserwerb der Hochschule. An dieser Stelle aber muss erneut der originäre Rechtserwerb der Hochschule im Designrecht berücksichtigt werden und es kann auf die Argumentation zur Übertragung des Hochschulerfinderrechts auf das Hochschuldesignrecht zurückgegriffen werden.[2301] § 7 Abs. 2 DesignG sieht nicht wie die Regelungen im Urheberrecht eine Einräumung von Nutzungsrechten des Hochschulbeschäftigten an die Hochschule vor, sondern ordnet das Recht an dem eingetragenen Design originär der Hochschule zu. Wie dargestellt, fehlt es deshalb an der Preisgabe von Rechten des Hochschulbeschäftigten, für die er im Gegenzug eine Vergütung verlangen könnte. Dem Hochschulbeschäftigten steht ein Recht an dem von ihm im Arbeits- bzw. Dienstverhältnis entworfenen Design zu keinem Zeitpunkt zu. Demnach passt die vertragliche Ausgestaltung des § 32 UrhG, die ein Gegenseitigkeitsverhältnis voraussetzt, nicht auf die Regelung des § 7 Abs. 2 DesignG, die das Recht am Design originär bei der Hochschule entstehen lässt. Auch insoweit fehlt es demnach an einer vergleichbaren Interessenlage im Hochschulurheber- und -designrecht hinsichtlich der Vergütungssituation.[2302]

3. Fazit

Die Vergütungssituation des Arbeitnehmerurheberrechts lässt sich auf das Arbeitnehmerdesignrecht nicht übertragen; entsprechend scheidet auch eine Übertragbarkeit der Vergütungssituation des Hochschulurhebers auf den Hochschuldesigner aus. Für eine analoge Anwendung der urheberrechtlichen Vergütungsvorschriften fehlt es insoweit an einer vergleichbaren Interessenlage. Sachlich gerechtfertigte Unterschiede hinsichtlich des Vergütungsgrundes und der Rechtezuordnung lassen eine Vergleichbarkeit nicht zu. Selbst unter Annahme eines (eigentlich abzulehnenden) urheberrechtlichen Vergütungsanspruchs aus § 32 UrhG im Arbeitnehmerurheberrecht, lässt sich dieser nicht auf das Designrecht übertragen. Dies ergibt sich sowohl aus dem historischen Wandel des Verhältnisses von Urheberrecht und Geschmacksmusterrecht sowie abermals aus der verschiedenartigen Rechtszuordnung der jeweiligen Rechtsgebiete.

2301 Siehe hierzu oben Kapitel 5. § 12 C. II. 2. c. (S. 656).
2302 Vgl. zu diesem Absatz in Bezug auf das Arbeitnehmerdesignrecht *Veigel*, Immaterialgüterrechte im Arbeitsverhältnis, Rn. 312.

IV. Fazit

Die vorangegangene Untersuchung hat ergeben, dass sich die hochschulerfinderrechtlichen Vergütungsansprüche nicht analog auf das Hochschuldesignrecht übertragen lassen. Insoweit fehlt es an einer Vergleichbarkeit der Sachverhalte. Auch im Hochschulurheberrecht geltende Ansprüche auf eine Zusatzvergütung wegen echter Sonderleistungen kommen im Hochschuldesignrecht nicht in Betracht, da eine Analogie der urheberrechtlichen Regelungen ebenfalls mangels vergleichbarer Interessenlage ausscheidet. Der urheberrechtliche Vergütungsanspruch aus § 32 UrhG besteht im Arbeitsverhältnis nach hier vertretener Auffassung ohnehin nicht; selbst wenn, ließe er sich ebenfalls nicht übertragen.

Insoweit gelten auch für den Hochschulbeschäftigten die allgemeinen arbeitnehmerdesignrechtlichen Regelungen hinsichtlich der Vergütung. Dabei hat sich gezeigt, dass nur wissenschaftliche und künstlerische Mitarbeiter sowie Lehrkräfte für besondere Aufgaben der Regelung des § 7 Abs. 2 DesignG unterfallen. Die von ihnen in Ausübung ihrer Aufgaben entworfenen Designs stehen originär der Hochschule zu; diese hat das Recht zur Verwertung. Die Rechte des Hochschulbeschäftigten sind durch das gezahlte Arbeitsentgelt abgegolten. Ein Anspruch auf eine zusätzliche Vergütung besteht nicht. Designentwürfe von Hochschullehrern und nicht hauptberuflich Tätigen an einer Hochschule sind als freie Entwürfe anzusehen, die der Verwertung durch die Hochschule nicht unterliegen. Auch insofern scheidet eine Vergütung durch die Hochschule aus.

D. Zusammenfassung

Zwischen dem Hochschulurheberrecht und dem Hochschuldesignrecht zeigen sich viele Parallelen. Wird ein Designentwurf eines Hochschulbeschäftigten durch die Hochschule verwertet, stellt sich die Frage, ob dem Hochschulbeschäftigten eine Vergütung jenseits des üblichen Arbeitsentgelts zustehen muss. Der Hochschule ist eine Nutzung des Designentwurfs jedoch grundsätzlich nur möglich, sofern der Hochschulbeschäftigte zum Entwerfen des Designs verpflichtet ist und der Hochschule infolgedessen die Rechte am eingetragenen Design des Hochschulbeschäftigten nach § 7 Abs. 2 DesignG originär zustehen. Bezüglich der Fragestellung, ob § 7 Abs. 2 DesignG auf Designentwürfe der Hochschulbeschäftigten Anwendung findet, ist wie im Urheberrecht zwischen den verschiedenen Beschäftigtengruppen an einer Hochschule zu differenzieren. Im Ergebnis kann

§ 7 Abs. 2 DesignG nur für die Designentwürfe von wissenschaftlichen oder künstlerischen Mitarbeitern bzw. Hilfskräften sowie von Lehrkräften für besondere Aufgaben Geltung entfalten. Die Entwürfe der sonstigen Hochschulbeschäftigten stellen freie Entwürfe dar.

Eine Vergütung erhalten die unter den Anwendungsbereich des § 7 Abs. 2 DesignG fallenden Hochschulbeschäftigten für ihre Designentwürfe neben dem Arbeitsentgelt nicht. Anders als bei urheberrechtlich geschützten Werken auch dann nicht, wenn die Hochschule den Entwurf außerhalb ihres Aufgabenbereichs verwertet. Für die sonstigen Hochschulbeschäftigten stellt sich die Frage nach einer gesonderten Vergütung nicht, da ihre Entwürfe als freie Entwürfe nicht der Verwertung durch die Hochschule unterliegen. Räumen sie der Hochschule dennoch Nutzungsrechte an den Entwürfen ein, ist die Hochschule zur Zahlung der vereinbarten Vergütung verpflichtet. Eine Pflicht zur Anbietung der Nutzungsrechte an die Hochschule ist abzulehnen.

Es bleibt schließlich nur noch die Frage nach einer Übertragung der Vergütungssysteme des Hochschulerfinderrechts oder des Hochschulurheberrechts auf das Hochschuldesignrecht. Eine analoge Anwendung muss jedoch in beiden Fällen abgelehnt werden. Für die Ablehnung der analogen Anwendung des § 42 Nr. 4 ArbNErfG liegt die Argumentation ähnlich wie bei der Frage nach der analogen Anwendung des § 42 Nr. 4 ArbNErfG auf das Hochschulurheberrecht. Die analoge Anwendung des hochschulurheberrechtlichen Vergütungssystems auf das Hochschuldesignrecht scheitert an der mangelnden Vergleichbarkeit der Interessenlagen: Auch hier lassen sich die Vergütungsgründe des Hochschulurheberrechts und des Hochschuldesignrechts nicht vergleichen. Auf § 32 UrhG analog kann eine Vergütung neben den bereits im Hochschulurheberrecht selbst bestehenden Bedenken zu § 32 UrhG ebenfalls nicht gestützt werden, da eine Betrachtung der Historie die konträren Schutzrichtungen des Urheber- und des Designrechts deutlich werden lässt. Schließlich lässt auch die Konzeption des derivativen Rechtserwerbs des Arbeitgebers im Urheberrecht einerseits und des originären Rechtserwerbs des Arbeitgebers im Designrecht andererseits eine analoge Anwendung nicht zu.

Kapitel 6. Zusammenfassung und Bewertung der Ergebnisse

„*Nach gut zwei Jahren Geltungsdauer [des § 42 ArbNErfG n. F.] hat sich der Rauch juristischer Fragen und Ungeklärtheiten noch nicht verzogen.*"[2303]

Dieser schon vor fast 15 Jahren von *Peter* niedergeschriebene Satz hat bis heute seine Gültigkeit nicht verloren. Zwar hat die Neuregelung des § 42 ArbNErfG im Jahr 2002 durchaus eine Fülle an Aufsätzen, Monografien und Kommentierungen hervorgerufen. In diesen sind jedoch bei weitem nicht alle offenen Fragen und Problemkreise aufgegriffen oder zufriedenstellend gelöst worden.

Insbesondere fehlte es bislang an einer umfassenden und abschließenden Betrachtung des Vergütungsanspruchs eines Hochschulbeschäftigten nach § 42 Nr. 4 ArbNErfG. Diese Lücke soll durch die vorliegende Studie geschlossen werden. Es hat sich gezeigt, dass für eine sachgerechte Bewertung der einzelnen Fragen des Hochschulerfindervergütungsanspruchs eine übergreifende Begutachtung der gegenläufigen Interessen des Hochschulbeschäftigten und der Hochschule erforderlich ist, die in einen angemessenen Ausgleich gebracht werden müssen. Dabei ergibt sich, dass trotz der grundsätzlichen Verwertungshoheit der Hochschule der Hochschulbeschäftigte nicht bloß als Randfigur der Erfindungsverwertung auftritt. Ebenso wie dieser am Erfolg zu beteiligen ist, hat er das Risiko der erfolgreichen Verwertung mit zu tragen. Dieses Verständnis verlangt der Regelung des § 42 Nr. 4 ArbNErfG eine gewisse Flexibilität ab. Zum einen ist zu untersuchen, ob eine Verwertung der Erfindung des Hochschulbeschäftigten durch die Hochschule überhaupt vorliegt, die zur Anwendung von § 42 Nr. 4 ArbNErfG führt, zum anderen kann der Hochschulbeschäftigte nicht unbesehen 30 % aller der Hochschule infolge der Verwertung zufließenden Einnahmen erhalten (wie es § 42 Nr. 4 ArbNErfG aber vorsieht), ohne auch an den Kosten beteiligt zu werden, die der Hochschule durch die Verwertung entstehen. Lösungen für diese Fragen werden in der vorliegenden Studie geboten durch das Aufstellen einer Definition des Verwertungsbegriffs i. S. d. § 42 Nr. 4 ArbNErfG sowie die Entwicklung eines „modifizierten Nettoprinzips" zur Berechnung der Vergütung.

[2303] *Peter*, Mitt. 2004, 396.

Kapitel 6. Zusammenfassung und Bewertung der Ergebnisse

Eine gesetzliche Regelung der Vergütung des Hochschulbeschäftigten hat der Gesetzgeber mit § 42 Nr. 4 ArbNErfG allerdings allein für die Verwertung von *Erfindungen* des Hochschulbeschäftigten vorgenommen. Offen geblieben ist damit die vergütungsrechtliche Behandlung von sonstigen Werken eines Hochschulbeschäftigten, die zum geistigen Eigentum des Hochschulbeschäftigten gehören, aber durch die Hochschule als Arbeitgeber bzw. Dienstherr verwertet werden. Die Betrachtung des hochschulerfinderrechtlichen Vergütungsanspruchs dient deshalb zugleich als Grundlage für eine mögliche Übertragung der Vergütungsvorschrift des ArbNErfG auf die Bereiche des Hochschulurheber- sowie des Hochschuldesignrechts.

Zwecks dessen, und um der grundsätzlichen Vergütungssituation im Hochschulurheber- und Hochschuldesignrecht gewahr zu werden, sind in einem vorgezogenen, allgemeinen Teil der Arbeit die Grundsätze der jeweiligen Schutzrechte sowie die Entstehung und Zuordnung der Rechte an den Erfindungen, urheberrechtlich geschützten Werken sowie den Designentwürfen unter dem Blickwinkel des Rechts am Arbeitsergebnis und dem Zusammenspiel aus Arbeitsrecht und gewerblichem Rechtsschutz bzw. Urheberrecht behandelt worden. Ebenso entscheidend für die Übertragung ist die jeweilige Betrachtung der Vergütungssituation eines gewöhnlichen Arbeitnehmers im Arbeitnehmererfinder-, -urheber- und -designrecht, da sie für die Vergleichbarkeit der Rechtsmaterien von zentraler Bedeutung ist. Eine umfassende Betrachtung der jeweiligen Vergütungsgründe sowie der strukturellen Unterschiede der Rechtsgebiete zeigt jedoch, dass eine Übertragung der Vergütungsregelung des § 42 Nr. 4 ArbNErfG auf das Hochschulurheberrecht einerseits sowie auf das Hochschuldesignrecht andererseits ausscheiden muss. Im Grundsatz erhalten Hochschulbeschäftigte für die von ihnen geschaffenen urheberrechtlich geschützten Werke sowie die von ihnen entworfenen Designs keine gesonderte Vergütung neben dem Arbeitsentgelt.

Zusammenfassend lässt sich feststellen, dass der Gesetzgeber richtig lag, im Zuge der Neuregelung der Hochschulerfindervergütung nach dem ArbNErfG entsprechende Neuregelungen für urheberrechtlich geschützte Werke oder Designentwürfe eines Hochschulbeschäftigten zu unterlassen. Die Klärung der Frage, ob dem Gesetzgeber eine entsprechende Weitsicht attestiert werden muss, oder er lediglich ein glückliches Händchen bei der Neuregelung hatte, darf getrost offenbleiben.

Literaturverzeichnis

Ahrens, Hans-Jürgen: Schöpferische Tätigkeit des Arbeitnehmers und Schutz des geistigen Eigentums, in: *Osterrieth, Christian/Köhler, Martin/Haft, Klaus* (Hrsg.), Patentrecht. Festschrift für Thomas Reimann zum 65. Geburtstag, Köln 2009, S. 1–12 (zit.: *Ahrens*, in: FS Reimann (2009)).

Allfeld, Philipp: Das Urheberrecht an Werken der Literatur und der Tonkunst. Kommentar zu dem Gesetze vom 19. Juni 1901 sowie zu den internationalen Verträgen zum Schutze des Urheberrechtes, 2. Auflage, München 1928 (zit.: *Allfeld*, Das Urheberrecht an Werken der Literatur).

Altenpohl, Martina: Der urheberrechtliche Schutz von Forschungsresultaten, Bern 1987.

Balle, Kathleen: Der urheberrechtliche Schutz von Arbeitsergebnissen, in: Neue Zeitschrift für Arbeitsrecht (NZA) 1997, S. 868–871.

Ballerstedt, Kurt: Probleme einer Dogmatik des Arbeitsrechts, in: Recht der Arbeit (RdA) 1976, S. 5–14.

Ballhaus, Werner: Rechtliche Bindungen bei Erfindungen von Universitätsangehörigen, in: Gewerblicher Rechtsschutz und Urheberrecht (GRUR) 1984, S. 1–9.

Balzer, Miriam/Milbradt, Claudia: Arbeitnehmererfinderrecht: Die Abschaffung des Hochschullehrerprivilegs und ihre Auswirkungen auf Forschungsverträge mit Universitätskliniken, in: Pharma Recht (PharmR) 2003, S. 378–382.

Bartenbach, Britta: Die Patentlizenz als negative Lizenz. Inhalt, Bedeutung und Abgrenzung zur positiven Lizenz, Köln 2002.

– Die Schuldrechtsreform und ihre Auswirkungen auf das Lizenzvertragsrecht, in: Mitteilungen der deutschen Patentanwälte (Mitt.) 2003, S. 102–113.

Bartenbach, Kurt: Ergänzende Anmerkungen zur Reform des Gesetzes über Arbeitnehmererfindungen. Vergleich des Referentenentwurfs zur Änderung des Gesetzes über Arbeitnehmererfindungen vom 25.10.2001 mit dem überarbeiteten Entwurf der Projektgruppe ArbEG vom 16.06.2003, in: Rundbrief der Vereinigung von Fachleuten des Gewerblichen Rechtsschutzes (VPP-Rundbrief) 2004, S. 52–65.

– Patentlizenz- und Know-how-Vertrag, 7. Auflage, Köln 2013.

Bartenbach, Kurt/Hellebrand, Ortwin: Zur Abschaffung des Hochschullehrerprivilegs (§ 42 ArbEG). Auswirkungen auf den Abschluss von Forschungsaufträgen, in: Mitteilungen der deutschen Patentanwälte (Mitt.) 2002, S. 165–170.

Bartenbach, Kurt/Volz, Franz-Eugen: Die betriebsgeheime Diensterfindung und ihre Vergütung gemäß § 17 ArbEG, in: Gewerblicher Rechtsschutz und Urheberrecht (GRUR) 1982, S. 133–142.

Literaturverzeichnis

- Arbeitnehmererfindergesetz. Kommentar zum Gesetz über Arbeitnehmererfindungen, 4. Auflage, Köln 2002 (zit.: *Bartenbach/Volz*, Arbeitnehmererfindergesetz (4. Auflage 2002)).
- Erfindungen an Hochschulen. Zur Neufassung des § 42 ArbEG, in: Gewerblicher Rechtsschutz und Urheberrecht (GRUR) 2002, S. 743–758.
- Erfindungsrechtliche Aspekte der universitären Auftragsforschung, in: *Einsele, Rolf/Franke, Erich* (Hrsg.), Festschrift 50 Jahre VPP (1955-2005), Duisburg 2005, S. 225–261 (zit.: *Bartenbach/Volz*, in: FS 50 Jahre VPP (2005)).
- Arbeitnehmererfindungsgesetz. Kommentar zum Gesetz über Arbeitnehmererfindungen, 5. Auflage, Köln 2013 (zit.: *Bartenbach/Volz*, Arbeitnehmererfindungsgesetz).
- Arbeitnehmererfindervergütung. Kommentar zu den Amtlichen Richtlinien für die Vergütung von Arbeitnehmererfindungen, 4. Auflage, Köln 2017 (zit.: *Bartenbach/Volz*, Arbeitnehmererfindervergütung).

Barth, Stephan: Zum 40. Geburtstag des Hochschullehrerprivilegs nach § 42 ArbnEG, in: Gewerblicher Rechtsschutz und Urheberrecht (GRUR) 1997, S. 880–886.

Barthel, Thomas: Arbeitnehmerurheberrechte in Arbeitsverträgen, Tarifverträgen und Betriebsvereinbarungen. Zugleich ein Reformvorschlag zum Arbeitnehmerurheberrecht, Frankfurt am Main 2002.

Baumbach/Hopt, Handelsgesetzbuch mit GmbH & Co., Handelsklauseln, Bank- und Börsenrecht, Transportrecht (ohne Seerecht), begr. von *Baumbach, Adolf*, hrsg. von *Hopt, Klaus*, 38. Auflage, München 2018 (zit.: *Bearbeiter*, in: Baumbach/Hopt, HGB).

Baur, Jürgen: Haftungsvoraussetzungen und Haftungsfolgen bei Tauglichkeitsmängeln der Erfindung, in: Zeitschrift für das gesamte Handelsrecht und Wirtschaftsrecht (ZHR) 1967, S. 1–20.

Bayreuther, Frank: Zum Verhältnis zwischen Arbeits-, Urheber- und Arbeitnehmererfindungsrecht. Unter besonderer Berücksichtigung der Sondervergütungsansprüche des angestellten Softwareerstellers, in: Gewerblicher Rechtsschutz und Urheberrecht (GRUR) 2003, S. 570–581.

Beaucamp, Guy: Aufhebung des „Hochschullehrerprivilegs" im Gesetz über Arbeitnehmererfindungen (ArbEG), in: Der öffentliche Dienst (DöD) 2003, S. 99–101.

Becker, Jürgen: Urheberrechte und Arbeitsverhältnisse – Strukturfragen zwischen Kreativität und Arbeitsverhältnis. Eröffnungsvortrag auf der Arbeitssitzung des Instituts für Urheber- und Medienrecht am 19. März 2010 – Herrn Prof. Dr. Manfred Rehbinder zum 75. Geburtstag gewidmet, in: Zeitschrift für Urheber- und Medienrecht (ZUM) 2010, S. 473–475.

BeckOK-ArbR, Beck'scher Online-Kommentar Arbeitsrecht, hrsg. von *Rolfs, Christian/Giesen, Richard/Kreikebohm, Ralf/Udsching, Peter*, 48. Edition, München 2018 (zit.: *Bearbeiter*, in: BeckOK-ArbR).

BeckOK-BGB, Beck'scher Online-Kommentar BGB, hrsg. von *Bamberger, Heinz Georg/Roth, Herbert/Hau, Wolfgang/Poseck, Roman*, 46. Edition, München 2018 (zit.: *Bearbeiter*, in: BeckOK-BGB).

BeckOK-GewO, Beck'scher Online-Kommentar Gewerberecht, hrsg. von *Pielow, Johann-Christian*, 42. Edition, München 2018 (zit.: *Bearbeiter*, in: BeckOK-GewO).

BeckOK-PatR, Beck'scher Online-Kommentar Patentrecht, hrsg. von *Bodewig, Theo/ Fitzner, Uwe/Lutz, Raimund*, 8. Edition, München 2018 (zit.: *Bearbeiter*, in: BeckOK-PatR).

BeckOK-SozR, Beck'scher Online-Kommentar Sozialrecht, hrsg. von *Giesen, Richard/Giesen, Richard/Rolfs, Christian/Udsching, Peter*, 49. Edition, München 2018 (zit.: *Bearbeiter*, in: BeckOK-SozR).

BeckOK-UrhR, Beck'scher Online-Kommentar Urheberrecht, hrsg. von *Ahlberg, Hartwig/Götting, Horst-Peter*, 21. Edition, München 2018 (zit.: *Bearbeiter*, in: BeckOK-UrhR).

Beier, Friedrich-Karl/Straus, Joseph: Frage 61: Der Schutz wissenschaftlicher Entdeckungen. Bericht im Namen der deutschen Landesgruppe, in: Gewerblicher Rechtsschutz und Urheberrecht (GRUR) 1983, S. 100–103.

Beier, Friedrich-Karl/Ullrich, Hans: Staatliche Forschungsförderung und Patentschutz. Band 2: Privatrechtsfragen der Forschungsförderung in der Bundesrepublik Deutschland, Weinheim 1984.

Benecke, Martina: Entwicklung von Computerprogrammen durch Arbeitnehmer. Aktuelle Entwicklungen des gewerblichen Rechtsschutzes für Computerprogramme und ihre arbeitsrechtlichen Folgen, in: Neue Zeitschrift für Arbeitsrecht (NZA) 2002, S. 883–889.

Benkard, Georg (Begr.): Patentgesetz. Gebrauchsmustergesetz, 7. Auflage, München 1981 (zit.: *Bearbeiter*, in: Benkard, Patentgesetz (7. Auflage 1981)).

– Patentgesetz. Gebrauchsmustergesetz, Patentkostengesetz, 11. Auflage, München 2015 (zit.: *Bearbeiter*, in: Benkard, Patentgesetz).

Berger, Christian: Zum Anspruch auf angemessene Vergütung (§ 32 UrhG) und weitere Beteiligung (§ 32 a UrhG) bei Arbeitnehmer-Urhebern, in: Zeitschrift für Urheber- und Medienrecht (ZUM) 2003, S. 173–179.

Berger, Christian/Wündisch, Sebastian (Hrsg.): Handbuch zum Urhebervertragsrecht, 2. Auflage, Baden-Baden 2015 (zit.: *Bearbeiter*, in: Berger/Wündisch, Urhebervertragsrecht).

Bergmann, Andrea: Erfindungen von Hochschulbeschäftigten nach der Reform von § 42 ArbNErfG, Köln 2006.

Berking, Christina: Die Unterscheidung von Inhalt und Form im Urheberrecht, Baden-Baden 2002.

Beyerlein, Thorsten: Der Wegfall des „Hochschullehrerprivilegs" (§ 42 ArbEG) – eine Erleichterung für die Forschung an deutschen Hochschulen?, in: Neue Zeitschrift für Arbeitsrecht (NZA) 2002, S. 1020–1024.

– Caveat emptor – Leistungsstörungs- und Gewährleistungsrechte beim Verkauf von Patenten, in: Mitteilungen der deutschen Patentanwälte (Mitt.) 2004, S. 193–240.

Birk, Rolf: Die arbeitsrechtliche Leitungsmacht, Köln 1973.

Blatz, Rolf: Das Recht des Arbeitgebers an literarischen Arbeitsergebnissen, Köln 1967.

Bock, Hans: Erfindervergütungen für benutzte, nichtgeschützte „Diensterfindungen", in: Mitteilungen der deutschen Patentanwälte (Mitt.) 1971, S. 220–228.

Boemke, Burkhard: Neue Selbständigkeit und Arbeitsverhältnis. Grundsatzfragen sinnvoller Abgrenzung von Arbeitnehmern, Arbeitnehmerähnlichen und Selbständigen, in: Zeitschrift für Arbeitsrecht (ZfA) 1998, S. 285–326.

– Schuldvertrag und Arbeitsverhältnis, München 1999.

Boemke, Burkhard/Kursawe, Stefan (Hrsg.): Kommentar zum Gesetz über Arbeitnehmererfindungen, München 2015 (zit.: *Bearbeiter*, in: Boemke/Kursawe, ArbNErfG).

Böhm, Anja: Bildurheberrechte und gewerbliche Schutzrechte in Auftragsverhältnissen, Berlin 2006.

Böhringer, Ingo: Die Novellierung des „Hochschullehrerprivilegs" (§ 42 ArbNErfG), in: Neue Juristische Wochenschrift (NJW) 2002, S. 952–954.

de Boor, Hans-Otto: Urheberrecht und Verlagsrecht. Ein Beitrag zur Theorie der ausschließlichen Rechte, Stuttgart 1917.

Brandi-Dohrn, Anselm: Arbeitnehmererfindungsschutz bei Softwareerstellung. Zugleich Anmerkung zu BGH v. 24.10.2000 – X ZR 72/98 – Arbeitnehmer-Erfindervergütung für Wetterführungspläne, in: Computer und Recht (CR) 2001, S. 285–294.

Brehm, Wolfgang/Berger, Christian: Sachenrecht, 3. Auflage, Tübingen 2014.

Breuer, Isaac: Die rechtliche Natur der Patentlizenz, in: Gewerblicher Rechtsschutz und Urheberrecht (GRUR) 1912, S. 44–60.

Breuer, Markus: Der erfinderische Schritt im Gebrauchsmusterrecht, in: Gewerblicher Rechtsschutz und Urheberrecht (GRUR) 1997, S. 11–18.

Bruchhausen, Karl: Die Revisibilität der Begriffe „persönliche geistige Schöpfungen", „eigentümliche Erzeugnisse", „auf einer erfinderischen Tätigkeit beruhen" und „auf einem erfinderischen Schritt beruhen", in: *Erdmann, Willi/Mees, Hans-Kurt/Piper, Henning/Teplitzky, Otto* (Hrsg.), Festschrift für Otto-Friedrich Frhr. v. Gamm, Köln 1990, S. 353–367 (zit.: *Bruchhausen*, in: FS v. Gamm (1990)).

Brune, Axel: Bewährtes deutsches Arbeitnehmererfindergesetz? Eine Analyse unter rechtstatsächlichen, rechtshistorischen und rechtsvergleichenden Aspekten mit Alternativen und Vorschlägen zur Neugestaltung, Köln 2010.

Buchner, Herbert: Die Vergütung für Sonderleistungen des Arbeitnehmers – ein Problem der Äquivalenz der im Arbeitsverhältnis zu erbringenden Leistungen, in: Gewerblicher Rechtsschutz und Urheberrecht (GRUR) 1985, S. 1–13.

– Der Schutz von Computerprogrammen und Know-how im Arbeitsverhältnis, in: *Lehmann, Michael* (Hrsg.), Rechtsschutz und Verwertung von Computerprogrammen. Urheberrecht, Patentrecht, Warenzeichenrecht, Wettbewerbsrecht, Kartellrecht, Vertrags- und Lizenzrecht, Arbeitsrecht, Strafrecht, Insolvenz- und Vollstreckungsrecht, Prozessrecht, Produzentenhaftung, Recht der Datenbanken, Steuerrecht, 2. Auflage, Köln 1993, S. 421–465 (zit.: *Buchner*, in: Lehmann (Hrsg.), Rechtsschutz und Verwertung von Computerprogrammen).

Bühling, Jochen: Die Markenlizenz und ihre vertragliche Gestaltung, Bochum 1999.

Bühring, Manfred: Kommentar zum Gebrauchsmustergesetz, 1. Auflage, Köln 1977 (zit.: *Bühring*, GebrMG (1. Auflage 1977)).

Bull, Hans Peter/Mehde, Veith: Allgemeines Verwaltungsrecht mit Verwaltungslehre, 9. Auflage, Heidelberg 2015.

Bundesministerium für Bildung und Forschung: Existenzgründungen mit Hochschulpatenten. Gutachten über Gestaltungsmöglichkeiten von Hochschulen, abrufbar im Internet unter: http://www.exist.de/SharedDocs/Downloads/DE/Studien/Existenzgruendungen-Hochschulpatenten.pdf?__blob=publicationFile, zuletzt abgerufen am 19.04.2020.

– Bundesbericht Forschung und Innovation 2016. Forschungs- und innovationspolitische Ziele und Maßnahmen, abrufbar im Internet unter: https://www.bmbf.de/pub/Bufi_2016_Hauptband.pdf, zuletzt abgerufen am 19.04.2020.

– Bundesbericht Forschung und Innovation 2018. Forschungs- und innovationspolitische Ziele und Maßnahmen, abrufbar im Internet unter: https://www.bmbf.de/pub/Bufi_2018_Hauptband.pdf, zuletzt abgerufen am 19.04.2020.

– Daten und Fakten zum deutschen Forschungs- und Innovationssystem. Datenband Bundesbericht Forschung und Innovation 2018, abrufbar im Internet unter: https://www.bmbf.de/pub/Bufi_2018_Datenband.pdf, zuletzt abgerufen am 19.04.2020.

Bund-Länder-Kommission für Bildungsplanung und Forschungsförderung: BLK Jahresbericht 2000, abrufbar im Internet unter: http://www.blk-bonn.de/papers/jb2000.pdf, zuletzt abgerufen am 19.04.2020.

Busche, Jan: Gesellschaftsorgane als Erfinder, in: *Osterrieth, Christian/Köhler, Martin/Haft, Klaus* (Hrsg.), Patentrecht. Festschrift für Thomas Reimann zum 65. Geburtstag, Köln 2009, S. 37–48 (zit.: *Busche*, in: FS Reimann (2009)).

Büscher, Wolfgang/Dittmer, Stefan/Schiwy, Peter (Hrsg.): Gewerblicher Rechtsschutz, Urheberrecht, Medienrecht, 3. Auflage, Köln 2015 (zit.: *Bearbeiter*, in: Büscher/Dittmer/Schiwy, Gewerblicher Rechtsschutz).

Busse, Rudolf (Begr.): Kommentar zum Patentgesetz und Gebrauchsmustergesetz in der Fassung v. 2.1.1968, 4. Auflage, Berlin 1972 (zit.: *Bearbeiter*, in: Busse, PatG (4. Auflage 1972)).

– Kommentar zum Patentgesetz. Unter Berücksichtigung des Europäischen Patentübereinkommens, des Gemeinschaftspatentübereinkommens und des Patentzusammenarbeitsvertrags mit Patentgebührengesetz, Gebrauchsmustergesetz und Gesetz über den Schutz der Topographien von Halbleitererzeugnissen, Gesetz über Arbeitnehmererfindungen und Gesetz über internationale Patentübereinkommen, 5. Auflage, Berlin 1999 (zit.: *Bearbeiter*, in: Busse, PatG (5. Auflage 1999)).

Literaturverzeichnis

Busse/Keukenschrijver, Kommentar zum Patentgesetz. Unter Berücksichtigung des Europäischen Patentübereinkommens, der Regelungen zum Patent mit einheitlicher Wirkung und des Patentzusammenarbeitsvertrags mit Patentkostengesetz, Gebrauchsmustergesetz und Gesetz über den Schutz der Topographien von Halbleitererzeugnissen, Gesetz über Arbeitnehmererfindungen und Gesetz über internationale Patentübereinkommen, begr. von *Busse, Rudolf*, hrsg. von *Keukenschrijver, Alfred*, 8. Auflage, Berlin 2016 (zit.: *Bearbeiter*, in: Busse/Keukenschrijver, PatG).

Cebulla, Mario: Die Pacht nichtsächlicher Gegenstände. Rechtspacht und Pacht besonderer Gegenstände im Wirtschaftsleben, Berlin 1999.

Cohausz, Helge: Untersuchung zum Verwertungsprivileg. Relevanz des sog. Hochschullehrerprivilegs nach § 42 ArbNErfG, Düsseldorf 1999.

Czernik, Ilja: Eine urheberrechtliche Betrachtung des Dienstverpflichteten, in: Recht der Arbeit (RdA) 2014, S. 354–358.

Czychowski, Christian: Die angemessene Vergütung im Spannungsfeld zwischen Urhebervertrags- und Arbeitnehmererfindungsrecht – ein Beitrag zur Praxis des neuen Urhebervertragsrechts im Bereich der angestellten Computerprogrammierer, in: *Loewenheim, Ulrich* (Hrsg.), Urheberrecht im Informationszeitalter. Festschrift für Wilhelm Nordemann zum 70. Geburtstag am 8. Januar 2004, München 2004, S. 157–165 (zit.: *Czychowski*, in: FS W. Nordemann (2004)).

Däubler, Wolfgang: Arbeitnehmerrechte an Computerprogrammen?, in: Arbeit und Recht (AuR) 1985, S. 169–175.

– Erleichterung von Innovationen – eine Aufgabe des Arbeitsrechts?, in: Betriebs-Berater (BB) 2004, S. 2521–2526.

Däubler, Wolfgang/Hjort, Jens Peter/Schubert, Michael/Wolmerath, Martin (Hrsg.): Handkommentar zum Arbeitsrecht. Individualarbeitsrecht mit kollektivrechtlichen Bezügen, 4. Auflage, Baden-Baden 2017 (zit.: *Bearbeiter*, in: Däubler, HK-ArbR).

Deinert, Olaf: Neuregelung des Fremdpersonaleinsatzes im Betrieb, in: Recht der Arbeit (RdA) 2017, S. 65–82.

Derichs, Fritz Leo: Treu und Glauben und die Nullfälle im Recht der Arbeitnehmererfindungen, in: Gewerblicher Rechtsschutz und Urheberrecht (GRUR) 1961, S. 66–67.

Detmer, Hubert: Das Recht der (Universitäts-)Professoren, in: *Hartmer, Michael/ Detmer, Hubert* (Hrsg.), Hochschulrecht. Ein Handbuch für die Praxis, 3. Auflage, Heidelberg 2017, S. 139–240 (zit.: *Detmer*, in: Hartmer/Detmer (Hrsg.), Hochschulrecht).

Deutscher Bibliotheksverband: Ergänzungsvereinbarung zur „Vergütungsvereinbarung zur Abgeltung von Ansprüchen für Nutzungen nach § 52a UrhG vom 27./30.01.2015" vom 26.01./09.02.2016, abrufbar im Internet unter: http://www.bibliotheksverband.de/fileadmin/user_upload/DBV/vereinbarungen/2015_Hochschulen_Erlass45.pdf, zuletzt abgerufen am 19.04.2020.

– Grundsatzvereinbarung zwischen der Kultusministerkonferenz und der Verwertungsgesellschaft Wort und der Hochschulrektorenkonferenz vom 22.12.2016, abrufbar im Internet unter: http://www.bibliotheksverband.de/fileadmin/user_upload/DBV/vereinbarungen/Grundsatzvereinbarung_KMK_VG_Wort_HRK.pdf, zuletzt abgerufen am 19.04.2020.
– Rahmenvertrag zur Vergütung von Ansprüchen nach § 52a UrhG (Hochschulen) vom 28.09.2016, abrufbar im Internet unter: http://www.bibliotheksverband.de/fileadmin/user_upload/DBV/vereinbarungen/2016-10-05_Rahmenvertrag_zur_Verguetung_von_Anspruechen_nach___52a_UrhG.pdf, zuletzt abgerufen am 19.04.2020.
– Schreiben des Vorsitzenden der Kommission „Bibliothekstantieme", Staatsrat Kück vom 10.08.2017, abrufbar im Internet unter: http://www.bibliotheksverband.de/fileadmin/user_upload/Kommissionen/Kom_Recht/Rechtsinformationen/2017_08_16_Paragraph52a.pdf, zuletzt abgerufen am 19.04.2020.

Deutsches Patent- und Markenamt: Jahresbericht 2006, abrufbar im Internet unter: https://www.dpma.de/docs/service/veroeffentlichungen/jahresberichte/dpma_jb_2006.pdf, zuletzt abgerufen am 19.04.2020.

– Jahresbericht 2013, abrufbar im Internet unter: https://www.dpma.de/docs/dpma/veroeffentlichungen/1/dpma_jb_2013-1.pdf, zuletzt abgerufen am 19.04.2020.

– Jahresbericht 2016, abrufbar im Internet unter: https://www.dpma.de/docs/dpma/veroeffentlichungen/jahresberichte/dpma-jahresbericht2016_nichtbarrierefrei.pdf, zuletzt abgerufen am 19.04.2020.

– Jahresbericht 2017, abrufbar im Internet unter: https://www.dpma.de/docs/dpma/veroeffentlichungen/jahresberichte/jahresbericht2017.pdf, zuletzt abgerufen am 19.04.2020.

Diederichsen, Ulrike: Der Vergütungsanspruch des angestellten Urhebers. Gleichbehandlung mit dem Arbeitnehmererfinder, Kiel 2002.

Dinnes, Markus: Softwareentwicklung im Vertragsverhältnis, Frankfurt am Main 2003.

Dornbusch, Gregor/Fischermeier, Ernst/Löwisch, Manfred (Hrsg.): AR. Kommentar zum gesamten Arbeitsrecht, 8. Auflage, Köln 2016 (zit.: *Bearbeiter*, in: Dornbusch/Fischermeier/Löwisch, AR-Kommentar).

Dörner, Lothar: Zum „qualifizierten" technischen Verbesserungsvorschlag, in: Gewerblicher Rechtsschutz und Urheberrecht (GRUR) 1963, S. 72–76.

Dreier, Horst (Hrsg.): Grundgesetz. Band 1: Präambel, Artikel 1-19, 3. Auflage, Tübingen 2013 (zit.: *Bearbeiter*, in: Dreier, Grundgesetz, Bd. 1).

Dreier, Thomas: Verletzung urheberrechtlich geschützter Software nach der Umsetzung der EG-Richtlinie, in: Gewerblicher Rechtsschutz und Urheberrecht (GRUR) 1993, S. 781–793.

Dreier, Thomas/Schulze, Gernot (Hrsg.): Kommentar zum Urheberrechtsgesetz. Verwertungsgesellschaftengesetz, Kunsturhebergesetz, 6. Auflage, München 2018 (zit.: *Bearbeiter*, in: Dreier/Schulze, Urheberrechtsgesetz).

Literaturverzeichnis

Dressel, Lothar: Der angestellte Urheber – Kein Handlungsbedarf für den Gesetzgeber, in: Gewerblicher Rechtsschutz und Urheberrecht (GRUR) 1989, S. 319–324.

Ebenroth/Boujong/Joost/Strohn, Handelsgesetzbuch. Band 1: §§ 1-342e, begr. von *Ebenroth, Carsten Thomas/Boujong, Karlheinz/Joost, Detlev*, hrsg. von *Joost, Detlev/Strohn, Lutz*, 3. Auflage, München 2014 (zit.: *Bearbeiter*, in: Ebenroth/Boujong/Joost/Strohn, HGB, Bd. 1).

Eichmann, Helmut/v. Falckenstein, Roland (Hrsg.): Geschmacksmustergesetz. Gesetz über den rechtlichen Schutz von Mustern und Modellen, 4. Auflage, München 2010 (zit.: *Bearbeiter*, in: Eichmann/v. Falckenstein, Geschmacksmustergesetz (4. Auflage 2010)).

Eichmann, Helmut/v. Falckenstein, Roland/Kühne, Marcus (Hrsg.): Designgesetz. Gesetz über den rechtlichen Schutz von Design, 5. Auflage 2015 (zit.: *Bearbeiter*, in: Eichmann/v. Falckenstein/Kühne, DesignG).

Eichmann, Helmut/Kur, Annette (Hrsg.): Designrecht. Praxishandbuch, 2. Auflage, Baden-Baden 2016 (zit.: *Bearbeiter*, in: Eichmann/Kur, Designrecht).

Enders, Achim: Von einem Extrem ins andere oder: Wie effektiv kann Verwertung von Amts wegen sein?, in: *Wagner, Hellmut/Fisch, Rudolf* (Hrsg.), Patentverwertung in Wissenschaft und Wirtschaft nach Wegfall des Hochschullehrerprivilegs, Bonn 2004, S. 45–49 (zit.: *Enders*, in: Wagner/Fischer (Hrsg.), Patentverwertung).

Engel, Friedrich-Wilhelm: Zum Begriff der technischen Erfindung nach der Rechtsprechung des Bundesgerichtshofes, in: Gewerblicher Rechtsschutz und Urheberrecht (GRUR) 1978, S. 201–207.

Engisch, Karl (Begr.): Einführung in das juristische Denken, hrsg. von *Würtenberger, Thomas/Otto, Dirk*, 11. Auflage, Stuttgart 2010.

Epping, Volker: Typisierung von Hochschulen. Universitäten und Fachhochschulen, in: *Hartmer, Michael/Detmer, Hubert* (Hrsg.), Hochschulrecht. Ein Handbuch für die Praxis, 3. Auflage, Heidelberg 2017, S. 53–81 (zit.: *Epping*, in: Hartmer/Detmer (Hrsg.), Hochschulrecht).

Erdmann, Willi: Urhebervertragsrecht im Meinungsstreit, in: Gewerblicher Rechtsschutz und Urheberrecht (GRUR) 2002, S. 923–931.

Erdmann, Willi/Bornkamm, Joachim: Schutz von Computerprogrammen – Rechtslage nach der EG-Richtlinie, in: Gewerblicher Rechtsschutz und Urheberrecht (GRUR) 1991, S. 877–880.

ErfK-ArbR, Erfurter Kommentar zum Arbeitsrecht, begr. von *Dieterich, Thomas/Hanau, Peter/Schaub, Günter*, hrsg. von *Müller-Glöge, Rudi/Preis, Ulrich/Schmidt, Ingrid*, 18. Auflage, München 2018 (zit.: *Bearbeiter*, in: ErfK-ArbR).

Erman, Bürgerliches Gesetzbuch. Handkommentar mit AGG, EGBGB (Auszug), ErbbauRG, LPartG, ProdHaftG, VBVG, VersAusglG und WEG, begr. von *Erman, Walter*, hrsg. von *Westermann, Harm Peter/Grunewald, Barbara/Maier-Reimer, Georg*, 15. Auflage, Köln 2017 (zit.: *Bearbeiter*, in: Erman, BGB).

Fahse, Hermann: Das Hochschullehrerprivileg des Arbeitnehmererfindergesetzes – beibehalten oder abschaffen?, in: *Hanau, Peter/Leuze, Dieter/Löwer, Wolfgang/ Schiedermair, Hartmut* (Hrsg.), Wissenschaftsrecht im Umbruch. Gedächtnisschrift für Hartmut Krüger, Berlin 2001, S. 93–110 (zit.: *Fahse*, in: GS Krüger (2001)).

v. Falck, Andreas/Schmaltz, Christiane: Hochschulerfindungen. Zuordnung und Vergütung in Deutschland, den Niederlanden, Frankreich, Großbritannien, den USA und Japan, in: Gewerblicher Rechtsschutz und Urheberrecht (GRUR) 2004, S. 469–475.

v. Falckenstein, Roland: Arbeitnehmererfindungsgesetz – das Rote Kliff im gewerblichen Rechtsschutz, in: *Haesemann, Manfred/Gennen, Klaus/Bartenbach, Britta/ Bartenbach, Anja* (Hrsg.), Festschrift für Kurt Bartenbach zum 65. Geburtstag am 9. Dezember 2004, Köln 2005, S. 73–88 (zit.: *v. Falckenstein*, in: FS Bartenbach (2005)).

Fernández de Córdoba, Sofia: Patentschutz im universitären Bereich, in: Zeitschrift für Gewerblichen Rechtsschutz und Urheberrecht Internationaler Teil (GRUR Int.) 1996, S. 218–230.

Finger, [Vorname unbekannt]: Lizenzverträge über nichtige Patente oder ungültige Gebrauchsmuster, in: Gewerblicher Rechtsschutz und Urheberrecht (GRUR) 1916, S. 17–19.

Fischer, Ernst: Die Bedeutung der Schutzfähigkeit der Diensterfindung für die Vergütungspflicht des Arbeitgebers, in: Gewerblicher Rechtsschutz und Urheberrecht (GRUR) 1963, S. 107–113.

– Die Erfindervergütung für die Benutzung einer nicht patentfähigen Erfindung. Zum Urteil des BGH vom 30. März 1971 – „Gleichrichter", in: Gewerblicher Rechtsschutz und Urheberrecht (GRUR) 1971, S. 430–435.

Flaig, Siegfried: Das nichtausschließliche Recht des Arbeitgebers zur Benutzung einer gebundenen oder freien Erfindung gemäß dem ArbEG, in: Mitteilungen der deutschen Patentanwälte (Mitt.) 1982, S. 47–55.

Fleuchaus, Andrea/Braitmayer, Sven-Erik: Hochschullehrerprivileg ade?, in: Gewerblicher Rechtsschutz und Urheberrecht (GRUR) 2002, S. 653–658.

Franke, Erich: Stand der Novellierung des Gesetzes über Arbeitnehmererfindungen. Vortrag anlässlich der VPP-Fachtagung, Frühjahr 2004, in: Rundbrief der Vereinigung von Fachleuten des Gewerblichen Rechtsschutzes (VPP-Rundbrief) 2004, S. 49–52.

Freitag, Peter: Über die Freiwilligkeit freiwilliger Leistungen, in: Neue Zeitschrift für Arbeitsrecht (NZA) 2002, S. 294–296.

Friedrich, [Vorname unbekannt]: Anmerkung zu BGH, Urt. v. 28.06.1962 – I ZR 28/61 (Cromegal), in: Gewerblicher Rechtsschutz und Urheberrecht (GRUR) 1963, S. 138–140.

Friedrich, Rudolf: Zum Gesetz über Arbeitnehmererfindungen, in: Gewerblicher Rechtsschutz und Urheberrecht (GRUR) 1958, S. 270–282.

Frieling, Roland: Forschungstransfer: Wem gehören universitäre Forschungsergebnisse?, in: Gewerblicher Rechtsschutz und Urheberrecht (GRUR) 1987, S. 407–415.

Friemel, Kilian: Die Betriebsvereinbarung über Arbeitnehmererfindungen und technische Verbesserungsvorschläge, München 2004.

Fromm/Nordemann, Urheberrecht. Kommentar zum Urheberrechtsgesetz, Verlagsgesetz, Urheberrechtswahrnehmungsgesetz, begr. von *Fromm, Friedrich Karl/ Nordemann, Wilhelm*, hrsg. von *Nordemann, Axel/Nordemann, Jan Bernd*, 11. Auflage, Stuttgart 2014 (zit.: *Bearbeiter*, in: Fromm/Nordemann, Urheberrecht).

Fuchs, Thomas: Arbeitnehmer-Urhebervertragsrecht, Baden-Baden 2005.

– Der Arbeitnehmerurheber im System des § 43 UrhG, in: Gewerblicher Rechtsschutz und Urheberrecht (GRUR) 2006, S. 561–565.

Gamillscheg, Franz: Kollektives Arbeitsrecht – Ein Lehrbuch. Band 1: Grundlagen, Koalitionsfreiheit, Tarifvertrag, Arbeitskampf und Schlichtung, München 1997.

Frhr. v. Gamm, Otto-Friedrich: Geschmacksmustergesetz, 2. Auflage, München 1989 (zit.: Frhr. v. Gamm, Geschmacksmustergesetz).

Gärditz, Klaus Ferdinand: Dienstrecht der Hochschulen, in: *Gärditz, Klaus Ferdinand/Pahlow, Louis* (Hrsg.), Hochschulerfinderrecht. Ein Handbuch für Wissenschaft und Praxis, Heidelberg 2011, S. 35–66 (zit.: *Gärditz*, in: Gärditz/Pahlow (Hrsg.), Hochschulerfinderrecht).

Gaul, Björn: Arbeitsrechtliche Aspekte einer Beschäftigung im IT-Bereich, in: *Haesemann, Manfred/Gennen, Klaus/Bartenbach, Britta/Bartenbach, Anja* (Hrsg.), Festschrift für Kurt Bartenbach zum 65. Geburtstag am 9. Dezember 2004, Köln 2005, S. 505–541 (zit.: *Gaul*, in: FS Bartenbach (2005)).

Gaul, Dieter: Wechselwirkungen zwischen Urheberrecht und Arbeitsrecht, insbesondere Grenzfragen des Arbeitnehmererfinderrechtes, in: Neue Juristische Wochenschrift (NJW) 1961, S. 1509–1515.

– Die Erfindervergütung bei Vorstandsmitgliedern und ihre Behandlung im Geschäftsbericht, in: Gewerblicher Rechtsschutz und Urheberrecht (GRUR) 1963, S. 341–345.

– Zur Freigabe der Diensterfindung für das Ausland, in: Mitteilungen der deutschen Patentanwälte (Mitt.) 1971, S. 241–248.

– 20 Jahre Arbeitnehmererfinderrecht, in: Gewerblicher Rechtsschutz und Urheberrecht (GRUR) 1977, S. 686–703.

– Die Vorzugsstellung des Arbeitgebers im Sinne des § 9 ArbNErfG und deren Bedeutung für die Arbeitnehmererfindervergütung, in: Gewerblicher Rechtsschutz und Urheberrecht (GRUR) 1980, S. 1029–1038.

– Der Verbesserungsvorschlag in seiner Abgrenzung zur Arbeitnehmererfindung, in: Betriebs-Berater (BB) 1983, S. 1357–1366.

– Künstlerische Leistungen eines Arbeitnehmers. Design im Recht, in: Neue Juristische Wochenschrift (NJW) 1986, S. 163–167.

– Verbesserungsvorschlag und arbeitsrechtliches Sonderleistungsprinzip, in: Betriebs-Berater (BB) 1992, S. 1710–1718.

– Zur Entwicklung des Urheberrechts im Arbeitsverhältnis, in: Recht der Datenverarbeitung (RDV) 1994, S. 1–4.

Gaul, Dieter/Bartenbach, Kurt: Individualrechtliche Rechtsprobleme betrieblicher Verbesserungsvorschläge. Zugleich ein Beitrag zum 80. Geburtstag von Prof. Dipl.-Ing. Otto Kögler, Esslingen, in: Der Betrieb (DB) 1978, S. 1161–1169.

Gaul, Dieter/Wexel, Horst-Günther: Der Einfluß des Arbeitsentgelts auf die Erfindervergütung, in: Betriebs-Berater (BB) 1984, S. 2069–2075.

Ghiron, Mario: Grundsätzliche Betrachtungen über die Urheberrechte, in: Archiv für Urheber- und Medienrecht (UFITA) 1932 (Bd. 5), S. 34–62.

Godt, Christine: Patentschutz für Forschungsergebnisse – eine Herausforderung für die Wissenschaft?, in: Wissenschaftsrecht (WissR) 2003, S. 24–50.

Goebel, Frank: Der erfinderische Schritt nach § 1 GebrMG. Zur Problematik der Erfindungshöhe im Gebrauchsmusterrecht, Köln 2005.

Götting, Horst-Peter: Der Schutz wissenschaftlicher Werke, in: *Loewenheim, Ulrich* (Hrsg.), Urheberrecht im Informationszeitalter. Festschrift für Wilhelm Nordemann zum 70. Geburtstag am 8. Januar 2004, München 2004, S. 7–23 (zit.: *Götting*, in: FS W. Nordemann (2004)).

– Gewerblicher Rechtsschutz. Patent-, Gebrauchsmuster-, Design- und Markenrecht. Ein Studienbuch, 10. Auflage, München 2014.

Götting, Horst-Peter/Leuze, Dieter: Das Urheberrecht des wissenschaftlichen Personals, in: *Hartmer, Michael/Detmer, Hubert* (Hrsg.), Hochschulrecht. Ein Handbuch für die Praxis, 3. Auflage, Heidelberg 2017, S. 777–830 (zit.: *Götting/Leuze*, in: Hartmer/Detmer (Hrsg.), Hochschulrecht).

Gounalakis, Georgios: Urhebervertragsrecht und Verfassung – Verfassungsrechtliche und rechtsvergleichende Bewertung des Gesetzesentwurfs zur Stärkung der vertraglichen Stellung von Urhebern und ausübenden Künstlern vom 30. Mai 2001, in: *Gounalakis, Georgios/Heinze, Meinhard/Dörr, Dieter* (Hrsg.), Urhebervertragsrecht. Verfassungs- und europarechtliche Bewertung des Entwurfs der Bundesregierung vom 30. Mai 2001, Berlin 2001, S. 11–191 (zit.: *Gounalakis*, in: Gounalakis/Heinze/Dörr (Hrsg.), Urhebervertragsrecht).

Grabig, Thomas: Die Bestimmung einer weiteren angemessenen Beteiligung in gemeinsamen Vergütungsregeln und in Tarifverträgen nach § 32a Abs. 4 UrhG, Frankfurt am Main 2006.

Grobys, Marcel/Foerstl, Uli: Die Auswirkungen der Urheberrechtsreform auf Arbeitsverträge, in: Neue Zeitschrift für Arbeitsrecht (NZA) 2002, S. 1015–1020.

Groeger, Axel (Hrsg.): Arbeitsrecht im öffentlichen Dienst, 2. Auflage, Köln 2014 (zit.: *Bearbeiter*, in: Groeger, Arbeitsrecht im öffentlichen Dienst).

Günther, Philipp Helmut/Beyerlein, Thorsten: Kommentar zum Designgesetz, 3. Auflage, Frankfurt am Main 2015 (zit.: *Bearbeiter*, in: Günther/Beyerlein, DesignG).

Haas, Günter: Der Vergütungsanspruch einer unbeschränkt in Anspruch genommenen Diensterfindung vor Patenterteilung, Würzburg 1975.

Literaturverzeichnis

Haas, Lothar: Das neue Urhebervertragsrecht. Systematische Darstellung des Gesetzes zur Stärkung der vertraglichen Stellung von Urhebern und ausübenden Künstlern mit einer Synopse zum neuen und alten Recht sowie den Gesetzesmaterialien, München 2002.

Haberstumpf, Helmut: Gedanken zum Urheberrechtsschutz wissenschaftlicher Werke, in: Archiv für Urheber- und Medienrecht (UFITA) 1983 (Bd. 96), S. 41–54.

– Grundsätzliches zum Urheberrechtsschutz von Computerprogrammen nach dem Urteil des Bundesgerichtshofs vom 9. Mai 1985, in: Gewerblicher Rechtsschutz und Urheberrecht (GRUR) 1986, S. 222–235.

– Wem gehören Forschungsergebnisse? Zum Urheberrecht an Hochschulen, in: Zeitschrift für Urheber- und Medienrecht (ZUM) 2001, S. 819–828.

Haedicke, Maximilian: Rechtskauf und Rechtsmängelhaftung. Forderungen, Immaterialgüterrechte und sonstige Gegenstände als Kaufobjekte und das reformierte Schuldrecht, Tübingen 2003.

– Die Gewährleistungshaftung bei Patentveräußerungs- und Patentlizenzverträgen und das neue Schuldrecht, in: Gewerblicher Rechtsschutz und Urheberrecht (GRUR) 2004, S. 123–127.

Halbach, Günter: Die Nullfälle im Recht der Arbeitnehmererfindungen, in: Gewerblicher Rechtsschutz und Urheberrecht (GRUR) 1960, S. 457–459.

– Nochmals: Nullfälle im Recht der Arbeitnehmererfindungen, in: Gewerblicher Rechtsschutz und Urheberrecht (GRUR) 1961, S. 388–389.

Hantel, Peter: Europäisches Arbeitsrecht. Mit zahlreichen Beispielsfällen aus der Rechtsprechung des EuGH, Berlin 2016.

Hartmer, Michael: Das Recht des wissenschaftlichen Nachwuchses, in: *Hartmer, Michael/Detmer, Hubert* (Hrsg.), Hochschulrecht. Ein Handbuch für die Praxis, 3. Auflage, Heidelberg 2017, S. 241–298 (zit.: *Hartmer*, in: Hartmer/Detmer (Hrsg.), Hochschulrecht).

Hartung, Götz: Die Vergütung der Verbesserungsvorschläge. Zugleich ein Beitrag zur Lehre der Vergütung von arbeitsrechtlichen Sonderleistungen und zum betrieblichen Vorschlagswesen, Köln 1979.

Hauptmann, Peter-Helge: Abhängige Beschäftigung und der urheberrechtliche Schutz des Arbeitsergebnisses. Eine Untersuchung der Nutzungsrechte und Vergütungspflichten am Beispiel der Entwicklung von Computerprogrammen im Arbeitsverhältnis, Frankfurt am Main 1994.

Heerma, Jan Dirk/Maierhöfer, Christopher: Drei Fragen zur Vergütung des Hochschulerfinders, in: Gewerblicher Rechtsschutz und Urheberrecht (GRUR) 2010, S. 682–688.

Heidel, Thomas/Hüßtege, Rainer/Mansel, Heinz-Peter/Noack, Ulrich (Hrsg.): BGB. Band 1: Allgemeiner Teil, EGBGB, 3. Auflage, Baden-Baden 2016 (zit.: *Bearbeiter*, in: Heidel/Hüßtege/Mansel/Noack, BGB, Bd. 1).

Heidelberger Kommentar, Hochschulrecht in Bund und Ländern. Band 1, begr. von *Hailbronner, Kay/Walter, Hannfried/Großkreutz, Peter,* hrsg. von *Geis, Max-Emanuel,* 50. Aktualisierung (Loseblattsammlung), Heidelberg 2018 (zit.: *Bearbeiter,* in: Heidelberger Kommentar, Hochschulrecht in Bund und Ländern, Bd. 1).

– Hochschulrecht in Bund und Ländern. Band 3, begr. von *Hailbronner, Kay/Walter, Hannfried/Großkreutz, Peter,* hrsg. von *Geis, Max-Emanuel,* 50. Aktualisierung (Loseblattsammlung), Heidelberg 2018 (zit.: *Bearbeiter,* in: Heidelberger Kommentar, Hochschulrecht in Bund und Ländern, Bd. 3).

Heilmann, Joachim/Taeger, Jürgen: Praktische Rechtsfragen des Arbeitnehmererfindungsrechts, in: Betriebs-Berater (BB) 1990, S. 1969–1975.

Heine, Hans-Gerhard: Zur Ermittlung des Erfindungswertes nach den Richtlinien für die Vergütung von Arbeitnehmererfindungen im privaten Dienst, in: Gewerblicher Rechtsschutz und Urheberrecht (GRUR) 1960, S. 321–327.

Heine, Hans-Gerhard/Rebitzki, Helmut: Die Vergütung für Erfindungen von Arbeitnehmern im privaten Dienst, Weinheim 1960.

Heinrich-Heine-Universität Düsseldorf: Patentierungsverfahren für Hochschulerfindungen, abrufbar im Internet unter: http://www.forschung.uni-duesseldorf.de/fileadmin/redaktion/ZUV/Dezernat_2/Abteilung_2.2/Dokumente/161020_Patentierungsverfahren_StandOkt2016.pdf, zuletzt abgerufen am 01.09.2018.

Heinze, Meinhard: Einwirkungen des Sozialrechts ins Arbeitsrecht, in: Neue Zeitschrift für Arbeitsrecht (NZA) 2000, S. 5–7.

– Arbeitsrechtliche Aspekte des Urhebervertragsrechts, in: *Gounalakis, Georgios/Heinze, Meinhard/Dörr, Dieter* (Hrsg.), Urhebervertragsrecht. Verfassungs- und europarechtliche Bewertung des Entwurfs der Bundesregierung vom 30. Mai 2001, Berlin 2001, S. 193–229 (zit.: *Heinze,* in: Gounalakis/Heinze/Dörr (Hrsg.), Urhebervertragsrecht).

v. Hellfeld, Axel: Sind Algorithmen schutzfähig?, in: Gewerblicher Rechtsschutz und Urheberrecht (GRUR) 1989, S. 471–485.

Henkel, Wolfgang: Beteiligung eines Arbeitnehmers an der wirtschaftlichen Verwertung der von ihm entwickelten Software, in: Betriebs-Berater (BB) 1987, S. 833–837.

Henn, Günther: Patent- und Know-how-Lizenzvertrag. Handbuch für die Praxis, 5. Auflage, Heidelberg 2003.

Herfurth, Rudolf/Kirmse, Doreen: Die Stiftungsuniversität. Analyse einer neuen Organisationsform für Hochschulen, in: Wissenschaftsrecht (WissR) 2003, S. 51–67.

Hesse, Hans Gerd: Züchtungen und Entdeckungen neuer Pflanzensorten durch Arbeitnehmer, in: Gewerblicher Rechtsschutz und Urheberrecht (GRUR) 1980, S. 404–411.

Hilger, Marie Luise: Zum „Arbeitnehmer-Begriff", in: Recht der Arbeit (RdA) 1989, S. 1–7.

Himmelmann, Ulrich: Vergütungsrechtliche Ungleichbehandlung von Arbeitnehmer-Erfinder und Arbeitnehmer-Urheber, Baden-Baden 1998.

Literaturverzeichnis

– Vergütungsrechtliche Ungleichbehandlung von Arbeitnehmer-Erfinder und Arbeitnehmer-Urheber, in: Gewerblicher Rechtsschutz und Urheberrecht (GRUR) 1999, S. 897–903.

Hochschule Kaiserslautern: Patentverwertungsstrategie der Hochschule Kaiserslautern, abrufbar im Internet unter: https://www.hs-kl.de/fileadmin/forschung/unser-service/Patentstrategie_HSKL_Dez2015.pdf, zuletzt abgerufen am 19.04.2020.

Hochschule Ostwestfalen-Lippe: Leitfaden zum Thema Schutzrechte, abrufbar im Internet unter: https://www.hs-owl.de/fileadmin/downloads/forschung_transfer/Leitfaden_zum_Thema_Schutzrechte.pdf, zuletzt abgerufen am 19.04.2020.

Hochschulrektorenkonferenz: Zum Patentwesen an den Hochschulen. Entschließung des 183. Plenums der Hochschulrektorenkonferenz vom 10. November 1997 in Bonn. Beiträge zur Hochschulpolitik 8/1997, Bonn 1997.

Hoecht, Julia Therese: Urheberrechte im Arbeitsverhältnis. Ein Vergleich zwischen deutschem und amerikanischem Recht unter besonderer Berücksichtigung der internationalen Verwertung der Werke, Duisburg 2006.

Hoeren, Thomas: Hans im Glück – Erfindungen an Hochschulen an der Schnittstelle von Forschungsfreiheit und universitärer Verwertung, in: *Asche, Michael/Bauhus, Wilhelm/Kaddatz, Burckhard/Seel, Bernd* (Hrsg.), Modernes Patentbewusstsein in Hochschulen, Münster 2004, S. 33–36 (zit.: *Hoeren*, in: Asche/Bauhus/Kaddatz/Seel (Hrsg.), Modernes Patentbewusstsein in Hochschulen).

– Zur Patentkultur an Hochschulen – auf neuen Wegen zum Ziel, in: Wissenschaftsrecht (WissR) 2005, S. 131–156.

van der Hoff, Oliver: Die Vergütung angestellter Software-Entwickler. Rechtliche Beurteilung und Vertragspraxis, Baden-Baden 2009.

Holländer, Günther: Nutzungsrechte an freiwillig erstellter Software im Arbeitsverhältnis, in: Computer und Recht (CR) 1991, S. 614–618.

Hromadka, Wolfgang: Schuldrechtsmodernisierung und Vertragskontrolle im Arbeitsrecht, in: Neue Juristische Wochenschrift (NJW) 2002, S. 2523–2530.

– Arbeitnehmer oder freier Mitarbeiter?, in: Neue Juristische Wochenschrift (NJW) 2003, S. 1847–1849.

Hubmann, Heinrich: Das Recht am Arbeitsergebnis, in: *Dietz, Rolf/Nipperdey, Hans Carl/Ulmer, Eugen* (Hrsg.), Beiträge zum Arbeits-, Handel- und Wirtschaftsrecht. Festschrift für Alfred Hueck zum 70. Geburtstag, München 1959, S. 43–67 (zit.: *Hubmann*, in: FS Hueck (1959)).

– Das Urheberrecht an Dissertationen, in: Mitteilungen des Deutschen Hochschulverbandes (MittHV) 1966, S. 28–32.

– Der Rechtsschutz der Idee, in: Archiv für Urheber- und Medienrecht (UFITA) 1975 (Bd. 24), S. 1–15.

– Urheberrechtsprinzipien für das Verhältnis zwischen Professoren und Mitarbeitern, in: Arbeitsgruppe Fortbildung im Sprecherkreis der Hochschulkanzler (Hrsg.), Patent- und Urheberrecht, Arbeitnehmererfindungs- und Veröffentlichungsrecht. Referate gehalten in Kurs III/10 des Fortbildungsprogramms für die Wissenschaftsverwaltung (Projekt im Rahmen des OECD-Hochschul-verwaltungsprogramms) vom 27.-28.03.1985 in München, Essen 1985, S. 47–73 (zit.: *Hubmann*, in: Arbeitsgruppe Fortbildung im Sprecherkreis der Hochschulkanzler (Hrsg.), Patent- und Urheberrecht, Arbeitnehmererfindungs- und Veröffentlichungsrecht. Fortbildungsprogramm für die Wissenschaftsverwaltung).

Hubmann, Heinrich/Haberstumpf, Helmut: Das Recht zur Publikation von Forschungsergebnissen bei Mitwirkung von wissenschaftlichen Mitarbeitern, in: Mitteilungen des Deutschen Hochschulverbandes (MittHV) 1982, S. 211–214.

Hübner, Joachim: Erfindungen von Beschäftigten an Hochschulen. Ein Beitrag zur Reform des § 42 ArbEG, Münster 2003.

Hueck, Alfred: Gedanken zur Neuregelung des Rechts der Arbeitnehmererfindungen, in: Festschrift für Arthur Nikisch, Tübingen 1958, S. 63–82 (zit.: *Hueck*, in: FS Nikisch (1958)).

Hueck, Alfred/Nipperdey, Hans Carl: Lehrbuch des Arbeitsrechts. Band 1: Allgemeine Lehren, Individualarbeitsrecht und Arbeitsgerichtsbarkeit, 7. Auflage, Berlin 1963.

Hueck, Götz: Arbeitnehmer und freie Mitarbeiter, in: Der Betrieb (DB) 1955, S. 384–387.

Hummel, Marlies: Die volkswirtschaftliche Bedeutung des Urheberrechts. Gutachten im Auftrag des Bundesministers der Justiz, Berlin 1989.

Huster, Stefan/Kaltenborn, Markus (Hrsg.): Krankenhausrecht. Praxishandbuch zum Recht des Krankenhauswesens, München 2010 (zit.: *Bearbeiter*, in: Huster/Kaltenborn, Krankenhausrecht).

HWK-Arbeitsrecht, Kommentar zum Arbeitsrecht, hrsg. von *Henssler, Martin; Willemsen, Heinz Josef; Kalb, Heinz-Jürgen*, 8. Auflage, Köln 2018 (zit.: *Bearbeiter*, in: HWK-Arbeitsrecht).

Jacobs, Rainer: Das neue Urhebervertragsrecht, in: Neue Juristische Wochenschrift (NJW) 2002, S. 1905–1909.

Jauernig, Kommentar zum Bürgerlichen Gesetzbuch mit Rom-I-, Rom-II-VO, EuUnthVO/HUntProt und EuErbVO, begr. von *Jauernig, Othmar*, hrsg. von *Stürner, Rolf*, 17. Auflage, München 2018 (zit.: *Bearbeiter*, in: Jauernig, BGB).

Jestaedt, Bernhard: Die erfinderische Tätigkeit in der neueren Rechtsprechung des Bundesgerichtshofs, in: Gewerblicher Rechtsschutz und Urheberrecht (GRUR) 2001, S. 939–944.

Johannesson, B. [Keine vollständige Namensangabe]: Erfindungsvergütungen unter dem Monopolprinzip des Gesetzes über Arbeitnehmererfindungen, in: Gewerblicher Rechtsschutz und Urheberrecht (GRUR) 1970, S. 114–129.

– Zur jüngsten Rechtsprechung des Bundesgerichtshofs zur Erfindungsvergütung, in: Gewerblicher Rechtsschutz und Urheberrecht (GRUR) 1972, S. 63–68.

Literaturverzeichnis

Joos, Ulrich: Grundlagen und Möglichkeiten der Angleichung des Arbeitnehmererfinderrechts. Diskussionsbericht über die Arbeitssitzung der Fachgruppe für gewerblichen Rechtsschutz und Urheberrecht der Gesellschaft für Rechtsvergleichung auf der Tagung für Rechtsvergleichung 1989 in Würzburg am 14. September 1989, in: Zeitschrift für Gewerblichen Rechtsschutz und Urheberrecht Internationaler Teil (GRUR Int.) 1990, S. 366–369.

Junker, Abbo: Grundkurs Arbeitsrecht, 17. Auflage, München 2018.

Junker, Abbo/Benecke, Martina: Computerrecht, 3. Auflage, Baden-Baden 2003.

Kaskel, Walter: Begriff und Gegenstand des Sozialrechts als Rechtsdisziplin und Lehrfach, in: Deutsche Juristen-Zeitung (DJZ) 1918, S. 541–546.

Kelp, Ulla: Die Rechte abhängiger Beschäftigter, in: *Gärditz, Klaus Ferdinand/ Pahlow, Louis* (Hrsg.), Hochschulerfinderrecht. Ein Handbuch für Wissenschaft und Praxis, Heidelberg 2011, S. 223–255 (zit.: *Kelp*, in: Gärditz/Pahlow (Hrsg.), Hochschulerfinderrecht).

Kempen, Bernhard: Grundfragen des institutionellen Hochschulrechts, in: *Hartmer, Michael/Detmer, Hubert* (Hrsg.), Hochschulrecht. Ein Handbuch für die Praxis, 3. Auflage, Heidelberg 2017, S. 1–52 (zit.: *Kempen*, in: Hartmer/Detmer (Hrsg.), Hochschulrecht).

Knudsen, Björn/Lauber, Anne: Schutz wissenschaftlicher Leistungen an Hochschulen und Forschungseinrichtungen. Urheber-, Marken-, Patent- und Internetrecht, Berlin 2005.

Koch, Frank: Urheberrechte an Computerprogrammen im Arbeitsverhältnis. Ratschläge für die Vertragspraxis, in: Computer und Recht (CR) 1985, S. 86–92.

– Urheberrechte an Computerprogrammen im Arbeitsverhältnis. Ratschläge für die Vertragspraxis (II), in: Computer und Recht (CR) 1985, S. 146–155.

Kocher, Eva: Europäisches Arbeitsrecht, Baden-Baden 2016.

Kohler, Josef: Urheberrecht an Schriftwerken und Verlagsrecht, Stuttgart 1907.

Kohler, Michael/Beyer, Andreas: Existenzgründungen mit Hochschulpatenten – Gestaltungsmöglichkeiten von Hochschulen, in: *Asche, Michael/Bauhus, Wilhelm/ Kaddatz, Burckhard/Seel, Bernd* (Hrsg.), Modernes Patentbewusstsein in Hochschulen, Münster 2004, S. 79–98 (zit.: *Kohler/Beyer*, in: Asche/Bauhus/Kaddatz/ Seel (Hrsg.), Modernes Patentbewusstsein in Hochschulen).

Kollmer, Norbert/Klindt, Thomas/Schucht, Carsten (Hrsg.): Kommentar zum Arbeitsschutzgesetz mit BetrSichV, BaustellV, BildscharbV, LasthandhabV, PSA-BV, BiostoffV, MuSchArbV, LärmVibrationsArbSchV, OStrV, ArbMedVV, ArbStättV, EMFV, 3. Auflage, München 2016 (zit.: *Bearbeiter*, in: Kollmer/ Klindt/Schucht, Arbeitsschutzgesetz).

Körting, Marcel: Das Arbeitnehmererfindungsrecht und die innerbetriebliche Innovationsförderung. Ansichten im internationalen Kontext, Hamburg 2006.

Körting, Marcel/Kummer, Pierre: Von der Hochschullehrererfindung zur Hochschulerfindung. Der Wandel des Hochschullehrerprivilegs, in: Recht der Arbeit (RdA) 2003, S. 279–285.

Koschtial, Ulrike: Zur Notwendigkeit der Absenkung der Gestaltungshöhe für Werke der angewandten Kunst im deutschen Urheberrecht, in: Gewerblicher Rechtsschutz und Urheberrecht (GRUR) 2004, S. 555–560.

Kraßer, Rudolf: Urheberrecht in Arbeits-, Dienst- und Auftragsverhältnissen, in: *Beier, Friedrich-Karl/Götting, Horst-Peter/Lehmann, Michael/Moufang, Rainer* (Hrsg.), Urhebervertragsrecht. Festgabe für Gerhard Schricker zum 60. Geburtstag, München 1995, S. 77–115 (zit.: *Kraßer*, in: FG Schricker (1995)).

– Die neuen Vorschriften über Hochschulerfindungen, in: Beilage zu Forschung & Lehre (Beilage F&L) 2002, S. 8–16.

– Erfindungsrecht des wissenschaftlichen Personals, in: *Hartmer, Michael/Detmer, Hubert* (Hrsg.), Hochschulrecht. Ein Handbuch für die Praxis, 3. Auflage, Heidelberg 2017, S. 831–872 (zit.: *Kraßer*, in: Hartmer/Detmer (Hrsg.), Hochschulrecht).

Kraßer, Rudolf/Ann, Christoph: Patentrecht. Lehrbuch zum deutschen und europäischen Patentrecht und Gebrauchsmusterrecht, 7. Auflage, München 2016.

Kraßer, Rudolf/Schricker, Gerhard: Patent- und Urheberrecht an Hochschulen. Die Verwertung von Erfindungen und urheberrechtlich geschützten Werken an Hochschulen wissenschaftlich Tätiger, Baden-Baden 1988.

Krausnick, Daniel: Privathochschulen, in: *Gärditz, Klaus Ferdinand/Pahlow, Louis* (Hrsg.), Hochschulerfinderrecht. Ein Handbuch für Wissenschaft und Praxis, Heidelberg 2011, S. 117–126 (zit.: *Krausnick*, in: Gärditz/Pahlow (Hrsg.), Hochschulerfinderrecht).

Kretzer, Ira Cristina: Die Novellierung des „Hochschullehrerprivilegs" (§ 42 ArbnErfG), Frankfurt am Main 2007.

Krieger, Ulrich: Zum Verhältnis von Monopolrecht und Vergütungsanspruch im Recht der Arbeitnehmer-Erfindungen, in: *Westermann, Harm Peter/Rosener, Wolfgang* (Hrsg.), Festschrift für Karlheinz Quack zum 65. Geburtstag am 3. Januar 1991, Berlin 1991, S. 41–55 (zit.: *Krieger*, in: FS Quack (1991)).

Kroitzsch, Hermann: Erfindungen in der Vertragsforschung und bei Forschungs- und Entwicklungsgemeinschaften unter dem Blickpunkt des Arbeitnehmererfindergesetzes, in: Gewerblicher Rechtsschutz und Urheberrecht (GRUR) 1974, S. 177–187.

Kuckuk, Meike: Die Vergütungsansprüche der Arbeitnehmerurheber im Spannungsfeld zwischen Arbeitsrecht und neuem Urheberrecht, Frankfurt am Main 2005.

Kummer, Max: Das urheberrechtlich schützbare Werk, Bern 1968.

Kunze, Otto: Arbeitnehmererfinder- und Arbeitnehmerurheberrecht als Arbeitsrecht, in: Recht der Arbeit (RdA) 1975, S. 42–48.

Kunzmann, Jens: Von Copolyester bis Abwasserbehandlung – Zu Inhalt und Grenzen des arbeitnehmererfinderrechtlichen Auskunfts- und Rechnungslegungsanspruchs, in: *Haesemann, Manfred/Gennen, Klaus/Bartenbach, Britta/Bartenbach, Anja* (Hrsg.), Festschrift für Kurt Bartenbach zum 65. Geburtstag am 9. Dezember 2004, Köln 2005, S. 175–197 (zit.: *Kunzmann*, in: FS Bartenbach (2005)).

Kur, Annette: Verwertung von Design, in: *Beier, Friedrich-Karl/Götting, Horst-Peter/Lehmann, Michael/Moufang, Rainer* (Hrsg.), Urhebervertragsrecht. Festgabe für Gerhard Schricker zum 60. Geburtstag, München 1995, S. 503–539 (zit.: *Kur*, in: FG Schricker (1995)).

Kurz, Peter: Die historische Entwicklung des Arbeitnehmererfindungsrechts in Deutschland, Stuttgart 1991.

Küttner, Personalbuch 2018. Arbeitsrecht, Lohnsteuerrecht, Sozialversicherungsrecht, begr. von *Küttner, Wolfdieter*, hrsg. von *Röller, Jürgen*, 25. Auflage, München 2018 (zit.: *Bearbeiter*, in: Küttner, Personalbuch).

Lehmann, Michael: Der neue Europäische Rechtsschutz von Computerprogrammen, in: Neue Juristische Wochenschrift (NJW) 1991, S. 2112–2117.

Leinhas, Sabrina: IT-Outsourcing und Betriebsübergang im Sinne des § 613a BGB – arbeitnehmererfindungsrechtliche und arbeitnehmerurheberrechtliche Problemlösungen, Köln 2009.

Leipold, Dieter: BGB I. Einführung und Allgemeiner Teil. Ein Lehrbuch mit Fällen und Kontrollfragen, 9. Auflage, Tübingen 2017.

Leistner, Matthias: Farewell to the "Professor's Privilege". Ownership of Patents for Academic Inventions in Germany Under the Reformed Employees' Inventions Act 2002, in: International Review of Intellectual Property and Competition Law (IIC) 2004, S. 859–872.

Lenhart, Markus Benjamin: Arbeitnehmer- und Arbeitgeberbegriff im Arbeitnehmererfindungsrecht, Hamburg 2002.

Leuze, Dieter: Die urheberrechtliche Stellung des Professors, insbesondere dargestellt am Beispiel wissenschaftlicher Sprachwerke, in: Wissenschaftsrecht (WissR) 2001, S. 156–181.

– Anmerkungen zur Beseitigung des Hochschullehrerprivilegs im Gesetz über Arbeitnehmererfindungen (ArbEG), in: Wissenschaftsrecht (WissR) 2002, S. 348–357.

– Kritische Anmerkungen zu § 42 ArbEG, in: Gewerblicher Rechtsschutz und Urheberrecht (GRUR) 2005, S. 27–33.

– Die Urheberrechte der wissenschaftlichen Mitarbeiter, in: Gewerblicher Rechtsschutz und Urheberrecht (GRUR) 2006, S. 552–560.

– Urheberrechte der Beschäftigten im öffentlichen Dienst. Öffentliche Verwaltung, Hochschulen, außeruniversitäre Forschungseinrichtungen, Schulen, 3. Auflage, Berlin 2008.

Lieb, Manfred: Arbeitsrecht, Karlsruhe 1975.

Liedel, Dieter: Das deutsche Patentnichtigkeitsverfahren. Eine Bestandsaufnahme, Köln 1979.

Lindenmaier, Fritz/Lüdecke, Wolfgang: Die Arbeitnehmererfindungen. Kommentar zum Gesetz über Arbeitnehmererfindungen vom 25. Juli 1957 und zu den Richtlinien für die Vergütung von Arbeitnehmererfindungen im privaten Dienst vom 20. Juli 1959, Darmstadt 1961 (zit.: *Lindenmaier/Lüdecke*, Arbeitnehmererfindungen).

Loewenheim, Ulrich (Hrsg.): Handbuch des Urheberrechts, 2. Auflage, München 2010 (zit.: *Bearbeiter*, in: Loewenheim, Handbuch des Urheberrechts).

Loos, Christiane Monika: Das Urheberrecht des Arbeitnehmers an Computerprogrammen, Aachen 2006.

Löwisch, Manfred/Wertheimer, Frank: Das Arbeitsrecht des Hochschulpersonals, in: *Hartmer, Michael/Detmer, Hubert* (Hrsg.), Hochschulrecht. Ein Handbuch für die Praxis, 3. Auflage, Heidelberg 2017, S. 559–648 (zit.: *Löwisch/Wertheimer*, in: Hartmer/Detmer (Hrsg.), Hochschulrecht).

Lucas, Martina: Softwareentwicklung durch Arbeitnehmer. Arbeitsrechtliche und immaterialgüterrechtliche Zuordnungsinteressen, Darmstadt 1993.

Lüken, Andreas: Der Arbeitnehmer als Schöpfer von Werken geistigen Eigentums, Hamburg 2008.

Lux, Christina: Rechtsfragen der Kooperation zwischen Hochschulen und Wirtschaft. Ein Rechtsvergleich: Deutschland - USA, München 2002.

Lux-Wesener, Christina: Die Kooperation des Wissenschaftlers mit der Wirtschaft und das Nebentätigkeitsrecht der Professoren, in: *Hartmer, Michael/Detmer, Hubert* (Hrsg.), Hochschulrecht. Ein Handbuch für die Praxis, 3. Auflage, Heidelberg 2017, S. 415–457 (zit.: *Lux-Wesener*, in: Hartmer/Detmer (Hrsg.), Hochschulrecht).

Lynen, Peter Michael: Typisierung von Hochschulen. Pädagogische Hochschulen, Kunst- und Musikhochschulen, kirchliche Hochschulen, private Hochschulen, in: *Hartmer, Michael/Detmer, Hubert* (Hrsg.), Hochschulrecht. Ein Handbuch für die Praxis, 3. Auflage, Heidelberg 2017, S. 83–139 (zit.: *Lynen*, in: Hartmer/Detmer (Hrsg.), Hochschulrecht).

MAH-Arbeitsrecht, Münchener Anwaltshandbuch Arbeitsrecht, hrsg. von *Moll, Wilhelm*, 4. Auflage, München 2017 (zit.: *Bearbeiter*, in: MAH-Arbeitsrecht).

v. Mangoldt/Klein/Starck, Kommentar zum Grundgesetz. Band 1: Präambel, Artikel 1 bis 19, begr. von *v. Mangoldt, Hermann*, hrsg. von *Klein, Friedrich/Starck, Christian*, 7. Auflage, München 2018 (zit.: *Bearbeiter*, in: v. Mangoldt/Klein/Starck, Grundgesetz, Bd. 1).

– Kommentar zum Grundgesetz. Band 3: Artikel 83 bis 146, begr. von *v. Mangoldt, Hermann*, hrsg. von *Klein, Friedrich/Starck, Christian*, 7. Auflage, München 2018 (zit.: *Bearbeiter*, in: v. Mangoldt/Klein/Starck, Grundgesetz, Bd. 3).

Martens, Klaus-Peter: Arbeitsrechtlicher Rechtsformzwang und gesellschaftsrechtliche Beschäftigungsverhältnisse, in: Recht der Arbeit (RdA) 1979, S. 347–355.

Mathis, Hans-Peter: Der Arbeitnehmer als Urheber. Die Auslegung und Problematik des § 43 UrhG, Frankfurt am Main 1988.

Matschiner, Barbara: Erfindungen im Rahmen der Hochschulforschung – zum Patentwesen an deutschen Hochschulen, in: *Einsele, Rolf/Franke, Erich* (Hrsg.), Festschrift 50 Jahre VPP (1955-2005), Duisburg 2005, S. 174–185 (zit.: *Matschiner*, in: FS 50 Jahre VPP (2005)).

Literaturverzeichnis

Maunz/Dürig, Grundgesetz. Band 1: Texte, Art. 1-5, begr. von *Maunz, Theodor/Dürig, Günter*, hrsg. von *Herzog, Roman/Scholz, Rupert/Herdegen, Mathias/Kleine, Hans*, 82. Ergänzungslieferung (Loseblattsammlung), München 2018 (zit.: *Bearbeiter*, in: Maunz/Dürig, Grundgesetz, Bd. 1).

McGuire, Mary-Rose: Nutzungsrechte an Computerprogrammen in der Insolvenz. Zugleich eine Stellungnahme zum Gesetzentwurf zur Regelung der Insolvenzfestigkeit von Lizenzen, in: Gewerblicher Rechtsschutz und Urheberrecht (GRUR) 2009, S. 13–22.

– Kumulation und Doppelschutz. Ursachen und Folgen des Schutzes einer Leistung durch mehrere Schutzrechte, in: Gewerblicher Rechtsschutz und Urheberrecht (GRUR) 2011, S. 767–774.

– Die Lizenz. Eine Einordnung in die Systemzusammenhänge des BGB und des Zivilprozessrechts, Tübingen 2012.

Meier, Karl: Bewährtes deutsches Arbeitnehmererfinderrecht?, in: Gewerblicher Rechtsschutz und Urheberrecht (GRUR) 1998, S. 779–785.

Meier-Beck, Peter: „Abwasserbehandlung" und Monopolprinzip – ein Beitrag zum Recht an der Erfindung, in: *Osterrieth, Christian/Köhler, Martin/Haft, Klaus* (Hrsg.), Patentrecht. Festschrift für Thomas Reimann zum 65. Geburtstag, Köln 2009, S. 309–321 (zit.: *Meier-Beck*, in: FS Reimann (2009)).

Meiser, Carola: Urheberrechtliche Besonderheiten bei angestellten Filmschaffenden, in: Neue Zeitschrift für Arbeitsrecht (NZA) 1998, S. 291–297.

Melullis, Klaus-Jürgen: Zum Verhältnis von Erfindung und technischem Verbesserungsvorschlag nach dem Arbeitnehmererfindergesetz, in: Gewerblicher Rechtsschutz und Urheberrecht (GRUR) 2001, S. 684–688.

Mes, Peter: Patentgesetz. Gebrauchsmustergesetz, 4. Auflage, München 2015 (zit.: *Mes*, Patentgesetz).

Meusel, Ernst-Joachim: Außeruniversitäre Forschung im Wissenschaftsrecht, 2. Auflage, Köln 1999.

Mohr, Wolfgang: Der Arbeitnehmerbegriff im Arbeits- und Steuerrecht, Frankfurt am Main 1994.

Molitor, Erich: Arbeitnehmer und Betrieb. Zugleich ein Beitrag zur einheitlichen Grundlegung des Arbeitsrechts, Marburg 1929.

v. Moltke, Bertram: Das Urheberrecht an den Werken der Wissenschaft, Baden-Baden 1992.

Mönig, Anton: Der technische Verbesserungsvorschlag im Sinne von § 20 Abs. 1 ArbEG, in: Gewerblicher Rechtsschutz und Urheberrecht (GRUR) 1972, S. 518–523.

MüKo-BGB, Münchener Kommentar zum Bürgerlichen Gesetzbuch. Band 1: Allgemeiner Teil. §§ 1-240, ProstG, AGG, hrsg. von *Säcker, Franz Jürgen/Rixecker, Roland/Oetker, Hartmut/Limperg, Bettina*, 7. Auflage, München 2015 (zit.: *Bearbeiter*, in: MüKo-BGB, Bd. 1).

– Band 3: Schuldrecht, Besonderer Teil I. §§ 433-534, Finanzierungsleasing, CISG, hrsg. von *Säcker, Franz Jürgen/Rixecker, Roland/Oetker, Hartmut/Limperg, Bettina*, 7. Auflage, München 2016 (zit.: *Bearbeiter*, in: MüKo-BGB, Bd. 3).

- Band 4: Schuldrecht, Besonderer Teil II. §§ 535-630h, HeizkostenV, BetrKV, WärmeLV, EFZG, TzBfG, KSchG, MiLoG, hrsg. von *Säcker, Franz Jürgen/Rixecker, Roland/Oetker, Hartmut/Limperg, Bettina*, 7. Auflage, München 2016 (zit.: *Bearbeiter*, in: MüKo-BGB, Bd. 4).
- Band 7: Sachenrecht. §§ 854-1296, WEG, ErbbauRG, hrsg. von *Säcker, Franz Jürgen/Rixecker, Roland/Oetker, Hartmut/Limperg, Bettina*, 7. Auflage, München 2017 (zit.: *Bearbeiter*, in: MüKo-BGB, Bd. 7).

MüKo-HGB, Münchener Kommentar zum Handelsgesetzbuch. Band 1: Erstes Buch, Handelsstand, §§ 1-104a, hrsg. von *Schmidt, Karsten*, 4. Auflage, München 2016 (zit.: *Bearbeiter*, in: MüKo-HGB, Bd. 1).

Müller, Bernd/Landshuter, Francisca: Arbeitsrecht im öffentlichen Dienst, 7. Auflage, München 2009.

Müller-Höll, Dorothea: Der Arbeitnehmerurheber in der Europäischen Gemeinschaft, Frankfurt am Main 2005.

Müller-Pohle, Hans: Erfindungen von Gefolgschaftsmitgliedern, Berlin 1943.

Münchener Handbuch zum Arbeitsrecht. Band 1: Individualarbeitsrecht, hrsg. von *Richardi, Reinhard/Wißmann, Hellmut/Wlotzke, Otfried/Oetker, Hartmut*, 3. Auflage, München 2009 (zit.: *Bearbeiter*, in: Münchener Handbuch zum Arbeitsrecht, Bd. 1).

Nähring, E. [Keine vollständige Namensangabe]: Zur Frage der Erfindungshöhe im Patenterteilungsverfahren, in: Gewerblicher Rechtsschutz und Urheberrecht (GRUR) 1959, S. 57–62.

Nikisch, Arthur: Vom Arbeitsverhältnis, in: Rechtswissenschaftliche Fakultät Köln (Hrsg.), Festschrift für Heinrich Lehmann zum sechzigsten Geburtstag. 20. Juli 1936, Berlin 1937, S. 285–300 (zit.: *Nikisch*, in: FS H. Lehmann (1936)).
- Arbeitsrecht. Band 1: Allgemeine Lehren und Arbeitsvertragsrecht, 3. Auflage, Tübingen 1961.

Nirk, Rudolf: Die Einordnung der Gewährleistungsansprüche und Leistungsstörungen bei Verträgen über Patente in das Bürgerliche Gesetzbuch, in: Gewerblicher Rechtsschutz und Urheberrecht (GRUR) 1970, S. 329–340.
- Geschmacksmusterrecht, Urheberrecht und Designlaw, Heidelberg 2010.

Nordemann, Wilhelm: Das neue Urhebervertragsrecht. Ein Grundriss, München 2002.

Obergfell, Eva Inés: Urheberrecht und Geschmacksmuster, in: *Gärditz, Klaus Ferdinand/Pahlow, Louis* (Hrsg.), Hochschulerfinderrecht. Ein Handbuch für Wissenschaft und Praxis, Heidelberg 2011, S. 195–221 (zit.: *Obergfell*, in: Gärditz/Pahlow (Hrsg.), Hochschulerfinderrecht).

Oetker, Hartmut (Hrsg.): Kommentar zum Handelsgesetzbuch, 5. Auflage, München 2017 (zit.: *Bearbeiter*, in: Oetker, HGB).

Ohl, Albert: Wegfall der Lizenz vor Ablauf des Patents, in: Gewerblicher Rechtsschutz und Urheberrecht (GRUR) 1992, S. 78–82.

Ohly, Ansgar: Designschutz im Spannungsfeld von Geschmacksmuster-, Kennzeichen- und Lauterkeitsrecht, in: Gewerblicher Rechtsschutz und Urheberrecht (GRUR) 2007, S. 731–740.

Literaturverzeichnis

Ory, Stephan: Das neue Urhebervertragsrecht, in: Zeitschrift für Medien- und Kommunikationsrecht (AfP) 2002, S. 93–104.

Frhr. von der Osten-Sacken und von Rhein, Klaus: Schöpferische Leistungen im Arbeitsverhältnis, Göttingen 1962.

Pahlow, Louis: Lizenz und Lizenzvertrag im Recht des Geistigen Eigentums, Tübingen 2006.

Pahlow, Louis/Gärditz, Klaus Ferdinand: Konzeptionelle Anforderungen an ein modernes Recht der Hochschulerfindungen, in: Wissenschaftsrecht (WissR) 2006, S. 48–72.

Palandt, Otto (Begr.): Bürgerliches Gesetzbuch mit Nebengesetzen, insbesondere mit Einführungsgesetz (Auszug) einschließlich Rom I-, Rom II- und Rom III-Verordnungen sowie Haager Unterhaltsprotokoll und EU-Erbrechtsverordnung, Allgemeines Gleichbehandlungsgesetz (Auszug), Wohn- und Betreuungsvertragsgesetz, BGB-Informationspflichten-Verordnung, Unterlassungsklagengesetz, Produkthaftungsgesetz, Erbbaurechtsgesetz, Wohnungseigentumsgesetz, Versorgungsausgleichsgesetz, Lebenspartnerschaftsgesetz, Gewaltschutzgesetz, 77. Auflage, München 2018 (zit.: *Bearbeiter*, in: Palandt, BGB).

Peter, Markus: Die „Flucht in die Nebentätigkeit" – ein Schlupfloch aus der Neuregelung des § 42 ArbNErfG bei Erfindungen von Hochschullehrern?, in: Mitteilungen der deutschen Patentanwälte (Mitt.) 2004, S. 396–401.

Pfaff/Osterrieth, Lizenzverträge. Formularkommentar, begr. von *Pfaff, Dieter*, hrsg. von *Osterrieth, Christian*, 4. Auflage, München 2018 (zit.: *Bearbeiter*, in: Pfaff/Osterrieth, Lizenzverträge).

Philipps-Universität Marburg: Patentierungs- und Verwertungsstrategie der Philipps-Universität Marburg, abrufbar im Internet unter: https://www.uni-marburg.de/de/universitaet/administration/recht/satzung/pat-verwert-strat-26012016-1.pdf, zuletzt abgerufen am 19.04.2020.

Plander, Harro: Wissenschaftliche Erkenntnisse und Urheberrecht an wissenschaftlichen Werken. Ein Beitrag zum urheberrechtlichen Ideenschutz, in: Archiv für Urheber- und Medienrecht (UFITA) 1976 (Bd. 77), S. 25–73.

Post, Stephanie/Kuschka, Marius: Verwertungspflichten der Hochschulen nach Abschaffung des Hochschullehrerprivilegs, in: Gewerblicher Rechtsschutz und Urheberrecht (GRUR) 2003, S. 494–498.

Preis, Ulrich: Arbeitsrecht – Kollektivarbeitsrecht. Lehrbuch für Studium und Praxis, 4. Auflage, Köln 2017.

Prütting, Hanns/Wegen, Gerhard/Weinreich, Gerd (Hrsg.): Kommentar zum Bürgerlichen Gesetzbuch, 13. Auflage, Köln 2018 (zit.: *Bearbeiter*, in: Prütting/Wegen/Weinreich, BGB).

Raisch, Peter: Freie Berufe und Handelsrecht, in: *Löwisch, Manfred/Schmidt-Leithoff, Christian/Schmiedel, Burkhard* (Hrsg.), Beiträge zum Handels- und Wirtschaftsrecht. Festschrift für Fritz Rittner zum 70. Geburtstag, München 1991, S. 471–489 (zit.: *Raisch*, in: FS Rittner (1991)).

Rebitzki, Helmut: Zur Rechtsprechung des BGH in der Frage der Vergütungspflicht für Diensterfindungen, in: Gewerblicher Rechtsschutz und Urheberrecht (GRUR) 1963, S. 555–558.

Redeker, Helmut: IT-Recht, 6. Auflage, München 2017.

Reetz, Alexander: Erfindungen an Hochschulen. Zur Geschichte des sog. Hochschullehrerprivilegs und zur Rechtslage nach seinem Wegfall aus der Perspektive des Verfassungsrechts, Bonn 2006.

Rehbinder, Manfred: Das Arbeitsverhältnis im Spannungsfeld des Urheberrechts, in: Recht der Arbeit (RdA) 1968, S. 309–316.

– Recht am Arbeitsergebnis und Urheberrecht, in: Archiv für Urheber- und Medienrecht (UFITA) 1973 (Bd. 66), S. 125–150.

– Recht am Arbeitsergebnis und Urheberrecht, in: *Herschel, Wilhelm/Klein, Friedrich/Rehbinder, Manfred* (Hrsg.), Festschrift für Georg Roeber, Berlin 1973, S. 481–506 (zit.: *Rehbinder*, in: FS Roeber (1973)).

– Zu den Nutzungsrechten an Werken von Hochschulangehörigen, in: *Forkel, Hans/Kraft, Alfons* (Hrsg.), Beiträge zum Schutz der Persönlichkeit und ihrer schöpferischen Leistungen. Festschrift für Heinrich Hubmann zum 70. Geburtstag, Frankfurt am Main 1985, S. 359–372 (zit.: *Rehbinder*, in: FS Hubmann (1985)).

Rehbinder, Manfred/Peukert, Alexander: Urheberrecht. Ein Studienbuch, 18. Auflage, München 2018.

Rehmann, Thorsten: Designrecht, 2. Auflage, München 2014.

Reich, Andreas: Kommentar zum Hochschulrahmengesetz mit Wissenschaftszeitvertragsgesetz, 10. Auflage, Bad Honnef 2007 (zit.: *Reich*, HRG).

Reich, Hans-Jürgen: Die Rechtsverhältnisse der Lehrbeauftragten an den Hochschulen, Göttingen 1986.

Reimer/Schade/Schippel, Kommentar zum Gesetz über Arbeitnehmererfindungen und deren Vergütungsrichtlinien, begr. von *Reimer, Eduard*, hrsg. von *Himmelmann, Ulrich/Leuze, Dieter/Rother, Gereon/Trimborn, Michael*, 8. Auflage, Berlin 2007 (zit.: *Bearbeiter*, in: Reimer/Schade/Schippel, ArbNErfG).

Reimer, Eduard/Schippel, Helmut: Die Vergütung von Arbeitnehmererfindungen. Gutachten über die Neufassung der Richtlinien für die Vergütung von Arbeitnehmererfindungen erstattet im Auftrage des Bundesministers für Arbeit, Stuttgart 1956.

Reimer, Franz: Juristische Methodenlehre, Baden-Baden 2016.

Reuter, Dieter: Arbeitsrechtliche Aspekte neuer Arbeitszeitstrukturen, in: Recht der Arbeit (RdA) 1981, S. 201–208.

Richardi, Reinhard: Gestaltung der Arbeitsverträge durch Allgemeine Geschäftsbedingungen nach dem Schuldrechtsmodernisierungsgesetz, in: Neue Zeitschrift für Arbeitsrecht (NZA) 2002, S. 1057–1064.

– Leistungsstörungen und Haftung im Arbeitsverhältnis nach dem Schuldrechtsmodernisierungsgesetz, in: Neue Zeitschrift für Arbeitsrecht (NZA) 2002, S. 1004–1012.

– Der Arbeitsvertrag im Licht des neuen § 611a BGB, in: Neue Zeitschrift für Arbeitsrecht (NZA) 2017, S. 36–39.

Richardi, Reinhard (Hrsg.): Kommentar zum Betriebsverfassungsgesetz mit Wahlordnung, 16. Auflage, München 2018 (zit.: *Bearbeiter*, in: Richardi, BetrVG).

Riemschneider, Karl August/Barth, Heinrich: Die Gefolgschaftserfindung. Erläuterungen zur Verordnung über die Behandlung von Erfindungen von Gefolgschaftsmitgliedern, 2. Auflage, Berlin 1944.

Risch, Bernd: Einleitung, in: Risch, Bernd (Hrsg.), Hochschulen und Patente. Integration von Verwertungs-Know-how in die Hochschulausbildung, InWert, Köln 2004, S. 5–7 (zit.: *Risch*, in: Risch (Hrsg.), Hochschulen und Patente).

Ritscher, Michael: Auf dem Wege zu einem europäischen Musterrecht, in: Zeitschrift für Gewerblichen Rechtsschutz und Urheberrecht Internationaler Teil (GRUR Int.) 1990, S. 559–586.

Rogge, Rüdiger: Die Nichtigerklärung europäischer Patente in Deutschland, in: Gewerblicher Rechtsschutz und Urheberrecht (GRUR) 1996, S. 1111–1114.

Röhricht, Volker/Graf v. Westphalen, Friedrich/Haas, Ulrich (Hrsg.): HGB. Kommentar zu Handelsstand, Handelsgesellschaften, Handelsgeschäften und besonderen Handelsverträgen (ohne Bilanz-, Transport- und Seerecht), 4. Auflage, Köln 2014 (zit.: *Bearbeiter*, in: Röhricht/v. Westphalen/Haas, HGB).

Roithmaier, Helmut: Das Recht des Arbeitgebers am kunstschutzfähigen Arbeitsergebnis nach geltendem und künftigem Recht, Köln 1962.

Röpke, Otto: Arbeitsrechtliche Verpflichtungen bei Verbesserungsvorschlägen (I), in: Der Betrieb (DB) 1962, S. 369–372.

– Arbeitsverhältnis und Arbeitnehmererfindung. Das Verhältnis der Verpflichtungen aus dem Arbeitsverhältnis zu den Verpflichtungen aus dem Gesetz über Arbeitnehmererfindungen, Lippstadt 1962.

Rösler, Heike: Bestand, Reform oder Abschaffung des § 42 ArbNErfG, München 2002.

Rother, Gereon: Rechte des Arbeitgebers/Dienstherrn am geistigen Eigentum, in: Zeitschrift für Gewerblichen Rechtsschutz und Urheberrecht Internationaler Teil (GRUR Int.) 2004, S. 235–241.

Rüthers, Bernd: Rechtsprobleme des Zeitlohnes an taktgebundenen Produktionsanlagen, in: Zeitschrift für Arbeitsrecht (ZfA) 1973, S. 399–423.

Ruzman, Lahora: Softwareentwicklung durch Arbeitnehmer, Hamburg 2004.

Sack, Rolf: Computerprogramme und Arbeitnehmer-Urheberrecht unter Berücksichtigung der Computerprogramm-Richtlinie der EG vom 14.5.1991, in: Betriebs-Berater (BB) 1991, S. 2165–2173.

– Arbeitnehmer-Urheberrecht an Computerprogrammen nach der Urheberrechtsnovelle, in: Archiv für Urheber- und Medienrecht (UFITA) 1993 (Bd. 121), S. 15–44.

Sandberger, Georg: Das Recht der Hochschulmedizin, in: *Hartmer, Michael/Detmer, Hubert* (Hrsg.), Hochschulrecht. Ein Handbuch für die Praxis, 3. Auflage, Heidelberg 2017, S. 459–558 (zit.: *Sandberger*, in: Hartmer/Detmer (Hrsg.), Hochschulrecht).

Sautter, Alexander: Einige Probleme der praktischen Handhabung des Gesetzes über Arbeitnehmererfindungen aus industrieller Sicht, in: Mitteilungen der deutschen Patentanwälte (Mitt.) 1971, S. 203–209.

Schacht, Sascha T.: Die Einschränkungen des Urheberpersönlichkeitsrechts im Arbeitsverhältnis, Göttingen 2004.

Schack, Haimo: Neuregelung des Urhebervertragsrechts, in: Zeitschrift für Urheber- und Medienrecht (ZUM) 2001, S. 453–466.

– Urhebervertragsrecht im Meinungsstreit, in: Gewerblicher Rechtsschutz und Urheberrecht (GRUR) 2002, S. 853–859.

– Urheber- und Urhebervertragsrecht, 8. Auflage, Tübingen 2017.

Schade, Hans: Zu Fragen des Arbeitnehmererfinderrechts, in: Gewerblicher Rechtsschutz und Urheberrecht (GRUR) 1958, S. 519–527.

– Zur Auslegung des Gesetzes über Arbeitnehmererfindungen durch Gerichte und Schiedsstelle, in: Gewerblicher Rechtsschutz und Urheberrecht (GRUR) 1965, S. 634–642.

Schaub, Günter (Begr.): Arbeitsrechts-Handbuch. Systematische Darstellung und Nachschlagewerk für die Praxis, 17. Auflage, München 2017 (zit.: *Bearbeiter*, in: Schaub, ArbR-Hdb).

Schaub, Arbeitsrecht von A-Z, begr. von *Schaub, Günter*, hrsg. von *Koch, Ulrich*, 22. Auflage, München 2018 (zit.: *Bearbeiter*, in: Schaub, Arbeitsrecht von A-Z).

Schickedanz, Willi: Zum Problem der Erfindungshöhe bei Erfindungen, die auf Entdeckungen beruhen, in: Gewerblicher Rechtsschutz und Urheberrecht (GRUR) 1972, S. 161–165.

Schiek, Dagmar: Europäisches Arbeitsrecht, 3. Auflage, Baden-Baden 2007.

Schippan, Ralph: Über die Abschaffung des Hochschullehrerprivilegs. Eine Analyse aus rechtlicher Sicht, in: Forschung & Lehre (F&L) 2002, S. 648–651.

Schlegel, Rainer: Wen soll das Sozialrecht schützen? Zur Zukunft des Arbeitnehmer- und Beschäftigtenbegriffs im Sozialrecht, in: Neue Zeitschrift für Sozialrecht (NZS) 2000, S. 421–429.

Schliemann, Harald (Hrsg.): Das Arbeitsrecht im BGB, Berlin 2002 (zit.: *Bearbeiter*, in: Schliemann, ArbR-BGB).

Schmaltz, Christiane: Anmerkung zu Peter, Die „Flucht in die Nebentätigkeit" – ein Schlupfloch aus der Neuregelung des § 42 ArbNErfG bei Erfindung von Hochschullehrern? (Mitt. 2004, S. 396 ff.), in: Mitteilungen der deutschen Patentanwälte (Mitt.) 2004, S. 504.

Schmidt, Einkommenssteuergesetz, begr. von *Schmidt, Ludwig*, hrsg. von *Weber-Grellet, Heinrich*, 37. Auflage, München 2018 (zit.: *Bearbeiter*, in: Schmidt, EStG).

Schmidt, Nicole: Open Access. Hochschulrechtliche Veröffentlichungs- und urheberrechtliche Anbietungspflichten des Hochschulprofessors, Baden-Baden 2015.

Schmieder, Hans-Heinrich: Die Rechtsstellung der Urheber und künstlerischen Werkmittler im privaten und öffentlichen Dienst, in: Gewerblicher Rechtsschutz und Urheberrecht (GRUR) 1963, S. 297–303.

Schnapp, Friedrich: Methodenprobleme des § 7 Abs. 1 SGB IV – Unmöglichkeit der Rechtssicherheit?, in: Neue Zeitschrift für Sozialrecht (NZS) 2014, S. 41–48.

Schoch, Friedrich/Schneider, Jens-Peter/Bier, Wolfgang (Hrsg.): Kommentar zur Verwaltungsgerichtsordnung, 33. Ergänzungslieferung (Loseblattsammlung), München 2017 (zit.: *Bearbeiter*, in: Schoch/Schneider/Bier, VwGO).

Scholz, Matthias: Die rechtliche Stellung des Computerprogramme erstellenden Arbeitnehmers nach Urheberrecht, Patentrecht und Arbeitnehmererfindungsrecht, Köln 1989.

Schricker, Gerhard: Das Recht des Hochschullehrers an seinen wissenschaftlichen Papieren, in: *Pfister, Bernhard/Will, Michael* (Hrsg.), Festschrift für Werner Lorenz zum siebzigsten Geburtstag, Tübingen 1991, S. 233–244 (zit.: *Schricker*, in: FS Lorenz (1991)).

– *Schricker, Gerhard*: Zum neuen deutschen Urhebervertragsrecht, in: Zeitschrift für Gewerblichen Rechtsschutz und Urheberrecht Internationaler Teil (GRUR Int.) 2002, S. 797–809.

Schricker/Loewenheim, Kommentar zum Urheberrecht. UrhG, KUG (Auszug), UrhWG, begr. von *Schricker, Gerhard*, hrsg. von *Loewenheim, Ulrich/Leistner, Matthias/Ohly, Ansgar*, 5. Auflage, München 2017 (zit.: *Bearbeiter*, in: Schricker/Loewenheim, UrhG).

Schricker, Gerhard/Katzenberger, Paul: Die urheberrechtliche Lehrkassettenvergütung, in: Gewerblicher Rechtsschutz und Urheberrecht (GRUR) 1985, S. 87–111.

Schulte, Rainer (Hrsg.): Patentgesetz mit Europäischem Patentübereinkommen. Kommentar auf der Grundlage der deutschen und europäischen Rechtsprechung, 10. Auflage, Köln 2017 (zit.: *Bearbeiter*, in: Schulte, PatG).

Schultz-Süchting, Rolf: Der technische Verbesserungsvorschlag im System des Arbeitnehmererfindungsgesetzes, in: Gewerblicher Rechtsschutz und Urheberrecht (GRUR) 1973, S. 293–302.

Schulze, Gernot: Die kleine Münze und ihre Abgrenzungsproblematik bei den Werkkarten des Urheberrechts, Freiburg 1983.

Schulze, Reiner/Dörner, Heinrich/Ebert, Ina/Hoeren, Thomas/Kemper, Rainer/Saenger, Ingo/Scheuch, Alexander/Schreiber, Klaus/Schulte-Nölke, Hans/Staudinger, Ansgar/Wiese, Volker: Handkommentar zum Bürgerlichen Gesetzbuch, 9. Auflage, Baden-Baden 2017 (zit.: *Bearbeiter*, in: Schulze, Hk-BGB).

Schwab, Brent: Warum kein Arbeitnehmerurheberrecht? Zur Unzulänglichkeit des § 43 UrhG, in: Arbeit und Recht (AuR) 1993, S. 129–136.

– Das Namensnennungsrecht des angestellten Werkschöpfers, in: Neue Zeitschrift für Arbeitsrecht (NZA) 1999, S. 1254–1259.

– Handkommentar zum Arbeitnehmererfindungsrecht. Arbeitnehmererfindungsgesetz, Arbeitnehmer-Urheberrecht, Betriebliches Vorschlagswesen, 4. Auflage, Baden-Baden 2018 (zit.: *Schwab*, Arbeitnehmererfindungsrecht).

Seewald, Otfried/Freudling, Gabriele: Der Beamte als Urheber, in: Neue Juristische Wochenschrift (NJW) 1986, S. 2688–2692.

Sellnick, Hans-Joachim: Die Neuregelung des Rechts der Diensterfindungen an den Hochschulen durch die Abschaffung des Hochschullehrerprivilegs, in: Neue Zeitschrift für Verwaltungsrecht (NVwZ) 2002, S. 1340–1342.

Siebert, Wolfgang: Das Arbeitsverhältnis in der Ordnung der nationalen Arbeit, Hamburg 1935.

Slopek, David E. F./Pausewang, Hartmut/Beye, Margarete: Auswirkungen der Novellierung des § 42 ArbEG auf den Umgang der nordrhein-westfälischen Hochschulen mit ihrem geistigen Eigentum, in: Wissenschaftsrecht (WissR) 2011, S. 50–82.

Soergel, Bürgerliches Gesetzbuch mit Einführungsgesetz und Nebengesetzen. Band 2: Allgemeiner Teil 2 (§§ 104-240), begr. von *Soergel, Theodor*, hrsg. von *Siebert, Wolfgang*, 13. Auflage, Stuttgart 1999 (zit.: *Bearbeiter*, in: Soergel, BGB, Bd. 2).

Soudry, Daniel: Die Rechtsstellung des Hochschulerfinders nach der Neufassung von § 42 ArbNErfG, Heidelberg 2011.

Spindler, Gerald/Schuster, Fabian (Hrsg.): Kommentar zum Recht der elektronischen Medien, 3. Auflage, München 2015 (zit.: *Bearbeiter*, in: Spindler/Schuster, Recht der elektronischen Medien).

Stallberg, Christian: Anwendungsfragen von § 42 Nr. 4 ArbNErfG bei F&E-Verträgen im Hochschulbereich, in: Gewerblicher Rechtsschutz und Urheberrecht (GRUR) 2007, S. 1035–1041.

Starck, Joachim: Aktuelle Fragen des Gebrauchsmusterrechts nach der Neuordnung des Patentrechts, in: Gewerblicher Rechtsschutz und Urheberrecht (GRUR) 1983, S. 401–405.

Staub, Handelsgesetzbuch. Band 1: Einleitung, §§ 1-104, begr. von *Staub, Hermann*, hrsg. von *Canaris, Claus-Wilhelm/Schilling, Wolfgang/Ulmer, Peter*, 4. Auflage, Berlin 1995 (zit.: *Bearbeiter*, in: Staub, HGB (4. Auflage 1995), Bd. 1).

v. Staudinger, Julius (Begr.): Kommentar zum Bürgerlichen Gesetzbuch mit Einführungsgesetz und Nebengesetzen. Buch 2 – Recht der Schuldverhältnisse, §§ 581-606 (Pacht, Landpacht, Leihe), Neubearbeitung, Berlin 2013 (zit.: *Bearbeiter*, in: Staudinger (2013)).

– Buch 1 – Allgemeiner Teil, §§ 139-163 (Allgemeiner Teil 4b), Neubearbeitung, Berlin 2015 (zit.: *Bearbeiter*, in: Staudinger (2015)).

– Buch 2 – Recht der Schuldverhältnisse, §§ 611-613 (Dienstvertragsrecht 1), Neubearbeitung, Berlin 2016 (zit.: *Bearbeiter*, in: Staudinger (2016)).

– Buch 1 – Allgemeiner Teil, §§ 90-124, §§ 130-133 (Sachen und Tiere, Geschäftsfähigkeit, Willenserklärung), Neubearbeitung, Berlin 2017 (zit.: *Bearbeiter*, in: Staudinger (2017)).

Stender, Claudia: Die Leistung des Arbeitnehmers, Münster 2003.

Stickelbrock, Barbara: Ausgleich gestörter Vertragsparität durch das neue Urhebervertragsrecht?, in: Gewerblicher Rechtsschutz und Urheberrecht (GRUR) 2001, S. 1087–1095.

Stöhr, Monika: Gesetzliche Vergütungsansprüche im Urheberrecht, Baden-Baden 2007.

Literaturverzeichnis

Sturm, Karl Günter: Der Erfindungswert und die Angemessenheit von Erfindervergütungen. Eine Analyse aus der Sicht eines Arbeitnehmererfinders, in: Mitteilungen der deutschen Patentanwälte (Mitt.) 1989, S. 61–73.

Technische Universität München: Die Patentpolitik der TUM, abrufbar im Internet unter: http://www.forte.tum.de/fileadmin/w00bgt/www/_application_pdf-Objekt_.pdf, zuletzt abgerufen am 19.04.2020.

Thieme, Werner: Deutsches Hochschulrecht. Das Recht der Universitäten sowie der künstlerischen und Fachhochschulen in der Bundesrepublik Deutschland, 3. Auflage, Köln 2004.

Tillmanns, Kerstin: Strukturfragen des Dienstvertrages. Leistungsstörungen im freien Dienstvertrag und im Arbeitsvertrag, Tübingen 2007.

Tilmann, Winfried: Schuldrechtsreform und gewerblicher Rechtsschutz, in: Mitteilungen der deutschen Patentanwälte (Mitt.) 2001, S. 282–285.

Trimborn, Michael: Pauschalvergütungssysteme für Arbeitnehmererfindungen in Deutschland, in: Mitteilungen der deutschen Patentanwälte (Mitt.) 2006, S. 160–164.

Trüstedt, Wilhelm: Das Gebrauchsmuster im Verletzungsstreit, in: Gewerblicher Rechtsschutz und Urheberrecht (GRUR) 1954, S. 244–250.

– Fortschritt und Erfindungshöhe als Voraussetzung der Patentfähigkeit nach deutscher Rechtsentwicklung, in: Gewerblicher Rechtsschutz und Urheberrecht (GRUR) 1956, S. 349–361.

– Gebrauchsmuster, in: Gewerblicher Rechtsschutz und Urheberrecht (GRUR) 1980, S. 877–882.

Trute, Hans-Heinrich/Richter, Martin: Hochschulen und außeruniversitäre Forschungseinrichtungen als Dienstherren. Vor- und Nachteile, in: Zeitschrift für Beamtenrecht (ZBR) 2002, S. 11–16.

Ullmann, Eike: Das urheberrechtlich geschützte Arbeitsergebnis – Verwertungsrecht und Vergütungspflicht, in: Gewerblicher Rechtsschutz und Urheberrecht (GRUR) 1987, S. 6–14.

Ulmer, Eugen: Urheber- und Verlagsrecht, 3. Auflage, Berlin 1980.

– Anmerkung zu BGH, Urteil v. 13.09.1983 – 3 AZR 371/81 – Statikprogramme, in: Gewerblicher Rechtsschutz und Urheberrecht (GRUR) 1984, S. 432–434.

Ulmer-Eilfort, Constanze/Obergfell, Eva Inés (Hrsg.): Kommentar zum Verlagsrecht, München 2013 (zit.: *Bearbeiter*, in: Ulmer-Eilfort/Obergfell, Verlagsrecht).

Ulrici, Bernhard: Vermögensrechtliche Grundfragen des Arbeitnehmerurheberrechts, Tübingen 2008.

Veigel, Patrick: Immaterialgüterrechte im Arbeitsverhältnis. Entstehung, Zuordnung, Vergütung, Köln 2016.

Verhoek, Corinna: Das fehlerhafte Arbeitsverhältnis, Frankfurt am Main 2005.

Vinck, Kai: Die Rechtsstellung des Urhebers im Arbeits- und Dienstverhältnis, Berlin 1972.

Volmer, Bernhard: Das Gesetz über Arbeitnehmererfindungen, in: Recht der Arbeit (RdA) 1957, S. 241–245.

- Das Wesen der Erfindung und des technischen Verbesserungsvorschlages. Zugleich ein Beitrag zum Recht der Arbeitnehmererfindungen, in: Recht der Arbeit (RdA) 1957, S. 166–171.
- Zur Problematik des technischen Verbesserungsvorschlages. Zugleich eine Entgegnung zu den Ausführungen von May, BB 1960 S. 628, in: Betriebs-Berater (BB) 1960, S. 1332–1334.
- Anmerkung zu BAG, Urteil v. 30.04.1965 – 3 AZR 291/63 – Abdampfverwertung, in: Gewerblicher Rechtsschutz und Urheberrecht (GRUR) 1966, S. 90–91.
- Begriff des Arbeitnehmers im Arbeitnehmererfindungsrecht, in: Gewerblicher Rechtsschutz und Urheberrecht (GRUR) 1978, S. 329–335.

Volmer, Bernhard: Der Begriff des Arbeitgebers im Arbeitnehmererfindungsgesetz, in: Gewerblicher Rechtsschutz und Urheberrecht (GRUR) 1978, S. 393–403.

Volmer/Gaul, Kommentar zum Arbeitnehmererfindungsgesetz, begr. von *Volmer, Bernhard*, hrsg. von *Gaul, Dieter*, 2. Auflage, München 1983 (zit.: *Bearbeiter*, in: Arbeitnehmererfindungsgesetz).

Volz, Franz-Eugen: Das Recht der Arbeitnehmererfindung im öffentlichen Dienst, Köln 1985.

- Zur Diensterfindung von Hochschulwissenschaftlern, in: *Friedrich, Christoph/ Telle, Joachim* (Hrsg.), Pharmazie in Geschichte und Gegenwart. Festgabe für Wolf-Dieter Müller-Jahncke zum 65. Geburtstag, Stuttgart 2009, S. 495–515 (zit.: *Volz*, in: FG Müller-Jahncke (2009)).

Voß, Daniel: Der Anspruch des Urhebers auf die angemessene Vergütung und die weitere angemessene Beteiligung. Dogmatik, Bestimmung der Angemessenheit, gemeinsame Vergütungsregeln, Münster 2005.

Walter, Lothar/Brusch, Michael/Hartung, Knud: Präferenzen bezüglich Dienstleistungen von Patentverwertungsagenturen. Eine explorative Untersuchung, in: Gewerblicher Rechtsschutz und Urheberrecht (GRUR) 2007, S. 395–401.

Wandtke, Artur-Axel: Zum Vergütungsanspruch des Urhebers im Arbeitsverhältnis, in: Gewerblicher Rechtsschutz und Urheberrecht (GRUR) 1992, S. 139–144.

- Die Rechte der Urheber und ausübenden Künstler im Arbeits- und Dienstverhältnis. Ein Handbuch für die Praxis, Berlin 1993.
- Reform des Arbeitnehmerurheberrechts?, in: Gewerblicher Rechtsschutz und Urheberrecht (GRUR) 1999, S. 390–396.
- Zukunft des Urheberrechts und eine monistisch geprägte Urheberrechtskonzeption – Entwicklungslinien seit Josef Kohler, in: *Grundmann, Stefan/Kloepfer, Michael/Paulus, Christoph/Schröder, Rainer/Werle, Gerhard* (Hrsg.), Festschrift 200 Jahre Juristische Fakultät der Humboldt-Universität zu Berlin. Geschichte, Gegenwart und Zukunft, Berlin 2010, S. 1173–1184 (zit.: *Wandtke*, in: FS 200 Jahre Humboldt-Universität zu Berlin (2010)).
- 50 Jahre Urheberrechtsgesetz – eine unendliche Geschichte des Arbeitnehmerurheberrechts, in: Gewerblicher Rechtsschutz und Urheberrecht (GRUR) 2015, S. 831–839.

Wandtke, Artur-Axel/Bullinger, Winfried (Hrsg.): Praxiskommentar zum Urheberrecht, 4. Auflage, München 2014 (zit.: *Bearbeiter*, in: Wandtke/Bullinger, UrhR).

Wank, Rolf: Arbeitnehmer und Selbständige, München 1988.
- Die Auslegung von Gesetzen, 6. Auflage, München 2015.
Weber, Klaus: Der Arbeitnehmer als Autor – Arbeitsrecht gegen Urheberrecht?, in: Bauer, Jobst-Hubertus/Kort, Michael/Möllers, Thomas/Sandmann, Bernd (Hrsg.), Festschrift für Herbert Buchner zum 70. Geburtstag, München 2009, S. 916–929 (zit.: Weber, in: FS Buchner (2009)).
Wente, Jürgen/Härle, Philipp: Rechtsfolgen einer außerordentlichen Vertragsbeendigung auf die Verfügungen in einer „Rechtekette" im Filmlizenzgeschäft und ihre Konsequenzen für die Vertragsgestaltung. Zum Abstraktionsprinzip im Urheberrecht, in: Gewerblicher Rechtsschutz und Urheberrecht (GRUR) 1997, S. 96–102.
Weyand, Joachim/Haase, Heiko: Der Innovationstransfer an Hochschulen nach Novellierung des Hochschulerfindungsrechts – eine Zwischenbilanz in rechtspolitischer Absicht, in: Gewerblicher Rechtsschutz und Urheberrecht (GRUR) 2007, S. 28–39.
Wiedemann, Herbert: Das Arbeitsverhältnis als Austausch-und Gemeinschaftsverhältnis, Karlsruhe 1966.
Wilke, Frank Markus: Das Verhältnis des sozialversicherungsrechtlichen Beschäftigungsverhältnisses zum zivilrechtlichen Arbeitsverhältnis, Berlin 2008.
Wimmer, Raimund: Die wirtschaftliche Verwertung von Doktorandenerfindungen, in: Gewerblicher Rechtsschutz und Urheberrecht (GRUR) 1961, S. 449–455.
Wimmers, Jörg/Rode, Tibor: Der angestellte Softwareprogrammierer und die neuen urheberrechtlichen Vergütungsansprüche. Argumente für die Fortgeltung der bisher geltenden Grundsätze auch nach dem neuen Urhebervertragsrecht, in: Computer und Recht (CR) 2003, S. 399–405.
Windisch, Ernst: Die Rechtsprechung im Bereich der Arbeitnehmererfindungen, in: Gewerblicher Rechtsschutz und Urheberrecht (GRUR) 1985, S. 829–836.
Wolf, Manfred/Neuner, Jörg: Allgemeiner Teil des Bürgerlichen Rechts, 11. Auflage, München 2016.
World Intellectual Property Organization: Patent Cooperation Treaty - Yearly Review 2018. The International Patent System, abrufbar im Internet unter: http://www.wipo.int/edocs/pubdocs/en/wipo_pub_901_2018.pdf, zuletzt abgerufen am 19.04.2020.
- Yearly Review of the PCT 2002, abrufbar im Internet unter: http://www.wipo.int/export/sites/www/pct/en/activity/pct_2000.pdf, zuletzt abgerufen am 19.04.2020.
Worzalla, Michael: Arbeitsverhältnis – Selbständigkeit, Scheinselbständigkeit, Neuwied 1996.
Wündisch, Sebastian/Hering, Sandra: Rücklizenzen bei FuE-Aufträgen: Das Nutzungsrecht für Forschung und Lehre, in: Zeitschrift für Gewerblichen Rechtsschutz und Urheberrecht Internationaler Teil (GRUR Int.) 2009, S. 106–114.

Zimmerling, Wolfgang: Akademische Grade und Titel. Die verwaltungsrechtlichen Voraussetzungen für das Führen inländischer und ausländischer Grade und Titel – Der wettbewerbsrechtliche und strafrechtliche Schutz vor Beeinträchtigung. Mit einem Exkurs über die steuerliche Absetzbarkeit von Promotionskosten, 2. Auflage, Köln 1995.

Zippelius, Reinhold: Juristische Methodenlehre, 11. Auflage, München 2012.

Zirkel, Markus: Das Recht des angestellten Urhebers und das EU-Recht. Rechtsangleichung und Systembrüche dargestellt am Beispiel des angestellten Softwareentwicklers, Stuttgart 2002.

– Das neue Urhebervertragsrecht und der angestellte Urheber, in: Wettbewerb in Recht und Praxis (WRP) 2003, S. 59–65.

Zöllner, Wolfgang/Loritz, Karl-Georg/Hergenröder, Curt Wolfgang: Arbeitsrecht, 7. Auflage, München 2015.

Stichwortverzeichnis

Abdampfverwertung (BGH), 91, 198, 458
Abgeltungslehre bzw. -theorie, 457 f., 462, 464, 472, 478 f., 482, 511, 515, 518 ff., 530, 589 ff., 600, 602, 609, 622
Abgeschwächte Monopoltheorie, *s. Monopoltheorie, abgeschwächte*
Abwasserbehandlung (BGH), 322 f.
Allgemeiner Gleichbehandlungsgrundsatz, 88, 151
Analogie, 184 f., 379, 480, 483, 484, 523
- des § 42 Nr. 4 ArbNErfG, 605 ff., 613, 652 ff.
- zu § 4 Abs. 2 Nr. 2 ArbNErfG, 144, 158 f.
- zu § 7 SGB IV, 255
- zu §§ 9 ff. ArbNErfG, 464, 529, 605, 619, 623, 626
- zu § 19 ArbNErfG, 138, 140, 142, 145, 624, 649
- zum Urheberrecht, 626, 665
- Voraussetzungen, 256, 485, 605 f., 608
Anbietungspflicht des Arbeitnehmerdesigners
- Freie Designentwürfe, 172 f., 177, 624
- Anbietungspflicht des Arbeitnehmererfinders
- Freie Erfindungen, 248
- Anbietungspflicht des Arbeitnehmerurhebers, 130
- Freie Computerprogramme, 154 ff.
- Freie Werke, 136 ff., 142
- Anbietungspflicht des Hochschullehrers
- Freie Erfindungen, 449 f., 597
- Freie Entwürfe, 649 f.
- Freie Programme, 588, 603
- Freie urheberrechtlich geschützte Werke, 593 ff.
- Anbietungspflicht der wissenschaftlichen Mitarbeiter und Assistenten
- Freie urheberrechtlich geschützte Werke, 592
- Freie Erfindungen, 248
Änderungsverbot, 551
Anerkennung
- der Entwerferschaft, 629
- der Urheberschaft, 122, 550

Angemessenheit, *s. Vergütung, Angemessenheit*
Angestellte des öffentlichen Dienstes, 58
Anteilsfaktor, 198 f., 208, 221 f., 229, 381, 386, 421, 467 f.
Äquivalenzgrundsatz, 86, 89, 189, 467
Arbeitgeberbegriff
- arbeitnehmererfinderrechtlicher, 181
- arbeitsrechtlicher, 73 f.
Arbeitnehmerbegriff
- arbeitnehmererfinderrechtlicher, 179 ff.
- arbeitsrechtlicher, 52 ff., 72 f., 180, 251 f.
- einheitlicher, 53
- unionsrechtlicher, 636
Arbeitnehmerähnliche Person, 53, 70, 180, 502 ff.
Arbeitnehmerdesignervergütung, 620 ff.
- Analoge Anwendung des Arbeitnehmererfinderrechts, 626
- Analoge Anwendung des Arbeitnehmerurheberrechts, 626
- Freie Entwürfe, 624 f.
- Gebundene Entwürfe, 621 ff.
Arbeitnehmererfindervergütung, 179 ff.
- Diensterfindungen, 182 ff.
- Erfindungen, 182 ff.
- Freie Erfindungen, 214 f.
- Nicht schutzfähige Erfindungen, 216
- Technische Verbesserungsvorschläge, 216 ff.
Arbeitnehmererfindung, *s. Erfindung, Arbeitnehmererfindung*
Arbeitnehmerüberlassungsgesetz, 52, 54, 57
Arbeitnehmerurhebervergütung, 455 ff.
- erfolgsabhängige, 469 ff.
- erfolgsunabhängige, 509
- Freie Computerprogramme, 530 ff.
- Freie Werke, 515 ff.
- Pflichtprogramme, 518 ff.
- schaffensbezogene, 464 ff.
- werkbezogene, gesetzliche, 511 ff.
- werkbezogene, vertragliche, 469 ff.
Arbeitsentgelt, 465 f.

Stichwortverzeichnis

- Abgeltung, s. *Abgeltungstheorie*
- Angemessenheitskontrolle, 494, 498 f., 505, 507
- Hauptpflicht, 74, 85, 87
- isd Sozialversicherung, 444
- Sondervergütungen, s. *Sondervergütungsanspruch, Arbeitsrecht*

Arbeitsergebnis
- Begriff, 84 f.
- Designentwurf, 163
- Erfindung, 107 ff.
- Gemeinschaftsgeschmacksmuster, 163
- körperliche, 86 ff.
- nicht schutzfähiges, 83
- Schaffungspflicht, s. *Pflicht zur Schaffung von Arbeitsergebnissen*
- Recht am, 77 ff.
- Recht auf das, 77 ff.
- Technische Verbesserungsvorschläge, 117 f.
- unkörperliche, 82 ff.
- Urheberrechtlich geschützte Werke, 123 f.
- Wert, 79, 92, 470, 508 f.

Arbeitsgesetz, 52
Arbeitskampf, 504, 506 f.
Arbeitskampfparität, 477, 504 f.
Arbeitsort, 63, 166
Arbeitsleistungspflicht, 55, 59, 84, 198, 216

Arbeitsverhältnis
- befristetes, 65, 258
- fehlerhaftes, 56, 466 f.

Arbeitsvertrag, 54

Arbeitsvertragspflichten
- Hauptleistungspflicht, 85, 87, 90
- Fürsorgepflicht, s. *Fürsorgepflicht*
- Treuepflicht, s. *Treuepflicht*
- Schaffung von Arbeitsergebnissen, s. *Pflicht zur Schaffung von Arbeitsergebnissen*

Arbeitszeit, 60 ff., 64 f., 129, 156, 165 f.
Arbeitszeitgesetz, 52
Aufgabenerfindung, s. *Erfindung, Aufgabenerfindung*
Ausbaupatent, 207
Ausgründung, 342, 391 f., 445

Auslegung, 131 ff.
- einfache, 131 f.
- ergänzende, 133
- Gesetzesauslegung, 188 f.
- historische, 193
- systematische, 191
- teleologische, 195 f.
- Vertragsauslegung, 131, 133, 470
- Wortlautauslegung, 189

Außendienstmitarbeiter, 63
Außerplanmäßiger Professor, s. *Professor, außerplanmäßiger*
Außeruniversitäre Forschungseinrichtung, s. *Forschungseinrichtung, außeruniversitäre*
Austauschgedanke, 78, 86, 89
Austauschvertrag, 207, 342, 390

Beamte, 55, 58, 94, 180, 183, 246 ff., 251 f., 255 ff., 270 ff., 435 f., 559 f., 563 ff., 633 ff.
Bearbeitungsrecht, 552, 555
Befristetes Arbeitsverhältnis, s. *Arbeitsverhältnis, befristetes*
Benutzung, 299 ff., 344
Benutzungsrecht, s. *nicht ausschließliches Benutzungsrecht*
Benutzungsvorbehalt, 211 f.
Berufsbildung, 53, 181
Beschäftigtenbegriff, 70 ff., 254 ff.
- korporationsrechtlicher, 256 ff.
- sozialversicherungsrechtlicher, 71 f., 254 ff., 259 ff.
Beschäftigungsverhältnis, s. *Beschäftigtenbegriff*
Besitzdienerverhältnis, 80
Besserstellung, s. *finanzielle Besserstellung*
Betrieblich benutzte Erfindung, s. *Erfindung, betrieblich benutzte*
Betriebliche Übung, 174
Betrieblicher Nutzen, 206
Betriebliches Vorschlagswesen, 217
Betriebsgeheimnis, 213 f.
Bruttoprinzip, 353 ff., 363 ff., 369 ff., 375 ff., 381 ff., 410 f., 447 f.
- Ausgründung, 391 f.
- Innerhochschulische Eigennutzung, 394 f.
- Lizenzaustausch, 390 f.
- Lizenzvergabe, 389
- Patentverkauf, 385
- Patentverwertungsagentur, 447 f.
Bundesurlaubsgesetz, 52
Bundeswehr-Hochschule, s. *Hochschule, Bundeswehr-Hochschule*

Computerprogramm, 125 f., 146 ff., 517 ff.
- freies, 154 ff., 530 ff.
- Pflichtprogramme, 148 ff., 518 ff.
- von Hochschulbeschäftigten, 587 f., 601 ff.
Computerprogramm-Richtlinie, 146 ff., 528, 635

Stichwortverzeichnis

Demonstrationsschrank (BGH), 104
Derivativer Rechtserwerb, s. *Rechtserwerb, derivativer*
Designentwurf
- als Arbeitsergebnis, 163
- Begriff, 161 ff.
- des Hochschulbeschäftigten, 632 ff.
- freier, 171 ff., 624 f.
- gebundener, 167 ff., 621 ff.
- Vergütung, s. *Arbeitnehmerdesignervergütung und Hochschuldesignervergütung*

Designerpersönlichkeitsrecht, 629 f.
Designerverwertungsrecht, 630 f.
Designübertragung, 630
- freiwillige, 650 f.

Dienste höherer Art, 66
Diensterfindung
- Abgrenzung zur freien Erfindung, 281 f., 568
- Anmeldung, 199, 210 ff., 432
- Beamte, 635
- Benutzung, 211 f.
- Freigabe, 210
- Geheimhaltungspflicht, 451
- Hochschulrecht, 232, 280 ff., 292, 372, 450, 452, 597, 639 f., 657
- Inanspruchnahme, 112, 167, 182 f., 190, 194, 199, 201, 203, 208, 299, 321 ff., 412, 430
- iSd ArbNErfG, 106 f., 174, 642
- Rechtezuordnung, 113
- Vergütung, 179, 182 ff.
- Verwertung, 316, 318, 328, 351, 400, 411, 413 f., 425 ff.
- Wirtschaftliche Verwertbarkeit, 197, 203, 205, 209, 304, 415, 589, 615

Dienstherr, 246, 252, 258, 270 ff., 536
Dienstherrenfähigkeit, s. *Hochschule, Dienstherrenfähigkeit*
Dienstverhältnis
- öffentlich-rechtliches, s. *öffentlich-rechtliches Dienstverhältnis*
- privatrechtliches, s. *privatrechtliches Dienstverhältnis*

Direktionsrecht, s. *Weisungsrecht*
Doktorand, 248, 261, 263, 535, 585, 645
Dozent, 42, 246, 249, 261 ff., 278, 449 f.
Drittelmodell, 354, 409
Drittmittel, 283, 312, 336, 342, 368, 396, 406, 411, 453

Eigenart, 162, 655, 662
Eigenfinanziertes Hochschulpatentwesen, 313, 319, 361, 366 ff., 436

Eigentumsgarantie, 243, 408, 437
Einfache Auslegung, s. *Auslegung, einfache*
Eingliederung in die betriebliche Arbeitsorganisation, 62, 64, 66 f., 72, 81, 255
Eingliederungstheorie, 55
Einheitstheorie, s. *Abgeltungstheorie*
Einheitsverwaltung, 276, 278
Einnahmen
- Begriff, 333, 351 ff., 363 ff.
- Drittmittel, 406 f.
- fehlende bzw. geringe, 218, 226, 228 f., 231, 235 ff.
- Halten von Patenten, 396 f.
- Innerhochschulische Eigennutzung, 298, 334, 392 ff.
- Kausalität, 336, 399 ff.
- Lizenzaustausch, 390 f.
- Lizenzvergabe, 388 ff.
- Patent- oder Erfindungsverkauf, 384 ff.
- Patentverwertungsagentur, 446 ff.
- Übernahme von Schutzrechtskosten, 405
- Unternehmensbeteiligung bzw. Ausgründung, 391 f.

Elektrodenfabrik (BGH), 516
Entdeckung, 96, 541, 545 f.
Entstellungsverbot, 551, 630
Entwerferprinzip, 164, 166
Entwurf, s. *Designentwurf*
Erfahrungserfindung, s. *Erfindung, Erfahrungserfindung*
Erfinderische Tätigkeit, 102, 109 ff., 115, 117, 192, 196, 362, 365, 410, 461, 566, 568, 613, 619, 642
Erfinderischer Schritt, 103
Erfinderpersönlichkeitsrecht, 112
Erfindung
- Allgemeiner Erfindungsbegriff, 95 ff.
- als Arbeitsergebnis, 107 f.
- Arbeitnehmererfindung, 106 f.
- Aufgabenerfindung, 106, 283 ff., 569, 639
- Begriff iSd § 42 ArbNErfG, 280 ff.
- Begriff iSd ArbNErfG, 99 ff.
- betrieblich benutzte, 206, 332, 335, 392 ff.
- des Hochschullehrers, 284 ff.
- des wissenschaftlichen Beschäftigten, 108 f., 283, 286 f.
- Diensterfindung, s. *Diensterfindung*
- Erfahrungserfindung, 107 f., 158, 166, 287 ff., 449
- freie, 42, 106 f., 142, 158, 214 ff., 248, 278 ff., 449 ff., 597, 607, 615, 657
- Freigabe, 207, 210 f., 428 f., 437, 445

703

Stichwortverzeichnis

- gebundene, *s. Diensterfindung*
- in Nebentätigkeit, 290 ff.
- nicht schutzfähige, 111 f., 223
- nicht verwertete, 207
- schutzfähige, 82, 100, 106 f., 109 ff.
- Verkauf, *s. Erfindungsverkauf*

Erfindungshöhe, 102 ff.
Erfindungsverkauf, 300, 384, 289 f.
Erfindungswert, *s. Wirtschaftliche Verwertbarkeit*
Erfolgsprämie, 87
Ergänzende Auslegung, *s. Auslegung, ergänzende*
Ergebnisbezogenes Sonderleistungsprinzip, *s. Sonderleistungsprinzip, ergebnisbezogenes*
Erschöpfungsgrundsatz, 554
Ersparte Aufwendungen, 376
Erstattungsklauseln, *s. Forschungs- und Entwicklungsverträge, Erstattungsklauseln*
Erstveröffentlichungsrecht, 550
Ertrag, 355, 363, 373, 399
Existenzgründung, 312, 342 f.

Fachhochschule, *s. Hochschule, Fachhochschule*
Fachhochschule des Bundes für öffentliche Verwaltung, 266, 274
Fachhochschulprofessor, *s. Professor, Fachhochschule*
Faktizitätstheorie, 72
Fälligkeit, *s. Vergütung, Fälligkeit*
Fehlende Einnahmen, *s. Einnahmen, fehlende bzw. geringe*
Fehlerhaftes Arbeitsverhältnis, *s. Arbeitsverhältnis, fehlerhaftes*
Finanzieller Anreiz, 318, 328, 325, 354, 361, 364 f., 371, 376 ff., 383, 410 f., 608
Finanzielle Besserstellung, 237 ff., 318, 364 ff., 370 f., 377, 379, 608, 611
Forschung, 41, 247, 269, 284 ff.
Forschungs- und Entwicklungsverträge, 398, 401, 404 f.
- Erstattungsklauseln, 404
- Projektsumme, 314, 398, 401 ff.
- Übertragungsklauseln, 401 ff.
Forschungseinrichtung, 46, 368
- außeruniversitäre, 265, 268 f., 354, 361, 409, 536
Forschungsfreiheit, 282, 284, 286, 294, 319, 336, 433, 449 f., 534, 561, 564 f., 568, 593, 615 f., 637 f., 641, 644, 649 f.
Freie Programme, *s. Computerprogramme, freie Programme*
Freie Erfindung, *s. Erfindung, freie*

Freies Werk, *s. urheberrechtlich geschütztes Werk, freies*
Freier Entwurf, *s. Designentwurf, freier*
Freier Mitarbeiter, *s. Mitarbeiter, freier*
Freigabe, *s. Erfindung, Freigabe*
Fremdnützigkeit der Arbeitsleistung, 67 f.
Fürsorgepflicht, 76, 427, 435 ff., 459, 479 f.

Gastdozent, 261, 263, 535, 583
Gastprofessor, *s. Professor, Gastprofessor*
Gebrauchsmusterfähigkeit
- Erfinderischer Schritt, 103 f.
- Gewerbliche Anwendbarkeit, 106
- Neuheit, 101 f.
Gebundener Entwurf, *s. Designentwurf, gebundener*
Gebundenes Werk, *s. urheberrechtlich geschütztes Werk, gebundenes*
Gehilfe, 576 ff., 586
Gemeinschaftsgeschmacksmuster, 82, 161 f., 177, 620, 631, 635 f.
Gemeinschaftsgeschmacksmuster-Verordnung, 162, 177, 635
Genveränderungen (BGH), 352, 406
Gesamthochschule, 266
Geschmacksmuster, 106, 168 ff., 623, 626, 629, 655, 661 ff.
Geschmacksmuster-Richtlinie, 635
Gesetzgebungszuständigkeit, 261
- konkurrierende, 261
Gestaltungshöhe, 121, 147, 662
Gewebetheorie, 543
Gewerbebegriff, 305 ff., 345 f.
Gewerbliche Anwendbarkeit, 100, 104 ff., 111, 175
Gewerbsmäßigkeit, 305 ff., 345 f.
Gleitzeit, 64
Grabungsmaterialien (BGH), 594 ff., 650
Gratifikation, 87
Grundsatz der Wirtschaftlichkeit und Sparsamkeit, 329, 429 ff., 441
Grundsatz von Treu und Glauben, 75, 89, 91, 131, 134 f., 338, 435, 459, 467, 472, 480, 674

Habilitand, 585
Halten von Patenten, 235 f., 312, 336, 342, 396 f.
Happening (BGH), 585
Heimarbeit, 53
Hochschulangehörige, 256, 258, 279, 562, 585, 595, 604, 638, 645 f.
Hochschularbeitnehmer, 251, 262
Hochschulassistent, 245, 247, 249, 278 f., 371, 450

Stichwortverzeichnis

Hochschulbeschäftigter
- Begriff iSd Hochschulerfinderrechts, 254 ff.
- Begriff iSd Hochschulurheberrechts, 534 f.
- Begriff iSd Hochschuldesignrechts, 627 f.

Hochschuldesignervergütung, 627 ff.
- Analoge Anwendung des § 32 UrhG, 660 ff.
- Analoge Anwendung des Hochschulurheberrechts, 658 ff.
- Außerplanmäßiger Professor, 644
- Gastprofessor, 644
- Hochschullehrer, 638 f.
- Honorarprofessor, 644
- Künstlerischer Mitarbeiter, 644
- Lehrbeauftragter, 644
- Lehrkraft für besondere Aufgaben, 644
- Privatdozent, 644
- Vertretungsprofessor, 644
- Wissenschaftliche Hilfskraft, 644
- Wissenschaftlicher Mitarbeiter, 644

Hochschule
- Begriff iSd Hochschulerfinderrechts, 264 ff.
- Begriff iSd Hochschulurheberrechts, 535 f.
- Begriff iSd Hochschuldesignrechts, 627 f.
- Bundeswehr-Hochschule, 264, 266
- Dienstherrenfähigkeit, 271 ff., 277 f.
- Fachhochschule, 264 ff., 277, 295, 535, 564, 572 f., 578, 628, 644
- kirchliche, 264, 573
- Kunsthochschule, 264, 535, 564, 570, 573, 575, 586, 628, 638
- Pädagogische Hochschule, 562, 570 f., 574, 638
- privatrechtliche organisierte, 267 f., 277, 295, 536
- staatlich anerkannte, 264, 266 ff., 277, 295, 535 f., 564, 573, 628
- wissenschaftliche, 246, 264, 277, 564

Hochschulerfindervergütung, 223 ff.
- Erfindungen, 224 ff.
- Freie Erfindungen, 449 f.
- Technische Verbesserungsvorschläge, 450 ff.

Hochschulinterne Nutzung, 298, 332 ff., 345, 384, 393 f., 396

Hochschullehrer
- Anbietungspflicht bei freien Werken, 593 ff.
- Anbietungspflicht bei freien Entwürfen, 649 f.
- Anwendbarkeit von § 43 UrhG, 563 ff.
- Computerprogramme, 587, 602 f.
- Erfindungen, 284 ff.
- Hochschuldesignervergütung, 638 ff.
- Hochschulerfindervergütung, 246 f.
- Hochschulurhebervergütung, 593 ff.
- Modifiziertes Nettoprinzip, 371 f.
- Pflichtwerke, 600 f.

Hochschullehrerprivileg, 42 f., 178, 232, 245, 270, 278, 280, 316, 318, 371 f., 449 f., 607, 653, 657

Hochschulmitglieder, 257 f., 261 f., 295, 535, 562, 585, 604, 628, 638, 645 f.

Hochschulpersonal, s. Personal, Hochschulpersonal

Hochschulurhebervergütung, 588 ff.
- Analoge Anwendung der Hochschulerfindervergütung, 604 ff.
- Außerplanmäßiger Professor, 580 f.
- Gastprofessor, 583
- Hochschullehrer, 503 ff.
- Honorarprofessor, 582
- Künstlerischer Mitarbeiter, 574 ff.
- Lehrbeauftragter, 581
- Lehrkraft für besondere Aufgaben, 577 f.
- Privatdozent, 579 f.
- Vertretungsprofessor, 582 f.
- Wissenschaftliche Hilfskraft, 574 ff.
- Wissenschaftlicher Mitarbeiter, 574 ff.

Hochschulwissenschaftler, 252 f., 262, 291 f., 294 f.

Höherwertige Arbeitstätigkeit, 88 ff., 467, 523, 529, 532

Honorarprofessor, s. Professor, Honorarprofessor

Inanspruchnahme, 200 ff., 321 ff., 402 f., 412 ff., 430 ff.

Incentive-System, 624

Individualität, 121 f., 146 f., 543 f., 555

Induktionsschutz von Fernmeldekabeln (BGH), 243, 438

Inkassoprogramm (BGH), 540

Innerbetrieblicher Einsatz, s. Erfindung, betrieblich benutzte

Innerhochschulische Eigennutzung, s. Hochschulinterne Nutzung

Interessenabwägung, 234, 546, 556

Inverkehrbringen, 300 f., 553

705

Stichwortverzeichnis

Juniorprofessor, 262, 535, 563 f., 566

Kirchenmusik (BGH), 512
Kirchliche Hochschule, s. *Hochschule, kirchliche*
Kleine Münze, 121, 537
Konkurrenztätigkeit, 143 ff.
Konkurrierende Gesetzgebung, s. *Gesetzgebungszuständigkeit, konkurrierende*
Kündigungsschutz, 52, 56, 73
Kunstfreiheit, 571, 576, 637, 638, 641, 644
Kunsthochschule, s. *Hochschule, Kunsthochschule*
Künstlerische Dienstleistung, 574 f.
Künstlerische Mitarbeiter, s. *Mitarbeiter, künstlerische*
Künstlerisches Personal, s. *Personal, künstlerisches*

Lehrbeauftragter, 58, 246, 263, 535, 581 ff., 593, 602, 644, 648
Lehrbefähigung, 579
Lehre, 247, 269, 284, 434, 564 f., 570, 572 f., 577 f.
Lehrfreiheit, 564 f., 568, 593
Lehrkraft für besondere Aufgaben, 58, 578, 587, 591 ff., 648
Leitender Angestellter, 53, 180
Linux-Klausel, 490
Lizenz
– ausschließliche, 340, 631
– Design, 172, 625, 651
– Erteilung, s. *Lizenzerteilung*
– gesetzliche, 150 ff., 177, 519, 521, 525 f., 602
– nicht ausschließliche (einfache), 340, 631
– Rechtsnatur, 339 f.
– unentgeltliche, 314
– Vergabe, s. *Lizenzvergabe*
Lizenzanalogie, 206, 395, 522
Lizenzaustausch, 341, 384, 390 ff.
Lizenzerteilung, 446, 625, 651
Lizenzgebühren, 340, 388 ff., 420, 651
Lizenzvergabe, 206, 229, 300, 311, 328 f., 338 ff., 388, 390, 408, 420, 434
– kostenlose, 390
Lizenzvertrag, 215, 223, 312, 322, 341 f., 384, 388, 390, 405 f.
Lösung der gerechten Risikoverteilung, 231 ff., 379, 387, 397, 413, 452, 610

Mehrarbeit, 89, 460, 466 ff., 480 f.
Mindestvergütung, 359 ff., 378 f., 385 f.
Minusgeschäft, s. *Verlustgeschäft*

Mitarbeiter
– freier, 55, 59, 61
– künstlerischer, 258, 535, 562 ff., 570, 574 ff., 582 f., 586 f., 591, 602, 618
– wissenschaftlicher, s. *Wissenschaftliche Mitarbeiter*
Mitteilungspflicht, 214, 248, 279, 449, 597
Miturheberschaft, 576, 586
Modifiziertes Nettoprinzip, 369 ff.
– Ausgründung, 392
– Innerhochschulische Eigennutzung, 396
– Lizenzaustausch, 391
– Lizenzvergabe, 389
– Patentverkauf, 385 f.
– Patentverwertungsagentur, 448
Monopolstellung, 116, 140 f., 173, 186 f., 191, 193, 216, 218 f., 413, 589 f., 609 ff.
Monopoltheorie, 186 ff., 200
– abgeschwächte, 187, 197, 614
– strenge, 186 ff., 191 ff., 196, 218

Nebentätigkeit, 166, 290 ff., 295, 566
Negative Vergütungsklausel, s. *Vergütungsklausel, negative*
Nettoprinzip, 360 ff.
– Ausgründung, 392
– Innerhochschulische Eigennutzung, 395
– Lizenzaustausch, 391
– Lizenzvergabe, 389
– modifiziertes, s. *Modifiziertes Nettoprinzip*
– Patentverkauf, 386
– Patentverwertungsagentur, 448
Neuheit
– absolute, 100 f.
– Eingetragenes Design, 162
– Gebrauchsmuster, 101 f.
– Gemeinschaftsgeschmacksmuster, 162
– Nicht eingetragenes Gemeinschaftsgeschmacksmuster, 162
– Patent, 100 f.
– relative, 100 f., 114
– Technische Verbesserungsvorschläge, 114 f.
Neuheitsschonfrist, 101
Nichtangriffsabrede, 329
Nichtausschließliches Benutzungsrecht, 210 f., 214 f., 351
Nicht-wissenschaftliches Personal, s. *Personal, nicht-wissenschaftliches*
Null-Fall, 195, 380, 417 ff.

Stichwortverzeichnis

Oberassistent, 247, 563, 580
Oberingenieur, 247
Öffentlicher Dienst, 58, 94, 179, 183, 209, 238, 246, 248, 251
Öffentlich-rechtliches Dienstverhältnis, 58, 559 f., 596, 634, 636
Öffentlich-rechtliches Rechtsverhältnis, 57, 581 ff., 645
Organmitglied, 53, 180
Originärer Rechtserwerb, s. *Rechtserwerb, originärer*

Pädagogische Hochschule, s. *Hochschule, Pädagogische Hochschule*
Patentfähigkeit, 195, 306
- Erfinderische Tätigkeit, 102 f.
- Erfinderischer Schritt, 102 f.
- Gewerbliche Anwendbarkeit, 104 ff.
- Neuheit, 100 f.
- Prüfung, 428 ff.
Patentverkauf, 311 f., 334, 337 f., 342, 420, 446
Patentverwertungsagentur, 224, 429, 445 ff.
Pauschalvergütung, 47, 232, 240, 345, 372, 381, 389
- gestaffelte, 362
- iSd § 42 ArbNErfG, 407 ff.
Personal
- Hochschulpersonal, 250, 252 f., 260, 270, 274 f., 295, 452, 535, 579, 584, 586, 628, 644
- künstlerisches, 258, 262, 562 ff., 574, 579, 638
- nicht-wissenschaftliches, 250, 258, 262, 282 f., 287, 294, 452, 535, 628
- technisches, 250, 260, 263, 282, 287, 294, 381, 535
- verbeamtetes, 271
- wissenschaftliches, 249 f., 253, 260, 262, 284, 267, 381, 452, 535, 562 ff., 574, 577, 579, 628, 638
- Personalhoheit, 272 f.
- Personalverwaltung, 274, 276
Persönliche Abhängigkeit, 61, 63 ff., 73
Persönliche geistige Schöpfung, 120, 176, 537, 546, 548
Persönlichkeitsrechte
- Designer, s. *Designerpersönlichkeitsrecht*
- Erfinder, s. *Erfinderpersönlichkeitsrecht*
- Urheber, s. *Urheberpersönlichkeitsrecht*
Pflicht zur Schaffung von Arbeitsergebnissen
- Computerprogramme, 148 ff.
- Designentwürfe, 163
- Erfindungen, 107 ff.
- Technische Verbesserungsvorschläge, 117 f.
- Urheberrechtlich geschützte Werke, 128 f.
Pflichten der Arbeitsvertragsparteien, s. *Arbeitsvertragspflichten*
Pflichtwerk, s. *Werk, gebundenes und Werk, Hochschullehrer*
Privatdozent, 58, 246, 579 ff., 587, 593, 602, 644, 648
Privatrechtlich organisierte Hochschule, s. *Hochschule, privatrechtlich organisierte*
Privatrechtlicher Vertrag, 53 ff., 57 ff., 72, 252, 560, 634, 636
Privatrechtliches Dienstverhältnis, 59, 559, 563, 583 f., 634
Professor
- außerplanmäßiger, 580 ff., 593, 602
- Fachhochschule, 572 ff., 586
- Gastprofessor, 246, 583 f., 593, 602, 645, 648
- Honorarprofessor, 246, 263, 535, 582 f., 585, 587
- Kunsthochschule, 570 f., 641
- Pädagogische Hochschule, 570 f., 638
- Universitätsprofessor, 564, 567 f., 570 ff., 584, 586
- Verwalter einer Professorenstelle, 58
- Vertretungsprofessor, 58, 582, 584, 644, 648
Projektsumme, s. *Forschungs- und Entwicklungsverträge, Projektsumme*
Publikationsfreiheit, 303, 451, 565 f., 596, 616

Recht am Arbeitsergebnis, s. *Arbeitsergebnis, Recht am*
Recht am eingetragenen Design, 164, 172, 624, 631, 643 f., 651 f., 657, 660
Recht auf Namensnennung, 550, 630
Rechtszuordnung, s. *Rechtsentstehung*
Rechtsentstehung
- Computerprogramm, 125
- Design, 163 f.
- Erfindung, 112 f.
- Technische Verbesserungsvorschläge, 118
- Urheberrechtlich geschützte Werke, 124 ff.
Rechtserwerb
- derivativer, 83, 112, 125, 164, 167 ff., 175, 508, 622, 641, 656, 660, 664, 666
- originärer, 77, 79, 81 ff., 112, 118 f., 124 ff., 151, 167 ff., 175 ff., 219,

508 f., 621 f., 638 ff., 643 ff., 648, 651, 656, 660, 663 ff.
Richter, 58
Richtlinien für die Vergütung von Arbeitnehmererfindungen im privaten Dienst, 183, 197, 203 ff., 215, 300, 332, 354, 360 ff., 385, 390, 395 f., 407, 417 f.
Richtlinien für die Vergütung von Arbeitnehmererfindungen im öffentlichen Dienst, 183, 203, 300

Schöpferische Tätigkeit bzw. Leistung, 92 ff., 95 ff., 110 f., 113, 115, 117, 119 f., 123, 197, 216, 219, 438, 464, 469, 545, 623, 629
Schöpferprinzip, 124 ff.
Schöpfungshöhe, s. Gestaltungshöhe
Schulbuchprivileg (BGH), 512
Schutzrechtsanmeldung, 212, 324 ff., 350, 376, 432
Schutzrechtskosten, 370 ff., 405 f., 446 ff.
Selbständige, 60, 73, 479, 502 f., 569
Selbständige Universitätskliniken, 269
Selbstverwaltung, 257, 261, 276
Sittenwidrigkeit, 56
Software, s. Computerprogramme
Soldaten, 58, 94, 180, 183, 251, 257, 267
Sonderleistung, 190, 216 ff.
- qualitative, 88, 460, 465, 467 f., 522
- quantitative, 88, 460, 465 f., 522
Sonderleistungsprinzip
- arbeitnehmererfinderrechtliches, 184 ff., 189 ff., 461
- arbeitsrechtliches, 88 ff., 460, 473, 529 ff.
- ergebnisbezogenes, 184 f., 196, 459 ff.
- tätigkeitsbezogenes, 185 f., 196, 614
- urheberrechtliches, 459 ff., 472, 478 ff., 609
Sondervergütungsanspruch
- § 32 UrhG, 463 ff.
- § 9 ArbNErfG analog, 462 f.
- Arbeitnehmerdesignrecht, 621 ff., 654 f.
- Arbeitnehmerurheberrecht, 455 ff., 529 ff.
- Arbeitsrecht, 88 ff.
- Hochschulurheberrecht, 588 ff., 612 ff.
- Hochschuldesignrecht, 659 f., 665
Sozialversicherung, 71 ff., 254, 444
Sozialversicherungsabgaben, 68
Sperrpatent, 207, 303, 433 f.
Staatlich anerkannte Hochschule, s. Hochschule, staatlich anerkannte
Statikprogramm (BGH), 516, 625

Steuervorrichtung (BGH), 95 f., 100, 201
Strenge Monopoltheorie, s. Monopoltheorie, strenge
Studentische Hilfskräfte, 263, 535, 585
Studierende, 257, 550, 575, 585, 600, 645
Subjektiver Leistungsmaßstab, 84, 110, 124
Subjektives Recht, 426, 430 ff., 436 ff., 440, 454

Tarifvertrag, 52, 84, 88, 117, 128 ff., 137, 149, 217, 223, 435, 466, 477, 499, 501 ff., 506 f.
Tarifvorrang, 477, 502 ff.
Tätigkeitsbezogenes Sonderleistungsprinzip, s. Sonderleistungsprinzip, tätigkeitsbezogenes
Technik
- Begriff, 97, 114
- Stand der Technik, 100 ff., 108, 114, 196, 198 f.
Technische Neuerung, 113 ff., 117, 293
Technische Verbesserungsvorschläge, 113 ff., 192 f., 267
- als Arbeitsergebnis, 117 f.
- einfache, 113 ff., 216 f.
- Hochschulerfindungsrecht, 293 f., 449 ff.
- Hochschullehrer, 279
- qualifizierte, 116, 218 ff.
Technisches Personal, s. Personal, technisches
Technizität, s. Technik
Trennungstheorie, 461 ff., 471, 473, 482 f., 511
Treuepflicht, 75 f., 138, 143, 172, 468, 480

Übertragungsklausel, s. Forschungs- und Entwicklungsverträge, Übertragungsklausel
Umgehungsgefahr, 324, 403, 424
Umgehungsgeschäft, 496, 500, 509 f.
Universität, 264 f., 277, 295, 535, 564, 572 f.
Universitätskliniken, s. Selbständige Universitätskliniken
Universitätsprofessor, s. Professor, Universitätsprofessor
Unterbliebene Verwertung, s. Verwertung, unterbliebene
Unternehmensbeteiligung, 342 f., 384, 391 ff.
Urheberpersönlichkeitsrecht, 122 f., 153 f., 170, 508 f., 543 f., 549 ff.
Urheberrechtlich geschütztes Werk
- als Arbeitsergebnis, 123 f.
- freies, 135 ff., 515 ff.

- freies Computerprogramm, s. *Computerprogramm, freies*
- freies, gebundenes, 135 f.
- freies, ungebundenes, 135 f.
- gebundenes (Pflichtwerk), 128 ff., 469 ff.
- Hochschullehrer, 564 ff.
- Pflichtprogramm, s. *Computerprogramm, Pflichtprogramme*
- Rechtezuordnung, 126 ff.
- wissenschaftliches, 537 ff.

Urheberverwertungsrecht, 122, 543 f., 549

Verbotsgesetz, 56
Verbreitungsrecht, 122, 544, 552 ff., 567, 571
Vergütung
- Abdingbarkeit, 484, 487, 509
- Angemessenheit, 189 f., 202 ff., 211, 213, 318, 422, 464, 491, 494, 498 f., 505, 507
- Arbeitnehmerdesigner, s. *Arbeitnehmerdesignervergütung*
- Arbeitnehmererfinder, s. *Arbeitnehmererfindervergütung*
- Arbeitnehmerurheber, s. *Arbeitnehmerurhebervergütung*
- Arbeitsergebnisse, 86 ff.
- arbeitsrechtliche, 85 f.
- Entstehung, 191 f., 197 f., 200 ff., 211, 213, 219 f., 412 ff.
- Fälligkeit, 192, 208 ff., 211, 213, 221 ff., 412, 414 ff., 419 f., 423 ff.
- Festsetzung, 201, 209, 221, 359, 416 f., 419, 421 f., 439 f.
- Grund, s. *Vergütungsgrund*
- Hochschuldesigner, s. *Hochschuldesignervergütung*
- Hochschulerfinder, s. *Hochschulerfindervergütung*
- Hochschulurheber, s. *Hochschulurhebervergütung*
- Höhe bzw. Bemessung, 198, 202 ff., 211, 215, 220 f., 226, 351 ff., 463, 468, 491
- Mindestvergütung, s. *Mindestvergütung*
- Modalitäten, 224, 443 ff.
- Wegfall, 198, 426

Vergütungsanpassung, 358 ff., 422, 491, 505, 623
Vergütungsanspruch bei Null, 198, 378, 383
Vergütungsform, 68
Vergütungsgrund
- Arbeitnehmererfinderrecht, 183 ff.

- Arbeitnehmerurheberrecht, 456 ff.
- Hochschuldesignrecht, 654 f., 658 f.
- Hochschulerfinderrecht, 610 ff.
- Hochschulurheberrecht, 612
- Technische Verbesserungsvorschläge, 218 ff.

Vergütungsklausel
- negative, 331, 387 f.
- positive, 401 f.

Vergütungsvereinbarung, 89 f., 466, 474, 476, 484 ff., 603
Verhältnis von Arbeitnehmer- und Hochschulerfindervergütung, 224 ff., 386 f.
Verhältnis von Geschmacksmuster- und Urheberrecht, 170
Verhältnis von Hochschuldesign- und Hochschulurheberrecht, 640
Verhältnis von Hochschulerfinder- und Hochschuldesignrecht, 639
Verhältnis von Hochschulerfinder- und Hochschulurheberrecht, 609 ff.
Verhältnis von Urheber- und Designrecht, 634
Verlustgeschäft, 354, 356 ff., 360 f ff., 364 ff., 371, 375 ff., 379, 383, 385 f., 399, 422
Veröffentlichungsrecht, 122, 451, 536, 549 f.
Vertragsänderung, 467, 470, 481, 511, 523 f., 533
Vertragsauslegung, s. *Auslegung, Vertragsauslegung*
Vertragstheorie, 55
Vervielfältigungsrecht, 544, 552 f.
Verwalter einer Professorenstelle, s. *Professor, Verwalter einer Professorenstelle*
Verwaltungsangestellter, 263
Verwaltungsbeamter, 263
Verwaltungsfachschule, 266
Verwendung, 297, 299, 301 f., 309, 332, 334
Verwertung
- außerbetriebliche, 206 f., 300, 515, 532, 622
- Beginn, 321 ff.
- Begriff, s. *Verwertungsbegriff*
- mit geringen Einnahmen, s. *Einnahmen, geringe bzw. fehlende*
- unterbliebene, 226 ff., 231 ff., 242 ff., 304, 330, 387, 413 f., 417, 423 ff., 438 ff.
- Verwertungspflicht, s. *Verwertungspflicht*
- Wirtschaftlichkeit der Verwertung, 298, 320, 326 ff., 346 ff.

Verwertungsbegriff

Stichwortverzeichnis

- de lege ferenda, 350 ff.
- iSd § 9 Abs. 2 ArbNErfG, 302 ff.
- iSd § 19 Abs. 1 ArbNErfG, 305 ff.
- iSd § 27 Nr. 3 ArbNErfG, 308
- iSd § 40 Nr. 3 ArbNErfG, 308
- iSd § 42 ArbNErfG, 296 ff.

Verwertungspflicht, 425 ff.
- Ausgestaltung ("Wie"), 440 ff.
- Bestehen ("Ob"), 427 ff.
- eingeschränkte, 441

Vertretungsprofessor, *s. Professor, Vertretungsprofessor*
Vorabübertragung, 322, 401 ff.
Vorbenutzungsrecht, 216
Vorbereitungshandlung, 320 ff., 325
Vorführungsrecht, 552, 554 f.
Vorratspatent, 207
Vortragsrecht, 544, 554

Weisungsbefugnis/Weisungsrecht, *s. Weisungsgebundenheit*
Weisungsgebundenheit, 62, 67 f., 72 f., 255, 259, 569, 580 f., 584, 645
- fachliche, 65 f.
- örtliche, 63 f.
- zeitliche, 64 f.

Werk, *s. Urheberrechtlich geschütztes Werk*
Werkbezogene Vergütung, *s. Arbeitnehmerurhebervergütung, werkbezogene*
Werkform, 538 f., 541, 545 f.
- äußere, 160, 542

- innere, 542

Werkinhalt, 538 f.
Wettbewerbsverbot, 141 ff., 159, 172 f., 515, 624
Wiederholbarkeit, 96, 98
Wirtschaftliche Abhängigkeit, 69, 73
Wirtschaftliche Verwertbarkeit, 193, 203, 205 ff., 221 f., 229, 304, 332, 381, 386, 395 f., 407 f., 415, 417, 421
Wissens- und Technologietransfer, 237 ff., 303, 316 ff., 366
Wissenschaftlicher Assistent, 42, 246 ff., 262, 278, 449 f., 536, 563
Wissenschaftliche Dienstleistung, 247, 588
Wissenschaftliche Hilfskraft, 247 f., 258, 287, 585
Wissenschaftliche Hochschule, *s. Hochschule, wissenschaftliche*
Wissenschaftlicher Mitarbeiter, 575, ff., 588, 592 f., 602, 614, 617
Wissenschaftliches (Hochschul-)Personal, *s. Personal, wissenschaftliches*
Wissenschaftliches Werk, *s. Urheberrechtlich geschütztes Werk, wissenschaftliches*
Wissenschaftsfreiheit

Zitatrecht, 553, 556
Zweckeinraumungs- bzw. -übertragungsregel, 131 ff., 153, 171, 341, 521, 530, 532, 567, 598, 602, 619, 660